谨以这次“楚文化与长江中游早期开发国际学术研讨会”与本书献给我们敬爱的老师石泉先生百年诞辰！

向资助这次“楚文化与长江中游早期开发国际学术研讨会”和本书出版的武汉大学历史学院、国学院，武汉大学人文社会科学研究院；日本东北学院大学文学研究科及亚细亚流域文化研究所；美国加州大学洛杉矶分校扣岑考古研究所致以诚挚的敬意和衷心的感谢！

“楚文化与长江中游早期开发国际学术研讨会”和本书为国家社科基金重大招标项目“周代汉淮地区列国青铜器和历史、地理综合整理与研究”（批准号：15ZDB032）阶段性成果

楚文化
与长江中游早期开发
国际学术研讨会论文集

Proceedings of the International Conference on Chu Culture and Early Development of the Middle Reaches of Yangtze River

主　编　徐少华　［日］谷口满
［美］罗泰（Lothar von Falkenhausen）
副主编　晏昌贵　郑威

WUHAN UNIVERSITY PRESS
武汉大学出版社

图书在版编目(CIP)数据

楚文化与长江中游早期开发国际学术研讨会论文集:汉文、英文、日文/徐少华,(日)谷口满,(美)罗泰主编 .—武汉:武汉大学出版社,2021.2(2021.5 重印)
ISBN 978-7-307-21664-8

Ⅰ.楚… Ⅱ.①徐… ②谷… ③罗… Ⅲ.楚文化—关系—长江流域—中游—区域经济发展—文集—汉、英、日 Ⅳ. F127.6-53

中国版本图书馆 CIP 数据核字(2020)第 130378 号

责任编辑:李 程 程牧原 黄河清 责任校对:李孟潇 版式设计:马 佳

出版发行:**武汉大学出版社** (430072 武昌 珞珈山)
(电子邮箱:cbs22@ whu.edu.cn 网址:www.wdp.com.cn)
印刷:武汉精一佳印刷有限公司
开本:880×1230 1/16 印张:41.75 字数:1317 千字 插页:2
版次:2021 年 2 月第 1 版 2021 年 5 月第 2 次印刷
ISBN 978-7-307-21664-8 定价:286.00 元

目　　录

楚文化考古研究

楚地出土资料研究

楚国历史、地理与长江中游早期开发

楚文化考古研究

从陶器制法角度看屈家岭文化的扩展

李查得

提到楚文化，新石器时代晚期的屈家岭文化无疑是其形成的一个重要基础。我今天主要想谈一些跟屈家岭文化有关系的问题，而且我想介绍对“考古学文化”这个概念的一些新的看法。我的这些看法是我在德国开始学考古然后去美国读博士的时候逐渐形成的，因此我对“考古学文化”的认识受到人类学比较大的影响——这是美国考古学的一个重要特征。

关于屈家岭文化，学者们在二十世纪八九十年代展开过很多讨论，近期关注度有所下降，但相关问题并没有取得大家都能接受的定论，这些问题包括：屈家岭文化的来源是大溪文化传统还是仰韶文化传统、屈家岭文化之前的“黑陶文化”的性质、屈家岭文化向周围地区扩展的性质与原因、屈家岭文化对周围文化系统的影响、它具体的性质与原因和屈家岭文化发展到参加“中国文化交流圈”的石家河文化的过程。在此，我主要想谈的是屈家岭文化的扩展。不过，我也会介绍与其他问题相关的一些的概念。

屈家岭文化的扩展，意味着屈家岭文化典型的陶器，除了在其核心地区汉东地区以外，在别的地区也有出现，如鄂西地区、鄂东地区、湘北地区、豫南地区、三峡地区。然后，与屈家岭文化陶器相似的陶器在某一些更远的遗址也有发现，特别是在河南省，例如郑州大河村，甚至还包括陕西省和山西省的南部、江西省的西北部和山东省的大汶口遗址。

其实，根据孟华平先生的研究：这种考古遗存从汉东地区到鄂西地区和湘北地区的扩展，已经发生在典型的屈家岭文化之前，即所谓的“黑陶文化”的时代。我已经提到了，这个“黑陶文化”受到多方面的讨论。它相当于汉东地区的六合遗址、鄂西地区的关庙山四期、湘北地区的划城岗中一期等。讨论的问题包括：黑陶文化是大溪文化晚期还是屈家岭文化早期？或者其本来不是同一个文化？我想它是同一个文化，但是根据我一会儿就要解释的，一个考古学文化不一定是完全均质的。我比较喜欢郭立新先生给它选的一个名称：前屈家岭文化。

还有屈家岭文化或者前屈家岭文化扩展的原因问题：为什么它的陶器突然取代周围其他文化的陶器？我们先要谈一下“什么是考古学文化”的问题。我这里说到屈家岭文化或者前屈家岭文化，它们当然就是考古学文化。但是考古学文化跟一般的文化有什么关系？考古学文化就是古代人类社会产生的文化吗？还是考古学文化就是我们考古学家创造的，为了把我们发现的遗物而分门别类？在中国考古学界，夏鼐先生在 1959 年提供了一个到现在还经常用的考古学文化定义：“考古学上的‘文化’，是表示考古学遗迹中(尤其是原始社会的遗迹中)，所观察到的共同体。”也就是说，考古学文化是因我们考古学家的“观察”而产生的，而且夏鼐先生也提出，它的意思跟一般的“文化”这个词的意思是分开的。

但问题是：如果考古文化完全是被我们考古学家在材料上强求的，那么它们跟古时真正存在的部族有没有什么关系？比如，我们知道古代必然存在这样的情况，即不同的人群住在一起。如果考古学文化只是我们考古学家分类而用的，而且跟古时真正存在的文化没有直接的关系，那么它们对我们研究古代社会还有什么作用？

其实，在我提到的夏鼐先生的文章中，比较明显地指出考古文化直接代表了古时真正存在的社会团体。到现在还能经常看到学者暗指：考古学文化代表古代民族。问题是：民族只是人的身份的一种表现。

然而，身份是在心里产生的，而在还没有文字记录的时代，我们还没有办法直接看到古代人的心理。当然，除了文字以外，还有别的方法让人可以在物质文化上表示出他们的身份。但是对我们来说，可靠地识别什么是身份的标记，而什么是其他东西的标记，是很难做到的，太容易变成没有事实的猜测。

尝试看古代人怎么主动地表达自己，不如看人类活动的一些基本的结构。这些结构经常是行为者无法意识到的，所以它就不是很容易操控的。简单地说：在不同的社会环境下成长的人的行为，在具体的方面会有一定的差别。其实这就是一般的“文化”概念的意思。这些在行为上的差别如果在不同的传统中表现出来，而且这些传统产生我们在物质遗迹能看到的格式，那么我们就能把考古学文化和一般的文化联合起来。我们分别陶器类型或者埋葬习俗的时候，一般就是分出来这些行为上的格式。不过，我们得弄清楚哪些特征是不同的传统和文化的表征。我这里想再强调一下：根据我刚才解释的，考古学文化不是指古代人的团体。我们不知道那些人是不是把自己看成属于不同的团体的。相反，考古学文化就像一般的文化，代表人在行为上的差别。当然这些差别是人在不同的团体中生成的，所以行为和社会团体还是有一定关系的。不过，我们也不能直接假设屈家岭文化就是在古代社会中的一个有别于其他的团体。

那么，我们一般能依靠的是在遗迹里面反映出来的有格式的行为。新石器时代考古当然主要用陶器来定义考古学文化。但是当我们分类型的时候，分出来的特色中哪些真的能反映出文化传统？Olivier Gosselain 先生在非洲做的人类学研究表明，陶器的成型过程在分布上相当于别的文化传统，比如说语言。其实它在这个方面的可靠性比陶器的装饰方法大得多。这有道理：为了避免陶器在干燥或者烧制过程中破损，学习制作陶器的人需要很长的时间学到好好成型的方法。这些方法一旦被制陶工人背下来，就很难发生变化。反过来，装饰方法会比较容易变和模仿。我的一位同学，Sonali Gupta-Argawal，也做制陶人的人类学研究，她发现陶器口沿的形态与尺寸尤其能表现制作陶器的传统。

我把这些理论用于长江中游的新石器时代晚期，创造了一个细分口沿类型的方法（图一）。它是模块式的：口沿的方向、口沿的形式和唇的形式三个方面联合起来能表示口沿很多不同的种类。然后我去湖北省一些博物馆看库房里面收藏的陶器并测量口沿的尺寸。在此，我想特别感谢荆州博物馆、荆门博物馆和宜昌博物馆的工作人员让我在他们的库房里面做研究！

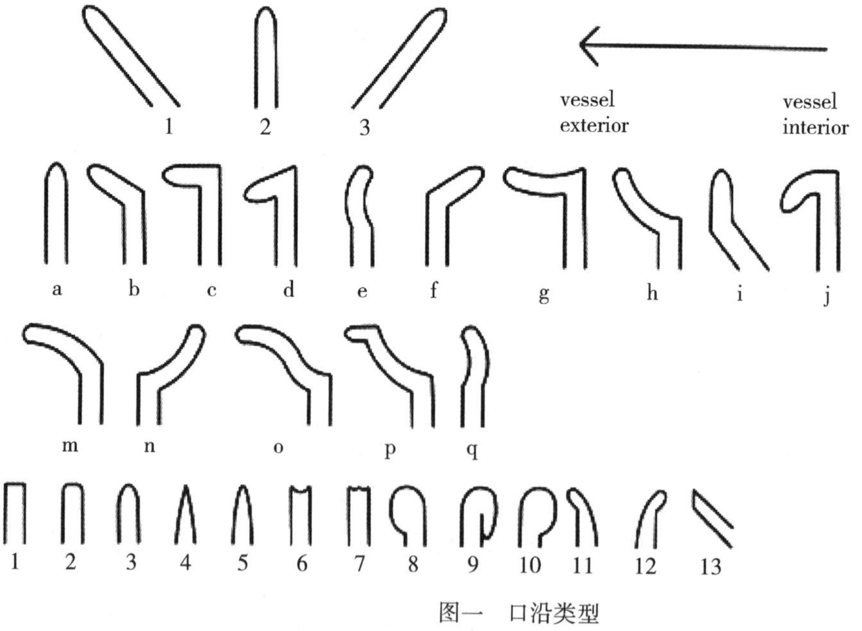

图一　口沿类型

图二至图六表现分口沿的类型的一些结果。为了做这个表，我阅读了所有已经发表的关于公元前第四千纪晚期和公元前第三千纪早期长江中游地区的考古报告，并将所有的报告中描写的陶器都按照我的方法对口沿进行类型划分。陶器和口沿的类型在横向轴，不同的时期在竖向轴。当然这个方法还不太精确，因为很多陶器没有在报告里面出现，并且所发表的遗址数量在不同的地区与时代有很大的差别。

图二表现鄂西地区的口沿类型，图三表现三峡地区的口沿类型，图四表现这两个地区连在一起的结果。结果比较像我们预想的：两个地区的类型有很多交叉。它代表两个地区大概一样的区系：大溪文化—前屈家岭文化—屈家岭文化。我们能看到大溪文化时期的钵和碗有很多不同的口沿种类，在屈家岭文化时期没有这么多，有可能是新来的陶器类型取代旧有的。

图五表现汉东地区的口沿类型。相比起来，鄂西地区和汉东地区连在一起的结果(图六)看起来比较乱。在早期时代，可以说这是由大溪文化传统，以及边畈文化与油子岭文化传统的差别造成的。有意思的是图一中 f-形口沿的钵，即向内折沿的钵，它们先在鄂西地区出现，然后在两个地区都出现。这可能反映着大溪文化对油子岭文化的影响。同时值得注意的是，屈家岭文化的早期和晚期在两个地区还有很多区别。扩展之后的屈家岭文化看起来并不是均质的。

关于口沿的尺寸，我们当然只能比较一个陶器种类的口沿，然后还要意识到整个陶器的大小对口沿大小的影响。由于时间有限，在此仅举一例。

在讨论大溪文化、油子岭文化和屈家岭文化的关系时，经常提到小鼎。这些小鼎在油子岭文化遗址、前屈家岭文化遗址和屈家岭文化遗址中经常出现。

提到小鼎口径(图七)，可以看到它在不同的时代和不同的遗址是比较一致的。值得注意的是谭家岭遗址小鼎的口径有非常小的差异。28 件油子岭文化晚期的小鼎和 23 件前屈家岭文化的小鼎在口径方面只有几毫米的差别。谭家岭小鼎的一致性在唇的厚度上也有所体现(图八)。六合也跟谭家岭比较一致，但是与油子岭有一定的差别。当然唇部不同的形状也能影响这些结果，所以图九只有最普通的图一中的 3-形唇，也就是圆形唇。在图九中，谭家岭和六合的一致性以及与油子岭的差异更为明显。还有折沿的宽度(图十)，结果也是大致一样的。

由此我们可以推测：在谭家岭遗址贯穿的不同时代，有一个固定的制作小鼎的传统。这有可能意味着小鼎是被专门统一生产的。

当然这只是一个小例子，我用的材料也没有很多。我只想给大家介绍我利用的方法，即微型类型学。用这个方法可以更仔细地看到在陶器方面文化传统进化和交流的过程。

回到屈家岭文化扩展的问题，根据我提到的理论，不一定是一群人在这里扩大了他们生活的范围，但是一定是一套传统、一套具体的行为从一个地区传到另外一个地区。因为屈家岭文化的扩展是在陶器类型中表现出来的，它只是跟制作与使用陶器有关系。那么为什么整个长江中游地区和一些长江中游之外的地区突然喜欢汉东地区的陶器？我再提醒大家，屈家岭文化的扩展在前屈家岭文化的时代就已经开始了。而且就在那个时代，我们有古代人最早用陶轮的证据。这些证据是从关庙山遗址四期遗迹中出土的，而且关庙山四期就是前屈家岭文化。用这个新的方法可以产生全新的、之前未见的陶器形式。在开始的时候这种新的轮制陶器会非常难以获取，因为陶轮需要专家使用。很快，新的陶器形式广泛流行开来，并在广大的地区取代旧的陶器形式。我还要更多地使用微型类型学和其他分析陶器的方法，看哪些新的形式是轮制的，以及轮制方法对形式进化到底有什么影响。其实采取这个新的技术的人可能没有很多，但是技术的分布一定造成了新的联通，为长江中游地区的文化交流圈提供了基础。我这里提到的长江中游文化交流圈，在很长时间以后，被称为“楚文化”。

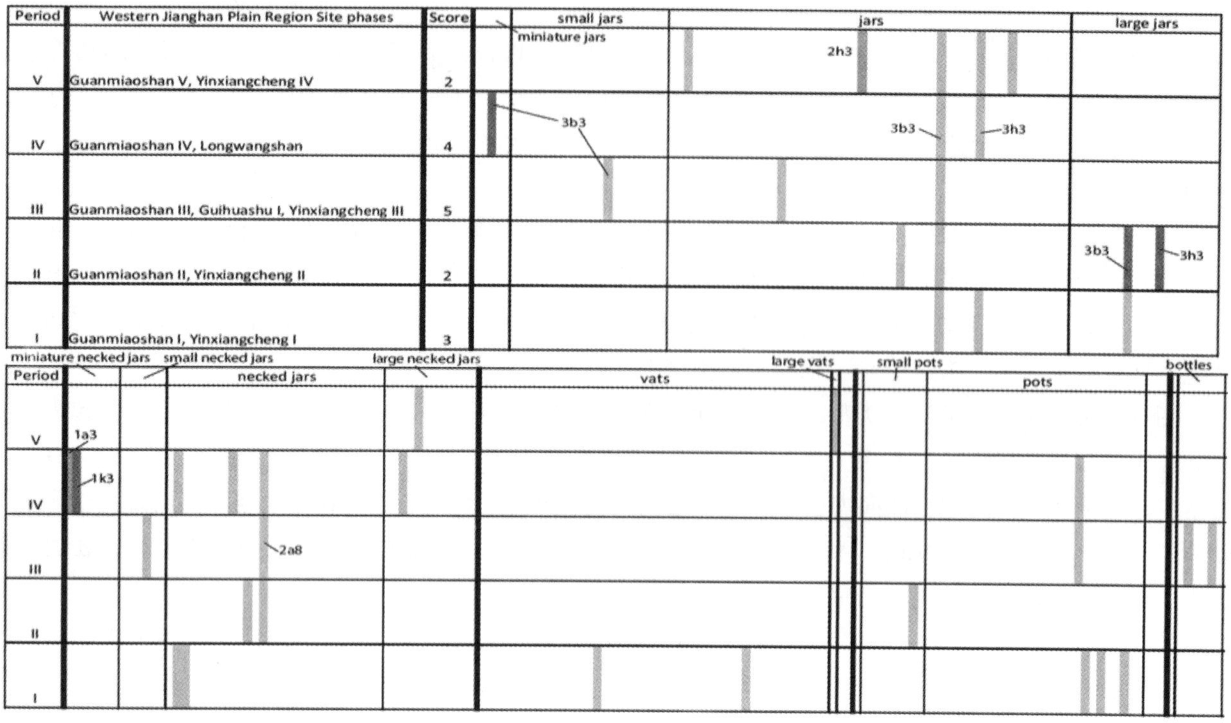

图二 A　鄂西地区口沿类型

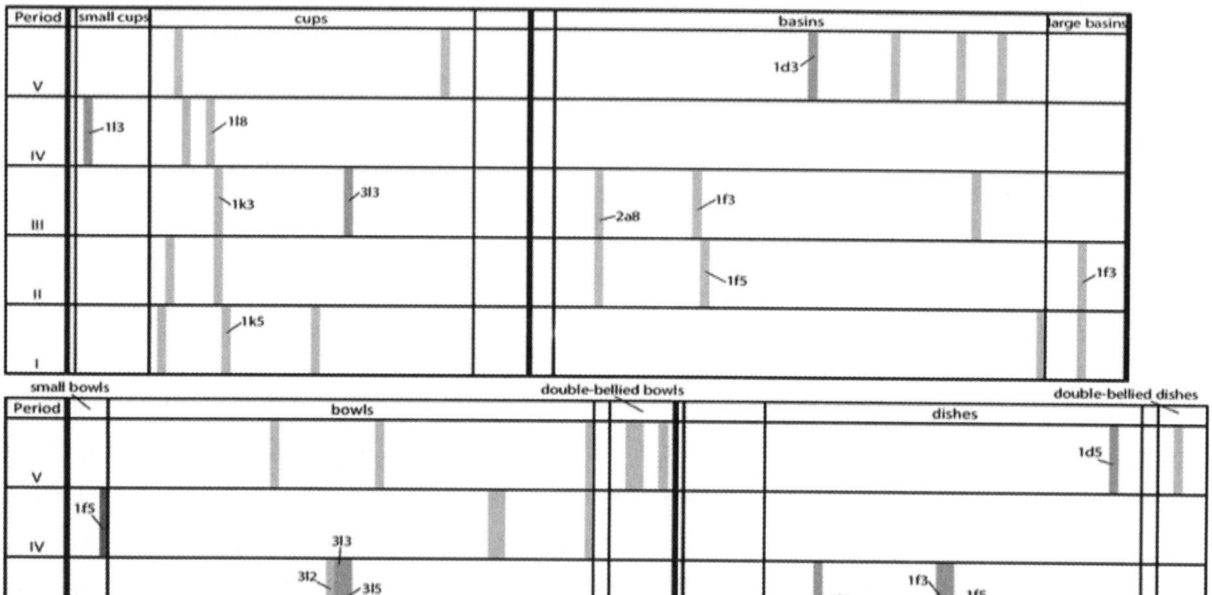

图二 B　鄂西地区口沿类型

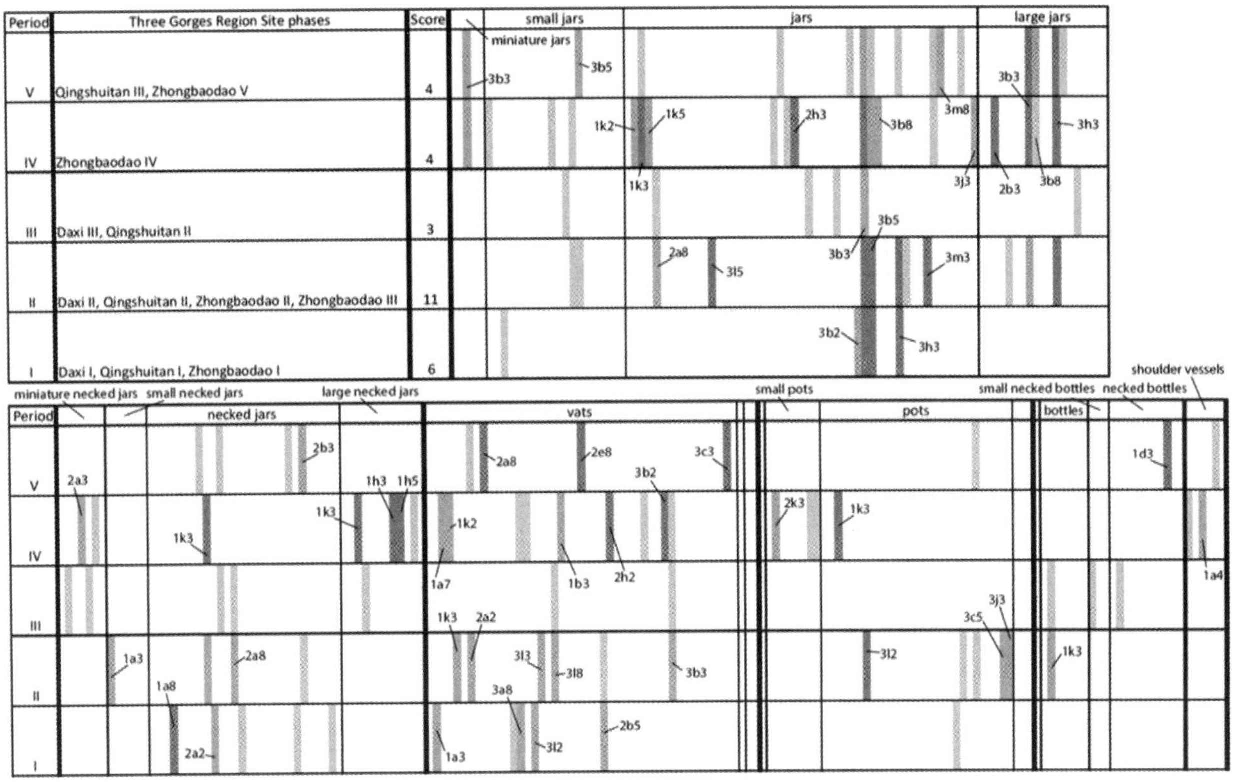

图三 A　三峡地区口沿类型

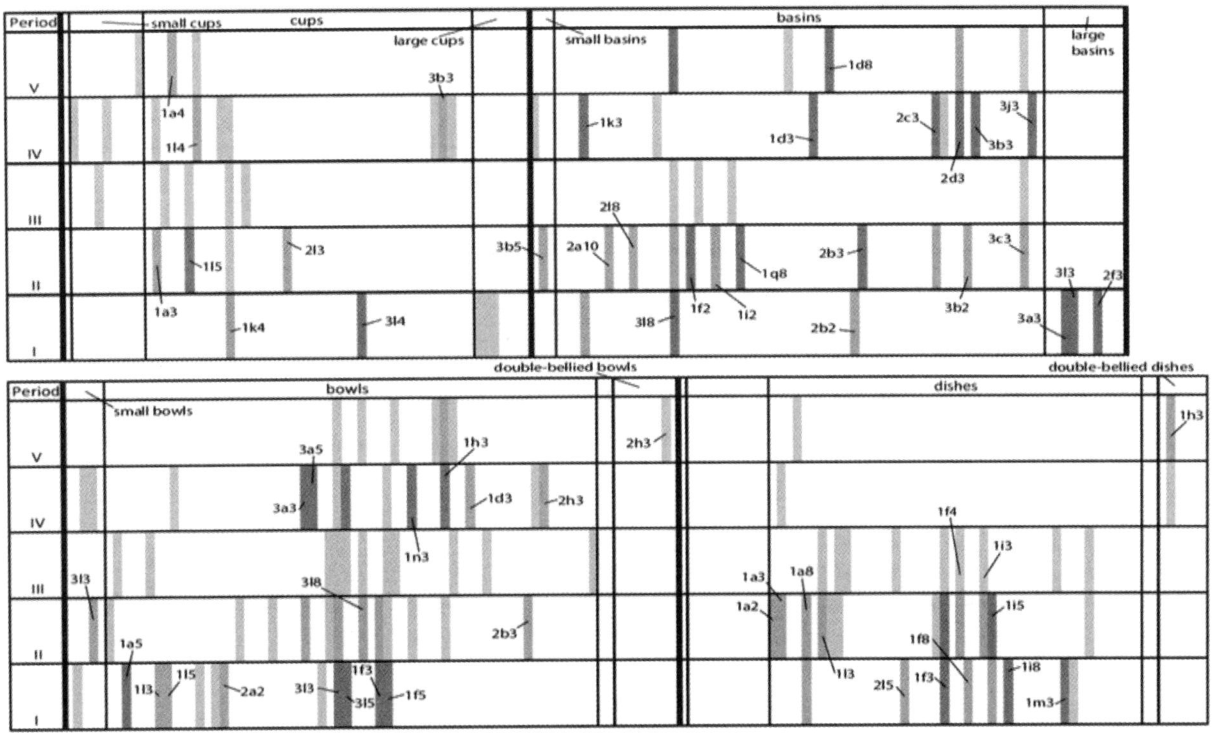

图三 B　三峡地区口沿类型

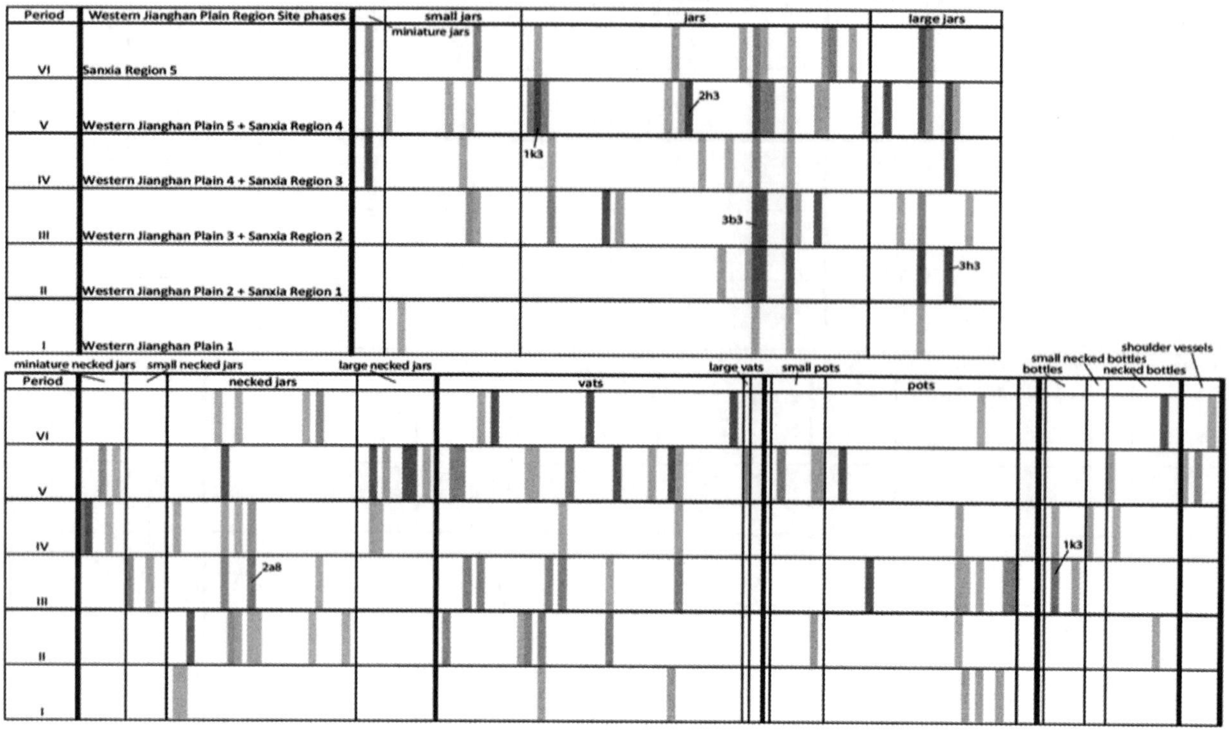

图四 A　鄂西地区加三峡地区口沿类型

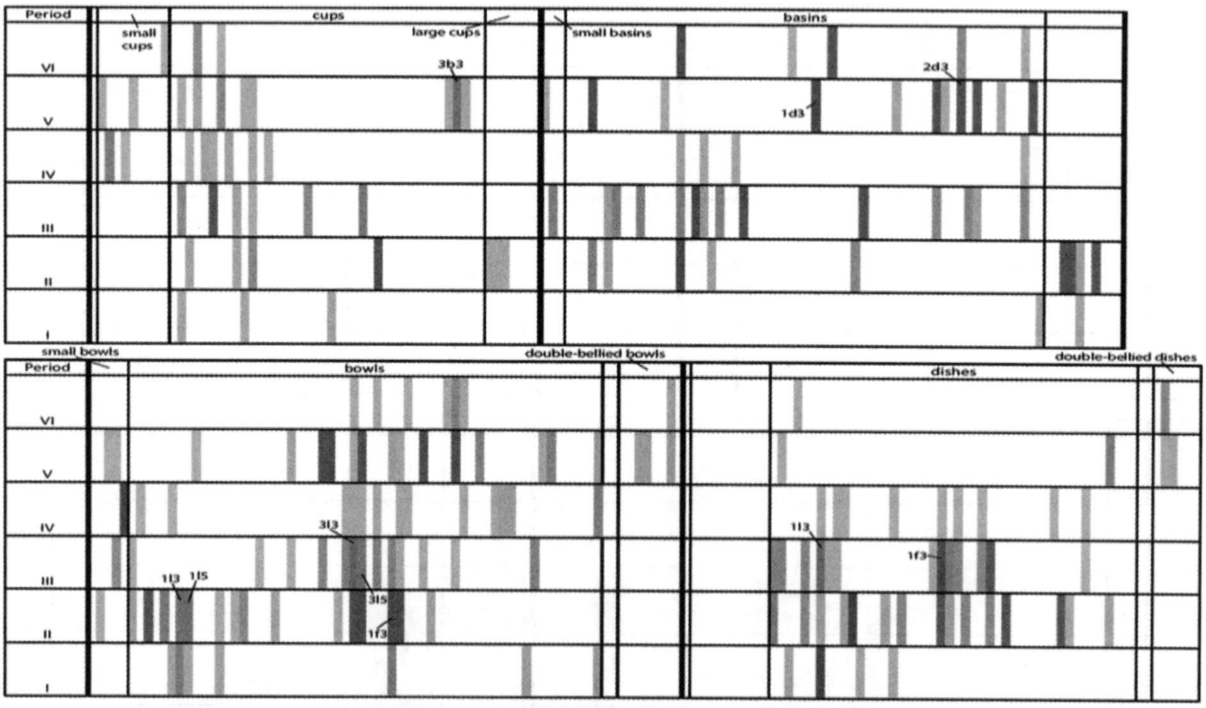

图四 B　鄂西地区加三峡地区口沿类型

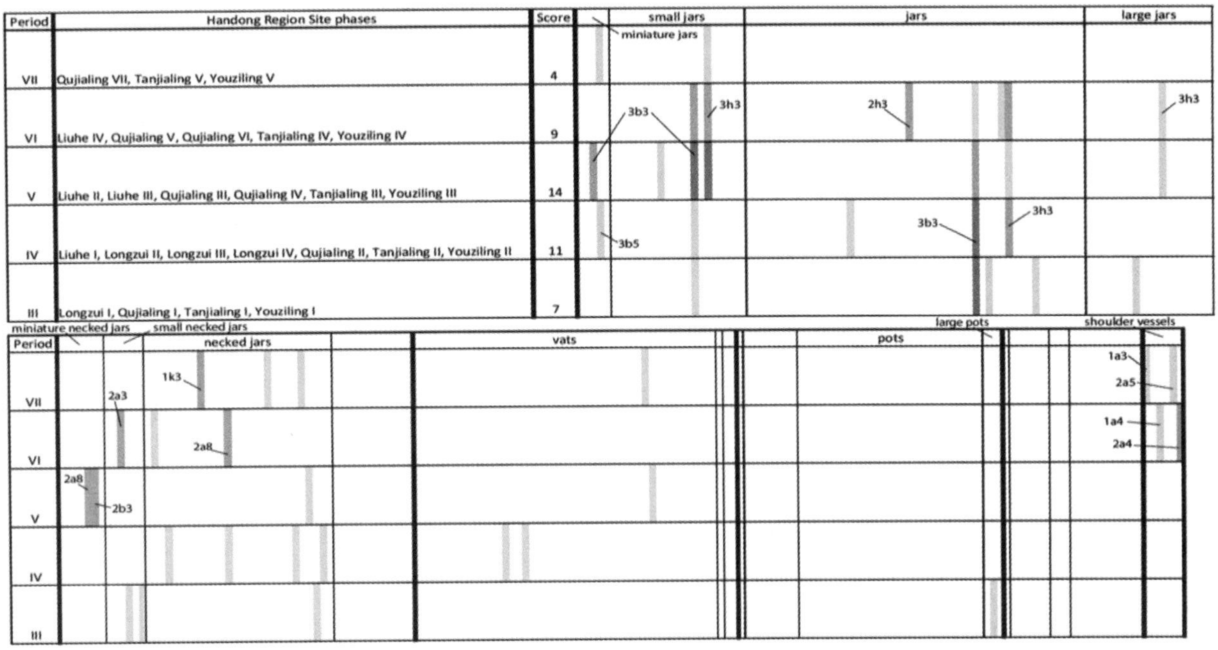

图五 A　汉东地区口沿类型

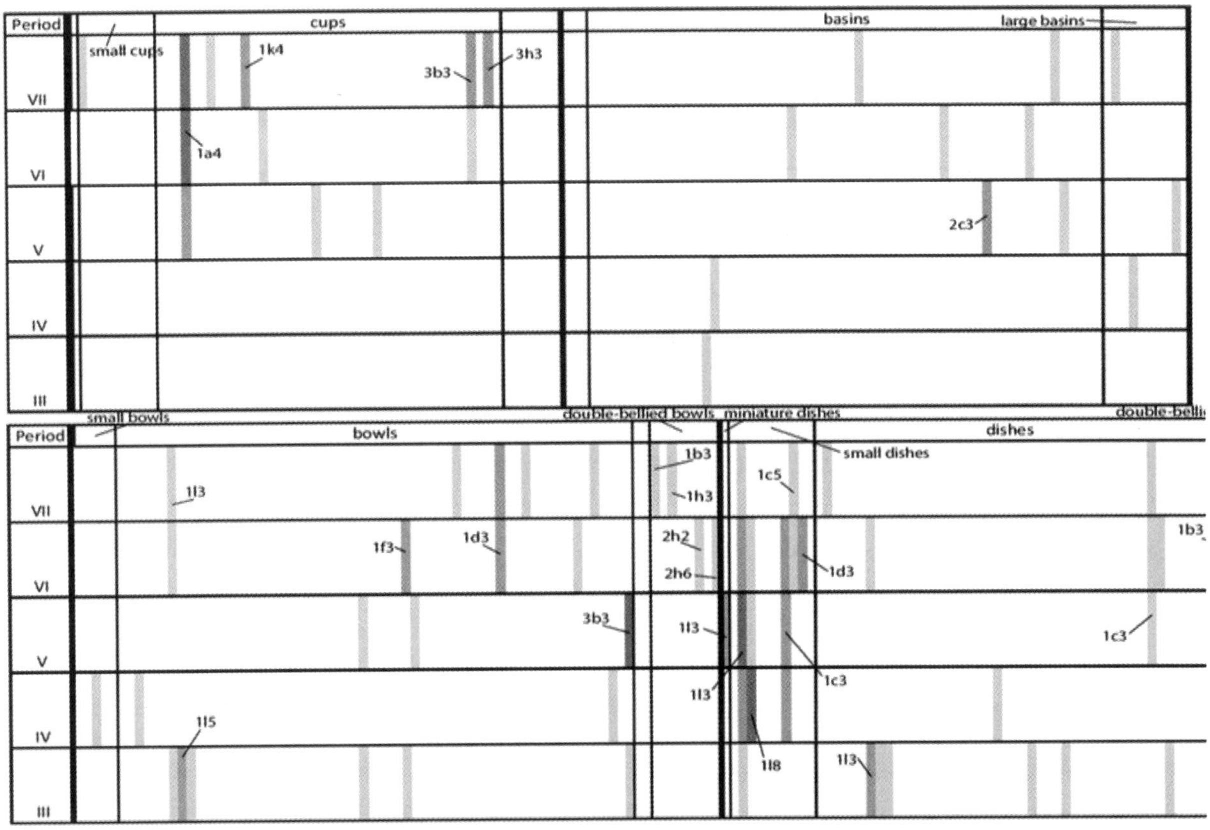

图五 B　汉东地区口沿类型

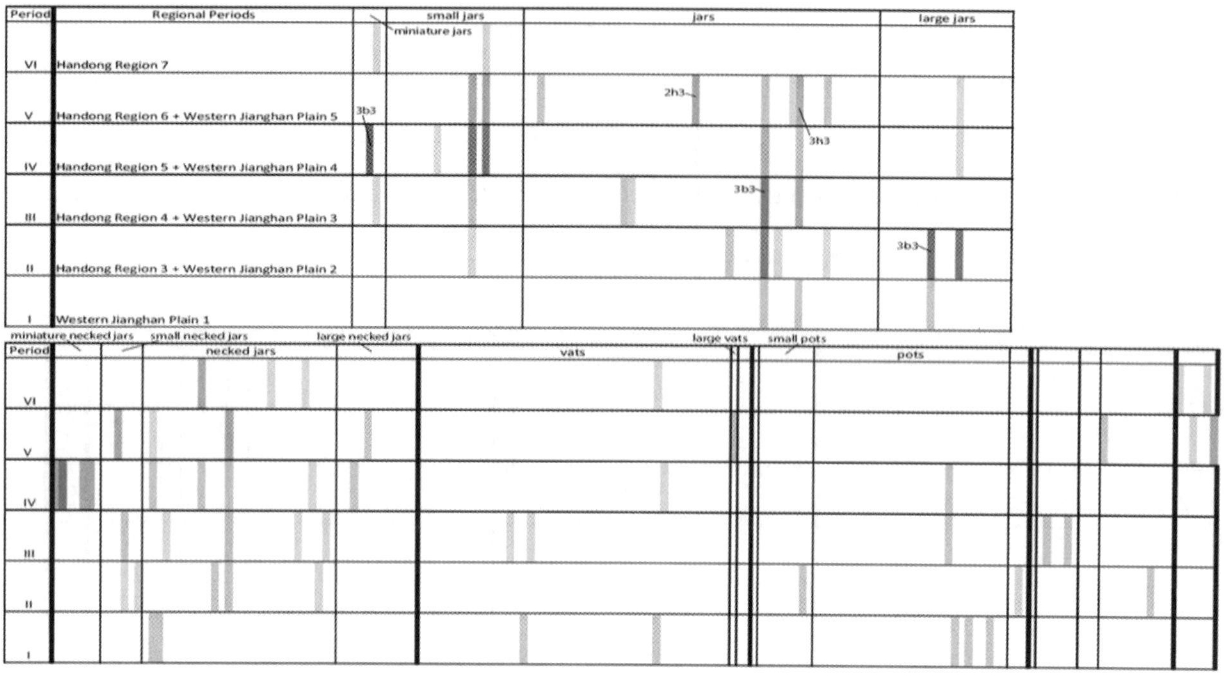

图六 A　鄂西地区加汉东地区口沿类型

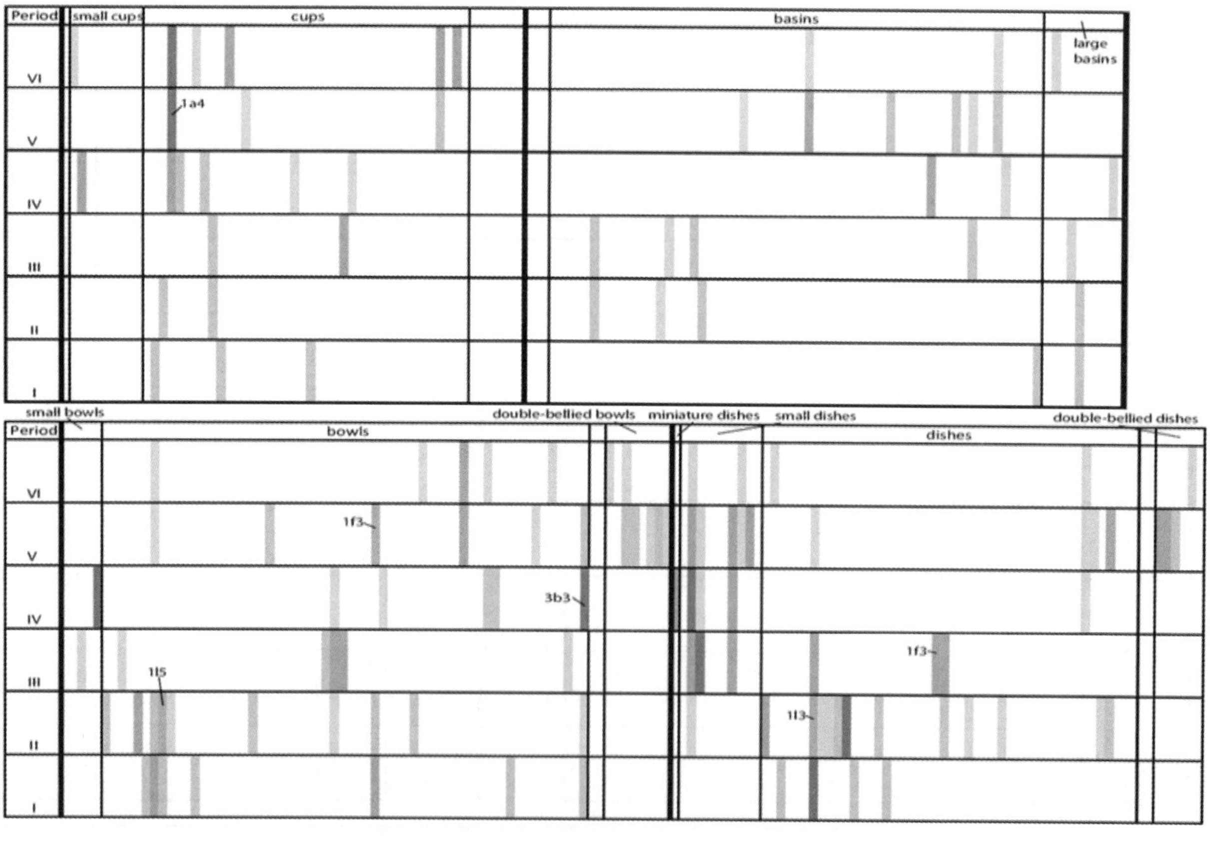

图六 B　鄂西地区加汉东地区口沿类型

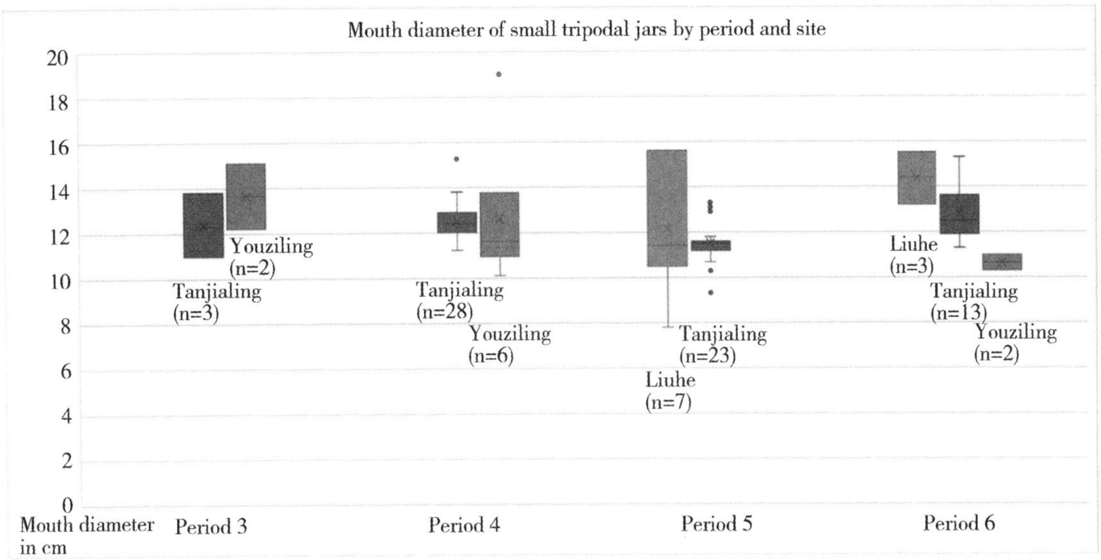

图七　小鼎口径

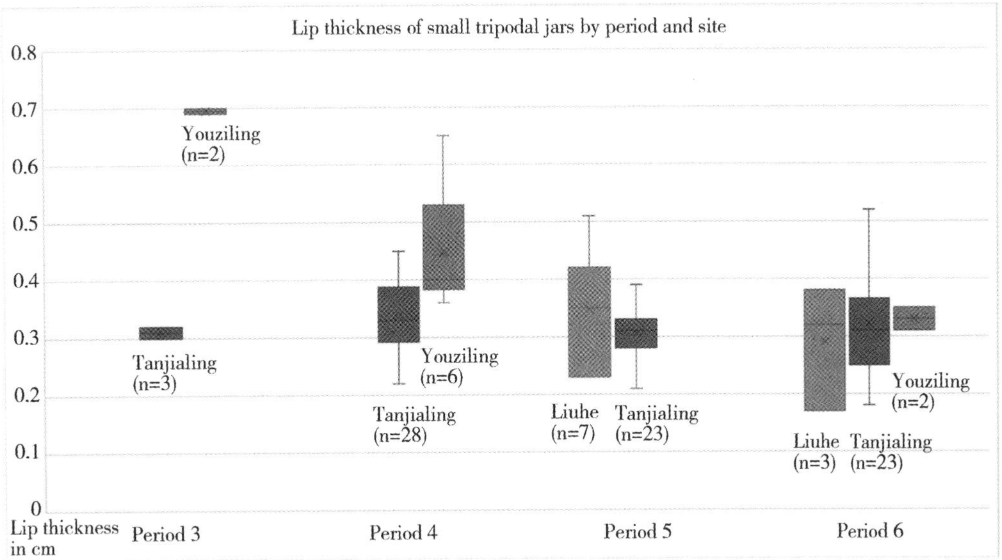

图八　小鼎唇厚度

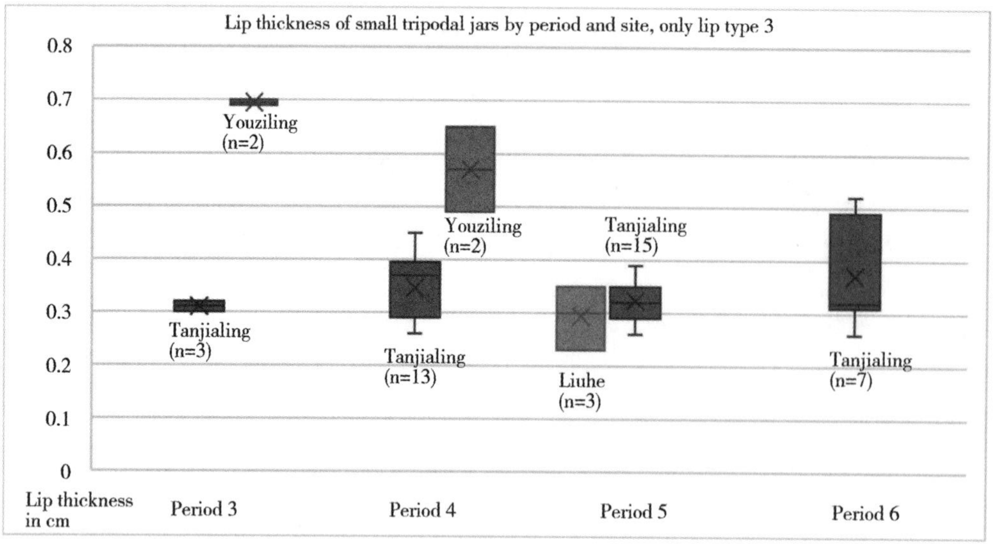

图九　小鼎唇厚度(仅 3 形唇)

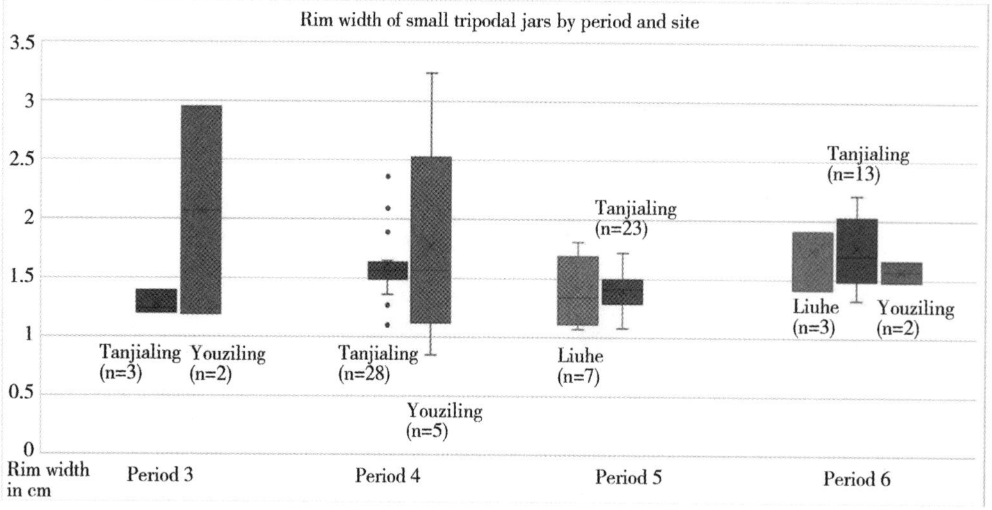

图十　小鼎折沿宽度

(作者单位：西北大学)

鄂渝地区新石器时代至商时期龙窑的考古发现与研究

杨 华 沈 涛

据对鄂、渝两地1949年以来考古发现资料的检阅，发现20世纪80年代，湖北省的文物考古部门就在江汉地区东部黄陂盘龙城商时期遗址中清理出了两座龙窑（发掘报告中称“长窑”），该遗址中的龙窑较长、较宽，可烧制大量的陶器，无疑是一建筑技术水平很高的窑炉，那么，商时期江汉地区的古先民们怎么突然就会建造出如此之先进的龙窑呢？该地区这种先进的龙窑建筑技术的由来是不是可考虑再往商时期以前追溯呢？值得欣慰的是，之后的2002年，湖北省的文物考古部门又在江汉地区北部随州金鸡岭新石器时代遗址中清理出了两座龙窑（发掘报告中称“长条形分室窑”）。此外，1999年、2002年、2006年，文物考古部门又先后在湖北三峡库区好几处商时期遗址中清理出了龙窑。又1998年、1999年，四川省的文物考古部门于重庆三峡库区忠县中坝遗址中清理出了一批新石器时代晚期的龙窑（有学者称为“龙灶”）。这些新石器时代至商时期龙窑的考古发现，不仅表明这个地区有着先进的制陶业，同时也体现了这一地区的古先民们在社会实践中不断地对窑炉的改进与创新。由于鄂、渝地区新石器时代至商时期龙窑发现的数量还不是很多，又从发现时间上来看也都是自20世纪80年代以来考古发现的，可以说关注者寥寥，然鄂渝两地考古发现的该时期龙窑，理应在长江流域乃至我国南方地区都是非常重要的考古发现，具有一定的研究价值。尽管目前已有学者注意到了龙窑的相关问题，并对这些龙窑进行或间接或者局限在某一处遗址中的窑炉资料的讨论，而综合的、全面的研究却无人涉及。基于此，本文拟就鄂渝两地考古发现的新石器时代至商时期龙窑资料中的诸多问题从以下几个方面来展开分析与研究，试图揭示这一地区龙窑的发展与演变以及一些相关问题。

一、鄂渝地区新石器时代至商时期龙窑的考古发现

所谓“龙窑”，整体形状狭长，宛如一条巨龙（有学者称为“蛇窑”“蜈蚣窑”）。龙窑的建造必须要有一定的地理环境，一般而言，龙窑多选择建造在山坡或是缓坡地带，这样的选择建造具有以下几大优势：第一，南方多雨，地势稍高，可避免水流的影响，可保持窑炉干燥；第二，龙窑建造选择在山坡或者缓坡地带，其倾斜度一般在10°到20°之间，个别龙窑倾斜度甚至超过20°以上，这样，火势可顺坡势而上，加大抽风力度，大大提高了效率，从建筑施工方面来说，建造时不必砌筑窑基；第三，当时南方烧窑的燃料主要是木柴，在窑炉附近一般多有可供烧制陶器的土源，燃料来源方便，泥土可以就地解决；第四，由于龙窑多建筑在山坡上，荒山得到了开垦，农田得到了保护，鄂渝地区山多耕地少，尤其是鄂西和渝东地区；第五，对烧制陶器的废品及窑渣的处理方便，可就地倾倒在窑炉旁边的山坡上，省工省力，尤其是汉以后，这种现象非常明显，在窑炉旁边的山坡上堆积有大量的窑渣及残次品。

鄂渝地区考古发现的新石器时代至商时期龙窑主要是20世纪90年代至21世纪初为配合三峡大坝水利工程建设而发现的，主要发现地点也是在长江三峡地区，另在江汉地区也有少量发现。现将两地考古发现的新石器时代至商时期龙窑的资料情况，依其时代早晚顺序介绍如下。

1. 湖北地区新石器时代至商时期龙窑的发现

据不完全统计，目前湖北地区共发现新石器时代至商时期龙窑共7座，这7座龙窑中除20世纪80年

代发现的两座外，其余5座皆是20世纪90年代末至21世纪初发现的。从考古发现的地点看，主要是在鄂西长江西陵峡地区和江汉地区东部和北部。

(1)新石器时代龙窑的发现。

湖北地区新石器时代龙窑仅发现两座。2002年，湖北省文物考古研究所为配合孝(感)襄(樊)高速公路建设，于随州金鸡岭遗址中清理出一批窑炉，共6座。① 其中两座为龙窑，编号为Y2、Y3，结构相同，均为长方形，两窑依地势由北向南倾斜，倾斜坡度在15°左右。Y2在建造时部分是利用了Y3的一段窑壁，Y3相对要早于Y2。

Y2残长1.92米、宽0.52米~0.56米，窑壁残高0.19米~0.26米。窑壁为纯净的黏土砌成，表面光滑致密，由北向南可分三个窑室。北室平面呈椭圆形，并有一圆形烟囱。中室平面呈圆形。北室与中室之间有潜火道相通。南室破坏严重，西侧窑壁部分利用Y3的一段窑壁砌筑，中室与南室之间有火道相连，火道顶部保存较好，并有两个烟囱(图一，1)。

Y3残长2.4米、宽0.52米~0.60米，窑壁残高0.19米~0.26米。窑室内部结构被破坏，大体可分为两个窑室。窑室底部较平，不见其他遗物。另外，在窑炉南部中间残存一弧形窑壁，可能为窑门所在；北部窑室内残存有圆形烟囱。

(2)商时期龙窑的发现。

商时期龙窑共发现五座。首先是江汉地区东部黄陂盘龙城商时期遗址中发现的两座龙窑，其次是鄂西的长江西陵峡地区的秭归、巴东几处商时期遗址中发现的3座龙窑。

①黄陂盘龙城遗址中的龙窑。

1979—1983年，湖北省的文物考古部门为配合盘龙城围堤的修筑和逐年加固工程，于南垣外的王家嘴遗址中清理了两座龙窑，② 编号为PW2Y1、PW2Y3，分别属于盘龙城二期和三期。

PW2Y1(盘龙城二期)，窑炉上部已残，平面形制为长条沟槽状。全长54米，一般宽2.4米~4米，最大宽度(包括所有的结构在内)达10米。窑身建造在一东北高西南低的坡地上，其结构为窑头、窑室(包括窑底、窑壁、窑内灰烬层堆积、窑门、窑顶)及窑尾三大部分。窑头在西南，腰围在东北部高处，首尾高低差2.75米(图一，2)。窑头，平面呈长条形，长6.8米、宽2米~3米。窑室，全长39.5米，由窑底、窑壁、窑内灰烬层堆积、窑门和窑顶构成。窑尾，高出窑头2.75米。平面形状为曲尺形，一端连接窑室，一端通向窑外岗地高处。

PW2Y3(盘龙城三期)，平面形制为长条沟槽状。沟槽自东向西倾斜，全长30、宽3米~5.6米、局部宽9米。首尾两端高2.3米(图一，3)。东段上部遭到严重破坏，仅剩底部，中、西段保存尚可。结构由窑头、窑室(包括窑底、窑壁、窑门、窑内灰烬层及窑顶)和窑尾构成。窑头位于两端，为不规则长方形，长4.2米，宽2.5米~4.2米。窑头底较窑室底低0.8米~1米。窑室位于整个窑炉的中段，全长20米，由窑底、窑壁、窑门、窑内凹槽、窑内灰烬层堆积及成群陶缸(片)和窑顶构成。窑尾位于岗顶高处，已遭到破坏，仅残存底部。从残存的两片烧土遗迹来看，平面形状略呈长方形。烧土遗迹长4.8米、宽2.9米。

②秭归大沙坝遗址中的龙窑。

1999年湖北省文物考古研究所在对秭归大沙坝遗址进行发掘时，清理出商周时期的窑炉1座(编号Y1)。整座窑炉坐落在坡地上，由火膛、火道、窑室三部分组成，火膛在下部，窑室在上部，中部由火道相连。窑室长1.8米，窑底坡度30°。火膛残长0.45米，宽0.44米，火道呈扁圆形，火道口径0.2米~0.4米，长约0.4米(图一，4)。窑室底与火道底基本在一个斜面上。③

① 湖北省文物考古研究所、随州市博物馆编著：《随州金鸡岭》，科学出版社2001年版，第33~38、263页。

② 湖北省文物考古研究所编著：《盘龙城(上)》，文物出版社2001年版，第84~86、147页。

③ 国务院三峡工程建设委员会办公室、国家文物局编著：《湖北库区报告集(第二卷)》，科学出版社2005年版，第488~489页。

③秭归何家大沟遗址中的龙窑。

2002 年，广东省文物考古研究所对秭归何家大沟遗址进行了考古发掘，清理出商周时期窑炉 1 座，该窑炉破坏严重，残长 1.2 米，宽 0.4 米~0.5 米，残高 0.2 米。火膛只残存南边一段，长 0.35 米，宽 0.54 米(图一，5)。窑床呈坡状，坡度 20°。窑床底部近平，窑左壁弧拱。右壁、烟道和火膛大部分已毁。火膛在东，烟道在西。窑炉建筑方法为就地挖掘建设，从窑床呈斜坡式长条形看，应当属于龙窑范畴。①

④巴东吴家坝遗址中的龙窑。

2006 年，湖北荆州博物馆三峡考古队在巴东吴家坝遗址商周地层中清理出 1 座窑炉，窑炉建于东高西低的地势上，坡度约 25°。窑门设在西边，烟囱设在东面。烟囱、烟道与窑室残存下部。窑炉平面呈长方形，烟囱、烟道与窑壁结合部均呈红色。质地坚硬，结构紧密。窑室残长 1.5 米，残宽 0.82 米，残高 0.64 米，烟道平面为长方形，长 0.8 米。烟囱高出窑顶面约 0.6 米，平面形状为长方形，圆角(图一，6)。烟囱南、北壁直壁式，东壁渐向内倾斜，平直与烟道一致，据其地势和构筑形式，应属“龙窑”类。②

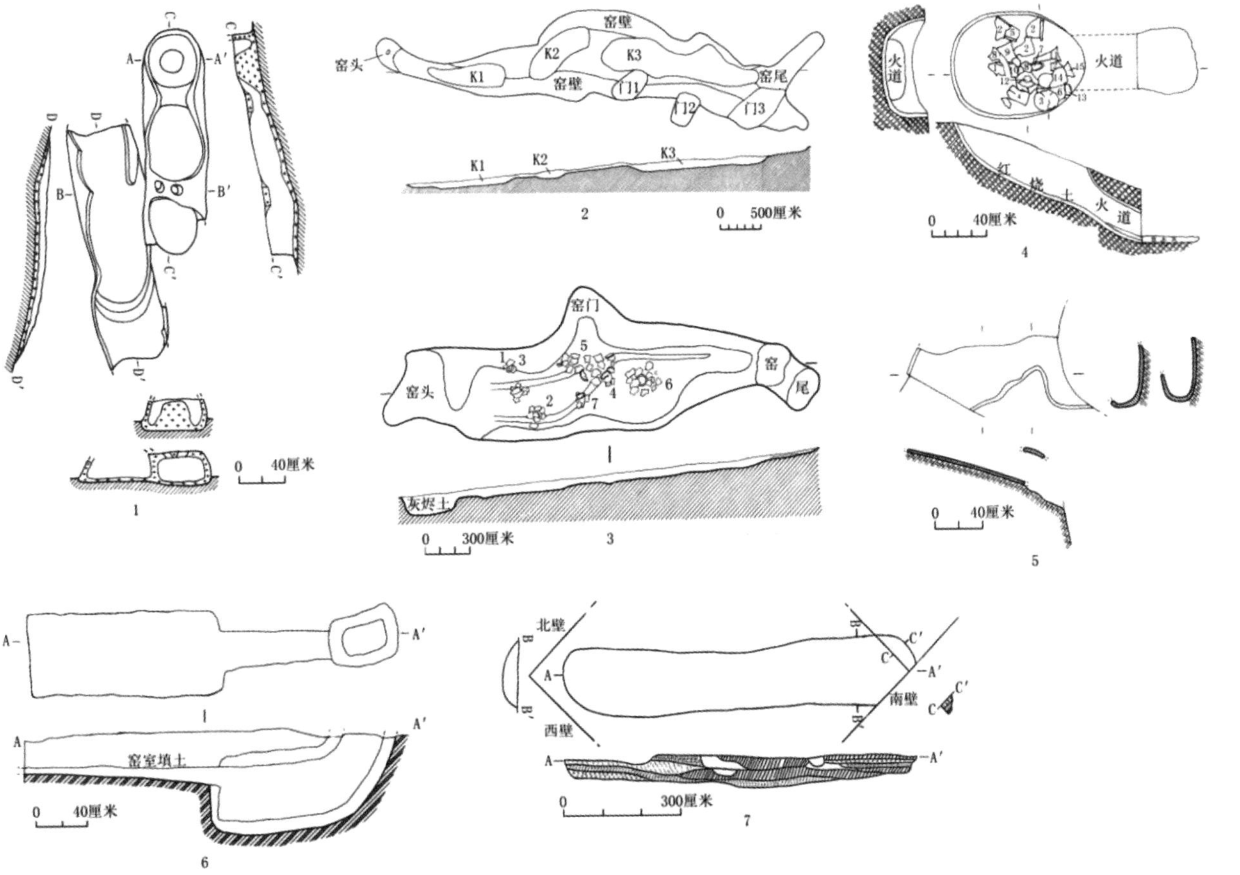

图一 鄂渝地区新石器商时期的龙窑

1. 随州金鸡岭遗址 Y2、Y3 2、3. 盘龙城遗址 Y1、Y3 4. 秭归大沙坝遗址 Y1

5. 秭归何家大沟遗址 Y1 6. 巴东吴家坝遗址 Y1 7. 忠县中坝遗址 Y15

① 国务院三峡工程建设委员会办公室、国家文物局编著:《湖北库区报告集(第三卷)》，科学出版社 2006 年版，第 126~127 页。

② 荆州博物馆:《巴东吴家坝遗址(南区)2006 年发掘报告》，《湖北库区报告集(第六卷)》，科学出版社 2010 年版。

2. 重庆地区新石器时代至商时期龙窑的考古发现

相对湖北地区考古发现的新石器时代至商时期龙窑而言，重庆地区仅见于忠县中坝遗址，其他地区几乎不见。20世纪90年代末，四川省文物考古研究所与北京大学考古文博学院联合对忠县中坝遗址进行了考古发掘，在该遗址中发现了几座龙窑。① 几座龙窑的形制大致一样，现以Y15为例(图一，7)，进行介绍。该窑炉平面呈长条形，首、尾略弧，东南—西北向，残长9.2米、宽1.4米~1.7米。东部被Y14打破，破坏严重。从西部剖面观察，室内堆积大致分五层。该窑的建筑方法是：先在地面上挖一深0.4米的基槽，形成窑面或利用下面的Y16的窑面共同使用。整体上看，Y15构造无火膛、火道、窑膛、烟道等明显划分，平面也没有明显倾斜，与后来西汉时期的龙窑在形制上差别较大。② 另1998年，也在该遗址中清理了3座龙窑，其中1座为西周时期，另两座为西汉时期。西周时期龙窑形制与上面介绍的新石器时代晚期龙窑形制基本相似。③

总的来说，鄂渝地区考古发现的新石器时代至商时期龙窑数量还不是很多(或许还有一些龙窑的资料未有整理发表)，但考古在这一区域里已发现了早到新石器时代的龙窑，其后的商周时期龙窑仍有发现，这为我们研究该地区龙窑的由来与发展演变提供了可靠的实物依据。

二、鄂渝地区新石器时代至商时期龙窑的研究现状

从湖北地区考古发现的新石器时代窑炉资料的情况来看，发现的数量不多，仅零星发现，除前面介绍的随州金鸡岭遗址发现的一批窑外，另有江汉地区天门肖家屋脊遗址新石器时代晚期(石家河文化早期)2座窑，④ 鄂西北房县七里河遗址新石器时代晚期(石家河文化)窑，⑤ 与江汉平原隔江相望的湖南安乡划城岗遗址发现一座大溪文化时期的窑炉。肖家屋脊窑炉、七里河窑炉都比较小，底部平，划城岗窑炉形制为原型窑炉，这些窑炉皆属于馒头形窑，不属于龙窑范畴。正是因为该地区新石器时代窑炉资料发现很少，故研究者寥寥。

2002年随州金鸡岭遗址中清理了新石器时代晚期的窑炉6座，其中两座为龙窑(Y2、Y3)。对这两座龙窑的形制，发掘报告《随州金鸡岭》中称“陶窑是本次发掘非常重要的发现，尤其是长条形分室龙窑与目前发现的屈家岭文化晚期的陶窑有很大的区别”⑥。发掘过后的10年，即2012年，湖北省文物考古研究所刘辉、唐宁二位先生就随州金鸡岭遗址中考古发现的新石器时代窑址群进行了讨论：“Y2、Y3作为目前发现最早的长条形分室陶窑，形制与结构依然十分简陋，窑体较窄，窑壁较薄，坡度也较缓，仍不能与后期成熟的龙窑相提并论，但这毕竟开龙窑结构之先河，是史前人类窑业技术的一大进步。”⑦由此可见，随州金鸡岭遗址新石器时代晚期长条形龙窑的发现，其研究价值意义深远。

金鸡岭龙窑发现于21世纪初(2002年)，而在江汉地区东部黄陂盘龙城商时期遗址中清理出的两座龙窑，发现时间是20世纪80年代，发掘报告《盘龙城》中介绍：“窑头与窑尾落差2.75米，其结构可分窑头、窑室、窑尾，除投柴孔及窑顶未见外，几乎具备了今天所见民间烧造陶瓷器的‘龙窑’所具有的全部

---

① 四川省文物考古研究所等：《忠县中坝遗址1999年度发掘简报》，《重庆库区报告集(2000卷·下)》，科学出版社2007年版；孙智彬：《重庆忠县中坝遗址解读：五千年的无字“史书”》，《中国三峡建设》2009年第2期。

② 四川省文物考古研究所等：《忠县中坝遗址1999年度发掘简报》，《重庆库区报告集(2000卷·下)》，科学出版社2007年版；孙智彬：《重庆忠县中坝遗址解读：五千年的无字“史书”》，《中国三峡建设》2009年第2期。

③ 四川省文物考古研究所等：《忠县中坝遗址1998年度发掘简报》，《重庆库区报告集(1998卷)》，科学出版社2003年版。

④ 石河考古队：《肖家屋脊》，文物出版社1999年版，第128页。

⑤ 湖北省博物馆、武大考古队、房县文化馆：《房县七里河遗址发掘的主要收获》，《江汉考古》1984年第3期；湖北省文物考古研究所编著：《房县七里河》，文物出版社2008年版，第58页。

⑥ 湖北省文物考古研究所、随州市博物馆编著：《随州金鸡岭》，科学出版社2001年版，第33~38、263页。

⑦ 刘辉、唐宁：《试论随州金鸡岭遗址新石器时代窑址群》，《江汉考古》2012年第1期。

特征。”这两座“长窑的性质可能是烧造陶器的龙窑，具体地说是烧造盘龙城出土的大量陶缸的”。①

鄂西长江西陵峡地区秭归大沙坝、秭归何家大沟、巴东吴家坝几处商时期遗址中发现龙窑，对其由来，有学者据三峡地区出土有一些商周时期“印纹硬陶”，而这种印纹硬陶的产品来源于长江中游地区，考古在江西鹰潭角山、浙江上虞百官镇等遗址的龙窑中，都发现有这种印纹硬陶。如此可以推测，在产品进行交流的同时，两地的龙窑技术或许也有所交流。“三峡地区发现的新石器时代晚期龙窑比长江中下游及华南地区商周龙窑的时间要早上几百年，这一发现揭示了我国南方龙窑系统起源的多元性。”②那么，当时的古先民们在文化交流中会不会将建筑龙窑的技术传到长江下游地区呢？值得深思。

20 世纪 90 年代末，重庆库区忠县中坝遗址中发掘出一批新石器时代和商周时期龙窑，引起了考古研究者的注意，主持发掘中坝遗址的四川省文物考古研究所孙智彬先生在搜集了巴蜀地区考古发现的龙窑资料后撰文述及，中坝遗址中发现的这批龙窑，“将四川盆地使用龙窑的历史，提早到了距今 4000 年以前”。③ 曾先龙先生在《中坝龙窑的生产工艺探析》一文中从龙窑形制及其特点、生产工艺、中坝龙窑与欧洲早期制盐生产之比较等几个方面进行了讨论与分析，据中坝龙窑的特殊结构表明，它应该是专门用于陶器煮盐的灶，而不是用于烧造陶器的，这种煮盐工艺亦见于公元前 1300 年至前 1200 年之间欧洲，在德国、南斯拉夫和波兰等地都可以看到这种制盐遗迹。④ 白九江、邹后曦二位先生在《制盐龙灶的特征及演变——以三峡地区为例》论及：“已有研究表明，中坝遗址是一处延续两千年的制盐遗址，那么其发现的早期‘龙窑’遗迹就应当是盐灶，由于形状上均呈长条形，我们不妨将这类盐灶遗迹改称为‘龙灶’”，他在综合了我国其他地区龙窑（灶）的考古发现的有关资料后，进一步认为这种龙灶的发展和演变是“早期龙灶的发展经历了由平底到斜坡底的变化”。⑤ 罗敏先生在研究三峡地区“窑业”的文章曾对三峡地区考古发现的先秦时期的窑炉资料进行了介绍与分析，在谈到忠县中坝遗址这批新石器时代晚期龙窑时认为：“三座（6 座）龙窑尚处于龙窑技术发展的早期探索阶段，坡度不明显，烧成时间长，说明当时还没有认识到火焰抽力的形成与作用，是一种原始龙窑，与汉代及其后的典型龙窑有很大区别。”⑥

从以上诸学者的研究成果看，虽说诸位学者都论及了鄂渝地区考古发现的新石器时代至商时期龙窑方面的相关认识，但我们也不难看出，诸位学者多偏向于对本地区龙窑的用途及功能方面的讨论，而在横向比较研究方面过于欠缺。那么，就该地区龙窑的起源及一些相关问题，例如鄂渝地区龙窑的建筑年代、技术与规模、用途、龙窑产生的背景、与长江中下游及我国南方地区龙窑之间的关系、该时期的龙窑对汉以后巴蜀地区龙窑有无影响等诸多问题。我们认为，要弄清楚上述这些龙窑方面的问题，首先应该是在厘清了鄂渝地区该时期龙窑的考古发现资料后，再综合长江中游以及我国南方地区考古发现的一些先秦时期龙窑资料一起来进行全面分析与讨论，这样才能对鄂渝地区考古发现的这些新石器时代至商时期龙窑方面的诸多问题逐一进行分析与解答，从而解开这些谜团。接下来我们拟就上述有关龙窑方面的一些问题来谈谈我们的认识。

三、对鄂渝地区新石器时代至商时期龙窑的几点认识

第一，鄂渝地区新石器时代至商时期龙窑数量之比较。湖北、重庆两地考古发现的新石器时代龙窑数量情况方面，湖北地区仅有随州金鸡岭新石器时代晚期的两座龙窑，重庆地区也只是在忠县中坝新石器时代晚期的 6 座龙窑。由此可见，无论是湖北地区，还是重庆地区，新石器时代晚期龙窑发现的数量还

---

① 湖北省文物考古研究所编著：《盘龙城（上）》，文物出版社 2001 年版，第 84~86、147 页。
② 杨华：《三峡夏商时期考古文化》，科学出版社 2014 年版，第 311 页。
③ 孙智彬：《12 米文化层 5000 年无字天书——忠县中坝遗址》，《文物天地》2003 年第 6 期。
④ 曾先龙：《中坝龙窑的生产工艺探析》，《盐业史研究（巴渝盐业专辑）》2003 年第 1 期。
⑤ 白九江、邹后曦：《制盐龙灶的特征与演变——以三峡地区为例》，《江汉考古》2013 年第 3 期。
⑥ 杨华：《三峡夏商时期考古文化》，科学出版社 2014 年版，第 311 页。

不是很多，忠县中坝遗址中龙窑相对比较集中，可称为窑址群，其数量明显多于湖北地区。商时期，湖北地区共发现5座，其中江汉地区东部2座，鄂西长江西陵峡地区3座，重庆地区仅在忠县中坝遗址中发现一座(商周时期)。不言而喻，从湖北、重庆两地发现的该时期龙窑数量来看，在新石器时代重庆地区龙窑数量要多于湖北地区，在商时期则反之，湖北地区要多些。

第二，鄂渝地区新石器时代龙窑的年代。据《随州金鸡岭》发掘报告，该遗址屈家岭文化遗存可分为三期，两座龙窑属于第一期(屈家岭文化早期)，而屈家岭文化的距今年代，据碳十四测定年代数据，屈家岭文化的年代在公元前3400年至前2500年之间。① 金鸡岭遗址两座龙窑属于屈家岭文化早期阶段(屈家岭文化第一期)，这样的话，该龙窑的年代距今至少在5000年以前。值得注意的是，Y2打破Y3(利用了Y3的一段窑壁)，这也就是说，Y3还要早于Y2。重庆库区忠县中坝遗址中龙窑，据发掘报告介绍，中坝新石器时代晚期遗存共分三期：一期年代为距今5000~4800年；二期年代为距今4800~4500年；三期年代为距今4500~4000年。龙窑属于中坝遗存第三期，年代大约在距今4000年以前的新石器时代晚期。② 显而易见，鄂地金鸡岭遗址中龙窑的年代要比渝地中坝遗址中龙窑的年代要早几百年。

第三，鄂渝地区新石器时代至商时期龙窑建筑形制与规模。据前面考古发现资料获知，随州金鸡岭两座龙窑均为长条形，皆是依地势由北向南倾斜(倾斜坡度15°左右)。忠县中坝龙窑也都为长条形，但倾斜度不明显，窑炉底近平。虽说鄂、渝两地皆为长条形，但建筑形制存在一定差异，尤其是在倾斜度方面。从窑炉修建规模来看，其长度因两地龙窑均遭到破坏，故长度不明。又从窑炉宽度来看，鄂地金鸡岭两龙窑宽度分别为0.52米~0.6米、0.52~0.56米。渝地中坝龙窑(Y15)宽度分别为1.4米~1.7米，宽度远远超过鄂地金鸡岭龙窑宽度。由此可见，渝地中坝龙窑的建筑规模似要比金鸡岭龙窑的规模要大些。我们还注意到了金鸡岭遗址中的另外几座长方形窑炉，Y1“窑与窑尾高差为0.98米，坡度20°”，Y5窑体直接砌在烧土，“斜坡面上”，Y6“整个窑室均北高南低”。当时先民们在建造时都考虑到了火道抽力的功能。

第四，鄂渝地区新石器时代时代至商时期龙窑的用途。随州金鸡岭新石器时代堆积层中出土有较多的日常生活用品陶器，诸如鼎、罐、盆、碗、豆、缸、瓮、杯、壶、器盖、纺轮等，另在窑炉内也出土有盆、鼎、缸等。显然，这批窑炉是烧制这些日常生活陶器的。盘龙城遗址龙窑所在地的王家嘴遗址堆积层中出土遗物丰富，器形主要有鼎、斝、盉、豆、缸等，尤其是大量的陶缸片最引人瞩目，两龙窑的窑内也发现有较多的陶缸(片)，有的陶缸完整，有的陶缸还未烧透，而发现的圆窑规模较小，直径1.3米，窑内有陶鬲(报告中没有说有缸)。③ 2013年，在盘龙城遗址内发现了铸造遗物石范和大量的陶缸(片)。此现象表明，盘龙城商时期居民有了铸造青铜器技术的事实。④ 有研究者对盘龙城遗址中出土的如此之多的陶缸进行了专门的实验分析，发现所谓的这些陶缸主要是用来熔炼青铜器的，这样的话，我们有理由认为，盘龙城龙窑应是烧制陶缸的，与冶铸业有关。⑤ 至于鄂西的西陵峡地区几处商时期遗址中发现的窑炉，多是烧制一般日常生活用品陶器的。

忠县中坝新石器时代晚期龙窑，学者们多研究认为应与制盐有关，并非烧制陶器的。该遗址出土大量的用于制盐的圆底器，中坝遗址中龙窑没有窑床，不能放置坯件，据“中坝龙窑的特殊结构表明，它应该是专用于陶器煮盐的灶，而不是用于烧制陶器”⑥。中坝遗址中不仅清理出了一批新石器时代晚期的龙

---

① 中国社会科学院考古研究所编著：《中国考古学(新石器时代卷)》，中国社会科学出版社2010年版，第443页。

② 四川省文物考古研究所等：《忠县中坝遗址1999年度发掘简报》，《重庆库区报告集(2000卷·下)》，科学出版社2007年版；孙智彬：《重庆忠县中坝遗址解读：五千年的无字“史书”》，《中国三峡建设》2009年第2期。

③ 湖北省文物考古研究所编著：《盘龙城(上)》，文物出版社2001年版，第87~88页。

④ 韩用祥：《盘龙城遗址首次发现铸造遗物及遗迹》，《江汉考古》2016年第2期。

⑤ 湖北省文物考古研究所编著：《盘龙城(上)》，文物出版社2001年版，第605~607页；徐劲松、余夏红：《盘龙城遗址灰烬沟遗迹性质浅析》，《江汉考古》2016年第2期。

⑥ 曾先龙：《中坝龙窑的生产工艺探析》，《盐业史研究(巴渝盐业专辑)》2003年第1期。

窑，而且还清理出了10余座汉代龙窑，从该遗址清理出的新石器汉代龙窑底部形态看，“中坝遗址新石器龙窑为平底。汉代龙窑由火门、火膛、火道、烟道等几部分组成，底为斜坡底，但倾斜度因分段结构不同而有明显差异，最大倾斜度来自于‘火膛’‘窑膛’结合部，通常可达70度以上”①。由此可见，汉代龙窑已有了很大的改进。但无论是新石器时代还是汉代，中坝遗址中龙窑主要是用于煮盐的。

第五，关于鄂地金鸡岭龙窑的祭祀。随州金鸡岭遗址中清理出了一批墓葬(长方形土坑墓12座，瓮棺葬17座)，在11座仰身直肢葬中，发现1座(M9)北部为Y2。M9为长方形土坑竖穴墓，“墓口由北向南略倾斜……长1.9米、宽0.6米。单人仰身葬，面部朝向东，两手交叉位于盆骨下面，两腿膝盖处以下交叉重叠，与上段分离，并偏向两侧，一脚与下肢分开较远，断裂处断痕锐利整齐，可能为利器砍砸所致，系非正常死亡。男性，20岁左右。未发现葬具。无随葬品”。对该墓葬的死者，主持发掘者认为：“位于Y2南部的M9无任何随葬品，人骨四肢有明显的捆绑现象……属于非正常死亡，可能与窑址奠基或生产过程中的某种祭祀活动有关。”②这种用人或用猪祭祀(奠基)的现象在河南安阳鲍家堂仰韶文化遗址(在距窑炉约1.5米处的坑中发现完整的猪骨架)、湖北房县七里河新石器时代遗址中(于火膛底部发现人骨)均有发现,③ 可以推测，随州金鸡岭Y2底部下的墓葬应是专门用于祭祀(奠基)的。

第六，鄂渝地新石器时代至商时期龙窑的产生背景。正如考古学研究者认为的，随州金鸡岭龙窑是目前我国所见的最早的分室龙窑，“尽管还不是真正的成熟的龙窑，但其长条形分室的特征则是具有龙窑的初始形态，对于探讨龙窑起源具有十分重要的意义……这毕竟开龙窑结构之先河，是史前人类窑业技术的一大进步”④。金鸡岭遗址中出土了较多的精美陶器，标志着该地区史前先民们的制陶业具有了较高水平，暗示了当时的窑业技术已得到相应的成就。据江汉地区新石器时代(屈家岭文化)考古发现的一些遗址资料获知，该时期文化强势北扩，对中原文化影响很大，其势力向北扩张已达豫西南甚至豫东南地区，在中原大部地区都可见到南方江汉地区屈家岭文化因素。在长江中游的两湖地区，屈家岭文化时期城址就有20多座，文化发达，制陶业先进，在这一时期先进龙窑技术的出现并非偶然，代表着制陶业先进的一个方面。

黄陂盘龙城两座超大型龙窑，其规模之大，为长江流域之最，盘龙城所处地理位置，它以长江、汉水为主要航线，连接江河湖泊，构成四通八达的水运交通网，成为长江中游水路交通的中心枢纽。由此可见，古时盘龙城地理形势十分险要，在南方有着举足轻重的地位，商时期曾是商王朝南征的军事据点，文献记载，商代初年，荆楚已臣服于商，长江中游已属于商王室南土范围。盘龙城隔长江与湖北东南边的大冶、阳新等金属矿区相望，鄂东武穴隔江相对的江西瑞昌铜岭，都是北方商族先民南下采矿的区域。因此，商王朝将盘龙城视为南下掠夺矿产资源的中转站。盘龙城遗址内发现大量的商代青铜器，大量冶炼青铜器的陶缸，另外还有铸造青铜器的石范等，而龙窑又多是烧制陶缸的，先进的中原文化南下，再结合这里的地理环境，尤其是在汲取江汉地区古先民们建筑龙窑工艺技术方面的一些先进经验，从而进行改革与创新。在这样的背景下，根据适用和需要，将窑炉加长、加宽，扩大其建筑规模，这是必然的。

至于渝地中坝遗址，据考古发现及有关学者们的研究获悉，该遗址地是长江三峡地区一处重要的专门进行盐业生产的遗址，开采盐业的历史至少可以追溯到距今4000年的新石器时代晚期，当时该地区的古先民们在生产食盐时不仅要有制盐工具(陶罐、尖底器)，而且还要有用于煮盐的龙窑(灶)，建筑龙窑用于煮盐，食盐可与外界贸易交换，从而大大促进了该地区经济的发展，这是完全可行的，当不足为奇。

第七，与我国南方其他地区龙窑之比较。早在20世纪80年代，有学者就据当时我国龙窑考古发现的

① 白九江：《考古学视野下的四川盆地古代制盐技术——以出土遗迹、遗物为中心》，《盐业史研究》2014年第3期。

② 刘辉、唐宁：《试论随州金鸡岭遗址新石器时代窑址群》，《江汉考古》2012年第1期。

③ 湖北省博物馆、武大考古队、房县文化馆：《房县七里河遗址发掘的主要收获》，《江汉考古》1984年第3期；湖北省文物考古研究所编著：《房县七里河》，文物出版社2008年版，第58页。

④ 刘辉、唐宁：《试论随州金鸡岭遗址新石器时代窑址群》，《江汉考古》2012年第1期。

资料研究认为，“至迟在春秋战国时已用龙窑烧制印纹硬陶和原始瓷。以后经过不断的改进，结构渐趋完善，成为我国江苏、浙江、福建、广东、广西和湖南等省烧瓷的主要窑炉”。该文还介绍说：“我国现已发现的最早的龙窑，是绍兴县富盛长竹园(春秋战国时期)。”①该龙窑原长4米~6米，现残长3米，宽2.42米。然就在该文发表前后时间里，江汉地区东部黄陂盘龙城王家嘴商时期遗址中清理出了两座龙窑(长窑)，2002年又在江汉地区北部随州金鸡岭新石器时代遗址中清理出了两座龙窑(长条形分室窑)，1998年、1999年、2002年、2006年，三峡库区的忠县中坝、巴东吴家坝、秭归大沙坝、何家大沟等遗址中相继清理出了一批新石器和商时期的龙窑。再从长江中游及我国东南沿海地区考古发现有关龙窑的资料来看，自浙江绍兴富盛长竹园东周时期龙窑发现之后到2010年，在这一地区又有一些新的发现。如江西鹰潭角山遗址、江西清江吴城遗址、浙江上虞百官镇窑址、浙江湖州南山窑址、福建浦城猫耳山窑址等，都发现有商周时期龙窑。② 总的来说，尽管长江下游及我国东南沿海地区自20世纪80年代以来陆续发现一些先秦时期的窑炉，但龙窑的时代上限顶多只能在商时期，而商时期以前的龙窑资料目前还暂时没有发现。因此，据上述考古发现的这些龙窑资料，我们有理由认为，鄂渝地区应该是迄今为止我国龙窑的起源地。

四、结语

据前面对鄂渝地区新石器时代至商周时期考古发现的龙窑资料的介绍与分析研究获知，无论是湖北地区，还是重庆地区，早在距今4000年以前的新石器时代就已经开始有了建筑龙窑的历史事实，只不过是该时期的龙窑不像汉以后龙窑那样规整，长度那么长，倾斜坡度那么大而已。而过去对我国龙窑起源的研究，20世纪80年代初，有学者据考古发现资料述及：“根据现有考古发现材料，至迟在春秋战国时已用龙窑烧造印纹硬陶和原始瓷。”③1986年，江西清江吴城商代遗址第六次发掘中，清理出了4座龙窑，时代为商代晚期。发掘报告中介绍，这是我国首次发现的龙窑，为窑炉史的研究提供了年代最早的实物资料。④ 近年有学者在研究三峡地区龙窑相关问题时，进行比较后认为：“三峡地区也是龙窑技术的发源地之一，且三峡地区的龙窑技术源自当地的新石器时代原生文化，比长江中下游及华南地区商周龙窑的时间要早数百年。”⑤最近，武汉大学历史文化学院的李清临、孙燃二位先生在《中国古代陶瓷窑炉分类浅议》中言及：“目前所知，龙窑出现于商代。这个时期的龙窑窑身很短，结构简单，且常有原始瓷与印纹硬陶合烧的现象。”⑥不难看出，在研究我国龙窑起源的时候，不少研究者都将目光锁定在长江中下游地区(包括东南沿海地区)，大多认为这一地带系我国原始瓷与印纹硬陶的起源地，同时也在这一地区发现了一批批商时期龙窑。但20世纪末至21世纪初，鄂渝地区陆续发现的一些新石器时代至商时期龙窑资料，不得不使我们更改过去的认识和已经过时的旧观念。商时期龙窑无论是在长江中上游地区，还是在长江下游以及我国东南沿海地区都有发现，并非长江下游才是龙窑的诞生地。但如果说长江中下游以及我国东南沿海地区商时期龙窑主要是烧制原始瓷和印纹硬陶的话，此说应该是成立的，已有的考古资料证明，这一地区原始瓷和印纹硬陶在商时期遗址、窑址中多有发现，而长江中上游及我国其他省区(如江汉地

---

① 朱伯谦：《试论我国古代的龙窑》，《文物》1984年第3期。

② 李华荣、周广明：《三千年窑火——中国瓷滥觞》，《寻根》2001年第1期；李华荣等：《鹰潭角山发现大型商代窑址》，《南方文物》2001年第1期；江西省文物工作队：《江西鹰潭角山试掘简报》，《华夏考古》1990年第1期；江西省文物工作队吴城考古工作站等：《清江吴城遗址第六次发掘的主要收获》，《南方文物》1987年第2期；李玉林：《吴城商代龙窑》，《文物》1989年第1期；浙江省文物考古研究所等：《浙江东苕溪中游商代原始瓷窑址群》，《考古》2011年第7期；陈明忠：《浦城仙阳商周窑址发掘的初步收获》，《福建文博》2006年第1期。

③ 朱伯谦：《试论我国古代的龙窑》，《文物》1984年第3期。

④ 李玉林：《吴城商代龙窑》，《文物》1989年第1期。

⑤ 杨华：《三峡夏商时期考古文化》，科学出版社2014年版，第311页。

⑥ 李清临、孙燃：《中国古代陶瓷窑炉分类浅析》，《江汉考古》2017年第6期。

区、长江三峡地区以及北方中原地区）却极少或零星发现。

总之，探讨我国龙窑的起源，仅着眼于长江中下游及东南沿海地区的一些商时期龙窑、原始瓷和印纹硬陶资料是远远不够的，应关注整个长江流域以及我国南方考古新发现的龙窑资料（尤其是鄂渝地区考古发现的新石器时代至商时期龙窑资料）来进行全面分析与研究，这样才能真正弄清楚龙窑的起源及相关问题。

（作者单位：重庆师范大学历史与社会学院）

中国青铜文明锡铅铜合金技术可能自创发明于楚地

郭静云　邱诗萤　范梓浩

一、对当前冶铜起源研究及其内在矛盾的检视

从安阳殷墟发掘以来，学界对中国上古青铜文化的探讨，主要集中于黄河流域的遗址，如二里头、二里岗、殷墟等，以这些遗址作为中国上古青铜文化的代表。顺着这个观点思考，目前学界的主流观点认为，上述黄河流域遗址是中国青铜文化发展的中心，因此，厘清其技术的来源，便可以确知中国青铜文化的来源。上述遗址的青铜技术已经很成熟，却没有发现早期冶炼的遗存，况且黄河流域并无易采的矿脉，不可能自生发展出青铜文化，因此，黄河流域青铜技术由外地传入，近来逐渐成为共识。这基本上是很难反驳的事实，但关键问题在于，青铜技术来到黄河地区的方向、原本创造和传承的族群，以及创造者的文化属性。这些问题并未获得充分答案，相关研究仍存在着很多矛盾。

20世纪世界较流行的观点为中国青铜技术深受西方文化影响。此观点有几种依据。如经常有提及，由于中亚的米努辛斯基地区蕴藏丰富矿产并靠近中国西北，因此会有文化传播关系；而且，目前中国西北区域出土了一些时代相对较早、技术不成熟的红铜、砷铜与青铜器①，学界对其可能的矿源有所判断②。在这些资料下，探究中国青铜技术源头的焦点，逐渐聚焦于新疆、甘肃、陕北等西部地区③。近来，随着西城驿遗址资料的公布④，黄河流域青铜技术经由西方“史前丝路”传来，中国上古冶金技术起

---

① 甘肃省博物馆：《武威皇娘娘台遗址发掘报告》，《考古学报》1960年第2期；中科院考古所甘肃工作队：《甘肃永靖大何庄遗址发掘报告》，《考古学报》1974年第2期；中科院考古所甘肃工作队：《甘肃永靖秦魏家齐家文化墓地》，《考古学报》1975年第2期；甘肃省博物馆：《武威皇娘娘台遗址第四次发掘》，《考古学报》1978年第4期；韩汝汾、柯俊：《姜寨第一期文化出土黄铜制品的鉴定报告》，《姜寨：新石器时代遗址发掘报告》，文物出版社1988年版，第544~548页；Kwang-tzuu Chen, Fredrik T Hiebert. The Late Prehistory of Xinjiang in Relation to It's Neighbors. *Journal of World Prehistory*, 1995, 9(2), pp. 269-272; Colin Renfrew, Paul Bahn. *The Campridge World Prehistory*, 2014, Vol. 2, Cambridge Press, pp. 1639-1641.

② 北京钢铁学院冶金史组：《中国早期铜器的初步研究》，《考古学报》1981年第3期；Barnard N. Thoughts on the Emergence of Metallurgy in Pre-Shang and Early Shang China, and A Technical Appraisal of Relevant Bronze Artifacts of the Time. *Bulletin of the Metals Museum*, 1993, Vol. 19, pp. 3-48；王志俊：《中国早期铜器的起源及发展》，《文博》1996年第6期；易德生：《商周青铜矿料开发及其与商周文明的关系研究》，武汉大学博士学位论文，2011年5月；Shanjia Zhang, Yishi Yang, Michael J. Storozum, Haiming Li, Yifu Cui, Guanghui Dong. Copper Smelting and Sediment Pollution in Bronze Age China: A Case Study in the Hexi corridor, Northwest China. *Catena*, 2017, Vol. 156, pp. 92-101.

③ 参见孙淑云、韩汝玢：《甘肃早期铜器的发现与冶炼、制造技术的研究》，《文物》1997年第7期；Jianjun Mei. Copper and Bronze Metallurgy in Late Prehistoric Xinjiang: Its Cultural Context and Relationship with Neighbouring Regions. BAR International Series 865. Oxford: Archaeopress, 2000；梅建军、刘国瑞、常喜恩：《新疆东部地区出土早期铜器的初步分析和研究》，《西域研究》2002年第1期；孙淑云、潜伟、王辉：《火烧沟四坝文化铜器成分分析及制作技术的研究》，《文物》2003年第8期；李水城：《西北及中原早期冶铜业的区域特征和交互作用》，《考古学报》2005年3月。

④ 甘肃省文物考古研究所、北京科技大学冶金与材料史研究所、中国社会科学院考古研究所、西北大学文化遗产学院：《甘肃张掖市西城驿遗址》，《考古》2014年第7期；甘肃省文物考古研究所、北京科技大学冶金与材料史研究所、中国社会科学院考古研究所、西北大学文化遗产学院：《甘肃张掖市西城驿遗址2010年发掘简报》，《考古》2015年第10期；李延祥、陈国科、潜伟、王辉：《张掖西城驿遗址冶铸遗物研究》，《考古与文物》2015年第2期。

源于西方的"西来说" 成为主流观点①。

至于青铜技术源于西方何处，仍有中亚和北亚地区阿凡纳谢沃文化(Afanasievo Culture)、奥库涅夫文化(Okunev Culture)、安德罗诺沃文化(Andronovo Culture)等不同说法。② 但是这些说法均有很多缺环，比如说，因为在新疆地区迄今没有发现早于公元前2000年的铜器或炼铜依据，所以西方技术经新疆地区传入中国的论点缺乏证据；同时因为缺乏蒙古国地区的资料，冶炼技术经过蒙古草原路线传入中国的说法也难以成立。③ 此外，亦有学者认为，考古资料无法显示中亚炼铜文化进入中国的现象。比如说，虽然有一种常见论点认为，阿凡纳谢沃文化为中国青铜技术的源头，但是中国考古资料并没有显示阿凡纳谢沃文化的影响，因此相关讨论缺乏实际证据。④

又如探讨黄河上游齐家文化时(据碳十四校正数据年代范围为公元前2300—前1500年，核心年代范围为公元前2200—前1750年)⑤，可以发现其铜器的成分和技术与草原耶陆宁文化(Elunino Culture)以及塞伊玛-图尔宾诺遗存(Seima-Turbino Complex)有可比性；但是，耶陆宁文化的年代，根据碳十四校正数据大范围为公元前2000—前1600年，核心范围则在公元前1800—前1600年⑥，明显比齐家文化的年代晚。

除了年代对照所造成的疑问之外，从冶铸技术的角度来看也容易产生疑问。中国主流制造的青铜器与西亚完全不同。首先，商文明通用的炼铜工具是炼缸(smelting vat，也称为"大口缸")，这种特殊技术源自长江中游屈家岭文化晚期，大约公元前第四千纪中晚期在楚地发明，而未见于中国之外的青

① Ho Ping-ti. Some Problems of Shang Culture and Institutions: A Review Article. *Pacific Affairs*, 1961 Vol. 34, No. 3, pp. 292-293; Pope, Gettens, Cahill and Barnard. *The Freer Chinese Bronzes*, 1969, vol. II, Technical Studies, Smithsonian Publication, Washington, pp. 11, 16; Bunker E C. Lost Wax and Lost Textile: An Unusual Ancient Technique for Casting Gold Belt Plaqes. In: Maddin, R. (Ed.), *The Beginning of the Use of Metals and Alloys*. MIT Press, Massachusetts, 1988, pp. 222-227; 安志敏:《试论中国的早期铜器》,《考古》1993年第12期，第1117页; Fitzgerald-Huber L G. Qijia and Erlitou: The Question of Contacts with Distant Cultures. Early China, 20, pp. 17-67; Linduff K M, Han, Rubin, Sun, Shuyun (eds.) *The Beginnings of Metallurgy in China*. The Edwin Mellen Press, Lewiston, 2000.; Mei Jianjun. Cultural Interaction between China and Central Asia during the Bronze Age, *Proceedings of the British Academy*, 2003, Vol. 121, pp. 28-33; Linduff K M(Ed.). *Metallurgy in Ancient Eastern Eurasia from the Urals to the Yellow River*. The Edwin Mellen Press, Lewiston, 2004; Mei Jianjun. Early metallurgy in China: Some Challenging Issues in Current Studies. In Jianjun Mei and Thilo Rehren (eds.). *Metallurgy and Civilisation: Eurasia and Beyond*. London: Archetype Publication, 2009, pp. 9-16; 梅建军:《中国早期冶金术研究的新进展》，中国社会科学院考古研究所科技考古中心编:《科技考古》第三辑，科学出版社2011年版，第135～154页; Mei Jianjun, Xu Jianwei, Chen Kunlong, Shen Lu, Wang Hui. Recent Research on Early Bronze Metallurgy in Northwest China. In Paul Jett (ed.), *Scientific Research on Ancient Asian Metallurgy*. Washington: Freer Gallery of Arts. 2012, pp. 37-46; J Rawson. Shimao and Erlitou: New Perspectives on the Origins of the Bronze Industry in Central China. *Antiquity*, 2017, vol. 91, p. 355.

② Mei Jianjun, Colin Shel The Existence of Andronovo Cultural Influence in Xinjiang during the 2nd Millennium BC. *Antiquity*, 1999, 73 (281), pp. 571-578; Nissim Amzallag, From Metallurgy to Bronze Age Civilizations: The Synthetic Theory. *American Journal of Archaeology*, 2009, pp. 508-510; Katheryn M. Linduff, Jianjun Mei. Metallurgy in Ancient Eastern Asia: Retrospect and Prospects. *World Prehistory*, 2009(22), pp. 268-279; В. Епимахов, Ж. В. Марченко. Радиоуглеродная хронология культур эпохи бронзы Урала и Юга Западной Сибири: принципы и подходы, достижения и проблемы. *Вестник НГУ*, 2014(3), сс. 136-167; Stanislav Grigoriev, 2015. Metallurgical Production in Northern Eurasia in the Bronze Age, Archaeopress Publishing LTD, p. 22.

③ Grigoriev, Stanislav. *Metallurgical production in northern Eurasia in the Bronze Age*, 2015, p. 554.

④ Ковалев А А. Древнейшая миграция из Загроса в Китай и проблема прародины тохаров. А. А. Ковалев ed. *Археолог: детектив и мыслитель*: сб. ст., посвященный 77-летию Льва Самойловича Клейна. СПб.: СПбГУ, 2004, сс. 249-292.

⑤ 齐家文化的年代系笔者依目前已发表的碳十四数据进行校正得到。参见中国社会科学院考古研究所:《中国考古学中碳十四年代数据集1965—1991》，文物出版社1991年版；张雪莲、叶茂林、仇士华、钟建:《民和喇家遗址碳十四测年及初步分析》,《考古》2014年第11期。

⑥ Черных Е Н, Кузьминых С В. *Древняя металлургия Северной Евразии*. Москва: Наука, 1989; Grigoriev, Stanislav. *Metallurgical production in northern Eurasia in the Bronze Age*, 2015, pp. 480, 554.

铜文化中①。次之，中国的青铜容器成为主要礼器和文化指标，成为所谓夏商周文明的“标牌”，其余地区的青铜器反而以兵器和装饰品为主②。况且，因为以铸造大型豪华容器为目标，而采用的陶质合范铸造技术，也成为中国青铜文明的独有特点。另外。还有学者发现，南方铸工在早商时期发明的铸铆式后铸工艺，并没有被殷墟铸工学会。③

二、中西合金技术发展脉络的差异

就合金成分而言，中亚以西地区的合金技术发展规律如下：早期以砷铜与锌铜为主，晚期以锡铜为主。而就华北地区出土青铜器来看，合金技术的发展情况却正好相反。齐家文化金属器比例最高的为纯铜，此外有少量经鉴定为锡铅铜、铅铜和锡铜。而时代更晚的四坝文化(公元前1800—前1600年)，除了纯铜及锡铜之外，另出现了17件砷铜、9件锡砷铜和1件砷锡铅铜④；但我们无法肯定，这些器物中的砷料是有意加入合金中，还是铜料中混杂的成分。同一群学者一方面承认，砷的出现乃因甘肃省的铜矿含砷，只能算是杂质⑤；另一方面却又假设，四坝文化有砷铜合金技术⑥。我们倾向于赞成第一种论点，原因是在四坝文化遗址所出土的10件铜锡合金的器物中，砷无疑为杂质(在这方面学者们看法无二)，所以合理判断，在17件少量含砷的铜器中，砷料也是铜矿的杂质成分而已。此外，在四坝文化遗址中出土了33件纯铜的器物，因此就比例而言，四坝文化与齐家文化情况一致，以纯铜器物为主。

黄河中游陶寺遗址(公元前2300—前1850年)的铜器中也含有一点砷，但学界普遍认为这不是人工砷铜合金，而是自然铜料中含有的砷，只能算是杂质⑦。对这种含砷铜器来源的看法，由于邻近陶寺遗址的中条山矿脉为砷黝铜矿(Tennantite $Cu_{12}As_4S_{13}$)⑧，因此有些学者提出黄河流域的青铜技术为独立起源的假说，并认为其矿源就位于中条山⑨。但这种说法亦有不合理之处，因为中条山的矿脉较深，不易发现而取得，需要在专业的地下井巷结构出现后，人们才可以采得矿石。青铜技术最初发明之时，毫无采矿经验和技术的古人不可能使用这种矿源，甚至难以发现此矿脉的存在。世界历史中，冶炼技术原生区域的开采条件，都不会像中条山矿脉那么困难。⑩

① 徐劲松、李桃元、胡莎可：《从模拟试验看商周时期大口陶缸的性质及用途》，《考古》2005年第4期；邱诗萤：《汉北青铜文化之兴起：从石家河到盘龙城》，台湾中正大学2015年硕士学位论文，第124~129页；郭静云：《天神与天地之道》，上海古籍出版社2016年版，第661~662页；郭静云、郭立新、范梓浩主编：《考古侦探》，新竹交通大学出版社2018年版(上册)，第377~400页、(下册)第118~122页；郭立新、郭静云、范梓浩主编：《时空之旅：文明摇篮追踪》，上海文化出版社2017年版，第177~178、287~290页。

② 王建平、王志强、胥谞：《关于中国早期冶铜术起源的探讨》，《中原文化研究》2014年第2期。

③ 苏荣誉：《安阳殷墟青铜技术渊源的商代南方因素》，日本泉屋博古馆编：《泉屋透赏：泉屋博古馆青铜器透射扫描解析》，科学出版社2015年版，第352~386页。

④ 孙淑云、韩汝玢：《甘肃早期铜器的发现与冶炼、制造技术的研究》，《文物》1997年第7期。

⑤ Linduff K M, Mei J. Metallurgy in Ancient Eastern Asia：How is it Studied? Where is the Field Headed?, *Modeling Early Metallurgy*：*Old and New World Perspectives*. SAA：Vancouver, 2008, p. 8.

⑥ Linduff K M, Mei J. Metallurgy in Ancient Eastern Asia：Retrospect and Prospects, *Modeling Early Metallurgy*：*Old and New World Perspectives*. SAA：Vancouver, 2008, p. 217.

⑦ 何驽：《山西襄汾陶寺遗址铜器群及其相关问题初探》，北京大学震旦古代文明研究中心编：《古代文明研究通讯》2011年总51期，第23~38页。

⑧ 郭静云：《夏商周：从神话到史实》，上海古籍出版社2013年版，第128页。

⑨ 佟伟华：《垣曲商城与中条山铜矿资源》，《考古学研究(九)》2012年；崔剑锋、佟伟华、吴小红：《垣曲商城出土部分铜炼渣及铜器铅同位素比值分析研究》，《文物》2012年第7期；申斌：《商代科学技术的精华》，胡厚宣主编：《全国商史学术讨论会论文集》，《殷都学刊》1985年增刊。

⑩ 详见 Amzallag N. *From Metallurgy to Bronze Age Civilizations The Synthectic Theroy*, 2009；郭静云：《夏商周：从神话到史实》，上海古籍出版社2013年版，第128页。

不过在中国境内含砷的铜矿并不罕见，如长江中下游安徽地区的铜矿也含有少量砷，矿脉裸露于地表上，易于发现和开采，此处早期开采遗址可溯源至公元前18—前16世纪，附近也发现有阜南台家寺商时期遗址①，以及北阴阳营上层早商时期遗址（公元前18—前14世纪）②。长江中游早商青铜器也测到一点点作为杂质的砷，在硫化铜矿（copper sulphides）中，含有砷成分的矿物并不罕见③。

中国东北地区内蒙古林西铜矿冶遗址的研究结果表明，这里曾对铜、锡、砷共生的硫化矿进行过大规模的开采，矿石经过焙烧直接还原生成了铜锡砷合金。④ 林西大井矿发现殷商时期开采的古矿遗址。⑤ 就此判断，在这些矿冶遗址周围分布的夏家店下层文化（核心年代为公元前1800—前1400年）出土的铜器，其矿源就源于本地，而且，夏家店下层文化的影响零星见于整个华北地区。⑥

总体来说，公元前第二千纪广泛存在着铜器的流动，同时应该也有矿料贸易，所以，对于当时含砷料的铜矿来源，难以提出可靠的观点。重点是，即使检测出砷，但因为砷是作为杂质存在，而不能以此证明公元前第二千纪华北地区的铜器技术是传自中亚或北亚地区，这原本就是两种互不相干的问题。

也就是说，如果我们只观察黄河流域地区，会发现公元前第二千纪前半叶只有简单初步的纯铜技术，并无砷铜技术的阶段⑦，但从公元前第二千纪中期起，锡铅铜合金技术才迅速发展和兴盛起来。这种情况容易使学者得出中国所吸收的青铜技术来自外地的结论，因为只有通过模仿和借鉴，才能在短时间内迅速掌握高超的青铜冶铸技术，从而快速迈入成熟又发达的青铜文明。⑧ 但这种看法的重点在于将黄河地区等同于中国，将黄河流域没有原创的青铜技术的说法等同于或放大为中国没有原创的青铜技术。黄河流域确实没有原创的冶炼技术，但是中国地区并不只有黄河流域和华北地区。

若从黄河流域和华北以外的地区找寻青铜技术来源，我们认为目前最缺乏关注而实际上最需要关注的，就是中国南方长江流域的出土资料。首先，长江中游发现中国境内最早的国家体系，年代相当于西亚苏美；其次，长江中游矿源丰富，很难想象发达的国家对其周遭矿源无所知悉。

三、中国青铜技术楚地说之产生

由于中国青铜技术的独特性，部分学者始终认为，或许其并非由外地传入，而是本土起源⑨，但是在

---

① 武汉大学历史学院考古系、安徽省文物考古研究所：《安徽阜南县台家寺遗址发掘简报》，《考古》2018年第6期。

② 秦颖、王昌燧、张国茂、杨立新、汪景辉：《皖南古铜矿冶炼产物的运输路线》，《文物》2002年第5期。

③ 郭静云：《夏商周：从神话到史实》上海古籍出版社2013年版，第129、144页。

④ 李延祥、韩汝玢：《林西县大井古铜矿冶遗址冶炼技术研究》，《自然科学史研究》1990年第2期；潜伟、孙淑云、韩汝玢：《古代砷铜研究综述》，《文物保护与考古科学》2000年第2期。

⑤ 辽宁省博物馆文物工作队：《辽宁林西县大井古矿1976年试掘简报》，《文物资料丛刊》1983年第7期；王刚：《林西县大井古铜矿遗址》，《内蒙古文物考古》1994年第1期。

⑥ 郭静云：《夏商周：从神话到史实》，上海古籍出版社2013年版，第143~145、163~164页。

⑦ 二里头遗址出土的一件砷铜锥（砷含量为4.47%）不能作为砷铜技术存在的标志。从二里头遗址第四期起至二里岗文化（黄河中游郑州—偃师地区，公元前1550—前1300年），冶金技术及矿料来源开始与同时期的江汉地区盘龙城遗址一致，自此以来，黄河流域青铜文化才真正步入兴盛时期。参李清临、朱君孝：《二里头文化研究的新视角——从青铜器的铅同位素比值看二里头四期的文化性质》，《江汉考古》2007年第4期；郭静云：《夏商周：从神话到史实》，上海古籍出版社2013年版，第82、145页；邱诗萤：《浅论盘龙城灰烬沟遗迹》，《南方文物》2016年第4期。

⑧ Roberts B. Origins, Transmission and Traditions: Analyzing Early Metal in Western Europe. *Metals and Societies* (ed. Kienlin T. L., Roberts B. W.). Bonn: Habelt, 2009, pp. 129-142; Grigoriev, Stanislav. *Metallurgical Production in Northern Eurasia in the Bronze Age*, 2015, p. 556.

⑨ 如Barnard N. Further Evidence to Support the Hypothesis of Indigenous Origins of Metallurgy in Ancient China. In: Keightley, D. N. (ed.). *The Origins of Chinese Civilization*. University of California Press, Los Angeles, 1983, pp. 237-277; Ko Tsun. The development of metal technology in ancient China. In: Chen, C. Y. (ed.). *Science and Technology in Chinese Civilization*. World Scientific Publishing Co., Singapore, 1987, pp. 225-243.

溯源研究中，均遇到绝境。我们认为，这都是“黄河流域中心观”所导致的结果。在这种观念支配下，古中国文明几乎同等于黄河文明，受此种观念之束缚，学者们过往很少关注长江流域早期文化进程，或者下意识地认为南方青铜技术及相关文化均源自北方①，因此极少思考中国青铜技术源自长江流域的可能性。

不过，还是有学者提出中国青铜文化是在长江流域原生创造的观点。如郭沫若在1945年就已提出，商文明青铜文化可能起源于南方：“因为古来相传江南是金锡的名产地，而南方的发掘先例向来是很少的。或许是南方低湿，古器不容易保存的原故吧？”②

其实客观地看，中国南方的湖北、江西一带，在先天上具有矿产的优势，实际也发现了许多古矿井遗址，年代不晚于公元前第二千纪早期。因此，也有学者注意到长江中游早期冶炼技术遗存。如提出商代的南方中国或许亦有其独特技术，和北方相互交流技术。③ 中国境内有些学者注意到长江中游公元前第四千纪末屈家岭文化或已对铜料有所认识。④ 近年来有少数考古学家在长江中游矿区进行发掘，且针对南方地区零星发现的铜器与矿冶遗址的蛛丝马迹，试图建构南方冶金技术起源的脉络，而不是简单地认为“自北方传来”⑤，包括少量以盘龙城资料为基础的研究，研究南方早商时期的冶炼技术⑥。另有学者从更多元的角度论证了黄河中游的青铜文化源于长江中游。⑦ 这些研究成果初步揭示，长江中游地区的冶炼技术有着鲜明的自身特色，在相应的社会文化条件和自然资源方面具备显著优势，起源的时代也很早。是故，在探索中国青铜冶炼技术及其文化来源时，学界应进一步关注长江中游地区。⑧

本文拟从合金技术发展的独特性，加以探讨中国青铜技术与文化滥觞自长江中游先楚文明的可能性。笔者认为考古资料足以证明，中国青铜文明锡铅铜三元合金技术在公元前三千纪自创发明于楚地。

四、楚地锡铅铜三元青铜合金的发明

考古资料表明，公元前第四千纪楚地已有冶炼活动，并可见纯铜器、冶炼废品和相关工具；公元前

---

① 张玉石：《中国南方青铜器及中原商王朝与南方的关系》，《南方文物》1994年第2期；陈朝云：《商周中原文化对长江流域古代社会文明化进程的影响》，《学术月刊》2006年第6期；吴志刚：《吴城文化与周公南征》，《四川文物》2009年第3期；Mei Jianjun. Early Metallurgy and Socio-cultural Complexity: Archaeological Discoveries in Northwest China. In: Hanks, B., Linduff, K. (eds.), *Mounments, Metals and Mobility: Trajectories of Social Complexity in the Late Prehistoric Eurasian Steppe*. Cambridge University Press, Cambridge, 2009, pp. 215-232；豆海锋：《长江中游地区商代文化研究》，吉林大学博士学位论文，2011年；张海、陈建立：《史前青铜冶铸业与中原早期国家形成的关系》，《中原文物》2013年第1期；Chang Kwang-Chih. Prehistoric and Early Historic Culture Horizons and Traditions in South China. *Current Anthropology*, 1964, Vol. 5, No. 5, pp. 370.

② 郭沫若：《十批判书》，东方出版社1996年版，第7页。

③ 台北“故宫博物院”编辑委员会：《中国艺术文物讨论会论文集/器物(上)》，台北“故宫博物院”1992年版，第209~255页。

④ 严文明：《中国史前文化的统一性与多样性》，《文物》1987年第3期；张绪球：《屈家岭文化》，文物出版社2004年版，第16~17页；郭静云：《夏商周：从神话到史实》，上海古籍出版社2013年版，第48~49页。

⑤ 陈树祥：《黄石地区古铜矿采冶肇始及相关问题探析》，《湖北理工学院学报》(人文社会科学版)2012年第5期；陈树祥：《大冶铜绿山古铜矿始采年代及相关问题研究》，《湖北理工学院学报》(人文社会科学版)2014年第2期；陈树祥、龚长根：《湖北新石器时代遗址出土铜矿石与冶炼遗物初析——以鄂东南和鄂中地区为中心》，《湖北理工学院学报》(人文社会科学版)2015年第5期；陈树祥：《关于早期铜矿业探索如何深化的思考——以鄂东南及铜绿山古铜矿遗址考古为例》，《南方文物》2016年第1期。

⑥ 徐劲松、李桃元、胡莎可：《从模拟试验看商周时期大口陶缸的性质及用途》，《考古》2005年第7期；邱诗萤：《浅论盘龙城灰烬沟遗迹》，《南方文物》2016年第4期。

⑦ 郭静云：《夏商周——从神话到史实》，上海古籍出版社2013年版，第60~87页；郭静云：《天神与天地之道》，上海古籍出版社2016年版，第191~245页；郭立新、郭静云：《盘龙城国家的兴衰暨同时代的历史地图——考古年代学的探索》，《盘龙城与长江文明国际学术研讨会论文集》，科学出版社2016年版，第211~241页。

⑧ 郭静云、邱诗萤、范字浩、郭立新、陶洋：《中国冶炼技术本土起源：从长江中游冶炼遗存直接证据谈起》，《南方文物》2018年第3期；郭静云、邱诗萤、郭立新：《石家河文化：东亚自创的青铜文明》，《南方文物》2019年第4期。

第三千纪出土铜块、铜渣的几率很高，甚至有青铜炼渣和小型青铜器的碎片。所以下文所讨论的资料并非孤例，其背后有着漫长而完整的发展过程以及完备的文化体系。

(一)阳新大路铺遗址出土的试验标本

目前发掘资料虽然很零散，但资料最多的是阳新县大路铺遗址，遗址总面积不大，只有约八万平方米，由于这是专业化的工匠生活区，因此缺乏一些一般聚落该有的功能。根据发掘报告，湖北阳新县大路铺遗址共有十个文化地层，其中第十、九两层遗物的年代相当于屈家岭文化晚期及石家河文化早期，八、七层则属石家河文化，也许持续到后石家河文化早期。第十层已发现炼缸的残片，而第八层则明显可见专业化开采铜料及冶铸的痕迹。① 我们在阳新地区考察时发现，大路铺附近另有其他类似遗址，文化层很多，横跨屈家岭、石家河文化至春秋战国时期，是长期使用的矿工专业活动据点。

屈家岭、石家河时期楚文明的先民，在幕阜山矿区开采铜矿并摸索技术的过程中，应该尝试过各种不同的矿石，结果发明了坚固、铜液流动性好、易铸造的铅锡铜三元合金。迄今所知最早的三元合金铜片出土自大路铺(03ET2307⑦：13)，铜片呈绿色扁平状，检测其成分有 Cu 19.84%、Pb 25.02%、Sn 41.34%②，出土于 F3 房子的柱洞之间，旁边还出土了几个铜块和炼渣，在数米以北处有冶炼场遗迹。这块铜片的成分，铜、铅、锡比例均高于自然生成矿物的比例，显然是人为添加而成。只不过，其合金比例极不合理，锡的含量过高，而铜的含量过少。这种比例肯定在铸造时就已使器物破碎(含 30%以上锡料的合金特别易碎。或许为了减少易碎的后果，该铜片加过多的铅，但并无法解决问题)。“从成分构成来看，这应该不是器物的残片，而是反映古人的试验，说明其时尚处于努力提升冶炼技术，铸造大型坚固青铜器的摸索和试验阶段。在这些探索、试验的基础上，盘龙城文化掌握了铜铅锡的合金技术，同时也掌握陶范技术，所以能够制造大型坚固的青铜器。”③

(二)尧家岭：疑为石家河时期古锡矿遗址

离锡山不远的通城尧家岭遗址出土了 24 座烧坑，长 50 厘米~125 厘米，宽 25 厘米~42 厘米，深 20 厘米~46 厘米，里边堆积分两层。下层为烧炭的灰烬，有 6 厘米~40 厘米厚。上层为炉顶倒塌之后的烧土块，有 10 厘米~40 厘米厚。④ 这些坑里基本上没有任何遗物。⑤尧家岭遗址除了 24 座竖炉之外，也发现了一座长条形炉。在幕阜山矿区已发现过典型的长条形熔铜炉，均属盘龙城时代，如阳新大路铺等。但是尧家岭遗址发现的长条形熔铜炉，编号为 HG(T2、T4)，发掘者将其年代定在后石家河文化时期。该沟没有全部被发掘，所以不知道其完整的长度。“位于 T2、T4 两探方的西部，南北走向，北端延伸至试掘区外。沟斜壁，主干部分平底，横断面呈倒梯形，南端弧形头，自南向北由浅向深倾斜。南北发掘长度为 720 厘

① 潘莉莉：《阳新大路铺遗址的复原与分期——从屈家岭到后石家河》，中山大学人类学系硕士学位论文，2018 年。

② 湖北省文物考古研究所、湖北省黄石市博物馆、湖北省阳新县博物馆：《阳新大路铺》，文物出版社 2013 年版，第 862 页。

③ 郭静云：《天神与天地之道：巫觋信仰与传统思想渊源》，上海古籍出版社 2016 年版，第 232~233 页。

④ 武汉大学历史系考古专业、咸宁地区博物馆、通城县文化馆：《湖北通城尧家林遗址的试掘》，《江汉考古》1983 年第 3 期。根据本地人说明“尧家林”名称是因为地方口因而被误录，这小地名准确谓“尧家岭”。

⑤ 陈晓华认为这些烧坑都是墓葬，是与湘乡岱子坪、新余拾年山、曲江石峡所出土小坑墓的作用一致。参陈晓华：《南方新石器时代小坑墓初探》，《湖南考古辑刊》第 7 辑，岳麓书社 1999 年版，第 219~222 页。但大路铺、蟹子地遗址的资料足以证明，烧坑为熔铜的遗迹。位于矿区的尧家岭遗址的烧坑的用途亦如此。不过，拾年山、石峡遗址确实出现烧坑用作墓葬的现象。以我们浅见，烧坑埋葬的意义，犹如叶家庙遗址把炼缸用作葬具一样，用冶炼的设备，以追求让死者尸体转化而冶炼出永生的形体。但是首先因为矿区发明竖坑式的熔铜炉，后来之精神文化才受到这种观念的影响，而开始做烧坑墓，并且，此一传统传播到周围以及略远的地区。矿区遗址目前没有发现早期的墓葬区，因此，烧坑墓的问题还需要进一步研究。不过，我们认为，尧家岭的烧坑不宜视为墓葬区，发掘者也没有将其视为墓葬。

米，东西开口宽 190 厘米~220 厘米，底宽 100 厘米~120 厘米，深 50 厘米~226 厘米。”该遗迹出土卵石、灰烬以及完整的炼缸。炼缸为厚胎夹砂红陶，口径 58 厘米，通高 62 厘米，另有各种器物的碎片，应是炉被废弃后的堆积。另外在炉内和边上发现很多炼缸残片。当时发掘未认出，因底部的形状被称为“喇叭筒形器”，全为厚胎粗砂陶，红、红黄或灰陶。简报提供其中一件底部能复原的图，属杯形底炼缸的底部，与后来在印信台出土的非常相似。① 总体来说，考古资料已可以表明，殷墟所见竖炉与长条炉的熔铜及铸造方法②，都源自长江中游，而且最早可溯源至石家河文化晚期，在幕阜山冶炼专业区，两种熔铜炉的遗迹都有发现。

不过尧家岭遗址的重要性可能不仅在于作石家河、后石家河时期的专业化的冶炼遗址之一。笔者认为，这个遗址可能是当时开采锡料的主要据点之一。湖北省通城县有锡山，据《嘉庆湖北通志检存稿》，明代锡山产银与锡。③ 在锡山之东南边，1981 年发现尧家岭遗址，地处山间河谷小盆地，陆水支流黄龙河自南向北流经遗址西侧，遗址为长条亚腰形台地，高出周围水稻田约 8 米，总面积约 3 万平方米。简报对遗址年代的判断，相当于现在所说的后石家河文化。④ 我们在对尧家岭遗址进行调查和从剖面文化层采取碳样，经检测其日历年代范围为距今 4200—4000 年。从剖面层位关系判断，该遗址年代跨度可能从石家河文化至后石家河文化，且在后石家河时这里曾是一座城。为进一步理解其年代和文化面貌，将来必须进行研究性的发掘。人们在石家河文化时代，在靠近锡山的地方建立了尧家岭遗址，这与同一时期大路铺出现的锡铅铜三元青铜合金的试验应有内在关系（在尧家岭附近，除了锡矿，还有长石矿，至今仍在开采）。

在石家河文化及后石家河文化时期发现有锡铅铜三元青铜合金的地方，除了大路铺之外，还有大冶香炉山遗址。据 2013 年、2014 年的调查，发现在香炉山遗址有屈家岭文化以降的遗物。当地采集的炼渣标本之中，已有锡铅铜的炼渣。

五、总结

换言之，虽然楚地早期考古资料很零散，因自然和人为因素破坏很严重，但是零星发掘却足以表明，中国楚地应有本土发明的锡铅铜合金技术。因为西亚地区以黄铜（Cu-Zn，铜和锌的合金）和砷青铜（Cu-As，铜和砷的合金）为主，锡青铜出现相对较晚，所以大路铺遗址这一件也许不仅是中国，甚至是世界历史中迄今所知最早的锡铅铜三元青铜合金的例子，并且这也是一个试验锡铜合金的例子，呈现了长江中游的冶炼专家于公元前三千纪做合金的试验。接续后石家河文化的武汉盘龙城遗址所出青铜器亦属于铜铅锡合金，其三元合金比例与同时代二里头遗址所出铜器相比较，更为稳定，且按其比例制出的青铜器，硬度和抗拉度宜于制造锋刃器⑤。我们认为盘龙城青铜器之所以比例稳定，是因为长江中游地区经过长期摸索而确定了最理想的配方，但未必把自己艰辛摸索到的“专利权”全部传授给其他地方，以盘龙城为中心的国家尽量对技术细节保密，国家势力强的时候，很容易垄断自己的技术，工匠也不会轻易流失，因此国外产品质量不如国内铸造的。

除了通城锡山的锡矿之外，盘龙城时期也开拓了其他锡矿区。如 2014 年发现的江西九江荞麦岭遗址，被认为很可能与本地锡矿开采有关系，其年代依发掘者判断，相当于盘龙城三期至六期。荞麦岭遗址的

① 武汉大学历史系考古专业、咸宁地区博物馆、通城县文化馆：《湖北通城尧家林遗址的试掘》，《江汉考古》1983 年第 3 期。

② 周文丽、刘煜、岳占伟：《安阳殷墟孝民屯出土两类熔铜器具的科学研究》，《考古》2007 年第 1 期。

③ 苏云峰：《中国现代化的区域研究：湖北省（1860—1916）》，台湾“中央研究院”近代史研究所，1987 年，第 41 页。

④ 武汉大学历史系考古专业、咸宁地区博物馆、通城县文化馆：《湖北通城尧家林遗址的试掘》，《江汉考古》1983 年第 3 期。根据本地人说明“尧家林”名称是因为地方口因而被误录，这小地名准确谓“尧家岭”。

⑤ 湖北省文物考古研究所编著：《盘龙城：1963—1994 年考古发掘报告》，文物出版社 2001 年版，第 530、532 页。

发掘者徐长青和饶华松亦认为，荞麦岭遗址具有水路交通便利的特点，易于受控制，且其发展与盘龙城遗址铸造大型青铜器的时间一致，所以，该遗址应与盘龙城文化为了开拓矿源，向赣北推进有关。①

从殷墟出土青铜器和冶炼遗迹，可以发现一种两方面互补相成的规律，使我们更加理解长江中游地区发现与掌握锡矿的重要性。一方面，学界均认同，殷墟一、二期前段的青铜器大部分是从外地输入，而不在殷墟本地铸造，只有到了殷墟二期后段、三期才开始在本地冶炼和铸造，而这些器物具有殷墟冶炼铸造的特征；并且，殷墟发现冶炼遗迹亦属于三、四期，如殷墟孝民屯遗址是殷墟三、四期的冶炼及铸造场所。② 另一方面，对殷墟青铜器合金的成分研究表明，从殷墟一、二期墓葬里出土的青铜器，是以铜锡铅三元合金为主，而殷墟三、四期的青铜器经常表现出锡料缺乏的情况；③ 孝民屯铸铜遗址的炼渣，虽然有铜锡铅三元合金的痕迹，却以铜铅和铜铅砷的合金为多，此应指涉锡料不足的情况。④ 依我们浅见，殷商武丁时期很多青铜器是直接从南方获得，尤其是高等级墓葬的礼器原本就是在长江流域铸造的特征很明显；⑤ 但是武丁之后，殷商势力下降，有时候能力不足以为本地铸造的青铜器从长江中游输进锡料。虽然东北地区林西县也有应自夏家店下层以来开采的铜矿及锡矿，⑥ 但从甲骨卜辞可知，当时此地是与殷商敌对族团活动的舞台，⑦ 因而无论从哪里获得锡料都有一定的难度。可是，就长江中游从鄂北到湘赣地区的青铜器来看，商周时代都很稳定，一直都有铸造精致的铜锡铅三元合金青铜器。这是因为长江中游金属资源全面而不缺，技术稳定地由本地传承下来 。

（作者单位：台湾中正大学历史系）

① 徐长青、饶华松：《从荞麦岭遗址看盘龙城类型商文化对赣北地区的影响》，《盘龙城与长江文明国际学术研讨会论文集》，科学出版社 2016 年版，第 249 页。

② 中国社会科学院考古研究所安阳工作队：《2000—2001 年安阳孝民屯东南地殷代铸铜遗址发掘报告》，《考古学报》2006 年第 3 期；殷墟孝民屯考古队：《河南安阳市孝民屯商代铸铜遗址 2003—2004 年的发掘》，《考古》2007 年第 1 期；王学荣、何毓灵：《安阳殷墟孝民屯遗址的考古新发现及相关认识》，《考古》2007 年第 1 期；李永迪、岳占伟、刘煜：《从孝民屯东南地出土陶范谈对殷墟青铜器的几点新认识》，《考古》2007 年第 3 期。

③ 赵春燕：《安阳殷墟出土青铜器的化学成分分析与研究》，《考古学集刊》2004 年第 2 期。

④ 周文丽、刘煜、岳占伟：《安阳殷墟孝民屯出土两类熔铜器具的科学研究》，《南方文物》2015 年第 1 期。

⑤ 郭静云：《天神与天地之道：巫觋信仰与传统思想渊源》，上海古籍出版社 2016 年版，第 283～300 页。

⑥ 郭静云：《夏商周：从神话到史实》，上海古籍出版社 2013 年版，第 161～165 页。

⑦ 郭静云：《天神与天地之道：巫觋信仰与传统思想渊源》，上海古籍出版社 2016 年版，第 393～404 页。

"金道锡行"：中国青铜时代铜原料的南方之路

方　勤

曾国的系列考古发现是几年来我国商周领域取得的重大考古收获。仅仅就青铜器而言，曾国出土青铜器数量之多，时间跨度之长，器型种类之丰富，铸造工艺之精湛相对于两周时期的诸侯国而言都是极为罕见的。从西周早期的随州叶家山墓地开始，经两周之际的枣阳郭家庙墓地、苏家垄墓地，再到春秋战国时期的义地岗墓群和擂鼓墩墓群，曾国出土的青铜器成千上万件(套)，加上传世的曾国青铜器，总体数量十分庞大。两周时期常见的青铜种类在曾国出土的青铜器中都可见。青铜器铸造工艺常见的范铸法和浑铸、先铸、后铸以及焊接等青铜附件连接方式在曾国青铜器上都有体现；特别是当时先进的失蜡法熔模铸造工艺在曾国得到应用是目前所知在青铜器中较早采用的。在随州文峰塔墓2012M33出土的春秋中期青铜盘(M33：30)的方形镂空耳，在铸件上能清晰发现熔蜡流动的痕迹，是失蜡法的明证,① 时代与淅川下寺的王子午云纹铜禁相当(当不晚于公元前552年)。② 就当时所处的时代和技术水平而言，曾侯乙尊盘是目前所见最精美的器物，是中国古代青铜铸造的巅峰之作。我们从中可见曾国青铜冶铸业水平之高、规模之大。要铸造如此众多且造型精美的青铜器必须要有稳定可靠的铜矿、铜料来源和大规模的青铜冶炼作坊。

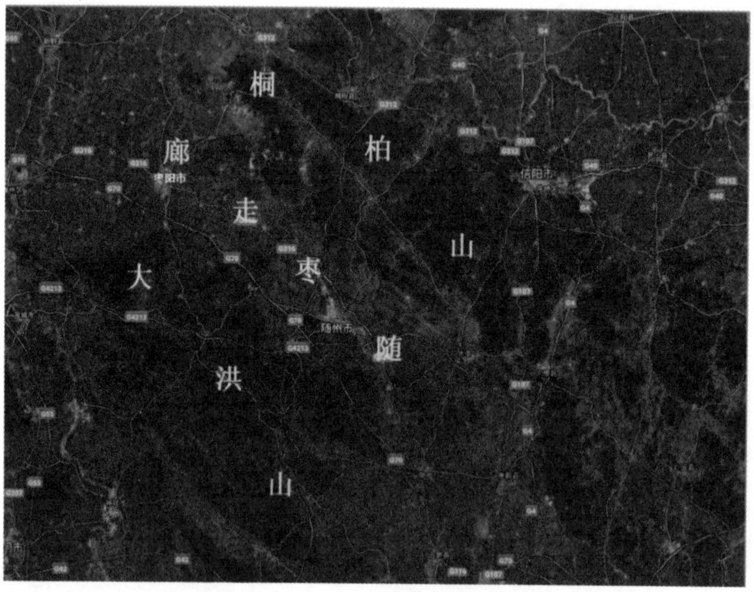

图一　随枣走廊位置图

① 台湾自然科学博物馆、湖北省博物馆：《鼎立三十——看先民铸鼎镕金的科学智慧》，台湾自然科学博物馆2015年版，第79~80页。

② 《左传·襄公二十一年》载"夏，楚子庚卒"，即王子午死于公元前552年。

《左传·成公十三年》云“国之大事，在祀与戎”，而铜料作为制作礼器与兵器的主要原料就成了中原王朝和诸侯国所要获取的重要战略资源，所以控制铜矿资源及其运输通道就成为两周时期周王朝和诸侯国增强实力的重要条件之一。曾国作为周王朝分封在汉东地区的姬姓诸侯国，它如何获取铜矿、铜料资源，是需要探究的课题。曾国所处地理位置优越，处在汉水以东、大洪山与桐柏山所夹持的中间地带，地势较为平坦，是一条西北—东南走向的狭长平原，这一地带被称为“随枣走廊”，自古就是战略和交通要道。两周时期，随枣走廊是周人南下和控制江汉地区的重要通道，周王朝在随枣走廊沿线分封了众多诸侯国，史称“汉阳诸姬”，它们担任着替周王朝管理江淮地区的重要职责；此外随枣走廊也是楚国东进的一条主要路线，楚国向汉东的扩张也主要是通过随枣走廊一带兼并江淮各诸侯国。随枣走廊的地理位置之所以如此重要，还因为它是一条重要的铜矿料的运输线，被称为“金道锡行”，它可以通过涢水连接长江，这样鄂东南的大冶、江西瑞昌和安徽铜陵等地的铜矿、铜料资源就可以沿江而上，通过随枣走廊再北上运至周王朝。① 曾国从始封之时直至灭亡，其疆域范围和政治中心基本都在随枣走廊一带。作为周王朝分封在汉水流域的姬姓诸侯国中实力最强的一国，曾国担负着替周王朝守住南土的重要责任，而保障向周王朝运输铜料路线的安全就成了其责任的重中之重。当然，在保障周王朝铜矿、铜料所需的同时，曾国作为运输线上的重要转运“枢纽”，自然也能获得丰富的铜矿料资源，以保障其礼仪祭祀和战争需要。

近年的考古发现，尤其是随州叶家山墓地、京山苏家垄遗址及墓地的发掘，对我们了解“金道锡行”提供了新材料和新视角。　随州叶家山西周早期曾国墓地 M28 曾侯墓出土有长方形和圆形的铜锭两块，②

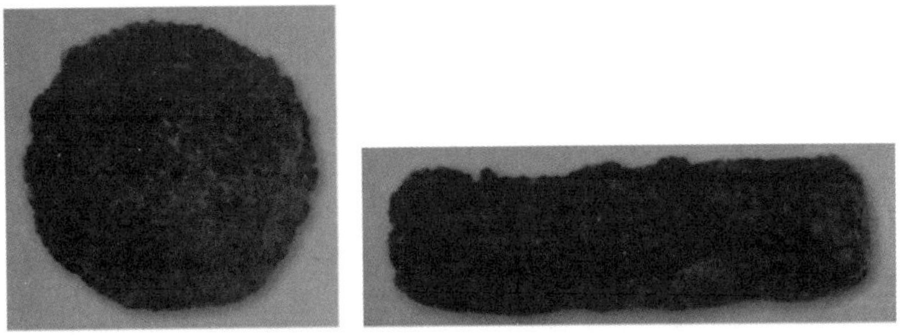

图二　叶家山 M28 出土的两块铜锭

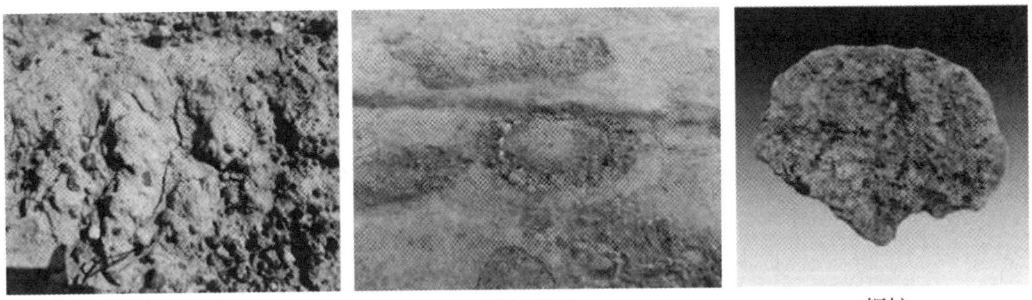

炼渣遗迹　炼炉炉基　铜锭

图三　苏家垄遗址的冶炼遗存

① 方勤：《曾国历史与文化研究——以新出考古材料为线索》，武汉大学博士学位论文，2018 年。

② 湖北省文物考古研究所、随州市博物馆：《湖北随州叶家山 M28 发掘报告》，《江汉考古》2013 年第 4 期。

曾侯墓随葬铜锭体现了铜这种资源对于曾国有着不同于其他诸侯国的特殊意义。京山苏家垄遗址在这几年的调查发掘中发现了与墓地同时期的大规模曾国冶铜遗存，遗址内分布有面积达75万平方米的铜矿炼渣遗迹，检测结果与初步研究表明铜渣主要是当地进行冶炼的炼渣，另发现炼铜炉一座和距离炉址不远处出土的一块铜锭。这些发现都说明了铜对于曾国的特殊意义。

一、苏家垄墓地和遗址揭示的聚落等级与铜料路线地理方位

（一）苏家垄墓地所出曾伯霥器群与传世的曾伯霥“金道锡行”青铜簠对应，说明“金道锡行”的节点位置在曾国

苏家垄墓地M79与M88分别出土一对铭文为“曾伯霥”的铜壶，根据两座墓的布局关系和出土器物推断，M79为曾伯霥墓，M88为其夫人墓。曾伯霥铜壶的铭文内容：“唯王八月初吉庚午，曾伯霥霸哲圣孔武，孔武元屖，克逖淮夷，余温恭且忌，余为民父母。唯此壶章，先民之尚。余是楙是则，允显允异。用其鐈鏐，唯玄其良，自作尊壶，用孝用享于我皇祖，及我文考，用锡（赐）害（匄）眉寿，子孙永宝。”而早年被山东陈介祺先生收藏，现存于中国国家博物馆的曾伯霥铜簠铭文内容为：“唯王九月初吉庚午，曾伯霥哲圣元武，元武孔黹（致），克狄（逖）淮夷，印（抑）燮繁汤（阳），金道锡行，具既卑（俾）方。余择其吉金黄□（铝），余用自作旅簠，以征以行，用盛稻粱，用孝用享于我皇祖文考。天赐之福，曾伯霥叚（遐）不（丕）黄耇，万年眉寿无疆，子子孙孙永宝用之享。”从两个器物的铭文来看，不仅器主的称名一样，且铭文辞例相似；另外，M79出土的铜簠从器型和纹饰上也都与国博所藏曾伯霥簠相一致，据此可以断定两者的器主为同一人“曾伯霥”。早年间所认为的传世“曾伯霥”簠因收藏人陈介祺先生为山东之人，所以学界很容易联想到今山东境内之“曾”，现在看来并非如此，传世的曾伯霥簠也是出自今湖北境内的“曾”，只是不知这中间发生何种“变故”流传至今山东境内；或者是早在春秋时期，曾国与地处今天山东的某些诸侯国交流所致。但是，“金道锡行”的青铜之路，就在地处随枣走廊的曾国境内，这点毋庸置疑。需要特别说明的是，因曾国春秋时期主要通过随枣走廊的西端与中原交往，所以推测铭文所指“金道锡行”的线路，当是沿随枣走廊这条道路；曾伯霥簠铭文提到“印（抑）燮繁汤（阳）”，“繁阳”一般指今河南新蔡一带，同时考虑郭家庙、苏家垄所处的西周晚期和春秋时期，多重证据表明曾国与处于江淮的黄国交好，特别是苏家垄墓地的曾侯仲子斿父、郭家庙曹门湾墓地的曾侯羊白①的两位曾侯的夫人都可能来自黄国，不排斥还存在通过黄国再北上的一条线路，这条道路当经过今河南新蔡一带的“繁汤（阳）”。

（二）苏家垄遗址及墓地揭示的曾国当时高规格的社会结构和组织，佐证了能承担“金道锡行”使命

苏家垄墓地是以两位曾国国君为主的一处曾国公墓地。② 1966年发掘的M1“曾侯仲子斿父”墓、2016年发掘的“曾伯霥”为两位曾侯，2016发掘的M1附葬的随葬有7车的大型车马坑进一步佐证了M1的身份是诸侯；与“曾伯霥”的夫人身份匹配的M88墓的发现，特别是M88墓中鼎、簠“夫人芈克”铭文中明确称芈克为“夫人”这一诸侯国君配偶才配专享有的称谓，也进一步证明“曾伯霥”的身份为曾国国君。不仅如此，整个墓地排列有序，还出土了“太师”“太祝”“太师”等类似周王朝三公职务的重要臣属，其中太师墓三鼎四簋规格。整个墓地除M1、M79国君规格墓葬外，还有5座三鼎四簋规格的墓葬，其身份也应是重要大臣；除国君外，臣属设置齐全，③ 进一步表明苏家垄遗址是都城性质。正因苏家垄当年是如此高规格的居址，应是曾国当时的都城所在，才能担当起“金道锡行”的使命。

---

① 方勤、吴宏堂：《穆穆曾侯——枣阳郭家庙曾国墓地》，文物出版社2015年版。

② 方勤、胡长春等：《湖北京山苏家垄遗址考古收获》，《江汉考古》2017年第6期。

③ 方勤：《曾国历史与文化研究——以新出考古材料为线索》，武汉大学博士学位论文，2018年。

二、曾国铜料来源与运输线路的多元化性分析

虽然目前苏家垄遗址还没有发现铸造所需的陶范，无法说明墓地所出青铜器是否是在本地铸造，但如此大规模的冶铜遗存的发现足以说明苏家垄不仅为春秋早期中国青铜运输的重要节点城邑；更兼具“加工”的功能，将从附近运输而来的铜矿资源加以冶炼(在距离7公里左右的地方调查发现了铜矿)，而这一点与湖北铜绿山古铜矿遗址“原产地”的冶炼功能稍有所区别。无论如何，苏家垄大规模铜器群和冶炼遗存的发现不仅揭示了周王朝管理经营南方及南方铜、锡原料的重大史实，也实证了当时在江淮地区确实存在一条铜矿资源的南方之路。① 需要补充说明的是，苏家垄冶炼的铜矿来源于哪里，是一个需要讨论的问题。在苏家垄考古发掘期间，笔者组织了专题调查，在苏家垄遗址附近的京山涂家垮(苏家垄遗址北面约7公里)、随州同兴、钟祥东桥与洋梓等发现了铜矿原料地,② 虽然具体确证还需要进一步的考古工作，但这是一个值得关注的线索，如在这些铜矿产地采矿并运输至苏家垄一带冶炼，当是较为合理的推断。如是，推测曾国维护的“金道锡行”的铜、锡来源是多元的，既有本地冶炼的，也应有从大冶铜绿山等地冶炼的铜锭，再外运而来的。

M79 铜簋　　　　“曾伯霥”簋

图四　苏家垄 M79 所出铜簋与国博所藏“曾伯霥”簋比照

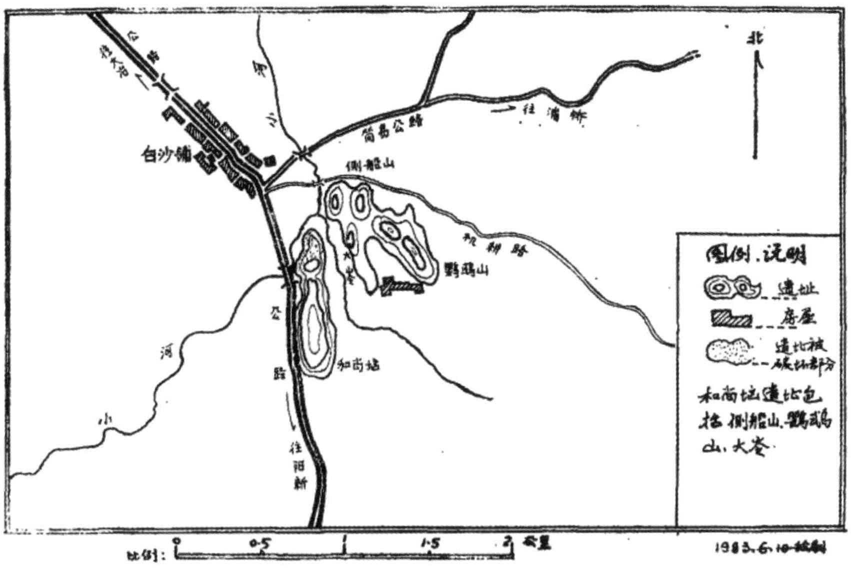

图五　阳新和尚垴遗址位置图

① 方勤、吴宏堂:《穆穆曾侯——枣阳郭家庙曾国墓地》，文物出版社 2015 年版。

② 湖北省文物考古研究所苏家垄考古工作站资料。

关于铜原料获得的方式，则既有贸易，也有武力掠夺，这可通过铜器铭文的相关内容得到印证。北宋时期出土于陕西韩城的晋姜鼎铭文有记载：“……嘉遣我易卤积千两(辆)……征緐(繁)汤□，取氒(厥)吉金，用乍(作)宝尊鼎……”这段铭文记述的当是晋楚之间的盐铜贸易，李学勤认为“繁汤”即河南新蔡以北的繁阳，晋姜鼎和戎生编钟记载了同一史实，即晋国以大量的盐前往繁汤交换铜料。① 关于晋姜鼎的年代，裘锡圭认是为春秋早期，李学勤认为是昭侯六年(公元前740年)，晋姜鼎的铭文揭示了春秋初年晋国通过贸易从南方得到大量铜料的事实。关于贡享等掠夺方式，西周楚公逆钟的铭文记载：“唯八月甲午，楚公逆祀厥先高祖考，夫(敷)工(供)四方首。楚公逆出求人用祀四方首，休多禽(擒)。鎮[illegible](毓)内(纳)飨(享)赤金九万钧，楚公逆用自作龢妻(谐)锡钟百肆。楚公逆其万年寿，用保厥大邦，永宝。”记载楚公逆(楚君熊咢，公元前799—前791年在位)为祭祀先祖等外出寻求贡品，② 多有收获，得到的进贡赤铜九万钧(约五六百吨)而铸造了大量的钟，至于获取的方式，“禽(擒)”表明使用了武力，应该是有直接用武力掠夺，也有他族迫于武力“主动”进贡的。黎海超、崔剑锋运用科技分析方法，也证实了至少在西周晚期到春秋初年晋国所用铜料有部分源于与楚国的贸易，③ 可见不论是自由贸易还是武力掠夺的方式，铜料的交流是真实存在的。

根据大冶、阳新、瑞昌等地的矿冶考古材料，尚未发现西周时期周人直接控制铜料生产的证据。1983年、2003年考古工作者曾对阳新和尚垴遗址进行了钻探和发掘，发现有大量炼渣及其他遗物，确认这里是一处早至西周早期的两周时期的重要冶炼遗址。和尚垴遗址中出土的带沟槽的鬲足、带流鬲都体现了较强的地方文化特点。④ 可以据此推测，西周时期主要是本地扬越部族在此进行铜料的生产冶炼，曾国应该主要是通过贸易、掠夺等方式获取铜料，再通过“金道锡行”随枣走廊线路或经过繁阳的北方线路输送至周王朝核心地区。

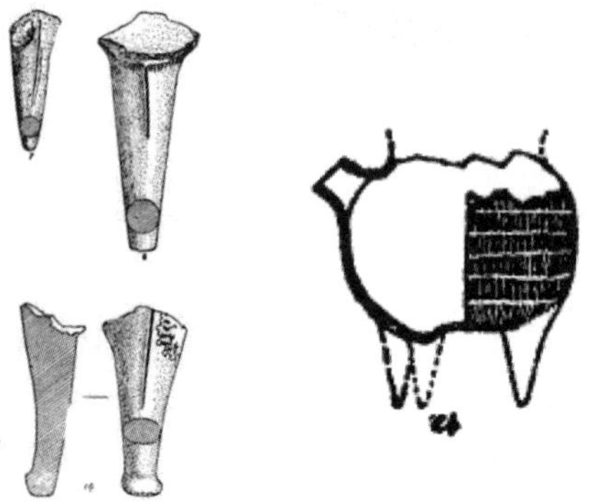

图六　和尚垴遗址出土的带沟槽鬲足(左)与带流陶鬲(右)

春秋中晚期以后，尤其曾国“左右楚王”后，其主要活动区域在今随州一带。曾国臣服于楚国后，楚国并未将其消灭，曾国仍占据今随枣走廊的随州一带疆域，只是随枣走廊这一条运铜线路以及大冶、阳新一带的铜矿资源被楚国夺去了控制权，曾国此时已失去替周王朝掌控随枣走廊这条“金道锡行”运输线的权力。《史记·楚世家》记载楚成王元年(公元前671年)，周惠王授予楚成王特权，“镇尔南方夷越之

① 李学勤：《戎生编钟论释》，《文物》1999年第9期。

② 董珊：《晋侯墓出土楚公逆钟铭文新探》，《中国历史文物》2016年第6期。

③ 黎海超、崔剑锋：《试论晋、楚间的铜料流通——科技、铭文与考古遗存的综合研究》，《考古与文物》2018年第2期。

④ 咸宁地区博物馆、阳新县博物馆：《阳新县和尚垴遗址调查简报》，《江汉考古》1984年第4期；湖北省文物考古研究所内部资料。

乱，无侵中国"，"于是楚地千里"，楚国名正言顺地占有了南方大片蛮荒之地，古大冶地区也纳入楚国版图。

楚国夺去曾国对随枣走廊的控制权后，又东进占领了大冶、阳新一带，进而控制了这一带的铜矿资源。但此时的曾国仍是随枣走廊这条运输线的一个重要方国，楚国要想把大冶、阳新一带的铜矿料资源运至楚国的北方地区，仍需要走随枣走廊线路或经过繁阳的北方线路，从而需要曾国帮助其守卫这条重要的运输线路。

从大冶铜绿山四方塘墓地出土较多含有楚文化因素的器物来看，此时铜绿山铜矿已经被楚国占领和经营。四方塘墓地的墓葬可以分为三个等级，分别对应着矿冶活动的组织管理者、低级管理者或高级技师、开采工匠。① 窄边小型墓穴、随葬沟槽足陶鬲者具有较强的当地扬越文化特色，宽边墓穴、有棺或有棺有椁、多随葬兵器、随葬陶鬲、鬲足不见竖行沟槽者则有明显的楚文化作风。② 可见虽然大冶铜绿山的铜矿资源的管理者为楚国人的中下层贵族，但开采工作主要是由当地的扬越人完成，楚国在控制扬越人给自己提供充足铜矿资源的同时，扬越人也当有一定的铜矿交易权。曾国在"左右楚王"时期，与楚国关系稳定，其当有一定的自主发展权力。因此不同于楚国直接控制铜矿，曾国可以通过贸易手段从扬越人手中获得一定的铜料资源，在春秋时期继续确保"金道锡行"，在铜料的流通中发挥重要作用。

公元前 21 世纪至公元前 221 年的夏商周时期，中国创造了以青铜器为载体的辉煌灿烂的青铜文明，探索青铜矿的产地与开采是中国青铜文明研究的重大课题。我国铜矿资源丰富，自夏商周开始，北方、南方的铜矿资源得到开采与利用。北方以中条山及周边区域铜矿为代表，距离中条山仅数公里的山西绛县西吴壁遗址发现大规模的冶铜遗址，发现了炼炉残迹、铜炼渣、矿石、石范等夏代的二里头时期、商代的二里岗时期的冶铜遗存，③ 表明早在夏商时期已经形成了完整的采矿、冶炼、铸造的青铜器产业链。南方以湖北大冶铜绿山遗址、④ 阳新大路铺遗址、⑤ 阳新和尚垴遗址⑥和江西瑞昌铜岭遗址⑦等为代表，表明南方至迟在商代就实施了开采与冶炼。出土于苏家垄墓地的曾伯霥壶与收藏于国家博物馆的曾伯霥簠相互印证，春秋时期曾国担负维护"金道锡行"矿料安全畅通的使命。尽管此时中国北方同时存在采矿、冶炼生产，由于铜、锡资源的需求量巨大，南方矿资源仍源源不断输送到中原，存在一条中国青铜时代铜、锡资源运输的南方之路：金道锡行。江西铜岭、湖北大冶与阳新一带的铜矿自商代、西周就实施了开采，商代盘龙城与中原地区的密切关系，随州叶家山墓地、黄陂鲁台山墓地⑧出土了表明铜料运输意义的铜锭，似乎暗示铜矿这条运输道路可能自商、西周都存在，但这有待于考古发现的进一步证实。

（作者单位：湖北省博物馆）

---

① 湖北省文物考古研究所等：《大冶铜绿山四方塘墓地第一次考古主要收获》，《江汉考古》2015 年第 5 期；陈树祥等：《楚国经略鄂东南铜矿资源的考古学观察》，《湖北理工学院学报》(人文社会科学版)2017 年第 2 期。

② 陈丽新、陈树祥：《试论大冶铜绿山四方塘墓地的性质》，《江汉考古》2015 年第 5 期。

③ 戴向明、田伟大等：《山西绛县西吴壁遗址发现大量夏商时期冶铜遗存——系中原地区时代最早、规模较大的冶铜遗址之一，具有较高的专业化生产程度》，《中国文物报》，2018 年 12 月 14 日。

④ 陈树祥：《铜绿山考古发现价值与意义》，《铜绿山考古印象》，文物出版社 2018 年版。

⑤ 湖北省文物考古所等：《阳新大路铺》，文物出版社 2013 年版。

⑥ 咸宁地区博物馆、阳新县博物馆：《阳新县和尚垴遗址调查简报》，《江汉考古》1984 年第 4 期；湖北省文物考古研究所内部资料。

⑦ 江西文物考古研究所铜岭考古队：《江西瑞昌铜岭商周矿冶遗址第一期发掘简报》，《江西文物》1990 年第 3 期。

⑧ 发掘报告见于黄陂县文化馆、孝感地区博物馆、湖北省博物馆：《湖北黄陂鲁台山两周遗址与墓葬》，《江汉考古》1982 年第 2 期。西周墓 M31 出土了一枚"铜镜"，圆形素面，直径 14 厘米，报告描述"边缘上端有一小圆孔，应当为悬挂之用"；武汉市文物考古研究所编：《武汉出土文物精选》(武汉出版社 2008 年版)收录了该照片。仔细观察没有纽，不应该是铜镜；相反小孔应当是为了便于携带，可见是一块铜锭。

周代青铜原料集散中心“繁汤”补论*

易德生

笔者在一篇小文中，通过梳理文献、考古及科技考古的证据后认为，长江中下游地区是周代重要的铜料和锡料来源地，由此形成了从南方向中原输送青铜原料的通道，即所谓的“金道锡行”。周代南方通往中原王朝和诸侯国的“金道锡行”可能有两条：途经江汉地区的“金道锡行”和途经江淮地区的“金道锡行”。同时小文认为，这两条主干“金道锡行”，其运输路线有所交叉，在交叉地点，如果同时又是重要的交通节点，则可能会形成较大的青铜原料交易集散中心，周代有名的“繁汤”可能就是这样形成的。①

小文在着重论述了“繁汤”的形成原因后，也简略地考证了其可能的地望。笔者认同学界普遍认为的“繁汤”即《左传》中的“繁阳”(或“繁扬”)。主流观点认为“繁阳”的位置在今新蔡县北(即今安徽临泉县西的鲖城镇)。根据小文绘出的“繁汤”与“金道锡行”的关系示意图(如图一所示)，笔者认为“繁汤”的地望可能在今临

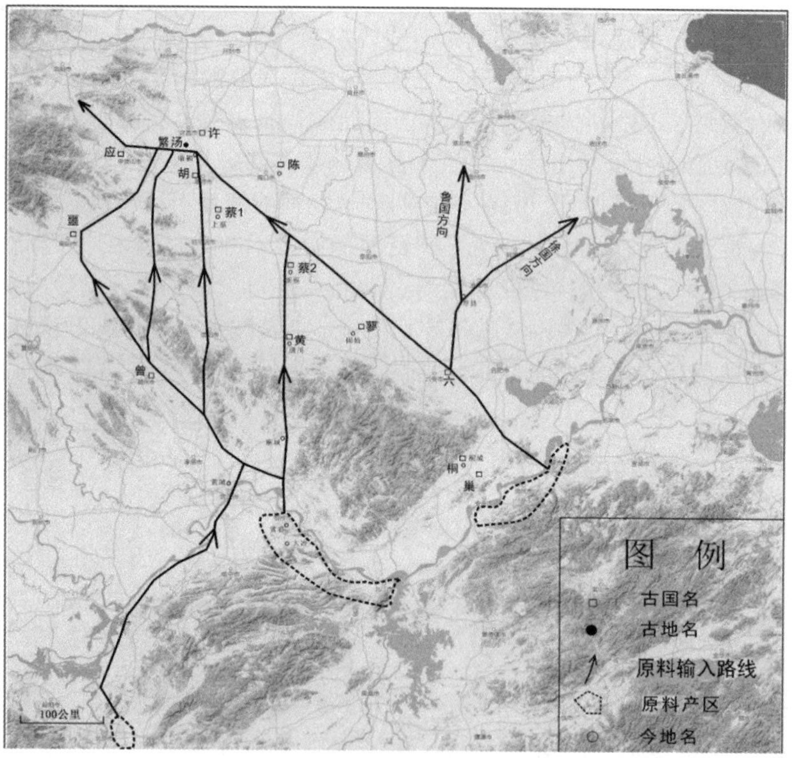

图一　周代南方的“金道锡行”及“繁汤”位置示意图②

* 本文系中国博士后科学基金面上资助项目(第58批，项目号：2015M580976)和国家社科基金重大招标项目“周代汉淮地区列国青铜器和历史、地理综合整理与研究”(15ZDB032)阶段性成果。

① 易德生：《周代南方的“金道锡行”试析——兼论青铜原料集散中心“繁汤”的形成》，《社会科学》2018第1期。

② 本图中江、淮间诸侯国或重要地点的位置，主要参考徐少华：《周代南土历史地理与文化》，武汉大学出版社1994年版，封底“周代南土诸侯国形势”图；谭其骧主编：《中国历史历史地图集》第一册，“西周时期中心区域图”，中国地图出版社1982年版。示意地图的电脑绘制得到华中师范大学历史文化学院郭涛博士的帮助，谨致谢忱。

颍县一带。从示意图可看出，临颍一带，既是“金道锡行”比较密集的交汇点，同时又是南北交通要冲。

由于小文重点是在论述周代的“金道锡行”，对于“繁汤”地望的考证则稍显简略。这里打算从传世文献角度再做一补充论述，供大家批评、指正。

一、考古发掘证实了“金道锡行”与“繁汤”作为专有名词的可靠性

学界最早注意繁汤，是从传世的东周早期铜器曾伯霥簠铭文开始的。该簠器、盖铭文同。其铭文中有“克狄淮夷，抑燮繁湯，金道锡行，俱既俾方”之句(铭文见图二)。①

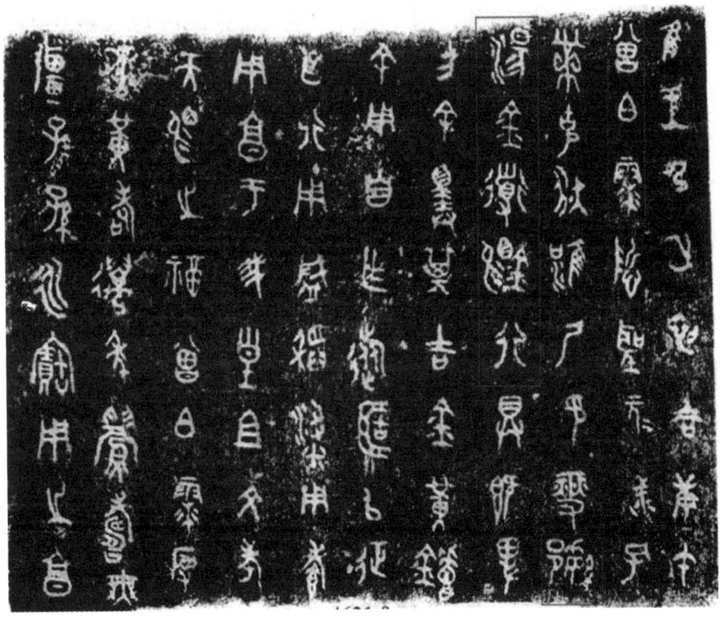

图二　曾伯霥簠铭文

由于是传世品，对于其是否真品还有疑虑。幸运的是，近几年在京山苏家垄的考古发掘，使曾伯霥簠的真实性得到确证。据报道，苏家垄墓地的M79，出土的鬲、簋、壶等多件铜器上都刻有铭文“曾伯霥”，墓主人当为“曾伯霥”。M88出土有3鼎4簠，紧邻M79分布，规模、墓向与M79一致，应为“曾伯霥”夫人墓。M79、M88两墓各出“曾伯霥”铭文壶2件，铭文位于壶盖、壶腹内壁，单壶铭文计161字。4件壶造型一致，铭文完全相同，共计644字。壶腹铭文83字(含两重文，图版八)，内容释读为：

> 唯王八月，初吉庚午，曾伯霥哲聖孔武，孔武元犀，克逖淮夷，余温恭且忌，余爲民父母。惟此壶章，先民之尚。余是楙是则，允顯允异。用其鐈鏐，唯玄其良，自作尊壶，用孝用享于我皇祖，及我文考，用锡(赐)害(匄)眉壽，子孫永寶。②

苏家垄曾伯霥壶的铭文，也有“克狄淮夷”之句，且字体、语气与曾伯霥颇为接近，坐实了“金道锡行”及“繁汤”作为周代专有名词的可靠性。实际上，“繁汤”作为专有名词的真实性更早已得到证实。1974年，

① 分别见中国社会科学院考古研究所编：《殷周金文集成》第4631、4632器，中华书局2007年版。

② 方勤等：《湖北京山苏家垄遗址考古收获》，《江汉考古》2017年第6期。

洛阳中州路一战国墓葬出土一把精美铜剑，剑上有错红铜铭文“繁汤之金”。①

除了上述铭文与金道锡行和繁汤有关外，传世的青铜器铭文还有如下。晋姜鼎，最早著录于吕大临的《考古图》。该鼎铭文云：“征緐(繁)汤𪉺，取𠂤(厥)吉金。”②保利博物馆20世纪90年代末重金购得戎生编钟，其铭文中有“卑谮征繁汤，取厥吉金”等。③

从这些铭文中可以出，繁汤和金道锡行、淮夷及曾国都有密切关系。对于繁汤本身是青铜原料产地还是原料集散地，笔者认同后者。

二、繁汤的地望可能在今临颍县一带

对于曾伯霥簠铭文中繁汤的位置，学界有不同看法。吴闿生和陆心源认为，繁、汤分属两地。④ 刘节则认为，繁汤即《左传》中的繁阳(或繁扬)，然后又遵从杜预的注释，把繁阳定在新蔡北。⑤

繁汤即《左传》中的繁阳(繁扬)，学界无异议。《左传·襄公四年》：“楚师为陈叛故，犹在繁阳。”杜预注：“繁阳，楚地，在汝南鲖(音纣)阳县南。”鲖阳县，两汉至西晋一直存在，县治在今安徽临泉县西的鲖城镇，实际上也就是今新蔡县北。注解《左传》的杜预是西晋人，他在注解《左传》中“繁阳”的地望时并没有指明原因，但在其所著的《春秋释例》中，他提到“鲖阳县南有繁阳亭”，⑥ 也就是说，至少在西晋时期，新蔡县北(鲖阳县南)有个地方叫繁阳亭，所以杜预就把繁阳定在该地。⑦

把繁阳(繁汤)定在新蔡北的观点得到学界普遍认可。⑧ 但也有学者表示异议。日本学者船越昭生在其著《鄂君启节について》(《东方学报》1972年第43册)里，根据《水经注》、后汉临颍县有繁阳亭及交通形势，认为鄂君启节里的"繁阳"，应在河南临颍县。陈伟认为应把繁阳定在今安徽太和县北。他指出，西晋司马彪的《续汉书·郡国志》(即《后汉书》“志第二十”)中说东汉“宋(公国)”(即西汉的“新郪”县，今安徽太和县北)有“繁阳亭”，故他认为繁阳应在今安徽太和县北。⑨ 笔者颇怀疑“宋(公国)”下所记的“繁阳亭”，属于错简，本应该系连在鲖阳县下。因为《续汉书·郡国志》中，宋(公国)和鲖阳县、新蔡县都属于汝南郡。⑩ 同时，对于繁阳亭，南朝梁刘昭在《后汉书》补注中说：“左传襄四年楚师繁阳，杜预曰鲖阳南有繁阳。”(《后汉书》“志第二十”)刘氏对杜预的注解没有提出异议。所以，属于同一郡的宋(公国)和鲖阳县不可能同时都有繁阳亭。退一步讲，虽然杜预错把宋(公国)名下的繁阳亭看成鲖阳县名下，但从地理位置上看，今太和县和临泉县相距甚近，县治相距大约36公里，可以说是在一个区域之内，所以把繁阳定在太和县或者临泉县(新蔡县北)并无实质差异。具体对繁阳的不同定位可参见图三。

前面已述，笔者的原因与船越昭生不同，主要是根据青铜原料的输送路线，把繁汤(繁阳)的位置定

---

① 洛阳博物馆：《河南洛阳出土“繁阳之金”剑》，《考古》1980年第6期。

② 中国社会科学院考古研究所编：《殷周金文集成》第2826器，中华书局2007年版。此句的“𪉺”字，很难辨识，有学者直接以“□”代替。

③ 铭文考释分别见马承源《戎生编钟铭文的探讨》、裘锡圭《戎生编钟铭文考释》、李学勤《戎生编钟论释》，皆收入《保利藏金——保利艺术博物馆精品选》，岭南美术出版社1999年版。

④ 分别见氏著《吉金文录》卷4；《奇觚室吉金文述》卷17。

⑤ 刘节：《寿县所出楚器考释》，见氏著：《古史考存》，人民出版社1958年版，第123页。

⑥ 杜预：《春秋释例》卷六。

⑦ 汉置繁阳县，战国时为魏之繁阳邑，今河南内黄县西北。由于该繁阳距离楚国太远，与《左传》中提到繁阳无关，学界基本不予考虑。

⑧ 屈万里：《曾伯霥考释》，台湾《“中央研究院”历史语言研究所集刊》第33本，1962年；陈公柔：《曾伯霥铭中的“金道锡行”及相关问题》，中国社会科学院考古研究所编：《中国考古学论丛》，科学出版社1993年版；马承源及李学勤观点分别见《戎生钟铭文的探讨》《戎生编钟论释》，皆载《保利藏金——保利艺术博物馆精品选》。

⑨ 陈伟：《楚东国地理研究》，武汉大学出版社1992年版，第36~37页。

⑩ 西晋时期，宋(公国)和鲖阳县、新蔡县都属于汝阴郡。见《晋书》卷十四。

在今临颍县一带。在搜索临颍这一区域时，我们发现该区域也有叫繁阳的地名。据《三国志·魏书·文帝纪》，曹丕在颍阴县(秦汉时期已置，即今临颍县，属漯河市)之繁阳亭(在今临颍县的繁城镇)筑坛，接受禅让登上帝位，是为魏文帝。① 这表明，至少三国时期，临颍县有个地方叫繁阳亭，这比杜预生活的西晋时代要早。后来三国魏置繁阳亭所在地为繁昌县(繁昌县后侨置迁移到今皖南地区)。②

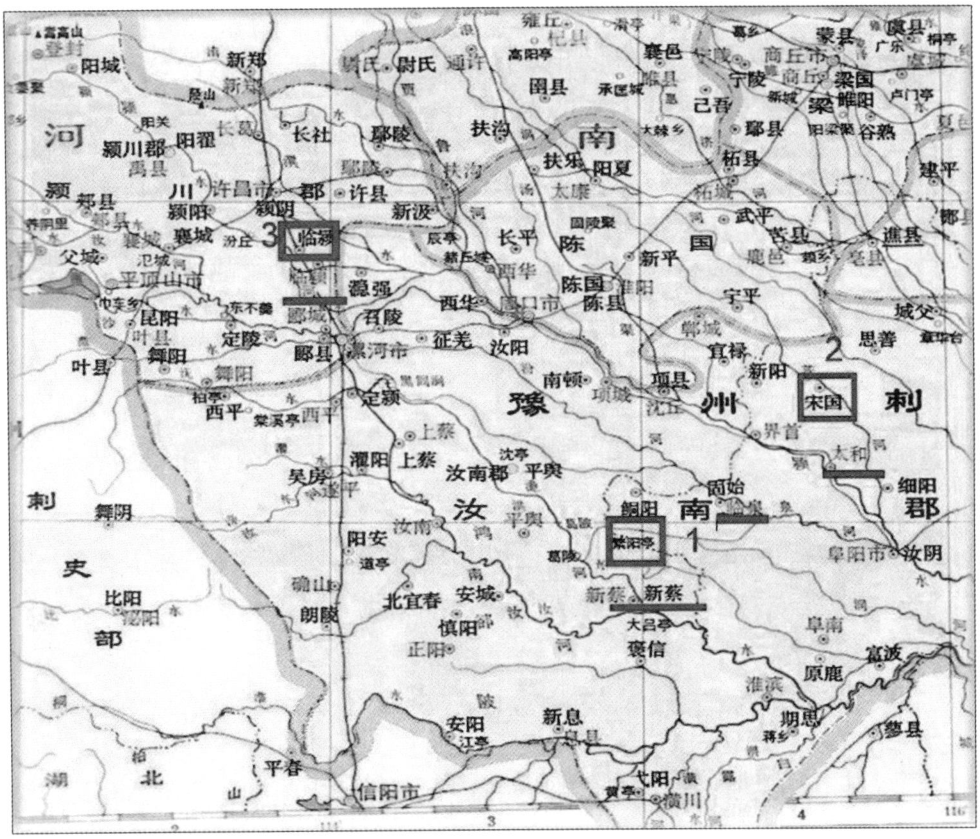

图三 繁阳的不同定位示意图

(方框1、方框2和方框3分别表示繁阳的不同定位。底图摘自谭其骧主编：《中国历史历史地图集》第二册东汉，中国地图出版社1982年版，第44~45页)

实际上，早在南宋已有人把《左传》中的繁阳定位在临颍。南宋的程公说著有《春秋分记》，在该书卷三十“楚地释名”的“繁阳”条目中，列出“《广记》颍昌府临颍县繁城镇有繁阳亭”，也即认为繁阳在临颍，而不是杜预所谓的新蔡北。在《春秋分記》中，到处可看到程氏引用杜预《春秋释例》的观点，但对于繁阳地望，则与杜预不同。③ 相比之下，清代学者中，在繁阳地望问题上，都遵从杜预的注释。④

从地理位置上看，临颍县在今许昌市和漯河市之间，紧邻颍河上游和京广铁路线。两周时期，临颍在应国、胡国和许国之间，距离成周(洛阳)、陈国(都淮阳)和郑国(都新郑)不远，既是淮夷入侵成周的

① (唐)李吉甫《元和郡县志》卷八云：“繁昌故城，县(即临颍县，笔者按)西北三十里，魏文帝行至繁阳亭筑坛受禅，因置繁昌县即此城也。”

② 《三国志·魏书》卷二说：“以颍阴之繁阳亭为繁昌县。”

③ 四库全书本。另外，这里程氏所提到的《广记》，应是北宋末年欧阳忞所撰的《舆地广记》。《舆地广记》卷九载，京西北路有颍昌府，领县七，其中临颍县有“繁城镇，本汉颍阴县之繁阳亭”。

④ 如有影响的顾栋高的《春秋大事表》、高士奇的《春秋地名考略》、江永的《春秋地理考实》等，都是如此。

必经之地,① 也是楚国经方城、叶县北上洛阳及中原诸国的重要交通节点。前面提到洛阳出土的东周剑有“繁汤之金”铭文，则繁汤之地，似也不应离洛阳过远，而临颍相对学界所认可的新蔡，更接近洛阳。

三、繁阳(繁汤)定位在临颍的可能性补论

如前所述，文献或出土文献中所提到的繁阳(或繁扬)，学界大多认为在今新蔡北一带。一些学者在论证过程中，自然会把此位置和其他相关位置或相关事件做自洽性的解释。现在的问题是，如果把繁汤定在今临颍一带，则其位置在这些文献的语境中是否有矛盾之处呢？或者说是否合情合理呢？我们与船越昭生角度稍异，试作一分析。

《左传·襄公四年》云：“楚师为陈叛故，犹在繁阳。”杜预注：“前年何忌之师侵陈，今犹未还。繁阳，楚地，在汝南鲖阳县南。”从这段文字来看，如果把繁阳定位在临颍，似无不可。临颍与陈国都城淮阳的直线距离大约为90公里，新蔡至淮阳直线距离为108公里，新蔡北则稍近些。从《左传》《史记》等文献记载来看，楚国与郑国、陈国、晋国及后来的韩国、魏国等，它们之间的征战、贸易等交往，更多是沿着方城方向北进中原，而不是当今的信阳“义阳三关”进出,② 所以相对新蔡，临颍正好处在北上郑国及东进陈国的位置上，更有可能成为楚国的军事及经济重镇。除《左传》外，包山楚简、新蔡葛陵楚简和鄂君启节等出土文献都提到繁阳，充分表明了这一点。③

《左传·昭公五年》载：

> 冬十月，楚子以诸侯及东夷伐吴，以报棘、栎、麻之役。薳射以繁扬之师会于夏汭。越大夫常寿过帅师会楚子于琐。闻吴师出，薳启强帅师从之，遽不设备，吴人败诸鹊岸。楚子以驲至于罗汭。……楚师济于罗汭，沈尹赤会楚子，次于莱山。薳射帅繁扬之师先入南怀，楚师从之，及汝清。吴不可入。楚子遂观兵于坻箕之山。

《左传·定公六年》云：

> 四月己丑，吴太子终累败楚舟师，获潘子臣、小惟子及大夫七人。楚国大惕，惧亡。子期又以陵师败于繁扬。令尹子西喜曰：“乃今可为矣。”于是乎迁郢于鄀，而改纪其政，以定楚国。

《左传·昭公五年》提到了“繁扬之师”。《左传·定公六年》说“子期又以陵师败于繁扬”，“陵师”即陆军。这两段文字，涉及很多地名，杜预的注解也较混乱、模糊甚至不合情理。比如对夏汭的注释，认为其位置在夏水(汉水)入江处，大致在武汉地区。④ 然而学界现在普遍认为，楚、吴交战，主要是在江淮之间及淮河中上游地区，夏口应在淮河流域。除了繁阳外，其他地点位置我们主要参考《历史地理图集》第一册,⑤ 如有不同，则注明。

夏汭大致在今凤台县，临颍到凤台的直线距离是285公里，新蔡距离凤台的直线距离是165公里，也就是说，相对新蔡，临颍到凤台要多走120公里或者240里。战国秦汉军队日行军速度一般为30里，轻

① 淮夷入侵成周的路线，可参考朱继平：《从淮夷族群到编户齐民》，人民出版社2011年版，第106~107页。

② 楚国的征伐战略是先方城之北的中原诸国，如郑、陈、东周王朝及晋国等；如果北伐受阻，则会向东(淮河流域)开发。如《国语·吴语》所说，“逾诸夏而图东国”。

③ 出土文献中关于繁阳的考证论述，因可能涉及时代变迁等，篇幅较大，详见笔者另文。

④ 《左传》昭公四年，“冬，吴伐楚……楚沈尹射奔命于夏汭”，杜预注：“夏汭，汉水曲入江，今夏口也。”

⑤ 谭其骧主编：《中国历史地图集》第一册，中国地图出版社1982年版，第29~30页。

装前进则较快，为 50 里。① 战国秦汉 1 里相当于当今的 0. 8 里，② 所以，换算成当今，则日行为 30×0. 8 = 24 里或 50×0. 8 = 40 里。那么从临颍出发，要多走 240/24 = 10 天或 240/40 = 6 天。当然，紧急情况下军队一般还有更快的行军速度。《荀子 · 议兵》载：“魏氏武卒，以度取之，衣三属之甲，操十二石之弩，负矢五十个，置戈其上，冠胄带剑，赢三日之粮，日中而趋百里。”就是说，精悍士兵穿戴及带武器和干粮，负重比较多，但是仍能半天跑 100 里，大约今 80 里。笔者认为，东周时期，楚国士兵恰恰是以快速、善跑而著称，③ 加上情况紧急，“繁扬之师”以每天 80 里的行军速度前进是可能的，这样相比从新蔡出发，也就多跑 3 天时间，所以把繁阳定在临颍，并不算乖离。④

（作者单位：湖北省社会科学院楚文化研究所、北京科技大学科技史博士后流动站）

附记：小文在会议上宣读后，有同仁提出了些意见。感到繁阳问题不仅涉及地理定位，可能也涉及时代变迁，因此删掉一些内容，并以删掉内容为基础，做另文专门论述。

① 《吕氏春秋 · 不广篇》高诱注：“军行三十里为一舍。”《汉书 · 陈汤传》中说“兵轻行五十里，重行三十里”。《汉书 · 王吉传》：“臣闻古者师日行三十里，吉行五十里。”

② 战国秦汉 1 里 = 300 步×6 尺×23. 1 公分 = 41580 公分 = 415. 8 米，当今 1 里 = 500 米，所以战国秦汉 1 里大约等于当今 415. 8 米/500 = 0. 83 里。

③ 《左传 · 成公十六年》中郑人姚句耳评价楚军说“其行速”。《荀子 · 议兵》说楚兵“轻利僄速，卒如飘风”。《淮南子 · 兵略训》形容楚军说：“疾如锥矢，合如雷，解如风雨。”可见东周时期楚军的一大特点是行动快速。

④ 上面对传世文献中的繁阳做了分析，出土文献中也有繁阳的记载，由于涉及时代等较多问题，笔者已另著文，这里暂略。

东周时期考古学文化的交流与融合
——以新郑侯家台墓地出土铜礼器为视域

樊温泉　沈小芳

新郑市地处中原腹地，隶属河南省省会郑州。地理位置为东经 113°30′~113°54′，北纬 34°16′~34°39′。其北与郑州市区接壤，东邻中牟、尉氏二县，南依长葛、禹州二市，西邻新密市，这里自古就是南来北往的交通要道，素有“古今通衢”之称。春秋战国时期，郑、韩两国先后在此建都，历时 539 年，遗存星罗棋布，造就了今天独具雅蕴的“郑韩故城”。

2014 年，河南省文物考古研究院新郑工作站为了配合新郑市华联房地产开发有限公司的开发项目，对侯家台墓地进行了抢救性发掘。该项目位于新郑市城关乡乔庄村侯家台，东邻郑许公路，西、北均邻郑禹公路，南距铁路 13.5 米~20 米。发掘面积 10.8 万平方米，共清理春秋战国时期墓葬 1000 余座，出土铜、陶、骨、玉等不同质料的文物千余件(图一)。其中青铜礼器墓葬 22 座，出土的青铜礼器共计 60 件。本文以新郑侯家台墓地出土的铜礼器为代表，选取出土较多的鼎、敦、舟、盘、匜等，探讨东周时期新郑地区考古学文化的交流与融合。

图一　侯家台墓地墓葬平面分布示意图

一、分型分式

(一)鼎

共14件。2件残。依据口沿的不同，可以分三类。

1. 子母口鼎

2件。根据盖钮、腹部及蹄足等特征，可以分为二式。

Ⅰ式：1件。盖顶平，盖面有对称的三矩形钮，盖面中心有一环钮。矩形盖钮上饰"S"形纹，盖面饰一周夔龙纹。长方形附耳直立，耳内外均饰"S"形纹，腹部饰一周夔龙纹。

Ⅱ式：1件。盖顶部隆起，其上三个半环形钮。深腹，圆底，蹄足较高。器盖及器身通体饰蟠螭纹。

2. 箍口鼎

4件。盖顶部隆起，有两周凸弦纹，中间有喇叭状镂空捉手。根据腹部及蹄足等特征，可以分为二式。

Ⅰ式：1件。捉手饰有蟠螭纹。深腹微鼓，长方形附耳直立，耳内外均饰蟠螭纹。圆底，矮蹄足内聚于器底。

Ⅱ式：3件。腹较深，圆底，兽蹄足较高且微外撇，位于器腹的中下部。

3. 折沿鼎

6件。仰折沿。浅腹。根据器底的特点，可以分为二型。

A型。2件。圆底。

盖顶有喇叭状镂空捉手。蹄足较高。

B型。4件。近平底。根据器钮及蹄足特征可分二亚型。

Ba型：3件。盖顶有三环形钮。三矮蹄足且有棱，位于器腹的中下部。

Bb型。1件。盖顶有三卧兽钮，中部两周凸弦纹，之间饰有蟠螭纹。腹较鼓，蹄足微外撇，高且细。

(二)敦

15件。可分两大类。

甲类：共14件。器盖扣合呈圜形。盖与口相合处有三个扁平卡扣卡住吻合。根据底部形态可分为平底无足(平底敦)和器底有三小足(盏式敦)两类。

甲A类：1件。平底敦。

M931：2。隆盖，盖作覆盘形，盖顶有圆形捉手，盖面饰两组两周凸弦纹。器侈口，束颈，圆腹较深，腹部斜收较缓，其上饰一组两周凸弦纹。

甲B类：13件。盏式敦。根据器底形态及器腹不同可分三式。

Ⅰ式：6件。底部圆底近平，腹部较深。

浅盖，盖顶由镂空蟠龙纹承托捉手，盖面饰两组一周弦纹。上盖有四组对称的方环钮。器浅腹，腹部两侧各饰一马头状耳和小环耳，上腹部饰一组两周弦纹，下腹部饰一组一周弦纹。三矮小蹄足。

Ⅱ式：7件。底部圆底，腹部较深。

浅盖，较Ⅰ式隆。盖顶由镂空蟠龙纹承托捉手，盖钮上饰一组两周凸弦纹和涡纹及蟠螭纹，上盖有四组对称的方环钮。微鼓腹，腹部两侧各饰一对称兽首耳和小环耳，下腹部饰一周凸弦纹。三蹄足略高。

乙类：1件。器盖扣合略呈球形。

隆盖，盖上有三个小环钮，盖面饰两周蟠螭纹。器直口，圆腹，腹饰一周蟠螭纹，左右两侧各饰一环耳，器底有三个矮蹄足。

(三)盖豆

共2件。可分二型。

A型。1件。盍状腹低柄环耳豆。盖上圆形捉手，腹上部有环形双耳。腹部饰弦纹一周。

B型。1件。镂柄豆。深腹弧壁，柄部镂空。盖顶有圆形捉手，四周均有环形钮。器身的两侧有两对称的环耳。

(四)舟

16件。依其形制可分二类。

甲类：15件。椭圆形。腹侧有耳。可分二型。

A型。8件。无足。依据腹侧耳部的不同可分二亚型。

Aa型：2件。素扁环耳。

窄卷沿，尖唇，鼓腹，平底。

Ab型：6件。兽耳。

4件无盖，1件有盖。盖顶隆起，中央有椭圆形捉手，捉手由镂空的蟠螭纹构成。器身敛口，窄卷沿，鼓腹，圆底，四蹄形足中空。器身两侧饰对称兽首形耳。

B型。7件。有足。

窄卷沿，鼓腹，圆底近平。有蹄形足。器身两侧饰对称兽首形耳。

乙类：1件。弧方形。

子口，深弧腹，矮圈足。口眼下有两个圆形环耳。

(五)盘

6件。形制相近。口沿外撇，腹部斜收成平底。两耳饰有蟠螭纹，下接三个较细的实心兽蹄足。

(六)匜

6件。1件。根据口及底部特征的不同，可分二型。

A型：4件。口呈椭圆形，虎首形管状流，浅腹，圆底，三蹄足略高。后侧附一兽首形鋬。

B型：1件。口呈不规则椭圆形，小短流微上昂，深腹，平底。后侧附一环形鋬。

(七)罍

1件。形制、大小相同。敞口，束颈，弧肩，肩部有对称兽面纹半环耳，圆鼓腹，平底。

二、组合分析

在青铜礼器中，鼎、敦、舟这三者是整个侯家台墓地的核心器物，我们下面的分析以鼎为纲，总领各器类型式间的组合变化，将各器类型式间的组合关系分为两大组。选取的标准是有较完整器类组合的墓葬，并对部分组合不完整的墓葬进行了组合的定位分析。

A组：2座。以子母口鼎为核心。

Aa组：1座。以Ⅰ式鼎为核心。

Ⅰ式鼎、甲A型敦、甲Ab型舟。包括M931。

Ab 组：1 座。以Ⅱ式鼎为核心。

Ⅱ式鼎。包括 M672。

B 组：4 座。以箍口鼎为核心。

Ba 组：1 座。以Ⅰ式鼎为核心。

Ⅰ式鼎、甲 BⅡ式敦、甲 B 型舟、罍。包括 M609。

Bb 组：3 座。以Ⅱ式鼎为核心。

Ⅱ式鼎、甲 BⅡ式敦、盘、A 型匜。包括 M383。

Ⅱ式鼎、甲 BⅠ式敦、甲 B 型舟、盘、A 型匜。包括 M662。

Ⅱ式鼎、甲 BⅡ式敦、盘。包括 M600。

C 组：6 组。以折沿鼎为核心。

Ca 组：2 座。以 A 形鼎为核心。

A 型鼎、盘。包括 M436。

A 型鼎、甲 BⅠ式敦、甲 B 型舟、盘、A 型匜。包括 M277。

Cb 组：4 座。以 B 型鼎组为核心。

Cba 组：3 座。以 Ba 型鼎为核心。

Ba 型鼎、甲 BⅠ式敦、甲 B 型舟。包括 M149。

Ba 型鼎、乙类敦、甲 Ab 型舟。包括 M580。

Ba 型鼎、甲 BⅠ式敦。包括 M850。

Cbb 组：1 座。以 Bb 型鼎为核心。

Bb 型鼎、甲 BⅠ式敦、甲 B 型舟、A 型匜。包括 M606。

三、年代分析

新郑侯家台墓地出土青铜礼器共计 55 件，对遗物的年代判定，在很大程度上需要就单类器物进行前后推演，然后结合组合与其他器物进行比照(图二)。

(一)鼎

子母口Ⅰ式铜鼎，形制上接近于下寺 M7：6 铜鼎①，下寺 M7：6 铜鼎的年代均为春秋中期。因此，Ⅰ式铜鼎的年代应属于春秋中期。Ⅱ式铜鼎与洛阳康乐食品厂 C1M3498② 所出 B 型鼎、洛阳凯旋路 M470③ 所出铜鼎形制相近，年代为春秋晚期。

箍口鼎Ⅰ式铜鼎，与下寺 M1：67④ 铜鼎形制相近，下寺 M1：67 铜鼎年代为春秋中期晚段。Ⅱ式铜鼎，形制上接近新郑李家村 M1：5 铜鼎⑤，年代为春秋晚期。折沿 A 型与新郑铁岭 M1404：11 铜鼎形制相近。⑥ 年代为春秋晚期晚段。Ba 型鼎与洛阳凯旋路 M433 所出出土铜鼎形制相近⑦，年代为春秋晚期。

---

① 河南省文物研究所、河南省丹江库区考古发掘队、淅川县博物馆：《淅川下寺春秋楚墓》，文物出版社 1991 年版。

② 洛阳市文物工作队：《洛阳西工区春秋墓发掘简报》，《文物》2010 年第 8 期。

③ 中国社会科学院考古研究所洛阳唐城工作队：《洛阳凯旋路南东周墓发掘报告》，《考古学报》2000 年第 3 期。

④ 河南省文物研究所、河南省丹江库区考古发掘队、淅川县博物馆：《淅川下寺春秋楚墓》，文物出版社 1991 年版。

⑤ 河南省文物研究所新郑工作站：《河南新郑县李家村发现春秋墓》，《考古》1983 年第 3 期。

⑥ 郑州市文物考古研究院：《新郑铁岭墓地 M1404、M1405 发掘简报》，《中原文物》2012 年第 2 期。

⑦ 中国社会科学院考古研究所洛阳唐城工作队：《洛阳凯旋路南东周墓发掘报告》，《考古学报》2000 年第 3 期。

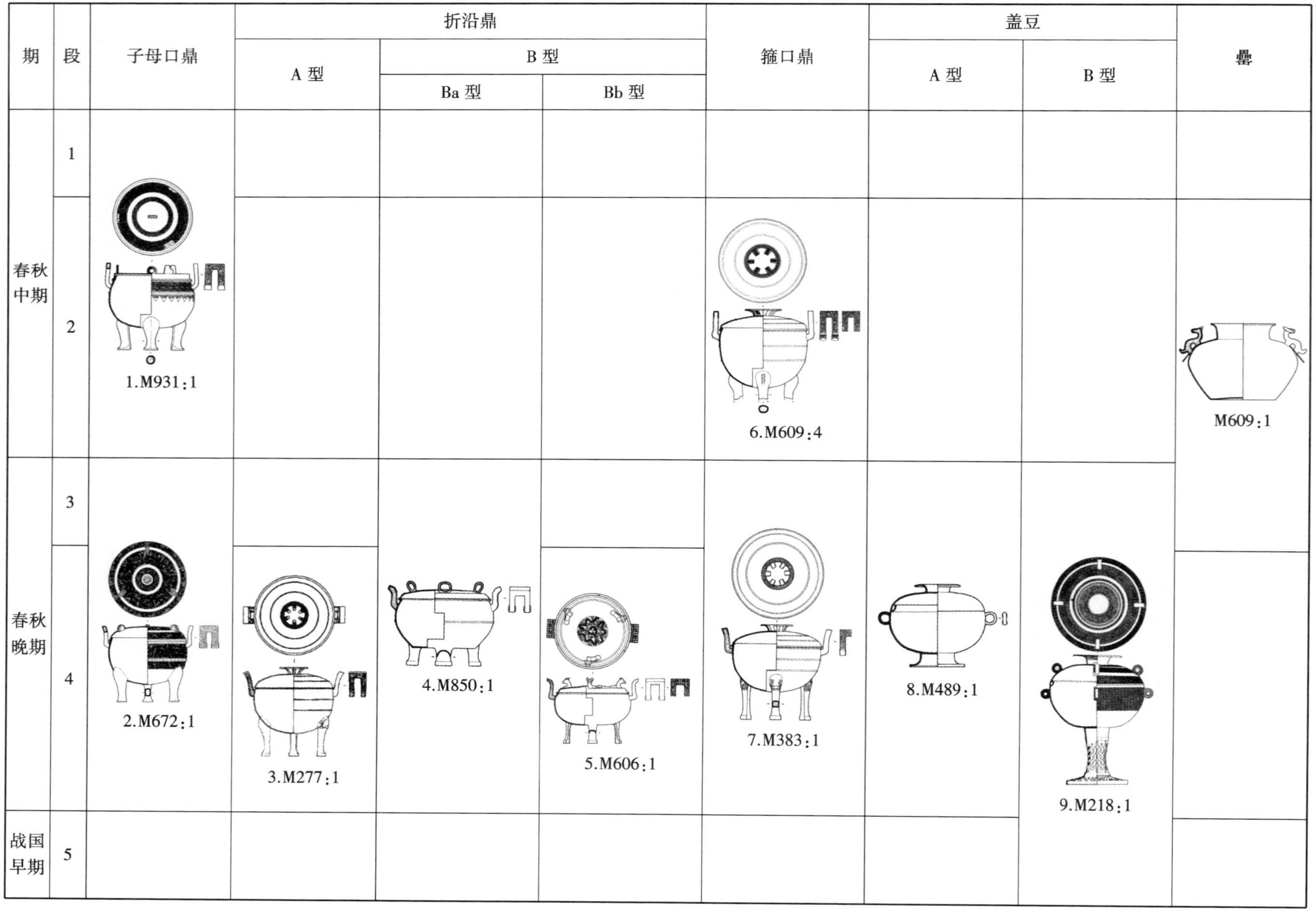
期
段
子母口鼎
折沿鼎
A 型
B 型
Ba 型
Bb 型
箍口鼎
盖豆
A 型
B 型
罍
春秋中期
1
2
1.M931:1
6.M609:4
M609:1
春秋晚期
3
4
2.M672:1
3.M277:1
4.M850:1
5.M606:1
7.M383:1
8.M489:1
9.M218:1
战国早期
5

续图

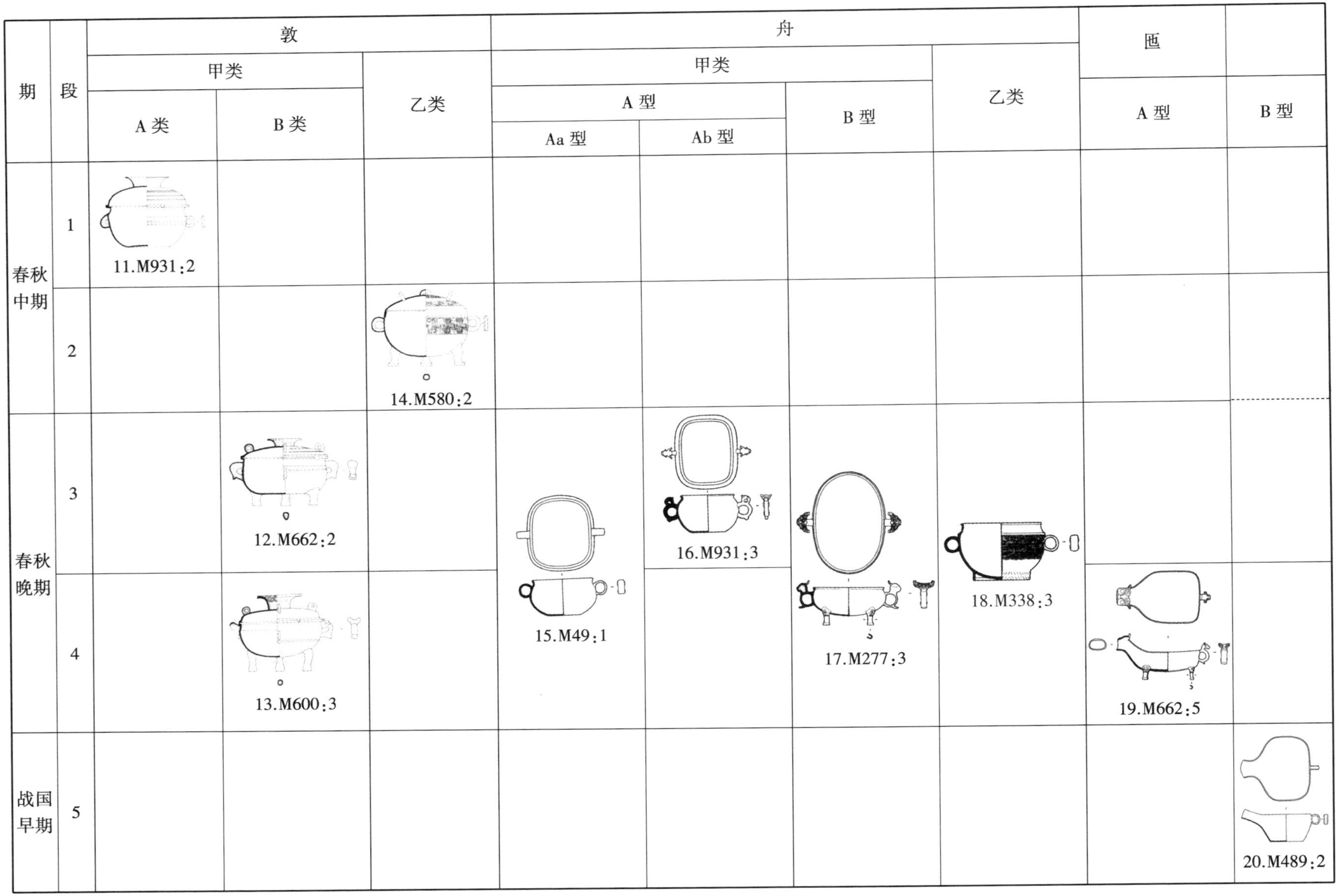

图二　侯家台墓地出土铜器分期图

Bb 型鼎与新郑铁岭 M550：4 出土铜鼎形制相近,① 年代为春秋晚期晚段。

(二)敦

侯家台墓地所出甲 A 类平底敦与河南洛阳中州路 M2415②、河南信阳市平桥 M1 所出铜敦形制相近。③洛阳中州路 M2415 的年代为春秋早期，信阳市平桥 M1 的年代为春秋早期至中期之际，且其铜敦器身饰乳钉纹，这是侯家台铜敦所没有的。因此，我们推定侯家台甲 A 类平底敦的年代为春秋中期早段。

甲 B 类Ⅰ式青铜敦与新郑蔡庄 M37 所出铜敦形制相近,④ 年代为春秋晚期早段。Ⅱ式青铜敦与新郑铁岭 M1405⑤、M429 所出铜敦形制相同,⑥ 年代为春秋晚期晚段。

乙类青铜敦与洛阳中州路 CIM124⑦ 所出铜敦形制相近，年代为春秋中期晚段。

(三)盖豆

A 型盖豆与洛阳中州路 M2717、唐宫路 C1M5560 出土铜豆形制相近。⑧ 年代为战国早期。“在春秋晚期至战国早期，在全国范围内铜豆发展达到一个高峰，同时也因为思想的解放，铜豆器形又常和其他器形结合，出现新的样式。”B 型镂空豆，可以看做与铜敦的结合，因此，我们推断 B 型镂空豆的年代大致在春秋晚期至战国早期之际。

(四)舟

甲 Aa 型舟与新郑铁岭墓地 M429 形制相近，年代为春秋晚期。Ab 型舟与新郑防疫站 M6 所出铜舟形制相近，年代为春秋晚期偏早段。

甲 B 型舟与新郑李家村 M1：4 铜舟形制相近，年代为春秋晚期。

乙类舟与洛阳 C1M3498：4 出土铜舟形制一样。洛阳西工区 C1M3498 的年代为春秋晚期。

(五)盘

Aa 型盘与铁岭 M1404：14 所出铜盘形制相近。年代为春秋晚期晚段。

(六)匜

A 型匜与铁岭 M550 所出铜匜形制相近，年代为春秋晚期晚段。

B 型匜与襄阳山湾 M23：5 出土铜匜形制相近，年代为战国早期。

(七)罍

铜罍与洛阳西工区 C1M3427 所出铜罍形制相近,⑨ 该墓地所出铜罍器身为素面，肩部有两个圆雕双立兽形带环耳，这个特征与 C1M3498 所出铜罍相同。C1M3427 墓的时代为春秋中期，C1M3498 的时代应为春秋晚期。因此，推断该墓地铜罍的年代大致应该介于此之间。

---

① 郑州市文物考古研究院：《新郑铁岭墓地 M550 发掘简报》,《中原文物》2010 年第 5 期。
② 中国科学院考古研究所：《洛阳中州路(西工段)》，科学出版社 1959 年版，第 93 页。
③ 河南省博物馆等：《河南信阳市平桥春秋墓发掘简报》,《文物》1981 年第 1 期。
④ 河南省文物考古研究所新郑工作站：《新郑县蔡庄东周墓葬发掘简报》,《中原文物》1987 年第 4 期。
⑤ 郑州市文物考古研究院等：《新郑铁岭墓地 M1404、M1405 发掘简报》,《中原文物》2012 年第 2 期。
⑥ 郑州市文物考古研究院等：《新郑铁岭墓地 M429 发掘简报》,《中原文物》2010 年第 1 期。
⑦ 洛阳市文物工作队：《洛阳两座东周铜器墓》,《中原文物》1983 年第 4 期。
⑧ 洛阳市文物工作队：《洛阳唐宫路小学 C1M5560 战国墓发掘简报》,《文物》2004 年第 7 期。
⑨ 洛阳市文物工作队：《洛阳西工区春秋墓发掘简报》,《文物》，2010 年第 8 期。

根据上述分析，综合各组的年代可确定如下：

组别			年代
A组	Aa		春秋晚期早段
	Ab		春秋晚期
B组	Ba		春秋晚期晚段
	Bb		春秋晚期晚段
C组	Ca		春秋晚期晚段
	Cb	Cba	春秋晚期
		Cbb	春秋晚期晚段

当然，除了青铜鼎、敦之类的核心器物组合外，我们对其他类别的器物也进行了整体分期与年代归纳，因为有些器类与之相同，可以据此进行推导。

因此，根据前面的论证，我们将侯家台墓地青铜器可以参与分期的22座墓葬总体分为二期二段。

第一期，春秋晚期，分二段。

第1段，春秋晚期早段。流行子母口Ⅰ式鼎、折沿鼎Ba型鼎、甲A型、BⅠ敦、甲Ab型舟。包括M149、M227、M580、M850、M931这5座墓葬。

第2段，春秋晚期晚段。新出现并流行折沿A型、Bb型鼎、箍口Ⅱ式鼎、甲B型舟、甲BⅡ式敦、A型匜、盘。包括M277、M338、M383、M436、M600、M606、M662、M609、M681、M687、M690这11座墓葬。

第二期，战国早期。新出现并流行A、B型盖豆、B匜。包括M218、M489这2座墓葬。属于第一期但不能明确分段的墓葬还有M49、M672、M975、M1004这4座墓葬。包括子母口Ⅱ式鼎、甲Aa型、甲B型舟等器型。

四、文化内涵

我们对侯家台墓地青器的型式和分期做了归纳和总结，在此基础上，我们对其背后蕴藏的社会历史背景略作探索。

据史籍记载，郑武公随平王东迁，灭掉虢、郐等十邑，定都于今之新郑，并对周边小国进行侵伐，以扩张领土。定都新郑后，大量的人口涌入新郑，导致其人口增加，墓葬数量也随之骤增。但由于考古学文化的稳定性，原本统治新郑的郐国的考古学文化特征并不会因为郐国灭国而突然消失，加之新迁入人群自己的文化特色，使得新郑地区在随后的一段时间成为了一个众多文化特征并存的区域，在侯家台墓地中，我们便可以清楚地了解。

春秋中期，郑国自武公迁都新郑后，自武公至庄公可谓盛极一时，史称“小霸”。郑庄公之后郑国立即陷入了君位之争的内乱之中，庄公的“小霸”事业戛然而止，而郑内乱期间正值大国崛起争霸，郑国未能在大国崛起前突破国小弊端，加之内乱不止，最终沦为大国征伐对象，屡受晋、楚、秦之欺凌。在经历一系列的内乱与外患之后，国势渐衰，特别是郑国夹处于晋楚两大国之间，春秋时期晋楚两国争霸历时最长，郑国成为两国互相争夺的对象，在外患频发、内忧不断的情况下，不断走向衰弱。“在那些因重大政治变革而导致的一系列变化中，一种新的结构稳定的物质文化的形成，在时间上往往会相对滞后于重大政治事件本身的发生。”因此，这一时期，郑文化因素表现得较弱，楚文化则闪现出一种较强的文化色彩。

春秋晚期之际，侯家台墓地出土青铜器更多反映的是郑文化因素。这一时期，各国相继变法图强，不断对外兼并，此时郑国的外患比起前期晋、楚的威胁更甚，郑人更多的是对土地的需求。韩、魏对郑国国土的不断蚕食，使得本已弱小的郑国更加不堪，但好在郑简公时期，以子产为卿，郑国进入了短暂的平稳时期，国力稍见强盛。而这些器物也可以看作春秋晚期郑国气息奄奄这一重大历史事件在该墓地的一种反映。

青铜器发展演变缓慢，但极具时代特征。侯家台墓地出土的青铜器，在春秋中晚期到之际的一系列发展变化，真切反映了时代的变迁和社会主导，以实物阐述了楚文化和郑文化在该区域的主要影响，这也为后来韩文化的出现埋下重要伏笔。

表一　侯家台墓地出土青铜礼器墓葬统计表

墓号	方向	墓葬规格		葬具及保存情况		人骨及保存情况			随葬品	期段
		形制	墓口尺寸与深度（长×宽\深）（米）	椁（米）	棺（米）	葬式	性别	年龄		
M49	5°	长方形竖穴土坑墓，斜壁，平底。单椁单棺。	3.2×2.4\5.4	长：2.64 宽：1.9 残高：1.1 板灰厚：0.08	长：2.26 宽：1.36 残高：0.5 板灰厚：0.06	仰身直肢			甲Aa舟	一期
M149	10°	长方形竖穴土坑墓，斜壁，平底。单椁单棺。	3.7×3.15\4.6	长：2.57 宽：2.07 残高：0.8 板灰厚：0.06	长：2.09 宽：1.06 残高：0.3 板灰厚：0.06	仰身直肢			折沿Ba鼎1、甲BⅠ敦1、甲B舟1	一期1段
M218	30°	长方形竖穴土坑墓，直壁，平底。单棺。	2.7×1.4\3.6	长：2.4 宽：0.92 残高：0.4 板灰厚：0.06		仰身直肢			B盖豆1、甲Ab舟	二期
M227	31°	长方形竖穴土坑墓，斜壁，平底。单椁单棺。	3.88×2.9\5.52	长：2.91 宽：2.06~2.17 残高：0.72 板灰厚：0.06	长：1.86 宽：0.76 残高：0.08 板灰厚：0.06	仰身直肢			甲BⅡ敦1、甲Ab舟1	一期1段
M277	20°	长方形竖穴土坑墓，斜壁，平底。单椁单棺。	2.88×2.2\6	长：2.84 宽：2.21 残高：0.3 板灰厚：0.06	长：2.31 宽：0.98 残高：0.08 板灰厚：0.06	仰身直肢			折沿A鼎1、甲BⅠ敦1、甲B舟1、盘1、A匜1	一期2段
M338	353°	长方形竖穴土坑墓，直壁，平底。单椁单棺。	3.2×2.65\5.02	长：2.54 宽：1.71 残高：0.12 板灰厚：0.06	长：1.98 宽：0.92 残高：0.08 板灰厚：0.06	仰身直肢			鼎（残）、甲BⅡ敦1、乙舟1	一期2段

续表

墓号	方向	墓葬规格 形制	墓葬规格 墓口尺寸与深度(长×宽\深)(米)	葬具及保存情况 椁(米)	葬具及保存情况 棺(米)	人骨及保存情况 葬式	人骨及保存情况 性别	人骨及保存情况 年龄	随葬品	期段
M383	10°	长方形竖穴土坑墓，直壁，平底。单椁单棺。	3.4×2.6\3.8	长：2.76 宽：1.84 残高：0.64 板灰厚：0.06	长：2.12 宽：1.11 残高：0.24 板灰厚：0.06	仰身直肢			箍口Ⅱ鼎1、甲BⅡ敦1、盘1、A匜、剑1	一期2段
M436	25°	长方形竖穴土坑墓，斜壁，平底。单椁单棺。	3.9×3.12\5.7	长：3.18 宽：2.32 残高：0.6 板灰厚：0.06	长：1.92 宽：0.78 残高：0.3 板灰厚：0.06				折沿A鼎1、盘1	一期2段
M489	19°	长方形竖穴土坑墓，直壁，平底。单棺。	2.16×1.24\2.2	长：1.76 宽：0.88 残高：0.6 板灰厚：0.06		仰身直肢			A盖豆1、B匜1	二期
M580	15°	长方形竖穴土坑墓，直壁，平底。单椁单棺。	3.06×1.8\5.6	长：2.58 宽：1.4 残高：0.8 板灰厚：0.06	长：1.78 宽：0.84 残高：0.3 板灰厚：0.06				折沿Ba鼎1、乙敦1、甲Ab舟1	一期1段
M600	30°	长方形竖穴土坑墓，直壁，平底。单椁单棺。	3.2×2.4\5.1	长：2.42 宽：1.66 残高：0.9 板灰厚：0.06	长：1.86 宽：1.08 残高：0.12 板灰厚：0.06				箍口Ⅱ鼎、甲BⅡ敦、盘	一期2段
M606	7°	长方形竖穴土坑墓，斜壁，平底。单椁单棺。	2.9×2.2\5.9	长：2.08 宽：1.38 残高：0.5 板灰厚：0.06	长：1.88 宽：0.92 残高：0.3 板灰厚：0.06	屈肢			折沿Bb鼎1、甲BⅠ敦1、甲B舟1、A匜1、戈	一期2段
M609	10°	长方形竖穴土坑墓，斜壁，平底。单椁单棺。	3.68×2.08\5.56	长：3.18 宽：1.58 残高：0.76 板灰厚：0.06	长：2.72 宽：1.04 残高：0.1 板灰厚：0.06				箍口Ⅰ鼎1、甲BⅡ敦1、甲B舟1、罍1	一期2段
M662	20°	长方形竖穴土坑墓，斜壁，平底。单椁单棺。	2.7×1.6\3.8	长：2.80 宽：1.36 残高：0.7 板灰厚：0.08	长：1.86 宽：0.96 残高：0.4 板灰厚：0.06	仰身直肢			箍口Ⅱ鼎1、甲BⅠ敦1、甲B舟、盘1、A匜1	一期2段

续表

墓号	方向	墓葬规格		葬具及保存情况		人骨及保存情况			随葬品	期段
		形制	墓口尺寸与深度（长×宽\深）（米）	椁（米）	棺（米）	葬式	性别	年龄		
M672	15°	长方形竖穴土坑墓，斜壁，平底。单椁单棺。	3.24×2.2\5.1	长：2.42 宽：1.66 残高：0.9 板灰厚：0.06	长：1.78 宽：0.84 残高：0.3 板灰厚：0.06				子母口Ⅱ鼎1	一期
M681	20°	长方形竖穴土坑墓，斜壁，平底。单椁单棺。	3.3×2.2\5.6	长：2.54 宽：1.60 残高：0.7 板灰厚：0.06	长：2.18 宽：0.96 残高：0.32 板灰厚：0.06				甲BⅡ敦、甲B舟、盘1、匜（残）	一期2段
M687	17°	长方形竖穴土坑墓，直壁，平底。单棺。	2.88×1.64\3.7	长：2.48 宽：1.00 残高：0.6 板灰厚：0.06		仰身直肢			甲BⅡ敦1、甲Ab舟	一期2段
M690	15°	长方形竖穴土坑墓，直壁，平底。单棺。	2.72×1.6\5.46	长：2.32 宽：1.16 残高：0.1 板灰厚：0.06		仰身直肢			鼎（残）、甲BⅠ敦1、甲Ab舟1	一期2段
M850	10°	长方形竖穴土坑墓，斜壁，平底。单椁单棺。	3.24×2.16\4.46	长：2.92 宽：1.52 残高：0.46 板灰厚：0.06	长：2.26 宽：1.10 残高：0.16 板灰厚：0.06	仰身屈肢			折沿Ba鼎1、甲BⅠ敦1	一期1段
M931	9°	长方形竖穴土坑墓，斜壁，平底。单椁单棺。	2.84×1.56\5.1	长：2.58 宽：1.14 残高：0.54 板灰厚：0.06	长：1.82 宽：0.72 残高：0.2 板灰厚：0.06				子母口Ⅰ鼎1、甲A敦1、甲Ab舟1	一期1段
M975	23°	长方形竖穴土坑墓，直壁，平底。单棺。	3.4×1.82\3	长：2.6 宽：1.24 残高：0.34 板灰厚：0.06					甲B舟1	一期
M1004	278°	长方形竖穴土坑墓，斜壁，平底。单椁单棺。	3.2×1.9\4.4	长：2.74 宽：1.42 残高：0.5 板灰厚：0.06	长：2.36 宽：1.11 残高：0.2 板灰厚：0.06				甲Aa舟1	一期

（作者单位：河南省文物考古研究院、河南省新郑市博物馆）

楚国铜矿冶业历史进程的考古学观察*

陈树祥　连　红　王　峥

楚国从小国发展到霸国，铸造青铜兵器的铜料成为不可缺少的战略物资，楚国铜矿冶兴盛进程如何？一直是学术界关注的问题，本文试以考古发现资料为基础，对楚国铜矿冶历史进程作点探析。

西周早期，楚国为蕞尔小国，《左传·昭公二十三年》称楚“土不过同”。楚国初封之域是否蕴藏有铜矿资源或从事铜矿的采冶铸活动？探析这一问题关键首先判定熊绎始都丹阳的地望，循此追踪其域内铜矿资源与铜矿业。由于史料对楚始都丹阳记载不详，加之西周时期的楚国考古学文化面貌模糊不清，因此，古今学者对楚都丹阳地望认识成为一个公案。罗运环先生列述了楚都丹阳地望的八种观点，徐少华、尹弘兵先生也作了详细探讨。① 本文以他们的研究成果为基础，试将丹阳地望观点归纳为东、西、北三个区域，主要跨今安徽、湖北、河南三省相关县市：其一，东有“当涂说”观点，最早见于《汉书·地理志(上)》丹扬郡“丹阳”县下班固原注：“楚之先熊绎所封，十八世，文王徙郢”。此说因无考古材料等支撑，现学术界对这一观点基本否定。其二，西为“土著说”，又可分为“秭归说”和“枝江说”，其中“秭归说”源于东晋袁山松《宜都记》所云：“秭归盖楚子熊绎之始国，而屈原之乡里也”，北魏郦道元《水经注》挺此说，对后世有一定影响。“枝江说”最早见于东汉颖容著作《左传释例》所云：“楚居丹阳，今枝江故城是也。”此说流传深远。“秭归说”相对应的西陵峡地区发现有楚王城、鲢鱼山、庙坪、官庄平、上磨垴、柳林溪等遗址，但这些遗址出土具有楚文化因素的陶器年代最早只能追溯至西周晚期，且在地理空间等方面弱于“枝江说”，因此，“秭归说”观点在学术界的认同度渐弱，今部分学者持“枝江”说。② 其三，北为“丹淅说”，最早见于唐司马贞《史记索隐》所云“故楚都，在今均州”。清宋翔凤在所著《楚鬻熊居丹阳，武王徙郢考》中力挺，其观点影响较大，今成主流。但持“丹淅说”的学者们对丹阳具体地望的认识仍存在偏差，歧生出两种观点：蒙文通、安金槐先生提出了“先丹淅后荆山说”；③ 石泉先生则主张“先商县后丹淅说”。④ 21 世纪清华简之《楚居》篇的公布，为多数学者认同早期楚族“北来中原说”及楚始都“丹淅说”提供了考古文献支撑。在此，我们无意否定考古材料支撑较弱的其他丹阳地望的认识，而是立足于探寻西周早期楚人活动区域的铜矿冶业。其实，在当前楚学界倾向的“丹淅说”或“枝江说”所涉及的区域内，目前也没有发现铜矿资源及铜矿冶考古材料的报导。商周时期，铜料主要用于铸造祭祀用器和战争兵器，西周早期的铜器面世较多，以礼器及兵器数量为主，许多铜器铸有族徽或国名等，唯独不见楚国族徽和铭文铜器，难道楚国没有铜料或者没有自己铜矿冶业吗？其实，从西周早期楚君熊艾或熊黮之世观察，

---

* 本文为 2017 年度国家社会科学基金重点项目“大冶铜绿山矿冶遗存考古新发现资料整理与研究”(17AZD025)阶段性成果。

① 罗运环：《楚国八百年》，武汉大学出版社 1992 年版，第 77 页；徐少华、尹弘兵：《楚都丹阳探索》，科学出版社 2017 年版。

② 刘彬徽：《试论楚丹阳和郢都的地望与年代》，《江汉考古》1980 年第 1 期。

③ 蒙文通：《周秦少数民族研究》，龙门联合书局 1958 年版，第 45 页；安金槐：《商代的楚文化遗存及其有关问题》，河南省考古学会编：《楚文化研究论文集》，中州书画社 1983 年版，第 10 页。

④ 石泉：《古代荆楚地理新探·楚都丹阳地望新探》，武汉大学出版社 1988 年版。

他们始与周昭王分庭抗礼，可窥见楚人军事实力。楚人的反叛威胁了周人南土政治秩序和“金道锡行”的安全，招致周昭王两次南征。其中，第一次为周昭王十六年(公元前979年)，周昭王率师并联合方、邓、汭、曾、鄂等诸侯军队平定了楚人的叛乱。此役见之于多件铜器铭文记载：如陕西省扶风县庄白出土《史墙盘》铭文曰：“宏鲁昭王、广惩楚荆、唯寏南行。”“安州六器”之《中方鼎》《中甗》及日本出光美术馆收藏的《静方鼎》等铜器铭文中记载周昭王南巡线路及伐楚获胜的故事。过伯随周昭王南征，用俘获的铜料铸造《过伯簋》铭其功，铭曰：“过伯从王伐反荆，孚(俘)金，用作宗室宝尊彝。”(图一)铭文中的“金”，应是概指，包括楚人拥有的青铜兵器、礼器及铜料。由此，可以肯定地说，楚人的确有铜料。

图一　过伯簋及铭文

周昭王第二次南巡为昭王十九年(公元前976年)，此次率师伐楚横渡汉水时，终以“周昭王南征而不复”，以至“周丧六师于汉”而失败，这一大事件震惊王土，多种史籍对其记载，唯不见铭文铜器。

结合周昭王两次率联军征伐楚国的史料记载和过伯簋铭文观察，从一个侧面反映了楚国支撑战争所需的铜兵器应不会少，推测楚国储备了一定铜料，建立了铜冶铸作坊。诚然，这些神秘面纱有待今后考古发现进一步揭示。

西周中晚期，楚国实力骤增，攻城略地成为常态，甚至一度出现楚君封子为王的政治胆略。《史记·楚世家》记载：“当周夷王时，王室微，诸侯或不朝、相伐。熊渠甚得江汉民间和，乃兴兵伐庸，扬粤，至于鄂。熊渠曰：我蛮夷也，不与中国之号谥。乃立其长子康为句亶王，中子红为鄂王，少子执疵为越章王，皆在江上楚蛮之地。”在楚人拓疆活动范围及域外之地，楚铭文铜器相继面世，经统计，见有楚公冢钟5件，楚公冢戈1件，其中，阮元《积古斋钟鼎彝器款识》中收录楚公冢甬钟3件，现收藏日本泉屋博物馆(图二)；吴式芬《攈古录》收录甬钟1件；另1件为1998年7月陕西省扶风县周陈村窖穴出土(图三)。楚公冢戈为湖南博物馆在废铜中拣选而来(图四)。

关于楚公冢其人讨论，李天虹先生进行了统计分析，① 朱德熙先生提出楚公冢即楚公熊挚，时在周厉王，② 其观点可从。

① 李天虹：《楚国铜器与竹简文字研究》，湖北教育出版社2012年版，第11页。

② 湖北省文物考古研究所、北京大学中文系：《望山楚简》，中华书局1995年版，第87页。

图二　楚公冢甬钟三件

图三　楚公冢甬钟

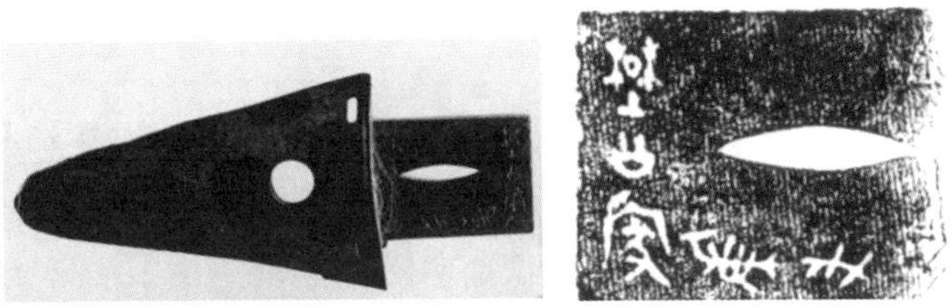

图四　楚公冢戈

2012 年夏，枝江万福垴遗址因建设施工出土 12 件甬钟、1 件铜鼎及一批陶器残片。其中，一件甬钟的钲部刻有“楚季宝钟厥孙乃献于公公其万年受厥福”(图五)。该遗址经考古抢救发掘，又出土一大批陶器，年代为西周中期至春秋中期。① 黄文新等先生认为这些甬钟年代存在早晚之别，大概为西周中晚期，部分甬钟可能为楚人铸造，甬钟上刻字年代可能稍晚。②

图五　万福垴出土甬钟及铭文

西周晚期楚国铭文铜器还有北宋徽宗政和三年(公元 1113 年)在鄂州嘉鱼太平湖出土楚公逆镈，原器早已遗失，翻刻的拓本失真，收录于《殷周金文集成》等。1993 年山西北赵晋侯墓地 M64 出土楚公逆钟 8 件(图六)，形制相似，每件均铸铭文。有的铭文达 68 字：“唯八月甲午，楚公逆祀乓(厥)先高取(祖)

① 湖北省文物考古研究所等：《宜昌万福垴遗址发掘简报》，《江汉考古》2016 年第 4 期。
② 黄文新、赵芳超：《湖北宜昌万福垴遗址出土甬钟年代及相关问题研究》，《江汉考古》2016 年第 4 期。

考，夫壬四方首。楚公逆出，求隼用祀，四方首休多禽（勤）鎮（钦）龤（融），内（入）饗（享）赤金九迈（万）钧。楚公逆自作龢（和）𩏂（齐）锡（盪）钟百飤（肆）。楚公逆其万年寿，用保𠂤（厥）大邦。永宝。”①

图六　山西北赵晋侯墓地出土楚公逆钟

关于楚公逆其人，楚史学家考证为楚君熊咢（鄂），当在周宣王之世。楚公逆钟的铭文中，记载楚君熊咢（鄂）获得进献的红铜九万钧，约合今天六百多吨，其数量十分惊人，用于铸造大量甬钟，显示楚人铸造规模之大。关于铜料的来源，李学勤先生在《试论楚公逆编钟》一文中推测：“刚好在古武昌即今鄂城以南不远的大冶铜绿山。”其观点可信。

综上所述，所见西周中晚期楚国铭文铜器数量虽然少，但铭文传递着十分重要信息：西周中晚期楚国成为南土的大国，国强势威，所需铜料主要来源于贡献，为楚国铜器铸造业发展奠定了基础。

春秋时期，楚国君王步入了称霸中原道路，铜矿资源无疑成为实现霸业的战略物资，楚国拓土掠夺铜料资源与发展铜工业的结合更为紧密。《左传》《史记》等文献记载楚武王执政之世跨越汉东，三次发动伐随（曾）战争。从楚君发动战争的表象观察，一是用武力威逼随（曾）侯向周天子说情升爵提位；二是问罪随（曾）侯“沈鹿盟会”缺席，对楚君的心怀不尊。窃以为，这实际是楚君为了拓土兼并，谋取周人南土的“金道锡行”和江南铜矿资源的控制权的借口。公元前 690 年，楚武王病逝于第三次伐随（曾）之途，楚令尹斗祁和莫敖屈重则秘不发丧，继续领兵攻向随（曾）都，“除道梁溠，营军临随”，最终逼迫随（曾）侯订立城下之盟才撤军，终于实现了楚武王“得志于汉东”的遗愿。从此，周天子位于南土“金道锡行”的随枣走廊被楚截断。楚文王执政之世，向东南用兵，到达今黄石大冶一带铜矿资源产地，控制了铜绿山铜矿资源的经营权。楚文王晚年越过随枣走廊“自将伐黄”，将势力伸向淮河上游，此役可能阻断了西周位于淮夷的“金道锡行”。楚文王去世后，楚国政治势力在今鄂东南的杨越和淮夷两个地区皆未站稳脚跟，于是，发生了夷越叛楚和楚成王平叛事件，《史记·楚世家》是这样记载的：“（楚）成王恽元年（公元前 671 年），初即位，布德施惠，结旧好于诸侯。使人献天子，天子赐胙，曰：‘镇尔南方夷越之乱，无侵中国’。于是楚地千里。”

春秋早期的楚国铭文铜器面世极少，仅在枝江百里洲和当阳赵家湖出土了少许楚铜器。② 其实，春秋早期以前，我们只能通过少数的楚国铭文铜器蠡测楚国铜冶铸业发展线索，大冶铜绿山古铜矿遗址发现，为认识楚文王以后楚国数百年东进及楚国铜矿冶业发展面貌提供实例。铜绿山发现一批东周时期矿冶遗址大概分为采矿、选矿和冶炼三个环节，这些构成了楚国铜矿冶业的发展进程。春秋时期，楚国采矿遗

① 山西省考古研究所、北京大学考古学系：《天马—曲村遗址北赵晋侯墓地第四次发掘》，《文物》1994 年第 8 期。
② 湖北省宜昌地区博物馆、北京大学考古系：《当阳赵家湖楚墓》，文物出版社 1992 年版。

址有铜绿山Ⅳ号矿体和Ⅶ号矿体1、2、5号采矿点及Ⅺ号矿体等部分井巷、Ⅵ号矿体露天采坑。① 这一时期井巷安全支护仍继承商周时期铜绿山流行的榫卯框架结构。洗选矿场遗迹有岩阴山脚遗址发现的尾砂矿堆积、废矿石堆积。② 冶炼场有铜绿山Ⅺ号矿体冶炼遗址揭露12座残鼓风冶铜竖炉、③ 岩阴山遗址冶炼场及矿工赤足印、四方塘遗址2处冶炼场。

纵观揭露的铜绿山Ⅶ号矿体(俗称"大岩阴山")遗迹，山上采矿场与山下岩阴山脚遗址洗矿废弃尾矿堆积和选矿场、四方塘遗址冶炼场，三者之间既连成一片，又具有各自独立的空间布局、生产规模和技术流程，共同组成了一个较为完整的铜矿冶产业链(图七)。

图七　Ⅶ号矿体采选冶遗迹分布位置

2014年，在四方塘遗址东部山梁上(俗称"对面梁")，发现了矿冶生产者与管理者的墓葬区，④ 现已发掘墓葬258座(图八)，其中，春秋时期墓葬有221座，所有墓葬皆为岩(土)坑长方形竖穴墓，墓葬规格接近，排列有序，多数墓葬呈西北至东南向，少数为东西向、西南至东北向。

由于铜绿山矿区的岩土含硫较高，墓葬葬具及人骨全部腐朽，根据朽痕可判定106座墓有葬具，可分为三类：一类为一椁一棺墓，6座，规模稍大；一类为单棺墓，100座；一类为无椁无棺的小型墓，115座。221座墓中有49座墓坑壁掏挖一个小壁龛，有71座墓葬有随葬品，且随葬品放置位置及随葬品质地、数量等呈现复杂现象：随葬品多数放入棺内或壁龛中，数座墓的随葬品置于棺盖上一侧或放在二层台，有的将生活用具打破后放入部分残器于墓坑填土中，即所谓的"毁器葬"。随葬陶器的墓，以鬲、盂、豆等为组合陶器稍多，少数为鬲、豆、罐或钵、豆、罐组合陶器，多数墓葬随葬其中的2件或1件；有

① 黄石市博物馆：《铜绿山古矿冶遗址》，文物出版社1999年版。

② 湖北省文物考古研究所、大冶市铜绿山古铜矿遗址管理委员会：《大冶市铜绿山岩阴山脚遗址发掘简报》，《江汉考古》2013年第3期。

③ 黄石市博物馆：《铜绿山古矿冶遗址》，文物出版社1999年版。

④ 湖北省文物考古研究所、大冶市铜绿山古铜矿遗址管理委员会：《大冶铜绿山四方塘春秋墓地第一次考古主要收获》，《江汉考古》2015年第5期；陈树祥、陈丽新、席奇峰：《古代矿冶生产者公共墓地国内首现——湖北大冶铜绿山四方塘遗址墓葬区获重大成果》，《中国文物报》，2016年2月26日。

图八　四方塘遗址东部山梁上发掘的墓葬区

26座墓随葬青铜兵器、青铜工具和青铜饰件；有4座墓随葬玉器等；有6座墓葬的壁龛中随葬铁铜共生矿石、1座墓填土中放置铜矿石(孔雀石)、2座墓葬壁龛中随葬碎矿工具——石砧、1座墓的壁龛与1座墓的填土中放置炉壁残块。

墓葬位置、墓坑方向和大小、葬具、随葬品质地及数量多寡等特征的差异性反映了墓主人生前不同的身份、地位、族属。如一椁一棺墓葬与随葬青铜器、玉器的宽坑长方形单棺墓葬，一般位于墓地中南部高阔地带，其规格高于其他墓，墓主身份大概为矿区生产管理者或较高等级矿师，其族属应为楚人或者归顺楚国的扬越人。根据随葬品的质地和种类，推测墓主人生前存在分工，如随葬铜斧、铜凿等工具和兵器的(图九)，可能为采矿冶炼及木工生产的管理者；仅随葬青铜铍(剑)、戈的应为低级武官或士兵，承担着矿区安全保卫职责(图十)。

图九　M96出土青铜器

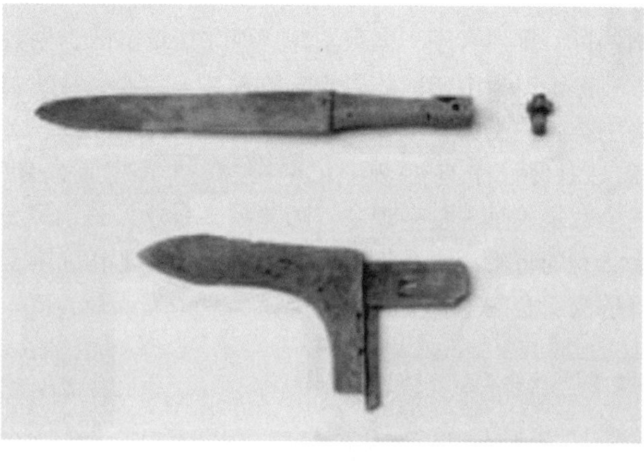

图十　M9出土青铜器

随葬铜刮刀和铜戈的(图十一)，可能是竹器制作的管理者；随葬铜削刀和铜戈的(图十二)，可能担负矿区生产质检、产量的记录工作等。

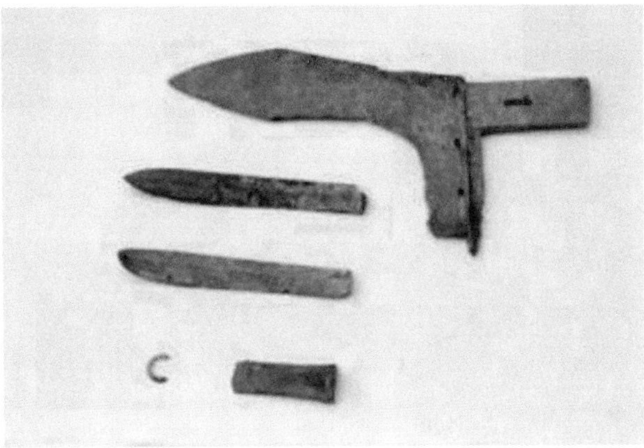

图十一　M88 出土铜器、玉器

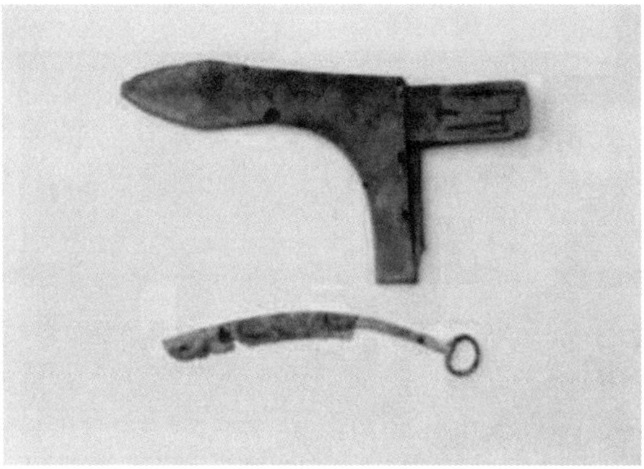

图十二　M27 出土铜器

随葬 3 件生活陶器(含铜鼎)的墓葬(图十三)，墓主人地位稍高，可能为采冶方面的技师。

图十三　M5、M7 出土陶(铜)器

宽坑长方形小型墓和窄坑长方形小型墓中，有的随葬 1~2 件陶器，或随葬孔雀石(图十四)、铁铜共生矿石(图十五)、石砧(图十六)、冶铜炉子的残壁块(图十七)，更多的无随葬品，其地位均较低，墓主人大概为扬越人，应是矿冶生产底层的技工或工人。

图十四　M54 出土

图十五　M57 出土

图十六　M37 出土

图十七　M201 出土

四方塘墓地 221 座春秋墓葬的形制和随葬品等特征，还反映了扬越文化和楚文化共存发展的现象，如陶器中以扬越文化典型陶器——陶刻槽足鬲稍多，陶盂等楚文化因素陶器逐渐增加，尤其是陶器组合又以春秋中晚期楚墓中流行的鬲、盂、豆组合偏多(图十八)，反映了春秋早期楚国对铜绿山一带占领以后，楚文化与扬越文化融合发展面貌。

图十八　M6 出土

这批春秋墓葬也存在年代上的早晚之分，其中，M1 年代稍早，出土陶鬲可归列春秋早期晚段(图十九)，与楚文王执政年代相近。M83 年代最晚，出土的高柄足陶豆、陶罐为典型楚文化陶器(图二十)，可归列春秋战国之际，与楚昭王至楚惠王继位之初年相对应。

楚国对疆域内的铜矿资源开发可能建立了一套管理机构，设置官职对铜工业实行层级管理，铜矿业的管理机构和官员自上而下不会少于四级：其一，楚国中央最高管理工业的官职为工尹，其职责包含管理铜矿业。其二，在一方矿产区设立管理机构，对这一矿产区域的铜矿生产进行管理，如大冶铜绿山之西 3 公里的草王嘴城(亦称“楚王城”)，其职官应该专司铜绿山及周围铜矿的管理生产，类似今天大冶有色金属集团公司。其三，在某个铜矿山设置官员，具体管理铜矿生产，如铜绿山四方塘墓地中一椁一棺墓主人，可能是管理铜绿山矿冶的官员，类似今天的矿长。此外，在铜矿山发现的采、选、冶生产场地，可能还设置了一些最基层“小头目”，类似今天矿厂的车间主任或班组长。

图十九　M1 出土陶鬲

图二十　M83 出土陶罐、陶豆

春秋时期，南方的吴、楚、越之间争霸战争相继发生，楚国铜矿业也会因战争影响而出现兴衰现象。公元前 512 年，新一轮吴楚战争爆发，楚国节节败退，吴师攻陷楚国郢都，楚昭王出奔随(曾)国避难。楚国的战败，可能导致铜绿山等铜矿业出现短暂衰败。《史记》记载，楚地邑番县(今九江市以东)的铜矿业为吴国占有。楚在秦国、曾国的帮助下，退吴兵复楚国，这场战争在随州文峰塔曾侯舆墓出土的甬钟铭文中也有记载。① 从而，楚国也恢复了对铜绿山采冶生产。

战国时期，长江以南地区基本纳入楚国版图，楚国铜矿采冶业得到全面发展，出现鼎盛景象。从铜绿山Ⅰ、Ⅱ号矿体揭露的采矿遗迹观察，出现系列生产技术的创新：首先，铁质工具逐渐取代青铜工具，提升了对氧化破碎带铜矿料的开采力度，采掘矿石范围扩大，铜矿石日产量倍增。其次，井巷支护技术创新。井巷采掘面拓宽变高，使用粗大支护木料，竖(盲)井支护采用“密集法搭口式”结构，增强了竖(盲)井支护抗压的安全性；“密集法搭口式”结构，使竖井成为封闭状态，竖井不仅安全稳定，也增强了井巷通风效果。“密集法搭口式”对后世采矿的安全支护产生了深远影响，直至近现代矿山改用钢筋混凝土的支护材料替代木支护。地下巷道与马头门分别变革成鸭嘴与亲口的木支护结构，增强了巷道安全性，采矿深度有的达近百米。井巷断面增高增宽后，解决了以往矿工不能站立作业问题，减轻了矿工劳动强度，提高了生产力。再次，提升技术的创新。普遍使用木制辘轳，由一段提升变为多段提升，使地下采掘铜矿石、井巷中渗水皆能顺利提升至地面。最后，采矿方式的改进。春秋时期采矿以竖井为中轴，采用平巷从上往下逐层采矿，大量的贫矿和废矿石必须提升地面，劳动强度大；战国至汉代，变革为从下向上逐层开采方式，对开采出来的矿石在地下进行初选，拣选出来的贫矿料、废石直接充填下部采空场，这样既避免下部采空场变型和坍塌的安全隐患，也大大减免了贫矿料、废石提升至地面的作业成本。这种方法开后世废井巷道充填技术之先河，保证地面不陷不塌。

上述采矿创新技术，在楚人新占领的江南铜矿山采掘生产中得到了广泛推广和运用，如江西瑞昌铜岭 29 号竖井②、湖南麻阳铜矿山采矿斜井巷③，皆见有这种采矿方法和支护技术；安徽铜陵汉代金牛采矿点也继承了这一支护技术。④

---

① 湖北省文物考古研究所、随州市博物馆：《随州文峰塔 M1(曾侯舆墓)、M2 发掘简报》，《江汉考古》2014 年第 4 期。

② 江西省文物考古研究所、瑞昌博物馆：《铜岭古铜矿遗址发现与研究》，江西科学技术出版社 1997 年版。

③ 湖南省博物馆：《湖南麻阳战国时期古铜矿清理简报》，《考古》1985 年第 2 期。

④ 杨立新：《皖南古代铜矿的发现及其历史价值》，《东南文化》1991 年第 2 期。

战国时期的楚国冶铜炉也得到了改进，炉子结构发生变化，炉子普遍变大。铜绿山春秋时期冶铜炉底部设有“T”字形风沟，铜绿山柯锡太战国冶铜炉底变革为“一”字形暗风沟，有的炉腔外壁发明土坯砖构筑技术，这既可缩短了筑炉工期，提升冶铜炉腔的耐用期。这些技术变革，实现了冶炼粗铜的高产。

楚国在铜绿山生产铜料推测达 8 万吨以上，其数量巨大，为铜器铸造业飞速发展奠定了坚实基础。楚国铜料广泛用于商业流通、外交、战争、祭祀及生活生产诸领域，安徽繁昌县黄浒乡发现楚国蚁鼻钱范母两块，纪南城陈家台遗址发现的冶铸遗址，皆可窥见楚国冶铸业的规模化生产。楚国青铜器铸造发明的“失蜡法”，以及多姿多彩的铜器表面金属工艺等高端技术，使楚国铜工业技术工艺登上世界青铜文明之顶峰。

（作者单位：湖北省文物考古研究所）

楚地的大规模生产
——以铜镜、丝织品为例*

李建深

一、引言

楚地主要指今日的湖北、湖南两省，兼及河南南部、江西、安徽一带。本文所用的材料主要来自湖北湖南地区，年代大约为战国中、晚期，即约公元前4世纪至前3世纪。楚地出土的战国铜镜、丝织品一向为人称羡，是考古发现的两颗明珠。铜镜以铸造精美、款式多变著称，其精细繁密的纹饰，可谓人类青铜铸造史上的杰作。丝织品则以存世稀少、花纹多样、织绣工艺高超而闻名于世；由于有机的丝织品保留不易，人类历史上的早期纺织物极为罕有，但楚地的丝织品，不出土则已，一出土就是大批大批战国时期的，极大地填补了人类早期纺织工艺的空白。结合铜镜与丝织品的艺术史研究，探讨其生产与设计的关系，或许会为我们带来楚地产业考古乃至整个人类产业考古的新认识。

本文所谓的“大规模生产”是指数量庞大、注重效率，有着极其精细、巧妙、有组织的分工、专业化之生产活动。大规模生产不同于大数量生产。大规模生产也牵涉数量庞大的产品，但其精细、巧妙、有组织的分工与注重效率的考虑也是同样重要的。大数量生产则不涉及效率之考量，并无巧妙、有组织的分工方法，纯以数量庞大的产品定义自身。举个例子，大数量生产可以是很多人花费大量时间、大量资源生产出数量庞大的产品。如亨利·福特时代之前的汽车生产方法，某些工人负责从头至尾、一手一脚地把整辆汽车制造出来。到了福特时代，这种大数量方法得到了改进，改为大规模生产，某些人只负责某一生产部分，达致了精细的分工、专业化生产，福特极其着重效率，对于生产的分工，分得越精细，生产速度便越快，生产零件越精准，组装便越畅顺。他对大规模生产的定义，为我们探索人类产业考古的问题提供了重要参照。他在1929年版的《大英百科全书》中的“mass production 大规模生产”条目中写道：

> 通常来说，它“大规模生产”指生产数量，但其根本在于方法……大规模生产并非单纯是数量生产……也并非单纯是机器生产……大规模生产着重于此产业项目之原则为生产动力、精准度、经济性、系统化、可持续与速度。①

---

* 此研究文章获中国香港特别行政区研究资助局优配研究金（项目编号 HKBU 12625716 与 HKBU 12604017），蒋经国国际学术交流基金会2016年亚太地区研究计划类（No. RG025-P-15），香港浸会大学 Faculty of Social Sciences Collaborative Research Grant（SOSC/16-17/CRGID1），香港浸会大学 Faculty Research Grant（Cat. II，FRG2/15-16/045），香港浸会大学 Equipment Matching Fund（RC-EMF07/17-18）资助，谨此致谢。

① Henry Ford. Mass Production, *The Encyclopaedia Britannica*, 14th edition, vol. 15, London: The Encyclopaedia Britannica Company, 1929, pp. 38-41. 原文为“As commonly employed it [mass production] is made to refer to quantity produced, but its primary reference is to method... Mass production is not merely quantity production... Nor is it merely machine production... Mass production is the focussing [*sic*] upon a manufacturing project of the principles of power, accuracy, economy, system, continuity and speed.” p. 38.

福特同时指出大规模生产通常与大规模消费是相辅相成的。①这也是需求与供应的基本定律。没有了庞大的需求，大规模生产不会应运而生。没有了大规模生产，纵然有需求也满足不了。在考古发现中，需求是显示不出来的，但生产的迹象、规模的庞大却可在考古遗物上透露出来。由于铜镜、丝织品的生产工场到今天也没有发现或少有发现，或者残存的工场遗址没有透露更多的大规模生产信息，所以我们更多时候要从遗物上"拷问"出来。

二、铜镜

楚地所出战国时期的铜镜，在中国乃至世界青铜冶铸史上是一个高峰期。在战国时期，很多学者都说这是中国青铜器时代的衰落期，但是铜镜却一枝独秀、独占鳌头。铜镜的冶铸毫不简单，并非单纯的二分范就能铸成。铜镜上的精细繁密的纹饰，没有其他铜器可以比拟。如羽翅纹铜镜，在毫米级的平面上，一道道细线、一个个颗粒点都清清楚楚地铸造出来，毫不拖泥带水，线、点之间的距离清晰、明确。这个例子就是湖南长沙市德雅村国防科技大学 M4 墓所出的纯羽翅纹铜镜。②这种清晰细致度，在全世界的青铜器中也少有比拟，这类铜镜代表了东亚大陆所出青铜器的高峰。

图一　铜镜

出土自湖南省长沙市德雅村国防科技大学 M4 墓，现藏于长沙市博物馆内，总帐号 1429。直径 15.2 厘米，约公元前 300 年。作者之照片。

但是楚地所出的铜镜不止是铸造精美而已，其繁复多变的纹饰，令后世学者的铜镜纹饰类型学层出不穷。20 世纪初、中期的梅原末治（Umehara Sueji）、高本汉（Bernard Karlgren）都对铜镜纹饰类型学有深入研究。③时至今日，湖南省博物馆、长沙市博物馆等机构也各自组织了对馆藏铜镜的类型

① Henry Ford. Mass Production, p. 38.

② 长沙市博物馆：《楚风汉韵：长沙市博物馆藏镜》，文物出版社 2010 年版，第 3 页。

③ 梅原末治：《欧米に于ける支那古镜》，刀江书院 1931 年版；梅原末治：《汉以前の古□の研究》，东方文化学院京都研究所，著成于 1935，出版于 1936 年；Bernhard Karlgren. New Studies on Chinese Bronzes, *Bulletin of the Museum of Far Eastern Antiquities*, no. 9 (1937), pp. 9-117；Bernard Karlgren. Huai and Han, *Bulletin of the Museum of Far Eastern Antiquities*, no. 13 (1941), pp. 1-125, 图版 1-80(无页码)；梁上椿：《岩窟藏镜》，六辑（第一、二上、二中、二下、三、四辑），育华印刷所、大业印刷局 1940—1942 年版。

学研究。①此可谓方兴未艾。铜镜纹饰的多元繁复，令人对其着迷。

铜镜的铸造精美、纹饰多变吸引了当时人的注意。上自贵族、精英，下至平民百姓，都对铜镜趋之若鹜。在长沙某些地区的楚墓中，基本是一墓一镜，乃至最少陪葬品的墓穴，推测是较贫穷的人，也会拥有一面铜镜作陪葬品。此可谓大规模消费的例证。②

由此可见，战国时期的铜镜被大规模消费，生产数量理应极其庞大，而其多元纹饰、精美铸造，又揭示铜镜并非纯粹生活普通用品，而是大规模生产的艺术品。这还不是铜镜产业的全貌。上文所述，大规模生产并非单纯是产出数量庞大的产品，还应包含精细的有组织分工、注重效率、精准生产，从而达致组装畅顺，快速生产。这才是铜镜的大规模生产的面貌。

战国时期的铜镜，如羽翅地纹镜等清晰区分主纹地纹的，是由一个个泥塑的块模、版模、背景模、主纹模组装而成的(见图二、三、四)。③ 块模指一块块长方形的基本组成部分，几个块模组装成一个长方形的版模，几个版模组装成一个背景模，由于铜镜多是圆的，把背景模突出圆框的部分裁掉，就成了一个圆形的背景模。由于块模、版模、背景模都是组装而成的，各自又可以复制，于是有大量的一模一样的块模、版模、背景模复制出来。而这些一模一样的泥塑块模、版模、背景模又可以自由裁剪切割，又可以与不同的块模、版模、背景模混合组装。到了背景模备制完成，再复装出一模一样的背景模，再自由裁剪切割出不同大小的背景模，配以不同搭配的主纹，一面面铜镜的镜模便生产出来。从同一个镜模复制出镜范，再铸出一模一样的铜镜。再以铜镜为模，铸出小一点但纹饰同样的铜镜。这个过程，真真正正体验了大规模生产的精髓：效率、分工、速度、组装、可持续。

图四所示的两面铜镜，乃为一模一样的铜镜，应出自同一镜模，不是同一镜范。由于镜范在铸造过程中会被破坏，凝固后的青铜会紧紧黏在泥塑的镜范上，要取出铸造精密的铜镜必然会破坏镜范上细致的纹饰，所以使用后的镜范是不能再用以铸造具有精密纹饰的铜镜。但是，用同一泥塑镜模，复制出同一样的镜范，以同一样的镜范就可以铸出一模一样的铜镜。以铜镜作模去铸镜(surmoulage)，新铸镜面积会小点，但纹饰亦可同样精密，端看铸镜者之技巧。所以，以上述论证，战国时期的铜镜是大规模生产的。它们不仅数量庞大，具有诸如福特所说的大规模生产的特点，同时兼顾纹饰的多元搭配，由一模一

---

① 洛阳市文物管理委员会编：《洛阳出土古镜(两汉部分)》，文物出版社 1959 年版；陕西省文物管理委员会编：《陕西省出土铜镜》，文物出版社 1959 年版；湖南省博物馆：《湖南出土铜镜图录》，文物出版社 1960 年版；四川省博物馆、重庆市博物馆编：《四川省出土铜镜》，文物出版社 1960 年版；樋口隆康：《古镜》，新潮社 1979 年版；李兰暎：《韩国의铜镜》，京畿道城南市：韩国精神文化研究院 1983 年版；孔祥星、刘一曼：《中国古代铜镜》，文物出版社 1984 年版；湖北省博物馆、鄂州市博物馆编：《鄂城汉三国六朝铜镜》，文物出版社 1986 年版；陈佩芬：《上海博物馆藏青铜镜》，上海书画出版社 1987 年版；王士伦：《浙江出土铜镜》，文物出版社 1987 年版；洛阳博物馆：《洛阳出土铜镜》，文物出版社 1988 年版；张英：《吉林出土铜镜》，文物出版社 1990 年版；九江市博物馆、吴水存：《九江出土铜镜》，文物出版社 1993 年版；郭玉海：《故宫藏镜》，紫禁城出版社 1996 年版；旅顺博物馆编：《旅顺博物馆藏铜镜》，文物出版社 1997 年版；程林泉、韩国河：《长安汉镜》，陕西人民出版社 2002 年版；广西壮族自治区博物馆编：《广西铜镜》，文物出版社 2004 年版；何林编：《故宫藏镜》，紫禁城出版社 2008 年版；安徽省文物考古研究所、六安市文物局编：《六安出土铜镜》，文物出版社 2008 年版；山东省文物考古研究所编：《鉴耀齐鲁：山东省文物考古研究所出土铜镜研究》，文物出版社 2009 年版；长沙市博物馆：《楚风汉韵：长沙市博物馆藏镜》，文物出版社 2010 年版；常德博物馆、龙朝彬：《常德出土铜镜》，岳麓书社 2010 年版；蒋宏杰：《南阳出土铜镜》，文物出版社 2010 年版；淮南市博物馆：《淮南市博物馆藏镜》，文物出版社 2011 年版；提什金、谢列金：《金属镜：阿尔泰古代和中世纪的资料》，陕西省考古研究院译，初版于 2011 年，文物出版社 2012 年版；霍宏伟、史家珍编：《洛镜铜华：洛阳铜镜发现与研究》第二辑，科学出版社 2013 年版；宝鸡青铜器博物院编：《对镜贴花黄：宝鸡青铜器博物院典藏铜镜精粹》，陕西出版传媒集团、三秦出版社 2014 年版。

② 墓葬出土铜镜的情况见湖南省博物馆等：《长沙楚墓(上)》，文物出版社 2000 版，第 232 页。益阳市文物管理处、益阳市博物馆：《益阳楚墓》，文物出版社 2008 版，第 3、165 页。

③ 详细论证见 Li Kin Sum (Sammy). The Component-Model Method of Mirror Manufacture in 300 BCE China, *Archives of Asian Art*, 2017, pp. 257-276.

样的块模、版模、背景模混合搭配，呈现多元多变的纹饰，满足不同的市场需要。此可谓艺术性大规模生产(artistic mass production)。

图二　块模、版模、背景模

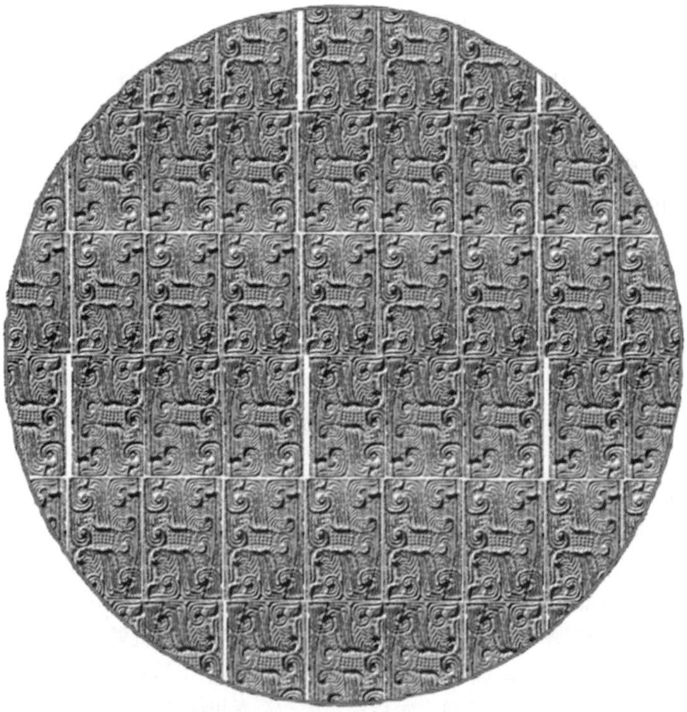

图三　经裁剪后的背景模

图四　两面铜镜

左面铜镜出土自湖南省长沙市大同小学M2墓，右面出土自长沙市德雅村国防科技大学M5墓。两面均藏于长沙市博物馆内，总帐号4817与1411。两面直径均为11.4厘米，约公元前300年。作者之照片。

三、丝织品

至于丝织品，楚地的工匠也尽显心思。古代中国的丝织品由来已久，到了战国时代，织造技巧已极为成熟，纹饰也多样多变。战国期的丝织品，已发展有多个类别，包括锦、绢、纱、罗、绮等各个门类，平纹、斜纹等织造技术也层出不穷。以湖北荆州诸多战国期墓葬出土的丝织品为例，就是丝织品行业大规模生产的例证。如图五所示的包山二号墓出土的二色锦，纹饰之精美、多变，结构之复杂，正可以展示丝织品生产行业的效率、组织与创造力。①

原有之二色锦，由于年代久远，纹饰与织造已有破坏，但从图五所见，一个个基本的几何纹图案，拼合在一起，组成了较大的几何纹图案。如那些长方形条，几道拼接下来，就成了较大的几何纹图案，再加上弯弯曲曲的线状与其他图案，填满了整个空间。但细心的观众看来，虽然纹饰有点复杂，但也是诸多基本图案拼合起来的。几何纹图案特别适合织造出来。

图五　二色锦之纹饰示意图

二色锦出土自湖北省荆州市包山M2墓，遗物编号451，约公元前300年（湖北省荆沙铁路考古队：《包山楚墓（上）》，文物出版社1991年版，第174页，图108）。

至于此二色锦是怎样织造出来的呢？众所周知，中国很早便有了复杂的织机，战国期的织机可以织造复杂的纹饰。在织机上，竖排的是经线，横穿的、由梭子带动的是纬线。不同颜色的

① 湖北省荆沙铁路考古队：《包山楚墓》，文物出版社1991年版，第174页。

丝线要事先染好，准备好。①先在织机上排好经线，想要在什么部位显示什么颜色，就让那种颜色的经线浮起来，不想显示颜色的经线就沉下去不露出来。同理，不同颜色的纬线也如是安排，纬线在经线中穿梭。经纬线支撑起整片丝织品的结构，让丝织品成形，同时，花纹也织出来了，与地纹颜色不一样的花纹颜色就会醒目地显示出来，花纹因颜色的衬托与对比便清晰展现。

包山的二色锦，顾名思义，有红棕二色，在图六中，白色代表红色，黑色代表棕色，这样意味着有两种颜色的丝线。经线有两重，一重为红色线，另一重为棕色线。棕色线是拿来显示花纹的，所以在有花纹的部位棕色线浮起而红线色沉下。纬线穿梭其间，形成平纹结构，即一上一下的结构。②如经线 1，纬线 6 与 10 浮起来，在旁边的纬线 3、4、5 与 7、8、9 便沉下去，组成齐整的平纹结构。

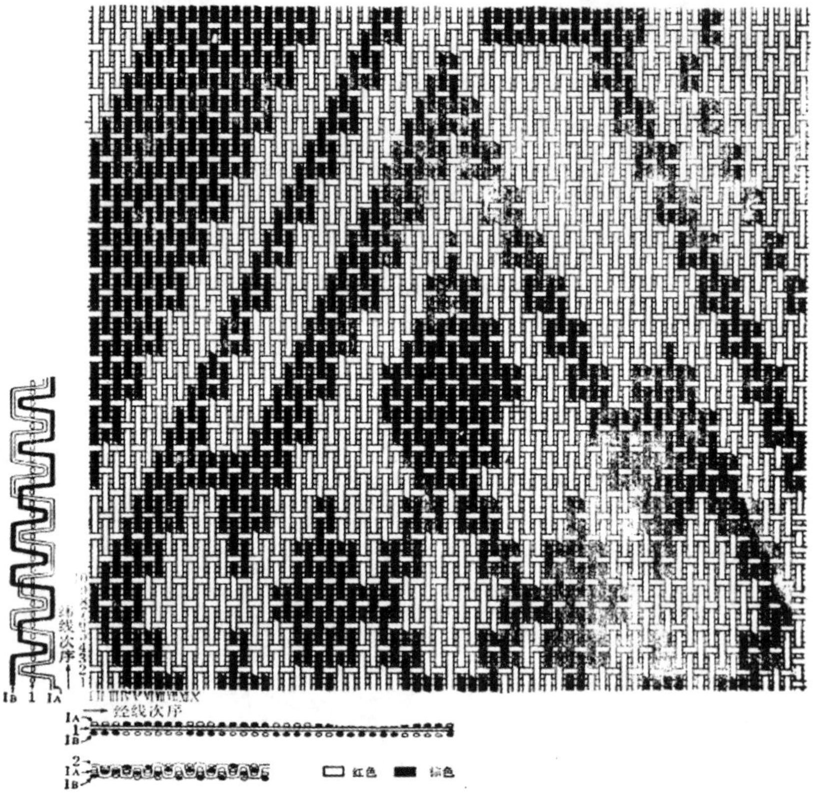

图六　包山 M2 墓二色锦之组织结构示意图

1A 表示第一组红色经线，1B 表示第一组棕色经线[湖北省荆沙铁路考古队：《包山楚墓》，文物出版社 1991 年版，第 171 页，图 105(原图如此)]。

这样复杂又整齐的结构，自然需要精密的准备工作。包括丝线的抽取、处理、染色，织机的不断改进，花纹的预先筹划，经纬显露位置的决定，都需要细致的布局。而在织造过程中，由于经纬线的众多，自然需要极有效率的织法，而非一条条丝线逐条去处理，这就需要织机的不断改进。包山的二色锦，每平方厘米内有 26 至 47 条纬线，92 至 174 条经线，致使二色锦相较其他丝织品如纱、罗等较

① 这方面的文章见 Peng Hao(彭浩). The Origins of Sericulture and Silk Weaving from Antiquity to the Zhou Dynasty, in *Chinese Silks*, ed. Dieter Kuhn, Chap. 2, New Haven: Yale University Press, 2012, pp. 65-74；湖北省荆州地区博物馆：《江陵马山一号楚墓》，文物出版社 1985 年版，第 29~30 页；黄能馥、陈娟娟：《中国服装史》，上海人民出版社 2004 年版，第 2~4、54~57 页；黄能馥：《中国美术全集：工业美术编，上册，印染织绣》，文物出版社 1985 年版，第 1~22 页。

② Dieter Kuhn, *Chinese Silks*, p. 526.

为厚重、耐用。①

近现代资本主义兴起的产业、大规模生产的例子，最著名的莫过于纺织业。以产品的绝对数量来说，当然近现代的产业是远远抛离的。但以古代的人力物力能源动力来计算，相对来说，公元前300年的中国南方丝织业是毫不逊色。他们有着比近现代纺织业毫不过时的产业计划筹备、组织力、生产力、创造力。

这些丝织品可以作什么用途呢？包山的二色锦，与其他的锦，可以用作衣服、被褥的边沿，因其厚重耐用，亦因其有着昂贵的价值。②由于织造的困难、复杂，纹饰的繁密多变，锦自然变成贵族精英的专用品。但是如此高度组织起来的丝织业，自然可以造出各种不同的产品。有如荆州马山一号墓出土的彩绘着衣女木俑，其身上披着的小衣服，可以透露出一些端倪。马山一号墓出土有大量衣服、被褥，但年代久造也有些破坏，我们也不知道它们是怎样穿在人体上的。但同墓的木俑给我们提供了示范。木俑的衣服是一层层包裹在木俑身上的，可能包山的精英也是如此穿着的。衣服以腰带系着，显露木俑的细腰。我们可以留意到木俑衣服上的纹饰，有凤鸟，也有四片叶子状的纹饰加上中间的圆点组成的花瓣纹。（见图七）这种纹饰的组合在楚地的丝织品上经常可见到。

图七　彩绘着衣女木俑

出土自湖北省荆州市马山M1墓，遗物编号2。高59.6厘米，约公元前300年（湖北省荆州地区博物馆：《江陵马山一号楚墓》，文物出版社1985年版，第81页，图66）。

① 湖北省荆沙铁路考古队：《包山楚墓》，文物出版社1991年版，第172、177页。

② 湖北省荆沙铁路考古队：《包山楚墓》，文物出版社1991年版，第172、177页。

譬如同墓出土的镜衣(见图八),上面就有这些凤鸟与花瓣纹。①这镜衣就是拿来罩着铜镜的。由于铜镜的反射面容易被刮花,故此需要保护起来,拿丝织成的物件罩着铜镜就是很好的保护。从这里我们可以见到,丝织品与铜镜有着密切的关系。特别值得注意的是花瓣纹中的叶子纹,可以在上文图四的两面同模长沙铜镜上找到。那些叶子纹就在那些山字纹中间穿插。②由此看来,铜镜的纹饰与丝织品的纹饰存在密切关系,它们的制作者可能就是互相参考对方设计的。

图八 镜衣

出土自湖北省荆州市马山 M1 墓,遗物编号 8-4A。直径 17 厘米,约公元前 300 年(舒之梅、张绪球:《楚文化——奇谲浪漫的南方大国》,香港商务印书馆有限公司 1997 年版,第 252 页,图 395)。

上文述及的两大产业,有着高度组织、系统化、极有效率的生产能力,产品自然也众多,而如福特所说,大规模生产也伴随着大规模消费。以铜镜来说,战国时期至汉代的铜镜已经遍布包括朝鲜半岛、日本列岛、蒙古在内的整个东亚地区、西伯利亚、中亚等地。铜镜不仅在长沙一带大量出土,在这些地

① 湖北省荆州地区博物馆:《江陵马山一号楚墓》,文物出版社 1985 年版,第 27 页。

② 见 Peng Hao(彭浩). Representations of Cosmology in Chu Textiles, *New Perspectives on China's Past: Chinese Archaeology in the Twentieth Century*, ed. Yang Xiaoneng, New Haven: Yale University Press; Kansas City: with the Nelson Atkins Museum of Art, 2004, pp. 317-318; Suzanne Cahill. A Comparison of Designs on Bronze Mirrors and Silk Textiles from the Warring States through the Tang Periods, *The Lloyd Cotsen Study Collection of Chinese Bronze Mirrors*, vol. 1, ed. Lothar von Falkenhausen, Los Angeles: Cotsen Occasional Press, UCLA Cotsen Institute of Archaeology Press, 2009-2011, pp. 130-138; Colin Mackenzie. Mirrors of the Warring States Period, *The Lloyd Cotsen Study Collection of Chinese Bronze Mirrors*, vol. 2, pp. 63-70.

区的考古发现中也是常客，东北三省①、西北地区②、中原地区③、两湖和江西一带④、两广⑤、西南地区⑥、鲁皖江浙地带⑦、日本列岛⑧、朝鲜半岛⑨等地，均出土有大量铜镜。俄罗斯阿尔泰巴泽雷克墓葬中出土有铜镜碎片，而这些铜镜碎片与长沙出土的铜镜纹饰、铸造方法非常相似。⑩它们应为同一产业链的产品。巴泽雷克的墓葬也出土有与中国南方丝织品非常相似的丝织品，也是凤鸟与植物纹的搭配，不过巴泽雷克的是绣上去的。⑪虽然我们不能证明巴泽雷克出土的铜镜与丝织品的确切产地，但显然它们都与战国时期的中国铜镜、丝织产业有着密切的联系。在这么广袤的土地上，两种产业的产品都有广泛的散布，距离又如此之遥远，虽然我们不能证实两种产业的确切生产数量，但我们可以窥视此两种产业的生产规模。

---

① 张锡瑛：《东北地区镜形器之管见》，《博物馆研究》1985 年第 3 期；阎素义：《对吉林省馆藏石范的初步研究》，《博物馆研究》1987 年第 3 期；满承志：《通化县小都岭出土大批石范》，《博物馆研究》1987 年第 3 期；张英：《吉林出土铜镜》，文物出版社 1990 年版；杨桂荣：《馆藏铜镜选辑(一)》，《中国历史博物馆馆刊》第 17 期，1992 年；旅顺博物馆编：《旅顺博物馆藏铜镜》，文物出版社 1997 年版。

② 王光永、曹明檀：《宝鸡市郊区和凤翔发现西周早期铜镜等文物》，《文物》1979 年第 12 期；梅建军：《关于新疆出土早期铜镜研究的几个问题》，《吐鲁番学研究：第二届吐鲁番学国际学术研讨会论文集》，上海辞书出版社 2006 年版，第 246～251 页。提什金、谢列金：《金属镜：阿尔泰古代和中世纪的资料》，陕西省考古研究院译，文物出版社 2012 年版。

③ 洛阳市文物管理委员会编：《洛阳出土古镜(两汉部分)》，文物出版社 1959 年版；陕西省文物管理委员会编：《陕西省出土铜镜》，文物出版社 1959 年版；洛阳博物馆：《洛阳出土铜镜》，文物出版社 1988 年版；程林泉、韩国河：《长安汉镜》，陕西人民出版社 2002 年版；高西省：《谈洛阳出土的透雕夹层铜镜》，《故宫文物月刊》2004 年第 6 期；高西省、杨国庆：《洛阳出土战国特种工艺铜镜及相关问题研究》，《中原文物》2007 年第 5 期；蒋宏杰：《南阳出土铜镜》，文物出版社 2010 年版；霍宏伟、史家珍编：《洛镜铜华：洛阳铜镜发现与研究》二辑，科学出版社 2013 年版；宝鸡青铜器博物院编：《对镜贴花黄：宝鸡青铜器博物院典藏铜镜精粹》，陕西出版传媒集团、三秦出版社 2014 年版。

④ 湖南省博物馆：《湖南出土铜镜图录》，文物出版社 1960 年版；湖北省博物馆、鄂州市博物馆编：《鄂城汉三国六朝铜镜》，文物出版社 1986 年版；九江市博物馆、吴水存：《九江出土铜镜》，文物出版社 1993 年版；商承祚：《长沙古物闻见记・续记》，中华书局 1996 年版；熊建华：《楚镜三论》，《江汉考古》1998 年第 4 期；吴雅卿：《先秦楚地铜镜研究》，台南艺术大学硕士学位论文，2003 年；长沙市博物馆：《楚风汉韵：长沙市博物馆藏镜》，文物出版社 2010 年版；王立华、李梦璋：《长沙市博物馆藏铜镜综述》，长沙市博物馆：《楚风汉韵：长沙市博物馆藏镜》，第 13～21 页。常德博物馆、龙朝彬：《常德出土铜镜》，岳麓书社 2010 年版；Li Kin Sum (Sammy). The Component-Model Method of Mirror Manufacture in 300 BCE China. *Archives of Asian Art*, 2017, pp. 257-276.

⑤ 全洪：《南越国铜镜论述》，《考古学报》1998 年第 3 期；广西壮族自治区博物馆编：《广西铜镜》，文物出版社 2004 年版。

⑥ 四川省博物馆、重庆市博物馆编：《四川省出土铜镜》，文物出版社 1960 年版。

⑦ 王士伦：《浙江出土铜镜》，文物出版社 1987 年版；白云翔、清水康二编：《山东省临淄齐国故城汉代镜范的考古学研究》，科学出版社 2007 年版；安徽省文物考古研究所、六安市文物局编：《六安出土铜镜》，文物出版社 2008 年版；山东省文物考古研究所编：《鉴耀齐鲁：山东省文物考古研究所出土铜镜研究》，文物出版社 2009 年版；菅谷文则：《山东地区汉镜的制作与流通——兼论对海东的影响》，山东省文物考古研究所编：《鉴耀齐鲁：山东省文物考古研究所出土铜镜研究》，第 125～132 页；淮南市博物馆：《淮南市博物馆藏镜》，文物出版社 2011 年版。

⑧ 王仲殊与其他：《三角縁神獣镜の谜：日中合同古代史シンポジュウム》，角川书店 1985 年版；冈村秀典：《蟠螭纹镜の文化史》，《泉屋博古馆纪要》1998 年第 14 辑，第 7～19 页；冈村秀典：《三角縁神獣镜の时代》，吉川弘文馆 1999 年版；Murakami Ryu et al.. A Scientific Study of Identical Bronze Mirrors from Japan, in *Scientific Research in the Field of Asian Art: Proceedings of the First Forbes Symposium at the Freer Gallery of Art*, eds. Paul Jett et al., London: Archetype Publications, 2003, pp. 97-102；奈良県立橿原考古学研究所与其他编：《镜范：汉式镜の制作技术》，八木书店 2009 年版。

⑨ 李兰暎：《韩国의铜镜》，京畿道城南市：韩国精神文化研究院 1983 年版。

⑩ S I Rudenko. *Frozen Tombs of Siberia: the Pazyryk Burials of Iron Age Horsemen*, translated and with a preface by M. W. Thompson, Berkeley: University of California Press, 1970[1953], pp. 114-116, 304-305，黑白图版 70C，无页码，出自 6 号坑。

⑪ S I Rudenko. *Frozen Tombs of Siberia*，彩版 178，无页码，出自 5 号坑。

四、结论

战国时期的铜镜、丝织品产业，在楚地得到长足的进展。两种产业的产品数量应极其庞大，同时，我们从现有遗物的纹饰、制作技巧的蛛丝马迹上，知悉两种产业有极其精细、巧妙、有组织的分工、专业化的生产活动。其制造者不仅注重生产效率，亦重视其设计之新颖与多变，而设计的新颖多变又是极有效率地创造出来，参考了各自行业的设计，互为利用。楚地、乃至整个东亚大陆的大规模生产活动，我们可以从中透视一二。这些大规模生产活动，在全人类的产业史上，应占有极其重要的一页。

（作者单位：香港浸会大学历史系）

楚人经营湖南地区的考古学观察

袁艳玲

对于湖南地区何时入楚，学术界有不同看法。清人顾栋高认为，春秋时期楚地不到洞庭湖以南。顾铁符先生有相似的观点，认为春秋时期江南不归楚国所有，江南归入楚国的版图，在公元前4世纪初，即悼王末年。① 另一种看法认为，春秋时期，洞庭湖以南已经属于楚国。② 前一种说法已经为考古资料所否定，后一种说法过于笼统，楚人进入江南的时间有早有晚。有学者根据古城遗址、矿冶遗址和古墓葬，对楚人南渐的历程进行了探讨：认为楚人进入澧水流域的时间是西周中晚期，进入湘水下游的时间在春秋早中期，进入湘中的时间在春秋晚期，进入湘南的时间在春秋末或者战国初。③ 该学者认为楚人进入湖南的时间有早有晚，是逐步往南推进的，无疑是正确的。但是其结论则失之过早。

上述学者认为西周中晚期楚人已经进入澧水流域，主要依据是部分楚式日用陶器的发现。日前有学者指出，基于陶器器形及组合特征而建构的考古学文化，主要是反映日常生活和下层民众文化的差异，并不能代表国家政权；而以青铜器为表征的礼乐文化，方才具有国家权力、官方意识形态等上层文化色彩。④ 此言极是。如此，以部分楚式日用陶器来探讨楚人何时进入湖南地区，在思路上值得商榷。

而随葬楚系青铜器的楚墓在湖南地区的出现，在某种程度上才是楚人经营湖南的官方象征。由此本文拟以湖南地区出土楚系青铜器为主，结合相关文献，对楚人经营湖南的官方历程进行考古学观察。

一、楚人对湖南地区的开发

楚人对湖南地区的开发，始于春秋中期晚段。长江中游南岸楚系青铜器的出现，是直接的证据。这些楚系青铜器见于岳阳筻口⑤、汨罗高泉山⑥，主要集中于今洞庭湖东部。据历史地理学的研究，战国时期的洞庭之地是河网密布的平原地带，而洞庭湖是在公元4世纪左右才形成的。⑦ 洞庭之地位于长江南岸，纵贯湖南的湘、资、沅、澧四水，最终注入湖区。其东、西、南三面环山，是沟通南北的战略要地。

在今洞庭湖东岸地区，已经发现多座东周城址。其一是岳阳筻口楚墓西南约两公里的大马古城。⑧ 城内发现有东周时期陶豆，其年代可能始自春秋。据文献记载，楚灭麇后，迁麇人于今岳阳麇城。唐杜佑《通典》："巴陵麇子国。"曾朝佑《楚地今名考》："麇，杜注，楚地。按今湖南岳州府巴陵县有麇城。"江永《春秋地理考实》："吴人居麇，今岳州巴陵县东有麇城，当是楚灭麇，迁麇人于此。"这说明麇城位于岳阳

---

① 顾铁符：《夕阳刍稿》，紫禁城出版社1988年版，第67页。

② 何浩：《春秋时期楚对江南的开发》，《楚灭国研究》，武汉出版社1988年版，第68页。

③ 高至喜：《楚文化的南渐》，湖北教育出版社1996年版，第30页。

④ 徐良高：《中国三代时期的文化大传统与小传统——以神人像类文物所反映的长江流域早期宗教信仰传统为例》，《考古》2014年第9期。

⑤ 岳阳市文物工作队：《岳阳县凤形咀山一号墓发掘简报》，《文物》1993年第1期。

⑥ 郭胜斌：《湘江下游楚文化早期遗存探索》，《湖南省博物馆四十周年纪念文集》，湖南教育出版社1996年版。

⑦ 张修桂：《洞庭湖演变的历史过程》，《历史地理(创刊号)》，上海人民出版社1981年版。

⑧ 高至喜：《楚文化的南渐》，湖北教育出版社1996年版，第39页。

境内。楚人灭麇的时间，文献没有记载，根据相关史实分析，当在公元前611年到公元前597年之间。① 大马古城及筻口楚墓的出现，或许与楚人迁麇于麇城有关。

其二是汨罗的罗城。文献记载楚文王将罗子国的遗民从枝江迁徙到了湖南汨罗。《汉书·地理志》长沙国“罗”县条下，应劭注：“楚文王徒罗子自枝江居此。”②现已在汨罗河乡(现属屈原农场)李家河与汨水相会处发现一城址，东西长490米，南北长400米，城址东面出土有一些东周时期陶片，③ 这里很有可能即为罗子国遗民的迁徙之地，当时楚国把罗子国的遗民迁往江南，其所迁之地，应是楚国版图。

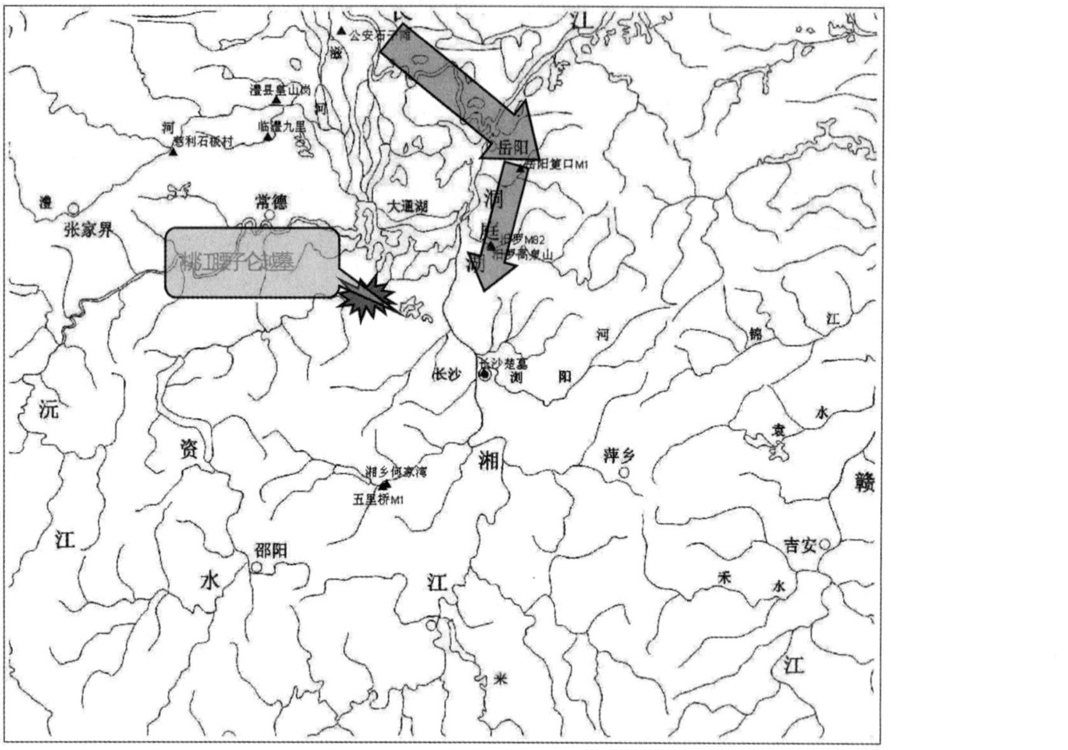

图一 春秋中期晚段楚人控制的湖南地区图示

春秋中期晚段楚人进入湖南地区的路线，当是由江汉平原顺长江而下，沿今洞庭湖东岸地区深入湘江下游地区(如图一)。据文献记载，楚灵王时期长江南岸的公安、松滋一带，属于楚王田猎的云梦之地。《左传·昭公三年》：楚灵王二年(公元前539年)，“十月，郑伯如楚，子产相。楚子享之，赋《吉日》。即享，子产乃具田备，王以田江南之梦”。④ 其中的“江南之梦”，谭其骧先生认为在长江南岸的公安、松滋一带。⑤ 在公安石子滩一座春秋中期晚段的古墓中，⑥ 出土有大量典型的楚系青铜器，亦从考古学上证明公安地区已经属楚。公安石子滩以及岳阳筻口楚墓均位于长江南岸，年代相当，说明楚人已经控制了长江中游地区。根据现今的考古发现，春秋中期晚段，楚人已经控制了南阳盆地以及江汉平原。如此，

① 何浩：《楚灭国研究》，武汉出版社1988年版，第231~232页。

② 《汉书·地理志》，中华书局1999年版，第1309页。

③ 湖南省文管会：《湖南湘阴古罗城的调查及试掘》，《考古通讯》1958年第2期。

④ 杨伯峻：《春秋左传注》，中华书局1981年版，第1244页。

⑤ 谭其骧：《云梦与云梦泽》，《复旦学报》(社会科学版)1980年第1期。

⑥ 荆州地区博物馆：《湖北公安石子滩春秋遗址及墓葬》，《文物》1993年第1期。

由江汉平原顺江而下到达洞庭湖东岸，十分便捷。岳阳筻口楚墓及汨罗高泉山楚墓均位于今洞庭湖东岸的湘江下游地区，说明此时楚人才刚进入湖南地区。

二、楚人在湖南地区的扩展

春秋晚期，楚人的势力扩展到澧水下游、洞庭湖南部，资水下游今益阳市北部地区。澧县皇山岗M1①、益阳热电厂M183、M139、M170出土有楚系青铜器，② 是最直接的证据(如图二)。在长沙、常德及沅水中下游开始出现中小型楚墓。同时湘水中游地区受楚文化的影响，也出现了楚系青铜器，见于湘乡何家湾M1。③ 但是资水下游，可能仍为越人所据。

春秋晚期，澧水下游地区已经为楚人所控制，澧县皇山岗M1出土铜礼器为这一区域目前所见年代最早的楚系青铜器。该墓于农民取土时破坏，残存铜鼎、敦、尊缶、匜各一件。其中鼎为平盖的箍口鼎，盖、足均为素面，鼎足较短，微外撇，同于春秋中期晚段的当阳金家山M235出土铜鼎，而与春秋晚期淅川下寺M10、M11出土三足外撇鼎的风格有一些差异。其他器物如敦、尊缶、匜则与淅川下寺M10、M11出土同类器似。因此该墓年代为春秋晚期。

春秋晚期，资水下游的益阳北部地区也为楚人所控制。在益阳热电厂M139、170、M183出土的青铜礼器，亦是目前所见资水下游地区最早的楚系青铜器。这三座墓中，益阳热电厂M183出土楚式鼎1、簠1、尊缶1、盘1；M139出土有立耳越式鼎1、敦1；益阳热电厂M170出土有楚式鼎1、敦1。这批青铜器与襄阳山湾M23、下寺M10、M11出土同类器相似，年代当为春秋晚期。高至喜先生主张春秋晚期楚人已经进入益阳一带，④ 可信。

但是从桃江腰子仑大量春秋中晚期越人墓的存在来看，春秋晚期楚国的势力仅止步于益阳北部地区。在益阳南部地区、资水下游的桃江一带，尚存在大量的越人墓(如图二)。1986年至1990年，益阳市文物部门在桃江腰子仑发掘墓葬113座。⑤ 墓葬无封土堆，其中107座是狭长形竖穴土坑墓，随葬器物多为扁足越式鼎、扁茎无格剑、双耳或带鼻钮的矛、宽刃的斧等。墓葬年代从春秋中期早段到春秋晚期。这批墓葬代表的应该是越文化的遗存。虽然该墓地内一类墓有楚式鬲出土，但出土楚式鬲的墓，同出越式兵器、工具，墓葬规模及数量均弱于出土越式鼎的墓葬。这说明春秋中晚期该地处于越人的统治范围内。到战国早期，该墓地墓葬数量急剧减少，并且出现宽坑墓，可能与楚文化的南下有关。

湘乡何家湾M1出土的青铜器存在楚系与吴越系两种风格。楚系青铜器有鼎、尊缶、敦，吴越系青铜器有越式鼎3件。对于该墓的性质，争议很大。一说主张是春秋晚期越人墓，⑥ 一说主张为春秋晚期楚人墓。⑦

从大的环境来看，春秋晚期越人在湘中地区的势力仍然比较强大。宁乡黄材存在比较单纯的越式青铜器墓。⑧ 韶山灌区M1虽然出土有楚式浴缶，但是该墓的形制狭长，且有腰坑。⑨ 其他随葬品如铜鼎、短剑、刮刀、方格纹陶罐，都是越人墓中常见之物。该墓应该为越墓。

湘乡何家湾M1墓为较为狭长的土坑墓，壁龛位于墓壁长边一侧，也具有越墓的特点。因此湘乡何家湾M1定为越墓比较适宜。该墓楚系青铜器中的鼎，腹壁较直，底部较平，而盖隆起较高；敦的环钮上装饰有兽首；这些特征与典型的楚器有一定的区别，因此推测这几件器物是当地仿楚器制作的，显示出楚

① 澧县博物馆：《湖南澧县皇山岗楚墓发掘报告》，《湖南考古辑刊》第7集，岳麓书社1999年版。
② 益阳市文物管理处、益阳市博物馆编著：《益阳楚墓》，文物出版社2008年版，第126~130页。
③ 湘乡县博物馆：《湘乡县五里桥、何家湾古墓葬发掘简报》，《湖南考古辑刊》第3集，岳麓书社1986年版。
④ 高至喜：《楚人入湘的年代和湖南越楚墓葬的分辨》，《江汉考古》1987年第1期。
⑤ 益阳市文物管理处：《湖南桃江腰子仑春秋墓》，《考古学报》2003年第4期。
⑥ 湘乡县博物馆：《湘乡县五里桥、何家湾古墓葬发掘简报》，《湖南考古辑刊》第3集，岳麓书社1986年版。
⑦ 高至喜：《楚人入湘的年代和湖南越楚墓的分辨》，《江汉考古》1987年第1期。
⑧ 湖南省博物馆：《湖南省博物馆新发现的几件铜器》，《文物》1966年第4期。
⑨ 湖南省博物馆：《湖南韶山灌区湘乡东周墓清理简报》，《文物》1977年第3期。

文化对这一地区的影响。

综上，湘乡何家湾越墓以及桃江腰子仑越墓的存在，说明春秋晚期楚人对湖南地区的有效控制区域，仍局限于今洞庭湖沿岸、湘水及澧水下游地区(如图二)。

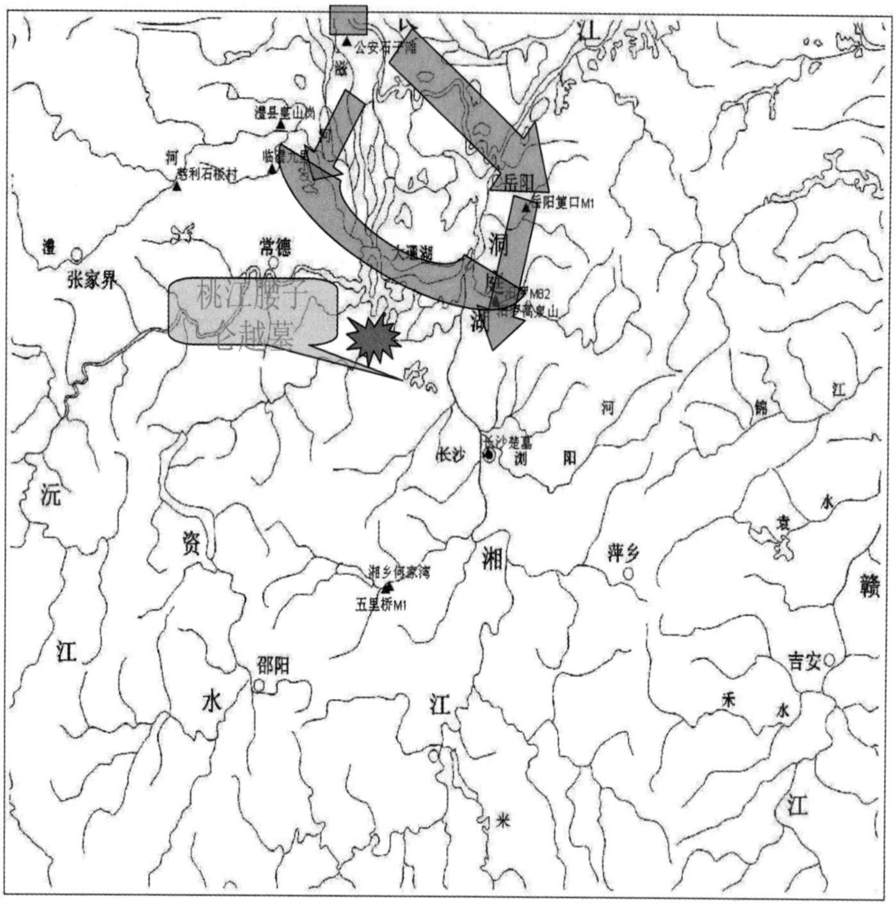

图二　春秋晚期楚人控制的湖南地区图示

文献记载，周惠王曾经命令楚成王平定南方夷越之乱。《史记・楚世家》："(成王)初即位，布德施惠，结旧好于诸侯。使人献天子，天子赐胙，曰：'镇尔南方夷越之乱，无侵中国。'于是楚地千里。"① 《左传・襄公十三年》：楚共王三十一年(公元前 560 年)楚共王死后议定谥号，说"赫赫楚国，而君临之，抚有蛮夷，奄征南海，以属诸夏"。② 这说明共王时期对楚国的南疆曾经进行了征讨，益阳等地的楚墓，包括湘乡何家湾 M1 的楚式器物的出土，可能与成、共二王对南疆的经营有关。

三、楚人对湖南地区的全面经营

战国早期，楚人已经据有长沙盆地(如图三)。此时长沙地区出现了楚系高等级礼器群，见于长沙浏城桥 M1。③ 该墓仅出土铜鼎 4 件，其形制同于蔡坡 M4。④ 但该墓出土了大量仿铜陶礼器，包括折沿大鼎

① 《史记・楚世家》，中华书局 1999 年版，第 1392 页。

② 杨伯峻：《春秋左传注》，中华书局 1981 年版，第 1002 页。

③ 湖南省博物馆：《长沙浏城桥一号墓》，《考古学报》1973 年第 1 期。

④ 湖北省博物馆：《襄阳蔡坡战国墓》，《江汉考古》1985 年第 1 期。

(镬鼎)、束腰平底鼎(升鼎)、簋等重器，器物形制与组合均是典型的楚式。与此同时，桃江腰子仑墓地的衰落，说明越人的败退，这当与楚国的势力深入到湘水中游有关。

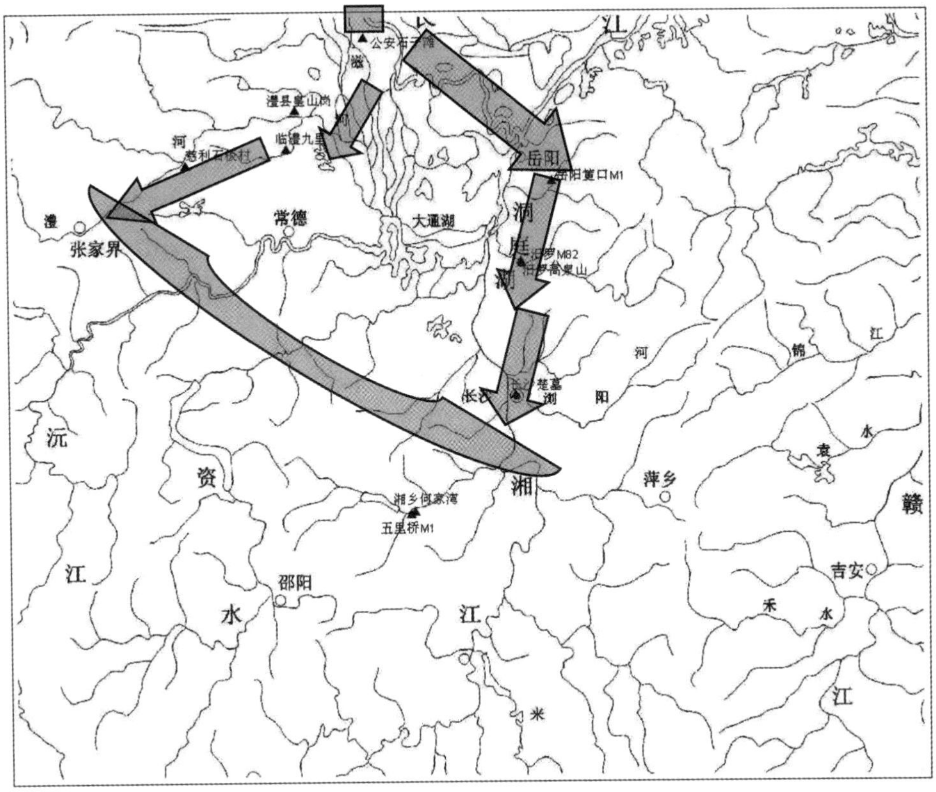

图三　战国早期楚人控制的湖南地区图示

战国中期晚段，楚系青铜器的分布，已经遍及湖南北部平原地区。见于慈利石板村 M36;① 临澧九里 M4、M17;② 1957 年出版的《长沙发掘报告》中的 M315;③ 2000 年出版的《长沙楚墓》发掘报告中的长沙荷花池 M396。④ 而楚系陶器墓葬，则已遍及湖南全境。

战国中期晚段湘乡地区已经成为楚人在南方的一个重要据点。湘乡牛形山 M1 墓口长 13.75 米、宽 11.78 米，墓口以下有五级台阶，葬具为两椁三棺。相邻的 M2 规模更大，墓口长 20.6 米、宽 18.3 米，墓口以下有九级台阶，葬具为两椁三棺。两墓均被盗，无青铜礼乐器出土。但是 M1 出土了陶质的折沿大鼎(折沿大鼎，镬鼎)，子母口鼎、敦、壶、簠，器物形制均为楚式，墓葬中还出土了大量的漆木器和镇墓兽。M2 仅出土有木俑、镇墓兽等。⑤ 这些均是楚墓中常见的器物，年代约当战国中期晚段。从墓葬规模来看，若非被盗，原应有大量青铜礼器。这两座高等级贵族墓在湘乡地区的出现，说明该地已经为楚人所控制(如图四)。

战国晚期的楚系青铜器主要见于湖南长沙地区，计有 2000 年《长沙楚墓》发掘报告中的长沙丝茅冲

① 湖南省文物考古研究所等:《湖南慈利石板村 36 号战国墓发掘简报》,《文物》1990 年第 10 期。

② 湖南省博物馆等:《临澧九里楚墓》,《湖南考古辑刊》第 3 集，岳麓书社 1986 年版。

③ 中国社会科学院考古研究所编著:《长沙发掘报告》，科学出版社 1957 年版。

④ 湖南省博物馆等:《长沙楚墓》，文物出版社 2000 年版。

⑤ 湖南省博物馆:《湖南湘乡牛形山一、二号大型战国木椁墓》,《文物资料丛刊》第 3 集，文物出版社 1980 年版。

M787(55 长丝营 AM32)、长沙烈士公园 M967(57 长烈博 M3)①、长沙左家塘 M1054(59 长左修 M6)、长沙烈士公园 698(55 长烈 M2)、长沙砚瓦池 M266(55 长砚 M1)。

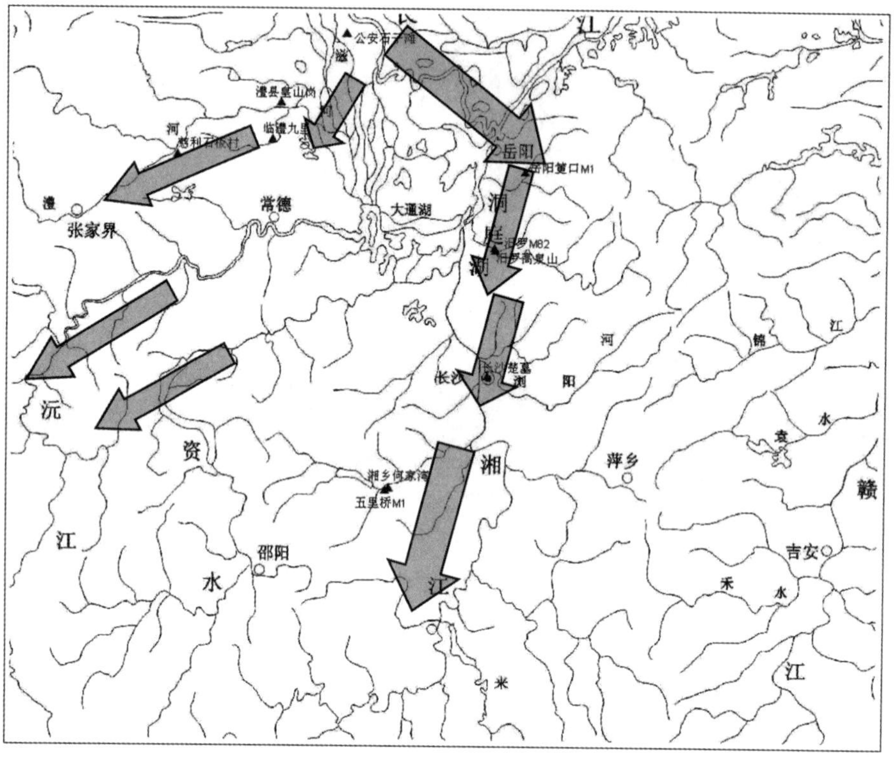

图四　战国中晚期楚人控制的湖南地区图示

除了随葬青铜器的墓葬之外，根据何介钧先生对湖南楚墓的分期，沅水流域之常德、桃源、辰溪、溆浦以及湘水流域之汨罗、长沙、衡阳等地，还存在大量战国晚期后段到战国末年的楚墓。② 这说明沅湘地区在秦拔郢都之后仍属于楚国。更有学者主张“自公元前 278 年江陵陷落后，湖南地区除了一度有秦人短暂进入外，仍一直处在楚人的控制之下，直到秦的统一”，因为在湖南地区战国晚期墓葬中，迄今没有发现一座足以证明是秦统治者的墓葬。位于酉水下游的里耶古城，在战国中、晚期没有发生大的文化面貌的改变，城内及附近的麦茶墓地均为战国中、晚期的楚文化遗存，③ 也说明这一地区在战国晚期仍属于楚国。

部分学者认为，湖南地区大量战国晚期晚段楚墓的存在，或许与公元前 276 年，江南楚人的反击有关。④《史记・楚世家》：“(顷襄王)二十三年，襄王乃收东地兵，得十余万，复西取秦所拔我江旁十五邑以为郡，距秦。”⑤又《史记・秦本纪》：“(昭襄王)三十一年，白起伐魏，取两城。楚人反我江南。”⑥包括

① 湖南省博物馆等：《长沙楚墓》，文物出版社 2000 年版。该报告中对长沙地区以前发掘的墓葬重新进行了编号，括号内为原编号。

② 何介钧：《湖南晚期楚墓及其历史背景》，《楚文化研究论集》第 2 集，湖北人民出版社 1991 年版。

③ 湖南省文物考古研究所：《里耶发掘报告》，岳麓书社 2006 年版，第 372 页。

④ 湖南省文物考古研究所：《里耶发掘报告》，岳麓书社 2006 年版，第 238 页。

⑤《史记・楚世家》，中华书局 1999 年版，第 1418 页。

⑥《史记・秦本纪》，中华书局 1999 年版，第 152 页。

长沙在内的沅湘地区或为楚顷襄王收复的江旁十五邑。

从长沙发掘的大量战国晚期楚墓和湖北云梦等地发掘的大量秦人墓葬分析，长沙在战国晚期仍属楚的可能性较大，而且一直到秦灭六国分天下为36郡，设长沙郡时，秦人对长沙都没有大规模占领的军事行为。

长沙地区是楚人的重要粮食基地，“长沙，楚之粟也”。① 顾铁符先生曾经指出，郢都陷落后，“在郢的楚国贵族和大小官员中，除一部分逃到陈县之外，还有一部分就通过水路走到江南。这些人里面，凡是不再转道到陈去的，就在长沙、常德等生活条件较好的城市定居下来”，造成了长沙等地回光返照的繁荣。②

四、结语

通过上述研究可以看出，楚人对湖南地区的官方经营，始于春秋中期晚段，最初仅限于今洞庭湖东部。春秋晚期，楚人的势力扩展到澧水下游、洞庭湖西部，在长沙、常德及沅水中下游开始出现中小型楚墓。同时湘水中游地区受楚文化的影响，也出现了楚系青铜器，但是资水下游，可能仍为越人所据。战国早期，楚人已经占有长沙盆地。战国中期晚段，楚系青铜器的分布，已经遍及湖南北部平原地区，湘乡地区已经成为楚人在南方的一个重要据点。沅湘地区在白起拔郢之后仍是楚国的一个重要基地。

（作者单位：重庆师范大学）

① 《史记·越王句践世家》，中华书局1999年版，1427页。

② 转引自何介钧：《湖南晚期楚墓及其历史背景》，《楚文化研究论集》第2集，湖北人民出版社1991年版。

Researching the Cultural History of Xiangyang through Archaeological Remains

Glenda Ellen Chao(赵家华)

Introduction

In recent years, archaeological research in the middle Han 汉 river region of Hubei 湖北 province has yielded an abundance of evidence supporting the idea that during the 7th through the 3rd centuries BCE, the Chu 楚 polity

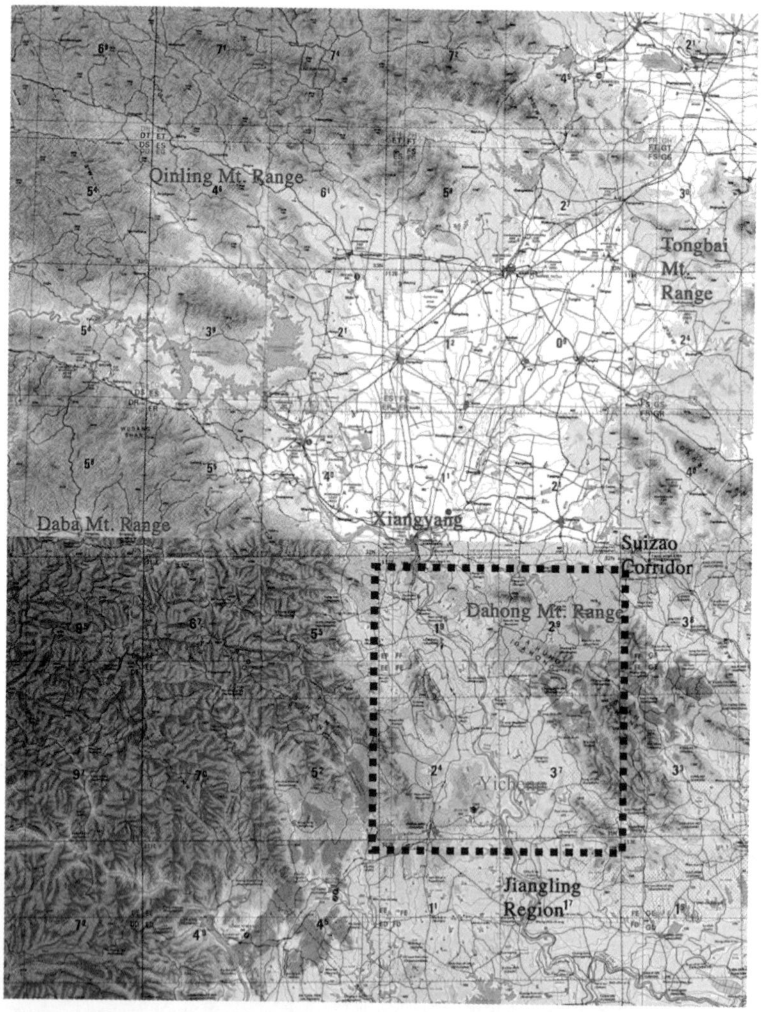

Figure 1 Topographic map of the Xiangyang region showing the locations of major geographic features and waterways. The black box represents the rough vicinity discussed in this paper.

was based in the middle Han River region of Hubei province. This stance has been most forcefully argued by Yin Hongbin 尹弘兵 in his 2010 monograph on the historical geography of the Chu polity's capitals and core regions.① The present paper explores one unique aspect of the archaeological record of the middle Han river area based on findings from the recently excavated cemetery of Bianying 卞营, located on the northern banks of the Han river in the modern county of Xiangyang 襄阳,② that lends support to Yin's arguments while also highlighting the important role that this region played in the history of Chu culture during the first millennium BCE. I first propose a broad chronological framework for the Bianying cemetery site, and then examine one particular type of pottery vessel, the *yuding* 盂鼎, within the site's mortuary assemblage that raises important historical questions about the region's relationship with the Chu polity and formation of its culture.

This work is based on my recent dissertation, which takes Xiangyang, encompassing the modern municipalities of Xiangyang and Yicheng 宜城 (Figure 1), to be an important cultural crossroads during the first millennium BCE due to its strategic position along the middle stretches of the Han River, a crucial waterway connecting the Central Plains to the resource-rich south. Over the course of the first millennium BCE, this geographical position exposed the area to flows of peoples, ideas, and material culture from various different ancient polities, including Western Zhou, Chu, Qin, and Han, though the present paper explores in particular is the role that Xiangyang played vis-à-vis the Chu polity. Unlike studies that take as their starting point the behavior of the Chu polity over time—including its elite, its policies, military, etc. —I espouse an approach more akin to regional history and focus on examining the agency of past individuals who lived at a specific locality instead of those attached to a specific polity.③ In this way, my research attempts to shift the focus from how the Chu polity affected Xiangyang to how Xiangyang both affected the Chu polity and retained its own regional distinction.

The Archaeology of Xiangyang: The Bianying Cemetery Site

Taking a regional approach is not a call to ignore the specific nature of source materials. On the contrary, my work takes very seriously the tensions inherent in various corpora of sources that can be used to study the

① See Yin, Hongbing 尹弘兵, 2009, *Chuguo ducheng yu hexinqu tansuo* 楚国都城与核心区探索 (Wuhan: Hubei Renmin chubanshe).

② Also sometimes referred to as Xiangfan 襄樊, which was its official designation until 2008, when it was changed to Xiangyang.

③ Part of what I suggest in my dissertation is that regional history, defined here as the localized history of a specific geographic area possessing its own unique features and characteristics, is a vastly underutilized format in studying early China, and that we have much to gain from taking the approach seriously. To be sure, the study of regionalism in Chinese archaeology and art history has been discussed at length elsewhere, but to my knowledge actual regional histories of early China, where the narrative focus is on how one location changed over time due to the vicissitudes of human social, cultural, and political action are few. For examples of the former, see Paul R. Goldin, "Representations of Regional Diversity during the Eastern Zhou Dynasty," *The Ideology of Power and the Power of Ideology in Early China*, Yuri Pines et. al., eds. (Leiden: Brill Publishing, 2015), 31-49; see also, Anne P. Underhill et. al., "Changes in regional settlement patterns and the development of complex societies in southeastern Shandong China," *Journal of Anthropological Archaeology* 27, No. 1 (2008): 1-29. Recently there has been a call for greater attention to local communities on a scale smaller than the region amongst archaeologists of early China, and it is in line with this mode of thinking that I approach my work on Xiangyang; see for instance, Yitzchak Jaffe and Bin Cao, "Communities of Mortuary Practice: A Renewed Study of the Tianma-Qucun Western Zhou Cemetery," *Cambridge Archaeological Journal* 28, No. 1 (2018): 23-44; see also Alice Yao, *The Ancient Highlands of Southwest China: An Archaeological History from the Bronze Age to the Han Empire* (Oxford: Oxford University Press, 2016). Scholarship on early China that resembles regional history is more commonly seen in Chinese academia, though even there, it is often a byproduct of other disciplinary concerns, such as textual analysis, archaeology, and historical geography rather than a field of study in its own right; see for instance, Gao Zhixi 高至喜, *Chu wenhua de nanjian* 楚文化的南渐 (Wuhan: Hubei Jiaoyu Chubanshe, 1995); see also, Liu Hehui 刘和惠, *Chu wenhua de dongjian* 楚文化的东渐 (Wuhan: Hubei Jiaoyu Chubanshe, 1995).

relationship between the Chu polity and the territories it entered into relations with over time.① In my dissertation, I utilized all three types of sources, but crucially, I started with the archaeological material, specifically from the cemetery site of Bianying, located within five kilometers of the ancient walled settlement of Dengcheng 邓城, which is generally believed to have been the ancient location of the polity of Deng 邓.② I turn now to summarize the relevant parts of this data and to discuss the approaches I took to analyze it.

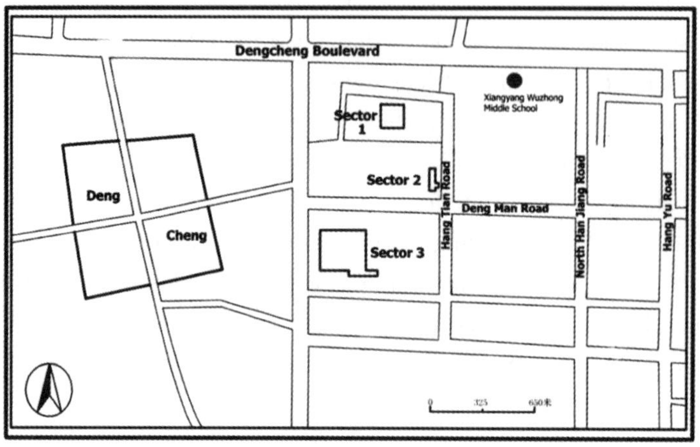

Figure 2　Plan of the Bianying cemetery showing positions of the three main burial sectors relative to one another and to the remains of the walled settlement of Dengcheng.③

The Bianying cemetery site is located on the northern banks of the Han River, 7 kilometers away from the heart of Xiangyang City. It is situated 0. 6 kilometers to the east of the ancient Dengcheng settlement site (Lat. 32° 5'33" Long. 112° 6'2"), a nationally designated Cultural Relics Site. The cemetery was first discovered in early 2012 during preliminary land-moving by the Hairong Housing Development Corporation. In total, 532 burials were excavated at Bianying cemetery from 2012 through to 2013, 20 burials of which have been dated based on pottery style and coinage to the Sui 隋, Tang 唐, Song 宋, Ming 明, and Qing 青 Dynasties.④ Because later Imperial burials were at the time beyond the purview of my dissertation, these 20 burials were omitted from the analysis. The remaining tombs are situated in two sectors, sectors 1 and 3 (Figure 2, above).⑤

① It is my belief, following Li Feng, that the different perspectives represented by these three corpora should be conceptualized as different levels of analysis that can be linked together though carefully examining how forms and styles (of a variety of things, not just material culture) are translated between different groups of people in regions of cultural contact like Xiangyang.

② Previous scholarship has already established that the walled settlement of Dengcheng was likely the location of the Deng polity's seat of governance; see Shi, Quan 石泉, 1980, "Gu Dengguo Dengxiankao 古邓国、邓县考" ("Research on the Ancient State and County of Deng"), in *Jianghan Luntan* 江汉论坛, No. 3: 89-93. Recent work on excavated bronzes from that mention Deng have led to more corroboration of the connection between Dengcheng and the ancient polity of Deng; see for instance, Xu Shaohua 徐少华, 2013, "Dengguo Tongqi Zongkao 邓国铜器综考" ("Comprehensive Research on the Bronze Vessels of the State of Deng"), in *Kaogu* 考古, No. 5.

③ Plan modified by this author based on a draft of the official site report.

④ The full site report is forthcoming as of the writing of this paper.

⑤ Despite being organized into sectors, I elect to treat Sectors 1 and 3 as part of the same cemetery, implying that the people who utilized it were contemporary with one another (as the seriation will show), and were buried in different locations based on social and cultural differences rather than on temporal ones.

Analyzing the Bianying Cemetery Data: Periodization by Assemblage Composition

My first task in approaching the Bianying data set was to periodize the site, a practice that is surely familiar to most archaeologists. I chose to conduct my periodization of Bianying based not upon traditional single-artifact typologies, but rather on the composition and structure of ceramic vessel assemblages. This approach sees assemblages as holistic archaeological units composed of parts that are characterized by their capacity to become detached from one unit and to enter into relations with parts from a variety of other units.① This capacity is particularly useful for periodization because the ways in which an assemblages' component parts interact can either stabilize or destabilize the identity (and therefore the meaning, in our case the temporal designation) of the assemblage. This occurs through the actions of coding, wherein specialized expressive media intervene either by consolidating the identity of the assemblage, or conversely, allowing the assemblage enough latitude for more flexible operation (called decoding).② In this approach, the more formal and rigid the rules of expression, the more a social entity or assemblage may said to be coded; however, in some circumstances these rules may be weakened, giving rise to assemblages in which the participants have more room to express their convictions and their own personal styles.③

One advantage of operating under this framework is that it puts the analytical focus on those moments when new artifacts appear and old artifacts disappear from a burial assemblages and interprets these moments as stronger measures of culture change than changes in the decorative style of single artifact types. This fits in with recent critiques of typological periodization, which argue that although dating archeological remains by means of stylistic and morphological development of object forms leads to a chronology that has a very fine resolution, these changes are as likely to have been governed by such cultural logics as economic expedience or change in taste and aesthetic,④ each of which is less directly connected to chronology than is the sudden appearance and integration of a completely different set of objects into the cultural practices of the community.⑤

---

① My characterization of assemblages is not unique to myself, but comes out of a developing theoretical discourse in anthropological archaeology practices in North America and Europe on assemblage theory. For a seminal work on the topic, see Manuel Delanda, *A New Philosophy of Society: Assemblage Theory and Social Complexity* (London: Continuum Books, 2006).

② See DeLanda, *A New Philosophy of Society*, 10-19.

③ Ibid.

④ This is in keeping with William Biers' observation that "stylistic change can be related to time, but it is not necessarily always caused by the passage of time, and can be slow to nonexistent depending on a variety of factors," See William R. Biers, *Art, Artefacts and Chronology in Classical Archaeology* (New York: Routledge, 1992), 25.

⑤ For instance, Su Bingqi wrote that Chinese archaeology had since the early 1900s, three main goals, "1. writing national history; 2. extending [national history] to periods which have no historical record; and 3. establishing a Chinese archaeological school." See Su Bingqi, "A New Age of Chinese Archaeology," *Exploring China's Past: New Discoveries and Studies in Archaeology and Art*, Roderick Whitfield and Wang Tao, eds. (London: Saffron Publishing House, 1999), 17-25; see also, Wang Tao, "Establishing the Chinese Archaeological School: Su Bingqi and Contemporary Chinese Archaeology," *Antiquity* 71, No. 271 (1997): 31-9; Anke Hein, "The Problem of Archaeology in Chinese Archaeology," *Early China* 39, No. 25 (2016): 25. For detailed discussions of the aims and goals of typological studies in modern Chinese archaeology, see, K. C. Chang, *Rethinking Archaeology* (New York: Random House Publishing, 1967); K. C. Chang, "Chinese Archaeology since 1949," *Journal of Asian Studies* 36, No. 4 (1977): 623-646; K. C. Chang, "Archaeology and Chinese Historiography," *World Archaeology* 13, No. 2 (1981): 156-169; Li Xueqin, "The Xia-Shang-Zhou Chronology Project: Methodology and Results," *Journal of East Asian Archaeology* 4, No. 1-4 (2002): 321-33. For recent critical discourse on the history and problems of Chinese typological research, see Lothar von Falkenahausen, "On the Historiographical Orientation of Chinese Archaeology," *Antiquity* 67, No. 257 (1993): 839-849; Yun Kuen Lee, "Differential Resolutions in History and Archaeology," *Journal of East Asian Archaeology* 4, No. 1-4 (2002): 375-386.

Despite these criticisms, I do not advocate doing away with typological periodization entirely. Rather, I propose that merging typological periodization with assemblage-based seriation is the best approach to chronology for cemetery sites like Bianying. In the case of Bianying, individual assemblages are comprised of the constellation of grave goods contained within each tomb. My approach sees moments when new artifact types are introduced and differentially incorporated into mortuary assemblages at Bianying as moments when the meanings of individual objects are first decoded then recoded to form new assemblages and new identities. The same concept applies to moments when extant artifact types disappear. On the level cultural processes, I believe that these moments correspond to periods of important transition in the area, when the social and cultural affiliations of Bianying community members come under question and when the realm of mortuary practice becomes an arena for the assertion and negotiation of new emergent identities.① Thus, taking an assemblage-based approach to chronology is not only useful for periodization, but for interpretation as well.

Methodologically, the first step in conducting assemblage-based seriation at Bianying was to narrow down the total 522 burials to those that had the potential to yield meaningful chronological information. The criteria for inclusion in the study were that the burial had to be non-empty, and that it had to contain at least 2 identifiable pieces of pottery of differing types that underwent stylistic development over long occupation periods in the cemetery;② an additional requirement was that where coinage was available, it be well-preserved enough for stylistic and calligraphic analysis. Based on these criteria, a total of 262 burials were selected for further analysis. Through assemblage-based periodization of these 262 burials, I was able to divide the Bianying site into 7 chronological periods, which can be visualized in Appendix 1.③

The assemblage-based seriation provided the framework of how pottery assemblages changed over time, and organized the Bianying tombs into a sequence based on the differential appearance and disappearance of pottery styles (structure of the overall assemblage). External chronological indicators—coinage and burial intercutting — allowed me to correlate each period with a specific chronological timespan.④ Based on this, I was able to come up with the chronological breakdown shown below in Table 1.

① I would like to reiterate that when I speak about a tomb I am not talking only about the actions of the tomb occupant, but rather of the mourners who are carrying out mortuary ritual according to a specific set of cultural codes. This means that a tomb is not necessarily a 100% accurate portray of the occupant's identity in life, but rather is an expression of a conglomerate identity of a group of people - this group being itself an assemblage.

② The reason I chose to limit my assemblage-based seriation to pottery is simply because pottery is the most abundantly encountered burial good at Bianying; even tombs that have no other grave furnishings will likely contain a pottery vessel of some sort. For this kind of periodization to be effect, I follow O' Brien and Lyman, who are adamant in saying that "... for seriation to be useful as a basis for chronology... all that is required is that there never, among the set of units being seriated, be a break in the sequence so abrupt and catastrophic that units immediately following the break bear no resemblance (or only accidental resemblance) to the units before the break," see O' Brien and Lyman, *Seriation, Stratigraphy, and Index Fossils*, 115. Thus, because pottery are the most abundant, they are more likely to represent a continuous line of chronological development, which my analysis indeed shows.

③ The occurrence seriation conducted by feeding the presence or absence of designated pottery types into the PAleoontological STatistics (PAST) statistical software package (statpack) that was developed at the University of Oslo in the late 1990s by P. D. Ryan and D. A. T. Harper and J. S. Whalley, and which has been designed specifically for use by paleontologists, archaeologists, and other scholars of life and earth sciences. See, Hammer, Ø., Harper, D. A. T., Ryan, P. D. 2001. *PAST: Paleontological statistics software package for education and data analysis*. Palaeontologia Electronica 4(1), 9.

④ For full details on this analytical process, see Glenda Chao, "Chapter 2: Assembling and Materializing Culture Change at Bianying Cemetery: Burial Practices in Synchronic and Diachronic Perspective," *Culture Change and Imperial Incorporation in Early China: An Archaeological Study of the Middle Han River Valley* (ca. 8th century BCE—1st century CE) (Unpublished Ph. D. Dissertation, Columbia University, 2017): 70-121.

Table 1: Chronological Breakdown of Bianying Cemetery

Period 1	ca. 8th—late 7th century BCE
Period 2	ca. late 7th—late 6th century BCE
Period 3	ca. end of 6th—mid-3rd century BCE
Period 4	ca. mid-3rd century BCE—mid-2nd century BCE
Period 5	ca. mid-2nd century BCE—mid-1st century BCE
Period 6	ca. mid-1st century BCE—early-1st century CE
Period 7	ca. early—mid 1st centuries CE

The two periods that correspond to the history of the Chu polity are Periods 2 and 3, which together span the late 7th until the mid 3rd centuries BCE. This span of time is characterized by the appearance of unique type of pottery grave good, the *yuding*. The reason *yuding* are unique are they link these to material culture and ritual developments in the Xiangyang region that are concomitant with the formation of Chu culture over time that have been proposed by recent re-evaluations of the Chu polity's origins and early history. In what follows, I discuss the details of this particular type of vessel, its relationship to the assemblages it has been found in, the material and cultural links they signify, and the implications that their study has for how we understand the regional history of Xiangyang and its relationship to the Chu polity.

Unpacking the Significance of *Yuding*

Figure 3, below, is a representation of the 5 assemblages from Periods 2 and 3 at Bianying that yielded *yuding*

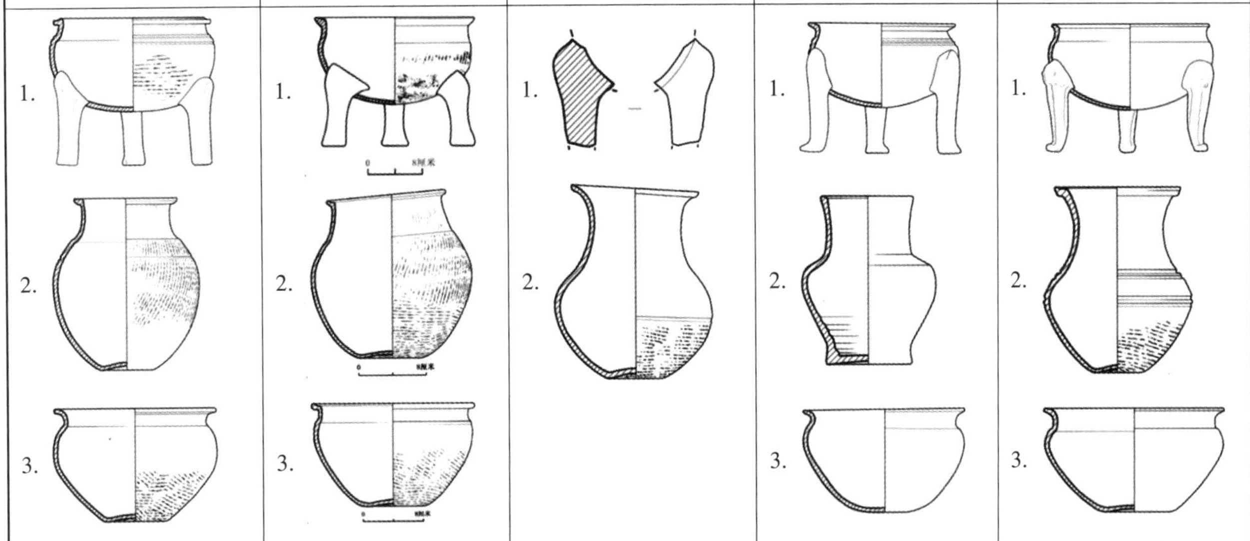

M530	M448	M214	M172	M498
1. Yuding tripod 2. Yu basin 3. Guan jar	1. *Yuding* tripod 2. High-neck*guan* jar 3. *yu* basin	1. Yuding 2. Long-neck guan jar	1. Yuding tripod 2. Hu vase 3. Yu basin	1. Yuding tripod 2. Yu basin 3. High-neck guan jar

Figure 3 The 5 tombs at Bianying that yield *yuding* vessels alongside their associated funerary assemblages

vessels. The way these assemblages materialize the area's relationship with the Chu polity has important implications not only for the detailed periodization of Bianying cemetery, but also for understanding the region's role as a not only as an early incubator for the formation Chu culture, but also as one that developed its own unique regional characteristics over time, despite its proximity to an expanding and powerful state entity. The details of their mortuary contexts are tabulated in Appendix 2.

All 5 tombs that the yielded *yuding* are rectangular pit-shaft tombs under four square meters in basal area. Variations in burial structure and furnishings include wall-niches, usually located at one narrow end of the tomb, or nested coffins; wall-niches and nested coffins do not co-occur in these tombs. Grave goods were largely ceramics and were found either inside of the wall-niche or in between the inner and outer coffins. Furthermore, the ceramic assemblages exhibit a certain amount of uniformity across all 5 burials. For instance, none of the assemblages exceed 3 individual pieces, and they generally consist of a tripod-type vessel, the *yuding*, a basin-type vessel, and some kind of globular jar or long-necked, trumpet-shaped vase or jar.

Importantly, *yuding* are not limited in occurrence to Bianying. Archaeological research throughout the rest of Xiangyang county outside of the immediate confines of Dengcheng—an area that encompasses the modern municipal areas of Xiangyang and Yicheng (see Figure 1)—in the last several years has uncovered several comparative examples of *yuding* from both burials and settlement-based ash-pits. These comparative specimens are shown, alongside their accompanying assemblages below in Figure 4; the details of their archaeological contexts are tabulated in Appendix 3.

1. 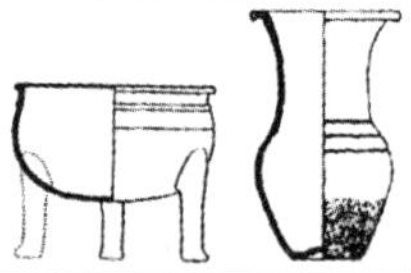	Assemblage from Caipo 蔡坡 M6.①
2. 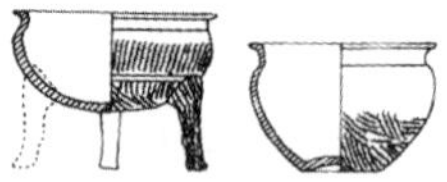	Assemblage from Penggang 彭岗 M157②
3. 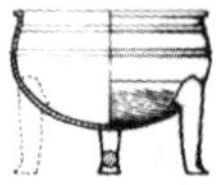	Yuding from Guojiagang 郭家岗 T16H153 (upper stratum)③
4. 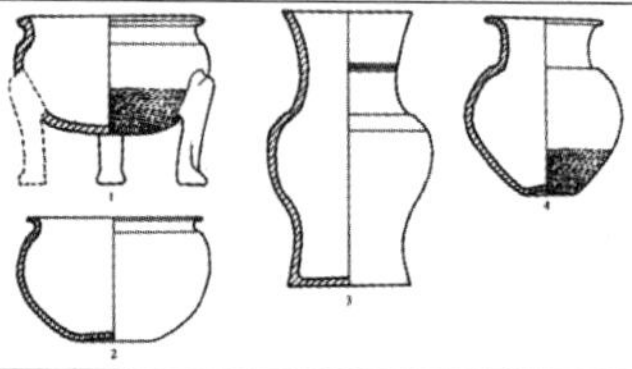	Assemblage from Huangjiacun 黄家村 M300④

Figure 4 Assemblages of grave goods in which *yuding* have been discovered from around the Xiangyang and Yicheng areas.

① Image taken from Hubeisheng Bowuguan 湖北省博物馆, 1985, "Xiangyang Caipo Zhanguomu Fajue Baogao 襄阳蔡坡战国墓发掘报告," in *Jianghan Kaogu* 江汉考古, No. 1: 1-33

② Image taken from Xiangfanshi Wenwu Kaogu Yanjiusuo 襄樊市文物考古研究所, 2007, "Xiangfanshi Penggang mudi diliuci fajue jianbao 襄樊市彭岗墓地第六次发掘报告," in *Xiangyang kaogu wenji* 襄阳考古文集, vol. 1, Xiangfanshi wenwu kaogu yanjiusuo 襄樊市文物考古研究所, eds. Beijing: Science Press, 144, 146.

③ Image taken from Wuhan Daxue Lishixi Jiaoyanshi 武汉大学历史系考古教研室, Hubeisheng Yichengshi Bowuguan 湖北省宜城市博物馆, 1997, "Hubei Yicheng Guojiagang yizhi fajue 湖北宜城郭家岗遗址发掘" in *Kaogu Xuebao* 考古学报, No. 4: 532.

④ Image taken from Xiangyangshi Wenwu Kaogu Yanjiusuo, 2013, *Xiangyang Huangjiacun* 襄阳黄家村 ("Huangjiacun in Xiangyang"), vol. 1, (Beijing: Science Press): 280.

The comparative examples collected in Figure 4 exhibit a wider range of archaeological contexts than is represented at Bianying. For instance, Caipo M6 is a tomb that is overall larger in size, and features additional architectural elements such as platforms, inverted tiers, and a ramp. Additionally, Caipo M6 is one tomb within a total of 11 excavated from Caipo cemetery, the largest of which, tomb M4, yielded bronze inscriptions associating its occupant with the upper echelons of various other small polities in the greater Han and Yangzi 扬子 river region, such as Cai 蔡 and Xu 徐, that existed during the 7th through the 3rd centuries BCE. In addition, tomb M4 is large and elaborately furnished, which further associates it with the elite stratum of early Chinese society, and the site report designates the occupants of the largest tombs at Caipo as elites associated with the Chu polity.① That M6 is found in the same cemetery, with some elaboration in tomb architecture but none in terms of grave good richness or luxury, suggests that M6 was likely an attendant burial accompanying the tombs of the elite.

Additionally, Guojiagang's *yuding* did not come from a burial context at all but was found excavated from an ash-pit that was an anthropogenic layer within a larger settlement site. Together the Caipo burial context and the Guojiagang settlement context provide a possible range of past use-contexts for *yuding*. On the one hand, *yuding* were used as a part of mortuary ritual, likely in order to symbolize an occupant's wealth, social status, and/or associated meanings concerning the proper equipment of the dead to cross over into the afterlife. On the other hand, they were also found in settlement ash-pits, which may point to their production context, or at the very least their presence within past individuals' daily routines in addition to ritual ones.② Importantly, the range of use-contexts for *yuding* also suggest that they were most likely used by individuals who were not part of the elite strata of society. For instance, that *yuding* is one of the only two ceramic grave goods found in tomb M6 but was not found in any of the other burials at the site suggests that there was an upper limit to the types of burials that *yuding* were typically used in; they were more likely to be used by non-elites, even if those individuals were associated with elites. Additionally, that they were found discarded in an ash-pit suggests that even within a non-ritual use-context, they could be thrown away; something that is not often said of ding tripods made of bronze.

It is also important to note that the comparative specimens in Figure 4 provide us with an overall chronological framework for *yuding* vessels. All of the comparative specimen from Figure 4 have been dated to the mid-to-late 4th and into the 3rd centuries BCE. Based on the morphological similarity between these comparative *yuding* specimens and the 5 from Bianying cemetery, I date the Bianying tombs to this same time span. Furthermore, I believe this dating suggests that *yuding* likely appeared as a locally specific type of hybrid object around the mid to late 4th century BCE and are evidence of the formation of a unique local culture that emerged as a response to broader social and political changes during that time. This is showcased in 2 ways. First is by the fact that *yuding* are morphologically and stylistically symbolic of mixture between extant local pottery traditions and fresh symbolic innovations, and second is because within their respective assemblages, *yuding* are symbolic of ritualized practices idiosyncratic to the Xiangyang and Yicheng areas that blur the boundary between elite and non-elite in new ways.

Morphologically, *yuding* are composed of a *yu* 盂 basin with molded legs attached to form a tripod, hence their typological designation as a *ding* 鼎 vessel. They are typically constructed to fine-grey clay, sometimes containing sandy inclusions. The use of the basin as the foundation of the *yuding* is significant, as *yu* basins

① See Hubeisheng Bowuguan 湖北省博物馆, 1985, "Xiangyang Caipo Zhanguomu Fajue Baogao 襄阳蔡坡战国墓发掘报告," in *Jianghan Kaogu* 江汉考古, No. 1: 1-33.

② Unfortunately, the site report for Guojiagang does not probe deeply into the nature of the ash-pits, their formation, nor the relationships that the T16 ash-pit had with another settlement elements from the site. These and other questions, such as what created ash-pits like T16H153, are worth further examination in the future.

themselves were long a part of the regional archaeological record of the Xiangyang region prior to the appearance of *yuding*. Figure 5 below is a selection of *yu* basins from recently excavated settlement sites on both sides of the Han river that date to the 8th century BCE and earlier.

Comparative specimens from Xiangyang

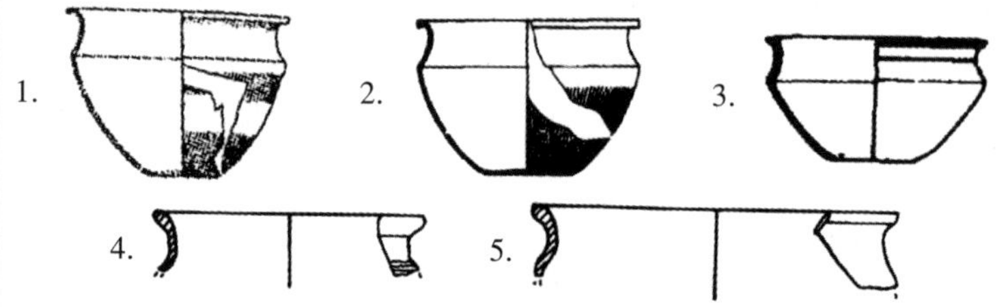

1. Basin from Zhenwushan 真武山 H81：18①
2. *Yu* basin from Xiaojialing 肖家岭 H18：14②
3. *Yu* basin from Xiaojialing 肖家岭 H18：6③
4. Yu basin from Xiaomajia 小马家 H2：17④
5. Yu basin from Xiaomajia 小马家 H2：18⑤

Figure 5　Recently excavated *yu* basins dated to 8th century BCE and earlier from greater Xiangyang County (including the Yicheng area).

These comparative specimens are excavated from ash-pits, which suggests that *yu* basins were likely associated with both daily as well as ritual practices. In addition to basins and jars, these ash-pits also yielded *li* tripods, *yan* steamers, and *dou* pedestal dishes, many of which bear stylistic similarities to Western Zhou specimens from the Guanzhong 关中 valley of Shaanxi 陕西 province in the north. *Yuding* tripods, however, are not among these finds, nor are the long-neck jars and vases that characterize many of the *yuding* assemblages. In terms of location, both Zhenwushan and Xiaojialing are south of the Han river, though Zhenwushan remains within the confines of modern Xiangyang municipality, while Xiaojialing and Guojiagang are close to modern Yicheng. In all 5 cases, the ash-pits were dated to the late 8th century BCE, which corresponds to Period 1 at Bianying. What this comparison shows, however, is that *yu* basins were a part of mortuary ritual from the very beginning of the cemetery's occupation, and that this was true of the Xiangyang region more broadly.

Recently, Wang Xianfu 王先福 has argued for recognizing the formation of what he calls "Deng culture" ("Deng wenhua 邓文化") in the Xiangyang area over the course of the polity's occupation of the region from roughly the 10th century BCE to its destruction by Chu in 678 BCE. Some of the hallmarks of this regional cultural formation, according to Wang, include (but are not limited to) a change in the morphology of *li* tripod legs and saddles (something that will be discussed later on in this essay), a shift in clay fabric predominantly red to predominantly brownish-grey, and an increasing curvature of the shoulder on the yu basins as well as an increasing emphases on banding around their necks.⑥ Comparing the angular yu basins from Figure 5 with the rounder

① Image taken from Yin, *Chuguo ducheng yu hexinqu tansuo*, 212. See also Hubeisheng Wenwu Kaogu Yanjiusuo, Xiangyangshi Bowuguan, 1995, "Hubei Xiangyang Zhenwushan Zhoudai Yizhi 湖北襄阳真武山周代遗址," in *Jianghan Kaogu* 江汉考古, No. 9.

② Image taken from Hubeisheng Wenwu Kaogu Yanjiusuo 湖北省文物考古研究所, Yichengxian Bowuguan 宜城县博物馆, 1999, "Hubei Yichengxian Xiaojialing Yizhi de Fajue 湖北宜城县肖家岭遗址的发掘," in Wenwu 文物, No. 1: 21-31.

③ Ibid.

④ Image taken from Xiangfanshi wenwu kaogu yanjiusuo 襄樊市文物考古研究所, Xiangyanqu wenwu guanlichu 襄阳区文物管理处, 2007, "Xiangyang Huangji Xiaomajia yizhi fajue baogao 襄阳黄集小马家遗址发掘报告," in *Xiangyang kaogu wenji* 襄阳考古文集, vol. 1, Xiangfanshi wenwu kaogu yanjiusuo 襄樊市文物考古研究所, eds. Beijing: Science Press, 110.

⑤ Ibid.

⑥ See Wang Xianfu 王先福, 2011, "Xiangyang Deng wenhua yicun de Chu wenhua yinsu kaocha 襄阳邓文化遗存的楚文化因素考察," in *Chu wenhua yanjiu lunji* 楚文化研究论集, vol. 10, *Chu wenhua yanjiuhui* 楚文化研究会, eds. (Wuhan: Hubei Meishu Press): 392-401.

specimens from Figure 4 illustrates Wang's point.

Wang's claims about Deng culture suggest that using the *yu* basin as the foundation of the *yuding* vessel symbolizes and materially manifests a close connection between their producers and the extant local tradition of pottery production. The retention of the basic shape of the yu basin in order to form a new vessel is not only expedient in terms of craft production, but also materially reinforces the importance of retaining extant traditions even while inventing new ones. Thus, the addition of molded, columnar legs to the *yu* basin symbolizes a complex transformation in Xiangyang's localized Deng culture that I believe occurred due to significant changes in the region's geopolitical situation vis-ɑ̀-vis larger polities between the 7th and 3rd centuries BCE. These changes can be reflected in the position that *yuding* have within mortuary assemblages and are especially highlighted if we place the appearance of *yuding* within a broader historical context.

Placing *yuding* within a broader historical context

In his 2010 monograph, Yin Hongbin traces the long and complex relationship between people living on both sides of the middle stretches of the Han river and the early Chu polity over the course of the 1st millennium BCE. His major conclusions, drawn from historical texts, excavated bronze inscriptions, and archaeological evidence, include the idea that the core of the Chu polity was operating in the middle Han river region as early as the reign of Xiong Qu 熊渠, who is recorded as having lived during the reign of the King Yi of Zhou 周夷王 (r. ca. 877-865 B.C.); that by the reign of Ruo' Ao 若敖 (r. 791-764 BCE), the polity's capital was likely established in the Yicheng area, likely in and around Guojiagang 郭家岗, where it remained the seat of power up until the reign of King Hui of Chu (r. 488-432 BCE); and that over the course of this political establishment, the people associated with the early Chu polity underwent a process of cultural intermingling with the local population already in the area, specifically with indigenous Chu-Man 楚蛮 peoples who lived on either side of the Han river, and with people associated with Deng, the southern protectorate polity of the Western Zhou court who were based in and around Dengcheng.①

Yuding are particularly relevant to and supportive of Yin's conclusions, as I believe they are materializations of long-term changes in the Xiangyang region resulting from prolonged interaction and cultural intermingling between the Chu polity, indigenous populations, and previously intermixed groups who were living in the region from the time of the Deng polity's establishment, that may have resurged after the Chu polity's core moved away from the Xiang-Yi area late in the 4th century BCE.

In the previous section, it was already established that *yu* basins form the foundation of the *yuding* vessel, and that these basins were long a part of the material culture record of the Xiangyang region. It was also established that *yuding* vessels were used by a range of non-elite individuals within Xiangyang society, some of whom were associated with local elites though not elites themselves. Interestingly, the place of *yuding* within the overall mortuary assemblage makes it an object that blurred the boundary between elite and non-elite, a development that was concomitant with the region's relationship with the polities that occupied it over time.

For instance, Appendix 1 shows that another type of assemblage also features prominently in Periods 1 through 3 at Bianying, specifically, assemblages of *li* tripods alongside *guan* jars, *yu* basins, and occasionally *dou* pedestal dishes. While *dou* pedestal dishes appear in many different kinds of assemblages, *li* and *yuding* never co-occur. This is significant, especially since both objects are three-legged tripod-type vessels. However, *ding* tripods, which

① For a summary of these and other major conclusions that Yin comes to in his book, see Yin, *Chuguo ducheng yu Hexinqu Tansuo*, 271-274.

are characterized by columnar legs attached to bowl or cauldron-shaped vessels often with handles and sometimes with lids, are typically cast in bronze and used to furnish large-sized elite ritual practices. *Li* tripods, on the other hand, are more commonly made of ceramic,① and are more widespread in terms of discovery context (being found in ash-pits, small-sized and sparsely furnished tombs, as well as large and elaborate tombs). This means that they are generally associated with all levels of ancient Chinese society.

The pervasive nature of *li* tripods makes them strong indicators of minute changes in pottery production over time, and recent studies of *li* from the middle Han river region have led scholars to propose that we can detect the emergence of Chu culture during the 7th and 6th centuries BCE from changes in *li* manufacture, morphology, and style. One of the main conclusions drawn from these recent studies is that over the course of the Western Zhou Dynasty and especially towards its end, in the 8th century BCE, there emerged in the southern regions of the Western Zhou polity's geographical extent, which includes the Xiang-Yi region, a unique type of *li* that was characterized by changes in the shape of the vessel's legs (from pointed and largely hollow to columnar and solid) and the construction of its base (also called it's "saddle," or "crotch") from concave and lobed to flat and basin-like.② These changes eventually produced what later became known as the Chu-style *li* tripod ("Chu-shi li 楚式鬲"), which has been found throughout the Han and Yangzi river areas. Changes like these within the morphology of *li* tripods, while small, are nonetheless significant as they indicate an increased amount of localized autonomy in pottery production following broader changes in the geopolitical landscape of early China.

I believe that the appearance of *yuding* is another form of the same kind of localized cultural autonomy that produced Chu-style li; one that occurred several centuries after the formation of the Chu-style *li* tripod, and that additionally blurs the boundaries between elites and non-elites that had long been in place within early Chinese society. Studies of elite burials and material culture associated with the rulers and leaders of the Deng polity have already confirmed the close association between elite Deng material culture and Western Zhou metropolitan material culture, suggesting close cultural ties between the top echelons of the two polities.③ At the same time, the archaeology of smaller-sized burials and local settlements in and around Dengcheng like Zhenwushan have shown evidence of a robust local culture that integrated, over the course of the 8th and 7th centuries BCE, elements of local material culture practices (which Yin Hongbin attributes to possible Chu-Man 楚蛮 groups). There is also strong evidence to suggest that even after Deng was destroyed by Chu in 678 BCE, local autonomy persisted at all levels of society, from elites who were transformed from independent polity rulers to governors under the Chu county system,④ to non-elites who continued to produce goods that contributed to the development of the Chu material culture repertoire.

I further believe that the appearance of *yuding* is a culminating manifestation of this kind of ongoing local

---

① Certainly, however, *li* tripods are sometimes found cast in bronze and *ding* tripods, even from the Shang and Western Zhou periods have been found made from pottery as well.

② See Wang, "Xiangyang Deng wenhua yicun de Chu wenhua yinsu kaocha 襄阳邓文化遗存的楚文化因素考察," 397. For a more detailed study on the emergence of Chu-style li tripods, see Zhang Changping 张昌平, 2000, "Chu li yanjiu 楚鬲研究," in *Fenfa Jingchu Tansuo Wenming* 奋发荆楚探索文明, (Beijing: Science Press); see also, Zhang Changping 张昌平, 1997, "Shi lun Zhenwushan lei yicun 试论真武山类遗存," in Jianghan Kaogu 江汉考古, No. 1: 49-54; 76.

③ See for instance, Shi, "Gu Dengguo Dengxiankao 古邓国、邓县考," 89-93. See also, Xu, Shaohua 徐少华. 1996. "Dengguo Tongqi ji Lishi dili yu Wenhua" 邓国铜器及历史地理与文化 ("The Bronze Vessels of the State of Deng: Culture and Historical Geography"), in *Huaxia Kaogu* 华夏考古, No. 1.

④ See Xu Shaohua, 2013, "Dengguo Tongqi Zongkao 邓国铜器综考" ("Comprehensive Research on the Bronze Vessels of the State of Deng"), in *Kaogu* 考古, No. 5: 62-76.

material culture development, one that experienced a resurgence during the middle to late 4th centuries BCE, when, as Yin Hongbin argues, the core of the Chu polity shifted southwards into the Jiangling 江陵 region.① The unique morphology of the *yuding* indicates evidence of local populations appropriating the physical elements of bronze *ding* tripods (the columnar legs) formerly reserved for elites, replicating them in more accessible materials (clay rather than bronze), and integrating them with material culture elements already extant in local practices (the *yu* basin). Additionally, the fact that *yuding* and *li* never co-occur at Bianying suggests that these same local populations felt free enough to manipulate the basic structures of mortuary ritual and practice, integrating objects with new symbolic underpinnings (the *yuding*) into established funerary assemblages in order to construct new traditions and cultural meanings.

Conclusion: What We Gain from New Methodologies and Theories

What this brief study on *yuding* from the Bianying cemetery and surrounding sites shows is that new perspectives on history emerge when attention is paid to regional developments. It also highlights the role of non-elite, local populations as active agents in the development of regional as well as broader polity-based material culture. Finally, the paper raises some important questions for future scholarly research. For instance, further archaeological research in the Xiangyang area could turn up more evidence of *yuding* that could enhance the information presented here; additionally, *yuding* found outside of the region would provide crucial evidence of material culture connections among non-elites outside of Xiangyang; finally, the role of *yuding* within daily material culture practice and not just mortuary ritual can yield fruitful insights into the relationship between the Chu polity's base in the Yicheng area with the regions it had nominal control over, such as Dengcheng.

On a methodological level, this paper has introduced several new approaches to the study of early China. First is the application of assemblage theory to periodizing large-scale local burial grounds, and second is conducting close, semiotic interpretations of grave good assemblages. Part of my ongoing research is to further develop these innovative methodologies in order to bridge the practical gaps in utilizing different types of source materials to study early China. Here, I have focused on what archaeological information derived from non-elite and non-royal contexts might bring to the table, but I have not lost sight of the fact that elite tombs, excavated textual evidence, *and* transmitted textual evidence are still important. I believe that elevating larger-scale archaeological data, as I have attempted to demonstrate here, we can write more holistic and informative histories of China's earliest past.

(作者单位：美国乌尔西努斯学院)

① Yin Hongbin argues specifically that it was likely not until mid-way through the reign of King Hui of Chu (r. 488-432 BCE), after the elimination of many of the polity's rivals in the Huai river region that the polity shifted away from the Yicheng region southwards to the Jiangling area. See Yin, *Chuguo Ducheng yu Hexinxu Tansuo*, 247-251.

Appendix 1: Results of assemblage-based occurrence seriation of selected Bianying burials showing the 7-period chronological breakdown. The horizontal axis shows all pottery types included in the seriation while the vertical axis shows all tombs included in the seriation. The black tick-marks represent the presence of a type of pottery artifact in a given tomb.

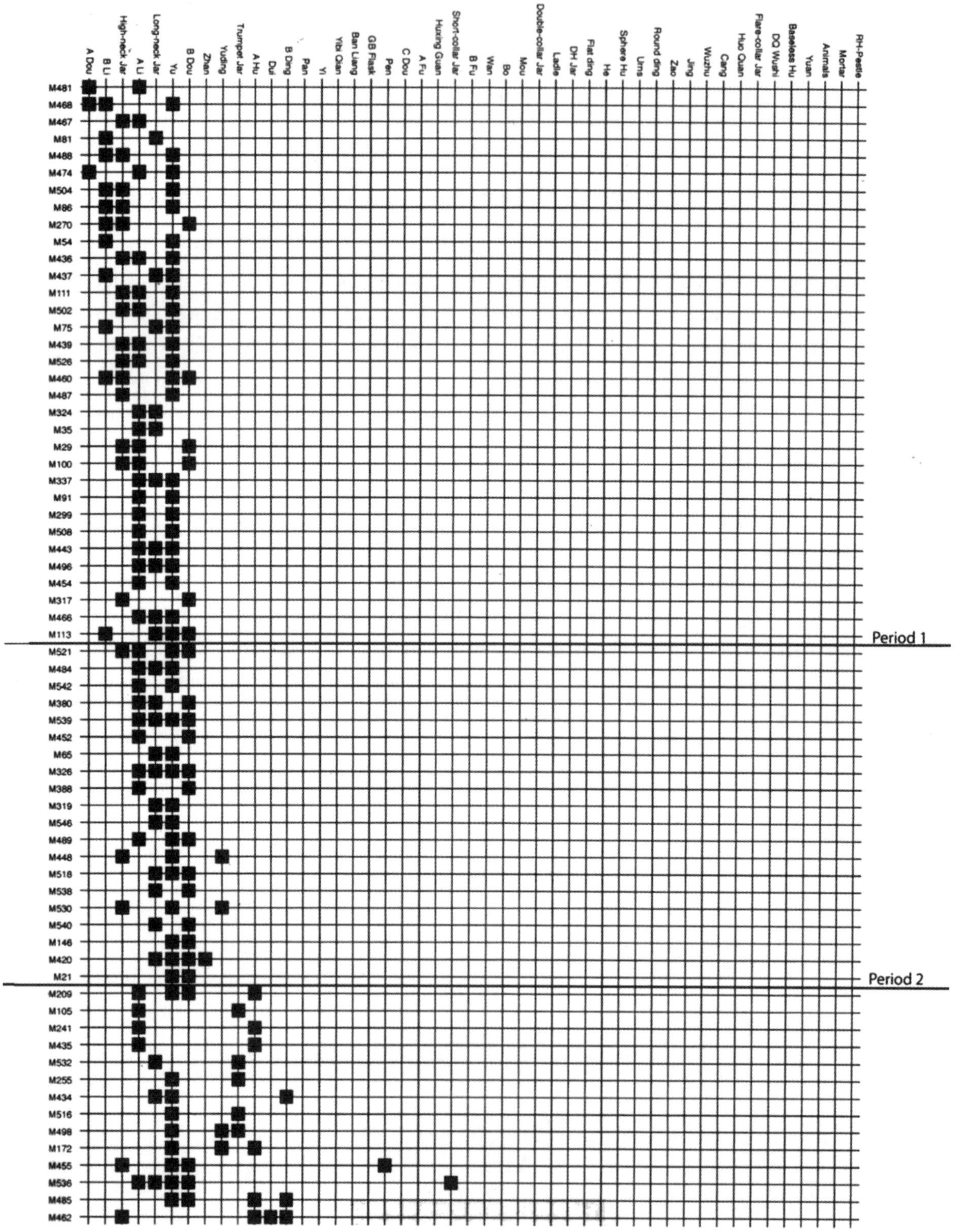

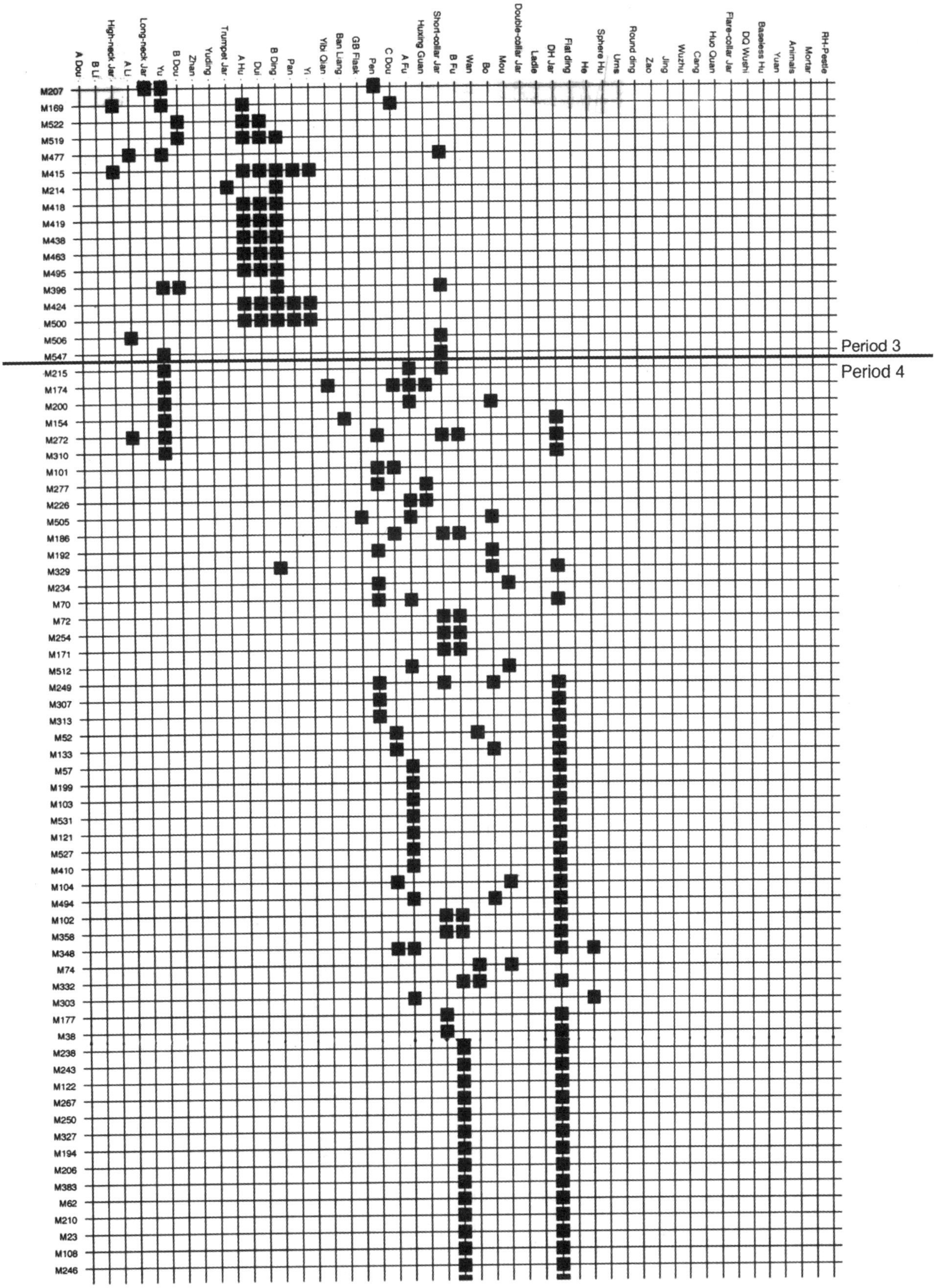
A Dou
B Li
High-neck Jar
A Li
Long-neck Jar
Yu
B Dou
Zhan
Yuding
Trumpet Jar
A Hu
Dui
B Ding
Pan
Yi
Yibi Quan
Ban Liang
GB Flask
Pen
C Dou
A Fu
Huxing Guan
Short-collar Jar
B Fu
Wan
Bo
Mou
Double-collar Jar
Ladle
DH Jar
Flat ding
He
Sphere Hu
Urns
Round ding
Zao
Jing
Wuzhu
Cang
Huo Quan
Flare-collar Jar
DQ Wushi
Baseless Hu
Yuan
Animals
Mortar
RH-Pestle
M207
M169
M522
M519
M477
M415
M214
M418
M419
M438
M463
M495
M396
M424
M500
M506
M547
Period 3
Period 4
M215
M174
M200
M154
M272
M310
M101
M277
M226
M505
M186
M192
M329
M234
M70
M72
M254
M171
M512
M249
M307
M313
M52
M133
M57
M199
M103
M531
M121
M527
M410
M104
M494
M102
M358
M348
M74
M332
M303
M177
M38
M238
M243
M122
M267
M250
M327
M194
M206
M383
M62
M210
M23
M108
M246

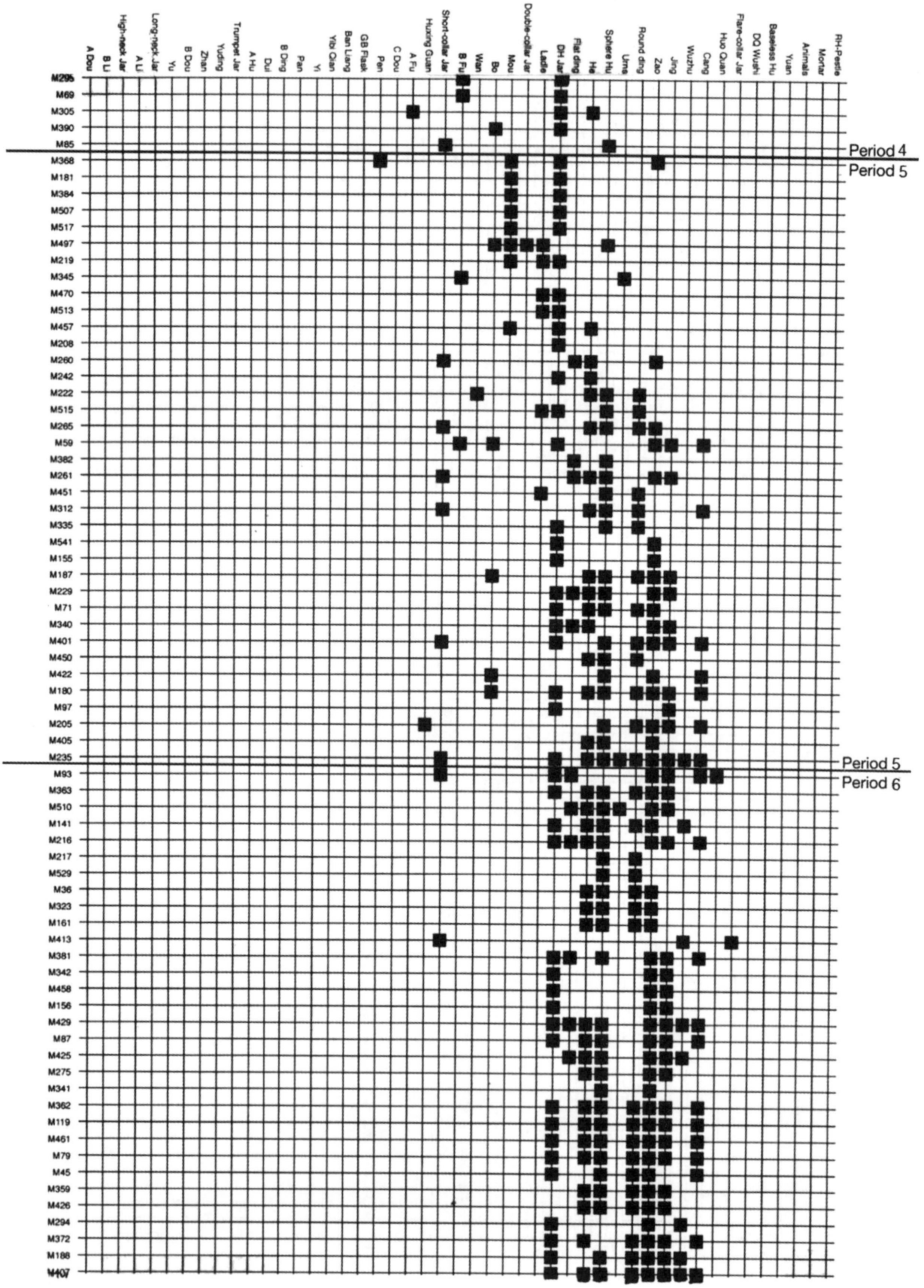
A Dou
B Li
High-neck Jar
A Li
Long-neck Jar
Yu
B Dou
Zhan
Yuding
Trumpet Jar
A Hu
Dui
B Ding
Pan
Yi
Yibi Qian
Ban Liang
GB Flask
Pen
C Dou
A Fu
Huxing Guan
Short-collar Jar
B Fu
Wan
Bo
Mou
Double-collar Jar
Ladle
DH Jar
Flat ding
He
Sphere Hu
Urns
Round ding
Zao
Jing
Wuzhu
Cang
Huo Quan
Flare-collar Jar
DQ Wushi
Baseless Hu
Yuan
Animals
Mortar
RH-Pestle
M295
M69
M305
M390
M85
M368
M181
M384
M507
M517
M497
M219
M345
M470
M513
M457
M208
M260
M242
M222
M515
M265
M59
M382
M261
M451
M312
M335
M541
M155
M187
M229
M71
M340
M401
M450
M422
M180
M97
M205
M405
M235
M93
M363
M510
M141
M216
M217
M529
M36
M323
M161
M413
M381
M342
M458
M156
M429
M87
M425
M275
M341
M362
M119
M461
M79
M45
M359
M426
M294
M372
M188
M407
Period 4
Period 5
Period 5
Period 6

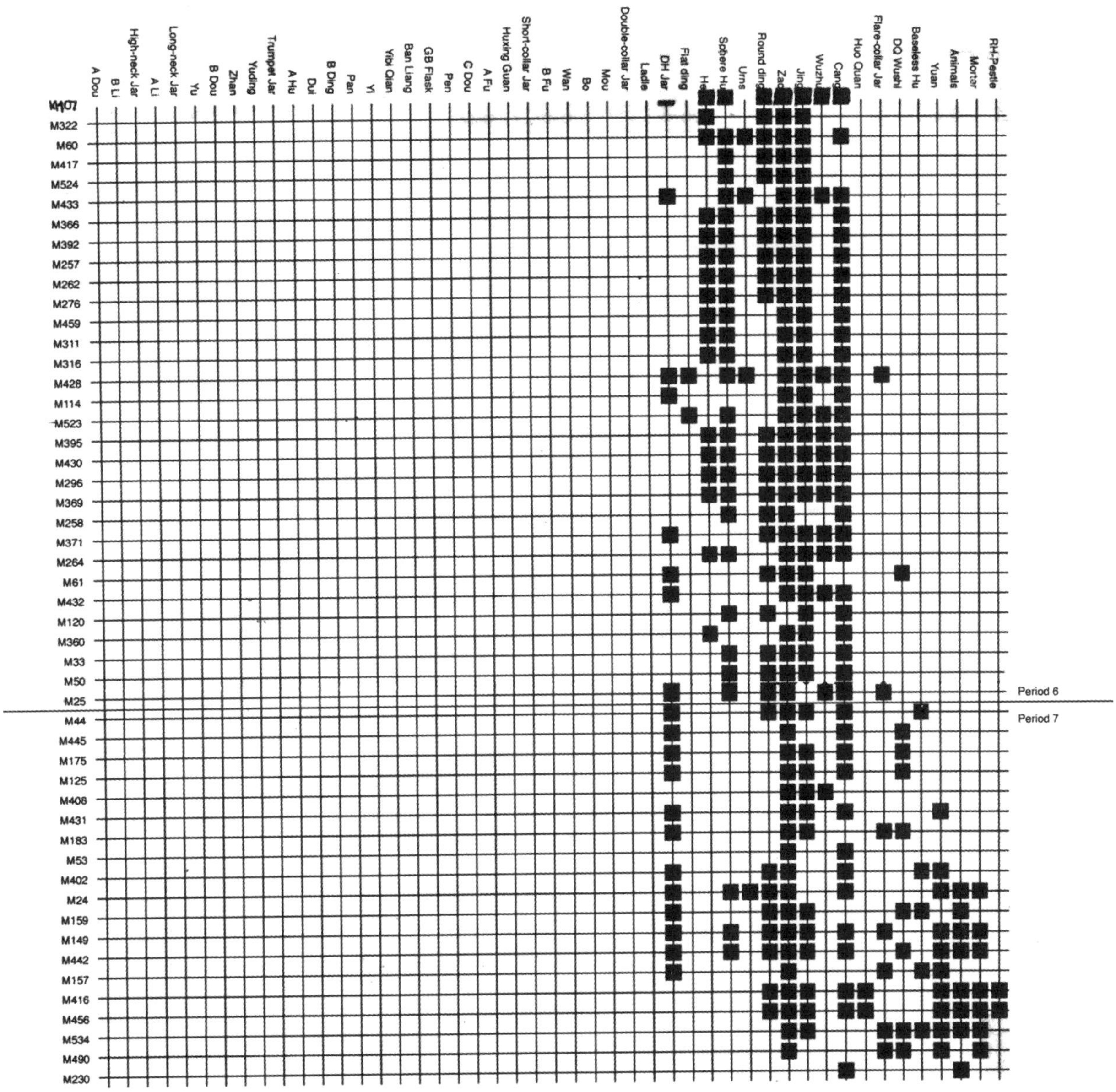

Appendix 2: Period 2 and Period 3 burials at Bianying that include *yuding*.

Tomb	Period	Tomb type	Size m^2	Tomb architecture	Coffin structure	Ceramic assemblage	Other grave goods	Location
M172	3	Rectangular Pit-shaft	1. 27	None	Single	1. Yuding tripod 2. Hu vase 3. Yu basin	None	Sector 1
M214	3	Rectangular Pit-shaft	1. 18	Wall-niche	Single	1. Yuding 2. High-neck vase (trumpet jar variant)	None	Sector 1

Continued

Tomb	Period	Tomb type	Size m²	Tomb architecture	Coffin structure	Ceramic assemblage	Other grave goods	Location
M448	2	Rectangular Pit-shaft	3. 5	Wall-niche	Single	1. Yuding tripod 2. High-neck guan jar 3. Yu basin	None	Sector 3
M498	3	Rectangular Pit-shaft	3. 64	None	Nested	1. Yuding tripod 2. Long-neck jar 3. Yu basin	None	Sector 3
M530	2	Rectangular Pit-shaft	3. 32	None	Nested	1. Yuding tripod 2. Yu basin 3. High-neck guan jar	None	Sector 3

Appendix 3: Comparative burials containing *yuding* from sites in the greater Xiangyang and Yicheng areas.

No.	Context	Context type	Size m²	Tomb architecture	Coffin structure	Ceramic assemblage	Other grave goods	Location
M157	Penggang 彭岗	Rectangular Pit-shaft tomb	3. 67	Inverted tiers	Nested	1. Yuding 2. Yu basin	None	Xiangyang
M6	Caipo 蔡坡	Rectangular Pit-shaft tomb	10. 8	Inverted tiers; tomb ramp; ercengtai	N/A	1. Yuding 2. Long-neck vase (trumpet jar variant)	None	Xiangyang
M300	Huangjiacun 黄家村	Rectangular Pit-shaft tomb	3. 38	None	Nested	1. Yuding 2. Yu basin 3. Long-neck vase (trumpet jar variant) 4. High-neck guan jar	None	Xiangyang
T16H153 (upper): 13	Guojiagang 郭家岗	Ash-pit	N/A	N/A	N/A	1. Yuding	N/A	Yicheng

From Zheng to Chu: Tracing the Stylistic Origins of Hanxi Style Antlered and Tongued Tomb Sculptures

Cortney E. Chaffin (柴宁)

Since the 1950s, hundreds of antlered and tongued sculptures have been scientifically excavated from Chu 楚 tombs in Hubei 湖北, Henan 河南, and Hunan 湖南 provinces.① The earliest examples date securely to the sixth century BCE and appear in tombs when a distinct Chu culture emerges in the archaeological record. During the Warring States period, in the fourth century BCE, use of antlered and tongued tomb sculptures escalated and eventually peaked in the Hanxi region of modern-day Hubei province. A characteristic "Hanxi style" took form.② Although use of the antlered and tongued figure is also documented in regional areas of the ancient Chu kingdom, suggesting a widespread, shared belief in their efficacy, the majority of known examples of antlered and tongued figures have been excavated from tombs in the Hanxi region.③ Artisans in this region played a dominant role in defining the form of these sculptures, and creating a popular metropolitan style that flourished in the Hanxi region until the third century BCE when the inclusion of antlered and tongued sculptures in tomb inventories dramatically declined across the Chu realm. This paper examines the stylistic origins of Chu antlered and tongued sculptures using the prominent Hanxi style sculpture as a case study.

Defining Hanxi Style Antlered and Tongued Tomb Sculptures

The basic form and construction techniques of the wooden antlered and tongued tomb sculpture of Chu was established in the late sixth to the early fifth century BCE in Dangyang 当阳 and Qianjiang 潜江 counties, Hubei province, in the Hanxi region. There are relatively few antlered tomb sculptures dated to this period.④ They vary

---

① The antlered and tongued tomb sculptures of Chu are conventionally known as *zhenmushou* 镇墓兽, or "protecting tomb beasts."

② In my dissertation I referred to the metropolitan style antlered and tongued figure as "Jiangling style." Since this style first emerged in Dangyang County, Hubei before it was popularized in Jiangling County, Hubei in the fourth century BCE, I have revised my terminology to more appropriately describe the figures as "Hanxi style." See: Cortney Chaffin, "Strange Creatures of Chu: Antlered Tomb Sculptures of the Spring and Autumn and Warring States Periods," (PhD diss., University of Pennsylvania, 2007).

③ Examples contemporary to those found in the Hanxi region have also been discovered in Chu tombs to the north in the Nanyang Basin and the Upper Huai 淮, to the east in Eastern Hubei, and as far south as Jiangnan 江南. For a regional study of the Chu antlered and tongued sculptures, please see chapter two of my dissertation. See: Cortney Chaffin, "Strange Creatures of Chu," 89-116. Also see Demattè's study of the Chu sculptures in Paola Demattè, "Antler and Tongue: New Archaeological Evidence in the Study of the Chu Tomb Guardian," *East and West*, no. 44 (1994): 353-404.

④ One was excavated from Tomb 5 at Caojiagang 曹家岗 in Dangyang 当阳 County, and three were found in Tombs 4 and 6 at Xiaohuangjiatai 小黄家台 in Qianjiang 潜江 County. See Hubei sheng Yichang diqu bowuguan 湖北省宜昌地区博物馆, "Dangyang Caojiagang 5 hao Chu mu" 当阳曹家岗5号楚墓, *Kaogu xuebao* 考古学报 4 (1988): 488, fig. 36 and Qianjiang bowuguan 潜江博物馆, "Qianjiang Longwang Xiaohuangjiatai Chu mu" 潜江龙湾小黄家台楚墓, *Jianghan kaogu* 江汉考古 4 (1988): 39, fig. 7.

slightly in typology and lack the characteristic zoomorphic facial features, such as snouts, fangs, and long tongues that appeared on the sculptures as the artistic form developed over time. Constructed out of wood using mortise and tenon joinery,① the earliest examples have truncated round or oval heads equipped with deer antlers, slightly angled necks, and straight bodies fitted into square or truncated pyramidal bases. An example from Tomb 5 at Caojiagang 曹家岗 in Dangyang County also includes a square collar located at the point where the body of the sculpture is fitted into the base (fig. 1).②

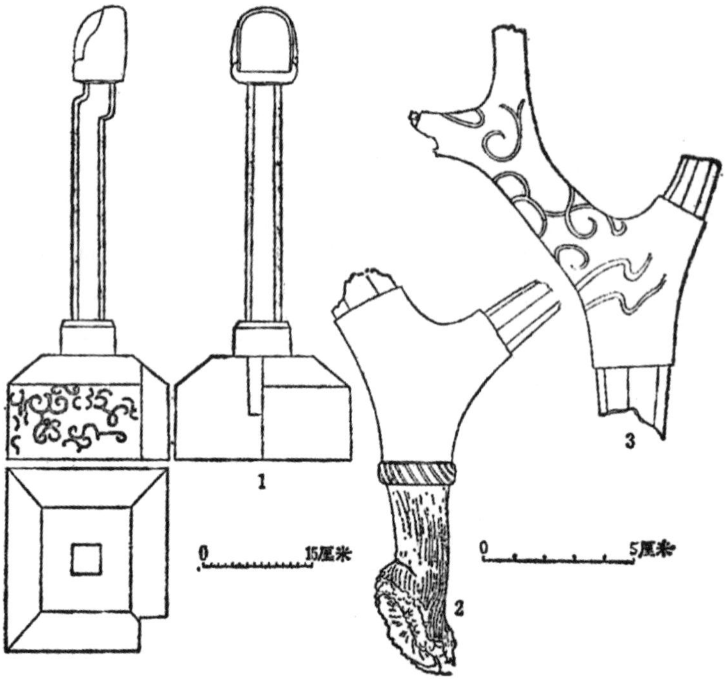

Fig. 1　Line drawing of sculpture from Tomb 5 at Caojiagang, Dangyang County, Hubei. (After Hubei sheng Yichang diqu bowuguan, "Dangyang Caojiagang," 488, fig. 36)

In Dangyang, from the early to mid-fifth century BCE, slight modifications were made to the form of the antlered tomb sculpture. The shape of the head and body remained unchanged, but the truncated pyramidal base

① This joinery technique was also used in the construction of wooden burial structures, coffins, and furniture during this period. With the noticeable dearth of examples of wood carving from Central Plains' tombs in the north, scholars have long recognized the sophisticated woodworking tradition of Chu as a distinctive feature of its culture. See Colin Mackenzie, "The Chu Tradition of Wood Carving," in *Style in the East Asian Tradition: Colloquies on Art and Archaeology in Asia*, ed. Rosemary E. Scott and Graham Hutt (London: University of London, 1987), 82-102. On Chu woodworking techniques see Shoujin Lin 林寿晋, *Zhan Guo xi mu gong sun jie he gongyi yanjiu* 战国细木工榫接合工艺研究 (Hong Kong: Zhongwen daxue chubanshe 香港中文大学出版社, 1978).

② It should be noted that the head of the Caojiagang figure lacks holes for deer antlers, a defining feature for this class of objects. However, broken fragments of deer antlers were found in the tomb, one of which retained painted decoration similar to the scroll pattern decorating the base of the sculpture. A sculpture of similar typology discovered from a nearby Chu tomb at Jinjiashan 金家山 in Dangyang (Tomb 239) has sockets for antlers, but is dated slightly later than the Caojiagang figure to the early Warring States period. The similarity between the two objects suggests the Caojiagang figure should be classified as a *zhenmushou*, despite the absence of mortises for antlers. See Hubei sheng Yichang diqu bowuguan 湖北省宜昌地区博物馆 and Beijing daxue kaogu xi 北京大学考古系, *Dangyang Zhaojiahu Chu mu* 当阳赵家湖楚墓 (Beijing: Wenwu chubanshe 文物出版社, 1992), 157, fig. 114. 2.

became a square one carved in distinctive geometric relief patterns (fig. 2).① From the late fifth to the early fourth centuries BCE, the bodies and heads of the sculptures were also refined.② As seen on an example excavated from Tomb 230 at Jinjiashan 金家山, in Dangyang (fig. 3), the straight torso was augmented with two square collars, one at the waist and the other at the point where the body meets the square base. The neck was exaggerated into a serpentine C-form, and the head was both enlarged and made more square in shape. The carved facial features include round eyes, a snout, fangs, and the characteristic long tongue. The brow was adorned with carved roundels, and the antlers were fitted into mortises at the top of the head. All of these features, including the carved base, were later incorporated into the classic Hanxi style that flourished in the fourth century BCE during the middle Warring States period in the Hanxi region. The sculpture from Tomb 230 at Jinjiashan is one of the earliest examples of this popular style.

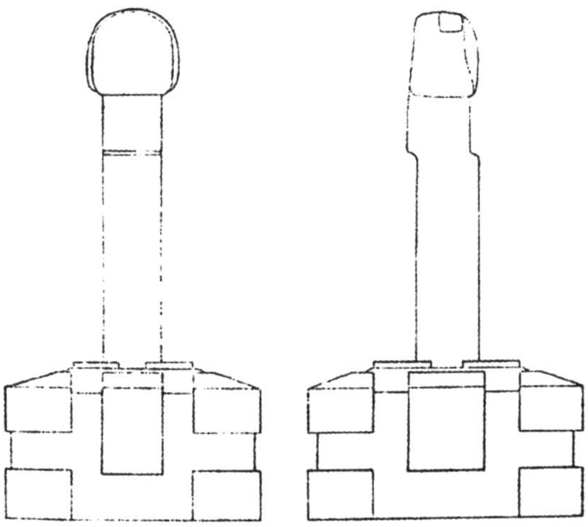

Fig. 2 Line drawing of antlered sculpture from Tomb 229 at Jinjiashan, Dangyang County, Hubei. (After Hubei sheng Yichang diqu bowuguan, et al., *Dangyang*, 157, fig. 114. 2)

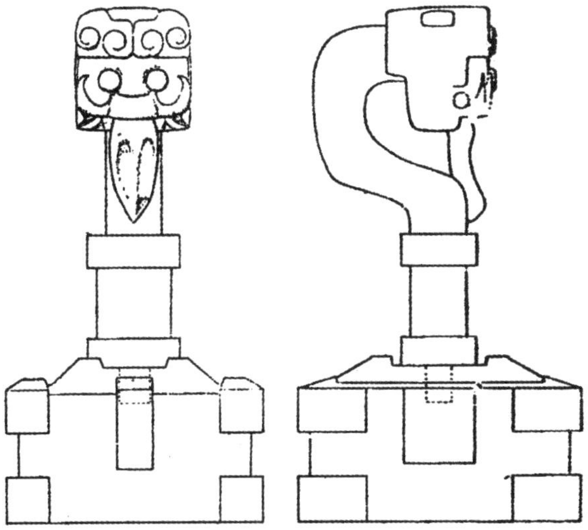

Fig. 3 Line drawing of antlered and tongued sculpture from Tomb 230 at Jinjiashan, Dangyang County, Hubei. (After Hubei sheng Yichang diqu bowuguan, et al., *Dangyang*, 157, fig. 114. 4)

Although tombs in Dangyang and Qianjiang revealed the earliest examples of antlered tomb sculptures made out of wood, the majority of documented examples have been excavated in Jiangling 江陵 County, Hubei province in the Hanxi region. Jiangling is home to the ancient walled settlement site at Jinancheng 纪南城, which may have served as the Chu capital of Ying 郢 established in 690 BCE during the Spring and Autumn period and inhabited

① Significantly, the top face of the square base is carved into a pattern of twelve raised sections, including four V-shaped sections at each corner and four straight sections that line each side of the perimeter at the mid-section. At the center are four smaller V-shaped sections that form a square around the mortise where the body of the antlered and tongued figure is inserted. I believe the carvings on the base represent a diagram, symbolic of the world, or the Earth. The pattern on the top face of the base shares similarities with cosmological diagrams rendered on *liubo* 六博 boards, *shi* 式 divination boards, and later Han mirrors decorated with the TLV pattern. In the case of the Chu sculptures, the antlered and tongued figure is an axis mundi, rising from the symbolic center of the world.

② Two examples of this date were excavated from Tomb 2 at Yangjiashan 杨家山 and Tomb 230 at Jinjiashan 金家山, respectively. See *Dangyang Zhaojiahu Chu mu*, 157, figs 114. 3 and 114. 4.

through 278 BCE.① Hundreds of tombs excavated from Chu mortuary complexes near Jinancheng yielded antlered figures related to those found in Dangyang and Qianjiang counties. The mortuary complexes at Yutaishan 雨台山 and Jiudian 九店 yielded the largest number of these sculptures excavated thus far, suggesting that belief in the efficacy of these images was especially prominent in this region.② Similar to the Dangyang sculptures, Jiangling antlered sculptures are typically composed of three main parts: a square base; a body and head; and deer antlers, all fitted together using mortise and tenon joinery. Jiangling antlered sculptures can be divided into five general types (fig. 4), sharing several general features. The figures are frequently painted with black lacquer, with red, yellow, and/or white designs covering the entire surface. The antlers are often painted at the tips with black or red paint and with scroll patterns at the branching points.

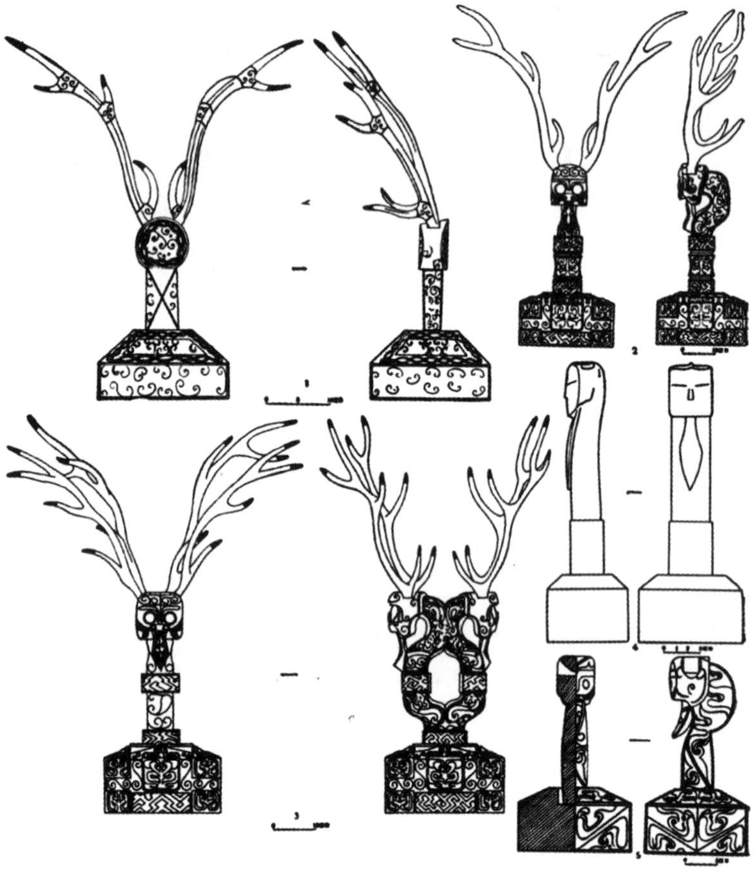

Fig. 4 Line drawing showing different typologies of antlered sculptures. (After Hubei sheng Jingzhou diqu bowuguan, *Jiangling Yutaishan*, 110, fig. 88)

① Barry Blakeley, however, believes there is not enough archaeological evidence to corroborate this claim. Sites in the Jiangling region have yielded hundreds of Chu tombs, but most date to the Warring States period. Barry Blakeley, "The Geography of Chu," in *Defining Chu*, ed. Constance A. Cook and John S. Major (Honolulu: University of Hawaii Press, 1999), 12.

② At Yutaishan, 156 examples were unearthed from 156 tombs. At Jiudian, sixty-five examples were excavated from sixty-five tombs. In Jiangling, tombs with more than one *zhenmushou* are rare. See Hubei sheng Jingzhou diqu bowuguan 湖北省荆州地区博物馆, *Jiangling Yutaishan Chu mu* 江陵雨台山楚墓 (Beijing: Wenwu chubanshe, 1984), 107-108 and Hubei sheng wenwu kaogu yanjiusuo 湖北省文物考古研究所, et al, *Jiangling Jiudian Dongzhou mu* 江陵九店东周墓 (Beijing: Kexue chubanshe 科学出版社, 1995), 298-304.

The first type found in Jiangling tombs is related to late sixth to early fifth century BCE examples found in Dangyang. These antlered figures have round heads and straight bodies fitted into smooth, truncated pyramidal bases, but they lack obvious facial features. An example from Tomb 142 at Yutaishan (fig. 5) is painted with curvilinear designs over a black-colored background, and besides the deer antlers and round shape of the head, does not have an overt zoomorphic connotation.

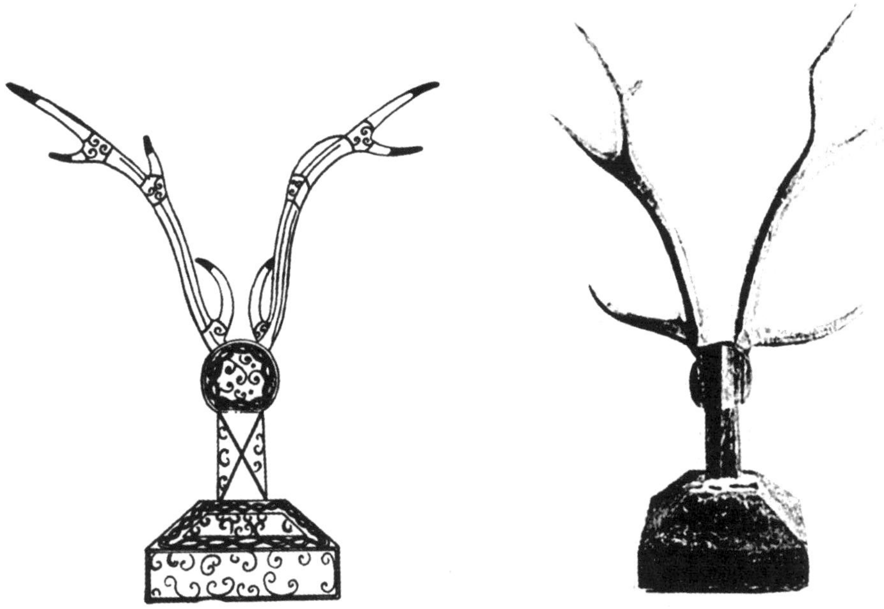

Fig. 5 Antlered sculpture from Tomb 142 at Yutaishan, Jiangling County, Hubei. [After Hubei sheng Jingzhou diqu bowuguan, *Jiangling Yutaishan*, 110, fig. 88(left) and pl. 67. 1(right)]

The second type, a single-headed antlered figure, is a theriomorphic image with a squared face, long carved tongue, curved neck and straight body situated on a smooth, truncated pyramidal base (fig. 6). The figure has painted facial features, including round eyes, a snout, and fangs.

Fig. 6 Antlered and tongued sculpture from Tomb 516 at Yutaishan, Jiangling County, Hubei. [After Hubei sheng Jingzhou diqu bowuguan, *Jiangling Yutaishan*, 110, fig. 88(left) and pl. 67. 3(right)]

The third type represents the fully developed Hanxi style. It is similar to the second, but in lieu of painted facial features, the sculpture has carved features and a carved base (fig. 7). This type is related to the sculpture from Tomb 230 at Jinjiashan in Dangyang (fig. 3). The figure has a single head with carved facial features in place of painted ones. Typical of the Hanxi style, the body of the sculpture has collars located at the bottom of the neck and at the point where the body meets the base. The base is carved into a geometric relief pattern. This type represents the majority of excavated examples found in fourth century BCE tombs in Jiangling. For example, of the sixty-seven preserved examples excavated at the mortuary complex at Yutaishan, thirty-nine (fifty-eight percent) are Hanxi style figures with carved facial features.①

The fourth type also has carved features and resembles the single-headed Hanxi style figure, but has twin S-shaped bodies and heads rising from the same terminal at the center of a carved base (fig. 8). Of the sixty-seven preserved examples unearthed at Yutaishan, only seven (ten percent) were twin-headed, and of sixty preserved examples unearthed at Jiudian, only three (five percent) were twin-headed.② These are generally only found in large tombs, and therefore appear to have been reserved for the upper aristocracy as emblems of their rank. The twin-headed versions first appeared in Jiangling tombs during the middle Warring States period around the 4th century BCE and faded out of fashion by the beginning of the third century BCE.

Fig. 7 Antlered and tongued sculpture with carved features from Tomb 264 at Yutaishan, Jiangling County, Hubei. (After Hubei sheng Jingzhou diqu bowuguan, *Jiangling Yutaishan*, pl. 67. 4)

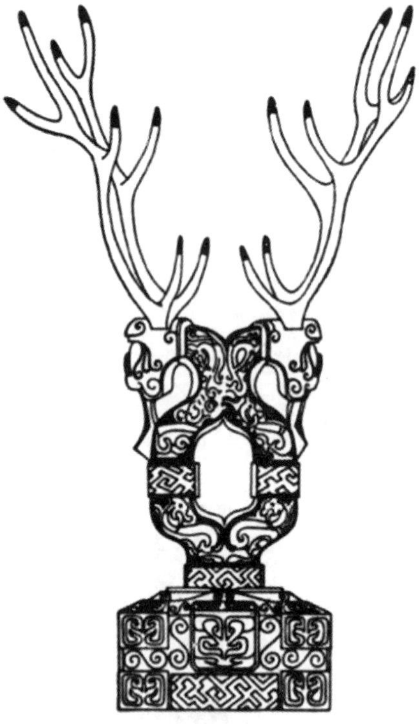

Fig. 8 Line drawing showing twin headed and bodied antlered and tongued sculpture from Tomb 174 at Yutaishan, Jiangling County, Hubei. (After Hubei sheng Jingzhou diqu bowuguan, *Jiangling Yutaishan*, 110, Fig. 88)

① Of the 156 examples of *zhenmushou* excavated at Yutaishan only sixty-seven were well preserved. See *Jiangling Yutaishan*, 107-108.

② Of 279 overall examples I' ve documented so far, only fifty are of the twin-headed variety.

The fifth type unearthed in Jiangling seems to be a rare and late manifestation of the antlered and tongued tomb sculpture. It is human-headed, with a straight body fixed on a plain square plinth (fig. 9). The figure has carved facial features similar to the faces of tomb figurines unearthed from contemporaneous Chu tombs. However, the human-headed sculpture retains the fantastical characteristics of the classic antlered and tongued tomb figure, including the over-emphasized long tongue and real deer antlers that were once originally attached at the head. Thus far, only one figure of this type has been unearthed in Jiangling, found in Tomb 555 at Yutaishan dated to the third century BCE.① Interestingly, this figure was the only example at Yutaishan found in the side compartment of the tomb rather than in the head compartment where the sculptures were typically stored. Although I am hesitant to make any assumptions based on one example, the placement of this sculpture in the side compartment of the tomb may suggest a change in the function of the antlered and tongued tomb sculpture at this particular site towards the end of the Warring States period as Chu power weakened in this region.②

Fig. 9 Anthropomorphic antlered and tongued sculpture from Tomb 555 at Yutaishan, Jiangling County, Hubei. (After Hubei sheng Jingzhou diqu bowuguan, *Jiangling Yutaishan*, 110 and pl. 68. 3)

Two of the most spectacular examples of Hanxi style antlered and tongued tomb sculptures were unearthed from two large aristocratic tombs at Tianxingguan 天星观 in Jiangling 江陵 County, Hubei. The Tianxingguan sculptures are dated to the fourth century BCE and are believed to belong to a high-ranking Chu aristocrat and his wife. Each tomb yielded a tall Hanxi style twin-headed antlered sculpture.③ The sculpture from Tomb 1 (fig. 10) measures 170 centimeters tall, and the one from Tomb 2 (fig. 11) measures 134 centimeters. Both figures are painted in black and have designs in red and yellow. The bodies of each are painted with S-shaped spirals, and in the case of

① Other examples are known but are of unknown provenance. For example, an anthropomorphic antlered and tongued sculpture in the collection of the British Museum in London can be compared to the one excavated at Yutaishan. The British Museum sculpture was important to Salmony's study of antlered tomb sculptures in 1954. See Alfred Salmony, *Antler and Tongue: An Essay on Ancient Chinese Symbolism and its Implications* (Ascona: Artibus Asiae, 1954). Archaeologists also describe a single-headed sculpture excavated from Tomb 712 at Jiudian as belonging to this type, but I am hesitant to say it is "human-headed." The figure shares the same typology as the sculpture from Yutaishan, that is, the straight body and neck, squared face, and smooth square plinth, but the painting on the surface of the sculpture is not anthropomorphic. Moreover, the defining painted features of the face cannot be compared to those rendered in paint on the face of any Chu tomb figurine excavated thus far. If the Jiudian sculpture does indeed represent a human-headed creature, then is the figure's face tattooed, or possibly masked? See *Jiangling Jiudian*, 301, fig. 198.

② *Jiangling Yutaishan*, 108.

③ For the excavation report for Tomb 1 see: Hubei sheng Jingzhou diqu bowuguan 湖北省荆州地区博物馆, "Jiangling Tianxingguan yihao Chu mu 江陵天星观一号楚墓," *Kaogu xuebao* 考古学报 1 (1982): 71-115. For Tomb 2 see: Hubei Jingzhou bowuguan 湖北荆州博物馆, *Jingzhou Tianxingguan erhao Chu mu* 荆州天星观二号楚墓 (Beijing: Wenwu chubanshe, 2003). Tomb 2 is also published in Jingzhou shi bowuguan 荆州市博物馆, "Hubei sheng Jingzhou shi Tianxingguan erhao mu fajue jianbao 湖北省荆州市天星观二号墓发掘简报," *Wenwu* 文物 9 (2001): 4-21.

Fig. 10 Twin-headed antlered and tongued beast from Tomb 1 at Tianxingguan, Jiang ling County. (After Yang, Golden Age of Chinese Archaeology, 346, fig. 118).

Fig. 11 Antlered and tongued sculpture from Tomb 2 at Tianxingguan, Jiangling County. (Photo on left by aythor. Line drawing on right after Hubei sheng Jingzhou bowuguan, *Jingzhou Tianxingguan erhao*, 191 fig. 160)

the sculpture from Tomb 1, S-shaped dragons are also rendered on the neck (fig. 12). The painted dragons with protruding tongues mirror the bodies of the three-dimensional sculptures in two-dimensions. The collars on the bodies of the sculptures, located at the point where the body meets the base and around the waists of each S-form body, are typical of the Hanxi style. These are painted with an angular zigzag pattern, which Colin Mackenzie has noted was a motif originally derived from woven textile designs.① The motif was also popular on bamboo basketry, furniture, tableware, and armor during the Warring States period. The same pattern appears again on the lower central panels of each face of the carved bases. Otherwise, the bases are covered with calligraphic C-shaped forms. The sculpture from Tomb 1 is the only example thus far excavated that is also adorned with bronze *pushou*, or animal masks. A *pushou* decorates each face of the square base and the jowls of the beasts above. The inclusion of a bronze adornment on this sculpture is indicative of the status of the tomb occupant. Twenty-point racks augment the imposing quality of these sculptures and also reflect the status of the tomb occupant.②

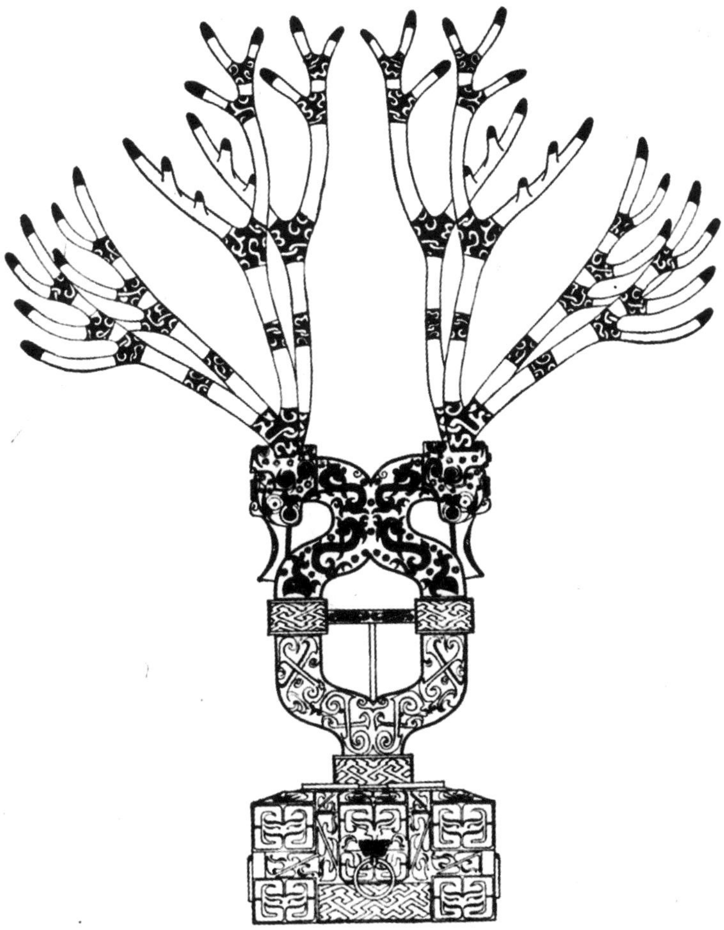

Fig. 12 Line drawing of twin-headed antlered and tongued beast from Tomb 1 at Tianxingguan, Jiangling County. (After Hubei sheng Jingzhou diqu bowuguan, "Jiangling Tianxingguan yihao," 104, fig. 28)

① Colin Mackenzie, "The Influence of Textile Designs on Bronze, Lacquer, and Ceramic Decorative Styles during the Warring States Period," *Orientations* 30, no. 7 (1999): 82-91.

② The antlers on the figure from Tomb 2 were badly deteriorated, but appear to have had twenty points per rack.

Bronze Origins of Hanxi Style Antlered and Tongued Sculpture

Looking at the evolution of the Hanxi style antlered and tongued sculpture between the late sixth and the early fourth centuries BCE, a logical stylistic development can be discerned. However, the artistic decision to transform these images into a ferocious beast with carved details and a protruding tongue was not simply a natural progression of form and style. Nor was it inspired by Indian literary traditions, as Alfred Salmony believed.① Instead, while the form of the sculpture is inarguably unique to Chu culture, the carved animal imagery was directly adapted by Chu artisans from a familiar and widespread stylistic tradition in bronze ornamentation established south of the Yellow River during the Spring and Autumn period, as early as two centuries before the Hanxi style emerged.

The practice of ornamenting bronze vessels with three-dimensional animal-shaped appendages began in the eighth century BCE during the late Western Zhou period. During the middle Spring and Autumn period, bronze casters elaborated on the idea by transforming the animal-shaped appendages into wonderfully complex, full-bodied ornaments with fanciful, stylized antlers and protruding tongues.② The earliest examples date to the early sixth century BCE, and were discovered in the ancient state of Zheng, south of the Yellow River, at Lijialou 李家楼, Xinzheng 新郑 County, Henan province. During the Spring and Autumn period, Zheng was sandwiched between the more aggressive and powerful states of Jin 晋 in the north and Chu in the south. As Jenny So has shown, the typology and decoration of the bronzes unearthed from Lijialou reflect the flow of artistic ideas between the three states.③ Local farmers discovered the Lijialou bronzes in 1923 in a cache containing an assortment of vessels, including a rectangular bronze brazier believed to have originally belonged to a Chu prince. So believes Zheng may have appropriated the brazier after a triumphant battle against Chu in 575 BCE.④ More importantly, the cache yielded two pairs of bronze *fang hu* 方壶 (figs. 13-14) adorned with sculptural antlered and tongued animals in a style that spread and evolved over a broad geographic region south of the Yellow River before being adopted for Chu Hanxi style sculptures in the late fifth to early fourth century BCE.⑤

Each of the four *fang hu* from the Lijialou hoard rests on two animal-shaped feet and each has two sculptural animal-shaped creatures appended to small U-shaped handles.⑥ The full-bodied, sinuous creatures attached to the handles are symmetrically placed at the waist of the vessel and are rendered in a crouching position. They have long spiral tails and turn their heads 180° over their shoulders to face out from the vessel. From a profile view, their

① Salmony believed the antlered and tongued tomb beasts were derived from descriptions of antlered or long-tongued creatures described in ancient Hindu mythology, but never realized in Hindu art before the emergence of the Chu tomb sculptures. See: Salmony, *Antler and Tongue*, 51-52.

② Jenny So, *Eastern Zhou Ritual Bronzes from the Arthur M. Sackler Collections*, vol. 3 (Washington D. C.: Arthur M. Sackler Foundation, 1995), 28 and Jenny So, "Chu Art," in *Defining Chu*, ed. Constance A. Cook and John S. Major (Honolulu: University of Hawaii Press, 1999), 35.

③ So, *Eastern Zhou Ritual Bronzes*, 21. For So's study on shared artistic traits between states during the middle Spring and Autumn period see: So, *Eastern Zhou Ritual Bronzes*, 17-30.

④ So, *Eastern Zhou Ritual Bronzes*, 21-22. The brazier has an inscription naming a Prince Yingci, who has been identified as a prince of Chu.

⑤ The Lijialou cache also yielded a bronze sculpture in the form of a snake eating horned hybrid creature that can be compared to regional examples of *zhenmushou* excavated from tombs 1 and 2 at Changtaiguan 长台关, in Xinyang 信阳, Henan province. See Thote's discussion of these hybrids in Alain Thote, "Au-delà du monde connu: représenter les dieux," *Arts Asiatiques*, no. 61 (2006), 63-65. For the Changtaiguan tombs see: Henan sheng bowuguan 河南省博物馆, *Xinyang Chumu* 信阳楚墓 (Beijing: Wenwu Chubanshe, 1986).

⑥ On the dating of the Xinzheng bronzes see So, *Eastern Zhou Ritual Bronzes*, 22-25.

Fig. 13 *Fang hu* From Lijialou, Xizheng County, Henan. (After *Zhongguo qingtongqi quanji*, vol. 7, fig. 22)

Fig. 14 *Fang hu* From Lijialou, Xizheng County, Henan. (After *Zhongguo qingtongqi quanji*, vol. 7, fig. 23)

necks curve back into an elegant C-shape. The animals have gaping mouths from which emerge serpentine tongues.① The tongues extend backwards under their jaws following the curve of their necks. Looking at one of the creatures from a frontal view (fig. 15), the tongue is invisible behind the beast's rolled snout. The creature has round eyes, a patterned brow and hooked ears. It is crowned with an elaborate set of composite antlers that branch off in two directions from the top of the brow.② The antlers are composed of curvilinear forms terminating in hooks

① Whether this form represents a tongue or a serpent in the creature's mouth is unclear. There is often an ambiguity in early Chinese art between serpents and tongues. This is seen in Jin art in the north during the Spring and Autumn period as well. For example, a clay mold discovered at Houma shows a scene of serpentine dragon interlace. The dragons are rendered in profile view. They have long, protruding tongues that are rendered with the same squared spiral markings as the dragons' bodies. See Institute of Archaeology of Shanxi Province, *Art of the Houma Foundry* (Princeton: Princeton University Press, 1996), 214, fig. 330.

② In other regions of the ancient world, especially the Eurasian steppe, it is not uncommon to find fanciful, ornamental antlers on representations of deer. For example, the ornamental headdresses on the Lijialou bronze animal appendages can be compared to the highly stylized scroll-like antlers seen on the gold covered wooden stags unearthed from kurgan 1 at Filippovka in the foothills of the Ural Mountains in Russia. The Filippovka kurgan dates to the fourth century BCE, roughly contemporary with the climax of Hanxi style antlered and tongued images in Chu tombs, but two centuries later than the Lijialou bronzes. On Filippovka see Aruz, ed., *The Golden Deer of Eurasia: Scythian and Sarmatian Treasures from the Russian Steppes*, mus. cat. (New York: Metropolitan Museum of Art, 2000), 72-3, figs. 1-4.

and are punctuated with tiny roundels that are suggestive of bird's heads, a motif popular in later nomadic art.①

The feet of each Lijialou vessel consist of two animals with sinuous bodies and long, spiral tails, echoing the form of the creatures mounted to the handles above them. The animal-shaped vessel supports are also depicted in a crouched posture. They bear the weight of the *fang hu* vessels on their shoulders and rumps and support the whole vessel with their tiny curled feet. On one pair of vessels, the animals are in the shape of felines with short protruding tongues, while dragon-like creatures with protruding tongues support the other pair. Unlike the tigers, which are forward facing, the dragons turn their heads out at a forty-five-degree angle. These are crowned with antlers that branch into four hooked tines. These antlers are punctuated with tiny roundels similar to the more elaborate and fanciful antlers on the creatures attached to the handles.

Fig. 15 Detail of *Fang hu* from Lijialou, Xinzheng County, Henan. (After *Treasures from the Bronze Age of China: An Exhibition from the People's Republic of China* (New York: Metropolitan Museum of Art, 1980), 129, fig. 67)

Sculptural horned creatures not only appear as attachments to the handles and feet on the Lijialou bronzes, but also as independent ornaments on the four corners of the belly of one pair (fig. 13). The creatures share the same sinuous bodies and crouched posture as the other animals featured on the vessel. Mimicking the creatures attached to the handles, they are depicted with heads reared back over their shoulders.② Instead of highly stylized, ornamental antlers, however, the dragon-like creatures on the bodies of the two vessels are crowned with curvilinear S-shaped horns that curl back, branch outward, and terminate in four petals. On this particular pair of vessels there are three different examples of crouched creatures, each with a unique set of antlers or horns. These show that during the early sixth century BCE there was a variety of ways that antlers and horns could be depicted in bronze art, including elaborate and fanciful antlers rendered with curvilinear forms, hooks and roundels, and S-shaped horns terminating in a petal motif.

① For instance, a stag's-head plaque excavated from kurgan 1 at Filippovka, Russia, features the motif. Aruz, *Golden Deer*, 109, fig. 40.

② The dragons attached to the belly of the *fang hu* are notably adorned with wings, a motif that was borrowed from steppe art, albeit indirectly, as winged dragons are also seen on fifth century BCE bronze vessels and clay molds from the Houma foundry site of the Jin state. The appearance of winged dragons on the Lijialou *fang hu* thus reveals strong ties with artistic traditions contemporary in the Jin state to the north of Zheng. For an example of a Houma winged dragon, see Institute of Archaeology of Shanxi Province, *Art of the Houma Foundry*, 129, fig. 66.

By the mid-sixth century BCE, the stylistic tradition of adorning bronze vessels with ornamental antlered and tongued animal-shaped appendages spread southwest to the Chu state. Succeeding the Lijialou bronzes chronologically and stylistically are the bronze vessels unearthed from the Chu tombs at Xiasi 下寺, Xichuan 淅川 County, in Henan province.① A *fang hu* from Tomb 1 (fig. 16) has grandiose crouching animals attached to the handles and is supported by sinuous dragons that share a clear kinship with those on the Lijialou *fang hu*. The animals have the same graceful form with reared head and long serpentine tongue that traces the form of the neck, and they share similar square faces, raised round eyes, patterned brows, furled snouts, and ornate composite antlers. Protruding from the creature's temples are stylized antlers with hooked tines dotted with roundels reminiscent of those adorning the dragon-shaped vessel supports on the *fang hu* from Lijialou. In this case, the antlers look as if they are composed of two raptor heads, one above the other (fig. 17). Above the stylized antlers and the patterned brow, however, is an elaborate decorative crown composed of theriomorphic forms reminiscent of *gui*, or profile dragons, a classic bronze motif originating during the Shang dynasty. The *gui* dragons can be viewed

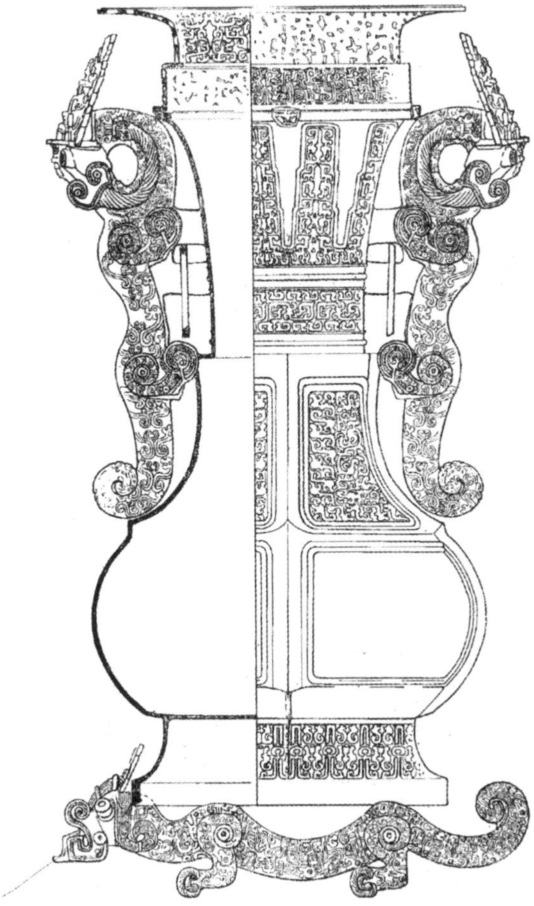

Fig. 16 Line drawing of bronze *Fang hu* from Tomb 1 at Xiasi, Xichuan County, Henan. (After Henan sheng wenwu yanjiusuo, et al., *Xichuan Xiasi*, 73, Fig. 63)

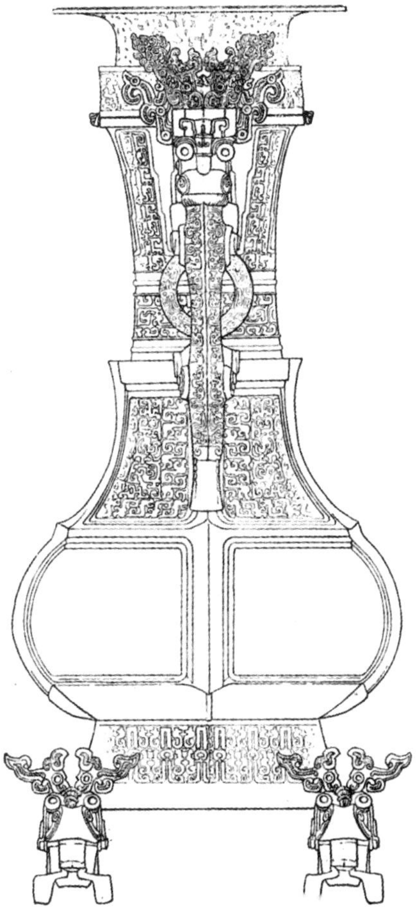

Fig. 17 Side view of bronze *Fang hu* from Tomb 1 at Xiasi, Xichuan County, Henan. (After Henan sheng wenwu yanjiusuo, et al., *Xichuan Xiasi*, 73, Fig. 64)

① So, *Eastern Zhou Ritual Bronzes*, 31.

dualistically as confronting profile creatures with their snouts pointed downwards and bodies angled diagonally upwards, or as a frontal mask of a theriomorphic creature. Simplified versions of confronting profile creature-shaped antlers are seen on the crouching dragon vessel supports as well (fig. 17). These differ from those adorning the dragon-shaped feet of the Lijialou *fang hu*, but clearly follow the same stylistic trend of providing ornamental bronze creatures with fanciful and decorative antlers.

The use of antlered and tongued beasts as ornamental appendages on *fang hu* spread east from Xiasi to the medium-sized state of Cai 蔡 in modern-day Anhui 安徽 province by the late sixth century BCE. Bronze vessels unearthed from the tomb of Marquis Zhao of Cai 蔡 at Ximennei 西门内, in Shou 寿 County are the stylistic successors of the Xiasi bronzes, reflecting the broad influence of this artistic tradition.① Until its demise in the early to middle fifth century BCE, Cai had a precarious relationship with Chu, its powerful and overwhelming neighbor.② Marquis Zhao of Cai (r. 518-491 BCE) made a visit to the Chu court in 507 BCE and was detained unwillingly by the Chu ruler for three years; warfare between the two states ensued for years after.③ Although the political climate between the two states was tense, bronze vessels unearthed from the marquis' tomb show an artistic synergy between the two powers. Marquis Zhao's tomb yielded a *fang hu* (fig. 18) similar in style to those found at Xiasi and Lijialou, decorated with sinuous creatures at the handles and perched on the backs of four tigers. Although the creatures represented on Zhao's *fang hu* show some slight stylistic differences, reflecting local artistic tastes in Cai, they are undeniably tied to the tradition established by the earlier Lijialou bronzes.

Fig. 18 Bronze *Fang hu* from Tomb of Marquis Zhao of Cai, Ximennei, Shou County, Anhui. (After Zhongguo qingtongqi quanji, vol. 7, fig. 74)

The animal-shaped appendages on the *fang hu* unearthed from Marquis Zhao's tomb are similar in shape to the ones on the Xiasi and Lijialou *fang hu*. The animals' round eyes are raised in relief, their tongues protrude backwards under their jaws, and they wear tall ornate antlered headdresses. Unfortunately, Zhao's *fang hu* is not as well preserved as those found at Xiasi and Lijialou, and the detailing on the headdress has corrupted over time.

① So, *Eastern Zhou Ritual Bronzes*, 35. The tomb of Marquis Zhao of Cai was first reported in Anhui sheng wenwu guanli weiyuanhui 安徽省文物管理委员会, *Shouxian Cai Hou mu chutu yiwu* 寿县蔡侯墓出土遗物 (Beijing 北京: Kexue chubanshe 科学出版社, 1956). Alexander Soper wrote a short article on the tomb thereafter. See Alexander Soper, "The Tomb of the Marquis of Ts'ai," *Oriental Art* (1964): 152-57.

② According to Soper, who compiled a short history of Cai from the annals of the *Chunqiu* 春秋 and the *Zuo zhuan* 左传, the state fell in either 491 BCE, with the death of Marquis Zhao, or in 447 BCE as recorded in the *Shiji* 史记. Soper, "The Tomb of the Marquis," 153-54.

③ Soper, "Tomb of the Marquis," 153-54.

From what remains, the headdress seems to have been composed of curvilinear forms dotted with roundels. The pattern, which is clearly divided into a symmetrical pair, may have been composed of sinuous dragons. Below, the animal-shaped vessel supports are in the form of tigers, but unlike their predecessors, only a third of each animal's body is rendered and they are situated at the four corners of the square foot, rather than along the sides. The tigers raise the vessel upright on their shoulders, where the rest of their bodies abruptly disappear beneath the square vessel foot. The felines retain the same crouched posture of the earlier examples, as well as the short protruding tongues, but they lack stylized antlers or horns.

During the Spring and Autumn period, the antler and tongue motif was not exclusive to three-dimensional ornaments on bronze vessels. A pair of freestanding bronze sculptures of fantastical creatures unearthed from an aristocratic Chu tomb (M9) at Xujialing 徐家岭, Xichuan 淅川 County, in Henan province also feature the motif (fig. 19).① The Xujialing tomb is not far from the Chu tombs at Xiasi, and is dated to the late sixth to early fifth century BCE, roughly contemporary with the tomb of the Marquis Zhao of Cai.

Fig. 19 Bronze sculpture from Tomb 9 at Xujialing, Xichuan County, Henan. (After Nanyang shi wenwu kaogu yanjiusuo, Xichuan xian bowuguan, *Xichuan Heshangling yu xujialing Chu mu*, pl. 46)

① The writers of the excavation report believe the pair was once a unit that functioned as a drum support. As the two sculptures are nearly identical, they were likely manufactured at the same time. Henan sheng wenwu kaogu yanjiusuo 河南省文物考古研究所, Nanyang shi wenwu kaogu yanjiusuo 南阳市文物考古研究所, Xichuan xian bowuguan 淅川县博物馆, eds. *Xichuan Heshangling yu Xujialing Chu mu* 淅川和尚岭与徐家岭楚墓 (Zhengzhou: Daxiang chubanshe 大象出版社, 2004), 187.

The Xujialing beasts rest on four flat feet. They share an obvious connection with the animal-shaped bronze appendages discussed above in the curvilinear form of their bodies, curled tails, and facial features, including raised round eyes, upper and lower fangs, and protruding tongues. They turn their heads roughly 90 degrees and are crowned with antler-like protrusions that terminate at six points with the heads of miniature creatures. This ambiguity between antler and beast in the antler forms can be compared to the ambiguous antlers on the earlier sixth century BCE bronze appendages, as seen on the Lijialou, Xiasi, and Ximennei bronze vessels. The forward drooping S-shaped tongue, however, is a noteworthy departure from the more ambiguous tongues of earlier examples.

A miniature antlered creature leaps off the necks of the Xujialing sculptures. Supported by a bronze bracket to the body of the sculpture, the leaping beast has simpler antlers than the larger figure. In its mouth, it grasps the body of another antlered beast with protruding tongue and serpentine body. Overall, the bodies of the Xujialing creatures explode with fine detail, from inlaid turquoise images of birds, serpents, and abstract patterns decorating the entire surface of the sculptures, to the flower-shaped appendages protruding laterally from the creatures' jowls.

By the second half of the fifth century BCE, the antler and tongue motif spreadeast to the ancient state of Zeng, a neighbor of the Chu state located south of Zheng and west of Cai. Zeng is believed to have been under the control of Chu as a vassal state by the sixth century BCE and to have perished after the death of the Marquis Yi of Zeng 曾侯乙 in 433 BCE.① The tomb of the Marquis Yi of Zeng was discovered at Leigudun 擂鼓墩, in Suizhou 随州 county, Hubei province, and was excavated in 1978.② The tomb yielded an assortment of flamboyant and ornate bronzes, many of which were decorated with fantastic three-dimensional animal appendages with protruding tongues and antlers belonging to the same tradition that spread south from Lijialou in the early sixth century BCE.

The bronze vessels excavated from the tomb show that the elaborate animal-shaped sculptural ornaments popular on bronze ritual vessels of the sixth century BCE were no less fashionable in the fifth century BCE. They also show the enduring popularity of the pairing of antler and tongue motifs in bronze sculpture. For instance, the bronze *pan* 盘 and *zun* 尊 set (fig. 20), which is believed to have been an heirloom piece dated to the first half of the fifth century BCE,③ is ornamented with numerous fantastic beasts that can be traced back to earlier precedents. Four intricate openwork beasts with protruding tongues, reminiscent of the Lijialou, Xiasi and Ximennei animal appendages, crawl up the neck of the *zun* (fig. 21). They retain the basic form of the earlier beasts with reverted necks, but in the place of the ornate stylized antlers of their sixth century BCE antecedents, they are each adorned with a symmetrical pair of short S-shaped horns. Similar to the Xujialing Chu sculptures, they have S-shaped, naturalistic lolling tongues. The Zeng caster clearly inherited the style of the animal appendages from his predecessors in Chu, Cai, and Zheng, but he made significant modifications. One of the most important is the alteration of the creature's antlers from the earlier ornate, fanciful composite antlers to the more realistic ones seen on the Zeng bronzes.

---

① Yang Xiaoneng, *The Golden Age of Chinese Archaeology* (New Haven, London: Yale University Press, 1999), 277 and Wu Hung, "The Art and Architecture of the Warring States Period," in *Cambridge History of Ancient China*, ed. Michael Loewe and Edward Shaughnessy (Cambridge; New York: Cambridge University Press, 1999), 689. Bamboo slips, discovered in the tomb of the Marquis Yi of Zeng, reveal that the mourners who came to his funeral in 433 BCE were all from Chu, except one.

② For the original tomb report, see Hubei sheng bowuguan 湖北省博物馆, *Zeng Hou Yi mu* 曾侯乙墓, 2 vols. (Beijing: Wenwu chubanshe 文物出版社, 1989).

③ Yang, *Golden Age*, 285-287.

Fig. 20 *Pan* and *zun* from the Tomb of the Marquis Yi of Zeng at Leigudun, sui County, Hubei. (After Yang, *Gold Age of Chinese Archaeology*, 284, fig. 95)

Fig. 21 Detail of animal-shaped vessel appendage on the zun from the Tomb of the Marquis Yi of Zeng at Leigudun, sui County, Hubei. (After Yang, *Gold Age of Chinese Archaeology*, 286, fig. 95)

Realistic antlers are seen on the animal-shaped handles decorating a pair of bronze *hu* 壶 from the central chamber of the marquis' tomb (fig. 22). The antlers emerge from the behind the creature's jawline, meander upwards and branch out into delicate curled tines. Similar antler forms are seen on other objects found in the marquis' tomb as well, including a bronze chime stand inlaid with gold and supported by two imaginary beasts with spiral horns and protruding tongues. Above these, the upper tier of the stand terminates with animal heads adorned with tined antlers.①

Fig. 22 Pair of *Hu* from the Tomb of the Marquis Yi of Zeng at Leigudun, sui County, Hubei. (After Yang, *Gold Age of Chinese Archaeology*, 288, fig. 96)

In sum, there is a transformation from the ornamental, stylized, composite antlers adorning animal-shaped vessel appendages to the more realistic antlers decorating the creatures on the Zeng vessels of the fifth century BCE. This is crucial to our understanding of the subsequent development of Hanxi style antlered and tongued tomb sculpture in the Chu heartland, discussed in the first half of this paper. Since Zeng was likely controlled by Chu during the sixth century BCE, Zeng artisans may have preferred to adorn their animal-shaped bronze vessel appendages with realistic antlers over decorative, composite ones because of the use of real deer antlers on three-dimensional wood sculpture in the state of their ruling neighbor. Real antlers were used in Chu wood sculpture as early as the late sixth through the early fifth century BCE as evidenced by the earliest examples of wooden antlered sculptures found in Chu tombs. Since Zeng and Chu had a synergistic artistic relationship, as corroborated by their

① A bronze bird found in the main chamber of the marquis' tomb is also adorned with realistic antlers. The creature is adorned with a magnificent ten-point rack.

material cultures, it comes as no surprise to see the use of realistic antlers over the fanciful, composite ones of their antecedents. Zeng was likely inspired by the Chu fascination with real deer antlers, and redefined the bronze animal appendage style to reflect Chu trends.

In the late fifth to the early fourth century BCE, shortly after the Zeng vessels were interred in the Marquis Yi of Zeng's tomb, artisans in the Chu heartland adopted the antler and tongue motif that can be traced in three-dimensional bronze animal imagery from Zheng to Chu, Cai, and Zeng for the wooden antlered tomb sculpture. Prior to this, as described above, the Chu wooden antlered sculpture lacked carved facial features, including the protruding tongue, and it had a rigid form (fig. 4). Chu artisans looked to earlier bronze imagery for inspiration in redefining the form and primitive style of the sculptures. They did so in accordance with earlier, well-established artistic conventions in bronze animal imagery, giving birth to the quintessential Hanxi style antlered and tongued sculpture.

The similarities between Hanxi style antlered and tongued sculptures and the earlier antlered and tongued animal-shaped bronze appendages are striking. Although the bodies of singled-headed Hanxi style antlered and tongued tomb figures are fitted into a square base and they lack a lower body, tail, and crouched legs, the C-shaped curve of their necks is reminiscent of the shape of the bronze animal vessel appendages. Looking at the twin-headed version of the Hanxi style, such as the example from Tomb 1 at Tianxingguan (fig. 10), the S-shaped form of the bodies harks back to the serpentine bodies of the creatures attached to the upper body of the Zeng *hu* (fig. 22). The carved facial details on the Hanxi style sculptures, whether single-headed or twin, were also clearly adopted by Chu woodworkers from the bronze imagery. The wooden sculptures and the bronze animal appendages, especially those from Lijialou, Xiasi, and Ximennei, share an outward frontal gaze, round raised eyes, rolled snouts and patterned brows. The lolling tongue motif of the Hanxi sculptures is related to those seen on the Zeng bronzes (figs. 20 and 22), the Chu sculpture from Xujialing (fig. 19), and the animals used as vessel supports on the Lijialou, Xiasi, and Ximennei bronzes (figs. 13, 14, 16, and 18). Although Chu woodcarvers also took liberties in their work, these comparisons show that they unambiguously drew their inspiration for the form of the body and treatment of the head and facial features directly from bronze sculpture.

In conclusion, this paper has shown that the stylistic origins of the antlered and tongued sculptures of Chu can be reconsidered in light of recent archaeological discoveries, especially of the Hanxi style figure, which represents the majority of known excavated examples. The wooden antlered and tongued sculptures are a unique characteristic of Chu art, but the Hanxi style, popularized in the fourth century BCE, is clearly linked to a broader stylistic tradition in the animal imagery of early Chinese bronze art. Chu artisans used the bronze animal-shaped vessel appendages and other bronze sculptural works of the Spring and Autumn period as visual sources to transform and redefine the antlered wooden sculptures into tongued beasts with staring eyes. The transformation of the sculpture into one with a beastly visage is undoubtedly related to a shift in the perceived function of the object in the tomb and its significance to the afterlife of the tomb occupant. Future studies will hopefully take the development of the Hanxi style sculptures and their stylistic origins into consideration. The function of these objects in the tomb and their significance to the afterlife of the tomb occupant especially deserve to be reexamined with the connection to earlier bronze imagery in mind.

（作者单位：美国威斯康星大学史蒂文斯分校）

An Archaeological Perspective on the Chu Economy

Lothar von Falkenhausen

1 Preview

The development of the Chu economy during the first millennium BC took place against the backdrop of the gradual emergence, throughout continental East Asia, of a market economy that by the Warring States period (ca. 450-221 BC) was at least partially monetized. According to the economic historian Guo Rencheng (1990: 1-18; 142-169), the organization of the Chu economy was characterized by a complex interplay of state initiative and what may somewhat anachronistically be called free enterprise; as markets expanded, the direct engagement of the government in the economic life of the population may have lessened. To-date, the archaeological evidence for such tendencies is mostly indirect. While it is difficult to quantify the information available, one can distinguish some overall trends.

In the following, after some general remarks, I shall briefly discuss archaeological evidence concerning the expansion of Chu markets and the role of cities as places of economic activity. I shall then provide a somewhat more lengthy discussion of mining sites south of the Yangzi; here one can observe how the territorial, administrative and economic expansion of Chu about the middle of the first millennium BC brought an end to the long-enduring, stable patterns of symbiotic exchange relationships through which Chu had previously been linked to neighboring populations in resource-producing peripheral areas. The paper concludes with some archaeological reflections on the Chu currency and craft industries.

2 General Considerations

In his Economic History of Chu—the most recent and probably still the best monograph exclusively devoted to the topic—Liu Yutang (1996) treats his topic under ten chapter headings.① Archaeology can contribute only to some of these. Of the land-distribution system (chapter 1) and taxation (chapter 2), we have no direct reflection in the material record, though there are a few excavated writings that bear on the topic; the brunt of Liu's argument is based on transmitted written texts, and to some extent on economic theory. As to the social order (chapter 3), it can be largely reconstructed based on mortuary finds, which allow us to assess different levels of wealth among members of mainstream lineages, as well as giving us an impression of the overall wealth of the Chu élite (cf. also Falkenhausen 2003; 2006a, ch. 8-9). When studied appropriately, this relatively abundant body of evidence—

① Liu Yutang (1996) expands and updates the pioneering and still impressive earlier monograph by Guo Rencheng (1990). Liu uses archaeological data somewhat more extensively than Guo, but both authors mainly base themselves on the same—diverse but finite—body of textual data. Recently discovered manuscript texts contain new and as-yet incompletely mined information pertinent to the understanding of the Chu economy, but the integration of these new materials with what we may know based on material data falls outside the scope of the present paper.

several tens of thousands of tombs from the Springs and Autumns (770-ca. 450 BC) and Warring States periods—gives us a consumer's perspective on the Chu economy. What is less clear, however, is whether the lineage cemeteries included all those who were most active in the economic life of Chu—in particular, agriculturalists, artisans, and merchants. For his discussion of the social position of those involved in economic production (chapter 4), and the trajectory of Chu socioeconomic development (chapter 5), Liu therefore has to rely entirely on textual loci and theoretical considerations.

Liu is able to adduce slightly more archaeological evidence on agriculture (chapter 6), but that evidence mostly consists of ill-contextualized agricultural tools, which may serve as a proxy for technological change (in particular, the shift to mass-produced iron tools) during the Eastern Zhou period. Chu water-control and irrigation projects, by contrast, are known today exclusively through texts (see Liu Yutang and Yuan Chunfu 2012a), even though archaeological investigation might yet potentially uncover some of their physical remains. The remarkable insights in early agriculture and animal husbandry gained from recent palaeoethnobotanical and archaeozoological research pertain almost entirely to earlier periods; the scientific study of Late Bronze Age animal-bone and plant evidence remains a desideratum for the future. Nor has there been, until today (as far as I know), any excavation of agricultural villages, field systems and the like (for monographic studies of Chu agriculture, which are by necessity largely non-archaeological, see Cheng Taoping 2012; Jia Bingqiang 2012; on Chu foodways, see also Yao Weijun and Zhang Zhiyun 2012).

Even on crafts administration and production systems (chapter 7), most of Liu's evidence comes from texts, some of them archaeologically excavated; very little is known about the places where craft production took place, or about the seats of economic administration. Cities as economic centers—a topic on which there is some archaeological evidence (see below)—could have conceivably been treated here, but they are left out of consideration (on this topic, see Gao Jiehua and Liu Yutang 1995; on traffic routes, see Liu Yutang and Yuan Chunfu 2012b). On crafts practice and technological level (chapter 8), on the other hand, virtually all of Liu's evidence is archaeological. Once again, it largely consists of individual artifacts, mostly from tombs; but Liu in this chapter also devotes some discussion to archaeologically discovered resource-extraction sites. As regards the administration of commerce and the status of merchants (chapter 9), on the other hand, Liu's evidence is almost exclusively textual and epigraphic. The final chapter (chapter 10), on the Chu commercial economy, includes an insightful discussion of currency, with reference to extant specimens and (where possible) their contexts of discovery, and the weights-and-measurements system, which has also been reconstructed mainly on the basis of archaeologically recovered artifacts.

It is obvious, thus, that compared to the full scope of Chu economic history, the contribution of archaeology is, or has been until now, piecemeal and imbalanced, pertaining only to a limited number of important topics. But in my opinion, even if all the texts adduced by Liu were entirely credible (which Liu himself doubts in more than a couple of instances), archaeological evidence, if gathered systematically and interpreted on its own merit, could still provide a great deal of additional information, more fine-grained in its chronological and local specificity. The main default of treatments such as Liu's lies in their tendency to pigeonhole archaeological evidence into frameworks construed based on texts. Actually, the greatest potential usefulness of archaeological evidence lies in its ability—when appropriately juxtaposed—to cast an alternative perspective on textually documented situations and, even more importantly, reveal situations that are unreflected in the written record. But in order to be able to do so, one must consider the archaeological evidence by itself and not through a textual lens.

For this paper, therefore, I would like to propose an experiment: I shall temporarily ignore the texts and try instead to reconstruct the economic history of Chu based on archaeological materials alone. For this I shall obviously have to restrict my coverage to those topics for which such materials are available. Nevertheless, I hope that these limited views will lead, eventually, to an understanding of the Chu economy that is historically valid and can stand on its own and complement conventional textually-based treatments.

3 Expanding Markets

Archaeologists have observed, many times over, how "Chu Culture" spread ever more widely during the middle centuries of the first millennium BC. To mention just two recently published examples from different parts of the former Chu territory: the report on Huangjiacun, Xiangyang (Hubei) 湖北襄阳黄家村, assigns the early deposits to the culture of the local polity of Deng 邓, which governed this part of the Han River valley during the Western Zhou (ca. 1045-771 BC) and Early Springs and Autumns periods, and the later deposits to "Chu Culture," which it presumes came in with the conquest of Deng by Chu in 678 BC (Xiangyang Shi Wenwu Kaogu Yanjiusuo 2013). Similarly, the report on the Warring States-period city at Yaotou, Yuanling (Hunan) 湖南沅陵窑头, associates the founding of that city with Chu territorial expansion into the formerly tribal areas to the west of Lake Dongting 洞庭湖, and identifies the excavated materials as representative of "Chu culture" (Hunan Sheng Wenwu Kaogu Yanjiusuo 2015). The number of similar examples could easily be multiplied. But what do archaeologists really mean when they talk about the spread of "Chu Culture"?

First of all, of course, they mean material culture. After seven decades of scientific excavation, the visual signature of "Chu Culture" is fairly clear, especially in the mortuary record, where it is easy to recognize "Chu" funerary ceramics and bronze vessels based on their style. In the above-cited two instances (and in many others), it is assumed that the appearance of "Chu Culture" coincides with the arrival of representatives of the Chu state and the subsumption of a formerly peripheral locality into under Chu political and administrative control. This may be true sometimes, but is ultimately impossible to prove. To be convincing, the scenario in each locality should be made explicit with pertinent evidence. "Influence" means nothing if one cannot specify the mechanisms through which it occurred.

In my opinion, rather than mechanically equating Chu-style material objects with the presence of the Chu state in a given area, it is probably safer to say that their appearance means, first of all, that the inhabitants of that area had gained access to Chu markets: that the area in question had become incorporated into the market system, or systems, that developed as the Chu commercial economy expanded from the Middle Springs and Autumns period. Even in areas where a political takeover eventually occurred, such economic integration may well have preceded it, rather than necessarily being its aftereffect. But such a takeover did not necessarily occur in all cases, nor did it always take the same form. Often, after the appearance of "Chu culture" in a particular area, we still continue to see regional characteristics in the archaeological record (one possible example is Tonglüshan, discussed below). Here one may imagine a number of different scenarios: (1) Chu people coexisting with "Others" in the same locale in some kind of no-man's land; (2) the Chu government giving a wide berth to still-prominent local groups during what one might call a "soft takeover;" (3) different local groups contending for cultural prestige, one by emphasizing the local heritage, the other by emulating Chu ways; (4) Chu individuals trickling into a region remaining under local control (as a diaspora); etc.

There should be archaeological criteria to help us decide, through a hypothesis-testing procedure, which scenario is correct in each case. Moreover, it should be possible, by applying finer chronological subdivisions and more exact dating techniques, to trace changes over time. So far, many of the absolute datings given in published reports are quite vague ("Springs and Autumns to Warring States") and excessively intuitive. Moreover, they are inconsistent from report to report. Many, in particular, are still beholden to the obsolete standard chronology of the

Changsha Excavation Report (Zhongguo Kexueyuan Kaogu Yanjiusuo 1957), which has long been shown to be quite mistaken in its assignment of absolute dates (see Wagner 1987). Aside from more differentiated dating, other modern approaches could yield significant new light on Chu economic and "cultural" expansion; for instance, chemical analysis of ceramics could determine whether they were made using local clay resources or brought in from somewhere else.

I predict that results will show different trajectories for different parts of what eventually became the Chu territory—at Huangjiacun, for instance, long-established local production systems may have initially continued under the Chu régime, whereas in a newly settled place such as Yaotou, it might be more likely that Chu material culture in its entirety was imposed from the outside. One of the advantages of archaeology is precisely that it can account for such local specificity, potentially affording a far richer view of Chu socioeconomic and political development than we can currently reconstruct on the basis of texts.

4 Sites of Economic Activity

Chu cities were not only loci of administrative and ritual activity, but also—and perhaps increasingly over time—centers of economic activity, especially of craft production and trade. As elsewhere in China, the number of cities saw a steep increase during the Eastern Zhou period. Based on written sources, Gao Jiehua and Liu Yutang (1995) list three capitals and 108 Chu cities for the Springs and Autumns period, plus an additional 151 for the Warring States, with part of the latter number due to Chu territorial expansion (101 of the newly added cities were in the territory of Yue, conquered by Chu in 334 BC). Xu Hong, in the new edition of his invaluable comprehensive archaeological study of ancient cities in China mentions 2 primary capitals and 14 secondary capitals, plus 150 archaeologically attested "ordinary cities" in the Chu core territory (Xu Hong 2017, v. 1: 294-308), plus an additional 25 (including 2 capitals) in the former Wu and Yue territory (Xu Hong 2017: 303-318). These figures are, of course, only an approximation. Encouragingly, increasing attention has been paid in recent years to the archaeological excavation and recording of such sites, but the kind of information one would need for an investigation into the Chu urban economy is still slow in materializing.

The hierarchy of cities—from capitals to regional centers of various sizes—was no doubt itself of economic significance, as each of these cities was a node not only in the Chu administrative system, but also in its economic distribution (i. e., market) system. Xu Hong (2017, v. 1: 302-308) subdivides the 24 "ordinary cities" in Chu territory for which plans have been published into three size classes. Among 6 cities measuring between 1 to 10 sq. km, 2 were founded in Springs and Autumns and 3 during Warring States times, with 1 unclear. Among 5 cities measuring between 25 and 100 ha, 1 goes back to the Springs and Autumns and 4 to the Warring States. Among 13 cities measuring between 1 and 25 ha, 2 date to the Springs and Autumns or earlier and 5 to the Warring States, with 6 cases as yet unclear. Thus, fully half (N = 12) of the 24 cities are new Warring States-period foundations and as such likely to have been the result of Chu initiative; some of the cities founded in the Springs and Autumns period (N = 5) originally belonged to other principalities before being incorporated as minor centers into the expanding Chu kingdoms. Remarkably, none of these 24 cities goes back to an earlier period (though some of the other cities in Chu territory listed by Xu do). Given the small overall sample and the relatively high number of unclear cases (N = 7), one should not overinterpret these figures,① but they are more or less in accord with

① The same proportions prevail in Xu's full sample of 150 cities for the Chu area (tabulated in Xu 2000, v. 2: 418-427): 75—exactly half—date to the Warring States and no earlier, 39 seem clearly to go back to Springs and Autumns or earlier times, with 25 cases unclear.

tendencies all over China, where a flurry of city building during the Warring States period coincided with the increasing tightening of administrative control and the definition of territorial boundaries (Stumpfeldt 1971; Emura 2000). The economic consequences are easy to imagine.

Of the Chu capitals, the one that is archaeologically most visible and most amply published is Jinancheng in the outskirts of Jiangling (Hubei)湖北江陵纪南城 (Hubei Sheng Bowuguan 1980; 1982; Hubei Sheng Bowuguan Jiangling Gongzuozhan 1987; 1991; Hubei Sheng Kaogu Yanjiusuo 1995; Höllmann 1986; Guo Dewei 1999). The city walls and moats are well-preserved; they are altogether 15. 5 km long and enclose an area of 16 sq. km. This is near the lower end of the size range of major Eastern Zhou-period capitals—astonishing given the size and importance of the Chu kingdom. Another conspicious difference vis-à-vis the capitals of the major northern kingdoms is that, even though the platforms of the royal palaces can be identified, they were not separately enclosed as a heavily fortified palace city. Gao and Liu (1995: 123) believe these differences to indicate a relatively early date of construction. But the archaeological finds so far date only to the time period between Late Springs and Autumns to approximately the Qin conquest of the Chu core in 278 BC, and the city's mighty walls and moats only date back to the Early Warring States (Hubei Sheng Wenwu Kaogu Yanjiusuo 2014a). The differences vis-ὰ-vis the capitals of Chu's major northern contenders must have other reasons, as yet unknown but probably having to do with the sociopolitical make-up of their urban populations; broadly speaking, one may imagine Jinancheng to have differed from the latter in its urban character and atmosphere.

Located in a fertile and well-watered plain at the crossroads of major trading routes, Jinancheng was without question a prosperous metropolis. The population at its peak has been estimated at ca. 300, 000 (Ma Shizhi 1988: 56-57), but this estimate is entirely based on the comparison of its sheer size with that of the Qi 齐 capital at Linzi (Shandong) 山东临淄, and not on specific archaeological indications from Jinancheng itself. What we know archaeologically about Jinancheng comes from extensive surveys and excavations during the 1970s eand 1980s (Hubei Sheng Bowuguan 1980; 1982; Hubei Sheng Bowuguan Jiangling Gongzuozhan 1987; 1991; Hubei Sheng Kaogu Yanjiusuo 1995; Höllmann 1986; Guo Dewei 1999), supplemented recently by conservation work done in connection with the site's recent transformation into a major tourist site (Hubei Sheng Wenwu Kaogu Yanjiusuo 2014a; 2014b). This work has mainly concentrated on the city's monumental remains: its walls, moats, and palace foundations, and it has also yielded rudimentary understanding of its water management and road systems. The economic impact of such public works must have been considerable. Unfortunately, however, archaeologists have made no effort to retrieve statistically representative samples of archaeological material that might help us reconstruct the quantitative dimensions.

Evidence that might illustrate the economic life of the city-dwelling population is still rather limited. Based on textual evidence, some authors believe that the main market was located behind the main royal palace, in the north-central portion of the site (Guo and Liu 1995: 125). Here archaeologists discovered some 274 wells, surrounded by thickly stratified cultural deposits, in a 1000 × 60 m area near a watercourse (Hubei Sheng Bowuguan 1980: 70-102; 1980, pt. 2: 489-504). It has been suggested that these wells were connected with the market, but how their water was put to use in market-related activities remains to be elucidated. As attested by abundant ceramic finds in the wells, some of them were used for storage at a later time in their use-life, and some may have served for refrigeration. Numerous other wells have been found throughout the walled area of Jinancheng; they were made in a variety of techniques—with ceramic-reinforced, wood-reinforced, or wickerwork-reinforced shafts, or dug directly into the earth without reinforcement—and they may be taken as proxy evidence attesting major efforts of labor organization. To what extent all this well-digging was a concerted enterprise related to an overall water-management strategy at Jinancheng must, however, remain open at present.①

Of particular interest to the search for indications of the ancient Chu economy are manufacturing sites. Regrettably few have been located so far, whether at Jinancheng or elsewhere. Ceramic-producing kilns of various sizes have been found in several location in Jinancheng (Hubei Sheng Bowuguan 1980: 70-102; 1980, pt. 2: 489-504; 1991; 1995; 2014b).② They typically come in clusters, and they belonged to workshop compounds that also comprised other elements such as buildings, wells, and storage pits. Kiln shapes were fairly uniform throughout the site: they were pointed-oval, with a fire door on one of the two short ends and a flue on the other, optimizing airflow within the kiln chamber. A sunken firepit occupied the front one-third of the kiln chamber, whilst the ceramics to be fired were arranged in orderly groups on the elevated rear two-thirds. Although none of the kiln-chamber ceilings were preserved, they may be reconstructed as semiglobular, the kilns thus being examples of the typical "bun-shaped kilns" (mantouyao 馒头窑) that are characteristic for the central and northern parts of the Zhou realm, differing from the "dragon kilns" (longyao 龙窑) seen since the early Bronze Age in the Lower Yangzi region and further south. Each kiln had a small rectangular semisubterranean workshop building adjacent to the fire door (see in particular Hubei Sheng Wenwu Kaogu Yanjiusuo 1995); it is unlikely that these could have served as the potters' residences.

The largest ensemble of kilns found at Jinancheng so far are six excavated in 1975 along the Longqiao River in the north-central part of the city, not far from the alleged market area. They were linked stratigraphically to some of the many wells found nearby. Associated ceramics included both household vessels and architectural ceramics, possibly indicating that the same workshops were producing both kinds of objects. (If so, that would be an important difference from, e. g., the situation at the Qin capital, where architectural ceramics were made at specialized manufactories [Shaanxi Sheng Kaogu Yanjiuyuan et al. 2013].) Aside from some ceramic-making tools, some iron tools as well as weapons were also found here. These six kilns were clearly part of a much larger ceramic-manufacturing district, but so far we do not know its extent nor the full scope of its facilities.

Remnants of metallurgical activity were found at Chenjiatai 陈家台, a low (up to 1 m high) stamped-earth platform in the southwest quadrant of the Jinancheng walled city (Hubei Sheng Bowuguan 1980, 67-69; 1982, pt. 2: 485-489; Gao and Liu 1995: 127-128; 273-274). Measuring 80 × 10 m, the platform is long and narrow, and it is surrounded by a pebble apron 5 m wide and, along part of its south side, by an additional apron of crushed tiles 2 m wide, beyond which is a water ditch 1. 3 m deep. Possibly, these features served as a fire-protection measure, if they were not a security device, e. g., to prevent industrial espionage. Of the buildings that once stood on the foundation, holes indicating the position of two parallel rows of eight thick wooden posts and a fragmentary stamped-earth wall at one end are all that remained at excavation; the two rows were spaced only 0. 56 m apart—forming, perhaps, a narrow corridor—and the distance between the posts in each row varied between 3. 4 and 9. 6 m. The building had been destroyed by fire. Found among its vestiges were the remains of a ceramic bellows-pipe (tuyère) measuring 3. 8-5. 2 cm, as well as a bronze spearhead and three tin clamps and tin ingots, as well as some carbonized rice. Near the platform, remains of two small furnaces were discovered; tin and copper slags were found nearby. (These were presumably the refuse from refining ingots of slightly impure metal; for it is unlikely that metal was smelted from raw ore at the metropolitan centers.) Chenjiatai has been interpreted as part of an

① Liu Yutang and Yuan Chunfu's volume on Chu water-management systems (2012b) relies entirely on geographical realities and texts, making virtually no use of specific archaeological finds.

② Gao and Liu (1995: 129) mention an additional ceramic-producing site in the eastern suburbs of Jinancheng on the banks of Lake Dengjiahu 邓家湖; no further references are provided.

enormous foundry that still remains largely unexplored. Besides bronze, some of its output may have included unalloyed-tin objects, but too little is known to be certain. An associated layer of carbonized rice covering part of the building (perhaps from a storage facility the workshop) has been radiocarbon-dated to approximately the early-to-mid fifth century BC.

This evidence is far from sufficient for a full reconstruction of the production context for the various metropolitan Chu craft industries, which we mainly know through their magnificent products (and, to a lesser extents, from textual records). Still, the Jinancheng finds are far more eloquent than the extremely paltry evidence from the other Chu cities that have been archaeologically reported on to-date. The only notable exception are the metallurgical settlements near the mines to the south of the Yangzi River (see below). Most of the publications of other Chu cities, when not limited to the surrounding walls, report only on generic household and architectural ceramics. Fixated on dating artifacts and determining their "cultural" affiliation, the excavators tend to give short shrift to the recording and contextualized interpretation of archaeological features within the cities.

Aside from the metallurgical settlements that will be treated below, the only Chu "ordinary city" outside the capital so far to have yielded any metallurgical remains is the already-mentioned Huangjiacun in Xiangyang (Hubei). But these remains—two mold pieces, a piece of scrap metal, some copper slag, and some possibly related tools found in Refuse Pits 42 and 44 (Xiangyang Shi Wenwu Kaogu Yanjiusuo 2013, v. 1: 163-171; v. 2, cpl. 4)—may date to the time when that city belonged to the local Deng 邓 polity,① predating its absorption by Chu. Here, as well, too little of the area surrounding the two refuse pits has been excavated to allow any inferences into the context of production.②

Even though capitals as well as "ordinary cities" were craft-production centers, the bulk of their non-élite inhabitants most likely were engaged in food production-related activities. If future archaeological work were to devise quantitatively based strategies for assessing, site by site, the volume and relative importance of the agricultural sector in the Bronze Age urban economy, the gain in genuinely new and useful historical knowledge would be considerable.

5 Resource Extraction at Tonglüshan

Recent years have seen new substantial archaeological work in the ancient mining district south of the Yangzi in what is now Yangxin 阳新 county and Daye 大冶 city in southeastern Hubei.③ This area is only part of a chain of rich copper deposits in the hills to the south of the Yangzi river, stretching from Hunan in the west all the way to Anhui in the east, over a distance of some 600 km. Traces of ancient mining have been identified in a number of different locations, with recent research showing that they date back all the way to Late Neolithic times (probably to

① Frustratingly, the archaeological report provides almost no discussion of these finds. Stylistically, the decoration on the mold piece from Refuse Pit 44 suggests a date to Late Western Zhou to Early Springs and Autumns, which would precede the Chu conquest of Deng.

② Both refuse pits are fairly shallow (even though Refuse Pit 44 has three distinct layers of deposits), suggesting that they may have begun their use-life as houses or workshop buildings. Unfortunately, the report does not include a detailed plan of the site, and the excavation-unit numbers for Refuse Pits 42 and 44 do not coincide with any of the excavation units marked on the sketch plan provided (Xiangyang Shi Wenwu Kaogu Yanjiusuo 2013, v. 1: 27). Hence it is impossible to tell the distance between the two pits, or whether they might have been associated with the same workshop.

③ The following section has benefited greatly from the research of Shi Tao (2018). For a general, slightly dated but still useful treatment of Chu mining, see Hou Dejun 1995a: 1-73. See also Guo Rencheng 1990: 102-104; Liu Yutang 1996: 204-213.

the post-Shijiahe Culture 后石家河文化, ca. 2400-1900 BC) in some localities.① Mining continued throughout historically recorded times all the way to the present day. With a copper content averaging 5-7%, but sometimes as much as 10-20%, the ores from the Tonglüshan mine in Daye (Hubei) 湖北大冶铜绿山—oxydized copper ores such as malachite ($CuCO_3 \cdot u(OH)_2$) and azurite ($2CuCO_3 \cdot Cu(OH)_2$)—are considered the region's richest. The lodes are 30-100 m wide and extend over a length of hundreds of meters.②

Tonglüshan. The central mining area at Tonglüshan extends over an area of ca. 1 sq. km. (Huangshi Shi Bowuguan 1999; earlier preliminary reports collected in Daye Shi Tonglüshan Gutongkuang Yizhi Baohu Guanliweiyuanhui 2013, v. 1: 3-53). Evidence of mining from the surface has been discovered in seven locations; these workings cannot be dated with precision, but they are likely to be early. The excavations also uncovered ten underground mines with nearly 500 shafts (vertical) and tunnels or galleries (horizontal), reaching to a depth of 55 m or more below the original ground surface. The walls of most shafts and galleries were reinforced by wooden frames of standardized size, built using mortise-and-tenon joinery, sometimes with additional wickerwork or bamboo filling—an excellent example of a modular technology that seems uncannily modern (Ledderose 2001). Even though this reduced the danger of collapse, the mining experience must have been highly uncomfortable. Typically less than 1 m wide on each side, the shafts and galleries were just big enough for one human being to move around in; once inside a gallery, a miner had to crouch on all fours, and it would have been difficult or impossible for two individuals to pass by one another. Lighting was provided by wooden or bamboo torches soaked in oil (Chen Shuxiang and Chen Chen 2001). The miners left behind a large quantity of mining tools made of wood, bamboo, iron, bronze and stone, possibly indicating that, rather than carrying a full tool-kit into the mines every time, they kept their tools in the mines and left them behind when the exploitation came to an end.③

Ceramic chronology and radiocarbon dating both suggest that underground mining in the ten ancient mines at Tonglüshan goes back to at least ca. 3260±80 BP, contemporaneous with the Late Shang, and continued for more than one thousand years through the Western Han period. About midway through this time span, the metallurgists realized that, rather than transporting the copper ore for smelting to their homes in nearby settlements, it would be more efficient to smelt it right near the mine. Two copper-smelting sites have been excavated in the immediate vicinity of the mineshafts, revealing the remains of more than ten furnaces. Since they are buried under large amounts of slags—conservatively estimated at more than 400000 tons for the Tonglüshan core area alone—it is likely that the smelting area was much more extensive. The two sites excavated so far date to the Springs and Autumns and the Warring States period, respectively; it is believed that smelting in near the mine commenced

① During the "International Conference on Chu Culture and the Early Development of the Middle Yangzi River Basin" (Wuhan, September 14-19, 2018) Olga Gorodetskaya (Guo Jingyun 郭静云) opined that metallurgy in this area goes back to the Middle Neolithic Qujialing culture (4th millennium BC). This claim has not yet been verified by published archaeological data. Shi Tao (personal communication, 2018) considers it possible that early inhabitants of the area exploited copper ores as color pigments without attempting to smelt them.

② Within Daye city, the copper deposits have been estimated at 5 000 000 tons. There are also an estimated 150 000 tons of gold, as well as unspecified amounts of silver, molybdenum, tungsten, and other metals (Hubei Sheng Wenwu Kaogu Yanjiusuo 2006a: 1-2). Iron deposits are particularly rich. Modern prospectors discovered that the Bronze Age copper-smelting slag deposits at Tonglüshan are rich in iron content; hence they are now being re-smelted as high-grade iron ore. The early Bronze Age miners at Tonglüshan apparently did not yet have any use for iron, and the Chu state during the Warring States period evidently procured its iron elsewhere.

③ Here is not the place for extensive technical treatments of mining and smelting at Tonglüshan. Most published studies on the subject are collected in Daye Shi Tonglüshan Gutongkuang Yizhi Baohu Guanliweiyuanhui 2013.

during the Early or Middle Springs and Autumns period.

A Village-Based Cottage Industry. Tonglüshan is part of a vast "mining landscape" (Shi 2018) that changed considerably over time. In Daye city, remnants of ancient mining operations have been discovered in six locations, three of which are still active today; in Yangxin county, mines are documented in at least a dozen places during the Late Imperial period (Hubei Sheng Wenwu Kaogu Yanjiusuo 2006a: 9; Hubei Sheng Wenwu Kaogu Yanjiusuo et al. 2015: 37). For the pre-Imperial epoch, archaeology has revealed evidence pertaining to almost all aspects of the production system: mining, smelting, and local processing of metal, as well as the residences and funerary remains of metallurgists, all of them embedded in a wider sociocultural context.

Even though, on present evidence, it seems that at Tonglüshan mining started only during the Bronze Age, survey and excavation work at other nearby sites has revealedmining activity going back as far as the late Neolithic. From the subsequent Erlitou period, surveys in Daye city identified a dozen or so sites with some remains of copper mining and smelting (Huangshi Shi Bowuguan 1984; 1994; Daye Xian Bowuguan 1986). During the time contemporaneous with the Shang and Zhou dynasties, the scale of mining greatly increased, presumably reflecting an increase in external demand as well as the development of trading networks. As many as 122 archaeological sites from that time span had been identified in Daye city as of 2006 (Hubei Sheng Wenwu Kaogu Yanjiusuo 2006a: 234).

A major change occurred around the middle of the first millennium BC, coinciding with the inception of copper smelting at the Tonglüshan mines. Once again, the scale and intensity of mining increased drastically. The organization of the metallurgical industry was transformed, showing signs of increased professional specialization, hierarchization, and administrative coordination, as well as a new concern with security. Concomitantly, the processing of the metal—the production of actual metal objects—shifted from local workshops to the metropolitan foundries such as Chenjiatai in Jinancheng. Let us peruse some of the evidence.

Dalupu, Yangxin (Hubei) 湖北阳新大路铺 was a settlement some 8 ha in size, located in a small intermountain basin about 15 km southeast of the Tonglüshan mine and even nearer to several other ancient mines (Hubei Sheng Wenwu Kaogu Yanjiusuo et al. 2013). Dalupu is one of the sites in the area where metallurgy goes back to the Late Neolithic period; it continued well into the Early Springs and Autumns period. Among a total of 196 refuse pits excavated in the settlement, 55 (28%) yielded pieces of smelting slag.① Seven possible smelting-furnace bases, each 1-1. 5 meters long and less than 1 meter wide, have been excavated. Aside from pieces of unsmelted copper ore and furnace debris, the associated refuse pits also yielded molds for metal tools, as well as some finished bronze items. Evidently, the metallurgists at Dalupu not only smelted copper but were also able to cast metal objects, presumably after having alloyed the copper with tin that they must have obtained from elsewhere.②

Even so, the mainstay of the Dalupu economy is likely to have been agriculture. Among the 106 stone tools excavated, most are agricultural production tools—knives, axes, spades, and adzes. Besides, textile production is evidenced by 87 ceramic spindle whorls; and the discovery of a kiln, 43 paddles, and potter's wheel bases, attests the local production of ceramics. In spite of some evidence of increasing intensity of metallurgy over time (among other things, metallurgists became able to exploit a larger variety of copper ores, possibly including sulfuric ores [Hubei Sheng Wenwu Kaogu Yanjiusuo et al. 2013: 758 et passim]), metallurgical remains only constitute a small proportion of the economy-related finds from the Dalupu community. One may probably infer that mining,

① Shi Tao (2018) has noted inconsistencies between the information on refuse pits given in the descriptive part of the excavation report and that appended tabulations; Shi plausibly considers the latter figures more reliable.

② The authors of the Xianglushan survey report (Hubei et al. 2015: 38) suggest that the tin used by metalworkers in the area around Tonglüshan came from the Beikuangshan 北矿山 mine in western Jiangxi.

smelting, and casting were carried out at a small scale—perhaps at the household level or by small groups of community members pooling their resources—and as a seasonal rather than a full-time occupation.

At Xiezidi, Daye (Hubei)湖北大冶蟹子地, which is located in a plain only 5 km north of the Tonglüshan copper mine, the situation was similar (Huangshi Bowuguan 1984; Hubei Sheng Wenwu Kaogu Yanjiusuo and Huangshi Shi Bowuguan 2010). As at Dalupu, agricultural concerns seem to have determined the choice of the site, and the study of excavated plant remains has found that rice cultivation was predominant in the local economy (Tang Liya et al. 2014). Metallurgy, attested since the Late Neolithic, seems to have become somewhat more intense during Western Zhou times, as attested by 2 bronze arrowheads, 1 hematite millstone, 1 copper ingot, 1 string of lead-tin alloy (cf. Qu Yi and Qin Ying 2010), 2 ceramic molds, 1 piece of furnace debris, a tiny hook of a lead-tin alloy, and 3 undefined copper or bronze objects. But as at Dalupu, metallurgy at Xiezidi was still likely small-scale and sporadic. A similar situation seems to have prevailed at the contemporaneous, as-yet unexcavated site of Xianglushan, Daye (Hubei) 湖北大冶香炉山, some 30 km to the southwest of the Tonglüshan copper mine, where a survey for the first time recovered pieces of alloyed-bronze waste metal from the remains of a foundry kiln (Hubei Sheng Wenwu Kaogu Yanjiusuo et al. 2015).

Dalupu, Xiezidi, and Xianglushan were all occupied continuously from Late Neolithic times down to sometime in the Springs and Autumns period. The Bronze Age ceramics from these sites are locally distinctive and differ in both typology and manufacture from those of areas to the north of the Yangzi River. The excavators of Dalupu—correctly, in my opinion—assign them to a local archaeological culture of their own (Hubei Sheng Wenwu Kaogu Yanjiusuo et al. 2013; Luo Yunbing et al. 2015). In its ceramic tradition and basic cultural inventory, this so-called "Dalupu Culture" is broadly similar to contemporaneous local cultures in adjacent areas south of the Yangzi River, such as Tanheli 炭河里 in Hunan, Wucheng 吴城 in Jiangxi, and others. It is distinct from the ceramic traditions of the Shang and Zhou mainstream and, in particular, from the ceramic tradition associated with Chu during the Western Zhou and Springs and Autumns period. Very probably, therefore, the participants in the "Dalupu Culture" were distinct from the population of the Chu core area. The late Zhang Zhengming and Liu Yutang (1984) proposed that they belonged to the Yangyue 扬越, an obscure tribal group mentioned in later textual records (see also Yao Fangmei 1994). Be that as it may, scholars seem to be in agreement that the copper-mining district comprising Tonglüshan was not yet a part of Chu during Western Zhou and at least part of the Springs and Autumns period. Grosso modo, modern archaeology has more or less substantiated Gu Donggao's 顾栋高 (1679-1759) dictum that Chu did not expand its reach south of the Yangzi river until the Warring States period (Chunqiu Dashibiao 4. 555-557).

The Mid-First Millennium BC Transformation. Things changed sometime around the middle of the first millennium BC or slightly earlier, when, as mentioned above, large-scale copper-smelting operations began to be set up right next to the Tonglüshan mines. It was apparently at this time that miners and metallurgists began to dwell permanently near their places of work. At Tonglüshan, according to a recent survey, at least 15 settlements surround the central mining area within a perimeter of about 100-500 m (Huangshi Shi Bowuguan 1999; Hubei Sheng Wenwu Kaogu Yanjiusuo and Daye Shi Tonglüshan Gutongkuang Yizhi Baohu Guanliweiyuanhui 2012). Due to modern mining, most of them are not well preserved, but one, Lujianao, Daye (Hubei) 湖北大冶卢家垴, has been shown to have been more than 3 ha in size (Hubei Sheng Wenwu Kaogu Yanjiusuo and Daye Shi Tonglüshan Gutongkuang Yizhi Baohu Guanliweiyuanhui 2013a). These sites were no longer agricultural in character, but specialized industrial villages. All are located on hillsides, presumably in order to maximize proximity to the mines, as well as to the mountain forests, which were indispensable as a source of the timber used in the mines and of the charcoal needed for smelting.

At the site of Yanyinshanjiao, Daye (Hubei)湖北大冶岩阴山脚, the Springs and Autumns-period occupation has left the most abundant remains: an unfinished mineshaft, a layer of leach tailings, a beneficiation field, a clay pool, and a furnace—no less than an intact operational sequence of copper production (Hubei Sheng Wenwu Kaogu Yanjiusuo and Daye Shi Tonglüshan Gutongkuang Yizhi Baohu Guanliweiyuanhui 2013b). Moreover, there were remains of one semisubterranean house, identified as a workers' shed. Even 35 footprints of miners were discovered. Since no casting remains such as molds have been found, the excavators think that this site was specialized in the production of copper ingots, which were to be shipped away to casting workshops located elsewhere, such as Chenjiatai mentioned above. (Some copper ingots that may date to that time, weighing between 1. 5 and 2 kg., have been found on the shores of Lake Daye near Tonglüshan [Zhou Baoquan 2014: 69-70]). The excavations yielded large amounts of iron ore, copper ore, native copper, smelting slags, furnace debris, splints, and bamboo objects, but only a small amount of ceramics and no production tools related to agriculture or household industries. Different from Dalupu, Xiezidi and Xianglushan, thus, Yanyinshanjiao during the Springs and Autumns period bears the hallmarks of a specialized community of metallurgists.

A similar situation seems to have characterized the settlement near Mine XI at Tonglüshan, on the northern edge of that site(Huangshi Shi Bowuguan 1999). Excavations have uncovered ten smelting furnaces, some of them with ancillary facilities such as slag pits, stone anvils, ore pits, and clay pits. Finds include ores, smelting slag, copper ingots, and a bronze adz, but no casting molds. Ceramic typology suggests a dating range from Late Western Zhou to Springs and Autumns, but the smelting furnaces are all dated to the Springs and Autumns period. One may surmise that large-scale copper production at this site started during that time. No evidence of agriculture has been found, nor would the location have been suitable.

At other similar sites in the area, such as Lujianao (Hubei Sheng Wenwu Kaogu Yanjiusuo and Huangshi Shi Bowuguan 2013), the deposits are of Han and later date, but they seem to have continued the pattern established during the Warring States period.

<u>A Sequence of Walled Industrial Cities</u>. Aside from village sites, the remains of several walled settlements associated with the mining industry have been found. The best-reported to-date is Wulijie, Daye (Hubei) 湖北大冶五里界 (Zhu Junying 2005; Hubei Sheng Wenwu Kaogu Yanjiusuo 2006a, 2006b). Wulijie is located about 10 km downhill to the southeast from Tonglüshan, along the transportation route linking the Tonglüshan mining area to the Yangzi River, and even closer to two other ancient mines to the north (Yehuaxiang 叶花香) and east (Dongjiaoshan 东角山). The site is a rectangular moated enclosure with stamped-earth walls measuring 405 by 308 m (12. 5 ha), aligned with the natural features of the surrounding terrain. Since the walls are incompletely preserved, the total number of gates is uncertain, but the remains of two gates were excavated. Survey and selective excavations revealed traces of the road system inside the settlement, seven raised building foundations and the foundation trenches of two others, one well, 23 refuse pits, five refuse-filled ditches and one former sewage ditch. There were also some remnants of thin earthen walls that may have enclosed compounds inside the settlement. Of particular interest is a canal, 5 m wide and up to 2 m deep, piercing the walls near the southwest corner; it was traced over a length of 60 m. Linked to the moat—and through them, to the region's riverine transportation system—it presumably served for the transportation of materials or goods in and out of the city.

Wulijie was occupied from approximately the Shang-Zhou transition down to the end of the Springs and Autumns period; its abandonment seems to have coincided with that of Dalupu and similar early metallurgical communities in the vicinity. As usual, 95% of the excavated assemblage consisted of ceramics; locally manufactured, it represents the range of shapes typical for the area and time and can be subsumed under the "Dalupu culture." Metallurgy seems to have practiced virtually all over the city: related remains (a total of 38 pieces of copper ore, 6 pieces of calcite, and 75 pieces of metal slags) were found in the southeastern excavation area; near a gap in the wall in the southwestern part; and in House 2 in the western part of the site.

Surveys discovered 21 smaller sites within less than 6 km of Wulijie, most of them in an area about 2 × 5 km near the Dongjiaoshan mine. Two of them were purely Late Neolithic, seven ranged from Late Neolithic to Zhou (similar to Dalupu and Xiezidi near Tonglüshan), and another six were purely Zhou in date. These sites fall into two size groups: 6-9 ha and 2-4 ha; some of them were mostly residential, but most yielded some metallurgy-related remains. The remaining six sites—difficult to date due to a lack of ceramics, but probably from the later part of the Zhou period—were accumulations of smelting slags with few or no indications of other daily-life activities; all these were smaller than 1. 5 ha. These sites formed part of the settlement pattern in the industrial landscape dominated by the Wulijie city.

Two other metallurgy-related walled cities in the same area are Ewangcheng, Daye (Hubei) 湖北大冶鄂王城 in the hilly country 30 km to the west (Daye Xian Bowuguan 1983; Hubei Sheng Wenwu Kaogu Yanjiusuo 2006a: 259-279), and Caowangzui, Daye (Hubei) 湖北大冶草王嘴, a mere 2 km to the north of Tonglüshan (Daye Xian Bowuguan 1984; Hubei Sheng Wenwu Kaogu Yanjiusuo 2006a: 271-283; 2006c). Both are less than half the size of Wulijie: Ewangcheng measures 5. 4 ha and Caowangzui 5. 5 ha; and at both sites, thin deposits indicate a relatively brief period of occupation. Evidencing defense considerations, each had thick walls and, unlike Wulijie, only a single entrance gate. Like Wulijie, both were linked to nearby riverine transportation routes. Each was directly connected to nearby mining resources, each yielded significant amounts of metallurgy-related remains, and each was surrounded by a network of more or less contemporaneous, smaller metallurgical settlements. Both Ewangcheng and Caowangzui are later in date than Wulijie, Ewangcheng dating to the Warring States and Caowangzui mostly to the Western Han period. But they represent the same type of settlement—a fortified early industrial town that could have served as a locus for metal production, administration, storage, transportation, and trade. They may have succeeded one another in fulfilling that function for the wider area (Hubei Sheng Wenwu Kaogu Yanjiusuo 2006a: 237). It is interesting that—assuming the reported dates are correct—such sites existed continuously before and after the mid-first millennium transformation of the mining industry that some have associated with the Chu takeover of this area (e. g., Li Tianyuan 1988; Hou Dejun 1995b).

The ceramic assemblage at Ewangcheng shows few of the characteristics of the earlier "Dalupu Culture" ceramics; instead it corresponds fairly closely to what one sees at contemporary Chu sites. Chu-style rooftiles, absent at Wulijie, are seen here. Besides, Ewangcheng has yielded a number of weapons, one of which with an inscription naming his owner, Chen Wang 陈往, catering to defense needs and intimating that by this period this part of present-day Hubei had become encompassed within the Zhou culture sphere (represented by Chu). This situation is also attested by the discovery of a piece of Chu gold currency, which likewise bears an inscription. The Western Han material culture present at Caowangzui is in direct succession to that of Chu.

Other Related Sites. Directly to the north of Tonglüshan and Ewangcheng, archaeologists aided by modern surveying techniques recently explored ancient mining sites in the territory of Ezhou city, focusing on mountainside with copper deposits and adjacent valleys and lakes (Ezhou Shi Bowuguan 2016; Cui Chunpeng et al. 2016). They located 17 sites with copper-smelting remains, clustered near known mining sites; only three could be dated back to pre-Imperial times. Size classes and assemblages are broadly comparable with the finds from Daye city and environs. During later times, iron mining became increasingly prominent in that region.

Another significant mining site radiocarbon-dated to the time contemporary with Late Western Zhou was excavated at Gangxia in Yangxin (Hubei) 湖北阳新港下, not far from the Yangzi River near the border with Jiangxi province (Gangxia Gutongkuang Yizhi Fajuexiaozu 1988). The excavators found timbered reinforcements for mineshafts and galleries, as well as tools, exactly corresponding to those from Tonglüshan. Even earlier remains of the same nature, dating back to the early Shang period, have been discovered at Tongling in Ruichang 江西瑞昌铜岭, on the Jiangxi side of the provincial border (Liu Shizhong and Lu Benshan 1998). All these form a continuous "mining landscape" with the area around Tonglüshan.

Also of interest to the understanding to what went on at Tonglüshan during the latter part of the Eastern Zhou period is the Sifangtang cemetery in Daye (Hubei) 湖北大冶四方塘 (Hubei Sheng Wenwu Kaogu Yanjiusuo and Daye Shi Tonglüshan Gutongkuang Yizhi Baohu Guanliweiyuanhui 2015; Chen Lixin and Chen Shuxiang 2015). This cemetery occupied 1.5 ha immediately to the north of the part of the site (Mine VII) that has been preserved in situ as a museum. A total of 48 tombs were excavated, of which 42 date to the Springs and Autumns (or, as I would venture to suspect, the Warring States) period. Since the adjacent Mine VII was mined during the exact same period, it stands to reason that the Sifangtang cemetery was the resting place of members the community that worked there. The existence of a tomb hierarchy suggest the existence of certain status differences in the community. Two kinds of tombs could be distinguished: rich tombs and ordinary tombs. Only two tombs, Tombs 1 and 34, fall under the first rubric. They are much larger and deeper than the others. Tomb 34 is by far the largest, but it seems never to have been occupied and contained neither tomb furniture nor funerary goods. The occupant of Tomb 1 had been put to rest in nested coffins—a common status symbol in the Chinese Bronze Age that is frequently encountered at Chu cemeteries. The ordinary tombs were all approximately equal in size, ranging from 2 to 3 m^2, and contained either single coffins or no coffins at all. Interestingly, the quantity of grave goods in tombs of both kinds showed no obvious wealth differences (Chen Lixin and Chen Shuxiang 2015). Tomb 1 contained only a pouch-legged *li* tripod, three small jade objects and four snail shells; similar assemblages were found in the ordinary tombs as well, including jade objects and even, in one case, a bronze tripod. This suggests that status differentiation within the community associated with Sifangtang was not pronounced, even though certain individuals may have commanded exceptional prestige. All tomb occupants may have been relatively low-status mining personnel (Chen Lixin and Chen Shuxiang 2015). Based on the tomb shapes and the style of their contents, the excavators believe that these were Chu tombs.

The Sifangtang finds also evince some indication of security considerations. Bronze weapons—dagger-axes (ge 戈) and a pike (pi 铍)—have been excavated in 13 tombs. Possibly, some of the individuals interred were employed as guards or were members of a military unit that patrolled and protected the Tonglüshan mine in this time. As mentioned, the heavy exterior walls of associated walled settlements also hint at a concern with defense needs.

Interpretation. Based on these finds, we can now assess how what Shi Tao (2018) calls the Tonglüshan "mining landscape" changed over time. Until sometime in the Springs and Autumns period, metallurgical communities dwelled in villages such as Dalupu, Xiezidi, and Xianglushan, which are situated in plains or small basins some 5 to 20 kilometers away from major copper mines. The scale of metallurgical activity was small, although it may have increased somewhat over time. Metallurgy was likely organized on a household level, or perhaps it involved cooperation among a limited number of households. The livelihood of these communities was still dominated by agriculture and household-based craft production such as textile and ceramics. The local metallurgists—participants in the regional "Dalupu Culture"—did not only smelt the copper ores, but also cast at least some simple bronze objects. Although radiocarbon dating has attested that the Tonglüshan mines were exploited since the Late Shang period, and the practice of metallurgy in the area can now be traced back to even earlier times, no permanent facilities seem to have existed at the mines before the Springs and Autumns period. Until then, their exploitation may have been on a temporary, perhaps seasonal basis, e. g., during lulls in the agricultural cycle.

Within this scenario, some development occurred over time. From the Longshan to the Springs and Autumns period, the number and size of metallurgical sites increased, suggesting that bronze metallurgy was more and more widely adopted by local communities. With the increasing demands for copper at the centers of the nearby polities, Tonglüshan saw the gradual intensification of copper resource extraction. The building, probably sometime close to the beginning of the Springs and Autumns period, of the walled metallurgical settlement at Wulijie—an early industrial city—may be seen as an indication of this ongoing trend toward intensification, which entailed greater administrative control and a need for defense, as well as, possibly, increased social stratification in the metallurgical communities. Eventually, also probably from the Springs and Autumns period onward, specialized metallurgical sites arose near the mines. The absence of casting molds suggests that they were not responsible for the casting of final products; they merely produced copper ingots, which were then transported elsewhere for alloying and further processing. Associated funerary remains indicate some status and professional differentiations, suggesting the existence of some sort of an administrative system; they also indicate a concern for security. The economy of the Tonglüshan communities during this period was entirely dominated by metallurgy. No evidence of agricultural activity has been identified. These characteristics fit the model of a large-scale and full-time specialized metallurgical industry, which may have operated under state control. It was no doubt sometime during that time the Chu kingdom started to exploit the Tonglüshan mine intensively to supply its metropolitan metal workshops with raw material in the form of ingots. The material culture of Warring States-period sites in the area is recognizably Chu, but Chu material-culture connections are strong even earlier, e. g., in the miners' tombs at the Sifangtang cemetery, if their dates are correct as reported (Chen Lixin and Chen Shuxiang 2015). Over time, the activities of the metallurgical communitites may have been increasingly regimented.

Some questions remain open. When exactly did Chu establish its control over the mining district south of the Yangzi, and how did it do so? What happened to the indigenous mining communities and to the "Dalupu Culture"? Was it a Chu administrative act that triggered the mid-First Millennium BC transformation of the mining industry? Based on the available published information, I propose the following tentative comments.

(1) In many cases, the dating of Eastern Zhou remains is still inexact. In particular, I suspect that the label "Springs and Autumns" is sometimes attached to finds that in fact date to Warring States times. Radiocarbon dates that could resolve this issue are virtually lacking. In the future, some reshuffling of data may become necessary.

(2) The "Dalupu Culture" seems to have continued through the Late Springs and Autumns—a time when large-scale exploitation may have already commenced at Tonglüshan and some other sites. This may mean—though it is not entirely certain—that the technological advances of the mid-first millennium transformation were developed out of the local manufacturing tradition rather than having been imposed by Chu.

(3) As the authors of the Dalupu report suggest (Hubei Sheng Wenwu Kaogu Yanjiusuo et al. 2013), the "backwards" cottage industry of old may have coexisted for a time with more "advanced" modes of large-scale exploitation during the Springs and Autumns period. But this may have been a local development involving different indigenous groups; it does not necessarily reflect a coexistence of "Dalupu" survivors and incoming (Chu?) innovators.

(4) The copper-mining district south of the Yangzi had supplied Chu—and, very likely, the core areas of the Shang and Zhou kingdoms much farther to the north—since the beginning of the Bronze Age (through trading centers on the north bank of the Yangzi such as Panlongcheng), and certainly throughout Zhou times. A two-way relationship between the participants of the "Dalupu Culture" and the Chu inhabitants had developed for centuries before Chu took over the area: the core population of Chu was able to obtain the natural resources it needed, whilst

neighboring non-Chu populations received high-quality craft products from the metropolitan Chu workshops (and, no doubt, other kinds of goods that have not survived archaeologically).

(5) Rather than the arrival of newcomers from Chu, the appearance of Chu-style material at Warring States-period sites in the area may indicate, alternatively or at least in part, the adoption of Chu material culture by the indigenous population, and the expansion (discussed above) of the Chu market system.

(6) In light of the preceding, it may appear likely that the home-grown metallurgical industry was left largely undisturbed even after the Tonglüshan mining district came under Chu administration. If so, it is entirely thinkable that some of the "Dalupu" cultural remains were produced at a time when Chu already controlled this area, and, conversely, that the individuals associated with "Chu culture" remains during the Warring States period were "Dalupu" descendants.

Parallels. In continental East Asia during the Bronze Age, the Tonglüshan mining district is not unique in being a resource-producing area marginal to a major state, with which it was engaged in a long-lasting pattern of exchange relationships. Shi Tao (2018) describes the same situation for other mining districts downstream on the Yangzi River in Jiangxi and Anhui, which also eventually came under the sway of Chu. These relationships had been initiated long before the emergence of full markets—to say nothing of the institution of a monetary system—and they endured, no doubt with the necessary adjustments, as the Chu economy grew over time.

Chu's takeover of the Tonglüshan mining district is an instance of a China-wide tendency for the major Warring States kingdoms to subject the formerly unregulated "mountains, forests, marshes, and lakes" under the control of the royal houses. It is one aspect of the transformation of the ancient patrimonial state—economically grounded in tribute payments by agricultural populations—into centrally administered states with efficient taxation systems, and it is a reflection of the development of new technologies of governance. If one could show that a Chu-centered régime was imposed on the Tonglüshan mining district during the Middle Springs and Autumns period—or even during the Early Springs and Autumns, as some authorities have claimed (Chen Lixin and Chen Shuxiang 2015: 100-101)—this would have been a counterintuitively early instance for such tendencies. A Late Springs and Autumns-period date, as proposed by Yin Hongbin (2013: 694), would perhaps be more credible, but one must wait for more exact datings to become available to be sure.

Another example for the same kind of long-lasting exchange relationship between a resource-producing area and the Chu core was salt production in the area to the west of the Three Gorges of the Yangzi River, about which I have written at greater detail elsewhere (Falkenhausen 2006b).① At the site of Zhongba, Zhong Xian (Chongqing) 重庆忠县中壩 and nearby sites at the confluence of the Ganjing River with the Yangzi River, most steps in the chaîne opératoire from the large-scale production of salt from the local brine springs to the transportation to its place of shipment downriver (with, in some cases, the intermediate steps of producing salt-based products such as cured meats or fish sauce) have been archaeologically documented (Sichuan Sheng Wenwu Kaogu Yanjiuyuan forthcoming). The tradition can be traced back to ca. 1800 BC, and it continued all the way to the 20th century; a technological caesura occurred in the 3rd century BC, when brine boiling shifted from the use of ceramic briquetage to iron salt pans. During pre-imperial times, those in charge of the industry were without question local tribal inhabitants outside the Zhou sociopolitical structure, known to history as the Ba peoples, and the consumers of the salt they produced were undoubtedly the inhabitants of the salt-poor area that eventually became the heartland

① A third example, so far insufficiently traceable in the archaeological record but mentioned in textual sources, is cinnabar, which was mined in southwestern Henan and northwestern Hubei by non-Chu Others whom the texts identify as members of the Pu 濮 tribes (Hou Dejun 1995a: 179-187).

of the Chu kingdom. Chu material-culture items at the nearby riverport of Yajiao, Zhong Xian (Chongqing) 重庆忠县丫脚 may attest the presence of Chu merchants. It has been argued that Chu had expanded its political and administrative control over the area (Zhu Ping 2002; Yu Jing 2005; Bai Jiujiang 2006); as an alternative, the late Pochan Chen proposed that there was merely a "trade diaspora" of Chu merchants active in the area (Chen 2004; Flad and Chen 2013). In any case, the Chu connection became fully visible archaeologically only once Chu market systems expanded around the middle of the first millennium BC.

6 Currency and Market Administration

It is generally agreed that the rise of a market-driven commercial economy in Eastern Zhou-period Chu was linked to the rise of a monetary system. Archaeology cannot, with present data, elucidate the chain of causalities—which is likely to have involved a complex feedback loop—but it may contribute the following observations.

In the first place, the Chu currency system was radically different from those of its northern neighbors. It was alone in East Asia in using a three-tier metal currency involving bronze, silver, and gold denominations (Zhao Dexin 1996). Other pre-Qin kingdoms (e. g., Qi 齐 and Qin 秦) also had gold currencies besides the ubiquitous bronze, but Chu's use of silver seems to have been unique. Chu silver currency appeared only late in the Warring States period, and it was never common; nor was its shape ever fixed (it existed as money blocks similar to those of Chu gold currency, as round ingots, and even as Northern-style spade-shaped coins). Widespread casting defects seem to reflect the unfamiliarity of Chu metallurgists with this new material (Hou Dejun 1995: 173-179).

Silver in general is rarely seen in pre-Imperial China. Its incorporation, ephemeral as it may have been, into the Chu currency system may be an indication of a connection to Southern and/or Western Asia, where silver currencies had been established earlier on. Such a connection has also been suggested for the money-blocks in Chu gold currency, on account of the similarity of their rectangular stamped units to the square- or rectangular-shaped coins in use in India and the wider Persian world during the second half of the first millennium BC (Zhao Dexin 1996; Guo Rencheng 1990; Liu Yutang 1996). In both cases, it seems that users cut small stamped rectangular units from larger money blocks when making purchases. As far as I know, however, this connection and its possible contexts during the pre-Imperial period have never been explored in depth from an archaeological perspective.①

Chu bronze coins, as well, are completely distinctive in their visual appearance (Emura 2011: 313-372). Whereas the other Warring States-period kingdoms used bronze coins in the shape of spades or knives, as well as round coins with a central hole, the bronze coins of Chu were shaped like miniature cowrie shells. The intended reference is spelled out by the inscription of many specimens with the character bei 贝, "shell". Traditionally nicknamed "ant-nose coins" (yibiqian 蚁鼻钱), Chu cowrie-shaped bronze coins were far smaller than the bronze coins of the other Warring States-period kingdoms (Emura 2011: 328). Even though their sizes show considerable variation—ranging from 0. 1 to 7 cm—their smallness and convenient shape may have facilitated their usage in daily life. Unfortunately, however, due to lack of contextualized archaeological evidence, the notion that the Chu economy during late Eastern Zhou times might have been more thoroughly monetized than the rest of China must, for the time being, remain a hypothesis.

Through a meticulous survey of archaeological contexts documenting the use of cowrie shells as funerary objects in tombs in Shang and Zhou China, Kakinuma Yōhei (2011: 73-104; rear matter pp. 33-42) has shown that this

① Another element of Chu material culture with a likely connection to South and/or West Asia is glass frit (see Hou Dejun 1995a: 258-267; Guo Rencheng 1990: 100-102; Liu Yutang 2016: 245-248). For chemical analyses of specimens found in Hubei, see Li Qinghui 2005; Gan Fuxi et al. 2010; and the excellent study by Zhao Deyun 2012.

practice was particularly pronounced in the Chu area after the Late Western Zhou period—during a time when it was already on the wane elsewhere. The reasons for this phenomenon are unclear; it may have to do with Chu's geographical closeness to, or comparatively well-developed trade connections with, the sources of these shells in South China, Southeast Asia and—once again—the Indian peninsula. Even though cowrie shells had multiple usages, one of their likely uses was as a proto-currency (Falkenhausen 2014). This is indirectly substantiated by the fact that their usage in tombs virtually stopped at the very moment when cowrie-shaped metal coins came into use.

Emura Haruki's (2011: 323, 345-372) comprehensive documentation of the archaeological excavation contexts of Chu cowrie-shaped bronze coins has revealed a surprising situation: comparatively few instances have been found in the Chu core area in present-day Hubei and Hunan, with a much larger proportion found in Anhui, southern Henan, and Jiangsu. Even though the overall sample may be too small for a rigorous application of statistical methods, Emura is probably right to infer that the usage of Chu coinage increased during the latter part of the Warring States period, when Chu first expanded its territory eastward after its conquest of Yue in 334 BC, and then was forced to move its capital to the Huai River region after the Qin conquest of the Chu core area in 278 BC. If that is true, the monetization of the Chu economy, such as it was, may have occurred fairly late in the history of the Chu kingdom.①

Peng Ke (2000) has emphasized the manifest contrast between the northern coinage systems—which, though quite different from one another, were mutually compatible—and that of Chu, which stands out as completely distinct. He has plausibly interpreted this as a manifestation of a Chu desire to establish its territory as a separate economic zone. The distinctiveness of the Chu monetary system would thus be the result of a political decision—part and parcel of a long-standing Chu policy to establish itself as a full political counterpart to the Zhou kingdom in the Central Plains, if not as its potential replacement. In its visual articulation, Chu's cowrie-shaped bronze currency nevertheless refers back to local precedents; and in circulating precious-metal currency as money blocks, those in charge of launching the Chu monetary system may have intended to emphasize economic opportunities available to Chu, but not to contemporaneous kingdoms in northern China. A desire to create an economic frontier vis-ὰ-vis the northern neighbors is also evident from the E Jun Qi-tally inscription (323 BC), arguably the most important surviving original written document pertaining to Chu economic history (Falkenhausen 2005; q. v. for further references).

Coins, tallies, and seals could potentially serve as proxy evidence for Chu economic administration. Guo Rencheng (1990) and Liu Yutang (1996) adduce seals as evidence for economic processes in a number of places. Unfortunately, nothing is known about the archaeological context of most Chu seals known to-date. Hence, even though seals do reliably attest the existence of various branches of the Chu bureaucracy, they do not lend themselves, at the present stage to an analysis from a strictly archaeological point of view. The systematic excavation of city sites, if undertaken with the right research questions in mind, may yet change this situation in the future.

7 Craftsmanship and Social Wealth

As mentioned, the chapters on craft production are almost the only predominantly archaeological portions of the

① More generally, the Japanese scholarship summarized by Emura (2011) and Kakinuma (2011) shows that the use of metallic currency in China developed somewhat later than is commonly claimed in Chinese treatments of the subject: in most places it probably started no earlier than the Late Springs and Autumns period and did not fully come into its own until the Warring States period.

monographic treatments of Chu economic history published today (Gao Rencheng 1990; Liu Yutang 1996). The high level of craftsmanship, amazing creativity, and great technological sophistication of Chu craft industries—bronze and precious metals, iron, textile, wood and bamboo, lacquer, ceramics, and glass-frit—are well known and do not need a special treatment here. As indicated above, it would be very useful to have better archaeological information about the workshops where these magnificent objects were produced.

To put it briefly, in Chu as throughout Zhou-period China, we can observe a dual trend toward mass-production and the simultaneous rise in the overall quality of production. Undergirding these developments are improvements in workshop organization and labor management, as well as the streamlining of production processes. Moreover, producers were increasingly able to cater to a variety of customer preferences and to supply consumers of different economic means with products of different degrees of elaboration but uniformly high quality. More broadly speaking, workshops showed considerable flexibility in adapting to market trends.

Among objects commonly encountered in the Chu archaeological record that reflect these tendencies, bronze mirrors are perhaps the best example. Ordinary consumers could choose among a great variety of mass-produced single-pane mirrors with decoration patterns that could appeal to different taste preferences (Mackenzie 2011; Li 2015). At the high end of the spectrum, master craftsmen produced gaudily elaborate double-pane mirrors, their flat obverse plates backed by openwork reverse plates that were inlaid with gold, silver, and semiprecious stones, and with pieces of shimmering silk inserted between the two plates. Other kinds of luxury mirrors included mirrors that were square-shaped rather than the usual round; single-plate mirrors backed with pieces of silk, jade, and/or glass frit; and mirrors (single- or double-plate) with lacquered or painted décor (Falkenhausen [ed.] 2010—2011; q. v. for further references).

A future study might focus on mirrors found in Chu tombs as a proxy indicator of social wealth. As is well known, the non-élite was excluded from metal ownership during much of the Chinese Bronze Age. Mirrors are good indicator of how, with the rise of a market-driven commercial economy, personal items made of metal—mirrors as well as belt-hooks and other minor bronzes—were now within reach of virtually all social ranks. Not coincidentally, they started to become common about 500 BC, around the time of the above-described transformation of the production system Tonglüshan, and also at approximately the time when Chu adopted a metal-based currency system. Their appearance in tombs bespeaks a shift in religious attitudes and a new emphasis on the quotidian sphere in the choice of a person's funerary objects, as well as the abandonment of the traditional ritual order (Falkenhausen 2006a). In my opinion, there is a good chance that a comprehensive look at the mirrors excavated from Chu tombs could illustrate the functioning of the market system in practice, showing how the removal of social and psychological barriers contributed to a palpable rise in living standards throughout Chu society. So far, this is no more than a preliminary impression awaiting substantiation in light of, hopefully, a statistically representative body of data.

8 To Conclude

At the end of our above-outlined experiment, the glass appears half-full and half-empty. On the positive side, archaeological work over the past century has brought to light enormous amounts of important materials that allow insights into previously unknown aspects of the Chu economy. As noted, however, the data are uneven in their relevance to the various topics of interest of economic historians, and, as always in archaeology, it is a challenge to extract from the data available information that speaks to central issues of concern. One regrets that some of the current gaps in our knowledge are due to unsystematic data collection—even in situation where systematic collection would have been possible—making it impossible to apply quantitative approaches. Here lies a challenge to future scholarship. Another task for the future will be to refine, adjust, and coordinate the archaeological dating sequences worked out for individual sites in the Chu realm, which in many cases seem subjective and insufficiently accurate. In such an effort, the advanced absolute-dating techniques now available to archaeologists should prove very useful. Hence there is good reason to expect that we shall soon be able to pinpoint more precisely than we can do today the date of the great economic transformations that led to the florescence of a market-driven commercial economy—a veritable economic miracle—in Chu during the Warring States period.

（作者单位：美国加州大学洛杉矶分校）

Bibliography

Bai Jiujiang 白九江. "Cong Sanxia diqu de kaogu faxian kan Chu wenhua de xijin" 从三峡地区的考古发现看楚文化的西进. Jiang Han kaogu 2006. 1: 51-64.

Chen Lixin 陈丽新 and Chen Shuxiang 陈树祥. "Shilun Daye Tonglüshan Sifangtang mudi de xingzhi." Jiang Han kaogu 2015. 5: 95-102.

Chen Shuxiang 陈树祥 and Chen Chen 陈晨. "Tonglüshan gukuang jingxiang zhaoming moni shiyan yu yanjiu: Jianlun Chu guo kuangjing zhaoming" 铜绿山古矿井巷照明模拟试验与研究：兼论楚国矿井照明. In Jing Chu wenhua ji Changjiang wenming lunji 荆楚文化暨长江文明论集, Wuhan: Hubei Renmin Chubanshe, 2011 [not seen]. Also in Daye Shi Tonglüshan Gutongkuang Yizhi Baohu Guanliweiyuanhui 2013, v. 2: 881-888.

Chen, Pochan. "Salt Production and Distribution from the Neolithic Period to the Han Dynasty in the Eastern Sichuan Basin, China." Ph. D. dissertation, UCLA. Los Angeles, 2004.

Cheng Taoping 程涛平. Chu guo nongye ji shehui yanjiu 楚国农业及社会研究. Shiji Chu xue. Wuhan: Hubei Jiaoyu Chubanshe, 2012.

Chunqiu Dashibiao 春秋大事表, by Gu Donggao 顾栋高. Modern edition, Beijing: Zhonghua Shuju, 1993.

Cui Chunpeng 崔春鹏, Li Yanxiang 李延祥, Chen Shuxiang 陈树祥, and Xi Qifeng 席奇峰. "Hubei Ezhou gudai yelian yiwu chubu fenxi" 湖北鄂州古代冶炼遗物初步分析. Jiang Han kaogu 2016. 3: 102-111.

Daye Xian Bowuguan 大冶县博物馆. "Ewangcheng yizhi diaocha jianbao" 鄂王城遗址调查简报. Jiang Han kaogu 1983. 3: 23-28.

Daye Xian Bowuguan 大冶县博物馆. "Daye Xian faxian Caowangzui gucheng yizhi" 大冶县发现草王嘴古城遗址. Jiang Han kaogu 1984. 4: 66.

Daye Xian Bowuguan 大冶县博物馆. "Daye Xian sanchu guyizhi diaocha" 大冶县三处古遗址调查. Jiang Han kaogu 1986. 4: 17-22. Also in Daye Shi Tonglüshan Gutongkuang Yizhi Baohu Guanliweiyuanhui 2013, v. 1: 85-91.

Daye Shi Tonglüshan Gutongkuang Yizhi Baohu Guanliweiyuanhui 大冶市铜绿山铜矿遗址保护管理委员会. Tonglüshan gutongkuang yizhi kaogu faxian yu yanjiu 铜绿山古铜矿遗址考古发现与研究, 2 v. Beijing: Kexue Chubanshe, 2013.

Emura Haruki 江村治树. Shunjū Sengoku Shin Kan jidai shutsudo monji shiryō no kenkyū 春秋战国秦汉时代出土文字资料の研究. Tōkyō: Kyūko Shoin, 2000.

Emura Haruki 江村治树. Shunjū Sengoku jidai seidō kahei no seisei to tenkai 春秋战国时代青铜货币の生成と展开. Tōkyō: Kyūko Shoin, 2011.

Ezhou Shi Bowuguan 鄂州市博物馆. "Hubei sheng Ezhou shi yelian yizhi diaocha jianbao" 湖北省鄂州市冶炼遗址调查报告. Jiang Han kaogu 2016. 3: 41-61.

Falkenhausen, Lothar von. "Social Ranking in Chu Tombs: The Mortuary Background of the Warring States Manuscript Finds." Monumenta Serica 51 (2003), pp. 439-526.

Falkenhausen, Lothar von. "The E Jun Qi Metal Tallies: Inscribed Texts and Ritual Contexts." In Text and Ritual in Early China, Martin Kern (ed.), pp. 79-123. Seattle: University of Washington Press, 2005.

Falkenhausen, Lothar von. Chinese Society in the Age of Confucius (1000-250 BC): The Archaeological Evidence. Los Angeles: Cotsen Institute of Archaeology, UCLA, 2006. (2006a)

Falkenhausen, Lothar von. "The Salt of Ba: Reflections on the Role of the 'Peripheries' in the Production Systems of Bronze Age China." Arts Asiatiques 61 (2006): 45-56. (2006b)

Falkenhausen, Lothar von (ed.) The Lloyd Cotsen Study Collection of Chinese Bronze Mirrors, 2 v. Los Angeles: Cotsen Institute of Archaeology, 2010-2011.

Falkenhausen, Lothar von. Review article on Kakinuma 2011. Zhejiang University Journal of Art and Archaeology 1 (2014): 278-291.

Flad, Rowan K., and Pochan Chen. Ancient Central China: An Archaeological Study of Centers and Peripheries along the Yangzi River. Cambridge: Cambridge University Press, 2013.

Gan Fuxi 干福熹, Zhao Hongxia 赵虹霞, Li Qinghui 李青会, Li Ling 李玲, and Cheng Huansheng 承焕生. "Hubei sheng chutu Zhanguo boli zhipin de keji fenxi yu yanjiu" 湖北省出土玻璃制品的科技分析与研究 Jiang Han kaogu 2010. 2: 108-116.

Gao Jiehua 高介华 and Liu Yutang 刘玉堂. Chu guo de chengshi yu jianzhu 楚国的城市与建筑. Chu xue wenku. Wuhan: Hubei Jiaoyu Chubanshe, 1995.

Guo Dewei 郭德维. Chu du Jinancheng fuyuan yanjiu 楚都纪南城复原研究. Beijing: Wenwu Chubanshe, 1999.

Guo Rencheng 郭仁成. Chu guo jingjishi xinlun 楚国经济史新论. Changsha: Hunan Jiaoyu Chubanshe, 1990.

Höllmann, Thomas O. Jinan: Die Chu-Hauptstadt Ying im China der Späteren Zhou-Zeit. Materialien zur Allgemeinen und vergleichenden Archäologie, v. 41. München: C. H. Beck, 1986.

Hou Dejun 后德俊. Chu guo de kuangye xiuqi he boli zhizao 楚国的矿冶髹漆和玻璃制造. Chu xue wenku. Wuhan: Hubei Jiaoyu Chubanshe, 1995. (1995a)

Hou Dejun 后德俊. "Shilun Chu guo qingtongqi yu Jiangnan gutongkuang de guanxi" 试论楚国青铜器与江南古铜矿的关系. Jiang Han kaogu 1995. 3: 55-58. Also in Daye Shi Tonglüshan Gutongkuang Yizhi Baohu Guanliweiyuanhui 2013, v. 2: 660-665. (1995b)

Huangshi Shi Bowuguan 黄石市博物馆. "Daye gu wenhua yizhi kaogu diaocha" 大冶古文化遗址考古调查. Jiang han kaogu 1984. 4: 8-16. Also in Daye Shi Tonglüshan Gutongkuang Yizhi Baohu Guanliweiyuanhui 2013, v. 1: 76-84.

Huangshi Shi Bowuguan 大冶县博物馆. "Daye Jinhu guwenhua yizhi diaocha" 大冶金湖古文化遗址调查. Jiang Han kaogu 1994. 3: 9-13. Also in Daye Shi Tonglüshan Gutongkuang Yizhi Baohu Guanliweiyuanhui 2013, v. 1: 92-98.

Huangshi Shi Bowuguan 黄石市博物馆. Tonglüshan gu kuangye yizhi 铜绿山古矿冶遗址. Beijing: Wenwu Chubanshe, 1999.

Hubei Sheng Bowuguan 湖北省博物馆. 1980. Chu du Jinancheng kaogu ziliao huibian 楚都纪南城考古资料汇编. Wuhan: Hubei Sheng Bowuguan.

Hubei Sheng Bowuguan 湖北省博物馆. 1982. "Chu du Jinancheng de kantan yu fajue" 楚都纪南城的勘探与发掘, Kaogu xuebao 1982. 3: 325-350, 477-508.

Hubei Sheng Bowuguan Jiangling Gongzuozhan 湖北省博物馆江陵工作站. "Jinancheng Songbai yuchi tanjue jianbao" 纪南城松柏鱼池探掘简报. Jiang Han kaogu 1987. 3: 22-29.

Hubei Sheng Bowuguan Jiangling Gongzuozhan 湖北省博物馆江陵工作站. “Jiangling Xian Jinancheng Motianling yizhi shijue jianbao” <u>Jiang Han kaogu</u> 1991. 4：6-15.

Gangxia Gutongkuang Yizhi Fajuexiaozu 港下古铜矿遗址发掘小组. “Hubei Yangxin Gangxia gukuangjing yizhi fajue jianbao” 湖北阳新港下古矿井遗址发掘简报. <u>Kaogu</u> 1988. 1：30-42. Also (under the authorship of Hubei Sheng Wenwu Kaogu Yanjiusuo 湖北省文物考古研究所) in Daye Shi Tonglüshan Gutongkuang Yizhi Baohu Guanliweiyuanhui 2013, v. 1：54-67.

Hubei Sheng Wenwu Kaogu Yanjiusuo 湖北省文物考古研究所. “Jinancheng Xinqiao yizhi” 纪南城新桥遗址. <u>Kaogu xuebao</u> 1995. 4：413-451.

Hubei Sheng Wenwu Kaogu Yanjiusuo 湖北省文物考古研究所 (Zhu Junying 朱俊英 and Xiong Beisheng 熊北生). 2006. <u>Daye Wulijie：Chunqiu chengzhi yu zhouwei yizhi kaogu baogao</u> 大冶五里界：春秋城址与周围遗址报告. Beijing：Kexue Chubanshe. (2006a)

Hubei Sheng Wenwu Kaogu Yanjiusuo 湖北省文物考古研究所. “Daye Wulijie Chunqiu chengzhi kantan fajue jianbao” 大冶市五里界春秋城址勘探发掘简报. <u>Jiang Han kaogu</u> 2006. 2：17-30. (2006b)

Hubei Sheng Wenwu Kaogu Yanjiusuo 湖北省文物考古研究所. “Hubei Sheng Daye Shi Caowangzuicheng Xi Han chengzhi diaocha jianbao” 湖北省大冶市草王嘴城西汉城址调查简报. <u>Jiang Han kaogu</u> 2006. 3：12-20. (2006c)

Hubei Sheng Wenwu Kaogu Yanjiusuo 湖北省文物考古研究所. “Jingzhou Jinancheng Fenghuotai yizhi ji qi xice chengyuan shijue jianbao” 荆州纪南城烽火台遗址及其西侧城垣试掘简报. <u>Jiang Han kaogu</u> 2014. 2：11-20. (2014a)

Hubei Sheng Wenwu Kaogu Yanjiusuo 湖北省文物考古研究所. “Jingzhou Jinancheng yizhi Songbaiqu Song 30 hao taiji 2011-2012 niandu fajue jianbao” 荆州纪南城遗址松柏区松 30 号台基 2011-2012 年度发掘简报. <u>Jiang Han kaogu</u> 2014. 5：10-27. (2014b)

Hubei Sheng Wenwu Kaogu Yanjiusuo 湖北省文物考古研究所 and Daye Shi Tonglüshan Gutongkuang Yizhi Baohu Guanliweiyuanhui 大冶市铜绿山古铜矿遗址保护管理委员会. “Hubei sheng Daye shi Tonglüshan gutong kuangye yizhi baohuqu diaocha jianbao” 湖北省大冶市铜绿山古铜矿业遗址保护区调查简报. <u>Jiang Han kaogu</u> 2012. 4：18-34. Also in Daye Shi Tonglüshan Gutongkuang Yizhi Baohu Guanliweiyuanhui 2013, v. 1：147-167.

Hubei Sheng Wenwu Kaogu Yanjiusuo 湖北省文物考古研究所 and Daye Shi Tonglüshan Gutongkuang Yizhi Baohu Guanliweiyuanhui 大冶市铜绿山古铜矿遗址保护管理委员会. “Daye shi Tonglüshan Lujianao yelian yizhi fajue jianbao” 大冶市铜绿山卢家垴冶炼遗址发掘简报. <u>Jiang Han kaogu</u> 2013. 2：3-21. Also in Daye Shi Tonglüshan Gutongkuang Yizhi Baohu Guanliweiyuanhui 2013, v. 1：200-224. (2013a)

Hubei Sheng Wenwu Kaogu Yanjiusuo 湖北省文物考古研究所 and Daye Shi Tonglüshan Gutongkuang Yizhi Baohu Guanliweiyuanhui 大冶市铜绿山古铜矿遗址保护管理委员会. “Hubei Daye Tonglüshan Yanyinshanjiao yizhi fajue jianbao” 湖北大冶铜绿山岩阴山脚遗址发掘简报. <u>Jiang Han kaogu</u> 2013. 3：7-27. Also in Daye Shi Tonglüshan Gutongkuang Yizhi Baohu Guanliweiyuanhui 2013, v. 1：168-197. (2013b)

Hubei Sheng Wenwu Kaogu Yanjiusuo 湖北省文物考古研究所 and Daye Shi Tonglüshan Gutongkuang Yizhi Baohu Guanliweiyuanhui 大冶市铜绿山古铜矿遗址保护管理委员会. “Daye Tonglüshan Sifangtang mudi diyici kaogu zhuyao shouhuo” 大冶铜绿山四方塘墓地第一次考古主要收获. <u>Jiang Han kaogu</u> 2015. 5：35-44.

Hubei Sheng Wenwu Kaogu Yanjiusuo 湖北省文物考古研究所 and Huangshi Shi Bowuguan 黄石市博物馆. “Hubei Daye Xiezidi yizhi 2009 nian fajue baogao” 湖北大冶蟹子地遗址 2009 年发掘报告. <u>Jiang Han</u>

kaogu 2010. 4: 18-62. Also in Daye Shi Tonglüshan Gutongkuang Yizhi Baohu Guanliweiyuanhui 2013, v. 1: 99-144.

Hubei Sheng Wenwu Kaogu Yanjiusuo 湖北省文物考古研究所, Beijing Keji Daxue Yejin yu Cailiaoshi Yanjiusuo 北京科技大学冶金与材料史研究所, Daye Shi Bowuguan 大冶市博物馆, and Daye Ewangcheng Baohuzhan 大冶鄂王成博物馆. "Hubei Daye Shi Xianglushan yizhi diaocha jianbao" 湖北大冶市香炉山遗址调查简报. Jiang Han kaogu 2015. 2: 29-39.

Hubei Sheng Wenwu Kaogu Yanjiusuo 湖北省文物考古研究所, Hubei Sheng Huangshi Shi Bowuguan 湖北省黄石市博物馆, and Hubei Sheng Yangxin Xian Bowuguan 湖北省阳新县博物馆. Yangxin Dalupu 阳新大路铺. 2 v. Beijing: Wenwu Chubanshe, 2013.

Hunan Sheng Wenwu Kaogu Yanjiusuo 湖南省文物考古研究所. Yuanling Yaotou fajue baogao: Zhanguo zhi Handai chengzhi ji muzang 沅陵窑头发掘报告：战国至汉代城址及墓葬, 2 v. Beijing: Wenwu Chubanshe, 2015.

Jia Bingqiang 贾兵强. Chu guo nongye keji yu shehui fazhan yanjiu 楚国农业科技与社会发展研究. Beijing: Kexue Chubanshe, 2012.

Kakinuma Yōhei 柿沼阳平. Chūgoku kodai kahei keizai shi kenkyū 中国古代货币经济史研究. Tokyo: Kyūko Shoin, 2011.

Ledderose, Lothar. Ten Thousand Things: Module and Mass Production in Chinese Art. Princeton: Princeton University Press, 2001.

Li, Kin Sum. "Mirrors from 500-200 BC Middle Yangzi Region: Design and Manufacture." Ph. D. dissertation, Princeton University. Princeton, 2015.

Li Tianyuan 李天元. "Chu de dongjin yu Edong gutongkuang de kaifa" 楚的东进与鄂东古铜矿的开发. Jiang Han kaogu 1988. 2: 109-114, 71. Also in Daye Shi Tonglüshan Gutongkuang Yizhi Baohu Guanliweiyuanhui 2013, v. 2: 586-592.

Li Qinghui 李青会, Zhou Hongzhi 周虹志, Huang Jiaozhen 黄教珍, Gan Fuxi 干福熹, and Zhang Ping 张平. "Yipi Zhongguo gudai xiangqian bolizhu huaxue chengfen de jiance baogao" 一批中国古代镶嵌玻璃珠化学成分的检测报告. Jiang Han kaogu 2005. 4: 79-86, 93.

Liu Shizhong 刘诗中 and Lu Benshan 卢本珊. "Jiangxi Tongling tongkuang yizhi de fajue yu yanjiu" 江西铜岭铜矿遗址的发掘与研究. Kaogu xuebao 考古学报 1998. 4: 465-496.

Liu Yutang 刘玉堂. 1996. Chu guo jingjishi 楚国经济史. Chu xue wenku. Wuhan: Hubei Jiaoyu Chubanshe.

Liu Yutang 刘玉堂 and Yuan Chunfu 袁纯富. Chu guo shuili yanjiu 楚国水利研究. Shiji Chu xue. Wuhan: Hubei Jiaoyu Chubanshe, 2012. (2012a)

Liu Yutang 刘玉堂 and Yuan Chunfu 袁纯富. Chu guo jiaotong yanjiu 楚国交通研究. Shiji Chu xue. Wuhan: Hubei Jiaoyu Chubanshe, 2012. (2012b)

Luo Yunbing 罗运兵, Ding Wei 丁伟, and Chen Bin 陈斌. "Dalupu wenhua tuzhu yinsu de xingcheng yu chuanbo" 大路铺文化土著因素的形成与传播. Jiang Han kaogu 2015. 6: 58-65.

Ma Shizhi 马世之. "Lüelun Chu Yingdu chengshi renkou wenti" 略论楚郢都城市人口问题. Jiang Han kaogu 1988. 1: 56-61.

Mackenzie, Colin. "Mirrors of the Warring States Period." In Falkenhausen (ed.) 2010-2011, v. 2 (2011): 50-73.

Peng, Ke. "Coinage and Commercial Development in Eastern Zhou China." PhD dissertation, University of Chicago. Chicago, 2000.

Qu Yi 曲艺 and Qin Ying 秦颖. "Hubei Daye chutu xi, qian hejin jinshusi chutan" 湖北大冶出土锡铅合金金属

丝初探. In Jishu lishi yu yichan 技术历史与遗产, Beijing: Zhongguo Nongye Jishu Chubanshe, 2010 [not seen]. Also in Daye Shi Tonglüshan Gutongkuang Yizhi Baohu Guanliweiyuanhui 2013, v. 1: 286-293.

Shaanxi Sheng Kaogu Yanjiuyuan 陕西省考古研院, Baoji Shi Kaogu Yanjiusuo 宝鸡市考古研所, and Fengxiang Xian Bowuguan 凤翔县博物馆. Qin Yongcheng Doufucun Zhanguo zhitao zuofang yizhi 秦雍城豆腐村战国制陶作坊遗址. Beijing: Kexue Chubanshe, 2013.

Shi, Tao. "Mining, Trade and State Formation in Early China." PhD. Dissertation, UCLA. Los Angeles, 2018.

Sichuan Sheng Wenwu Kaogu Yanjiuyuan 四川省文物考古研究院 (Sun Zhibin 孙志彬). Zhong Xian Zhongba 忠县中坝, 4 v. Beijing: Kexue Chubanshe, forthcoming.

Tang Liya 唐丽雅, Luo Yunbing 罗运兵, Tao Yang 陶洋, and Zhao Zhijun 赵志军. "Hubei sheng Daye shi Xiezidi yizhi tanhua zhiwu yicun yanjiu" 湖北省大冶市蟹子地遗址炭化植物遗存研究. Disiji yanjiu 第四纪研究 2014. 1: 97-105.

Wagner, Donald B. "The Dating of the Chu Graves of Changsha: The Earliest Iron Artifacts in China?" Acta Orientalia (Copenhagen) 48 (1987): 111-56.

Xiangyang Shi Wenwu Kaogu Yanjiusuo 襄阳市文物考古研究所 (Yang Yi 杨一). Xiangyang Huangjiacun 黄家村, 2 v. Beijing: Kexue Chubanshe, 2013.

Xu Hong 许宏. Xian Qin chengyi kaogu 先秦城邑考古, 2 v. Beijing: Jincheng Chubanshe, 2017.

Yao Fangmei 姚方妹. "Shang Zhou shiqi gu Yueren de kuangye jishu" 商周时期古越人的矿业技术. Nanfang wenwu 1994. 4: 34-37. Also in Daye Shi Tonglüshan Gutongkuang Yizhi Baohu Guanliweiyuanhui 2013, v. 2: 656-660.

Yao Weijun 姚伟钧 and Zhang Zhiyun 张志云. Chu guo yinshi yu fushi yanjiu 楚国饮食与服饰研究. Shiji Chu xue. Wuhan: Hubei Jiaoyu Chubanshe, 2012.

Yin Hongbing 尹弘兵. "Xi Zhou Chunqiu shiqi de Chu guo yu E dongnan tongkuangqu" 西周春秋时期的楚国与鄂东南铜矿区. In Daye Shi Tonglüshan Gutongkuang Yizhi Baohu Guanliweiyuanhui 2013, v. 2: 689-698.

Yu Jing 余静. "Cong jinnianlai Sanxia kaogu xinfaxian kan Chu wenhua de xiqian" 从近年来三峡考古新发现看楚文化的西迁. Jiang Han kaogu 2005. 1: 73-84.

Zhang Zhengming 张正明 and Liu Yutang 刘玉堂. "Daye Tonglüshan gutongkuang de guoshu: Jianlun shanggu chantong zhongxin de bianqian" 大冶铜绿山古铜矿的国属：兼论上古产铜中心的变迁. In Chu shi luncong (chuji) 楚史论丛(初集), pp. 60-72. Wuhan: Hubei Renmin Chubanshe, 1984. Also in Daye Shi Tonglüshan Gutongkuang Yizhi Baohu Guanliweiyuanhui 2013, v. 2: 595-602.

Zhao Dexin 赵德馨. Chu guo de huobi 楚国的货币. Chu xue wenku. Wuhan: Hubei Jiaoyu Chubanshe, 1996.

Zhao Deyun 赵德云. "Zhongguo chutu de qingtingyanshi bolizhu yanjiu" 中国出土的蜻蜓眼式玻璃珠研究. Kaogu xuebao 2012. 2: 177-216.

Zhongguo Kexueyuan Kaogu Yanjiusuo 中国科学院考古研究所. 1957. Changsha fajue baogao 长沙发掘报告, Zhongguo tianye kaogu baogaoji kaoguxue zhuankan, Series Ⅳ, v. 2. Beijing: Kexue Chubanshe.

Zhou Baoquan 周保权. "Shilun Tonglüshan gutongkuang de shengchan shuiping" 试论铜绿山古铜矿的生产水平. Jiang Han kaogu 2014. 67-73. Also in Daye Shi Tonglüshan Gutongkuang Yizhi Baohu Guanliweiyuanhui 2013, v. 1: 320-328.

Zhu Ping 朱萍. 2002. "Chu wenhua de xijian — Chu guo xiang xi kuozhang de kaoguxue guancha" 楚文化的西渐 — 楚国向西扩张的考古学观察. M. A. Thesis, Peking University.

Zhu Junying 朱俊英 and Li Zegao 黎泽高. "Daye Wulijie Chunqiu chengzhi ji zhouwei yizhi kaogu de zhuyao shouhuo" 大冶五里界春秋城址及周围遗址考古的主要收获. Jiang Han kaogu 2005. 1: 45-49.

楚国的明器：技术、生产与传播

杜德兰(Alain Thote) 著
黄莹 译

仿铜陶礼器在楚墓中非常常见。本次讨论不会涉及古代文献的内容，我的研究将从物质文化角度出发，试图从几个层面来理解楚墓中的仿铜陶礼器。首先是从社会层面，人们倾向于仿制哪些器物？如何理解生人为祭奠逝者作出的安排和选择？其次是从仿铜陶礼器地理流通的层面，仿铜陶礼器分布在哪些区域？它的传播说明了什么问题？最后是从生产层面，这些仿铜陶礼器是否是专业化生产？经历了何种制作流程？陶工如何模仿铜器？是由某几个专门的作坊生产、通过商品交易传播，还是各地自产自销？现在不太可能对所有问题都给出确定的答案，不过，这些问题涉及楚文化特有的文化现象，我们需要予以重视。

一、楚明器的定义：与秦文化的对比

秦文化比楚文化早一点出现仿铜陶礼器。春秋早期，秦国人已经使用陶器模仿青铜礼器，而且他们也会制作各种陶模型，比如仓、俑、动物、马车车轮等随葬品。不过，一直到战国晚期，楚国明器基本就是仿铜礼器。在战国初期(约公元前5世纪)，人们开始使用男、女木俑随葬，不过，这种传统在战国中期晚段(公元前4世纪后半叶)才发展起来，未曾显示出特别重要的地位。在本文中，“明器”一词指代仿铜陶礼器。

(一)秦国的明器

为了更好地理解楚文化中的仿铜陶礼器，首先要梳理秦国的早期例子。公元前6世纪，在秦国明器中出现了谷仓的模型，即陶囷，之后又出现了陶制的家畜模型。① 在咸阳任家咀墓地，② 考古人员发掘了242座墓，年代为春秋中期至秦统一前后，③ 出土了27件陶囷（图一），随葬的仿铜陶礼器包括35件鼎、25件簋、23件壶和2件双耳方壶；④ 罕见匜、盘，除了M36出土的匜，其余陶匜、陶盘的形制与铜匜、铜盘迥异。在170座有随葬品的墓葬中，有35座墓随葬仿铜陶礼器，约占20%，但单座墓葬中的仿铜陶礼器数量不是很多：有26座墓葬随葬1件或2件鼎，16座墓葬随葬1件或2件壶，12座墓葬随葬1件或

---

① Lothar von Falkenhausen（罗泰），Mortuary Behaviour in Pre-Imperial Qin，in John Lagerwey，*Religion and Chinese Society*，Hong Kong / Paris：The Chinese University Press / École française d'Extrême-Orient，2004，pp. 129-132，141-150.

② 咸阳市文物考古研究所：《任家咀秦墓》，科学出版社2005年版。报告编写者认为，由于一件陶囷很小，所以只有这件器物是明器。实则我认为任家咀墓葬中所有的陶囷模型都是明器。

③ 由于以下原因，本分析只包含了170座墓：第一，在任家咀墓地中有59座墓(其中有32座没有随葬品)的年代无法判断。第二，有8座墓属于第六期，即秦帝国初期。第三，有5座墓年代无法确定为第五期还是第六期(没有随葬品的M28和M90、M263、M276、M283)。我们不讨论这72座墓(59+5+8)。因此，只能分析170座墓。

④ 还有8件形制特殊的壶，不知是否应该算作仿铜陶礼器(咸阳市文物考古研究所：《任家咀秦墓》，科学出版社2005年版，第123页，图113)。

2件簠，偶尔随葬1件盘或1件匜。一些墓葬的明器体现出器物组合：或是鼎壶簠的组合(M103、M74、M94、M171)，或是鼎壶组合(M131、M123、M108、M211)，或是鼎簠组合(M180、M212、M96、M196)，或是壶簠组合(M210、M36、M101)。在所有仿铜陶礼器中，鼎和壶的等级最高，其形制最忠实于其铜器原型。但若不论外形，有些明器的质量实在特别粗糙。

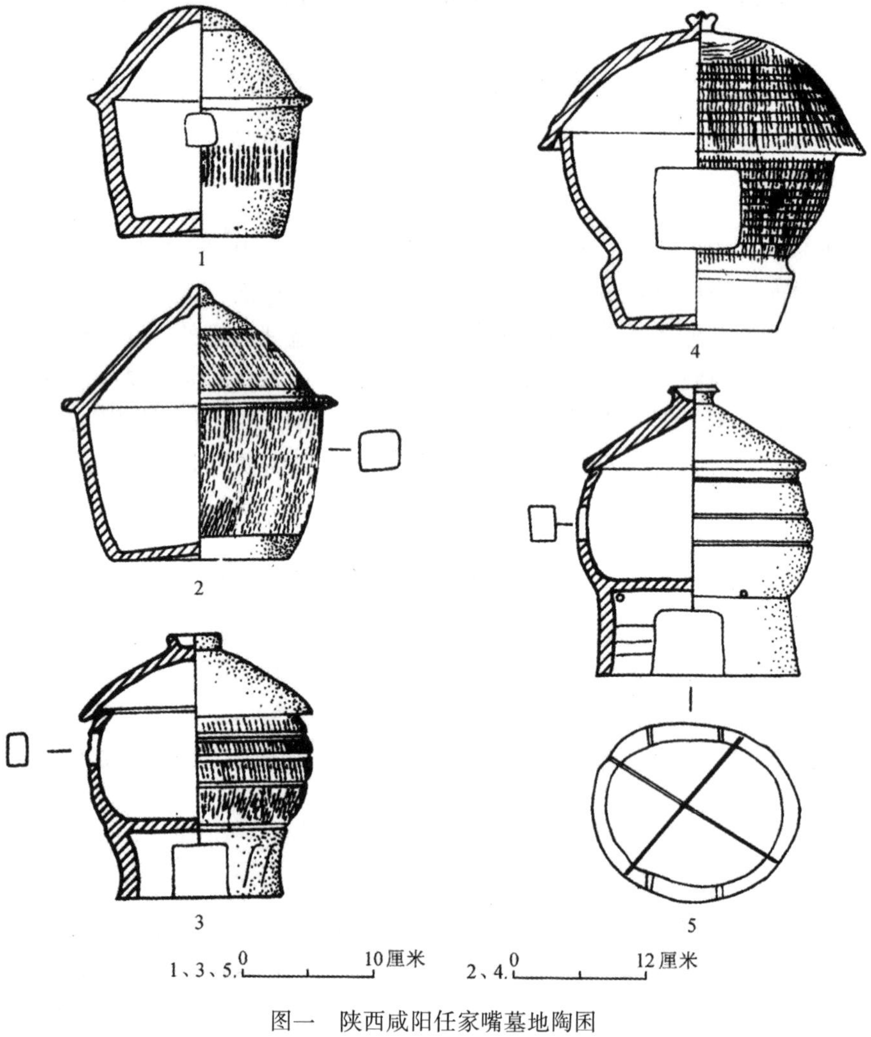

图一　陕西咸阳任家嘴墓地陶囷

在任家咀墓地，有些墓葬的规模十分庞大。① 比如，年代为战国早期的M74是随葬品最为丰富的墓葬之一，其墓口大小为6.3平方米，内置两椁一棺，外椁西侧开有一长方形头箱(2.52米×1.44米)，头箱内除了4件仿铜陶礼器(2件鼎、1件簠、1件有耳壶)，还有6件普通陶器(罐4件、盂1件、甗1件)、1件陶囷、1件铜构件、2件石圭、1件玉圭和1件玉器残件。②

① 总的来说，山西上马墓地的情况也是如此。有些位于中国北方的大型墓葬，出土的随葬品却又少又差。山西省考古研究所：《上马墓地》，文物出版社1994年版。这881座墓葬的年代为西周末期(公元前850年至前770年)到公元前500年至前450年。

② 西安北郊秦墓共发掘46座墓葬，年代上限为秦统一以前。第一期有18座墓葬，年代为公元前306年至前251年。第二期有28座墓葬，年代为公元前250年至前221年。共出土了23件陶鼎。在这个遗址，鼎是唯一一种仿铜陶礼器，其中13件出自第一期的12座墓葬，10件出自第二期的10座墓葬。陕西省考古研究所：《西安北郊秦墓》，三秦出版社2006年版。

（二）楚国的明器

楚国墓葬呈现出与秦国墓葬相反的特点：楚墓的墓椁和墓坑都相对较小，尽管规模不大，但随葬品却相当丰富，其中或有仿铜陶礼器，或有日用陶器。

其实，楚墓开始随葬仿铜陶礼器的年代也很早，比如，在当阳赵家湖墓地编号为 ZHM1 和 ZHM2 的墓葬中，就出土了形制比较简单的陶鼎，其年代相当于春秋早期后段，为公元前 720 年至前 670 年。到了春秋中期早段（公元前 670—前 620 年），陶鼎的制作细致了一些，这从 ZHM3 出土的陶鼎可以看出（图二）。① 自此以后，明器的质量逐渐改善和提高。以上提到的三座墓葬，ZHM1、ZHM2 和 ZHM3 皆有一椁。不过，到公元前 6 世纪前期，赵家湖墓地的仿铜陶礼器还是只有陶鼎一种。此外，楚墓一般分两类，第一类是随葬日用陶器的墓葬，第二类是随葬明器的墓葬。除了普遍随葬的陶豆以外，随葬明器的墓葬一般不会出土日用陶器，随葬日用陶器的墓葬一般也不会出明器。

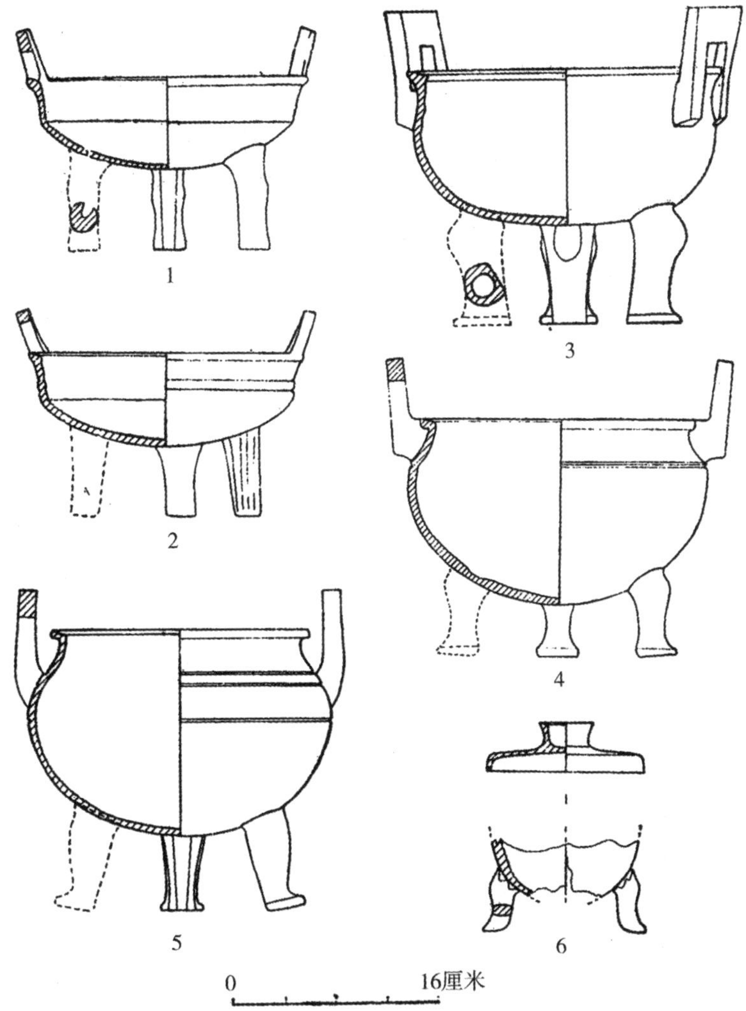

图二　湖北当阳赵家湖出土的仿铜陶礼器鼎

① 湖北省宜昌地区博物馆、北京大学考古系：《当阳赵家湖楚墓》，文物出版社 1992 年版。

郢都(位于今荆州附近)周围的重要墓地，包括当阳地区的赵家湖楚墓，荆州地区的枣林岗楚墓①、江陵雨台山楚墓②和江陵九店楚墓③。这些墓地的主体多为中小型墓葬，随葬品通常很丰富。其他楚国墓地规模比较小，可以当作补充材料。④ 通过对四片墓地的统计分析，我们可以借助图表来总结明器的使用规律（表一）。

表一 楚墓地青铜礼器和仿铜陶礼器的发展

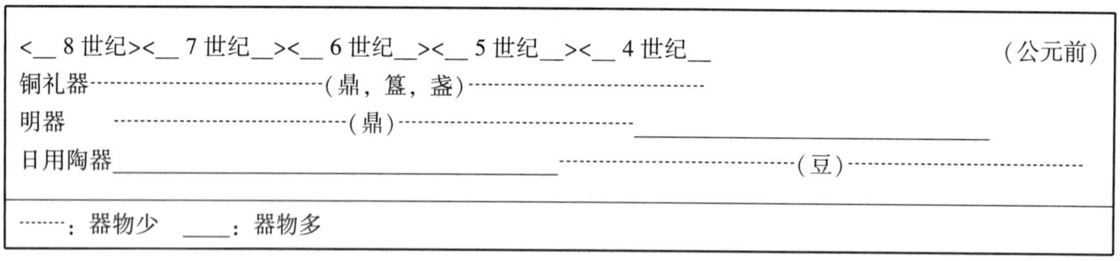

中小型楚墓很少随葬铜礼器，不过在公元前 6 世纪仍可见少量例子，之后，铜礼器便逐渐消失殆尽。在这种转折之初，仿铜陶礼器主要是三足陶鼎；从公元前 5 世纪开始，陶礼器的形制开始多样化，日用器皿逐渐消失，只有陶豆一直沿用到了战国末期。

在众多器类中，鼎是最重要的一类器物，不管是在铜器组合中，还是在仿铜陶礼器中，数量都远远占优，几乎所有随葬明器的墓葬中都出现了鼎。原因可能是祭祀祖先时，用鼎烹煮牺牲是重要的仪式之一，也可能是鼎象征着墓主人的身份与地位。实际上，这两个现象是相互联系的，有时，陶鼎和铜鼎会同时出现在高等级墓葬中。比如，当阳赵家湖 JM9 就同时出土了陶鼎和铜鼎，其年代为公元前 620—前 570 年。这种现象证明了三足鼎在礼器组合中的重要性。四片墓地中，只有赵家湖墓地出土了簋，因为它先后被簠和敦取代了。

从公元前 5 世纪开始，仿铜陶礼器开始在楚地流行，形制渐渐多样化，同时，人们不再随葬除了陶豆以外的日用陶器。仿铜陶礼器的做工日益精良，陶工们试图忠实地再现它们的铜器原型。公元前 4 世纪开始，陶礼器的外表开始出现彩绘花纹。

楚文化接连经历了两次葬俗变革。在公元前 5 世纪，中小型墓葬中的日用陶器消失，人们以仿铜陶礼器代之。接着，在公元前 4 世纪，又一次变革发生了——在大型墓葬中，铜礼器也被明器替代了。不过，不管葬俗如何变化，三足鼎作为随葬品的重要性不曾动摇，先是铜鼎，次之陶鼎。

二、明器组合

我们的数据来源于已出版的楚墓遗址完整发掘报告。只有在正式的发掘报告上，我们才能获取全面的数据信息，进而综合、仔细地比较各个遗址的异同点。因此，简报材料暂不予以考虑。以下，我们的分析将围绕 13 处楚墓出土的仿铜陶礼器进行，这 13 处墓地分散在楚国的广大疆域中。

在楚国的核心区域，即现在的湖北省中心，发现有当阳赵家湖墓地、荆州枣林岗墓地、江陵雨台山墓地和江陵九店墓地。在楚国西部，发现有湖北襄阳余岗墓地和陕西丹凤古城楚墓；在西北部，有河南淅川东沟长岭楚墓；在东南部，有湖北赤壁土城墓地；在南部，有湖南长沙楚墓群和益阳楚墓群；在西

① 湖北省荆州博物馆：《枣林岗与堆金台：荆江大堤荆州马山段考古发掘报告》，科学出版社 1999 年版。

② 湖北省荆州博物馆：《江陵雨台山楚墓》，文物出版社 1994 年版。

③ 湖北省文物考古研究所：《江陵九店东周墓》，科学出版社 1995 年版。

④ 比如当阳岱家山楚墓就发现有 80 座战国中期至晚期的墓葬。见湖北省宜昌博物馆：《当阳岱家山楚汉墓》，科学出版社 2006 年版。

南部则有三个墓群，分别位于湖南沅水下游、沅陵窑头和里耶麦茶。对于湖北北部以及鄂东皖西这两片区域的墓葬，好像还没有出版能比拟以上遗址的重量级的报告。不过，在这些区域（鄂北、鄂东、皖西），楚墓的年代多为战国晚期。

在这13处楚墓中，已发掘墓葬达6330座，至少发现了18500件明器(附表一)。但是，因为在《沅水下游楚墓》和《沅陵窑头发掘报告》中，没有分别统计出土不同类别仿铜陶礼器的墓葬的数量，所以这两个遗址的数据也暂不列入考虑。我们将分析其余11个遗址、共4834座墓葬的情况。

大约有65%的墓葬出土仿铜陶礼器。这个数据是基于仿铜陶礼器中最具代表性的器物——鼎来统计的(如果统计仿铜陶盘的话，就只能分析十处墓地，即4181座墓葬)。比例之所以如此之高，是因为这些墓葬的年代多为战国中期或晚期，正是仿铜陶礼器最流行的时候。这些陶器真切地成为了楚文化的“标志”。

东周的青铜礼器包括五类器物：以鼎为主的烹煮器，以簋、簠、敦为代表的盛食器，以豆为代表的食用器，以壶、尊缶为代表的盛酒器和水器(如浴缶、鐎壶、小口鼎、盘、匜等)。这些器物都能在仿铜陶礼器中找到其替身(表二)。不过，簋的数量屈指可数。

表二　楚墓的仿铜陶礼器

	鼎	簠	敦	壶	鐎壶	小口鼎	盘	匜
仿铜陶礼器的数量（11个楚墓地）	4805件	483件	3360件	4478件	270件	193件	396件	420件
随葬品包括仿铜陶礼器的墓葬数量(11个楚墓地，4834个墓葬)	3115墓	331墓	2249墓	3103墓	230墓	173墓	371墓（10墓地）*	379墓（11墓地）
	64.4%	6.8%	46.5%	64.1%	4.8%	3.6%	8.9%	7.8%

注：因为在《沅水下游楚墓》和《沅陵窑头发掘报告》中，没有分别统计出土不同类别仿铜陶礼器的墓葬的数量，所以这两个遗址的数据也暂不列入考虑。

* 10墓地，4181墓葬（有一部分益阳墓地的盘，形式不像仿铜盘的样子，所以数据不包括益阳的盘）。

从类型学的角度来看，盛食器的演变序列最为明确：首先出现的是簋；在公元前6世纪，簠替代了簋；在公元前5世纪到前3世纪，敦成为主流；最后，在公元前3世纪，木制漆盒盛行，也为陶器所仿制。

墓葬中最常见的器物组合为“鼎+簠(或敦、盒)+壶(或缶)”的组合(图三)，我们可以将这个组合视作一个标准。有时也会出现仿铜陶水器，但比起其他器类，出现的频率不算很高：只有8.9%(371/4181)的墓葬出土1件或2件盘，7.8%(379/4834)的墓葬出土1件或2件匜。

虽然仿铜陶鼎是最常见的器类，但是每个遗址的情况差别很大：在一片墓地中，既有可能有93.6%的墓葬出土陶鼎，也有可能只有29%的墓葬出土陶鼎；就11个遗址的总体状况来说，则有64%的墓葬出土了陶鼎，这个比例算是相当高了。仿铜陶壶也很常见，出现频率在27%到90%之间，总共也有64%的墓葬出土；在有些遗址，比如在益阳和里耶麦茶，出土陶壶的墓葬甚至比出土陶鼎的墓葬还多。综合而言，出土陶鼎和出土陶壶的墓葬数量大致相当，陶鼎和陶壶的出土数量也大致相当。

不同墓地之间，出土各类仿铜陶礼器的墓葬的比例也有所不同。这可能反映了墓地间的贫富差距。出土陶鼎和陶壶的墓葬越多的墓地，器物类型也会更丰富，似乎说明了埋葬于该墓地的墓主们拥有一定的经济实力。

簠的起源比较特殊，在铜簠或陶簠出现之前，它原本是由竹篾或木头制作的，因此，陶工们对它或许有点陌生。形制上，不同遗址出土的仿铜陶簠各不相同。数量上，不同遗址的情况也千差万别，比如，在雨台山墓地和九店墓地，陶簠的数量特别多，相比之下，长沙墓群却基本不出陶簠。可能有两个因素

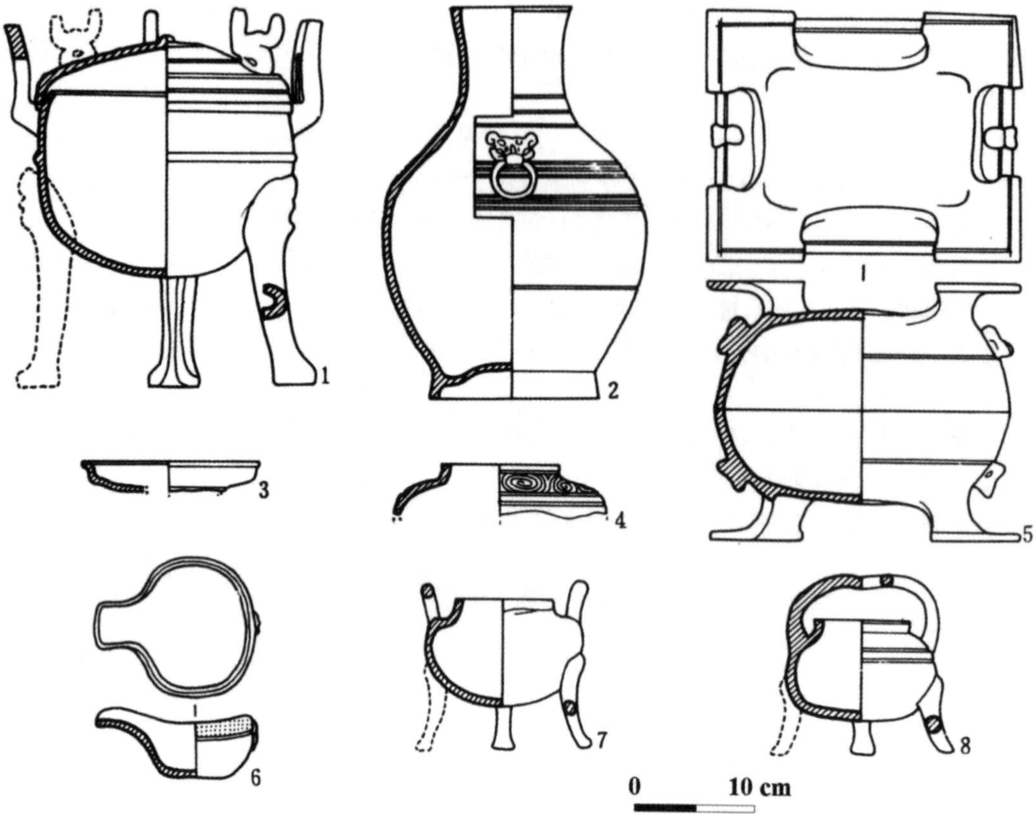

图三 湖北荆州九店 M621 仿铜陶礼器组合

导致了这样的结果：一方面，郢都近郊的墓地反映的是楚文化的核心，这里集中了大量春秋、战国时期最完整的青铜礼器组合，而簠属于组合的一部分；另一方面，郢都地区早在公元前 6 世纪就开始生产仿铜陶礼器，但长沙地区在公元前 4 世纪才开始出现典型的楚墓，大部分墓葬的年代都晚至公元前 278 年以后，即秦军攻陷郢都之后。实际上，在郢都被破后，都城中有部分居民迁移至长沙地区，在当地，他们仍然保持着江陵地区的丧葬传统。不过，在公元前 3 世纪，礼器组合中已基本不见簠的存在，墓葬中自然也罕见这类器形。

敦的情况与簠相反。在公元前 6 世纪，敦开始取代簠，它在远离郢都的遗址中非常常见：在郢都近郊的墓地中，敦的出现频率在 20%到 27%之间；而在远离郢都的墓地中，出现频率在 44%到 87%之间(除去里耶麦茶墓群)。发生这种现象的原因，无疑是在公元前 6 世纪至前 5 世纪、铜簠流行之时，仿铜陶礼器刚在楚地出现，其使用范围仅限于郢都周边地区；在公元前 4 世纪至前 3 世纪，仿铜陶礼器才逐渐在楚地各个地方盛行，这时敦已经普遍取代了簠。

在郢都附近，陶盘和陶匜只在少量墓葬出土，两者出现的频率在 7.5%和 15%之间，它们在长沙地区也非常罕见。但在其他地区的墓地中，出现频率可以高达 40%。

仿铜陶礼器有不同的组合，从中我们可以看出等级差别，其使用者既有下层贵族和庶民，也有皇亲贵族，比如望山一号、二号墓就是高等级墓葬的代表。之后我们会进一步讨论。

三、明器的生产

目前为止，对于明器制作的相关研究还比较少，仅有李文杰在 1996 年出版的《中国古代制陶工艺研究》一书可供参考。最近，田剑波也发表了一个新的研究，是关于湖北宜城跑马堤墓地出土随葬仿铜陶礼器的(图四)。①

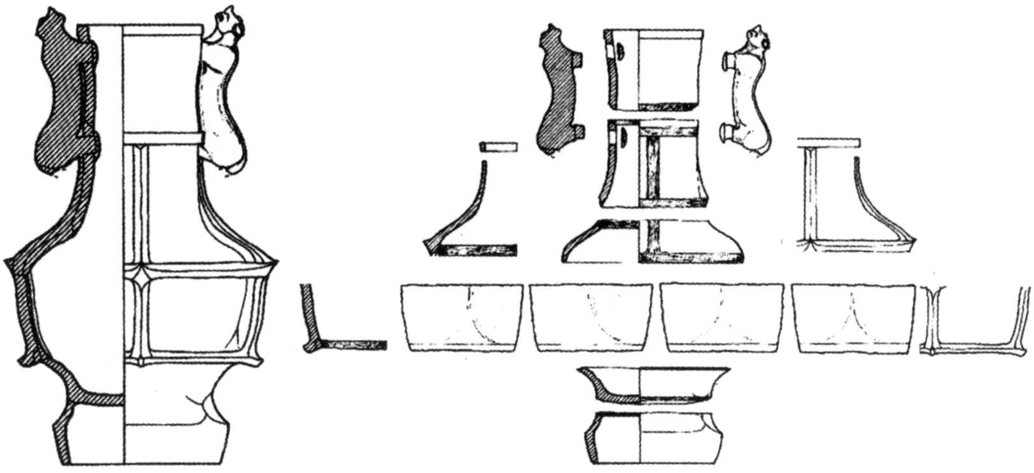

图四　湖北宜城跑马堤方壶成形方式

1. 方壶(M1：29)　2. 方壶的成形方式

(一)制作方法

仿铜陶礼器的坯体在低温下即可烧制成型，即便做工可能比较粗糙，但形态与铜器原型还是非常接近。之后，装饰以戳印的花纹(圆圈纹)和模印的浮雕花纹，在公元前4世纪中叶，还发展出彩绘花纹。总体来说，铜鼎是最频繁被模仿的器类，其制作也最为细致。

各地制作仿铜陶礼器的技术不尽相同：不是外形上的区别，而是制作方法的区别、装饰技法的区别以及对细节的重视程度。这些区别反映的是地方性制造工艺的差异，说明仿铜陶礼器是在当地生产和使用的，而不是通过商业网络流通于各地市场。我们甚至可以考虑，不同地区也许有不同的仿铜陶礼器传统：不同地区的陶工模仿与重现的细节并不相同。

仿铜陶礼器和它们的青铜原型。江陵望山一号、二号墓出土的明器不仅质量上乘，而且其组合之完整可谓前所未有（图五A、B）。一号墓出土了13件鼎(包括3件升鼎在内)和1件小口鼎（水器）。除升鼎和小口鼎以外的10件鼎中，有2件器盖尚存；有6件可见子口内敛，但其器盖丢失。这10件鼎皆为圆底，而该墓同时出土的8件铜鼎皆为平底。这可能是因为对于陶工来说，制作圆底器比制作平底器更快更容易。

望山一号墓出土的陶敦在器身与器盖相合时呈橄榄形，而铜敦则会呈球形。我们发现把陶敦制作成橄榄形的情况相当普遍，但至少在楚国铜器中，橄榄形的铜敦非常罕见。

铜浴缶上基本不见花纹装饰，但陶浴缶上却装饰有铜器上见不到的雕塑兽纹。在以上这三个例子中，仿铜陶礼器和它的原型铜器之间存在一定差异，明器生产与铜器生产之间的联系似乎不是很紧密。可能是因为仿铜陶礼器的产生具有一定的独立性，与青铜容器作坊没有相近的关系。

① 田剑波：《宜城跑马堤墓地战国仿铜陶礼器制作工艺的观察》，武汉大学历史学院、湖北省文物考古研究所、宜城市博物馆编：《湖北宜城跑马堤东周两汉墓地》，科学出版社2018年版，第169~181页。

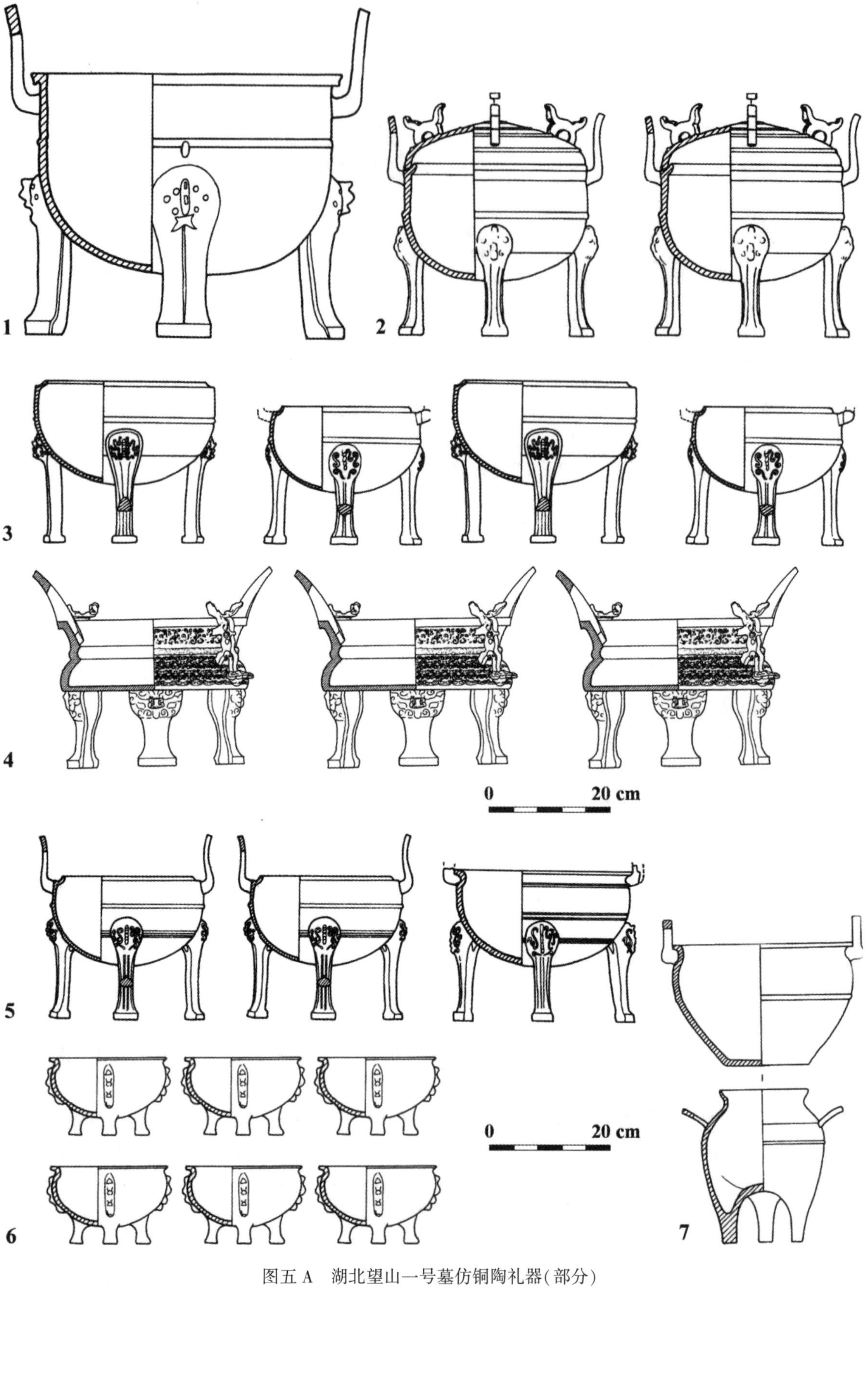

图五 A　湖北望山一号墓仿铜陶礼器(部分)

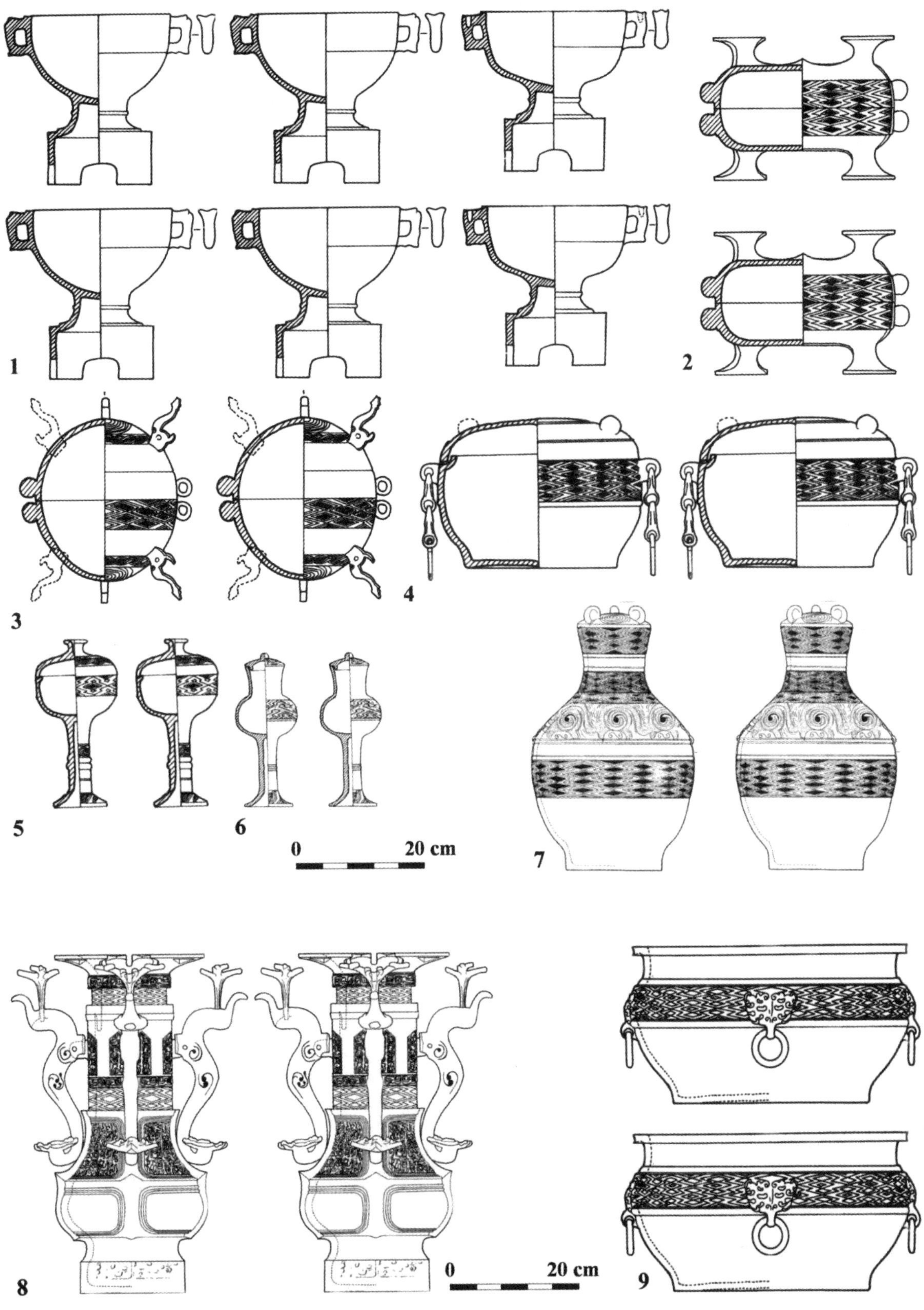

图五 B 湖北望山一号墓仿铜陶礼器(部分)

可是，望山楚墓出土的陶方壶的制作却非常仔细（图六），陶升鼎也是如此。如果将它们和江陵天星观二号墓出土的铜升鼎相比较，会发现它们的形制和装饰都与同时代的铜器相合。这些器物很可能是定制的，尤其是升鼎：或是定制者提供了家里拥有的青铜方壶和升鼎来做模型，或是制铜工人也参与了仿铜方壶与仿铜升鼎的制作，因为在铸铜作坊有专业工匠制作陶模（母范）。这些明器的所有者应为非常富有的高等级贵族。其明器组合中也出现了其他墓葬罕见或者完全不见的器类。为了制作这些与普通仿铜陶礼器相区别的明器，定制是必需的。

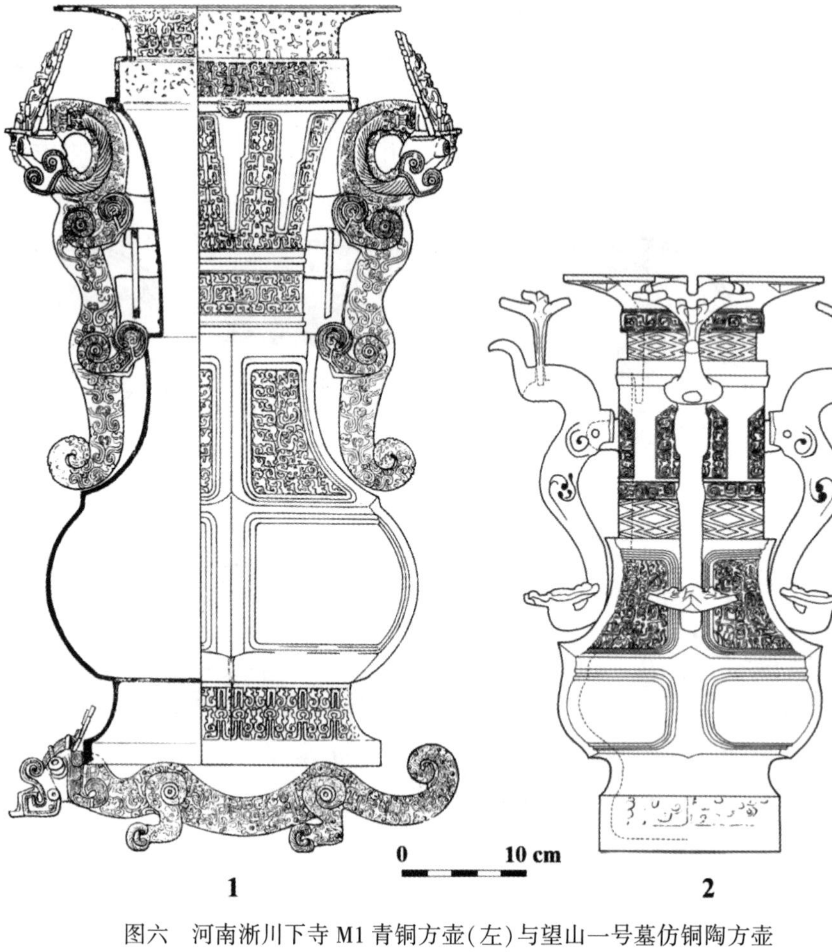

图六　河南淅川下寺 M1 青铜方壶（左）与望山一号墓仿铜陶方壶

结果，在望山楚墓中，一共随葬两组仿铜陶礼器：一组形制特殊，直接按照铜器原型制作；另一组是普通的陶礼器，比如其中的鼎和敦，就是专业化作坊生产的普通产品。

我们注意到，仿铜陶礼器的形制可以做到与铜器毫无二致。有一些意想不到的细节可以证明。比如，在春秋时期，特别是在湖北地区，为了节省铜料，人们在铸造鼎足时内侧通常留有凹槽；有些仿铜陶礼器的足部也留有凹槽，但制陶工匠显然不需要节省泥土。这些陶礼器很好地复制了铜器的外形，体现了陶工们对铜器原型的充分观察。我们可以从两个角度解释陶礼器对铜器的高度仿制：其一，如果足内侧有槽的铜鼎本身就属于铜明器，那么，出现仿制的陶器就是很自然的事情；其二，陶工们在仿制铜器时必然非常用心。

尽管我们可以在形制、风格、具体技法等方面来比较仿铜陶礼器和铜器原型之间的异同，却无法估计它们之间可能存在的年代差异。然而这个问题却非常关键，因为楚墓的断代基本依靠对陶器的年代来判断，特别是对仿铜陶礼器的类型学分析。

（二）郢都（荆州地区）之外出土的仿铜陶礼器

最精美的明器都是在郢都附近生产的。比如，雨台山墓地和九店墓地出土的仿铜陶礼器与铜器几乎一模一样；陶簠和陶敦的比例合乎礼制；铺首呈现的细节酷似其原型；敦的盖钮有时作尖状环钮；有些彩绘相当精致，尽管一般来说和铜器花纹没什么关系（图七）。显然，使用仿铜陶礼器的葬俗是从郢都向外扩散和传播的，年代学证据显示，仿铜陶礼器最先出现在郢都地区，过了一个世纪甚至更长的时间，才在其他地区出现。

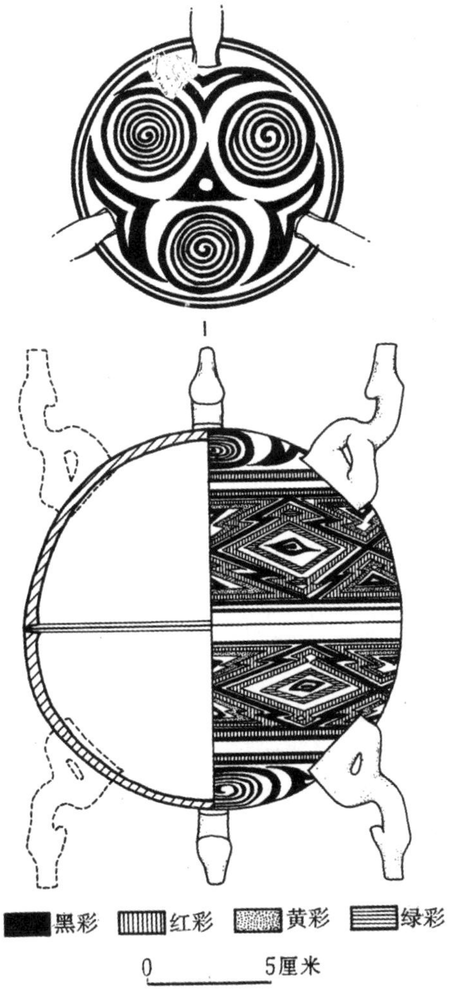

图七 湖北荆州九店 M617 仿铜陶敦

远离郢都的遗址呈现出与江陵地区不同的文化面貌，两者出土的仿铜陶礼器的质量有明显差别。在远离郢都的遗址中，仿铜陶礼器存在形态比例失衡、形制特点有所变动、制作简单粗糙、错误时有发生等问题。

质量的差异：长沙浏城桥一号墓出土了 34 件明器，器类比较丰富，包括 5 件鼎（I 型）、3 件升鼎（II 型）、6 件簋、2 件敦、3 件簠、2 件方壶（图八）、2 件鉴、2 件豆和一些水器，如 2 件小口鼎、2 件缶（在简报上所谓的"I 式壶")、1 件鐎壶、2 件盘和 2 件匜。此外，还有 4 件铜鼎。①陶鼎质量上乘，陶敦制作甚佳，但这些陶鼎和陶敦仍然属于楚地普通的、典型的仿铜陶礼器，即属于专业化作坊日常生产的一般产品，因此，它们的质量不会显得出类拔萃。楚文化中，陶方壶属于非常罕见的明器类别。尽管浏城桥一号墓也出土了陶方壶，但与望山一号墓相比，就显得太粗糙了。浏城桥一号墓的明器组合之完整，是江陵地区之外少数能与望山一号、二号楚墓匹敌的墓葬之一。

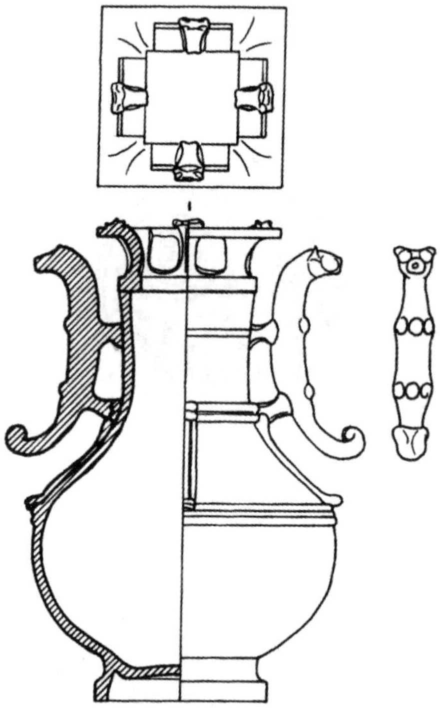

图八　湖南长沙浏城桥(M89)方壶

通过对比浏城桥楚墓的明器和望山楚墓的明器，我们知道，在远离郢都的地区，人们能熟练地制作一般的仿铜陶礼器，陶礼器的形制可以与铜器保持一致；但对于比较罕见的器类，比如升鼎、簠、簋、方壶等，仿制起来就会出现困难，即便是技术娴熟的陶工，对于陌生的器物也是无从下手。

郢都之外，只有高等级的贵族墓能够保证明器的质量，比如信阳长台关和枣阳九连墩就出土了特别精美的漆木明器②。其余墓葬中出土的明器，存在形态比例失衡、形制特点变动、制作简单粗糙、甚至出现制作错误等问题。

(1)形态比例失衡：在襄阳余岗墓地，器身通常呈圆球形的敦，变成了椭球形或橄榄形。

(2)形制特点变动：在郢都之外，敦钮和敦足上通常没有环且呈大"S"形。敦钮和敦足上的环是质量的象征，说明制作时比较细致。鼎足有时会拉得很长。

(3)制作简单粗糙：在离郢都非常遥远的湖南沅陵窑头墓地，鼎足上部截面呈多边形，与铜器完全不同(M1016，年代为该遗址三期 5 段)。在襄阳余岗墓地，铜敦的环状钮变成了简单的钮。

(4)制作时操作失误：在窑头墓地，陶壶铺首的方向被颠倒了。

当时仿铜陶礼器的定做者们应该很重视器物的形制，但其间的细节差异太多了，这既跟定做者投入

① 湖南省博物馆：《长沙浏城桥一号墓》，《考古学报》1972 年第 1 期。

② 湖北省博物馆：《九连墩：长江中游的楚国贵族大墓》，文物出版社 2007 年版。

的资金相关，又跟陶工对铜器原型的认识程度有关，淅川刘家沟口 41 号墓出土的鐎壶就能说明这个问题。①

在远离郢都的地区，除了像信阳长台关一号、二号墓这样的高等级楚墓，明器的器类很少，一般只有鼎、壶、敦，其余器类都很少见。可能是因为缺乏铜器原型，也可能是因为当地人对这些器类的需求量很小。

(三)郢都的明器模型和地方的仿铜陶礼器

如果某类铜器很普遍，那么，即便在远离郢都的地方也能被仿制得很好，鼎便是最好的例子。不过，我们也可以发现，离江陵越远，出土的仿铜陶礼器越是具有地方特色。有三个例子可以说明这两个现象。

(1)淅川东沟长岭墓地出土的仿铜陶礼器都有一个共同的制作特征，陶鼎的盖钮、陶敦的钮和足、陶壶的盖钮皆呈楔形或扁蹄形，即用于制作器钮的方形泥块都被切去一个边角。除了一些敦足呈“S”形的敦、足部截面为圆形外，这个特征几乎适用于东沟长岭墓地的所有仿铜陶礼器。南阳镇平程庄墓地和淅川刘家沟口墓地的情况也是如此。②因此，这是一个公元前 5 世纪至前 4 世纪的地方特色。

(2)在湖南沅水下游楚墓群中，③ 仿铜陶礼器展现出人们对细节的追求。比如擂鼓墩出土的一些铜鼎，器口有子口以承托器盖，沅水下游 M1529 出土的器盖甚至有动物型钮(M1529：13)。④ 可惜的是，尽管我们可以比较形制或装饰上的细节，但对于这些总共分了 44 种类型或亚型的陶器，我们还是很难判定它们的铜器原型。⑤ 即使陶礼器和铜器有类型学上的相似性，明器的生产作坊似乎也是相对独立的产业，其制作流程和演变规律都有自身的特点。当然，那些直接仿照铜器生产的明器，不在这种生产模式之列。

(3)偏居一隅的湖南沅陵窑头墓群，⑥ 没有出土任何青铜礼器，说明这些墓葬的墓主可能相对比较贫穷。如果我们把窑头墓群和不远处的沅水下游墓群相比较，会发现前者陶鼎鼎足的上部几乎都有工具切削的痕迹，而通过这种加工方式形成的鼎足形态，并非是对铜器的模仿。与附近的遗址不同，窑头地区的陶工通过一种生产线作业生产陶鼎，他们也不知道制作精美明器的方法和技巧。大概是水道交通便利的原因，明器的制作方法得以传入，最终这里的人学会了简易的制作技巧。

从以上的分析中，我们可以得出两个要点：

第一，明器的生产特点存在地方差异。

第二，离郢都和长沙越远的地区，明器越有地方特色。

四、楚国明器的类型和断代

(一)类型

尽管楚国不同地区出土的仿铜陶礼器具有相似性，但各地的明器组合并不相同，这不仅和墓葬的规模、墓主的地位密切相关，而且和各地如何实践郢都地区葬俗有关。比如说，在郢都周边，随葬陶簠的墓葬比重很大(江陵雨台山墓地有 31%的墓葬随葬陶簠，江陵九店墓地有 20%的墓葬随葬陶簠)，但在其

① 河南省文物局：《淅川刘家沟口墓地》，科学出版社 2011 年版，第 35 页，图 36.3。

② 河南省文物局：《南阳镇平程庄墓地》，科学出版社 2011 年版；河南省文物局：《淅川东沟长岭楚汉墓》，科学出版社 2011 年版；河南省文物局：《淅川刘家沟口墓地》，科学出版社 2011 年版。

③ 湖南省常德市文物局等：《沅水下游楚墓》，文物出版社 2010 年版

④ 湖北省博物馆编：《曾侯乙墓》，文物出版社 1989 年版，第 195 页，图 97。

⑤ 类型 AIa，AIb，AII，AIII，AIVa，AIVb，AIVc，AVa，AVb，BIa，BIb，BIIa，BIIb，BIIIa，BIIIb，BIVa，BIVb，BVa，BVb，BVc，BVd，BVIa，BVIb，BVIc，BVII，CI，CIIa，CIIb，CIIc，CIId，CIII，CIV，DI，DII，DIIIa，DIIIb，DIV，EIa，EIb，EII，EIIIa，EIIIb，F et G.

⑥ 湖南省文物考古研究所：《沅陵窑头发掘报告——战国至汉代城址及墓葬》，文物出版社 2015 年版。

他墓地中却非常罕见(出现频率一般在0%到3%之间，频率最高的赵家湖墓地也只有9%)。

单个墓中每种仿铜陶礼器的数量与青铜礼器组合有着惊人的相似，陶礼器组合因墓主的身份地位而异。不过，相比于铜器，陶器价格相当低廉，因此，墓主的家人可以为墓主准备成套的明器组合，里面包含他们想要的所有的器类。为了限制厚葬之风，对于某些类别的明器，可能也有类似于铜器的、对随葬数量的规定。因为在公元前5世纪前半叶，随着明器逐渐流行，铜器逐渐消失了。

随着仿铜陶礼器的发展，楚国的葬俗经历了一次重要变革，这反映的其实是一次重要的社会变革——原本仅能为贵族使用丧葬模式，成为更多阶层可以采用的、社会化的丧葬习俗。这反映了两个现实：一方面，礼器原本是贵族的专属，是权力的象征，明器的出现使得复制礼器成为可能；另一方面，人们只能使用陶器随葬。结果是，更多阶层的人们可以在墓葬中合乎规定地随葬礼器。对于仿铜陶礼器的随葬数量和器类，其中有些明显的规律：器物通常会成对出现，组合是固定的。如果墓中随葬了敦，就不会出现簠，反之亦然，除非墓主可以随葬两套明器(2件鼎+2件敦+2件壶，2件鼎+2件簠+2件壶)。器物组合的等级反映的似乎是能够使用它们的人的等级。

(二)仿铜陶礼器和铜器原型之间的年代差异

某种仿铜陶礼器的出现年代，可能会比其铜器原型的出现年代晚几十年，因为陶鼎的出现就比它模仿的铜鼎要晚一些。但，如果陶鼎制作和铜器原型铸造之间有相当的时间跨度，这种年代差异可能会对墓葬断代产生重大影响。

在襄阳余岗墓地，铜鼎的年代就比模仿它们的仿铜陶鼎早一些：大多仿铜陶鼎器身宽度比其高度要大，器腹比较浅；而铜鼎的器宽与器高相当，器腹较深。通过与铜器的对比，可知仿铜陶礼器的发展是部分相对独立于铜器的(陶敦在宽、高上的变形也反映了这种情况)。通常来说，制作仿铜陶礼器的作坊与铜器作坊是独立运行的，这从陶匜与铜匜造型迥异也可推断。

五、楚文化的扩散与传播

在此过程中，楚国仿铜礼器的生产制作是最重要的现象和标识，它反映的是楚国政治和文化的扩张：模仿楚国铜器的陶礼器可能出现在离郢都很遥远的地区，比如在湖北襄阳地区、豫西淅川地区和包括沅水下游、长沙、益阳一带的湘北地区。与人们追崇、交换铜器，把铜器视为宝物的情况相反，仿铜陶礼器的生产和使用都限于当地，制作通常比较简单。但是，这是一种生产实践，是一种技术传播，而不是一般的商品流通。

楚国西北的南阳和淅川地区则深受楚文化的影响。不仅淅川下寺楚墓和淅川徐家岭楚墓是这样，南阳镇平程庄和淅川东沟长岭的战国墓地也是如此。① 东沟长岭的发掘报告指出，东沟长岭战国墓地出土的随葬器物，尤其是其中的仿铜陶礼器，与楚墓中的典型随葬品非常相似。至于陕西丹凤古城的楚墓，尽管其断代很可能是错的，但至少能确定有一群人来自楚国，楚国的西界便可划定于此。②

由于没出版什么重要的发掘报告，楚文化在东部的传播范围和推进程度很难界定。我们只知道在公元前278年白起拔郢之后，楚王和贵族先是迁都至今河南淮阳地区，后又迁至安徽寿县地区。

在楚国东南方，现江西、湖北、湖南的交界处、今赤壁土城附近，分布有两处楚国墓群、共108座墓葬，即王家岭墓群(62座墓)和花园岭墓群(67座墓)。③ 其中出土了614件质量优良的仿铜陶礼器，一些

---

① 河南省文物局：《南阳镇平程庄墓地》，科学出版社2011年版；河南省文物局：《淅川东沟长岭楚汉墓》，科学出版社2011年版。

② 陕西省考古研究所、商洛市博物馆：《丹凤古城楚墓》，三秦出版社2006年版。

③ 湖北省文物考古研究所、咸宁市博物馆、赤壁市博物馆：《赤壁土城：战国西汉城址墓地调查勘探发掘报告》，科学出版社2004年版。

陶壶有两个铺首衔环，某些陶敦的钮甚至为鸟形。

长沙地区发现了大批随葬陶器的楚墓(1933 座)，其中出土的陶器大多属于仿铜陶礼器。① 与大部分远离郢都的楚墓类似，明器在长沙地区出现的年代在约公元前 4 世纪(浏城桥楚墓)，不过，多数明器出自战国末期墓葬，年代约为公元前 3 世纪，即郢都被攻陷之后。发掘报告明确指出，长沙地区楚墓的文化面貌与河南南部的淮阳地区、安徽北部的寿县地区同时代的楚墓有相似性。长沙楚墓的分期断代工作仔细而缜密，但最终的断代结果还可再斟酌：比如，浏城桥楚墓的年代应该与荆州天星观二号墓的年代相当。② 浏城桥楚墓出土的明器和天星观二号墓出土的铜器、望山楚墓出土的明器简直毫无二致。天星观二号墓和望山一号、二号墓的年代约为公元前 330 年。

在今湖南沅水下游地区，当年楚国的西南边陲，考古人员已发掘出 1395 座楚墓。③ 只有 A 组墓葬包含仿铜陶礼器(A 组墓葬下分甲、乙、丙三类，乙、丙类下又分 I、II、III 三型)，共 901 座墓，占墓葬总数的 64.6%。发掘报告显示，在墓葬出土的陶器中，有 5045 件明器，786 件日用陶器和 2130 件陶豆。所以，A 组墓葬共出土 7961 件陶器，其中，明器占比 63%。器型主要有鼎(1147 件)、敦(918 件)、壶(1125 件)、盘(393 件)和匜(379 件)。其他器型数量较少，可忽略不计。仿铜陶礼器的组合比较固定，形制比较普通，没有江陵地区那么复杂多变，以鼎(用于烹煮牺牲)、敦(用于摆放菜肴)、壶(用于盛装酒)为代表器物，伴之以豆(餐具)，偶有盘、匜，这便是基本的组合。铜器方面，与青铜武器的数量(511 件)相比，青铜礼器的数量(15 件)可谓微不足道。在更偏远的、位于沅水上游的沅陵窑头墓地，明器在战国中期才出现，年代比较晚。仿铜陶礼器也是以鼎、敦、壶为大宗，三种器类在数量上差别不大。

在遥远的沅水下游，楚文化的统治地位要到公元前 4 世纪上半叶(遗址的第三期第 4 段)才得以确立，这就是仿铜陶礼器出现的年代(表三)。但习俗的转变是一个漫长的过程，仿铜陶礼器的数量也经历了由少变多的过程：在遗址的第四期第 7、8 段，即公元前 278 年后，楚文化成为真正的主流文化。

表三　湖南沅水下游地区楚墓仿铜陶礼器的分期

期段	I. 1 公元前 580—前480年	II. 2 公元前 480—前440年	II. 3 公元前 440—前400年	III. 4 公元前 400—前360年	III. 5 公元前 360—前320年	IV. 6 公元前 320—前278年	IV. 7 公元前 278—前250年	IV. 8 公元前 250—前220年
仿铜陶礼器总数*	0	0	0	247 件	204 件	447 件	1267 件	1005 件
仿铜陶礼器百分率	0	0	0	7.8%	6.4%	14.1%	40%	31.7%

* 仿铜陶礼器总数包括鼎、敦、簠、壶、鈁、小口鼎、盉（鐎鼎）、浴缶、鼎形鬲、盘、匜(一共 3170 仿铜陶礼器)，不包括盒、熏、高柄小壶、勺、匕。

在湘西的里耶麦茶墓地，目前已发掘 236 座墓，其中 205 座包含可辨认的随葬品。④ 麦茶墓地位于里耶古城近郊，楚军曾在此地建造了几处防御工事。一些墓葬中出土了仿铜陶礼器或者带有战国末期湖南

① 湖南省博物馆：《长沙楚墓》，文物出版社 2000 年版。

② 湖北省荆州博物馆：《荆州天星观二号楚墓》，文物出版社 2003 年版。

③ 湖南省常德市文物局：《沅水下游楚墓》，文物出版社 2010 年版。

④ 湖南省文物考古研究所：《里耶发掘报告》，岳麓书社 2007 年版。

地区楚文化因素的器物，如琉璃璧、镜子、青铜剑等。不过，琉璃璧、镜子之类的珍宝不一定出于明器墓。有些仿铜陶礼器的彩绘非常精致，完全可以和郢都的器物媲美。所以，在这楚国的边疆，墓葬中存在两种明器组合：一种是精美的仿铜陶礼器，它们器型优美、做工精良，以彩绘装饰，数量很少，这类发现简直出人意料；一种是普通的仿铜陶礼器，器表粗糙、比例失衡，其形制与铜器没什么关系，其中以敦最为典型。

显然，在公元前278年秦军攻克郢都后，大量楚国贵族移居至此，此时，明器数量出现激增。在此之前，楚文化在当地的影响力比较微弱。

六、结　论

事实上，人们使用仿铜陶礼器似乎不是出于经济的考量——尽管原料普通，但其生产制作遵循着一定的原则和规定。人们没有把所有的器类都用于随葬，而是选择那些原本专属于贵族的器类来作为明器的原型，不过问题的重点或许不在于此。拥有不同身份地位的个体，可能需要遵守特定的礼仪规范。换言之，随葬墓主的仿铜陶礼器组合，应该和墓主生前用于祭祀祖先的礼器组合有着某种联系。

明器分布在地域上的扩展能够很好地反映楚文化的扩散与传播。在公元前4世纪，明器突然出现在沅水下游地区，这表明楚文化在该地的扩张自此开始，似乎也暗示着楚人为躲避秦人的威胁，纷纷逃离中心区域。另外，我们的分析显示，离郢都越远，明器的种类就越少，甚至只保留基本器类：鼎，敦，壶或缶，盘或匜。鼎的数量总是占优，敦和壶次之，盘和匜最少。只有少数贵族墓葬会随葬其他器类。

（作者单位：法国高等研究院，译者单位：北京大学）

附表：十三个楚国墓地中不同器型的仿铜陶礼器总数和百分率

	烹煮器	盛食器			盛酒器	水器			
器形墓地（墓葬的总数）	鼎①	簋	簠	敦	壶②	罍 缶	鐎壶 小口鼎	盘	匜
湖北当阳赵家胡297墓	225鼎 157墓	24簋 6墓	36簠 28墓	108敦 81墓	219壶 144墓	26缶 26墓	28鐎壶 24墓 +4小口鼎 3墓	24盘 24墓	33匜 30墓
	53%	2%	9%	27%	48%	8.8%	8%+1%	8%	10%
湖北荆州枣林岗219墓	80鼎 61墓		12簠 7墓	60敦 48墓	86壶 60墓	4罍和 浴缶 4墓	3鐎壶 3墓 +3小口鼎 3墓	26盘 26墓	27匜 27墓
	27.8%		3%	21.9%	27.3%	1.8%	1.4%+1.4%	11.8%	12.3%
湖北江陵雨台山558墓	470鼎 394墓		213簠 171墓	198敦 140墓	490壶 394墓	97缶 62墓	90鐎壶 55墓 + 50小口鼎33墓	60盘 42墓	61匜 39墓
	70.6%		31%	25%	70.6%	11.1%	9.9%+5.9%	7.5%	7%
湖北江陵九店573乙组墓	528鼎 315墓		206簠 115墓	193敦 130墓	369壶 251墓	100缶 100墓③	110鐎壶 110墓 + 89小口鼎 89墓	85盘 85墓	64匜 64墓
	55%		20%	22.6%	44%	17.4%	19.2%+15.5%	14.8%	11.2%
湖北襄阳余岗179墓	92鼎 52墓	4簋 1墓		69敦 38墓	47壶 25墓	35缶 19墓 1罍	1鐎壶	25盘 25墓	25匜 25墓
	29%	0.6%		21.2%	14%	10.6%		14%	14%
陕西丹凤古城63墓④	102鼎 59墓			95敦 55墓	98壶 57墓			13盘 13墓	21匜 21墓
	93.6%			87.3%	90%			20.6%	33.3%

① 次数包括鼎形器。
② 次数不包括陶钫。
③ 江陵九店发掘报告把浴缶作“罍”，把罍作“缶”。这里我们修改了报告的错误。
④ 丹凤古城墓地包括72个墓葬。其中两个墓葬没有随葬品，四个破坏得很深，就不能包括这六个墓。

续表

	烹煮器	盛食器			盛酒器	水器			
器形墓地（墓葬的总数）	鼎	簋	簠	敦	壶	罍 缶	鐎壶 小口鼎	盘	匜
河南淅川东沟长岭 46 墓	55 鼎 32 墓			42 敦 22 墓	46 壶 23 墓	11 浴缶 10 墓	7 鐎壶 7 墓 + 11 小口鼎 11 墓	19 盘 18 墓	18 匜 18 墓
	69.6%			47.8%	50%	21.7%	15.2%+23.9%	39.1%	39.1%
湖北赤壁土城 108 墓	160 鼎 85 墓		3 簠 2 墓	103 敦 75 墓	49 壶 32 墓 +78 缶 55 墓	35 罍 （浴缶） 30 墓	4 鐎壶 4 墓 +19 小口鼎 19 墓	48 盘 48 墓	40 匜 40 墓
	78.7%		1.9%	69.4%	29.6%+51%	27.8%	3.7%+17.6%	44.4%	37%
湖南长沙 1933 墓	2529 鼎 1588 墓		9 簠 6 墓	1993 敦 1319 墓	2462 壶 1578 墓 +14 尊缶 +56 鈁 34 墓	7 浴缶 7 墓	28 鐎壶 26 墓 + 14 小口鼎 12 墓	95 盘 89 墓	87 匜 82 墓
	82%		0.3%	68%	81.6%+1.7%		1.3%+0.6%	4.6%	4.2%
湖南益阳 653 墓	472 鼎 303 墓		4 簠 2 墓	427 敦 292 墓	473 壶 442 墓 +12 鈁 4 墓	0	3 小口鼎	91 A 型盘 ？墓 max.	40 匜 30 墓
	46.4%		0.3%	44.7%	67.7%+0.6%		0.4%	13.9%	4.6%
湖南里耶麦茶 205 墓①	92 鼎 69 墓			72 敦 49 墓	139 壶 97 墓	0	0	1 盘	4 匜 3 墓
	33.7%			23.9%	47.3%			0.5%	1.5%
总数 4834 墓	4805 鼎 3115 墓	28 簋 7 墓	483 簠 331 墓	3360 敦 2249 墓	4478 壶 3103 墓	浴缶 墓	271 鐎壶 230 墓 + 193 小口鼎 173 墓	396 盘 371 墓②	420 匜 379 墓
	64.4%	0.1%	6.8%	46.5%	64.2%		4.8%+3.6%	8.9%	7.8%

① 里耶麦茶墓地包括 236 个墓葬。其中 31 个墓葬没有随葬品或者是残墓，所以不包括它们。

② 次数不包括益阳楚墓的盘。

续表

	烹煮器	盛食器			盛酒器	水器			
器形墓地（墓葬的总数）	鼎	簋	簠	敦	壶	罍 缶	鐎壶 小口鼎	盘	匜
沅水下游楚墓① 1147 墓②	855 鼎 （1147-292）		4 簠	725 敦 （918-293）	848 壶 （1125-277）	9 浴缶	13 鐎壶 （盉） + 16 小口鼎+ 3 鼎形鬲	279 盘 （393-114）	259 匜 （379-120）
沅陵窑头 101 墓③	144 鼎		2 簠	116 敦	135 壶	3 浴缶	0 鐎壶 + 3 小口鼎	20 盘	16 匜
6082 墓									
器物的总数 18 284 件④	6096 鼎	28 簋	489 簠	4201 敦	5461 壶		284 鐎壶 + 215 小口鼎	695 盘	815 匜
	33%		2. 7%	23%	29. 9%		1. 5%+1. 2%	3. 8%	4. 5%

① 器形明确的仿铜陶礼器为 2891 件，比仿铜陶礼器总数（5045 件）少。沅水下游楚墓发觉报告不说明有多少墓葬包含仿铜陶礼器。

② 沅水下游墓地一共包括 1395 个墓葬。因为其中 248 墓葬为秦统一时期的（Ⅳ 期八段），所以没有包括它们和它们的随葬品。

③ 包括秦时期的墓葬。沅陵窑头报告不说明每种仿铜陶礼器是从多少楚墓来的。

④ 在研究中我没有能包括关于以下墓地的资料：河南淅川熊家岭墓地的 51 仿铜陶礼器楚墓（见河南省文物局：《淅川熊家岭墓地》，科学出版社 2016 年版），湖南益阳黄泥湖的 114 仿铜陶礼器楚墓（见湖南省文物考古研究所：《益阳黄泥湖楚墓》，文物出版社 2017 年版），安徽六安城东双龙机床厂墓群的 89 仿铜陶礼器楚墓（见安徽省文物考古研究所：《双龙机床厂墓群发掘报告》，上海古籍出版社 2016 年版）。

飞鸟在天：楚墓丧葬用器再探

陈珈贝

一、前言

镇墓兽与虎座飞鸟是楚墓最具代表性的丧葬用器，关于这些器物的用途性质，学界已累积相当数量的研究成果。① 相关讨论由镇墓兽与虎座飞鸟的相同点，凝聚了几点共识：镇墓兽与虎座飞鸟是为了丧葬而制作的器物，宗教巫术性质浓厚，楚人预设该批器物将于死后世界为墓主提供服务。此类器物在器身普遍安装的鹿角，可视为祥瑞的象征，也具备引魂升天的功能。

不过，对于镇墓兽与虎座飞鸟的本质面貌和具体功能则众说纷纭。镇墓兽有比附为山神、土伯、龙、灵兽、巫峤、祖重与求子神像等多种说法，② 而楚人随葬镇墓兽的条件，究竟是取决于墓主的政治地位、经济能力或职业性质也未得定论。③ 虎座飞鸟则被视作风神，又由于飞鸟呈现展翅之状，身躯插有鹿角，也被当作引魂升天凭借的巫蹻。④ 虎座飞鸟与镇墓兽极少同出一墓，故有研究认定虎座飞鸟是在镇墓兽之外，楚人使用的另一种镇墓器物。⑤ 而以卧虎为座，立鸟为架的虎座鸟架鼓，由于和虎座飞鸟外观形态相似，也常被视作楚人巫术用器，或是具有镇墓功能之器。⑥

---

① 目前以镇墓兽的研究进行较多，相关讨论涉及出土镇墓兽的整体汇整与分析，建立镇墓兽形制演变的序列，并且初步掌握了荆州和长沙等地镇墓兽的地区发展差异；参见吉村苣子：《楚镇墓兽的产生与开展》，《南京艺术学院学报》1997年第3期；Cortney E Chaffin. Strange creatures of Chu: Antlered tomb sculptures of the spring and Autumn and Warring States periods, Ph. D. dissertation, University of Pennsylvania, 2007；丁兰：《楚式"镇墓兽"特征综论》，《江汉考古》2010年第1期。

② 王瑞明：《"镇墓兽"考》，《文物》1979年第6期；陈跃均、院文清：《"镇墓兽"略考》，《江汉考古》1983年第3期；彭浩：《"镇墓兽"新解》，《江汉考古》1988年第2期；潘佳红：《小议"镇墓兽"——与〈"镇墓兽"意义辨〉一文商榷》，《江汉考古》1992年第2期；高崇文：《楚"镇墓兽"为"祖重"解》，《文物》2008年第9期；来国龙：《逝者的再现，无形的参列——战国秦汉墓葬艺术中人像观念的转变》，巫鸿、朱青生、郑岩主编：《古代墓葬美术研究（第二辑）》，湖南美术出版社2013年版。

③ 根据出土资料，一般认为镇墓兽仅限贵族使用，且漆木器造价不菲，礼制身份和经济能力限制了镇墓兽的使用。邱东联以镇墓兽为巫觋的艺术形象，代表巫觋引导亡者沟通神灵。丁兰提出具有沟通人神能力的巫觋才可随葬镇墓兽，并借此升天。潘茂辉认为镇墓兽是巫觋的法器，作为随葬品意在标志身份。邱东联：《"镇墓兽"辨考》，《江汉考古》1994年第2期；丁兰：《试论楚式"镇墓兽"与东周时期楚民族的巫文化》，《中南民族大学学报》（人文社会科学版）2008年第3期；潘茂辉：《也说楚式"镇墓兽"》，《湖南省博物馆馆刊》2010年第7期。

④ 郭德维认为虎座飞鸟的飞鸟似鹏、虎身绘云纹等制作细节，显示该器代表风神飞廉，可伴随墓主上天。邵学海引巫蹻升天之说，认为该类器物应是显示巴楚巫俗的融合。王祖龙则以虎的形象是楚之祥瑞，具有通神升天的神性意义。郭德维：《楚墓出土虎座飞鸟初释》，《江汉论坛》1980年第5期；邵学海：《虎座飞鸟是楚巫蹻与巴巫蹻的重组》，《江汉考古》1997年第2期；王祖龙：《楚美术观念与形态》，巴蜀书社2008年版，第224~225页。

⑤ 吴荣曾除了指出虎座飞鸟少与镇墓兽同出的现象，也认为镇墓兽的兽形是由鸟异化而来。吴荣曾：《战国、汉代的"操蛇神怪"及有关神话迷信的变异》，《文物》1989年第10期。

⑥ 王瑞明首先提出鼓作为巫术用具的论述。王瑞明：《"镇墓兽"考》，《文物》1979年第6期；祝建华：《楚俗探秘——鹿角立鹤悬鼓、鹿鼓、虎座鸟架鼓考》，《江汉考古》1991年第4期。

检视相关讨论的脉络，可以发现镇墓兽与虎座飞鸟虽然两者形象差异甚远，不过在大多数讨论中被归为同一类丧葬器物，该批器物的性质功能众说纷纭，大抵可概括为镇墓驱邪和神像法器两个方向。由于缺乏相应文字记录，研究者仅能以外在形象判断器物属性，推测器物使用者的背景。① 值得注意的是，这些研究的基础在于预设楚国贵族拥有同时性(simultaneity)的文化认知，无论是公开的礼仪活动或是私家的日常生活，都具备高度同质性，谨守本族的信仰。透过出土资料所建构的楚国文化，更准确的定义应是以荆州为中心的郢都文化。然而，墓葬都有其特定的时空背景，学界已建立楚墓年代排序的原则，但是对于墓葬的地理背景着墨不深，偏重等级性的纵向探讨，缺乏横向连接。②

因此从早期长沙蛇座鸟架、信阳长台关一号墓(M1)衔蛇蹲坐镇墓兽和鹿角座，直到近年襄樊余岗楚墓卧虎座镇墓兽的成批出土，一再显示这些形貌不同于郢都主流，过去被视为“例外”的器物，对于这些地区的贵族与工匠而言依然是符合礼法需求的丧葬用器，并非拙劣的模仿或偶发性的即兴创造。③ 除去外形的考虑，还有许多具有镇墓兽或虎鸟造型特征的器物，也因为非漆木材质制成而被排除在讨论之外。

本文将由战国楚墓随葬的虎鸟组合器展开讨论，从器物制作的角度重新检视虎座飞鸟等丧葬用器所代表的楚文化特质，并且关注过去研究所忽略的不同形制或材质的异变丧葬用器，尝试透过这批性质难解的器物，探讨楚国地域差异与集体意识之间的互动。

二、虎鸟组合器的制作

鸟踩踏于虎身之上，是虎座飞鸟与虎座鸟架鼓的基本造型结构。两类动物的组合涵义，过去曾认为是楚(鸟)征服巴(虎)的象征，或是巴楚文化的结合。④ 不过战国时期楚地的虎与鸟形体，应该已不具有图腾或标示族群的意义。⑤ 目前出土文物也不仅限于虎鸟组合，鸟足所踩踏的动物还见有蛇、鹿，或是似龙的形象，也曾发现只有鸟体的鼓架。而鼓架所采纳的动物组合，其用意不限于象征，也具有实际功能。枣阳九连墩 M2 墓的虎座鸟架鼓(M2：N372，图一左)形制，便显示鸟立于虎座之上的造型，并非必要遵循的套式。九连墩 M2 此件鼓架，在木鸟躯体上加设 2 只小木虎，让木虎的前肢托住鸟颈悬挂的木鼓。小型木虎作为悬鼓的支撑点，使鼓架更加稳固。此种加固设计在春秋时期便已出现，淅川徐家岭春秋晚期的墓葬 M9，随葬 2 件形制相同的铜神兽(图一右)，发掘报告认为是一组鼓架，神兽底座之上再衔接小神兽，用以支撑鼓具，造型兼具美感与实用性。⑥

无论虎座鸟架鼓的使用是否限于专业场合，都无法忽视鼓作为敲击乐器，鼓座设计的首要考虑是承受鸣鼓击打的力量，并且维持平衡。过去探讨虎座鸟架鼓的实用意义，便已指出鸟架鼓的高度大多超过

---

① 楚墓随葬遣册常见登载人俑明器等丧葬用器，但未见指称镇墓兽和虎座飞鸟的记录。早年学者以长台关简“土塿”为镇墓兽，其后又据淅川和尚岭 M2 的铜方座自名“且执”，认为“且执”是镇墓兽专名。但相关文字释读仍有疑义，铜方座也未必是镇墓兽。刘国胜：《楚丧葬简牍集释》，科学出版社 2011 年版，第 24 页。

② 近年一些研究已指出湖南地区镇墓兽形制和随葬方式的特色，也意识到镇墓兽的使用可能跨越族群背景。王传明、姚娟娟：《湖南地区楚式“镇墓兽”的发现与研究》，《湖南省博物馆馆刊》2016 年第 12 期；丁兰：《纪南城周边楚墓地出土青铜“越式鼎”现象的考古学考察》，《江汉考古》2012 年第 2 期。

③ 中国社会科学院考古研究所：《信阳楚墓》，文物出版社 1986 年版，第 60~61 页；王志刚主编、襄阳市文物考古研究所：《余岗楚墓》，科学出版社 2011 年版，第 74~75 页。

④ 张正明等认为马山 M1 出土的“凤斗龙虎”织绣图案，比附为楚国与巴、吴越相争，此象征并延伸至虎鸟组合器。张正明、滕壬生、张胜琳：《凤斗龙虎图像考释》，《江汉考古》1984 年第 1 期。

⑤ 刘彬徽认为战国时期楚国已脱离原始社会，图腾崇拜之说并不妥当。王纪潮指出巴人以虎为文化符号，取决于仪式需求，并已脱离原始的象征意义。刘彬徽：《江汉文化与荆楚文明》，江苏教育出版社 2008 年版，第 446~447 页；王纪潮：《巴东的考古文化遗存与巴文化动物符号的解读》，中国历史文献研究会：《历史文献研究》，华东师大出版社 2002 年版。

⑥ 器物形制参考图 1。湖北省博物馆：《九连墩——长江中游的楚国贵族大墓》，文物出版社 2007 年版，第 114 页；湖北省博物馆：《淅川和尚岭与徐家岭楚墓》，大象出版社 2004 年版，第 189 页，图一八一。

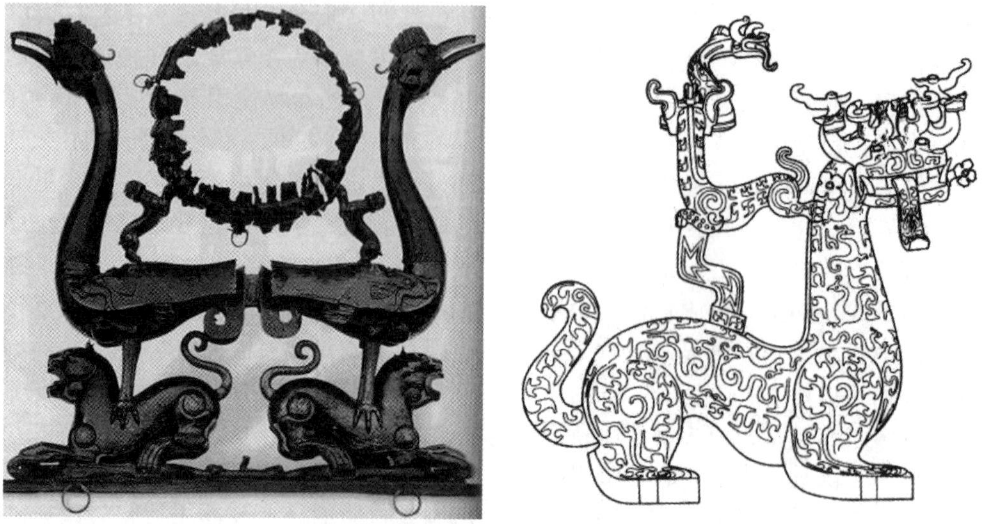

图一　左：九连墩 M2 虎座鸟架鼓(M2：N372)；右：淅川徐家岭 M9 神兽(M9：42)

一公尺，细长的鸟足和鸟爪不足以支撑，鼓架需要着力点更为厚实的接触面，才能在敲奏悬鼓时保持平衡。此外，鼓架底座形制也不得过大，以免妨碍乐者击鼓。楚人结合了艺术美感，创制出以卧虎为底座的鼓架。①

迄今所见的虎座鸟架鼓全数出于墓葬，因此器物属性无法直接与备而不用的明器割离。但是观察战国时期的虎座鸟架鼓形制，可以发现到战国中期，各地区的楚人针对鼓架的虎形底座与木鼓的支撑，都进行了一定程度的改造，可以推知这批随葬的虎座鸟架鼓具有实用性质。例如，长沙的马顺益巷 M1 与茅亭子 M1 随葬的鼓架，虎座不再呈现蜷伏姿态，而是将虎足朝斜前方撑起，整座鼓架因此增添了动态感；而马顺益巷 M1 的鼓架，鸟翅部分也开展上扬，作为木鼓的托座。长沙虎座鸟架鼓的制作模式，也出现在长江以北的高等级楚墓。② 天星观 M2 与九连墩 M2 的虎座，便采取表露动态感的前倾样式，而且在虎座底部又增添底板。信阳长台关 M2 的鼓架，也将鸟翅作为支撑木鼓的托座。③

相形之下，楚墓所发现的虎座飞鸟，则是以虎座、飞鸟和鹿角 3 种部件榫接组装的单体器物，整体形象为背脊装上鹿角的展翅飞鸟，双足直立于虎座之上。虎座飞鸟只要遵循一定的比例制作，便可成器。无论虎座飞鸟的功能为何，此种器物基本是一件近似于摆设品，静态使用的器物，没有承受外力的加固问题，不再需要改进工法。目前各地区出土的漆木虎座飞鸟，彼此差异多在于虎和鸟形体姿态，器身纹饰也各具特色。

虎座飞鸟出土最为集中的郢都荆州地区，飞鸟多为昂头鼓眼，表现出鸣叫状，一些虎座飞鸟的彩绘纹饰也近乎相同。天星观 M2、九店 M526 和雨台山 M166 随葬的虎座飞鸟，凤鸟形体特征和纹饰相同，鸟

---

① 陈振裕根据“刻纹燕乐画像椭栝”的图像，认为乐者采跪坐姿态击鼓；武家璧也认为虎座鸟架只是强调装饰视觉的乐器，并不具有乐器以外的性质。陈振裕：《谈虎座鸟架鼓》，《江汉考古》1980 年第 1 期；“刻纹燕乐画像椭栝”相关资料参考马承源：《漫谈战国青铜器上的画像》，《文物》1961 年第 10 期；武家璧：《虎座鸟架鼓辨正》，《考古与文物》1997 年第 5 期。

② 长沙市文物考古研究所：《长沙市马益顺巷一号楚墓》，《考古》2003 年第 4 期；长沙市文物考古研究所：《长沙市茅亭子楚墓的发掘》，《考古》2003 年第 4 期。

③ 湖北省荆州博物馆：《荆州天星观二号楚墓》，文物出版社 2003 年版，插页，图一〇四；湖北省博物馆：《九连墩——长江中游的楚国贵族大墓》，文物出版社 2007 年版，第 114 页；中国社会科学院考古研究所：《信阳楚墓》，文物出版社 1986 年版，第 95 页，图六七。

头上绘红色卵点纹，胸脯卷云纹，其余身躯和双翅、尾部绘羽纹，仅虎座部分纹饰略有区别。① 不过在郢都以北的荆门包山一号墓，随葬的虎座飞鸟和荆州所见到的样式有别，包山一号墓的虎座飞鸟不仅未在鸟背上设孔安插鹿角，鸟尾更是另外制作再与鸟身套接，因此呈现翘尾的特点。② 包山的飞鸟纹饰虽然依循了郢都周边流传的款式，但该件器物形态上的差异，却显示虎座飞鸟的制作虽然存在着一些模板，却非制器的唯一定式。

在距离郢都较远的地区，丧葬用器特点更为鲜明，甚至自成一系，汉水以东的鄂东地区出土之虎鸟组合器即为一例。汉东楚墓随葬器物组合与汉水以西的郢都地区大致相同，汉东的战国中期墓也使用镇墓兽与虎鸟组合器，例如鄂城战国楚墓随葬多件虎座鸟架鼓与镇墓兽，其中虎座鸟架鼓还延用至秦汉时期。③ 不过，鄂城除了常见的虎鸟组合器，还出现了鸟架鼓(百 M3、百 M4)，形制为两只立鸟以尾相连，之间再悬挂木鼓，同样类型的鸟架鼓又见于黄冈汪家冲战国墓(图二左)。④ 鄂城还出土一对漆木飞鸟(百 M5：13)，鸟体绘有红色羽纹饰，呈展翅高飞样貌，墓中未见相配的虎座。⑤

图二　左：黄冈黄州汪家冲 M18 鸟架鼓；右：株木山 M1532 方座鸟架鼓(M1532：1)

除了鄂东地区，湖南沅水流域株木山楚墓也曾出土方座鸟架鼓(图二右)，该器两鸟各以方座为底，方座之间插板加固。⑥ 总之，鄂东的鸟架鼓外形与荆州、长沙等地出土的虎鸟组合器截然不同，仅以双鸟

---

① 湖北省荆州博物馆：《荆州天星观二号楚墓》，文物出版社 2003 年版，第 188 页，图一五七；湖北省文物考古研究所：《江陵九店东周墓》，科学出版社 1995 年版，第 309 页，图二〇六；湖北省荆州地区博物馆、中国社会科学院考古研究所：《江陵雨台山楚墓》，文物出版社 1984 年版，第 112 页，图 90。

② 湖北省荆沙铁路考古队：《包山楚墓》，文物出版社 1991 年版，第 39 页，图二五(B)。

③ 发掘报告内文载该件虎座鸟架鼓(钢 M4：20)出于钢铁厂 M4，但于登记表则列于钢 M21，相关记载有误，未能确认其详。不过钢铁厂 M4、M21 的陶礼器组合相仿，属于发掘报告的第三期墓葬，亦即秦汉时代墓葬。湖北省鄂城县博物馆：《鄂城楚墓》，《考古学报》1983 年第 2 期。

④ 陈振裕：《谈虎座鸟架鼓》，《江汉考古》1980 年第 1 期，图三；湖北省文物考古研究所、黄冈市博物馆、黄州博物馆：《湖北黄州楚墓》，《考古学报》2001 年第 2 期。

⑤ 湖北省鄂城县博物馆：《鄂城楚墓》，《考古学报》1983 年第 2 期。

⑥ 湖南省常德市文物局、常德博物馆、鼎城区文物管理处、桃源县文物管理所、汉寿县文物管理所：《沅水下游楚墓》，科学出版社 2012 年版，第 697 页，图五九七。

架设悬鼓的设计，显示虎座对于当地社会而言，无论是作为思想意识象征，或是具有艺术性的底座都无其必要性。

而涢、澴流域下游的孝感黄土岗、云梦珍珠坡等战国墓群，各出土一件虎座飞鸟类型的器物，形制均相当特殊(图三)。孝感黄土岗墓群为典型战国中期楚墓，但是黄土岗 M6 出土的虎座飞鸟，飞鸟双翅低平与腹部平行，鸟足短，鸟尾以四件绘有羽毛纹饰的漆木片榫接鸟体而成，展现羽状上扬的特色。该件飞鸟外形与荆州的凤鸟差异甚大，短足和尾上覆羽的特征一如孔雀。① 云梦珍珠坡 M1 随葬的飞鸟，足颈比例平均、双翅平展上扬，器物特点在于鹿角安装鸟首之上，而飞鸟足下底座是一只漆卧鹿，亦即鹿座飞鸟。本件器物若拆解成卧鹿与飞鸟来看，形貌特征均与郢都流通的器物相仿，然而此一鹿座飞鸟的组合却未曾见于楚国其他地区。②

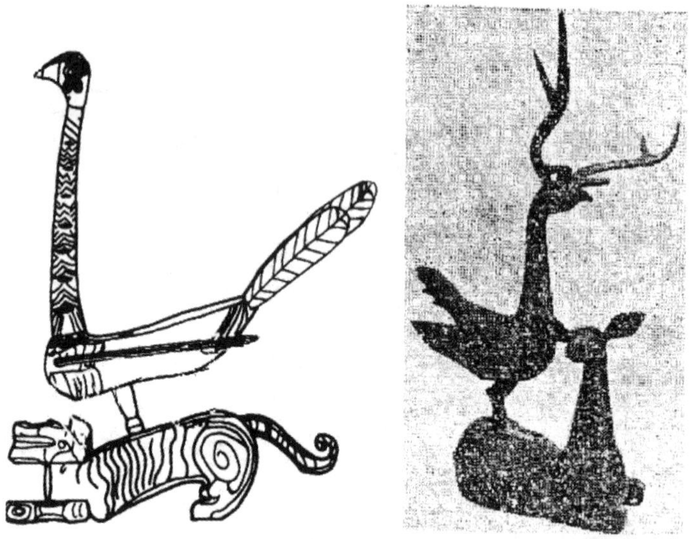

图三　左：黄土岗 M6 虎座飞鸟；右：珍珠坡 M1 鹿座飞鸟

从器物制作的角度来看，楚地工匠制作虎座鸟架鼓或虎座飞鸟，对于虎座或是飞鸟的装饰，具有相当程度的自主性，即使位于同一地区，也容许虎鸟各有姿态。其中更值得注意的是，过去研究将虎与鸟(或包括鹿角代表的鹿)作为器物组成的基础，可是汉水以东的楚墓发掘资料却表明当地随葬的鼓架并不使用虎座。此外，飞鸟也可以鹿为座，在长江以南的长沙亦曾发现以蛇为底座的鸟架鼓。③ 显示虎的形象虽然频繁为楚式丧葬器物所用，但在楚人的信仰意识中却未必有具体的地位。

三、飞鸟器的使用

如前所述，汉水以东楚墓随葬的虎鸟组合器，基本是一种以楚式凤鸟为中心的丧葬用器。楚式凤鸟图像种类繁多，其中又以深富动态感的展翅飞鸟最为常见。在鄂东地区墓葬常可见展翅飞鸟单独成器，此类可称作"飞鸟器"的器物，目前所知均由陶土塑成，并在鸟背开孔以供安插鹿角，鸟腹串接木柱和陶质底座相连。例如天门肖家屋脊 M17 随葬一件陶质飞鸟(图四)，陶鸟与方座原以木柱连接，器物出土时

① 湖北省京珠公路考古队孝感组：《孝感黄土岗战国楚墓发掘简报》，《江汉考古》2000 年第 9 期。

② 云梦县文化馆：《湖北云梦县珍珠坡一号楚墓》，《考古学集刊》1981 年第 1 集。

③ 蛇座鸟架鼓出于盗掘，据传来自长沙战国墓，1938 年流入市场。Michael R. Cunningham. *Masterworks of Asian art*, Cleveland: Cleveland Museum of Art, New York: Thames and Hudson, 1998.

木柱已残。①

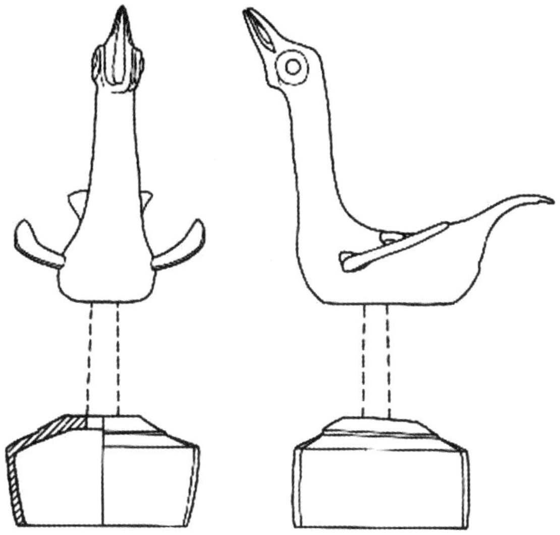

图四　肖家屋脊陶方座鸟(M17：1、6)

肖家屋脊M17为单棺单椁墓，随葬陶鼎、敦、壶、豆与陶方座鸟，从器物组合来看为典型的战国楚墓。M17发现的陶方座鸟，鸟背上开有两孔安装鹿角，鸟腹下开孔以木柱连接方座，方座为模制，陶鸟则是捏塑而成。陶鸟通体素面无纹，和一般所见通体满布纹饰的漆木飞鸟不同，但是陶鸟鼓眼昂首，展翅开嘴呈鸣叫状的样式，完全模仿郢都的虎座飞鸟而来。由于肖家屋脊墓群等级不高，陶鸟形制特殊却仅发现单件孤例，本件陶方座鸟因此未得研究者注意。近年天门的彭家山楚墓再次出土多件陶方座鸟，使该类器物获得进一步研究的资料。②

彭家山一地共发掘清理出19座墓葬，墓中发现铜器、玉石料器和漆木器等随葬品，器物种类涵盖礼器、乐器、兵器与车马器多种。发掘报告依据墓葬的用鼎数量和墓坑规模将墓群分为甲、乙、丙、丁四个等级，其中归属乙类、墓主身份可能为士的战国中期墓葬M1随葬有镇墓兽与虎座鸟架鼓。镇墓兽已残损，虎座鸟架鼓保存不佳，但该件漆木鸟长颈昂首，鸟体饰以羽纹和卷云纹的特征同郢都所见的虎鸟组合器相近。

彭家山乙类墓之中，时代较M1稍晚的M4与M11两座战国中期墓葬则随葬不见于郢都的陶方座飞鸟。M4出土的陶鸟(M4：9)残缺，外形短颈秃喙，从开孔可知鸟背上原有安装插件。M11陶鸟(M11：1，图五)鼓眼、昂首并展翅张口为鸣叫之状，鸟身通体黑底，以红黄白色涂彩，背部开有双孔。彭家山墓地在战国晚期的丙类墓葬M13还有一件陶飞鸟(M13：12)，飞鸟鼓眼、昂首且展翅张口，但鸟首无冠。该器背部开有双孔，腹底则以单粗圆足直接固定于方座。彭家山3件陶飞鸟的形貌各有特点，但也不乏共通的细节。彭家山陶鸟都是展翅鸣叫的姿态，和郢都凤鸟有互通之处，而即使随葬飞鸟器的墓葬年代和等级不同，彭家山的陶飞鸟鸟尾都有扁尾弯曲下垂的共通特征，肖家屋脊的陶方座鸟也具有同样特征，扁尾弯垂可视为天门地区陶方座飞鸟的标志。

① 湖北省荆州博物馆、湖北省文物考古研究所石家河考古队、北京大学考古学系：《肖家屋脊》，文物出版社1999年版，第365~366页，图二七八。

② 湖北省文物考古研究所、天门市博物馆：《天门彭家山楚墓》，科学出版社2012年版，第49页。

图五　彭家山陶飞鸟(M11：1)

此外在河南固始的蝙蝠山楚墓，据发掘简报亦有鸟形器出土，该件器物为泥质灰陶鸟器座，陶鸟长颈昂首，粗尾，腿足呈圆柱形与底座相连。蝙蝠山楚墓的鸟形器形体较小，包含器座的长宽高度皆不足20厘米，又缺乏双翅纹饰等细节，推测本器可能是仿照方座飞鸟制作的粗陋明器。①

飞鸟器亦有漆木材质，例如在湖南益阳M2出土的连坐飞鸟(M2：5、9、15—17、19、21、24、34、38，图六左)，是以一对昂首展翅的飞鸟插立在长方形底座而成，飞鸟制作略显粗糙，未见纹饰。而两只飞鸟形制并非全然相同，其中一鸟翘尾明显，发掘报告认为两件飞鸟的差异代表了雌雄之别。② 河南正阳苏庄楚墓也曾发现鸟形器(M1：67，图六右)，该器出土时已残，但鸟身整体大致完整，发掘简报认为该器可能是某一器物的附件，但是本件器物残高55厘米、宽达91厘米，体量已达到相当规模，鸟足下残缺的应该仅是底座，鸟形器即为一件漆木飞鸟器。苏庄出土的飞鸟如同楚地的飞鸟呈现昂首展翅之貌，但短颈与垂尾的特征则不同于一般所熟悉的楚式凤鸟，纹饰的组合也有所不同。③

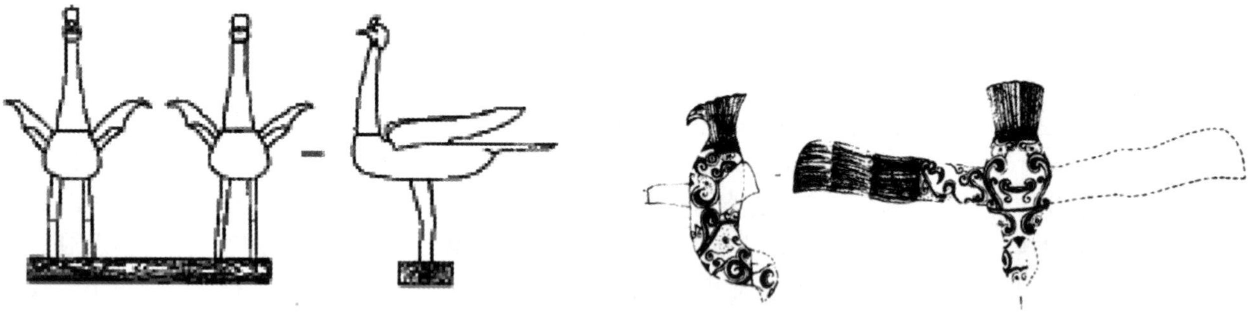

图六　左：益阳羊舞岭M3连座飞鸟、右：正阳苏庄M1鸟形器

讨论楚墓随葬的鸟形器，荆门包山M2随葬的铜鸟或可纳入鸟形器范畴。M2共发现两件铜质鸟形器，其一是通高不满10厘米的立鸟(2：103)，该器鸟首偏侧作顾盼状，翅微张，双足立于底座延伸出的横柱

① 信阳地区文管会、固始县文管会：《河南固始蝙蝠山战国楚墓》，《考古》1991年第5期。

② 益阳市文物管理处、益阳博物馆：《益阳楚墓》，文物出版社2008年版，第203页，图版第204页，图一九二。

③ 驻马店地区文化局、正阳县文化局：《河南正阳苏庄楚墓发掘报告》，《华夏考古》1988年第2期。

上；另一件飞鸟(2：104)鸟首喙前伸，双翅前卷，腹下接立柱，底部为圆盘座，全器通高 21 厘米多。① 两件铜鸟器与礼器同出于 M2 东室并非偶然，发掘报告将铜鸟归类为装饰品恐未尽全意。随葬品丰富的包山 M2 除了十余件木俑，墓中未发现镇墓兽、虎座飞鸟等丧葬用器，也未见虎座鸟架鼓，铜鸟很可能具有宗教用途。②

综观战国楚墓随葬的飞鸟器，陶质飞鸟器主要分布于鄂东天门地区，飞鸟外形源于楚式凤鸟，弯垂的鸟尾则是当地飞鸟特征。漆木飞鸟器的分布零散，但楚地出土漆木器最为集中的荆州和长沙却未见一例，表明飞鸟器和虎座飞鸟的差异不仅是虎座的有无，而是涉及了意识层次的变异。

四、结语

本文讨论的对象主要是战国楚墓随葬的虎座飞鸟和虎座鸟架鼓，亦即楚墓中以虎为座，上接展翅飞鸟的虎鸟组合器。首先通过作为乐器，功能明确的虎座鸟架鼓的结构演变，表明虎座的设计兼具实效和美感。但是在另一方面，鸟架鼓与鹿座、蛇座鼓的存在，也显示虎座之虎对于楚人的信仰意识，特别是鸟架鼓出土最集中的鄂东区域，未能占据一席之地。鄂东地区还有随葬飞鸟器之习，亦即以展翅飞鸟为主体的陶器，此外还有少量的漆木飞鸟器分散各地，但在楚地墓葬发掘成果最为丰富的荆州和长沙却未见飞鸟器，表明飞鸟器和虎座飞鸟各自担负了两种不同的信仰价值。

如果将虎座飞鸟乃至镇墓兽的使用，作为楚系文化展现于意识形态上的特色，的确可以看到楚系文化于战国时期整合了长江中游流域，但是地方性特色却反过来改造、置换了原有的楚系文化的意识框架。

（作者单位：南开大学历史学院）

① 湖北省荆沙铁路考古队：《包山楚墓》，文物出版社 1991 年版，第 262 页。

② 发掘报告将木虎(2：422)也列为丧葬用器，但是依其外形来看，木虎并非完整之器，可能还需要其他配件。湖北省荆沙铁路考古队：《包山楚墓》，文物出版社 1991 年版，第 256 页。

楚国漆文化遗存——酒具盒个案研究

罗　梅

自1988年11月在武汉举办“首届楚国历史与文化国际学术研讨会”，便开始了在这一领域不同方面研究的国际化、跨学科和跨文化的交流与参与，历史研究、渊源探索、地理调查，尤其是过去三十年间大量聚落遗址、王陵和墓葬的发掘，为具体的研究提供了丰富的资料。自此，艺术史家和考古学家专注于分析从楚国聚落遗址和大量楚墓中得到的信息，这些发掘的遗址与墓葬出土了丰富的人工制品，有助于我们了解楚国的物质文化。

一、漆器——备受珍视的器物

大量各式各样随葬品的墓葬的发掘，使得我们能够勾勒出楚国物质文化的特性与重要性。在这些墓葬随葬品中，公元前6世纪初以来生产的漆器制品占据了重要的位置，与墓葬中精心铸造的青铜器一道作为这一时期这一地区最受珍视的器物。

在木材表面涂上从漆树提取的汁液作为保护和装饰的这种传统在中国由来已久。但是直到春秋战国时期漆器才更广泛地运用到礼仪和日常生活中。漆器的生产本身依赖于适当的工具以及原材料、漆树的汁液。位于南方的楚国，气候温和，降雨适中，湿度充足，是漆树理想的生长之地。从春秋时期开始，到之后的战国时期，这里的土地被用于种植漆树。由此，楚国发展成为漆的生产中心，出土的大量漆器也证实了楚国漆器艺术和工艺的繁荣发展。①

楚墓中出土的漆器都制作精致、色彩鲜丽，图案和纹饰也非常优雅。漆器器类、器型丰富。随着春秋时期青铜礼器数量逐渐减少，到了战国时期抗酸碱的漆器则成为最重要的器类。漆匠起初模仿青铜器制作漆器，后来很快创造出新的造型。这时分工有序的漆器作坊已开始发端，类似现代社会的批量化生产，但有着高质量标准。②和其他的媒介如备受推崇的青铜或玉一样，工匠们聚集在作坊中进行加工生产，这些作坊有着高度专业化的组织和劳动管理。很多器物的主体都坚持使用高质量的生漆和木材，达到了很高的质量标准。工匠们能胜任各种工作，首先是用草图的方式创造出新的器类和器型，包括估量这件器物的可用性和实用性。下一步是选择木材作为器物主体，掏挖制作出器物雏形，然后在木材表面熟练地雕刻出精美的动物纹或云纹。随后，将精炼的漆树汁液和细粉末混合，涂抹第一层漆作为底漆以使木器表面光滑。在最后的有独特纹样的装饰层上会再涂抹红色或黑色的单色漆。

很多不同的器物上都覆有漆，如镇墓兽、木偶、乐器、棺木、家具、盒具以及饮食具。新器具的大

---

① 关于战国时期漆器的综合研究请参考：陈振裕主编：《楚秦汉漆器艺术·湖北》，湖北美术出版社1996年版；陈振裕：《楚文化与漆器研究》，文物出版社2003年版；陈振裕：《战国秦汉漆器群研究》，文物出版社2007年版；洪石：《战国秦汉漆器研究》，文物出版社2006年版；胡玉康、潘天波：《中国西部秦汉漆器艺术》，人民美术出版社2014年版。

② 关于湖南和湖北省的漆器生产过程及漆器铭文的研究请参考皮道坚：《战国楚漆器的造型意识与造型手法》，首届长江文化暨楚文化国际学术讨论会筹备委员会编：《长江文化论集(第一辑)》，湖北教育出版社1995年版；张承志：《战国漆器造型随谈》，《东南文化》1996年第1期；聂菲：《湖南楚汉漆木器研究》，岳麓书社2013年版；汪笑楠：《“设官以司，物勒工名”——先秦楚国漆器手工业管理研究》，《设计艺术研究》2018年第2期。

量出现似乎开始于公元前6世纪。在楚地中心地区发掘的墓葬中发现了很多新的器物类型，它们可能是礼仪用品，也在日常生活中使用，最后符合新的墓葬随葬品组合要求从而被随葬。

二、战国时期(公元前475—前221年)食具盒和酒具盒的出现

最引人注目的是装食物和饮品的容器，即所谓的食具盒或酒具盒。①它们被用于收纳青铜器和漆器，如鼎、装酒的壶、装食物的盘、存放食物的盒具，以及盛酒或食物的耳杯，更多的情况下是为了更好地存放和携带物品。基于不同的存放需求生产了不同种类的盒具。目前发现最早的盒具出自曾侯乙墓，年代在公元前433年。总的来说有三种长方形扁平的黑漆盒。盒里存放了多种器具，且存放在不同的格子内，有铜鼎、铜盒、铜罐、铜勺、竹筴、漆盒和小漆罐(见表一，1—3)。②在长盒中叠放着16件羽觞，它们与酒具一道组成一套完整的饮具(表一，1)。

公元前5世纪初以来，墓葬中出现了一种新的长方形盒(表一，4—10)。这些木盒使用了大约50年。这些木盒由两部分构成，一个浅盒身和一个扁平的盖子，两者都是圆角的。盖子上精心雕刻了云纹并涂彩，有时候在盒身底部也会有纹饰。此外，盒具的正面雕刻有动物纹或兽面纹，在盒身底部附有动物的足或爪子。另外，盒身和盖子都设有手柄，一同作为兽耳。这种类型的盒具最早发现于湖北省荆州包山2号墓，墓葬年代在公元前316年(表一，5)。非常有意思的是器柄有时刻了一圈凹槽，可用绳索将盒身和盖子绑在一起。有时候，盒具用皮革包裹，用皮带捆绑。③通常盒身底边分为四格，整齐摆放着小漆壶、漆盒和带圆形耳的耳杯。随着这种新的盒具的出现，这种带圆形耳的耳杯也由于实用性原因取代了此前的羽觞。一方面，圆形的器耳不易碎，另一方面，这样的造型更易于存放在盒子的内格里。④

从战国中期开始可以观察到，在楚国器物的设计上添加动物如凤、蛇、龙或猪形纹饰的做法更加流行。这种情况也与食具盒、酒具盒的发展是一致的。在楚国作坊中大量制作新造型的盒具，带一对类猪形动物装饰(表一，7、9)。在一些墓中，如年代在战国中期的湖北荆州望山桥1号墓，这一类新造型的盒具与早前的方形盒具同出。⑤ 由于望山桥1号墓在早期遭到严重盗掘，只保存了这类新造型盒具的下半部。⑥ 它包括一个浅底椭圆形盒身，以及两端各有一小圆器柄。盒身带两圆形榫头，用来和原本的器盖盖合。在盒身雕刻了蜷缩着的矮壮的动物的四肢，都朝向前方。盒身上的纹饰由回旋纹和羽毛状的S形带饰构成。装饰与湖北荆州包山2号墓的漆棺上的纹饰相似，后者的S形纹饰装饰在龙的身体上。⑦ 如果这件盒具的上半部分还能留存下来，可能会形成完整的一条龙的纹饰。在两件非常不同的器物上有相似的纹饰，继而提出了关于不同器物的制作过程、漆的使用和纹饰交流的问题。工匠、作坊是否使用了一本专门的范本？他们是否在不同器物的不同部位嫁接纹饰？⑧

---

① 盒具的年代与图像见表一。在不同的发掘报告中术语有所差别：食具箱、酒具箱、食具盒、酒具盒、双耳长盒、耳杯盒。关于术语的讨论见洪石：《战国秦汉漆器研究》，文物出版社2006年版，第31~37页。关于不同种类的盒具的新近研究及简介，可参见展梦夏：《具杯盒与多子奁——汉代的便携、收纳利器》，《中国美术》2017年第4期；黄纲正：《湖南楚墓出土的漆奁和漆樽研究》，楚文化研究会编：《楚文化研究论集》第3集，湖北人民出版社1994年版。

② 湖北省博物馆编：《曾侯乙墓文物珍赏》，湖北美术出版社1995年版。

③ 湖北省荆沙铁路考古队：《包山楚墓》，文物出版社1991年版，上册第132~133页；下册，图40，1-2。

④ 羽觞到战国中晚期就停止使用了。在椭圆的器身上水平雕刻出扁平的器柄，器柄上阴刻近方形纹和波浪纹。带圆形柄的耳杯出现于战国中期。这种器柄被雕成半月形，外侧稍微倾斜。我们仍不清楚楚耳杯的器柄形制调整的原因，但是耳杯数量的大幅增加、羽觞器柄的易碎以及更便于叠放的考虑，可能催生了新的器柄形状。参见：Teng Rensheng：*Lacquer Wares of the Chu Kingdom*，Hong Kong：the Woods Publishing House，1992，pp. 96-99.

⑤ 荆州博物馆：《湖北荆州望山桥一号楚墓发掘简报》，《文物》2017年第2期。

⑥ 湖北荆州望山桥墓地一号墓，中国考古网，http://www.kaogu.cn/cn/xccz/20150227/49375.html.

⑦ 湖北省荆沙铁路考古队：《包山楚墓》，文物出版社1991年版，下册，彩图4。

⑧ 展梦夏：《具杯盒与多子奁——汉代的便携、收纳利器》，《中国美术》2017年第4期。

表一　楚国境内发现的食具盒和酒具盒(战国时期 475—221BCE)

	时间	器物(以发掘报告中的术语为准)	内存物品	装饰/铭文	材质	尺寸(长×宽×高,厘米)	出土地点	收藏地点	文献出处	图像
1	战国,公元前433年	酒具箱	方盒(4)圆罐形盒(1),小方盒(4),罐形盒(1),耳杯(16),勺(2),筴(2)	——	木胎,红、黑色漆	125.4×19.6×18.8	湖北随县曾侯乙墓	湖北省博物馆	湖北省博物馆编:《曾侯乙墓——中国田野考古报告集(上下册)》,文物出版社1989年版,上册,第359页,图219;下册,彩图127-1。洪石:《战国秦汉漆器研究》,文物出版社2006年版,第36页,图9-1	C10 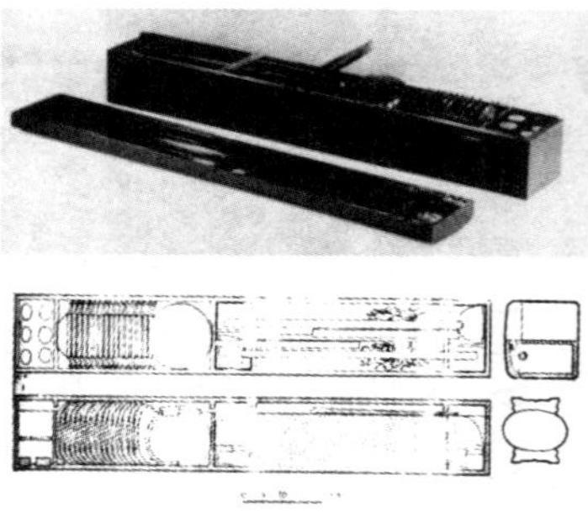
2	战国,公元前433年	食具箱	铜罐(1),铜勺(1),竹筴(1),方笼格盒(1),方形盒(4)	—	木胎,红、黑色漆	59.8×33.5×30.6	湖北随县曾侯乙墓	湖北省博物馆	湖北省博物馆编:《曾侯乙墓——中国田野考古报告集(上下册)》,上册,第360页,图220-2;下册,图版127-2	C60 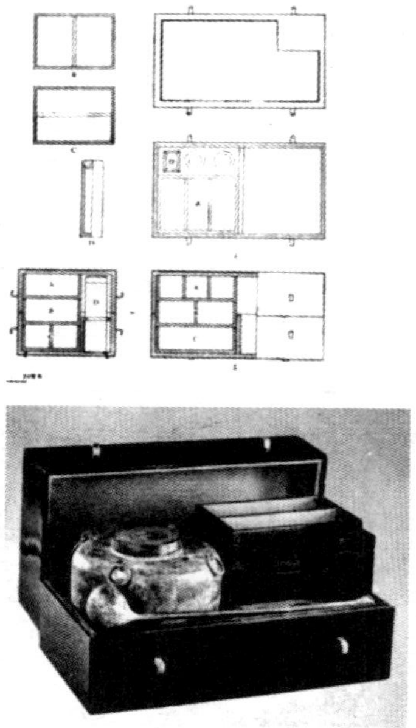

续表

	时间	器物（以发掘报告中的术语为准）	内存物品	装饰/铭文	材质	尺寸（长×宽×高，厘米）	出土地点	收藏地点	文献出处	图像
3	战国，公元前433年	食具箱	铜盒，铜鼎	—	木胎，红、黑色漆	59.6×33.2×31	湖北随县曾侯乙墓	湖北省博物馆	湖北省博物馆编：《曾侯乙墓——中国田野考古报告集（上下册）》，上册，第359页，图219；下册，图版127-1	C129 
4	战国	酒具盒	扁壶（1），耳杯（3），大小方盘（2），竹筴（?）	存放的器物内侧饰红漆，外侧饰黑漆。盒具表面刻旋涡纹，两端有兽面纹	木胎，红、黑色漆	48.8×20.5×15	湖北江陵纪城M1	湖北省文物考古研究所	《中国漆器全集(第1卷)：先秦》，福建美术出版社1997年版，图83 舒之梅、张绪球：《楚文化：奇谲浪漫的南方大国》，上海远东出版社1998年版，第131页，图184 湖北省文物考古研究所：《湖北荆州纪城一、二号楚墓发掘简报》，《文物》1999年第4期，第3页	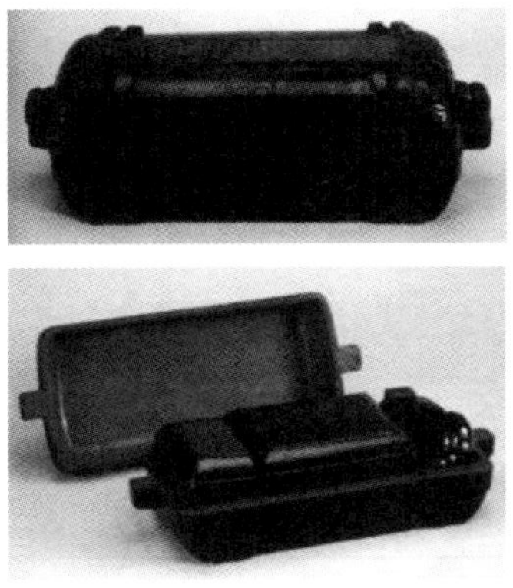

续表

	时间	器物（以发掘报告中的术语为准）	内存物品	装饰/铭文	材质	尺寸（长×宽×高，厘米）	出土地点	收藏地点	文献出处	图像
5	战国，公元前316年	酒具盒	扁壶（2），耳杯（8），大小方盘（2?），食盒（1?）	存放的器物内侧饰红漆，外侧饰黑漆。盒具表面刻旋涡纹，两端有兽面纹	木胎，红、黑色漆	71.5×25.6×19.6	湖北荆门包山M2	湖北省博物馆	《中国漆器全集(第2卷)：战国—秦》，福建美术出版社1997年版，第27页，图25。 Teng Rensheng: *Lacquer Wares of the Chu Kingdom*, Hong Kong, the Woods Publishing House, 1992, p. 26, pl. 19. 陈振裕主编：《楚秦汉漆器艺术·湖北》，湖北美术出版社1996年版，第52页，图34-1、2 张正明、皮道坚编：《楚美术图集》，湖北美术出版社1996年版，第165页，图59。 湖南省博物馆、首都博物馆编：《凤舞九天——楚文化特展》，科学出版社2015年版，第127页 湖北省荆沙铁路考古队：《包山楚墓（全两册）》，文物出版社1991年版，上册，第132页，图82；下册，彩图6-1；40-1、2 舒之梅、张绪球：《楚文化：奇谲浪漫的南方大国》，第130页，图185 东京国立博物馆：《漆で描かれた神秘の世界-中國古代漆器展》，1998年，第98~99页，图38；洪石：《战国秦汉漆器研究》，第36页，图9-3	

续表

	时间	器物（以发掘报告中的术语为准）	内存物品	装饰/铭文	材质	尺寸（长×宽×高，厘米）	出土地点	收藏地点	文献出处	图像
6	战国，公元前300年	酒具盒	扁壶(2)，耳杯(9)，大小方盘(1)	存放的器物内侧饰红漆，外侧饰黑漆。盒具表面刻旋涡纹，两端有兽面纹	木胎，红、黑色漆	61×24×20	湖北江陵望山M1	湖北省文物考古研究所	湖北省文物考古研究所编：《江陵望山沙塚楚墓》，文物出版社1996年版，第85、88页，图59、图版26-3。洪石：《战国秦汉漆器研究》，第36页，图9-2	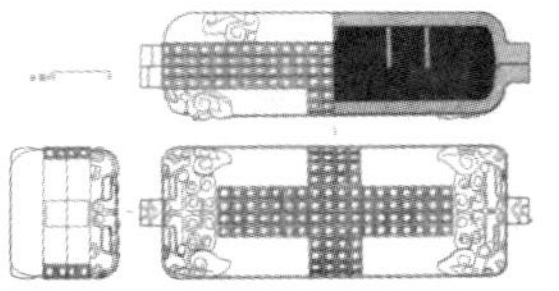 
7	战国	酒具盒（5）		B9 存放的器物内侧饰红漆，外侧饰黑漆。盒具表面刻旋涡纹，两端有兽面纹 B8（上半部已经损坏，下半部保存下来）凤鸟纹，两端有猪面纹 B43 ——	B9/37 木胎，红、黑色漆 B8 木、红色、黄色和黑色漆 B43 木、红色和黑色漆	B9 74.2×23.5 B37（下半部） 28.5×18.5×7.2 B8 46.3×14.8×10.9 B43 19.2×11.4×5	湖北荆州望山桥M1	湖北省荆州博物馆	荆州博物馆：《湖北荆州望山桥一号楚墓发掘简报》，《文物》2017年第2期，第20页，图39-41；第21页，图42；第24~25页	B 9 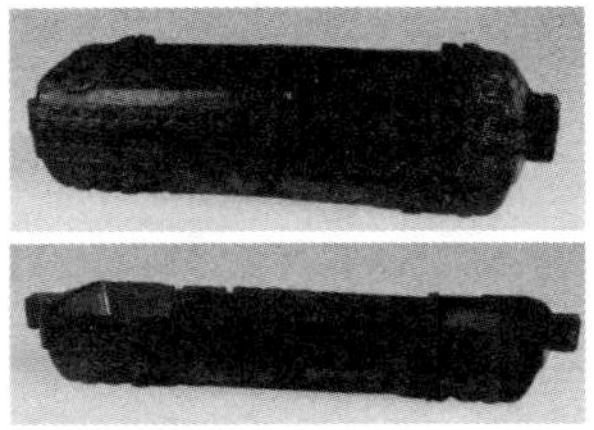 B 37  B 8  B 43 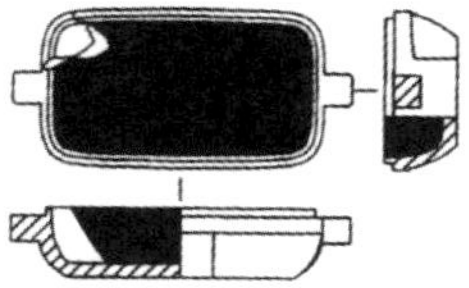

续表

	时间	器物（以发掘报告中的术语为准）	内存物品	装饰/铭文	材质	尺寸（长×宽×高，厘米）	出土地点	收藏地点	文献出处	图像
8	战国，公元前300年	酒具盒	半扁壶(1)，耳杯(?)，大小方盘(3)	存放的器物内侧饰红漆，外侧饰黑漆。盒具表面刻旋涡纹，两端有兽面纹	木胎，红、黑色漆	78×23.6×22.6	湖北枣阳九连墩M2		王红星：《长江中游的楚国贵族大墓》，文物出版社2007年版，图89	
9	战国中晚期	酒具盒		盒具绘了一条龙，两端有兽面纹	木胎，红、黑色漆	70×20×30下半部及盖子的残片	安徽六安白鹭洲M585		安徽省文物考古研究所、六安市文物管理局：《安徽六安市白鹭洲战国墓M585的发掘》，《考古》2012年第11期，第31页，彩图3-2	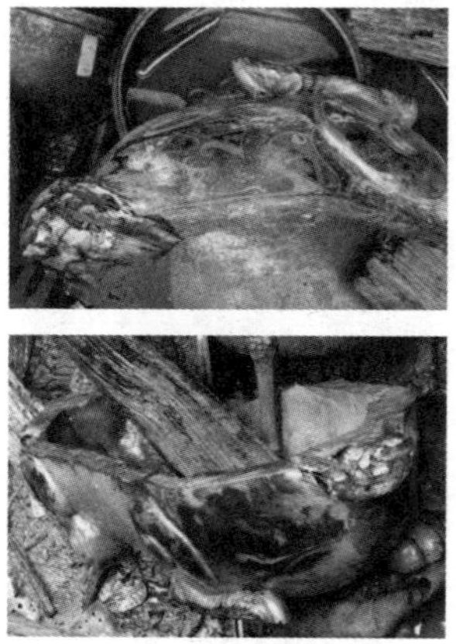
10	战国晚期	酒具盒		抽象龙纹（凤鸟纹?）	木胎，红、黑色漆	残长40×11.5上半部	湖北江陵马山砖厂M2	湖北荆州博物馆	荆州地区博物馆：《江陵马山砖厂二号楚墓发掘简报》，《江汉考古》1987年第3期，第34页，图5 Teng Rensheng: Lacquer Wares of the Chu Kingdom, p. 65, pl. 70 高至喜：《楚文化图典》，湖北美术出版社1999年版，第299页	

续表

	时间	器物（以发掘报告中的术语为准）	内存物品	装饰/铭文	材质	尺寸（长×宽×高，厘米）	出土地点	收藏地点	文献出处	图像
11	战国	双耳长盒		无	木胎，红、黑色漆	35.6×12.8	湖北江陵枣林铺绿化街M1	湖北荆州博物馆	陈振裕主编:《楚秦汉漆器艺术·湖北》,第37页,图18 《中国漆器全集(第2卷):战国—秦》,第119页,图205	
12	战国	酒具盒	耳杯(3)	盒具表面有宴乐狩猎纹、龙纹、蛇纹,两端有猪面纹	木胎，红、绿、灰和黑色漆	64.2×24×28.6	湖北荆州天星观M2	湖北省荆州博物馆	湖北省荆州博物馆:《荆州天星观二号墓》,文物出版社2003年版,第143页,图123,图版37 湖南省博物馆、首都博物馆编:《凤舞九天——楚文化特展》,第127页	
13	战国，公元前300年	猪形盒		抽象几何纹，两端有猪形头	木胎，红、黑色漆	43×15×20	湖北江陵雨台山M56	湖北省文物考古研究所	《中国漆器全集(第2卷):战国—秦》,第4页,图4 陈振裕主编:《楚秦汉漆器艺术·湖北》,第36页,图16 张正明、皮道坚编:《楚美术图集》,第162页,图58-1、2 Lam / Yau Hok Wa (eds.): *Lacquerware from the Warring States to the Han Periods excavated in Hubei*, Hong Kong, 1994, fig. 26 湖南省博物馆、首都博物馆编:《凤舞九天——楚文化特展》,第126页 Wong, Grace / Yeow, Lesley (eds.): War and Ritual-Treasures from the Warring States Period 475-221 B. C., Singapore: Empress Place Museum, 1993, p. 99	

自公元前4世纪末以来，带双面猪形装饰的盒具作为新的造型出现，称为“猪形盒”(表一，9、11—13)。这一类盒具比之前的盒具体型小，只用来存放耳杯。这类盒具由装饰了猪蹄、猪肚子的盒身，和有着猪头和背部造型的盖子构成。圆形扁平的柄手则为猪鼻子的造型。相似的例子在湖北和安徽省有发现，如湖北省江陵雨台山56号墓、荆州天星观2号墓和安徽省六安白鹭洲585号墓。

盒具的造型和装饰都是楚国物质文化典型的样式。它们主要发现于楚国中心的地域，体现了楚国工艺的技术和艺术创新。工艺展示了对造型和色彩的纯熟掌握。上述战国时期的墓葬中不仅发掘了这些卓越、独特的物品，同时还引出了一些关于这些器物在当时日常生活、礼仪活动和葬俗中如何被使用的有趣问题。

三、在秦(公元前221—前206年)汉(公元前206—公元220年)时期存放耳杯的盒具

楚文化在之后的朝代中仍然继续激发着奇思妙想，它的艺术遗具保存了下来。漆器作坊的工匠拥有着高超的手工技艺和匠人的想象力，他们关于工艺品和器物的传统造型和装饰的知识并不因为战国末期楚国的衰亡而突然终止，而是延续到了秦汉时期。在短促的秦代，漆器的种类减少，而且漆器以世俗用途为主。令人惊讶的是，作坊仍然持续生产食具盒和酒具盒(见表二，14—24)。这样的例子几乎都发现于湖北云梦睡虎地墓地周边。然而，盒具受到一定程度的改造：总的外形仍然类似此前的猪形盒，但是造型和装饰变化更倾于抽象化。盒身和盖子如今都配有圆形的边棱作为器足，使得盒具能够立稳，盖子也是如此，在打开盒具的时候，形成了两个相同的盒身。盖子和盒身的底部装饰着相同的纹饰：在中间装饰抽象的凤鸟纹和龙纹，在边缘则有几何凤鸟纹。盒具上的两只眼睛和扁平方形或圆形的鼻子让人回想起楚国作坊关于猪形盒的构思。

到了秦代末汉代初年，带有圆形扁平柄手、素面的小型圆形盒具出现。它们在内侧涂红漆，在外侧涂黑漆，在盒内存放了五至六件小耳杯(表二，24—25)。

西汉的漆器作坊继续生产这种特别的盒具，但从之前的秦代开始，盒具的尺寸变小且只存放耳杯：即所谓的耳杯盒(表二，26—32)。在西汉早期阶段，这种耳杯盒只在此前楚国中心地域的墓葬中发现，即在今天的湖南和湖北省。非常好的例子发现于湖南长沙马王堆墓、湖北荆州高台33号墓、江陵凤凰山168号墓。①这些盒具由盖子和盒身构成，两者盖合严密。在盒具正面处雕刻有两个扁平圆形的柄手，但是没有采用动物的造型。在这一时期盒具的尺寸、造型、装饰的标准化，以及存放的耳杯都臻于审美之佳境。盖子中部和盒身底部的云气纹与几何纹、波纹组合。耳杯成排叠放，只有一个耳杯是反着摆放在中间的。最后一个耳杯有两重器沿，柄手呈扁平三角形，以固定住其他耳杯。

盒具在汉代墓葬的随葬品中扮演着重要的角色。在位于今天湖北和湖南的两座墓的随葬品清单将盒具列为“杯具盒”。在湖北江陵凤凰山168号墓中35号竹简称盒具为：“具器一合杯十枚有囊”。在湖南长沙马王堆1号墓中195号和196号竹简列有耳杯和两个盒具，“髹画小具杯甘(廿)枚”和“髹画具杯□二合”。②

在西汉晚期(大约公元前70年)，这些独特的木盒具停止生产了。但是将一套耳杯存放在一个容器中的想法仍然为墓葬随葬品所采用和延续。只有在今天安徽、江苏和江西的一些墓葬中发现了精致的小型盒

---

① 湖北省文物考古研究所：《江陵凤凰山168号汉墓》，《考古学报》1993年第4期，图21；湖南长沙博物馆、中国科学院考古研究所编：《长沙马王堆一号汉墓》，文物出版社1973年版，上集第84页，图78；下集第155页，图164；湖北省荆州博物馆：《荆州高台秦汉墓》，文物出版社2000年版，第136、138页，图110，图版7-2；湖南省博物馆、陈建明主编：《马王堆汉墓：古长沙国的艺术和生活》，岳麓出版社2008年版；李玫：《秦汉漆器的装饰风格》，《艺术百家》2001年第4期。

② 湖北省文物考古研究所：《江陵凤凰山168号汉墓》，《考古学报》1993年第4期；湖南长沙博物馆、中国科学院考古研究所编：《长沙马王堆一号汉墓》，文物出版社1973年版，上集第145页。

表二　食具盒和酒具盒(秦代 221—206BCE 至汉代 206BCE—220BCE)

	时间	器物（以发掘报告中的术语为准）	内存物品	装饰/铭文	材质	尺寸(长×宽×高，厘米)	出土地点	收藏地点	文献出处	图像
14	秦，公元前256年	双耳长盒		抽象几何纹，两端有猪形头	木，红色和黑色漆	25.5×12×10.7	湖北云梦睡虎地 M7:10		《云梦睡虎地秦墓》编写组编:《云梦睡虎地秦墓》，文物出版社 1981 年版，第 38 页	无图
15	秦	双耳长盒		抽象几何纹、凤凰纹，两端有猪形头	木，红色和黑色漆	26.8×13.2×11.5	湖北云梦睡虎地 M25:12		左德承:《云梦睡虎地出土秦汉漆器图录》，湖北美术出版社 1986 年版，第 7 页	
16	秦，公元前217年	双耳长盒（2）		抽象几何纹，凤凰纹，两端有猪形头	木，红色和黑色漆	27.8×13.3×11.8	湖北云梦睡虎地 M9:51	湖北省云梦县博物馆	《中国漆器全集(第 2 卷):战国—秦》，第 116 页，图 102 左德承:《云梦睡虎地出土秦汉漆器图录》，第 5 页 《云梦睡虎地秦墓》编写组编:《云梦睡虎地秦墓》，第 28、32 页，图 29；第 38 页，表 3，表 14-1、2 洪石:《战国秦汉漆器研究》，第 37 页，图 9-4	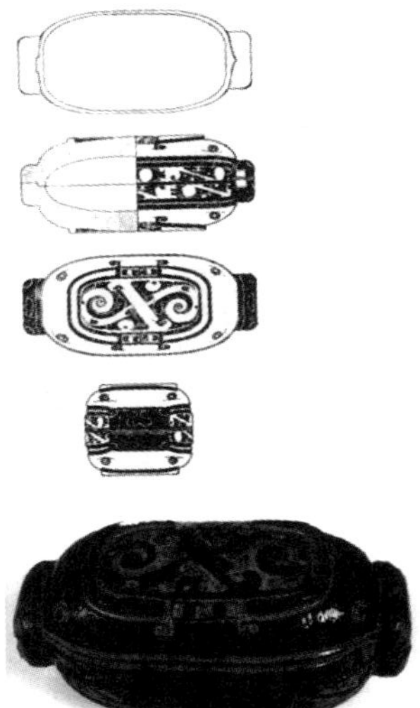

续表

	时间	器物（以发掘报告中的术语为准）	内存物品	装饰/铭文	材质	尺寸（长×宽×高，厘米）	出土地点	收藏地点	文献出处	图像
17	秦	双耳长盒		抽象几何纹、凤凰纹，两端有猪形头。铭文：咸包，亭上	木，红色和黑色漆	18.5×9.9×8.3	湖北云梦睡虎地 M43	湖北省博物馆	陈振裕主编：《楚秦汉漆器艺术·湖北》，第175页，图121-1~3 《中国漆器全集（第2卷）：战国-秦》，第118页，图104 Lam / Yau Hok Wa (eds.): *Lacquerware from the Warring States to the Han Periods excavated in Hubei*, fig. 38 Liu Yang et al.: *Homage to the Ancestors: Ritual Art from the Chu Kingdom*, Sydney: Art Gallery of South New Wales, 2011, p. 141, fig. 59 左德承：《云梦睡虎地出土秦汉漆器图录》，第9页 王红星：《长江中游的楚国贵族大墓》，第64~65页	
18	秦	双耳长盒		抽象几何纹，凤凰纹，两端有猪形头	木，红色和黑色漆	26.8×13.2×11.5	湖北云梦睡虎地 M25	湖北省博物馆	《中国漆器全集（第2卷）：战国—秦》，第116页，图102	
19	秦，公元前217年	双耳长盒		抽象几何纹，凤凰纹，两端有猪形头	木，红色和黑色漆	27.8×13.3×11.8	湖北云梦睡虎地 M9：51	湖北省云梦县博物馆	《云梦睡虎地秦墓》编写组：《云梦睡虎地秦墓》，第28、38页，表14	

续表

	时间	器物（以发掘报告中的术语为准）	内存物品	装饰/铭文	材质	尺寸（长×宽×高，厘米）	出土地点	收藏地点	文献出处	图像
20	秦	双耳长盒		抽象几何纹，凤凰纹，两端有猪形头	木，红色和黑色漆	30×14×6.5	湖北江陵岳山M36	湖北省江陵县博物馆	《中国漆器全集(第2卷)：战国—秦》，第102页，图106	
21	秦	双耳长盒		——	木，红色和黑色漆	M 3:20：25×13×10.5 M 6:13：29×13×11 M8:13：26×14×11 M 10:3：20:11:7.5 M 13:14：26.5×13.5×10.5 M 14:17（盖）：25.6×12×4.2	湖北云梦睡虎地M 3：20；M 6:13；M 8:13，M 9：6，M 10:3；M 13：14；M 14:17		《云梦睡虎地秦墓》编写组编:《云梦睡虎地秦墓》，第34、38页，表14-3；洪石:《战国秦汉漆器研究》，第37页，图9-5	M 3:20 
22	秦-西汉初，约公元前202年	双耳长盒		抽象几何纹，凤凰纹，两端有猪形头	木，红色和黑色漆	27.2×13.5×6.8（盖）(26.5×6.2?)	湖北云梦睡虎地M47：86	湖北省博物馆	Lam / Yau Hok Wa (eds.): *Lacquerware from the Warring States to the Han Periods excavated in Hubei*, fig. 59 王红星:《长江中游的楚国贵族大墓》，第66页 左德承:《云梦睡虎地出土秦汉漆器图录》，第8页	

续表

	时间	器物（以发掘报告中的术语为准）	内存物品	装饰/铭文	材质	尺寸（长×宽×高，厘米）	出土地点	收藏地点	文献出处	图像
23	秦-西汉初，约公元前202年	双耳长盒（下半部）		无	木，红色和黑色漆	25×12.5×4.2	四川荥经古城坪M1		荥经古墓发掘小组:《四川荥经古城坪秦汉墓葬》,《文物资料丛刊》第4辑,1981年,第71、73页,图版12	
24	秦，约公元前217年	耳杯盒	耳杯(5)	无纹饰,铭文:亭	木，红色和黑色漆	15.5×13.5×11.3	湖北云梦睡虎地M13:2	湖北省博物馆	陈振裕主编:《楚秦汉漆器艺术·湖北》,第188页,图133 Lam / Yau Hok Wa (eds.): *Lacquerware from the Warring States to the Han Periods excavated in Hubei*, fig. 41 东京国立博物馆:《漆で描かれた神秘の世界-中國古代漆器展》,第153页,图82 王红星:《长江中游的楚国贵族大墓》,第48~49页 《云梦睡虎地秦墓》编写组编:《云梦睡虎地秦墓》,第34页,表20	
25	西汉早期	耳杯盒	耳杯(6)	无纹饰	木，红色和黑色漆	16.5×15.8×11.8	湖北云梦大坟头一号墓头箱32号		洪石:《战国秦汉漆器研究》,第37页,图9-6 湖北省博物馆:《云梦大坟头一号汉墓》,《文物资料丛刊》1981年第4辑,图版2-3、4	

续表

	时间	器物（以发掘报告中的术语为准）	内存物品	装饰/铭文	材质	尺寸（长×宽×高，厘米）	出土地点	收藏地点	文献出处	图像
26	西汉	耳杯盒	耳杯(10)	抽象几何纹，云气纹	木，红色和黑色漆	22.9×18.5×13.3 耳杯 16.5×11.9×4.4	湖北长沙望城坡西汉渔阳王后墓		宋少华、李鄂权:《湖南长沙望城坡西汉渔阳墓发现简报》,《文物》2010 年第 4 期,第 12 页,图 19,第 24 页,图 1	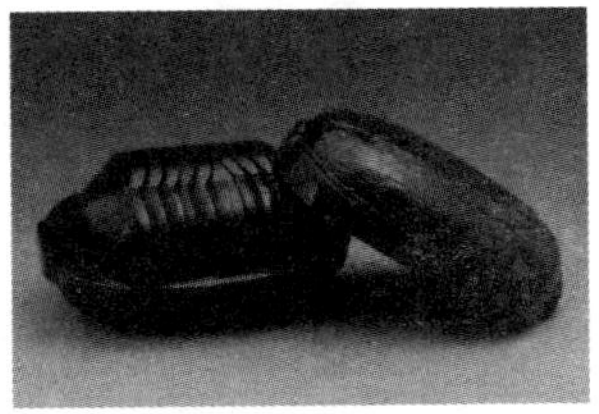 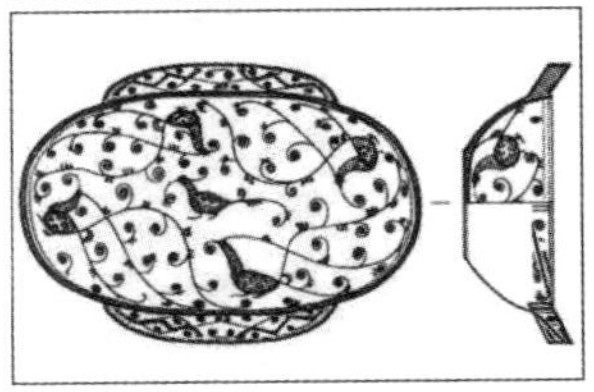 
27	西汉	耳杯盒	耳杯(6)	抽象几何纹、云气纹	木，红色和黑色漆	19×16.5×12.2	湖南长沙马王堆 M1	湖南省博物馆	湖南长沙博物馆、中国科学院考古研究所编:《长沙马王堆一号汉墓》,文物出版社 1973 年版,上集第 84 页,图版 78;下集第 155 页,图版 164 洪石:《战国秦汉漆器研究》,第 37 页,图 9-7	 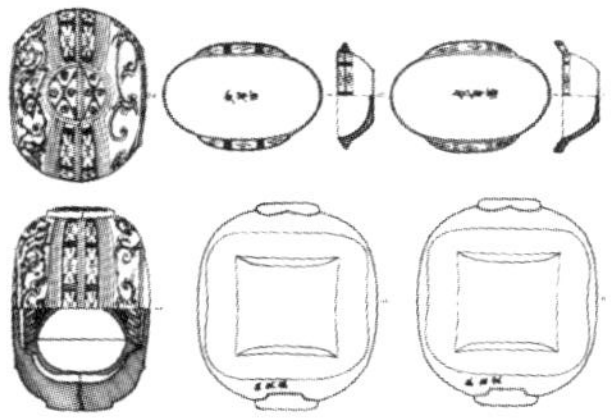

续表

	时间	器物（以发掘报告中的术语为准）	内存物品	装饰/铭文	材质	尺寸（长×宽×高，厘米）	出土地点	收藏地点	文献出处	图像
28	西汉，公元前168年	耳杯盒(2)	耳杯(7)	抽象几何纹，云气纹	木，红色和黑色漆	I. 19×16.3×12 cm II. 18.5×15.7×10.7	湖南长沙马王堆M3	湖南省博物馆	湖南长沙博物馆、中国科学院考古研究所编：《长沙马王堆二、三号汉墓》，文物出版社2004年版，第131、132页，图48，图版31-2 陈建明主编：《湖南省博物馆》，中西书局2012年版，第38页，图6	
29	西汉	耳杯盒	耳杯(10)	抽象几何纹，云气纹	木，红色和黑色漆	22.9×18.5×13.3	湖南长沙市王城坡古坟垸	湖南省长沙市文物考古研究所	宋少华、李鄂权：《湖南长沙望城坡西汉渔阳墓发现简报》，第12页，图版19；第24页，图版52-2 聂菲：《湖南楚汉漆木器研究》，岳麓书社2013年版，第315、375页	
30	西汉早期，公元前206-前156年	耳杯盒	耳杯(10)	抽象几何纹，凤凰纹，云气纹，两端有抽象猪形头	木，红色和黑色漆	20.3×16.8×12.6	湖北荆州高台M33	荆州博物馆	湖北省荆州博物馆：《荆州高台秦汉墓》，文物出版社2000年版，第136、138页，图110，图版7-2	

续表

	时间	器物（以发掘报告中的术语为准）	内存物品	装饰/铭文	材质	尺寸（长×宽×高，厘米）	出土地点	收藏地点	文献出处	图像
31	西汉	耳杯盒	耳杯(12)	抽象几何纹，凤凰纹，云气纹，两端有抽象猪形头	木，红色和黑色漆	20.5×16.8×13	湖北江陵凤凰山 M168	湖北省博物馆	湖北省文物考古研究所：《江陵凤凰山 168 号汉墓》，《考古》1993 年第 4 期，第 478 页，图 21 陈振裕主编：《楚秦汉漆器艺术·湖北》，第 228 页，图 184 Teng Rensheng: *Lacquer Wares of the Chu Kingdom*, p. 75, Pl. 83	
32	西汉	耳杯盒	耳杯(?)	抽象几何纹，云气纹	木，红色和黑色漆	残片	湖南长沙沙子塘	湖南省博物馆	湖南省博物馆：《长沙沙子塘西汉墓发掘简报》，《考古》1963 年第 2 期，第 16 页，图版 5 右 商承祚：《长沙出土楚漆器图录》，中国古典艺术出版社 1957 年版，图版 30-31	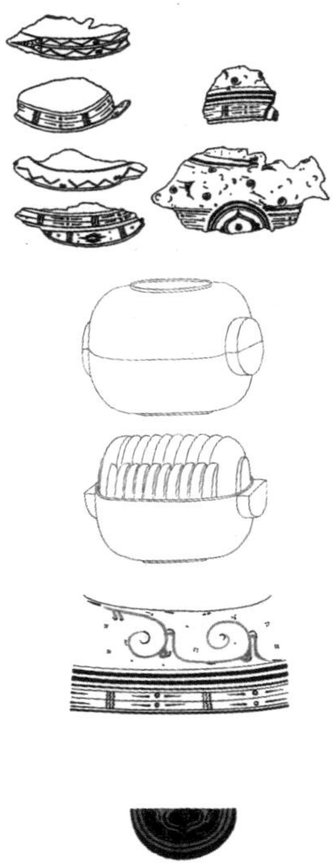

续表

	时间	器物（以发掘报告中的术语为准）	内存物品	装饰/铭文	材质	尺寸（长×宽×高，厘米）	出土地点	收藏地点	文献出处	图像
33	西汉	耳杯盒	耳杯(4?)	无	木？黑漆		江西南昌海昏侯墓		首都博物馆编：首都博物馆编：《五色炫曜——南昌汉代海昏侯国考古成果》，江西人民出版社2016年版，第174页	
34	西汉	食具盒	大中小耳杯(10)，盘(5)	无	木，黑漆	直径27，高22大耳杯4×14.5×11，中耳杯12.8×9.8×3.5，小耳杯10.1×8.3×3，盘直径24.5高5	江苏宝应县天平镇前走马墩		李则斌主编：《汉广陵国漆器》，文物出版社2004年版，第38页，图17	
35	西汉晚期	耳杯盒	耳杯(?)	阴刻绘彩的几何纹，云气纹	苎麻，黑漆	15.4×11.5×5.5	安徽天长三角圩M1：178	安徽省天长市博物馆	安徽省文物考古研究所：《天长三角圩墓地》，文物出版社2013年版，第130页，图版127	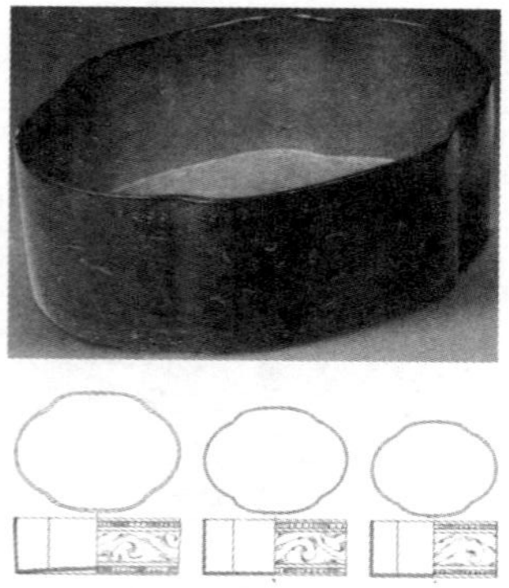
36	西汉	耳杯盒	耳杯(4)	阴刻几何纹	干漆，黑色和红色漆	长15×高4.6	江苏邗江西湖乡蜀岗村	扬州博物馆	《中国漆器全集(第3卷)：汉》，福建美术出版社，1997年版，第121页，图版198	

续表

	时间	器物（以发掘报告中的术语为准）	内存物品	装饰/铭文	材质	尺寸（长×宽×高，厘米）	出土地点	收藏地点	文献出处	图像
37	西汉晚期	耳杯盒			干漆	D 25 H 14	安徽天长三角圩 M1:176	安徽省天长市博物馆	安徽省文物考古研究所：《天长三角圩墓地》，第 68 页，图版 59，彩图 46	 
38	东汉	酒具盒	耳杯（14?）	——	陶瓷，绿釉	27.5×16×28	河南济源市沁北电厂五龙口西窑头 M10			 

具，盒具器身为薄木坯或麻布胎，以一种非常不同的方式制成，或是呈圆形且内含耳杯形的小内格，或是呈四叶形(表二，33—37)。①

在东汉时期，之前的耳杯盒的造型似乎未被遗忘，回归到了陶器中，这种例子在河南省济源五龙口西窖头10号墓中可以见到(表二，38)。②

四、结语

考察漆器酒具盒和食具盒可以使我们对楚漆器艺术独特的传统有新的认识。这些盒具是墓葬随葬品中的具有特殊创新性的物品。它并非仿制于青铜器的原型，而是出于漆器工匠独特的楚文化艺术创造。人们提出很多疑问，为什么这些盒具在战国时期的贵族墓中如此流行？创造这样的盒具的想法出自于何处？为什么人们在很长一段时间内将成套的饮具存放于盒具内，而后演变为了只存放耳杯？它们是食具和饮具尤其是耳杯批量生产的产物么？它们是根据客户的喜好特殊订制的么？

存储和盛放食物和酒水的器物最早发现于公元前5世纪中期的墓葬，它们势头强劲，在墓葬随葬品中一直发展、延续了超过400年，直到东汉时期才停止使用。

（作者单位：海德堡大学东亚艺术史系）

① 在天长地区发掘了非常精致的实物例子，见安徽省文物考古研究所：《天长三角墟墓地》，文物出版社2013年版，第174页，图版127；以及最近在海昏侯墓的发掘，见首都博物馆编：《五色炫曜——南昌汉代海昏侯国考古成果》，江西人民出版社2016年版，第174页。

② 济源博物馆：酒具盒及耳杯介绍，http://www.jysmuseum.com/bencandy.php？fid=72&id=749.

荆州纪南城遗址究竟是楚国的哪个郢？

黄锡全

湖北省荆州市荆州区（原江陵县）城北约 5 公里的纪南城遗址，是一座古老的都城遗址，规模宏大，城内城外具有丰富的文化遗存，是国家级文物保护单位。此地历来受到史学家的重视，湖北方面做了艰苦细致的考古工作，取得了较为丰硕的成果。但对这座古城的年代及性质，学术界意见不一。此前的工作，不论是文物考古部门的田野发掘，还是历史地理的研究，前辈所做的艰苦努力与探索都是值得肯定的。我们不能因为今天能见到如清华简《楚居》这样的新材料而责怪前贤的讨论意见。相反，正是因为有前辈学者的深入研究与考古发掘，才为我们今天的进一步探讨打下了基础。为避免繁琐，本文只是简略条述个人倾向性的意见，有兴趣者可阅读文中所列有关学者论著。①

一、纪南城遗址的考古年代

我们所说的纪南城遗址，是指现今还保留有城垣的遗址。该城东西长约 9 华里，南北宽约 7 华里（东垣长 3706 米，南垣长 4502 米，西垣长 3751 米，北垣长 3547 米），周长计 15506 米，面积约 16 平方公里。② 大家讨论的年代与性质主要是针对该城址而言。

根据考古发掘与发现，纪南城的城墙建筑年代或遗址年代主要有如下依据。

第一，《考古学报》1982 年第 3、4 期连载《楚都纪南城的勘查与发掘》，有数处结论性意见：

（1）纪南城西垣北门的发掘，报告称："根据纪南城内发现的水井和纪南城内出土的陶器的初步认识，以及江陵地区楚墓出土的陶器序列研究，表明这些被城门所压的遗迹遗物的时代，相当于春秋晚期至战国早期。而城门兴建年代不能早于这个时代，也就是说，西垣北门的兴建年代大约在春秋晚期或稍后。另外，城门兴建以后至废弃期间的地层（第三层）和同期灰坑中出土的平沿大口宽裆陶鬲、浅腹陶盂、铁器和铜带钩等，显然是战国时期的遗物。据此，城门存在的时代也应在战国时期。"见第 3 期第 341 页。

（2）南垣水门遗址的发掘，报告称："木构建筑的兴建年代可定为春秋晚期，而使用年代可延至战国。"见第 3 期第 348 页。

（3）城内松柏区 30 号建筑遗址的发掘，发现有早期遗迹和晚期建筑基址。根据地层关系与出土遗物，分为早晚两期："早期遗物的下限可定为春秋晚期，这也是下层大型房屋建筑基址（F2）的下限年代。其始建年代有可能早到春秋中期。因早期遗物太少，尚难确断。""上层房屋建筑（F1）的年代下限应为战国中期，其始建年代应为战国早期，即上层建筑使用的年代较长，乃战国早期至中期的一座大型房屋建筑。由此可知，本建筑遗址的年代为春秋晚期至战国中期，始建年代也可能是在春秋中期。"见第 4 期第 483、485 页。

---

① 我因在纪南城做过一段时间的考古工作，对楚都的问题一直比较关注，清华简《楚居》面世后也写过相关文章，终因局限于目前所见材料未敢再轻易发表意见。2015 年 11 月 27—29 日在湖北荆州召开纪南城考古发掘四十周年学术研讨会，报道见《江汉考古》2015 年 6 期，我因故未出席会议。此文即为这次会议准备的小文，现略加修改而成，所述倾向性的意见仅供参考。

② 湖北省博物馆：《楚都纪南城的勘察与发掘》，《考古学报》1982 年第 3 期。另可参见冯秋生：《楚都纪南城与同时期中原诸国都城之比较》，《楚文化研究论集》第 4 集，河南人民出版社 1994 年版。

(4)城内西南陈家台遗址的发掘，“从台基附近发现的炼炉遗址以及与铸造有关的遗物看，这里应是当时一个铸造作坊遗址”，根据出土遗物及炭化米的年代测定，“这个台基的时代可定为战国时期”。见第4期第488页。

(5)城内水井、窑址的勘查与发掘，报告称：“纪南城内经过发掘的水井、窑址，没有找到它们之间的明显的地层早、晚关系或互相打破关系，而水井则大多未清理到底，窑址仅存底部。因此对它们进行分期，目前尚有困难。根据形制特点及遗物特征，它们的上限年代都不早于春秋中期。”见第4期第495页。

(6)报告结论：“根据已经获得的考古资料，可以肯定纪南城就是楚之郢都。无论是城内的普遍勘查还是多处城门、城内宫殿基址的发掘以及城垣断面的试掘，或是城外靠近城垣的一些遗址的调查，所获资料都足以证明现存城垣是春秋晚期至战国早期所形成的。”见第4期第504页。

第二，2011年，经对纪南城东南烽火台遗址及其西侧城垣试掘，弄清了烽火台台基与城垣为同时规划修建。报告认为“城垣的始筑年代不早于战国早期”，“城垣的使用年代为战国早期以后”。①

第三，2011—2012年，经过对纪南城遗址松柏区30号台基西南部的发掘，报告认为：“通过本次发掘，我们进一步明确认识到纪南城遗址宫殿区至少经过了两次大规模的工程建设。第一次应该是与1982年简报F2同期相关，其年代或在战国中期。第二次应该是与1982年简报F1同期相关，其年代应在战国中期晚段。两次建设中都有大规模平整台基周边场地的工程。而从本次发掘之H2与82年简报西垣北门H1、J5等城垣夯土下单位之比较，纪南城城墙之建筑年代似晚于F1，这一点有待后续进一步工作中进行更确切的验证。”见报告第27页。②

这就是说，湖北省考古研究所经过2011—2012年的工作，对《考古学报》1982年第3、4期所刊简报意见有所修正，将原来“现存城垣是春秋晚期至战国早期所形成的”修正为“城垣的始筑年代不早于战国早期”、“城垣的使用年代为战国早期以后”，进而提出“纪南城城墙之建筑年代似晚于F1”，“其年代应在战国中期晚段”；将30号建筑台基F2“其始建年代有可能早到春秋中期”修正为“其年代或在战国中期”，将F1的年代由原来“年代下限应为战国中期，其始建年代应为战国早期”修正为“其年代应在战国中期晚段”。换言之，经过2011—2012年的考古发掘，发掘者认为纪南城城墙的建筑年代应在战国早期或以后，甚至可能晚到战国中期晚段。30号台基早期建筑F2在战国中期，晚期建筑F1在战国中期晚段。

若是这样，现存纪南城遗址就是一座战国时期的城址，其结束年代无疑当在“白起拔郢”之时，即公元前278年，这就为进一步讨论有关问题提供了重要的考古依据。

二、纪南城遗址是楚国什么时代的“郢”有不同意见③

有关文献及传统说法认为，纪南城遗址是楚文王或楚武王所都之“郢”，直至“白起拔郢”，作为楚都长达400余年。如《史记·楚世家》：“文王熊赀立，始都郢。”《正义》引《括地志》云：“纪南故城在荆州江陵县北五十里。杜预云国都於郢，今南郡江陵县北纪南城是也。”《汉书·地理志》南郡“江陵”县原注：“故楚郢都，楚文王自丹阳徙此。”《世本·居篇》：“楚鬻熊居丹阳，武王徙郢。”杜预《春秋释例·氏族谱》：“楚国……成王封熊绎于楚……居丹阳。武王居郢，今江陵是也。”④根据清华简《楚居》，武王始都

① 湖北省文物考古研究所：《荆州纪南城烽火台遗址及其西侧城垣试掘简报》，《江汉考古》2014年第2期。

② 湖北省文物考古研究所：《荆州纪南城遗址松柏区30号台基2011—2012年发掘简报》，《江汉考古》2014年第5期。

③ 主要列举亲自参与考古发掘者及当代有关研究代表之意见。有关诸“郢”的不同意见，还可参见高介华、刘玉堂：《楚国的城市与建筑》，湖北教育出版社1996年版，第95~133页；吴良宝：《战国楚简地名辑证·楚简中的都郢地名》，武汉大学出版社2010年版，第37~68页。

④ 另如曲英杰：《先秦都城复原研究》，黑龙江人民出版社1991年版，第380页；《楚都纪南城研究》，《楚学论丛》，《江汉论坛》1990年增刊；《说郢》，《湖南考古辑刊》第6辑，岳麓书院1994年版。

郢名“疆浧(郢)”，我们主张即“郊郢”，在今湖北钟祥。① 也有学者主张“疆郢”就是纪南城。如辛德勇先生认为：“楚国此都之旧名或作‘疆郢’，或称‘南郢’，其作‘纪郢’者则颇有可能是由‘纪南城’衍生出来的名称。”②守彬先生认为，楚都“郢”一直在纪南城，“×郢”并非城邑名，而是宫殿名。③

亲自参加纪南城考古发掘工作的刘彬徽、郭德维、杨权喜等几位学者，对纪南城的年代与性质也曾发表过意见。他们的意见值得重视。刘彬徽先生认为：“战国时期的郢都在此，已基本上得到了证实。问题在于春秋时期的郢都是否在此？由于还未找到春秋时期郢都的城垣加上春秋时期的遗迹遗物较少，很容易使人对此产生怀疑。”“目前，我们仍然认为纪南城是春秋战国时期的郢都故址。”④清华简《楚居》被发现后，他认为楚文王“始都为郢”是正确的。“为郢”“应在今荆山南麓至沮漳河流域，也可能仍应在今荆州区内。”⑤

郭德维先生认为：“通过纪南城内发掘所获的一些考古资料，如西垣北门兴建时所压的遗迹、遗物，南垣水门清基、奠基的遗物，上层宫殿台基所压下层宫殿台基的情况及下层台基的遗物等，这些显然都要早于城垣、城门或与修建时期同时，通过这些遗物的分析，可以看出：纪南城大概修建在春秋晚期到战国早期。”“由以上的考古与文献资料证明：纪南城是战国时代的楚郢都。”楚都迁至纪南城在楚惠王时期，此前“吴师入郢”之郢在当阳季家湖古城。⑥

杨权喜先生，作为纪南城首批考古报告的主要执笔人，另写有当年对纪南城考古调查发掘和资料整理的一些情况，进而对纪南城的年代与性质又进行了较为深入的讨论，而其基本观点不变，即“楚文化起源地和发展中心区域都在鄂西沮漳河流域；今纪南城就是楚郢都，‘始郢都’也可能就在今纪南城”。⑦

张正明先生认为，楚迁都至纪南城在楚昭王时期。⑧ 孙华先生认为楚郢都一直在纪南城。⑨

石泉先生认为，楚国的郢都在宜城楚皇城，江陵纪南城遗址“是战国时具有都城规模的楚国大城，却并不能确证它就是我们通常所说的、从春秋早期直到战国中晚期(公元前278年以前)的楚郢都”。⑩

王光镐先生认为：“纪南城只是一个战国中期晚段至战国中晚期之际的楚城，存在了不过四五十年，大体相当宣王后期至顷襄王元年前后。”“这是一座楚宣王至楚顷襄王元年前后的楚陪都，称‘栽郢’。”根据鄂君启节有“栽郢”与“郢”的称谓，认为“这种称谓的区别显然是指不同位置的两个‘郢’，其‘郢’为正都，‘栽郢’为陪都”。“白起所拔之郢，亦非江陵纪南城的郢。”“真正的楚郢都应在汉水西部的今宜城楚皇城遗址。”⑪

尹弘兵先生认为，“纪南城应是整个战国中晚期的楚国都城”。“结合各方面的情况来看，鄢郢就是战国中晚期的楚都纪南城的可能性是相当大的。”“迁都之后，鄢郢成为正都，随着时间的流逝，楚人也不再称鄢郢而径称郢，于是鄢郢就成了郢都。”倾向所谓“栽郢”为龙湾遗址(吴郁芳这样认为)。今宜城境内蛮

---

① 黄锡全：《楚武王“郢”都初探》，《清华简研究》第1辑，中西书局2012年版。

② 辛德勇：《北京大学藏秦水路里程简册初步研究》，《出土文献》第4辑，中西书局2013年版，第181页。

③ 守彬：《从清华简〈楚居〉谈“×郢”》，武汉大学简帛网，2011年1月9日。后载《楚文化研究论集》第10集，湖北美术出版社2011年版。

④ 刘彬徽：《纪南城考古分期初探》，《江汉考古》1982年第1期。《试论楚丹阳和郢都的地望与年代》，《江汉考古》1980年第1期。

⑤ 刘彬徽：《关于清华简〈楚居〉的思考(之一)》，《楚文化研究论集》第10集，湖北美术出版社2011年版。

⑥ 郭德维：《楚郢都辨疑》，《江汉考古》1997年第4期。

⑦ 杨权喜：《江陵纪南城的年代与性质再探讨》，北京大学震旦古代文明研究中心编：《古代文明研究》2013年总第59期，第62页。

⑧ 张正明：《楚史》，湖北教育出版社1995年版，第238、247页。

⑨ 孙华：《楚国国都地望三题》，《华中师范大学学报》(哲学社会科学版)2005年第4期。

⑩ 石泉：《古代荆楚地理新探》，武汉大学出版社1988年版，第418页。

⑪ 王光镐：《楚文化源流新证》，武汉大学出版社1988年版，第456、458、459、460页。

河流域的郭家岗遗址“作为春秋楚郢都故址的可能性是最大的”。①

王红星先生认为：“楚国行政中心及楚王宗庙所在为‘都’，楚王所居之地，除了楚都之外还包括楚王的游宫、离宫或行宫等临时居地。因此，‘×郢’为楚王居地且未必均在楚都可信。但也不能排除‘×郢’多在楚都之‘郢’的城垣之内或距其不远的近郊。这一认识如果不误，或可提出一个假说：‘戚郢’有可能位于目前多数学者认定的秦将白起所拔的楚都纪南城之内。那么，纪南城的始建年代就不会早于楚肃王时期，也不会晚于楚宣王早期，废弃年代则为公元前278年，而江陵蔡桥基址群，也有可能是早于‘戚郢’的‘×郢’。”“如果‘戚郢’位于纪南城，‘寻郢’位于蔡桥，这一假说与纪南城目前所见遗迹、遗物的年代基本吻合，也可以解释等级较高、年代早到战国早期之末的崇源铜器群何以在该区域发现的原因。当然，这一假说还需要更多的材料论证。”②

仅列上述意见不难看出，楚国都“郢”的时间、地点等分歧意见较大，还需要如清华简《楚居》这种新发现、新材料的佐证。

三、清华简《楚居》所记楚先祖所居之地及诸楚王对应的诸“郢”

清华简《楚居》，是一篇研究楚史极为重要的文献，体裁近于《世本》的《居篇》，叙及楚人自季连以降的历次迁徙，迄于楚悼王之世，涉及楚国世系、王居迁徙等重要信息。其中楚先祖所居之地及诸楚王对应的“郢”名截录如下：③

> 季䜌(連)初降於郻(騩)山，氐(至)于空(穴)窮(窮)。遊(前)出于喬(驕)山，乇(宅)凥(處)爰波。逆上洲水，見盤庚之子，凥(處)于方山。
>
> ……季䜌(連)……㛍(毓)䘚(徜)羊(徉)，先凥(處)于京宗。
>
> 穴酓(熊)迡(遲—遲)遷(徙)於京宗。
>
> 至酓(熊)狌(狂)亦居京宗。
>
> 至酓(熊)罼(繹)與屈紃(紃)，思(使)若(鄀)嗌(嗌)卜遷(徙)於𦲤(夷)宅(屯)。
>
> 至酓(熊)只、酓(熊)䋎(黵)、酓(熊)樊(樊)及酓(熊)賜(錫)、酓(熊)追(渠)，盡(盡)居𦲤(夷)宅(屯)。
>
> 酓(熊)追(渠)遷(徙)居發漸。
>
> 至酓(熊)朔(艾)、酓(熊)摯(摯)居發漸。
>
> 酓(熊)摯(摯)遷(徙)居旁屽。
>
> 至酓(熊)繹(延)自旁屽遷(徙)居喬多。
>
> 至酓(熊)甬(勇)及酓(熊)嚴、酓(熊)相(霜)及酓(熊)霊(雪)及酓(熊)訓(紃)、酓(熊)噩(咢)及若囂(敖)酓(熊)義(儀)，皆居喬多。
>
> 若囂(敖)酓(熊)義(儀)遷(徙)居箬(鄀)。
>
> 至焚(蚡)冒酓(熊)帥(帥—率)自箬(鄀)遷(徙)居焚。
>
> 至宵(霄)囂(敖)酓(熊)鹿自焚遷(徙)居宵。
>
> 武王(前740—前690年)熊𪔋自宵徙居免，焉始[□□□□□]福。衆不容於免，乃潰疆浧之陂而宇人焉，至今曰郢。
>
> 至文王(前689—前677年)自疆郢徙居湫(沈)郢，湫(沈)郢徙居樊郢，樊郢徙居爲郢，

---

① 尹弘兵：《楚国都城与核心区探索》，湖北人民出版社2009年版，第263~267、246页。

② 王红星：《楚郢都探索的新线索》，《江汉考古》2011年第3期。据悉，所谓蔡桥基址群为晚期建筑，与楚都无关，见荆州博物馆：《荆州区马山镇蔡桥村考古调查与勘探报告》，《荆楚文物》第2辑，科学出版社2015年版。

③ 李学勤主编：《清华大学藏战国竹简(壹)》，中西书局2010年版。

爲郢復徙居免郢，焉改名之曰福丘。

至莊敖(前676—前672年)自福丘徙襲都郢。

至成王(前671—前626年)自都郢徙襲湫(沈)郢，湫(沈)郢徙[□□，□□徙]居睽郢。

至穆王(前625—前614年)自睽郢徙襲爲郢。

至莊王(前613—前591年)徙襲樊郢，樊郢徙居同宫之北。若敖起禍，焉徙居烝之野，烝之野[□□，□□徙]襲爲郢。

至恭王(前590—前560年)、康王(前559—前545年)、嗣子王皆居爲郢。

至靈王(前540—前529年)自爲郢徙居乾溪之上，以爲處於章[華之臺]。

景平王(前528—前516年)卽位，猶居乾溪之上。

至昭王(前515—前489年)自乾溪之上徙居媺郢，媺郢徙居鄂郢，鄂郢徙襲爲郢。闔廬入郢，焉復徙乾溪之上，乾溪之上復徙襲媺郢。

至獻惠王(前488—前432年)自媺郢徙襲爲郢。白公起禍，焉徙襲湫(沈)郢，改爲之，焉曰肥遺，以爲處於栖㶏，栖㶏徙居鄩郢，鄩郢徙居鄩吁。

王太子以邦復於湫(沈)郢，王自鄩吁徙蔡，王太子自湫(沈)郢徙居疆郢。王自蔡復鄩。

柬大王(前431年—前408年)自疆郢徙居藍郢，藍郢徙居鄘郢，鄘郢復於鄗。

王太子以邦居鄘郢，以爲處於𨛭郢。

至悼哲王(前401—前381年)猶居鄘郢。中謝起禍，焉徙襲肥遺。邦大瘠，焉徙居鄩郢。

由此可见，楚国先祖先王先后迁居较为频繁。如果将纪南城视为战国城址，至“白起拔郢”，中间有惠王、简王、声王、悼王、肃王、宣王、威王、怀王、顷襄王等9代楚王。除去惠王前所见之疆郢(免郢、福丘)、湫(沈)郢、樊郢、为郢、都郢、睽郢、同宫之北、烝之野、干溪之上、章华之台、媺郢、鄂郢等外，惠王(含惠王)之后所见迁居之地有：为郢、湫(沈)郢(肥遗)、栖㶏、鄩郢、鄩吁、蔡、疆郢、蓝郢、鄘郢、鄗、𨛭郢、鄩郢。如果再除去明显不会是指纪南城遗址或难以达到纪南城遗址规模者外，剩有为郢、湫(沈)郢、疆郢、蓝郢、朋郢、𨛭郢、鄩郢。“为郢”，赵平安先生释读为“鄢郢”，主张在宜城郭家岗遗址。① 湫郢，黄德宽先生释读为“沈郢”，认为可能在汉水以北地区，或者钟祥东之沈鹿(详下)。② 疆郢，我们主张即郊郢，在今钟祥郢中镇一带。③ 蓝郢，何浩、刘彬徽先生主张在钟祥西北境的汉水西岸的“那口”，即“蓝口”。④ 朋郢、𨛭郢，我们主张在湖北京山、应城。⑤ 鄩郢，何琳仪主张在河南商丘附近，⑥ 我们主张在潜江与原江陵之间的龙湾，⑦ 罗运环先生主张在今湖北黄梅县西南。⑧ 武家璧以为在齐长城附近。⑨ 若是这样，纪南城就没有对应的“郢”。⑩

---

① 赵平安：《〈楚居〉“为郢”考》，见其著《文字·文献·古史——赵平安自选集(六零学人文集)》，中西书局2017年版。

② 黄德宽：《试释楚简中的“湛”字》，复旦大学出土文献与古文字研究中心网，2017年6月6日。

③ 黄锡全：《楚武王“郢”都初探》，《清华简研究》第一辑，中西书局2012年版。

④ 刘彬徽、何浩：《论包山楚简中的几处楚郢地名》，《包山楚墓》，文物出版社1991年版。

⑤ 黄锡全：《“朋郢”新探》，《江汉考古》2012年第2期；《长江中游楚国“𨛭郢”试探》，《长江文明》第一辑，2008年6月。

⑥ 何琳仪：《新蔡竹简选释》，《安徽大学学报》2004年第3期。

⑦ 黄锡全：《楚都“鄩郢”新探》，《江汉考古》2009年第2期。

⑧ 罗运环：《葛陵楚简鄩郢考》，《古文字研究》第二十七辑，中华书局2010年版。

⑨ 武家璧：《葛陵楚简的历朔断年与纪年事件》，《楚文化研究论集》第10集，湖北美术出版社2011年版。

⑩ 尹弘兵主张纪南城遗址为“鄩郢”，潜江龙湾遗址为“戚郢”(尹读“栽郢”，见尹书266~267页)似乎不大可能。悼王因“邦大瘠，焉徙居鄩郢”。悼王後所见材料多见“戚郢”而不见“鄩郢”，说明王居“鄩郢”的时间不长。如宣王晚期的望山桥M1只提到“戚郢”而无“鄩郢”。“戚郢”的延续时间与纪南城遗址匹配，而“鄩郢”难当。现在看来。“×郢”内多有“游宫”。如包山简所记“王廷于蓝郢之游宫”等。所以将“戚郢”置于龙湾遗址似乎也不大合适。

《楚居》记述到悼王徙居“鄩郢”，不见“戚郢”，写作在肃王时。新蔡葛陵楚简也只见蓝郢、俪郢、肥遗郢、“寻郢”，不见“戚郢”。葛陵楚简，据简文及有关研究，墓主人平夜君成卒年即“王徙于鄩郢之岁”之年，李学勤、刘信芳推断在公元前377年，即肃王四年。① 刘彬徽、宋华强、武家璧推断在公元前398年，即悼王4年。② 报告推断“平夜君成墓的年代或可定在悼王末年”。③ 后来李学勤先生又修正了自己的意见，同意定在公元前398年，即悼王4年。④ 说明“戚郢”可能出现在肃王或以后。肃王之后的材料，目前只见有“戚郢”。

四、“戚郢”主要见于下列材料

（1）荆州天星观M1楚墓竹简多见“戚郢”，简文有“秦客公孙鞅问王于戚郢之岁”，该墓报告推定该墓下葬年代在公元前340年前后，即楚宣王或威王时期。⑤

（2）荆州望山M1楚简多次出现“某客某某问王于戚郢之岁”纪年套句，墓葬年代报告推定为楚威王时期（公元前339—前329年）或楚怀王（公元前328—前299年）前期。⑥

（3）鄂君启节记述“大司马昭阳败晋师于襄陵之岁王居于□郢之游宫”，“司马昭阳败晋师於襄陵之岁”为楚怀王6年，即公元前323年，是怀王时居“戚郢”。⑦

（4）包山M2楚墓竹简出现有蓝郢、朋郢、㦰郢、戚郢，墓葬年代据报告推定为楚怀王前期，绝对年代为公元前316年。⑧

（5）荆州望山桥M1卜筮祭祷简有纪年文字“秦客亮成昏（问）王于葴（从艸、下从木，新的写法）郢之岁”，祭祀的最后一位楚王是肃王，墓葬年代报道推定为宣王晚期。⑨

（6）1984年湖南省博物馆在长沙涂家冲废铜物资仓库拣选到一件铜量，铭云：“邦（?）客臧嘉昏（问）王于□郢之岁……”报道者周世荣先生认为：“根据字形、铭文内容特征，其相对年代约相当战国中晚期。”⑩“□郢”，何琳仪先生主张释读为“葴郢”。⑪

（7）湖南常德夕阳坡战国楚墓M2出土有两支简，其中一枚简文有“王处于□郢

① 李学勤：《论葛陵楚简的年代》，《文物》2004年第7期；刘信芳：《新蔡葛陵楚墓的年代及相关问题》，《长江大学学报》（社会科学版）2004年第1期。

② 刘彬徽：《葛陵楚墓的年代及相关问题讨论》，《楚文化研究论集》第7集，岳麓书社2007年版；宋华强：《新蔡葛陵楚简初探》，武汉大学出版社2010年版；武家璧：《葛陵楚简的历朔断年与纪年事件》，《楚文化研究论集》第10集，湖北美术出版社2011年版。

③ 河南省文物考古研究所编著：《新蔡葛陵楚墓》，大象出版社2003年版，第184页。

④ 李学勤：《清华简〈楚居〉与楚徙鄩郢》，《江汉考古》2011年第2期。

⑤ 湖北省荆州地区博物馆：《江陵天星观1号楚墓》，《考古学报》1982年第1期。

⑥ 湖北省文物考古研究所：《江陵望山沙冢楚墓》，文物出版社1996年版，第210页。

⑦ 殷涤非、罗长铭：《寿县出土的鄂君启金节》，《文物参考资料》1958年第4期。

⑧ 湖北省荆沙铁路考古队：《包山楚墓》，文物出版社1991年版，第332页。

⑨ 荆州博物馆：《荆州望山桥一号楚墓发掘简报》，《文物》2017年2期；蒋鲁敬、刘建业：《荆州望山桥一号楚墓出土卜筮祭祷简及墓葬年代初探》，《江汉考古》2017年第1期。

⑩ 何琳仪：《长沙铜量铭文补释》，《江汉考古》1988年第4期。

⑪ 周世荣：《楚邦客铜量铭文试释》，《江汉考古》1987年第2期。

之游宫”，与鄂君启节铭文类同。①

由此可以推定，“戚郢”当出现于肃王之后。肃王在位为前380—前370年，仅仅十年，修建如纪南城这么大规模的城址似乎不大可能。荆州望山桥MI属于宣王晚期，祭祀的最后一王是肃王，说明“蒧郢”只能建在宣王时期。宣王在位于公元前369—前340年，有近30年，修建如此规模的纪南城是可能的。楚宣王在位相当于战国中期。

五、“郢”应当释读为“戚郢”

“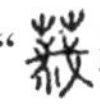郢”之“”构形比较复杂，对其之释有不同意见，过去释为“栽郢”者较多见。我们曾根据当时所见材料做过梳理，将其归纳为下列8式：

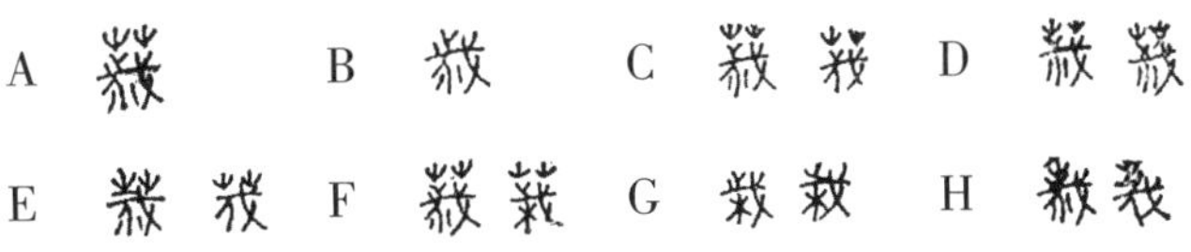

经分析，认为其与金文“戚”之演变关系为：

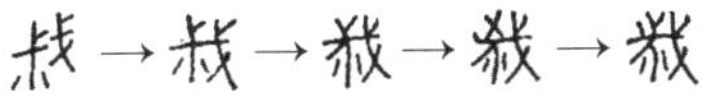

即左旁从“尗”演变，当释读为“蒧郢”或“戚郢”。说详此文。② 近年，黄德宽先生根据新见安大楚简又作了一些补充论证。③ 上举荆州望山桥竹简此字作，在F式的基础上又有所改变，也应释读为“蒧”。说详拙文，此处从略。

六、关于“戚郢”之地的不同意见

（1）俞伟超、李家浩先生曾经引录江陵天星观M1楚简“秦客公孙鞅问王于“蒧（郊？）之岁”。疑“蒧”为“郊”。④ 何琳仪先生考释长沙铜量主张释读为戚郢，以为“郊郢”，在钟祥。⑤ 我们亦主张释读为“蒧郢”，指纪南城遗址。⑥

（2）朱德熙、裘锡圭、李家浩先生认为，“郢”上一字所从，“与汉印‘叔’字左旁极为相似，故暂且隶定为‘菽’”。“‘菽郢’疑指江陵之郢。”⑦

---

① 竹简摹本可参见刘彬徽：《早期文明与楚文化研究》，岳麓书社2001年版，第216页。

② 黄锡全：《“蒧郢”辨析》，《楚文化研究论集》第2集，湖北人民出版社1991年版。至于郭店楚简《尊德》7、《语丛》1.34、诅楚文“戚”字的写法小异，右旁也当为“尗”形改变，字形可参阅汤余惠主编：《战国文字编》，福建人民出版社2001年版，第823页。尗、叔，书母觉部；戚，清母觉部。

③ 黄德宽：《新出战国楚简〈诗经〉异文二题》，《中原文化研究》2017年第5期；李守奎、贾连翔、马楠编著：《包山楚简文字编》将从木者释为从木从蒧，上海古籍出版社2012年版，第30页。

④ 俞伟超、李家浩：《论“兵闢太岁”戈》，文化部文物局古文献研究室编：《出土文献研究》，文物出版社1985年版。

⑤ 何琳仪：《长沙铜量铭文补释》，《江汉考古》1988年第4期。

⑥ 黄锡全：《“蒧郢”辨析》，《楚文化研究论集》第2集，湖北人民出版社1991年版。过去“戚郢”释读虽然意见不一，但多指此郢为纪南城遗址，说见拙文。

⑦ 湖北省文物考古研究所：《江陵望山沙冢楚墓》237页附录二《望山一、二号墓竹简释文与考释》，文物出版社1996年版。

（3）刘彬徽、何浩先生认为“裘锡圭、李家浩释此字为‘莪’（全按：应为䓀）。我们同意此说。按，莪与椒可通假，椒又可通湫。楚有以‘湫’为名之地。”湫城“在今钟祥县北偏西的汉水东岸”。“湫郢，当是楚于战国时期在湫城一带另设的一处别都。”①

（4）黄德宽先生根据安大楚简《毛诗・召南・何彼襛矣》“曷不肃雝”句中的“肃”，《毛诗・唐风・椒聊》“椒聊之实”“椒聊且”句中的“椒”，与楚简中常见的“戚郢”之“蒧”写法类同，认为“这就为将地名“蒧郢”读作“湫郢”提供了一个重要佐证”。②

（5）刘信芳先生后来与刘彬徽、何浩先生意见类同，赞同“莪郢”读“湫郢”，但认为其地在湖北宜城县东南的楚皇城遗址。③

（6）《楚居》中的“湫郢”之，赵平安先生主张释为“黍郢”，读“湫郢”，疑在宜城楚皇城。④ 牛鹏涛先生赞同莪郢、黍郢是一地，即湫，在宜城楚皇城。⑤

（7）单育成先生认为，楚简中常見“戚郢”，而若依清华简《楚居》整理者的釋文，“戚郢”在其中未尝一見，似乎可疑。其实，《楚居》中是有“戚郢”的，但被整理者释为从水从禾从水的“湫”。他认为“湫郢”即“黍郢”，就是“戚郢”。“黍”与“戚”古音可通。⑥

（8）王红星先生认为，“湫郢”就是“戚郢”缺乏力证。⑦ 黄德宽先生据新见安大楚简《诗・鄘風・柏舟》“髧彼两髦”之“髧”，与“湫郢”之“湫”形同，认为“”与甲骨文表示沈祭的专用字“”“”构形模式一脉相承，从“禾”乃沿袭了沈祭于河以求丰年的传统。甲骨文和楚文字中表示沈祭的专用字，后来为“湛”字所替代。从楚国历史发展的走势看，楚文王、成王徙居湫郢，大概与楚经略中原的战略相关。湫郢的地望很可能在汉水以北地区。但又认为，如果将湫郢直接联系到湛水流域，似乎还难以有令人信服的证据。于是在注 24 中“猜想”也可能在钟祥东部之“沈鹿”。⑧

上举纪南城周围之望山、天星观、包山楚墓所出楚简，多见“戚郢”而无一作“湫郢”，只能说明二者出现时间不同，地点不同。戚、黍判然二字，不大可能是一个郢。因此。“戚郢”与纪南城应当有关。考虑到战国中期材料中至今还未见到“戚郢”以后出现的“郢”名，“戚郢”可能就是肃王以后至顷襄王迁至河南淮阳“陈郢”之前诸王居住的“郢”。

如果这个推断成立，即顷襄王迁都前的郢为“戚郢”，这个“戚郢”无疑就是纪南城遗址，而不论将“戚”或“蒧”释读为什么字。根据前面的论述，此城当建成于宣王时期。宣王在位于前 369—前 340 年，若从公元前 369 年开始计算，至前 278 年，“戚郢”作为宣王至顷襄王迁至“陈郢”以前的楚都建设，具有 90 年左右的历史。纪南城的规模及周围的高台建筑布局，以及周围的墓葬群等，与将近一个世纪的国都的历史应该匹配，也与 30 号台基的年代大致相当。若此，纪南城在战国中期以后的近一个世纪的楚国历史上扮演了重要角色，是一座悲壮的历史古城。

因纪南城为楚国迁都“陈郢”前的最后一个大都会，又有保持基本完好的大规模的城墙，故后人多误以为楚国“郢”都一直在此。其实，“郢”即“某郢”省称，并不是国都称“郢”，而“某郢”为陪都。如《楚居》所记吴师“阖庐入郢”之“郢”即“为郢”，是“郢”乃时王所在“某郢”省称。葛陵楚简数见省称“郢”应指

① 湖北省荆沙铁路考古队：《包山楚墓》附录二四《论包山楚简中的几处楚郢地名》，文物出版社 1991 年版，第 567 页。

② 黄德宽：《新出战国楚简〈诗经〉异文二题》，《中原文化研究》2017 年第 5 期。

③ 刘信芳：《楚简帛通假汇释》，高等教育出版社 2011 年版，第 125 页。

④ 赵平安：《试释〈楚居〉中的一组地名》，《中国史研究》2011 年第 1 期。

⑤ 牛鹏涛：《清华简〈楚居〉与楚国都城研究》，清华大学博士学位论文，2013 年，第 334 页。

⑥ 单育辰：《占毕随录之十三》，复旦大学出土文献与古文字研究中心网，2011 年 1 月 8 日。

⑦ 王红星：《楚郢都探索的新线索》，《江汉考古》2011 年第 3 期，第 93 页。

⑧ 黄德宽：《试释楚简中的“湛”字》，复旦大学出土文献与古文字研究中心网，2017 年 6 月 6 日。

“肥遗郢”或“鄩郢”，鄂君启节之“郢”也即纪南城“戚郢”。①

至于1982年简报所述，城内西北徐岗陕家湾墓区，年代在春秋中期至春秋晚期；城内西北徐岗东岳庙墓区，年代在春秋中晚期至春战之际；遗址中出现有战国以前的遗迹遗物等；这些墓葬及遗迹遗物当是修建如今所见纪南城（戚郢）以前当地居民所埋葬、所遗留，与“戚郢”年代与性质可能关系不大。

考虑到最先的考古发掘报告将做过工作的城墙建筑年代推定在战国早期前后，有些情况还不十分明确，此地是否先存在一个“某郢”，“戚郢”只是利用这个“郢”改建或扩建，并变更其名，这种可能性目前还不能完全排除，有待今后的考古工作或新材料的发现。②

2015年11月初稿
2018年5月修改稿

（作者单位：北京师范大学历史学院、郑州大学汉字文明研究中心、中国钱币博物馆）

附记：我曾考虑“为郢”作为楚国国都“郢”，地位举足轻重，只有纪南城这样的规模才可匹配。《楚居》所记文王时就迁居“为郢”，至惠王还居住过“为郢”，以后虽不见记述，“为郢”可能一直存在。怀疑“为郢”就在纪南城或附近，至惠王时修建或重新改建，至宣王时改名“戚郢”，“白起拔郢”后废弃，完成国都使命。但苦无确凿证据。

《左传·昭公二十三年》载楚左司马沈尹戌反对令尹子常之言曰：“无亦监乎若敖、蚡冒至于武、文，土不过同，慎其四竟，犹不城郢。”说明武王、文王时之都城未必修筑有城墙。1975年冬，我曾领导纪南城亦工亦农考古训练班学员与荆州博物馆考古工作人员一道，配合纪南城内外龙桥河改道工程进行清理发掘工作。正如文中所引杨权喜先生《江陵纪南城的年代与性质再探讨》第55页所述，出人意料，“纪南城内最低洼的龙桥河两岸，竟然在距地表约3米深的动土面上（在现代河床底部）暴露出大量的遗迹遗物，其中有许多东周水井、几段古河道遗迹和黑灰土层”，令人震撼！“龙桥河西段获得的考古资料因缺少明确的地层关系和没作系统整理而没法进行分期。据其遗迹遗物特征和碳14测定井内出土建井木料年代六个数据，除Ⅰ段79号井的木料年代为公元前790年（西周晚期）以外，其余井的木料年代为公元前655年至公元前435年（春秋中期至战国早期）。”属于龙桥河改道工程的雨台山楚墓区，经抢救清理发掘的墓葬554座，《江陵雨台山楚墓》（湖北荆州地区博物馆编，文物出版社1984年版）报告将其划分为六期，时代自春秋中期至战国晚期前段。《江陵九店东周墓》（湖北省考古研究所编著，科学出版社1995年版）将发掘的596座东周墓进行分期，年代始自春秋晚期晚段（报告第405页）。这些均是年代较早的参考证据。小文草成两年有余，迟迟不敢面世的原因就是时时处于矛盾状态。一方面认为“戚郢”指的就是纪南城遗址，一方面又感觉纪南城遗址所在及周围可能不会这么晚。楚国建筑遗址，除潜江龙湾外，就数纪南城大，只有该城址才能与“春秋五霸”“战国七雄”之泱泱大国相匹配。

附记于此，仅供关心这一问题的研究者参考。

---

① 黄锡全：《谈谈楚都“郢”为“某郢”之省称》，待刊。

② 都城改名，如《楚居》中“疆郢”又称“免郢”，又改称“福丘”；“湫郢”改称“肥遗”。姑且记此以备参考。但这种揣测不影响本文认为“戚郢”乃现今纪南城遗址的讨论。

从考古新发现看荆州战国楚王陵与楚都纪南城的时空关系*

赵晓斌

楚都纪南城的始建年代，是楚文化研究乃至先秦史研究中的一个重要问题。传统文献中以纪南城为春秋早期楚武王或文王“始都郢”的说法，已被考古发现逐步否定。现有对纪南城始建年代的认识，已集中为四种基本观点：春秋晚期、战国早期、战国中期、战国晚期。近十年来，湖北的文物考古工作者除对纪南城本体又开展了系统的考古工作外，对今荆州市荆州区(原江陵县)、荆门市沙洋县境内分布的特大型楚墓也进行了新的探索。

一、基于田野考古工作对战国楚王陵的初步辨认

在田野考古新收获及前辈学者研究的基础上，笔者推断位于荆州境内的熊家冢、平头冢、冯家冢、周家冢和换帽冢这5处大型楚冢为战国时期的楚王陵。

熊家冢位于荆州市荆州区川店镇张场村、宗北村与当阳市河溶镇星火村交界处，东南距楚纪南城约26公里，其西北约4.5公里处即是当阳赵家湖古墓群。熊家冢墓地核心为一大一小两座墓冢，封土已严重破坏。考古勘探表明，大冢为“甲”字形竖穴土坑木椁墓，墓道向东，墓口东西长67米、南北宽70米。小冢亦为“甲”字形墓，墓道向东，墓口东西长约36米、南北宽约30米。小冢位于大冢北侧，两者相距约14米。① 2006年至2010年，荆州博物馆对熊家冢墓地进行了大规模的考古发掘，基本明确了墓地的布局。已发掘了五十余座南侧殉葬墓(勘探发现92座)、2座北侧殉葬墓(勘探发现30余座)、1座大型车马坑(南北长132.6米，东西宽11米~12米，已发掘总长度的2/3)、39座小型车马坑以及大量的祭祀坑。② 有多位学者已撰文认为熊家冢墓地为一代楚王陵。③ 从地理位置看，熊家冢与当阳季家湖楚城的关系更为密切，而与纪南城相距较远。

在纪南城正西面5公里~8公里处为八岭山古墓群，在约27平方公里的范围内，分布有800余座大大小小的墓冢，大多为东周楚墓，少数为隋唐、明清墓。据墓冢分布情况及自然地貌，可划分为108处墓地单元。2011年以来，荆州博物馆对八岭山古墓群中的平头冢、冯家冢等十余处较大的墓冢及其周边进行了详细的考古勘探，各个墓地的布局、墓葬形制已基本探明。其中平头冢、冯家冢、周家冢和换帽冢这4处墓地可能为战国楚王陵。

冯家冢位于纪南城西面约7公里处的八岭山中部，从地面可见墓地核心为一大一小两座墓冢。2011

* 本文的写作得到2015年国家重点文物保护专项补助资金“荆州市荆州区八岭山冯家冢墓地考古发掘”项目[考执字(2015)153号]和湖北省文物局“大遗址荆州片区楚王陵及高等级贵族墓地考古研究”课题的资助。

① 荆州博物馆：《湖北荆州熊家冢墓地2006—2007年发掘简报》，《文物》2009年第4期。

② 陈跃均、张世松：《熊家冢墓地调查收获》，《楚文化研究论集》第8集，大象出版社2009年版，第332~342页。

③ 郭德维：《楚王陵初论》，《荆楚文物》第2辑，科学出版社2015年版，第3~15页。

年，荆州博物馆对冯家冢墓地进行了考古勘探，① 发现其中的大冢(编号 M1)为“甲”字形竖穴土坑木椁墓，现存封土为覆斗形，底边南北长约 85 米、东西宽约 98 米，高约 13.4 米，顶点海拔 94 米，为本地区第二制高点；墓道向东，墓口东西长约 62 米、南北宽约 58 米。小冢(编号 M2)亦为“甲”字形墓，现存封土为圆丘形，直径约 57 米、高约 6 米；墓道向东，墓口东西长约 29 米、南北宽约 28 米。小冢位于大冢北侧偏东，两者封土间距约 6 米，墓道方向基本一致。在大、小冢的西侧发现有 2 座大型车马坑，其中较大的一座长约 156 米，北端宽约 24、南端宽约 12 米。小冢北侧发现 94 座小型殉葬墓，已发掘了其中 7 座。② 大冢南侧发现 24 座小型殉葬墓，已发掘了其中 5 座。③ 在勘探简报结语中，将冯家冢 M1 坑口尺寸与目前已发掘的、墓主身份明确的大型战国楚墓进行对比，判断冯家冢是一代战国楚王陵。学者们对此多有赞同。

平头冢位于冯家冢墓地北面约 1.4 公里处，墓地的核心为一大一小两座墓冢，因封土顶部较平坦而得名。2011 年，荆州博物馆对平头冢墓地进行了考古勘探，④ 发现大冢为“甲”字形竖穴土坑木椁墓，现存封土为覆斗形，底边长约 100 米，高约 13 米，封土东面局部呈脊状隆起并向外侈出；墓道向东偏南，墓口长约 68 米、宽约 64 米。小冢亦为“甲”字形，现存封土亦为覆斗形，底边长约 60 米、高约 9 米；墓道向东偏南，墓口长约 34 米、宽约 32 米。小冢位于大冢北侧偏东，两者封土紧邻，墓道方向基本一致。在大、小冢的西侧发现 2 座大型车马坑，其中较大的一座长约 138 米、宽 10.5 米~14 米。此外，还发现有 50 余座祭祀坑及陵园外围建筑的迹象。值得注意的是，该墓地没有发现殉葬墓的存在迹象。

周家冢位于冯家冢墓地正南面约 1.2 公里处，墓地的核心为一大两小三座墓冢。2014—2015 年进行考古勘探，⑤ 墓坑均为“甲”字形，墓道均向东。大冢居中，现存封土为覆斗形，封土东面底坡局部向外侈出，底边东西长约 75 米、南北宽约 72 米，高约 10 米，墓口东西长约 41.5 米、南北宽约 40 米。北小冢现存封土为圆丘形，底径 27 米~40 米，位于大冢北侧，两者封土相连，墓口东西长约 20.5 米、南北宽约 18 米。南小冢现存封土为圆丘形，底边直径 22 米~25 米，位于大冢西南侧，两者封土间距 40 余米，墓口东西长约 18 米、南北宽约 12 米。在北小冢西侧约 60 米处还有一座较小的“甲”字形墓，封土已平毁，墓口东西长约 10 米、南北宽约 8.8 米。上述 4 座墓葬的墓道角度基本一致。在大冢西侧发现有 1 座长约 71 米、宽约 10 米的大型车马坑。大冢南侧还有一座“T”字形坑，性质不明。该墓地也没有发现殉葬墓的存在迹象。

换帽冢位于周家冢南面约 2.8 公里处，墓地的核心为一大一小两座墓冢。2015 年进行考古勘探，⑥发现大冢为“甲”字形墓，墓道向东。现存封土保存较完整，鸟瞰平面为五边形。封土最大径约 65 米，高约 10 米，顶点海拔 101 米，为本地区第一制高点。墓口东西长约 38 米、南北宽约 30 米。小冢封土破坏较严重，位于大冢北侧约 40 米处，直径约 25 米，残高约 1 米。因墓口上方堆满大量石块，墓口形状及尺寸未能探明。在大冢南侧约 50 米处有一座较小的“甲”字形墓，未见封土，墓口东西长约 12 米、南北宽约 10 米。在此墓的西南方约 20 米处还有一座长方形墓，东西长约 8.8 米、南北宽约 5 米。在大冢西侧发现有 1 座车马坑，勘探难度较大，长约 30 米(?)，用探沟解剖判断宽约 10 米。未发现殉葬墓。

与熊家冢、冯家冢及平头冢相比较，周家冢与换帽冢的大冢墓坑开口尺寸偏小，因此有学者认为这两座墓达不到楚王级。对此，笔者认为墓坑的开口尺寸虽与墓葬等级有一定的关系，但决定因素在

---

① 荆州博物馆：《湖北荆州八岭山冯家冢墓地考古勘探简报》，《文物》2015 年第 2 期。

② 荆州博物馆：《湖北荆州八岭山冯家冢楚墓地 2011—2012 年发掘简报》，《文物》2015 年第 2 期。

③ 赵晓斌：《荆州市八岭山冯家冢战国墓地》，中国考古学会编：《中国考古学年鉴(2016)》，中国社会科学出版社 2017 年版，第 334、335 页。

④ 刘德银、杨开勇：《荆州八岭山平头冢东周墓地》，中国考古学会编：《中国考古学年鉴(2012)》，文物出版社 2013 年版，第 320 页。

⑤ 赵晓斌：《再谈包山墓地的布局——兼论楚国高等级贵族的夫妻合葬制》，《楚文化研究论集》第 12 集，上海古籍出版社 2017 年版，第 296、297 页。

⑥ 荆州博物馆馆藏资料。

于封土规模及坑底椁室的尺寸。荆州地区已发现的高等级楚墓开口巨大、四面坑壁设置多级台阶，逐渐下收。这是因为本地区地下水位高、土质易塌方，古人在向下挖掘时，为保障施工安全及墓坑的规整而不得已为之。如果墓葬所在地的土质较好，只要能保证坑底的面积，坑口不妨小一些、坑壁台阶也可以陡一些。在勘探周家冢时，发现墓坑填土中夹杂有较硬的砂岩碎块。换帽冢周边的耕土层厚0.4~0.8米，以下即为砂岩山体，其小冢中更是夹杂了大量石块。而冯家冢所在山体有较厚的生土层，其下的砂岩层也较软。熊家冢的墓坑更是开挖于膨润土之中，当年在对殉葬墓进行考古发掘时，多次发生塌方事故。

笔者认为，车马坑的宽度是判断楚王陵的重要线索之一。车马坑一般较浅，受埋藏地点土质的影响较墓坑为小，因而坑口与坑底尺寸相差不大。车马坑的宽度达到10米以上，车马即可分两行埋葬，例如熊家冢的大车马坑，宽11米~12米。① 而宽度在5米左右的，仅能埋葬一行，例如荆门严仓墓地(墓主为大司马悼滑)的一号车马坑，宽4.45米。② 八岭山中的其他大型墓冢如黄金冢、系马冢、李家冢等，勘探所见墓坑开口长宽在30米左右，车马坑或无、或宽4米左右，其级别应下王一等。③

除上述5处墓地可初步指认为战国楚王陵外，还有4座受到研究者关注的大型墓冢值得一提，即大薛家洼冢、金牛冢、双冢和谢家冢。

大薛家洼冢位于荆门市沙洋县纪山古墓群之中，南距纪南城约11公里。墓地的核心为一大一小两座墓冢，在小冢北面还有44座带封土的小墓。④ 从地面所见墓地布局来看，与熊家冢、冯家冢相似。这处墓地以往也是探寻楚王陵的重要目标之一，但湖北省文物考古研究所于2013年对其进行勘探后，发现大冢的墓坑及附属的车马坑反而小于小冢的。⑤ 已有学者对其墓主进行推论，或认为是楚威王、或认为是楚怀王，但演绎成分较多，其年代及性质应再讨论。

金牛冢位于荆门市沙洋县纪山镇，在大薛家洼冢东面约4公里处，一冢独占山岗，以往也疑为楚王陵。⑥ 湖北省考古所于近年进行了勘探，发现其为东西向带两条墓道的"中"字形墓葬，周边地表散见有砖瓦残片，勘探者判断为秦汉时期。⑦ 笔者推测或与临江王有关。

双冢(一名双宗祠)位于荆州区川店镇宗南村，在熊家冢西南约3.5公里处。墓地核心为一大一小两座墓冢。以往的调查工作认为，大冢在南，封土为覆斗形，高约10米，底径约100米；小冢在北，封土高约5米，底径约50米。⑧ 几代研究者都认为双冢与熊家冢规模等级相当，时空关系密切。荆州博物馆于2018年七八月间进行了勘探工作，其结论颠覆了以往的认识。勘探者认为两座墓冢的尺寸实际上没有那么大，其所处岗地因修路、建房等取土活动而被破坏为两个高出周边的台地，以往误将生土台判断为墓冢封土的下半部，而勘探发现大冢的墓坑开口长宽也仅有30多米。⑨

谢家冢位于枝江市青山古墓群之中，东南距季家湖古城约6.8公里，东北距熊家冢14公里。湖北省考古所也对其进行了勘探，发现在主墓的北部有63座、南部有29座殉葬墓，均排列有序。⑩ 目前该考古资料公布内容较少，笔者尚未到现场观摩过，在此暂不论述。

---

① 荆州博物馆：《湖北荆州熊家冢墓地2008年发掘简报》，《文物》2011年第2期。

② 宋有志：《湖北荆门严仓墓群M1发掘情况》，《江汉考古》2010年第1期。

③ 荆州博物馆馆藏资料。

④ 荆门市博物馆：《纪山楚冢调查》，《江汉考古》1992年第1期。

⑤ 湖北省文物考古研究所：《2013年湖北省文物考古研究所考古工作主要收获》，《江汉考古》2014年第1期。

⑥ 郭德维：《楚系墓葬研究》，湖北教育出版社1995年版，第119页，图版3。

⑦ 笔者与湖北省文物考古研究所研究员黄文新先生、荆门市博物馆原馆长龙永芳女士交流获知。

⑧ 陈跃均、张世松：《熊家冢墓地调查收获》，《楚文化研究论集》第8集，大象出版社2009年版，第336页。

⑨ 笔者与荆州博物馆贾汉清、田勇二位同事交流获知。

⑩ 湖北省文物考古研究所：《2013年湖北省文物考古研究所考古工作主要收获》，《江汉考古》2014年第1期。

二、熊家冢楚王陵的年代问题

熊家冢墓主是哪一位楚王？是很多楚文化研究者都很感兴趣的一个问题。较早发表相关论文的徐文武先生认为“最大的可能性是楚昭王”。① 该观点主要从传世文献出发，用排除法分析得出，但是得不到出土文物考古类型学研究的支持。第二种说法是在战国早期前段、比曾侯乙仅晚一两年去世的楚惠王。这种观点缺乏研究基础，主观性强，且有迎合时政宣传之嫌。

张绪球先生研究了熊家冢墓地出土楚式玉器纹饰的特点和表现方法及其在不同时期的流变情况，认为这些玉器“绝大部分属战国早期，也有个别的属春秋晚期，最晚的不超过战国早期晚段”。② 后来他又将熊家冢殉葬墓和长沙浏城桥一号墓出土的玉器进行了对比，进一步认为两者纹饰非常相似，“在制作年代上应该是相同或非常接近的，浏城桥一号墓的年代也就是熊家冢南殉葬墓及主墓的年代”。因此将熊家冢的年代修订为战国中期前段之初，再根据历史时间框架，推测熊家冢的墓主为去世于公元前 408 年的楚简王或去世于公元前 381 年的楚悼王。但该文中认为“可以排除声王，声王在位短暂，社会动荡，《史记·楚世家》载‘声王六年，盗杀声王。’‘国人立其子。’悼王在国人的支持下才勉强登上了王位，在这种情况下，要为其父举行隆葬，是完全没有客观可能的”。③ 笔者认为“盗杀声王”的文献记载太过简略，缺乏更多史料来说明这一事件发生的前因后果。不能轻易以楚声王为盗所杀而推论其葬礼降低，并将其可能性排除在外。

熊家冢北侧 1 号殉葬墓出土了 4 件青铜礼器，为两鼎、两壶。④ 鼎的蹄足较高，略外撇，足根靠近中腹部，足外侧不起棱，其中一件鼎钮为低首卧牛状。壶的腹部较圆鼓，圈足较高且直立。鼎、壶均与淅川徐家岭 1 号墓和 10 号墓出土同类器接近。淅川徐家岭的发掘报告中将这两座墓的年代判断为战国早期，⑤ 而袁艳玲与张闻捷定为战国中期早段。⑥ 因此，从熊家冢出土铜礼器显示的年代特征，与通过玉器分析得出的结论较为一致。

笔者当年在参加熊家冢南侧殉葬墓发掘的工作中，现场观察到一些特殊的现象：殉葬墓头向一般均为东向，而 8 号殉葬墓却为西向；部分殉葬墓坑口与坑底的平面极不平行。很多近距离观摩过熊家冢出土玉器的人士也注意到其中多有半成品及“赶制品”。这些蛛丝马迹透露出熊家冢墓地的葬礼规格虽高但略显匆忙，所葬之楚王在去世时或有重大变故，据此推断为盗所杀的楚声王或者尸尚在堂而大臣作乱的楚悼王均有可能是熊家冢的墓主。

三、八岭山冯家冢等楚王陵的年代问题

笔者在冯家冢墓地考古发掘简报的结语中，根据北侧 13 号殉葬墓随葬的陶鼎、敦、缶这 3 件仿铜陶礼器的器型特征，判断其“年代为战国早期晚段至战国中期早段之间，其他殉葬墓的年代应与之一致”。⑦ 这个年代定得略为宽泛，主观上是为了给今后的研究工作留下余地。张绪球先生认为“冯家冢殉葬墓中所出陶礼器和玉器两方面的资料互相印证，年代定为战国中期前段”，进而推测为去世于公元前 381 年的楚

① 徐文武：《熊家冢楚墓墓主身份蠡测》，《江汉论坛》2010 年第 3 期。

② 张绪球：《熊家冢出土楚式玉器的纹饰》，《荆楚文物》第 1 辑，科学出版社 2013 年版，第 120~133 页。

③ 张绪球：《熊家冢出土浅浮雕玉器的特征与年代——兼论熊家冢主墓的年代》，《荆楚文物》第 2 辑，科学出版社 2015 年版，第 48~65 页。

④ 云南省博物馆、荆州博物馆联合主编：《南方霸主——庄蹻故国楚文物大展》，云南美术出版社 2016 年版，第 147~152 页。

⑤ 河南省文物考古研究所等编著：《淅川和尚岭与徐家岭》，大象出版社 2004 年版，第 351、352 页。

⑥ 袁艳玲、张闻捷：《楚系青铜器的分期与年代》，《考古学报》2015 年第 4 期。

⑦ 荆州博物馆：《湖北荆州八岭山冯家冢楚墓地 2011—2012 年发掘简报》，《文物》2015 年第 2 期。

悼王或去世于公元前370年的楚肃王。① 笔者同意此说，但更倾向于楚肃王。

在八岭山古墓群中，目前仅在冯家冢墓地发现与熊家冢墓地布局相似的、数量庞大的殉葬墓。而在平头冢、周家冢、换帽冢这三处能够达到楚王陵级别的墓地，经过详细的考古勘探，并未见殉葬墓存在的迹象。结合历史文献记载与考古所见东周时期殉葬之风的兴废，笔者认为这三处王陵的年代应晚于冯家冢。

大量的考古发现证明，殉葬制度在商代盛行，进入西周以后逐渐式微。《左传》记载春秋时葬秦穆公用"三良"为殉、葬宋文公"始用殉"，都是一种历史的反动。春秋晚期至战国早期，各诸侯国中人殉之风愈演愈烈。《墨子・节葬下》记载："天子杀殉，众者数百，寡者数十。将军大夫杀殉，众者数十，寡者数人。"无论是儒墨宣扬的人本思想，还是法家鼓吹的耕战政策，都促使各国统治者必须要对殉葬这一陋习进行革除。《史记・秦本纪》记载："(秦)献公元年，止从死。"时为公元前384年，当楚悼王十八年。下至楚悼王二十一年薨，仅有3年；至楚肃王十一年薨，有14年；至楚宣王三十年薨，已有44年。

在纪南城周边已发掘的几座战国中晚期的大型楚墓，如天星观一号墓(墓主为邸阳君)、包山二号墓(墓主为左尹)、严仓一号墓(墓主为大司马)、望山桥一号墓(墓主为楚王孙、中厩尹)，都没有殉人的现象。而在这一时期，士以上各等级的墓葬中往往随葬有木俑。有的木俑身体正面还彩绘有"组玉佩"，② 可见它们代表的正是熊家冢及冯家冢殉葬墓中贴身随葬大量玉器的那一类殉人。

冯家冢楚王陵的建造，不仅标志着纪南城所属新陵区的开辟，也是楚国殉葬制度的尾声。平头冢、周家冢、换帽冢所葬之楚王，应从去世于战国中期后段的楚宣王、楚威王和战国晚期前段的楚怀王三者之中去对应，但目前还缺乏更进一步的证据。

四、从楚王陵的地理分布看纪南城的年代

对纪南城始建年代的认识，研究者们大多从城址本身的发掘情况入手讨论。最近的考古工作有湖北省文物考古研究所进行的纪南城烽火台遗址及其西侧城垣发掘、松柏区30号台基的第二次发掘等。

烽火台及其西侧城垣的发掘者认为"在对城垣进行局部解剖时，发现城垣的最下面是非常平坦的红砂生土层，显然是在修建城垣时对原地面进行了平整。其上又铺上了一层瓦砾层，主要是大块破碎的板瓦和筒瓦，以板瓦居多，其作用是作为城垣下的垫层以加强地面的硬度，便于在其上进行夯筑。在这一瓦砾层上也夹杂少量的陶器，而这些陶器则为我们推断城垣的始建年代提供了依据。……城垣的始筑年代不早于战国早期"。③ 松柏30号台基第一次的发掘者认为"早期遗物的下限可定为春秋晚期，这也是下层大型房屋建筑基址(F2)的下限年代。其始建年代有可能早到春秋中期。……上层房屋建筑F1的年代下限应为战国中期，其始建年代应为战国早期，即上层建筑使用的年代较长，乃战国早期至中期的一座大型房屋建筑"。④第二次的发掘者则认为"通过本次发掘，我们进一步明确认识到纪南城遗址宫城区至少经过了两次大规模的工程建设。第一次应该是与1982年简报F2同期有关，其年代或在战国中期。第二次应该是与1982年简报F1同期相关，其年代应在战国中期晚段。两次建设中都有大规模平整台基周边场地的工程"。⑤笔者认为，这两项考古发掘所取得的新认识与上文中对冯家冢等楚王陵的年代判断是互为印证的。

纪南城本体发掘所揭示的部分年代数据偏早，建都之前此地并非荒无人烟，或许在较早一些时候就已形成了一定规模的聚落，甚至离宫别苑，而只有朝、寝、祖、社这类建筑的建造时间才是建都的标志。

---

① 张绪球：《熊家冢和冯家冢的年代及墓主》，《楚学论丛》第6辑，湖北人民出版社2017年版，第205~223页。

② 江陵县文物局：《湖北江陵武昌义地楚墓》，《文物》1989年第3期。

③ 湖北省文物考古研究所：《荆州纪南城烽火台遗址及其西侧城垣试掘简报》，《江汉考古》2014年第2期。

④ 湖北省博物馆：《楚都纪南城的勘查与发掘(下)》，《考古学报》1982年第4期。

⑤ 湖北省文物考古研究所：《荆州纪南城遗址松柏区30号台基2011—2012年发掘简报》，《江汉考古》2014年第5期。

而另一些偏晚的年代数据，或与初建工期的延长、后期改建等因素有关。例如西汉长安城的营造就经历了 14 个年头，《史记·高祖本纪》记载：“(汉高祖五年)天下大定，高祖都雒阳。……(五月)高祖欲长都雒阳，齐人刘敬说，及留侯劝上入都关中，高祖是日驾，入都关中。……(七年二月)长乐宫成，丞相以下徙治长安。……(八年)萧丞相营作未央宫，立东阙、北阙、前殿、武库、太仓。……(九年)未央宫成。……(十二年四月)高祖崩长乐宫。”《史记·吕太后本纪》又记：“(汉惠帝)三年，方筑长安城，四年就半，五年六年城就。”先造宫殿、再建城墙，经历两代统治者，可见建设新都城之不易，纪南城与战国楚王陵位置如图一所示。

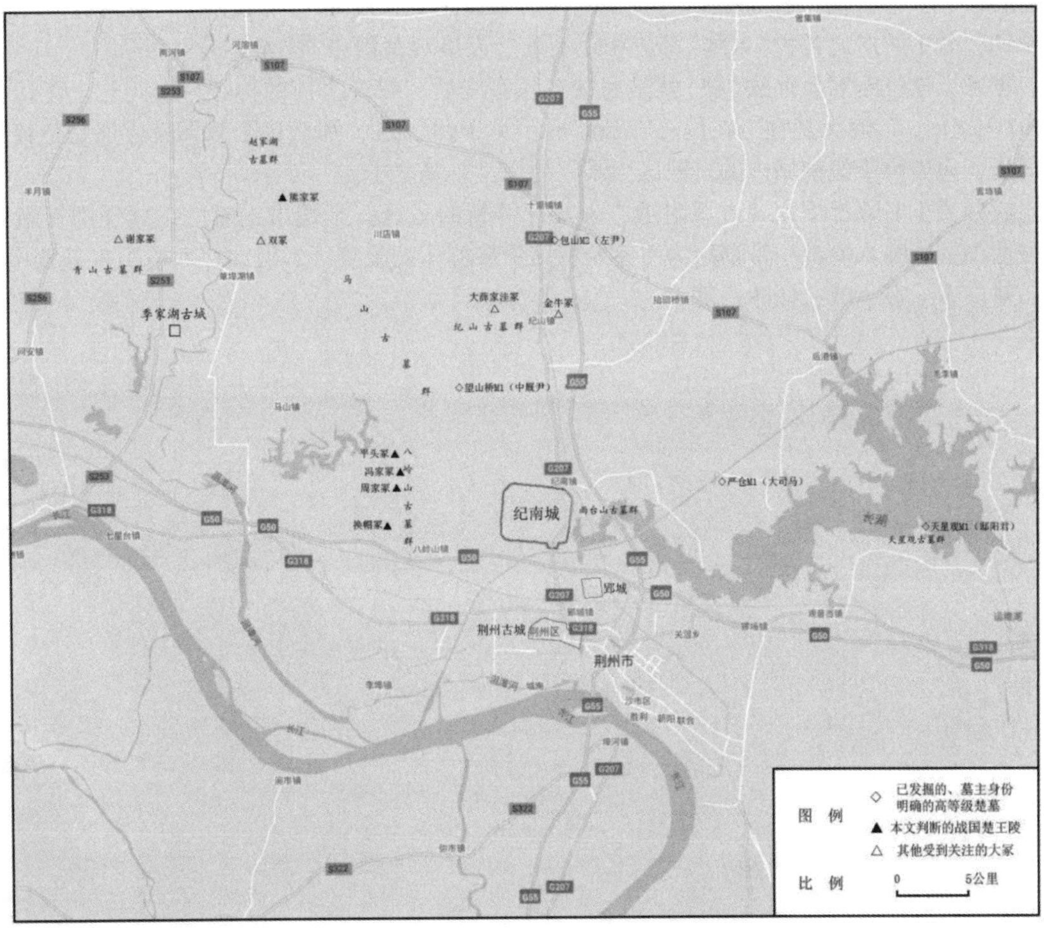

图一　荆州纪南城与战国楚王陵位置分布图(底图采用 Google 地图)

冯家冢的墓主作为最早埋葬于纪南城西郊八岭山的一代楚王，也就意味着他是最早建都于纪南城的第一位或第二位楚王。纪南城周边已发掘的其他较高等级的贵族墓葬时代多为宣王以后，郭德维先生认为：“一些规格更高、年代更早的墓在纪南城的周围不易见到可能还有一个原因：江陵的郢是从别处迁来的，楚国的王族在别处应早有陵园，如《史记》所载之西陵，王族成员死后可能最初还是归葬原来的陵园了。只有经过一段时期以后，才在江陵郢都附近开辟新陵园。”①老一代贵族归葬旧郢，新一代贵族从参政

① 郭德维：《楚都纪南城复原研究》，文物出版社 1999 年版，第 28、29 页。按：郭德维先生认为楚惠王始都于纪南城。

到去世平均也需要二三十年的时间。那么悼王、肃王作为宣王的父、兄，就极有可能是楚都纪南城的开创者。

纪南城作为楚国的新都城，可能与楚悼王在位后期任用吴起变法有关。法家素有破旧立新的精神，《吕氏春秋·孝行览·义赏》记载："郢人之以两版垣也，吴起变之而见恶。"高诱注："变其两版，教之用四，楚俗习久见怨也。"可见吴起变法的内容中还涉及了建筑工程的施工标准。而《史记·秦本纪》记载："(秦孝公)十二年(公元前350年)，作为咸阳，筑冀阙，秦徙都之。"也是商鞅变法中的一大举措。

在清华简《楚居》中还可以找到一些线索。笔者曾撰文认为《楚居》中记载的14个"×郢"为楚王居住的宫殿名称，并非城邑，只有单称"郢"而不加任何前缀时才指楚国都城而言。① 《楚居》记载，楚文王时就已存在的"湫郢"，到惠王时改称"肥遗"并徙居之，后来悼王也一度居于"肥遗"。可见从春秋早期开始直到战国早中期，楚王所居之各种"×郢"都应相距不远。天星观楚简中有"秦客公孙紻问王于栽郢之岁"的大事纪年，据考证这位秦客公孙紻(鞅)就是商鞅在入秦之后、封商之前的称呼，因此这个年代在公元前361—前340年之间，② 时为楚宣王在位。"栽郢"并不见于《楚居》，那么这个栽郢就应该是楚悼王以后新建的楚王居所，应当位于纪南城内的宫殿区中某一处夯土台基之上。

楚悼王或归葬于旧郢都季家湖古城附近，未及开辟新的陵区。至楚肃王时已正式迁都于新郢都纪南城，并将城西不远处的八岭山一带划定为王室及特定贵族群体的陵墓区。因此在八岭山古墓群中可能有4座楚王陵，对应肃、宣、威、怀四代楚王。

(作者单位：荆州博物馆)

① 守彬：《从清华简〈楚居〉谈"×郢"》，《楚文化研究论集》第10集，湖北美术出版社2011年版，第94~100页。

② 湖北省荆州地区博物馆：《江陵天星观1号楚墓》，《考古学报》1982年第1期。

论纪南城的始建年代*

肖玉军　张万高　胡俊玲

楚郢都是楚国后期都城，自西晋开始又称为“纪南城”。东汉许慎《说文》：“郢，故楚都。在南郡江陵北十里。”《左传》桓公二年：“始惧楚也。”西晋杜预注：“楚国，今南郡江陵县北纪南城也。”西晋陈寿《三国志·吴志·朱绩传》：“纪南去城(江陵)三十里。”《续汉书·郡国志》刘昭注引晋宋时人盛弘之《荆州记》曰：“(江陵)县北十余里有纪南城，楚王所都。”关于楚王始都郢的年代，文献也有明文记载。《世本·居篇》：“(楚)武王徙郢。”《史记·十二诸侯年表》：“楚文王赀元年(公元前689年)，始都郢。”《史记·楚世家》：“文王熊赀立，始都郢。”《正义》引“《括地志》云：‘纪南故城在荆州江陵县北五十里。’杜预云‘国都于郢，今南郡江陵县北纪南城是也’”。从这些早期文献记载来看，楚郢都就在今荆州纪南故城无疑。

楚国虽然从春秋早期就已迁至郢都，但直到春秋晚期还没有筑城。这并不奇怪，考古发现的夏都、殷都以及周都所在地都未发现城。《左传》襄公十四年载楚令尹“子囊还自伐吴，卒。将死，遗言谓子庚：‘必城郢’”。杜预注：“楚徙都郢，未有城郭。”子囊的继任者令尹子庚也没有筑城。直到楚平王(公元前528一前516年在位)时才开始城郢。关于楚平王城郢，至少有三条不同来源的文献作了大致相同的记载：第一，班固《汉书·地理志》在“南郡江陵县”下自注云：“故楚郢都，楚文王自丹阳徙此，后九世平王城之，后十世秦拔我郢，徙陈。”第二，北魏郦道元《水经注·沔水》：“江陵西北有纪南城，楚文王自丹阳徙此，平王城之。班固言：楚之郢都也。”第三，唐李泰《括地志》云：“又至平王，更城郢，在江陵县东北六里，故郢城是也。”①

对楚郢都纪南城的怀疑首先始于历史地理研究，20世纪60年代石泉先生发表《湖北宜城楚皇城初考》提出楚都在湖北宜城的楚皇城。②其时纪南城的考古调查和发掘工作还没有展开，提出这样的见解主要基于文献考据。20世纪70年代纪南城考古大会战，一个重要成果就是发掘南垣水门、西垣北门，它们均叠压和打破春秋晚期地层，其兴建年代可以早到春秋晚期。③按理说这一结论与文献有关楚平王城郢的记载是符合的，但由于考古资料没有得到及时整理和消化，“郢都宜城”说的影响一直存在。张正明先生调和“宜城说”和“纪南城说”，认为郢都先后有好几个，文王始都郢在今宜城；公元前506年吴师入郢后楚昭王迁都郢即今纪南城。④即使如此，仍然出现一个令人困惑的问题，即纪南城周围发现的楚国高级贵族墓葬均集中于战国中期和中晚期之际。王光镐先生干脆指出真正的楚郢都在宜城楚皇城遗址，纪南城只是一座楚宣王至顷襄王时期的陪都“栽郢”。⑤ 然而王光镐先生的这个说法很难解释纪南城西郊八岭山赫然

---

* 本文的写作得到了湖北省文物局“大遗址荆州片区楚国王陵及高等级贵族墓地考古学研究”课题的资助。

① 《史记·楚世家》“始都郢”句下唐张守节《正义》引。

② 石泉：《湖北宜城楚皇城初考》，《江汉学报》1963年第2期。又见石泉：《楚郢都、秦汉至齐梁江陵城故址新探》，《古代荆楚地理新探》，武汉大学出版社1988年版。

③ 湖北省博物馆：《楚都纪南城的勘查与发掘(上)》，《考古学报》1982年第3期。

④ 张正明：《楚都辨》，《江汉论坛》1982年第4期。又见张正明：《楚文化史》，上海人民出版社1987年版，第35页。

⑤ 王光镐：《楚文化源流新证》，武汉大学出版社1988年版，第458页。

存在的楚王陵。笔者之一曾经是纪南城考古培训班的学员，有幸参加了20世纪70年代的纪南城考古大会战，当年已经解决或者接近解决的学术问题，于今又引起了学术界的关注，有感于此，我们特在前辈学者于纪南城所做考古工作的基础上，结合近年来有关楚王陵和纪南城考古调查和发掘的新材料，对纪南城的始建年代略加申述，以纪念前辈，砥砺后学，并就正于海内外有道方家。

一、城垣与城门始建年代分析

要弄清楚纪南城的始筑年代首先就要研究纪南城的考古学年代，要研究纪南城的考古学年代，则首先就要分析纪南城现有的遗存。纪南城现有或者已知的主要遗存有护城河、城垣、城门、烽火台、城内居住遗址、建筑遗址以及城内的墓葬等。纪南城是一座大型土筑城垣，一般而言，在选址规划之后，其建筑的顺序应是先挖护城河，并边挖护城河边用所挖护城河的泥土筑建城垣，在城垣基本成形后修建城门，然后再在城内修建居所、库房等建筑。而烽火台则应是在城垣完成后再选址筑建。在这众多遗存之中，与纪南城始建直接相关的是城垣和城门，它们的建筑年代就是纪南城的始建年代。

20世纪70年代，湖北省博物馆的考古人员对纪南城遗址进行了大规模、系统的考古工作，特别是对护城河、城垣、城门做了仔细的勘探和较多的发掘，获得了大量的重要资料，为研究纪南城的始筑年代提供了证据。

纪南城具有高大和完整的土筑城垣，并且规模宏大。城垣平面略呈长方形，东西长4450米，南北宽3588米，城址面积约16平方千米。勘探表明，纪南城共有7个城门，分别为西垣北门、西垣南门、南垣水门、南垣东门、北垣东边水门、北垣西门、东垣水门(即龙桥河水门)。① 除此七座城门外，在东垣的中部或偏南部应还有一座城门，现因207国道覆压而尚未探明。

20世纪70年代，考古工作者先后对南垣水门和西垣北门作了考古发掘。此外，湖北省考古研究所又对位于南垣之上的烽火台遗址进行了试掘。这三次针对纪南城城址的发掘对判断纪南城的始筑年代具有重要意义。

1. 南垣水门

南垣水门遗址位于南垣西段，1972年冬至1973年春湖北省博物馆江陵工作站对其做了细致发掘。南垣水门建在由南至北流经城内的古河道(现名朱河)之上，是一座一门三道的木构城门(水门)。由于木构水门是建在古河道之上的，所以，此古河道的地层堆积就成了判断南垣水门建造年代的重要依据。此古河道的堆积可分4个文化层，其中，第3层和第4层又可分出若干小层。在当时发掘的T10、T8、T4等探方的④A、④B层中，出土了较多陶器，比较完整的器物主要有长颈罐、盂、小罐、小鬲、细柄豆等。这些陶器以泥质灰陶为主，明器和实用器共存。其中，T10④A出土的长颈罐，形制为敞口折沿，长颈较粗，圆腹较深，圜底近平，颈与肩相交处折转，与江陵雨台山M47出土的Ⅱ式罐形制相近，②时代为春秋晚期。T8④A和T8④B出土的盂和小罐，其基本形制均为尖唇、折肩或折腹、圜底，具有明显的春秋晚期制器风格，时代亦属春秋晚期。此外，在T10、T8、T6等探方的第3层中也出土了较多鬲、盂、豆、盆、鼎、壶、瓮等陶器。第3层所出陶器，陶质仍以泥质灰陶为主，但有较多夹沙陶，器表常施黑衣，多绳纹、旋纹、暗纹、划纹；制器风格多圆唇、尖圆唇、方唇(或方叠唇)，盂、罐等器类则多为凹平底。T10③所出土的陶鬲为明器，形体较小，形制作大口圆唇，浅腹连裆；T6③出土的小口罐形鬲为敛口折沿方唇，短束颈，圆广肩，圆腹平裆。T10③所出的陶盆为大口折沿，沿面饰平行弦纹，深弧腹，凹平底。同层出土的陶豆、豆盘内多饰有同心圆暗纹或S形暗纹。这些陶器的形制和纹饰具有春秋战国之际和战国早、中期楚国陶器的特点，因此，原报告认为，南垣水门古河道第3层的年代上限可至春秋晚期，其下限

① 湖北省博物馆：《楚都纪南城的勘查与发掘(上)》，《考古学报》1982年第3期。

② 湖北省荆州地区博物馆：《江陵雨台山楚墓》，文物出版社1984年版，第136页。

则可至战国中期。①

南垣水门的木构建筑则是发现于第3层之中、埋藏在第4B层之内，既打破第4B层，又被第3层所叠压。②如此则可认定，南垣水门是建在第4层之上的，其建造年代相当于或稍晚于第4层，但早于第3层。通过对地层内出土陶器的类型学研究，第4层是属于春秋晚期的文化层，如此，则南垣水门的始建年代就可判断为春秋晚期至战国早期。南垣水门的主体是木构建筑。木构建筑中的木柱是建造在第4层(4A、4B层)之中的，说明这个第4层就是南垣水门的建筑层。又，在南垣水门木构建筑的沟槽、柱洞等遗迹中发现有较多鬲、罐、豆等成组的陶明器，这些器物并不是简单随意的放置，而是有意的摆放在同一平面上的，应是建造南垣水门动工时举行的奠基仪式上使用的器物。在T10的④A层中还发现了人骨架一具和陶长颈罐、麻鞋、木梳篦等遗物，而人骨架应是放置在一个坑内的，此坑则应为当时的一个奠基坑。③既然如此，我们就可以认定，这些用作奠基的器物及其所在的第4层的年代应是南垣水门兴建的年代，而这个年代就是春秋晚期至战国早期。

水门木构建筑的碳十四测年经树轮校正为距今2460±85年(公元前510年)，相当于春秋晚期，④这与考古地层和类型学得到的年代结论是一致的。考虑到木构建筑所在的建筑层的年代可能略早于木构建筑的年代，南垣水门的始建年代则或可晚至春秋战国之际，但绝不晚于战国早期。另外，因为第3层是叠压或者覆盖在南垣水门木构建筑之上的文化层，其年代范围自春战之交直至战国中期，所以第3层所代表的年代则应是南垣水门存在或者使用的年代。

2. 西垣北门

西垣北门遗址位于纪南城西垣北段，原本是一处宽40米左右的城垣缺口。1975年纪南城考古大会战期间，由湖北、河南的考古工作者以及四川大学历史系考古专业的师生对其进行了考古发掘。发掘得知，西垣北门是一座一门三道的城门。

西垣北门遗址的文化堆积共分为5层，其中，第3层为城门兴建至废弃期间的堆积层，第4层为城垣、城门及其附属建筑的夯土层，第5层为城门建筑前的文化堆积。⑤第3层至第5层三个文化层中分别出土了较多东周时期的陶器，为判明该城门的始建年代提供了依据。

西垣北门建筑前的文化堆积主要有该遗址的第5层和被第4层所叠压而属于第5层的较多灰坑(如H7、H11)、水井(如J5)等遗迹。西垣北门遗址T1第5层出土的陶鬲(T1⑤：1)，其形制为大口折沿圆唇，有短束颈，裆近平，足窝较深，圆柱状足，整体形态略呈方形。此鬲与江陵九店东周墓中的乙组丙类B型Ⅰ式鬲近似，⑥时代为春秋晚期。西垣北门遗址H11出土的陶高领小罐(H11：3)，形制为高领鼓腹，底近平，与江陵九店东周墓之乙组丙类Ⅰ式高领小罐基本相同，时代为春秋战国之际或战国早期早段。⑦西垣北门遗址J5(水井)出土的陶盂(J5：1、2)，形制为敞口，卷沿尖圆唇，束颈折肩，圜底近平，与江陵葛陂寺M6出土的陶盂(原报告中名钵)近似，⑧时代为春秋晚期。J5所出的陶盆(J5：9、10)为外折沿，颈较长，颈肩相交处有凸棱如折肩，亦属春秋晚期的形制。这些遗迹和遗物乃是西垣北门兴建之前的文化遗存，表明西垣北门兴建的年代不早于这些文化遗存所代表的年代，即不早于春秋晚期。由于西垣北门是建筑在该遗址的第5层之上的，所以，西垣北门的兴建年代也可能与第5层的年代相同。该遗

---

① 湖北省博物馆：《楚都纪南城的勘查与发掘(上)》，《考古学报》1982年第3期。

② 湖北省博物馆：《楚都纪南城的勘查与发掘(上)》，《考古学报》1982年第3期。

③ 湖北省博物馆：《楚都纪南城的勘查与发掘(上)》，《考古学报》1982年第3期。

④ 中国社会科学院考古所实验室：《放射性碳素测定年代报告(七)》，《考古》1980年第4期；湖北省博物馆：《楚都纪南城的勘查与发掘(上)》，《考古学报》1982年第3期。

⑤ 湖北省博物馆：《楚都纪南城的勘查与发掘(上)》，《考古学报》1982年第3期。

⑥ 湖北省文物考古研究所：《江陵九店东周墓》，科学出版社1995年版，第395页。

⑦ 湖北省文物考古研究所：《江陵九店东周墓》，科学出版社1995年版，第413页。

⑧ 郭德维：《楚史·楚文化研究》，湖北人民出版社2013年版，第230页。

址中代表西垣北门兴建年代的文化层是第4层。第4层是城垣、城门等建筑的夯土层，包含物较少，所出土的遗物仅有少量东周时期的碎陶片，不足以判明该文化层的具体年代。但是，在西垣北门中间门道内侧偏南的地方发现了一个属于第3层、打破第4层的灰坑，编号为H4。H4内出土了两件形制清楚的陶器，一为鬲、一为盂。鬲(H4：1)的形制作卷平沿、大口束颈、宽平裆、矮柱足，外表上部饰分段式绳纹，下部是纵横交错的拍印绳纹，与江陵九店M9出土的乙组丙类B型Ⅲ式陶鬲近似。①但是，H4：1的形制比较特殊，其足虽矮但不内敛，足窝亦较深，应略早于九店M9所出之鬲，年代应为战国中期。盂(H4：3)作敞口卷沿、束颈折肩、浅腹圆底，形制与江陵九店M36出土的乙组丙类A型Ⅳ式陶盂近似，但H4：3为圜底，腹亦略深，应早于后者，其年代亦属战国中期。②由此可知，西垣北门遗址的第3层以及H4所代表的年代则应是西垣北门使用乃至废弃的年代，属于战国中期，晚于第4层。既然西垣北门遗址的第4层是相当于或者略晚于第5层，又早于第3层的，那么第4层的年代就应为春秋战国之际或者战国早期。又因这个第4层乃是城垣和城门建筑的夯土层，所以，西垣北门的兴建年代就与第4层的年代相同，为春秋晚期至战国早期。

3. 烽火台

纪南城烽火台遗址位于纪南故城南垣凸出部位的西南角，烽火台台基略呈方形，底宽32米，顶宽18米，现存高度4.45米。2011年10—12月，湖北省文物考古研究所为了"搞清台基与城垣之间的关系，台基的年代、结构及功能"，对烽火台遗址进行了考古发掘。③本次试掘主要是探沟解剖，虽未系统发掘，但也获得了一些比较重要的信息，可以基本了解烽火台及城垣的功能和始筑年代等问题。

试掘简报报道的资料显示，烽火台遗址的堆积大体可分6层，其中，第1层至第5层分别为近现代农耕扰乱地层、宋及汉代文化层和汉代填土层，只有第6层为东周文化层。第6层之下即为烽火台台基(原简报中称为台基1)和城垣的夯土层。这个夯土层是一层一层夯筑而成的，故又可分为13个夯层。

本次试掘发现的遗迹主要有沟7条和灰坑5个，此外，还发现有少数房基、窖藏和墓葬。这些遗迹绝大多数是东周以后的晚期遗存，只有G6和G7属于东周时期。根据烽火台发掘的剖面图观察，G6应是叠压在烽火台台基之上的。据发掘者分析，G6内的包含物应该是台基上建筑的废弃物，其年代要晚于台基。G7开口于第6层下，处在台基与城垣之间，打破城垣护坡。沟内为黄色黏土，属一次性堆积，其内包含物较少，仅有少量筒瓦、板瓦残片和鬲足。由于器片少且太过残碎，故G7的具体年代不能确指。G6则出土遗物较多，主要有陶质的筒瓦、豆、瓮、罐等器物口沿和残片。其中，G6②：2和G6①：8两件罐口沿的形制与江陵九店M735出土的乙组丙类Ⅱ式高领绳纹罐近似，时代为战国中期晚段。④烽火台遗址的第6层是叠压在城垣内护坡即烽火台(台基1)之上的一个很薄的文化层，其年代亦晚于城垣和烽火台，可能是当时烽火台使用时期的一个活动面。第6层内出土有较多遗物，主要有陶板瓦、筒瓦等建筑材料和盂、盆、豆、罐等生活用器。试掘简报认为，该层中所出陶盂的形制同于江陵雨台山的Ⅴ式盂，可以采信。江陵雨台山M239出土的Ⅴ式盂属于江陵雨台山楚墓的第五期，年代为战国中期后段，⑤如此，则烽火台遗址第6层的年代亦应在此时。因此，烽火台遗址G6和第6层所代表的年代就应是烽火台使用年代的下限或者是烽火台废弃的年代而不能代表烽火台及城垣的建筑年代。

在烽火台遗址第6层之下还有一个夯土层，这个夯土层厚3米以上，可分为13个夯土层，是烽火台及城垣的建筑主体，所以，夯土层的年代才是烽火台及城垣的建筑年代，而其中真正能证明烽火台及城垣始筑年代的则是夯土层中的第12层和第13层，这两个夯土层是在修建城垣及台基前清理和加固地基而

① 湖北省文物考古研究所：《江陵九店东周墓》，科学出版社1995年版，第397页。
② 湖北省文物考古研究所：《江陵九店东周墓》，科学出版社1995年版，第397页。
③ 湖北省文物考古研究所：《荆州纪南城烽火台遗址及其西侧城垣试掘简报》，《江汉考古》2014年第2期。
④ 湖北省文物考古研究所：《江陵九店东周墓》，科学出版社1995年版，第400页。
⑤ 湖北省荆州地区博物馆：《江陵雨台山楚墓》，文物出版社1984年版，第132页。

铺垫的瓦砾层，包含物除了大量的筒瓦和板瓦外，也有少量陶器。所出陶盆(XTG9 夯土 12：2)的形制与纪南城西垣北门遗址 J5 出土的陶盆形制基本相同，年代应为春秋晚期。第 12、13 层所出土的板瓦和筒瓦也基本同于纪南城西垣北门遗址 J5 所出土的同类器。由此可知，夯土第 12、13 层所代表的年代是春秋晚期或稍晚。既然如此，则烽火台及城垣的始筑年代就应为略春秋晚期或稍晚，其具体年代应为春秋战国之际。

综上所述，经过考古发掘的纪南城南垣水门、西垣北门和烽火台三处遗存的年代是一致的，其始筑年代均为春秋晚期，最晚不过春秋战国之际，这是判定纪南城始筑年代最为直接的证据。

二、城内居址等遗存年代分析

纪南城作为楚国鼎盛时期的郢都，当年的繁华程度可想而知。考古勘探表明，现存的纪南故城内仅暴露于地表的东周时期的大型夯土建筑台基就有 84 座之多，而那些掩埋在地下的建筑基址则更是数不胜数。如此，则当年纪南城内的宫殿、衙署、府库、官宅民居等各类建筑应是鳞次栉比、分布密集。社会历史发展到了战国时代，作为楚国都城的纪南城，城内的这些重要建筑物如朝、寝、宗庙、社稷等都有可能是与城垣(城郭)同时规划而兴建的，因此，这些建筑物的年代应多与城垣的始筑年代大致相同，绝不会早出许多，而城内其他大多数建筑则应晚于城垣而修建。此外，一些大型建筑诸如宫殿、府库等也多有修整、扩建和重建的，此类建筑则肯定比城垣晚。所以，城内大多数居址的年代则应是纪南城的使用年代。目前，对纪南城内居址等建筑遗址做过比较系统发掘的是纪南城松柏区 30 号建筑遗址(即宫殿基址)，这也是纪南城内考古发掘中最具有代表性的遗址。

纪南城 30 号建筑遗址的发掘共进行过两次。第一次是 1975 年纪南城考古大会战时进行的发掘；第二次是 2011—2012 年所做的发掘。

1975 年第一次发掘最大的收获是发现并发掘了纪南城松柏区 30 号夯土台基和两座大型房屋建筑基址，而这种大型台基和房屋建筑实际上就是纪南城内的宫殿建筑之一。此次发掘，发掘报告将该遗址分为早晚两期。早期以房屋基址松 30F2 为代表，其他遗迹主要有灰坑 H1 和水井 J12 和遗址文化层第 5 层。晚期以建筑基址松 30F1(即松 30 号台基)为代表，此外，还有较多灰坑、水井和遗址文化层第 3 层。①在属于早期的灰坑 H1 及第 5 层中出土了形制清楚的陶器盂(原报告称钵)、盆、长颈罐等器物，盂为深腹，盆作折腹，长颈罐为垂腹和凹平底，属于春秋晚期的形制，因此，以松 30F2 为代表的早期遗存所包含的年代应为春秋晚期。考虑到这些春秋晚期遗存也存在于第 5 层-松 30F2 的建筑房基中，所以，F2 的始建年代应不早于春秋晚期，而其使用年代则可能延续至战国中期。松 30F1 是叠压在松 30F2 之上的，其与同时期的遗址第 3 层以及 J11 等遗迹和地层中出土了大量的陶器和铜器、铁器等遗物。将这些遗物的形制进行类型学分析，我们有理由认为，以松 30F1 为代表的晚期遗存的年代属于战国中期，即松 30F1 的始建年代不早于战国早期，其下限年代应为战国中期，使用年代则主要为战国中期。综合观察，则松 30 号台基遗址的年代则为春战国之交至战国中期，松 30F2 的始建年代当为春秋晚期，或可晚至春秋战国之际。

2011—2012 年第二次发掘是对 1975 年第一次发掘的补充发掘。此次发掘共发现三期遗存，发掘简报认为，第 1 期可与第一次发掘的松 30F1 夯土下的纯黄色夯土层和黄花土夯土层相对应，年代上限不清，其年代下限不超过战国中期晚段；第 2 期与第 1 期基本相同，年代不早于战国中期晚段；第 3 期的年代大致在战国中期晚段，或可晚至战国中晚期之际。②有人认为，这个第 3 期的年代还可视作松 30F1 年代的下限。不难看出，这三期遗存的年代均较晚，并且均为战国中期晚段，如果将其纳入战国时期考古学文化分期中去看，这三期遗存的年代加起来也只不过是战国中期的一段，并且是晚段，时间范围不过 40 年

---

① 湖北省博物馆：《楚都纪南城的勘查与发掘(下)》，《考古学报》1982 年第 4 期。

② 湖北省文物考古研究所：《荆州纪南城遗址松柏区 30 号台基 2011—2012 年发掘简报》，《江汉考古》2014 年第 5 期。

左右。因此，第二次发掘所揭露和发现的乃是松 30 号台基中属于较晚或至晚的那一部分，反映的是松 30 号台基及其建筑进行维修、扩建甚至重建的年代，也是其部分使用年代和废弃的年代。不过，发掘简报在结语中还说，“通过本次发掘，我们进一步明确认识到纪南城遗址宫殿区至少经过了两次大规模的工程建设。第一次应该是与 1982 年简报 F2 同期相关，其年代或在战国中期。第二次应该是与 1982 年简报 F1 同期相关，其年代应在战国中期晚段”①。简报将松 30F1 的年代下限定为战国中期晚段是正确的。但是，将松 30F2 的年代笼统地视为战国中期则还需要讨论。F2 的夯土台基和建筑延续使用至战国中期是完全可能的，也就是说 F2 的年代下限可能为战国中期。

除了松柏区 30 号建筑基址的补充发掘外，近几年来，考古工作者还对纪南城内的其他夯土台基及居住遗址进行了重新调查、勘探和局部试掘，发现纪南城宫殿区共有两期夯土台积，第一期台基多被洪水所毁，第二期则是在第一期的基础上加高并夯筑而成的。我们认为，这两期夯土台基的年代可与松 30F2 和松 30F1 相对应，反映的是纪南城内的两次大规模建设活动。

基于对松柏区 30 号建筑基址两次考古发掘的认识，我们认为，纪南城宫殿区的建设最早也是始于春秋晚期，最晚不过春秋战国之际，其与纪南城城垣的始筑年代基本一致。这就表明，楚人并非只单纯地营建了纪南城城郭，而且几乎同时营建了宫殿和宫城，并且一经完成便即行迁入，使之成为了楚国历史上最大的都城。春秋晚期至战国早期，楚国政治成熟，国力雄厚，若要迁都或者建设更大规模的都城，都必将是先谋定而后动，城垣与城内主要建筑势必先做总体规划，建造时间也应基本一致。既是迁都，就应是将新都的主要设备设施建设完成之后再行迁移，不太可能先建宫殿居址并进驻之后再去垒建城垣和城门。即使城垣和城内建筑的兴建时间有早有晚，那也只是同一时期之内的先后顺序问题，不会相差到一个期别或期段。战国之前，楚之郢都或许无城，但并不能说楚人不想筑城，实际上，早在春秋早中期，楚人就曾多次谋划城郢，但终因种种原因未能遂行。那时的郢都如果有城垣，则城垣应为增筑，其年代晚于宫殿居址等建筑则是理所当然的。

三、纪南城内外墓葬墓群反映的年代信息

纪南城内共发现三处墓地，即陕家湾墓地、东岳庙墓地和凤凰山墓地。陕家湾和东岳庙两处墓地时代较早，属于春秋中期和中晚期，② 凤凰山墓地较晚，为秦至西汉时期。除此以外，城内再无春秋晚期至战国时期的墓葬。如此，通过此三处墓地就基本上能够判断出纪南城考古学年代的上下限，即最早不过春秋晚期，至晚不过秦代。实际上，自公元前 278 年秦将白起拔郢之后，楚都东迁，纪南城即行废止，所以，白起拔郢之年即为纪南城年代的下限。

纪南城四周分布着众多的东周时期的楚墓和墓地，这些楚墓和墓地与纪南城具有密切地关系，绝大多数墓葬的主人生前应是纪南城内的居民。纵观这些墓葬的年代，春秋楚墓极少，仅少数春秋晚期墓葬，而以战国楚墓最多。战国楚墓中，属于战国早期的相对较少，战国中晚期的居多。这种情况也从一个侧面反映了纪南城内居民由少到多的变化。既然这些楚墓的主人生前多为纪南城内的居民，这就说明纪南城内在战国早期就已经有了较多人口，从而也证明其在战国早期即已存在。

在纪南城四周众多的东周楚墓和墓地中，截至目前，考古发现成建制的楚国陵园只有八岭山一处，其他如熊家冢、谢家冢等均只是单个的楚王陵园，而八岭山则是一处规模庞大的、墓葬着多位楚王的楚国国家陵园。根据近几年来考古界对八岭山所做的考古勘探和发掘情况分析，八岭山陵园内至少有六座楚王陵寝，即李家冢、平头冢、系马冢、冯家冢、周家冢、换帽冢。八岭山位于纪南城以西约 5.3 公里，二者关系密切，一般认为，八岭山应是楚国建都纪南城时期才选址规划建设的国家陵园，其内所葬楚王

① 湖北省文物考古研究所：《荆州纪南城遗址松柏区 30 号台基 2011—2012 年发掘简报》，《江汉考古》2014 年第 5 期。

② 湖北省博物馆：《楚都纪南城的勘查与发掘(下)》，《考古学报》1982 年第 4 期。

均应为纪南城时期的楚王。

2011—2012 年，荆州博物馆发掘了冯家冢北侧殉葬墓及七行冢殉葬墓共 7 座，在其中一座编号为 BXM13 的殉葬墓中出土了仿铜陶礼器鼎、敦、缶、盘、匜各 1 件。根据这一组陶器，我们得知，冯家冢陵园的考古学年代为战国早期晚段至战国中期早段。①也有学者认为，冯家冢的年代应为战国中期前段。② 我们认为，冯家冢的年代定为战国早期晚段是没有问题的。既然八岭山冯家冢属战国早期晚段，那么，纪南城至迟在此时即已成为楚国的郢都。但冯家冢肯定不是八岭山中时代最早的楚王陵园。较早的楚王陵寝早至战国早期前段也是没有问题的。八岭山陵园内的 6 座楚王陵寝基本上可以对应纪南城时期的战国楚王，即声、悼、肃、宣、威、怀王。基于此，则八岭山陵园的年代就可以证明纪南城年代的上限为战国早期。

四、余论

纪南城规模空前，东汉桓谭在《新论》中曾说："楚之郢都，车毂击，民肩摩，市路相排突，号为朝衣鲜而暮衣敝也。"③如此浩大的筑城工程绝非一代楚王能够毕其功。从令尹子囊遗言城郢，令尹子庚无力筑城，到楚平王城郢，才拉开了筑建郢都城郭的序幕。纪南城年代最早的碳十四测年数据是龙河桥第一段 79 号水井圈底部木架的年代，距今 2550±80 年或 2480±80 年，约当公元前 600 年或前 530 年，相当于春秋中期。④再者，1972 年采集的南垣水门木构建筑木料样本，经中国社会科学院考古研究所实验室碳十四测定，年代为距今 2430±75 年(公元前 480±75 年)，树轮校正年代为距今 2460±85 年(公元前 510 年±85 年)⑤，相当于春秋晚期。还有，1975 年采集于纪南城内陈家台遗址的碳化稻米样本，经北京大学考古专业碳十四实验室测定，年代为距今 2410±100 年(公元前 460±100 年)⑥，相当于战国早期至中期。陈家台为铸造作坊遗址，遗址的夯土台基上发现了大量的碳化稻米，这些稻米可能是当时作坊存放的粮食。陈家台遗址反映的年代应属纪南城的使用年代。陕家湾和东岳庙两处墓地也可以早到春秋中期和中晚期之际，这说明在平王城郢之前，这里已经有人居住了。从纪南城年代关系分析，楚平王所城之郢应为纪南城。

由于楚平王遗祸，其子昭王(公元前 516 一前 489 年)即位之初即遭遇伍子胥率吴师入郢，城址遭到破坏。楚惠王在位五十七年(公元前 488 一前 432 年)，凭借较高的诸侯国地位和雄厚的国家实力，其便开始致力于筑建郢都，这一时期相当于考古学的战国早期前段。大概至楚简王(公元前 431 一前 408 年在位)时，大城的建设才大功告成。这次建设规模宏大，规格很高，形成了我们现在所见到的纪南城大城。《楚世家》载"(楚)声王六年(公元前 402 年)，盗杀声王"，《正义》引《谥法》云"不生其国曰声也"。这大概有两层意思：其一是说楚声王没有活着回都城，故曰"不生其国"；其二是与"生其国"相反的是"死其国"，即楚声王死了以后才回国，故葬在郊区的陵墓中。八岭山王陵正对着纪南城的西门，很可能与楚声王"不生其国"有关。此后纪南城的楚王也相继埋葬在八岭山陵区，相应地楚国的高级贵族墓葬也纷纷出现在纪南城周边，这就解释了何以纪南城筑城早而大墓年代晚的缘故。

据上所论，八岭山埋葬最早的楚王应该是楚声王，其年代为战国早期后段。至顷襄王迁都之前，声、悼、肃、宣、威、怀，六位楚王，正好对应于八岭山的六个楚王陵。由此可以推断熊家冢的墓主可能是

---

① 荆州博物馆：《湖北荆州八岭山冯家冢楚墓祭祀坑 2013 年发掘简报》，《文物》2015 年第 2 期。

② 张绪球：《熊家冢和冯家冢的年代及墓主》，《楚学论丛》第六辑，湖北人民出版社 2017 年版。

③ (汉)桓谭：《新辑本桓谭新论》，中华书局 2009 年版，第 72 页。

④ 中国社会科学院考古所实验室：《放射性碳素测定年代报告(五)》，《考古》1978 年第 4 期；王光镐：《楚文化源流新证》，武汉大学出版社出版 1988 年版，第 432 页。

⑤ 湖北省博物馆：《楚都纪南城的勘查与发掘(下)》，《考古学报》1982 年第 4 期。

⑥ 湖北省博物馆：《楚都纪南城的勘查与发掘(下)》，《考古学报》1982 年第 4 期。

楚简王，其年代早于八岭山陵园。继楚平王之后修筑纪南城的应是楚惠王，并且在纪南城完成之前，楚惠王是居住在纪南城之前的郢都之内的。纪南城规模宏大，宫殿林立，府库众多，非一年两年和一人之力所能完成。通过上述分析，我们有理由判断纪南城的始建年代自楚平王持续至楚惠王、楚简王时期，相当于考古学的春秋晚期后段至战国早期前段，可统称为春战之际。这是一个既有文献依据，又有碳十四年测年数据支撑，更符合考古地层学和类型学的年代结论。

（作者单位：荆州博物馆、襄阳市博物馆）

下蔡考古发现与研究简论

蔡波涛　张钟云

一、文献视野下的蔡国简史

作为西周初年最早的姬姓封国之一，蔡是与周王室同宗的重要诸侯国。“武王已克殷纣，平天下，封功臣昆地。于是封叔鲜于管、封叔度于蔡。二人相纣子武庚禄父，治殷移民。”①由此可知，蔡国始封之君为蔡叔度，是周文王之子，与周武王、周公旦皆为同母兄弟。武王病故，二人挟武庚叛乱，后周公东征平叛，杀管叔，放蔡叔于郭凌。之后，“其子蔡仲改行帅德，周公举之，以为己卿士，见诸王，而命之以蔡”②。意即，周成王时复封蔡叔度之子胡于蔡，“以奉蔡叔之祀”③。虽然有关蔡叔度之始封地与蔡仲胡之复封地是否为同一地点的问题尚存在较大争论，④ 但学界对于蔡国首个国都为上蔡的认识基本达成一致。《汉书·地理志》云：“上蔡，故蔡国，周武王弟叔度所封。度放，成王封其子胡，十八世徙新蔡。”据此可知，整个西周时期的蔡国，内外局势较为稳定，居上蔡历十八代侯。但这一形势将随着南方楚国的不断强大和北上争霸而改变。

有学者根据新出上博竹书、清华简的相关记载，认为至迟从西周晚期开始，楚国已经对蔡国进行了侵伐。⑤《左传·桓公二年》载：“蔡侯、郑伯会于邓，始惧楚也。”此后，蔡国一直成为楚国北境的心腹之患，更是其东进经略江淮的阻碍之一。春秋时期楚与吴在淮河中游地区的争夺和拉锯，对蔡国的历史产生了深刻影响。昭公十一年，楚灵王诱杀蔡灵侯于申，“楚子城陈、蔡、不羹，使弃疾为蔡公”，即灭蔡设县，这是蔡第一次被灭国。有学者认为，蔡之所以被楚国所灭，其原因是由于楚国面对吴国日益强大的威胁和压力，不得不在淮北汝、颍一带进行一系列灭国迁民行动，灭蔡只是其中之一，其目的在于清除该地区潜在的不稳定因素，并借此打乱这一地区旧有的血族体系，加快“楚化进程”。⑥ 这一事件对蔡国影响深远，可以说直接导致了平侯迁都新蔡。《左传·昭公十三年》：“平王封陈、蔡，复迁邑，致群赂，施舍宽民，宥罪举职。”楚平王继位后，之所以让一些诸如陈、蔡这样已被灭国迁民的诸侯国重回淮域故地复国，目的是结好诸侯，稳定由于灵王赋役无度、肆意专杀所造成的危险局势。蔡虽然得以复国，然而此时的上蔡都城已经成为楚国的北方“别都”重镇，⑦ 平侯不得已只能南迁至楚国势力范围内的新蔡，

---

① 《史记》卷35《管蔡世家》。

② 洪亮吉：《春秋左传诂》，中华书局1987年版，第813页。

③ 《史记》卷35《管蔡世家》。

④ 相关讨论的文章主要见陈昌远：《有关古蔡国的几个历史地理问题》，《中国历史地理论丛》1998年第3期；陈隆文、刘晨阳：《蔡国历史地理问题考辨》，《三门峡职业技术学院学报》2013年9月第12卷第3期；李绍文：《蔡国历史、地理与蔡人的迁徙论考》，《中州学刊》2013年第9期。

⑤ 张树国：《蔡国旧事——关于春秋蔡国兴亡的三种文本解读》，《中华文史论丛》2014年第1期。

⑥ 参阅晏昌贵：《楚灵王迁国移民考》，《江汉论坛》1990年第12期；陈若松、郑威：《春秋战国时期汝水流域楚化过程探析》，《楚学论丛》第六辑，湖北人民出版社2017年版，第96~104页。

⑦ 郑杰祥：《新蔡的由来及其在蔡国历史上的地位》，《黄河科技大学学报》2010年第7期。

当然这也应该是楚国有意而为之。《汉书·地理志》载："新蔡，蔡平侯自蔡徙此。"蔡国自平侯迁都新蔡，一直是作为楚的附庸国而存在，历经平侯庐、蔡侯朱、悼侯东国和昭侯申四代。在此期间，楚对蔡国仍不断地进行打压和驱使。值得注意的是，蔡昭侯因楚令尹索要佩裘而不予被楚国扣留三年这一事件的促发，深刻影响了蔡国的二次迁都。

《左传·定公三年》载："蔡(昭)侯归，及汉，执玉而沈，曰：'余所有济汉而南者，有若大川。'蔡侯如晋，以其子元与其大夫之子为质焉，而请伐楚。"蔡昭侯在遭受屈辱之后终于与楚国反目，鲁定公四年(楚昭王十年，公元前506年)，蔡先是受晋国指使灭了楚的同盟国沈，后又加入吴、唐联军共同伐楚，助力吴师经新蔡沿淮西进。① 吴蔡联军通过著名的"柏举之战"后长驱直入攻下郢都，造就了楚自立国以来最严重的一次失败——弃郢都而徙都。

由于吴国内乱加之其与越的关系日趋紧张，无暇顾及西方与楚人的争夺，导致吴、楚之间的争夺趋于缓和，而这就给了楚国喘息和复苏的时间。在经过数年的"改纪其政"和休养生息以及践行"联越制吴"的外交政策的情况下，楚昭王先是相继灭掉了顿国和胡国，之后终于在鲁哀公元年，"楚子围蔡，报柏举也"，"蔡人男女以辨，使疆于江、汝之间而还"，② 将淮河上游以北、汝水中下游的蔡国境土全部吞并，迫使蔡国的势力范围限制在新蔡以南、淮汝之间的狭窄地带③。这一事件造成了蔡对楚国的强烈不满和无限忌惮，"蔡于是请迁于吴"，而吴亦欲将蔡作为与楚交锋的前沿阵地和桥头堡，同意其迁入吴境。《春秋·哀公二年》载："十有一月，蔡迁于州来。"蔡迁入州来后，改其名为下蔡。关于下蔡、州来的地望，学界尚存有凤台、寿县等不同认识，但近些年的考古工作使得我们更倾向于州来在寿县之说。

自春秋中期开始吴楚在淮河流域的长期拉锯式争夺战，终于以鲁哀公二十二年越灭吴事件的发生而宣告结束，致使楚国来自东方的巨大压力和威胁得以缓解。④ 鲁悼公二十年(楚惠王四十二年，公元前447年)，楚再次灭蔡。至此，蔡国历史结束。至于后来有学者指出的所谓高蔡、望蔡之说，⑤ 是发生于蔡国被灭之后之事，不在我们的讨论范围内，此不赘述。

二、下蔡地望考察及以往考古工作的回顾

学界对于下蔡地望的讨论主要意见有以下两种：一是以《汉书》的记载为蓝本，结合后续历史时期的文献记载，将下蔡的地望厘定为今安徽凤台县境内，典型代表为谭其骧先生所著《中国历史地图集》⑥；二是通过对一系列与下蔡相关的墓葬等考古材料的分析，认为下蔡的地望应在寿县。

从某种意义上来说，下蔡地望的探讨实际上就是如何确定州来城地望的问题。历史地理学界普遍持州来、下蔡地望"凤台说"，原因是从《汉书·地理志》到明清地理志书均将州来定位在淮河以北的凤台县一带。⑦ 这一说法一度成为学界的主流认识。当然，在这一前提下，有关州来城治所的具体位置也存在争议，如有学者认为其治所在今凤台县城关附近，⑧ 也有学者认为"先秦汉晋时的下蔡故城似当在今凤台县西南、硖石山北不远的淮水西岸"⑨。

① 参阅石泉：《从春秋吴师入郢之役看古代荆楚地理》，《古代荆楚地理新探》，武汉大学出版社1998年版，第355~416页。

② 参阅《左传·哀公元年》。

③ 参阅石泉：《古文献中的"江"不是长江的专称》，《古代荆楚地理新探》，武汉大学出版社1998年版，第57~73页。

④ 徐少华：《论春秋时期楚人在淮河流域及江淮地区的发展》，《荆楚历史地理与考古探研》，商务印书馆2010年版，第124~154页。

⑤ 孙玉玲、刘海峰：《蔡国史考》，《中州古今》2000年第5期。

⑥ 谭其骧：《中国历史地图集》，中国地图出版社1982年版。

⑦ 参阅徐少华：《周代南土历史地理与文化》，武汉大学出版社1994年版，第176、223页。

⑧ 参阅陈怀荃：《州来、豫章和寿春城的发展》，《中国历史地理论丛》1996年第2期。

⑨ 陈伟：《楚东国地理研究》，武汉大学出版社1992年版，第23页。

1955年治淮工程取土时，在寿县县城西门内北侧发现一座大型墓葬，经过发掘清理获得一批数量庞大以青铜器为主的随葬品，其中有铭文青铜器约70余件。后通过对其出土遗物的整理，确定其为蔡国墓葬无疑，后又根据器物铭文研究，多数学者主张其墓主身份为蔡昭侯申。基于此，陈梦家先生进一步认为"寿县在春秋时代是州来国地……此地区，迭为州来、吴、蔡、楚所据之地，先后为蔡、楚的国都，更前当为殷代南方诸侯的疆域"①。时至今日，关于该墓主人的讨论还在继续，但主流观点倾向于认为其应为蔡昭侯申之墓。1958年和1959年在淮南市八公山乡蔡家岗赵家孤堆又发掘了两座战国墓。据发掘简报称，两墓共计出土铜剑13把，其中有铭文者4把，据释文为蔡侯产剑3把，铭文均为错金纹饰，戈4件，可惜锈蚀严重，无法释读。发掘者根据墓葬形制、规模以及随葬品种类将其墓主推断为蔡声侯产。② 随着寿春城遗址课题的开展，1984年在寿县南关村西圈小队又发现墓葬14座，发掘清理了3座，出土随葬品的器物风格与蔡侯墓所出同类器相似，时代可能为春秋晚期。③ 基于上述考古工作所揭示出的蔡国墓葬的分布情况，有学者对"凤台说"提出了质疑，倡导"蔡都寿县说"，并推断寿县城东南部大府铜牛、春秋晚期铜方壶等遗物的出土地点可能为下蔡都城的宫殿区；④ 另有学者则是认为州来城延续时间很长，柏家台一带发现的曲尺形城墙为州来城遗迹，但蔡迁州来只是临时客居，淮北蔡城筑成后即不再居此。⑤

就地理方位而言，寿县与凤台夹淮河而南北分隔，有关下蔡地望探讨和争论的焦点也是"淮南"和"淮北"的问题。《左传·昭公九年》记："二月庚申，楚公子弃疾迁许于夷，实城父，取州来淮北之田以益之"，孔颖达疏云"州来，淮南下蔡县"。卢茂村先生从吴子季扎受封之州来不可能与下蔡所迁之州来为一地这一认识出发，根据寿县地区出土蔡国墓葬而凤台境内基本没有任何考古资料和线索的情况，认为作为蔡都州来的下蔡在寿县境内，而季扎受封的州来在其东，即今凤阳东北。⑥ 晏昌贵先生则认为，《左传》孔疏是古文献中唯一一条关于古州来在淮水以南的记述，对此已有前人对这一记述进行过驳议，他进而认为要想论证州来(下蔡)在淮河南与寿春同地，除非推翻古文献中对其在淮河北岸凤台的所有记载；此外他还指出根据春秋战国时期诸侯王墓与城址之间的相对关系，蔡侯墓出土在淮河以南这一情况，不仅不能证明下蔡在淮南，反而更加支持下蔡在淮北的传统观点。⑦ 近些年，又有学者通过寿县、凤台两县范围内古城遗址的实地调查和研究，认为春秋时期州来地域横跨淮河南北，蔡迁州来之下蔡是吴公子季扎受封之州来分割出的一部分，其封邑与下蔡长期并存，而下蔡地望当在淮河以南今寿县境内。⑧

纵观学界对下蔡地望的讨论，我们认为有以下三点需要格外注意：第一，不能先入为主地将现在的寿县城等同于下蔡都城，导致蔡侯墓是葬于城内从而不符合春秋战国时期诸侯王墓分布规律的假象。主张下蔡"凤台说"的观点，其逻辑是在没有确定下蔡城具体位置和规模的前提下，通过否定蔡侯墓不得位于城内而否定下蔡地望在寿县。很显然，这从逻辑论证本身的方法论来说是不够严谨的。截至目前，我们在寿县境内仍没有找到确切的春秋战国时期城址可以与州来或下蔡进行对应，甚至于在楚都寿春城遗址范围内都没有发现这一时期的夯土墙基类遗迹。

第二，要客观分析蔡迁州来之际楚、蔡、吴三者之间的战略态势以及蔡迁州来的政治动机，因为这将极大的影响下蔡地望的选择。昭侯时期，适逢吴、楚在淮河流域的争夺进入第四阶段，即楚势复苏，

---

① 参阅安徽省文物管理委员会、安徽省博物馆：《寿县蔡侯墓出土遗物》，科学出版社1956年版。

② 安徽省文化局文物工作队：《安徽淮南市蔡家岗赵家孤堆战国墓》，《考古》1963年第4期。

③ 材料首见丁邦均：《楚都寿春城考古调查综述》，《东南文化》1987年第1期；发掘资料后由张钟云整理，见安徽省文物考古研究所、寿县文物局：《寿县西圈发现的墓葬》，《东南文化》2005年第6期。

④ 任经荣：《蔡都州来辨址——兼论寿春城的历史形成》，《东南文化》1991年第2期。

⑤ 曲英杰：《楚都寿春郢城复原研究》，《江汉考古》1992年第3期。

⑥ 卢茂村：《关于"蔡迁州来"及"古州来国"地望考辨》，楚文化研究会编：《楚文化研究论集》第5集，黄山书社2003年版，第175~186页。

⑦ 晏昌贵：《楚国都城制度再认识》，《社会科学》2008年第8期。

⑧ 刘刚、关杰、王梦：《宋玉赋"下蔡"地望的调查与研究》，《湖北文理学院学报》2017年第1期。

并逐渐收复乃至全面统治淮河流域。① 楚昭王二十二年对蔡国采取的军事行动，给蔡人尤其是蔡昭侯以沉重打击，导致蔡对楚既不满又无奈又惧怕。而此时吴国在攻越取得成功、越王勾践屈服后，急于北上争霸，为防范西边的楚国东进，也需要在兵家必争之地州来设置屏障。所以，无论蔡昭侯是主动请求还是受吴国挟持，蔡迁州来这一事件都具有重要的战略意义。从楚人对东国的经略态势看，其在淮河以北的势力要远强于淮河以南；而淮河以南的地区经过吴师入郢事件之后则多数被吴国占据；② 蔡迁州来本就是想摆脱楚国的控制，而吴对蔡无论是出于庇护还是利用等方面的考虑，也必须使其迁入自己的实际控制区域内。就这一层面而言，蔡迁州来的下蔡地望也应在淮河以南地区。

第三，解决这一问题的关键还是要依靠扎实而充分的考古工作，同时对于相关考古材料的运用和分析也需实事求是。这里必须要指出的是，蔡家岗赵家孤堆的两座战国墓，虽出土有自铭为蔡侯产的兵器，但从其墓葬形制、规格以及出土随葬品的种类、组合等情况来看，我们认为其绝非蔡侯墓。以寿县西门内北侧的蔡昭侯墓作参照，该墓墓圹平面近正方形，长 8.45 米、宽 7.1 米、深 3.35 米，无墓道、无台阶，其墓室面积近 60 平方米，出土青铜器、玉器和骨器等近 600 件，更重要的是青铜器中有成组的礼乐器。反观这两座墓葬，M1 墓口长 5.05 米、宽 4.25 米、深 3.7 米，口大底小，墓底长 3.4 米、宽 2.17 米，M2 规格与之相近。就墓室面积来说，其面积仅约 7.5 平方米，较之蔡昭侯墓的面积相去甚远，这说明墓葬规格达不到侯一级别；出土随葬品方面更是天壤之别，可以想象，即便是该墓没有被盗，其狭小的墓室空间也不可能放置大量的随葬品。发掘者仅以兵器铭文判定墓主身份明显证据不足，而后来的研究者在引用该成果时则缺乏相应的客观分析和判断。得益于楚都寿春城遗址考古工作的广泛开展，寿县地区的考古发现与研究成果较之邻近的凤台县要丰富得多，尤其是近些年的一些考古新发现越来越倾向于支持下蔡地望“寿县说”。

三、近年来的下蔡考古新发现——以寿县西圈墓地为中心

楚都寿春城遗址的考古工作大体可以分为三个阶段，自 2004 年现代汉城小区项目起，一直到 2016 年配合寿县新城区建设而开展的考古工作为第三阶段。这一阶段，与下蔡相关的考古工作均位于以西圈墓地为中心的区域，主要工作有以下三项，现分述于下。

第一，明珠大道车马坑的发现和发掘。该车马坑于 2009 年 9 月寿县明珠大道西段扩建施工时，在西部北辅道处发现。通过对以车马坑为中心及其周边区域的考古钻探工作，基本摸清了车马坑的形制、结构以及相关遗迹的分布情况。经过对车马坑的抢救性清理，得知其平面呈曲尺形，由坑道、坑室两个部分组成。坑道位于坑室东端北侧，为长方斜坡，方向北偏西 5°；坑室为长方形竖穴土坑，坑壁光滑笔直，坑底不甚平整，方向 85°，坑室内共发现木车 6 辆、马骨 15 匹、铜车饰 2 件、木环 10 件。根据地层堆积、遗迹打破关系及车、马组合形式，初步判定该车马坑的年代为春秋晚期。钻探发现其北侧 40 米处有一座大中型土坑木椁墓，该墓墓圹东西长 16、南北宽 8、深约 8 米，未发掘，推测可能为车马坑的主墓。③

第二，定湖大道 M6 的发掘。2011 年定湖大道改扩建工程，该项目分南、中、北三段，M6 位于定湖大道中段，紧贴西圈墓地核心区。平面呈长方形，南北向，为竖穴土坑木椁墓，墓圹南北长 6.8 米、东西宽 5.46 米、深 4.82 米葬具为一椁一棺，位于深色青膏泥和淡色青膏泥之间。木椁长方形，无盖、档、墙板，椁底板南北长 5.6 米、东西宽 4.1 米，由 9 块东西排列的方木拼成。随葬器物 224 件，其中陶器 5 件、铜器 116 件、铅器 55 件、玉器 2 件、漆器 46 件。从出土陶鼎和方豆的形制来看，其年代应为春秋晚期。④

---

① 参阅徐少华：《论春秋时期楚人在淮河流域及江淮地区的发展》，《荆楚历史地理与考古探研》，商务印书馆 2010 年版，第 124~154 页。

② 王步毅：《安徽霍山县出土吴蔡兵器和车马器》，《文物》1986 年第 3 期。

③ 安徽省文物考古研究所发掘资料，待刊。

④ 安徽省文物考古研究所发掘资料，待刊。

第三，西圈墓地核心区的考古钻探。为配合寿县二中选址，2011年底至2012年初，我们对由寿蔡路、明珠大道、定湖大道和南关安置小区围成的西圈墓地核心区进行了部分钻探工作，发现墓葬400余座，其中带有青膏泥的土坑木椁墓30余座。这些墓葬一般长约7米、宽约6米，从形制、规格的角度看，属于中型墓葬。① 后来由于二中另选他址，没有开展发掘工作。

以上均为配合基本建设而进行的抢救性考古工作，自2017年起，为进一步深化和推进大遗址保护，为寿春城国家考古遗址公园申报立项提供考古材料支撑，我们重新开启了寿春城遗址的主动性考古工作。综观以往西圈墓地所发现和发掘的墓葬情况，结合蔡昭侯墓的位置，在田野调查的基础上，我们试将北至蔡昭侯墓一线，东至南北大街，南至明珠大道，西至寿西湖边缘的区域划定为广义上的“下蔡墓葬区”。但受限于发掘资料自身的不足(多数墓葬被盗)，且以往开展的工作比较零散、不成系统，更缺乏成规模的科学考古发掘，导致我们对下蔡墓葬文化面貌的认识还比较模糊，进而导致对其墓地性质是否为下蔡墓地的判定也不甚确定。有鉴于此，我们决定对西圈墓地核心区已探明的墓葬进行主动性考古发掘，经国家文物局批准，2017年度拟定发掘墓葬45座，现已基本完成。

本次发掘有以下几点重要收获:② 第一，以M25出土“蔡侯产之用戈(戟)”为代表，力证西圈墓地性质为春秋晚期至战国早期的下蔡墓地。该墓是唯一一座未被盗掘的蔡墓，其墓葬形制、规格和结构比较明确，更难能可贵的是出土的器物组合较为完整，此外该墓所出陶器、铜器、玉器和漆木器等也能够比较全面地反映出下蔡中等贵族墓葬的文化面貌和特征。“蔡侯产之用戈(戟)”的出土，一方面解决了该墓的年代上限问题，另一方面也证明了西圈墓地在春秋晚期至战国早期为下蔡重要的墓葬区之一。③ 第二，从墓向来看，本次发掘的下蔡墓葬均为南北向，且存在着“东西横排南北并列”分布的迹象。就规格来说，M25南北长6米、宽4米，结构为一椁重棺，其余墓葬的形制、结构或与之类似或小于、低于该墓。从随葬品组合来看，仍以M25为例，该墓出土随葬品以铜器居多，但种类均为兵器和车马器；所出礼器均为仿铜陶礼器，可辨识器形有鬲、鼎、兑、簠等；另有部分原始瓷和印文硬陶器；出土漆木器由于墓顶坍塌挤压，保存较差，可辨识器类有瑟、琴、俎等。综合以上情况分析，这批墓葬的等级应为中、下等贵族如下大夫、士一级别。第三，本次发掘还揭示出战国晚期遗存叠压或打破下蔡墓葬的明确层位关系。叠压或打破下蔡墓葬的重要为灰坑类遗迹，与之同时期的遗迹还有瓦砾堆积坑、带陶井圈的水井等。这一情况说明作为楚都的寿春城由于短时期内大规模人群的迁入，其遗址的分布范围急剧扩大，作为春秋晚期至战国早期的西圈墓地也成为战国晚期楚人的居址区。第四，本次发掘还清理出部分东西向墓葬，虽被盗扰，但墓葬结构还比较清楚，形制特征属于比较典型的楚墓风格，结合出土遗物，其年代可能为战国中期。如若下一步工作还能发现更多此类墓葬，或可说明在战国早、中期之际楚灭蔡之后的战国中期，楚人沿用了下蔡的西圈墓地。基于以上认识，西圈墓地的遗存序列或可总结为：下蔡墓地(春秋晚期—战国早期)→楚人墓地(战国中期)→楚都寿春城遗址居址区(战国晚期)。结合层位关系，本次发掘能够进一步完善寿县地区长久以来比较欠缺的陶器序列和文化编年，为深入的考古学研究提供重要基础。第五，从文化因素分析的角度来看，这些墓葬所出陶器尤其是仿铜陶礼器与蔡昭侯墓同类铜器风格相同，具有明显的中原传统；随葬品组合中有较大比例的原始瓷器和印纹硬陶，为典型的长江下游吴、越风格；车马器所显示出的繁复纹饰和技术工艺，则具有强烈的楚文化特征。由器物展示出的文化因素特征可以看出，下蔡时期的蔡国与楚国、吴国之间错综复杂、难解难分的密切关联。

综合以往寿县地区下蔡遗存(主要是墓葬)的发现情况，我们有理由相信下蔡城的地望应在淮河以南的寿县地区，但具体城址的位置仍需要今后的考古工作来揭示。

---

① 安徽省文物考古研究所钻探资料，待刊。

② 安徽省文物考古研究所发掘资料，待刊。

③ 淮南市蔡家岗赵家孤堆战国墓亦为蔡墓无疑，但该区域是否也是下蔡墓葬区之一仍需要进一步的工作才能确定。

四、小结：下蔡考古——考察一个时代的棱镜和缩影

纵观蔡国历史，有平侯迁新蔡、昭侯迁下蔡两次迁都，而这两次迁都均与楚国密切相关。较之上蔡和新蔡，下蔡遗存的考古发现和研究工作不仅开始较早，而且近些年又围绕着其核心墓地开展了一系列专题性工作，更加深化了相关认识。针对下蔡地望的考察，之所以学界仍存在较大争议，就是因为没有发现明确的下蔡城址的相关遗迹，解决这样的学术争论最终还是需要考古材料的支撑。随着我们对西圈墓地钻探与发掘工作的深入，将进一步揭示其墓地的规模、性质和布局等深层次问题。通过墓葬区的情况来反向寻找可能存在的城址遗迹是我们的基本思路，幸运的是我们在该墓地东侧的西岗遗址，钻探发现南北并列的东西向两道夯土墙基，相信下一步对其进行发掘工作会给我们更多线索。

作为典型的古今重叠型城址，寿县县城及其周边区域依次作为州来、下蔡和寿春三个时期的建都，西汉时期又作为淮南国的都府。开展下蔡考古，需要兼顾和统筹不同时期遗存的分布和埋藏情况，更需要以动态的视野综合考察不同时期城址间演进过程，具体表现为遗存的叠压和打破关系。

蔡迁州来之时，正值春战之际，开展下蔡考古研究能够通过管窥这一时期楚、蔡、吴三者之间的微妙关系，进而反映整个春秋战国时期的政治动态和社会演进。作为一个姬姓小国，由于受到政治环境的不断变化，蔡国历经两次迁都和两次被楚灭国，从一个侧面折射出那个时代同类型诸侯国的生存状态，也是春秋战国时期列国纷争、大一统之前的历史缩影。而反观楚国的发展史，战国后期楚国居然也经历了两次迁都。① 楚、蔡、吴以及越之间的多维度关系，显示出“水无常形、兵无常势”特点。从某种意义上说，下蔡考古是可以看做考察一个时代的棱镜，能够多视角、多层面地折射出那个时代的历史发展和社会变迁。

（作者单位：安徽省文物考古研究所、安徽博物院）

① 秦将白起拔郢后楚迁都陈城，后考烈王又迁都寿春。另有认为楚都寿春之前还迁都过钜阳，我们认为钜阳不太可能是与陈和寿春同一层次的都城，而很可能属于迁都寿春前的中转站性质的城址。见蔡波涛：《皖北地区楚文化遗存的考古学观察》，《楚学论丛》第六辑，湖北人民出版社 2017 年版，第 224~233 页。

楚地出土资料研究

从清华简《楚居》看楚族源*

笪浩波

汉代以前，传世文献中都有关于楚先祖或谱系的记载。如《左传》《世本》《山海经》《国语》《大戴礼记·帝系》等，汉武帝时的司马迁撰成《史记·楚世家》，将这些记载重新进行整合，去掉神性的部分，还原历史的真实，使得楚先世的谱系更加系统和完备，但终因文献的缺载，仍留下了一些“或在中国，或在蛮夷，弗能纪其世”的疑惑。近两千年来，历代学者皆以司氏所言为是。20 世纪 30 年代，西学东渐，疑古思潮涌现，加之地下甲骨文、金文的面世，以郭沫若、胡厚宣、林惠祥和傅斯年为代表的一批新史学家重新开始诠释楚族源，他们以王国维的“二重证据法”为主要研究方法，以出土之材料与文献之记载互证，开始从族及地域的角度来探寻楚族之来源，将楚族源与居地相对应，在楚史研究上开辟了一片新天地，随后的史学家纷纷效尤。七八十年代，以姜亮夫、肖兵、苏秉琦、俞伟超为代表的一批楚辞学家、考古学家参与进来，从楚辞文化和考古学文化的层面来探寻楚族源，使楚族源的探索进入更广泛的学科领域。经过六十多年的研讨，形成了涵盖东、西、南、北的四说。① 这四说对应了四大不同的古代族系，即东夷、氐羌、南蛮、华夏。楚人究竟源于其中的哪一部族也就是争论的焦点所在，其中又以苗蛮土著南来说和中原华夏北来说为主流，近年北来说渐占上风。近三十年来，随着楚文化遗存的不断揭露和楚简牍的大量面世，发现了大量与楚族源有关的材料，如包山简②、望山简③、新蔡简④的祭祷文中出现了“老童、祝融、穴熊”和“三楚先”的提法，新蔡简祭祷文中出现了“颛顼”及“沮漳”等楚先和地名⑤，安大楚简中出现了“颛顼”“老童”“祝融”“季连”“穴熊”等楚先⑥，尤其是清华简《楚居》中不仅出现了以往楚简中不曾出现的“季连”，还出现了季连的几处居地的地名“騩山”“穴穷”“乔山”“爰波”“方山”“京宗”等。这些简帛文字材料都是源自楚人的亲笔记录，比传世文献更为可信，为拨开楚族起源的迷雾提供了更多的线索。学者们开始从最新的出土文献资料和楚文化的考古发现中寻找蛛丝马迹，冀望能从中找出楚族起源的新证据，从而解决这个长期困扰着我们的难题。学者们的研究虽然产生了许多新的看法，但仍沿袭旧有的论说模式。或将新出土文献来补证传统观点之正确，或将新出现的地名按照自己的主观意识安插到四方中相应的区域。虽然是众说纷纭，各有各的理，但仍是未见有所突破。

东来说以郭沫若、胡厚宣等力主。郭沫若早在 20 世纪 20 年代末《中国古代社会研究》一书中，就认

---

* 本文系国家社科基金项目“清华简《楚居》与楚国都城研究”(14BZS069)阶段性研究成果。

① 舒之梅：《五十年来楚族源研究综述》，《江汉论坛》1983 年第 3 期。

② 湖北省荆沙铁路考古队：《包山楚简》，文物出版社 1991 年版，第 34、36 页。

③ 湖北省文物考古研究所：《江陵望山沙冢楚墓》，文物出版社 1996 年版，第 244 页。

④ 河南省文物考古研究所：《新蔡葛陵楚墓》，大象出版社 2003 年版，第 191、194、202、216、217、221、225 页。

⑤ 河南省文物考古研究所：《新蔡葛陵楚墓》，大象出版社 2003 年版，第 189 页。其中的“颛顼”依董珊先生解释，见董珊：《新蔡楚简所见“颛顼”和“沮漳”》，简帛研究网，2003 年 12 月 7 日。另收入《简帛文献考释论丛》，上海古籍出版社 2014 年版。

⑥ 黄德宽：《安徽大学藏战国竹简概述》，《文物》2017 年第 9 期。

为“楚本蛮夷，亦即淮夷”①。后来又在《殷周青铜器铭文研究》《金文丛考》等书中，认定楚人是“熊盈族”，“先世居淮水下游，与奄人、徐人等同属东国。……熊盈当即鬻熊，盈熊一声之替。熊盈族为周人所压迫，始南下至江，为江所阻，复西上至鄂”。② 童书业在《春秋左传研究》中支持郭的观点：“楚族盖本起东方，‘熊盈’之‘熊’即楚氏，是楚王室盖即周人所俘熊盈族九邑之一自东迁西者。”③胡厚宣在《楚民族源于东方考》中依据甲骨文中出现的“楚”，认为“惟据吾所考，则楚民族之疆土，自后世观之，虽在江汉流域，而最初之来源，则当自东方，盖与殷商夷、徐本为同族者也”，“殷商必早有楚国，则可信而不可疑也”。④ 苏仲湘也在其《论“支那”一词的起源与荆的历史与文化》中认为：“殷末周初，荆（此指楚）居淮水下游，为殷的与国。周人灭殷后向荆压迫，荆人南下，旋复沿江西上，在长江中游巩固地建立了自己的国家。”⑤徐俊也认为：“商代的楚人仍住东方。直到商王朝末年，由于帝乙、帝辛父子相继用兵东夷和淮夷，严重威胁楚人安全，于是，有一部分楚人在鬻熊的率领下，徙居丹阳。”⑥龚维英指出：“古秦、楚两族同源，他们的远祖为高阳氏；秦、楚两族均为东夷高阳氏后裔。”⑦

以古字音读相通作为依据，这本身就没有多少说服力。将高阳氏定为东夷只能是臆测，不足为据。秦、楚各有世系，不可能同源。而作为立论佐证的商代甲骨文中的“楚”氏与西周时期的楚国没有必然的联系，清华简《楚居》表明楚是作为国名出现于西周初期的熊丽时期，而甲骨文中的楚氏出现于武丁时期，彼此相隔几百年，风马牛不相及。楚人崇凤的观念同于殷、夷，乃是因为楚人祖先季连曾经与殷商有过交往和联姻，受殷、夷文化影响的结果，《楚居》中有明示，不能因此而将楚人归于东夷。

西来说为姜亮夫、岑仲勉等所主。姜亮夫在《三楚所传古史与齐鲁三晋异同辨》中指出“以夏起西方……以楚为夏后，盖亦以为西方民族也”⑧。“楚国的发祥地在西方……高阳氏来自西方，即今之新疆、青海、甘肃一带，也就是从昆仑山来。”⑨岑仲勉在《楚为东方民族辩》中指出：“芈……考火教的穆护，相传起自亚塞尔拜然，即邻接米地亚西北的地区”，认为远古楚人是米地亚人，与西亚拜火教有关系。⑩ 一之在《楚人源于羌族考》中提出：“祝融与被大家公认的属于羌人的炎帝是近亲”，“‘芈’本系羌人自称”，“鬻熊子熊丽，显然系羌族人父子连名的族制”，认为“楚人之先，实乃羌人”。⑪ 萧兵也认为“楚王族最可能起源于西北，以熊为图腾，又以羊鸣之‘芈’为族姓，与夏人、羌人关系亲密”⑫。

高阳氏来自西方只能是一种揣测，不足为据。祝融只是一个火正官职的称号，不同的部族都可能有祝融这个官职称号，担任祝融这个官职的各有其人，故才有黄帝系和炎帝系之祝融。楚祖祝融究竟属哪个系是个无解之题，故以祝融的所属来论族源本身就是一个伪命题。“女生为姓”，姓是母系社会的孑遗，芈姓源自季连的母亲女隤，女隤之母族鬼方为羌人不错，但这只是来自其母系的一半血缘，不能因此而忽视其父系祝融的一半血缘，因为祝融已是父系时代之人。熊并非图腾，而是一种称号（详后）。楚人崇尚西方世界，亦是因其祖先季连具有来自西羌母亲的一半血统，后人由此对母系祖先产生一种美好回忆，不能因此而将楚人划于羌戎。

---

① 《郭沫若全集·历史编·第一卷》，人民出版社 1982 年版，第 292 页。

② 郭沫若：《殷周青铜器铭文研究》，人民出版社 1954 年版，第 46 页；《金文丛考》，人民出版社 1954 年版，第 44 页。

③ 童书业：《春秋左传研究》，上海人民出版社 1980 年版，第 47 页。

④ 胡厚宣：《楚民族源于东方考》，《史学论丛》1934 年第 1 期。

⑤ 苏仲湘：《论“支那”一词的起源与荆的历史与文化》，《历史研究》1979 年第 3 期。

⑥ 徐俊：《试论立国江汉地区的楚人来自东方》，《华中师范学院学报》1984 年第 4 期。

⑦ 龚维英：《古秦、楚两族同源疏证》，《史学月刊》1999 年第 2 期。

⑧ 姜亮夫：《三楚所传古史与齐鲁三晋异同辨》，《楚辞学论文集》，上海古籍出版社 1984 年版，第 92 页。

⑨ 姜亮夫：《楚辞今绎讲录》，云南人民出版社 1999 年版，第 48 页。

⑩ 岑仲勉：《楚为东方民族辩》，《两周文史论丛》，商务印书馆 1958 年版，第 61 页

⑪ 一之：《楚人源于羌族考》，《青海民族学院学报》1981 年第 2 期。

⑫ 萧兵：《楚辞文化》，中国社会科学出版社 1990 年版，第 3 页。

南来说最早提出者是林惠祥，他在《中国民族史》中说："荆人所立之国为楚，其族至春秋时尚自居于蛮夷，自别于'诸夏'或'中国'；诸夏亦称之为蛮荆或荆蛮。……大抵荆楚原为南方民族，至少自殷中叶即奠居江汉之荆山一带。"①范文澜也认为楚是南方蛮族中苗族的一支，其发展经历了由南而北又南的过程，他在《中国通史》(一)中说："从传说中看来，居住在南方的统被称为蛮族。……被称为蛮族的黎族和苗族，先进入中原地区。苗族战败后，退出黄河流域，据战国时人说，三苗曾在长江中游建立起一个大国，这个大国当是一个大的部落联盟，是许多部落的集合体，其中较大的是荆楚。"②徐旭生在《中国古史的传说时代(增订本)》一书中指出："楚原名荆，就是《诗经·小雅》采芑篇所骂的'蠢尔荆蛮'，属于苗蛮集团。"③俞伟超在《关于楚文化发展的新探索》和《先楚与三苗文化的考古学推测》两文中指出"楚文化应是长江流域新石器时代文化中的某一支所发展起来的"，"楚人与三苗的先祖是同源的"。④ 王劲在《楚文化渊源初探》中也主此说，认为楚最早与传说时代的三苗有关，出现的地域在南方。⑤

古代迁徙是常有之事，某个时期居于某地的人群并不一定世代皆居于同一地。楚人祖先世系与苗族世系不同，故不可能同源。楚文化与长江流域的新石器文化相隔千年，没有直接的渊源关系。

北来说以傅斯年为宣道者，傅斯年在1930年所著的《新获卜辞写本后记跋》中就说"楚之先世，'景员淮河'，实中原之四族，经三代而南迁"，"楚仍可包括在夏民族中"。⑥ 张荫麟在《中国史纲》(上古篇)也说，楚王族"不是土著，而是从北方迁来的"，因"与本土隔绝，渐为当地蛮夷所同化"。⑦ 顾铁符的《周原甲骨文"楚子来告"引证》认为："楚人是华夏族的一支，后来楚人逐渐南迁到江汉之间的。"⑧何光岳《荆楚的来源及其迁移》的"简单结论"中说："荆楚原是一个一地两名的地名，以盛产荆楚而命名，后来由于颛顼系的祝融氏之孙，季连为首的部族居住于楚丘，才命为部落名称。颛顼氏与夏后氏同出于黄帝系，属于华夏集团。荆楚部族，由西往东，又从东返西，几经迁移……周朝建立后，荆楚首领鬻熊被封为楚子。后又为周所征伐胁迫，向南迁徙……"⑨业师张正明在《楚文化史》《楚史》及主编的《楚文化志》等书中多次提出，传说时代的楚人先民生活在黄河下游，文化上属炎帝系统，始祖为祝融，江汉地区是楚文化生长的温床，并非其主源所在，楚文化的主源决非三苗文化，而是祝融部落的崇火尊凤的原始农业文化。认为楚族最早出现于传说时代的祝融时期，最早居地在北方，经三代迁到了南方。⑩

华夏族与中原没有对等关系，中原在华夏族的范围之内，但中原不能代表华夏族。

综合梳理，造成说法不一的主要原因有三，一是各家对楚族源的认定标准不一，东来说以鬻熊为始，西来说以芈姓为始，南来说以三苗为始，北来说以黄帝、颛顼为始。二是所依据材料上存在偏差，东来说以甲骨材料为证，西来说以语言学及楚辞材料为证，南来说以考古材料为证，北来说以传统文献为证。三是人为地将楚族源与古族和地域联系起来，东来说为了证明鬻熊与熊盈族有关，而将楚族源安置于淮域。西来说为了证明芈姓与羌人有关，而将楚族源安置于西北甚至西亚；东来说为了证明楚人与三苗有关，而将楚族源安置于江汉；北来说为了证明楚族源与黄帝、颛顼有关，而将楚族源安

---

① 林惠祥：《中国民族史》，商务印书馆1937年版，第94、98页。

② 范文澜：《中国通史》(一)，人民出版社1978年版，第14、116页。

③ 徐旭生：《中国古史的传说时代(增订本)》，文物出版社1985年版，第167页。

④ 俞伟超：《关于楚文化发展的新探索》，《江汉考古》1980年第1期。俞伟超：《先楚与三苗文化的考古学推测》，《文物》1980年第10期。

⑤ 王劲：《楚文化渊源初探》，《中国考古学会第二次年会论文集》，文物出版社1980年版。

⑥ 傅斯年：《新获卜辞写本后记跋》，《安阳发掘报告》1930年第2期，第349~386页。

⑦ 张荫麟：《中国史纲》(上古篇)，三联书店1955年版，第25页。

⑧ 顾铁符：《周原甲骨文"楚子来告"引证》，《考古与文物》1981年第1期。

⑨ 何光岳：《荆楚的来源及其迁移》，《求索》1981年第4期。

⑩ 张正明：《楚文化史》，上海人民出版社1987年版；张正明：《楚史》，湖北教育出版社1995年版；张正明：《楚文化志》，湖北人民出版社1988年版。

置于中原。

以上诸说都可以找到短板之处，这也是各说不能成为定说的原因。如果我们仍因循旧有的思维模式，则只能是越辨越糊涂，越证越迷惘。因此，我们必须在方法论上加以改进，突破传统的思维模式，另辟蹊径。首先，在立论上确定楚族源认定的标准，以往因为标准的不一致，才歧异披见。我们讲楚族源不能只将某单个祖先独立出来，而忽视其他的祖先。因为族源是个世系系统，不可分割。其次，在论据上废弃四族之观念，四族之观念是以中国(中原)为中心提出来的，产生于春秋时期。中原人以华夏自称，而将其四方边远之民以夷、狄、戎、蛮相称，一是以示习俗之异，二是贬低四方之民。《礼记·王制》："中国戎夷，五方之民，皆有性也，不可推移。东方曰'夷'，被发文身，有不火食者矣。南方曰'蛮'，雕题交趾，有不火食者矣。西方曰'戎'，被发衣皮，有不粒食者矣。北方曰'狄'，衣羽毛穴居，有不粒食者矣。"①但这只是春秋时的人的观念，并不代表更早的人也是如此。就近而言，殷商时期的甲骨卜辞中出现有夷、戎、狄，但都是特指，而非指民族。西周时期的金文中出现了夷、戎、蛮，但没有和特定方位联系起来。更早的尧、舜、禹时代乃至炎黄时期，更不可能有这种观念存在，故不能以后人的观念去套前人的观念。华夏一族萌生于炎黄，形成于商周，由众多部族融合而成，是定居农业形成的结果。此前的炎黄战阪泉，炎黄与蚩尤战涿鹿，尧、舜、禹战三苗，皆是华夏族融合之过程的写照。在这个融合过程中，众多的部族远距离迁徙，世代杂处，彼此同化，早已消逝了民族的印记，成为华夏的一员，重新构建了自己的祖先世系，归于炎黄的华夏一统。因此，才有了我们在文献中所见的历朝历代皆炎黄之后的记载。我们目前所见的文献皆战国之后，已是华夏族形成后的历史重构，其真实早已掩藏于华夏一统的观点之中。以目前的材料无法还其本来面目，我们何以一定要以四族的概念来归属楚人的祖先。因此，我们一定要抛弃旧说，另立新论。再其次，将原来传世文献为论、出土材料为证的论证方式改变为以楚人自述和出土文献为主，传世文献为辅的论证方式。

关于认定之标准，实际上，在三十年前就有人提出来了，舒之梅先生指出："……我们要研究的楚族源，应是楚王室和楚国上层统治者的族源，而不是包括全体楚人在内的族源。"②王光镐先生则给其更严谨的定义："……楚族源讨论中所待追索的，应是广义'楚人'中的核心部分——典型意义的楚族的族源。严格地说，这应是既未包括楚国统治集团中的异姓贵族，又不排斥沦为平民的楚同姓族民的楚公族集团的族源。所以，考定楚族族源问题，应当以狭义的楚同姓集团言之，甚至以楚公族集团言之。只有牢牢把握住了这个前提，才可能得出正确的结论。"③本人也赞同以上观点，因为出现国家后，地缘统治代替了以血缘为纽带的宗族统治，换句话说，即在国家范围内，再不限于同姓的单一氏族或部落，而是融入了更多的其他异姓的氏族或部落，国家内部的族群更趋旁杂，但以国王为代表的上层统治者仍是以宗法制作为纽带来保持其族群的纯洁性。而作为统治者对于国家更具有代表性，因此，研究其族源才更有意义。反之，如果我们要研究全体楚人的族源，则会使问题趋向复杂化，而最终得出五花八门的结论，我们的前辈曾经犯过如此错误，我们不能重蹈覆辙。

那么，如何界定楚王宗室的族源？所谓族源指的是某一个民族或家族的血脉之源，对于楚王宗室而言，是在民族的范畴内还是家族的范畴内来讨论其族源则是首先要弄清楚的问题。就民族的层面而言，即楚王宗室属于哪个民族？就家族的层面而言，楚王宗室属于哪个族姓？过去往往将楚族源与楚民族联系起来，楚族源即楚民族之源，学者普遍认为楚民族似乎早就存在(见前面所言四说的各篇文章)，只有王光镐先生对此提出过疑义，他通过对甲骨文、金文中疑似楚字的古文进行了辨析，认为商代甲骨文中没有楚族，楚族抑或楚国的出现始于西周。④ 实际上，出土文献表明楚族并不存在，楚是以国名而非族名

① 《礼记正义》，《十三经注疏》，北京大学出版社2000年版，第398、399页。

② 舒之梅：《五十年来楚族源研究综述》，《江汉论坛》1983年第3期。

③ 王光镐：《楚文化源流新证》，武汉大学出版社1988年版，第4页。

④ 王光镐：《楚文化源流新证》，武汉大学出版社1988年版，第48~72页。

的形式最早出现于西周早期的。① 既然如此，楚族源就只能指家族之源。所谓同姓为族，故楚族源实指楚国国君宗亲或与楚国国君同姓之楚国人的血脉之源。楚族源从何时上溯？按以上定义，本人认为应该从楚国建立后的第一个国君熊丽的父亲算起②，熊丽的祖先是何方人，则楚的族源就来自何方。

一

熊丽的祖先有哪些？从传世文献看，熊丽的父亲是鬻熊。《史记·楚世家》载："……周文王之时，季连之苗裔曰鬻熊……鬻熊子事文王，蚤卒。其子曰熊丽。……"清华简《楚居》更是详细记载了鬻熊生熊丽的过程，印证了《史记》所言的正确。《楚居》云："……穴酓遅(迟)遷(徙)于京宗，爰旻(得)妣𩴱(列)，逆流哉(载)水，氒(厥)㾝(状)𦔻(聂)耳，乃妻之，生侸𤰈(叔)、丽季。丽不从行，渭(溃)自𩩲(胁)出，妣𩴱(列)宾于天，𦣻(巫)戏(咸)赅(该)亓(其)𩩲(胁)以楚……"穴熊即鬻熊，清人孔广森曾予指出："鬻熊即穴熊，声读之异，史误分之。"③近年学者通过对望山简、包山简和葛陵简中"楚先"的研究，进一步肯定穴熊即鬻熊。④ 丽季即熊丽，为鬻熊幼子。

鬻熊之前的祖先又有哪些？汉代以前传世文献中直接记载鬻熊祖先世系的有《世本·帝系》《大戴礼记·帝系》及《史记·楚世家》等几种典籍。

《世本·帝系》："颛顼娶于滕坟氏之子，谓女禄，是生老童。老童娶于根水氏，谓之骄福，生重及黎。陆终娶鬼方氏之妹，谓之女隤。是生六子，孕三年，启其左胁，三人出焉；破其右胁，三人出焉。其一曰樊，是为昆吾。昆吾者，卫是也。二曰惠连，是为参胡。参胡者，韩是也。三日籛铿，是为彭祖。彭祖者，彭城是也。姓籛，名铿，在商为守藏吏，在周为柱下史，寿八百岁。四曰求言，是为会人。会人者，郑是也。其五曰安，是为曹姓。曹姓者，邾是也。六曰季连，是为芈姓。芈姓者，楚是也。"⑤

《大戴礼记·帝系》："颛顼娶于滕隍氏，滕隍氏奔之子谓之女禄氏，产老童。老童娶于竭水氏，竭水氏之子谓之高緺氏，产重黎及吴回。吴回氏产陆终。陆终氏娶于鬼方氏，鬼方氏之妹谓之女隤氏，产六子；孕而不粥，三年，启其左胁，六人出焉。其一曰樊，是为昆吾；其二曰惠连，是为参胡；其三曰籛，是为彭祖；其四曰莱言，是为(云)郐人；其五曰安，是为曹姓；其六曰季连，是为芈姓，季连产什祖氏，什祖氏产内熊……季连者，楚氏也……"⑥

《史记·楚世家》载："楚之先祖出自帝颛顼高阳。高阳者，黄帝之孙，昌意之子也。高阳生称，称生卷章，卷章生重黎。重黎为帝喾高辛居火正，甚有功，能光融天下，帝喾命曰祝融。共工氏作乱，帝喾使重黎诛之而不尽。帝乃以庚寅日诛重黎，而以其弟吴回为重黎后，复居火正，为祝融。吴回生陆终。陆终生子六人，坼剖而产焉。其长曰昆吾；二曰参胡；三曰彭祖；四曰会人；五曰曹姓；六曰季连，芈姓，楚其后也……季连生附沮，附沮生穴熊，其后中微，或在中国，或在蛮夷，弗能纪其世。周文王之时，季连之苗裔鬻熊。"唐司马贞《史记索隐》引"《世本》云'陆终子，六曰季连，是为芈姓，季连者，楚是'。宋衷曰：'季连，名也，芈姓所

---

① 笪浩波：《从清华简〈楚居〉看楚史的若干问题》，《中国史研究》2015年第1期。

② 笪浩波：《从清华简〈楚居〉看楚史的若干问题》，《中国史研究》2015年第1期。

③ (清)孔广森：《大戴礼记补注》，中华书局1985年版，第84页。

④ 黄锡全：《古文字与古货币文集》，文物出版社2009年版，第461~465页；李家浩：《楚简所记楚人祖先"鬻熊"、"穴熊"为一人说》，《文史》2010年第3辑(总第92辑)。

⑤ (清)茆泮林辑：《世本》，《世本八种》，中华书局2008年版，第9、10页。

⑥ (清)孔广森：《大戴礼记补注》，中华书局1985年版，第138页。

出，楚之先。’”①

另有几篇传世文献中有楚人祖先的记载。

《左传·僖公二十六年》载：“夔子不祀祝融与鬻熊，楚人让之。对曰，‘我先王熊挚有疾，鬼神弗赦，而自窜于夔，是以失楚，又何祀焉？’”②熊挚为熊渠之子，因疾逃到夔国，其后代成为夔国国君，与楚同姓。楚人以夔子不祀祝融与鬻熊为借口讨伐夔国，可见祝融与鬻熊当为楚人的祭祀祖先，从两人的先后顺序看祝融为鬻熊之祖。

《山海经·大荒西经》云：“颛顼生老童，老童生祝融……”③说明祝融系老童之后，老童又是颛顼之后。部分合于《史记·楚世家》《大戴礼记·帝系》和《世本·帝系》篇所记。

《国语·郑语》记载周幽王时期周史伯与郑恒公的一段对话，其中谈到祝融八姓，史伯曰：“……夫黎为高辛氏火正，以淳耀敦大，天明地德，光照四海，故命之曰‘祝融’，其功大矣。……祝融亦能昭显天地之光明，以生柔嘉材者也，其后八姓于周未有侯伯。佐制物于前代者，昆吾为夏伯矣，大彭、豕韦为商伯矣。当周未有。己姓昆吾、苏、顾、温、董，董姓鬷夷、豢龙，则夏灭之矣。彭姓彭祖、豕韦、诸稽，则商灭之矣。秃姓舟人，则周灭之矣。云姓邬、郐、路、偪阳，曹姓邹、莒，皆为采卫，或在王室，或在夷、狄，莫之数也。而又无令闻，必不兴矣。斟姓无后。融之兴者，其在芈姓乎？”④芈姓为祝融之后裔八姓之一，楚人祖姓。

《世本·帝系》言颛顼生老童，老童生重及黎。后突记陆终生季连，但并未言陆终为谁所生，中间似有缺断，季连之后又缺，世系不完整。《大戴礼记·帝系》言颛顼产老童，老童产重黎及吴回，吴回产陆终，陆终产季连，季连产什祖氏，什祖氏产内熊；《史记·楚世家》中记有黄帝生昌意，昌意生颛顼，颛顼生称，称生卷章，卷章生重黎及吴回。吴回生陆终，陆终生季连，季连生附沮，附沮生穴熊。

除《世本·帝系》外，《大戴礼记·帝系》与《史记·楚世家》所记世系较完整。从人名排序看，颛顼以下，老童对应卷章，什祖对应附沮(《世本》缺佚)，内熊对应穴熊(《世本》缺佚)。古人早就提出《史记·楚世家》中的卷章应该指老童，系笔误。如刘宋裴骃《史记集解》云：“徐广曰：‘世本云老童生重黎及吴回。’谯周曰：‘老童即卷章。’”司马贞《史记索隐》：“卷章名老童，故系本云‘老童生重黎’。”由此推测，什祖与附沮、内熊与穴熊也存在误记的可能。重、黎是一人，还是二人。后面有专论，在此不重复。这样，除《世本》缺记之外，三者所记高度复合。因《史记》本于前二者，故我们以《世本》和《大戴礼记》为主展开讨论。《世本》和《大戴礼记》关于陆终的记载有出入，到底谁为是？安大简给出了答案，据黄德宽披露，安大楚简中明言：“黎氏即祝融，有子六人，其六子为季连，是为荆人。”⑤看来，陆终六子实为祝融六子，季连为祝融的第六个儿子，这与《国语》所言祝融八姓相类。陆终和祝融实为一人，郭沫若先生将陆终训为祝融⑥，所言极是。《大戴礼记》的记载有重复的地方，而《世本》所缺是“黎为陆终”这一句。依此，我们将以上文献加以整合，将楚人祖先列一个世系：颛顼—老童—祝融(黎)—季连—附沮—穴熊。

楚简中的祖先与传世文献的一致性，也可反证《左传·僖公二十六年》《山海经·大荒西经》《世本·帝系》《大戴礼记·帝系》及《史记·楚世家》等传世文献所记的真实性。

清华简《楚居》记载了季连与穴熊的关系，《楚居》：“……季连先处于京宗，穴熊迟徙于京宗……”⑦

---

① 《史记·楚世家》，中华书局1982年版，第1689~1691页。

② 《春秋左传正义》，《十三经注疏》，北京大学出版社2000年版，第496、497页。

③ (晋)郭璞注：《山海经》，上海古籍出版社1989年版，第111页。

④ 《国语》(下)卷十六，上海古籍出版社1988年版，第510、511页。

⑤ 黄德宽：《安徽大学藏战国竹简概述》，《文物》2017年第9期。

⑥ 郭沫若：《金文丛考·金文所无考》，人民出版社1954年版。

⑦ 李学勤主编：《清华大学藏战国竹简(壹)·下册》，中西书局2010年版，第180页。

表明季连与穴熊系前后相承的关系。安大简中也记有季连与穴熊的关系："融乃使人下请季连，求之弗得。见人在穴中，问之不言，以火爨其穴，乃惧，告曰：'酓(熊)。'使人告融，融曰：'是穴之熊也'。乃遂名之曰穴酓(熊)，是为荆王。"①这段文字记载了季连改称穴熊的过程及原因，虽然系传说，也可看出季连与穴熊的承继关系，季连在先，穴熊在后。出土文献与传世文献的互证，表明穴熊为季连(黎之子)之后裔是无可质疑的。

出土的楚国祭祀简中列有祖先的名称，1965 年发掘的江陵望山墓地为战国中期邵固家族墓地，M1 墓主为邵固，身份为下大夫级。邵姓为楚国四大姓之一，出自楚昭王，也即邵固出自楚王宗族，墓中出土的卜筮祭祷简中祭祀祖先有老僮、祝融、鬻熊等。② 1987 年发掘的湖北荆门包山楚墓地为战国中晚期邵佗家族墓地，M2 墓主为邵佗，官至左尹，为大夫一级③，墓中出土的祭祷简中有同样的记载④。邵固、邵佗为同姓，所祭祷的祖先相同不足为怪。又 1994 年发掘的河南新蔡葛陵楚墓墓主为战国早期楚国封君平夜君成，为楚文王之后裔。其卜筮祭祷简中祭祀的祖先也有老僮、祝融、穴熊和老僮、祝融、鬻熊等。⑤ 颛顼虽然没有位在楚人祭祀之列，但也有提到过，是作为楚人的祖先出现的，新蔡简⑥、安大简⑦中均有记载。

季连之名虽然没有出现在楚人祭祀简中，但在清华简《楚居》的族系叙述中为始，清华简《楚居》是一篇记载楚王家族世系及历代楚王迁居历程的文献，类似《世本·居篇》。据整理者研究，"竹简凡十六支，其中有四支下部分别残去三至四字，其他简文皆完整，无缺简"⑧。因而，《楚居》篇简文基本上完整。《楚居》开首篇云："季䜌(连)初降于郻(騩)山，氐(抵)于空(穴)窮(穷)。遈(前)出于乔(骄)山，乇(宅)凥(处)爰波(陂)。逆上洲水，见盘庚之子，凥(处)于方山，女曰比(妣)隹，秉兹衞(率)相，詈冑四方。季䜌(连)䎽(闻)亓(其)又(有)哱(聘)，从，及之盘(泮)，爰生緹白(伯)、远中(仲)。婋(毓)禳(徜)羊(徉)，先凥(处)于京宗。……"这段话记载了季连的出生地、迁徙地及联姻过程：季连出生于騩山，曾先后迁居到过穴穷、乔山、爰波、方山，最后落脚于京宗并繁衍壮大，他曾与商王盘庚的儿子建盟及联姻。《楚居》开篇提到季连，显然他在楚人的心目中处于非常重要的地位。

楚人的自述与出土简册也可以互证，屈原的《离骚》开篇云："帝高阳之苗裔兮，朕皇考曰伯庸……"⑨屈原学识渊博，精通古史，对自己的祖先必烂熟于心。高阳就是颛顼，于史无异义。伯庸，饶宗颐先生疑为祝融，"融、庸音同，字通。……观《离骚》伯庸之与高阳并提，其为楚远祖之祝融，非无据矣"⑩。"伯庸"之称类同于近年出土的曾侯舆编钟所铭"伯适"的称谓⑪，系尊称。"伯适"指称南宫适，为

① 黄德宽：《安徽大学藏战国竹简概述》，《文物》2017 年第 9 期。

② 见望山楚简 120-122。湖北省文物考古研究所：《江陵望山沙冢楚墓》，文物出版社 1996 年版，第 244 页。

③ 湖北省荆沙铁路考古队：《包山楚墓》，文物出版社 1991 年版。

④ 见包山楚简 217，238，湖北省荆沙铁路考古队：《包山楚简》，文物出版社 1991 年版，第 34、36 页。

⑤ 见新蔡楚简甲三：83，甲三：188、197，乙一：22，乙一：24，零：254、162，零：288，零：429，零：560、522、554。河南省文物考古研究所：《新蔡葛陵楚墓》，大象出版社 2003 年版，第 191、194、202、216、217、221、225 页。

⑥ 河南省文物考古研究所：《新蔡葛陵楚墓》，大象出版社 2003 年版，第 189 页。其中的"颛顼"依董珊先生解释，见董珊：《新蔡楚简所见"颛顼"和"沮漳"》，简帛研究网，2003 年 12 月 7 日。另收入《简帛文献考释论丛》，上海古籍出版社 2014 年版。

⑦ 黄德宽：《安徽大学藏战国竹简概述》，《文物》2017 年第 9 期。

⑧ 李学勤主编：《清华大学藏战国竹简(壹)·下册》，中西书局 2010 年版，第 180 页。

⑨ (汉)王逸：《楚辞章句》，岳麓书社 1989 年版，第 3 页。

⑩ 饶宗颐：《祝融考》，《楚辞地理考》，商务印书馆 1946 年版，第 8~9 页；王光镐：《楚文化源流新证》，武汉大学出版社 1988 年版，第 8 页。

⑪ 湖北省文物考古研究所、随州市博物馆：《随州文峰塔 M1(曾侯舆墓)、M2 发掘简报》，《江汉考古》2014 年第 4 期。

曾侯腆的祖先。① 饶氏所言合理。新蔡葛陵楚墓竹简中有一则记述楚王族源及迁居地的语句，新蔡楚简甲三11、甲三24：“……昔我先出自颛顼，宅兹沮、章(漳)，以徙迁处。”②又安大简中也有关于颛顼生老童，是为楚先的记载。③ 在此，楚人直言其先祖出自颛顼、颛顼为楚先，与后来的屈原之语惊人相似，说明楚王宗族出自高阳颛顼的这一传说一直深入楚国人心，流传甚久。

颛顼不在楚人的祭祀之列，是不是楚人祖先，只能存疑。但楚人祭祀的“老僮”“祝融”“穴熊”或曰“三楚先”④则是实实在在的楚人祖先。祭祀是古代最重要的纪念先祖的活动，“国之大事在祀与戎”。无论是祭祀的仪式还是内容都是一代一代流传下来的，祭祀的物件是固定的，往往是祖先中较为重要的人物。排在前三位的老僮、祝融、鬻熊显然是楚人祖先中非同一般的人物，才被各地楚人世世代代所共同祭祀，而这种对祖先的认同感显然在很早就存在于楚人的意识中，一直延续下来。

出土楚简印证了传世文献的可靠性，楚王宗室的祖先如此之多，哪一个都有一堆传说。那么如何来界定这些祖先与楚人的亲疏关系？我们认为只有从中找到几个关键性的祖先，才能更清晰地追根溯源，而出土简册中楚人祭祀的祖先老僮、祝融、穴熊和《楚居》中的季连当为标杆。

二

老童是楚人祭祀的第一位祖先，其地位非同一般。老童是何许人也？传世文献中所记不多，汉以前的文献中，目前仅见于《世本·帝系》《山海经》和《大戴礼记·帝系》等。《世本·帝系》：“颛顼娶于滕坟氏之子，谓女禄，是生老童。”⑤《山海经·西次三经》：“山危之山……又西一百九十里，曰騩山，其上多玉而无石，神耆童居之。”郭璞注：“耆童，老童，颛顼之子。”⑥《山海经·大荒西经》：“颛顼生老童，老童生祝融，祝融生太子长琴。”⑦《山海经·大荒西经》：“颛顼生老童，老童生重及黎，帝令重献上天，令黎邛下地。”⑧《大戴礼记·帝系》：“颛顼娶于滕隍氏，滕隍氏奔之子谓之女禄氏，产老童。”⑨另《史记·楚世家》：“楚之先祖出自帝颛顼高阳……高阳生称，称生卷章，卷章生重黎。”⑩卷章即指老童。从以上典籍我们可以获知以下资讯：老童为颛顼之后，其母为女禄，老童居于騩山。关于老童与颛顼的关系，从上面所引传世文献看，有老童为颛顼之子和颛顼之孙的说法。颛顼之子说法都见于汉代以前文献，而颛顼之孙说法则多见汉代以后文献，其始作俑者又是司马迁。颛顼与老童究竟是何关系？近年安徽大学藏竹简则给出了明示。安大简中明确记载颛顼生了老童，因老童出生时满头白发，颛顼卜其未来前途光明，故取名为老童。⑪ 无论是传世文献，还是出土竹简都表明老童为颛顼之子。老童真是颛顼之子吗？若是，楚人祭祀的第一个祖先就只能是颛顼，而非老童。因为第一个祖先是最重要的，他是万世之根，后

① 李学勤：《曾侯腆(與)编钟铭文前半释读》，《江汉考古》2014年第4期。

② 河南省文物考古研究所：《新蔡葛陵楚墓》，大象出版社2003年版，第189页。其中的“颛顼”依董珊先生解释，见董珊：《新蔡楚简所见“颛顼”和“沮漳”》，简帛研究网，2003年12月7日。另收入《简帛文献考释论丛》，上海古籍出版社2014年版。

③ 黄德宽：《安徽大学藏战国竹简概述》，《文物》2017年第9期。

④ 新蔡楚简中就出现过“三楚先”的称法。见《新蔡》甲三：105、甲三：214、乙一：17、乙三：31、乙三：41、乙四：26、零：314。河南省文物考古研究所：《新蔡葛陵楚墓》，大象出版社2003年版，第191、195、202、204、205、206、218页。

⑤ (清)茆泮林辑：《世本》，《世本八种》，中华书局2008年版，第9、10页。

⑥ (晋)郭璞注：《山海经》，上海古籍出版社1989年版，第30页。

⑦ (晋)郭璞注：《山海经》，上海古籍出版社1989年版，第111页。

⑧ (晋)郭璞注：《山海经》，上海古籍出版社1989年版，第112页。

⑨ (清)孔广森：《大戴礼记补注》，中华书局1985年版，第84页。

⑩ 《史记·楚世家》，中华书局1982年版，第1689~1691页。

⑪ 黄德宽：《安徽大学藏战国竹简概述》，《文物》2017年第9期。

人是不会数典忘祖的。楚人自认颛顼之后，或是楚人归于华夏之后的历史重构。楚人自述和楚简皆出自战国时期，此时的楚人已有了完备的世系传说。

《山海经·西次三经》告诉我们，老童居于騩山，騩山与三危山相邻近。包山楚简中有祭祀峗山的记载①，陈伟等先生认为皆"可指三危山"②。楚人祭祀峗山或因老童曾居于此，其为楚人之祖居地之缘故。由此可证，《山海经·西次三经》所记并非妄言。三危之山即《尚书·舜典》所记"窜三苗于三危"③之三危，也即《史记·五帝本纪》所载"迁三苗于三危，以变西戎"④之三危。三危，西晋杜预注《左传》时认为在瓜州敦煌。《左传·昭公九年》载："先王居梼杌于四裔，故允姓之奸，居于瓜州。"杜预注："允姓，阴戎之祖，与三苗俱放三危者。瓜州，今敦煌。"⑤北魏郦道元《水经注》云《禹贡》之"三危山在敦煌南"⑥。唐张守节《史记》正义引《括地志》云："三危有三峰，故曰'三危'……在沙州敦煌县东南三十里。"⑦目前，虽然对于三危的具体位置，史学界还存在争议，但多将其地望定在甘青地区。⑧ 騩山还在三危之西，故此騩山也在甘青地区是没有问题的。老童长期生活于西方，老童为楚人先祖，那是不是意味着楚人也来自西方？其实不然，古代部族之族源与其居地并无关联，上古时期的人们一直处于不停的迁徙中，或因天灾，或因人祸，或因生存环境的恶劣，或因对美好生活的追求。东夷南徙如九黎，西戎东迫如鬼方，南蛮西移如三苗，北狄南侵如中山。无论它们迁居于何方，其族源是不变的。考古发现表明古代部族的迁徙是存在的，如江汉地区的屈家岭文化中含有大量大汶口文化的因素，陕西神木石卯遗址发现大量石家河文化风格的雕像，山西翼城大河口发现西戎的霸国墓地，河北平山发现白狄中山国王陵等，这些都是古代民族迁徙，人群杂居的物证。人是可以移动的生物，他会因各种原因而居于不同的地方。颛顼少时曾居于少昊之国，《山海经·大荒东经》："东海之外大壑，少昊之国，少昊孺帝颛顼于此……"⑨《帝王世纪》云："颛顼生十年而佐少昊。"而传世文献中皆言颛顼是黄帝之孙，昌意之子，属华夏正统。我们能说颛顼是东夷吗？同样，老童虽然由于某种原因居处西陲之地，但我们也不能将其划归西戎。

三

祝融在楚人祭祀者中列于老童与鬻熊之间，为"三楚先"之一，说明祝融为老童的后裔，鬻熊的先祖。在传世文献和出土文献中，祝融则有官职、神和人之分，因而后世学者对祝融的认识也是五花八门的。祝融究竟是官职、是人还是神，抑或神性化的人？我们有必要将其厘清，还其本质。

传世文献中，关于祝融有黄炎之记载，我们先来看黄帝系祝融的记载。《左传·昭公二十九年》记蔡墨语："……夫物，物有其官，官修其方……故有五行之官，是谓五官……木正曰句芒，火正曰祝融，金正曰蓐收，水正曰玄冥，土正曰后土……颛顼氏有子曰犁，为祝融。"⑩这段话讲的是各种事物都有掌管之官长，五行也有各自的官长，祝融为管理火行的官长称呼，而颛顼有个后代叫犁的曾是掌管火行的官长祝融，这里的祝融为火正的专称。又《国语·郑语》："夫黎为高辛氏火正，以淳耀敦大，天明地德，光照

① 见包山楚简214、215、237、243，原释文隶作从夊之字。陈伟释峗，可从。湖北省荆沙铁路考古队：《包山楚简》，文物出版社1991年版，第56页；陈伟：《包山楚简初探》，武汉大学出版社1996年版，第170页。

② 陈伟主编：《楚地出土战国简册[十四种]》，经济科学出版社2009年版，第94页注70。

③ 《尚书·舜典》，《十三经注疏》，中华书局1980年版，第128页。

④ 《史记·五帝本纪》，中华书局1982年版，第28页。

⑤ (西晋)杜预：《春秋左传集解》，上海人民出版社1977年版，第244页。

⑥ (北魏)郦道元：《水经注》，文学古籍出版社1995年版，第717页。

⑦ 《史记·五帝本纪》，中华书局1982年版，第29页。

⑧ 陈爱峰、杨梅、于晓东：《〈尚书〉"三危"地望研究述评》，《青海民族研究》2006年第3期，第101~105页。

⑨ (晋)郭璞注：《山海经》，上海古籍出版社1989年版，第104页。

⑩ 《春秋左传正义》，《十三经注疏》，北京大学出版社2000年版，第1732~1739页。

四海，故命之曰‘祝融’，其功大矣。”①这段话讲黎为高辛氏时的掌火之官，因为朴实敦厚，明天理，知德义，将光芒照耀四海，高辛氏册命其祝融的称号，此段明言了祝融之名的由来。古代，犁与黎音近，可互通，故两书所讲实指同一人。又《史记·楚世家》载：“……卷章生重黎。重黎为帝喾高辛居火正，甚有功，能光融天下，帝喾命曰祝融。共工氏作乱，帝喾使重黎诛之而不尽。帝乃以庚寅日诛重黎，而以其弟吴回为重黎后，复居火正，为祝融。”②重黎当为黎之误，《国语·楚语下》：“颛顼受之，乃命南正重司天以属神，命火正黎司地以属民……”③这里，重与黎为两人，重为南正，掌管天上事，与神沟通；黎为火正，掌管地上事，与民沟通。又《山海经·大荒西经》：“颛顼生老童，老童生重及黎，帝令重献上天，令黎邛下地。”④记载类如《国语》，上引《左传》及《国语》也皆只言黎不言重。又安大简记载老童生重及黎、吴及韦[回]。⑤ 故可知重与黎当为二人，司马迁将二者混同。黎为帝喾高辛的掌火之官，将火种传遍天下，有功劳，帝喾给他以祝融的称号，后因其平定共工之乱不力，帝喾将其诛杀，以其弟吴回复当火正之官，仍享有祝融的称号。此段不仅明言了祝融之称号的由来，还说明称号可以由兄弟继承的事实。然《山海经·大荒西经》记载“颛顼生老童，老童生祝融”，同时又言“老童生重及黎”，这又当如何解释？其实，这看似矛盾的记述恰恰透露给我们以下资讯，黎和祝融是可以互代的，即黎就是祝融，祝融是黎。其弟吴回复为火正，说明祝融之职是可以世袭的。《左传·昭公二十九年》称远古之时，祝融等五官“实列受氏姓……世不失职”⑥。即可一代一代传续其职，是为明证。

以上诸书来自不同时代，但所记大同小异，即祝融是因为能光照大地的功劳而获得的称号，获此称号的第一个人叫黎，为颛顼和老童的后代，其后裔仍继承此称号。

另有几条记载则将祝融视为神，《国语·周语上》说：“有夏之兴也，融降于崇山。”⑦韦昭注：“融，祝融也。”这是关于夏朝兴起时曾得到祝融荫庇的传说。《墨子·非攻下》：“(成汤伐夏)，天命融隆火于夏城之间西北之隅。”⑧这又是祝融承天命护佑汤灭夏的传说。此外，《尚书大传》等文献中更有所谓祝融等七位神仙冒雪远来，助周人灭商的记载。正如王光镐先生所言“以上各事，实际出自‘国之将兴，其君齐明，衷正……故明神降之，观其政德而均布福焉’一类的传说”⑨。皆附会之辞，但其溯源仍离不开上古祝融火正之职的本体。

再来说说炎帝系之祝融，《山海经·海内经》：“炎帝之妻，赤水之子听沃，生炎居，炎居生节并，节并生戏器，戏器生祝融。”⑩这是唯一关于炎帝祝融世系的记载，也是南方祝融说的主要证据。至于炎帝祝融是否存在则不在本文讨论范围之内，此处要说明的是此祝融与楚祖无关，因为楚之祝融为老童之后，炎帝祝融世系无老童，自然就不可能是楚祖。

还有几条关于南方祝融为神的记载，如《吕氏春秋·孟夏纪四》：“孟夏之月……其帝炎帝，其神祝融……”高诱注：“祝融，颛顼氏后，老童之子，吴回也，为高辛氏火正，死为火官之神。”⑪高诱认为祝融死后才变为神，主理火职。这种认识是正确的，祝融变神显然是一种将人神性化的典范，上古传说中类似的范例比比皆是，在此不一一枚举。同样的记载见于《礼记·月令》：“孟春之月其帝太皞，其神句

---

① 《国语》(下)卷十六，上海古籍出版社1988年版，第510页。

② 《史记·楚世家》，中华书局1982年版，第1689~1691页。

③ 《国语》(下)卷十六，上海古籍出版社1988年版，第562页。

④ (晋)郭璞注：《山海经》，上海古籍出版社1989年版，第112页。

⑤ 黄德宽：《安徽大学藏战国竹简概述》，《文物》2017年第9期。

⑥ 《春秋左传正义》，《十三经注疏》，北京大学出版社2000年版，第1738页。

⑦ 《国语》(上)卷十六，上海古籍出版社1988年版，第30页。

⑧ (清)孙诒让：《墨子间诂》，《诸子集成》，上海书店1986年版，第93、94页。

⑨ 王光镐：《楚文化源流新证》，武汉大学出版社1988年版，第14页。

⑩ (晋)郭璞注：《山海经》，上海古籍出版社1989年版，第120页。

⑪ (战国)吕不韦：《吕氏春秋》，上海古籍出版社1989年版，第32页。

芒，余春月皆然；孟夏之月其帝炎帝，其神祝融，余夏月皆然；孟秋之月其帝少皞，其神蓐收，余秋月皆然；孟冬之月其帝颛顼，其神玄冥，余冬月皆然。”①此外，湖南长沙子弹库战国墓中出土的楚帛书也有“炎帝乃命祝融以四神降”的记载②，楚帛书是记载天象、灾变、四时运转和月令禁忌的篇章，内容来自南方的神话传说，其中的伏羲、女娲、炎帝及帝俊等人物都神性化了，自然祝融也神性化了。《山海经·海外南经》更是将南方祝融描绘成“兽身人面，乘两龙”的神的形象。总理以上记载，我们发现南方祝融更多的是以神的形象出现，其直接根源是祝融为管理火事的官，南方为火纪，祝融死后就升格为主理南方的火神，这些显系后人的附会之说。

以上我们对祝融的传说进行了梳理，逐步揭开了其神秘的面纱：祝融由火正之官职演化而来，帝喾最初册命有功劳的火正——楚祖先黎为祝融，其后的吴回等也袭享此职位和专称。后来，祝融的名声及威望越来越大，就直接替代了具体的人。同时，典籍中也就出现了神性化的祝融。将传世文献中祝融之世系与楚祭祀简中的祝融世系比对，楚人将自己的祖先归入黄帝系。

最后，来说说祭祀简中的祝融。在楚人祭祀的“三楚先”中，老童和鬻熊都是具体的人，则祝融也应该指某个具体的人，但文献中却好多个人都可以称祝融，也即祝融可以指代多个楚先祖。竹简中的祝融指代谁？黎是第一位因光照大地之功获祝融之称名的人，理应得到楚人的尊崇。后面的祝融吴回鲜有业绩于世，不会有受祭祀的理由，即使楚人祭祀他们，也应该并列。故祭祀简中的祝融指代的应该是黎。

四

季连以往只出现在传世文献中，最早见于《史记》。据《史记·楚世家》载：“……六曰季连，芈姓，楚其后也……”唐司马贞《史记索隐》：“《世本》云‘……六曰季连，是为芈姓，季连者，楚是’。宋忠曰：‘季连，名也，芈姓所出，楚之先。’”③又《大戴礼记·帝系》：“……其六曰季连，是为芈姓……季连者，楚氏也。”④另《国语·郑语》：“……融之兴者，其在芈姓乎？”⑤《史记·楚世家》《大戴礼记·帝系》中的“陆终六子”的记载与《国语·郑语》中史伯所言的“祝融八姓”虽然有些出入，但所记应为同一事。前二者指出季连为幼子，芈姓，楚氏所出。后者虽然没说季连是芈姓，但从其将芈姓列为最后一姓，并认为其后必兴，应该也指的是季连。楚王为芈姓所出，金文材料已经证明。宋代出土于浙江钱塘的“江仲嬭南钟”铭：“……楚王媵江仲嬭南和钟。……”方濬益曰：“嬭乃楚姓，即经传之芈字。《史记·楚世家》：陆终子六曰季连，芈姓。《说文》：‘芈，羊鸣也。’此芈字本谊，经传以为楚姓者，乃同音假借字，其本字正当作嬭。”⑥近年出土的“随仲嬭加鼎”再次证明楚为芈姓，随仲嬭加鼎铭：“……楚王媵随仲嬭加飤繁……”⑦二器皆是楚王为女儿制的出嫁用器，前者是嫁给江国，后者是嫁给随国。二器时代不同，但二王的女儿都姓嬭。古代因生为姓，《说文》云：“姓，人所生也。……因生以为姓，从女生。”⑧即姓是人出生时就有的，因祖为姓，字从女旁。《诗·杕杜》传：“同姓，同祖也。”⑨即相同的姓都有一个共同的祖先。《史记·五帝本纪》集解引郑玄《驳五经异义》：“姓者，所以统系百世，使不别也；氏者，所以别子孙

---

① 《礼记正义》，《十三经注疏》，北京大学出版社 2000 年版，第 442~541 页。
② 见《江汉考古》1985 年第 1 期附页。
③ 《史记·楚世家》，中华书局 1982 年版，第 1689~1691 页。
④ （清）孔广森：《大戴礼记补注》，中华书局 1985 年版，第 83 页。
⑤ 《国语》（上）卷十六，上海古籍出版社 1988 年版，第 511 页。
⑥ 转引自陈初生：《金文常用字典》，陕西人民出版社 1987 年版，第 1032 页。
⑦ 转自曹锦炎：《“曾”、“随”二国的证据》，《江汉考古》2011 年第 4 期。
⑧ （清）段玉裁：《说文解字注》，上海古籍出版社 1981 年版，第 612 页。
⑨ 《毛诗正义》，《十三经注疏》，北京大学出版社 2000 年版，第 392 页。

所出。”①即姓百世都不变，以统系血统，氏则用来区分同姓中不同家族的子孙。《通志·氏族略》云：“三代(夏商周)之前，姓氏分而为二，男子称氏，妇人称姓。”②即男子另立门户后以氏相称，而女子则仍以旧姓相称。楚王为熊氏家族所出，以熊为姓，而其女儿则仍以旧有的芈为姓，说明熊氏出自芈姓。季连为芈姓之祖，无疑，楚人的血亲祖先为季连。《楚居》以季连为始，也是对季连为其血亲祖先的认可，这也恰好印证了传世文献所记不误。《楚居》中记载：“季连初降于騩山……”騩山在传世文献中为老僮所居，《楚居》指出季连的出生地为騩山，显然是要将其与老僮联系起来，即季连源自老僮，《楚居》实际上已追溯至老僮，这与楚人的祭祀祖先始自老僮是一致的。

事实是在楚人祭祀简中只见鬻熊而不见季连？有学者认为季连和鬻熊是兄弟关系，季连的后人没有即位，楚的大位赖鬻熊一支得以传延。对楚的后人来说，是鬻熊的直系亲属，而与季连没有血亲关系。其理由有二，一是《楚居》中花费了相当大的篇幅记载季连和鬻熊的婚娶传说，这是由二位先祖的特殊地位决定的；二是二人的子辈取名按伯、仲、叔、季来排序的，这符合上古亲兄弟或堂兄弟的后人按出身先后来排序的族制。③ 本人也认同此观点，但此观点不太严谨，应该说某位季连与鬻熊是兄弟关系，鬻熊继承了兄弟的酋长之位。楚人为芈姓，季连为芈姓之始，季连与楚人的血亲关系不可否认，但季连并不指一个人，而是多个人的共称。安大简中言季连为祝融第六子④，《国语·郑语》说季连兄长昆吾之后夏初曾为夏伯，则季连的生存年代不会晚于夏初，即公元前 2070 年⑤。《楚居》中讲到季连与殷王盘庚之子的联姻，盘庚之子即盘庚的儿子。盘庚时代为商代晚期的开始，盘庚生存于公元前 1300 年左右，其子生存年代肯定更晚。盘庚距夏初至少有 700 多年的年差，季连绝不可能活这么长的岁数，显然中间还有至少十几代，而都以季连称呼，说明季连也是个通称，只是个酋长的称号。这个称号始于黎之子——第一个季连，他从祝融部族中分离出来，另立门户，成为一个新的部族，即芈姓之族，“祝融八姓”和“陆终六子”的传说正是祝融之子分立门户的写照。季连从一个人名演变成了酋长名，并一代代沿袭下来，直到穴熊止。同样，穴熊也是从某个时期的季连族中分离出来，另立门户，成为一个新的家族，即熊姓之族，安大简中季连改称穴熊的传说应是穴熊从季连族中分立门户的写照。《楚居》中记载季连娶盘庚之子的女儿妣隹，生了緹白(伯)、远中(仲)，又接着记载穴熊娶了妣戫，生了佢胥(叔)、丽季。丽季的生存年代为西周早期的武成时期，则穴熊生存年代可确定为殷末周初，这与文献中言鬻熊“为文王之师”的记载是吻合的。若此季连与穴熊为兄弟，则此季连生存年代不早于帝辛之时，即公元前 1075 年，与盘庚之子武丁(公元前 1250—前 1192 年)的年代尚有 117 年的年差。此季连也不可活这久，故与盘庚之子联姻的季连与生緹白(伯)、远中(仲)的季连也并非一人，《楚居》作者有误记。《楚居》作者只记得与商联姻的时间和季连生緹白(伯)、远中(仲)之事，但却并不知道这是两个不同的季连的事情，将两个不同时期的季连搅成了一个季连。若生緹白(伯)、远中(仲)的季连与穴熊为兄弟，则他们应该是同时代，则穴熊从季连族中分离出来的时间应该就在商末的帝辛时期，此时，最后一个季连将酋长之位传给了其兄弟穴熊，穴熊也就由人名变成了酋长名。《楚居》中记载的“季连先处于京宗，穴熊迟徙于京宗”的传说就是季连将酋长之位传于穴熊的历史写照。若此，最后一个季连与鬻熊是亲兄弟也好是堂兄弟也好，关系并不重要，但第一个季连是他们的共祖这个事实是不可否认的。

五

鬻熊在楚简中是另外一个被祭祀较多的人物，在传世文献、《楚居》及安大简中，鬻熊是作为熊丽之

① 《史记·楚世家》，中华书局 1982 年版，第 46 页。

② (南宋)郑樵：《通志·二十略》，中华书局 1995 年版，第 1、2 页。

③ 赵平安：《三楚先何以不包括季连》，《邯郸学院学报》2011 年第 4 期。

④ 黄德宽：《安徽大学藏战国竹简概述》，《文物》2017 年第 9 期。

⑤ 此处纪年皆以夏商周断代工程为准，下同。见夏商周断代工程专家组：《夏商周断代工程 1996—2000 阶段性成果报告：简本》，世界图书出版社 2000 年版。

父的身份出现的，地位同于周文王，则穴熊是楚国国君的直系祖先，应该被称为“先王”，故纳入楚人自称的“三楚先”中，成为祭祀对象。按惯例，我们对于籍贯是从祖祖辈开始算起的，同样对于楚族源的追溯也应该从祖祖辈开始。鬻熊为熊丽之父，亲疏关系自不待言，故不在我们的追溯范围之内。

诚然，我们认为楚人自己认定的祖先最可靠，而祭祀的祖先更真实。若此，似可将这些祖先按先后列一个序列：老僮—祝融—季连—穴熊。老童为楚之远祖，祝融为楚之近祖，季连为楚之始祖，穴熊为楚之嫡祖。

楚人的始居地在哪？我们不能以老童来算，因为太过遥远。也不能只以季连来算，因为季连已经开始了迁徙之旅。当以季连之父祝融来算，因为季连族是由之分出，最初应该居于祝融部族的范围之内。祝融居地位于今河南新郑一带，《左传·昭公十七年》：“……郑，祝融之虚也。”杜预注：“祝融，高辛氏之火正，居郑。”①学者们考证，季连的几个兄弟部族也皆位于黄河中下游及淮河流域②，则季连始居之地也不出其右。

（作者单位：湖北省文物考古研究所）

① 《春秋左传正义》，《十三经注疏》，北京大学出版社 2000 年版，第 1576 页。

② 徐旭生：《中国古史的传说时代》，科学出版社 1961 年版，第 63、64 页；李学勤：《谈祝融八姓》，《江汉论坛》1980 年第 2 期；李惑之：《试论楚先祖祝融谱系》，《江汉考古》1988 年第 1 期；徐少华：《论己姓彭姓诸族的流变和分布》，《江汉考古》1996 年第 2 期；徐少华：《祝融八姓之妘姓、曹姓诸族历史地理分析》，《湖北大学学报》1996 年第 2 期。

由曾侯宝鼎再议升鼎的有关问题

黄锦前

《中国国家博物馆典藏甲骨文金文集粹》著录有两件国博新近入藏的曾侯宝鼎①，曾侯宝诸器据传同坑出土数十件，据云盗自随州义地岗墓地，目前所见有19件，有鼎7、簋5，簠2、方壶2、圆壶1、盘1、匜1，除器名外，铭文基本相同。吴镇烽《商周青铜器铭文暨图像集成》及其《续编》著录有鼎5(包括上述国博所藏两件，另有一鼎为随州市公安局缴获，现藏随州市博物馆②，余二鼎及其他各器皆为海内外私人收藏)、簋2，簠2、圆壶1、盘1等，铭文分别作：

> (1)曾侯宝鼎：唯王五月吉日庚申，曾侯宝择其吉金，自作升鼎，永用之。③ (2)曾侯宝簋：唯王五月吉日庚申，曾侯宝择其吉金，自作飤簋，永用之。④ (3)曾侯宝壶：唯王五月吉日庚申，曾侯宝择其吉金，自作尊壶，永用之。⑤ (4)曾侯宝盘：唯王五月吉日庚申，曾侯宝择其吉金，自作盥盘。⑥

图一　曾侯宝鼎

其中鼎铭"曾侯宝择其吉金，自作升鼎"，一般所谓的"升鼎"，系春秋中晚期曾、楚二国常见的一种平底束腰鼎的专称，金文和楚简中升鼎的"升"通常写作"噔""⿱登鼎""⿱登皿""⿱升皿""⿰鼎升""阩""升"等形，"升"或从登得声，或从升声；或从口，或从皿，或者从鼎，以表形、义。就器形来讲，曾侯宝鼎非常见自名"升鼎"的平底束腰鼎(盘形鼎)，而系盆形鼎(见图一)，因此过去所谓"升鼎"专指那种平底束腰鼎的看法，⑦ 就需要重新考虑。

---

① 中国国家博物馆、中国书法家协会：《中国国家博物馆典藏甲骨文金文集粹》，安徽美术出版社2015年版，第262~265页。

② 项章：《随州博物馆藏曾侯匋鼎》，《文物》2014年第8期。

③ 黄凤春：《随枣走廊话曾国 随州的曾侯墓地》，《中国文化遗产》2013年第5期，第78页；项章：《随州博物馆藏曾侯匋鼎》，《文物》2014年第8期，第44页图一，第45页图二；吴镇烽编著：《商周青铜器铭文暨图像集成》第4卷，上海古籍出版社2012年版，第432~435页，第02219、02220号；吴镇烽编著：《商周青铜器铭文暨图像集成续编》第1卷，上海古籍出版社2016年版，第202~209页，第0185~0187号；中国国家博物馆、中国书法家协会：《中国国家博物馆典藏甲骨文金文集粹》，安徽美术出版社2015年版，第262~265页。

④ 吴镇烽编著：《商周青铜器铭文暨图像集成》第10卷，上海古籍出版社2012年版，第317~320页，第04975、04976号。

⑤ 吴镇烽编著：《商周青铜器铭文暨图像集成》第22卷，上海古籍出版社2012年版，第303~304页，第12390号。

⑥ 吴镇烽编著：《商周青铜器铭文暨图像集成续编》第3卷，上海古籍出版社2016年版，第290~291页，第0942号。

⑦ 拙文：《关于升鼎来源问题的一点看法》，《楚学论丛》第三辑，湖北人民出版社2014年，第336~345页。

《商周青铜器铭文暨图像集成》著录有一件私人收藏的王孙䜌鼎(见图二),① 铭作:

王孙䜌之䵼鼎。

鉴于该鼎形制系盆形鼎,“䵼”字过去我据相关金文文例及文献认为应读作“烝”,“登鼎”即“烝鼎”,为祭祀用的鼎,而与升鼎(以往所见楚系铜器铭文中与鼎连用,表示鼎之用途的“登”或从登的字应读作“升”)不同。② 现在结合曾侯宝鼎之例来看,恐未必,虽然这样读释于器形、铭文文字、文例及文义等均无碍,且较为合理。

图二　王孙䜌鼎

《商周青铜器铭文暨图像集成续编》著录有一组曾卿事宣鼎,③ 铭曰:

唯曾卿事宣用其吉金,自作△鼎。

“△”字原篆分别作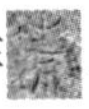、、,《续编》摹作,隶定为“䕬”。我曾据其构形有关文例,认为该字很可能即“荐”字异体。④ 现在看来,该字有可能与莍𣪘鼎⑤“䠁”字即之右旁构形相类,只不过笔画更加类化,此字可能应释作“登”,在鼎铭中读作“升鼎”之“升”。

如上述曾侯宝鼎、王孙䜌鼎一样,曾卿事宣鼎器形应系盆形鼎(见图三)。曾卿事宣鼎的时代为春秋早期,曾侯宝鼎、王孙䜌鼎分别为春秋中、晚期器。

古代祭祀时将烧熟的祭牲放入鼎中曰“升”。《仪礼·士冠礼》:“若杀,则特豚载合升,离肺实于鼎,设扃鼏。”郑玄注:“煮于镬曰烹,在鼎曰升,在俎曰载。”《仪礼·少牢馈食礼》:“司马升羊右胖,髀不升。”郑注:“升,犹上也。”可见所谓“升鼎”之“升”应系从鼎的用途而非其形制而言。

图三　曾卿事宣鼎

从器物组合角度来讲,上述目前所知曾侯宝鼎有7件、簋5件,根据同时期曾国墓葬的青铜器组合情况,簋至少应系6件,另有一件暂未知。参照曾侯乙墓所出曾侯乙的随葬青铜礼器组合为9鼎8簋、9鼎皆为升鼎的情况,⑥ 曾侯宝的7件鼎亦为升鼎,是完全可能的。曾卿事宣鼎的器主“曾卿事季宣”,据器物组合、时代、器主身份及文字学等方面的证据,其人或即见于《左传》的春秋时赫赫有名的曾大夫季梁,系曾国公室,“卿事”系其所任职名。⑦ 作为曾侯家族成员及曾国权力核心成员,其身份等级应很高,因而升鼎也是与其身份相匹配的。同样,王孙䜌鼎的器主王孙䜌系楚王孙,其地位自不待言,

① 吴镇烽编著:《商周青铜器铭文暨图像集成》第3卷,上海古籍出版社2012年版,第335页,第01672号。

② 拙文:《王孙䜌鼎器主小考》,《华夏文明》2017年第1期。

③ 吴镇烽编著:《商周青铜器铭文暨图像集成续编》第1卷,上海古籍出版社2016年版,第162~164页,第0155、0156、0157号。

④ 拙文:《续论曾卿事宣诸器》,《楚学论丛》第九辑,湖北人民出版社2020年版。

⑤ 《殷周金文集成》4.2065[中国社会科学院考古研究所:《殷周金文集成》,中华书局1984—1994年版;《殷周金文集成》(修订增补本),中华书局2007年版]。

⑥ 湖北省博物馆:《曾侯乙墓》,文物出版社1989年版。

⑦ 拙文:《曾卿事季宣簋考释》,《楚学论丛》第七辑,湖北人民出版社2018年版,第10~18页;又《续论曾卿事宣诸器》,《楚学论丛》第九辑,湖北人民出版社2020年版;又《据人名称谓例谈对曾国铜器铭文中有关人物身份的理解》,未刊稿。

亦与使用升鼎相吻合。

总之，综合曾侯宝鼎、曾卿事宣鼎及王孙鼎器形及自名等各方面情况来看，过去所谓“升鼎”专指春秋中晚期曾、楚二国常见的一种平底束腰鼎的看法，应重新考虑，“升鼎”之“升”应系从鼎的用途而非其形制而言，“升鼎”似不仅指平底束腰鼎，至少还应包括盆形鼎。据现有资料，升鼎在曾国出现的时间要早于楚国，楚国升鼎的出现或系受曾国文化影响所致。

上揭传世的西周中期的莤歠鼎（见图四），铭作：

莤歠作宝。

图四　莤歠鼎

鼎的自名字，过去一般都隶定作“䭫”，读作“鼾”①，或进一步结合其形制，谓其可能即后来楚式升鼎即鼾之原型②。我曾指出，就此问题而言，单凭铭文或形制方面的某些所谓貌似恐怕难以遽定。③ 单从语言文字学的角度，将“䭫”，读作“鼾”，当然没有问题，但“䭫”是否就是“鼾”，莤歠鼎是否即系楚式升鼎即鼾之原型，证据恐怕皆不够充分，而有待进一步研究。

一般认为升鼎系流行于春秋中晚期曾、楚等地的一种平底束腰鼎，现在据新出土数据可以确认，卿事宣鼎、曾侯宝鼎及王孙鼎等也应系升鼎，上述曾卿事宣鼎的时代分别为春秋早、中、晚期，那么升鼎最早的来源究竟是什么？是楚文化的首创还是楚文化受姬周文化影响所致？同样也需重新考虑。

（作者单位：兰州大学历史文化学院）

附记：据近年新出土有关材料，东周时期楚系铜器铭文中常见的“𪔂鼎”“䭫鼎”“頭鼎”的“𪔂”“䭫”“頭”等皆应读作“登”“烝”，“登鼎”“烝鼎”即“升鼎”；“升鼎”即“登鼎”“烝鼎”，系祭祀时用以陈列进献牺牲的鼎，是从鼎作为烝祭的用途即器用而非器形的角度予以命名；春秋早期以来南方地区曾楚蔡等国流行的升鼎，其较早的来源，应系西周时期的莤歠鼎等“䭫鼎”即“鼾鼎”，是楚文化受姬周文化影响所致，而并非楚人的首创。详拙文：《南阳楚彭氏家族墓地出土郑環鼎及有关问题》，未刊稿。

2018. 9. 30

① 如张亚初：《殷周金文集成引得》，中华书局 2001 年版，第 34 页。

② 李零：《楚鼎图说》，《文物天地》1995 年第 6 期；后辑入氏著《入山与出塞》，文物出版社 2004 年版，第 336 页；又《论楚国铜器的类型》，辑入氏著《入山与出塞》，文物出版社 2004 年版，第 271~333 页。

③ 拙文：《关于升鼎来源问题的一点看法》，《楚学论丛》第三辑，湖北人民出版社 2014 年版，第 336~345 页。

占卜文书中的楚文化因素*

——基于清华简《筮法》和北大简《荆诀》的比较研究

柯鹤立

本文将主要对清华简《筮法》与北大简《荆诀》这两种新近面世的占卜简进行比较研究，两类简的编成时代相隔几个世纪，但都具有浓厚的楚地风格。两种简的占卜方法都是依靠计算产生出三爻卦，但它们的计算方法、展示方法大相径庭。值得注意的是，两种占卜，均包含有卦之外的因素：即贞人占卜吉凶时，有若干"影响因子"包含其中。而这些因素与周易所代表的占卜传统形成对比，由此出发，恰可以探讨楚文化"身份认同"的有效性。

一、两本数字卦占书的基本特征比较

理想情况下，来自公元前的古代文献，其文化背景可以从其墓葬信息中获得梗概，如地理位置，以及在同一遗址发现的其他物品，这些因素可以有效地帮助判断文献的性质。但不幸的是，目前面世的出土文献中，有相当一批为盗掘物。这样的文献，缺乏考古背景，从而丢失了很多有效信息。那么，我们应怎样对待这类出土文献？一些西方汉学家主张忽视这些文本，不对其进行研究，从而使盗掘类出土文献失去市场，也就会避免盗墓贼的猖狂盗掘。对此，我不那么认同。我认为学者们必须评估每一条证据，以多了解过去的历史文化。我们不知道这些新材料能存在多久，也不知道它们会在多大程度上带来对古代社会的新认识。我觉得我们有责任研究这些宝贵的材料，不管他们面世的方式如何"不正规"。

每部文献都是在某地某时创造的，即使他们可能是从更早期的材料中复制或编辑而来。不同的时期和社会环境，会使文献具有不同的功能和文化特色。他们包含着不同的内容，其性质、风格各异。因此，尽管被盗掘的文献像是失去父母的孤儿，我们仍然可以通过考察他们自身的特色，来推测其由来。

我今天要研究的两篇文献是《筮法》与《荆诀》，它们都是三爻数字卦占卜手册，分属于战国和西汉两个时代。两种文献从表面上看都与楚文化有关。但其实，它们代表了两种特点不同的楚文化。两种文献不但反映了社会政治环境的不同，所体现的地方文化也绝对不同。我们无法得知两种文献的出土遗址或墓葬的情况实属可惜，但是无论如何，两种文献都已经经过了精英阶层的文人的修改。两种文献所关联的楚文化也并不是意义全同的楚文化：一篇是与原初楚文化，也就是真正的楚文化相关的文献，这就是《筮法》，另一篇则是与人们根据历史记忆"构建"出的楚文化——也可以说这并不是真正意义的楚文化——相联的文献，这就是《荆诀》。今天本文将重点讨论卦爻占卜现象背后的文化因素，即两种文献所显示出的占卜文化与《周易》所代表的卦名占卜所形成的鲜明对比。文章将主要讨论两个方面的内容：神

* 本文的写作感谢胡文嘉的帮助与建议，也感谢 Hetty Goldman 基金在 Historical Studies, Institute for Advanced Study, Princeton, NJ 给予我奖学金支持。

谱中的神灵与预言图像的使用。①

尽管我是在以《周易》为参照考察这两本占卜手册，但我知道，事实很可能是同一位贞人既使用《周易》，又使用这类三爻卦占卜方法占卜同一件事。我们知道，《周易》的六十四卦和《筮法》中的卦均使用同一种三爻卦(即八卦) 构成,② 而《荆决》却非如此，《荆决》十六卦以干支命名，卦辞的语言风格受到了《周易》包括预言图像（或歌颂小片)传统的影响。《筮法》没有卦辞，占卜者必须用手册上分散的图表和表格中的相关信息来决定吉凶。有趣的是，虽然两种文献不同之处甚多，它们之中的卦的推导术——即都使用数字卦——却可能“遥相呼应”。研究数字卦的学者证实，用数字表示卦的方法，与传统上以横画表示卦的“大衍”计算方法存在关联，“大衍”之法的变体和简化形式很可能早已在数字卦的操作实践中运用过。尽管《筮法》可能同时使用了蓍草和骰子以使结果更为精确。③《筮法》和《荆决》这两部文献与《周易》的不同，表现在两个方面：(1)在形式上，两部文献在每一行都保留一个数字，而不是将其转换为阴卦或阳卦；(2)在内容上，它们都帮助占卜者发现作“祟”的鬼神，以决定去祟或祭祀。目前所见的六爻卦文本如《归藏》《周易》都不包含此类内容。尽管《周易》也包含有预言图像方面的内容。

虽然《筮法》和《荆决》的卜筮方法之间可能有相互的关联，但由此产生的卦中数字所体现的意义却不相同。说到此，必须提及超自然力量的界限和定义是什么。数字是否带有神灵力量？占卜媒介（水龟、筮草等)甚至于“占卜手册”是否都会有超自然的气量?④ 从医学上说，我们知道人体被认为是宇宙力量的缩影。是什么力量赋予了如龟、筮草、干支等各种占卜媒介以能力使之能够确定(预测)命运？如果我们意识到占卜媒介具有超自然的力量，那么我们也会知道数字三爻卦名（《筮法》的八卦或《荆决》的干支)都有神力。这一点在《筮法》中可以得到证明。《筮法》上有证据表明，其中一组特殊数字(4、5、8、9)(在通常的 1 或 7 和 6 之外)被分配到各组图像当中，并且占卜者可以据此进一步预后(通常是消极的结果)。而《荆决》中则没有特殊的数字，但我们从当时流行的其他数术文本中知道干支名称与八卦很相似，都有神力(在后来的道教文献中也很明显)。⑤

《筮法》和《荆决》中使用的数字完全不同。《筮法》数字系统是从一个非常古老的传统演变而来的，但《荆决》却背离传统，使用了简化的方法。自商代以来，即存在使用数字 1、5、6、7、8、9 形成不同序列的数字卦，不同的时期流行使用不同的数字。⑥ 需要指明的是，数字 4 是在春秋之后才引入使用的，圆形的数字四(而不是“亖”)此时才为人们所知，《筮法》中看到的就是这种字形。随着时间的推移，数字 9 不

---

① Michel Strickmann 指出：“诗歌和预言之间的联系是原生的。……押韵的、有节律的或是叠韵的诗节常常作为帝和神的手段而存在，有时直接传达神谕，有时则体现为一段被赋以神性内涵的诗歌。” “[T]he bond between poetry and prophecy is primordial... Rhymed, rhythmic, or assonantial verse has at all times been a vehicle for the gods, whether as a direct conduit for oracular voices or through the medium of a divinely inspired poet.” Bernard Fauve, ed. *Chinese Poetry and Prophecy: The Written Oracle in East Asia*. Stanford University, 2005, p. 87.

② 湖北王家台秦墓出土的六爻卦占卜手册《归藏》中也有相似的变体元素，详见 E. L. Shaughnessy. *Unearthing the Changes: Recently Discovered Manuscripts of the Yijing (I Ching) and related texts*. NY: Columbia University, 2013.

③ Constance A. Cook and Andrea Bréard. Placing the Zhouyi in BCE Stalk Divination traditions: Views from Newly Discovered texts. *The Yijing: Alternative Visions and Practices*. Leiden: Brill, forthcoming. 有关投掷骰子的部分，也请参见陈伟：《放马滩秦简日书〈占病祟除〉与投掷式选择》，《文物》2011 年第 5 期。

④ 详见 Marta Hansen 有关医职人员所运用的，包括他们的手在内的诊断工具所具有的超自然神力的论述，如：Embodying Prognostication: Bodies, Proxy Bodies, and Disembodied Means for Making Medical Prognoses in Chinese History，该篇论文于 2017 年 10 月 14—15 日举办的“Body and Cosmos in China: An Interdisciplinary Symposium in Honor of Nathan Sivin”研讨会上宣读。

⑤ Gil Raz. Time Manipulation in Early Daoist Ritual: The East Well Chart and the Eight Archivists. *Asia Major*, Third Series, 2005(2), pp. 27-65.

⑥ 李学勤：《清华简〈筮法〉与数字卦问题》，《文物》2013 年第 8 期；王化平、周燕：《万物皆有数：数字卦与先秦易筮研究》，人民出版社 2015 年版。

规则地被使用。最后1被用以替代7，在卦中代表阳性，6和8代表阴性。传统上，数字卦尽量避免用可能与1相混淆的数字2、3和4，但是《荆诀》有针对性地仅使用数字1~4，其卦画方式是将其写成类似塔状，譬如(写为数字卦，即433)，① 与此后道教之“符”很相似。而《筮法》由两个六爻数字所组成的塔形(由1/7、4、5、6、8、9组合而成)，可以读为四个三爻卦。正是这四个数字卦之间的关系从整体上决定了占卜结果的吉凶。② 目前所见出土自楚国时代的文献中也发现了《筮法》风格的占卜文献，这一事实表明，这种三爻卦占卜方式在楚地较为普遍，并且《筮法》手册很可能用于古代湖北江陵地区。公元前4世纪后，这种数字占卜风格似乎消失了。而有趣的是《荆诀》的占卜风格一直延续到唐代，并在敦煌的相关文献中被找到。③ 从汉到唐时习惯用数字1~4列出三爻卦占卜，有像《荆诀》类似塔形之“符”(包括《周公卜法》和《管公明卜法》)，当然，也有不使用“符”的，例如使用中亚类型骰子占卜法的《摩醯首罗卜法》(唐代敦煌文书，佛教类占卜文献)手册，就被佛教占卜师整合进扩大了的神灵体系中。④

二、卦象与神灵

战国和唐代的占卜卦册，存在显著的相似之处，无论哪几个数字相组合，在任何情况下，占卜结果都指向一种鬼神名。不过只有《筮法》和《荆诀》进一步列出了可能作“祟”的第二组鬼神。《筮法》所指出的第一层次的神灵是八个有性别区分的卦画，四个女性和四个男性。作“祟”的鬼神可以由外在的偶然事件来表示，例如在卦(4、5、8、9)中找到的特殊数字，数字的组合或者一天中的“时”(如日出、进餐时间或日落)。作“祟”的鬼神包括那些未尽年寿的人(其命已断)，或来自环境因素或建筑特征，或疯狂的人以及巫师(参见表一)。很明显，中国古代生活的每一个可见和不可见的方面都可能包含超自然的力量。

表一 《筮法》八卦与作“祟”的鬼神

乾	坤	艮	兑	坎	离	震	巽
灭宗	门	殜	女子大面端吓死	风	热	东方	字殇
山	行	虩	长女为妾而死	长殇	溺者	监(炎?)天	巫
父之不葬死	母	槵魃		伏剑者	缢者	[颢?]天	柆(胁)李
室中	奴以死			牡虩	长女殇	雨师	狂
父	西祭			缢者	辜者	狂者	缢者
	缢者			辜		户	

① 图片引自子居：《北大简〈荆诀决〉解析》，中国先秦史网站(http://xianqin.byethost10.com/2015/12/28/309? i=1)，2015年12月28日，检索日期：2016年9月25日。原始文本见于北京大学出土文献研究所编：《北京大学藏西汉竹书·伍》，上海古籍出版社2014年版，第169~177页。

② 李学勤主编：《清华大学藏战国竹简(肆)》，中西书局2013年版。C. A. Cook and Zhao Lu. *Stalk Images: A Newly Discovered Alternative to the I-ching*. Oxford University, 2017.

③ 子居指出敦煌文献中相关的卜筮类文本《管公明卜法》和《周公卜法》也采用了命名和组合方式都相近的数字卦。有关这些方法的详细内容，请参见M. Kalinowski. La divination par les nombres, in I. Ang & P-É Will, ed. *Nombres, Astres, Plantes et Viscères*. Collège de France, Institut des Hautes Études Chinoises, 1994, pp. 57-60; Mantic texts in their cultural context, in C. Cullen & V. Lo, ed. *Medieval Chinese Medicine: The Dunhuang Medical Manuscripts*. Routledge Curzon, 2005, p. 116. 著草占卜的方法和后代文献中保留的一些其他相关因素都明确显示出了其与汉代《荆诀》文本存在联系，但与楚文化本身的联系却是微乎其微的。

④ Moheśvara《摩醯首罗卜法》，参见王爱和：《敦煌占卜文书研究》，兰州大学博士学位论文，2003年。《摩酰首罗卜性质初步分析》，郑炳林编：《敦煌佛教艺术文化国际学术研讨会论文集》，兰州大学出版社2002年版，第116~125页。

在《荆诀》中，十六个（有可能是从二十二个中选择的）干支名几乎都是按照顺序排列，但是缺少庚、辛（第七干和第八干），好像是刻意的遗漏。如果是有意为之，这很可能表明了一个禁忌。① 虽然干支术语可能被认为只是一个字序，但当时的日书文献很明显地显示，干支等“时位”（某地某时有共同的灵气力量）很大程度上影响到人生（参见表二）。② 因此，我们可以理解，使用《荆诀》占卜的贞人所得的占卜结果只有在干支与事件或人物相关时，才能决定吉凶。不同于需要四个卦来提出预后的《筮法》，后来的《荆诀》和敦煌卦文本只需要一个卦。有趣的是，一些不吉利的判断可以在一个卦辞中改变。这个现象也存在于《摩醯首罗卜法》卦辞中。

表二 《荆诀》的十六个干支与作“祟”的鬼神

甲	乙	丙	丁	戊	己	壬	癸	子	丑	寅	卯	辰	巳	午	未
泰父	外	百厉				外	王父母	司命	阳	行	行	社	泰父母		巫
						死不葬				竃	竃				位
										百厉					社

值得注意的是，唐三爻卦手册都不会进一步涉及作“祟”的鬼神。《摩醯首罗卜法》中的65卦，每一卦都有一个神与“局”（以掷骰子结果而命名的“局”）对应。其中一些是起到保护作用的天神，另一些是恶灵或鬼魂（并非所有的鬼神都代表凶）。这些神灵，有一些可以追溯到战国时代，如“司命”“地神”“土鬼”“北神”“风神”“宅神”“雷公”等，可在若干战国文献中见到。也有些可追溯到秦汉时期，但大多数更多见于中世纪的文本，如敦煌文书以及道教、佛教（或其他印度或中亚宗教）相关文献中。《周公卜法》中，卦象中神灵的名称，都是历史和宗教上的传奇人物以及八卦的名称，如“周公、孔子、屈原、赤松、桀纣、越王、子推、太公、兑、坤、离、干、巽、坎、震、艮”。如果说楚文化中的神秘因素附着于汉代《荆诀》文本中，那么在唐代文献中就看不见此类因素了。如在唐代文献中，“屈原”卦表示“大凶”，这与楚文化大相径庭。此外，《周公卜法》的八卦性质也与《筮法》不同，《周公卜法》没有《筮法》中所体现出的男、女阶层次序。③ 唐代的敦煌文书中似乎没有性别的意识。值得注意的是，在敦煌的其他文本中出现了对数术学的关注，例如在医学文献中，干支的“时位”确定了身体中的神灵在体内的位置，并得出不应该用针灸治疗那一部位的结论。④ 这一数术学的因素在唐代占卜类文献中较为突出。

在目前可见的所有占卜手册，即《筮法》《荆诀》和敦煌三爻卦手册中，《筮法》十分清晰地将外部数术因素整合到占卜中。它也是其中唯一的一部没有具体使用说明的。《筮法》中偶尔也会有一些使用规则，这些规则大多嵌入文本中，形成一个一个的点，而不是具体的体系。看上去使用《筮法》手册进行占卜的贞人需要事先了解它的使用方法才能运用它占卜。而其他几种手册不同，任何粗通文墨、掌握仪式规则的人均可依照“程序”使用（使用《管公明卜法》者必须了解一些道教与佛教仪式）。事实上，敦煌有“符”类卦如《管公明卜法》明确告诉新手阶段的贞人（大概是僧侣贞人），不要多打扰他的老师：“有事自卜，不劳问师”。

---

① 禁忌很可能与危险的鬼神有关。如睡虎地秦简《日书》甲种有载：“庚辛有疾，外鬼伤死为祟，得之犬肉、鲜卵白色”，在庚日和辛日的灾难往往指因受到亲族外的鬼祟的伤害而导致的性命之虞，需要以狗肉和新鲜的白色鸡蛋供奉才能化解。详见睡虎地秦墓竹简整理小组编：《睡虎地秦墓竹简》，文物出版社1990年版，第193页。

② Donald Harper and Marc Kalinowski, eds. *Books of Fate and Popular Culture in Early China: The Daybook Manuscripts of the Warring States, Qin, and Han.* Leiden: Brill, 2017.

③ 然而，Gil Raz 认为道教“八史”中的性别配组对应早期道教表示八个三爻卦之“精”的术语。见于：Gil Raz. Time Manipluation in Early Daoist Ritual: The East Well Chart and the Eight Archivists. *Asia Major*, Third Series, 2005(2), p. 30.

④ Donald Harper. Iatromancie. in Kalinowski, Marc, ed. Divination et société dans la Chine médiévale: Etude des manuscrits de Dunhuang de la Bibliothèque Nationale de France et de la British Library. Paris: Bibliothèque Nationale de France, 2003, pp. 471-493. “时位”这一术语引自李健民：《发现古脉：中国古典医学与数术身体观》，社会科学文献2007年版。

三、楚文化的标志与万神谱

我们需要提出的问题是，什么样的因素使得《筮法》可以被定义为楚文化的作品？我认为有很多因素。首先，它最有可能出自楚墓，很可能保存在楚墓无氧泥土中。其次，它可以解释目前可见的其他楚占卜记录。再次，有一些字体特征与楚地出土的其他文本类似（湖北秦墓中发现的《归藏》似乎与之类似）。最后，在《周易》传统中，北方和南方与水火相关的卦“坎”与“离”在《筮法》中被颠倒过来。按照《筮法》，男性的“坎”应该代表火和南方，而不是女性的“离”。清华简《筮法》中，阳性以及男性占据主导地位。而在文献写成的年代，楚国认为自己代表南方，但同时楚人势力也越来越多地延伸至黄河和长江流域之间的地区，挑战其他中原国家对古代中国世界的霸权地位。当然在政治上，楚败于秦，但最终在汉帝国崛起后，重新获得一些文化上的胜利。

相反，《荆决》与楚文化的联系并不明显，这可以由以下几点来看：(1) 以“荆”称呼楚是西汉时期的常法①；(2)使用三爻数字卦占卜，以及其文学或物质图像与抽象因素(如时位标志)相联系；(3)与作“祟”的鬼神名称的联系。由于“祟”被视为造成疾病的原因，因此《筮法》和《荆决》都可以用祝由诊断疾病。“楚”和“荆”这两个术语都指“荆棘”，在清华简《楚居》中，这是楚先诞生神话中一个用于治疗难产的物体。②

从理论上讲，文化连续性的一个表现可以在其所崇拜的神谱中找到端倪。③ 但事实未必如此。我们在上面看到了《筮法》和《荆决》所代表的两个神谱。在《筮法》和《荆决》中，可以认为在人与鬼神的互动中存在四个层面的内容：占卜工具(骰子和筮草)、数字、八卦或干支之名，以及作“祟”的神灵。既然《筮法》和《荆决》都不是考古发掘所获文献，那我们再来比较一下《筮法》《荆决》中的神灵与包山占卜简中的神灵。在包山卜筮祭祷简中，可见五个层次：占卜者、工具名、数字或龟裂缝，以及两套鬼神系统。其中的一套，可以向之祈祷，以请这些神灵帮助竹简的主人解决问题；另一套系统中的神灵则是作祟的神灵，最终会被用各种方式驱除。(参见表三)

表三　包山卜筮竹简记录的鬼神

占卜法 神灵	保家	长削	训黾	央筮	承德	少宝	彤茖	共命	长灵	驳灵
蚀太	*				*					
太	*								*	
社					*					*
后土	*								*	
宫后土					*					
地主	*									
野地主		*		*						
宫地主		*								
行	*	*			*					

① 子居主张“荆”是秦人对楚的称呼，详见《北大简〈荆诀〉解析》(http://xianqin.byethost10.com/2015/12/28/309? i=1，检索日期：2016年9月25日)。但是我们可以在包山楚简中看到指称先代楚王为“荆王”。“荆”这个字不仅是西汉时期楚人灵魂崇拜所用的一个流行称呼，它有时也被用来指称占卜中使用的茎秆或木棒。但它似乎不指用于占卜的蓍草，而是指用来烧裂甲骨的燃烧着的木棒。

② 相关研究详见 C. A. Cook and Luo Xinhui. *Birth in Ancient China: A Study of Metaphor and Cultural Identity in Pre-Imperial China*. Albany: State University of New York, 2017.

③ 晏昌贵先生在上古诸神灵方面的丰硕研究成果让我受益良多。

续表

占卜法 神灵	保家	长削	训黾	央簁	承德	少宝	彤茖	共命	长灵	驳灵
宫行					*			*		
大门					*					
司祸	*									
南方									*	
司命	*								*	
大水	*								*	*
二天子	*								*	
五山								*		
危山	*								*	
高丘、下丘	*							*		
兄弟无后者，绝无后者	*	*								
楚先	*									
荆王					*					
昭王、文坪夜君、武公子春、司马子之音、蔡公子家	*		*	*				*		
昭王								*		
文坪夜君、武公子春、司马子之音、蔡公子家										*
新王父						*				
新母	*	夫人	*							
东陵连嚣子发			东陵连嚣	东陵连嚣				*		
害								*		

占卜法 鬼神 祓魔法	保家	长削	训黾	央簁	承德	少宝	彤茖	共命	长灵	驳灵
攻解	人害	不辜			水上			祖		不辜
攻解	岁				没人			兵死		日月
攻解	渐木位①				明祖					
攻									祟	
攻除								宫室		
除					宫室					

① 晏昌贵主张渐木位是一个有矮木丛的位置；陈伟认为它是一个灵魂处所；来国龙认为它实际上指代常见于楚墓的木雕(鹿角、吐出的长舌)的台座，传统上被理解为是墓葬的守卫。来国龙认为它是一个主生产的神。详见晏昌贵：《简帛数术与历史地理论集》，商务印书馆 2010 年版，第 186~188 页；陈伟：《楚地出土战国简册[十四种]》，经济科学出版社 2009 年版，第 118 页。G. Lai. *Excavating the Afterlife*: *The Archaeology of Early Chinese Religion*. University of Washington, 2015, 31, 202, 203 n. 13, 122-129.

由于《筮法》和《荆决》都是占卜手册类文献而不是占卜的记录，因此不会记录结果。有趣的是，尽管每个文本中都有不同的神灵，但总有一些神灵是重叠的：如近世祖先、早夭之人、环境(包括自然和建筑)特征，等等。当然，两种文本中也有一些独特的作祟的神灵名，这些神灵只见载于一种文献中。但是，从目前可见的多种数术类文献中，从神灵的名称以及对待神灵的方法方面，我们并不能确定楚鬼神的特征。数术类文献予人的印象是，南方的楚文化、北方的秦文化与后来的汉文化都融合在一起了。①

据《史记》和《汉书》记载，秦、晋、梁、荆等国家，都有巫师阶层，他们所行的仪式各不相同。汉代史家记载，荆地的巫师祭祀内容有“荆巫祠堂下、巫先、司命、施糜之属”。除了“施糜”之外，其余的几种都见载于以上神谱名单中。“施糜”的发音为 * l̥. aj-maj，可能就是在《左传》文公十八年、宣公三年和昭公九年中写为“魑魅”或“螭魅罔两”的神灵。在《左传》中，“魑魅”是山林中的鬼神，需要驱魔。据《左传》，“魑魅”和神话中四凶族之一的“梼杌”有关，而据《孟子·离娄下》，《梼杌》是已失传的楚国国史之名。“魑魅罔两”在后代反复出现，甚至在敦煌的《摩醯首罗卜法》中以各种形式出现，如“青春魍鬼”“匿然魍魉鬼”“点然魍魉鬼”等。虽然这些神灵与楚国的神话有关，但都没有出现在任何楚文献中，甚至在近期多见的数术资料中，也没有这些神灵的记载。

四、咒语与颂歌

《荆决》与《筮法》明显相区别的另一方面，是它的卦辞语言生动，常常由与神话或历史故事相关的预言意象表现出来，这在敦煌《管公明卜法》中，即所谓的“颂歌”。②《荆决》这方面的特点在《归藏》《周易》《周公卜法》《管公明卜法》中也可见。《摩醯首罗卜法》中偶尔可见意象，似乎隐喻人的感受，但缺乏巫术方面的作用。《周公卜法》和《管公明卜法》语言和意象非常相似，并且与《荆决》有明显的关联，但在语言方面又与《荆决》不同。因而，在语言和结构方面，《筮法》与《荆决》这两部占卜手册之间几乎没有共性。

《荆决》中所具有的活跃的诗意意象与楚和非楚文本中的意象之间有共鸣。《荆决》中有类似于《诗经》中“兴”之笔法的内容，以及《归藏》《楚辞》《山海经》中所描绘的飞行的怪物、龙、凤凰类以及山区、水域或天堂的超世界的景观。这些景观充满了神异的树木，祥云和各种明亮颜色的树叶或翅膀。在语言方面《诗经》《楚辞》和《焦氏易林》似乎有共鸣之处。

下面是《荆决》中两个不吉利的卦名、卦画与卦辞(16卦中的第7、第11)，碰巧数字相反：231和132(相反数字在《筮法》中有意义，在《荆决》中似乎并不重要)。

壬：。231。凡(凤)鸟不处，羊羊(洋洋)四国。我欲见之，多害不得③。疾蜚(飞)哀鸣，忧心墨墨(默默)④。劳身毋功，其事不得⑤。凶，祟外死不葬。

---

① 详见晏昌贵 Daybooks and the Spirit World 一文中的列表(Donald Harper and Marc Kalinowski, eds. *Books of Fate and Popular Culture in Early China*: *The Daybook Manuscripts of the Warring States*, *Qin*, *and Han*. Leiden: Brill, 2017, pp. 244-247)。

② 在咒语和符咒中融入神话和历史故事的做法也常见于其他宗教，例如，可参见 Ayo Opefeyitimi. Ayajo as Ifá in Mythical and Sacred Contexts. in Jacob K Olupona and Rowland O. Abiodun, eds. *Ifá Divination*, *Knowledge*, *Power*, *and Performance*. Indiana University, 2016, pp. 17-31; Mary R. Bachvarova. Adapting Mesopotamian Myth in Hurro-Hittite Rituals at Hattuša: IŠTAR, the Underworld, and the Legendary Kings. in Billie Jean Collins and Piotr Michalowski, eds. *Beyond Hatti*: *A Tribute to Gary Beckman* Lockwood, 2013, pp. 23-44.

③ 该句类似于《楚辞·大招》警告魂不要去往西方时所说的“西方流沙，漭洋洋只”，“多害伤只”。凤鸟于飞的意象也见于《周公卜法》。

④ “墨墨”见于汉代文献，《焦氏易林》第三十六卦“明夷”下第十九条“明夷之蛊”云“文文墨墨，忧祸相杂。南北失去志，东西不得”，也表示失去明确方向之义，与简文语境近同。《史记》：“魏其日默默不得志。”古音“墨”“默”同音，均从“黑”得声，三字均在职韵，通用之例见于《楚辞》和其他一些文献，如《楚辞·招魂》“雕题黑齿”，注云：“黑，一作墨”；《楚辞·九章》“孔静幽默”，《史记·屈原贾生列传》引此句，字作“墨”。

⑤ 《焦氏易林》第三十卦“离”下第五十九条“离之涣”云：“日入幽暠，阳明隐伏，小人劳心，求事不得。”

A Ren trigram 231. Phoenixes do not roost but fly in all directions. What I would like to see cannot be obtained without too much harm. Flying quickly with mournful cries, the troubled are so gloomy. The hardworking (one who cares for others) will not be given credit and their affairs not achieved. Inauspicious. The curse will come from one who died outside and was not buried.

寅：Ⅲ。132。山有玄木，其叶卑（披）离①。劳心将死，人莫之智(知)。欲与美会，其后必离。有隐者，云古(胡)满满(懑懑)②。晨鸣不会，直为人笑。③ 祟行，灶，百厉④，凶。

A Yin trigram 132. There is a Dark Tree on the mountain, whose leaves have been dispersed. One with a stressed mind will die without anyone knowing about him. One who may wish to meet with an Elegant (person) must part with him/her later. Full of suppressed woe, how can one not feel frustrated? One who does not gather at first light will be laughed at by others. Curses may come from the Walkway, the Stove, or the 100 Li Demons. Inauspicious.

最值得瞩目的意象是第一卦“甲”，这也是不吉利之卦，事实上 16 卦中有 10 卦是吉祥的。该卦辞包含一种在数术文献里经常看到的与出行有关的警告：

己(〉甲)：Ⅲ。(343 〉433)⑤。穷奇欲登于天，浮云⑥如人⑦。气(既)已行之，乘云冥冥，行禺(遇)大神。其高如城，大(太)息如垒(雷)，中道而惊⑧。泰(大)父为祟，欲来义(我)生，凶。

A Jia trigram 433. The Qiongqi monster will soar up into the sky and float on clouds like a person. But once he's already up there, the clouds he is riding on will turn murky and dark, so that going along he will encounter a Great Spirit as tall as a city (tower) breathing in great breaths like thunder, startling him midway. The Great Father will cause a curse to appear during my life. Inauspicious.

---

① 见《吕氏春秋 · 孝行览 · 本味》借伊尹、商汤之形象，载前者言于后者：“指姑之东，中容之国，有赤木玄木之叶焉。”

② “古”作“胡”，用法亦见于上博简(四)《昭王毁室》篇，“尔古(胡)须既落焉从事”，董珊《读〈上博藏战国楚竹书(四)〉杂记》指出“古”读作“胡”[简帛研究网站(http://www.bamboosilk.org/article-asp/_page_19_classid_4.html)2005 年 2 月 20 日]。“满”字从“心”作“懑”。加“心”构件的用法见于战国文献，尤其表心理活动或状态，如郭店简《性自命出》简 34-35 云“忧斯戚，戚斯懑”，字作，该句可与《礼记 · 檀弓》“愠斯戚，戚斯叹”对读，其字直作“戚”。“懑懑”在文献中最早的用例似见于疑为安世高所传的佛教文献《阴持入经》。

③ 《淮南子》中的“览冥”“主术”均记载有俗人若效仿君者之容，则必为人笑这类内容。

④ 本文从子居之观点，将原字形释为“厉”。尽管有关厉鬼行凶的记载早在《左传》中已见记载，但对“百厉”的记载此前并没有见到。“厉”常见于《周易》，但它的意义常指对于可能发生的危害的警告，而非咒害之来源的名称。在《左传》中，招致疾病和死亡的是厉鬼。而所涉及的祸患很可能与瘟疫和类似疥癣的皮肤问题有关(见于 T. J. Hinrichs & L. L. Barnes, ed. *Chinese Medicine and Healing: An Illustrated History*. Belknap Harvard University, 2013, p. 19)。子居认为此处《荆决》文中的“厉”只是用于指称死后没有受到子孙供奉的人。

⑤ 从文本中可以明确看出《荆决》在书写天干和数字卦线条时出现了讹误。

⑥ 在《焦氏易林》中，“浮云”一词出现了六次，多数卦辞均表示吉兆。

⑦ 飞龙和腾云是常见的意象，如《庄子 · 逍遥》和《论衡》。飞龙登天的形象也见于《归藏》和敦煌文献中的《周公卜法》和《管公明卜法》。

⑧ 参看《楚辞 · 九歌 · 东君》。

《山海经・西山经》中有名为“穷奇”的怪兽①，这是一只像狗一样吼叫、吃人且多毛的牛。在汉代，此怪兽很可能与神话中像天龙一样的共工属同类。《周易》中有登天意象，而在《归藏》中有天龙腾飞的形象，《楚辞》和《焦氏易林》都有“浮云”。敦煌《周公卜法》与《管公明卜法》文本中也有飞凤和龙的图像。

鉴于《荆诀》的爻像似乎是从流行的神话中吸取的，其与汉代所想象的楚文化有一些关联，而实际上与楚三爻卦《筮法》中的爻像有差异。类似于阴阳的爻象与用筮草占卜所演化出的特殊数字有关，所预言的意义取决于他们所出现的方位。最先出现的数字8和4代表阴，出现在中间的5和9代表阳(尽管在《筮法》中它们从未代表阴阳)。

> 凡爻象，八为风、为水、为言、为飞鸟、为肿胀、为鱼、为罐筩。在上为醪，下为汏。
>
> With regard to line number images for 8, they are wind, water, words, flying birds, swellings, fish, measuring cylinders; (when 8 appears) in the upper (trigram), it is alcohol (with sediment), and in the lower (one) it is wash water.

> 五象为天、为日、为贵人、为兵、为血、为车、为方、为忧、为惧，为饥。
>
> The images for 5 are sky and sun, noble men, soldiers, blood, chariots, squares, anxiety fear, and hunger.

> 九象为大兽，为木，为备戒，为首，为足，为蛇，为蛇，② 为曲，为玦，为弓、琥、璜。
>
> The images for 9 are large animals, trees, sacrificial preparations, heads and feet, snakes, snakes, bends, semi-circlets of jade, (archery) bows, hu-jades, heng-jades.

> 四之象为地、为圆、为鼓、为珥、为环、为踵、为雪、为露、为霰。
>
> The images for 4 are ground, circle, drum, earring, circlet of jade, heels, snow, dew, hail.

这一节的最后一段话(详见下段)提供了解读数字卦的一套总原则。大致说来，上述数字中的任何一个，若是出现在了左上、左下、右上、右下四个方位中的右下位置，这都不是吉兆。如果该数字同时出现在上、下位置，那么所导致的后果将是广至宇宙范围的。

> 凡爻，如大如小，作于上，外有吝；作于下，内有吝；上下皆作，邦有兵命、廌獬③、风雨、日月有栽(灾)。
>
> In all cases of line numbers no matter whether big or small, when arising in the upper outer (trigram) they indicate something baleful; if they arise in the lower inner (trigram) they indicate something baleful; if they arise in both upper and lower (trigrams) then the country will experience military commands, a *zhixie* monster, wind and rain, or eclipses④of the sun and moon.

---

① 私以为“穷奇”(*[g](r)uŋ-N-k(r)aj)是“魑魅”的一种。

② 两处重复是传抄中的书写失误。

③ “廌獬”是一种独角、似山牛的异兽，首次见于文献是作为能辨是非曲直的裁决者形象出现在《墨子》中。汉代多种文献中均见提及此异兽，且写法多样，有“解廌”“鮭觽”“獬豸”“豸獬”等。详见《墨子・明鬼》。《说文解字》释“廌”为似山牛，可主决讼之兽(说见《说文解字诂林》)。汉代之后文献提及此兽者包括《史记》《汉书》《后汉书》《论衡》《独断》。

④ 清华简整理团队释原字为“食”，义为“日蚀”“月蚀”之“蚀”，含义更为宏大。然而，此字形或为“栽”(去掉了意符“火”)，其音不与“shi”相近。“栽”又写作“灾”，意指灾祸、祸患，因而又读为意义相关的“蚀”。

假如《荆诀》等手册中的爻像具有魔力或咒语功能，那么我们如何解释《筮法》中较普通的爻象呢？从最后一行中，我们看到当特殊数字在特定的卦中的四个位置（四位）出现时，是具有力量的。根据卜者关注的问题，可将四个卦映射到有关的“四位表”中。表上的方形显示了一个身居社会高层的丈夫，其生活中关注的四类事情包括：军队、家庭、政府、住所。（参见表四）从包山简中可知，住所内的不同地方，都有不同的鬼神存在，这些鬼神会影响到人的生活（有点类似于日书中“死失图”的概念，如孔家坡日书所示）。

表四 《筮法》四位表

下军之位 The position of the lower army	上军之位 The position of the upper army
次军之位 The position of the auxiliary army	中军之位 The position of the middle army

臣妾之位 The position of the servants	子姓之位 The position of the lineage children
妻之位也 The position of the wife	躳身之位 The position of oneself

臣之位也 The position of the retainer	君之位也 The position of the lord
大夫之位 The position of the grandee	身之位也 The position of oneself

外之位也 The position of outside（the gate）	门之位也 The position of the gate
宫廷之位 The position of the inside court	室之位也 The position of the chamber

用《筮法》四个数字指示的“爻像”是贞人所“见”到的真实物体还是像早中期道家所说“存”在内心的想象？使用《筮法》时咒语的功能是什么？在《周公卜法》中，它的使用说明非常明确地说明了卦象的用途：“审看下卦歌颂，决定吉凶”。在《管公明卜法》中，涉及御龙的道教仪式被用来决疑：“乘驾六龙，占相决疑。”在两类文献中，贞人一边“审看”卦象，一边执行仪式，贞人都有咒语。

五、结语

考察占卜方法，神灵系统，以及《筮法》和《荆诀》中的卦象，可以说《筮法》起源于战国楚文化范围内，但《荆诀》却不一定。虽然《荆诀》中的许多鬼神名都可以追溯到与楚有关的文献，但这些鬼神名称也出现在秦汉时期文献中。因此，虽然楚地在汉代人的说法中是著名的施行“淫祀”的地点，但我们不能认为《筮法》与《荆诀》相类的鬼神群体的崇拜只局限于楚地。对作“祟”的神灵进行驱赶的仪式，这一做法也不仅限于楚人。所以虽然《筮法》应当属于楚文化系统，但《荆诀》只保留了汉代学者所想象的楚文化的“神秘感”，而这种神秘感恰恰会增强依照文本占卜时所需要的魔力。

（作者单位：美国理海大学中文系）

清华简《管仲》的政治思想

汤浅邦弘

一、序言

《清华大学藏战国竹简》第六册中所收的《管仲》，是一篇以齐桓公与管仲的问答形式构成的文献。①由北京大学举行的 C^{14} 年代测定可知，清华简的年代为公元前305±30年，抄写于战国中期。

整理者已经指出，清华简《管仲》可能为传世本《管子》的佚篇，但其成立状况尚需进行慎重探讨。②本文将从整体上对清华简《管仲》的成立状况以及其政治思想的特色进行探讨。

二、清华简《管仲》的基本构造

清华简《管仲》全篇由12个段落构成。为了理解其基本特征，首先对开头的第一段落进行释读。③

（第一段）

齐桓公问于管仲曰："仲父，君子学与不学，如何。"管仲答曰："君子学哉。学乌可以已。见善者01墨焉，见不善者戒焉。君子学哉。学乌可以已。"

（齐桓公问管仲道："仲父，君子学与不学，会如何呢？"管仲答道："君子应当学习。学问如何可以中途而止？见善则要学习，见不善则要警戒自身。君子应当学习。学问怎么可以停止？"）

这一段如何会被定为首段？本篇以齐桓公（公元前685—前643年在位）与管仲（？—公元前645年）间的问答形式构成。一段问答结束后，并未提行或以符号加以区分，而是紧接第二段问答。第一简的开头记有"齐桓公问于管仲曰"，而在其他竹简的开头无此语句。段落开头的"（齐）桓公"于编排在后的竹简中可见如下位置：

墨焉，见不善者戒焉。君子学哉。学乌可以已。"桓公又问于管仲曰："仲父，起事之本奚从。"02

管仲答曰："从人。"桓公又问于管仲曰："仲父，其从人之道可得闻乎。"管仲答："从人之

---

① 李学勤主编：《清华大学藏战国竹简（陆）》，中西书局2016年版。

② 李学勤主编：《清华大学藏战国竹简（陆）》，中西书局2016年版，第11页。

③ 以下所载原文，是以《清华大学藏战国竹简》第六分册所收《管仲》为底本，并在参考整理者及其他诸学者的意见后，由笔者最终确定的释文。其中，尤其从整理者刘国忠氏的原注，以及谷中信一氏的《清华简（六）〈管仲〉譯注竝びに论考》（《中国出土資料の多角的研究》，汲古书院2018年版）中得到了极大的启示。

道，趾则心之03

心图无守则言不道。言则行之首，行之首则事之本也。尚展之，尚格之，尚勉之”。桓公又问管仲曰：05

阳，远迩上下，可立于辅”。桓公又问管仲曰：“仲父，施政之道奚若。”管仲答：“既设承，既立辅，敛07

之参，博之以五，其阴参，其阳则五。是则事首，惟邦之宝。”桓公又问于管仲曰：“仲父，千08

以行，匡之以参，度之以五，小事逸以惕，大事简以诚，执德如县，执政如绳。”桓公又问管仲曰：“仲11

不夭。”桓公又问于管仲曰：“仲父，前有道之君何以保。”管仲答曰：“前有道之君所以保邦，天14

得仆二人同心，而已三焉。”桓公又问于管仲曰：“仲父，旧天下之邦君，孰可以为君。孰不可以为16

恐罪之不竭，而刑之放，怨亦未济，邦以卒丧。若后辛者，不可以为君哉。”桓公又问管仲曰：“仲父，亦20

君哉。”桓公又问于管仲曰：“仲父，今夫佞者之利气亦可得而闻乎。”管仲答：“既佞又仁，此谓24

然则或弛或张，或缓或急，田地圹虚，众利不及，是谓幽德。”桓公又问于管仲：“为君与为27

如上可见，“（齐）桓公”均位于竹简文本当中，而并非开头位置。且仅有第一简为“齐桓公问于管仲曰”，而其他均为“桓公又问于管仲曰”。即，仅第一简有“齐”字，而在其他问答中则加入“又”字。因此，该第一简极有可能为整个文献的开头部分。

而且，若该第一段为整个文献的开头部分，则其中议论的主题即为“君子”之“学”。该主题令人即刻想起《论语》以及《荀子》的开头部分。该段落与《论语 · 学而》篇首章“子曰，学而时习之”以及《荀子 · 劝学》篇的开头部分“君子曰，学不可以已”相同，均论述了“学” 的重要性。此外，“见善者墨焉，见不善者戒焉”则与《论语 · 述而》篇的“子曰，三人行，必有我师焉。择其善者而从之，其不善者而改之”的观点类似。

但是，该处的“君子”，是否即后世认为的人格者或有德者尚不明确。但若从第二段以后的问答来看，则极有可能为“君子”的原意“高位的为政者”之意。

三、得人的重要性

简文第二段至第四段论述得人的重要性。

(第二段)

桓公又问于管仲曰:“仲父,起事之本奚从。”02管仲答曰:“从人。”

(桓公又问管仲道:“仲父,创业的根本,需要遵从什么?”管仲答道:“需要从人。”)

(第三段)

桓公又问于管仲曰:“仲父,其从人之道可得闻乎。”管仲答:“从人之道,趾则心之03本,手则心之枝。目、耳则心之末,口则心之竅。心不正则趾逹①,心不静则手躁,心无图则目、耳野,04心图无守则言不道。言则行之首,行之首则事之本也。尚展之,尚格之,尚勉之。”

(桓公又问管仲道:“仲父,可以询问从人的方法吗?”管仲答道:“所谓从人之道(如下),足为心的根本,手为心的枝叶,目与耳为心的末端,口则为心的窗户。心不正则足不自由,心不安静则手急躁,心无意图则目耳粗野,心虽有意图而有隙,则言语不达对方。言语为行动之始,行动之始为事业的根本。请对此进行考察,正之勉之。”)

(第四段)

桓公又问管仲曰:05“仲父,设承如之何。立辅如之何。”管仲答:“贤质不枉,执节缘绳,可设于承。贤质以抗,吉凶阴06阳,远迩上下,可立于辅。”

(桓公又问管仲道:“仲父,应该如何设立丞相?应该如何设立辅佐大臣?”管仲答道:“具有作为贤者的资质,无不正行为,守节操从法令,则可以(将该人)设为丞相。如果具有贤者的素质人品出众,则(无视)吉凶阴阳,远近上下②均可以设立为辅佐大臣。”)

首先,在第二段,仅有“从人”二字,因此“人”字何谓尚不太明确,但因发问者为桓公,所以对方极为可能是辅佐为政者的大臣。在第三段中则进一步对此点加以证实,那么,通过手足目口耳与心的关系对“人”与其主之间的关系进行了说明,管仲进言桓公,让其对该关系多加注意。至第四段,则更为明了,桓公就如何得到丞相以及辅佐大臣等进行询问,而管仲则对其条件进行说明。如此,所谓“从人”,乃是为政者得人之谓,具体而言,则是在说君主得丞相或辅佐大臣,以借得其力。

与以上部分主旨相类似的,是第八段。

(第八段)

桓公又问于管仲曰:“仲父,前有道之君何以保。”管仲答曰:“前有道之君所以保邦,天14子之明者,能得仆四人同心,而已五焉。诸侯之明者,能得仆三人同心,而已四焉。大夫之明者,能15得仆二人同心,而已三焉。”

---

① 原文为“趾不正则心逹”,但原注从文脉判断认为“趾”与“心”的位置颠倒,此处从之。

② “吉凶阴阳、远近上下”一句,不见所对应的动词,颇为难解。整理者在本编开头的说明中称“其中包含较多阴阳五行的思想”,也许是认为,该部分中也反映了阴阳思想。另外,在前述的谷中信一《清华简(六)〈管仲〉譯注竝びに论考》中,将其训读为“吉凶阴阳、远迩上下すれば”,并将其翻译为“如果可以正确审视吉凶以及阴阳,无远近上下公平对待的话”。似可备一说,但不无增字解经之嫌。

（桓公又问管仲道："仲父，以往的有道之君如何保全国家?"管仲答道："以往的有道之君保全国家的理由(如下所示)，贤明的天子与臣下四人同心，合为五人(来进行统治)。贤明的诸侯与臣下三人同心，合为四人(来进行统治)。贤明的大夫，与臣下二人同心，合为三人(来进行统治)。"）

此处，管仲也进言说，君主不应独裁，而是应该得到有能力且同心合力的大臣的协助。"天子"为"五"，"四"的"诸侯"以及"三"的"大夫"以上，均需要有人辅佐。可以说在此，第二段以后的重要主题"从人"，虽然表达方式有异，但贯穿这一番对话的始终。

四、为政的规范

那么，此类政治思想是如何产生的？当然，在古代诸子百家的思想中，存在诸多论述辅佐重要性的文献。甚至可以说是一种常识性的君主论。但是，在清华简《管仲》中，还存在更为具体的为政者。如以下的第九段与第十段。

（第九段）

桓公又问于管仲曰："仲父，旧天下之邦君，孰可以为君。孰不可以为16君。"管仲答曰："臣闻之，汤可以为君。汤之行正，而勤事也，必哉于义，而成于度，小大之事，必知其故。和民以17德，执事有余，既惠于民，听以行武，哉于其身，以正天下。若夫汤者，可以为君哉。及后辛之身，18其动无礼，其言无义，乘其欲而緪其过，既怠于政，又以民害。凡其民人，老者愿死，壮者愿行，19恐罪之不竭，而刑之放，怨亦未济，邦以卒丧。若后辛者，不可以为君哉。"

（桓公又问管仲道："仲父，旧日天下诸侯中，真正的君主是谁？不配作君主的又是谁?"管仲答道："臣听说，汤王是应当被作为君主之人。汤王的行动正确，在奉公政事之际，必以正义开始，成就于符合法度，不问事之大小必有其理由。通过自身的德行使民众和合，执行事业成果有余。既施恩惠于民众，也会听从建议行使武力，从正自身，至于正整个天下。如汤王一样的人物，可以称之为君主。(至后代的)纣王，其行动无礼节，其言语无正义，以自身的欲望扩大了其过错，不但怠于政治，还危害民众。在其人民中，凡老人则一心赴死，壮年则一心想逃至他国，因为担心罪状不明就被处以刑罚①，怨气不断，国遂灭亡。如纣王一样的人物便不能称之为君主。"）

（第十段）

桓公又问管仲曰："仲父，亦20微是，其即君孰彰也"。管仲答："臣之闻之也，夫周武王甚元以智而武以良，好义秉德，有攼不懈，21为民纪纲。四国和同，邦以安宁，民乃保昌。凡其民人，畀务不偷，莫爱劳力于其王。若武王者，可以22为君哉。及幽王之身，好使佞人而不信慎良。夫佞有利气，笃利而弗行。若幽王者，不可以为23君哉。"

（桓公又问管仲道："仲父，除此以外，世人皆知的卓越的君主是谁。"管仲答道："臣听说，周武王根本甚为牢固而有智慧，而且行使武力，喜好善良，正义怀抱道德，治理远方而不懈怠，成为人民的规范。周围各国和同，国家安宁，人民安心而荣昌。其人民赐予任务而不轻视，为了君王不惜竭尽全力。如武王一样的人物，可以称之为君主。(至于后代)到了幽王时，好用佞

① 此句的解释，参看曹方向：《清华简〈管仲〉帝辛事迹初探》，简帛网(http://www.bsm.org.cn/show_article.php? id=2532)，2016年4月21日。

人(口蜜腹剑之人)而不信任善良之人。原本(幽王自身)因佞而有喜好利欲之气，仅仅追求利益而不行政治。如幽王一样的人物就不能称之为君主。”)

如此，举出了商的汤王、纣王，以及周的武王、幽王等具体的评价对象。在其他的传世文献中，汤王与武王也多被作为圣人的系谱，而纣王及幽王则多被批为亡国之君。

但是，需要注意的是，在评价汤王之际，称“听以行武”，即承认其行使武力的正当性一点。对于汤王，列举的评价指标有“义”“度”“德”“惠”等，同时对于“武”的方面，也对其“听”(听从、容忍)的姿态加以称赞。而且同样对于周武王，也认为“甚元以智而武以良”，对其行使武力进行了称赞。

如此对汤王以及武王的评价已见于传世文献。例如，在《周易·革卦·彖传》中即有“天地革而四时成，汤武革命，顺乎天而应乎人。革之时大矣哉”(天地之气相互替换而四时得以成立，商汤王与周武王替换天命，而得以从天道顺应人心)，其中，对两者的“革命”进行了称颂，前提是其军事力量必须得到正确行使。例如，在《晏子春秋·内篇谏上》中，晏子称颂道：“汤武用兵而不为逆，并国而不为贪，仁义之理也。”这与清华简《管仲》中虽未明记“仁义”等儒家的德目，但却肯定了基于正义的用兵一点相类似。

此类对汤王以及武王的评价，在当时战乱之世，深刻影响了读者，尤其是对于以富国强兵为目的的为政者。

反之，对纣王及幽王的批判，则在于其“欲”“佞”与“利”，以及欠缺“义”与“礼”等方面。有关其中的“佞”及“利”，在第十一段管仲对桓公之问进行了具体的解说。

(第十一段)

桓公又问于管仲曰：“仲父，今夫佞者之利气亦可得而闻乎。”管仲答：“既佞又仁，此谓 24 成器。胥舍之邦，此以有国，天下有其机。夫佞者之事君，必前敬与巧，而后僭与諯，以大有 25 求。受命虽约，出外必张，蠢动勤畏，假宠以放。既蔽于货，崇乱毁常。既得其利，昏象以行。26 然则或弛或张，或缓或急，田地圹虚，众利不及，是谓幽德。”

(桓公又问管仲道：“仲父，现在可以给我说说佞者之利气?”管仲答道：“虽为佞却又做出仁的样子，这可谓是粉饰自身。因此，诸多国家，虽然勉强可以保全国家，然而其兴亡的关键却由天下掌握。原本佞人服侍君王时，最初必定竭尽其敬意及巧言，之后却变为僭越与欺瞒，并极为贪图自身利益。即使接收君主极小的使命，外出后也会尽力张扬炫耀，大惊小怪使人恐慌，借着君王的宠爱而为所欲为。不但隐蔽财货，而且还喜好混乱，破坏常态。不但获得利益，还以此为资本暗中活动。如此，有时弛缓，有时四处张扬，看似和缓，却突然急促。田地荒废而人民无法得到利益。此可谓是“幽德”。)

据此，所谓“佞者”之恶，则在“既佞又仁”。其意思，则正如原注所解说的，“佞者，谄媚于上，曲顺人情，乍伪似仁”，其行为看似为“仁”而颇具迷惑性。若有如此人物陪伴君侧，则其终究会以僭越的态度欺骗对方，以贪图利益。最终造成田地荒芜，利益不及民众。管仲将其总结为“幽德”，来对幽王进行批判。

五、结语

本文对《管仲》的思想性质及构成情况进行了总结。

首先，对于清华简《管仲》是否为《管子》佚篇的问题，因为尚无其他佚篇资料可供比较，因此现在还无法断言。但是，若从文献所具有的桓公与管仲问答的一贯性来看，则可以认为，该文献是未收入现行本《管子》中的原始材料的一部分。或为与《管子》非同一系统的、其他系统的管子文献的一部分。

此外，还有关于该文献成书的问题。在前揭谷中信一氏论文中，曾指出清华简《管仲》并非《管子》佚篇，而是楚地假托管仲所作的文献。其主要根据在于，该文献的用语与现行本《管子》有异；将桓公记为“齐桓公”、将管子记为“管仲”等。确实，在文字表记方面，该文献与现行本《管子》不符。但据此是否足以断言该文献为楚地写成的文献？

该竹简以楚文字书，当然应该考虑到文本在楚地形成的可能性。然而，仅从楚文字书写这一点，无法断言其在楚地形成。显而易见，在楚地借用桓公管仲等他国君臣的问答来论述政治，有何必然性？

例如，上博楚简出现的楚地君臣问答，均以春秋时期楚王及太子的言行为例，以教训后代。① 无论桓公与管仲如何有名，站在楚地的视角看，毕竟为他国之人。只有齐国的为政者，才会从桓公与管仲的问答之中引发共鸣。

如此，则如下考虑也较为自然，即该文献成立于战国时期的齐地而非楚地。之所以将桓公记载为“齐桓公”，也是因为距春秋时期已远，为了与他国君主进行区别，而特意加入“齐”字。或者也有可能是，该文献在流传至楚地之际，由楚人加入了“齐”字。另外，仅以管子之字的“管仲”来记载管子，也绝非失去敬意。如果本非《管子》佚篇，那么与现行本《管子》的表达有所差异也属于自然。

现阶段尚有诸多不明而无法断言之处，但是上述的可能性也有必要进行充分的探讨。

（作者单位：日本大阪大学）

① 例如《庄王既成》《申公臣灵王》《平王问郑寿》《昭王毁室》等。详情请参看汤浅邦弘《竹简学：中国古代思想的探究》，东方出版中心 2017 年版。

关于清华简《郑武夫人规孺子》中所描绘谦逊的君主形象*

小寺敦

一、前言

清华简《郑武夫人规孺子》，收入《清华大学藏战国竹简》第六册，属于"非发掘简"①，是一篇描述春秋早期郑国理想化的年轻君主即位情况的短篇简书②。笔者在对简书进行翻译的同时③，也对文书内容加以了初步的分析，做出了以下总结：该篇简书有着战国时代的行文风格，虽然其也使用了一些可以追溯到春秋时代以前的语言格式，但其成文时代应不早于战国时代。且该篇很有可能属于《国语·楚语上》中所谓"语"的体裁。而关于其编纂地点，究竟是从别处传到楚地后经过部分修改编辑成文的，还是楚人直接根据楚地以外地区——很有可能是中原等地——的文字材料进行编纂的，笔者认为都是有可能的。④

在此基础上，明确了该篇简书的内容特色是描写君主对臣下和百姓谦卑而谨慎的形象。虽然传世文献中记载了不胜枚举的人物都具有谦卑的性格，但是郑国的国君从来不在其列。因此该篇所载的内容很独特，而且笔者推断其还可能表现了接受该篇简书思想的楚国君主的形象。当然，还有一个问题就是其君主形象是否仅限于楚国的君主。

那么本文首先讨论在《郑武夫人规孺子》中关于君主谦卑态度的描写。因为记录先秦时代的主要历史文献就是《春秋左氏传(左传)》和《国语》，所以需要通过比较这些文献和《郑武夫人规孺子》内容之间的异同，从而探讨该篇简书的特点。更进一步，也希望通过这一特点来追溯和还原先秦时代君主形象的一个侧面。

二、清华简《郑武夫人规孺子》的君主形象

我们首先要注意的是，因为该篇简书非常难以解释，故对其理解有一定的弹性和差异。开展对于此

---

* 本文是由 JSPS 科研费 18K00989 支持的研究成果。

① 关于没经过正式科学发掘的"非发掘简"问题，参见大西克也：《非発掘簡を扱うために》，《出土文献と秦楚文化》2015 年 3 月第 8 号。关于清华简的年代，参见李学勤主编：《清华大学藏战国竹简(壹)》，中西书局 2010 年版，前言第 3 页。此书根据 AMS 法进行放射性碳素年分析，断定清华简成书于公元前 305±30 年。

② 关于其概要，参见李学勤主编：《清华大学藏战国竹简(陆)》，中西书局 2016 年版，第 103 页。

③ 拙作《清华简〈郑武夫人规孺子〉译注》[《东洋文化》2019 年 3 月第 99 号(待刊)]。是关于清华简《郑武夫人规孺子》译注的较为前沿的研究，希望此篇译注出版以后也能给大家提供一定的参考价值。本文中关于《郑武夫人规孺子》的引用文本也均根据其释读而撰写。

④ 拙作：《清华简〈郑武夫人规孺子〉に关する初步的考察》，《东洋文化》2018 年 3 月第 98 号。本文关于《郑武夫人规孺子》的分析与行文内容与拙作有部分重复。

篇简书的分析工作，需要时刻牢记这一点。该篇以郑武公夫人的言论为起首，在她的描述中，如今已经故去的郑武公有着如下的君主形象①：

昔虐(吾)先君，女(如)邦牺(将)又(有)大事，批(必)再三进夫₌(大夫)而与之膚(偕)恩(图)。既曼(得)恩(图)乃为之，毁恩(图)所臤(贤)者，亖(焉)繡(申)之以龟箬(筮)，古(故)君与夫₌(大夫)𧒒(晏)亖(焉)，不相曼(得)猒(恶)。

简文说他和大夫共同处理国家大事，而且君主与大夫之间维系着良好的关系。我们需要注意，郑武公和大夫是共同参政理政的。

接下去：

区₌(区区)奠(郑)邦，䁐(望)虐(吾)君，亡(无)不溋(盈)亓(其)志于虐(吾)君之君吕(己)也。吏(使)人姚(遥)䎽(闻)于邦₌(邦，邦)亦无大繇賦(赋)于万民。

文中记述郑武公努力倾听他人的意见，没对人民征收过重的赋役。

接着，简3-5描写了在武公时郑国发生的内乱，武公离开了郑国并在卫国逗留了3年，这时的郑国处于无君主状态。这段史实在传世文献和清华简《系年》《郑文公问于太伯》中都没有记载。这段时间里：

自衛(卫)与奠(郑)若卑(辟)耳(咡)而𠰔(谋)。

描写武公在卫国对关于郑国的事态采取了比较谦卑的态度，同时也制定了一定的对策。② 在春秋时代经常发生这种国君出奔的情况。鉴于这些事例，在该篇中，郑武公和自己派系的大夫们肯定都谋求能重返郑国，但是该篇也没有提及新君郑庄公代武公而被拥立为郑国国君的情况。

之后，简5以后的内容就是武夫人对武公之子庄公的垂训：

今虐(吾)君既〈即〉枼(世)，乳₌(孺子)女(汝)母(毋)智(知)邦正(政)，諀(属)之夫₌(大夫)，老妇亦牺(将)丩(纠)攸(修)宫中之正(政)，门槛之外母(毋)敢又(有)智(知)亖(焉)。

这样的话说明，武夫人告诫武公死后庄公就不用参与政事，全权委托于大夫们即可，并且她自己也将会让“宫中之政”道入正轨，因此庄公不用干预外界之事。

之后简11-12的简文：

自是𦣞(期)以至梡(葬)日，乳₌(孺子)母(毋)敢又(有)智(知)亖(焉)，諀(属)之夫₌(大夫)及百执事人，膚(皆)愳(惧)，各共(恭)亓(其)事。

内容也表示庄公的确不干预政事，并将其委托于大夫与百官。而在简12-13中，作为重臣和贤臣的㚇

① 《郑武夫人规孺子》中有郑武公[文中的称谓为“(吾)先君”“(吾)君”]、武夫人(文中自称“老妇”)、孺子[又称“君”，或“(吾)君”]、㚇父等4位登场人物，还有若干位大夫。其中关于四个登场人物中有名氏的三人，在传世文献里也有对应的人名。郑武夫人即《左传》《国语》中的郑武公夫人武姜，孺子则应为武公和武姜之子，郑庄公。

② 此解释接受了大西克也先生的指点。

父①对大夫们进行训诫时，庄公恭敬地听着，一言不发，表示授予大夫们以重任：

> 君共(拱)而不言，加䡖(重)于夫₌(大夫)……

而后场景切换到了小祥之日，在简 9 中大夫们通过㝬父对庄公提出希望让武公时期的旧臣们来掌权的要求。

> 昔虘(吾)先君吏(使)二三臣，归(抑)杲(早、骚)䒧(先)句(后)之以言，思群臣旻(得)执玄(焉)……

而且简 14 中再次提及，庄公即位为新君后，一直以恭敬的态度一言不发，政事全由其臣下执行。

> 今君定，龏(拱)而不言，二三臣吏(使)于邦

这之后，庄公自己在大夫们执政过程中，起誓要成为与君主身份相称之人，并说了如下的话：

> 虘(吾)先君智(知)二三子不忎₌(二心)，甬(用)歷(历)受(授)之邦。

郑武公知道大夫们没有二心，因而授予了他们管理国家的权力。

如上所述，根据《郑武夫人规孺子》中的描述，郑武公是一个和大夫们协力共行国事的君主，听从别人的意见、对百姓没课过重的赋役，在卫国的时候采取谦卑的态度并继续在考量郑国的政事，同时将郑国的国政授予大夫们。他的儿子庄公，虽然其尚未成年，但是他仿效父亲的执政方式，也被寄予厚望能采取谦卑的态度而将执政之权交于大夫们，并且庄公本人表明其要做明君的意愿。

关于《郑武夫人规孺子》中登场人物郑庄公的形象，在以《左传》为首的传世文献和清华简《系年》《郑文公问于太伯》的甲、乙两篇等出土文献也都有记载，而且传世文献中也都明确记载有武夫人(武姜)的史实。

《史记·郑世家》中有记载如下：

> 郑人共立其子掘突，是为武公。武公十年，娶申侯女为夫人，曰武姜。生太子寤生，生之难，及生，夫人弗爱。后生少子叔段，段生易，夫人爱之。二十七年，武公疾。夫人请公，欲立段为太子，公弗听。是岁，武公卒，寤生立，是为庄公。

《左传·隐公元年》中则记载如下：

> 初，郑武公娶于申，曰武姜，生庄公及共叔段。庄公寤生，惊姜氏，故名曰寤生，遂恶之。爱共叔段，欲立之。亟请于武公，公弗许。及庄公即位，为之请制。

---

① 关于㝬父的生平事迹虽并不清楚，但《左传》有祭仲(祭足，《隐公元年》等)，原繁、洩驾(以上二人出现于《隐公五年》等)，良佐、五父(以上《隐公七年》)，高渠弥(《桓公五年》)等大夫事迹的记载。王宁、陈伟两位先生分别讨论了㝬父即郑国祭仲的可能性。参见王宁：《清华简六〈郑武夫人规孺子〉宽式文本校读》，复旦大学出土文献与古文字研究中心(http://www.gwz.fudan.edu.cn/Web/Show/2784)，2016 年 5 月 1 日；陈伟：《郑伯克殷"前传"的历史叙事》，中国社会科学网(http://www.cssn.cn/lsx/lskj/201605/t20160530_3028614.shtml)，2016 年 5 月 30 日。

另，清华简《郑文公问于太伯·甲篇》的简6-8中①，将郑武公描写为一位励精图治带领郑国不断壮大的国君。

> 枼(世)及虘(吾)先君武公，西䁈(城)洢(伊)閒(涧)，北遶(就)䣙(邬)、鄝(刘)，萦厄(轭)鄔(蒍)、竽(邘)之国，鲁、躛(卫)、鄝(蓼)、鄒(蔡)𡳿(来)见。枼(世)及虘(吾)先君𢦏(庄)公，乃东伐齐薾之戎为、敂(彻)、北䁈(城)郘(温)、原，𢓊(遗)䣓(阴)、𣚨(鄂)寈(次)，东启遗(隤)、乐，虘(吾)达(逐)王于鄗(葛)。

清华简《系年》第二章简5-10从周王室东迁写起，而且描写了郑武公帮助周平王钳制东方诸侯的史实。②

> 周亡王九年，邦君者(诸)侯玄(焉)矹(始)不朝于周，晋文侯乃逆坪(平)王于少鄂，立之于京𠂤(师)。三年，乃东遷(徙)，止于成周，晋人玄(焉)矹(始)启于京𠂤(师)。奠(郑)武公亦政(正)东方之者(诸)侯。武公即殜(世)，𢦏(庄)公即立(位)。𢦏(庄)公即殜(世)，邵(昭)公即立(位)。

虽然清华简《郑文公问于太伯》《系年》里都有列举关于郑武公和郑庄公的事迹，可是这些简书里描写的武公和庄公并没有类似《郑武夫人规孺子》描绘得如此谦卑的态度。又比如在下文会提及的：《左传·隐公元年》里描写的庄公虽有谦和的态度，但其谦卑的程度远不及《郑武夫人规孺子》描绘的水平。

在先秦时代类似的这种君主处世态度究竟是怎样一种存在？在下节的讨论中，笔者将列举众多传世文献如《左传》《国语》中的相关记载来追溯当时君主的形象。

三、传世文献中的谦卑君主形象

前文提及《郑武夫人规孺子》就君主对待臣下谦卑的姿态给予赞扬。本节则将会探讨研究这种君主形象的具体例子。

对臣下谦恭的君主，从肯定的角度来说，这样的君主有谦让之德，但是也有否定的观点，认为这是君主懦弱又无力的表现。在传世文献尤其史书中可以看到，这两种观点都存在。

《郑武夫人规孺子》作为基于春秋时代史实而撰写的文献资料，为了能与其内容做对照，此处笔者选择了记录春秋时代事件的《左传》和《国语》进行对比研究。③ 尽管如此，这些文献基本上都高度评价了君

---

① 本文对于清华简《郑文公问于太伯》甲、乙两篇的释文，参考马楠：《〈郑文公问于太伯(甲、乙)〉释文、注释》，李学勤主编：《清华大学藏战国竹简(陆)》，中西书局2016年版。

② 此释文可用来修正拙作。参见拙作：《清华简〈系年〉译注、解题》，《东京大学东洋文化研究所纪要》第170册，2016年，第383~384页。

③ 关于《左传》的成书时代问题，浅野裕一先生等认为是战国前期，新城新藏、钱穆、鎌田正先生等支持战国中期说。参见浅野裕一：《〈春秋〉の成立时期——平势说の再检讨》，《中国研究集刊》2001年12月第29号，第14页；新城新藏：《东洋天文学史研究》，弘文堂1928年版，第396页；钱穆：《吴起传左氏春秋考》，《先秦诸子系年(增订版)》，香港大学出版社1956年版，第192~195页；鎌田正：《左传の成立とその展开》，畔大修馆书店1963年版，第759页。虽然现在还有支持"汉代伪作说"的研究，但是越来越多的研究学者倾向于支持其成书在战国时代的某一时点。关于《国语》的成立年代，孙海波先生认为《齐语》是基于汉初《管子·小匡篇》的内容而撰写的。卫聚贤先生提出战国时代左丘明的子孙成书说。平势隆郎先生认为《国语》有一部分原始史料，一部分来自战国中期以后的重新整理材料、还有一部分则属于汉文帝时期后人加入的内容。这些学说的共同之处都认为《国语》中含有在战国时代以前便已经成书的部分。参见孙海波：《国语真伪考》，《燕京学报》第16号；卫聚贤：《古史研究第1集》，商务印书馆1931年版，第164、182~183页；平势隆郎：《中国古代纪年の研究——天文と暦の检讨から》，东京大学东洋文化研究所，汲古书院1996年版，第238页等。

主谦卑的态度，与此相对，也应该否定了君主各种傲慢的举止。《左传》《国语》对这种君主态度的描写有几种固定的模式。在下文中，笔者将根据描写的方式把这些模式大致分为如下三类进行讨论。①

(一)君主展现谦卑、克制姿态的情况

首先讨论直接描写君主这种态度的事例。这里除君主之外，还包括储君以及已经逝去的先君。因为例子的形式有很多，所以为了辅助理解，笔者把这些例子继续细化分类。

(1)《左传·隐公元年》中的郑庄公、(19)《宣公十二年》中郑襄公的例子是对别人的蛮横、暴力采取委曲求全的低姿态。其中《宣公十二年》更是记录了其俯首投降的情况。这些例子未必是简书中所要赞扬的对象。

(2)《隐公五年》中的鲁隐公、(14)《僖公三十三年》和(15)《文公元年》中的秦穆公、(22)《襄公三年》中的晋悼公、(24)《襄公十三年》的楚共王等君主的事例，描写的是他们承认自己过错的姿态，带有对这些君主褒扬的意味。

(3)《隐公十一年》中的鲁隐公、(8)《僖公八年》中的宋大子兹父(后来的襄公)、(10)《僖公十八年》中的卫文公、(17)《文公十四年》中的齐公子商人(后来的懿公)的例子都是关于君位继承的事例。《僖公八年》的例子将“长”“仁”归纳为君主们谦恭其行为的原因。

(9)《僖公九年》中的齐桓公、(13)《僖公二十八年》中晋文公的例子是展现对周王室的谦恭。这些例子都发生在会盟的场景中，都是对制度上最高统治者周王的态度，不是对臣下们的态度，而且含有很多礼仪上的因素。可以说这些都是表面上的礼节性谦恭。

(4)《庄公十年》中的鲁庄公、(16)《文公十三年》中邾文公的例子是在经济、民生问题上表现出的谨慎小心。可是在《庄公十年》的例子中，“衣食所安，弗敢专也，必以分人”的行为却只得到了“小惠未遍，民弗从也”这样并不算高的评价。在《文公十三年》的例子中，邾文公凡事以民之“利”为先，也只得到了君子们“知命”的评价。

这样高度谨慎的态度以及面对经济、民生之外问题的谦恭姿态成为权力获得和富国强兵的手段。前文列举的为了继承君位而作谦恭姿态的(17)《文公十四年》中的齐公子商人(后来的懿公)、(18)《文公十六年》中的宋公子鲍(后来的文公)，(20)《宣公十二年》中的楚庄王，(21)《成公十八年》和(23)《襄公九年》中的晋悼公，(25)《昭公三年》、(26)《昭公十年》(中的陈桓子)和(30)《昭公二十六年》中的齐陈氏、(27)《昭公十三年》和(28)《昭公十四年》中的楚平王、(32)《昭公三十年》中的吴王阖庐、(33)《哀公元年》中的越王勾践都是这种类型。这些可以说都是非常功利的谦卑。

(5)《庄公十一年》中的宋公子御说(后来的桓公)、(6)《庄公二十二年》中的陈公子完(敬仲，齐国陈氏的祖先)、(7)《闵公二年》中的卫文公、(11)(12)《僖公二十三年》中的晋公子重耳(后来的晋文公，对楚成王、秦穆公的2例)、(31)《昭公二十七年》中的楚平王都是较为普通的克制姿态。在《庄公十一年》的例子中宋公子御说有“恤民”之心，而被预言成为君主。在《庄公二十二年》的例子中陈公子完被君子给予了“义”“仁”的评价，暗示了后来陈氏的坐大。《闵公二年》的例子是关于卫国的复兴。在《僖公二十三年》的例子中晋公子重耳被楚成王称为“广而俭，文而有礼”，这也预言了之后重耳将继承晋国君位并建立霸业。《昭公二十七年》的例子则描写了，虽然楚平王拥有“温惠共俭”的性格，但是由于费无极的作祟仍然导致楚国的衰落。

还有极少的例子中，谦卑却成为批判的对象。(29)《昭公二十一年》中的蔡太子朱就属于此类。

下面笔者再将《国语》中的君主和类似的人物所表现的谦恭克制姿态进行同样的细分类讨论。

(91)在《鲁语上》中对待鲁国里革的鲁宣公、(96)在《晋语四》中对待秦国怀嬴的晋公子重耳(后来的文公)、(98)在《晋语七》中对待晋国魏绛的晋悼公、(100)(101)在《越语上》中对待越国国人的越王勾践，

① 参见本文文后的附表。下文中所附事例前的括注号码与附表中的“序号”相对应。

这些例子是勇于承认自己错误的姿态，文中有赞扬这些君主人物的意味。

(93)《齐语》中齐桓公的例子是对周王的谦恭。这是属于会盟场景的例子，多属于礼节性的谦恭。

(88)《鲁语上》中的鲁庄公和(89)《传说》中的帝王，以及(92)鲁国执政的季文子①都是在经济、民生等政治问题上谨慎小心的例子。

将谦恭姿态作为获得权力和富国强兵手段的例子，与承认自己过错的事例重复：有(99)《吴语》、(100)(101)《越语上》、(102)《越语下》中的越王勾践。

以下为较为普通常见的谦恭态度。(84)《周语上》的鲁孝公被评价“肃恭明神而敬事耇老”。(85)《周语中》中的鲁国仲孙蔑与周王孙对话，有感其“让”的优点。(86)《周语下》中的晋国的周(后来的晋悼公)说“言敬必及天、言忠必及意，言信必及身，言仁必及人，言义必及利，言智必及事，言勇必及制，言教必及辩，言孝必及神，言惠必及和，言让必及敌”，也定义了“敬”“让”等概念。(87)《周语下》中的羊舌肸被评价“俭而敬”。(95)《晋语四》中的晋公子重耳(后来的晋文公)对臣下行“父事”“师事”“长事”。(97)晋国的子犯以晋文公早先对楚成王有约定为由，对楚军退避三舍。

也有稀少的例子将谦恭的态度作为批判的对象。(94)《晋语一》中的晋大子申生由于“惠其民而不惠于其父”被批评。但是“惠”这个行为本身却被赋予了极高的地位。

在《国语》中“让”“敬”“惠”等代表克己复礼的元素对君主们来说有着极大的重要性，关系到能否富国强兵。

如上所述，持有克己谨慎态度的君主基本上都得到了赞赏，表现出此类态度的君主也被认为是合格的。这样态度对于统治民众而言是不可或缺的，而且关系到能否富国强兵。即使本人不是君主，具备上述德行人物也会荫及子孙，如晋国的公子重耳和齐国的陈氏那样，为后代赢取了成为合格君主的资格。

(二)君主持傲慢态度的情况

下文是与谦卑姿态相反而表现出傲慢态度的君主例子。大多与人物不幸的结局或者暗示这类结局的预言记载有关联：(34)《庄公十一年》中的宋闵公对南宫万不“敬”，因而次年被他杀害。(35)《庄公十九年》中的周惠王剥夺蒍国的圃、边伯之宫，抢夺子禽、祝跪、詹詹父之田，而且夺取膳夫之秩，因而这些人发动了叛乱。(36)《庄公二十一年》中的周惠王不将郑厉公想要的鞶鉴不赐之，代而赠予爵，厉公之子文公便怀恨于惠王。(37)《僖公二十七年》中的杞桓公来到鲁国，以夷礼相待而不“共(恭)”，因而《春秋》将桓公的爵位降级。(38)《宣公元年》中的晋灵公“侈”而不听从执政赵宣子的谏言。(39)《宣公二年》中的晋灵公由于“不君，厚敛以雕墙。从台上弹人，而观其辟丸也”，被赵宣子弑杀。(40)关于《宣公四年》中郑灵公的被杀，凡例说如果君主“无道”而被杀的话就会记载其名字。(41)《成公十七年》中的晋国范文子以“骄侈”来评价晋厉公作为。其他的记载还有：(42)因“侈，多外嬖”，而被杀的厉公。(43)《襄公七年》中的郑僖公自从被立为大子以来从不听针对其“不礼”的谏言，因而被杀。(44)《襄公十四年》中的卫献公因对孙文子、宁惠子失礼，而被迫出奔，并还落下一个“虐”的评价。(45)《襄公二十八年》中的蔡景侯款待郑简公时“不敬”，郑国子产评价景侯的作为“淫而不父”，并预言了他之后被杀的结局。(46)关于执政情况，《襄公二十九年》中的吴国公子季札对郑国子产以“侈”来评价郑国的执政伯有，而且预言了他的下台。(47)关于楚国令尹围(后来的灵王)，《昭公元年》中的晋国叔向评价他的作为是“强不义”“其虐滋甚”“道以淫虐”，而且说他的威势不会持续太久。另外(49)同年，楚灵王被郑国子产评价“楚王汏侈”。关于楚灵王的评价，(50)《昭公四年》中说他“楚王方侈”“淫虐”“侈”“汏”“汏而愎谏”“恶”。(52)《昭公十一年》中则说其“楚小位下，而亟暴于二王，能无咎乎。天之假助不善，非祚之也，厚其凶恶而降之罚也”，其中明确提出了“亟暴”“不善”“凶恶”等贬义词。在《昭公元年》的记载中还有其他相关内

① 因为季氏世代就任鲁国的执政，所以本文也将季氏相当于君主来看待。

容：(48)秦国后子说虽然秦景公“无道”，但是秦国暂时不会灭亡，而景公还会统治五年。(53)《昭公十八年》中周的苌弘预言：周的毛得会因为“济侈”而出奔。(54)《昭公十九年》中也有预言记载，楚国被批评“宫室无量，民人日骇，劳罢死转，忘寝与食，非抚之也”。(55)《昭公二十三年》中的莒子庚舆因“虐而好剑。苟铸剑，必试诸人”而出奔。(56)《昭公二十四年》中的楚国沈尹戌预言楚国将因“不抚民而劳之”而导致郢都失陷。(57)《昭公二十五年》中的鲁国懿伯说因为鲁侯“舍民数世”，所以鲁昭公对季氏的政变一定会失败，而且子家子希望昭公宽恕季平子而说：“政自之出久矣，隐民多取食焉，为之徒者众矣”，最终昭公还是出奔了。(58)《定公十五年》中的子贡预言：鲁定公因“高”“仰”而“骄”，邾隐公因“卑”“俯”而“替”，“骄”即“乱”，“替”则接近于“病”，因此他们都将不久于人世。(59)《哀公元年》中的楚国子西说因为吴王阖庐“勤恤其民，而与之劳逸”，相反吴王夫差则“珍异是聚，观乐是务”等，故楚国不用惧怕夫差。

《国语》也有许多与不幸结果或者暗示这种结果的预言记载有关系的内容。(103)《周语上》中的商王帝辛由于“大恶于民”而被周武王灭亡。(104)周厉王则因为“虐”而被驱逐于彘。(105)《周语中》中的戎、狄被贬低为“冒没轻儳，贪而不让”。(106)晋国的郤至因为不“让”受到批判，《国语》一直强调“让”的重要性。(107)《鲁语上》中苦成叔被认为“无大功而欲大禄”而且晋厉公则被视作“骄”，二人皆死于非命。(108)晋厉公被杀的原因被认为是作茧自缚，批判他“纵私回而弃民事”。(109)《鲁语下》中的秦国因为“不恭”被晋国等诸侯讨伐。(110)《晋语一》中晋国的情况则被评价为“其上贪以忍”“君臣上下各餍其私，以纵其回”。(111)《晋语二》中的齐国被评价为“轻致诸侯而重遣之”。(112)《晋语三》中把晋惠公在韩原之战被秦国俘虏归咎于其“无道”。(113)《晋语五》中评价晋厉公为“虐”。《晋语六》中则对已经死于非命的晋厉公做出了(114)“怠教而重敛，大其私暱”和(115)“骄泰而有烈”的评价。(116)《晋语八》中借流亡的秦国后子之口说秦国“无道”。《郑语》中关于濒临灭亡的西周情况，作出了如下评价：(117)虢叔、郐仲等人“皆有骄侈怠慢之心，而加之以贪冒”，“骄而贪”，(118)而“谢西之九州”的君主则非常“侈骄”。(119)《楚语上》中评价楚灵王“虐”。(120)《楚语下》中借楚国的蓝尹亹之口对比了吴王阖庐与夫差，称赞前者的谨慎谦卑，然而批判后者的倨傲，同时还预言了吴国灭亡。(121)《吴语》中称楚灵王“不君”。而在《越语下》中，(122)范蠡对被吴打败之前的越王勾践谏诤：“未盈而溢，未盛而骄，不劳而矜其功”，(123)败北后越王勾践反省：“未有恒常，出则禽荒，入则酒荒。吾百姓之不图，唯舟与车。”①(124)越王勾践评价吴王夫差为“淫于乐而忘其百姓，乱民功，逆天时。信谗喜优，憎辅远弼，圣人不出，忠臣解骨”。

在《国语》中，评价有“骄”“无道”“虐”“贪”“侈骄”特质的君主是为“不君”，而且大部分人都以不幸的结局结束了一生。

如上所述，缺少“敬”“恭(共)”而多“骄”“侈”“虐”“淫虐”“恶”“无道”等骄慢和暴虐因素的君主，与(1)的君主相反，失去了作为君主的资格，而且往往以不幸的方式结束其一生。

(三)规劝君主应该保持谦恭态度的事例

一些例子与上述内容有部分重复，但这里主要是从逻辑的理论层面说明君主应该采取谦卑恭让的姿态。这些例子也被细分为不同类型。

劝诫高傲态度的例子：(60)《隐公三年》中的事例是引用卫国石碏的话。他劝告卫庄公要戒去“骄”“奢”“淫”“泆”。(77)《昭公九年》中的事例是引用晋国叔向关于晋国“侈”的评论。(78)《昭公十二年》中的事例是“孔子曰”的部分，说楚灵王因为“不能自克”遭受灾难。(79)《昭公二十年》中的事例是齐国晏婴对齐景公说的话：所谓“淫君”是“外内颇邪，上下怨疾，动作辟违，从欲厌私，高台深池，撞钟舞女。斩刈民力，输掠其聚，以成其违，不恤后人。暴虐淫从，肆行非度，无所还忌，不思谤讟，不惮鬼神。神

① 这例子也可以算作谦恭态度的君主，暂时归类在此。

怒民痛，无悛于心"，而现在的齐国正是这样，同时批判："县鄙之人，入从其政；偪介之关，暴征其私；承嗣大夫，强易其贿。布常无艺，征敛无度；宫室日更，淫乐不违。内宠之妾，肆夺于市；外宠之臣，僭令于鄙。私欲养求，不给则应。民人苦病，夫妇皆诅"等现状。(81)《定公四年》中的事例是晋国赵简子的话。他劝戒郑国子大叔要"无怙富""无恃宠""无敖礼""无骄能"。(83)《哀公十六年》中的事例是周敬王让单平公劝戒卫庄公蒯聩："弗敬弗休，悔其可追。"

君主非"礼"，劝诫的例子则有：(61)《隐公六年》(周桓公的话，周桓王)、(63)《桓公二年》(鲁国臧哀伯的话，鲁桓公)等。

关于外交关系地位的事例则有：(76)《昭公三年》的鲁国叔孙穆子要求以"敬"对待小邾穆公。

称赞谦卑克己态度或者以褒代贬的例子则有：(62)《隐公十年》中"君子曰"的部分，其中赞扬郑庄公的"不贪其土"是为"正"。(66)《闵公二年》中的晋国里克说如果晋国太子申生能"修己而不责人"的话就可以避免遇到灾难。(67)《文公元年》凡例部分的记述：评价鲁国穆伯，"忠、信、卑让之道也。忠，德之正也；信，德之固也；卑让，德之基也"。这里"卑让"被作为德的基础。(68)《成公九年》中的晋国范文子说晋国应该"勤以抚之，宽以待之"。但这还不是最善的行为。(69)《成公十二年》中的晋国郤至对楚国子反说在安定的治世要"共俭以行礼，而慈惠以布政"，而评价乱世则为"诸侯贪冒，侵欲不忌"。(70)《成公十三年》中有周的刘康公关于周的成肃公的预言："君子勤礼，小人尽力。勤礼莫如致敬，尽力莫如敦笃。敬在养神，笃在守业。"(71)《成公十六年》中的楚国申叔时说楚国是"内弃其民，而外绝其好，渎齐盟，而食话言，奸时以动，而疲民以逞"。(72)《襄公十三年》中"君子曰"的部分有几条称赞晋国的范宣子为："世之治也，君子尚能而让其下，小人农力以其上，是以上下有礼，而谗慝黜远，由不争也，谓之懿德。及其乱也，君子称其功以加小人，小人伐其技以冯君子，是以上下无礼，乱虐并生，由争善也，谓之昏德。国家之敝，恒必由之"，总之是说在安定的治世，君子要对臣下"让"，而在乱世君子则要"称其功以加小人"。(73)《襄公十四年》中的晋国师旷评价卫献公因为"若困民之主，匮神乏祀，百姓绝望，社稷无主，将安用之"，所以最终出奔。(75)《襄公三十一年》中的卫国北宫文子在预言楚国令尹围(后来的楚灵王)的未来时，提到君子应该"施舍可爱"等。

关于对待经济、民生方面问题时的例子有：(74)《襄公二十六年》中的蔡国太师子朝批判楚国的情况说："古之治民者，劝赏而畏刑，恤民不倦。"(82)《哀公十一年》中的孔子批判鲁国季康子的政策说："君子之行也，度于礼，施取其厚，事举其中，敛从其薄。"

在上述之中与富国强兵有关联的例子有：(64)《桓公六年》中的随国季梁说，只有随侯一个人"丰"是不够的，要避免灾难就应该鼓励内政。(65)《庄公二十七年》中的晋国士蔿评价虢公为"骄"，而"夫礼、乐、慈、爱，战所畜也。夫民，让事、乐和、爱亲、哀丧，而后可用也"。(80)《昭公二十三年》中的沈尹戌在预言郢都的失陷时说，如果(楚国)能"不僭不贪，不懦不耆"就无所畏惧了。

再来看一下《国语》中劝戒骄傲态度的例子：(130)《晋语六》中是关于执政阶级的事例①，晋国赵文子针对"骄"的行为进行过劝诫。(134)《楚语上》中的楚国左史倚相对子亹劝戒说卫武公"作懿戒以自儆"，而周文王"至于日中昃，不皇暇食。惠于小民，唯政之恭。文王犹不敢骄"。(135)沈诸梁(子高)对子西强调王孙胜(白公胜)的危险性，说仁者是"高之不骄"，而不仁者是"高之则骄"等。

赞赏克己态度或者基于这样的赞赏进行批判的例子：(125)《周语中》中周的刘康公说君主必须"宽肃宣惠"。(126)《周语下》中周的召襄公对儿子顷公以晋国周(后来的晋悼公)为例证说的："夫敬，文之恭也；忠，文之实也；信，文之孚也；仁，文之爱也；义，文之制也；智，文之舆也；勇，文之帅也；教，文之施也；孝，文之本也；惠，文之慈也；让，文之材也。象天能敬，帅意能忠，思身能信，爱人能仁，利制能义，事建能智，帅义能勇，施辩能教，昭神能孝，慈和能惠，推敌能让"，阐述了关于"敬""让"的观点。(127)晋国叔向评论史佚的言行："动莫若敬，居莫若俭，德莫若让，事莫若咨。"(128)《鲁语下》

① 因为晋国赵氏当执政，而且以后自立称王，所以归为这类。(131)关于赵简子的记载也同理。

中的子服景伯说虽然有过失，但还应该保持“恭”的态度，闵马父笑言，先圣王知道何为过失，不过他们自己不会这样做，这才是“恭”。(131)《晋语九》中的晋国壮驰兹祝贺赵简子，并称其为“国家之将兴也，君子自以为不足”。(132)《楚语上》中的楚国申叔时说，“明恭俭以道之孝，明敬戒以道之事”等。另外(133)楚国子囊说因为楚恭王“知其过”，所以他的谥号可以用一个“恭”字。

关于经济、民生问题方面的例子有：(129)《齐语》中的齐国管仲对齐桓公阐述“滋民”“与无财”“敬百姓”的重要性。

其中与富国强兵有关联的例子有：(136)《吴语》中的越王勾践说自己为了复仇吴国，持续采取了各种方法来韬光养晦麻痹对方。

《国语》也针对“骄”进行劝诫，并表示“儆”“惠”“让”“恭”“敬”等德行对明君而言很重要，且关系到能否富国强兵。

如所上述，君主不应该拥有“骄”“奢”“淫”“泆”“侈”等体现出骄慢的态度，而需要具有“礼”“敬”“让”“卑让”“恤民”等谦卑克己的德行①。

在下节，我们将本节的研究结果与清华简《郑武夫人规孺子》所记载的人物性格倾向对比讨论，同时也深入探讨该篇简书所撰写时代的特质。

四、战国时代理想的君主形象

笔者以前调查过在传世文献中具有“让与”“谦让”意思的“让”的例文。作为一种纯朴的风俗习惯，“谦让”的美德可以溯及文字尚未诞生的时代，而且是一种泛地域、泛时代的现象。伴随着中国早期国家形成后宫廷礼仪的完善，带有礼仪性的“谦让”便出现了。时代向后推移，“谦让”又被赋予了各种各样的含义，特别在中国王朝更迭中形成了“禅让”这一概念。② 在传世文献中，“让”一词在春秋时代以前被用来记载以“姓”(氏)为基础血缘之间的继承，并没有战国时代以后“让”的其他含义。可是随着春秋末期到战国中期的社会、政治变革，这种继承和“贤”“德”“仁”等单词一起组成了“让”的含义。另外，在后代人看来“不正常”的继承行为，也以“让”来表示了。③

从前节讨论的《左传》《国语》的结果来说，君主不能拥有“骄”“奢”“淫”“泆”“侈”等表示骄慢的态度，而且必须具有“礼”“敬”“让”“卑让”“恤民”等表示谨慎和谦卑的性格。在清华简《郑武夫人规孺子》中并没有出现“让”一词，只是通过记载郑国君主的行为态度，表现出“让”的含义。郑武公和大夫们共同参政理政、听从别人的意见、对百姓不课重赋，在卫国的时候也对郑国人表现出谦卑克己的态度。而他的儿子庄公也谦恭④少言，让大夫们执政。这些态度相当于前节所归纳的形式(1)“君主展现谦卑、克制姿态的情况”，而且简文里还出现了代表恭顺含义的“共”字。郑武公是在卫国的时候以及在跟大夫们共商政事之时采取谦卑克己的态度。郑庄公是在先君武公的葬礼和自己即位礼仪的场合下体现了相同的姿态。《郑武夫人规孺子》以具备与谦让有关联的性格特征作为明君必要条件之一，这一点与传世文献一脉相承。虽然该篇中的武公、庄公的性格与传世文献的描写有不同之处，但是强调君主谦让德行的重要性与传世文献一样。总之，该篇与传世文献不同之处就是更为强调郑武公、郑庄公作为君主所具备的

① 这个问题正如板野长八先生等的评价。儒家理论中所见的礼、《管子》等政治经济思想与先秦时代的君主论有关联，此处只是叙述其关联性，关于这个问题会另寻机会作进一步的研究。参见板野长八：《中国古代社会思想史の研究》，日本研文出版社 2000 年版，第 67～108、141～151、193～284 页。

② 参见拙作《先秦秦汉の传世文献にみえる“让”について——先秦儒家系文献を轴として》，《东京大学东洋文化研究所纪要》第 156 册，2009 年，第 165 页。

③ 参见拙作《先秦时代“让”考—君位继承理念の形成过程—》，《历史学研究》2010 年第 871 号。

④ 关于简文的这部分，整理者根据传世文献所见的“拱默”读作“拱”，又读“恭”。哪个意思都一样，这里的读音可能如字。

较高的道德水准①。

这样的君主处世之道，在春秋中期以前绝对不能算特例，而是一种较为普遍的状态。统治阶层的高层执政，低层的统治者以国人的身份也对国政施以影响，根据之前的研究，已经了解到这是基于血缘观念之下氏族制度而形成的结果。② 郑武公、郑庄公所处的时代，出于对君主的要求而言，他们其实也别无其他的选择，只能这么做。在传世、出土文献中所见的君主以谦卑克己的姿态对待臣下的情况其实是由当时的社会构造所导致的。

可是随着进入战国时代以后社会结构发生变化，君权也随之加强，虽然掣肘君主权力的因素没有春秋时代以前那么多，但是在以楚国为首的战国诸国之间这种思想的重要性没有下降，反而得到了提高。③传世文献中对这样的君主处世姿态赋予了一定高度的思想意义。因为在战国时代，对臣下采取过度谦卑态度的国君显得与时代格格不入，所以在《郑武夫人规孺子》中郑武公的谦卑姿态，说到底也只是限于礼仪典范的标准中了。对于维护和支撑战国王权，“春秋中期以前的”那样理想型的君主形象是不可或缺的。这是因为战国的众多国君，他们获得如今权位的理论依据都在这些文献相关的预言记事中，正如代齐的田(陈)氏和三晋之一的赵氏都因为“有德”才能代宗主而自立。这样现象并不是受该篇简书影响的楚地区所特有的④，在包括中原地区的广泛地域都有类似的情况。该篇所描写的本就是郑国君主，而且从对传世文献的研究结果来看，我们需要思考，这种理想化的谦卑君主形象是否有可能就是从中原地区流传而来的。

五、结语

本文讨论了清华简《郑武夫人规孺子》中关于君主谦卑克己姿态的描写，同时还将简书内容和《左传》《国语》传世的先秦历史文献等做了对比。在这些文献中强调具有与谦恭相关的德行操守是成为明君的必要条件。除比传世文献更为强调郑武公、郑庄公父子的道德水准之高以外，该篇简书的中心思想几乎没有和传世文献有过多的不同。该篇中仅仅是对武公、庄公的性格描写与传世文献有所不同，对于强调君主谦恭德行的重要性与传世文献却是一样的。

君主对待臣下采取谦恭的姿态在春秋时代中期以前并不罕见，而是一般的现象。伴随着战国时代以后君权的加强，君主实际体现出这样谦卑克己姿态的案例减少了，但是这种思想的重要性却没有下降，反而提高了。因为战国王权能从其思想中获得其统治的正当性，所以为了支持战国王权，像这样可以溯及春秋中期以前的理想型君主形象就成为不可或缺的了。因此我们需要注意，这种君主形象与其说是楚地区所特有的，倒不如说是从中原地区传播而来的。

（作者单位：日本东京大学）

① 《左传》并不认为郑庄公是昏君。他当然也没有被描写成像后世晋文公那样的明君、霸者，但是《左传》详细写了他挫败弟弟共叔段和母亲武姜的叛乱，之后又“黄泉认母”、与周桓王为首的宋、卫、蔡、许、陈、息、戎等多国交战而企图扩张国势、在周王室担当左卿士职务等事迹。单从他所取得的政绩而言，可以说是齐桓、晋文霸业的前驱。比如童书业先生就认为在郑庄公时期郑国达到了极盛。参见童书业著，童教英校订：《春秋史(校订本)》，中华书局 2006 年版，第 148~149 页。

② 参见拙作《先秦时代“让”考—君位继承理念の形成过程—》，《历史学研究》2010 年第 871 号。

③ 李承律先生通过研究郭店楚简《唐虞之道》，讨论在战国时代由《老子》确立的“谦逊思想”，之后又由荀子一派引进儒家，在秦汉期随着《易》的经典化而加速，这些变化也反映了从战国后期到末期所确立的君主一元统治时代的趋势。参见李承律：《郭店楚简儒教の研究——儒系三篇を中心として》，汲古书院 2007 年版，第 446~447 页。

④ 关于楚国，参见杨宽：《战国史》(增订版)，台湾“商务印书馆”1997 年版，第 196~199 页；宋公文：《略论吴起变法》，《楚史新探》，河南大学出版社 1988 年版，第 231~246 页；增渊龙夫：《韩非子喻老篇の所谓楚邦之法について》，《一桥论丛》第 40 卷第 6 号，1958 年；《新版中国古代の社会と国家》，岩波书店 1996 年版，第 515~536 页等。这些学者们讨论了其氏族性秩序的强大。不用说氏族制度性的强大秩序或许是该篇简书成文的重要原因，可是因为这个现象与中原地区有共通之处，我们不需要过多纠缠于这个观点。

附表：

序号	文献	时间/篇目	文　章	分类①
1	左传	隐公元年	及庄公即位，为之请制。公曰："制，岩邑也，虢叔死焉。佗邑唯命。"请京，使居之，谓之京城大叔。祭仲曰："都，城过百雉，国之害也。先王之制：大都，不过参国之一；中，五之一；小，九之一。今京不度，非制也，君将不堪。"公曰："姜氏欲之，焉辟害。"对曰："姜氏何厌之有。不如早为之所，无使滋蔓。蔓，难图也。蔓草犹不可除，况君之宠弟乎。"公曰："多行不义，必自毙，子姑待之。"	1
2	左传	隐公五年	冬十二月辛巳，臧僖伯卒。公曰："叔父有憾于寡人，寡人弗敢忘。"葬之加一等。	1
3	左传	隐公十一年	羽父请杀桓公，将以求大宰。公曰："为其少故也，吾将授之矣。使营菟裘，吾将老焉。"羽父惧，反谮公于桓公而请弑之。	1
4	左传	庄公十年	十年春，齐师伐我。公将战。曹刿请见。其乡人曰："肉食者谋之，又何间焉。"刿曰："肉食者鄙，未能远谋。"乃入见，问何以战。公曰："衣食所安，弗敢专也，必以分人。"对曰："小惠未遍，民弗从也。"公曰："牺牲、玉帛，弗敢加也。必以信。"对曰："小信未孚，神弗福也。"公曰："小大之狱，虽不能察，必以情。"对曰："忠之属也，可以一战。战，则请从。"	1
5	左传	庄公十一年	秋，宋大水。公使吊焉，曰："天作淫雨，害于粢盛，若之何不吊。"对曰："孤实不敬，天降之灾，又以为君忧，拜命之辱。"臧文仲曰："宋其兴乎。禹、汤罪己，其兴也悖焉；桀、纣罪人，其亡也忽焉。且列国有凶，称孤，礼也。言惧而名礼，其庶乎。"既而闻之曰公子御说之辞也。臧孙达曰："是宜为君，有恤民之心。"	1
6	左传	庄公二十二年	齐侯使敬仲为卿。辞曰："羁旅之臣幸若获宥，及于宽政，赦其不闲于教训，而免于罪戾，弛于负担，君之惠也。所获多矣，敢辱高位以速官谤。请以死告。诗曰：'翘翘车乘，招我以弓。岂不欲往，畏我友朋。'"使为工正。饮桓公酒，乐。公曰："以火继之。"辞曰："臣卜其昼，未卜其夜，不敢。"君子曰："酒以成礼，不继以淫，义也；以君成礼，弗纳于淫，仁也。"	1
7	左传	闵公二年	卫文公大布之衣、大帛之冠，务材、训农，通商、惠工，敬教、劝学，授方、任能。元年，革车三十乘；季年，乃三百乘。	1
8	左传	僖公八年	宋公疾，太子兹父固请曰："目夷长且仁，君其立之。"公命子鱼。子鱼辞，曰："能以国让，仁孰大焉。臣不及也，且又不顺。"遂走而退。	1
9	左传	僖公九年	齐侯将下、拜。孔曰："且有后命。天子使孔曰：'以伯舅耋老，加劳，赐一级，无下拜。'"对曰："天威不违颜咫尺，小白，余敢贪天子之命，无下拜。恐陨越于下，以遗天子羞。敢不下拜。"下，拜；登，受。	1
10	左传	僖公十八年	冬，邢人、狄人伐卫。围菟圃。卫侯以国让父兄子弟。及朝众，曰："苟能治之，毁请从焉。"众不可，而后师于訾娄。狄师还。	1
11	左传	僖公二十三年	楚子曰："晋公子广而俭，文而有礼。其从者肃而宽，忠而能力。晋侯无亲，外内恶之。吾闻姬姓唐叔之后，其后衰者也，其将由晋公子乎。天将兴之，谁能废之。违天，必有大咎。"	1

① "分类"是本文第二部分的分类模式。

续表

序号	文献	时间/篇目	文章	分类
12	左传	僖公二十三年	他日，公享之。子犯曰："吾不如衰之文也，请使衰从。"公子赋河水。公赋六月。赵衰曰："重耳拜赐。"公子降，拜，稽首，公降一级而辞焉。衰曰："君称所以佐天子者命重耳，重耳敢不拜。"	1
13	左传	僖公二十八年	王命尹氏及王子虎、内史叔兴父策命晋侯为侯伯，赐之大辂之服、戎辂之服，彤弓一、彤矢百，玈弓矢千，秬鬯一卣，虎贲三百人，曰："王谓叔父，'敬服王命，以绥四国，纠逖王慝。'"晋侯三辞，从命，曰："重耳敢再拜稽首，奉扬天子之丕显休命。"受策以出。出入三觐。	1
14	左传	僖公三十三年	秦伯素服郊次，乡师而哭曰："孤违蹇叔，以辱二三子，孤之罪也。"不替孟明，曰："孤之过也，大夫何罪。且吾不以一眚掩大德。"	1
15	左传	文公元年	殽之役，晋人既归秦师，秦大夫及左右皆言于秦伯曰："是败也，孟明之罪也，必杀之。"秦伯曰："是孤之罪也。周芮良夫之诗曰：'大风有隧，贪人败类。听言则对，诵言如醉。匪用其良，覆俾我悖。'是贪故也，孤之谓矣。孤实贪以祸夫子，夫子何罪。"复使为政。	1
16	左传	文公十三年	邾文公卜迁于绎。史曰："利于民而不利于君。"邾子曰："苟利于民，孤之利也。天生民而树之君，以利之也。民既利矣，孤必与焉。"左右曰："命可长也，君何弗为。"邾子曰："命在养民。死之短长，时也。民苟利矣，迁也，吉莫如之。"遂迁于绎。五月，邾文公卒。君子曰："知命。"	1
17	左传	文公十四年	子叔姬妃齐昭公，生舍。叔姬无宠，舍无威。公子商人骤施于国。而多聚士，尽其家，贷于公有司以继之。夏五月，昭公卒，舍即位。……秋七月乙卯，夜，齐商人杀舍，而让元。元曰："尔求之久矣。我能事尔，尔不可使多蓄憾，将免我乎。尔为之。"	1
18	左传	文公十六年	宋公子鲍礼于国人，宋饥，竭其粟而贷之。年自七十以上，无不馈诒也，时加羞珍异。无日不数于六卿之门。国之材人，无不事也；亲自桓以下，无不恤也。公子鲍美而艳，襄夫人欲通之，而不可，乃助之施。昭公无道，国人奉公子鲍以因夫人。……冬十一月甲寅，宋昭公将田孟诸，未至，夫人王姬使帅甸攻而杀之。	1
19	左传	宣公十二年	郑伯肉袒牵羊以逆，曰："孤不天，不能事君，使君怀怒以及敝邑，孤之罪也，敢不唯命是听。其俘诸江南，以实海滨，亦唯命；其翦以赐诸侯，使臣妾之，亦唯命。若惠顾前好，徼福于厉、宣、桓、武，不泯其社稷，使改事君，夷于九县，君之惠也，孤之愿也，非所敢望也。敢布腹心，君实图之。"左右曰："不可许也，得国无赦。"王曰："其君能下人，必能信用其民矣，庸可几乎。"退三十里而许之平。	1
20	左传	宣公十二年	栾武子曰："楚自克庸以来，其君无日不讨国人而训之于民生之不易、祸至之无日、戒惧之不可以怠；在军，无日不讨军实而申儆之于胜之不可保、纣之百克而卒无后，训之以若敖、蚡冒筚路蓝缕以启山林。箴之曰：'民生在勤，勤则不匮。'不可谓骄。……"	1
21	左传	成公十八年	二月乙酉朔，晋悼公即位于朝。始命百官，施舍、已责，逮鳏寡，振废滞，匡乏困，救灾患，禁淫慝，薄赋敛，宥罪戾，节器用，时用民，欲无犯时。	1

续表

序号	文献	时间/篇目	文　章	分类
22	左传	襄公三年	公跣而出，曰："寡人之言，亲爱也；吾子之讨，军礼也。寡人有弟，弗能教训，使干大命，寡人之过也。子无重寡人之过也，敢以为请。"晋侯以魏绛为能以刑佐民矣，反役，与之礼食，使佐新军。张老为中军司马，士富为候奄。	1
23	左传	襄公九年	晋侯归，谋所以息民。魏绛请施舍，输积聚以贷。自公以下，苟有积者，尽出之。国无滞积，亦无困人。公无禁利，亦无贪民。祈以币更，宾以特牲，器用不作，车服从给。行之期年，国乃有节。三驾而楚不能与争。	1
24	左传	襄公十三年	秋，楚共王卒。子囊谋谥。大夫曰："君有命矣。"子囊曰："君命以共，若之何毁之。赫赫楚国，而君临之，抚有蛮夷，奄征南海，以属诸夏，而知其过，可不谓共乎。请谥之共。"大夫从之。	1
25	左传	昭公三年	晏子曰："此季世也，吾弗知齐其为陈氏矣。公弃其民，而归于陈氏。齐旧四量，豆、区、釜、钟。四升为豆，各自其四，以登于釜。釜十则钟。陈氏三量皆登一焉，钟乃大矣。以家量贷，而以公量收之。山木如市，弗加于山；鱼、盐、蜃、蛤，弗加于海。民参其力，二入于公，而衣食其一。公聚朽蠹，而三老冻馁，国之诸市，屦贱踊贵。民人痛疾，而或燠休之。其爱之如父母，而归之如流水。欲无获民，将焉辟之。箕伯、直柄、虞遂、伯戏，其相胡公、大姬已在齐矣。"	1
26	左传	昭公十年	桓子尽致诸公，而请老于莒。桓子召子山，私具幄幕、器用、从者之衣屦，而反棘焉。子商亦如之，而反其邑。子周亦如之，而与之夫于。反子城、子公、公孙捷，而皆益其禄。凡公子、公孙之无禄者，私分之邑。国之贫约孤寡者，私与之粟。曰："诗云：'陈锡载周'，能施也。桓公是以霸。"公与桓子莒之旁邑，辞。穆孟姬为之请高唐，陈氏始大。	1
27	左传	昭公十三年	平王封陈、蔡，复迁邑，致群赂，施舍宽民，宥罪举职。	1
28	左传	昭公十四年	夏，楚子使然丹简上国之兵于宗丘，且抚其民。分贫，振穷；长孤幼，养老疾；收介特，救灾患；宥孤寡，赦罪戾；诘奸慝，举淹滞；礼新，叙旧；禄勋，合亲；任良，物官。使屈罢简东国之兵于召陵，亦如之。好于边疆。息民五年，而后用师，礼也。	1
29	左传	昭公二十一年	三月，葬蔡平公。蔡太子朱失位，位在卑。大夫送葬者归，见昭子。昭子问蔡故，以告。昭子叹曰："蔡其亡乎。若不亡，是君也必不终。诗曰：'不解于位，民之攸塈。'今蔡侯始即位，而适卑，身将从之。"	1
30	左传	昭公二十六年	(晏子)对曰："如君之言，其陈氏乎。陈氏虽无大德，而有施于民。豆、区、釜、钟之数，其取之公也薄，其施之民也厚。公厚敛焉，陈氏厚施焉，民归之矣。诗曰：'虽无德与女，式歌且舞。'陈氏之施，民歌舞之矣。后世若少惰，陈氏而不亡，则国其国也已。"公曰："善哉。是可若何。"对曰："唯礼可以已之。在礼，家施不及国，民不迁，农不移，工贾不变，士不滥，官不滔，大夫不收公利。"	1
31	左传	昭公二十七年	沈尹戌言于子常曰："……夫无极，楚之谗人也，民莫不知。去朝吴，出蔡侯朱，丧大子建，杀连尹奢，屏王之耳目，使不聪明。不然，平王之温惠共俭，有过成、庄，无不及焉。所以不获诸侯，迩无极也。……"	1
32	左传	昭公三十年	子西谏曰："吴光新得国，而亲其民，视民如子，辛苦同之，将用之也。……"	1

续表

序号	文献	时间/篇目	文章	分类
33	左传	哀公元年	伍员曰："……今吴不如过，而越大于少康，或将丰之，不亦难乎。勾践能亲而务施，施不失人，亲不弃劳。与我同壤，而世为仇雠。于是乎克而弗取，将又存之，违天而长寇仇，后虽悔之，不可食已。姬之衰也，日可俟也。介在蛮夷，而长寇仇，以是求伯，必不行矣。"	1
34	左传	庄公十一年	乘丘之役，公以金仆姑射南宫长万，公右歂孙生搏之。宋人请之。宋公靳之，曰："始吾敬子。今子，鲁囚也，吾弗敬子矣。"病之。	2
35	左传	庄公十九年	初，王姚嬖于庄王，生子颓。子颓有宠，蒍国为之师。及惠王即位，取蒍国之圃以为囿。边伯之宫近于王宫，王取之。王夺子禽、祝跪与詹詹父田，而收膳夫之秩，故蒍国、边伯、石速、詹父、子禽祝跪作乱，因苏氏。	2
36	左传	庄公二十一年	郑伯之享王也，王以后之鞶鉴予之。虢公请器，王予之爵。郑伯由是始恶于王。	2
37	左传	僖公二十七年	二十七年春，杞桓公来朝。用夷礼，故曰子。公卑杞，杞不共也。	2
38	左传	宣公元年	于是晋侯侈，赵宣子为政，骤谏而不入，故不竞于楚。	2
39	左传	宣公二年	晋灵公不君，厚敛以雕墙，从台上弹人，而观其辟丸也。……宣子骤谏，公患之，使鉏麑贼之。晨往，寝门辟矣，盛服将朝。尚早，坐而假寐。麑退，叹而言曰："不忘恭敬，民之主也。贼民之主，不忠；弃君之命，不信。有一于此，不如死也。"触槐而死。……乙丑，赵穿杀灵公于桃园。宣子未出山而复。大史书曰："赵盾弑其君。"以示于朝。	2
40	左传	宣公四年	凡弑君，称君，君无道也；称臣，臣之罪也。	2
41	左传	成公十七年	晋范文子反自鄢陵，使其祝宗祈死，曰："君骄侈而克敌，是天益其疾也，难将作矣。爱我者唯祝我，使我速死，无及于难，范氏之福也。"六月戊辰，士燮卒。	2
42	左传	成公十七年	晋厉公侈，多外嬖。反自鄢陵，欲尽去群大夫，而立其左右。	2
43	左传	襄公七年	郑僖公之为大子也，于成之十六年与子罕适晋，不礼焉。又与子丰适楚，亦不礼焉。及其元年朝于晋，子丰欲愬诸晋而废之，子罕止之。及将会于鄬，子驷相，又不礼焉。侍者谏，不听；又谏，杀之。及鄵，子驷使贼夜弑僖公，而以疟疾赴于诸侯。简公生五年，奉而立之。	2
44	左传	襄公十四年	卫献公戒孙文子、宁惠子食，皆服而朝，日旰不召，而射鸿于囿。……文子曰："君忌我矣，弗先，必死。"并帑于戚而入，见蘧伯玉，曰："君之暴虐，子所知也。大惧社稷之倾覆，将若之何。"……卫人立公孙剽，孙林父、宁殖相之，以听命于诸侯。卫侯在郲，臧纥如齐唁卫侯。卫侯与之言，虐。退而告其人曰："卫侯其不得入矣。其言粪土也。亡而不变，何以复国。"子展、子鲜闻之，见臧纥，与之言，道。臧孙说，谓其人曰："卫君必入。夫二子者，或挽之，或推之，欲无入，得乎。"	2
45	左传	襄公二十八年	蔡侯归自晋，入于郑。郑伯享之，不敬。子产曰："蔡侯其不免乎。日其过此也，君使子展廷劳于东门之外，而傲。吾曰犹将更之。今还，受享而惰，乃其心也。君小国，事大国，而惰傲以为己心，将得死乎。若不免，必由其子。其为君也，淫而不父。侨闻之，如是者，恒有子祸。"	2

续表

序号	文献	时间/篇目	文 章	分类
46	左传	襄公二十九年	(吴公子札)聘于郑，见子产，如旧相识。与之缟带，子产献纻衣焉。谓子产曰："郑之执政侈，难将至矣，政必及子。子为政，慎之以礼。不然，郑国将败。"	2
47	左传	昭公元年	赵孟谓叔向曰："令尹自以为王矣，何如。"对曰："王弱，令尹强，其可哉。虽可，不终。"赵孟曰："何故。"对曰："强以克弱而安之，强不义也。不义而强，其毙必速。诗曰：'赫赫宗周，褒姒灭之'，强不义也。令尹为王，必求诸侯。晋少懦矣，诸侯将往。若获诸侯，其虐滋甚，民弗堪也，将何以终。夫以强取，不义而克，必以为道。道以淫虐，弗可久已矣。"	2
48	左传	昭公元年	后子见赵孟。赵孟曰："吾子其曷归。"对曰："鍼惧选于寡君，是以在此，将待嗣君。"赵孟曰："秦君何如。"对曰："无道。"赵孟曰："亡乎。"对曰："何为。一世无道，国未艾也。国于天地，有与立焉。不数世淫，弗能毙也。"赵孟曰："夭乎。"对曰："有焉。"赵孟曰："其几何。"对曰："鍼闻之，国无道而年谷和熟，天赞之也。鲜不五稔。"	2
49	左传	昭公元年	十一月己酉，公子围至，入问王疾，缢而弑之，遂杀其二子幕及平夏。……楚灵王即位，薳罢为令尹，薳启强为大宰。郑游吉如楚葬郏敖，且聘立君。归，谓子产曰："具行器矣。楚王汏侈，而自说其事，必合诸侯，吾往无日矣。"子产曰："不数年未能也。"	2
50	左传	昭公四年	晋侯欲勿许。司马侯曰："不可。楚王方侈，天或者欲逞其心，以厚其毒，而降之罚，未可知也。其使能终，亦未可知也。晋、楚唯天所相，不可与争。君其许之，而修德以待其归。若归于德，吾犹将事之，况诸侯乎。若适淫虐，楚将弃之，吾又谁与争。"	2
51	左传	昭公四年	楚子示诸侯侈。椒举曰："夫六王、二公之事，皆所以示诸侯礼也，诸侯所由用命也。夏桀为仍之会，有缗叛之。商纣为黎之蒐，东夷叛之；周幽为大室之盟，戎狄叛之，皆所以示诸侯汏也，诸侯所由弃命也。今君以汏，无乃不济乎。"王弗听。子产见左师曰："吾不患楚矣。汏而愎谏，不过十年。"左师曰："然。不十年侈，其恶不远。远恶而后弃。善亦如之，德远而后兴。"	2
52	左传	昭公十一年	韩宣子问于叔向曰："楚其克乎。"对曰："克哉。蔡侯获罪于其君，而不能其民，天将假手于楚以毙之，何故不克。然肸闻之，不信以幸，不可再也。楚王奉孙吴以讨于陈，曰：'将定而国。'陈人听命，而遂县之。今又诱蔡而杀其君，以围其国，虽幸而克，必受其咎，弗能久矣。桀克有缗，以丧其国。纣克东夷，而陨其身。楚小位下，而亟暴于二王，能无咎乎。天之假助不善，非祚之也，厚其凶恶而降之罚也。且譬之如天其有五材，而将用之，力尽而敝之，是以无拯，不可没振。"	2
53	左传	昭公十八年	十八年春王二月乙卯，周毛得杀毛伯过，而代之。苌弘曰："毛得必亡。是昆吾稔之日也，侈故之以。而毛得以济侈于王都，不亡，何待。"	2
54	左传	昭公十九年	楚人城州来，沈尹戌曰："楚人必败。昔吴灭州来，子旗请伐之。王曰：'吾未抚吾民。'今亦如之，而城州来以挑吴，能无败乎。"侍者曰："王施舍不倦，息民五年，可谓抚之矣。"戌曰："吾闻抚民者，节用于内，而树德于外，民乐其性，而无寇仇。今宫室无量，民人日骇，劳罢死转，忘寝与食，非抚之也。"	2

续表

序号	文献	时间/篇目	文 章	分类
55	左传	昭公二十三年	莒子庚舆虐而好剑。苟铸剑，必试诸人。国人患之。又将叛齐。乌存帅国人以逐之。……遂来奔。齐人纳郊公。	2
56	左传	昭公二十四年	楚子为舟师以略吴疆。沈尹戌曰：“此行也，楚必亡邑。不抚民而劳之，吴不动而速之，吴踵楚，而疆埸无备，邑能无亡乎。”	2
57	左传	昭公二十五年	懿伯曰：“谗人以君徼幸，事若不克，君受其名，不可为也。舍民数世，以求克事，不可必也。且政在焉，其难图也。”公退之。……子家子曰：“君其许之。政自之出久矣，隐民多取食焉，为之徒者众矣。日入慝作，弗可知也。众怒不可蓄也，蓄而弗治，将蕰。蕰蓄，民将生心。生心，同求将合。君必悔之。”弗听。	2
58	左传	定公十五年	十五年春，邾隐公来朝。子贡观焉。邾子执玉高，其容仰；公受玉卑，其容俯。子贡曰：“以礼观之，二君者，皆有死亡焉。夫礼，死生存亡之体也，将左右、周旋，进退、俯仰，于是乎取之；朝、祀、丧、戎，于是乎观之。今正月相朝，而皆不度，心已亡矣。嘉事不体，何以能久。高、仰，骄也；卑、俯，替也。骄近乱，替近病，君为主，其先亡乎。”	2
59	左传	哀公元年	子西曰：“二三子恤不相睦，无患吴矣。昔阖庐食不二味，居不重席，室不崇坛，器不彤镂，宫室不观，舟车不饰；衣服财用，择不取费。在国，天有菑疠，亲巡孤寡而共其乏困。在军，熟食者分而后敢食，其所尝者，卒乘与焉。勤恤其民，而与之劳逸，是以民不罢劳，死知不旷。吾先大夫子常易之，所以败我也。今闻夫差，次有台榭陂池焉，宿有妃嫱嫔御焉；一日之行，所欲必成，玩好必从；珍异是聚，观乐是务；视民如仇，而用之日新。夫先自败也已，安能败我。”	2
60	左传	隐公三年	石碏谏曰：“臣闻爱子，教之以义方，弗纳于邪。骄、奢、淫、泆，所自邪也。四者之来，宠禄过也。将立州吁，乃定之矣；若犹未也，阶之为祸。夫宠而不骄，骄而能降，降而不憾，憾而能眕者，鲜矣。且夫贱妨贵，少陵长，远间亲，新间旧，小加大，淫破义，所谓六逆也；君义，臣行，父慈，子孝，兄爱，弟敬，所谓六顺也。去顺效逆，所以速祸也。君人者，将祸是务去，而速之，无乃不可乎。”	3
61	左传	隐公六年	郑伯如周，始朝桓王也。王不礼焉。周桓公言于王曰：“我周之东迁，晋、郑焉依。善郑以劝来者，犹惧不蔇，况不礼焉。郑不来矣。”	3
62	左传	隐公十年	君子谓郑庄公于是乎可谓正矣，以王命讨不庭，不贪其土，以劳王爵，正之体也。	3
63	左传	桓公二年	夏四月，取郜大鼎于宋。戊申，纳于大庙，非礼也。臧哀伯谏曰：“君人者，将昭德塞违，以临照百官，犹惧或失之，故昭令德以示子孙；是以清庙茅屋，大路越席，大羹不致，粢食不凿，昭其俭也。……夫德，俭而有度，登降有数，文物以纪之，声明以发之，以临照百官。百官于是乎戒惧，而不敢易纪律。……”	3
64	左传	桓公六年	斗伯比言于楚子曰：“吾不得志于汉东也，我则使然。我张吾三军，而被吾甲兵，以武临之，彼则惧而协以谋我，故难间也。汉东之国，随为大。随张，必弃小国。小国离，楚之利也。少师侈，请羸师以张之。”……(季梁)对曰：“夫民，神之主也，是以圣王先成民而后致力于神。……今民各有心，而鬼神乏主；君虽独丰，其何福之有。君姑修政，而亲兄弟之国，庶免于难。”随侯惧而修政，楚不敢伐。	3

续表

序号	文献	时间/篇目	文　章	分类
65	左传	庄公二十七年	晋侯将伐虢。士蔿曰："不可。虢公骄，若骤得胜于我，必弃其民。无众而后伐之，欲御我，谁与。夫礼、乐、慈、爱，战所畜也。夫民，让事、乐和、爱亲、哀丧，而后可用也。虢弗畜也，亟战，将饥。"	3
66	左传	闵公二年	大子曰："吾其废乎。"(里克)对曰："告之以临民，教之以军旅，不共是惧，何故废乎。且子惧不孝，无惧弗得立。修己而不责人，则免于难。"	3
67	左传	文公元年	穆伯如齐，始聘焉，礼也。凡君即位，卿出并聘，践修旧好，要结外援，好事邻国，以卫社稷，忠、信、卑让之道也。忠，德之正也；信，德之固也；卑让，德之基也。	3
68	左传	成公九年	为归汶阳之田故，诸侯贰于晋。晋人惧，会于蒲，以寻马陵之盟。季文子谓范文子曰："德则不竞，寻盟何为。"范文子曰："勤以抚之，宽以待之，坚强以御之，明神以要之，柔服而伐贰，德之次也。"	3
69	左传	成公十二年	宾曰："若让之以一矢，祸之大者，其何福之为。世之治也，诸侯间于天子之事，则相朝也，于是乎有享、宴之礼。享以训共俭，宴以示慈惠。共俭以行礼，而慈惠以布政。政以礼成，民是以息。百官承事，朝而不夕，此公侯之所以扞城其民也。故诗曰：'赳赳武夫，公侯干城。'及其乱也，诸侯贪冒，侵欲不忌，争寻常以尽其民，略其武夫，以为己腹心、股肱、爪牙。故诗曰：'赳赳武夫，公侯腹心。'天下有道，则公侯能为民干城，而制其腹心。乱则反之。今吾子之言，乱之道也，不可以为法。然吾子，主也，至敢不从。"	3
70	左传	成公十三年	刘子曰："吾闻之，民受天地之中以生，所谓命也。是以有动作礼义威仪之则，以定命也。能者养以之福，不能者败以取祸。是故君子勤礼，小人尽力。勤礼莫如致敬，尽力莫如敦笃。敬在养神，笃在守业。国之大事，在祀与戎。祀有执膰，戎有受脤，神之大节也。今成子惰，弃其命矣，其不反乎。"	3
71	左传	成公十六年	(申叔时)对曰："德、刑、详、义、礼、信，战之器也。德以施惠，刑以正邪，详以事神，义以建利，礼以顺时，信以守物。民生厚而德正，用利而事节，时顺而物成，上下和睦，周旋不逆，求无不具，各知其极。故诗曰：'立我烝民，莫匪尔极。'是以神降之福，时无灾害，民生敦厖，和同以听，莫不尽力以从上命，致死以补其阙，此战之所由克也。今楚内弃其民，而外绝其好；渎齐盟，而食话言；奸时以动，而疲民以逞。民不知信，进退罪也。人恤所厎，其谁致死。子其勉之。吾不复见子矣。"	3
72	左传	襄公十三年	君子曰："让，礼之主也。范宣子让，其下皆让。栾黡为汏，弗敢违也。晋国以平，数世赖之，刑善也夫。一人刑善，百姓休和，可不务乎。书曰：'一人有庆，兆民赖之，其宁惟永。'其是之谓乎。周之兴也，其诗曰：'仪刑文王，万邦作孚。'言刑善也。及其衰也，其诗曰：'大夫不均，我从事独贤。'言不让也。世之治也，君子尚能而让其下，小人农力以其上，是以上下有礼，而谗慝黜远，由不争也，谓之懿德。及其乱也，君子称其功以加小人，小人伐其技以冯君子，是以上下无礼，乱虐并生，由争善也，谓之昏德。国家之敝，恒必由之。"	3

续表

序号	文献	时间/篇目	文　章	分类
73	左传	襄公十四年	师旷侍于晋侯。晋侯曰："卫人出其君，不亦甚乎。"对曰："或者其君实甚。良君将赏善而刑淫，养民如子，盖之如天，容之如地；民奉其君，爱之如父母，仰之如日月，敬之如神明，畏之如雷霆，其可出乎。夫君，神之主而民之望也。若困民之主，匮神乏祀，百姓绝望，社稷无主，将安用之。弗去何为。天生民而立之君，使司牧之，勿使失性。有君而为之贰，使师保之，勿使过度。是故天子有公，诸侯有卿，卿置侧室，大夫有贰宗，士有朋友，庶人、工、商、皂、隶、牧、圉皆有亲暱，以相辅佐也。善则赏之，过则匡之，患则救之，失则革之。自王以下各有父兄子弟以补察其政。史为书，瞽为诗，工诵箴谏，大夫规诲，士传言，庶人谤，商旅于市，百工献艺。故夏书曰：'遒人以木铎徇于路，官师相规，工执艺事以谏。'正月孟春，于是乎有之，谏失常也。天之爱民甚矣。岂其使一人肆于民上，以从其淫，而弃天地之性。必不然矣。"	3
74	左传	襄公二十六年	(声子)对曰："……古之治民者，劝赏而畏刑，恤民不倦。赏以春夏，刑以秋冬。是以将赏，为之加膳，加膳则饫赐，此以知其劝赏也。将刑，为之不举，不举则彻乐，此以知其畏刑也。夙兴夜寐，朝夕临政，此以知其恤民也。三者，礼之大节也。有礼无败。……"	3
75	左传	襄公三十一年	(北宫文子)对曰："……故君子在位可畏，施舍可爱，进退可度，周旋可则，容止可观，作事可法，德行可象，声气可乐；动作有文，言语有章，以临其下，谓之有威仪也。"	3
76	左传	昭公三年	小邾穆公来朝。季武子欲卑之。穆叔曰："不可。曹、滕、二邾实不忘我好，敬以逆之，犹惧其贰，又卑一睦，焉逆群好也。其如旧而加敬焉。志曰：'能敬无灾。'又曰：'敬逆来者，天所福也。'"季孙从之。	3
77	左传	昭公九年	叔向谓宣子曰："文之伯也，岂能改物。翼戴天子，而加之以共。自文以来，世有衰德，而暴蔑(注：本作灭)宗周，以宣示其侈；诸侯之贰，不亦宜乎。且王辞直，子其图之。"宣子说。	3
78	左传	昭公十二年	王揖而入，馈不食，寝不寐，数日，不能自克，以及于难。仲尼曰："古也有志：'克己复礼，仁也。'信善哉。楚灵王若能如是，岂其辱于干谿。"	3
79	左传	昭公二十年	(晏子)对曰："……其适遇淫君，外内颇邪，上下怨疾，动作辟违，从欲厌私，高台深池，撞钟舞女。斩刈民力，输掠其聚，以成其违，不恤后人。暴虐淫从，肆行非度，无所还忌，不思谤讟，不惮鬼神。神怒民痛，无悛于心。……"公曰："然则若之何。"对曰："不可为也。山林之木，衡鹿守之；泽之萑蒲，舟鲛守之；薮之薪蒸，虞候守之；海之盐、蜃，祈望守之。县鄙之人，入从其政；偪介之关，暴征其私；承嗣大夫，强易其贿。布常无艺，征敛无度；宫室日更，淫乐不违。内宠之妾，肆夺于市；外宠之臣，僭令于鄙。私欲养求，不给则应。民人苦病，夫妇皆诅。祝有益也，诅亦有损。聊、摄以东，姑、尤以西，其为人也多矣。虽其善祝，岂能胜亿兆人之诅。君若欲诛于祝、史，修德而后可。"公说，使有司宽政，毁关，去禁，薄敛，已责。	3

续表

序号	文献	时间/篇目	文　章	分类
80	左传	昭公二十三年	楚囊瓦为令尹，城郢。沈尹戌曰："子常必亡郢。苟不能卫，城无益也。……夫正其疆场，修其土田，险其走集，亲其民人，明其伍候，信其邻国，慎其官守，守其交礼，不僭不贪，不懦不耆，完其守备，以待不虞，又何畏矣。……"	3
81	左传	定公四年	反自召陵，郑子大叔未至而卒。晋赵简子为之临，甚哀，曰："黄父之会，夫子语我九言，曰：'无始乱，无怙富，无恃宠，无违同，无敖礼，无骄能，无复怒，无谋非德，无犯非义。'"	3
82	左传	哀公十一年	仲尼不对，而私于冉有曰："君子之行也，度于礼，施取其厚，事举其中，敛从其薄。如是，则以丘亦足矣。若不度于礼，而贪冒无厌，则虽以田赋，将又不足。且子季孙若欲行而法，则周公之典在；若欲苟而行，又何访焉。"	3
83	左传	哀公十六年	卫侯使鄢武子告于周曰："蒯聩得罪于君父、君母，逋窜于晋。晋以王室之故，不弃兄弟，置诸河上。天诱其衷，获嗣守封焉，使下臣肸敢告执事。"王使单平公对，曰："肸以嘉命来告余一人，往谓叔父，余嘉乃成世，复尔禄次。敬之哉。方天之休。弗敬弗休，悔其可追。"	3
84	国语	周语上	三十二年春，宣王伐鲁，立孝公，诸侯从是而不睦。宣王欲得国子之能道训诸侯者，樊穆仲曰："鲁侯孝。"王曰："何以知之。"对曰："肃恭明神而敬事耉老；赋事行刑，必问于遗训而咨于故实；不干所问，不犯所咨。"王曰："然则能训治其民矣。"乃命鲁孝公于夷宫。	1
85	国语	周语中	及鲁侯至，仲孙蔑为介，王孙说与之语，说让。说以语王，王厚贿之。	1
86	国语	周语下	晋孙谈之子周适周，事单襄公，立无跛，视无还，听无耸，言无远；言敬必及天，言忠必及意，言信必及身，言仁必及人，言义必及利，言智必及事，言勇必及制，言教必及辩，言孝必及神，言惠必及和，言让必及敌。	1
87	国语	周语下	晋羊舌肸聘于周，发币于大夫及单靖公。靖公享之，俭而敬；宾礼赠饯，视其上而从之；燕无私，送不过郊；语说昊天有成命。	1
88	国语	鲁语上	长勺之役，曹刿问所以战于庄公。公曰："余不爱衣食于民，不爱牲玉于神。"对曰："夫惠本而后民归之志，民和而后神降之福。若布德于民而平均其政事，君子务治而小人务力；动不违时，财不过用；财用不匮，莫不能使共祀。是以用民无不听，求福无不丰。今将惠以小赐，祀以独恭。小赐不咸，独恭不优。不咸，民不归也；不优，神弗福也。将何以战。夫民求不匮于财，而神求优裕于享者也，故不可以不本。"	1
89	国语	鲁语上	展禽曰："……夫圣王之制祀也，法施于民则祀之，以死勤事则祀之，以劳定国则祀之，能御大灾则祀之，能扞大患则祀之。……黄帝能成命百物，以明民共财，颛顼能修之。帝喾能序三辰以固民，尧能单均刑法以仪民，舜勤民事而野死，鲧鄣洪水而殛死，禹能以德修鲧之功，契为司徒而民辑，冥勤其官而水死，汤以宽治民而除其邪，稷勤百谷而山死，文王以文昭，武王去民之秽。……"	1
90	国语	鲁语上	莒太子仆弑纪公，以其宝来奔。……(宣)公曰："寡人实贪，非子之罪。"乃舍之。	1

续表

序号	文献	时间/篇目	文　章	分类
91	国语	鲁语上	公闻之曰："吾过而里革匡我，不亦善乎。是良罟也，为我得法。使有司藏之，使吾无忘谂。"师存侍，曰："藏罟不如置里革于侧之不忘也。"	1
92	国语	鲁语上	季文子相宣、成，无衣帛之妾，无食粟之马。仲孙它谏曰："子为鲁上卿，相二君矣，妾不衣帛，马不食粟，人其以子为爱，且不华国乎。"文子曰："吾亦愿之。然吾观国人，其父兄之食麤而衣恶者犹多矣，吾是以不敢。人之父兄食麤衣恶，而我美妾与马，无乃非相人者乎。且吾闻以德荣为国华，不闻以妾与马。"文子以告孟献子，献子囚之七日。自是，子服之妾衣不过七升之布，马饩不过稂莠。文子闻之，曰："过而能改者，民之上也。"使为上大夫。	1
93	国语	齐语	葵丘之会，天子使宰孔致胙于桓公，曰："余一人之命有事于文、武，使孔致胙。"且有后命曰："以尔自卑劳，实谓尔伯舅，无下拜。"桓公召管子而谋，管子对曰："为君不君，为臣不臣，乱之本也。"桓公惧，出见客曰："天威不违颜咫尺，小白余敢承天子之命曰'尔无下拜'，恐陨越于下，以为天子羞。"遂下拜，升受命。掌服大辂，龙旗九旒，渠门赤旂，诸侯称顺焉。	1
94	国语	晋语一	优施教骊姬夜半而泣谓公曰："吾闻申生甚好仁而强，甚宽惠而慈于民，皆有所行之。今谓君惑于我，必乱国，无乃以国故而行强于君。君未终命而不殁，君其若之何。盍杀我，无以一妾乱百姓。"公曰："夫岂惠其民而不惠于其父乎。"骊姬曰："妾亦惧矣。吾闻之外人之言曰：为仁与为国不同。为仁者，爱亲之谓仁；为国者，利国之谓仁。故长民者无亲，众以为亲。苟利众而百姓和，岂能惮君。以众故不敢爱亲，众况厚之，彼将恶始而美终，以晚盖者也。凡民利是生，杀君而厚利众，众孰沮之。杀亲无恶于人，人孰去之。苟交利而得宠，志行而众悦，欲其甚矣，孰不惑焉。虽欲爱君，惑不释也。……"	1
95	国语	晋语四	公孙固言于襄公曰："晋公子亡，长幼矣，而好善不厌，父事狐偃，师事赵衰，而长事贾佗。……"	1
96	国语	晋语四	秦伯归女五人，怀嬴与焉。公子使奉匜沃盥，既而挥之。嬴怒曰："秦、晋匹也，何以卑我。"公子惧，降服囚命。	1
97	国语	晋语四	子玉释宋围，从晋师。楚既陈，晋师退舍，军吏请曰："以君避臣，辱也。且楚师老矣，必败。何故退。"子犯曰："二三子忘在楚乎。偃也闻之，战斗，直为壮，曲为老。未报楚惠而抗宋，我曲楚直，其众莫不生气，不可谓老。若我以君避臣，而不去，彼亦曲矣。"退三舍避楚。	1
98	国语	晋语七	四年，会诸侯于鸡丘，魏绛为中军司马，公子扬干乱行于曲梁，魏绛斩其仆。……言终，魏绛至，授仆人书而伏剑。士鲂、张老交止之。仆人授公，公读书曰：……公跣而出，曰："寡人之言，兄弟之礼也。子之诛，军旅之事也，请无重寡人之过。"反役，与之礼食，令之佐新军。	1
99	国语	吴语	吴王夫差既许越成，乃大戒师徒，将以伐齐。申胥进谏曰："昔天以越赐吴，而王弗受。夫天命有反，今越王勾践恐惧而改其谋，舍其愆令，轻其征赋，施民所善，去民所恶，身自约也，裕其众庶，其民殷众，以多甲兵。……"	1
100	国语	越语上	勾践说于国人曰："寡人不知其力之不足也，而又与大国执雠，以暴露百姓之骨于中原，此则寡人之罪也。寡人请更。"于是葬死者，问伤者，养生者，吊有忧，贺有喜，送往者，迎来者，去民之所恶，补民之不足。然后卑事夫差，宦士三百人于吴，其身亲为夫差前马。	1

续表

序号	文献	时间/篇目	文章	分类
101	国语	越语上	国之父兄请曰："昔者夫差耻吾君于诸侯之国，今越国亦节矣，请报之。"勾践辞曰："昔者之战也，非二三子之罪也，寡人之罪也。如寡人者，安与知耻。请姑无庸战。"	1
102	国语	越语下	王曰："与人奈何。"（范蠡）对曰："卑辞尊礼，玩好女乐，尊之以名。如此不已，又身与之市。"王曰："诺。"乃令大夫种行成于吴，曰："请士女女于士，大夫女女于大夫，随之以国家之重器。"吴人不许。大夫种来而复往，曰："请委管籥属国家，以身随之，君王制之。"吴人许诺。	1
103	国语	周语上	穆王将征犬戎，祭公谋父谏曰："……昔我先王世后稷，以服事虞、夏。及夏之衰也，弃稷不务，我先王不窋用失其官，而自窜于戎、狄之闲，不敢怠业，时序其德，纂修其绪，修其训典，朝夕恪勤，守以敦笃，奉以忠信，奕世载德，不忝前人。至于武王，昭前之光明而加之以慈和，事神保民，莫弗欣喜。商王帝辛，大恶于民。庶民不忍，欣戴武王，以致戎于商牧。是先王非务武也，勤恤民隐而除其害也。……"	2
104	国语	周语上	厉王虐，国人谤王。邵公告曰："民不堪命矣。"王怒，得卫巫，使监谤者，以告，则杀之。国人莫敢言，道路以目。王喜，告邵公曰：……王不听，于是国莫敢出言，三年，乃流王于彘。	2
105	国语	周语中	王召士季，曰："……夫戎、狄，冒没轻儳，贪而不让。其血气不治，若禽兽焉。其适来班贡，不俟馨香嘉味，故坐诸门外，而使舌人体委与之。……"	2
106	国语	周语中	（单）襄公曰："人有言曰：'兵在其颈。'其郤至之谓乎。君子不自称也，非以让也，恶其盖人也。夫人性，陵上者也，不可盖也。求盖人，其抑下滋甚，故圣人贵让。且谚曰：'兽恶其网，民恶其上。'书曰：'民可近也，而不可上也。'诗曰：'恺悌君子，求福不回。'在礼，敌必三让，是则圣人知民之不可加也。故王天下者必先诸民，然后庇焉，则能长利。今郤至在七人之下而欲上之，是求盖七人也，其亦有七怨。怨在小丑，犹不可堪，而况在侈卿乎。其何以待之。……"	2
107	国语	鲁语上	鲍国谓之曰："子何辞苦成叔之邑，欲信让耶，抑知其不可乎。"对曰："吾闻之，不厚其栋，不能任重。重莫如国，栋莫如德。夫苦成叔家欲任两国而无大德，其不存也，亡无日矣。譬之如疾，余恐易焉。苦成氏有三亡。少德而多宠，位下而欲上政，无大功而欲大禄，皆怨府也。其君骄而多私，胜敌而归，必立新家。立新家，不因民不能去旧；因民，非多怨民无所始。为怨三府，可谓多矣。其身之不能定，焉能予人之邑。"鲍国曰："我信不若子，若鲍氏有衅，吾不图矣。今子图远以让邑，必常立矣。"	2
108	国语	鲁语上	晋人杀厉公，边人以告，成公在朝。公曰："臣杀其君，谁之过也。"大夫莫对，里革曰："君之过也。夫君人者，其威大矣。失威而至于杀，其过多矣。且夫君也者，将牧民而正其邪者也，若君纵私回而弃民事，民旁有慝无由省之，益邪多矣。若以邪临民，陷而不振，用善不肯专，则不能使，至于殄灭而莫之恤也，将安用之。桀奔南巢，纣踣于京，厉流于彘，幽灭于戏，皆是术也。夫君也者，民之川泽也。行而从之，美恶皆君之由，民何能为焉。"	2

续表

序号	文献	时间/篇目	文　章	分类
109	国语	鲁语下	诸侯伐秦，及泾莫济。晋叔向见叔孙穆子曰："诸侯谓秦不恭而讨之，及泾而止，于秦何益。"	2
110	国语	晋语一	(郤叔虎)出遇士蒍，曰："……其上贪以忍，其下偷以幸，有纵君而无谏臣，有冒上而无忠下。君臣上下各餍其私，以纵其回，民各有心而无所据依。以是处国，不亦难乎。……"	2
111	国语	晋语二	葵丘之会，献公将如会，遇宰周公，曰："君可无会也。夫齐侯好示，务施与力而不务德，故轻致诸侯而重遣之，使至者劝而叛者慕。怀之以典言，薄其要结而厚德之，以示之信。三属诸侯，存亡国三，以示之施。是以北伐山戎，南伐楚，西为此会也。……"	2
112	国语	晋语三	公子縶曰："吾岂将徒杀之。吾将以公子重耳代之。晋君之无道莫不闻，公子重耳之仁莫不知。战胜大国，武也。杀无道而立有道，仁也。胜无后害，智也。"	2
113	国语	晋语五	灵公虐，赵宣子骤谏，公患之，使鉏麑贼之，晨往，则寝门辟矣，盛服将朝，早而假寐。麑退，叹而言曰："赵孟敬哉。夫不忘恭敬，社稷之镇也。贼国之镇不忠，受命而废之不信，享一名于此，不如死。"触庭之槐而死。	2
114	国语	晋语六	于是乎君伐智而多力，怠教而重敛，大其私暱，杀三郤而尸诸朝，纳其室以分妇人，于是乎国人不蠲，遂弑诸翼，葬于翼东门之外，以车一乘。厉公之所以死者，唯无德而功烈多，服者众也。	2
115	国语	晋语六	反自鄢，范文子谓其宗、祝曰："君骄泰而有烈，夫以德胜者犹惧失之，而况骄泰乎。君多私，今以胜归，私必昭。昭私，难必作，吾恐及焉。凡吾宗、祝，为我祈死，先难为免。"七年夏，范文子卒。冬，难作，始于三郤，卒于公。	2
116	国语	晋语八	秦后子来奔，赵文子见之，问曰："秦君道乎。"对曰："不识。"文子曰："公子辱于敝邑，必避不道也。"对曰："有焉。"文子曰："犹可以久乎。"对曰："鍼闻之，国无道而年谷和熟，鲜不五稔。"	2
117	国语	郑语	桓公为司徒，甚得周众与东土之人，问于史伯曰："……其济、洛、河、颍之间乎。是其子男之国，虢、郐为大，虢叔恃势，郐仲恃险，是皆有骄侈怠慢之心，而加之以贪冒。君若以周难之故，寄孥与贿焉，不敢不许。周乱而弊，是骄而贪，必将背君，君若以成周之众，奉辞伐罪，无不克矣。……"	2
118	国语	郑语	公曰："谢西之九州，何如。"对曰："其民沓贪而忍，不可因也。唯谢、郏之间，其冢君侈骄，其民怠沓其君，而未及周德；若更君而周训之，是易取也，且可长用也。"	2
119	国语	楚语上	灵王虐，白公子张骤谏。王患之。	2
120	国语	楚语下	(蓝尹亹)对曰："子患政德之不修，无患吴矣。夫阖庐口不贪嘉味，耳不乐逸声，目不淫于色，身不怀于安，朝夕勤志，恤民之羸，闻一善若惊，得一士若赏，有过必悛，有不善必惧，是故得民以济其志。今吾闻夫差好罢民力以成私好，纵过而翳谏，一夕之宿，台榭陂池必成，六畜玩好必从。夫差先自败也已，焉能败人。子修德以待吴，吴将毙矣。"	2

续表

序号	文献	时间/篇目	文　章	分类
121	国语	吴语	申胥进谏曰："……王其盍亦鉴于人，无鉴于水。昔楚灵王不君，其臣箴谏以不入。乃筑台于章华之上，阙为石郭，陂汉，以象帝舜。罢弊楚国，以闲陈、蔡。不修方城之内，逾诸夏而图东国，三岁于沮、汾以服吴、越。其民不忍饥劳之殃，三军叛王于干谿。王亲独行，屏营仿偟于山林之中，三日乃见其涓人畴。……"	2
122	国语	越语下	(范蠡)对曰："持盈者与天，定倾者与人，节事者与地。王不问，蠡不敢言。天道盈而不溢，盛而不骄，劳而不矜其功。夫圣人随时以行，是谓守时。天时不作，弗为人客；人事不起，弗为之始。今君王未盈而溢，未盛而骄，不劳而矜其功，天时不作而先为人客，人事不起而创为之始，此逆于天而不和于人。王若行之，将妨于国家，靡王躬身。"王弗听。	2
123	国语	越语下	四年，王召范蠡而问焉，曰："先人就世，不谷即位。吾年既少，未有恒常，出则禽荒，入则酒荒。吾百姓之不图，唯舟与车。上天降祸于越，委制于吴。吴人之那不谷，亦又甚焉。吾欲与子谋之，其可乎。"	2
124	国语	越语下	又一年，王召范蠡而问焉，曰："吾与子谋子吴，曰'未可也'。今吴王淫于乐而忘其百姓，乱民功，逆天时；信谗喜优，憎辅远弼，圣人不出，忠臣解骨；皆曲相御，莫适相非，上下相偷。其可乎。"	2
125	国语	周语中	(刘康公)对曰："臣闻之，为臣必臣，为君必君。宽肃宣惠，君也；敬恪恭俭，臣也。宽所以保本也，肃所以济时也，宣所以教施也，惠所以和民也。本有保则必固，时动而济则无败功，教施而宣则遍，惠以和民则阜。若本固而功成，施遍而民阜，乃可以长保民矣，其何事不彻。敬所以承命也，恪所以守业也，恭所以给事也，俭所以足用也。以敬承命则不违，以恪守业则不懈，以恭给事则宽于死，以俭足用则远于忧。若承命不违，守业不懈，宽于死而远于忧，则可以上下无隙矣，其何任不堪。……"	3
126	国语	周语下	襄公有疾，召顷公而告之，曰："必善晋周，将得晋国。其行也文，能文则得天地。天地所胙，小而后国。夫敬，文之恭也；忠，文之实也；信，文之孚也；仁，文之爱也；义，文之制也；智，文之舆也；勇，文之帅也；教，文之施也；孝，文之本也；惠，文之慈也；让，文之材也。象天能敬，帅意能忠，思身能信，爱人能仁，利制能义，事建能智，帅义能勇，施辩能教，昭神能孝，慈和能惠，推敌能让。此十一者，夫子皆有焉。……"	3
127	国语	周语下	单之老送叔向，叔向告之曰："异哉。吾闻之曰：'一姓不再兴。'今周其兴乎。其有单子也。昔史佚有言曰：'动莫若敬，居莫若俭，德莫若让，事莫若咨。'单子之贶我，礼也，皆有焉。夫宫室不崇，器无彤镂，俭也；身耸除洁，外内齐给，敬也；宴好享赐，不逾其上，让也；宾之礼事，放上而动，咨也。如是，而加之以无私，重之以不殽，能避怨矣。居俭动敬，德让事咨，而能避怨，以为卿佐，其有不兴乎。且其语说昊天有成命，颂之盛德也。其诗曰：'昊天有成命，二后受之，成王不敢康。夙夜基命宥密，于，缉熙。亶厥心肆其靖之。'是道成王之德也。成王能明文昭，能定武烈者也。夫道成命者，而称昊天，翼其上也。二后受之，让于德也。成王不敢康，敬百姓也。夙夜，恭也；基，始也。命，信也。宥，宽也。密，宁也。缉，明也。熙，广也。亶，厚也。肆，固也。靖，和也。其始也，翼上德让，而敬百姓。其中也，恭俭信宽，帅归于宁。其终也，广厚其心，以固和之。始于德让，中于信宽，终于固和，故曰成。单子俭敬让咨，以应成德。单若不兴，子孙必蕃，后世不忘。……"	3

续表

序号	文献	时间/篇目	文　章	分类
128	国语	鲁语下	齐间丘来盟，子服景伯戒宰人曰："陷而入于恭。"闵马父笑，景伯问之，对曰："笑吾子之大也。昔正考父校商之名颂十二篇于周太师，以那为首，其辑之乱曰："自古在昔，先民有作。温恭朝夕，执事有恪。"先圣王之传恭，犹不敢专，称曰自古，古曰在昔，昔曰先民。今吾子之戒吏人曰'陷而入于恭'，其满之甚也。周恭王能庇昭、穆之阙而为恭，楚恭王能知其过而为恭。今吾子之教官僚曰'陷而后恭'，道将何为。"	3
129	国语	齐语	桓公曰："安国若何。"管子对曰："修旧法，择其善者而业用之；遂滋民，与无财，而敬百姓，则国安矣。"桓公曰："诺。"遂修旧法，择其善者而业用之；遂滋民，与无财，而敬百姓。	3
130	国语	晋语六	(赵文子)见范文子，文子曰："而今可以戒矣，夫贤者宠至而益戒，不足者为宠骄。故兴王赏谏臣，逸王罚之。吾闻古之王者，政德既成，又听于民，于是乎使工诵谏于朝，在列者献诗使勿兜，风听胪言于市，辨祆祥于谣，考百事于朝，问谤誉于路，有邪而正之，尽戒之术也。先王疾是骄也。"	3
131	国语	晋语九	赵简子问于壮驰兹曰："东方之士孰为愈。"壮驰兹拜曰："敢贺。"简子曰："未应吾问，何贺。"对曰："臣闻之，国家之将兴也，君子自以为不足；其亡也，若有余。今主任晋国之政而问及小人，又求贤人，吾是以贺。"	3
132	国语	楚语上	问于申叔时，叔时曰："……摄而不彻，则明施舍以道之忠，明久长以道之信，明度量以道之义，明等级以道之礼，明恭俭以道之孝，明敬戒以道之事，明慈爱以道之仁，明昭利以道之文，明除害以道之武，明精意以道之罚，明正德以道之赏，明齐肃以耀之临。若是而不济，不可为也。且夫诵诗以辅相之，威仪以先后之，体貌以左右之，明行以宣翼之，制节义以动行之，恭敬以临监之，勤勉以劝之，孝顺以纳之，忠信以发之，德音以扬之，教备而不从者，非人也。其可兴乎。夫子践位则退，自退则敬，否则赧。"	3
133	国语	楚语上	王卒，及葬，子囊议谥。大夫曰："王有命矣。"子囊曰："不可。夫事君者，先其善不从其过。赫赫楚国，而君临之，抚征南海，训及诸夏，其宠大矣。有是宠也，而知其过，可不谓恭乎。若先君善，则请为恭。"大夫从之。	3
134	国语	楚语上	左史倚相曰："……昔卫武公年数九十有五矣，犹箴儆于国，曰：'自卿以下至于师长士，苟在朝者，无谓我老耄而舍我，必恭恪于朝，朝夕以交戒我；闻一二之言，必诵志而纳之，以训道我。'……于是乎作懿戒以自儆也。及其没也，谓之睿圣武公。子实不睿圣，于倚相何害。周书曰：'文王至于日中昃，不皇暇食。惠于小民，唯政之恭。'文王犹不敢骄。今子老楚国而欲自安也，以御数者，王将何为。若常如此，楚其难哉。"	3
135	国语	楚语下	子高曰："不然。吾闻之，唯仁者可好也，可恶也，可高也，可下也。好之不偪，恶之不怨，高之不骄，下之不惧。不仁者则不然。人好之则偪，恶之则怨，高之则骄，下之则惧。骄有欲焉，惧有恶焉，欲恶怨偪，所以生诈谋也。子将若何。若召而下之，将戚而惧；为之上者，将怒而怨。诈谋之心，无所靖矣。有一不义，犹败国家，今壹五六，而必欲用之，不亦难乎。吾闻国家将败，必用奸人，而嗜其疾味，其子之谓乎。"	3

续表

序号	文献	时间/篇目	文　章	分类
136	国语	吴语	王曰："在孤之侧者，觞酒、豆肉，箪食，未尝敢不分也。饮食不致味，听乐不尽声，求以报吴。愿以此战。"包胥曰："善则善矣，未可以战也。"王曰："越国之中，疾者吾问之，死者吾葬之，老其老，慈其幼，长其孤，问其病，求以报吴。愿以此战。"包胥曰："善则善矣，未可以战也。"王曰："越国之中，吾宽民以子之，忠惠以善之。吾修令宽刑，施民所欲，去民所恶，称其善，掩其恶，求以报吴。愿以此战。"包胥曰："善则善矣，未可以战也。"王曰："越国之中，富者吾安之，贫者吾与之，救其不足，裁其有余，使贫富皆利之，求以报吴。愿以此战。"包胥曰："善则善矣，未可以战也。"王曰："越国南则楚，西则晋，北则齐，春秋皮币、玉帛、子女以宾服焉，未尝敢绝，求以报吴。愿以此战。"包胥曰："善哉，蔑以加焉，然犹未可以战也。夫战，智为始，仁次之，勇次之。不智，则不知民之极，无以铨度天下之众寡；不仁，则不能与三军共饥劳之殃；不勇，则不能断疑以发大计。"越王曰："诺。"	3

《清华简·系年》的纪年模式及其撰写年代的拟测

张连航

中国是重视历史的国家。历史的记录与传承，年代非常久远。楚文化作为中国古代南方文化的重要一支，其文化与学术的发展，很早已达到极先进的程度。关于史籍的撰写与记录，也能反映楚人文化的深邃。十年前新发现的清华简有《楚居》《系年》等篇，均与楚史相关联，本文欲以《系年》为例，印证一下上述说法。

一

清华简《系年》抄写的年代在公元前300年左右，属战国中晚期，当然具体文本的撰写可能来源更早①。竹简的文字风格是楚文字，叙述的历史内容，亦是以楚国历史为主。从目前可见先秦简帛文献中，一篇文章长138支简，3875字(包括合文与重文)，分23章的长文，而内容又起自武王克商到战国早期三晋与楚的大战，② 无论从内容的广度及深度言，均可以说是绝无仅有的大手笔，其价值和意义，自不待言。

李守奎先生在《一部古史探新知——清华简〈系年〉的价值和意义》一文中就提出："《系年》的问世，让我们第一次确切看到先秦史书的原貌，填补了空白；也改变了我们过去的一些常识，创下了若干个"之最"——现存最古老的先秦史实物。

——到目前为止，已发表单篇竹书中最长的古书。

——最早的纪事本末体史书的雏形。

——编痕、编号、简背划痕俱全，形制最完备的先秦简册。③

李先生的说法非常有道理，《系年》记载起自周武王(公元前1046年)至战国时楚声王(公元前402年)的历史事件，而所采取的叙事方式类似纪事本末体，不像《春秋》的编年体。④ 由于记录了楚声王的历史事件，其撰述年代，当在公元前400年以后。

美国汉学家蒲百瑞在《试析〈左传〉中的楚〈梼杌〉资料》认为："《左传》在公元前675年(楚文王晚期)之前的楚国资料是相当零碎的。"蒲氏整理了公元前706—前605约一百年内的资料，《左传》包含了96个有关楚国的常规条目，而《春秋》仅有42个。另外是《左传》记载日期较《春秋》更精确。他认为《左传》的史料应该另有来源。⑤ 清华简《系年》中有楚文王的资料，主要记载于第五章(简23-30)突出了息妫这个人物，这一节的内容亦正好是楚文王时期的历史，我们试考察《春秋》《左传》及《史记》等不同的记载方式，

---

① 有学者由《系年》记载的史事，认为《系年》作于楚肃王时代(公元前380—前370年)。

② 刘光胜：《清华简系年与竹书纪年比较研究》，中西书局2015年版，丛书前言第4页。

③ 李守奎：《一部古史探新知——清华简〈系年〉的价值和意义》，李守奎编：《清华简〈系年〉与古史新探》，中西书局2016年版，第518页。

④ 清华简一般认为是战国中期的文献抄本，其叙事方式，对于撰写历史，是有改良创造的。而本文以《系年》第五章(简23-30)所载息妫这段历史为例，对比《春秋》《左传》及《史记》记载，看看几本史籍叙事模式的差异。

⑤ 蒲百瑞：《试析〈左传〉中的楚〈梼杌〉资料》，《楚文化研究论集》第6集，湖北教育出版社2005年版，第455~462页。

看看各本典籍的叙事模式及内容上的差异，从而反映史籍撰述的演进过程。

二

下面首先引清华简《系年》第五章(简23-30)的文本，让我们先了解一下在东周时期楚国史籍的撰述方式。

> 蔡哀侯取妻于陈，息侯亦取妻于陈，是息妫。息妫将归于息，过蔡，蔡哀侯命止之，曰：以同姓之故，必入。息妫乃入于蔡，蔡哀侯妻之。息侯弗顺，乃使人于楚文王曰：君来伐我，我将求救于蔡，君焉败之。文王起师伐息，息侯求救于蔡，蔡哀侯率师以救息，文王败之于莘，获哀侯以归。文王为客于息，蔡侯与从，息侯以文王饮酒，蔡侯知息侯之诱己也，亦告文王曰：息侯之妻甚美，君必命见之。文王命见之，息侯辞，王固命见之。既见之，还。明岁，起师伐息，克之，杀息侯，取息妫以归，是生堵敖及成王。文王以北启出方城，封畛于汝，改旅于陈，焉取顿以赣(恐?)陈侯。①

这段文字的内容，没有强调楚文王扩展疆土，怎样越汉水、出方城、入中原的政治步骤，② 却把重心放在后来成为文王夫人的息妫身上。让当时国际间的争端与外交，都隐在事件的背后，只在最后一句提及“文王北启出方城，封畛于汝”这种撰述角度非常值得思考。比对《春秋》《左传》及《史记》的记载，内容有粗细之别。

《春秋》记录这一段史实，只说：(鲁庄公十年)秋，九月，荆败蔡师于莘，以蔡侯献舞归。

《左传》对这则历史做了补充，“(庄公十年)蔡哀侯娶于陈，息侯亦娶焉，息妫将归，过蔡，蔡侯曰，吾姨也，止而见之，弗宾，息侯闻之怒，使谓楚文王曰，伐我，吾求救于蔡而伐之，楚子从之，秋，九月，楚败蔡师于莘，以蔡侯献舞归”。《春秋》只记录结果，《左传》将事件的背景，阐释清楚。然而，无论《春秋》或《左传》的纪年方式，都是靠王侯(鲁庄公)纪年。

另一则资料是《春秋》：“(鲁庄公十四年)秋，七月，荆入蔡。”这一件事发生在四年后，而《左传》(鲁庄公十四年)载“蔡哀侯为莘故，绳息妫以语楚子，楚子如息，以食入享，遂灭息，以息妫归，生堵敖，及成王焉，未言，楚子问之，对曰，吾一妇人，而事二夫，纵弗能死，其又奚言，楚子以蔡侯灭息，遂伐蔡，秋，七月，楚入蔡，君子曰，商书所谓恶之易也，如火之燎于原，不可乡迩，其犹可扑灭者，其如蔡哀侯乎”。纪年的方式一样，需要靠王侯编年，才能确定纪年，然后在这个年限内补充史料。

上述的历史事件，在《史记》一书中分别作如下记录：

> 哀侯十一年，初，哀侯娶陈，息侯亦娶陈。息夫人将归，过蔡，蔡侯不敬。息侯怒，请楚文王：“来伐我，我求救于蔡，蔡必来，楚因击之，可以有功。”楚文王从之，虏蔡哀侯以归。哀侯留九岁，死于楚。凡立二十年卒。蔡人立其子肸，是为缪侯。(《史记·管蔡世家》)
>
> 文王二年，伐申过邓，邓人曰“楚王易取”，邓侯不许也。六年，伐蔡，虏蔡哀侯以归，已而释之。楚强，陵江汉间小国，小国皆畏之。十一年，齐桓公始霸，楚亦始大。十二年，伐邓，灭之。十三年，卒，子熊艰立，是为庄敖。庄敖五年，欲杀其弟熊恽，恽奔随，与随袭弑庄敖代立，是为成王。(《史记·楚世家》)

案：《史记》分别在《管蔡世家》和《楚世家》记录了这件事，但有些地方却并没有说清楚。蔡哀侯到底

① 李学勤主编：《清华大学藏战国竹简(贰)》，中西书局2012年版。案：释文以宽式隶定文字为主。

② 张正明：《楚史》，湖北教育出版社1995年版，第81~85页。

是被虏后放了？还是被软禁在楚，直到死亡？

然而，《史记》的撰述方式，明显有了大跃进。透过诸侯纪年，准确将事情先后交代清楚。这是《春秋》《左传》及清华简《系年》中做不到的。但清华简《系年》的撰述方式，可以看到编年体向纪事本末体发展的线索。《系年》作者这种撰史的眼光，不能不被赞叹楚文化在战国时代已处于领先地位。

> 汉司马迁在《史记·十二诸侯年表》提出“是以孔子明王道，干七十余君，莫能用，故西观周室，论史记旧闻，兴于鲁而次春秋，上记隐，下至哀之获麟，约其辞文，去其烦重，以制义法，王道备，人事浃。……鲁君子左丘明惧弟子人人异端，各安其意，失其真，故因孔子史记具论其语，成左氏春秋”。

这段话，可以看出《春秋》《左传》的关系，及两书成书的年代，大概都在春秋晚年或战国早期。

西汉初年，太史公谈到过去叙写历史的方法时，提及早前史家往往各有偏重，观察的要点也不一样。“儒者断其义，驰说者骋其辞，不务综其终始；历人取其年月，数家隆于神运，谱牒独记世谥，其辞略，欲一观诸要难。”①由于各家记录历史的目的不同，所以撰写角度有别。这些到了汉代，成为太史公参考如何撰述古史的借鉴。所以《史记》的撰述方式才更多元，更多变化。

三

先秦楚地出土材料，年代最早的在西周晚期约公元前799年至战国晚期公元前223年。从这五百多年历史遗留下来的器物及铭文中，我们大致归纳出楚国纪年的三段特点，第一期西周晚期至春秋中晚期(约公元前799—前670年)。这一期的铭文纪年主要记录月、日。第二期春秋中晚期到战国中期(约公元前670—前330年)。这一期的特点是虚拟的吉日，如初吉丁亥日。第三期为战国中晚期(约公元前330—前221年)，以大事纪年为代表，同时也兼及其他不同变化的纪年方式。②

楚金文中的纪年，自西周晚期至战国末叶，大抵有以下几种形式：

(1)唯八月甲申　(楚公逆编钟　西周晚期)
(2)惟王正月初吉庚午　(楚嬴盘　春秋早期)
(3)惟王正月初吉丁亥　(楚王领钟　春秋中期)
(4)惟王二十又六年　(曾姬无卹壶　战国中期)
(5)大司马邵阳败晋师于襄陵之岁，夏层之月，乙亥之日　(鄂君启节　战国中期)
(6)郾客藏嘉[illegible]王于蔵郢之岁，享月己酉之日　(燕客铜量　战国中期)
(7)楚王酓忎战获兵铜，正月吉日　(楚王酓忎盘　战国晚期)
(8)肤鼎之岁，羕陵公伺　(羕陵公戈　战国晚期)

(1)至(3)纪月及日，(4)纪王年。(1)至(4)皆为西周以来继承的传统纪年方式。(5)至(8)是楚国在战国中晚期出现的一种以事纪年的新方式。

楚材料中有“年”字出现已到战国时代。战国楚器纪年的词语中出现“年”“祀”“岁”三种不同的纪年用语。例如：

---

① (汉)司马迁：《史记·十二诸侯年表第二》，中华书局2006年版，第112页。

② 张连航：《古文字与上古汉语研究论稿》，中国社会科学出版社2014年版，第134~143页。

(1)隹王五十又六祀，反自西𨛜(阳)　(楚惠王器铭　战国初年)

(2)隹王二十又(有)六年，圣𨍏之夫人曾姬无卹……　(曾姬无卹壶　战国中期)

(3)大司马邵阳败晋师于襄陵之岁……　岁翼(能)返　(鄂君启节　战国中期)

“祀”“年”和“岁”均有。另外，出现“以共岁棠”的成语，但非用于句首。列国文字中，除楚国器外，不见“岁”字写作“𢧤”者。“岁”乃楚器铭文独特的写法。

在楚铜器及简牍中之“大事纪年”是战国中晚期在楚国兴起颇常见的纪年方式。铜器铭文及竹简材料中均有记载。如上引《鄂君启节》“大司马邵阳败晋师于襄陵之𢧤(岁)”。

包山楚简有下面的句子：

(1)宋客盛公□聘楚之岁　125

(2)宋客盛公□之岁　132

(3)盛公□之岁　130

除了“年”“岁”及“祀”之外，当时仍用干支纪年。《楚王酓肯簠》上有一条材料非常珍贵。即在叙述铸器原因后刻下干支。“楚王酓肯乍铸金（簠），以共岁棠。戊寅。”“戊寅”该是干支纪年之例。

那么，在清华简《系年》二十三章中，纪年的模式又是怎样的？我们觉得大抵有以下几项情况。

(1)至于厉王　2；

(2)共伯和立、十又四年、宣王即位　3

(3)立三十又九年　4

(4)立二十又一年　8

(5)周亡(无)王九年　8

(6)王即世、王即位、晋文公立四年　41

(7)楚穆王立八年　56、庄王即位　58

(8)楚庄王立十又四年　61

以上方式，主要是靠诸侯的王世，记录年份。利用这种形式，将年代确定在一个相对的时空下。除此之外，就是以事纪年的方法。例如：周幽王取妻于西申(简5)、蔡哀侯取妻于陈(简23)，利用历史上发生的大事记录具体时间。这是类似战国中期出现的大事纪年。像《系年》第五章与《春秋》《左传》《史记》的分别差异，看出可发展的空间。另外，在《系年》结尾第二十三章，出现“甲戌”及“丙子”的干支纪年。“楚师将救武阳，王命平夜悼武君李(使)人于齐陈淏求师。陈疾目率车千乘，以从楚师于武阳。甲戌，晋楚以战。丙子，齐师至岩，遂还。”(简23)

笔者曾在拙著中提及：传世文献中，中国古代的纪年法，约有五种：帝王纪年、年号纪年、岁星纪年、太岁纪年、干支纪年。比对出土的材料，发现很多都可以相合。但出土材料中也有纪年方式与传世文献不同的。例如在战国中期出现的以大事纪年。我们发现不同的纪年方式，又可能反映其年代地域、文化的差异。①

① 张连航：《古文字与上古汉语研究论稿》，中国社会科学出版社2014年版，第134页。

四

若按蒲百瑞先生的说法，楚史中关于楚文王或之前的历史，记录很少。楚文王时期所发生的历史事件在《系年》中，只有上述这段关于息妫的记录。从记载的内容言，跟《左传》所记录的非常接近。这说明当时史官看重这段历史？还是当时留下的资料仅此而已？《系年》撰文时参考《左传》？还是左丘明作《左传》参考《系年》或相类似的记录？我们认为《系年》撰述的年代，应该在《左传》以后。由于两者内容非常接近，《系年》在撰述时参考了《左传》或左丘明参考过的资料，是完全有可能的。

太史公论述东周以后史籍撰写的模式时，曾提出撰述者因不同目的编撰史册的方式。如"铎椒为楚威王传，为王不能尽观春秋，采取成败，卒四十章，为铎氏微。赵孝成王时，其相虞卿上采春秋，下观近势，亦著八篇，为虞氏春秋。吕不韦者，秦庄襄王相，亦上观尚古，删拾春秋，集六国时事，以为八览、六论、十二纪，为吕氏春秋"。从《系年》的简洁，强调事件的前因后果，其撰写的目的，应该也像铎椒为楚威王作《铎氏微》一样①，清华简《系年》应该也是这个时期的作品。所以我们认为清华简《系年》成文的年代在战国中晚期约在公元前330年。

（作者单位：香港教育大学）

① 网上资料提及陈伟先生在《清华大学藏战国竹简（贰）》成果发布暨学术座谈会上曾提出《系年》与《铎氏微》类似。冯时先生在《清华大学竹书〈系年〉的文献学考察》中也提出这种看法。我们对此说深表赞同。

清华简《系年》与葛陵简楚史问题考*

李　锐

清华简《系年》23 章，记西周以至战国早期史事，据之以对勘传世古籍与出土文献，疏通文字音韵训诂，用传经补史，已经有不少学者从事之，并取得了很大的成绩。这其中尤其值得重视的是战国史事，因为顾炎武在《日知录》卷十三“周末风俗”章曾指出：“春秋终于敬王三十九年庚申之岁，西狩获麟。又十四年，为贞定王元年癸酉之岁，鲁哀公出奔。二年，卒于有山氏，《左传》以是终焉。又六十五年，威烈王二十三年戊寅之岁，初命晋大夫魏斯、赵籍、韩虔为诸侯。又一十七年，安王十六年乙未之岁，初命齐大夫田和为诸侯。又五十二年，显王三十五年丁亥之岁，六国以次称王，苏秦为从长。自此之后，事乃可得而纪。自《左传》之终以至此，凡一百三十三年，史文阙轶，考古者为之茫昧。”所幸清华简《系年》记有不少战国早期的史事，而且近年来楚地出土了不少战国竹简，因此由《系年》而对有关楚史、战国史的问题进行综合研究，意义是相当大的。

当然，李学勤先生已经指出“《系年》一篇字体是楚文字，但不能由此直接推论这是楚国人的著作”，“作者即使确是楚人，他的眼光则是全国的，没有受到狭隘的局限”；① 而且由竹简抄写情况来看，《系年》并非经过校勘的作品，可能会有某些错误。因此我们应该综合参考传世文献和出土文献，持平论之。

譬如《系年》第 11 章说：“楚穆王立八年，王会诸侯于厥貉，将以伐宋。宋右师华孙元欲劳楚师，乃行。穆王使驱孟渚之麋，徙之徒林。宋公为左盂，郑伯为右盂。申公叔侯知之，宋公之车暮驾，用抶宋公之御。穆王即世，庄王即位，使申伯无畏聘于齐。假路于宋，宋人是故杀申伯无畏，夺其玉帛。庄王帅师围宋九月，宋人焉为成，以女子与兵车百乘，以华孙元为质。”②此章中楚穆王事，《春秋·文公十年》在“冬，狄侵宋”之后记有“楚子、蔡侯次于厥貉”，《左传》则记为“陈侯、郑伯会楚子于息。冬，遂及蔡侯次于厥貉，将以伐宋。宋华御事曰：‘楚欲弱我也，先为之弱乎？何必使诱我？我实不能，民何罪？’乃逆楚子，劳且听命。遂道以田孟诸。宋公为右盂，郑伯为左盂。期思公复遂为右司马，子朱及文之无畏为左司马。命夙驾载燧。宋公违命，无畏抶其仆以徇。或谓子舟曰：‘国君不可戮也。’子舟曰：‘当官而行，何强之有？’”《春秋》《左传》记事与清华简《系年》有一些小差别，整理者指出：“华元为右师，见《左传》文公十六年，在简文所记事之后。对勘《左传》文公十年‘宋华御事……逆楚子，劳且听命’，简文华元应为华御事之讹”，“《左传》文公十年记此事云：‘宋公为右盂，郑伯为左盂’，与简文相反”，“知，《吕氏春秋·长见》注：‘犹为也’，意即主管有关事务。申公叔侯见《左传》僖公二十六年，二十八年称申叔。申无畏又称申舟，与申公叔侯并非同族，详见郑樵《通志·氏族略》。据本章下文，此处申公叔侯乃是讹误”。③ 较大的不同是，鲁文公十年(公元前 617 年)，据《史记·十二诸侯年表》相当于楚穆王九年，

---

* 本文写作得到 2012 年度国家社科基金重大项目“中国国家起源研究的理论与方法”(12&ZD133)、上海 085 社会学学科内涵建设科研项目的资助。

① 李学勤：《清华简〈系年〉及有关古史问题》，《文物》2011 年第 3 期。

② 参见李学勤主编：《清华大学藏战国竹简(贰)·下册》，中西书局 2011 年版，第 160 页。释文、标点等不全依原文，下同，不另注。

③ 李学勤主编：《清华大学藏战国竹简(贰)·下册》，中西书局 2011 年版，第 161 页。

而简文记为"楚穆王立八年"(参《系年》相关文例，就是楚穆王八年)。因此孙飞燕认为："简文中楚穆王的纪年有误……'楚穆王立八年'当改为'楚穆王立九年'。"①

按：据《左传》，华孙元确当为"华御事"，然而《左传·文公七年》说"华御事为司寇"，《文公十六年》说"华元为右师"，然则简文的"宋右师华孙元"不能简单地改华元为华御事，因为华御事的官职是司寇而非右师。鄙意与其说此处官职、人名皆有讹误，不如说华御事与华元既为父子，很可能父子二人意见相近，简文据华元后来之官职称"宋右师华孙元"，《左传》称"宋华御事"，各据所闻记事(如同简文说"宋公为左盂，郑伯为右盂"，《左传》说"宋公为右盂，郑伯为左盂"②)，可能并无讹误。至于《系年》与《春秋》《左传》相差一年，需要注意的是，此处所记事是《系年》中第一次明确地以楚王年岁记楚事，其后《系年》中楚庄王以下春秋时期的楚史年代则与《春秋》《左传》相合。③ 因此此处的相差一年，固然可能是《系年》有误；但也可能《系年》不误，而是存在某种原因，或当阙疑，因为古史年代参校而相差一年者多见，有继位者当年改元、历法差别、大事逾年等诸多原因。

如果循此种紧密联系出土文献和传世文献，信信疑疑，但在一定限度内稍微调停一点，允许多种可能性存在的态度来看待清华简《系年》中的战国时期楚史，那么或许会有一些新的收获。因为司马迁的《史记·六国年表》主要是根据"秦记"而来，可能还有部分赵纪年,④ 其他诸国的纪年多以之为参照，因此是有可能在彼此参校中出现差错的。后人根据古本《竹书纪年》系联古代史事，继而改订古史特别是战国史，就做出了很多成绩。但古本《竹书纪年》是魏国所保存的古史，且散佚已久，记载楚国的史料不是很多。现在《系年》中有一些楚国材料，可以循《竹书纪年》之法，先与已经明确了的史事系联，再考订相关的问题。

一、楚声王元年为周威烈王二十二年

《系年》第22章记：

> 楚声桓王即位，元年，晋公止会诸侯于任，宋悼公将会晋公，卒于鼜。韩虔、赵籍、魏击率师与越公翳伐齐，齐与越成，以建阳、邱陵之田，且男女服。越公与齐侯贷、鲁侯衍盟于鲁稷门之外。越公入飨于鲁，鲁侯御，齐侯参乘以入。晋魏文侯斯从晋师，晋师大败齐师，齐师北，晋师逐之，入至汧水，齐人且有陈鏖子牛之祸，齐与晋成，齐侯盟于晋军。晋三子之大夫入齐，盟陈和与陈淏于溋门之外，曰：毋修长城，毋伐廪丘。晋公献齐俘馘于周王，遂以齐侯贷、鲁

---

① 孙飞燕：《试谈〈系年〉中厥貉之会与晋吴伐楚的纪年》，复旦大学出土文献与古文字研究中心网，2012年3月31日。

② 王红亮君指出，俞樾在《茶香室经说》卷十四《子朱及文之无畏为右司马》中，明确指出今本《左传》所载有误："此《传》必有误……疑《传》文本作'期思公复遂为司马，子朱及文之无畏为左右司马'，盖宋郑既分左右，其中央必楚子也。期思公复遂为司马，不言左右，可知其在中矣。子朱及文之无畏为左右司马，则子朱左，而文之无畏右，故下文宋公违命，无畏得抶其仆，自谓'当官而行'，以右司马宜治右盂也。《传》写者以上文分言左盂、右盂，遂亦分而言之曰左司马、右司马，致成此误。"俞樾虽然注意到了《左传》所载有矛盾，但谓"子朱左，而文之无畏右"，亦属无据之猜测。根据清华简《系年》所载，宋公实为左盂，故左司马文之无畏抶其仆，与其自谓"当官而行"正可对应……综上可见，根据《系年》所载，《左传》之矛盾自可冰释。故今本《左传》所记"宋公为右盂，郑伯为左盂"实误。李锐按：据俞樾说来看，《系年》似乎更有道理。但《左传》说"宋公为右盂，郑伯为左盂。期思公复遂为右司马，子朱及文之无畏为左司马"，叙述顺序是右、左、右、左，我们恐不能改宋公为左而不动文之无畏，待考。

③ 如《系年》后文记"楚庄王立十又四年，王会诸侯于厉，郑成公自厉逃归，庄王遂加郑乱。晋成公会诸侯以救郑，楚师未还，晋成公卒于扈"，"庄王立十又五年，陈公子征舒杀其君灵公，庄王率师围陈"，"晋庄平公立十又二年，楚康王立十又四年"等，史事年代均与《左传》《十二诸侯年表》相合。

④ 参[日]藤田胜久：《史记战国史料研究》，曹峰、[日]广濑薰雄译，上海古籍出版社2008年版。

侯显、宋公田、卫侯虔、郑伯骀朝周王于周。

此处所述三国伐齐事，和顾炎武所指出的“威烈王二十三年戊寅之岁，初命晋大夫魏斯、赵籍、韩虔为诸侯”相关，竹简整理者也已经指出所述事又见于𠫑羌钟铭文。𠫑羌钟于1928年至1931年间出土于洛阳故城遗址，原藏刘体智，现藏日本京都泉屋博古馆和加拿大多伦多安大略博物馆。其铭文经诸多学者研究，现取董珊、杨蒙生的释读意见如下：

钟5件(《殷周金文集成》157~161)：唯廿又再祀，𠫑羌作戎(介)，厥辟韩宗𩟔(献-虔)率(帅)，征秦迮齐，入长城，先会于平阴，武侄(鸷)恃力，䖒(袭)夺楚京①，赏于韩宗，令于晋公，昭于天子，用明则(载)之于铭，武文咸烈，永世毋忘。

钟9件(《集成》162~170)：𠫑氏之钟。

𠫑羌钟纪事的年代“廿又再祀”，即周威烈王二十二年(公元前404年)，当晋烈公十二年，学界已作为定论。此处的问题在于周威烈王二十二年，据《六国年表》，乃楚声王四年，并非《系年》简文所说的“楚声桓王”(即楚声王)的“元年”。因此，董珊认为：“‘楚声桓王即位，元年’之下先叙述晋烈公会诸侯、齐与越成，再叙述晋三家伐齐。楚声王元年为公元前407年，相当于晋烈公之九年、周威烈王之十九年，距周威烈王之二十二年尚有三年之差。这是后面两件事都没以年代系之，而不是说楚声王元年连续发生了这三件事。”②

在《系年》及其他文献中，确有类似的将不同年的事接连叙述的情况，如《系年》第15章“庄王立十又五年，陈公子征舒杀其君灵公，庄王率师围陈……王入陈，杀征舒”，此当是以“陈公子征舒杀其君灵公”之年为楚庄王十五年，杀征舒事在次年，如此乃合于《左传》及《十二诸侯年表》，因此董珊之说可谓有据。然而钱穆《先秦诸子系年》第六九章已经指出根据古本《竹书纪年》，宋悼公有十八年，其卒年在周威烈王二十二年。③ 杨宽《战国史料编年辑证》不信钱穆说，将宋悼公元年定在周威烈王二十二年，④ 参以《系年》等，显然差距太大，无法调和，不可信。然则《系年》第22章的宋悼公卒、三晋伐齐皆为周威烈王二十二年事，则述事在其中的“齐与越成”也当同年，这些事在《系年》是以楚声王元年述之(当然，其后的“诸侯朝周”等事有可能迁延至明年，三晋当于此时被命为侯，𠫑羌钟铭文的“昭于天子”当即此事)。因此，楚声王元年为周威烈王二十二年。

二、楚声王在位四年而非六年

传世文献如《史记·六国年表》中楚声王元年为周威烈王十九年，这与上文所得“楚声王元年为周威烈王二十二年”之说相差三年，差距较大，难以调和，很值得探求出土文献和传世文献相差三年的原因。

如果我们尝试根据《系年》所说，将楚声王元年推迟三年至周威烈王二十二年(公元前404年)，那么首先要考虑楚声王在位有几年，三年的变动如何处理，还要考虑其前当有某位楚王多出三年在位时间。《史记》载楚声王在位六年，《系年》最后一章即第23章记：

① “亭”字，郭永秉《“京”、“亭”、“亳”献疑》释为“亭”(《出土文献》第五辑，中西书局2014年版)，但吴良宝认为还是当释“京”(吴良宝：《𠫑羌钟铭“楚京”研究评议》，李守奎主编：《清华简〈系年〉与古史新探》，中西书局2016年版)。

② 参董珊：《读清华简〈系年〉》，复旦大学出土文献与古文字研究中心网，2011年12月26日。按：董珊提交给清华大学“出土文献与中国古代文明国际学术研讨会”(2013年6月17—18日)的论文《清华简〈系年〉与𠫑羌钟对读》一文中，没有谈楚声桓王元年与𠫑羌钟等的年代问题。

③ 钱穆：《先秦诸子系年》，《钱宾四先生全集》，台湾联经出版事业公司1998年版，第226~228页。

④ 杨宽：《战国史料编年辑证》，上海人民出版社2001年版，第193页。

> 楚声桓王立四年，宋公田、郑伯骀皆朝于楚。王率宋公以城榆关，寘武阳。秦人败晋师于洛阴，以为楚援。声王即世，悼哲王即位。郑人侵榆关，阳城桓定君率榆关之师与上国之师以交之，与之战于桂陵，楚师无功。景之贾与舒子共止而死。明岁，晋䲜(?)余率晋师与郑师以入王子定。鲁阳公率师以交晋人，晋人还，不果入王子。明岁，郎庄平君率师侵郑，郑皇子、子马、子池、子封子率师以交楚人，楚人涉氾，将与之战，郑师逃入于蔑。楚师围之于蔑，尽逾(降)郑师与其四将军，以归于郢，郑太宰欣亦起祸于郑，郑子阳用灭，无后于郑。

《系年》叙事紧密，如果以楚声王在位仅四年计，则楚悼王(即简文中的悼哲王)元年是公元前400年，楚悼王二年(公元前399年)，①“晋䲜(?)余率晋师与郑师以入王子定。鲁阳公率师以交晋人，晋人还，不果入王子”，这合于《史记·六国年表》公元前399年所记的“王子定奔晋”；“明岁”，楚悼王三年(公元前398年)，“郑太宰欣亦起祸于郑，郑子阳用灭”，合于《史记·六国年表》公元前398年所记“郑杀其相驷子阳”。看来楚声王在位有可能只有四年，而《史记》记为六年，② 如此则楚声王元年推迟三年所造成的变动，当去掉两年，只剩下一年了。前面已经说过，一年的差别常见(当然，由于资料缺乏，我们目前还难以判断这个一年之别在其后何王身上发生了变化，目前只能以楚悼王顺延在声王四年之后来讨论问题)。因此以楚声王元年为周威烈王二十二年，问题可以算已经解决了一半。③

三、楚简王在位二十七年而非二十四年

楚声王元年推迟了三年，其前必有先王年世应当增加三年。由于春秋时事有《左传》等可参照，因此这个先王很可能是战国初楚声王前的楚王。楚惠王当春秋末世，而且由曾侯乙墓所出楚王酓章镈铭文可知楚惠王至少有五十六年，史载为五十七年，古代如此长年在位者极为少见，其年限恐怕难以延长。那么，惠王与声王之间的简王在位年岁是否可能延长三年呢?《史记》载简王有二十四年，《系年》第21章说“楚简大王立七年，宋悼公朝于楚”。前文说过钱穆已经指出根据古本《竹书纪年》宋悼公有十八年，其卒年在周威烈王二十二年，即楚声王元年。如果楚简王确实只有二十四年，则楚简王七年距离楚声王元年有十九年，约合《竹书纪年》宋悼公有十八年之说，因为宋悼公可能在即位而未改元的情况下朝见楚王。但如此一来，我们就没有办法谈论延长楚简王的在位年数了，似乎我们前面的设想有问题。不过，梁立勇先生已经指出：

> 梁玉绳《史记志疑》、钱穆《先秦诸子系年》都定宋悼公元年为周威烈王五年，孙诒让《墨子年表》、杨宽《战国史料编年辑证》定为周威烈王二十三年。当以前说为是，否则，则如《系年》整理者所分析，宋悼公即位时楚简王已死五年，无由得见。宋悼公元年为周威烈王五年，为楚简王十一年，和《系年》所记不合。因此，我们以为，《系年》114简的“七年”当是“十年”之误。古文字“七”和“十”字形相似，极易讹混。楚简王十年为周威烈王四年，宋昭公于是年卒，按照逾年

① 按：整理者注九解释“明岁，晋䲜余率晋师与郑师以入王子定”，认为“明岁”为“楚悼王二年”，看来是以“声王即世，悼哲王即位”为楚悼王元年。其根据可能是《系年》中的“晋庄平公即位，元年”，“楚声桓王即位，元年”。

② 李家浩教授提示笔者：《史记》战国年表多据“秦记”推定，而秦小篆文字“四()”与“六(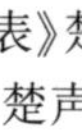)”形近，《说文》古文“四(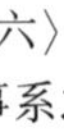)”与秦小篆“六”形更近，可能由此而产生讹误，古书中多有其例(如《史记·十二诸侯年表》楚成王二十六年“灭〈六〉、英”当是二十四年灭“黄”之讹，梁玉绳《史记志疑》已有考证)。按：《楚世家》《六国年表》中楚声王记载简略，无大事系之。楚文字“四”作“”，有可能是“秦记”仅记有“楚声王在位六年”一类文字，而“六”为讹字，或因移录楚史时发生了讹误。但后文考证楚简王在位年数也有问题，则此处致误原因仍待研究。

③ 此处主要意见，笔者曾有《读〈系年〉札记》，于2011年12月22日发表于孔子2000网清华大学简帛研究专栏。后来有一些学者虽然也有相近意见，但是并未注意到笔者的研究成果及提出的相关思考，故未能深究、解决相关问题，如有学者径将楚惠王增加三年。

改元惯例，其时宋悼公已即位而未改元，《系年》记宋悼公朝楚当在其时。①

前文说过，《系年》没有校勘痕迹，可能有误字，因此梁立勇先生的改字之说是允许的；而且楚文字“七(十)”和某一种写法的“十(十)”也确实形近，只在于中间的横画长短之别。梁立勇的意见虽然仅考虑了宋悼公的登基年和楚简王相合这一点，并没有考虑我们所注意的宋悼公的卒年在楚声王元年的问题，但这不同的出发点正好有助于我们解决此处的难题：宋悼公见楚简王是在楚简王十年，周威烈王四年，其后据宋悼公卒年(周威烈王二十二年、楚声王元年)尚有十八年，则楚简王在位当是二十七年，正好比《史记》等所说的简王在位二十四年多出三年。因此，由《系年》可以发现战国初的楚史或许应当调整，楚简王在位当是二十七年而非二十四年，楚声王在位四年而非六年，楚悼王元年在公元前400年。

四、大莫敖阳为、晋师战于长城之岁的年代

楚悼王元年问题的判定，有助于我们解释相关的问题。河南新蔡葛陵楚墓中出土的墓主祷祠竹简里有九个大事纪年简，较有可能是简王末年至悼王初年连续的九年，墓主因病情逐渐加重而祷祠天神地祇人鬼。其中纪年最晚者一般认为是“王自肥遗郢徙于鄩郢之岁”，因为它出现得最多，所记月份集中在三个月，当是墓主临别之时。宋华强、李学勤先生等已根据简文、历法等因素考定其年为公元前398年，并据《史记》，认为在楚悼王四年。② 由《系年》来看，《史记》所述年岁或可能有误，公元前398年应该是楚悼王三年。这与清华简《楚居》篇末所说相应：“至悼折王犹居朋郢。中谢起祸，焉徙袭肥遗。邦大瘠，焉徙居鄩郢。”

不过宋华强和李学勤先生的观点有一个重大差别，宋华强认为楚简中用以纪年之事是上一年发生的大事；而李学勤先生则认为就是以当年之事纪年。因此，对于“王自肥遗郢徙于鄩郢之岁”，宋华强实际上认为“王自肥遗郢徙于鄩郢”是公元前399年所发生的事，而李学勤先生则认为是公元前398年所发生的事。此处的差异，涉及楚史研究中的一个公案，即楚国大事纪年到底是以上一年的大事纪年，还是以本年的大事来纪年，拟另文讨论。不论如何，“王自肥遗郢徙于鄩郢之岁”之后的内容，是记公元前398年的事，这是葛陵简纪事最晚的一年。这一原则确定后，葛陵简中与《系年》有关的事情也可以讨论。

楚国的大事纪年所选大事有一点或可以肯定，那就是所选者应该都是值得说的好事、喜事③。若然，葛陵楚简中大事纪年简“大莫敖阳为、晋师战于长城之岁”所说的“大莫敖阳为、晋师战于长城”之事，应该是楚国战胜了，起码是不败。而清华简《系年》第21章提及：“楚简大王立七〈十〉年，宋悼公朝于楚，告以宋司城𧻚之约公室。王命莫敖阳为率师以定公室，城黄池，城雍丘。晋魏斯、赵浣、韩启章率师围黄池，𨗒迵而归之于楚。二年，王命莫敖阳为率师侵晋，夺宜阳，围赤岸，以复黄池之师。魏斯、赵浣、韩启章率师救赤岸，楚人舍围而还，与晋师战于长城。楚师无功，多弃旃幕，宵遁。楚以与晋固为怨。”前文考定楚简王在位二十七年，此役据简王末年有十余年，距离葛陵楚墓的记事较远，而且楚国战败，因此《系年》整理者说葛陵简中“大莫敖阳为、晋师战于长城之岁”所言即是此次战役，恐怕不可信。或以为“大莫敖阳为、晋师战于长城”所说，乃驫羌钟铭文所记“袭夺楚京”的战事，楚救齐，故与晋战于长城，其时间是公元前404年。此说虽然合乎葛陵简所记事的时间范围，但此战是三晋伐齐，楚人即使助齐，结果也是三晋大胜，楚人恐怕不会以之为大事来纪年。

---

① 梁立勇：《读〈系年〉札记》，《深圳大学学报》(人文社会科学版)2012年第3期。

② 宋华强：《新蔡葛陵楚简初探》，武汉大学出版社2010年版，第113～135页；李学勤：《清华简〈楚居〉与楚徙鄩郢》，《江汉考古》2011年第2期。

③ 参林素清：《从包山楚简纪年材料论楚历》，臧振华编：《中国考古学与历史学之整合研究》，台湾“中央研究院”历史语言研究所，1997年。

鄙意《系年》第23章值得注意："楚声桓王立四年，宋公田、郑伯骀皆朝于楚。王率宋公以城榆关，置武阳。秦人败晋师于洛阴，以为楚援"，楚声王四年在公元前401年，《六国年表》载此年秦"伐魏，至阳狐"，① 可能与《系年》所说"秦人败晋师于洛阴，以为楚援"相关。此处说秦为楚援，但是《系年》只是讲楚宋筑城，未明记晋楚有战争，不免令人生疑。很可能楚声王三年魏曾进攻过楚国，打到了方城，实际上就是"大莫敖阳为、晋师战于长城"所本。楚国当是获胜了，至少是不败，让晋师无功而返，才被用以纪事。而魏攻楚也有原因，《系年》第22章载楚声王元年宋悼公卒，其后宋公田、郑伯朝周(当在次年，楚声王二年)；但第23章载楚声王四年宋、郑朝楚。宋、郑发生这种转变，较有可能是《吕氏春秋·慎势》所说楚声王围宋十月。杨宽附此事于楚声王六年(公元前402年)，看来有误，当是楚声王三年。魏当救宋，殆不成，宋遂被迫朝楚。楚围宋、魏楚战于长城二事虽未见于《系年》，但是《系年》所说的"宋公田、郑伯骀皆朝于楚"，很可能就是出于庆贺战争胜利、表示臣服而来朝(阳为任大莫敖的年代颇久，由曾侯乙墓来看，公元前433年他就已经是大莫敖了。不过《系年》记他曾大败，则亦不足怪)。魏人当寻机报复，魏楚面临全面大战，于是有楚"王率宋公以城榆关，置武阳"；而此时"秦人败晋师于洛阴"，这才可以称得上"以为楚援"。这时楚的盟国有宋、郑、秦。殆因此故，《史记·六国年表》载次年(公元前400年)"三晋来伐我，至桑丘"，② 三国联军攻楚。此事《系年》虽然也未记，但是说"声王即世，悼哲王即位，郑人侵榆关"，刚刚朝楚的郑人叛变，转头攻楚，当是受三晋的胁迫，联合反攻；或者是看到三晋伐楚，有机可乘。总之是楚的联盟被从内部打破，楚国面临劣势。殆因此才有《系年》的"明岁，晋𨻰(?)余率晋师与郑师以入王子定。鲁阳公率师以交晋人，晋人还，不果入王子"，前文已经指出这合于《史记·六国年表》。而鲁阳公能得胜，很可能是由于《史记·六国年表》次年(公元前398年)所说的楚"归榆关于郑"，大概楚国在楚悼王二年(公元前399年)用榆关收买了郑国，让晋郑联盟瓦解[《郑世家》记郑繻公二十三年(公元前400年)，"郑围韩之阳翟"，说明郑与三晋中的韩国也有矛盾。郑围韩殆在年初郑尚依附楚的时候，后来因三晋联军，郑遂转从三晋侵榆关攻楚]。因此或可以看出，《系年》和《史记·六国年表》纪事虽然不同，但有些事互为表里。如果这一推测不误，那么大莫敖阳为、晋师战于长城之事当发生在楚声王三年(公元前402年)。

五、部分葛陵简大事纪年时间

葛陵简中的"句亶公郑途榖大城邶并之岁"③，有"夏夕之月，癸亥之日"(简甲三：8、18)和"屈夕之月，癸未之日"(简乙一：14，乙一：32、23、1等)两个历日可据。查张培瑜《中国先秦史历表》，先于公元前398年九年的只有公元前400年合历④(楚月名"屈夕"为夏历十一月，在历表中应选公元前399年的

---

① 《资治通鉴》胡三省注指出当时西河之外皆为魏境，秦不可能越魏都安邑而东至魏州元城的阳狐，提出河东有"阳壶城"，"识(志)之以广异文，且俟知者"(司马光编著，胡三省注：《资治通鉴》卷1，中华书局1956年版，第22页)。杨宽认为秦当时也不可能攻至河东(见氏著：《战国史料编年辑证》，上海人民出版社2001年版，第202页)。

② 中华书局标点本《史记》作"(桑)[乘]丘"，《资治通鉴》改作"桑丘"，胡三省注认为当从"乘丘"之说(见司马光编著，胡三省注：《资治通鉴》卷1，中华书局1956年版，第23页)。杨宽否定了"乘丘"为楚地之说，引胡三省注所提及《水经·汝水注》"汝水东南迳下桑里"(见氏著：《战国史料编年辑证》，上海人民出版社2001年版，第202页)。宋华强指出葛陵简中有"桑丘""上桑丘"，"桑丘"在坪夜君封域之内，距今新蔡不远，即"下桑里"(见氏著：《新蔡葛陵楚简初探》，武汉大学出版社2010年版，第358~360页)。按：其地离楚长城稍远，此年可能也没有"大莫敖阳为、晋师战于长城"一事；即便有，整体形势上也是楚打了败仗，此一事恐不值得作为大事来纪年。

③ 文字隶定参苏建洲：《楚简文字考释四则》，简帛网，2008年10月11日；李家浩：《葛陵村楚简中的"句鄩"》，《古文字研究》第二十九辑，中华书局2012年版；李家浩：《清华战国竹简〈楚居〉中的酓胖、酓执和酓綖》，李学勤主编：《出土文献》第三辑，中西书局2013年版。

④ 按：张培瑜《中国先秦史历表》是推算当时的历法，虽然宋华强文指出葛陵简中有月朔可与其表相印证者(参氏著：《新蔡葛陵楚简初探》，武汉大学出版社2010年版，第134页)，但我们仍需谨慎。本文据历法推算者，皆仅供参考，有待确证。

十一月。邴尚白先生已经言及公元前400年等6个年份合历，但最后选用的是公元前379年或公元前378年，这是受到了整理者的影响。整理者将郱并读为兹方，将之和《史记》所说“肃王四年，蜀伐楚，取兹方。于是楚为扞关以拒之”相联系，其实不确）。①

此外，清华简《楚居》简15、16说“柬大王自疆郢徙居蓝郢，蓝郢徙居朋郢，朋郢复于鄩。王大（太）子以邦居朋郢，以为处于𢧐郢”，而葛陵简有“王复于蓝郢之岁”，这应该是简王（即柬大王）晚年之事。因为楚声王只有朋郢、𢧐郢两都，而楚简王曾“徙居蓝郢”，只有简王才适合说“复于蓝郢”。葛陵简记此年有“冬夕之月，丁亥之日”（乙四：63、147，零：294、482、乙四：129）②。据历表，公元前398年前九年内，公元前405年与公元前404年两个年份均合历。但上文已经推定楚声王元年是公元前404年，则“王复于蓝郢之岁”应该是公元前405年。

葛陵简残断过甚，原简有“［齐客陈异致福］于王之岁，献马之月，乙丑之日”（零：214），“［齐客陈异致福于］王之岁，献马之月，乙亥之日”（零：214），晏昌贵先生把残简拼连出“齐客陈异致福于王之岁，献马之月，丁亥之日”（甲三：20+乙四：105），单晓伟也认为“（乙四：105）简最前一字，由于残缺一部分，整理者缺释，但从残简痕迹看当是‘马’字无疑。正好可以与前（甲三：20）在辞例上一致，这也正好说明此字释为‘马’的正确性，而二支简在形制和字迹上相一致，可编联”③。据历表，只有公元前399年合适。

总括前文，我们已经推定了葛陵简大事纪年中的公元前405年、公元前401年、公元前399年、公元前398年四个年份。葛陵简中的这几个年代确定之后，其他的纪事年代可以进一步推定。葛陵简有：“蒌茖受女于楚之岁，远夕之月，丁酉之日”（甲三：42，甲三：34），据历表，有公元前405年、公元前402年、公元前401年、公元前399年、公元前398年五个年份合历。去除和前文重合者，只有公元前402年（楚声王三年）合历。不过值得注意的是，楚国月名“远夕”在寅正夏历中是十二月，其西历虽是公元前402年，但是当时楚国的新年尚未开始，二者有阴阳历的差别，因此这一纪事年份主要针对的其实是楚声王二年（公元前403年）之事。

葛陵简还有大事纪年“……致师于陈之岁，十月，壬戌之日”（甲三：49，零526、甲三37），据历表，有公元前405年、公元前402年、公元前401年、公元前399年、公元前398年合历。去除重复，只有公元前402年（楚声王三年）合历，而且它正好解决了“蒌茖受女于楚之岁”之阴阳历差的问题。

葛陵简中还有三条大事纪年简，可惜残断太多，没有年月日完整在一简者，希望将来的整理工作能够进一步缀合，为战国早期的楚史补充更多的材料。当然，以上某一些大事纪年仅是根据历日进行的推定，还有待进一步确证，希望大方之家指正。

（作者单位：北京师范大学历史学院史学研究所）

附记：本文曾经李家浩、苏建洲教授及王红亮君指正，谨致谢忱！

① 邴尚白：《葛陵楚简研究》，台湾大学博士学位论文，2007年，第92页。按：李家浩先生已经指出郱并之“并”不必破读成别的什么字，参李家浩：《葛陵村楚简中的“句鄁”》，《古文字研究》第二十九辑，中华书局2012年版。

② 晏昌贵《新蔡竹简拼接举例》（简帛研究网，2004年2月22日）拼连此年有“八月，乙卯之日”，但形制上可疑（参宋华强：《新蔡葛陵楚简初探》，武汉大学出版社2010年版，第27~28页），此暂不讨论。

③ 单晓伟：《新蔡葛陵楚墓竹简编联及相关问题研究》，安徽大学硕士学位论文，2007年，第3页。

《楚居》记载的郢都及其迁徙

李玉洁　黄有汉

西周后期，即周厉王、周宣王时期，开始对南方的楚国进行征伐打击，楚受周王室的威胁，楚人不得已向南迁徙，由原来的都城丹阳(今河南淅川一带)逐渐南迁到荆山、汉水流域，至郢都一带活动。在郢都楚人迅速发展，认为郢都是一个“福丘”，从此楚人无论迁到哪里，都将该地当都城称为“郢”。《左传·昭公二十三年》载：“若敖、蚡冒至于武、文，土不过同，慎其四竟，犹不城郢。”楚自若敖、蚡冒时期，就开始活动在郢都一带；从此，楚国把自己的都城称为郢都。而郢都在哪里？由于历史年代的久远，史籍的湮没，楚国郢都所在地与丹阳一样引起了学术界的争议。由于近年来清华简《楚居》的问世，虽然记载还不算明朗，但为探索楚国的郢都及迁徙提供了文献依据和可能。

一、楚若敖蚡冒时期南迁于“郢”

《史记·楚世家》云：“文王熊赀立，始都郢。”《左传·桓公二年》记载：“蔡侯郑伯会于邓，始惧楚也。”杜预注：“楚武王始僭号称王，欲害中国。蔡、郑，姬姓，近楚，故惧而会谋。”孔颖达疏引《世本》云：“楚鬻熊居丹阳，武王徙郢。”

从以上记载来看，《楚世家》认为是“楚文王始都郢”，《世本》认为“武王徙郢”；那么楚国的“都郢”到底在何时呢？

笔者认为，楚子鬻熊时期都丹阳，丹阳在今河南省淅川县境内，而郢确是在丹阳之南的湖北地区。当春秋时期楚人发展起来之后，又一直是向北进攻，如楚国灭河南南阳地区的申息、继而又灭江黄道柏等小国，北进中原是楚人的目的。而当时为什么楚人离开南阳盆地南迁呢？当是不得已而为之。西周后期，特别是周厉王、周宣王时期，周人在平定了东方之后，开始向南方江汉平原进攻，对楚国进行了严厉的打击。《史记·楚世家》记载，周厉王时，“熊渠畏其伐楚，亦去其王”①。楚本来已经称王，在周厉王的威逼下，只好去王号，又承认了对西周王朝的臣服关系。周宣王时期，动用大兵，振旅征伐楚国。宣王征伐南方的战争，“日辟国百里”，从而征服了江汉地区。周宣王又分封“汉阳诸姬”，以藩屏周，在西周王朝与楚之间建立一道防线。

西周的厉、宣时期，正是楚人的若敖、蚡冒时期。《左传·昭公二十三年》云：“若敖、蚡冒至于武、文，土不过同，慎其四竟，犹不城郢。今土数圻，而郢是城，不亦难乎？”从这段传文来看，楚国都郢不是在武王、文王时期，而有可能是在若敖、蚡冒时期已经都郢。

从史书记载来看，楚人在若敖、蚡冒时期南迁，当是受到周厉王、周宣王的打击和威逼而南迁的。

清华简《楚居》记载：“若嚣(敖)酓义遷(徙)居于箬(鄀)。至焚冒酓帅(率)自箬(鄀)遷(徙)居焚，至宵嚣(敖)酓鹿自焚遷(徙)居宵。”

《楚居》记载的楚国自若敖、蚡冒之后的都城主要有：鄀、焚、宵。这段记载与传世文献相合，说明若敖、蚡冒时期，楚人已经南迁至鄀、宵等地，而“鄀”等地是后来被称为“郢”的地区。

---

① 《史记·楚世家》，中华书局1982年版，第1692页。

若敖所居的“都”当与《楚居》所云“𡆥(堵)嚣(敖)自福丘𨔶(徙)袤(袭)箬(都)郢”之“都郢”为同一地点。根据有些先生的研究，《楚居》所有的关于“郢”的地名相距都不是太远，所以从若敖、蚡冒时期，楚国的都城虽然还不称为“郢”，但是已经在楚国被称为“郢”的地方建立都城了；因此才有《左传》上的“若敖、蚡冒至于武、文，土不过同，慎其四竟，犹不城郢”的表述。

二、关于《楚居》所记载的“郢都”

清华简《楚居》记载：“至武王酓䱷自𨔶(徙)免，𡚱(焉)㓜(始)□□□□□福。众不容于免，乃渭(溃)疆浧之波(陂)而宇人𡚱(焉)，氐(抵)今曰郢。至文王自疆浧𨔶(徙)湫郢，湫郢𨔶(徙)居𣏹(樊)郢；𣏹(樊)郢𨔶(徙)为郢，为郢復𨔶(徙)免郢，𡚱(焉)改名曰福丘。至𡆥(堵)嚣(敖)自福丘𨔶(徙)袤(袭)箬(都)郢。至成王自箬(都)郢𨔶(徙)湫郢，湫郢𨔶(徙)□□□□居𦔻(睽)郢。至穆王自𦔻(睽)郢𨔶(徙)袤(袭)为郢。至𢧢(莊)王自𨔶(徙)袤(袭)𣏹(樊)郢；𣏹(樊)郢袤(袭)同宫之北。若嚣(敖)起祸，𡚱(焉)𨔶(徙)居承之埜(蒸之野)，承之埜□□□□袤(袭)为郢。至龏(共)王、康王、孠(嗣子)王皆居为郢。至霝(灵)王自为郢𨔶(徙)居秦(乾)溪之上，以为凥(处)于章华之台。竸(景)坪(平)王即位，犹居秦(乾)溪之上。至昭王自秦(乾)溪之上𨔶(徙)居㜣郢，㜣郢𨔶(徙)居鹗郢，鹗郢𨔶(徙)居为郢。盍(阖)虏(庐)内(入)郢，𡚱(焉)復𨔶(徙)居秦(乾)溪之上，秦(乾)溪之上復𨔶(徙)居㜣(媺)郢。至献惠王自㜣郢𨔶(徙)袤(袭)为郢。白公胜起祸，𡚱(焉)𨔶(徙)湫郢，改为之，𡚱(焉)𡚱(焉)𨔶(徙)曰肥遗，以为凥(处)于𨟻溠，𨟻溠𨔶(徙)居𨛬(鄩)郢，𨛬(鄩)郢，𨔶(徙)居鄩吁。王大(太)子以邦復(复)于湫郢，王自鄩吁𨔶(徙)鄡(蔡)，王大(太)子自湫郢𨔶(徙)居疆郢。王自鄡(蔡)復𨛬(鄩)。柬大王自疆郢𨔶(徙)居蓝郢，蓝郢𨔶(徙)居𨞾(鄘)郢。𨞾郢復于𨟶(鄗)，王大(太)子以邦居𨞾(鄘)郢，以为凥(处)于𨟙郢。至悼(悼)折(哲)王犹居𨞾(鄘)郢。审(中)𧮫(谢)记(起)祸，𡚱(焉)𨔶(徙)袤(袭)肥遗。邦大瘠(瘠)，𡚱(焉)𨔶(徙)居鄩郢。”①

《楚居》记载的楚国自若敖、蚡冒之后的都城主要有：都、焚、宵，自楚武王所居的郢都主要有：免、疆浧、湫、𣏹、都、睽、为、乾溪之上、㜣、鄩、鄘、鄩。这些都城自疆浧之后开始把都城称为“郢”。

根据清华简文的记载，简文中的“酓䱷”就是《史记·楚世家》中所说的楚武王熊通。上段简文的意思是：自楚武王熊通迁都之免，楚国于是开始强大起来、人口也迅速繁衍。以至“免”地容不下这么多的人口；于是开发“免”之疆地(周围)的波泽之地而居人，从此把“免”称为“浧”，即“郢”。之后楚国所有的都城皆称为“郢”。这个免都当然称为“免郢”，也称为“疆郢”。

《楚居》记载，文王迁于𣏹(樊)郢、然后又回到免郢，改名为福丘；堵敖自福丘迁徙至都郢；成王自都郢迁徙至湫郢，又从湫郢迁至睽郢；穆王自睽郢迁至为郢。为郢，当为“𦬁郢”。共王、康王、孠(嗣子)王皆居为郢；灵王自𦬁郢迁至乾溪之上，处于章华之台。平王即位，犹居乾溪之上；昭王自乾溪之上迁徙㜣郢，从㜣郢迁徙至鹗郢，从鹗郢迁徙至𦬁郢。阖庐入郢，又迁至乾溪之上；阖庐败退，又迁徙㜣郢。惠王自㜣郢迁徙至𦬁郢。白公胜起祸，迁徙至湫郢，把“湫郢”改名为“肥遗”；又迁徙至鄩郢；从鄩郢迁徙至鄩吁。惠王从鄩吁迁之蔡；又至鄩郢。惠王之太子(后为简王)时期自鄩吁回到湫郢，自湫郢至疆郢。简王即位后，自疆郢迁徙至蓝郢，从蓝郢迁徙至鄘郢(安徽亳州市东南，乾溪附近)，从鄘郢迁徙至鄗(河南省永城县西南)；简王之王太子居鄘郢，处于𨟙郢。悼王居鄘郢，又迁至肥遗郢；由于灾害又迁徙至鄩郢。

《楚居》记载的春秋后期、特别是从楚灵王至楚悼王所迁徙的郢都，如蒸之野、乾溪之上、肥遗、乾溪之上、媺、鄩、鄘、鄩，可能皆为楚在战争、或遇难时的临时居处。

① 李学勤主编：《清华大学藏战国竹简(壹)》，中西书局2010年版，第236页。

三、若敖至楚悼王所迁徙的郢都地域探索

如前所述，自楚武王至楚悼王所居的郢都则有：宵、免、疆浧、湫、樊、鄀、睽、为、⿰女戠、鄢、鄘、鄀。从楚国以上的郢都之名看，很多地方是原来小国的国都、或者楚国原采邑主的城邑。如樊、鄀、睽、湫、为、鄢、鄘等。今根据《楚居》所载对楚国自若敖、蚡冒时期所居的郢都及其迁徙的地域进行探索和研究。

1961 年 12 月 30 日《湖北日报》和 1962 年 2 月 13 日《光明日报》报导了关于湖北宜城郑集（县南十五里）以东的楚皇城遗址的消息。石泉先生曾提出了宜城楚皇城即春秋战国时期的楚郢都说。其理由是：

（1）楚皇城是临近汉江的，东去汉江只有十二里。《世说新语·言语篇》曰："桓征西治江陵城甚丽"，梁刘孝标注引盛弘之《荆州记》："荆州城临汉江，临江王所治。"盛弘之是刘宋时人，当时的荆州城即江陵。《荆州记》明言，当时的荆州城在汉水边。临江王的故事是西汉初年的事，而且指明地点就是江陵。我国古籍所记的"江"并非是长江的专名。这个临汉江的江绝不可能是长江，只能是汉水。

（2）楚皇城东南约八里处，汉水与蛮河之间有一赤湖，是现在宜城县最大的天然湖泊。文献记载的楚郢都，汉江陵城的东南方也有一个赤湖。在今江陵县，据记载，虽也有一个赤湖，但其所在，说法不一，但不能确指其处，故不能为凭。

（3）《水经注·沔水》篇以宜城为鄢郢，可能是"脱文，错简，字句舛误之处"①。

根据以上理由，石泉先生认为，楚国在春秋战国时的郢都在濒临汉水的宜城，而不是长江边上的江陵。

按：根据《楚居》所记载，石泉先生提出的"郢都宜城说"有一定的道理，但是还不完整；因为石泉先生没有见到《楚居》，但是他第一个提出"郢都宜城说"，功不可没。

楚鬻熊曾建都丹阳，以后楚在西周的威迫下逐渐南迁到荆山地区，汉水流域。因此，楚在春秋时期政治经济的中心在汉水流域是十分合于情理的，春秋时期楚国的郢都就是今之宜城的楚皇城。不仅如此，楚随着向北推进，其政治经济的重心始终向北方转移，如河南淅川县（即楚丹阳旧址）出土了许多大型的春秋墓葬，令尹子庚墓，淅川下寺的二、三号楚墓等，说明楚的政治活动中心在北方。

宵郢，就是郊郢，若敖、蚡冒、宵敖居之。宵敖所居的"宵"、蚡冒所居的"焚"，皆是《楚居》所记载的"郢"，当为"鄀郢""宵郢"。湖北江陵张家山二四七号汉墓出土竹简《二年律令·秩律》456 简文中有"销"，赵平安先生说这个"销"就是"宵"，即今湖北荆门市北面的石桥驿与南桥之间。其读音与"肖"最近的就是"郊"，"销"就是春秋时的郊郢。②《左传》桓公十一年云："君次于郊郢，以御四邑。"

免郢，又名疆郢、福丘，楚武王、楚文王、堵敖、惠王太子（即简王）居之。免，《楚居》简文为""""""。③ 有先生认为，应释为一个"冗"字。

笔者认为，""""""，当是表现我国古代堆土造丘、已成居处方式的字形。如《诗·大雅·灵台》："经始灵台，经之营之。庶民攻之，不日成之。"就是记述庶民为了建造"灵台"而堆土造丘的诗歌。中国古代居民所居的台、丘、岗基本都是堆土造成，这就是我国古代的高台文化。《楚居》云："众不容于免，乃渭（溃）疆浧之波（陂）而宇人厶（焉），氐（抵）今曰郢。"④当是时，楚人在江汉流域造台，地下水位较高，当是采取后世"筑圩子"的方式建造免郢。"免郢"的建造也是堆土造台、造丘形式的一种。尹弘兵、赵平安先生认为，宜城郭家岗遗址当是免郢的遗址。⑤ 这种观点倒是可以认同的。免郢是楚国受到西周宣

---

① 石泉：《湖北楚皇城遗址初考》，《江汉学报》1963 年第 2 期。

② 赵平安：《试释"楚居"中的一组地名》，《中国史研究》2011 年第 1 期。黄锡全：《湘西里耶地理木牍补议》，《古文字与古货币文集》，文物出版社 2009 年版，第 484～489 页。

③ 李学勤主编：《清华大学藏战国竹简（壹）》，中西书局 2010 年版，第 236 页。

④ 李学勤主编：《清华大学藏战国竹简（壹）》，中西书局 2010 年版，第 181 页。

⑤ 赵平安：《试释"楚居"中的一组地名》，《中国史研究》2011 年第 1 期。尹弘兵：《楚国都城与核心区探索》，湖北人民出版社 2009 年版，第 247 页。

王的威逼向南迁徙的第一个都邑，樊城尚在汉水北岸，楚人认为这并不是太安全，而宜城、襄阳皆是汉水南岸的平原地区。楚人迁徙在宜城、而且楚国在免郢之后的都城，如鄢郢、为郢、湫郢等，基本都在今宜城境内，所以免郢在宜城是可以成说的。

鄢郢，《史记·楚世家》集解引服虔曰：“鄢，楚别都也。杜预曰：襄阳宜城县。”《正义》引《括地志》云：“故鄢城在襄州赡养县北三里，在襄州北五里。南去荆州二百五十里。”《汉书·地理志》“南郡”条下：“宜城，故鄢，惠帝三年更名。”《后汉书·光武帝纪下》云：“宜城”，李贤注曰：“县属南郡，楚之鄢邑也。故城在今襄州率道县南。”《史记·苏秦列传》云：“鄢郢动矣”《集解》引徐广曰：“今南郡宜城。”《正义》云：“鄢乡故城在襄州率道县南九里，安郢城在荆州江陵县东北六里，秦兵出武关则临鄢矣，兵下黔中则临郢矣。”由以上记载可知，鄢郢就在今湖北宜城县境。

为郢，当为“蒍郢”，楚国蒍氏当是以曾经居住过的地名为氏。“为郢”之名不见于流传史书，但是《楚居》却记载，楚文王、楚穆王、楚共王、楚康王、嗣子王、楚灵王、楚平王、楚献惠王皆曾以为郢为都，可见为郢的重要性。赵平安先生认为，“为、鄢，两字声母相同，韵部对转。从音理上看，为鄢通用是没有问题的”。又认为，为郢在宜城县的赵家岗。① 也有先生认为，为郢在今宜城县的楚皇城。② 为郢无论是在赵家岗，还是楚皇城，在今宜城县当是无误的；或许楚皇城更为可靠些。

鄀郢，堵敖、楚成王居之。《左传·僖公二十五年》云：“秋，秦晋伐鄀。”杜预注：“鄀本在商密，秦楚界上小国，其后迁于南郡鄀县。”鄀本在商密，在秦楚界上为南乡丹水县，今河南南阳府淅川县西有丹水，故城此旧鄀。僖公二十五年秦晋伐鄀，文公五年秦人入鄀，因遂徙之南郡鄀县为附庸，即今襄阳府宜城县；后仍入楚。鄀也在宜城县境。

湫郢，楚文王、堵敖、楚惠王、惠王太子居之。《左传·庄公十九年》载，楚文王“败黄师于踖陵，还，及湫有疾”。杜预注：“南郡鄀县东南有湫城。”湫城，李学勤先生认为就是“湫”郢，应该说，是很有见地的。那么湫郢当也在宜城境内，或者就在附近。

樊郢，楚文王、楚成王、楚穆王居之；在今湖北樊城境内。

睽郢，楚成王、楚穆王居之。《左传·僖公二十七年》：“楚子将围宋，使子文治兵于睽。”杜预注：“睽，楚邑。”睽，没有说在何地，只是一个练兵的地方，在某些紧急时期可以临时为郢都。

春秋末到战国初年，楚国从楚灵王扩张、子胥奔吴、吴人入郢、白公胜之乱、中谢之乱、楚声王甚至被盗所杀死等，内外交困，动乱不止，所以迁都不止。如楚灵王、楚平王所居的乾溪之上，楚平王、楚献惠所居的媺郢，楚平王所居的鹗郢（今河南省南阳北），楚献惠王、悼哲王所居的肥遗郢，楚献惠王所居的鄩澫、鄩吁、蔡，楚简王所居的蓝郢，楚简王、悼哲王、惠王太子所居的鄘郢，惠王太子所居的郷郢，楚简王所居的鄘郢，悼哲王所居的鄩郢；这些当是楚国内乱时期的临时都邑。

（作者单位：河南大学历史文化学院）

---

① 赵平安：《“楚居”“为郢”考》，《中国史研究》2012年第4期。

② 赵庆淼：《“楚居”“为郢”考》，《古籍整理研究学刊》2015年第3期。

郙郢考*

晏昌贵

“郙郢”不见于传世文献，首次出现于包山楚简，后见于清华大学藏战国竹书《楚居》。一般以为郙郢是楚别都之一，但对于其地望，却有不同说法。本文结合新出的北京大学藏秦水陆里程简册（简称“秦水陆里程简册”），对郙郢地望重加探讨，希望得到读者的指教。

楚简“郙郢”凡五见，其中的“郙”字见下表：

楚简“郙”字表

包山 172	包山 190	包山 165	楚居 16	楚居 15	楚居 15

上表所列字形，或释为“郙”，或释作“郙”，本文概写作“郙”。其中包山 190 号简所从“土”当为饰笔，《楚居》15 号简为重文。总之，这是一个从“朋”得声的字。包山楚简有下列文例：

东周之客许盈归胙于戚郢之【岁】荆尸之月，所嘱告于正娄宧：……享月……丙申，郙郢人黄鲷。163、164、165

所嘱于发尹利：……夏夕……辛亥……郙郢少司马陈慭。171

所嘱于正令翼：……九月……戊午……郙郢黄鲷。187、188、189、190

上述同类竹简共计 35 枚，分为 7 组，分属 7 位官员。每组简的分段开头均为“所嘱告于”或“所嘱于”，后接楚左尹辅佐官员名，所“嘱”的内容，包括日期、人名、籍贯。至于这类案卷文书的性质，或以为是楚国各级司法官员复查过的诉讼案件的归档记录，或以为是各地向左尹的助手汇总报告的摘要登记，或以为是左尹委派属员处理有关告诉时间和告诉提出人的工作记录。① 无论何种说法，均无助于解决案卷文书中的地名地望问题。上举第 3 条“郙郢黄鲷”当即第 1 条“郙郢人黄鲷”，省略了“人”字。同是“郙郢”，分“嘱于”三位不同的官员，可见简文并非按地域的不同来分配安排的。由于“郙郢”地名后缀“郢”字，传

* 本文为国家社科基金重大招标项目“周代汉淮地区列国青铜器和历史、地理综合整理与研究”（15ZDB032）、武汉大学重大委托项目“两周汉淮地区列国青铜器和历史地理探析”（2016 年）阶段性成果。

① 参看陈伟等《楚地出土战国简册［十四种］》（经济科学出版社 2009 年版）第 81 页所作的综述。包山简的释文亦参据该书，见第 78、79、80 页，释文从宽式。下引简文亦同。

世文献尤其是《史记》记载楚都命名为“郢”，有学者推测：“郙郢，楚别都之一。”①关于郙郢的地望，刘彬徽、何浩先生有考，其文曰：

> 《说文·邑都(引按：当是“部”之误)》无郙，但有鄘字：“鄘，右扶风鄠乡。从邑，崩声。沛城父有鄘乡。读若陪。”郙从朋得声，蒸部，并纽。鄘从崩得声，蒸部，帮纽。二字为叠韵旁纽，可通假。或者……鄘字省山为郙是楚人的一种特殊写法。……段玉裁又释“沛郡城父”说：“今安徽颍州府亳州州东南七十里有故城父城是也。”……城父自春秋以来即属楚。然楚有两个城父：一在楚国东境的今安徽亳县东南，旧名夷，故称夷城父。……夷，原为陈地，自楚成王三十五年伐陈“取焦、夷”后，改名城父。城父境内还有一处叫做“乾溪”的地名。《左传》昭公十二年载：楚灵王使楚师“围徐以惧吴”，“楚子次于乾溪，以为之援”。杜注：乾溪“在谯国城父县南”。也是在今亳县东南。顾栋高《春秋大事表》卷七《春秋列国都邑表》“楚表”说：“今江南颍州府亳州东南七十里有乾溪，与城父村相近，即汉城父县也。”春秋时的乾溪与汉、晋时的城父鄘乡地望重合，可以肯定，夷—城父实即乾溪—郙郢—鄘乡。楚灵王停留乾溪三宿以上，这里当已建有楚王行宫。……至战国时期，楚人在原有的楚王游乐、驻跸之处的基础上以乾溪为别都，称为郙郢，显然也是顺理成章之事。……郙郢为楚之东境别都，看来无可怀疑。②

刘、何二先生从郙、鄘二字音近通假入手，从楚国东部疆域范围以及楚灵王游乐乾溪为楚别都两方面论证，证明郙郢与春秋乾溪实为一地，西汉属沛郡城父县，降格为鄘乡。其说不可谓不充分，因而在很长一段时间内，成为主要的(也许是唯一的)流行说法。

2010年，清华大学藏战国竹简《楚居》公布于世，其中讲述楚王徙居郙郢，相关释文如下：

> 柬大王自疆郢徙居蓝郢，蓝郢徙居郙郢，郙郢复于鄗，王太子以邦居郙郢，以为处于15
> 𨞛郢。至悼哲王犹居郙郢。中谢起祸，焉徙袭肥遗。邦大瘠，焉徙居鄩郢。16③

整理者将15号简与16号连读，以为郙郢、𨞛郢相距不远，𨞛郢或是郙郢的一部分。但对于郙郢的地望，则仍取刘彬徽、何浩说，定在今安徽亳州东南。④ 𨞛郢亦见包山简，简62云：“九月壬午戌之日，𨞛郢司直秀阳受几，十月辛巳之日不将安陆之下隋里人屈犬、少宫阳申以廷，阩门有败。”包山简整理者据此以为𨞛郢距安陆不远。⑤ 黄锡全先生结合上述两种意见，又将𨞛字改释为戠，读若咸，“从咸的箴、鍼与轸读音相近，故将戠郢读为‘轸郢’。轸即春秋时期的轸国所在，位于今之湖北应城西”，“那么，与之相近的郙郢应该在湖北应城西部附近寻求”。寻求的结果，是在唐(《元和郡县志》)宋(《路史》)及以后的地理志书(《读史方舆纪要》《(嘉庆)重修一统志》)中找到了古风国、风城，又据潘新藻先生意见，以为“古风国，约有天门县城及其迤东、迄北，百里以内之地”。风、朋音近通假，因此，朋郢可读风郢，其地在今湖北天门东北七十里皂市一带。⑥

---

① 湖北省荆沙铁路考古队：《包山楚简》，文物出版社1991年版，第51页。

② 刘彬徽、何浩：《论包山楚简中的几处楚郢地名》，湖北省荆沙铁路考古队：《包山楚墓》附录二四，文物出版社1991年版，第565~566页。

③ 李学勤主编：《清华大学藏战国竹简(壹)》，中西书局2010年版，第182页。

④ 李学勤主编：《清华大学藏战国竹简(壹)》，中西书局2010年版，第191、192页。

⑤ 湖北省荆沙铁路考古队：《包山楚简》，文物出版社1991年版，第44页。

⑥ 黄锡全：《“朋郢”新探——读清华简〈楚居〉札记》，《江汉考古》2012年第2期。

黄先生的上述论证所引古风国、风城的文献资料皆出唐宋以后，更为重要的是，《楚居》15 号简与 16 号简未必连读，其间恐存在缺佚。①

2013 年，辛德勇先生在论文中公布了北京大学藏秦“水陆里程简册”的释文和部分图版照片，其中有二条简文涉及带“湔”字的地名，一条是 04-208 号简：“安陆到涢湔亭六十里”，另一条是 04-062 号简：“安陆到邻湔亭七十五里”。② 秦安陆县在今湖北云梦城关镇附近。③ 前条“涢湔亭”当近涢水，涢水亦见秦水陆里程简册，今亦名府河，从北至南由安陆流入云梦北境，经云梦城关镇西，南流经应城、汉川，最后入长江。后一条“邻湔亭”，应是邻近“湔”这个地方。而“湔”，则很可能与楚郙郢有关。

另据我们对释文的重新编排，④ 安陆到某地（亭）的简文大概可分为两组，一组写在竹简的上栏，大致顺序为：

安陆到害刑亭八十四04-206
安陆到宜秋亭九十五里04-231
安陆到阿亭卌八里04-084
安陆到涢湔亭六十里04-208
安陆到博望亭六十二里04-066
安陆到枞亭五十七里04-083

另一组写在竹简的下栏，其先后次序为：

安陆到邻湔亭七十五里04-062
安陆到阆丘亭九十六里04-063
安陆到穀涧落卌五里04-055
安陆到吴阳亭八十一里04-081
安陆到三屋洛五十六里04-056
安陆到街亭九十八里04-068
安陆到当洛亭十八里04-069
安陆到义城九十里04-036
安陆到望凌亭十九里04-071

从简册看，这 15 支简所描述的，都是安陆到“某地”的里距，所到达的地点以“亭”居多（12 个“亭”、2 个“落/洛”、1 个“城”）。可见这两组简册都是以安陆为中心，向四周作辐射状分布，从而构成一个交通网络。现在我们已知简册中的安陆在今云梦城关镇，只要确定了简册起始点的方位和编排次序的方向，就可以根据简册中的里距推定每一个“亭”（或“落”/“城”）的具体位置。

---

① 晏昌贵：《〈楚居〉逸简》，武汉大学简帛研究中心、香港中文大学历史系中国历史研究中心、韩国国立庆北大学历史系：《中国简帛学国际论坛 2017——新出土战国秦汉简牍研究论文集》，中国·武汉，2017 年，第 81~83 页。

② 北京大学出土文献研究所：《北京大学藏秦简牍概述》，《文物》2012 年第 6 期；辛德勇：《北京大学藏秦水陆里程简册的性质和拟名问题》，《简帛》第八辑，上海古籍出版社 2013 年版；《北京大学藏秦水陆里程简册初步研究》，《出土文献》第四辑，中西书局 2013 年版；二文均收入氏著《石室剩言》，中华书局 2014 年版，第 66~214 页。原整理者将简册命名为“道里书”，辛德勇改称“水陆里程简册”，此据辛先生说。

③ 黄盛璋：《云梦秦简〈编年记〉地理与历史问题》，《考古学报》1977 年第 1 期。

④ 晏昌贵：《秦简牍地理研究》，武汉大学出版社 2017 年版，第 233~236 页。

在上述第 2 组简文之前，简文写述的是从竟陵经安陆到武乡城的里距：

安陆到阳武百廿五里04-214
武阳(阳武)到蛩城八十里04-213
蛩城到夏内(汭)城卅三里04-212
夏内(汭)度江到沙义(羡)三里04-210
沙义(羡)到玄阳城百廿里04-209
玄阳城到武乡城04-061

简文描述从安陆到武乡城，其中明确讲道“度江到沙义(羡)三里”，沙义(羡)即今长江南岸的湖北武昌。简册这部分所描述的，是从西北到东南的走向。简册中的“阳武”，别处亦写作“武阳”。“阳武”又见最近公布的睡虎地 M77 汉简，其中一册被整理者命名为“畜息文书”云：

六年正月丁丑朔庚子，仓梁人敢言之：春祠社稷，当用牡彘二。谒令吴阳、阳武乡各输五年所遗一，会二月朔日厨给，卒毋失期乏祠。仓以副从事。敢言之。正月庚子，安陆丞毋择告吴阳、阳武乡啬夫：听书从事，输会会日，唯毋失期。它如律令。成特。各一书。

正月癸卯，求盗阳里上造贺以来。期发。馆舍手。①

文书中称“阳武乡”。但在同墓所出“质日”简中，又有墓主人“越人”“守阳武亭”“不守阳武亭”的记录,② 可见“阳武”亦有“亭”。秦水陆里程简册列举安陆 12 个亭，其中并无“阳武亭”。简册所描述的安陆到阳武一百二十五里，“阳武”应位于今云梦东南。简文下接“武阳到蛩城八十里”，“武阳”当为“阳武”之误倒。由此反观秦水陆里程简册的排序，“邻湍亭”应该位于秦安陆县北境，然后依次向东南方向排列。这一组可能都在涢水以东。另一组则位于涢水以西，亦由北向南排列，到达西南边五十七里的枞亭。

据秦水陆里程简册所记，安陆到邻湍亭七十五里，到涢湍亭六十里，1 秦里约相当于今 415 米。③ 折合成今里，邻湍亭约在今云梦县城关镇北(偏东)31 千米，涢湍亭约在云梦北(偏西)25 千米。从今行政区划看，可能均已跨超云梦境，进入湖北安陆境。1958 年文物普查，曾在安陆城东 3 千米的李店镇新河村发现古城遗址，遗址东西长 76 米，南北宽 72 米，文化层厚 0.8～1.5 米，采集陶片有鼎、盆、豆、筒瓦，以及铜镞和铁斧等，年代为战国。④ 楚郙郢或当在此。

于此还可以举一条旁证。《汉书·地理志》江夏郡“安陆”条下自注：“横尾山在东北，古文以为倍尾山。”⑤所谓“古文”，盖指古文经《尚书》，按之《禹贡》“导山”章云：“熊耳、外方、桐柏，至于陪尾。”⑥“倍尾”即“陪尾”，《史记·夏本纪》作“负尾”，集解引郑玄曰：“陪尾在江夏安陆东北，若横尾者。”索隐云：“陪尾山在江夏安陆县东北，《地理志》谓之横尾山。负音陪也。”正义引《括地志》云：“横尾山，古陪尾山也，在安州安陆县北六十里。”⑦《水经注·涢水》：“随水出随郡永阳县东石龙山，西北流，南迴迳永

① 熊北生、陈伟、蔡丹：《湖北云梦睡虎地 77 号西汉墓出土简牍概述》，《文物》2018 年第 3 期。

② 蔡丹、陈伟、熊北生：《睡虎地汉简中的质日简册》，《文物》2018 年第 3 期。

③ 参考陈梦家：《亩制与里制》，《考古》1966 年第 1 期；丘光明：《中国历代度量衡考》，科学出版社 1992 年版，第 8～11 页。

④ 孝感市博物馆：《湖北安陆市商周遗址调查》，《考古》1993 年第 6 期。

⑤ 《汉书》，中华书局 1962 年版，第 1567～1568 页。

⑥ 顾颉刚、刘起釪：《尚书校释译论》，中华书局 2005 年版，第 760 页。

⑦ 《史记》，中华书局 1959 年版，第 69 页。

阳县西，历横尾山，即《禹贡》之陪尾山也。”又文末所附《禹贡山水泽地所在》云：“陪尾山在江夏安陆县东北。”①是古代地理名家班固、郦道元皆以为《禹贡》“导山”之陪尾山即安陆之横尾山②。据前引《说文》，“郶”读若陪，可知陪、郶古音相近可通，从而亦可证楚郙郢当在今云梦、安陆一带。

（作者单位：武汉大学历史地理研究所）

① 陈桥驿：《水经注校证》，中华书局2007年版，第735、955页。

② 关于《禹贡》“陪尾”所在另有异说，《博物志》曰：“泗（水）出陪尾。”《隋书·地理志》泗水县有陪尾山。清代地理名家胡渭力主泗水说，见《禹贡锥指》（邹逸麟整理本），上海古籍出版社2013年版，第367~368页。当今整理《尚书·禹贡》名家顾颉刚、刘起釪驳论其说，谓：“就地形看，不仅相太远，尤以中间隔着广大的华北平原，山势了不相属。而熊耳诸山属北岭山系，山东半岛属阴山山系。”（《尚书校释译论》，中华书局2005年版，第777页）杨守敬则以为“故书无不以‘陪尾’在安陆者。泗水之‘陪尾’，自别一山”。参杨守敬、熊会贞：《水经注疏》，江苏古籍出版社1989年版，第2643页。

清华伍《命训》补释

——兼论《命训》的政治思想及写作时代

郲尚白

一、前言

《清华大学藏战国竹简(伍)》收录了《命训》一篇，共有十五支简，三道编，各简虽有不同程度的残损，但全篇大体完整。完简长约四十九公分，简背竹节处书有竹简序号(缺“四”“十五”，“十四”残)。原无篇题，因其内容与传世的《逸周书·命训》大致相合，应为《命训》的战国写本，故以之为篇名。① 整理者说：

> 《逸周书》在历史上曾长期湮没不彰，久无善本，故文字的讹脱现象十分严重。已公布的清华简《皇门》、《祭公》诸篇，已经对有关各篇的文本校勘发挥了重要的作用。《命训》篇的情况同样如此，对照简文，可知传世的文本存在诸多文字错讹之处。因此，本篇简文可在很大程度上帮助我们复原《命训》篇的原貌。②
>
> 简本对于校订传世本，有非常重要的参考价值。此外，清华简《命训》的发现，对于讨论《逸周书》中多篇文献的时代判定，也有重要的意义。③

整理者对简文作了颇为精确的释文及注释，学界在此基础上，进一步补苴修正，已有了相当可观的研究成果，依各篇论文的主要内容，可大致分为三类：

在简文考释方面，苏建洲先生《清华简第五册字词考释》，对《命训》简 2“”字及简八“”字的字形，作了较详细的讨论。④ 赵平安先生《释清华简〈命训〉中的“耕”字》⑤、程浩先生《释清华简〈命训〉中对应传本“震”之字——兼谈〈归藏〉、〈筮法〉的“震”卦卦名》⑥、清华大学出土文献读书会《清华简第五册整理报告补正》⑦、金宇祥先生《谈清华伍〈命训〉与左冢漆棋局的耕字》⑧、王逸清先生《清华简〈命训〉中的

---

① 李学勤主编：《清华大学藏战国竹简(伍)》，中西书局 2015 年版，第 124 页。

② 李学勤主编：《清华大学藏战国竹简(伍)》，中西书局 2015 年版，第 124 页。

③ 李学勤主编：《清华大学藏战国竹简(伍)》，中西书局 2015 年版，第 124 页。

④ 苏建洲：《清华简第五册字词考释》，《出土文献》第七辑，中西书局 2015 年版，第 150~158 页。

⑤ 赵平安：《释清华简〈命训〉中的“耕”字》，《深圳大学学报》2015 年第 2 期，第 34~37 页。

⑥ 程浩：《释清华简〈命训〉中对应传本“震”之字——兼谈〈归藏〉、〈筮法〉的“震”卦卦名》，《出土文献》第六辑，中西书局 2015 年版。

⑦ 清华大学出土文献读书会：《清华简第五册整理报告补正》，清华大学出土文献与保护中心网(http://www.tsinghua.edu.cn/publish/cetrp/6831/2015/20150408112711717568509/20150408112711717568509_.html)，2015 年 4 月 8 日。

⑧ 金宇祥：《谈清华伍〈命训〉与左冢漆棋局的耕字》，复旦大学出土文献与古文字研究中心网(http://www.gwz.fudan.edu.cn/Web/Show/2732)，2016 年 1 月 16 日。

“勑”字》①、侯乃峰《释清华简(五)〈命训〉篇的“耒”字》②等篇文章，都对简13、简14的疑难字“”之释读及相关问题，提出了新的意见。蔡一峰先生《清华伍〈命训〉札记二则》，从李天虹先生之说，将简2“”字改释为“肘”，读作“守”；并认为“耑”“雚”二声系的纠葛，可能是地域用词差异的表现。③ 华东师范大学中文系出土文献研究工作室《读〈清华大学藏战国竹简(伍)〉书后(三)》将简四“彀”字改训为生或养。④ 蔡一峰先生《读清华简〈命训〉札记三则》一文中，除前文讨论的“”“耑”二字外，又认为简7“冒”字与传本“冕”字韵部悬隔，应改读为“帽”，并指出这类同义互训的异文，极具词汇学价值，对于研究《命训》的版本流变也至关重要。⑤ 高佑仁先生《清华伍〈命训〉考释》，则对“司德”等7处，提出了考释意见。⑥

在内容讨论方面，刘国忠先生《清华简〈命训〉初探》指出简本《命训》的发现，对于解读传世本及《逸周书》篇首三《训》年代的讨论等方面，都有重要的意义。⑦ 刘先生后来又在《清华简〈命训〉中的命论补正》中，修正了整理报告中对于“司德”“彀”等字词的理解，并将《命训》中的命论，置于先秦思想史的背景下，作了进一步的考察。⑧

在简文字迹方面，李松儒先生《清华五字迹研究》指出《命训》字迹特征明显，布局亦较同册其他几篇密集，很容易与其他篇区分开来，文中又指出简9“不”字与简11“以”字，应为抄手漏写及时补入。⑨

前人对于简本《命训》的研究，虽已有相当丰硕的成绩，然而在“人能居，如不居而守义”“佴”“弋其上”“”等处字句上，或仍众说纷纭，或犹有疑义尚待释读。本文即在前述诸家研究的基础上，依简序次第，对简文中的部分字句，再作考释或探讨。限于学殖，文中错谬失当的地方，还请专家学者不吝指正。为简明起见，本文所引清华简《命训》，皆依据《清华大学藏战国竹简(伍)》，不另出注；释文中的重文径以析书呈现。

二、人能居，如不居而守义

清华简《命训》简2：

> 夫司悳(德)司义，而昜(赐)之福，福彔(禄)才(在)人，人能居，女(如)不居而肘(守)⑩

① 王逸清：《清华简〈命训〉中的“勑”字》，《出土文献》第八辑，中西书局2016年版，第131~138页。

② 侯乃峰：《释清华简(五)〈命训〉篇的“耒”字》，复旦大学出土文献与古文字研究中心编：《战国文字的研究与回顾》，中西书局2017年版。

③ 蔡一峰：《清华伍〈命训〉札记二则》，简帛网(http://www.bsm.org.cn/show_article.php? id=2205)，2015年4月14日。李天虹之说，见于氏著：《释郭店楚简〈成之闻之〉篇中的“肘”》，《古文字研究》第二十二辑，中华书局2000年版，第262~266页；《郭店竹简〈性自命出〉研究》，湖北教育出版社2003年版，第236~245页。

④ 华东师范大学中文系出土文献研究工作室：《读〈清华大学藏战国竹简(伍)〉书后(三)》，简帛网(http://www.bsm.org.cn/show_article.php? id=2211)，2015年4月17日。

⑤ 蔡一峰：《读清华简〈命训〉札记三则》，《简帛》第十三辑，上海古籍出版社2016年版，第63~69页。

⑥ 高佑仁：《清华伍〈命训〉考释》，《第二十七届中国文字学国际学术研讨会论文集》，台中教育大学语文教育学系、中国文字学会，2016年，第367~390页。

⑦ 刘国忠：《清华简〈命训〉初探》，《深圳大学学报》2015年第2期。

⑧ 刘国忠：《清华简〈命训〉中的命论补正》，《中国史研究》2016年第1期。

⑨ 李松儒：《清华五字迹研究》，《简帛》第十三辑，上海古籍出版社2016年版，第83~84页。

⑩ “肘”，整理者原隶定为“垩”，读作“重”。本文从李天虹、蔡一峰等人之说，改释为“肘”，读作“守”。参看李天虹：《释郭店楚简〈成之闻之〉篇中的“肘”》，《古文字研究》第二十二辑，中华书局2000年版，第262~266页；李天虹：《郭店竹简〈性自命出〉研究》，湖北教育出版社2003年版，第236~245页；蔡一峰：《读清华伍〈命训〉札记二则》，简帛网(http://www.bsm.org.cn/show_article.php? id=2205)，2015年4月14日。

义，则尾(度)至于亟(极)。

传世本作：

夫司德司义，而赐之福禄，福禄在人，能无惩乎？若惩而悔过，则度至于极。①

与简文有较大的不同。高佑仁先生说：

《命训》篇中有几处以“而……能……如……则度至于极”为句法的段落，分别罗列如下：1. 夫司德司义，而赐之福，福禄在人，人能居，如不居而守义，则度至于极。2. 或司不义而降之祸，祸过在人，人能毋惩乎？如惩而悔过，则度至于极……排比参看，不难发现句法有高度的一致性……第一条的“人能居”乍看是肯定句，文义上“福禄在人，人能居”也完全是肯定用语，但是细审原文，若人已能居福禄，则又何必有下文“如不居”云云的说法呢？此处很显然有问题。与本句相对应的其余四条文例，都是作“能……乎？”或“……能……乎？”的疑问句法，传本的“能无惩乎？”也是一样也有“乎”字。因此，合理推断，本处的“人能居”之后，遗漏了“乎”字，正是因为是疑问语气的“人能居乎？”，才有后文的“如不居而守义”云云。“居”原整理者训作“安处”，恐不适切。笔者认为“居”应训作占有、占据……本简“福禄在人，人能居？如不居而守义，则度至于极”，可翻译作：福禄在人身上，但人能占有吗？不过不能占有，而反过来守护道义，则施政将可放诸四海皆准。②

排比相关文例，认为简文“人能居”之后，漏写了“乎”字。

案：高先生留意到简文本句句式与后文不同，并对简文解释提出其说。然而，应该注意的是：本篇虽然多用排比句式，但其实文句往往并不完全整齐，这种现象无论在简本或传本皆同。例如：简 12、简 13：

耑(权)不灋(法)，中不忠，罚□□，□不从袋(劳)，事不耕(震)，③ 正(政)不成，埶(艺)不逞(淫)，豊(礼)有旹(时)，乐不繙(伸)，哀不至，均不鼠(一)，季(惠)必仞(忍)人。

句式多是“……不……”，但其中又有“礼有时”及“惠必忍人”两句不完全整齐，其他例子还有一些，如：简八至简十、简十三至简十五等，此处不一一枚举。因此，“人能居”是否要改为问句，除考虑句式外，还应由上下文意综合判断。

《广雅·释言》：“居，据也。”④但在先秦文献中，“居”训作占、据之意，其实是占数量、比例的意思，而非强力夺取，据为己有的“占据”“占有”，例如：《礼记·王制》：“其有中士、下士者，数各居其上之三分。”⑤《商君书·算地》：“故为国任地者，山林居什一，薮泽居什一，谿谷流水居什一，都邑蹊道

① 黄怀信、张懋鎔、田旭东撰，李学勤审定：《逸周书汇校集注》，上海古籍出版社 1995 年版，第 23 页。

② 高佑仁：《清华简〈命训〉考释》，《第二十七届中国文字学国际学术研讨会论文集》，台中教育大学语文教育学系、中国文字学会，2016 年，第 373~374 页。

③ “耕”，整理者原隶定为“𦔮”。本文从赵平安之说，改释为“耕”。参看赵平安：《释清华简〈命训〉中的“耕”字》，《深圳大学学报》2015 年第 2 期，第 34~37 页。

④ (魏)张揖撰，(隋)曹宪音释，(清)王念孙疏证：《广雅疏证》卷 5 下，台湾新兴书局 1960 年版，第 154 页上左。

⑤ (汉)郑玄注，(唐)孔颖达等正义：《礼记正义》卷 11，台湾艺文印书馆 1982 年版，第 215 页下左。

居什一……此先王之正律也。”①皆是如此。所以“人能居”的“居”，不能训为占有、占据。

刘国忠先生解读此句简文说：

简文的大意是说，当福禄降临到人的身上，人都会安处于其中。如果能不安处于福禄之中而去重视道义，则法度就能够中正。②

其说文从字顺，可以信从，不必为整齐句式而改为问句。“如不居而守义”也就是贫贱仍能守义、“贫贱不能移”的意思。“人能居，如不居而守义”，传本作“能无惩乎？若惩而悔过”，则当如清人唐大沛所言，是“涉下文而误”。③

三、佴

“佴”字在清华简《命训》中出现多次，用例如下：

夫民生而佴不明，走(上)以明之，能亡(无)佴虐(乎)？女(如)又(有)佴而亘(恒)行，则厇(度)至于(于)亟(极) 3-4

夫天道三，人道三：天又(有)命，又(有)福，又(有)禍(祸)；人又(有)佴，又(有)市冒(冕)，又(有)鈫(斧)戉(钺)。以人之佴尚(当)天之命，以亓(其)市冒(帽)尚(当)天之福，以亓(其)斂(斧)戉(钺)尚(当)天之祸。6-7

亟(极)佴则民“，民“则瘍(伤)人，瘍(伤)人则不罚(义)。9

佴莫大于疡(伤)人。10-11

整理者说：

简文之“佴”字，传本作“丑”……“佴”即“耻”字，与“丑”字义通。《逸周书·常训》：“明王自血气耳目之习以明之丑，丑明乃乐义，乐义乃至上，上贤而不穷。”《程典》：“无丑，轻其行。”《文政》还载有“九丑”：“思勇丑忘，思义丑变，思治丑乱，思固丑转，思信丑奸，思让丑残，思行丑顽，思仁丑譬。”④

裘锡圭先生曾指出西汉简帛文字的“聭”字用为“耻”或“饵”，从耳声；《玉篇》“聭”字同“媿”(愧)，从鬼声，二字形同实异。⑤ 陈剑先生则指出秦汉简帛文字多用“佴”为“耻”，又因“耻”与“丑”义通，所以“佴”有时也写作“聭”。而表示耻辱的“丑”与“耻”字异体“聭”形近，所以古书中“聭”和“耻”异文多见。⑥

① 陈启天：《商君书校释》卷6，台湾“商务印书馆”1974年版，第46页。附带一提，一直到后代，“居”训作占、据，仍是占数量、比例的意思，如，《晋书·羊祜传》：“天下不如意，恒十居七八。”《汉语大字典》将《辽史·耶律化哥传》：“闻蕃部逆命居翼只水，化哥徐以兵进”，作为“居”字“占据”义的书证。其实，《耶律化哥传》这里的“居”训为“处、位于”即可，不必训作占据。参看(唐)房玄龄等：《晋书》卷34，台湾鼎文书局1975年版，第1019页；(元)脱脱等：《辽史》卷94，台湾鼎文书局1984年版，第1381页。

② 刘国忠：《清华简〈命训〉初探》，《深圳大学学报》2015年第2期。

③ 黄怀信、张懋鎔、田旭东撰，李学勤审定：《逸周书汇校集注》卷1，上海古籍出版社1995年版，第24页。

④ 李学勤主编：《清华大学藏战国竹简(伍)》，中西书局2015年版，第127页。

⑤ 裘锡圭：《〈秦汉魏晋篆隶字形表〉读后记》，《古文字论集》，中华书局1992年版 第503页。

⑥ 陈剑：《说“规”等字并论一些特别的形声字意符》，杨荣祥、胡敕瑞主编：《源远流长：汉字国际学术研讨会暨AEARU第三届汉字文化研讨会论文集》，北京大学出版社2017年版，第12~16页。

按："聰""佴"与相关诸字间的关系，试梳理如下。

(1)聰：西汉简帛文字中"聰"用作"恥"，可能就是"恥"字异体，又借作"饵"，是因为诸字皆从耳声，可相通假的缘故。《玉篇》的"聰"字，则是"媿"或"愧"的异体字，从鬼得声，与秦汉简帛文字中从耳得声的"聰"为同形异字。

(2)佴：秦汉简帛文字中"佴"用作"恥"，同样也是因为二字均从耳声，可相通假的缘故。"佴"或写作"恥"字异体"聰"，则可能是因为"丑"与"恥(聰)"皆有恥辱义，"丑"又与"聰"形近的缘故。

裘、陈两位先生所指出的秦汉简帛文字中"聰""佴"等字的使用现象，非常正确，但应注意的是：以"佴"为"恥"的现象，见于秦汉简帛文字，先秦楚文字"恥"写作""(郭店《缁衣》简二十八)、""(上博《孔子诗论》简八)等形，皆为从心、耳声，与此字从人、耳声作""有别。而且更重要的是："恥"字是在羞恥义上与"丑"字义相通，然传本《逸周书》相关篇章中的"丑"字，能否训作此义，值得商榷。以下先讨论《逸周书》有关文句中"丑"字的涵义。

传本《命训》曰："夫民生而丑不明，无以明之，能无丑乎？若有丑而竟行不丑，则度至于极。"①其中"丑"字的训解，历来主要有四种说法：

(1)训为"恶"。潘振云：

> 丑，恶也。言民生而恶，其德不明，民不能自明也。司德者能无着其恶乎？民知有恶，而强行于善，斯不恶矣。

(2)训作"恥"。陈逢衡云：

> 丑，恥也。言民生而为气所拘、物欲所蔽，举凡可恥之事无以涤其旧染而明之，则必自陷于罪矣，在上者能无激发其恥乎？若人皆知有恥而至于无恥可恥，则竟行不恥矣。故民协于度。

(3)训作"类"，指善恶。唐大沛云：

> 丑，类也，指善恶言。不明，言善恶易淆，真知者鲜。分辨善恶，即所谓明丑。民愚识暗，不能自明也。君上能无彰善瘅恶以明其丑乎？民虽有善有恶，而争自琢磨，同归于善，是竟行不丑矣。是则治法尽善。

(4)训作"类"，指贵贱。刘师培云：

> 本篇明丑与《度训解》所云略同。竟行不丑，谓不域于类，即《常训解》所云"丑明乃乐义，乐义乃至上"也。
>
> 盖无丑则贵贱无等，极丑则上下隔绝，皆不可以训。②

以上四种解释，若仅放在前引文句中，都可以讲得通，要判断这个问题，还需要再看其他相关内容。

---

① 黄怀信、张懋鎔、田旭东撰，李学勤审定：《逸周书汇校集注》卷1，上海古籍出版社1995年版，第25页。

② 以上四说，皆引自黄怀信、张懋鎔、田旭东撰，李学勤审定：《逸周书汇校集注》卷1，上海古籍出版社1995年版，第25、33页。要说明的是：孙诒让已先将"丑"训作"类"，指贵贱。但他将后文的"极丑"解释为"贵贱无等"，则并不正确，故此处举刘师培之说。"极丑"是过份强调贵贱上下等级的意思。孙诒让之说，参看黄怀信、张懋鎔、田旭东撰，李学勤审定：《逸周书汇校集注》：上海古籍出版社1995年版，第33页。

传本《命训》下面一段文字，对于讨论“丑”字的涵义十分重要：

> 夫天道三，人道三，天有命，有祸，有福；人有丑，有绋絻，有斧钺。以人之丑当天之命，以绋絻当天之福，以斧钺当天之祸。①

在《命训》中，“天道三，人道三”合称为“六极”②，即六种极则。同书《常训》亦云：

> 六极：命、丑、福、赏、祸、罚。③

“绋絻”是古代官员礼服的蔽膝及礼帽，又写作“韍冕”“绋冕”“黻冕”等，常用来赏赐给有功的臣子，以“别尊卑，彰有德”④，是具有身分象征意义的服饰，这里代指爵禄、赏赐。“绋絻”对应的是上天所赐之福，“斧钺”对应的是上天所降之祸，也就是“六极”中的“赏”和“罚”。

关于“命”，《命训》曰：“天生民而成大命”，孔晁云：“贤愚自然之性命也。”《命训》又曰：“大命有常，小命日成”，陈逢衡云：“大命有常，作君作师由天付也。小命日成，积德累功当自致也。”⑤这些注家的解释都很正确。《命训》的“命”是指天命、命运，又区分为“大命”“小命”。有人生而富贵，为国君、贵族；有人则生而贫贱，为奴隶、仆役，这都属于“大命”，是“有常”、不易改变的。但人们每天的懿行、恶行，却会积累改变“小命”。“命”的涵义已如上述，那么，和天道之“命”对应的人道之“丑”，所指为何也就呼之欲出了。前举四种说法中，将“丑”训作“类”，指贵贱一说显然最为恰当。《广雅·释诂》：“丑，类也。”⑥《易·离》：“有嘉折首，获匪其丑。”⑦《说文》段注：“凡云丑类也者，皆谓丑，即畴之假借字。畴者，今俗之俦类字也。”⑧段玉裁认为是“畴”的假借字。

每个人禀受不同的天命、命运，对应到人间的制度，也就是不同的身分、阶级。这类说法，在与《命训》相关的《逸周书》篇章中屡见不鲜。例如：《逸周书》的首篇是《度训》，开头便云：

> 天生民而制其度，度小大以正，权轻重以极，明本末以立中，立中以补损，补损以知足，□爵以明等极，极以正民。⑨

《度训》开篇有一些缺文，但根据上下文，仍可掌握大意。“□爵以明等极”，孙诒让认为这句上脱“知足以□爵”五字⑩，从前后句都用顶真句式衔接来看，其说是。此一缺文，或说是“制”，或说是“序”，《礼记·中庸》：“序爵，所以辨贵贱也。”⑪即言“序爵”，且前文“制其度”已用“制”字，所以此处补

---

① 黄怀信、张懋镕、田旭东撰，李学勤审定：《逸周书汇校集注》卷1，上海古籍出版社1995年版，第29页。

② 黄怀信、张懋镕、田旭东撰，李学勤审定：《逸周书汇校集注》卷1，上海古籍出版社1995年版，第29页。

③ 黄怀信、张懋镕、田旭东撰，李学勤审定：《逸周书汇校集注》卷1，上海古籍出版社1995年版，第55页。“丑”，原作“听”，卢文弨校订作“丑”，各家皆从。“听”字古文字从耳、从口，与“佴”字形近，或即“佴”字之讹。

④ 《白虎通·绋冕》曰：“绋者，蔽也，行以蔽前，绋蔽者小。有事因以别尊卑，彰有德也。”参看（清）陈立疏证：《白虎通疏证》卷10，台湾广文书局1987年版，第583页。

⑤ 黄怀信、张懋镕、田旭东撰，李学勤审定：《逸周书汇校集注》卷1，上海古籍出版社1995年版，第21~22页。

⑥ （魏）张揖撰，（隋）曹宪音释，（清）王念孙疏证：《广雅疏证》卷3下，台湾新兴书局1960年版，第80页下左。

⑦ （魏）王弼、韩康伯注，（唐）孔颖达等正义：《周易正义》卷3，台湾艺文印书馆1982年版，第74页下左。

⑧ （汉）许慎撰，（清）段玉裁注：《新添古音说文解字注》9篇上，台湾洪叶文化事业公司2016年版，第440页下左。

⑨ 黄怀信、张懋镕、田旭东撰，李学勤审定：《逸周书汇校集注》卷1，上海古籍出版社1995年版，第2~4页。

⑩ 黄怀信、张懋镕、田旭东撰，李学勤审定：《逸周书汇校集注》卷1，上海古籍出版社1995年版，第3页。

⑪ （汉）郑玄注，（唐）孔颖达等正义：《礼记正义》卷52，台湾艺文印书馆1982年版，第886页下左。

“序”字较佳。孔晁注曰：“极，中也。贵贱之等，尊卑之中也。”①《度训》篇首这一段话，便强调法度、爵等、尊卑对于治理百姓的重要性。同篇后文继续再强调每个人应遵循各自的身分等次，才能使社会和睦：

> 分次以知和，知和以知乐，知乐以知哀，知哀以知慧，内外以知人。②

反过来说，若人民不能安于自己的本分，就会产生争夺、战争，明智的君王因此制定等级标准来约束人民的好恶，教育百姓安于自己的职分：

> 凡民不忍好恶，不能分次，不次则夺，夺则战。战则何以养老幼？何以救痛疾葬丧？何以胥役也？明王是以极等以断好恶，教民次分。③

《度训》所强调的“次”“等”，即《命训》的“丑”，也就是身分之类、贵贱之等。

回到清华简《命训》的“佴”字来看，其实“佴”也可以训作次，《广雅·释诂》：“序、使、擊、佴、秩、斑、埒、篦、差、第，次也。”④司马迁《报任安书》：“李陵既生降，隤其家声，而仆又佴之蚕室，重为天下观笑。”李善注引如淳曰：“佴，次也。若人相次也。”⑤简本作“佴”，传本作“丑”，用不同的词来表示人的阶级、贵贱。

四、弋其上

清华简《命训》简 8 原释读如下：

> 亟(极)命则民陵(堕)乏，乃宔(旷)命以弋(代)亓(其)上，𠭯(殆)于𤔔辞(乱)矣。

整理者说：

> 简文之“弋”，传本作“诫”，简本为优。弋，读为“代”，《左传》昭公十二年杜注：“更也。”⑥

按：传世本此句作“极命则民堕，民堕则旷命，旷命以诫其上，则殆于乱”⑦。简本的“𠭯”字诚如整理者所言，应同传本读作“殆”。“殆”在上古汉语中，有危险、危害、近乎、恐怕等义，从上下文看，“殆于乱”的“殆”，应训作近乎的意思。若将“弋”读为“代”，则“代其上”即替换其君主，已是作乱，后面不应说近乎作乱。因此，“弋”字的读法须另作考虑。

简本“宔命以弋亓上”，传本作“旷命以诫其上”，“诫”在上古汉语中，有警告、警戒等义，由上下文看，“诫其上”的“诫”，应训作警戒的意思。朱右曾注解《逸周书·命训》云：“旷，空也，言不敬命而有

---

① 黄怀信、张懋镕、田旭东撰，李学勤审定：《逸周书汇校集注》卷 1，上海古籍出版社 1995 年版，第 3 页。
② 黄怀信、张懋镕、田旭东撰，李学勤审定：《逸周书汇校集注》卷 1，上海古籍出版社 1995 年版，第 7 页。
③ 黄怀信、张懋镕、田旭东撰，李学勤审定：《逸周书汇校集注》卷 1，上海古籍出版社 1995 年版，第 11～13 页。
④ (魏)张揖撰，(隋)曹宪音释、(清)王念孙疏证：《广雅疏证》卷 3 上，台湾新兴书局 1960 年版，第 73 页上右。
⑤ (梁)萧统编，(唐)李善注：《文选》卷 41，台湾汉京文化事业公司 1983 年版，第 578 页下左。
⑥ 李学勤主编：《清华大学藏战国竹简(伍)》，中西书局 2015 年版，第 129 页。
⑦ 黄怀信、张懋镕、田旭东撰，李学勤审定：《逸周书汇校集注》卷 1，上海古籍出版社 1995 年版，第 31 页。

觊觎之心也。诫，警备也，言有遁心也。”①其说可从，简本“弋”字也可以读为“诫”。“弋”字上古音为以母职部，“诫”字上古音则为见母之部，两字韵部阴入对转；至于声母，上古音以母和定母互谐最多，但以母和见母亦有互谐之例，② “弋”可读作“诫”。《尚书·康诰》“式尔”③，《潜夫论·述赦》引“式”作“戒”④，《楚辞·天问》：“何试上自予”，洪兴祖《补注》：“‘试’一作‘诫’。”⑤皆是“弋”字声系与“戒”字声系相通之例。

五、

“”字见于简9，简文云：

亟(极)佴则民，民则瘍(伤)人，瘍(伤)人则不罚(义)。

整理者说：

，疑为“只”字，读为“枳”，《小尔雅·广言》：“害也。”⑥

兹先将楚文字中的“只”及从“只”之字表列于下见表一，以便讨论：

表一

	只	枳			
字形					
出处	郭店《尊德义》14	郭店《语丛四》17	长台关23	包山259	包山265

“只”字为李家浩先生所释，⑦《命训》简文此字字形确实与“只”有些相近。“枳”是果树名，果似橘而酸。《晏子春秋·内篇·杂下》：“橘生淮南则为橘，生于淮北则为枳。”⑧“枳”用作伤害义，其实是通假为“疻”字，《孔丛子·刑论》：“不赦过谓之逆，率过以小罪谓之枳。”宋咸注：“枳，一作疻，犹伤也。”⑨

若将“”释作“只”，读为“疻”，则简文读作：“亟(极)佴则民只(疻)，民只(疻)则疡(伤)人，疡(伤)人则不罚(义)。”既言“民疻”，又言“伤人”，文意重复，且并不通顺。而且“”字与表一所列的楚文字“只”字写法，其实也不完全相同。因此，此字的释读，宜另作考虑。

---

① 黄怀信、张懋镕、田旭东撰，李学勤审定：《逸周书汇校集注》卷1，上海古籍出版社1995年版，第31页。

② 例如：上古音属见母的“橘”“谲”“潏”“繘”“劀”“鐍”等字，皆从以母的“矞”得声；而上古音属以母的“颂”“鈆”及“遗”“壝”等字，则分别从见母的“公”及“贵”得声。

③ (汉)孔安国传，(唐)孔颖达等正义：《尚书正义》卷14，台湾艺文印书馆1982年版，第202页下右。

④ (汉)王符撰，(清)汪继培笺：《潜夫论笺》卷16，台湾世界书局1955年版，第81页。

⑤ (宋)洪兴祖补注：《楚辞补注》卷3，台湾艺文印书馆1996年版，第198页。

⑥ 李学勤主编：《清华大学藏战国竹简(伍)》，中西书局2015年版，129页。

⑦ 李家浩：《信阳楚简中的“柿枳”》，《简帛研究》第二辑，法律出版社1996年版，第1~11页。

⑧ (清)张纯一校注：《晏子春秋校注》卷6，台湾世界书局1955年版，第159页。

⑨ (汉)孔鲋撰，(宋)宋咸注：《孔丛子》卷6，台湾“商务印书馆”1971年版，第27页。

简文此句，传世本作：“极丑则民叛，民叛则伤人，伤人则不义。”①对照传本，再从字形、字音考虑，疑“”为“皮”字之讹。兹将楚文字中的“皮”字表列于表二，以便对照：

表二

	皮		
字形			
出处	包山 33	郭店《缁衣》18	清华《命训》9

表 2 中第三个字形与“”字同见于《命训》简 9。在出土楚简中，同简同字写法却有差异的情况并不罕见，本篇亦有其例。如：简 1“生民而成大命”及“大命又(有)常(常)，少(小)命日成”的“命”字，皆写作“”；同简“宣(广)以敬命”的“命”字则写作“”。尤其值得注意的是：《命训》简 10“正(政)之所(始)”的“之”字写作“”；同简“天古(故)卲(昭)命以命力《之》曰”的“之”则讹写作“”。这种同简同字其中之一写错的情况，更是与“”字的状况相同。

在简文中，“皮”字可比照传本读作“叛”。“皮”字上古音为并母歌部，“叛”字则为并母元部，二字声母双声，韵部对转，可以相通。

六、结论——兼论《命训》的政治思想及写作时代

本文对清华伍《命训》简文中的“人能居，如不居而守义”“佴”“弋其上”“”等字句，再作考释或探讨，主要意见如下：

简 2“人能居，如不居而守义”，刘国忠先生的解读可从，不必为整齐句式而改为问句。

简本《命训》出现多次的“佴”字并非“恥”字，而应训作次，指贵贱之等。

简 8“弋其上”不宜读作“代其上”，可比照传本读为“诫其上”。

简 9“”字不应释作“只”，疑是“皮”字之讹，可比照传本读作“叛”。

本文所讨论的几则字句中，与《命训》政治思想关系最密切的是“佴”，也就是贵贱之等。“佴”字在简本《命训》中共见到七次，传世本写作“丑”。“丑”属“六极”之列，是《命训》的核心概念之一。在传本《命训》及与其关系紧密的《度训》《常训》中，“丑”和相关的“等”“分”“分次”“次分”等字词，更是频繁地出现，可见有关阶级的概念，是“三训”政治思想的重要成分。在儒家思想中，孔子、孟子虽然也重视君臣上下的名分，但真正大量论述、强调等级名分，则要到荀子。《荀子·非相》：“辨莫大于分，分莫大于礼。”②《王制》：“先王恶其乱也，故制礼义以分之，使有贫富贵贱之等，足以相兼临者，是养天下之本也。”③《富国》则云：“人之生不能无群，群而无分则争，争则乱，乱则穷矣。故无分者，先下之大害也；有分者，天下之本利也。”④都是荀子对于阶级制度的阐述。如果再加上重视法度，强调赏罚等观念，“三训”的政治思想无疑是近于隆礼重法的荀子，⑤ 而远于孔、孟的。

---

① 黄怀信、张懋鎔、田旭东撰，李学勤审定：《逸周书汇校集注》卷 1，上海古籍出版社 1995 年版，第 33 页。

② (清)王先谦：《荀子集解》卷 3，台湾华正书局 1993 年版，第 50 页。

③ (清)王先谦：《荀子集解》卷 5，台湾华正书局 1993 年版，第 96 页。

④ (清)王先谦：《荀子集解》卷 6，台湾华正书局 1993 年版，第 116 页。

⑤ 《荀子·强国》：“人君者，隆礼尊贤而王，重法爱民而霸。”(清)王先谦：《荀子集解》卷 11，台湾华正书局 1993 年版，第 194 页。

清华简《命训》整理者说：

> 清华简《命训》的发现，对于《逸周书》中多篇文献的时代判定也有重要的意义。《命训》是《逸周书》的第二篇，其《序》云："殷人作教，民不知极，将明道极以移其俗，作《命训》。"认为系周文王所作。不过学者多认为本篇的写作时代很晚，甚至认为迟至汉代才出现。近年来这种情况有所改变。已有学者指出，《命训》与《度训》《常训》三篇均以"训"为篇名，同讲为政牧民之道，性质相同，内容相贯，文气相类，关系十分密切，应是同一时期的作品。此外，《武称》、《大匡》、《程典》、《小开》等多篇也属同一组文献，其文例特点是常用数字排比，时代也应相近。由于《左传》、《战国策》中有多处引用这一组文献，故有学者主张它们在春秋时期已经写成。①

上述意见指出《命训》与《度训》《常训》三篇关系密切、时代相近，及常用数字排比的文例特点，都非常正确。但《武称》《大匡》《程典》《小开》等篇，与《命训》在内容等方面其实并不是那么接近。② 若谨慎起见，宜将"三训"及其余诸篇分开讨论。

尤其应该注意的是：所谓"《左传》《战国策》中有多处引用这一组文献"，实际上，先秦古籍并没有明确引用"三训"的例证。《左传》中可能与"三训"有关的文句共两处：《左传·襄公二十五年》："书曰：'慎始而敬终，终以不困'"③，与《常训》"慎微以始而敬，终乃不困"④相近；《左传·昭公二十五年》："生，好物也；死，恶物也"⑤与《度训》"生物是好，死物是恶"⑥相近。《战国策》则未引"三训"。慎始敬终的说法，又见于《礼记·表记》："子曰：'事君慎始而敬终。'"⑦及伪古文《尚书·蔡仲之命》："慎厥初，惟厥终，终以不困。"⑧先秦的"书"，除指《尚书》外，也指其他的书籍或档案。如：《尚书·金縢》："启籥见书，乃并是吉。"孔传："开籥见占兆书"⑨，是指占兆书；《荀子·天论》："传曰：'万物之怪，书不说。'"杨倞注："书，谓六经也。"⑩则是指典籍。因此，《左传·襄公二十五年》所引，未必就是出自《常训》。刘起釪先生讨论《逸周书》与《左传》间的引用关系时说：

> 其中一些文句曾为《左传》所引用，可能《左传》作者与此诸篇作者所据为同一原材料，也可能此诸篇由原材料受春秋文字影响成篇，为《左传》作者所见。⑪

其说是。古书引述、袭用的情况十分繁杂，如果没有确凿的证据，不宜轻下结论。

《命训》等篇大致的写成年代，是一个相当复杂的问题，目前还不能论定，有待学界继续研究。以上

---

① 李学勤主编：《清华大学藏战国竹简(伍)》，中西书局 2015 年版，第 124 页。

② 例如：《武称》《大匡》都没有用数字排比，与三"训"不同；而《大匡》《程典》《小开》都记周文王事，也与三"训"专论为政牧民之道有别。

③ (晋)杜预注，(唐)孔颖达等正义：《春秋左传正义》卷 36，台湾艺文印书馆 1982 年版，第 625 页上左。

④ 黄怀信、张懋鎔、田旭东撰，李学勤审定：《逸周书汇校集注》卷 1，上海古籍出版社 1995 年版，第 52 页。

⑤ (晋)杜预注，(唐)孔颖达等正义：《春秋左传正义》卷 51，台湾艺文印书馆 1982 年版，第 891 页下左。

⑥ 黄怀信、张懋鎔、田旭东撰，李学勤审定：《逸周书汇校集注》卷 1，上海古籍出版社 1995 年版，第 9 页。

⑦ (汉)郑玄注，(唐)孔颖达等正义：《礼记正义》卷 54，台湾艺文印书馆 1982 年版，第 918 页下右。

⑧ (汉)孔安国传，(唐)孔颖达等正义：《尚书正义》卷 17，台湾艺文印书馆 1982 年版，第 254 页上右。

⑨ (汉)孔安国传，(唐)孔颖达等正义：《尚书正义》卷 13，台湾艺文印书馆 1982 年版，第 187 页上左。

⑩ (清)王先谦：《荀子集解》卷 11，台湾华正书局 1993 年版，第 211 页。

⑪ 刘起釪：《尚书学史》，中华书局 1996 年版，第 96 页。

只是从"佴"字的考释切入，对相关问题提出一些浅见。前人研究中，黄沛荣先生《周书研究》①、周玉秀先生《逸周书的语言特点及文献学价值》②、王连龙先生《逸周书研究》③等，都认为"三训"应写于战国时代，这一论点值得重视。

（作者单位：清华大学华文文学研究所）

① 黄沛荣：《周书研究》，台湾大学中国文学研究所博士学位论文，1976年，第141~236页。

② 周玉秀：《〈逸周书〉的语言特点及文献学价值》，中华书局2005年版。该书从语法、用韵、修辞三方面讨论，相关论述遍于全书。关于"三训"时代的结论主要见于第148、195、269~270页。

③ 王连龙：《逸周书研究》，社会科学文献出版社2010年版，第93~109页。

《越公其事》的竹简排列和“划痕”*

竹田健二

一、序言

《清华大学藏战国竹简(柒)》所收的《越公其事》是记载越王勾践灭亡吴国经过的古典文献。① 该文献的整理者李守奎教授认为“全篇七十五支竹简，文义基本完整。全篇一共十一章”②。但是，在《越公其事》中存在数枚残缺比较严重的竹简，而且《越公其事》的竹简没有次序编号。因此我们不能认为整理者的排序是确定无疑的，陈剑教授已经发表了意见，建议修改一部分竹简的排序。③

毋庸赘述，竹简资料的研究上，竹简排序的复原会给该文献的释读带来极大影响。在竹简背面发现的“划痕”或“划线”的连贯性极有可能成为复原竹简排序的重要线索，引起了关注。④ 在《越公其事》的很多竹简背面，存在由左上至右下倾斜的划痕，那些划痕大概连贯。关于划痕的连续性，整理者也是有所认知的，但在“说明”中仅涉及了一点，没做关于划痕的详细说明。我认为所有先行研究，包括陈剑教授，都没有注意《越公其事》划痕的问题。

因此本文将以《越公其事》竹简背面划痕的连贯性为中心，对其竹简排列复原问题进行探讨。

二、《越公其事》的竹简形制及其背面状况

本节根据《清华大学藏战国竹简(柒)》所收《越公其事》的“原大图版”“放大图版” “说明”及卷末“竹简信息表”，对《越公其事》的竹简形制以及其背面状况包括划痕、竹节等进行确认。

《越公其事》的竹简形制为，简长41.6厘米左右⑤，简幅0.5厘米，简端平齐，三道编绳。从“原大图版”“放大图版”照片来看，契口都是右契口。

《越公其事》全部竹简背面的第二编线与第三编线之间，都有一个竹节的痕迹或者刮削竹节的痕迹。从竹节的位置来看，《越公其事》的竹简有两种：一种是竹节的痕迹位于竹简下端向上方大概简长三分之

---

* 本文是日本学术振兴会科学研究费补助金·基础研究(B)“中国新出土文献思想史的研究——战国简·秦简·汉简”(研究代表者·汤浅邦弘，课题番号“26284009”)研究成果之一，日文版原载《中国研究集刊》第64号，大阪大学中国学会，2018年6月。

① 李学勤主编：《清华大学藏战国竹简(柒)》，中西书局2017年版，第8、49、112页。

② 参见《越公其事》的《说明》，参见李学勤主编：《清华大学藏战国竹简(柒)》，中西书局2017年版，第112页。

③ 陈剑：《〈越公其事〉残简18的位置及相关的简序调整问题》，复旦大学出土文献与古文字研究中心网(http://www.gwz.fudan.edu.cn/Web/Show/3044)，2017年5月14日。

④ 孙沛阳首先发现了划痕，他在北京大学2009年收藏的前汉数个竹简背面发现之后，划痕在复原竹简的排序中成为重要线索而受到了关注的。参照孙沛阳：《简册背划线初探》，《出土文献与古文字研究》第4辑，上海古籍出版社2011年版。

⑤ 笔者根据《竹简信息表》，只抽出《越公其事》之中没有残缺而且没有装订的完整简算出平均简长，其结果是41.65厘米。

一的位置，简 1 至简 68 与简 74、简 75 一共 70 枚竹简属于这种。另一种是刮削竹节的痕迹位于第二编线正下方，比其他简更加靠近竹简中央，简 69 至简 73 的五枚竹简属于这种。如前所述《越公其事》竹简正面与背面并未记有显示排序的“简序编号”。

关于《越公其事》的划痕，整理者在“说明”中仅仅说“简背有划线”，但是没说明关于划痕的具体情况。图一所示是用“原大图版”表示《越公其事》背面划痕的情况。①

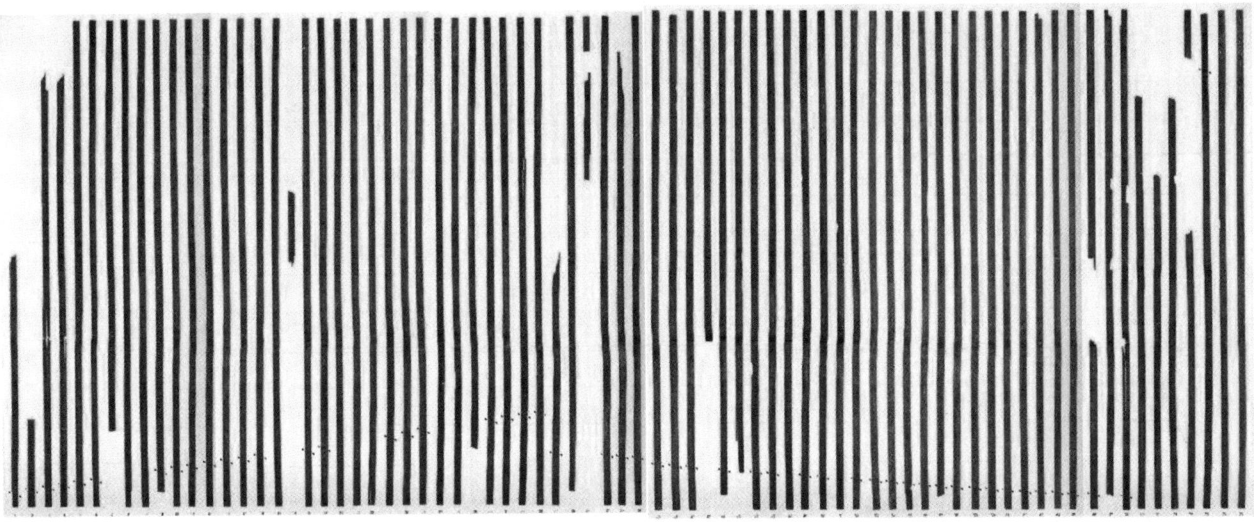

图一

如前所述，在《越公其事》的很多竹简背面，都存在由左上至右下倾斜的划痕，而那个划痕大概连贯。但是，由图一可明显看到，并不是《越公其事》全部的竹简都有划痕。需要注意的是，《越公其事》有多枚残简而有的残简在残缺部分上刻有划线的可能性极高，而且没有残缺的整简之中，也有无法确认划痕的竹简。无法确认划痕的竹简，是本来没有划痕，还是本来有划痕而只是在“原大图版”的照片中看不出来无法判断。②我们在讨论《越公其事》划痕时必须充分留意这些问题。

为了尽可能准确确认《越公其事》划痕的情况，笔者根据竹简背面的“原大图版各简划痕”进行了测量，即测量从各简下端左角到划痕左端（划痕与竹简左侧面接触点）的长度与从竹简下端右角到划痕右端（划痕与竹简右侧面接触点）的长度。测量结果如表一所示。③

① 图一显示划痕的位置，见右侧图例：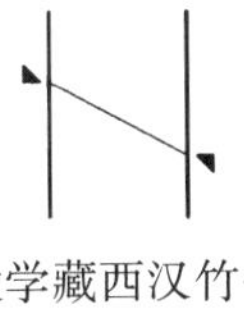

② 北京大学出土文献研究所编《北京大学藏西汉竹书》之中，划痕的位置用图表示而没有竹简背面的照片，由此可见划痕的存在难以确认。参见北京大学出土文献研究所编：《北京大学藏西汉竹书（贰）》，上海古籍出版社 2012 年版；北京大学出土文献研究所编：《北京大学藏西汉竹书（伍）》，上海古籍出版社 2014 年版；北京大学出土文献研究所编：《北京大学藏西汉竹书（壹）》，上海古籍出版社 2015 年版；北京大学出土文献研究所编：《北京大学藏西汉竹书（叁）》，上海古籍出版社 2015 年版；北京大学出土文献研究所编：《北京大学藏西汉竹书（肆）》，上海古籍出版社 2015 年版。

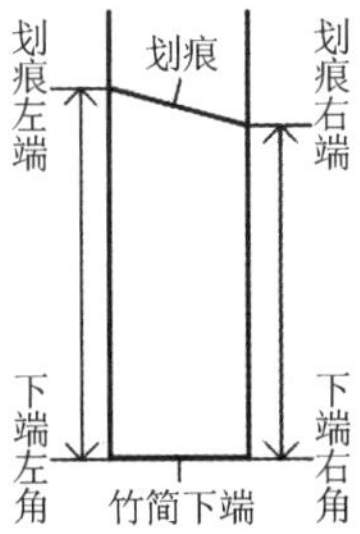

③ 测量方式参见右侧图例。应当注意，本文中模式图的竹简长度与宽度的比率，不是实际的。另外，简 10、简 44、简 57 上存在划痕，可是竹简下端残缺了，所以表一之中将这三枚竹简作空白栏处理。

表一

从竹简下端到划痕的长度（毫米）	简 1		简 2		简 3		简 4		简 5	
	左端	右端	左端	右端	左端	右端	左端	右端	左端	右端
	11.3	10.4	15.4	13.9	17.4	15.7	19.4	17.8	21.2	19.8
	简 6		简 7		简 8		简 9		简 10	
	左端	右端	左端	右端	左端	右端	左端	右端	左端	右端
	23.3	22.1								
	简 11		简 12		简 13		简 14		简 15	
	左端	右端	左端	右端	左端	右端	左端	右端	左端	右端
	33.7	31.5	35.5	33.7	37.8	36.0	40.2	38.2	41.5	39.7
	简 16		简 17		简 18		简 19		简 20	
	左端	右端	左端	右端	左端	右端	左端	右端	左端	右端
	43.6	41.6					47.9	46.1	50.1	48.6
	简 21		简 22		简 23		简 24		简 25	
	左端	右端	左端	右端	左端	右端	左端	右端	左端	右端
							58.9	57.1	61.7	59.6
	简 26		简 27		简 28		简 29		简 30	
	左端	右端	左端	右端	左端	右端	左端	右端	左端	右端
	64.4	62.3							72.9	71.2
	简 31		简 32		简 33		简 34		简 35	
	左端	右端	左端	右端	左端	右端	左端	右端	左端	右端
	75.9	73.9	77.4	75.9	79.0	77.7	44.5	44.0		
	简 36		简 37		简 38		简 39		简 40	
	左端	右端	左端	右端	左端	右端	左端	右端	左端	右端
			43.1	42.0	42.0	41.0	41.0	39.9	38.6	37.9
	简 41		简 42		简 43		简 44		简 45	
	左端	右端	左端	右端	左端	右端	左端	右端	左端	右端
	37.6	36.6	36.4	35.6						
	简 46		简 47		简 48		简 49		简 50	
	左端	右端	左端	右端	左端	右端	左端	右端	左端	右端
	31.6	31.1	31.0	31.2			29.2	28.2	28.2	27.2
	简 51		简 52		简 53		简 54		简 55	
	左端	右端	左端	右端	左端	右端	左端	右端	左端	右端
			26.1	25.1	25.0	24.0	23.8	22.6	22.3	21.5
	简 56		简 57		简 58		简 59		简 60	
	左端	右端	左端	右端	左端	右端	左端	右端	左端	右端
	21.4	20.5			19.4	18.6	18.4	17.5	17.4	16.6
	简 61		简 62		简 63		简 64		简 65	
	左端	右端	左端	右端	左端	右端	左端	右端	左端	右端
	16.5	15.8	15.8	15.0	14.7	13.9	13.9	13.3	13.3	12.5
	简 66		简 67		简 68		简 69		简 70	
	左端	右端	左端	右端	左端	右端	左端	右端	左端	右端
	12.5	12.0			11.8	11.3				
	简 71		简 72		简 73		简 74		简 75	
	左端	右端	左端	右端	左端	右端	左端	右端	左端	右端
					371.7	369.8				

比较同一竹简上，划痕左端到竹简下端左角的长度(表一上标记"左端")与划痕右端到竹简下端右角的长度，都是从划痕左端到竹简下端左角的长度长于从划痕右端到竹简下端右角的长度。这也明示了图一所示的结果，《越公其事》的划痕全部都是由左上至右下倾斜的。

值得注目的一点是，唯有简 73 的划痕位于竹简上半部分，而其他简的划痕全部位于竹简下半部分。如后所述《越公其事》的划痕大概与邻接的竹简连贯，可是唯独简 73 的划痕与邻接的竹简没连贯。所以在此不作为探讨对象。①

个人认为，《越公其事》的划痕可分为 A、B 两道：划痕 A 是在简 34 至简 68 的背面下半部存在的，由左上至右下大概连贯。图二是根据表一的数据表示划痕 A 的模式图。图中，横轴为竹简号码(简 34 至简 68)，纵轴为从竹简下端到划痕的长度(长度单位是毫米)，长度指各简划痕的左端、右端到竹简左下角、右下角的长度。做表法：在横轴，简号对应的坐标虚线上取两点，简号对应竹简划痕左端位置的点和划痕右端位置的点，然后把各简划痕左端位置的点和划痕右端位置的点用实线连接起来。《越公其事》存在不能确认划痕的竹简，所以划痕 A 有一部分断开的，但图二中明显划痕是有连贯性的。

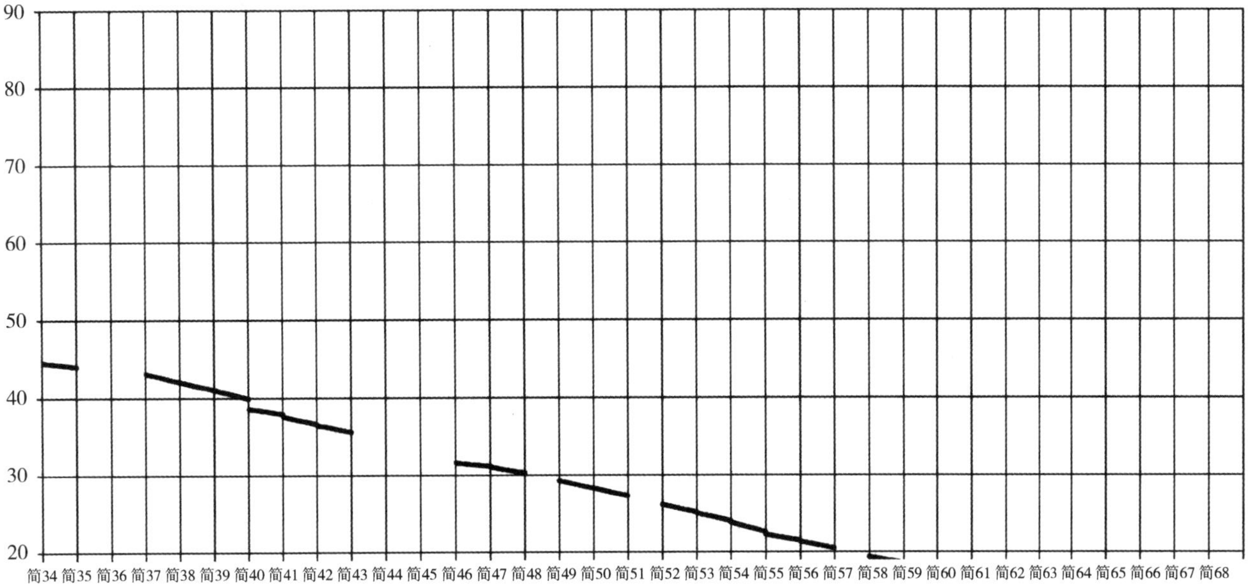

图二

划痕 B 存在于简 1 至简 33 的下半部。图三是用图二的方式，根据表一的数据表示划痕 B 的模式图。如图三、图一所示，划痕 B 好像是把左上至右下倾斜的各简划痕由左下至右上排列起来的，所以看上去这道划痕好像不是连贯的。可是，只要改变排列竹简的方向，各简的划痕大概形成一条连续的线。即，我们把竹简正面简 1 至简 33 从左向右排列，也就是把竹简背面将简 1 至简 33 从右向左排列时，在竹简背面会出现由左上至右下倾斜的连贯划线。图四是以图二、图三的方式，将竹简背面简 1 至简 33 从右向左排列时的划痕 B 的模式图。

① 我认为，简 73 的划痕也许是连贯划痕的一部分，即简 69 到简 73 的五枚竹简与其他简 1 到 68、简 74、简 75 的七十枚竹简的背面竹节的位置不同。属于同一文献的竹简，如果各竹片的竹节位置不同，那竹简之间就不会存在连续的划痕。因此，简 73 和简 74 竹节位置不同，两简竹简没有连续划痕是非常自然的现象。而且简 69 到简 72 的四枚竹简是与简 73 竹节痕迹位置同一，而这四枚竹简上端部分都有残缺。这四枚竹简的残缺部分很可能有划痕与简 73 是连续的。在清华简的某一文献之中，有如下论述，竹简使用中经常会用到竹节位置不同的好多种类的竹片，这种情况下就不存在有横跨于此种竹简之间的连续划痕。参见竹田健二：《清华简'楚居'の划线・墨线と竹简の配列》，《中国研究集刊》第 56 号，2013 年 6 月。

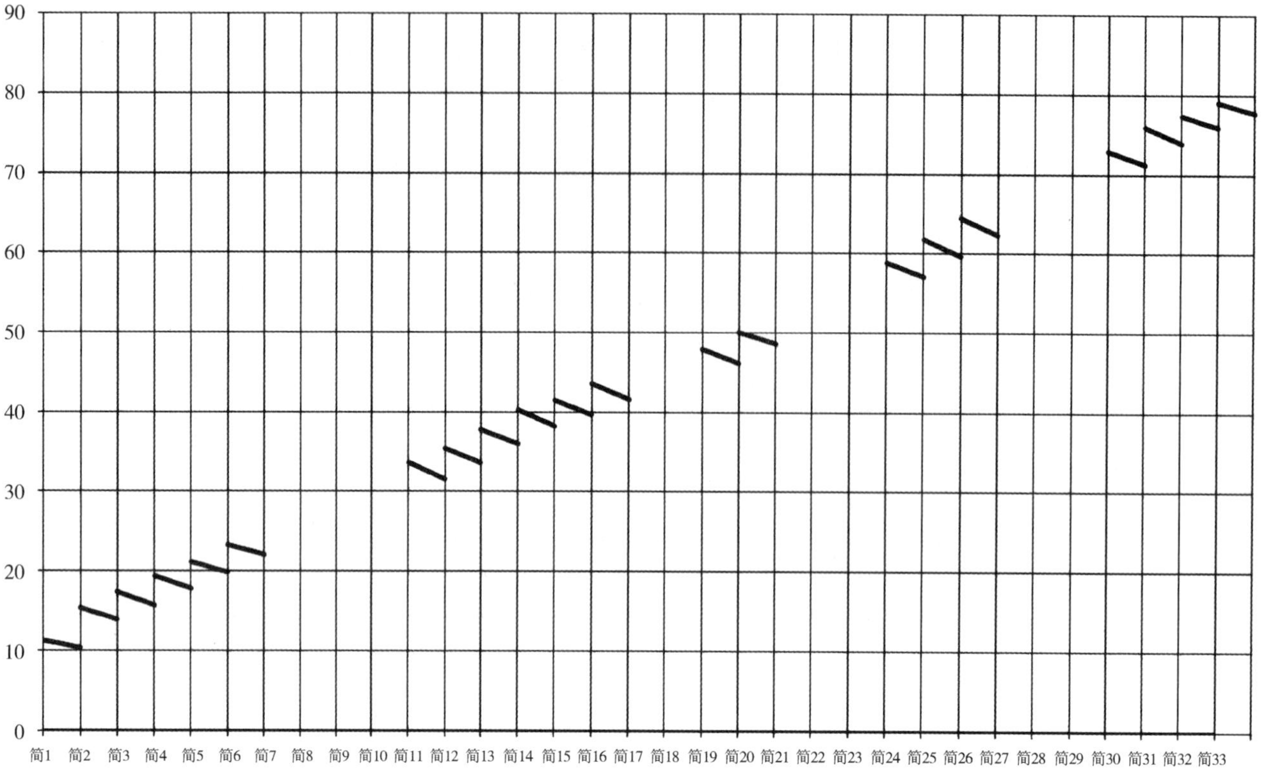
90
80
70
60
50
40
30
20
10
0
简1 简2 简3 简4 简5 简6 简7 简8 简9 简10 简11 简12 简13 简14 简15 简16 简17 简18 简19 简20 简21 简22 简23 简24 简25 简26 简27 简28 简29 简30 简31 简32 简33

图三

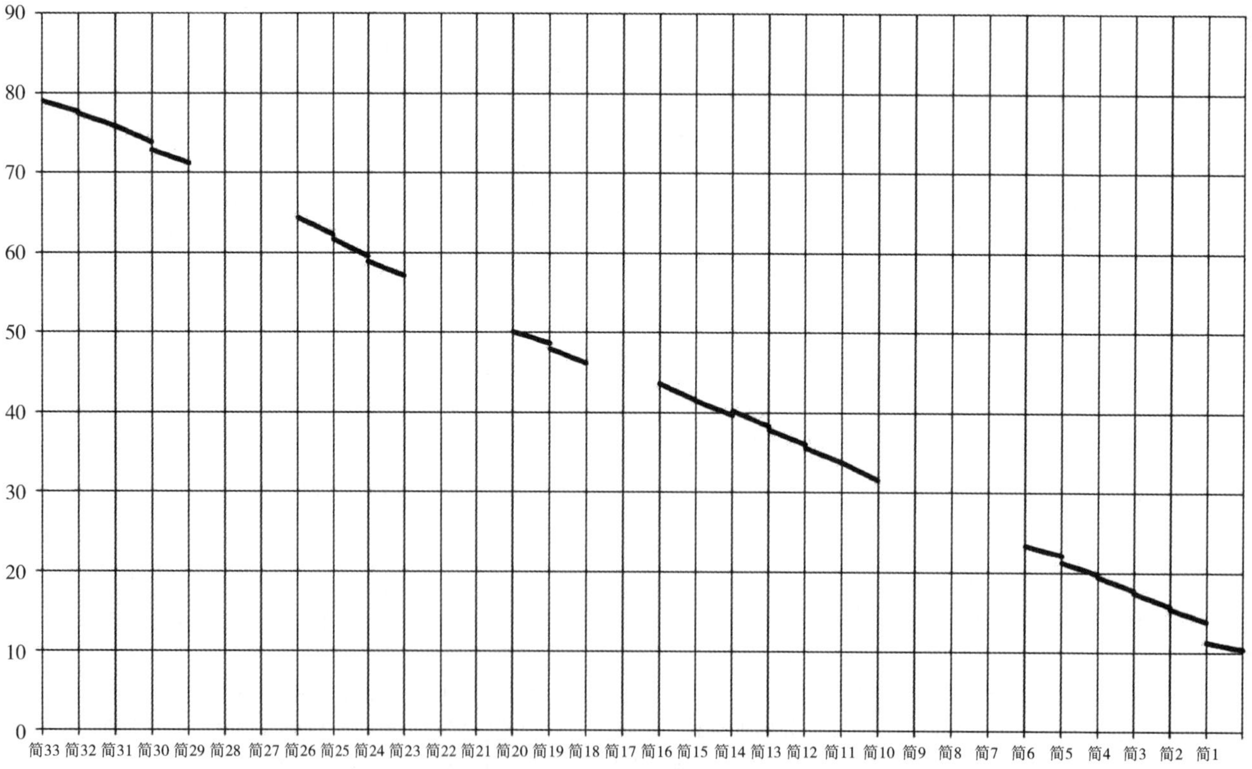
90
80
70
60
50
40
30
20
10
0
简33 简32 简31 简30 简29 简28 简27 简26 简25 简24 简23 简22 简21 简20 简19 简18 简17 简16 简15 简14 简13 简12 简11 简10 简9 简8 简7 简6 简5 简4 简3 简2 简1

图四

一般的划痕，包括划痕 A，是竹简正面从右向左顺序排列时，在竹简背面会出现由左上至右下倾斜的连贯划线。反之，划痕 B 是竹简正面从左向右顺序排列时，在竹简背面会出现由左上至右下倾斜的连贯划线。这样的划痕在已经公布的清华简中也有，孙沛阳先生称之为“逆次简册背划线”。①

《越公其事》的竹简形制以及其背面状况在本节中已经确认了。下面，根据《越公其事》的竹简背面状况，特别是从划痕的连续性开始，讨论整理者的《越公其事》竹简排序复原的妥当性。

三、一般的划痕与“逆次简册背划线”

如以上所述，《越公其事》的竹简，有的由于残缺无法确认划痕，也有的无残缺也无法确认。虽然完全把握划痕的原本状况很困难，但如图二、图四所示，整理者复原的《越公其事》竹简排序划痕 A（简 34 至简 68）与划痕 B（简 1 至简 33）的连贯性大致合适。笔者推测，整理者也理解两道划痕的存在，而且两道划痕的连贯性给整理者提供了复原竹简排列的线索。②

但是，与划痕 A 是一般的划痕不同，划痕 B 是孙沛阳先生所说的“逆次简册背划线”，这一点，我认为还需要慎重的讨论。即，在《越公其事》同一文献中并存两种划痕，竹简背面“一般的划痕”与“逆次简册背划线”是连续的。这在已公布的出土竹简背面存在划痕的各类情况中，没有先例。③

如果将《越公其事》竹简背面的 A、B 两道划痕都连成一根线，或者把竹简都排成“逆次简册背划线”，两道划痕的外观形式就统一了；也即是说，如果竹简正面将简 1 至简 33 从左向右按顺序排列而简 34 至简 68 逆向排列，或者简 1 至简 33 从右向左逆向排列，而简 34 至简 68 也从右向左逆向排列为简 68 至简 34 时，则会得到两个外观形式统一的划痕了。可是，这样，内容上可能有问题，也没有合理的解释。

关于“逆次简册背划线”孙沛阳先生说过：“这一现象也许说明简册可能有小部分从左往右编的情况。当然，目前这只一个假说，仍需要更多材料的证明。这便属于竹书形态方面研究的问题。”④假设把划痕 B 的竹简正面的文字列从左往右排，把划痕 A 的竹简正面的文字列从右向左排，将它们连起来形成一册书，那么这册书从简 1 至简 33 正面文字是从左往右读，而简 34 至简 68 是从右往左读。这是极其不自然的，最终也得不到认可。

那么如何理解在《越公其事》竹简背面里一般的划痕与“逆次简册背划线”并存而又连续的现象呢？

其可能性是，背面有划痕 A 的一组竹简与在背面有划痕 B 一组竹简，不是连续编连成为一册书，而是分别编为两册书，而且两册书竹简的编排方向不同，也就是文字列的排法不是相同，而是相反的。但是，这种情况下，必须有公认的关于两组竹简文字内容分别成册的某种充分完结的结论。

从结论来说，《越公其事》中有划痕 A 的一组竹简和有划痕 B 的一组竹简，其文字内容的完整性并没有被公认，而且竹简背面的划痕 A 和划痕 B 的连续性，划痕与其所对应的竹简正面的文字内容之间，本来也没有什么直接的对应关系。

即，前述的整理者李守奎教授所述，《越公其事》从文献整体来看基本无欠缺，全文可分为 11 章。这 11 章的区分在各章末尾的简 8、简 15、简 25、简 29、简 36、简 43、简 49、简 52、简 59、简 68、简 75，在各章尾文字列后留有墨钩，每个墨钩后还有留白。

在墨钩后的留白有两种，一种是从墨钩到竹简下端有留白，一种是墨钩下的相当于几个汉字的空白

① 参见孙沛阳：《简册背划线初探》，《出土文献与古文字研究》第四辑，上海古籍出版社 2011 年版，第 453 页。孙先生认为，清华简（壹）之中《皇门》与《楚居》的划痕是“逆次简册背划线”。

② 整理者将第 5 章释文中简 33 与简 34 之间换行，这个换行可能与简 34 上半部残缺而多字的现象有关，可是《越公其事》释文之中未发现在竹简残缺部分之前的换行。所以我认为，因为整理者认识到竹简背面划痕 A、划痕 B 的存在，所以判断到简 33 的部分与简 34 以后的部分所记内容应该存在差异。

③ 贾连翔先生探讨清华简的划痕，可是其分析未提到“逆次简册背划线”的问题。参见贾连翔：《战国竹书形制及相关问题研究以清华大学藏战国竹简为中心》，中西书局 2015 年版，第 82~102 页。

④ 参见孙沛阳：《简册背划线初探》，《出土文献与古文字研究》第四辑，上海古籍出版社 2011 年版，第 458 页。

就是留白，同一竹简上可在这种留白处续写下一章。也就是，除第2章和第9章的九个章节中，在每章最后文字的右下都记有墨钩，墨钩下到竹简的下端有不记文字的留白，下一章的文字列就是从下一片竹简的开头开始写(简8、简15、简25、简29、简36、简43、简49、简52、简59、简68、简75)。第2章和第9章是各章末尾文字列的右下记有墨钩，在墨钩下有3~4字大小的留白，在同一竹简上，留白下面就开始记载下一章的开头(简5和简59)。

留白虽然有两种形式，但是各章的末尾部分是共通的，都是在文字末尾有墨钩，墨钩后有留白。各章内容的完整性是公认的。各章概要如下：

第1章(简1-8)越王勾践同吴王夫差交战，战败逃往会稽山，派遣大夫种做使者前往吴军求和。

第2章(简9-15上)申胥向准备接受求和的夫差进谏，夫差反而劝申胥接受了讲和。

第3章(简15下-25)夫差会见了大夫种，讲述了以往的事情，告诉他不会灭掉越国。大夫种向勾践复命，越国立誓。

第4章(简26-29)勾践决心向吴国复仇，实行重整内政，人民安定的政策。

第5章(简30-36)勾践开始五政，首先第一阶段振兴农业，结果越国农产品极其丰富。

第6章(简37-43)勾践五政的第二阶段，注重信用，纠正市场贸易规则。结果，全体国家都非常重视信用。

第7章(简44-49)勾践五政的第三阶段，注重广集民众，增加越国人口。结果，越国人口大幅增涨。

第8章(简50-52)勾践五政的第四阶段，重视军事。结果，全国都重视军事，武器十分完备。

第9章(简53-59)勾践五政的第五阶段，完备法令，赏罚分明。结果，越国人民都遵纪守法。

第10章(简59-68)五政全部实施后，勾践测试了越国国民的力量，向吴国发出了挑战，吴国一出战，越国就准备夜袭，让吴军陷于大混乱再乘胜追击。

第11章(简69下-75)夫差向勾践求和时，勾践并没有接受，但答应只保全夫差的命，夫差拒绝了。

整理者这样把《越公其事》分为11章，完全没有问题。

《越公其事》11章的划分和同划痕A、B之间的关系来看，划痕B组的竹简是第1章到第5章的一半，划痕A组的竹简是从第5章的一半到第10章的末尾。而且，划痕A和划痕B连接的部分，如果按照竹简复原的排列顺序的话，在简33和简34之间。第5章从勾践再建越国实行复仇的“五政”之一振兴农业，取得成果开始讲述。然后从第6章到第9章的四章，逐一讲述了其他四个政策。据此，第5章在内容上作为一章确实完整。有划痕A的一组竹简文字列和有划痕B的一组竹简文字列是在第5章的中间部分连接起来的，这明确表明有划痕的竹简正面文字列内容的整理上没有特别的完结性。由此可知，竹简背面划线A、B的连续性和其划痕所对应的正面文字的内容之间，没有对应关系。

因此，不应该把划痕A的竹简和划痕B的竹简考虑成不同分册，应该看成整理者复原的竹简排列本来就是那样的，两组竹简并存于同一册书里而且是连续编缀的。①

① 同样的情况也存在于清华简《系年》等等。参见竹田健二：《划痕小考——以北京简〈老子〉与清华简〈系年〉为中心》，北京大学出土文献研究所编：《古简新知：西汉竹书〈老子〉与道家思想研究》，上海古籍出版社2017年版，第372页。原日语版：竹田健二：《划线小考—北京简‘老子’と清华简‘系年’とを中心に—》，《中国研究集刊》第57号。

综上，在《越公其事》中，如果背后有“逆次简册背划线”的一组竹简和背后有一般划线的一组竹简都并存而且连续的话，并不表示背后有“逆次简册背划线”的竹简，其正面的文字列是从左到右排列编排的。也就是说，竹简的排列，未必必须是按照背面划痕那根线来连续排列的，也可以排列成“逆次简册背划线”的形式。本来，比起一般的划痕，“逆次简册背划线”的划痕很少。因此，文字的书写编排，通常是按照一根线连续起来，即按照一般的划痕，但是也有因为某种理由出现“逆次简册背划线”的例外情况。

通常划痕和“逆次简册背划线”并存并连续的《越公其事》中，不管是一般的划痕还是“逆次简册背划线”，在复原竹简的排列时，都显示出了其有效的线索价值，是个非常珍贵的个例。

四、陈剑氏的见解

本节中，对整理者复原的竹简排列有不同看法，以陈剑氏的见解为例，从划痕的连续性视点，对其妥当性加以讨论。

陈氏以简 18 为中心加以讨论的，简 18 上部下部都有缺损，只留有“人儇(还)雫(越)百里”五字。他首先把第 3 章的简 17 和简 19 连起来，把简 18 看成第 5 章的一部分。把简 18 加到第 5 章后，简 33 到简 35 就应该连续起来了。整理者把两枚残简缀合成简 36，而陈氏认为其应当分别是两枚竹简的一部分，更有甚者，他认为简 36 上、简 18、简 34 的 3 枚残简是一枚竹简断裂成的三段。这样，陈氏主张按照“简 31-简 32-简 33-简 35-简 36 上-简 18-简 34-简 36 下”的顺序排列。

首先，我们先讨论陈氏的一个观点，是否应该把简 17 和简 19 直接连起来读。

陈氏主张，如果直接把简 17 和简 19 连起来的话，跨两简的是“于今三年”几个字。这句意思无疑是通顺的。“于今……年”的说法，意思是“从……到现在的若干年”，在《诗经》《左传》《国语》中都有。但是从简 17 末尾部分有“用事(使)徒遽趣(趣)圣(听)命于”，从简 21 有“余听命于门”来看，整理者在注〔一一〕说，一定存在有“听命于‘君’”说法可能，所以在简 17 的次枚简的开头有“君”字，此种释读也是可以的。在《左传》《国语》里用“听命”来断句，其下什么也不接的例子也不少，简 17 和 19 直接连起来解读的妥当性不能被否认。

简 17、简 18、简 19 的连续性，从划痕考虑应注意两点，第一，简 17 是无欠缺的完整简，但从照片无法确认其背面的划痕。第二，简 18 上部和下部都有残缺，不能确认划痕。如此，我们来讨论简 17 至简 19 的排列方案。

图五是从图四中抽出一部分，根据整理者复原的竹简，简 20 至简 11 的划痕模型。图六是根据陈剑氏的见解，除简 18，简 20 至简 11 的划痕模型。两图都插入了虚线连接简 20 左端和简 11 划痕右端。

比较图五和图六，相比于整理者，陈剑的竹简排法，划痕连续性更自然。即，简 19 和简 16 之间，加入简 18 和简 17 后，从简 16 到简 13 的四枚竹简的划痕位置，比虚线稍微靠上。但是，在简 19 和 16 之间只放入简 17 的话，划痕和虚线基本重合，其连续性丝毫不勉强。从这一点来看，陈剑氏的复原方法比整理者的合理性更高。

接下来讨论陈剑的另一观点，简 33 和简 35 是否应该连续读。简 36 上、简 18、简 34 三枚残简本来是一枚竹简，排列顺序应该改为简 31-简 32-简 33-简 35-简 36 上-简 18-简 34-简 36 下。

图七是根据整理者复原的竹简，表示简 30 到简 47 的划痕。图八和图九是按照陈氏的观点，表示从简 30 到简 47 的划痕。陈氏说，简 34 到简 36 之间应该没有很多的欠缺文字，简 36 下是位于竹简的上端，也不能完全排除与简 34 直接接续的可能性。因此，图八是假设简 34 和简 36 下之间有一枚脱简的图，我们把它作为陈剑 A 案。图九是假设简 34 和简 36 下直接接续的图，我们把它作为陈剑 B 案。图七、图八、图九，无论哪个，都插入了连接简 34 划痕左端和简 47 划痕右端的虚线。

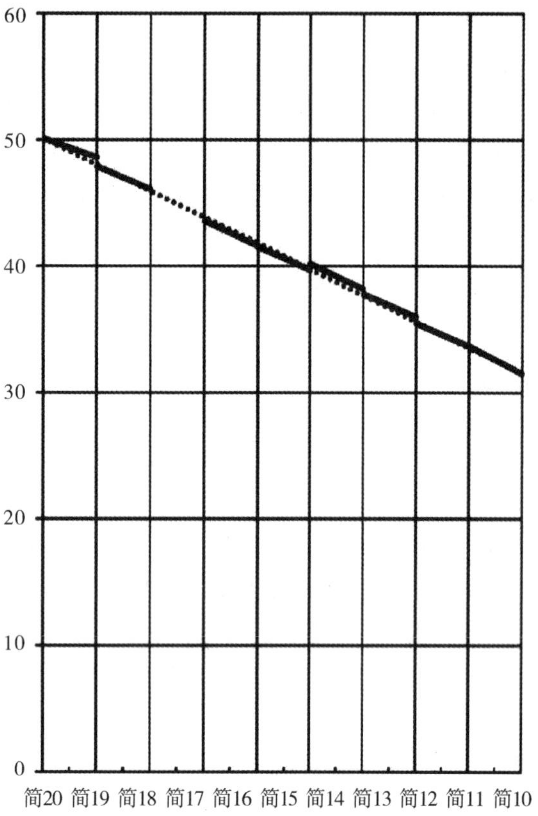
60
50
40
30
20
10
0
简20 简19 简18 简17 简16 简15 简14 简13 简12 简11 简10

图五

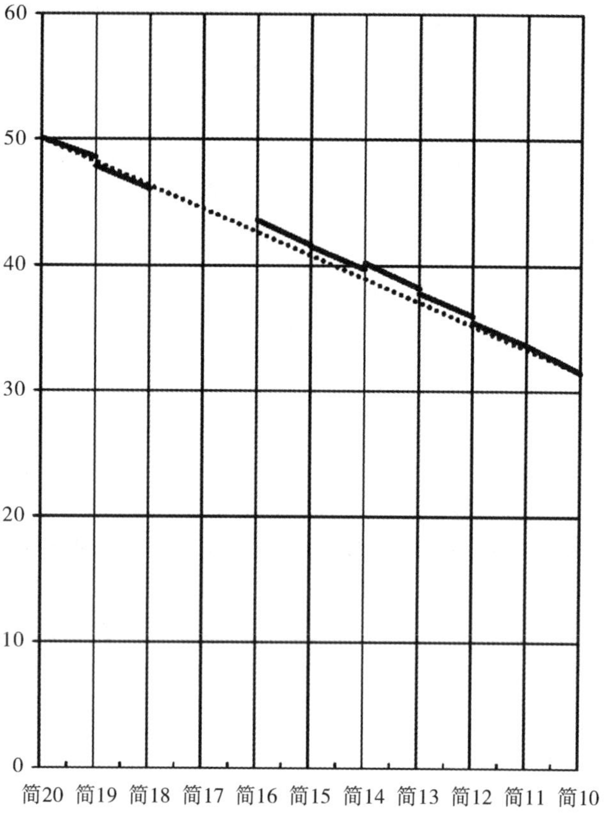
60
50
40
30
20
10
0
简20 简19 简18 简17 简16 简15 简14 简13 简12 简11 简10

图六

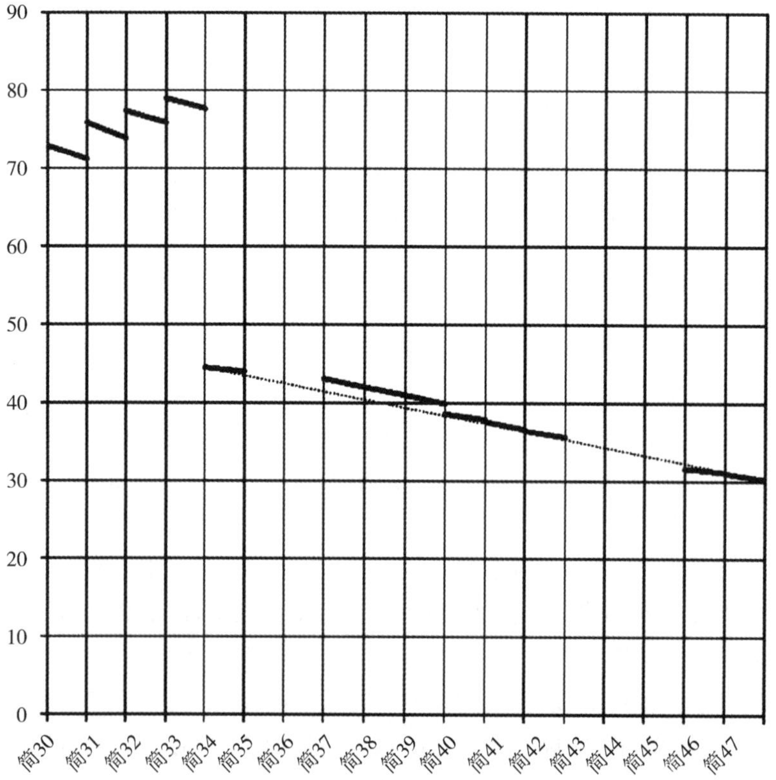
90
80
70
60
50
40
30
20
10
0
简30 简31 简32 简33 简34 简35 简36 简37 简38 简39 简40 简41 简42 简43 简44 简45 简46 简47

图七

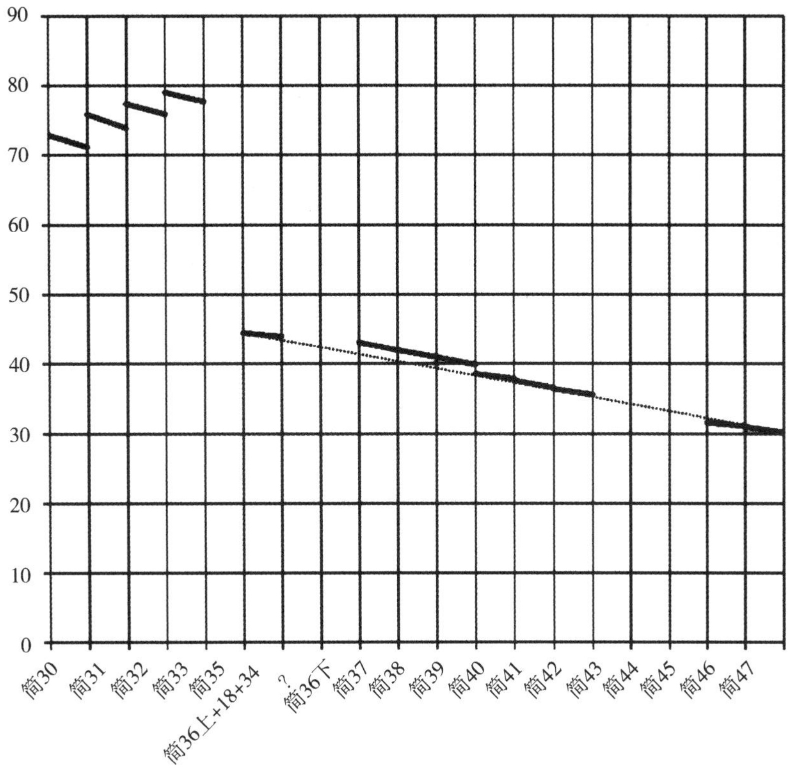
90
80
70
60
50
40
30
20
10
0
简30
简31
简32
简33
简35
简36上+18+34
?
简36下
简37
简38
简39
简40
简41
简42
简43
简44
简45
简46
简47

图八

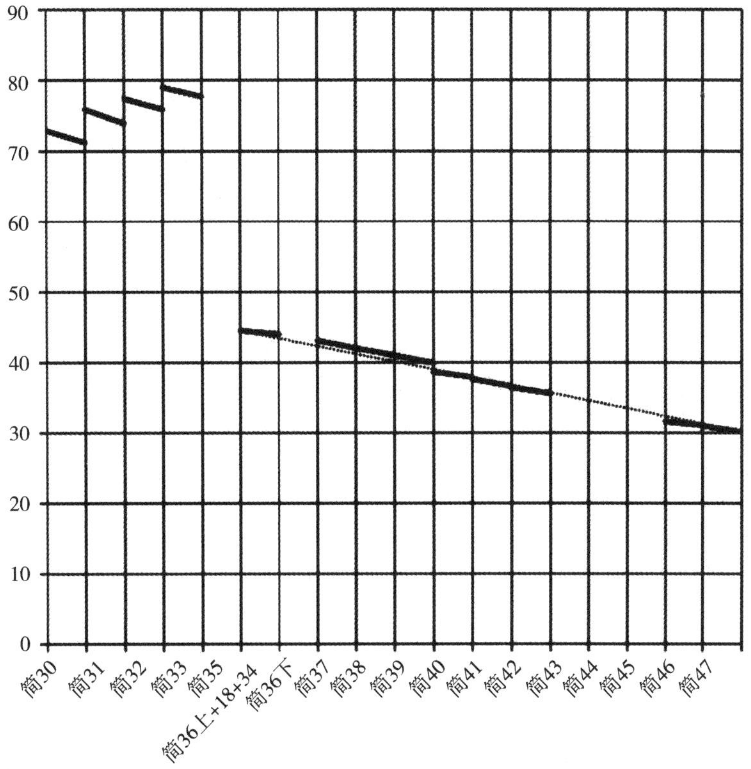
90
80
70
60
50
40
30
20
10
0
简30
简31
简32
简33
简35
简36上+18+34
简36下
简37
简38
简39
简40
简41
简42
简43
简44
简45
简46
简47

图九

图七、图八、图九的三张图中，整理者复原的图七和陈剑 A 案的图八，实际上在简 34 和简 37 之间有 2 枚竹简这一点上没有不同。这里值得注意的是图七、图八上，简 37、简 38、简 39 的三枚划痕位置都略高于虚线，因此划痕的连续性稍显不自然。

而陈剑 B 案的图九，在简 36 和简 37 之间只有简 36 下的一枚竹简，所以简 37、简 38、简 39 的划痕位置并没有离开虚线，作为整体来讲，划痕毫无勉强地自然连续在一起。这说明陈剑 B 案的复原方式，比整理者的复原和陈剑 A 案的合理性都高。

以上，我们对从划痕的状况到竹简的排列复原有关情况进行了讨论，结果是陈剑氏的简 17 和简 19 的接续说法合理性更高。还有，竹简排列以简 31-简 32-简 33-简 35-简 36 上-简 34-简 36 下，简 34 和简 36 下直接接续的陈剑 B 说的合理性也要高些。

根据陈剑 B 说的竹简复原及释读中，要从划痕 B(简 1-33)除去简 18，而划痕 A 中要颠倒简 34 和简 35 的顺序。简 35 从照片无法确认划痕，所以考虑有两种可能性：①划痕 B 不是从简 33 开始，是从简 35 开始的。②划痕 A 是从简 34 前面的简 35 开始的。但是，不管怎么说，第 5 章的竹简中，背面有划痕 A 和划痕 B 两种划痕这一点是一样的，如前章所述，竹简背面的划痕 A、B 的连续性，和其正面对应的文字列的内容之间没有任何对应关系。

五、结语

《越公其事》中，并存有一般的划痕和“逆次简册背划线”，而且连续的现象是怎样产生的呢？现在充分探明其详细情况是很困难的，笔者推测如下：

本来大多数竹简在制作时，恐怕都是处于竹简的状态，背面就被刻上连续的划痕。① 在刻有连续划痕的竹简群上，继续进行文字的书写和竹简的编缀。虽然不知道是先书写文字还是先编缀竹简，恐怕哪种情况都有。基本上是各竹简的划痕被连成一根线，然后把竹简连续起来，即按照划痕的连续性顺次进行书写文字、编缀竹简。但是，有时会取错其方向，不是按照一根线连续的形式，而是完全相反的顺序，就形成了“逆次简册背划线”。

《越公其事》的文本中，首先其前半部分，竹简上形成了“逆次简册背划线”，顺次进行文字书写和编缀(简 1-简 33、或者简 1-简 33+简 35)。其余部分的竹简，以一般的划痕连续起来，与前面的有“逆次简册背划线”的竹简相连，划痕也相连，顺次进行文字书写和编缀(简 35-简 68、或者简 34-简 68)。以上，是否就是《越公其事》中一般的划痕和“逆次简册背划线”并存和连续现象的大概呢？

还有，在进行书写文字、编缀简 1 至简 68 时，所用的竹简背面竹节位置都是一样的。但是，《越公其事》的后续内容在简 69 至简 73 上还有记载，这 5 枚简的竹节位置是不同的。更后续的内容被记载在了简 74、简 75 上，这两枚简的竹节位置又和简 1 至简 68 一样了。

文字书写、竹简编缀基本上是按照划痕的连续顺序进行的。但是偶尔弄错方向也不过就是小小的疏忽。这样的失误现象在其他竹简资料的书写、编缀时也有发生，那就是“左契口”。

即，所有已公布的战国竹简的契口，基本上都是面向竹简正面右侧的所谓“右契口”。但是，一部分竹简，面向正面的左侧有契口。② 我认为，“左契口”从现状等判断，一开始并不是就要刻在左侧的。我

---

① 参见韩巍：《西汉竹书〈老子〉简背划痕初步分析》，北京大学出土文献研究所：《北京大学西汉竹书(贰)》，上海古籍出版社 2012 年版，第 227 页；竹田健二：《划痕小考——以北京简〈老子〉与清华简〈系年〉为中心》，北京大学出土文献研究所编：《古简新知：西汉竹书〈老子〉与道家思想研究》，上海古籍出版社 2017 年版。

② 参见竹田健二：《〈曹沫之陈〉中竹简的缀合与契口》，卜宪群、杨振红主编：《简帛研究 2005》，广西师范大学出版社 2008 年版，第 269 页。原日语版：竹田健二：《‘曹沫之陈’における竹简の缀合と契口》，《东洋古典学研究》第 19 集。

推测在进行文字书写、竹简编缀时，是搞错了竹简上下位置而产生的。所以"逆次简册背划线"很可能是在书写和编缀过程中发生了某种过失而产生的。

文字的书写、竹简的编缀是怎样进行的，这样的问题还有许多没有弄明白，作为将来的课题，我会一直研究下去的。

（作者单位：日本岛根大学学术研究院教育学系）

里耶秦简所见人名“仆足”考*

何有祖

里耶秦简 8-137 号简：

⍁□朔戊午，迁陵丞迁告畜官仆足：令Ⅰ
⍁□毋书史，畜官课有未上，书到亟日Ⅱ
⍁□守府事已，复视官事如故，而子弗Ⅲ 8-137
⍁事，以其故不上，且致劾论子，它承Ⅰ
⍁　　就手。Ⅱ 8-137 背

“畜官仆足”，《里耶秦简牍校释(第一卷)》注：“迁、足，人名”①，把“畜官仆”看作官职而把足看作人名。邹水杰、李斯先生把“仆足”属下读，认为此处似为说其数量足够，非人名。②

今按：从 8-50+8-422“畜官适”这样的文例看，“畜官仆足”之“仆足”应是人名。9-1567“启陵乡守绕、佐仆足、禀人□”，其中“仆足”即用作人名，是启陵乡佐。这二处所见“仆足”官职有别，一属“畜官”，一是启陵乡佐，二者是一人而先后转任不同官职，还是同名不同人，尚待考。至于“仆足”作为人名，取义为何？今结合湖南出土马王堆汉墓《遣策》略作探讨。

马王堆汉墓《遣策》有“仆足”一词：

仆足一笥。马 M3 简 177

也写作“僕䟺”：

▬右方居(粔)女(籹)、唐(糖)、僕䟺、卵𥼶(䭣/糍)笥三合、卑虒一。马 M1 简 124
僕䟺笥。签牌 39
僕䟺一笥。马 M1 简 122

整理者皆读作“䴆𪎊”，指出，竹笥木牌“仆䊤笥”作仆，本组小结简(简 124)亦作仆，此简作僕，乃仆之讹体。仆䊤为叠韵联绵词，与此音近之联绵词有“朴属”(《周礼·考工记》)、“扑属”(《方言》三郭注)、

* 本文写作得到国家社科基金一般项目“已刊里耶秦简文本再整理与分类研究”(19BZS015)、国家社科基金重大项目“云梦睡虎地 77 号西汉墓出土简牍整理与研究”(16ZDA115)、武汉大学自主科研项目“荆州胡家草场 12 号西汉墓简牍的初步整理与研究”(413000067)资助。

① 陈伟主编，何有祖、鲁家亮、凡国栋撰著：《里耶秦简牍校释(第一卷)》，武汉大学出版社 2012 年版，第 77 页。

② 邹水杰、李斯：《国家与社会视角下的秦汉乡里秩序》，湖南师范大学出版社 2014 年版，第 94 页注①。

“朴樕”(《诗·召南·野有死麕》)、“蹼蹗”(《集韵·屋韵》)、“仆遫”(《汉书·息夫躬传》)等。仆䅵当得义于“朴属”。古代有饼食称餢飳或䴺䴵……餢飳(䴺䴵)当为仆䅵的变音。唐宋时所谓馎饦，从语音看可能与仆䅵、䴺䴵同源。① 唐兰先生指出，𢎝𧻓，即仆䅵，迭韵连词，即餢飳。《北户录》引束皙《饼赋》“餢飳䭔烛”，颜之推云：“今内国餢飳，以油苏煮之，江南谓蒸饼为餢飳，未知何者合古。”又作䴺䴵，《玉篇》“䴺䴵，饼也”，《齐民要术》作餢鯩，是发面饼。《倭名类聚抄》卷四引蒋鲂《切韵》则说：“餢飳，油煎饼名也。”又作馎饦、不托。② 朱德熙、裘锡圭先生指出，遣策以仆䅵与居女(粔籹)、唐(糖)、卵𥻹粔𩞄(𩟄)并列一组，“䅵”字又从“米”，显然是用米麦作的食品。“䅵”字当是从米足声，仆䅵乃叠韵连绵词。典籍中与此音近的连绵词有朴属、朴樕、仆遫等。《考工记》：“凡察车之道，欲其朴属而微至。不朴属，无以为完久也。”郑注：“朴属，犹附着坚固貌。”……这些连绵词显然是同源的，其中心意义当为附着丛集。物之丛聚相附着者，类多短小凡庸，因此引申而有小木、小虫等义。古人为面食或米粉食命名，往往着眼于面粉米粉制成食物后黏着不相分离这一点上。……“仆䅵”显然是由“朴属”分化出来的一个词，盖取其附着不分离之义，也应该是一种饼食的名称。古代的饼有称为餢飳(䴺䴵)的。……“䴺䴵”大概就是“仆䅵”的变音。唐宋时盛行一种叫“馎饦”的面食，“馎饦”与“仆䅵”“䴺䴵”当是一语之转。③

由上列各家意见可知，马王堆汉墓遣策所见的“仆足”，也作“𢎝𧻓”，是由“朴属”分化出来的一个词，盖取其附着不分离之义。里耶秦简所见“仆足”，用作人名，似取义于《考工记》所见“朴属”。在里耶秦简中还没有看到用来指饼食的例证，但在同一地域出土的西汉前期的《遣策》中曾被用来指一种饼食。

此外，“仆足”从字面意思上看，似还可能取义于家境富裕、有足够的仆人。西汉有校尉“仆多”，如《史记·卫将军骠骑列传》“校尉仆多有功，封为辉渠侯”，索隐曰：“案：《汉表》作‘仆明’，疑多是误。”另外，《史记·平准书》“自是之后，严助、朱买臣等招来东瓯”提及“朱买臣”，刘钊先生所列举玺印人名中有表示富有的，如“封市奴”“侯得奴”“韩得臣”“侯买仆”“侯买臣”，④ 似与本简“仆足”取义相近。不过传世文献、玺印人名中还没有看到“仆足”的直接表述，此说尚待进一步考证。

综上所述，湘西里耶秦简所见人名“仆足”，以及湖南地域西汉前期《遣策》所见饼食“仆足”(“𢎝𧻓”)，较早可能源于《考工记》所见“朴属”。

(作者单位：武汉大学历史学院、简帛研究中心)

附记：本文写作蒙鲁家亮、伊强、高一致、谢坤、吴纪宁等先生提供宝贵意见，谨致谢忱！本文写作曾利用赵敏敏《西汉遣册所记食物整理与研究》(武汉大学硕士学位论文，2017年)，谨致谢忱！

① 湖南省博物馆、中国科学院考古研究所编：《长沙马王堆一号汉墓》，文物出版社1973年版，第140页。
② 唐兰：《长沙马王堆轪侯妻辛追墓出土随葬遣册考释》，《文史》第十辑，中华书局1980年版，第18页。
③ 朱德熙、裘锡圭：《马王堆一号汉墓遣册考释补正》，《文史》第十辑，中华书局1980年版，第66页。
④ 刘钊：《古文字中的人名资料》，《吉林大学社会科学学报》1999年第1期。

说三则古文献中从“斤”声之字的释读

颜世铉

本文讨论古文献中三则从“斤”声之字的释读，这些从“斤”声的字皆应读为“谨”；然其词义不尽相同，有的训为“恭敬”义，有的训为“符合”义。前两则出于新出土文献，第一则“恒惩之志”读为“亟谨之志”，“谨”训为“恭敬”义，表示恭敬之心；第二则“言行相惩(谨)”，“谨”训为“符合”义，表示言行相合的意思。第三则见《论语·学而》第十三章，其中“信近于义”和“恭近于礼”的“近”字，根据第二则新出土文献的读法应读为“谨”，训为“符合”义。

第一则 “恒惩之志”

有其为人之柬柬如也，不有夫亘怡之志则缦。郭店《性自命出》45①

有其为人之柬柬如也，不有夫恒惩之志则曼。上博《性情论》37②

本则主要讨论“亘怡”和“恒惩”的释读。郭店本“怡”，原作，从“心”从“㠯”声，原整理者释为“怡”，上博本与之相对应的字作“惩”。郭店本“亘”字，上博本作“恒”。对这几字的释读，陈伟说：

> 亟，字本作“亘”，当读为“亟”。(上博本作“㥛”，可证)《方言》卷一：“亟、怜、怃、㤿，爱也。自关而西秦晋之间凡相敬爱谓之亟。”怡，和悦。上博本作“忻”，辞义相近。慢(字本作“缦”)，傲慢。③

这里指出郭店本“怡”训为“和悦”，与上博本“忻”的词义相近；又“亘”和“恒”，应读为“亟”和“极”，表示“爱”的意义。

这里先说明结论再展开讨论。“怡”读为“翼”，“忻”读为“谨”，均训为“敬”义；而“亟”和“极”，亦训为“敬”。郭店本“亘怡”读为“亟翼”，上博本“恒惩”读为“极谨”，二者都是同义词连用，表示“恭敬”的意思。以下展开讨论。

“怡“读为“翼”，表示“敬”义，如《诗·小雅·六月》：“有严有翼，共武之服。”毛传：“翼，敬也。”《逸周书·程寤》：“慎下必翼上。”《尔雅·释诂下》：“翼，敬也。”“怡”从“㠯”声，从“㠯”声和从“异”声之字有音近关系，以下举六例来证明。(1)《说文》：“异，举也。从廾㠯声。《虞书》曰：‘岳曰异哉！’”段注：“《尧典》文，《释文》曰：‘郑音异。’于其音求其义。”《列子·杨朱》：“重囚累梏，何以异哉?”张湛注：“异，異也，古字。”(2)《说文》“廙”云：“读若枲。”(3)《说文》“饴”，籀文作“䬥”，从“异”省，段

① 荆门市博物馆：《郭店楚墓竹简》，文物出版社1998年版，第181页。

② 马承源主编：《上海博物馆藏战国楚竹书(一)》，上海古籍出版社2005年版，第272页。

③ 陈伟：《郭店竹书别释》，湖北教育出版社2001年版，第207页。

注：“异省声。”丁福保《诂林》按语云：“唐写本《玉篇》载《说文》重文饌。”①此“饌”为“饴”异体。(4)《楚辞·九章·惜诵》：“又众兆之所咍。”王逸注：“或曰：众兆之所异。”此“咍”和“异”为异文。(5)《吕氏春秋·为欲》：“晨寤兴，务耕疾庸，椇为烦辱，不敢休矣。”高诱注：“椇，古耕字。”王念孙校本改注作“椇，古耜字”②。据此则“椇”和“耜”为古今字。(6)上博简《三德》“天乃降祠(异)”,③ 祠，所从“㠯”“司”皆声。以上六例可作为郭店本“怡”读为“翼”在语音条件上的证据。

“忻”之上部所从应是“近”的异体字,④ 读为“谨”，表示“敬”义。《玉篇》：“谨，敬也，慎也。”《慧琳音义》卷八十九“彤谨”引郑注《论语》云“(谨)敬也”。有关从“斤”声与“堇”声之字音近相通之例，以下举出五个。(1)《礼记·内则》：“塗之以谨塗。”郑注：“谨，当为墐，声之误也。”《释文》：“谨，依注作墐，音斤，徐如字。”(2)《吕氏春秋·季秋》：“皆墐其户。”高诱注：“墐，读如斤斧之斤。”(3)《吕氏春秋·振乱》：“所以蕲有道、行有义者，为其赏也。”高诱注：“蕲读曰祈，或作勤。”(4)《释名·释用器》：“斤，谨也。”此为声训。⑤ (5)上博简《季康子问于孔子》简6至简7：“夫《书》者，以书君子之德也。夫《诗》也者，以志君子之志也。夫义者，以斤君子之行。”⑥李天虹读“义”为“仪”，指礼仪。⑦ 范常喜认为“斤”当读为“谨”，表示“约束、禁止”义，如《周礼·秋官·萍氏》：“掌国之水禁。几酒，谨酒，禁川游者。”郑注：“使民节用酒也。”《诗·大雅·民劳》：“无纵诡随，以谨无良。”朱熹《诗集传》云：“谨，敛束之意。”简文“夫义者，以斤(谨)君子之行”，是说“礼仪，是用来约束君子行为的”。⑧ 范氏读“斤”为“谨”并训为“约束”义，此训解可从。王引之《经义述闻·尔雅中》“诰、誓，谨也”条引王念孙曰：“谨者，戒敕之谓。……或言谨，或言戒，或言约束，其义一也”，指出“谨”有“约束”义，此可用来训解《季康子问于孔子》之“斤”读为“谨”的词义。

郭店本“亘”和上博本“恒”，上文已引述陈伟读为“亟”和“极”，训为“敬爱”。李锐以为释作“亟”和“极”，读为“极”，《说文》：“谨重皃。”⑨此训解近是。此二字应训为“敬”义。《广雅·释诂一》：“亟、懔、浚，敬也。”王念孙《疏证》云：

> 《说文》：“極，谨重皃。”苟、亟、極，并同义。……懔、浚者，《方言》：“禀、浚，敬也。秦晋之间曰禀，齐曰浚。”禀与懔通。

钱绎《方言笺疏》云：

> 《皋陶谟》：“夙夜浚明有家”，《史记·夏本纪》作“蚤夜翊明有家”。《汉书·礼乐志·郊祀歌》云：“共翊翊，合所思。”颜师古注：“翊翊，敬也。”“翊”与“浚”同义，是浚为敬也。

---

① 杨家骆主编：《说文解字诂林正补合编》第5册，台湾鼎文书局1994版，第64页。

② 许维遹：《吕氏春秋集释》，中华书局2009版，第533页。

③ 白于蓝编著：《简帛古书通假字大系》，福建人民出版社2017年版，第56页。

④ 参黄德宽、徐在国：《〈上海博物馆藏战国楚竹书(一)缁衣·性情论〉释文补正》，《新出楚简文字考》，安徽大学出版社2007年版，第116页。

⑤ 斤，别本作“釿”，参任继昉：《释名汇校》，齐鲁书社2006年版，第360页。

⑥ 马承源主编：《上海博物馆藏战国楚竹书(五)》，上海古籍出版社2005年版，第211~213页。

⑦ 李天虹：《读〈季康子问于孔子〉札记》，简帛网(http://www.bsm.org.cn/show_article.php? id=229)，2006年2月24日。

⑧ 范常喜：《〈弟子问〉〈季庚子问于孔子〉札记三则》，简帛网(http://www.bsm.org.cn/show_article.php? id=391)，2006年8月2日。

⑨ 李锐：《“恒”与“极”》，《中国文字》新第36期，台湾艺文印书馆2011年版，第26页。

可见“亟”和“翊”皆表“敬”义。“翊”古文字所从的“羽”这部分是“翼”的初文。① 在表示“敬”的意义上，“翊”和“翼”通用。《广雅·释训》：“翼翼，敬也。”王念孙《疏证》云：“翊与翼同。”《慧琳音义》卷二十三“翊从”注：“《毛诗传》曰：‘翊，敬也。’字又作翼，翼与翊义古别今通也。”据上述可见“亟”和“翼”皆可表“敬”义，郭店本“亟怡(翼)”乃同义词连用；而上博本“极恁(谨)”也是同义词连用，表示“敬”义。柬，陈伟读为“简”，指质朴、平易。② 此说可从。

以上为相关词义，接着来串讲简文的文意。这里以上博简《性情论》的简文来说解，其文云：“有其为人之柬柬(简简)如也，不有夫极恁(谨)之志则曼(慢)。”此“极谨”即“恭敬”之意，而“柬柬(简简)”即“简易”之意。此段文字大意是说：一个性情简易的人，如果没有恭敬之心那就会流于傲慢。郭店简《性自命出》的记载也表达相同的意思。在古书上可见到与简文有关的内容，以下就以古书来说明。

《尚书·尧典》：“直而温，刚而无虐，简而无傲。”伪孔传：“简失之傲。”蔡沈《书集传》：“简者心至于傲，所以防其过而戒禁之也。”末句《汉书·礼乐志》作“简而无敖”，颜师古注：“简约而无傲慢也。”可见“简易”者易流于“傲慢”。“简”有“傲慢”“不恭”义，《吕氏春秋·骄恣》：“自骄则简士。”高诱注：“简，傲也。”《汉书·谷永传》：“治天下者尊贤考功则治，简贤违功则乱。”颜师古注：“简，略也，谓轻慢也。”“傲慢”与“不恭”都是无礼的表现。《说苑·修文》：“孔子曰：‘可也简。’简者，易野也。易野者，无礼文也。”《汉书·楚元王传》：“向为人简易无威仪，廉靖乐道，不交接世俗，专思于经术，昼诵书传，夜观星宿，或不寐达旦。”此“简易无威仪”犹“简者，无礼文也”，皆言简者无礼。

《论语·雍也》：“仲弓曰：‘居敬而行简，以临其民，不亦可乎？居简而行简，无乃大简乎？’子曰：‘雍之言然。’”何晏《集解》引孔安国曰：“居身敬肃，临下宽略，则可。”皇侃《义疏》云：

> 孔子答曰伯子所行可谓疏简，故仲弓更咨孔子评伯子之简不合礼也。将说其简不合礼，故此先说于合礼之简也。言人若居身有敬，而宽简以临下民，能如此者，乃为合礼，故云“不亦可乎？”言其可也。

可见“居身有敬而行简”才是合礼之“简”。行礼以恭敬为本，《礼记·哀公问》：“所以治礼，敬为大。”郑注：“礼以敬为本。”恭敬而有礼则可使性情简易之人不至于傲慢，《说苑·修文》：“君子思礼以修身，则怠惰慢易之节不至。”《论衡·谴告》：“子弟傲慢，父兄教以谨敬。”郭店本《性自命出》和上博本《性情论》都说情性简易的人如果没有恭敬之心就会流于傲慢，此说可以与《雍也》“居敬行简”很相近。

第二则 “言行相恁(谨)”

> 子曰：“君子亡所不足，无所有余，盖[有夫行]也求为之言，有夫言也求为之行，言行相恁，然后君子。上博《弟子问》13+12③

恁，原释文释作“近”。④ 何有祖读为“谨”，他说：

> 据文意，此处言及“言”、“行”间的有机互动，当并非简单的接近可以形容。颇疑此字当读作“谨”。从斤与从堇诸字多可通用(高亨、董治安《古字通假会典》，齐鲁书社1989年7月，第

① 龙宇纯：《上古音刍议》，《中上古汉语音韵论文集》，台湾五四书店有限公司2002年版，第406页。裘锡圭：《文字学概要》(修订本)，商务印书馆2013年版，第6页。

② 陈伟：《郭店竹书别释》，湖北教育出版社2001年版，第204页。

③ 参陈伟：《新出楚简研读》，武汉大学出版社2010年版，第245页。

④ 马承源主编：《上海博物馆藏战国楚竹书(五)》，上海古籍出版社2005年版，第275页。

124 页)。《季康子问于孔子》7 号简“斤”读作“谨”亦是佳证。又楚简言及言行时多用“谨”字。如郭店《缁衣》33 号简“慎于言而懂(谨)于行”,《季康子问于孔子》7 号简“夫义者,以斤(谨)君子之行也”。①

把“惁”“斤”读为“谨”应该是比较合理的读法,不过对于“谨”的词义和相关的上下文意却没有明确的说解,这是不足之处。

“惁”读为“谨”,表示符合、不违背的意义,简文“言行相谨”就是言行相合,也是言行不相违背之意。“谨”原是不及物动词,表示谨慎、慎重义;但在有些语境中会表示谨守、不逾越义,例如《荀子·王霸》:“治国者分已定,则主相臣下百吏各谨其所闻,不务听其所不闻;各谨其所见,不务视其所不见。”杨倞注:“谨,谓守行,无越思。”杨柳桥《荀子诂译》将“谨”理解为“谨守”。② “谨”表示谨守、不逾越的意义,这是“上下文意义”。③ 古书中还可见“谨”表示这种意义者,例如《王霸》云:“然后皆内自省以谨于分,是百王之所同也,而礼法之枢要也。”首句杨倞注:“爱敬其上,故不敢逾越也。”楼宇烈主撰《荀子新注》说:“内心自我检查而谨守职分。”④王天海《荀子校释》说:“言君臣上下皆自省,并谨守其本分也。”⑤此“谨”就是表示谨守、不逾越的意义。又如《管子·重令》:“谨于乡里之行,而不逆于本朝事者,国之经俗也。”此“谨”和“逆”相对而言,日本学者安井衡《管子纂诂》解释“谨于乡里之行”句云:“不倍孝悌忠信之道。”⑥此乃以“不倍(背)”释“谨”,而“不背”犹不逾越、符合义,所以“谨于乡里之行”就是“合于乡里行之行”的意思。

上博简《弟子问》:“盖[有夫行]也求为之言,有夫言也求为之行,言行相惁(谨),然后君子。”这句话的大意是说:所做的事能够说出来,而所说的话也能够做出来,能做到言和行互相符合,然后才能够算得上是君子。此“言行相惁(谨)”即指言行不相违背,也是言行相合的意思。古书上也可见“言行相合”的说法,例如《墨子·兼爱下》:“言必信,行必果,使言行之合犹合符节也。无言而不行也。”又如《楚辞·九章·惜诵》:“言与行其可迹兮,情与貌其不变。”王逸注:“言已吐口陈辞,言与行合,诚可循迹。情貌相副,内外若一,终不变易也。”

第三则 “信近于义”“恭近于礼”

有子曰:“信近于义,言可复也。恭近于礼,远耻辱也。因不失其亲,亦可宗也。”(《论语·学而》)

何晏《集解》引苞氏曰:“恭不合礼,非礼也。以其能远耻辱,故曰近于礼也。”此以“合礼”来解释“近于礼”。朱熹认为此章言谨始之意,前两方面是说:与人约定前要先考量所约定的合不合于义,对人表示恭敬的行为要先考量其行为合不合于礼。以下引述其说:

信,约信也。义者,事之宜也。复,践言也。恭,致敬也。礼,节文也。……言约信而合其宜,则言必可践矣。致恭而中其节,则能远耻辱矣。……此言人之言行交际,皆当谨之于始

---

① 何有祖:《上博五零释(二)》,简帛网(http://www.bsm.org.cn/show_article.php? id=227),2006 年 2 月 24 日。

② 杨柳桥:《荀子诂译》,齐鲁书社 1985 年版,第 305 页。

③ 蒋绍愚先生说:“有时候,某个词在某种上下文中会超出其原型范畴,不能完全按照其固定意义来解释,其意义会根据上下文而产生一些改变,这就是‘上下文意义’。”又说:“在古书注解中,都用‘谓’来表示上下文意义。”参蒋绍愚:《汉语历史词汇学概要》,商务印书馆 2015 年版,第 159~163 页。

④ 楼宇烈主撰:《荀子新注》,中华书局 2018 年版,第 220 页。

⑤ 王天海:《荀子校释》修订本,上海古籍出版社 2016 年版,第 509 页。

⑥ 安井衡:《管子纂诂》第 5 卷,台湾河洛图书出版社 1976 年版,第 19 页。

而虑其所终，不然，则因仍苟且之间，将有不胜其自失悔者矣。(《论语集注》)

如今人与人要约，当于未言之前，先度其事之合义与不合义。合义则言，不合义则不言。言之，则其言必可践而行之矣。(《朱子语类》卷二十二)

朱子认为“近”的意义应为表示“符合”义的“合”和“中”，但是“近”并无这种意义，所以，这应该是“古人下字宽”的现象，他说：

问：“‘信近义，恭近礼’，何谓近?”曰：“近只是合，古人下字宽。今且就近上说，虽未尽合义，亦已近义了；虽未尽合礼，亦已近礼了。”(《朱子语类》卷二十二)

这是说“近”字表示“合”的意义，虽然“近”义和“合”义略有差别，但是因为古人用字比较宽泛而不严谨，所以可用“近”字来表示“合”义。

在本文第二则的讨论中言及“谨”有不违背、符合的意思，《管子·重令》“谨于乡里之行”，日本学者安井衡云：“不倍孝悌忠信之道。”上博简《弟子问》“言行相悊”读为“言行相谨”，表示言行不相违背或言行相符合的意思。根据这两则文献，就可以把“信近于义”和“恭近于礼”的“近”读为“谨”，理解为谨守、不违背或符合的意义。“信近(谨)于义”和“恭近(谨)于礼”即“守信而不倍于义”“恭敬而不倍于礼”的意思。依此训解也就不必如朱子以“古人下字宽”来解释“近”和“合”在意义上不切合的现象了。

《论语·学而》：“信近(谨)于义，言可复也。恭近(谨)于礼，远耻辱也。”这段文字的意思是说：与人约定，信守承诺而不违背义，这样就能够兑现约定；态度恭敬而不违背礼，就不会遭受到侮辱。《论语》“信近于义”和“恭近于礼”的“近”，很可能战国时期写本的写法就与上博简《性情论》《弟子问》的“悊”相同或相近，而此字上部所从是“近”的异体字。战国竹简可见用“悊”来代表“谨”这个字，表示符合或不违背的意义。后来在传抄的过程中，“悊”字被改读为“近”并训解成为“远近”的“近”义，以致造成词义与上下文意不切合的现象。朱子认为“近”没有“符合”义，所以就以“古人下字宽”来解释这种词义不切合的现象。

(作者单位：台湾“中央研究院”历史语言研究所)

从两周金文及楚简文字谈《尚书》之“乱”*

邓佩玲

一、《尚书》“以乱为治”说

“以乱为治”说最早由郭璞提出，《尔雅·释诂下》云：“徂、在，存也。”因同篇中尚有“徂落，死也”的条目，② 郭璞遂结合古书中“乱”“曩”“故”等正反义相训的例子，把“徂，存也”形容为“诂训义有反覆旁通，美恶不嫌同名”：

> 以徂为存，犹以乱为治，以曩为曏，以故为今。此皆诂训义有反覆旁通，美恶不嫌同名。③

“徂落”之所以训“死”，部分经注家以为是由“往”义而来，④ 但亦有经学家根据其异文“殂落”，认为“徂”当通“殂”⑤；宋邢昺则从郭氏“美恶不嫌同名”之语发挥“徂”兼有“存”“亡”两个训释的现象：

> 云“美恶不嫌同名”者，案隐七年《公羊传》云：“贵贱不嫌同号，美恶不嫌同辞。”何休云：“若继体君亦称即位，继弑君亦称即位，皆有起文美恶不嫌同辞。”是也。若此篇往也，死也，亦称徂，是恶也；存也，亦称徂，是美也。各有其义，故称“美恶不嫌同名”。⑥

因此，若根据邢昺的分析，“乱”之“治”义属于“美”，“不治”义则是“恶”，此所谓“美恶不嫌同名”。事实上，“乱，治也”虽然同时见于《尔雅·释诂下》及《说文·乙部》，⑦ 但训“不治”之“乱”才是先秦文献中的习见用法，句例如“非台小子，敢行称乱”(《书·汤誓》)、“小不忍，则乱大谋”(《论语·卫灵公》)。⑧

---

* 本文为香港特别行政区大学资助委员会优配研究金(General Research Fund)资助项目成果之一(RGC Ref No 17631316)，谨此致谢。

② 《尔雅注疏》,《十三经注疏》, 北京大学出版社 2000 年版，第 62 页。

③ 《尔雅注疏》,《十三经注疏》, 北京大学出版社 2000 年版，第 58 页。

④ 邢昺《疏》：“谓之徂落者，盖徂为往也，言人命尽而往落者，若草木叶落也。”(《尔雅注疏》,《十三经注疏》, 北京大学出版社 2000 年版，第 62 页)

⑤ 阮元《校勘记》：“‘徂落’，唐石经、单疏本、雪牕本同。‘徂’，注疏本改‘殂’，非。《释文》：‘殂，音徂，本又作‘徂’；殙，音落，本又作‘落’。”(《尔雅注疏》,《十三经注疏》, 北京大学出版社 2000 年版，第 62 页)

⑥ 《尔雅注疏》,《十三经注疏》, 北京大学出版社 2000 年版。

⑦ 《尔雅注疏》,《十三经注疏》, 北京大学出版社 2000 年版，第 55 页。(汉)许慎撰，(宋)徐铉校定：《说文解字(附检字)》, 中华书局 1963 年版，第 308 页。

⑧ 《尚书正义》,《十三经注疏》, 北京大学出版社 2000 年版，第 227 页。《论语注疏》,《十三经注疏》, 北京大学出版社 2000 年版，第 245 页。

“以乱为治”是一种较为特殊的现象，其例子不多，大部分皆见于《尚书》。

有关《尚书》中“以乱为治”的用例，本文整理为表一：

表一

	出处	《尚书》原文	孔《传》	今文/古文篇章
虞书	皋陶谟	宽而栗，柔而立，愿而恭，乱而敬，扰而毅，直而温，简而廉，刚而塞，强而义	乱，治也。有治而能谨敬①	今文
商书	盘庚	兹予有乱政同位，具乃贝玉	乱，治也。此我有治政之臣，同位于父祖，不念尽忠，但念贝玉而已。言其贪②	古文
		肆上帝将复我高祖之德，乱越我家	以徙故，天将复汤德，治理于我家③	
	说命中	呜呼！明王奉若天道，建邦设都，树后王君公，承以大夫师长，不惟逸豫，惟以乱民	不使有位者逸豫民上，言立之主使治民④	古文
	微子	父师、少师，殷其弗或乱正四方	或，有也。言殷其不有治正四方之事，将必亡⑤	今文
周书	泰誓	予有乱臣十人，同心同德	《释诂》云：“乱，治也。”我治理之臣虽少而心德同。故谓我治理之臣有十人也⑥	古文
	梓材	王启监，厥乱为民	言王者开置监官，其治为民，不可不勉⑦	今文
	洛诰	四方迪乱，未定于宗礼，亦未克敉公功	言四方虽道治，犹未定于尊礼。礼未彰，是亦未能抚顺公之大功。明不可以去⑧	今文
		迪将其后，监我士师工，诞保文武受民乱，为四辅	大安文武所受之民治之，为我四维之辅⑨	
		孺子来相宅，其大惇典殷献民，乱为四方新辟，作周恭先	言当治理天下，新其政化，为四方之新君，为周家见恭敬之王，后世所推先也⑩	

① 《尚书正义》，《十三经注疏》，北京大学出版社2000年版，第125页。
② 《尚书正义》，《十三经注疏》，北京大学出版社2000年版，第284页。
③ 《尚书正义》，《十三经注疏》，北京大学出版社2000年版，第288页。
④ 《尚书正义》，《十三经注疏》，北京大学出版社2000年版，第296页。
⑤ 《尚书正义》，《十三经注疏》，北京大学出版社2000年版，第310页。
⑥ 《尚书正义》，《十三经注疏》，北京大学出版社2000年版，第328~329页。
⑦ 《尚书正义》，《十三经注疏》，北京大学出版社2000年版，第455页。
⑧ 《尚书正义》，《十三经注疏》，北京大学出版社2000年版，第488页。
⑨ 《尚书正义》，《十三经注疏》，北京大学出版社2000年版，第488页。
⑩ 《尚书正义》，《十三经注疏》，北京大学出版社2000年版，第490页。

续表

	出处	《尚书》原文	孔《传》	今文/古文篇章
	多士	惟天不畀允罔固乱，弼我，我其敢求位?	惟天不与信无坚固治者，故辅佑我，我其敢求天位乎?①	
	君奭	今汝永念，则有固命，厥乱明我新造邦	今汝长念平至者安治，反是者灭亡。以为法戒，则有坚固王命，其治理足以明我新成国矣②	
	立政	继自今，我其立政、立事、准人、牧夫，我其克灼知厥若，丕乃俾乱	继用今已往，我其立政大臣、立事小臣、及准人、牧夫，我其能灼然知其顺者，则大乃使治之。言知臣下之勤劳，然后莫不尽心力③	
	周官	呜呼！三事暨大夫，敬尔有官，乱尔有政，以佑乃辟	叹而敕之，公卿已下，各敬居汝所有之官，治汝所有之职④	古文
	顾命	思夫人自乱于威仪，尔无以钊冒贡于非几	群臣皆宜思夫人，夫人自治正于威仪。有威可畏，有仪可象，然后足以率人⑤	今文
		眇眇予末小子，其能而乱四方，以敬忌天威?	言微微我浅末小子，其能如父祖治四方，以敬忌天威德乎？谦辞，托不能⑥	
	君牙	惟予小子，嗣守文、武、成、康遗绪，亦惟先王之臣，克左右乱四方	惟我小子，继守先王遗业，亦惟父祖之臣，能佐助我治四方。言已无所能⑦	古文
	吕刑	民之乱，罔不中听狱之两辞，或私家于狱之两辞	民之所以治，由典狱之无不以中正听狱之两辞，两辞弃虚从实，刑狱清则民治⑧	今文

从表一可知，“以乱为治”的现象遍布整部《尚书》，包括今文及古文篇章。虽然《尚书》的成书年代及真伪均具争议，但因《泰誓》“乱臣十人”一语亦为《论语·泰伯》及《左传·襄公二十八年》所援引⑨，可见具“治”义之“乱”在传世先秦典籍中确实已经出现。而且，魏何晏《论语集解》及西晋杜预《左传注》均训

① 《尚书正义》，《十三经注疏》，北京大学出版社2000年版，第498页。
② 《尚书正义》，《十三经注疏》，北京大学出版社2000年版，第524页。
③ 《尚书正义》，《十三经注疏》，北京大学出版社2000年版，第561页。
④ 《尚书正义》，《十三经注疏》，北京大学出版社2000年版，第575页。
⑤ 《尚书正义》，《十三经注疏》，北京大学出版社2000年版，第586页。
⑥ 《尚书正义》，《十三经注疏》，北京大学出版社2000年版，第603页。
⑦ 《尚书正义》，《十三经注疏》，北京大学出版社2000年版，第621页。
⑧ 《尚书正义》，《十三经注疏》，北京大学出版社2000年版，第650页。
⑨ 《论语·泰伯》：“武王曰：‘予有乱臣十人’。”(《论语注疏》，《十三经注疏》，北京大学出版社2000年版，第118页)《左传·襄公二十八年》：“叔孙穆子曰：‘必得之。武王有乱臣十人，其有乎？不十人，不足以葬。’”(《春秋左传正义》，《十三经注疏》，北京大学出版社2000年版，第1245页)

“乱，治也”①，东汉王逸《楚辞注》亦谓“乱，理也”②，由此可知东汉魏晋注释家已广泛采纳《尔雅》“乱，治也”的训释。

叶键得曾经就过去学者于“以乱为治”问题的讨论作出全面且详细的归纳与分析。③ 大致来说，部分学者同意“乱”确实兼具“治”与“不治”二义，正如董璠所谓“正反二义兼寓一形”④。反对者则以为“乱”之所以兼具正反二义，主要来源于假借或词性变异。其实，无论是赞成或反对，过去学者大致从两方面对此问题作出探讨：第一，部分研究者曾经结合文字资料，试图对“乱”词义的产生与发展进行讨论。第二，大部分研究者认为“乱”之“治”与“不治”二义存在先后相承的历时发展关系，但于孰先孰后的问题上却未有定说。

从现存资料可知，最早利用古汉字对“以治为乱”问题作出讨论的见于宋朝贾昌朝《群经音辨》：

> 乿，古文《尚书》治字也。𤔔𤔔𤔔，古文乱字也。孔安国训乱曰治，按许叔重《说文》无乿字，以𤔔为古䜌字，曰乱也，一曰治也，又解𤔔曰治也，幺字相乱，𠬪治之也，读若乱同。一曰理也，又解乱亦曰治也，从乙，乙，治之也，从𤔔。经典大抵以乱为不理，亦或为理。夫理乱之义善恶相反，而以理训乱可惑焉。若以古文《尚书》考之，似乿乱字别而体近，岂隶古之初传写讹谬，合为一字，而作治乱二训，后之诸儒遂不复辨之与。⑤

贾昌朝结合当时所见的传抄古文，提出“治”本作“乿”，但因字形与“乱”相近，两者讹为一字后，导致“乱”兼具正反二训。贾昌朝形讹说影响甚巨，明张自烈《正字通》及清林义光《文源》均从形讹角度解释。虽然如此，有关“治”的本字问题，他们却有不同看法：张自烈认为“治”本字作“𤔔”及“𤔔”，“乱”乃其讹变。⑥ 林义光提出古文“”为“治”之本字，但其后讹变而与“乱”形混，“乱”遂兼有“治”“乱”两义。⑦ 此外，日本学者高田忠周亦以为“司”“治”本为一字，“乱”之所以训“治”乃金文“𤔲”之假借。⑧ 于省吾持相类意见，谓“金文治作𤔲或𤔲，与辞通用，𤔲与乱形似而讹，旧说训乱为治，非的诂也”⑨。郭沫若指出古文“乱”书作“𤔔”或“𤔔”，“乱”是其别字，乃“𤔲”的错字，古书凡训“治”之“乱”皆应通作“𤔲”。⑩ 由是可见，古文字学家多据字形认为“乱”乃“𤔲”之讹混。但是，龙宇纯却曾提出不同意见：“关于乱与𤔲的关系，乱固不可能是𤔲的假借，因为二字语音略无关系；说乱是𤔲的讹误，问题也不如此简单”，并认为“乱”与“治”的对立应该是“乱”与“去乱”间的转变。⑪

大徐本《说文·乙部》云：“乱，治也。”后代学者大多依循其说，认为“治”才是“乱”的本义，如董璠

① 何晏《集解》引马融曰：“乱，治也。治官者十人，谓周公旦、召公奭、太公望、毕公、荣公、太颠、闳夭、散宜生、南宫适，其一人谓文母。”(《论语注疏》，《十三经注疏》，北京大学出版社 2000 年版，第 119 页)《左传·襄公二十八年》“武王有乱臣十人”下杜预注：“乱，治也。”(《春秋左传正义》，《十三经注疏》，北京大学出版社 2000 年版，第 1245 页)

② 见《楚辞·大招》“娱人乱只”下王逸注[(宋)洪兴祖撰：《楚辞补注》，中华书局 1983 年版，第 221 页]。

③ 叶键得：《古汉语字义反训探微》，台湾学生书局 2003 年版，第 84~103 页。

④ 董璠：《反训篡例》，《燕京学报》第 22 期，1937 年。

⑤ (宋)贾昌朝：《群经音辨》(《丛书集成初编》)，中华书局 1985 年版，第 155~156 页。

⑥ (明)张自烈编，(清)廖文英补：《正字通》，国际文化出版公司 1996 年版，第 94 页。

⑦ 林义光：《文源》，中西书局 2012 年版，第 254~255 页。

⑧ [日]高田忠周：《古籀篇》，台湾宏业书局 1975 年版，第 1051 页。

⑨ 于省吾：《双剑誃尚书新证》，中华书局 2009 年版，第 49 页。

⑩ 郭沫若：《屈原研究》，《郭沫若全集·历史编·第四卷》，人民出版社 1982 年版，第 41 页。

⑪ 龙宇纯：《论反训》，《华国》(第四期)，1963 年，第 32~42 页。

提出“乱”本与“𤔔”同，有“治”“理”之意，经传以“乱”为“敿”，“敿”训“烦”。① 此外，徐朝华亦指出：

> “乱”本指治丝这种动作行为，引申有治理社会生活中混乱的事物的意义。“乱”由表示治理这种动作行为的意义引申发展，又可用来表示动作行为的对象，即应当被处理的、需要拨之反正的东西。这样便有了治和乱两种相反的意义。虽然到后来“乱”一般不表示治理的意义，但在上古的一段时间内，“乱”的治和乱两种相反的意义是并存的，因而当时可以用治来解释“乱”。②

李国正亦从古文字角度，考证“𤔔”才是“乱”的本字，训“治”，“乱”具有“不治”义乃是自西周中期开始出现的。③ 再者，林菁、郭锡良、赵振铎等虽然从不同角度分析“乱”兼具“治”与“不治”二义的原因，但大抵均以“治”作为“乱”之本义，“不治”是后来才出现的词义。④

虽然如此，亦有不少研究者以为“乱”之本义当为“不治”，如清段玉裁《说文解字注》改大徐本训释作“乱，不治也”，并云：

> 各本作治也，从乙。乙，治之也。从𤔔，文理不可通，今更正。乱本训不治，不治则欲其治，故其字从乙。乙以治之，谓诎者达之也。转注之法，乃训乱为治。⑤

段注以为“乱”本义为“不治”，后转注为“治”，但其后研治《说文》的学者尝提出非议，如徐灏《注笺》认为“乱”字从“𤔔”从“乙”：“自其体言则为乱，以其用言则为治，故‘乱’亦训治也，段改说解作不治非是。”⑥其实，认同“乱”本义为“不治”的学者大致都建基于古文字字形，提出“乱”根本只有“不治”之义，“治”为后来因形讹、引申等因素而产生的新义。

二、金文“𤔔”与“乱”的本义

“乱”之本义究竟是“治”抑或“不治”？此问题宜结合古文字资料作出分析。根据现存的材料可知，“乱”字的出现应该较晚，迄今所见最早可确定为“乱”的例子见于西周晚期金文：

> 令女(汝)辟百寮，有同事包廼多(𤔔，乱)，不用先王乍(作)井(型)，亦多虐庶民。(《牧簋》，西周晚期，《集成》4343)

> 余既讯㡴我考我母令，余弗敢(𤔔，乱)，余或至我考我母令。(《琱生簋》，西周晚期，《集成》4292)

> 其又(有)敢(𤔔，乱)丝(兹)命，曰：女(汝)事人，则鼎(则)明亟(殛)。(《琱生尊》，西周晚期，《铭图》11816，11817)

---

① 董璠：《反训纂例》，《燕京学报》第22期，1937年。

② 徐朝华：《反训成因初探》，《南开学报》1981年第2期。

③ 李国正：《反训刍议》，《厦门大学学报》(哲社版)1993年第2期。李国正：《说“乱”》，《古汉语研究》1998年第1期。

④ 林菁：《反训例释》，《辞书研究》1984年第1期。郭锡良：《反训不可信》，《汉语史论集》，商务印书馆1997年版，第253~254页(原载《电大语文》1984年第5期)。赵振铎：《训诂学纲要》，陕西人民出版社1987年版，第191页。

⑤ (汉)许慎撰，(清)段玉裁注：《说文解字注》，上海古籍出版社1988年版，第740页。

⑥ (清)徐灏：《说文解字注笺》，《续修四库全书》，上海古籍出版社1995年版，第108页。

周室之既庳(卑)，䣨(吾)用燮謞楚，吴恃有众庶，行(𤔲，乱)，西政(征)南伐，乃加于楚。(《曾侯與钟》，春秋晚期)①

上述例子中的"乱"均书作"𤔔"或"𤔲"，根据铭文上下文意可理解为"不治"，表示叛乱、扰乱的意思。此外，金文"𤔔"或"𤔲"尚见于《番生簋盖》及《毛公鼎》铭文：

易(赐)朱市、悤黄(衡)、鞞鞣、玉睘(环)、玉瑹、车电轸、桒緐較(较)朱(𤔔、鞹)圅(鞃)靳(靳)、虎冟熏里(《番生簋盖》，西周晚期，《集成》4326)

易(赐)女(汝)秬鬯一卣、𩡧(祼)圭瓚宝、朱市、悤黄(衡)、玉环、玉瑹、金车、桒緐較(较)、朱(𤔲、鞹)圅(鞃)靳(靳)、虎冟熏里(《毛公鼎》，西周晚，《集成》2841)

此两例皆见于赏赐铭文，不读如字。铭文称"朱𤔔圅靳"，郭沫若释读云：

𤔔声读如乱，而与虢字义近，殆假为靼。虢与鞹通，"朱虢𠚤"即《诗》之"鞹鞃"。鞹，皮也，靼，柔皮也。𠚤即是鞃，鞃者轼中也。"朱虢𠚤"或"朱靼𠚤"者，盖言轼中以皮鞔之而涂之以朱。靳字前人或释旂，或释褐(裼)，或释幭，均不确。……且如《彔伯𢦚𣪕》、《吴彝》𠚤靳分言，《师兑𣪕》单言靳而不言𠚤，可知𠚤与靳断非一物，亦不必同属于轼。余谓靳乃靳之古字……既知靳之为靳，则𠚤靳自是二事，故《彔𣪕》与《吴彝》分言。其合言之者，盖二物同以"朱虢"若"朱𤔔"为之也。②

郭氏仅谓"朱"后一字"读如乱"，似乎不直接认为该字即"乱"字，又因"𠚤(圅)"读"鞃"，金文尚有"朱虢"一辞，《诗·大雅·韩奕》谓"鞹鞃浅幭"，"虢""鞹"可通，故铭文读为"朱鞹鞃靳"，"朱鞹"指涂红色的皮。姑勿论郭氏释读是否完全正确，但我们从文意可以基本肯定，"朱"后一字应该与赏赐物有关，宜以通假释之。

《说文·乙部》所收小篆"乱"作""："治也。从乙，乙治之也，从𤔔。"③汉代小篆所见"乱"的构字部件与今日楷书差异不大，许书释为从"𤔔"从"乙"的会意字。其实，《说文·𠬪部》另收有"(𤔔)"字："治也，幺子相乱，𠬪治之也，读若乱同。一曰理也。，古文𤔔。"④许书将"𤔔"解释为"幺子相乱"，说法颇为牵强，"幺"本应象束丝之形⑤，"𤔔"乃"读若乱同"，《说文》"读若"例通常用于明其音读或阐释通假⑥，故此处极有可能是指"𤔔""乱"二字互通。然而，过去有不少学者曾经指出，许书不应将"𤔔""乱"分列为二字，如王筠认为"乱"乃"𤔔"的"累增字"，朱骏声亦指出"𤔔"实乃"乱"之古文。⑦

① 湖北省文物考古研究所、随州市博物馆：《随州文峰塔M1(曾侯與墓)、M2发掘简报》，《江汉考古》2014年第4期。

② 郭沫若：《金文丛考》，人民出版社1954年版，第282~284页。

③ 许慎撰，徐铉校定：《说文解字(附检字)》，中华书局1963年版，第308页。

④ 许慎撰，徐铉校定：《说文解字(附检字)》，中华书局1963年版，第84页。

⑤ 参季旭升：《说文新证》，福建人民出版社2010年版，第334页。

⑥ 参姚孝遂：《许慎与说文解字》，中华书局1983年版，第14页。

⑦ (清)丁福保编纂：《说文解字诂林正补合编(第四册)》，台湾鼎文书局1977年版，第568~570页。

通过出土材料的印证，我们基本可以确定“𤔔”乃“乱”的古字，因金文所见“乱”皆不从“乙”，《说文》分列为二字确实存在问题：

《牧簋》 西周晚期　《琱生簋》 西周晚期　《琱生尊》 西周晚期　《曾侯舆钟》 春秋晚期

上述诸字均从“幺”或“丝”，字形上部大致从“爪”，下部从“又”或从“支”，此等构字组合与《说文》所见“”相合。至于《番生簋盖》与《毛公鼎》所见字形如下：

《番生簋盖》 西周晚期　《毛公鼎》 西周晚期

《番生簋盖》“”与《琱生簋》“”写法基本无异，而《毛公鼎》文例亦与《番生簋盖》相同，加上“”之字形与《琱生尊》“”及《曾侯舆钟》“”能够对应，由是均可印证上述二字当释为“𤔔”。金文“𤔔”大多从“又”，亦有少数讹变为“土”（如《牧簋》）或“止”（如《毛公鼎》），但此等差异并不影响释读。

金文中与“乱”相关的字尚有“𤔲”：

《盂鼎》（《集成》2837） 西周早期　《司徒𤔲簋》（《集成》3696） 西周早期　《曶鼎》（《集成》2838） 西周中期　《公臣簋》（《集成》4184） 西周晚期

《庚季鼎》（《集成》2781） 西周中期　《无叀鼎》（《集成》2814） 西周晚期　《蔡簋》（《集成》4340） 西周晚期

“嗣”乃两周金文的常用字，相当于“司”，有治理、主持的意思。西周金文动词“司”通常书作“嗣”，只有小部分径作“司”，如《膳夫山鼎》“用乍(作)寚(宪)司贾”(《集成》2825)。① 而且，在大部分例子中，“嗣”所从之“𤔔”均书作“”，写法与独体之“𤔔”相同。不过，在小部分“嗣”字字形中，“𤔔”下部之“又”已经讹为“土”或“火”，前者见于《无叀鼎》《蔡簋》，后者则见《庚季鼎》。而古文字“土”“火”时有讹混②，故此等字形可与《牧簋》“”相参证。至于《毛公鼎》“”，刘钊指出“古文字中又、屮、止三字经常相混”③，字下部所从之“止”实乃来自“又”的讹变。又《曾侯與钟》“”与《毛公鼎》“”均从“吅”，可隶定为“𤔔”，陈英杰认为“吅”是声符，即《说文》“吅”，读若“欢”，其说可从。④ 战国楚简上承金文字形，所见“乱”字大多从“吅”，如“”(郭店《尊德义》5)、“”(上博《孔子诗论》22)、“”(清华《周公之琴舞》4)等，只有少数不从“吅”，如“”(郭店《成之闻之》32)、“”(郭店《老子甲》26)、“”(上博《陈公治兵》1)等，“吅”是后来的累增声符。

我们曾经就两周金文及战国楚简所有“𤔔”字进行全面的分析，除了部分例子用为通假字之外，“𤔔”全部均用为“不治”之意，尚未见有可肯定用为“治”义的例子。而且，在部分辞例中，“𤔔(乱)”更与“治”对文，益证当时两字存在差异：

(治)之，至羧(养)不喿(肖)；(乱)之，至灭臤(贤)。郭店《唐虞之道》28

䎽(闻)之曰：从正(政)，不(治)则(乱)，(治)已至则……上博《从政乙》3

楚简“治”多从“厶”从“㠯”或“司”，乃整治、统治、严整之意，“𤔔(乱)”则用于表示叛乱、作乱、动荡等，是“治”的反义词。

就古文字材料而言，迄今所见可确定为“𤔔(乱)”之字均不表示“治”义，或许能为“乱”本义问题的讨论提供重要的资料。不过，新见《𩰫簋》铭文尝出现“”字：

隹八月公𨻰殷年，公益(赐)𩰫贝十朋，乃令𩰫三族，为𩰫室。⑤

① 然而，徐中舒尝指出“司”“嗣”二字用法有异，“司”当作“嗣”解，而“嗣”则用为“有司”“司徒”“司工”“司马”之“司”(徐中舒：《耒耜考》，《徐中舒历史论文选辑》，中华书局1998年版，第114~115页)。然而，《膳夫山鼎》例子似乎仍宜以主持、治理作解，不宜读为“嗣”。

② 古文字中“土”“火”形近，时有相混的情况，如“豳”字从火作“”(《五祀卫鼎》，《集成》2832)，亦有讹为从土作“”(《豳王鬲》，《新收》742)，又“莫”本从火作“”(《莫伯鼎》，《集成》2155)，亦有讹为从土作“”(《裘卫盉》，《集成》9456)。

③ 刘钊：《古文字构形学》，福建人民出版社2011年版，第337页。

④ 陈英杰：《新出琱生尊补释》，《考古与文物》2007年第5期，第110页。此外，曾宪通指出：“左右四口并非从，而是由讹变而成，从(《说文》䜌之古文)→(三体石经乱之古文)→(帛书)之对比自明。”(曾宪通：《长沙楚帛书文字编》，中华书局1993年版，第92页)

⑤ 张光裕：《𩰫簋铭文与西周史事新证》，《文物》2009年第2期。

铭文所见“”，张光裕释“𤔔”，读“𤔲”，解释为治理、管理，① 李学勤则读为“治”②。然而，李春桃另辟蹊径，指出“”本应是“乱”字，并援引《尚书》“以乱为治”现象，说明“乃令𪩘乱三族”乃是“派遣𪩘治理三族”的意思，该文最后指出：

> 由此可见，出土文献中“乱”字在西周早期就有“治”的意思，与《尚书》中“乱”训为“治”的用法相吻合，如果把“乱”误释为“𤔲”，这一点就被湮没了。③

事实上，我们赞同《𪩘簋》铭文“”不应读为“𤔲”，原因有二：第一，就上古音而言，“𤔔(乱)”属元部字，“𤔲”是之部字，读音相距较远，相信难以通假。第二，从字形角度来说，两周金文中表示治理、主持之“𤔲”字大致均从“𤔔”从“㇆”或“司”，“𤔔”是意符，“㇆”或“司”则是声符，④ 然而却从未见有“𤔲”简省声符作“𤔔”的例子。

但是，我们认为李春桃将“”径释为“𤔔(乱)”仍可斟酌。首先，殷周金文所见“𤔔”的例子虽然不多，但字下部大抵从“又”，部分从“土”及从“止”的例子亦来自“又”之讹变，故不从“又”“土”或“火”者属于极为个别的例子：

《此簋》（《集成》4303）西周晚期

《虞司寇壶》（《集成》9694）西周晚期

《洹子孟姜壶》（《集成》9729）春秋晚期

《此簋》器盖对铭，盖铭所见“𤔲”中偏旁“𤔔”不从“又”，从“口”，“口”应该来源自偏旁“司”之所从，但器铭却不从“口”。《虞司寇壶》盖铭“𤔲”虽然不从“又”，但器铭却沿用从“又”的普遍写法。《洹子孟姜壶》铭文“𤔲”共三例，皆不从“又”，惟其年代较晚，属春秋晚期器。

“𤔔(乱)”字在战国楚简中较为习见，当中从“又”之写法最为普遍，而省略“又”的例子虽然存在，但数量比较少，如以下各例：

上博《内豊》6

上博《季庚子问于孔子》10

上博《季庚子问于孔子》22

---

① 张光裕：《𪩘簋铭文与西周史事新证》，《文物》2009 年第 2 期。

② 李学勤：《何簋与何尊的关系》，《出土文献研究》第九辑，中华书局 2010 年版，第 1~3 页。

③ 李春桃：《说𪩘簋铭文中的“乱”字》，复旦大学出土文献与古文字研究中心网（http://www.gwz.fudan.edu.cn/Web/Show/1332#_edn1），2010 年 12 月 17 日。

④ 陈初生：《金文常用字典》，陕西人民出版社 2004 年版，第 856 页。

上博《凡物流形甲》26

上博《凡物流形乙》19

清华《管仲》26

从古文字资料可知，“𤔔”虽可省略“又”，但却以从“又”为其主流，西周金文不从“又”者属于极为个别的例子，省略“又”的现象要下逮至战国时期才渐趋普遍。由于《𡨦簋》的年代属西周早期，故我们认为径释“”为“𤔔”的做法似乎可以斟酌。

甲骨文尝出现“”(《合》4891)、“”(《合》9200 正)、“”(《合》32384)、“”(《合》24982)及“”(《合》36964)诸字，过去学者有“系(繫)”及“䜌”两种释读意见。《说文·系部》收录“系”字籀文作“”，罗振玉、王国维、孙诒让及徐中舒等尝据此认为当释作“系”或“繫”，① 于省吾更进一步解释“”乃象提丝之形，契文祭名“彡系”乃谓“以品物系属以交接于神明之义也”②。然而，陈梦家提出异议，认为甲骨文既云“方”，《说文》“䜌”古文又作“⿱爫⿰幺幺”，故疑“⿱爫𢆶”即“䜌”。③ 李孝定在前人考释的基础上，指出此字只从“爪”不从“又”，仍宜释为“系”：“其形虽仅从爪从𤔔之殊而意则有别，古文偏旁从爪从𤔔虽每得通，然于此二字则不容淆混，盖系象手持丝乃悬持之象，故从一手而义已显，𤔔𤔔象丝棼而手治之，必从二手而义始显。”④

不过，裘锡圭注意到战国玺印曾经出现“(⿰糸系)”字，认为此即“䜌”字，“䜌”是一个从“言”“⿰糸系”声的形声字，而甲骨文所见“”“”等亦从“⿰糸系”，可隶定为“⿱爫⿰糸系”：

> 商代金文里有一个写作、等形的字，这个字也屡见于甲骨文，写法大致相同。清代人多据《说文》“䜌”字古文释此字为“䜌”，近人多据“系”字籀文“”释此字为“系”。……我们讨论的这个字显然是从“⿰糸系”的。甲骨卜辞里既有“不”，也有“不”。又子组卜辞数见“丁(方?)⿱爫⿰糸系”之语，“⿱爫⿰糸系”有时也写作“⿱爫⿰糸系”。可见“⿱爫⿰糸系”一定是跟“⿰糸系”同音或音近的一个字。“䜌”的古文有可能就是这个字的变体，但是它跟“䜌”字大概只有由于同音或音近而通用的关系，并非真的是一个字。“爪”本象抓物的手。《说文·手部》有从“手”“䜌”声的“孿”字，训为“系也”。丁山认为“⿱爫⿰糸系”就是“孿”的古字，可能是正确的。但是他认为“孿”的本义应为“纂”，似乎缺乏根据。⑤

事实上，从现有材料实在较难确定甲骨文“”“”是否即后来之“孿”字，但裘氏隶定“”为“⿱爫⿰糸系”，并认为“⿰糸系”“䜌”读音相近，其说法甚具启发性。正如陈梦家所言，“方”在殷墟契文中曾经出现，可知“”

① 于省吾主编：《甲骨文字诂林》，中华书局 1999 年版，第 3201～3202 页。徐中舒主编：《甲骨文字典》，四川辞书出版社 1989 年版，第 1405～1406 页。

② 于省吾：《双剑誃殷契骈枝三编》，中华书局 2009 年版，第 270 页。

③ 陈梦家：《殷虚卜辞综述(考古学专刊甲种·第二号)》，中华书局 1988 年版，第 299～300 页。

④ 李孝定：《甲骨文字集释》，台湾“中央研究院”历史语言研究所，1970 年，第 3863～3864 页。

⑤ 裘锡圭：《战国玺印文字考释三篇》，《裘锡圭学术文集·金文及其他古文字卷》，复旦大学出版社 2012 年版，第 283～284 页。

与"䜌"读音相近，而裘氏以为"䜌"从"𢇍"得声，故"[illegible]"可以理解为一个会意兼声的字。至于《𠒣簋》所见"[illegible]"既与"[illegible]"在构字原理上相同，故或即甲骨文所见"[illegible]"，读音与"䜌"接近。

《𠒣簋》铭文云："乃令𠒣[illegible]三族"，类似文例尚见于西周早期《明公簋》："唯王令明公遣三族，伐东或(国)"(《集成》4029)，"遣""[illegible]"二字对文，"遣""䜌"上古皆属元部，由是怀疑"[illegible]"亦当读为"遣"。《玉篇·辵部》云："遣，送也。"①《墨子·非儒下》云："乃遣子贡之齐，因南郭惠子以见田常，劝之伐吴，以教高、国、鲍、晏，使毋得害田常之乱，劝越伐吴。"②"遣"可解作调遣、派遣，"乃令𠒣遣三族"乃指公命令𠒣调遣三族。由是可见，《𠒣簋》所见"[illegible]"不宜从李春桃说释为"乱"，故此字亦未能证明西周金文"乱"具有"治"义。

西周金文所见"[illegible]"均从"又"，正如李孝定所言："古文偏旁从爪从𠬪虽每得通，然于此二字则不容淆混"，"[illegible]"已基本可肯定为"𤔔"字，相当于今日之"乱"。至于甲骨文不从"又"之"[illegible]"，其用法既然未见与"乱"字相涉，因而绝不宜释为"乱"，所以甲骨文"[illegible]"与金文"[illegible]"应该是两个截然不同的字。《说文·言部》尝收录"䜌"之古文作"[illegible]"，③ 此亦应该是出于许氏误收，"[illegible]"字形体可与"[illegible]"相对应，两字应该是一字，许书将"[illegible]"收录于"䜌"之下，或许是受"𤔔""䜌"通假的影响。"𤔔""䜌"二字上古同属元部，出土文献时有通假例子，如睡虎地秦墓竹简《日书甲种·盗者》简78背/89反云："盗者𤔔而黄色，疵在面，臧(藏)于园中草下，旦启夕闭。"整理者读"𤔔"为"脔"，训"臞"。④ 有关古文字"𤔔(乱)"之构形，杨树达指出："余谓字当从爪从又，爪又皆谓手也。𤔔从爪从又者，人以一手持丝，又一手持互以收之。丝易乱，以互收之，则有条不紊，故字训治训理也。"⑤又郭沫若云："许所云'幺子'，以字形推之似即蚕茧之意，𤔔本象治丝之形，治丝其声嚣骚，故字复以㗊。"⑥郭氏以"声嚣骚"解释"[illegible]"所从之"㗊"固然牵强，但"治丝"说在某方面仍然是可取的。金文"𤔔(乱)"书作"[illegible]"，"爪""幺"乃象手执束丝，字下从"又"，表示以手整理混乱的束丝。"乱"本身是较为抽象的概念，要利用表意文字来表达确实较为困难，该字其实是运用整理混乱束丝的动作，凸显混乱、紊乱之本义。

三、"乱"与"𤔲"间之形讹问题

有关"乱"之所以具有"治"义，古文字学家大多从形讹的角度指出"乱"乃"𤔲"之误字，高田忠周甚至认为《说文·攴部》"𢿢，烦也"之"𢿢"才是正字，"乱"为其借字。⑦ 张亚初持类近的意见，以为"乱"和"𢿢"都是从"𤔔"孳乳分化出来，"乱"本义为"治"，"𢿢"本义是紊乱，引申为烦乱，但其后经典中"𢿢"通用"乱"，"乱"才取代"𢿢"，致使"乱"兼有"治"和"不治"正反两种义训。⑧ 黄耀堃进一步从读音的角度指出："'乱'这个来母元部的读音，本来就含有一对相反意义，分别在具体环境中表现出来。"⑨

前文已通过字形的考察，提出"乱"之本字当为"𤔔"，并且借助古文字材料印证"𤔔"从未见有表示"治"

---

① (梁)顾野王：《大广益会玉篇》，中华书局1987年版，第49页。

② 吴毓江撰，孙启治点校：《墨子校注》，中华书局1993年版，第440页。

③ (汉)许慎撰，(宋)徐铉校定：《说文解字(附检字)》，中华书局1963年版，第54页。

④ 睡虎地秦墓竹简整理小组编：《睡虎地秦墓竹简》，文物出版社1990年版，第221页。

⑤ 杨树达：《积微居小学述林》，中华书局1983年版，第89页。

⑥ 郭沫若：《金文丛考》，人民出版社1954年版，第191页。

⑦ [日]高田忠周：《古籀篇》，台湾宏业书局1975年版，第646页。

⑧ 张亚初：《太保罍、盉铭文的再探讨》，《考古》1993年第1期。

⑨ 黄耀堃：《说"乱"》，《黄耀堃语言学论文集》，凤凰出版社2004年版，第335页。

的用法，故其本义应该是“不治”。然而，为何“乱”在《尚书》中可同时训为“治”？我们认为，过去学者从形讹角度作出分析仍然是相当具有说服力的。

《尚书·君奭》有“割申劝宁王之德”①句，《礼记·缁衣》引作“周田观文王之德”，郑玄注：“古文‘周田观文王之德’为‘割申观宁王之德’，今博士读为‘厥乱劝宁王之德’。”②自从安徽寿县蔡侯器出土后，“申”“田”“乱”的异文问题得以迎刃而解。蔡昭侯本名“申”，铭文书作“”，“田”“申”音近通假。③至于“厥乱劝宁王之德”一语，汉博士读为“乱”，裘锡圭援引《史墙盘》“(𤔔)”字指出：“疑此语第二字本作‘𤔔’，《缁衣》所引本依其声旁读为‘田’，传《尚书》之今博士则误以左半之‘𤔔’为声旁而读为‘乱’。”④其推断甚有道理，可知从“𤔔”诸字的讹混现象在东汉时期已经存在。

至于“乱”之所以训为“治”，我们认为应该是与“𤔲”的误字有关。1986年，北京琉璃河西周燕国M1193墓地出土西周早期“克盉”“克罍”二器，盉铭云：“克宅匽(燕)，入(纳)土眔𠬪又(有)。”(《新收》1367)罍铭基本相同，惟句中“又”书作“𠬪”(《新收》1368)，句末一字书作“”。由于铭文内容艰涩，加上“又”“𠬪”之别，且末字形体特殊，过去学者曾经提出不同诠释。陈公柔、刘雨、李仲操均认为句末一字当释为“𤔲”，罍铭“𠬪”乃“又”之误写，此二字当读为“又(有)𤔲(司)”⑤。殷玮璋读该句作“入土眔厥𤔲”：“指上述九个国或族，连同燕国一起均纳入周王国的版图，并由太保去治理和管辖。”⑥张亚初以为该句末字于罍铭当为“乱”，盉铭则是“敽”，“乱”才是正字，“敽”是假借，整句当读“入土暨厥乱”⑦。陈平虽然同意末字为“𤔲”，但却借助二铭互补释读整句为“入土眔厥有𤔲”⑧。杜廼松认为最后一字当为“乱”，铭文宜断读为“匽入土，眔厥乱”，乃言“克进驻了燕土，并平定了那里的乱”。⑨

《克盉》
(《新收》1367)

《克罍》
(《新收》1368)

有关上述二字的释读，学者间有“𤔲”“乱”二说。细审铭文拓本，我们认为，字左偏旁大致能与“𤔔”对应，或许是其省写。至于右偏旁虽然有别于西周彝铭习见之“司”或“司”，但仍宜释为“司”。表二综合了西周彝铭所见“𤔲”的主要写法：

① 《尚书正义》，《十三经注疏》，北京大学出版社2000年版，第525页。

② 《礼记正义》，《十三经注疏》，北京大学出版社2000年版，第1771~1772页。

③ 详参张光裕：《出土古文字材料与经典诠释》，《雪斋学术论文二集》，台湾艺文印书馆2004年版，第4~5页。

④ 裘锡圭：《史墙盘铭解释》，《裘锡圭学术文集·金文及其他古文字卷》，复旦大学出版社2012年版，第7页。

⑤ 《北京琉璃河出土西周有铭铜器座谈纪要》，《考古》1989年第10期。李仲操：《燕侯克罍铭文简释》，《考古与文物》1997年第1期。

⑥ 殷玮璋：《新出土的太保铜器及其相关问题》，《考古》1990年第1期。

⑦ 张亚初：《太保罍、盉铭文的再探讨》，《考古》1993年第1期。

⑧ 陈平：《克罍、克盉铭文及其有关问题》，《考古》1991年第9期。陈平：《再论克罍、克盉铭文及其有关问题——兼答张亚初同志》，《考古》1995年第1期。

⑨ 杜廼松：《克罍克盉铭文新释》，《故宫博物院院刊》1998年第1期。

表二

	西周早期	西周中期	西周晚期
从“𠃌”	 《作册夨令簋》《集成》4301	 《盠方彝》《集成》9900	 《颂壶》《新收》1962
从“司”	—	 《曶壶盖》《集成》9728	 《戎生钟》《新收》1614
	—	 《宰器簋》《集成》663	 《司马南叔匜》《集成》10241

西周早期铭文“𤔲”仅从“𠃌”，但西周中期开始增益“口”，既有置于“𠃌”旁组成“司”，亦有置于“𠃌”下，“口”与“𠃌”分离。我们之所以认为“□”“□”仍应释为“𤔲”，主要有三个原因：第一，根据前文考察，“乱”于西周金文及战国楚简里仅作“𤔔”或“𤔲”，未见有从“乙”。第二，《克盨》和《克罍》年代较早，铭文反映的字形不固定，更出现了“□”“□”异文，加上“□”“□”二字左偏旁“𤔔”写法潦草，属于省写，故不排除右偏旁“□”“□”亦属“𠃌”之异构或简省。第三，“□”“□”所从之“𠃌”不从“口”，可以与西周早期金文所见“𤔲”字对应。

其实，“克盨”和“克罍”铭文所见“𤔲”字书作“□”“□”，是能够为“𤔲”“乱”间之形讹问题带来重新思考的材料。《克罍》“□”所从之“□”在形体上确实与金文“乙”相类，金文“乙”书作“□”（《我鼎》，《集成》2763）、“□”（《师酉簋》，《集成》4288）及“□”（《散氏盘》，《集成》10176）等。再者，从秦简及传抄古文资料均可以得知，从“乙”之“乱”应该属于秦系文字，六国文字皆作“𤔔”而不作“乱”：

睡虎地秦简《日书甲》5	睡虎地秦简《为吏之道》27	诅楚文①	《集篆古文韵海》4.29	《集篆古文韵海》4.29②

① 郭沫若：《诅楚文考释》，《郭沫若全集·考古编·第九卷》，科学出版社1982年版，第316页。

② 徐在国：《传抄古文字编》，线装书局2006年版，第1466页。

睡虎地秦简可相信是秦始皇时期抄写的①，而诅楚文年代或许更早，有可能是楚怀王时秦人所写②，从“乙”之“乱”似乎皆出于秦地文献。此外，《说文》小篆同时收有“(乱)”及“(𤔔)”二字，前者相信是“秦始王初兼天下，丞相李斯乃奏同之，罢其不与秦文合者”所得小篆③，许书视之为“乱”字正体，而后者于《说文》仅谓“读若乱”，可见并非“乱”字。然而，我们从古文字材料可知，“”的来源与六国文字相关，极有可能是许书不识“𤔔”为“乱”而误收。至于“乱”于汉代简帛中均从“乙”，如“”(北大简《老子》4)、“”(北大简《老子》131)、“”(马王堆帛书《经法》76)、“”(马王堆帛书《天文云气杂占》G051)等，“乱”已成为以后的标准写法。

古文字材料中“司”声系字与“台”声系字关系密切，经常出现通假情况。至于楚简“治”大致均从“”，写法多样，包括“台”“約”“絧”“訇”“繝”等：

> 邦冢(家)之不宁也，则大臣不(台、治)，而埶(亵)臣怟(托)也。郭店《缁衣》20-21

> 壐(禹)(約、治)水，膉(益)(約、治)火，后稷(約、治)土，足民敎(养)□□□郭店《唐虞之道》10

> (絧、治)之于其未乱。郭店《老子甲》26

> 是古(故)小人乱天棠(常)以逆大道，君子(訇、治)人仑(伦)以川(顺)天悳(德)。郭店《成之闻之》32-33

> 凡多采(采)勿(物)先者又(有)善，又(有)(繝、治)无𤔔(乱)。上博《恒先》8

朱德熙及李零认为“”源自“厶”“㇆”二形结合，④ 陈英杰更利用金文字形就“”的演变作出详细阐释：

> 由上金文字形可以看出，楚简也可写作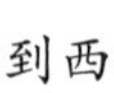，它的演变源头可以追溯到西周时期。写作，由金文及上博简(三)《恒先》看，当是厶(以字所从)与㇆的叠置，是一个双声字，从厶声和㇆声，也可分析为从台声和司声。⑤

除了读音接近之外，“台”声系字与“司”声系字通假的构成尚包括字形因素。因此，古籍里从“司”之字经

---

① 睡虎地秦墓竹简整理小组编：《睡虎地秦墓竹简》，文物出版社1990年版，第1页。

② 郭沫若：《诅楚文考释》，《郭沫若全集·考古编·第九卷》，科学出版社1982年版，第289页。

③ 见《说文解字·叙》(许慎撰，徐铉校定：《说文解字(附检字)》，中华书局1963年版，第315页)。

④ 李零：《读〈楚系简帛文字编〉》，《出土文献研究》第五辑，科学出版社1999年版，第143页。

⑤ 朱德熙：《战国时代的“料”和秦汉时代的“半”》，《朱德熙文集·第五卷·古文字论文》，商务印书馆1999年版，第118页。陈英杰：《楚简札记五种》，中国文字学会、河北大学汉字研究中心编：《汉字研究》(第一辑)，学苑出版社2005年版，第472页。此外，相关讨论亦见邱德修：《上博楚简(一)(二)字词解诂》，台湾古籍出版有限公司2005年版，第1699~1700页。

常与从“台”之字通用，如《书·舜典》“舜让于德，弗嗣”句①，《史记·五帝本纪》作“舜让于德不怿”，司马贞《索隐》：“古文作‘不嗣’，今文作‘不怡’，怡即怿也。”②又《诗·郑风·子衿》“子宁不嗣音”句，陆德明《释文》云：“嗣如字，《韩诗》作‘诒’。”③所以，我们同意文献所见“乱”之所以具有“治”义，极有可能是“𤔲”之误字，“𤔲”字从“司”，与“治”存在音近通假的关系。

四、总结

《尚书》所见“乱，治也”一直被视为传统训诂学中反训说的经典用例。反训是一个备受争议的课题，历代研究者众，但至今尚未有定论，其牵涉的问题甚为广泛，包括：反训究竟是指什么？反训与词义的关系如何？一词兼具正反二义的语义现象是否确实存在？事实上，“反训”这术语出现较晚，明确使用反训之名最早只可追溯至清代钱大昕《潜研堂答问》及刘淇《助字辨略·自序》二书。④ 因此，有学者曾经对反训这术语的使用提出质疑，王宁尝云：

> 这个不准确的词是谁提出来的呢？大家公认头一个谈反训的是晋代的郭璞。这个说法与事实不太相符：郭璞从来没有用过“反训”这个词，反训是后来的人从他那儿发展出来的。后来说反训的人所指的现象也并不都跟郭璞一样。这个问题产生了混乱，郭璞有一定的责任，他的责任在于举出的语例不是同类现象，而用词上还没有荒谬到把“反”跟“训”搭配到一块儿去。⑤

王氏更以为当中的典型例子“乱”与“治”是“一对绝不可相容的矛盾概念”。⑥ 其实，无论反训该当如何解释，文献确实存在“乱，治也”的训释，由是我们可以基本肯定，古人对于古书中的“乱”确实是同时具有“治”与“不治”正反二义的理解。

本文通过出土文献的全面考察，确定“乱”的本字应当是“𤔔”，“乱”只是后来孳乳的后起字，本身只具混乱、叛乱的意思。而且，从出土文献的具体用例看来，“𤔔”应该与“治”不存在任何语义的连系。至于过去有学者认为金文“𤔔”具有“治”义，亦应该是出于对字形的误释。甲骨文曾经出现“”，我们赞同该字读音应该与“䜌”字接近，且金文“𤔔”字上半所从亦应该即“”，字下再增益偏旁“又”，用以象征以手整理丝线，从而凸显混乱、杂乱的意思，遂成“𤔔(乱)”字。由于“”与“𤔔(乱)”上古同属元部，从六书理论作出分析，“𤔔”似乎可以理解为会意兼声的字。

宋代经学家已经据当时所见古文资料认为“乱”具“治”义乃出于形讹，而我们从古文字材料作出印证，认为形讹说仍然是可取的。从出土文献可以得知，金文“𤔲”所从之“司”可能由于异构或省写，部分写法与“乙”甚为相似，容易被误辨为“乱”。而且，上古“司”声系字与“台”声系字音近可通，故“乱”之所以训“治”，其实极有可能是来源自“𤔲”的通假用法。值得注意的是，在两周金文及战国楚简中，“乱”均书作“𤔔”，但从未见有从“乙”的例子，而从“乙”之“乱”最早见于秦系文字材料，《说文》小篆亦以“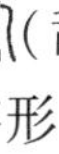(乱)”为正体。秦朝统一文字后，汉简牍所见“乱”均从“乙”，所以“乱”已取代了“𤔔”成为日后的标准字形，加上先秦古文字材料从未出现“𤔔”“𤔲”之讹混，因此，我们怀疑“乱”“𤔲”之讹有可能是来自秦汉儒生对于古文的误抄。秦汉之际，“𤔲”已统一为从“司”，加上“乱”“𤔲”字形相近，儒生于传抄古籍时，容易将“𤔲”

---

① 《尚书正义》，《十三经注疏》，北京大学出版社2000年版，第62页。

② 《史记》，中华书局1963年版，第23页。

③ 《毛诗正义》，《十三经注疏》，北京大学出版社2000年版，第367页。

④ 详参叶键得：《古汉语字义反训探微》，台湾学生书局2003年版，第3页。

⑤ 王宁：《关于反训的训诂原理》，《中国语文通讯》1995年第33期。

⑥ 王宁：《关于反训的训诂原理》，《中国语文通讯》1995年第33期。

误以为是“乱”字，遂产生“乱，治也”之误解，此推论亦解释了“乱”于古书中表达“治”义的原因。而且，“以乱为治”的现象在先秦典籍中并不多见，早期文献中大致仅有《论语》及《左传》二例，然而《尚书》中却见有大量以“乱”表示“治”义的例子。我们固然不能排除当中部分例子亦是来源于秦汉儒生的误释，但有部分却极有可能是后代伪作《尚书》者，期望借助“以乱为治”的词义现象，使篇章在遣词用字上更显古意。此外，既然《尔雅》许多训释能够与毛《传》相合，我们亦偏向认为该书较为晚出，故书中“乱，治也”训释的出现，极有可能是秦汉儒生于编纂《尔雅》时，将典籍中“𤔔”误辨为“乱”所造成的。

（作者单位：香港大学中文学院）

番戌食田文书再探*

陈　伟

在包山楚墓出土的文书简册中，有的涉及土地问题。其中151-152号简，即番戌食田文书，记载土地授予、继承和买卖，尤其珍贵。① 李学勤先生撰有专文探讨,② 彭浩、李零、何琳仪、刘钊、刘信芳、王红亮等多位学者也作有考订③。下面先按我们目前的理解移录简文，再对其中的几个问题作一些讨论。④

左驭番戌飤(食)田于邔(郧)域噬邑城田，一索畔(半)畹。戌死，其子番壹后之。壹死无子，其弟番黯后之。黯死无子，左尹士命其从父之弟番歒后151之。歒饲(食)田病于责(债)，骨儥之。左驭游晷(辰)骨贯之，又(有)五节。王士之后郢(匡)赏间之，言胃(谓)番戌无后。左司马适命左命(令)斁定之，言胃(谓)戌又(有)后。152

一、食田

“城田一索畔畹”六字，整理者与上文连读。李学勤先生读作“城田一，索畔疆”，怀疑“城田”指附郭之田，城田一是一田，即一夫所受田百亩。⑤ 刘信芳先生以此六字为一句，“城田”读如“町田”，认为“町”应是“亩”以上的计田单位。⑥ 黄灵庚先生以为“城田”是说“圈定田界”。⑦ 何琳仪先生读“城”为“成”，引《周礼·考工记·匠人》“方十里为成”作解。⑧ 我们曾经指出：城田，似当是田名，与154号简

* 本文写作得到国家社会科学基金重大项目“云梦睡虎地77号西汉墓出土简牍整理与研究”(16ZDA115)支持。

① 湖北省荆沙铁路考古队：《包山楚墓》，文物出版社1991年版，上册第360页(释文)、下册图版一五九。

② 李学勤：《包山楚简中的土地买卖》，《中国文物报》，1992年3月22日，第3版；修改后收入氏著《缀古集》，上海古籍出版社1998年版，第152~155页。

③ 彭浩：《包山楚简所反映的楚国法律与司法制度》，《包山楚墓》附录二二，文物出版社1991年版，第550~551页。李零：《包山楚简研究(文书类)》，“中国古文字研究会第九届学术讨论会”论文，1992年；修订本刊于《王玉哲先生八十寿辰纪念文集》，南开大学出版社1994年版，第88~107页；收入《李零自选集》，广西师范大学出版社1998年版，第131~147页。何琳仪：《包山楚简选释》，《江汉考古》1993年第4期。刘钊：《包山楚简文字考释》，“中国古文字研究会第九届学术讨论会”论文，1992年；收入《出土简帛文字丛考》，台湾古籍出版有限公司2004年版，第3~32页。刘钊：《释“儥”及相关诸字》，《中国文字》新28期，艺文印书馆2002年版；收入《出土简帛文字丛考》，台湾古籍出版有限公司2004年版，第120~129页。刘信芳：《包山楚简司法术语考释》，《简帛研究》第二辑，法律出版社1996年版，第12~34页。刘信芳：《包山楚简解诂》，艺文印书馆2003年版。王红亮：《包山楚简151-152号简补释》，《四川文物》2014年第2期。

④ 本文未提到的释文方面的问题，请参看朱晓雪：《包山楚简综述》，福建人民出版社2013年版，第488~496页。其中释文将“从父”写作“从子”，疑是笔误。

⑤ 李学勤：《包山楚简中的土地买卖》，《中国文物报》，1992年3月22日，第3版。以下引述李先生意见未作说明者，均据此文。

⑥ 刘信芳：《包山楚简司法术语考释》，《简帛研究》第二辑，法律出版社1996年版，第33页。同氏所撰《包山楚简解诂》(艺文印书馆2003年版，第155页)，仅引述李学勤先生意见，或已放弃前说。

⑦ 黄灵庚：《楚简札记六则》，《文史》第四十三辑，中华书局1997年版，第241~244页。

⑧ 何琳仪：《战国古文字典》，中华书局1998年版，第810页。

“啻苴之田”相当。因而将二字改属上读。① 具体说，城田是番戌食田所在的那片土地的名称。其得名，或许与“附郭”相关，但应已成为特定地名。《左传》桓公元年的“祊田”、成公十一年的“鄇田”、成公十六年的“制田”，《国语·晋语二》的“负蔡之田”，放马滩秦木板地图一中的“右田”“中田”“南田”，② 大致都属于类似情形。

索，整理者释为“素”。李学勤先生改释，援引《左传》定公四年“疆以周索”等语，认为“索畔疆”应指画有田界而言。③ 刘钊先生认为：“索”字可有两种读法。一种是属上读，指一种民间的计量单位，一般认为十丈为一索。如此“城田一索”就是“城田十丈”。不过“百尺”之田按之简文似嫌太小，又“索”字训为计量单位的书证亦嫌稍晚。一种读法是属下读，训为“尽”。“畔”字本义为“田界”，“索畔苑”就是“全都挨着苑囿”的意思。④ 宛，整理者仅作隶写。刘乐贤先生依据李零先生对日书释读成果指出：包山简 151 号此字与田制有关，疑读为“畹”。⑤ 这一意见有多位学者支持，并由于上海博物馆藏简《孔子诗论》一再出现的“宛丘”得到字形上的印证。⑥ 基于这些认知，我们曾提出：畔，恐当读为“半”。“索”“畹”对文，分别位于“一”“畔(半)”后，均是长度单位。《大戴礼记·主言》：“然后布指知寸，布手知尺，舒肘知寻，十寻而索。”寻，一般说是八尺。一索合八十尺。《楚辞·离骚》：“余即滋兰之九畹兮，又树蕙之百亩。”王逸注：“十二亩为畹。或曰田之长为畹。”《玉篇》田部：“秦孝公二百三十步为亩，三十步为畹。”《玉篇》后一句与《离骚》王逸注呼应。如此推算，番戌食田宽十五步。⑦ 这样解读，在“一索畔畹”内部辞义彼此融洽，同时也与把“城田”断属上读的处理相支撑。

由于找到《大戴礼记》的证据，刘钊先生所倡第一种读法的后一层顾虑可以打消。不过，他的前一层顾虑，即“一索”面积“似嫌太小”的问题依然存在。八尺为寻，见于《诗·鲁颂·閟宫》“是寻是尺”毛传、《仪礼·乡射礼》“韬上二寻”郑玄注、《说文》“寻”字等。此外还有几种说法：(1)六尺，如《资治通鉴》卷 172，陈纪六，宣帝太建八年“寻仞而已”胡三省注；(2)七尺，如《史记·张仪列传》“蹄间三寻”索隐；(3)十四尺，《慧琳音义》卷 22 引《慧苑音义》“园光一寻”注引何承天《纂要》：“六尺曰步，七尺曰仞，倍仞曰寻，倍寻曰常。”⑧(4)一百尺，《孟子·滕文公下》“枉尺而直寻”孙奭疏：“寻，十丈为寻也。”由于寻、索关联仅见于《大戴礼记·主言》，而该篇这一段文字是说人体构成尺度的基准，八尺一寻的经典训释显然更可靠，也更适于对番戌食田文书的理解。

关于“畹”，王红亮先生在我们引述的文献之外，另外揭举几条资料。他写道：“畹”作为一种田制的单位，其具体的数量可能未统一，如《说文》：“畹，田三十亩也。”银雀山汉简《孙子兵法·吴问》：“范、中行氏制田，以八十步为畹，以百六十步为畛。……韩、魏制田，以百步为畹，以二百步为畛。……赵氏制田，以百廿步为畹，以二百步为畛……” 可见，“畹”的长度应该不固定。⑨ 今按，这些资料中的“畹”，有土地面积和长度两种含义。《楚辞·离骚》“九畹”，与“百亩”对言，当指前者。王逸注“十二亩

① 陈伟等：《楚地出土战国简册[十四种]》，经济科学出版社 2009 年版，第 56(释文)、73(注释)页。包山文书简部分由陈伟负责。

② 陈伟主编，孙占宇、晏昌贵撰著：《秦简牍合集(肆)》，武汉大学出版社 2014 年版，第 216 页。

③ 李先生后将索字改释为“终”，训为“毕”(《包山楚简中的土地买卖》，《缀古集》，上海古籍出版社 1998 年版，第 153、155 页)。似与字形未合。

④ 刘钊：《释“儥”及相关诸字》，《中国文字》新 28 期，艺文印书馆 2002 年版；收入《出土简帛文字丛考》，台湾古籍出版有限公司 2004 年版。

⑤ 刘乐贤：《九店楚简日书研究》，《华学》第二辑，中山大学出版社 1996 年版，第 61~70 页。

⑥ 参看朱晓雪：《包山楚简综述》，福建人民出版社 2013 年版，第 490~492 页；马承源主编：《上海博物馆藏战国楚竹书(一)》，上海古籍出版社 2001 年版，第 33~34(大图)、150~151(小图、释文)页。

⑦ 陈伟等：《楚地出土战国简册[十四种]》，经济科学出版社 2009 年版，第 73 页。

⑧ 徐时义校注：《一切经音义三种校本合刊》，上海古籍出版社 2008 年版，第 884 页。

⑨ 王红亮：《包山楚简 151-152 号简补释》，《四川文物》2014 年第 2 期。以下引述王先生意见，均出此文。

为畹”、《说文》的说解，均指面积而言。值得注意的是，王逸注同时指出：“或曰田之长为畹。”《玉篇》“三十步为畹”，桂馥即以为“田之长也”。① 银雀山汉简《孙子兵法・吴问》“以八十步为畹”“以百步为畹”“以百廿步为畹”，也可能是指土地长度。王红亮先生认为“畹”的长度应该不固定。就不同时间和空间而言，当可成立。但番戌食田文书中的“畹”，则应该是一个确定的尺度。如果在已知记载中选取最大值，即《孙子兵法・吴问》所说“赵氏制田，以百廿步为畹”，则半畹为六十步。

《周礼・地官・小司徒》郑玄注引《司马法》：“六尺为步，步百为亩，亩百为夫，夫三为屋，屋三为井，井十为通。”以此推算，番戌食田短边长约十三步强，长边六十步，约合八亩。这离“一夫百亩”的标准相去甚远。② 如果我们对边长、面积的推测误差不是太大的话，文书记述的有可能是“宅地”。《商君书・境内》：“能得甲首一者，赏爵一级，益田一顷，益宅九亩，一除庶子一人。”《孟子・梁惠王上》：“五亩之宅，树之以桑，五十者可以衣帛矣。鸡豚狗彘之畜，无失其时，七十者可以食肉矣。百亩之田，勿夺其时，数口之家可以无饥矣。”《荀子・大略》：“故家五亩宅，百亩田，务其业，而勿夺其时，所以富之也。”张家山汉简《二年律令》在310-313号记自关内侯至司寇、隐官授田规定的同时，314-316号记有自彻侯至司寇、隐官授宅的规定，其云：“宅之大方卅步。彻侯受百五宅……大夫五宅，不更四宅，簪褭三宅，上造二宅，公士一宅半宅，公卒、士五(伍)、庶人一宅，司寇、隐官半宅。”番戌食田约八亩，正好约合一宅之地。

二、买卖

儥(鬻)、贾二字，由李学勤先生释出。李先生讨论这篇文书的专文，以“包山楚简中的土地买卖”为题，即缘于这两个关键字的认识。

与“儥(鬻)”“贾”相连的两个“骨”字，李学勤先生认为：以音近读为“讫”，《逸周书・皇门》注“既也”。讫鬻是已经卖了。讫贾是已经买了。陈秉新、李立芳先生以为人名。③ 刘钊先生疑“骨”字读为“过”。在简文中指“过户”。④ 刘信芳先生疑读为“剐”，分解义。⑤ 李家浩先生疑读为“觊”或“闿”，训为“欲”。⑥ 我们怀疑读为“果”。⑦《国语・晋语三》“佞之见佞，果丧其田。诈之见诈，果丧其赂。”韦昭注：“果，犹竟也。”《吕氏春秋・忠廉》：“吴王不能止，果伏剑而死。”高诱注：“果，终也。”骨儥之、骨贾之，是终于买之、卖之的意思。

五节的“节”，整理者释为从竹从刨之字。李学勤先生释为“节”，疑即玺节，即后世的印章。战国时的什伍制“田里相伍”，受田者五家编为一伍，田的转让可能也需要在契约上有伍的封印以为证明。何琳仪先生释为从竹从割之字，读“害”。⑧ 刘信芳先生释为“蓟”，读如“则”，以为与阜阳汉简“卅步为则”类似，是长度单位。⑨ 刘钊先生审慎地认为：此字恐怕不是“节”字。这两句简文的意思可以推定，应是“有

① 桂馥：《说文解字义证》，中华书局1987年版，第1218页下。

② 在《司马法》“亩百为夫”外，尚有较多文献记叙。参看刘泽华：《论战国时期“授田”制下的“公民”》，《南开大学学报》1978年第2期。

③ 陈秉新、李立芳：《包山楚简新释》，《江汉考古》1998年第2期。

④ 刘钊：《释“儥”及相关诸字》，《中国文字》新28期，艺文印书馆2002年版；收入《出土简帛文字丛考》，台湾古籍出版有限公司2004年版。以下引述刘先生意见，均据此文。

⑤ 刘信芳：《包山楚简解诂》，艺文印书馆2003年版，第156页。

⑥ 李家浩：《甲骨文北方神名“勹”与战国文字从“勹”之字——谈古文字“勹”有读如“宛”的音》，《文史》2012年第3辑。

⑦ 从“冎”得声之字与“果”及从“果”得声之字通假的实例，参看张儒、刘毓庆：《汉字通用声素研究》，山西古籍出版社2002年版，第586页。

⑧ 何琳仪：《包山楚简选释》，中华书局1998年版。

⑨ 刘信芳：《包山楚简解诂》，艺文印书馆2003年版，第156~157页。

士伍证明裁断”的意思。今按，此字似乎写得不规范，以节、刨(从竹)、割(从竹)、節比较，并不完全同于其中某一个字，但与“节”字相对接近，有可能是其讹写。我们曾经怀疑“五节”是人名，相关文字读作“有五(伍)节、王士之后匡赏间之”。① 现在看来，这份文书中出现的人名，除番戌子、弟外，均冠以职事与身份。从这个角度考虑，“五节”作为人名的可能性并不大。我们现在怀疑“节”是符节的节。寿县出土的鄂君启车节和舟节，都是相同的五件构成一组，可拼合为完整的圆筒状。② 简文“有五节”，或许是指针对番戌食田买卖制作了一组五件的竹节，作为交易的凭据。③

三、继承

简文说到“后之”“无后”和“有后”。这里的“后”，整理者解释为“继承”。④ 彭浩先生进一步说明：“文书简把继承权称作‘后’。某人一旦取得了‘后’的地位，就得到了某种财产的继承权，而且受到法律的保护。”⑤李学勤先生也指出：后，继承。古称嗣子为后子，见《荀子・正论》及云梦睡虎地秦简。

“后”指继承以及继承人，在岳麓书院藏秦简和张家山汉简《二年律令》中，有更明确的表述。岳麓秦简肆 106-108 号云：“田律曰：租禾稼、顷刍稾尽正月不觱(毕)入；及诸貣它县官者，书到其县官，盈卅日弗入；及有逋不入者，赀其人及官啬夫、吏主者各一甲，丞、令、令史各一盾。备其入而死、亡、有辠(罪)毋后不可得者，有(又)令官啬夫、吏代偿。”⑥岳麓秦简伍 138-139 号简云：“・令曰：吏及黔首有赀赎万钱以下而谒解爵一级以除，【及】当为疾死、死事者后，谒毋受爵，以除赀赎，皆许之。”⑦这两处“后”字，均指继承人。《二年律令》简 142：“死事者，置后如律。”⑧简 312-313：“不幸死者，令其后先择田，乃行其余。”⑨“后”亦是指继承人。

在番戌食田的继承人方面，整理者把番疐、番黯、番歜分别看作番戌的嫡子、庶子和侄子。⑩ 李学勤、刘信芳二氏的看法略同。彭浩先生将三人分别看作番戌之子、番戌之弟和番黯的“从父之弟”即叔父。王红亮先生将番黯看作番戌之弟，番歜看作番戌“从父之弟”。这些歧异，来源于对几个“其”字以及“从父之弟”的理解。“戌死，其子番疐后之”，“其”指番戌，当无疑义。但随后两处倘若分别看，则“疐死无子，其弟番黯后之”，“其”可能是指番戌，也可能是指番疐；“黯死无子，左尹士命其从父之弟番歜后之”，“其”可能是指番戌，也可能是指番黯。不过，如果联系起来看，这两处“其”当是同一指向，要么都是指番戌，要么分别是指刚刚叙及之人，即番疐以及番黯。由于文书开头说“番戌食田”，最后说“戌有后”，后两处“其”字，跟第一处“其”字一样，亦指番戌的可能性最大。

至于“从父兄弟”，具有特定用法。《尔雅・释亲》：“兄之子弟之子，相谓为从父晜弟。”《仪礼・丧服》“从父昆弟”郑玄注：“世父、叔父之子也。”《汉书・荆王刘贾传》：“荆王刘贾，高帝从父兄也。”颜注：

---

① 陈伟等著：《楚地出土战国简册[十四种]》，经济科学出版社 2009 年版，第 56、74 页。

② 参看殷涤非、罗长铭：《寿县出土的“鄂君启金节”》，《文物参考资料》1958 年第 4 期；商承祚：《鄂君启节考》，《文物精华》第 2 集，文物出版社 1963 年版。

③ 据《周礼》等文献记载，节主要用作出入交通和军事授权的信物(参看洪德荣：《先秦符节研究(下)》，台湾花木兰文化出版社 2013 年版，第 213~217 页)。《周礼・地官・司关》：“凡货不出于关者，举其货，罚其人。凡所达货贿者，则以节传出之。”《鄂君启节》亦可从这一角度理解。目前未看到节用作交易凭信的资料，是这一推测的弱点。

④ 湖北省荆沙铁路考古队：《包山楚墓》，文物出版社 1991 年版，第 273 页。

⑤ 彭浩：《包山楚简所反映的楚国法律与司法制度》，《包山楚墓》，文物出版社 1991 年版，第 550~551 页。以下引述彭先生说，均据此文。

⑥ 陈松长主编：《岳麓书院藏秦简(肆)》，上海辞书出版社 2015 年版，第 103 页。引述时释文、标点有改动。

⑦ 陈松长主编：《岳麓书院藏秦简(伍)》，上海辞书出版社 2017 年版，第 113~114 页。

⑧ 张家山二四七号汉墓竹简整理小组：《张家山汉墓竹简(二四七号墓)》，文物出版社 2001 年版，第 152 页。

⑨ 张家山二四七号汉墓竹简整理小组：《张家山汉墓竹简(二四七号墓)》，文物出版社 2001 年版，第 176 页。

⑩ 湖北省荆沙铁路考古队：《包山楚墓》，文物出版社 1991 年版，第 273 页。

“父之兄弟之子，为从父兄弟也。言本同祖，从父而别。”《后汉书·光武帝纪上》：“遣大司徒王寻、大司空王邑将兵百万”李贤注：“王邑，王商子，于莽为从父兄弟也。”可见，从父兄弟乃是同祖父的堂弟兄之间的相互称谓。《尔雅》“相谓”、《后汉书》李贤注“于莽”，就是强调这一角度。

这一分析结果，与王红亮先生的意见相同。即番黯为番戌之弟，番歞为番戌之从弟。

从父兄弟是很亲密的血缘关系。《礼记·檀弓上》：“子夏问于孔子曰：‘居父母之仇，如之何？’夫子曰：‘寝苫枕干，不仕，弗与共天下也。遇诸市朝，不反兵而斗。’曰：‘请问居昆弟之仇，如之何？’曰：‘仕弗与共国，衔君命而使，虽遇之，不斗。’曰：‘请问居从父昆弟之仇，如之何？’曰：‘不为魁。主人能，则执兵而陪其后。’”《周礼·地官·调人》：“凡和难，父之仇辟诸海外，兄弟之仇辟诸千里之外，从父兄弟之仇不同国。”《新书·六术》：“人有六亲。六亲始曰父；父有二子，二子为昆弟；昆弟又有子，子从父而昆弟，故为从父昆弟；从父昆弟又有子，子从祖而昆弟，故为从祖昆弟；从祖昆弟又有子，子从曾祖而昆弟，故为从曾祖昆弟；曾祖昆弟又有子，子为族兄弟。”尤其值得重视的是，包山文书简138号列举关系特别亲密不可充当证人的时候指出：“匿(昵)至从父兄弟不可证。”①番戌食田在子、弟相继去世后，官府选定其从父之弟继承，正是基于这种亲密程度和亲疏顺序。当然，如同简文显示的那样，番戌子、弟在继承食田时，无任何纠结，当是一种常规性作法，或许在楚国法律中有确切规定。而当作为从父之弟的番歞继承时，需要左尹士给出命令。② 而当匿赏提出非议时，③ 又有待“左司马适命左命(令)斁定之”。可见这是非常规安排，楚国法律中盖无此规定。④

《二年律令》379-380号简，有对汉初继承顺序的具体规定：“死毋子男代户，令父若母，毋父母令寡，毋寡令女，毋女令孙，毋孙令耳孙，毋耳孙令大父母，毋大父母令同产、同产子代户。代户必同居数。弃妻子不得与后妻子争后。”⑤番戌食田第一、二次继承，大致符合这一顺序。第三次继承，亦未见于汉律。

（作者单位：武汉大学简帛研究中心）

① 包山楚简131-139号这组简册的解读，参看陈伟：《包山楚简初探》，武汉大学出版社1996年版，第31~33页。

② 左尹士，整理者以为“左尹之士”(《包山楚墓》，文物出版社1991年版，第383页，考释293)，我们认为士当是左尹之名(《楚地出土战国简册[十四种]》，经济科学出版社2009年版，第73页)。王红亮先生以为当从整理者，因为左尹不可能有多个。今按，文书所记“左尹士”云云，是追述早前之事，与包山楚墓墓主昭佗担任左尹并不冲突。

③ 王红亮先生认为“间”指“间田”，匿赏是主张既然番戌无后，国家应收回其田以为“间田”。今按，简文记匿赏言谓“番戌无后”，左命(令)斁的判定言谓“戌有后”，将“间之”理解为是对从父之弟番歞继承番戌食田是否合法的质疑，是可能性最大的选择。

④ 彭浩先生、李学勤先生均已指明这一点。

⑤ “毋大父母”一段文字，张家山二四七号汉墓竹简整理小组释文作：“毋大父母令同产子代户。同产子代户，必同居数。”(《张家山汉墓竹简(二四七号墓)》，文物出版社2001年版，第184页)今按，“子”字下未见重文符，378号简明言“同产相为后”，369-371号记为死事者置后顺序说：“毋子男以女，毋女以父，毋父以母，毋母以男同产，毋男同产以女同产，毋女同产以妻。”同产均是继承顺序链中的重要一环。我们因而对释文作有修订。

关于包山楚简中所见“县”的若干认识*

海老根量介

一、关于包山楚简所见“县”的研究史

包山楚简的主要内容包含战国时期楚国的司法、行政文书。由于该时期楚国的传世文献记载不多，所以许多学者利用包山楚简进行当时楚国的行政、社会等方面的研究。其中比较活跃的研究领域是行政区划研究。包山楚简中出现了很多基层行政单位，给我们提供了考察楚国行政区划的线索。值得一提的是陈伟先生的研究。他利用包山楚简的记载试图全面复原战国楚的地方行政机构的统属关系。根据他的研究，楚国的地方行政区划系统大致可分为两种——里系统和邑—敔—竃系统，这两个系统都从属于上一级行政单位，那个单位很可能是“县”。① 陈伟先生的研究影响很大，可以说之后的研究基本上都立足于该研究成果进行。现在不少学者利用包括包山楚简的多种史料，从这些史料所见的地名中将楚县区分出来，或者复原和分析楚县中的官制。② 总的来说，这些研究基本以楚县的存在为前提进行讨论。陈伟先生进一步指出，包山楚简中有相当于“郡”的行政机构。③ 根据此说，我们在包山楚简中能够确认相当于“郡县制”的行政系统。

但是，这里存在一个问题。包山楚简中相当于“县”的行政单位与里、邑、敔、竃等情况不同，没有自称为“县”。因此，在研究的初期阶段，学者们根据官府的行政作用、职官设置、统属关系等，将包山楚简中的地方区划比定为“县”。在这些比定工作中，陈伟先生举出了一个判断标准，即“宫大夫”一词。他认为该词很可能是战国时期楚县长官的一种称谓。④ 关于“宫”字，赵平安先生从古文字学的角度来分析，他把“宫”视作“宛”的讹变形，音读为“县”。⑤如此说不误，我们应该承认包山楚简中确实存在“县”字。此后许多学者们赞成赵先生的看法，现在“宫”=“县”的说法渐渐成为学界中的定论。

不过，也有学者反对将包山楚简中的某些地名认作“县”的趋势。土口史记先生参照黄盛璋、刘信芳先生的研究(他们认为“宫大夫”是数个官名的泛称)⑥，对“宫”“宫大夫”加以探讨，指出“宫”决不是像“县”那样的行政单位⑦。他还注意到《左传》中涉及楚县的记载只有作为动词使用的“县某”这样的措辞，

---

* 本文写作得到日本学术振兴会(JSPS)科学研究费补助金(15K16847)的支持。

① 陈伟:《包山楚简初探》，武汉大学出版社 1996 年版，第 94~101 页。

② 在这里列举这些年出版的若干代表作。吴良宝:《战国楚简地名辑证》，武汉大学出版社 2010 年版；陈颖飞:《楚官制与世族探研——以几批出土文献为中心》，中西书局 2016 年版。

③ 陈伟:《包山楚简中的宛郡》,《武汉大学学报》(哲学社会科学版)1998 年第 6 期。

④ 陈伟:《包山楚简初探》，武汉大学出版社 1996 年版，第 98~100 页。

⑤ 赵平安:《战国文字中的“宛”及其相关问题研究》,《新出简帛与古文字古文献研究》，商务印书馆 2009 年版，第 143~154 页。

⑥ 黄盛璋:《包山楚简中若干重要制度发复与争论未决诸关键字解难、决疑》,《湖南考古辑刊》第六集，1994 年，第 198 页；刘信芳:《〈包山楚简〉职官与官府通考(上)》,《故宫学术季刊》第 15 卷第 1 期 1997 年，第 55 页。

⑦ 土口史记:《包山楚简の宫と宫大夫——战国楚の行政单位と「郡县」》,《先秦时代の领域支配》，日本京都大学学术出版会 2011 年版，第 100~116 页。

指出"县某"不过是把某国消灭后"把它作为楚国县鄙(属邑)"的意思。因此，他怀疑楚国根本没有"县"的行政单位，并认为把"某公"管辖的地点直接视为"县"的研究方法也有问题。① 当我们研究像包山楚简那样未知的史料时，援用当时在诸国逐渐实行的郡县制系统来进行讨论无疑是一个非常有效的方法。可是，同时我们也应该考虑到，如果将包山楚简所见楚国独特的行政制度直接附会到从传世文献记载导出的制度来理解，会不会因此错失包山楚简特有的史料价值？另外，游逸飞先生赞成把"𡨦"字读为"县"，立足于刘信芳先生和土口史记先生的看法，认为"县大夫"不是县的首长，而是爵称。②

如此，尽管包山楚简所见行政机构，尤其是围绕"县"的争论中，"县"的存在一般被视为无需赘言的前提，但还是遗留下了会摇动楚国"县"制理解的重大问题。这是我们在探讨春秋战国时期楚国制度的时候，不得不面对的问题。

其实，近年我们很幸运地获得了一些新史料，为理解上述问题提供了宝贵线索。清华简《系年》中有如下记载：③

> 灵王先起兵，会者(諸)侯于緟(申)，埶(執)郐(徐)公，述(遂)以伐郐(徐)，克漢(賴)、邾(朱)邡(方)，伐吴，为南淉(怀)之行，𨵦(县)陈、蔡，殺蔡灵侯。98-99
>
> 楚灵王立，既𨵦(县)陈、蔡。竞(景)坪(平)王即立(位)，改邦(封)陈、蔡之君，囟(使)各复亓(其)邦。竞(景)坪(平)王即殜(世)，卲(昭)〔王〕即立(位)。陈、蔡、𡔖(胡)反楚，与吴人伐楚。秦异(毕)公命子甫(蒲)、子虎銜(率)𠂤(师)救楚，与楚𠂤(师)会伐阳(唐)，𨵦(县)之。卲(昭)王既复邦，玄(焉)克𡔖(胡)，回(围)蔡。卲(昭)王即殜(世)，献惠王立十又(有)一年，蔡卲(昭)侯緟(申)惧，自归于吴，吴縵(洩)用(庸)以𠂤(师)逆蔡卲(昭)侯，居于州来，是下蔡。楚人玄(焉)𨵦(县)蔡。104-107

以上内容记载的是从灵王到昭王时期，楚不断消灭陈、蔡、唐的情况。简文中以"𨵦(间)"字来表述此事，考虑到文义，应该把"𨵦(间)"字读为"县"。那么，上述《系年》的这些记载就是楚国出土文献中第一次明确地使用到"县"的例子。

当然，在这些记载中"县"字均出现在"县之""县陈、蔡"这样的文章结构中，被作为动词使用。因此，这些"县"可能只不过是土口先生指出的"把它作为楚国县鄙"的意思。不过，楚简中的"𨵦(间)"字可以读为"县"的事实给予学者们很大的启示。马楠先生和鲁鑫先生相继指出包山楚简"贷金简"简 103、115 所见"鄗娜"以及曾姬无卹壶的"蒿𨵦"应该读为"郊县"，并把一些楚玺中的"𨵦(间)"字也读为"县"。④

如此，通过对清华简《系年》的"𨵦(间)"字的解读，我们明确了包山楚简、楚系青铜器铭文、楚玺等各种各样的出土文献中确实存在可以读为"县"的字。此事强有力地支持了楚"县"存在的确实性。接下来我们具体考察包山楚简中"县"的例子。

二、包山楚简中"县"的用例

包山楚简中简 103-119 的内容被称为"贷金简"。它由简 103-114、简 115-119 的两个部分组成。这里分析简 103-114 的内容。

---

① 土口史记：《春秋时代の领域支配——邑とその支配をめぐって》，《先秦时代の领域支配》，日本京都大学学术出版会 2011 年版，第 18~19、43~46 页。

② 游逸飞：《试论战国楚国的"𡨦大夫"为爵》，《出土文献》第五辑，中西书局 2014 年版，第 75~85 页。

③ 李学勤主编：《清华大学藏战国竹简(贰)》，中西书局 2011 年版，第 180、184 页。

④ 马楠：《清华简第一册补释》，《中国史研究》2011 年第 1 期；鲁鑫：《新发现的几则有关楚县的战国文字资料》，简帛网(http://www.bsm.org.cn/show_article.php? id=1909)，2013 年 9 月 18 日。

开始的简 103 的内容如下：①

大司马卲(昭)鄢(阳)败晋帀(师)于襄阳之岁亯月，子司马以王命命龏陵公鼉、宜昜(阳)司马强貣(贷)郕(越)异之黄金，以貣(贷)鄗(郊)㒼(县)以糴(籴)穜(种)。

该简的意思大致为：在亯月(6 月)接到王命的司马命令龏陵公和宜阳司马给"鄗(郊)㒼(县)"放贷"越异之黄金"，用于收购粮种。接下来的简 104 说"旮(几)至屈柰之月赛金"，即偿还期限为第二年的屈柰(2 月)。接着简 105 说：

鄝莫嚣(敖)疐、左司马殹、安陵莫嚣(敖)繺(栾)献为鄝貣(贷)郕(越)异之黄金七益(镒)以翟(籴)穜(种)。

简文说明鄝莫敖等人给"鄝"借贷"越异之黄金"七镒。此后直到简 114 的各简记述某地的哪些官员为某地所贷的黄金数量等内容。② 贷与黄金的十个地方分别是鄝、鄗陵、漾陵、株阳、夷阳、鄗、正阳、阳陵、新都、州。我们从文义上可以推测，简 105-114 内容是细目，简 103 是其总括。因此，我们可以推知"鄗(郊)㒼(县)"的具体内容是鄝、鄗陵等十个地方。至于"郊县"，马楠先生认为指"都邑和其管辖下的乡县"③，鲁鑫先生则根据鄝、正阳、新都、州的地望，指出楚的"郊"不限于国都近郊，也包含离国都一定距离的地域，"郊县"就是在这些地方被设置的县④。当然，"郊县"也有可能是这些地方的总称(或者是一种概念)，至于每个地点是否为作为行政单位的"县"，则是另外一回事。⑤ 但是，我们至少可以确认这些地方被称为"县"，而且它们作为行政单位的"县"的可能性相当高。⑥

以上不过是对既往研究的再确认。不过，包山楚简中还有其他可以读为"县"的字，这是目前学者们尚未论及的。接下来探讨此例。

我们可以举出简 151-152。这些简属于诉讼案件，此例是围绕食田继承纠纷的案件。

左馯(驭)番戌飤(食)田于邧寍瞀(瀊)邑城田一索畔(半)畹(畹)。戌死，亓(其)子番疐后之。疐死无子，亓(其)弟番黯后之。黯死无子，左尹士命亓(其)从父之弟番歘后之。歘飤(食)

① 本文引用的包山楚简释文在朱晓雪《包山楚简综述》(福建人民出版社 2013 年版)所载释文的基础上，参照图版并吸收以往研究的成果稍做细微修改。以下引用时不再注出。

② 每简末尾有"逃(过)旮(几)不赛金"的记载，说明发放的黄金到期限之前似乎还未偿还。

③ 马楠：《清华简第一册补释》，《中国史研究》2011 年第 1 期。

④ 鲁鑫：《新发现的几则有关楚县的战国文字资料》，简帛网(http://www.bsm.org.cn/show_article.php? id=1909)，2013 年 9 月 18 日。

⑤ 虽然不是谈论楚国的内容，新出的清华简《越公其事》简 35、44、52 有"鄾(边)还(县)"一个词，其中两例与"城市"相对比。

⑥ "贷金简"简 115-119 与简 103-114 内容基本相同，简 115 说明给"鄗(郊)㒼(县)"放贷黄金，即整个内容的总括部分，而简 116-119 则是其细目(但是，简 115-119 中没有新都、州这两个地方的记载。因为细目中放贷的黄金总额与总括所载的金额不一致，所以这里很可能存在脱简或漏抄)。两个部分的不同之处如下：第一，简 115 记载放贷黄金的具体日子。第二，简 115-119 没有说明放贷目的。第三，简 115-119 没有偿还期限和不偿还黄金的记载。至于这两个部分的关系，一种说法是两次互相独立的贷款活动(参见王准：《包山楚简"贷金籴穜"问题的考察》，《中国农史》2016 年第 1 期)，也有观点认为两个部分其实是一次贷款活动，简 103-114 是计划，而简 115-119 是实际执行的记录(参见后德俊：《"籴种"考》，《中国农史》1995 年第 4 期)。

> 田，病于责(债)，骨〈肯〉①儥之。左駐(驭)游昏(辰)骨〈肯〉贯之，又(有)五笥。王士之后䣄赏閷(间)之，言胃(谓)，番戌无后。左司马适命左敀(令)斀定之，言胃(谓)，戌又(有)后。

左驭番戌去世后，他的儿子番疐继承了番戌拥有的食田，番疐去世后又由其弟番黜继承。番黜死后无子，该田地由番黜的从父之弟番歒继承。但是番歒负债累累，为了还债打算把这块食田卖掉，左驭游辰愿意出资购买。不过，这里出现了问题。突然登场的䣄赏主张番戌根本没有后嗣。于是，左司马进行裁定，最后的裁决是番戌有后嗣。

䣄赏主张番戌没有后嗣，其目的当然不是彻底查清番戌后嗣有无，而是揭发番歒没有继承番戌食田的资格，乃至否定番歒与游辰之间的土地买卖。那么，䣄赏所做的“閷(间)之”应该是与番歒的食田所有、买卖有冲突的行为。

关于这个“间”字，首先回顾以往研究。李学勤先生引用《小尔雅·广言》的解释“非也”，认为是“提出非议”的意思。② 刘钊先生指出是“离间”的“间”。③ 刘信芳先生将其读为“谰”，引用《汉书·文三王传》的“王阳病抵谰”颜师古注“谰，诬讳也”和《说文·言部》“谰，诋谰也”的解释，又指出“间“或读为“譋”，且引用《广雅·释诂》“閒，加也”，王念孙《疏证》“閒与谰同”的解释。④张伯元先生引用《左传·庄公十年》“又何间焉”的杜预注“间，与也”，认为是“参与”的意思。⑤ 王红亮先生指出“儥之”“贯之”“间之”的“之”均代指“田”，“间”为“间田(闲田)”，即指未分封的田地。如果番戌没有后嗣，国家应收回此地作为“间田”，那么䣄赏作为“王士之后”就有可能领受此地作为褒奖。⑥

以上说法大多认为䣄赏干涉的是番戌的食田继承。从文义来讲，这样的解释大致没有问题。不过，仔细分析文章结构的话，如王红亮先生所言，“儥之”“贯之”“间之”的“之”应该都指代“田”。值得关注的是这里的“閷(间)”字。如上文所述，包山楚简中有“鄗郷”读为“郊县”的例子。那么，本文认为“郷”的异体字“閷”也读为“县”比较妥当。⑦

当然，番戌拥有的食田是可以买卖的，其面积不可能相当于“县”级政区那么大。⑧ 因此，就算“閷”能够读为“县”，我们不能认为䣄赏将番戌的食田编制为行政区划的“县”。以往研究之所以从未指出过该字读为“县”的可能性，很可能是因为考虑到了这一点。那么，这个“县之”到底指什么?

于是我们可以想起前引土口先生的研究。他关注《左传》中“县之”的措辞，把该文句解释为“以此地为楚的县鄙”，即把某地编入自国的领土。《说文·𥄉部》云：“县，系也。”根据此说，“县”的本义似乎就是“系”“隶属”之类的意思。⑨ 如果这个训诂不误，则“县”就是“系”(连接)中央的存在。那么，简文中“县

---

① 本文从邓少平先生的看法。参见邓少平：《包山楚简 152 号“骨”字试解》，复旦大学出土文献与古文字研究中心网(http://www.gwz.fudan.edu.cn/Web/Show/1935)，2012 年 9 月 27 日。

② 李学勤：《包山楚简中的土地买卖》，《中国文物报》，1992 年 3 月 22 日，第 3 版。

③ 刘钊：《释“儥”及相关诸字》，中国文字编辑委员会编：《中国文字》新 28 辑，艺文印书馆 2002 年版，第 124 页。

④ 刘信芳：《包山楚简解诂》，艺文印书馆 2003 年版，第 157 页。

⑤ 张伯元：《包山楚简案例举隅》，上海人民出版社 2014 年版，第 243~244 页。

⑥ 王红亮：《包山楚简 151~152 号简补释——兼谈战国时期的楚田制》，《四川文物》2014 年第 2 期。

⑦ 《包山楚墓文字全编》中的释文也作“閷(县)之”，可是没有相关说明，无法知晓如何作此解释。参见李守奎、贾连翔、马楠编著：《包山楚墓文字全编》，上海古籍出版社 2012 年版，第 580 页。

⑧ 简文记述番戌食田是“一索半畹”，一般认为“索”“畹”都是长度单位。《楚地出土战国简册[十四种]》估计是两边分别为八十尺、十五步的土地，根据这个数字计算，番戌食田是相当小规模的土地。参见陈伟等：《楚地出土战国简册[十四种]》，经济科学出版社 2009 年版，第 73 页。

⑨ 增渊龙夫：《先秦时代の郡县と封建》，《新版 中国古代の社会と国家》，岩波书店 1996 年版，第 466 页。本文译为中文时，参照了该书的中译本。参见增渊龙夫著，吕静译：《中国古代的社会与国家》，上海古籍出版社 2017 年版。以下引用时不再注出。

之”也可以作如此解释——“把番戌的食田系于中央”。

注意到这一点后再读解简文就会发现很有趣的事情，即郢赏的身份——“王士之后”。关于“王士”，包山楚简简 155 也有如下记载：

□南陵公郘(吕)膧襄陵之行，仆宫于郊(鄢)。郢只命甃(葬)王士，若甃(葬)王士之宅。仆命恒受只，若只命。郊(鄢)少司城龚頔为敔(丧?)，受只于仆。方郊(鄢)左司马竞(景)庆为大司城敔(丧?)客，虞(且)政(征)五连之邑于甃(葬)王士，不以告仆。

简文难以卒读，不过其大意如下。在鄢负责某些职务的“仆”①，接到了从楚都郢传达而来的命令(郢只)。该命令指出要按照“王士”墓地的规制安葬“王士”。本来鄢少司城按照“仆”的指示办事，可是没想到鄢左司马专断办事，接收了另外安葬王士的土地。“仆”控告了这些事情。以上是该案的内容。

值得注意的是楚都送来命令要求“王士”应该按照“王士”墓地的规制安葬，“仆”也将违背这个要求的当地官吏的行为视为过失。也就是说，“王士”这些人，甚至墓地的规制都需要特殊对待。原考释注：“王士，楚王之士”,② 他们是直属于楚王的卿士。需要特殊对待，很可能与他们的身分有关。

那么，作为“王士之后”的郢赏之所以干涉了番歒的食田继承，不是因为他想图谋私利，而是与他的身分有关。也就是说，因为郢赏是“王士”,③ 所以他企图否定番戌后嗣的食田继承权，把此地“县之”——“系于中央”。

其实，郢赏也出现在“贷金简”中。如前所述，“贷金简”可以分为简 103-114 和简 115-119 的两个部分，都是关于给郊县放贷黄金的记述。郢赏的名字出现在简 119 末尾的签署人名单中，说明他参与了这场贷金业务。“贷金简”开头的简 103 说，这些贷金业务是受王命施行的。虽然简 115-119 没有提到王命，但很可能也跟王命有关。那么，郢赏就是在与楚王命令有关的背景下履行职务。

另外还值得注意的是这些贷金均由中央机构向“郊县”贷款。楚王直接命令中央官员借贷黄金给“县”，而王的卿士从事实际的工作。王的卿士还参与“县”(他以为)没有后嗣的土地的归置工作。如此，包山楚简中的“县”就带有比较浓厚的楚王直辖地的色彩。④ 在“贷金简”中楚王命令放贷黄金给自己的直辖地“县”，王的直属之士执行任务。⑤ 围绕番戌的食田，王的直属之士企图将其编入楚王的直辖地。

三、包山楚简的“县”在楚县制研究中的意义

关于春秋到战国时期的县，一直以来是很多学者不断讨论的课题。那么，本文讨论的包山楚简中的“县”在县制发展史研究中到底占据什么样的位置？由于笔者水平有限，本文难以整理、介绍所有县制研究，这里简单回顾与本文内容直接相关的一部分研究。

---

① 简文“宫”。如上所述，把这个字读为“县”的说法比较流行，但是至少这里的“宫”不能读为“县”。该案中“仆”看起来是临时作出“宫”的行为。该案内容似乎是“仆”告诉鄢的官吏未通知“仆”而专断处理职务，那么“宫”也许是一种类似监察的职务。不管怎样，本文对包山楚简中“宫”字相当于“县”的说法持有怀疑。就算该字可以读为“县”，笔者也认为不能把它与行政单位的“县”同样看待。

② 湖北省荆沙铁路考古队：《包山楚简》，文物出版社 1991 年版，第 51 页。

③ 简文只说“王士之后”，我们不能否定郢赏本人不是“王士”的可能性。本文暂且认为他也是“王士”。

④ 曾姬无恤壶铭文云：“隹(唯)王廿又(有)六年，圣(声)趄之夫人曾姬无恤，虐(吾)宅兹漾陵，蒿(郊)閥(县)之无駜(匹)。”曾姬无恤是声王夫人，似乎被安葬在漾陵。“郊县之无匹”应该指漾陵是郊县中最好的土地的意思。“贷金简”也举出漾陵作为郊县。楚王夫人被埋葬于此地说明王家和县的关系很密切。

⑤ 张伯元先生对“贷金简”贷款的对象地方里没有封君的土地提出疑问(参见张伯元：《包山楚简案例举隅》，上海人民出版社 2014 年版，第 48 页)。笔者认为其原因为“郊县”是王的直辖地，本来就不包括封君之地。

顾颉刚先生早先就指出春秋楚县具有作为君主直辖地的性质。他认为春秋时期的县有直隶于君主之地和卿大夫的封邑两种，前者是秦、楚的县，后者是晋、齐、吴的县。① 增渊龙夫先生则认为春秋县不能分为直辖地和采邑两种相对立的概念，它既有利用该邑土地的出产物养活自己一族的、采邑性质的一面，又有接受国君的命令为其官守的、公邑性质的一面。设置“县”的意义在于摧毁邑内部的氏族秩序，这是春秋时期的县能够成长为战国以后的郡县制的条件之一。② 杨宽先生指出楚县有由国君任命派遣的县尹、县公作为长官，故楚县是直属于国君的别都，具有边防重镇的作用。③ 在以上研究成果的基础上，周振鹤先生对春秋战国时期的县制演变做了全面研究。他提出县的发展可以分为三个阶段，即县鄙之县、县邑之县、郡县之县。县鄙之县与“鄙”相同，指国都以外的地方；县邑之县是与“邑”一样的行政单位，虽然其基层组织未经过改造，仍是原来的氏族组织，但是已经成为国君的直属地；郡县之县完全是国君的直辖地，其长官不世袭，其范围也经过人为的划定，县以下还有乡、里等更为基层的组织。④

如本文讨论，包山楚简中的“县”受到楚王的控制，可能是楚王的直属地。如上所说，以往研究将包山楚简中的某些地方当做“县”，郑威先生指出这些“县”与封君在同一地区同时存在，这意味着“县”的范围由中央人为划定，并且“县”域之下有里、邑等更为基层的组织。另外“县”的职官系统与中央职官系统相对应，司法、名籍管理等行政权与秦汉县近似。这些特征都说明战国中期的楚县已经是“郡县之县”了。⑤ 总的来说，我们似乎可以认为包山楚简中的“县”带有所谓战国时期“县”的特征。

但是我们不能忽视包山楚简中也有将一介臣下的食田“县”的表达方式。虽然我们可以将这个“县”理解为“成为楚王直辖地”“系于中央”的意思，但这个食田明显不是作为编制为行政区划的“县”。如果考虑到《左传》关于楚县的记载中有很多与这里的“县之”同样的表达，我们也怀疑春秋时期楚“县”到底是否作为行政单位的“县”。增渊龙夫先生曾经指出“县”的原义只不过是小邑系于大邑，或者隶属于大邑，或者系于大邑的属邑，至于系于国都的属邑是君主直接统治，还是作为采邑封赐给大夫令其管领，那是另外的问题。⑥ 无论春秋时期还是战国时期，是县邑之县还是郡县之县，“县”是君主直辖地的说法现在得到了广泛的支持，可是在笔者看来，上述增渊先生的看法时至今日也并没有失去新鲜感。

我们沿着这个看法来试着理解包山楚简的“县”。假如王的卿士“县”番戌食田的举动顺利成功，那么这个土地会变为楚王直辖地。至于此地以后的管理体制则是未定的，有可能继续被楚王直接管理，也有可能作为食田赐给其他臣下。⑦ 这样一来，“县”作为“系于中央”的意思似乎是带有浓厚的春秋时期色彩的用法。那么，保留这种“县”用法的包山楚简至少一部分带有从春秋到战国的过渡性质。⑧

另外，说到“郡县”，一般在“县”上设想“郡”的存在。秦汉时期，皇帝君临于遍布在全国的官僚系统的最高点，可是在里耶秦简、岳麓秦简、张家山汉简等法制史料、行政文书中，对县直接给予指示的是郡，皇帝的身影却不那么明显。⑨ 与此不同，包山楚简所见“县”被楚王或中央官僚直接指挥。那么，我

① 顾颉刚：《春秋时代的县》，《禹贡半月刊》1937 年第 7 卷第 6、7 合期。

② 增渊龙夫：《先秦时代の郡县と封建》，《新版中国古代の社会と国家》，岩波书店 1996 年版，第 442~486 页。

③ 杨宽：《春秋时代楚国县制的性质问题》，《中国史研究》1981 年第 4 期。

④ 周振鹤：《县制起源三阶段说》，《中国历史地理论丛》1997 年第 3 期。

⑤ 郑威：《从县邑之县到郡县之县：春秋战国之际楚国县制的演变》，《出土文献与楚秦汉历史地理研究》，科学出版社 2017 年版，第 60 页。

⑥ 增渊龙夫：《先秦时代の郡县と封建》，《新版中国古代の社会と国家》，岩波书店 1996 年版，第 466 页。

⑦ 把“间”字读为“间田”的理解上，王红亮先生指出郢赏收回的食田有再赏赐给别人的可能性。参见王红亮：《包山楚简 151-152 号简补释——兼谈战国时期的楚田制》，《四川文物》2014 年第 2 期。

⑧ 饶有趣味的是包山楚简中“县”字有“𨷯”“䢼”两种，前者是作为“系于中央”义的动词，后者则作为“郊县”之“县”，从“邑”。笔者认为可能有意区别使用。

⑨ 当然，出现这种现象的原因之一可能是这些史料都是地方出土的行政文书。

们在包山楚简中不应该轻易地设想"郡"的存在。①

有人指出最初秦郡也不具有作为县的上级机构的性质。② 至少在包山楚简可见的范围内，我们应该设定县是直属于楚王的行政结构。另外，包山楚简的诉讼案件中，各种地区的各种阶层人群最初必须向楚王或左尹提出控告。③ 因此，我们需要考虑楚国行政权限集中于楚王的可能性。关于包山楚简中所见行政系统，需要我们今后从这样的角度进一步深入研究。

（作者单位：日本东京大学）

① 游逸飞先生指出楚郡的建置并非在县之上设置另一个官署，而是赋予县公管理、监督邻近之县的更大权力，可谓郡县同构。参见游逸飞：《"郡县同构"与"令出多门"——包山简所见战国楚国郡县制》，史亚当主编：《出土文献与物质文化》，香港"中华书局"2017 年版，第 147~154 页。

② 游逸飞：《从军区到地方政府——简牍及金文所见战国秦之郡制演变》，《台大历史学报》2015 年总第 56 期。

③ 广濑薰雄：《包山楚简『所誼』分析》，《郭店楚简の思想史的研究》第 5 卷，出版社未详，2001 年，第 135~136 页。

慈利楚简《逸周书·大武》校勘

张春龙

慈利楚简出自慈利县石板36号墓①，有《国语·吴语》《逸周书·大武》残篇，更多的是管子(简文中为“管志吾”)、宁越子的言论，当与《国语·齐语》有密切关系。

竹简出土时已降解、残损严重，没有完整简，据发掘报告，竹简的规格为：厚1~2、宽4~7毫米，保存最长者36厘米、短者不足1厘米，估计整简长45厘米，数量约一千支，字数共两万一千多字，文字毛笔墨书，部分字迹清晰。

据简文内容和书写特征，《逸周书·大武》有两种残篇，下文以“甲”“乙”分别标明。甲本22支，乙本13支，均是残简，形制不明晰。简序错乱，不能以之订正传世各本的文字和语句顺序，整理时简序编排却须以传世本为参照。

这里以《四部备要》本为底本，据以整理简文和排序。释文时不能辨识的字以“□”表示，模糊不能确认字数处以“……”表示，残断处以“▨”表示，通假字和异体字以(　)标出正字。先列出《四部备要》本《大武》文字简称《备要本》，其下对应列出相似或相当简文。

《大武解第八》

武有六制：政、攻、侵、伐、搏、战。

〈甲〉1. ▨二曰戉，三曰戫，四曰伐，□……

〈乙〉1. ▨兽、斗▨ 2. ▨弍曰▨ 3. ▨□□曰伐，五曰敊，六曰□，七曰▨

按：《备要》本“六制”，简本明确为“七”，据〈乙〉4等简当为“七曰斗”。简本于每一词前多“曰”字，简文陈述时多以“曰”字提示引出所阐述内容，下文不再注出。

“戉”即“攻”字，〈乙〉9径作“攻”，“侵”简文为“戫”，“搏”简文作“敊”，“敊”从“夫”得声，“夫”古音在帮母鱼部，“搏”在帮母铎部，二字声母相同，韵部相近，例可相通。② 简文“弍”“式”“一”“二”等数字，用字不一，后文不赘。

善政不攻，善攻不侵，善侵不伐，善伐不搏，善搏不战。政有四戚五和……

〈甲〉2. ▨善戫(侵)不伐，善伐不□□□▨

〈甲〉3. ▨不兽(守)，善兽不鼓(斗)▨

---

① 发掘经过和墓葬出土资料见《湖南慈利石板村36号战国墓发掘简报》，《文物》1990年第10期；《湖南慈利县石板村战国墓》，《考古学报》1995年第2期；《新出简帛研究——新出简帛国际学术研讨会论文集》，文物出版社2004年版。

② 见郭锡良：《汉字古音手册》，北京大学出版社1986年版，下同。

〈乙〉4. 斗。善征不戋，善戋不戩，善戩不伐，善伐〼
〈乙〉5. 不敓，善敓不兽(守)，□〈乙〉6. 兽(守)不戠，善戠不败。征㠯

按：“甲”“乙”本较《备要》本均多出“善守不斗”。“战”简文作“兽”，“兽”义当为“守”，“善搏不守”义长于“善搏不战”，当以简文为确。① “政有”〈乙〉6 作“征㠯”。

攻有四攻五良，侵有四聚三敛，伐有四时三兴，搏有三哀……

〈甲〉4. 又(有)四旹(时)三兴，敓甬(用)七〼

按：《备要》本“搏有三哀四赦”之“三”，简文明确作“七”。

四赦，战有六厉五卫，六庠五虞。

〈甲〉5. □□□□厉五戬，戠甬(用)□□□□□又(有)六□□□四……〼
〈乙〉7. 戳㠯六厉五戬，□〼

按：《备要》本“卫”简文作“戬”，“戬”从“爻”得声，从“爻”得声之字上古音多在匣母宵部，“卫”古音在匣母月部，二字声母相通，韵部相近。“戠甬□□□□□又(有)六□□□四……”与《备要》本差别甚大，可能是《备要》本“六庠”的阙文，《汇校》卢文弨“后独阙六庠之目”，可惜简文残泐不能辨识。

四戚：一内姓，二外婚，三友朋，四同里。五和：一有天无恶，二有人无隙(郄)……

〈甲〉6. □□四曰同里。□□□□又(有)天亡(无)砉，二曰又(有)人亡(无)□

按：《备要》本“无”简文作“亡”，“恶”简文从“口”。

三同好相固，四同恶相助……

〈甲〉6. 三曰同〼〈甲〉7. 〼和固，四曰同砉相叡……

按：“相固”简文作“和固”。“助”“叡”均由“且”得声，音同通假。

五远宅不薄。此九者，政之因也。

〈甲〉7. 五曰远坼不専，凡此九者，政止(之)因〼
〈乙〉8. 〼□曰远居不遵，凡此〼

按：《备要》本“宅”简文分别作“坼”“居”，“宅”与“坼”音同通假，“宅”与“居”同义相通。据此《汇校》卢

① 简文“兽”，我们释“守”，诸家研究者认为应该释为“战”。参见苏建洲：《读慈利楚简〈逸周书 · 大武〉三题》，《第四届简帛学国际学术研讨会暨谢桂华先生诞辰八十周年纪念座谈会论文集》，2018 年，第 195~201 页。

文弨等疑“宅”为“涉”，俞樾疑“远宅”为“远方”，刘师培云《北堂书钞》一百十四引“宅”作“泽”等，已是无据。《备要》本“薄”，简文分别作“尃”“遵”，音同。

四攻者，一攻天时……

〈甲〉8. ▨□一曰戉天旹(时)▨

二攻地宜，三攻人德，四攻行利。五良：一取仁，二取智……

〈甲〉9. ▨□曰戉兵利。五良：一曰取悬，□▨

按：《备要》本“行利”，简文作“兵利”，《北堂书钞》亦作“兵利”。

三取勇，四取材，五取艺。此九者，攻之开也。

〈甲〉10. ▨取甬戈，四曰取哉，五曰取埶，凡此九者，戉▨

按：《备要》“勇”简文作“甬戈”，“材”简文作“哉”，“艺”简文作“埶”，均为音同或音近相通。

四聚：一酌之以仁，二怀之以乐……

〈甲〉11. ▨启。四聚：一曰釒甬□，二曰▨

按：《备要》本“开”简文作“启”，当是后人避汉景帝讳改。据《备要》本“酌”，疑“釒”是“钓”。

三旁聚封人，四设围以信。

〈甲〉12. 三曰方取害人，四曰辶辶▨

按：《备要》本“旁”“聚”简文作“方”“取”，均音同相通。“封”作“害”。

三敛：一男女比，二工次，三只人死。此七者，侵之酌也。

〈乙〉9. ▨曰嵩亓内死，弍曰男女比，厽曰攻▨

按：简文“三敛”的顺序与《备要》不同，“嵩(只)亓内死”多“亓”字，且排在最前。王念孙《读书杂志》：“只之言振也，振，救也。言救人之死，救民之死，非敬死之谓也……”“只其内死”当读为“振其人死”意颇费解。

四时：一春违其农……

〈甲〉13. ▨四旹(时)，一曰□□□

二夏食其谷，三秋取其割……

〈甲〉14. ▨□二曰頣飤亓鳌①，三曰稂取槼②

按：“夏”作“頣”，“秋”作“稂”楚文字习见。“鳌”古音在来母之部，“谷”古音在见母屋部，音声不协，义亦无可通。“槼”疑为“蓏”，《说文》：“蓏，在木曰果，在地曰蓏。”“鳌”“槼”应有相同或相近之义，是比较寻常的物产且可食用。

四冬冻其葆。三兴：一政以和时，三伐乱以治……

〈甲〉15. ▨□旹(时)，二曰▨

三伐饥以饱。此七者，伐之机也。
三哀：一要不赢，二丧人，三摈厥亲。

〈甲〉16. ▨厥新(亲)，三曰㪉厥身，

按：简文内容、顺序都与《备要》本不同，简文相当于二的“厥亲”，《备要》本排在第三。简文“㪉厥身”似和《备要》本“丧人”意近。

四赦：一胜人必赢，二取威信复，三人乐生身，四赦民所恶。此七者，搏之来也。

〈甲〉16. 四恋：一曰□▨
〈乙〉10. ▨緹，式曰▨

按：“赦”古音在书母铎部，“亦”在馀母铎部，韵部相同而音母相近，音近通假。《备要》本“赢”各本作“羸”。简文作“緹”。从“呈”得声之字古音均在耕部，“緹”与“羸”声近而韵部相同，例可通假，据此可改《备要》本“赢”为“羸”。〈乙〉10.“▨緹，式曰▨”缀于“三哀”之后亦妥。

四赦民所恶。此七者，搏之来也。
六厉：一仁厉以行，二知(智)厉以道，三武厉以勇……

〈甲〉17. ▨厉㠯行，二曰智厉㠯道，三▨
〈乙〉11. ▨曰悬□▨ 12. ▨式曰智厉▨ 13. ▨曰武厉㠯戠▨

① 鳌，苏建洲先生读为“麦”，甚是。见苏建洲：《读慈利楚简〈逸周书·大武〉三题》，《第四届简帛学国际学术研讨会暨谢桂华先生诞辰八十周年纪念座谈会论文集》，2018年，第195~201页。

② 槼，苏建洲先生以为是“瓜”字的繁构，古音与“获”近，简文可读为“秋取其获”。见苏建洲：《读慈利楚简〈逸周书·大武〉三题》，《第四届简帛学国际学术研讨会暨谢桂华先生诞辰八十周年纪念座谈会论文集》，2018年，第195~201页。

按："𢘅"，仁，楚文字习见。

四师厉以士，五校正厉御，六射师厉伍。五卫……

〈甲〉18. ▨□死□厉▨ 19. ▨□厉左，六曰□帀(师)厉士，五𢦔……

按：简文"□帀厉士"，《备要》本作"射师厉伍"，简文"厉左"与《备要》本"校正厉御"文义不协。简文似乎较《备要》本多出数字，词语顺序也有差别，惜残灭多多，不得其详。

一明仁怀恕，二明知辅谋，三明武摄勇，四明材摄士，五明艺摄官。

〈甲〉20. ▨曰明武□□，四曰□□▨

五虞：一鼓走疑，二备从来，三佐车举旗，四采虞人谋，五后动撚之。

〈甲〉22. ▨恒志。五吴：一曰□▨

按："恒志"当属"五卫"，不见于《备要》本。

无竞惟害，有功无败。

〈甲〉21. ▨□六坒：一曰明命，二曰明耻，三曰明▨

按：此简是"六广"阙文。据"六坒"，《汇校》卢文弨云等所论之"庳"，当改为"广"。

（作者单位：湖南省文物考古研究所）

子弹库楚帛书“豸”字小议
——兼说楚简读为“一”之字

林志鹏

一、楚帛书“”字旧说述评

“”字见于子弹库楚帛书，其例有三：①

(甲篇一章第4行) (甲篇二章第8行) (甲篇三章第12行)

所在辞例分别为(待释字以△表示，下文同)：

> 其岁，西国有吝，如日月既乱，乃有△天。甲：1：4
> 三恒废，四兴△，以〔乱〕天常。② 甲：2：8
> 不见陵西，是则△至。甲：3：12

关于此字，李零先生《长沙子弹库战国楚帛书研究》指出：

> 鼠，严一萍释“豸”，饶宗颐(1968)、唐健垣释“荒”，今从商承祚之说释“鼠”。……三处商氏均读为癙忧之“癙”。我新近考虑，这个字也许读为“爽”更合适，“爽”与“鼠”是鱼、阳两部通转字。爽古训有差、忒、丧、亡等义，既可作名词，也可作动词。③

饶宗颐在与曾宪通合著的《楚帛书》中，重申旧说，释此字为“兄”，读为“荒”，并指出：“《秦简·日书》屡见‘可取，不可’一类话……字仍读如‘兄’，而借为‘贶’。”④按，释“”为“兄”，盖据“兄”之古体作“”为说，惟后者仅侧人之覆手形略与“”所从“”似，头形、身形皆不同，在字形的分析上存在一些问题。

---

① 以下篇章的划分依李零：《长沙子弹库战国楚帛书研究》，中华书局1985年版。

② “以”之下字残，陈邦怀：《战国楚帛书文字考证》(《古文字研究》第五辑，中华书局1981年版，第233~242页)据《左传》文公十八年“以乱天常”补“乱”字，此从之。

③ 李零：《长沙子弹库战国楚帛书研究》，中华书局1985年版，第56页。关于此字考释的各种说法，可参考陈媛媛：《楚帛书乙篇集释》，吉林大学硕士学位论文，2009年，第66~72页。

④ 饶宗颐、曾宪通：《楚帛书》，香港中华书局1985年版，第51~52页。

高明先生在《楚缯书研究》一书中释“”为“儿”，他说：

> “兒”字下从“儿”，在古文字中常写作“”，如“兄”字甲骨文写作“”（《佚存》4.26），金文写作“”（《令簋》），正与“”字相一致。“儿”在此假为“皃”，《说文·攴部》：“皃，斁也。”“斁，毁也。”①

此说在字形的解说上较有理致，得到许多学者的信从。何琳仪从此说，读“兒”为“阋”。② 李零先生也改从高说，将前引楚帛书第一、三例的“兒”改读为“霓”（第二例则仍从高明读为“皃”）。③ 刘信芳先生又引李零说，将上述三例“兒”皆释为“霓”。④ 刘钊先生亦从高说，释此字为“兒”，但认为“‘皇(毁)’乃兒字的分化字，所以帛书中的‘兒’应直接读为‘毁’。”⑤

高氏释“兒”之说为近世学者所从，唯在字形分析上，仍有尚待商榷之处。其释“”为“兒”，主要根据从“兒”之“兄”有作“”或“”者，推论从“儿”之“兒”也应当有“”“”二体。按，高氏文中所摹“兄”字作“”（《佚存》4.26）、“”（《令簋》），未存其真。前者据《甲骨文编》所摹作“”；⑥ 后者本作“”，《金文编》摹为“”。⑦ 甲骨文“兄”字一般作“”“”，也有强手形作“”“”者；金文则作侧立形，写作“”“”。整体而言，这些字形都保留侧面人形的写法，人形的左右两笔较接近。与此相比，楚帛书的“”字下部左右二笔距离较远，作“”，二者有一定的差异。

“兒”字，甲骨文多作“”，金文则作“”“”“”等形。《说文》：“兒，孺子也。从儿，象小兒头囟未合。”古文字“兒”字所象囟门未合之形，固可与“”字上部比附，但“儿”字下方侧人的手形，无作“”者，⑧ 这又与“兄”“”有所区别。盖“兄”乃“祝”之初文，甲骨文、金文或作“”，象手有所拜祷状，与“兒”之强调头囟未合而作一般侧人形不同（作为婴儿之字，自不需强调手部的动作）。楚系金文及楚简中所见“兒”字下部亦作侧人形而不强调手之动作，⑨ 释楚帛书“”为“兒”，不无可疑。

二、上博楚简中与“”相关之字

上海博物馆藏战国楚竹书中，有与楚帛书“”字形构相近者，可一并讨论。见于《柬大王泊旱》简5

① 高明：《楚缯书研究》，《古文字研究》第十二辑，中华书局1985年版，第385页。按，高氏所摹甲骨、金文“儿”字形稍有讹误，此处依其旧，未加更动，见下文辨正。

② 何琳仪：《长沙帛书通释》，《江汉考古》1986年第1期，第54页。

③ 李零：《〈长沙子弹库战国楚帛书研究〉补正》，《古文字研究》第二十辑，中华书局2000年版，第166~168页。

④ 刘信芳：《子弹库楚墓出土文献研究》，台北艺文印书馆2002年版，第67~68、84、93页。

⑤ 刘钊：《说“离”“皇”二字来源并谈楚帛书“万”“儿”二字的读法》，《江汉考古》1992年第1期，第79页。

⑥ 孙海波：《甲骨文编》，中华书局1965年版，第365页。按，高氏所说“《佚存》4.26”疑即孙书所收“《佚》426”。

⑦ 董莲池：《新金文编》，作家出版社2011年版，第1230页；容庚：《金文编》，中华书局1985年版，第616页。

⑧ 参考刘钊：《新甲骨文编》，福建人民出版社2009年版，第489页；董莲池：《新金文编》，作家出版社2011年版，第1225~1226页。

⑨ 参考刘彬徽、刘长武：《楚系金文汇编》，湖北教育出版社2009年版，第570页；李守奎：《楚文字编》，华东师范大学出版社2003年版，第523页。

有“□”字，辞例作：“如食，速祭之。吾骚，□病。”①（“食”“骚”二字从周凤五先生说改释，“食”谓卜兆食墨）②“□”与前文讨论的楚帛书“□”近似，惟身形的笔势略有差异，且右下方添一小横画。竹书整理者释“□”为“鼠”，并说：“通‘癙’，忧病。《尔雅·释诂》：‘癙，病也。’”③周凤五先生从此说，并云：“简文‘骚甚’（见简8）、‘骚癙’极言简王因旱灾而忧虑。”④刘信芳先生读简文“鼠”为“疫”，并释“吾懆疫病”为“我被瘟疫所愁”。⑤ 刘洪涛先生则指出：简文“□”的用法与“甚”近似，应该是一个表示程度的副词。他并举中山王嚳壶铭文“曾无一夫之救”（《集成》15.9735）之“一”作“□”，认为竹书“□”即此字异体，可分析为“从鼠省，从一”，在简文中也读为“一”，训为甚、极（释义引李家浩先生说）。⑥

上博竹书《凡物流形》甲、乙本也出现了刘氏所说类似从“鼠”省之字（计32例），有以下几种字形：

 甲本简17  甲本简21  乙本简12  乙本简15⑦

第一例与《柬大王泊旱》的“□”字相较，上部“齿”形的写法不同，右下方的直笔写在“鼠”形之外，并与“一”之短画连成“十”形，稍有讹误。第二至四例可视为前者的进一步讹化，即仍保留右侧直笔，并在其下径书为“十”。第三例连笔作“目”，则讹变更甚。竹书的整理者释此字为“豸”，认为即“豹”之省写，读为“貌”。⑧ 沈培先生认为此字当释为“一”，甲本简21作“闻之曰：△生两，两生三，三生四，四成结”，△显读为“一”，并举上述中山王壶铭和《柬大王泊旱》的“一”字为证。⑨ 鹏按，后说是。惟整理者释此字为“豸”仍有一定的道理（详下文）。

杨泽生先生留意到《凡物流形》甲本简13“禽兽得之以鸣”的“鸣”与本篇其他“鸣”字写法不同：

 甲本简13  甲本简1  乙本简9

他指出甲本简13“鸣”字所从即读为“一”的“□”字，并认为二字字形与“鸟”有关，遂释“□”为“乙（鳦）”。至于楚帛书的“□”，他将之隶定作“𪉟”（字从乙声），认为是《凡物流形》“鳦”字的变体（为“鼠”所类化），读作《诗·邶风·终风》“终风且曀”之“曀”。⑩ 鹏按，楚文字“□”“□”与从“鸟”之字，形构明显不同，未可强合。杨氏所举《凡物流形》甲本简13的“鸣”字，形体疑有讹误，似不可据此论定“□”“□”之所象。前举《凡物流形》第一形的“鸣”与后面两形相较，上方的“目”形误为“齿”，盖书手因“鸣”

① 马承源主编：《上海博物馆藏战国楚竹书（四）》，上海古籍出版社2004年版，第49页。
② 周凤五：《上博四〈柬大王泊旱〉重探》，《简帛》第一辑，上海古籍出版社2006年版，第124页。
③ 马承源主编：《上海博物馆藏战国楚竹书（四）》，上海古籍出版社2004年版，第199页。
④ 周凤五：《上博四〈柬大王泊旱〉重探》，《简帛》第一辑，上海古籍出版社2006年版，第124页。
⑤ 刘信芳：《竹书〈柬大王泊旱〉试解五则》，简帛研究网，2005年3月14日。
⑥ 刘洪涛：《读〈上海博物馆藏战国楚竹书（四）〉札记》，武汉大学简帛网，2006年11月6日。
⑦ 马承源主编：《上海博物馆藏战国楚竹书（七）》，上海古籍出版社2008年版，第94、98、122、125页。
⑧ 马承源主编：《上海博物馆藏战国楚竹书（七）》，上海古籍出版社2008年版，第256页。
⑨ 沈培：《略说〈上博（七）〉新见的“一”字》，复旦大学出土文献与古文字研究中心网站，2008年12月31日。
⑩ 杨泽生：《上博简〈凡物流形〉中的“一”字试解》，复旦大学出土文献与古文字研究中心网站，2009年2月15日。

字从“口”，简文又云“禽兽得之以鸣”，遂改“目”为“齿”，此为联想之误，当是特例。

三、“”即“豸”补释——兼说“一”的繁体

子弹库楚帛书的“”字虽可视为“鼠”省，但楚文字从“鼠”之字大多不省形，① 独体省形而作为合体字偏旁却不省，似无此理。② “鼠”“”二字的差异应该具有别嫌作用，颇疑后者当从严一萍说释为“豸”。严氏说：

> “豹”字所从，与极近，疑即豸字，传写讹作“”。《说文》：“豸，兽长脊行豸豸然，欲有所伺杀形。”徐灏曰：“豸自是猛兽，故貔、貙、豺、豹等字皆从之。”③

此说主要着眼于从“豸”之字（如“豹”）在楚文字中多写作“鼠”，而“”“鼠”形近，仅有一足与二足之差别，所以释“”为“豸”。至于二字为何以足之多寡为别，严氏并未提出说明。鹏按，猛兽猎物多举足扑杀之，此盖“豸”省一足作“”之由。此字上部作“”，突出口部的噬咬之形。楚文字“豹”“貘”“豻”“貉”等字所从“豸”一般书作“鼠”，④当是与“鼠”类化的结果（从犬的“狐”“猬”也有类化为“鼠”的现象）⑤，但少数从“豸”之字仍保留单足的写法，如包山简165的“狸”作“”、天星观一号墓遣册“豻”作“”，⑥ 这应是作为合体字的义符“豸”类化为“鼠”的过渡现象。

楚简“”可分析为“从豸，一声”。“豸”与“一”又有声音之关系，古音“豸”为定母支部，“一”为影母质部，支、质二部主要元音相同，可以通转。⑦ 文献中从“一（壹）”之字有与支部字通假者，如《诗·大雅·皇矣》“其菑其翳”之“翳”（支部），韩诗作“殪”（质部）。“”字如沈培、刘洪涛二位先生所说，可读为“一”。

传世文献“一”与“壹”通用。《说文》：“壹，嫥壹也。从壺、吉，吉亦声。”《古文四声韵》所引《古老子》“壹”字作“”，⑧ 与《说文》合。“一”古音为影母质部，“壹”所从“吉”为见母质部，音近可通。古文字“一”往往叠加声符“弋”（余母职部）。楚文字“一”除写作“一”“弌”外，又有作“翟”者，⑨ 或迳省作“能”（见郭店《六德》简19）。⑩ 颜世铉先生认为“翟”从“羽”（匣母鱼部）、“能”（泥母之部）皆声，⑪ 其说

---

① 李守奎：《楚文字编》，华东师范大学出版社2003年版，第579~582页。按，此书所列从“鼠”之合体字省形者仅三例，见天星观一号墓遣册、包山简165、180。见下文讨论。

② 杨泽生前揭文也注意到此一现象。

③ 见严一萍：《楚缯书新考》，转引自陈媛媛：《楚帛书乙篇集释》，吉林大学硕士学位论文，2009年，第67页。

④ 李守奎：《楚文字编》，华东师范大学出版社2003年版，第579~582页。

⑤ 李守奎：《楚文字编》，华东师范大学出版社2003年版，第581页。

⑥ 李守奎：《楚文字编》，华东师范大学出版社2003年版，第581页。

⑦ 章太炎《成均图》有支、至（即质）旁转之例。下文举楚简“一”有作从“羽”声之“翟”者，“羽”为鱼部字，与“豸”之为支部乃旁转关系。

⑧ 参考徐在国：《传抄古文字编》，线装书局2006年版，第1页。

⑨ 郭店楚墓竹书《太一生水》第7简“一缺一盈”之“一”作“翟”，整理者云：“此字亦见简本《五行》‘要人君子，其义翟也’句。《诗·曹风·鸤鸠》：‘淑人君子，其仪一兮。’可证‘翟’当读作‘一’。鄂君启节有‘岁翟返’，亦当读作‘岁一返’，意即年内往返一次。”相同的辞例亦见《成之闻之》简18、《语丛四》简25。

⑩ 辞例作“能与之齐”，陈伟先生《郭店楚简别释》（《江汉考古》1998年第4期）引《礼记·郊特牲》“壹与之齐”，释“能”为“一”，其说可信。

⑪ 颜世铉：《郭店楚简散论（一）》，《郭店楚简国际学术研讨会论文集》，湖北人民出版社2000年版，第465页。

可从。“翟”(一)从“羽”声，可进一步推测“壹”所从“壶”亦为声符，壶、羽古音皆为匣母鱼部。上文所举中山王壶铭“一”字作“”，上部从兔头，所从声符疑为“逸”(余母质部)之异体。①

关于古文字的“一”有各种繁体，李零先生有一统合性的理解，他说：“楚文字中的‘一’有繁、简二体，情况实与同一时期秦文字的‘一’有‘一’‘壹’二体相似(后者也流行于汉)，其实是有地方特色的繁体。后者本来是起防伪作用的特殊用字，但也常常用来代替前者。战国时期是商业活动和法律行为十分活跃的时期，当时的各国，其数字用字差不多都有繁化的别体，特别是极易添加笔画和相互混淆的‘一’‘二’‘三’，尤其如此。”②

四、楚帛书“”字辞例辨析

既明“”即“豸”字，可以进一步讨论楚帛书的相关辞例。楚简之“”可读为“壹(一)”，则楚帛书之““(豸)”可读为同音之“殪”。《说文》：“殪，死也。”前文提过“殪”又通“翳”，《释名·释丧制》：“殪，翳也，就隐翳也。”毕沅《疏证》：“殪、翳通也。”《诗·大雅·皇矣》：“作之屏之，其菑其翳。”毛《传》：“木立死曰菑，自毙曰翳。”《释文》：“韩诗作‘殪’。”前举楚帛书第一例“乃有豸夭”可有二解：一读“乃有殪夭”，“夭”即短折早死之意，与“殪”之训死、杀义类；一读“乃有翳祆”，“祆”从饶宗颐释，③《玉篇》：“天反时为灾，地反物为祆。”“翳”为木自毙，即“地反物”之属。

第二例“三恒废，四兴豸”读为“三恒废，四兴止”。“三恒”从何琳仪释为“三常”，即《管子·君臣》所谓“天有常像，地有常形，人有常礼。一设而不改，此谓三常”④。“四兴”从李零先生释为“四时代兴”⑤，“豸”读为“止”。传世文献中“豸”有读为“止”之例，《尔雅·释虫》“无足谓之豸”，郝懿行《义疏》：“豸，又通作止。《庄子·在宥》篇云：‘灾及草木，祸及止虫。’止即豸之声借。”废、止意义相近。

第三例“不见陵西，是则豸至”读为“丕见陵栖(棲)，是则豸至”。“不”读为“丕显”之“丕”，“陵栖”即“陵夷”“陵迟”，二者从饶宗颐释。⑥“豸”如字读，古人视虫豸为灾异，《汉书·五行志中之上》谓：“虫豸之类谓之孽。孽则牙孽(啮)也。”⑦《说文》：“禽兽虫蝗之怪谓之蠥。”

(作者单位：复旦大学历史系)

① 张世超先生认为中山王壶铭的这个字“象一动物奔逸之状，当为‘逸’字古文异体”，其说可从。张说见《释“逸”》，《中国文字研究》第六辑，广西教育出版社2005年版。

② 李零：《郭店楚简校读记(增订本)》，中国人民大学出版社2009年版，第54~55页。

③ 饶宗颐、曾宪通：《楚帛书》，香港中华书局1985年版，第50页。

④ 何琳仪：《长沙帛书通释》，《江汉考古》1986年第1期，第55页。

⑤ 李零：《长沙子弹库战国楚帛书研究》，中华书局1985年版，第60页。

⑥ 饶宗颐、曾宪通：《楚帛书》，香港中华书局1985年版，第67页。

⑦ 后“孽”字疑读为“啮”，前文云“凡草物之类谓之妖。妖犹夭胎，言尚微。”盖以音训说“妖”“孽”。

益阳兔子山遗址 J9⑦出土简牍初探

广濑薰雄

一、前言

湖南益阳兔子山遗址是2013年5—11月由湖南省文物考古研究所与益阳市文物处联合发掘的。发掘面积1000平方米，清理各类遗迹近百处。其中有古井16口，11口井出有简牍，据说出土简牍总数在16000枚以上。① 发掘结束后不久的2013年12月，《中国文物报》刊登了兔子山遗址发掘的报导②；其半年后的2014年6月，周西璧先生发表了《洞庭湖滨兔子山遗址考古古井中发现的益阳》③一文，我们通过这两篇文章能够比较全面地了解兔子山遗址的发掘情况。

这两篇文章都说，兔子山遗址出土的简牍中有战国时代楚国的文书，这个消息引起了许多学者的兴趣。根据上引的两篇文章可知，四号井、八号井和九号井出土了楚简。《文物报》报导云：

> 战国楚简出土于四号井(J4)。该井底部有方形木框三层，共出简牍八枚，均残断、破裂。通过红外扫描仪扫描成像，其文字为战国时楚国文字，内容为衣物织物记录。
>
> 九号井(J9)内堆积可分多层，其中底层出土简牍字迹为战国时楚文字风格，其上为秦代文字风格简牍。……
>
> 见有"张楚"字样的简牍出土于八号井(J8)。该井出土简牍十余枚，其中有的简文为楚国文字，其中一枚觚上(J8⑥：1)记有"张楚之岁"。……

从这个报导看，四号井、八号井出土的楚简并不多。看来所谓楚国文书大多出自九号井。

2016年5月，《文物》刊登了九号井的发掘简报，④ 公开了第三层(J9③)出土的2枚简牍的照片和释文、第七层(J9⑦)出土的151枚简牍的释文(其中14枚简有照片)、第八层(J9⑧)出土的1枚简牍的照片和释文。其中J9⑦出土简牍和J9⑧出土简牍的文字具有楚文字特征，这些简牍当是《文物报》报导、周文所说的战国时代楚国文书的一部分。

虽然目前公开的兔子山遗址出土所谓楚国文书数量很有限，但《九号井发掘简报》给我们带来的新信息包含许多值得关注的内容。本文对《九号井发掘简报》所收的所谓楚国文书作初步探讨。

---

① 下引周西璧先生文章说："室内发掘与整理工作已开展10个月，目前已清洗简牍13000余枚，初步估计，兔子山遗址出土简牍总数在16000枚以上。"

② 湖南省文物考古研究所：《二十年风云激荡 两千年沉寂后显真容》，《中国文物报》，2013年12月6日，第6版。本文以下简称为"《文物报》报导"。

③ 周西璧：《洞庭湖滨兔子山遗址考古古井中发现的益阳》，《大众考古》2014年第6期。本文以下简称为"周文"。

④ 湖南省文物考古研究所、益阳市文物处：《湖南益阳兔子山遗址九号井发掘简报》，《文物》2016年第5期。本文以下简称为"《九号井发掘简报》"。

二、九号井出土简牍中的所谓楚国文书的年代问题

在讨论兔子山遗址出土所谓楚国文书的具体内容前，我们有必要先搞清楚这些文书的制作年代。如上所述，《文物报》报导说兔子山遗址出土简牍中有“战国楚简”。《九号井发掘简报》说“九号井出土简牍表明兔子山遗址是战国楚益阳公(县)治所在”，暗示整理者认为九号井出土的所谓楚国文书正是他们所谓的战国楚简。然而这个看法恐怕难以成立，因为兔子山遗址出土的所谓楚国文书中存在着楚、秦两种文字的写法。

最早讨论这个问题的是李松儒先生。《九号井发掘简报》发表后不久，李先生在简帛网论坛上以“松鼠”之名发表了《益阳兔子山九号井简牍的楚秦文字问题》一文。① 她在这篇文章中举了一些具体例子，指出九号井简牍中既有楚文字写法，又有秦文字写法。她说：

> 这些简中之所以既有楚文字写法，又有秦文字写法，应该是楚人所写杂糅了秦文字因素的写法，并且，因为楚人不习惯秦文字写法，所以秦人初占楚地之时，楚人习写秦字常常把文字写得非秦非楚，较为怪异，如“丙”、“申”、“栾”、“命”等字的写法。
>
> 兔子山九号井这些简牍是难得的楚文字向秦文字过渡的材料，同时丰富了我们对楚秦交替时期文字书写风格的认识。

按照这个说法，兔子山九号井出土的所谓楚国文书是益阳归于秦国统治后不久的楚人写的文书。李先生在这篇文章中还说“楚人书写秦文字”，“楚人有意向秦文字写法靠拢”等，说明李先生对这些文书年代的看法。

其后田炜先生也指出这些简牍中存在着秦、楚两种文字的写法。但他对这些文书年代的看法与李松儒先生不同。他说：“兔子山简牍是秦楚之际反秦政权试图恢复六国古文的实物证据。”②也就是说，兔子山遗址出土的所谓楚国文书既不是战国楚的简牍，也不是战国秦的简牍，而是秦楚之际的简牍。按照这个说法，这些文书的时代比秦简更晚。

通过李、田二位先生的研究，我们能够很清楚地知道兔子山九号井出土的所谓楚国文书兼具楚秦两种书写风格，因此这批简牍不能视为战国时代楚国的文书。那么可以考虑的可能性有两种，一种是李松儒先生所说的“楚秦交替时期”说；另一种是田炜先生所说的“秦楚之际”说。我们看了他们的研究和相关资料之后，认为后一种可能性更大。

如果只从字体的角度看，这两种说法都能成立，因此我们有必要从别的角度思考这个问题。我们关注的是《九号井发掘简报》的“简文中‘卒’、‘倅’并出，应为同一字”这句话。如下所述，J9⑦出土简牍中，“卒”“倅”两个字都表示士卒之卒。如果这些文书的书手是熟悉楚国用字习惯、不熟悉秦文字写法的楚人，不会出现这种情况。众所周知，战国楚文字“卒”字是从“爪”的。③ 既然官文书中可以用“倅”字，只要是楚人，就不会想到用“卒”字表示士卒之卒。“卒”“倅”的混同只能说明这些文书的书手深受秦“书同文字”政策的影响，经常不小心按照秦国的习惯用“卒”字表示士卒之卒。

---

① 《益阳兔子山九号井简牍的楚秦文字问题》，简帛网论坛(http://www.bsm.org.cn/bbs/read.php? tid=3376)，2016年6月13日。李先生后来撰写《谈益阳兔子山九号井简牍的楚秦过渡字体》一文(待刊)，更全面详细地讨论这个问题。承蒙李先生的好意，笔者能够提前拜读未刊稿，在此谨致谢忱。

② 田炜：《从秦“书同文字”的角度看秦印时代的划分和秦楚之际古文官印的判定》，西泠印社编：《第五届孤山证印西泠印社国际印学峰会论文集》，西泠印社出版社2017年版。

③ 管见所及，楚文字文献中用不从“爪”的“卒”表示{卒}的例子只有1例，见于郭店楚简《唐虞之道》第18号简。而《唐虞之道》是具有齐系文字特点的抄本，冯胜君先生在讨论《唐虞之道》具有齐系文字特点时，提到了“卒”字的问题，参看冯胜君：《郭店简与上博简对比研究》，线装书局2007年版，第295~296页。

我们在下文对J9⑦出土简牍的一些字词作考释。通过我们的考释也可以看得出这些文书的书手很熟悉秦国的用字法，却不清楚有些楚文字的写法。如果设想书手是不熟悉秦文字写法的楚人，无法解释这个情况。因此我们认为，这些文书不是不习惯秦文字写法的楚人写的，而是习惯秦文字写法的人努力用楚文字写的。

另外，J9⑦出土简牍中出现“屈栾之月”“赎栾之月”这种楚月名。也就是说，如果这是“楚秦交替时期”的官文书，这些例子说明故楚地的秦国官文书使用楚国月名表示时间。这种设想，即使说当时还是秦始皇推行“书同文字”之前，还是令人感到有点奇怪，认为这些文书不是秦国文书恐怕是最简单合理的解释。

兔子山简牍中确实有可以确定为“秦楚之际的古文简”的实例。① 根据《文物报》报导，八号井出土的“张楚之岁”觚是用“楚国文字”写的。这件觚虽然不是九号井所出，但能够证明张楚政权确实试图恢复楚文字。这是对田炜先生的看法极为有利的证据。

总而言之，我们认为，只有知道兔子山遗址出土的所谓楚国文书其实是“秦楚之际的古文简”，才能正确地释读这些简文的内容。下面在以上认识的基础上，对J9⑦出土的简牍进行考释。

三、J9⑦1~5释文

《九号井发掘简报》公开图版的“秦楚之际的古文简”中，文字内容最丰富的是J9⑦1~5的五枚简。在此根据图版重新制作释文，并按照我们的理解把这五枚简重排列：

(1)☐僗凡一人，屈栾之月甲寅之日行。② 事黄辶□迸事僗☐③ J9⑦4(图二六)+J9⑦5(图二七)④

(2)☐事僗凡五十四人，赎栾之月乙亥之日行。⑤ □正(?)纟□不訾迸僗☐⑥ J9⑦1(图二三)

(3)☐凡三人，⑦ 赎栾之月丙子之日行。 事黄豎迸事僗凡卅二人，⑧ 赎栾之月☐ J9⑦3(图二五)

(4)☐人，赎栾之月丙申之日行。 事监□迸事僗百一人，⑨ 쥑屎之月☐ J9⑦2(图二四)

这五枚简(四枚简)的文章格式基本相同，因此简文虽然都有残缺，但基本可以复原。每一枚简分上下两栏书写，各栏的文章格式大致如下：

① “秦楚之际的古文简”这个称呼是田炜先生提出来的。田炜先生告知笔者，在此所谓的“古文”是比较广泛的概念，也包括后世转抄战国文字或仿真战国文字、但有些变形走样的那些材料。秦楚之际书写的所谓“楚文字”与战国时代真正的楚文字不同，其性质比较类似于后世仿真战国文字书写的那种。

② “屈栾”之“屈”，《九号井发掘简报》漏释。今按，此字原字形如下：

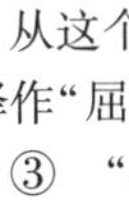(J9⑦4) 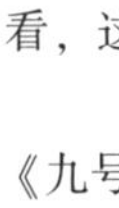(包山4号简“屈”)

从这个字形和楚月名看，这个字当是楚文字“(屈)”的讹形。从字形看，此字或可以分析为从屈从臼，但在此为方便直接释作“屈”。

③ “事僗”之“僗”，《九号井发掘简报》缺释。

④ 简号后的“图二六”“图二七”说明这枚简的图版见于《九号井发掘简报》图二六、图二七。以下同。

⑤ “行”，《九号井发掘简报》缺释。

⑥ “正(?)”，《九号井发掘简报》缺释。

⑦ “三”，《九号井发掘简报》缺释。

⑧ “黄豎”之“豎”，《九号井发掘简报》缺释。

⑨ “事监”之“事”，《九号井发掘简报》缺释。

事(人名)逹事倸凡……人……之月……之日行。

只要知道这个格式,《九号井发掘简报》没能释出的一些字就可以容易释出来,如(1)“事黄辶逹事倸”之“倸”、(2)“賕栾之月乙亥之日行”之“行”等。

J9⑦4 和 J9⑦5 的拼缀也是根据文章格式想到的。J9⑦4 的原释文是“⍁倸凡一人栾之月甲寅之日行□□⍁”其实简文末尾只有一个字,当是“事”的残字。J9⑦5 的原释文是“⍁事黄□……”第一个字正好是“事”字。两简缀合情况如下:

J9⑦4 下端

J9⑦5 上端

拼缀后

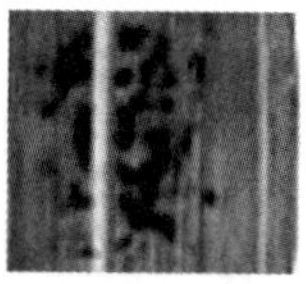
J9⑦“事”

这两枚简茬口部分的形状不一致,但残笔正好可以互补,我们认为这不是偶然的。这两枚简很有可能本来是一枚简,后来被人为地折断并废弃,因此成为现在我们看到的样子。

关于这几枚简的排列顺序,《九号井发掘简报》说“根据简文内容调整了 J9⑦竹简顺序”,不知此“内容”具体指的是什么。我们则按照简文中的日期重新排列。在此,为了方便,用表格的形式引用一下睡虎地秦简《日书甲》中的所谓“秦楚月名对照表”(64-67 号简):①

秦	十月	十一月	十二月	正月	二月	三月	四月	五月	六月	七月	八月	九月
楚	冬夕	屈夕	援夕	刑夷	夏尿	纺月	七月	八月	九月	十月	爨月	鬳馬

上引的五枚简(四枚简)是“屈栾(屈夕)”“賕栾(援夕)”“罶层(刑夷)”三个月的记录,这三个月相邻,这几枚简应该是同一年的记录。

《九号井发掘简报》公开的释文中,除了以上五枚简(四枚简),还有如下两枚简可能是同一类文书的一部分:

(5)⍁之月庚寅之日⍁ J9⑦6
(6)⍁肌逹事倸凡五⍁ J9⑦7

以上引用的这些简显然是某种簿籍。《九号井发掘简报》云:

简七·一“事卒凡五十四人,远栾之月乙亥之日,□□□□不□将卒”,参照其它简文,我们认为应是一种簿籍,其记录书写顺序为“事卒”之数量、事件发生之时间、“将(率领)”事卒之官吏姓名(监某人、事某人),所执行之任务“行(进行某种活动)”,然后分别记录“事卒”姓名、所在之“里”名,参与其事的其它官吏的姓名和职位。简文未记载年名,记月用楚国独有的方式“远

① 睡虎地秦墓竹简整理小组编:《睡虎地秦墓竹简》,文物出版社 1990 年版。

栾”、“刑栾”(引者按，当是“刑尿”之误)等，以干支记日。记录事卒和吏员的格式为州、邑、里+人名、县名+职位+人名、身份(或爵位)+人名+所居之里名，参与“行”的官员官职与姓名。

简文中“卒”、“倅”并出，应为同一字。“事”读为“使”，有安排、差遣之意，或者是行役、从事某种工作的平民的专称。

……

由此看来，J9⑦的竹简大多数是益阳县(益阳也作□易)县署记录“事卒”的簿籍。简文未见题名……考虑到简七·一至八多有“事卒”一名，我们将其称为“事卒簿”。

这些意见具有很高的参考价值，但似乎还有一些可以补充或商榷的地方。下面以《九号井发掘简报》的解释为出发点，讨论简文的意思。

四、简文的解释

1. 官名“事”

我们从“事(人名)逄事倸凡……人”的“事(人名)”开始讨论。上引的《九号井发掘简报》说：这件簿籍的“记录书写顺序为……‘将(率领)’事卒之官吏姓名(监某人、事某人)”云云。我们看一下简文中的官吏姓名部分：

(1)事黄□
(2)□正(?)紀不害
(3)事黄翳
(4)事监□

在以上四例中，只有(2)不是“事(人名)”。如果我们“正”字的释读不误，此“正”当是官名。“正”在包山楚简中多次作为官名出现。① “正”上的“□”可能是地名或官署名，“正”下的“紀不害”是人名。

下面讨论(1)(3)(4)的“事(人名)”。《九号井发掘简报》说“官吏姓名(监某人、事某人)”，把“监”和“事”放在同一个位置，而且似乎把“监”和“事”看作官吏的姓，这个解释显然有问题。此“事”是官名，“黄”和“监”是官吏的姓氏。

《九号井发掘简报》发表的释文中还有一些官名“事”的例子，如：

賹(益)易(阳)事� J9⑦47，图三○：4②
计事苛□ J9⑦90
劵事□快 J9⑦102

第一例“益阳事笣”最好懂，“益阳”是地名，“事”是官名，“笣”是人名。从这个例子看，第二例“计”、第三例“劵”可能也是地名。

此官名“事”当读为“史”。“史”这个官名在包山楚简中多见，③ 但值得注意的是包山楚简中官名“史”都是用“叓”字表示的④，如：

① 具体例子参看刘信芳：《楚系简帛释例》“职官名例”之17，安徽大学出版社2011年版，第20页。

② “賹”字，《九号井发掘简报》漏释。

③ 参看刘信芳：《楚系简帛释例》“职官名例”之44，安徽大学出版社2011年版，第35页。

④ 参看李守奎、贾连翔、马楠编著：《包山楚墓文字全编》，上海古籍出版社2012年版，第124页。

138“大史连中”	161“贅仿史娄佗”

由于这个字的形体与“弁”很相似，过去有些学者把它释为“弁”。① 但后来公布的上博简中“叓”字经常读为“使”，② 因此官名“叓”可以确定为“史”。兔子山简牍中用“事”字表示官名“史”，可能是因为书写者不知道楚文字“史”怎么写的缘故。

我们进一步怀疑，兔子山简牍的书写者选择“事”字表示官名“史”与当时的用字习惯有关。里耶秦简8-461简有如下一句：

吏如故，更事。

这句话的意思是“记录官吏之{吏}仍用‘吏’字，记录事物之{事}改用‘事’字”③。据此可知，秦人明确地意识到，在“书同文字”之前有“吏”和“事”通用的现象。秦文字“使”有时也写作“傳”，同样说明这一点。④ 秦汉文献中，“吏”不仅有时被用为“事”，也有时被用为“史”。例如《秦律十八种·置吏律》有如下两条律文：

……啬夫之送〈徙〉见它官者，不得除其故官佐、吏以之新官。159-160

官啬夫节(即)不存，令君子毋害者若令史守官，毋令官佐、吏守。161

“官佐、史”在睡虎地秦简中比较多见，偶尔写作“官佐、吏”。此外，虽然是汉代传世文献的例子，但《说文解字·叙》所引尉律有“学僮十七已上始试，讽籀书九千字，乃得为吏”一句，张家山汉简《二年律令》475号简云“试史学童以十五篇，能风(讽)书五千字以上，乃得为史”。这个异文应该与秦汉时代的史—吏通用现象有关。我们推测，兔子山简牍用“事”字表示官名“史”，其背后有秦国的吏—史、吏—事通用现象。

2. “逄”与“行”

官吏姓名后的简文是“逄事偁凡……人”。此“逄”，《九号井发掘简报》读为“将”，理解为率领的意思。此说可从。楚简中有“逄”读为“将”的例子，⑤ 如清华简《系年》第15章(81-82号)：“五(伍)鸡逄(将)吴人以回(围)州来。”⑥

此“逄”相当于包山楚简《受几》中常见的“遚”字。例如包山楚简19号简云：

---

① 关于过去对包山简中所见“叓”字的各种意见，参看朱晓雪：《包山楚简综述》，福建人民出版社2013年版，第203页。

② 参看李守奎、曲冰、孙伟龙编著：《上海博物馆藏战国楚竹书(一—五)文字编》，作家出版社2007年版，第5~7页。

③ 参看陈侃理：《里耶秦方与“书同文字”》，《文物》2014年第9期；繁体字修改版收入复旦大学历史系、复旦大学出土文献与古文字研究中心编：《简帛文献与古代史——第二届出土文献青年学者国际论坛论文集》，中西书局2015年版。

④ 此事承蒙周波先生提醒。具体例子可以参看王辉主编：《秦文字编》(中华书局2015年版)1792“使”条(第1289~1291页)。其中第1290页引用的两诏斤权有写作“傳”的例子。

⑤ 参看白于蓝编著：《简帛古书通假字大系》，福建人民出版社2017年版，第1039页。

⑥ 李学勤主编：《清华大学藏战国竹简(贰)》，中西书局2011年版。

顕(夏)㝚(夕)之月乙丑之日，郚(鄢)正娄鄵(蔡)慶(虩)受旮(几)。八月乙亥之日，不遲(将)龏仓以廷，阩门又败。　　义賠①

“遲(将)龏仓以廷”是“带龏仓出庭”的意思。“逘事倸”之“逘”的用法与此相同，是带领人去某个地方的意思。

从“遲/逘”的用法看，“……之月……之日行”之“行”应该是去的意思。《九号井发掘简报》把此“行”理解为“进行某种活动”的意思，不确。根据《九号井发掘简报》释文，J9⑦出土简牍中有如下名籍：

倸黄军　　居在□里　　行　J9⑦133
卒王庆忌　居在工里　　见在□　J9⑦141

这些名籍当是官吏所“逘”的卒的名单，J9⑦133的“行”与J9⑦1-5的“行”意思显然相同。J9⑦141与“行”相对应的地方写“见在□”，此“见在”大致是在自己常住之地的意思，例如居延汉简中有如下例子，可以参考：

□□病死，妻中君见在觻得。253.1/A33
☑石十石，约至九月糴必(毕)以(已)。即有物故，知责家中见在者。273.12/A10

“行”与“见在”意思相对，可见“行”是去、离开的意思。

3.“事倸”

最后解释“逘事倸”之“事倸”。

《九号井发掘简报》关于“事倸”之“事”字提出了两种解释，说“‘事’读为‘使’，有安排、差遣之意，或者是行役、从事某种工作的平民的专称”。

我们认为第二种解释基本可从。参考上引的《系年》“逘吴人”、包山简《受几》“遲龏仓”的例子，“逘”是动词，“事倸”是其宾语，因此“事倸”只能理解为某种身份。但“事”和“倸”应该是两个不同的身份。我们再次看一下上文引用的名籍：

倸黄军　　居在□里　　行　J9⑦133
卒王庆忌　居在工里　　见在□　J9⑦141

根据《九号井发掘简报》发表的释文，这类名籍还有不少(详下)，身份都写“倸/卒”，而“事倸/卒”的例子一个也没有。这说明当时并没有一个叫“事倸”的身份。

我们认为“事倸”当读为“吏卒”。“吏卒”在秦汉文书简中常见，是吏和卒的意思。在此把秦简和汉简的例子各举一例：

(1)□□年十一月甲申朔庚子，丹阳将奔命尉虞敢言之：前日□
禀丹阳奔命吏卒食迁₌陵₌(迁陵，迁陵)弗禀，请安□，谒报，敢言之。里耶秦简9-452②

(2)　　　　候史一人　　六石具弩二 ノ　　兰₌(兰、兰)冠各二 ノ　□□

① 湖北省荆沙铁路考古队：《包山楚简》，文物出版社1991年版。
② 湖南省文物考古研究所编著：《里耶秦简(贰)》，文物出版社2017年版。

甲渠武贤隧	隧长一人	弩幡二 丿	糸承弦十 丿
北到诚北隧四里	卒四人	槀矢百 丿	枲长弦五 丿
	凡吏卒六人	宝矢五百五十 丿	革甲、鞮瞀各四 丿
		服三 丿	靳干、幡各四 丿 居延汉简 99.1①

例(1)是关于"丹阳将奔命尉"在迁陵县领取"丹阳奔命吏卒"的粮食的文书。"将奔命尉""奔命吏卒"这些名称饶有趣味。睡虎地秦简《为吏之道》22-28 号简第五栏引用"魏奔命律":

●廿五年闰再十二月丙午朔辛亥,告将军:叚(假)门逆闆(旅),赘婿后父,或衛(率)民不作,不治室屋,寡人弗欲。且杀之,不忍其宗族昆弟。今遣从军,将军勿卹(恤)视。享(烹)牛食士,赐之参饭而勿鼠(予)殽。攻城用其不足,将军以堙豪(壕)。魏奔命律

岳麓书院藏秦简有"奔警律",陈伟先生认为"奔警"与"奔命"相当,② 也可以参考。"奔命吏卒"当是为军事被征发的吏和卒,"将奔命尉"是率领这些"奔命吏卒"的官员。兔子山简牍率领人的"事"和"事倸"的关系与此相类。

例(2)说"侯史一人、隧长一人,卒四人,凡吏卒六人","吏"和"卒"的区别非常清楚。

兔子山 J9⑦出土简牍中有如下一枚简:

☒□士事□良☒ J9⑦79

"士事"亦见于里耶简中的具有楚文字风格的简:

☒鬻(迁)麦(陵)行士事吕戈☒ 5-5 背③

此"士事"可能是"士吏"的古文写法。"士吏"这个官名见于里耶秦简,例如 5-1 说"狱佐辨、平,士吏贺具狱"云云。如果这个解释不误,这是古文"事"字被用为"吏"的实例。

总而言之,兔子山简的"事倸"当是秦楚之际"吏卒"的古文写法。上文已经讲过,秦代存在"吏"和"事"的通用现象。恐怕秦楚之际的官员根据当时的用字习惯和自己对楚文字的了解,用楚文字"事"代替秦文字"吏",这样才出现了"事倸"这一写法。

五、J9⑦出土的名籍

除了 J9⑦1-7 外,《九号井发掘简报》公开释文的简牍基本上都是人的名单。用汉代文书的说法,这些简是名籍。根据简文的格式,这次公开释文的名籍主要可以分为四种。

1. 卒名籍

第一种是与 J9⑦1-7 相关的名籍,即官吏所"逹"的卒的名单,我们称之为"卒名籍"。目前可以举出来的有如下几枚:

倅□新里王噐☒ J9⑦75

---

① 简牍整理小组编:《居延汉简(壹)》,台湾"中央研究院"历史语言研究所,2014 年。

② 陈伟:《"奔警律"小考》,简帛网(http://www.bsm.org.cn/show_article.php? id=1036),2009 年 4 月 22 日。

③ 湖南省文物考古研究所编著:《里耶秦简(壹)》,文物出版社 2012 年版。

【卒】□禄	居在□里		J9⑦112
卒公□系吉☐			J9⑦114
□□□	居……		J9⑦115
□□□□	居在□里	……	J9⑦116
□□□□□□	居在□里		J9⑦117
卒阳□	居在□□		J9⑦122
卒宋□	□□□……		J9⑦123
卒朱□	……	见在□□	J9⑦124
卒公紓朾	□□□□		J9⑦130
傒□□	居在□邑	行	J9⑦131
傒□辶	居在□里	【行】	J9⑦132
傒黄军	居在□里	行	J9⑦133
□□惑	居在【嬴】邑	行	J9⑦134
卒苏齿	□□□□	□□□	J9⑦140
卒王庆忌	居在工里	见在□	J9⑦141

在此引用的释文本身与《九号井发掘简报》完全相同，但为醒目我们改了一些释文的格式。这类名籍开头是“傒/卒+人名”；其次是“居在……”说明这个人住的里名(这些里应该都是益阳县辖下的里)；最后写“行”或“见在……”，“行”表示已经服役去了，“见在”表示待服役。

其中J9⑦75格式不同，在“傒”和人名中间写里名。虽然格式不同，但内容和其他简相同，因此我们暂且把它归于这一类。

根据《九号井发掘简报》介绍，这类名籍有时候写“傒”，有时候写“卒”。这个现象我们在《前言》中讨论过了，值得注意。

2. 吏名籍

第二种是官员的名单，在此称之为“吏名籍”：

益阳都□□大官首□☐	J9⑦9
益阳□□大官首乐☐	J9⑦10
☐□大官首行 ☐	J9⑦25
益阳□□大官首□☐	J9⑦30
繁易割四赀芋	J9⑦41
右詔差赀倚	J9⑦42
曾夫₌(大夫)宋癸①	J9⑦43
芋州公苛□	J9⑦44，图三〇：1
□溪公犫癸	J9⑦45，图三〇：2
冀溪公宋□	J9⑦46，图三〇：3
賹易事筃	J9⑦47，图三〇：4
计事苛□	J9⑦90
□事□	J9⑦97
劵事□快	J9⑦102

① 《九号井发掘简报》释文写作“夫(大夫)”，恐怕“夫”下漏了合文符号。

这类名单基本上都是"地名+官名+人名"的格式，官名有"大官首""𠛬(宰)""差(佐)""大夫"①"公""事"。值得注意的是，益阳县的官吏只写名，而其他地方的官吏都写姓名。这当是因为这个名籍是益阳县的簿籍，益阳县的官吏不用写姓。

"益阳"有时写作"賹昜",② 这应该是与"倅/卒"同样的现象。也就是说，"益阳"是来自秦的用字习惯，"賹昜"是故意用楚文字写的古文写法。

我们怀疑，这个"吏名籍"也与J9⑦1-7相关，这些官员是官吏所"逘"的"事倅"之"事"的名单。若果真如此，此"事"读为"吏"可以确定了。

3. 与"佰"相关的名籍

以下四枚简都出现"佰"，目前性质不明，暂时归为一类：

下佰令□□　　居在□□　　J9⑦125
上佰司马扬州□□□□　……　J9⑦137
下佰□□□　　居……　　J9⑦138
上佰　　徐朝　　J9⑦139

"上佰""下佰"似表示地点。若果真如此，此"佰"可能是阡陌之陌。张家山汉简《二年律令·田律》(246-248号简)中，阡陌写作"千佰"。建宁二年王未卿买地券有"皐门亭部什三邸(陌)西袁田"一句,③"上佰""下佰"这种说法与"什三陌"相类。

从J9⑦139"上佰"下的"徐朝"看，"上佰""下佰"下似有人名。其下是"居在……"与我们所谓卒名籍一致。从这一点看，这枚名籍有可能也是卒名籍的一种。

4. 与"里"相关的名籍

以下几枚简都出现"里"，暂时归为一类：

市里　　□□攻　　▨　　J9⑦31
□里　□　　▨　　J9⑦32
渠里□□　　▨　　J9⑦33
□里　　▨　　J9⑦34
□里　　▨　　J9⑦35
乡里【隋】　　J9⑦135
工里□布□　　▨　　J9⑦147
襄邑宛里□▨　　J9⑦148
□□里□□▨　　J9⑦149

这些简都似乎只写地名。还有两枚简出现"里"，但格式不同，在此顺便引一下：

□里人敉□□利里人鄭紻□□▨　J9⑦111
藚里阳里　J9⑦120

《九号井发掘简报》公开释文的J9⑦出土简牍中还有不少简不属于以上四类。由于目前无法确知文意，

① 在此暂时把"大夫"看作官名，但"大夫"也有可能是爵位之类的身份。

② 《九号井发掘简报》说"益阳县(益阳也作□昜)"，指的当是此事。"□昜"之"□"恐怕是误植。

③ 罗振玉：《贞松堂集古遗文》卷15，26-27叶。

在此不讨论。

六、结言

以上，我们阐释了J9⑦1-5简文的意思，并初步整理了J9⑦出土的几种名籍。目前可知的J9⑦出土简牍中，具有关键意义的是J9⑦1-5。在此，以J9⑦3的"事黄驽逆事𠋢凡卅二人，𧸘栾之月【……之日行】"为例，作白话文译：

> 史黄驽率领吏和卒共32人，远夕之月……之日出发。

这些简都没有交代这些人要去哪里。我们怀疑他们要去的是战场。秦楚之际一直处于战争状态，对后方而言，征集和输送壮丁是首要任务之一。我们在此想到的是萧何的故事。在刘邦平定三秦后，萧何留在关中，不断地向前线输送粮食和壮丁。因为这个贡献，刘邦在统一天下后把萧何的功绩排在第一。《史记·萧相国世家》云：

> 汉二年，汉王与诸侯击楚，何守关中，侍太子，治栎阳。……关中事：计户口转漕给军。汉王数失军遁去，何常兴关中卒，辄补缺。上以此专属任何关中事。

我们能想象得到，不仅关中地区如此，所有后方都为粮食和壮丁的输送奔走。战争不断的秦楚之际，兵源是所有军队面临的问题，当时抓壮丁补充新兵的应该不止是刘邦和萧何。我们认为兔子山遗址出土的"秦楚之际古文简"可能反映当时的这种情况。

我们在本文中强调，"秦楚之际古文简"的文字字形、用字法中经常有秦文字的特征出现。田炜先生说："尽管反秦政权试图恢复六国古文，但这些'六国古文'已不可避免地被打上了秦文字的印记，因此秦楚之际恢复的'六国古文'和真正战国时代的六国古文的面貌是很不一样的。"其实不仅文字如此，国家制度更是如此。反秦政权虽然试图恢复东方六国的制度，但完全复原是不可能的事情，因此简文的内容不可避免地反映了秦制度的影响。例如我们讨论的"事𠋢(吏卒)"，如果我们的解释不误，很有可能只是用(他们想象的)楚文字写秦文书的词汇而已。我们期待，也相信，随着兔子山简牍进一步公开，"秦楚之际古文简"的这种秦楚两国因素混杂的特征会比现在更加清楚。

（作者单位：复旦大学出土文献与古文字研究中心、出土文献与中国古代文明研究协同创新中心）

“皋”与“罿”(稿)

名和敏光

关于中国古代的咒语，笔者曾做过先行研究，认为存在如下这种结构①：

……禹步三……“皋！敢告曰：‘……’”……三……

当时，有释文将“皋”字隶定为“罿”字。本文将以出土资料为线索讨论“皋”与“罿”二字，并探讨是否宜将部分传世文献中的“罿”字改为“皋”字。

一、出土资料中的“罿”字与“皋”字

出现“皋”字的出土资料，有睡虎地秦简《日书》甲种“梦”中如下内容：

人有恶瞢(梦)，覺(觉)，乃绎(释)发西北面坐，铸(祷)之曰：“皋！敢告壐(尔)豹𤟹。某有恶瞢(梦)。走归豹𤟹之所。豹𤟹强饮强食，赐某大幅(富)。非钱乃布，非茧13背乃絮。”则止矣14背壹。②

在睡虎地秦简《日书》乙种“梦”中，有如下内容：

凡人有恶梦，觉而择(释)之，西北乡(向)檡(释)发而驷(呬)，祝曰：“綿(皋)！敢告玺(尔)宛奇，某有恶梦，老(走)来□194之。宛奇强饮食，赐某大畐(富)。不钱则布，不玺(茧)则絮195。”③

在睡虎地秦简《日书》甲种“出邦门”中，有如下内容：

行到邦门困(阃)，禹步三，勉壹步，謼(呼)：“皋！敢告曰：‘某行毋(无)咎，先为禹除道。’”即五画地，掓其画中央土111背而怀之112背。④

---

① 名和敏光：《〈抱朴子〉所见呪语の遡及的考察》，《东方宗教》一百三十一号，2018年11月，第1~20页。

② 睡虎地秦墓竹简整理小组编：《睡虎地秦墓竹简》，文物出版社1990年版，第210页。陈伟主编：《秦简牍合集(贰)》，武汉大学出版社2016年版，第407~409页。

③ 睡虎地秦墓竹简整理小组编：《睡虎地秦墓竹简》，文物出版社1990年版，第247页。陈伟主编：《秦简牍合集(贰)》，武汉大学出版社2016年版，第517~518页。

④ 睡虎地秦墓竹简整理小组编：《睡虎地秦墓竹简》，文物出版社1990年版，第223页。陈伟主编：《秦简牍合集(贰)》，武汉大学出版社2016年版，第459~460页。

在睡虎地秦简《日书》乙种“出邦门”中，有如下内容：

【出】邦门，可⧄102叁行⧄103叁禹符，左行、置、右环(还)，曰：“□□104叁□□右环(还)。”曰：“行邦⧄105叁令行。”投符地，禹步三，曰：‘皋，106叁敢告⧄符，上车毋顾，上⧄’107贰”①

睡虎地秦简《日书》甲种“梦”“出邦门”、《日书》乙种“梦”“出邦门”中“皋”字的写法如表一所示：

表一

图版		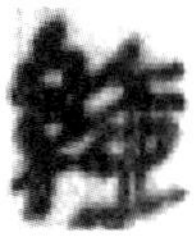		
出处	《日书》甲种“梦”简13背	《日书》乙种“梦简”194	《日书》甲种“出邦门”简111背	《日书》乙种“出邦门”简106叁

另，在关沮周家台三十号秦墓竹简《病方》“已齲方（一）”中可见如下内容：

●已齲方　见东陈垣，禹步三步，曰：“皋！敢告东陈垣君子，‘某病齲齿，笱(苟)令某齲已，请326献骊牛子母。’”前见地瓦，操。见垣有瓦，乃禹步，已，即取垣瓦、貍(埋)东陈垣327止(址)下。置垣瓦下，置牛上，乃以所操瓦盖之，坚貍(埋)之。所谓“牛”者，头虫也。328②

在关沮周家台三十号秦墓竹简《病方》“病心者”中，可见如下内容：

●病心者　禹步三，曰：“皋！敢告泰₌山₌(泰山，泰山)高也。人居之。□□之孟也，人席之。不智(知)335岁实。赤隗独指，搕某假(瘕)心疾。’”即两手搕病者腹。336“而心疾不知而咸载。”即令疾心者南首卧，而左足践之二七。337③

在关沮周家台三十号秦墓竹简《病方》“痈”中，可见如下内容：

●操杯米之池，东鄉(嚮)，禹[步三]步，投米，祝曰：“皋！敢告338曲池，某痈某波(破)。禹步攢房楘，令某痈𩔇(数)去。”339④

---

① 睡虎地秦墓竹简整理小组编：《睡虎地秦墓竹简》，文物出版社1990年版，第240页。陈伟主编：《秦简牍合集(贰)》，武汉大学出版社2016年版，第500~501页。

② 湖北省荆州市周梁玉遗址博物馆编：《关沮秦汉墓简牍》，中华书局2001年版，第129~130页。陈伟主编：《秦简牍合集(叁)》，武汉大学出版社2016年版，第232~233页。

③ 湖北省荆州市周梁玉遗址博物馆编：《关沮秦汉墓简牍》，中华书局2001年版，第131页。陈伟主编：《秦简牍合集(叁)》，武汉大学出版社2016年版，第234~235页。

④ 湖北省荆州市周梁玉遗址博物馆编：《关沮秦汉墓简牍》，中华书局2001年版，第131页。陈伟主编：《秦简牍合集(叁)》，武汉大学出版社2016年版，第235页。

在关沮周家台三十号秦墓竹简《病方》“有子三月”中，有如下内容：

●禹步三，汲井。以左手袤〈牵〉繘，令可下免（甕），□卩340下免繘甕(甕)，左操杯，鯖甕(甕)水。以一杯盛米，毋341下一升。前置杯水女子前，即操杯米，禹步[步三]，342祝曰：“皋！敢告鬻。”□步、投米地，祝投米曰：“某有子三旬，343疾生。”即以左手挢杯水歙(饮)女子，而投杯地，杯氵□□344①

周家台《病方》简所见“皋”字，如表二：

表二

图版				
	简号 326	简 335	简 338	简 343

此外，在北京大学藏秦简《祠祝书》中，有如下内容：

罙(皋)！敢$_=$播$_=$美檗$_=$(敢播美黍，敢播美黍)，葵(騤)行与$_=$(与与)，敢播美稷，葵(騤)行翼$_=$(翼翼)，上请司命、司发(祓)…… 4-124 。②

对此，陈侃理氏作如下解释：罙，同皋，是祝祷时常用的发语词。③

北京大学藏秦简《祠祝书》中的“皋”，图版为。

在马王堆汉墓帛书《五十二病方》“痈”中，有如下内容：

一，身有痈者，“罙(皋)！敢〖告〗大山陵。‘某〖不〗幸病痈。我直(值)百疾之【□】。我以明(明)月炻(炙)若，寒且【□】若，379/369以柞檢柱若，以虎蚤(爪)抉取若，刀而割若、苇而刖若。今【□】若不去、苦涶(唾)若。’”即以380/370朝日未食，东鄉(嚮)涶(唾)之。381/371④

马王堆汉墓帛书《五十二病方》中的“皋”，图版为。

另，在额济纳汉简中有下文：

●欲急行出邑禹步三嘑皋祝曰土五光今日利以行$_=$毋死　已辟除道莫敢义当狱史　壮者道$_=$

① 湖北省荆州市周梁玉遗址博物馆编：《关沮秦汉墓简牍》，中华书局2001年版，第131页。陈伟主编：《秦简牍合集(叁)》，武汉大学出版社2016年版，第236~237页。

② 北京大学出土文献研究所：《北京大学藏秦简牍概述》，《文物》2009年第6期。

③ 陈侃理：《北大秦简中的方术书》，《文物》2009年第6期。

④ 裘锡圭主编，湖南省博物馆、复旦大学出土文献与古文字研究中心编纂：《长沙马王堆汉墓简帛集成》第伍册，中华书局2014年版，第283页。

旁2002ESCSF1：2①

刘乐贤氏将其读为：

●欲急行出邑，禹步三，唬“皋！”祝曰：“土五光，今日利以行，行毋死。已辟除道，莫敢义当，狱史・壮者道道旁。2002ESCSF1：2

并作以下注释：

“皋”，图版为。整理者按原形隶作上四下羊，实为汉代“皋”字的常见写法。“皋”在这里是一个拟音词、《仪礼・士丧礼》注：“皋，长声。”②

二、传世文献中的“皋”字与“罣”字

在传世文献中出现的“皋”字，如刘乐贤氏所引，有《仪礼・士丧礼》中的下文：

……升自前东荣、中屋，北面招以衣，曰：“皋！某复。”三。降衣于前。……③

《礼记・礼运》中亦有：

夫礼之初，始诸饮食。其燔黍捭豚，汙尊而抔饮，蒉桴而土鼓，犹若可以致其敬于鬼神。及其死也，升屋而号告曰：“皋！某复。”然后饭腥而苴孰。故天望而地藏也。体魄则降，知气在上。故死者北首，生者南乡。皆从其初。④

此外古典文献中未见此字。六朝时期成书的《抱朴子・登涉》篇中有如下内容：

又（《遁甲中经》）曰：“往山林中，当以左手取青龙上草，折半置逢星下，历明堂入太阴中，禹步而行，三呪曰：‘诺皋、大阴将军、独开（闻）曾孙王甲，勿开外人。使人见甲者，以为束薪。不见甲者，以为非人。’则折所持之草置地上，左手取土以傅鼻人中，右手持草自蔽，左手着前，禹步而行，到癸下，闭气而往，人鬼不能见也。”凡六甲为青龙，六乙为逢星，六丙为明堂，六丁为阴中也。䷾比成既济卦，初一初二迹不任九迹数，然相因仍一步七尺。又云：一尺合二丈一尺，顾视九迹。又禹步法，正立，右足在前，左足在后，次复前右足，以左足从右足并，是一步也。次复前右足，次前左足，以右足从左足并，是二步也。次复前右足，以左足从右足并，是三步也。如此，禹步之道毕矣。凡作天下百术，皆宜知禹步，不独此事也。⑤

---

① 额济纳汉简研读班：《额济纳汉简释文校正》，孙家洲主编：《额济纳汉简释文校本》，文物出版社2007年版，第103页。注释曰：“按：‘皋’原简及《额简》作罣，今改为通行体；‘义’当读作‘我’，二字上古音同，均为疑母歌部，故可通假。”

② 刘乐贤：《额济纳汉简数术资料考》，孙家洲主编：《额济纳汉简释文校本》，文物出版社2007年版，第159～164页。

③ 《仪礼注疏》，《十三经注疏》，北京大学出版社2000年版，第762～763页。

④ 《礼记正义》，《十三经注疏》，北京大学出版社2000年版，第777～779页。

⑤ 王明：《抱朴子内篇校释（增订本）》，中华书局1985年版，第302页。

北宋姚宽撰《西溪丛语》中有如下内容：

晁伯宇谈助曰：灵奇秘要辟兵法："正月上寅月，禹步，取寄生木三，呪曰：'喏皋敢告日月震雷，令人无敢见我，我为大帝使者。'乃断取五寸，阴干百日，为簪二七，循头还着人中，人不见。"①

此外，唐孙思邈撰《千金翼方》卷三十《禁经下・护身禁法第二十》中有使用"罩"字之例：

咒曰："诺诺罩罩！左带三星，右带三牢，天翻地覆，九道皆塞。使汝失心，从此迷惑。以东为西、以南为北。人追我者，终不可得。明星北斗，却闭千里。六甲反张，不避祸殃。乘车追我，折其辕轴。乘马追我，掩其两目。步行追我，肿其两足。扬兵追我，刀反自伏。明星北斗，却敌万里。追我者亡，觅我者死。牵牛织女，化为江海。急急如律令。"②

北宋张君房撰《云笈七签》卷八十三《庚申部三》中有如下内容：

先生口诀去三尸九虫法，"常以月晦日，日出昕昕时，东向日所出处，禹步三，祝曰：'诺罩！（罩者、唤声、如言号耳。）月中有虫兔虾蟆，日中有虫三足乌，水中有虫蚍与鱼，土中有虫蛾蝼蛄，腹中有虫蚘白从。'凡三祝，止之，秘而勿传"。③

《千金翼方》及《云笈七签》中"诺诺罩罩""诺罩"所使用的"罩"字，宜改为"皋"字。

（作者单位：日本山梨县立大学）

附："敢"与"致"字

北宋王洙等编撰《地理新书》卷十四《斩草建旐》中有如下内容：

祝曰："维年月日，祭主某乙致告于五方五帝、山川百灵、后土阴官、丘丞墓伯、阡陌诸神。某亲以某年月日奄逝，伏惟永往，五内分割，礼制有期，龟筮袭吉。宜于某州某县某乡某山之原厝宅兆，以某年月日迁坐幽堂，用今吉辰斩草。谨以信币、柔毛、酒礼之仪，致告于山川百灵主，恭奠于后土神。既葬之后，永无咎艰。"④

此处的"致告"于出土资料中多在如下结构中出现：

……禹步三……"皋！敢告曰：'……'"……三……

因此，笔者认为此处或宜改为"敢告"。

---

① 姚宽撰，孔凡礼点校：《西溪丛语》，中华书局1993年版，第26页。

② 孙思邈：《千金方》，台湾中医药研究所1965年版，第350页。

③ 张君房编，李永晟点校：《云笈七签》，中华书局2003年版，第1884~1885页。

④ 王洙等编撰，金华履道、张谦校、金身佳整理：《地理新书》，湘潭大学出版社2012年版，第428页。

睡虎地秦简《语书》中的“乡俗”研究*

王　准

云梦睡虎地秦简《语书》自从公布以来，有很多学者进行过专门研究，相关研究已经汇集形成了两个很好的集释文本，方便学界在其基础上继续推进。①《语书》中记载的“乡俗”问题，曾引起学者们的兴趣，也有不少专门研究成果。② 随着里耶、岳麓秦简的逐步公布，其中的部分内容或许能为讨论提供不少新材料，本文将在此基础上，对“乡俗”问题重新进行考察。

一、“乡俗”为何

《语书》中涉及“乡俗”的内容有以下几条材料：

(1)廿年四月丙戌朔丁亥，南郡守腾谓县、道啬夫：古者，民各有乡俗，其所利及好恶不同，或不便于民，害于邦。是圣王 1 作为法度，以矫端民心，去其邪僻，除其恶俗。

(2)凡法律令者，以教导 2 民，去其淫僻，除其恶俗，而使之之于为善也。今法律令已具矣，而吏民莫用，乡俗淫泆之民不止，是即废主之 3 明法也，而长邪僻淫泆之民，甚害于邦，不便于民。4

(3)今法律令已布闻，吏[民]犯法为间私者不止，私好乡俗之心不变。③ 自从令、丞以 5 下，知而弗举论，是即明避主之明法也，而养匿邪僻之民。如此，则为人臣亦不忠矣。6

学者们对于“乡俗”的解释各有不同。整理者认为是地方风俗。④ 詹越先生认为是当地(南郡)传统的

* 本文得到国家社科基金青年项目“战国秦代出土文献史料中的基层社会组织研究”(13CZS010)资助。

① 陈伟主编：《秦简牍合集(壹)·睡虎地 11 号秦墓竹简·语书》，武汉大学出版社 2014 年版；中国政法大学中国法制史基础史料研读会：《睡虎地法律文书集释(一)：〈语书〉》(上)，徐世虹主编：《中国古代法律文献研究》第六辑，社会科学文献出版社 2012 年版；中国政法大学中国法制史基础史料研读会：《睡虎地法律文书集释(一)：〈语书〉》(下)，徐世虹主编：《中国古代法律文献研究》第七辑，社会科学文献出版社 2013 年版。本文所引释文皆采用宽式。

② 集中讨论《语书》“乡俗”的论文，主要有池田知久的《睡虎地秦简〈语书〉与墨家思想》(中国秦汉史研究会编：《秦汉史论丛》第九辑，三秦出版社 2004 年版)与《睡虎地〈语书〉与〈淮南子·齐俗〉篇——围绕着“风俗”的中央集权和地方分权》[《湖南大学学报》(社会科学版)2013 年第 6 期]。郭成磊《睡虎地秦简〈语书〉拾遗》(《江汉考古》2016 年第 2 期)对“乡俗”也有所涉及。另外臧知非《周秦风俗的认同与冲突——秦始皇“匡饬异俗”探论》(《秦文化论丛》第十辑，三秦出版社 2003 年版)，臧知非、宋仁桃《秦始皇〈会稽刻石〉与吴地社会新论——林剑鸣先生秦始皇会稽刻石辨析》(《秦文化论丛》第十一辑，三秦出版社 2004 年版)，陈宁《秦刻石新论》(《黑龙江史志》2009 年第 5 期)等在讨论秦始皇刻石记载“匡饬异俗”问题中也涉及《语书》相关内容〈会稽刻石〉与吴地社会新论——林剑鸣先生秦始皇会稽刻石辨析》。

③ 《睡虎地秦墓竹简》释文作“私好、乡俗之心不变”。夏利亚读为“私好乡俗之心不变”，其说当是(夏利亚：《睡虎地秦简〈语书〉篇释文商榷一则》，《江汉考古》2016 年第 3 期)。

④ 睡虎地秦墓竹简整理小组编：《睡虎地秦墓竹简》释文注释部分，文物出版社 1990 年版，第 13 页。

风俗习惯，跟楚人笃信巫鬼风俗有关。① 黄盛璋先生引用秦始皇会稽石刻内容，认为《语书》中“淫佚”与乡俗并举，主要指地方男女风俗习惯，其次也包括民众敢于违犯法律的行为。② 刘海年先生则认为乡俗当指制度而言，而《语书》中的乡俗与恶俗不同，恶俗即法律禁止、危害统治阶级的风俗。官方所说的恶俗与“淫泆”相关，而“淫泆”指三个方面，一指嗜欲过度、游手好闲；二指曾有爵禄的旧贵族；三指男女不以义交。③ 汤浅邦弘、渡边信一郎等日本学者多认为乡俗指地方社会形成的地方秩序或习俗。④ 池田知久先生从“乡”字的地域范围特性出发，考察了 6 种不同行政级别单位的风俗，包含“国俗”“郡俗”“县俗”“乡俗”“里俗”“家俗”，最后认为《语书》的乡俗应该与“县、乡、里”的风俗同一或相类似。⑤ 综合以上学者的观点，基本认同乡俗是地方性的风俗与秩序。但是在具体包含哪些风俗的问题上，各方产生了一些分歧，其中提及最多的是楚地崇巫信鬼的习俗与男女关系。至于为何会产生分歧，主要还是因为《语书》中对乡俗，以及与之相关的“恶俗”“淫泆”“邪僻”等相关词汇从字面理解过于抽象，《语书》的作者南郡守腾没有作出任何具体描述，仅依靠传世文献与现有出土简牍材料，人们无法确定其确切含义。

在笔者看来，“乡俗”的定义在《语书》全篇中未必是固定不变的，而是流动性的。在短短几百字的《语书》篇中，作者南郡守腾对于“乡俗”一词有着情感变化，从而导致其定义也随之变化。这也是造成对“乡俗”定义困难的原因之一。

材料(1)是说自古以来民间有不同的乡俗，因为利益所在与好恶不同，其中部分乡俗不利于民且有害于邦，意即乡俗有好有坏。此处郡守腾对乡俗持中立态度。材料(2)中，乡俗被与表示贬义的“淫泆之民”连用，虽然“淫泆”之恶俗确实是乡俗之一部分，但接下来通过“是即废主之明法也，而长邪僻淫泆之民”明显加强了对乡俗的谴责性语气。材料(3)中“私好乡俗之心不变”与“犯法为间私者不止”对举，乡俗明显是贬义，所指为前文所说的“恶俗”。作者为何不用“恶俗”而采用“乡俗”字眼，似乎存在着将“淫泆”“邪僻”的嫌恶之情感倾注于乡俗之上的味道。

所以如果要问《语书》中的乡俗是什么，我们只能分开回答，不能概而论之。材料(1)中的乡俗应是地方风俗之类，是包含良俗、恶俗的集合。材料(2)中的风俗与材料(1)接近，但已经作为被谴责的对象。材料(3)的风俗专指恶俗。从《语书》通篇来看，南郡守腾要求各县、道的令、丞举发论处的都是乡俗中被认为比较败坏的部分，他要谈论的主要是材料(3)中的这类恶俗。虽然有不同的含义，但为行文方便，本文接下来提到的“乡俗”一词也将主要采用材料(3)中接近恶俗的定义。

假如要对材料(3)的乡俗作出进一步的精准定义，目前可能有两条思路。第一条，借助与“乡俗”意思相近的“恶俗”“淫泆”“邪僻”等词汇的含义进行类比定义。但上文已说到，此路难通。第二条，借助与“乡俗”意思相反的概念进行反向定义，似乎还有可能性。材料(1)说到“民各有乡俗”“或不便于民，害于邦”，紧接下来，“是圣王作为法度，以矫端民心，去其邪僻，除其恶俗”。在这里我们可以看到，“法度”是作为有害的“乡俗”的对立面出现的。“法”与“俗”构成了一种二元对立的概念。“法度”在文中具体可指政府的法律令之类，那么意味着乡俗有违背法律与政令的性质，再加上乡俗原有的地方风俗属性，综合起来就是指违背法律令的地方风俗。从这个结论来看，刘海年先生对乡俗的定义似乎是最为恰当的表述。

为何《语书》中的“乡俗”词义会随着作者情感发生变化？或者说《语书》为什么没有保持用语的一致性？这或许与《语书》的体裁有关。在该篇的最末一支简(简 14)背面写有篇题“语书”。所谓“语”，是古代

① 詹越：《斥“四人帮”在秦代史上的反动谬论》，《考古》1978 年第 3 期。

② 黄盛璋：《云梦秦简辨正》，《考古学报》1979 年第 1 期。

③ 刘海年：《云梦秦简〈语书〉探析——秦始皇时期颁布的一个地方性法规》，《学习与探索》1984 年第 6 期。

④ 转引自中国政法大学中国法制史基础史料研读会：《睡虎地法律文书集释(一)：〈语书〉》(上)，徐世虹主编：《中国古代法律文献研究》第六辑，社会科学文献出版社 2012 年版。

⑤ 池田知久：《睡虎地〈语书〉与〈淮南子・齐俗〉篇——围绕着“风俗”的中央集权和地方分权》，《湖南大学学报》(社会科学版)2013 年第 6 期。

专门用于品德教育的一种教材。《国语·楚语上》载：“教之《语》，使明其德，而知先王之务用明德于民也。”韦昭注：“《语》，治国之善语。”《国语·鲁语下》：“主亦有以语肥也?”韦昭注：“语，教诫也。”可见“语”原本就有教育的用途。《语书》中前8支简大量批评“恶俗”“淫泆”“邪僻”的文句，以及后6支简中对良吏、恶吏行为的描述，都有浓烈的道德训诫色彩。既然是道德训诫的文字，作者南郡守腾占据道德优势，训斥下级，因而偶有情感的流露(或者说情感烈度的升级)，便是可以理解的了。毕竟《语书》不是法律政令之类的文书，而是道德文章。

二、从“举论乡俗”到“匡饬异俗”

南郡守腾在《语书》中列举了乡俗的种种恶劣之处，最后还严令各县、道之令、丞，假如“知而弗举论”，则是“为人臣亦不忠矣”，是不胜任、不智之举；假如“知而弗敢论”，则是为吏“不廉”。以上两种都是大罪。举，检举揭发。《史记·秦始皇本纪》：“吏见知不举者，与同罪。”论，处罪、定罪。《史记·孝文本纪》：“今犯法已论。”《后汉书·鲁丕列传》：“坐事下狱司寇论。”李贤注：“决罪曰论。”所谓“举论”，便是将不良乡俗当作有罪进行检举揭发与论罪。由此看来，郡守紧接着将会在南郡所有县、道进行“举论”乡俗的活动。

说到移风易俗，研究者往往会联想到秦始皇琅琊刻石与会稽刻石上的两篇文献，其中有关风俗之文字录入如下：

(4) 维二十八年，皇帝作始。端平法度，万物之纪。……皇帝之功，勤劳本事。上农除末，黔首是富。普天之下，抟心揖志。器械一量，同书文字。……匡饬异俗，陵水经地。……皇帝之明，临察四方。尊卑贵贱，不逾次行。奸邪不容，皆务贞良。细大尽力，莫敢怠荒。远迩辟隐，专务肃庄。端直敦忠，事业有常。皇帝之德，存定四极。……莫不受德，各安其宇。(《史记·秦始皇本纪》收录琅琊刻石)

(5) 皇帝休烈，平一宇内，德惠修长。三十有七年，亲巡天下，周览远方。遂登会稽，宣省习俗，黔首斋庄。群臣诵功，本原事迹，追首高明。秦圣临国，始定刑名，显陈旧章。初平法式，审别职任，以立恒常。……皇帝并宇，兼听万事，远近毕清。……饰省宣义，有子而嫁，倍死不贞。防隔内外，禁止淫泆，男女洁诚。夫为寄豭，杀之无罪，男秉义程。妻为逃嫁，子不得母，咸化廉清。大治濯俗，天下承风，蒙被休经。皆遵度轨，和安敦勉，莫不顺令。黔首修洁，人乐同则，嘉保太平。后敬奉法，常治无极，舆舟不倾。从臣诵烈，请刻此石，光垂休铭。(《史记·秦始皇本纪》收录会稽刻石)

其中会稽石刻记录“防隔内外，禁止淫泆，男女洁诚”等内容，以往被理解为秦始皇在会稽当地查禁男女淫泆风俗之后，针对当地的落后风俗而作。比如顾炎武《日知录》中认为，秦始皇的泰山刻石与碣石刻石对于男女问题都是一带而过，仅有会稽刻石用了较长篇幅专门讲述此事，应该是针对会稽当地风俗而发。他又引用《国语·越语上》与《左传》哀公元年越王勾践“十年生聚”之故事，和《吴越春秋》佚文中勾践以寡妇犯淫泆之过者输于山上之事，论证当时吴越不禁淫泆的风俗，以致影响于秦代。① 这种说法虽然借助传世文献讲得详细，但秦始皇东巡、刻石并非一次，为何要在会稽刻石中专门写下对某一地域制裁男女淫泆风俗的内容，则是一个显得很突兀的问题。林剑鸣先生首先对此说提出批评意见，认为吴越风俗相对中原、北方并不显得更加淫泆，因而会稽刻石与其他刻石一样，并非为一时一地而作，并且针对会稽地区。② 臧知非先生赞同其说，进一步论证顾炎武提出的几个论据并不可靠。他认为琅琊刻石标志着

① 顾炎武著，陈垣校注：《日知录校注》卷十三“秦会稽山刻石”条，安徽大学出版社2007年版，第716~717页。

② 林剑鸣：《秦始皇会稽刻石辨析》，《学术月刊》1994年第7期。

秦始皇统一伊始便以“匡饬异俗”为己任，会稽刻石则是秦始皇认为“匡饬异俗”的目的达到后的自我炫耀。将《语书》、琅琊刻石、会稽刻石依据时间先后进行考察，可以发现秦政府对社会风俗的整治行动从南郡等地域推广到全国的演变过程。① 笔者认同两位先生的看法。琅琊刻石与会稽刻石显示秦帝国曾经在全国范围内的“匡饬异俗”活动，而《语书》记载南郡的“举论乡俗”并非孤立事件，应该是全国活动的先声。

现在再回过头看《语书》中的“淫泆”。原整理者引用会稽刻石与《左传》隐公三年孔颖达疏“淫谓耆欲过度，泆谓放恣无艺”而并未作直接定义。熊铁基先生认为古代凡是过分、过度或者邪、乱，都可以用“淫泆”这个词。② 刘海年先生认为可以指三种情况，一是嗜欲过度、游手好闲；二是曾有爵禄的旧贵族；三指男女不以义交。③ 尹在硕先生认为指“淫荡的行为”或者“不遵守法规随意放肆的行为”。④ 以上观点都将“淫”“泆”两字字义所含有的较为抽象的过度、放纵之义囊括在内。

现在我们知道《语书》与会稽刻石有着非常密切的联系，那么两篇文献都提到的“淫泆”一词很可能有着对应关系。会稽刻石中的“淫泆”应该是有着具体所指。“防隔内外，禁止淫泆，男女洁诚”，不论是起首的“防隔内外”或是末尾“男女洁诚”，皆指维持严格的男女关系，所以中间的“淫泆”不会是其他的放纵行为，而是专指在男女问题上的放纵行为，也就是刘海年、尹在硕等先生所列举的“男女不以义交”“淫荡的行为”等。所以《语书》里的“淫泆”定义大致也随之解决。

《语书》作者笔下的乡俗中，“淫泆”与“恶俗”“邪僻”等要素是并列关系。既然“淫泆”指男女关系方面的风俗，那么所谓“恶俗”“邪僻”大概应该指除男女关系之外，其他不合法律的地方风俗。或许正如“淫泆”在会稽刻石中有明确所指一样，“恶俗”“邪僻”也不是抽象概念而是有具体指向的，只不过现在文献不足征也。

三、乡俗的案例

《语书》作者在表示将要整治乡俗的同时，却没有列举任何一个案例，而是反复使用一些抽象描述，这为我们理解当时的乡俗带来了不少困难。但随着更多批次简牍不断公布，其中还是能够看到一些与乡俗有关的新材料。虽然这些材料并没有“乡俗”字眼出现，未必就是《语书》所说的乡俗，但因为与基层乡里民众直接相关，姑且将它们集中在一起，对于我们理解当时基层社会风俗或许有所助益。

(6)☑[黔]首习俗好本事不好末事，其习俗槎田岁更，以异中县里耶秦简 8-355

材料(6)的竹简上半残断。中县，当指秦国内地。“以异中县”，指与秦国内地不同的边远地区，故其“习俗”当属地方风俗，可归入乡俗之类。简文说当地“习俗”有二：“好本事不好末事”，即喜好耕田而不喜从事商业；“槎田岁更”，校释者认为指一种斫木为田并进行年度轮耕的耕作制度，⑤ 其说当是。秦自商鞅以来以法家思想治国，重视耕战，崇本抑末，对于这种习俗当然应该是乐见其成的。但材料(6)也启发我们，既然有“好本事”的习俗，也就意味着在其他地方有荒废“本事”的习俗存在。

(7)律曰：黔首不田作，市贩出入不时，不听父母笱若与父母言，父母、典、伍弗忍告，令

---

① 臧知非、宋仁桃：《秦始皇〈会稽刻石〉与吴地社会新论——林剑鸣先生秦始皇会稽刻石辨析》，《秦文化论丛》第十一辑，三秦出版社 2014 年版。

② 熊铁基：《释〈南郡守腾文书〉——读云梦秦简札记》，《中国史研究》1979 年第 3 期。

③ 刘海年：《云梦秦简〈语书〉探析——秦始皇时期颁布的一个地方性法规》，《学习与探索》1984 年第 6 期。

④ ［韩］尹在硕：《睡虎地秦墓竹简译注》，昭明出版社 2010 年版，第 62 页。转引自中国政法大学中国法制史基础史料研读会：《睡虎地法律文书集释(一)：〈语书〉》(上)，徐世虹主编：《中国古代法律文献研究》第六辑，社会科学文献出版社 2012 年版。

⑤ 陈伟主编：《里耶秦简牍校释(第一卷)》，武汉大学出版社 2012 年版，第 137 页。

乡啬夫数谦(廉)問，捕系[献廷]，其罪当完城旦以上，其父母、典、伍弗先告，赀其父若母二甲，典、伍各一甲。乡啬夫弗得，赀一甲，令、丞一盾。有[犯律者]辄以律论及其当坐者，乡啬夫弗得，以律论及其令、丞，又免乡啬夫。岳麓秦简(伍)196-198

材料(7)出自《岳麓秦简(伍)》的秦令，内容主要是说，普通民众不从事耕作，市贩不按时出入市场，不听从父母之命或与父母争执的人，假如父母与里典、伍长不忍上报，也要由乡啬夫出面多次查问。假如逮捕询问之后，此人若犯有完城旦以上罪行，其父母、典、伍若未曾事先告发，都要予以处罚。乡啬夫若失职，也要处罚。这里值得注意的是：黔首不从事田作，则属于荒废“本事”；市贩不在市场待着，则是无心本职。两种人都属于游手好闲之徒。从引用的律文来看，其父母、典、伍有告发他们的义务，乡啬夫也必须进行查问，说明政府对于这类人物是非常警惕的。这种风俗比较接近于对乡俗的定义。

(8)廿年二月辛酉内史言：里人及少吏有治里中，数昼闭门不出入。请：自今以来敢有□来□□□昼闭里门，擅赀伪□□□□□□□□□者，县以律论之。乡啬吏智(知)而弗言，县廷亦论。乡啬夫吏令典、老告里长，皆勿敢为。敢擅昼闭里门不出入，□□赀乡啬夫吏，智(知)弗言，县廷赀 岳麓秦简(肆)297-299

这则材料记录了当时在最基层的社区——里——中，数次发生“昼闭里门”的事件，引起了内史的重视，要求予以严查，警告管理里门的里长等人“皆勿敢为”。内史并未点明闭门之里的名字，似乎这不是个别现象。里门本是居民进出里中的唯一门户，白天擅自关闭里门必然给居民带来诸多不便。另外据多种传世文献记载，里门开闭是规定有特定时间的，白天显然不是闭门时段。里长甘冒被处罚之风险，也要在白天紧闭里门，这种现象或许与伏日闭门的民间风俗有关。①

(9) 里人令军人得爵受赐者出钱酒肉饮食之，及予钱酒肉者，皆赀戍各一岁。其先自告，赀[典、老]各一甲，弗知，赀各一盾，有不从令者而丞、令、令史弗得，赀各一盾，以为恒。岳麓秦简(肆)379-380

(10) 材官、趋发、发弩、善士敢有相责(债)入舍酒肉及予者，捕者尽如此令，士吏坐之，如乡啬夫。赀丞、令[令]史、尉、尉史各一甲。丞相下，尉布，御史议，吏敢令后入官者出钱财酒肉，入时共分饮食及出者，皆[赀]二甲，责费。岳麓秦简(肆)381 正-382

(11)有狱者、有狱者新所智(知)以财酒肉食遗治狱者、治狱亲所智(知)，弗受而告吏，以盗[律]论遗者，以赃赐告者，赃过四千钱者，购钱四千，勿予赃入县官。岳麓秦简(伍)249-250

以上三则材料都涉及请客吃酒肉之事。材料(9)中“里人”与“军人”，大致是同居一里的邻居。材料(10)中的“材官、趋发、发弩、善士”，应属军中同袍；“吏”与“后入官者”，属于新老同事。材料(11)“有狱者”与“治狱者”，则是被管理者与管理者、民与吏之关系。材料(10)与材料(11)中的人物关系属于典型的公事关系。材料(9)虽然是同居一里的私人关系，但军人一般是因战功获得爵位赏赐，这也属于公事的领域。或许在秦政府看来，在公事关系中掺杂私人关系(请客吃饭)，属于以私害公，有违秦的基本立国精神，故而要求严惩，不仅请客出钱酒肉者要受罚，接受吃请的人同等受罚。这应该是非常严厉的惩罚了。

材料(9)请客吃酒肉之风发生在里民之间，应该归入乡俗之类。但它仅仅只是乡俗吗？我们看到，不

---

① 王准、王谷：《〈岳麓书院藏秦简(四)〉中有关“昼闭里门”的一则史料》，《楚文化研究论集》第13集，上海古籍出版社2018年版。

仅在最底层民众中流行，在军中和政府官吏中也同样出现，以至于丞相、太尉、御史要同时下令狠刹此风。此风究竟源自底层乡俗还是上层衙门，已经不可考证。但这一现象说明，某些风俗是可以上下渗透的，从一个社会层级轻易地影响到另一个层级。这种传播属性大概是秦政府最不愿意看到的，也是最为警惕的，所以才会将牵涉其中的所有人处以同等严厉的责罚，目的是通过威吓试图阻断其蔓延、传染。

(12)或与人斗，夬(决)人唇，论可(何)殹(也)？比疻痏。睡虎地秦简《法律答问》87

(13)律曰："斗夬(决)人耳，耐。"今夬(决)耳故不穿，所夬(决)非珥所入殹(也)，可(何)论？律所谓，非必珥所入乃为夬(决)，夬(决)裂男若女耳，皆当耐。睡虎地秦简《法律答问》80

(14)或斗，啮人頯若颜，其大方一寸，深半寸，可(何)论？比疻痏。睡虎地秦简《法律答问》88

(15)或斗，啮断人鼻若耳若指若唇，论各可(何)殹(也)？议皆当耐。睡虎地秦简《法律答问》83

睡虎地简《法律答问》篇中有相当数量的关于民众斗殴的法令。由于普通民众的斗殴是非常常见的现象，所以我们将其看作里中居民的乡俗写照亦无不可。这些关于斗殴情形的法令，其内容之细节复杂到令人惊讶的地步。比如说，这些斗殴中由徒手造成的伤害，就可以分为很多种情形，最轻的撕破嘴唇(简87)，再重一点的扯破耳朵(简80)。因为耳部常戴有饰品珥而穿有耳洞，大概在斗殴撕扯耳朵时比较容易被扯破与耳洞相连的部分，但是如果撕破的不是耳洞周围该怎么判处？法律规定不一定要与耳洞相关的裂耳才入刑，不论受害人是男或女都要被判耐刑。由于牙齿尖利，在斗殴中也颇多咬伤，例如，在斗殴中咬伤他人头部或颜面(简88)，咬断他人鼻子、耳朵、手指或嘴唇(简83)。这些详细规定未免令人捧腹，为何秦律中间要如此详细罗列民众斗殴的各种形式，而且都是徒手斗殴的情形而少见持械斗殴？合理的解释应该是秦国对持刀剑等利器斗殴法律管制非常严厉。扯破人的耳朵、咬断他人肢体都要判处耐刑，咬成轻伤、撕破嘴唇比照打人青肿或破伤论处。看来后者应该比耐刑要轻。秦律中斗殴的判处轻重是随着受伤程度逐渐增加的。

(16)士五(伍)甲斗，拔剑伐，斩人发结，可(何)论？当完为城旦。睡虎地秦简《法律答问》84

(17)铍、戟、矛有室者，拔以斗，未有伤殹(也)，论比剑。睡虎地秦简《法律答问》85

动用刀剑会造成更加严重的伤害，秦律的处罚比徒手斗殴严厉得多。拔剑相斗，虽未曾造成伤痕，仅仅削掉发结，就被判处完为城旦的刑罚。相比之下，咬断鼻子、耳朵、手指或嘴唇，伤害远高于前者，却仅判处耐刑。可以想见拔剑伤人情况下会被判更重，秦律对于手持兵器斗殴现象始终维持一种高压状态。

(18)"以梃贼伤人。"何谓"梃"？木可以伐者为"梃"。睡虎地秦简《法律答问》91

(19)斗以箴(针)、鉥、锥，若箴(针)、鉥、锥伤人，各可(何)论？斗，当赀二甲；贼，当黥为城旦。睡虎地秦简《法律答问》81

(20)或与人斗，缚而尽拔其须麋(眉)，论可(何)殹(也)？当完城旦。睡虎地秦简《法律答问》81

(21)拔人发，大何如为"提"？智(知)以上为"提"。睡虎地秦简《法律答问》82

(22)斗，为人殴也，无疻痏，殴者顾折齿，何论？各以其律论之。睡虎地秦简《法律答问》89

商鞅变法的重要内容之一就是禁止秦人私斗，而鼓励奋其余勇宣泄于战场。① 所以秦国很可能从秦献公时代起就严厉禁止私斗。但是民间斗殴是无法禁绝的，这是人性使然，总会有民众发生肢体冲突，我们可以说私斗仍是底层民众常见的乡俗。同时在秦国使用刀剑兵器斗殴的后果又非常严重，于是民众想出各种办法在逞一时之快的同时又刻意规避法律条文。如果拔剑斗殴惩罚太重，就弃用刀剑，改用徒手，用撕扯、咬等方式宣泄。或许秦律为应对新出现的徒手斗殴，于是就出现了以上各条详细的规定。不让用刀剑，民众就借用非刀剑的器械，比如兵器的鞘壳、木棍甚至细针等。刀剑不能用，于是转用铍、戟、矛等兵器的鞘壳。

（作者单位：湖北省社会科学院楚文化研究所）

① 《商君书·战法第十》：“故王者之政，使民怯于邑斗，而勇于寇战。民习以力攻难，故轻死。”

秦代地方支配途徑再探*

土口史記

一　序言

前278年，秦将白起は楚都郢を攻略し，この地に南郡を設置した。これにより秦の郡県支配が旧楚の中心地にも及ぶこととなった。これを反映して，旧楚地出土の秦簡牘には「郡県」の語が散見するようになる。例えば睡虎地秦簡①に，

郡縣除佐，事它郡縣而不視其事者，可(何)論？以小犯令論。　法律答問144簡

縣、都官、十二郡免除吏及佐、羣官屬，以十二月朔日免除，盡三月而止之。其有死亡及故有夬(缺)者，爲補之，毋須時。　置吏律。　秦律十八種157-158簡

などとあるのが典型的な例である。これとは対照的に，戦国楚の時代に遡る簡牘において，「郡県」という熟語は見られない②。このことは，「郡県」が秦の地方統治体制を象徴する語であったことを端的に示している。つまり，「郡県」は秦の旧楚地域占領に伴って当地に急速に普及した語彙であったと考えられる。

しかし「郡県」という語彙が急速に普及したからといって，秦の旧楚地支配がただちに成功したことを意味するわけではない。統一秦時期の事件を伝える張家山漢簡「奏讞書」案例18には，秦令を引用して「所取荆新地多羣盗」と述べており，南郡設置より50年を経たこの時期においてもなお秦の楚地支配が困難であったことを物語っている。

問題は「羣盗」のような者の存在だけにとどまらなかった。睡虎地秦簡「語書」は始皇二十年（前227）に南郡守から属下の県に向けて発布された文書であるが，そこには，

聞吏民犯法爲間私者不止，私好鄉俗之心不變，自從令，丞以下智(知)而弗舉論。

とあり，県の長吏たる令・丞が法を犯す吏民を検挙していない点が特に問題視されている③。地方官吏の綱紀粛正が秦の旧楚地支配における重要課題であったことが窺われよう。

このように，秦は「郡県」の設置によって直轄支配の実現を目指してはいたものの，当の郡県官吏が

＊ 本研究はJSPS科研費18K00997の支援を受けたものである。

① 以下，睡虎地秦簡の引用は睡虎地秦墓竹簡整理小組『睡虎地秦墓竹簡』文物出版社，1990年による。

② 土口史記『先秦時代の領域支配』（京都大学学術出版会，2011年，95-121頁）を参照。

③ 工藤元男は「語書」の性質について，「この文書の基調をなすものは鄉俗と秦法の対立状況であり，「鄉俗・淫泆の民」が秦法の浸透を阻む楚地固有の習俗全般およびそれを保守して秦法にしたがわない故楚の人々をさすことは明らかである」と述べる。工藤元男『睡虎地秦簡よりみた秦代の国家と社会』創文社，1998年，380-385頁。

十分に職務を果たさないことが当時から問題となっていた。しかし秦はこうした問題を座視していたわけではない。ここで注目したいのは，秦にとって地方支配の経路は「郡県」のみに限られていたわけではないという点である。近年出現した楚地出土文献，とりわけ里耶秦簡・岳麓書院蔵秦簡などの秦簡牘によれば，地方行政を担った郡県官吏の他にも，各種の官が旧楚地に派遣され，郡県の統治を補完していたことが窺われる。

本稿はそうした旧楚地の統治にあたった秦官の具体像を近年公開された秦簡牘によって検討し，秦の旧楚地支配における「郡県」以外の支配経路の存在を指摘するとともに，その特徴と意義について論じるものである。

二　楚地に派遣された秦官

近年公開された出土簡牘によれば，秦が各種の官吏を旧楚地に派遣していたことが窺われる。具体的には丞相・御史・執法・廷尉の属吏が挙げられるが，ここでは行論の便のため，現存資料の豊富な順に検討してゆきたい。

(1)廷史

まず廷尉の属吏として，廷史なる官が旧楚地の県に派遣されて治獄等に携わっていたことが確認される。このことについては別稿①で論じたところだが，重複を厭わず以下に紹介し，さらに若干の新出資料を付け加えておきたい。

嶽麓秦簡「質日」②にはしばしば「廷史」が現れる。「三十四年質日」および「三十五年私質日」に，

(始皇三十四年五月)戊辰，騰与廷史治傳舍	33簡第4欄
(始皇三十四年五月)癸巳，廷史行行南	58簡第4欄
(始皇三十四年六月)壬寅，廷史行北	8簡第5欄
(始皇三十五年十二月)辛未，爽行廷史	9簡第2欄

整理者が述べるように，廷史とは「廷尉史」のことであろう③。『漢書』百官公卿表では廷尉の属吏は廷尉正・廷尉左右監とされており，そこには「廷史」は見えないが④，『漢書』刑法志に「今遣廷史與郡鞫獄」とあり，これについて如淳は「廷史，廷尉史也」と解している。後掲の奏讞書においても廷史は廷尉による審判に参与していることから，それが廷尉の属吏にあたることは明らかであろう。

廷史が携わった治獄の実例は，張家山漢簡「奏讞書」⑤に見ることができる。秦代の事件と考えられる「奏讞書」案例21（183-185簡）では，杜県からの上讞に対し，廷尉・廷尉正・廷尉監・廷史が審理を行っている。

① 土口史記「秦代領域控制與官吏移動」[『出土文献的世界：第六届出土文献青年学者論壇論文集』中西书局、2018年]。

② 嶽麓書院蔵秦簡「質日」の釈文は，朱漢民、陳松長主編『嶽麓書院蔵秦簡（壹）』上海辞書出版社，2010年による。

③ 朱漢民、陳松長主編『嶽麓書院蔵秦簡(壹)』，69頁。

④ 『漢書』百官公卿表：廷尉，秦官，掌刑辟，有正、左右監，秩皆千石。

⑤ 以下，張家山漢簡「奏讞書」および「二年律令」の引用は，彭浩、陳偉、工藤元男主編『二年律令与奏讞書：張家山二四七号漢墓出土法律文献釈読』(上海古籍出版社,2007年)による。

今杜滹女子甲夫公士丁疾死，喪棺在堂上，未葬，與丁母素夜喪，環棺而哭。甲與男子丙偕之棺後內中和奸。明旦，素告甲吏，吏捕得甲，疑甲罪。廷尉穀，正始，監弘，廷史武等卅人議當之。

さらに同史料は続けて，もう一人の廷史が徭使（出張）のため遅れて裁判に参加し，上司の廷尉らの意見に反駁したことを記している（189 簡「今廷史申徭使而後來，非廷尉當，議曰：當非是」）。このことも，廷史が地方に派遣されていたことを端的に示すだろう。

廷尉が県からの上讞を受けて再審理を行うことについては，『漢書』刑法志所載の高祖七年制詔が参照できる。

自今以來，縣道官獄疑者，各讞所屬二千石官，二千石官以其罪名當報之。所不能決者，皆移廷尉，廷尉亦當報之。

県道→二千石官→廷尉という順序による上讞の制度が示されている。さらに籾山明は乞鞫による再審理の制度について記した二年律令 116 簡，

气(乞)鞫者各辭在所縣道，縣道官令、長、丞謹聽，書其气(乞)鞫，上獄屬所二千石官，二千石官令都吏覆之。都吏所覆治，廷

について，末尾「廷」の次には「尉……」という簡が続くとして，二千石官に派遣された都吏が覆治した内容は，廷尉に報告されたはずであると指摘する①。

このように，県道→二千石官→廷尉という順序で再審が行われるのが当時の制度であった。これを背景に，県の裁判に対して廷尉が再審理を行うことがあったわけだが②，前掲の嶽麓秦簡「質日」で見たように，地方に来て業務を行っているのは廷史であった。これは廷尉が県に対する再審を行う場合，現地に赴いて調査等の実務を行うのが専ら廷史の任務であったことを示唆する。

以上の廷史に関わる議論は別稿で既に述べたことであるが，さらに付け加えるならば，嶽麓書院蔵秦簡（伍）261-262 簡には廷史が覆獄③のため移動する際の制度規定が見られる④。

●令曰：叚(假)廷史、廷史、卒史覆獄乘傳(使)馬∟，及乘馬有物故不備，若益驂駟者∟。議，令得與書史、僕、走乘，毋得驂乘∟。它執法官得乘傳(使)馬覆獄、行縣官及它縣官事者

---

① 籾山明『中国古代訴訟制度の研究』京都大学学術出版会，2006 年，106 頁。

② 嶽麓書院蔵秦簡「爲獄等状四種」案例 11には「廷」「廷史」が見えるが，廷尉は現れない（朱漢民、陳松長主編『嶽麓書院蔵秦簡(叁)』上海辞書出版社，2013 年）。

乞鞫，廷覆之。

(始皇)元年四月得之乞鞫曰……廷史賜等覆之。

整理者はこれを県廷の史もしくは廷尉史かと両論併記している。だが上述のように県に対して廷尉系統の吏が覆獄することが当時よくあったとすれば，ここの廷史もまた廷尉史のことと考えるのが妥当であろう。

③ 「覆獄」は一般に再審を意味するとみなされているが，楊振紅・王安宇は「覆」は必ずしも再審のみならず初審においても使用される例があることを指摘し，「覆」とはより上級の機関もしくはそれが指定する機構や使者によって担当される訴訟審判のことであると論じている。楊振紅・王安宇「秦漢訴訟制度中的"覆"及相関問題」『史学月刊』2017 年第 12 期，5-13 頁。

④ 陳松長主編『嶽麓書院蔵秦簡(伍)』上海辞書出版社，2017 年。

比。●内史旁金布令第乙九

廷史や卒史のほか，執法（後述）の属吏等は，覆獄で地方に赴く必要から官有馬を使用することがあった。地方郡県に派遣されるこれらの官吏に対しては通行上の便宜が図られていたことがわかる。

廷史のほか，廷尉の屬官としては廷尉正・監が存在するが，これらも地方での治獄・覆獄に参与した可能性がある。里耶秦簡 8-141+8-668 簡①に，

> 卅年十一月庚申朔丙子，發弩守涓敢言之：廷下御史書曰：縣
> □治獄及覆獄者，或一人獨訊囚，嗇夫長、丞、正、監非能與
> □□毆，不參不便。書到尉言。●今已到，敢言之。(正)
> 十一月丙子旦食，守府定以來。/連手。　　萃手。(背)

とあり，「正、監」が見える。陳偉主編『里耶秦簡牘校釈』は「《二年律令》444 號簡有“丞相長史正、監”，可參看」としているが②，ここでは治獄・覆獄にかかわるため，廷尉正・監のことを指している可能性も排除すべきではないだろう。

(2)御史

次に地方へと派遣された秦官として御史を取り上げよう。里耶秦簡に詔書と思しい次のような簡 8-528+8-532+8-674がある。

> □□御史：聞代人多坐從以繫，其御史往行，□其名□所坐以繫
> 縣□奏軍初□□到使者至，其當于秦下令繫者，卒署其所坐☑
> 令且解盜戒(械)。卅五年③七月戊戌，御史大夫綰下將軍下□叚(假)御史謷往行☑
> ☑下書都吏治從入者，□大□□□見下校尉主軍□都吏治從☑
> ☑書從事各二牒，故何邦人爵死越□從及有以當制【秦】☑(正)
> ☑書亟言，求代盜書都吏治從入者所，毋當令者☑
> ☑□留曰騎行書留。/□手。☑(背)

これが詔書であると考えられるのは，冒頭に年次を記していない点などが詔書の体例に符合するためである④。とすれば，「其御史往行」と命じているのは始皇帝であろう。ここで御史が命じられた内容は，代の地に出向いて「繫」された者について調査し，さらに「解盜械」することであった。御史大夫王綰はこれに応じ，現地に假御史を派遣している。

この文書は代人の繫に関する問題に対処するために御史を派遣したことについて記載するが，里耶秦

---

① 以下，里耶秦簡の引用は特に注記しない限り，湖南省文物考古研究所編『里耶秦簡〔壹〕』(文物出版社，2012年)；陳偉主編『里耶秦簡牘校釈(第一卷)』武漢，武漢大学出版社，2012 年による。

② 陳偉主編『里耶秦簡牘校釈（第一卷）』，82 頁。

③ 陳偉主編『里耶秦簡牘校釈（第一卷）』，174 頁は「廿五」の可能性を指摘する。

④ 詔書の実例としては，里耶秦簡 8-159に「制書曰：舉事可爲恒程者上丞相…卅二年二月丁未朔□亥御史丞去疾…」がある。「制書」をまず掲げて次に紀年を示す書式は，一般の文書が冒頭に紀年を掲げるのとは明らかに异なる。8-528+8-532+8-674もこれと同様であろう。さらにこれを踏まえれば，8-528+8-532+8-674の冒頭部分「□□御史：聞…」は「制詔御史：聞…」であったと推測される。同様の文例は秦令に散見する：「●制詔御史：聞獄多留或至數歲不決…」(岳麓書院蔵秦簡(伍)59 簡)，「制詔御史：聞反者子年未盈十四歲…」(岳麓書院蔵秦簡(伍)93 簡)。

簡は秦代遷陵県廷（洞庭郡所属）において出土した文書であるため，代の問題とこの洞庭郡遷陵県とがどのように関わるのかについては今ひとつ判然としない。しかしこれが遷陵県に届いた文書である以上，この文書に記された案件が代のみならず楚をも含めた旧六国所属の人々に関連する処置であった可能性がある。「故何邦人」という記載はこの見方を補強するだろう。いずれにしても，皇帝の命令を受けて御史が楚地を含む地方に派遣され，罪人の調査を実施することがあった点は確実と言える。

上記の文書では御史は「行」すなわち巡察することを命じられていた。一方，その他に地方に派遣された御史が担った業務の実例として，里耶秦簡中の封検 8-632+8-631 簡①が注目される。

御史覆獄治充☐
☐□故令人行

御史が覆獄のため充県②に（おそらく一時的に）治所を設けていたことが判明する。この封検はその御史の治所に宛てられたものと考えられる③。

このように御史は巡察や覆獄のために地方に派遣されることがあったが，このことと対応して，移動する御史等に対する食糧支給について規定した秦律が睡虎地秦簡・秦律十八種 179-180 簡に見える。

御史、卒人使者，食粺米半斗，醤駟(四)分升一，采(菜)羹，給之韭葱。其有爵者，自官士大夫以上，爵食之。使者之従者，食糲(糲)米半斗，僕，少半斗。　傳食律。

冒頭の「御史、卒人使者」を，『秦簡牘合集』は御史（御史大夫）の使者と卒人（二千石官）の使者を意味すると解している④。従うべきであろう。先に掲げた里耶秦簡 8-528+8-532+8-674では確かに御史大夫が假御史を代に派遣していたので，この傳食律の「使者」はこうした官員のことを指していると考えられる。「使者」が通過する県では彼らに対して食糧を支給する義務が課せられていた⑤。

(3)丞相史

先に見た御史あての封検と類似するものとして，里耶秦簡中にはまた丞相の属吏に宛てられた封検（16-886 簡⑥）が存在する。

鄭覆衣用丞相叚(假)
史産治所

同種の封検の文例を参照すれば，この簡が「鄭県で衣用に関する覆獄をおこなっている丞相假史産の治

---

① この簡の綴合については，何有祖「里耶秦簡牘綴合(四)」(簡帛網 2012 年 5 月 21 日 http://www.bsm.org.cn/show_article.php? id=1700)を参照。

② 『漢書· 地理志』によれば充県は武陵郡に属する。

③ 同類の封検の解釈については土口史記「秦代領域控制與官吏移動」[『出土文献的世界：第六届出土文献青年学者論壇論文集』中西书局，2018 年，79-91 頁]を参照。

④ 陳偉主編『秦簡牘合集〔壹〕』武昌，武漢大学出版社，2014 年，141 頁。

⑤ 二年律令・傳食律 232-233 簡にも類例が見られる。

丞相、御史及諸二千石官使人，若遣吏、新爲官及屬尉、佐以上徵若遷徙者及軍吏，縣道有尤急言變事，得爲傳食。

⑥ 鄭曙斌、張春龍、宋少華、黄樸華編『湖南出土簡牘選編』嶽麓書社，2013 年。

所」に当てられた封検であることがわかる①。これもまた遷陵県廷において出土した理由は明確にはわからないものの，秦代においても丞相史が地方の県に派遣されて覆獄を行うことがあったことを示している。

丞相史が地方で覆獄に従事したことはまた嶽麓秦簡「爲獄等状四種」案例 8（140 簡）にも窺われる。

(始皇二十八年)九月丙寅，丞相史如論令妘贖舂②。

とある。いずれの県の裁判を丞相史が裁いたのかは不明であるが，里耶秦簡 16-886と同様に地方県の獄であったとすれば，嶽麓秦簡に言及される地域の範囲からして旧楚地の県であった可能性は高い。

また嶽麓秦簡（伍）所収の秦令（128-130 簡）に次のようにある。

●令曰：御史節發縣官吏及丞相、御史、執法發卒史以下到縣官佐、史，皆毋敢名發。其發治獄者官必遣嘗治獄二歲以上。不從令，皆貲二甲，其丞、長史、正、監、守丞有(又)奪各一攻(功)，史與爲者爲新地吏二歲。御史名發縣官吏□書律者，不用此令。　●卒令丙九

整理小組が指摘するように，ここに見える「長史」には丞相長史が含まれている可能性がある③。

秦簡にはこのように地方に派遣された丞相史の姿が確認できる。このような職責は漢代の丞相史にも継承されており④，実際，宣帝期の丞相魏相はしばしば「掾史」を地方に派遣していたことが知られている⑤。このような丞相史の地方出刺が，秦代においても既に実施されていたことを上掲の里耶秦簡・嶽麓秦簡は証明するであろう。

(4)執法卒史

丞相・御史とならんで執法もまた，その属吏を地方に派遣していた⑥。廷史について検討した際に取り上げた嶽麓秦簡（伍）262 簡には「它執法官得乘傳（使）馬覆獄，行縣官及它縣官事者比」とあり，「執法官」が覆獄・行県に携わっていたことを示す。また丞相史の部分で言及した嶽麓秦簡（伍）128-130 簡には「●令曰：御史節發縣官吏及丞相、御史、執法發卒史以下到縣官佐、史，皆毋敢名發」とあり，執法には丞相・御史と並んで「卒史以下到県官佐、史」を動員して治獄に当たらせる権限があったことがわかる。

---

① 16-886 簡では丞相假史が何のために派遣されたのか明示されていないが，それが覆獄のためであろうことは前掲の8-632+8-631 簡より推測される。

② ここに見える「丞相史如」について，整理者は「丞相、史如」と断句する(朱漢民、陳松長主編『岳麓書院蔵秦簡(叁)』,176 頁)。しかしこのように解した場合，丞・史の所属する県名が示されないのは他の文例（例えば「爲獄等状四種」案例 1，13 簡「州陵守綰、丞越、史獲」）と异なり，いかにも不自然である。したがってここでは「丞相史の如（人名）」と解しておく。

③ 陳松長主編『嶽麓書院蔵秦簡(伍)』，155 頁，注 72。

④ 『漢書』百官公卿表・監御史：丞相遣史分剌州，不常置。;『漢舊儀』：漢初置相國史，秩五百石。後罷，并爲丞相史。武帝元狩六年，丞相吏員三百八十二人。史二十人，秩四百石。少史八十人，秩三百石。屬百人，秩二百石。屬史百六十二人，秩百石。なお丞相属吏については安作璋、熊鉄基『秦漢官制史稿』(斉魯書社，2007 年，34-41 頁)を参照。

⑤ 『漢書』魏相伝：(魏)相敕掾史案事郡國及休告從家還至府，輒白四方异聞，或有逆賊風雨灾變，郡不上，相輒奏言之。時丙吉爲御史大夫，同心輔政，上皆重之。

⑥ 執法の詳細については土口史記「嶽麓秦簡「執法」考」（『東方学報』京都，第 92 册，2017 年）を参照。

ただ，以上の史料はあくまで制度規定であって，実際に地方に駐在する執法の属吏に送られた文書や，執法の属吏が実際に従事した業務に関連する文書の実例等については現在のところ発見されていない。

以上のように，秦代においては廷尉・御史・丞相・執法が旧楚地をはじめとする地方郡県へと属吏を派遣する制度が存在した。本節で取り上げた史料によれば，そうした属吏は主に郡県に対する巡察や，県の裁判に対する覆獄といった業務に従事していた。丞相・御史・廷尉・執法らの属吏は，郡県を督察する監察官としての役割を担っていたと言える。こうした監視システムの存在は，睡虎地秦簡・語書に言う「吏民犯法爲間私者不止」といった問題に応じるものであったであろうことは想像に難くない。

三　御史・執法による郡県間の調整機能

前節では地方に派遣された秦官について検討したが，そのうち御史・執法については，制度的に郡県行政に対して介入しえたという点がさらに注目される。両者はいずれも郡県の上位に立って，既存の郡県管区にとらわれない各種の調整を行う権限を有していた。ここでは秦代における御史・執法の郡県行政に対する介入・調整の具体例について検討したい。

(1)郡県管区の調整

まずは張家山漢簡「奏讞書」にみえる秦代の事例を取り上げよう。始皇帝時期の事件について記した案例 18（130-131 簡）に，

> 庫視獄留，以問獄史氏，氏曰：蒼梧縣反者，御史恒令南郡復。

とある。蒼梧郡所属の県において反乱を起こした者に対して，御史は常に南郡に命じて覆獄を行わせていたという。これについて陳偉氏は

> “蒼梧縣反者，御史恒令南郡復。”这句话实际上表明，南郡复审苍梧郡反者，是奉御史之命行事，属于一种特别情形，而不是在按常规履行郡府的职责。这可能是位于首都的御史授权南郡对与之相近的苍梧代行自己的职权

と述べる①。御史の指令を前提としつつ，南郡は自郡の管区を越えて蒼梧郡下の県の問題に対処していたのである。言い換えれば，御史は既存の郡県の管轄範囲を臨時に変更しえたということになる。

そうした処置がとられた背景について，ここには明記されてはいない。ただ，蒼梧郡下の県における反乱の頻発，治安の動揺という状況が県の業務を繁雑化させ，当該県のみで対処するには人的資源が十分ではなかったというような状況が推察される。そのため南郡など他郡から臨時に蒼梧郡へと官員が充当される必要があったのではなかろうか。

このような対応を御史が行いえたことの制度的な背景として，前掲の嶽麓秦簡（伍）128-130 簡「令曰：御史節發縣官吏及丞相、御史、執法發卒史以下到縣官佐、史，皆毋敢名發。其發治獄者官必遣嘗治獄二歳以上」が想起される。すなわち，丞相・御史・執法はもともと郡県に所属する官吏をその郡県の枠組みを越えて臨時の業務に就かせることができたのである。先の奏讞書に見えた南郡・蒼梧郡の関係も，こうした制度を背景として，御史が南郡の官員を蒼梧郡下の県に派遣したものであったと考えられる。

---

① 陳偉「洞庭、蒼梧二郡芻論」『歴史研究』2003 年第 5 期，170 頁。

御史のような中央官が郡県で生じた問題に対処すべく，既存の郡県管区を臨時に無効化し変更しえたという事実は非常に興味深い。郡県という縦割りの枠組みから生じる問題を克服すべく，御史には強大な権限が与えられていたと言えるだろう。

(2)郡県間の不均衡の調整

御史と執法はさらに，郡県において必要な資源の不均衡が生じた場合に，これを調整する機能を有していた。以下，御史・執法それぞれの事例に関する具体的な史料を検討しよう。
次の里耶秦簡は洞庭郡守から遷陵県丞に下された一連の册書である①。

卅四年六月甲午朔乙卯，洞庭守禮謂遷陵丞：
丞言徒隸不田，奏曰：司空厭等當坐，皆有它罪，8-755
耐爲司寇，有書。書壬手。令曰：吏僕、養、走、工、組
織、守府、門、肖力匠及它急事不可令田，六人予田徒 8-756
四人。徒少及毋徒，簿移治虜御史，御史以均予。今遷陵
廿五年爲縣，廿九年田，廿六年盡廿八年當田。司空厭等 8-757
失弗令田，弗令田即有徒而弗令田且徒少不傳于
奏。及蒼梧爲郡九歲，乃往歲田。厭失，當坐論，即 8-758
應令及書所問且弗應。弗應而云當坐之狀何如。
其謹案致，更上奏決。展簿留日。毋騰却。它 8-1564
如前書律令。/七月甲子朔癸酉，洞庭假守
繹追遷陵。/歇手。●以沅陽印行事。8-759
歇手 8-755(背)
七月甲子朔庚寅，洞庭守繹追遷陵。亟言。/歇
手。●以沅陽印行事。/八月癸巳朔癸卯，洞庭假 8-1523 正
守繹追遷陵。亟日夜上勿留。/卯手。●以沅陽
印行事。/九月乙丑旦，郵人曼以來。/翥發。8-1523 背

第三行目以下の「令」に，県間の労働力を調整する規定が見られる点が注目される。すなわち，県において田徒が不足したりいなかったりした場合，治虜御史②に帳簿を送付して田徒の分配を申請し，治虜御史の側ではこれに応じて田徒を分配（「均予」）したという。田徒に余裕のある別の県から再分配したものであろう。このように，御史には県の田徒不足を調整し，県間の人的資源の均衡を図る役割が与えられていた。

ここでの「均予」とは田徒の調整を指すが，一方で金銭の調整に関する処置も秦簡には見られる。執法による「調均」がそれである。これについては嶽麓秦簡（肆）308-311 簡に見え，別稿③でも検討を

---

① 本册書の復元については，宮宅潔「關於里耶秦簡⑧755-759 簡與⑧1564 簡的編聯」（簡帛網 2018 年 3 月 4 日 http://www.bsm.org.cn/show_article.php? id=2992）を参照。なお釈文は一部通行の文字に改めた。

② 治虜御史について，陳偉主編『里耶秦簡牘校釈』は「治虜御史，蓋爲管理奴僕的官署」とする。おそらくは御史のなかでも特に「治虜」の任務に従事した者を特にこう称したと考えられるが，それが恒常的な官かこのとき特別に設けられた官であるのか判然としない。

③ 土口史記「嶽麓秦簡「執法」考」22-23 頁。嶽麓秦簡（肆）308-311 簡の句読および解釈についてもこれを参照。

加えたことではあるが，ここでもあらためてその内容を確認しておきたい。

> ●制詔丞相、御史：兵事畢矣┘，諸當得購賞貰責(債)者，令縣皆亟予之。令到縣，縣各盡以見(現)錢不禁者，勿令巨辠。令縣皆亟予之。■丞相、御史請：令到縣，縣各盡以見(現)錢不禁者亟予之，不足，各請其屬所執法，執法調均，不足，乃請御史，請以禁錢貸之，以所貸多少爲償，久易(易)期，有錢弗予，過一金，貲二甲。

県に対して「購償貰債」の支払いをすみやかに行うよう命じた制詔に，丞相・御史の請が続き，これを皇帝が承認（制曰可）して全体としては秦の「令」となったものである。丞相・御史の請の中に，県の現銭が足りない場合は執法に請求し，執法が「調均」をする旨が記されている。調均とは，現銭に余裕のある県から不足している県に対して融通することを意味する①。それでもさらに不足がある場合には御史に対して禁銭からの支出を請求することになっていた。

このように，執法は場合によっては御史の協力をも仰ぎつつ，県間の財政的な不均衡を調整すべき立場にあった。こうした執法の「調均」もまた，御史の「均予」と同様，一県の管区をまたぐような調整を行うものであったと言える。

御史の「均予」と執法の「調均」は，いずれも一県では解決しがたく，複数の県間の調整が必要な問題に対応した処置であったという点で共通している。一県の限定された管区内では解決不可能な問題が生じた場合，その県は自ら周囲の県と交渉し必要な資源を融通・調整してもらうのではなく，協力を仰ぐ対象はまず御史・執法であったという点にはあらためて注意しておきたい。別の見方をすれば，県が協力を仰ぐ対象は郡ではなかったということになる。郡もまたその権限の及ぶ管区が限定された一地方行政単位にすぎず，その管区を越えた資源の調整・再分配を行うには理想的な存在とは言い難い。一方，御史・執法はそもそも郡や県のような地方行政単位とは异なり，あらかじめ定められた管区は有していない。そのことでかえって郡県を横断した調整が可能となったのである。

さて，いま一度これら御史・執法の郡県横断的な調整機能を示す史料に立ち戻れば，そうした広域行政の権限が当時の「令」という法的根拠に基づいていたということもまた共通点として注目される。既に指摘されているように，御史とは皇帝の「史」であり，皇帝の意志を代弁する使者という性格を濃厚に有していた②。また別稿で論じたように，執法とは皇帝の意志を迅速に実行する役割を帯びた官であった③。そのような両者の性格が，皇帝の「令」に基づき「均予」「調均」を実施するという点に現れていたのである。要するに，御史・執法による臨時的な郡県管区の調整や，郡県を横断した資源不均衡の調整といった権限の来源は，両者が皇帝の直接の代理人としての性格を有した点にあったと考えられる。

本節の議論をまとめておこう。(1) 秦による旧楚地の統治においては，郡県という既存の地方行政機関のみでは対処が困難な問題が存在した，(2) そうした問題が生じた場合，御史・執法が郡県管区を臨時に変更したり，「均予」「調均」によって調整を行うなどの対策が講じられていた，(3) そうした処置は皇帝の「令」に基づいて行われており，このことは御史・執法が皇帝の代理人であったことを反映する。

以上のように捉えれば，郡県による地方統治機能の限界を，皇帝の代理人が補完したという構図が見

---

① 渡邊信一郎『中国古代の財政と国家』汲古書院，2010 年，55-66 頁。

② 桜井芳朗「御史制度の形成（上）」『東洋学報』第 23 巻第 2 号，1936 年；增淵龍夫『新版 中国古代の社会と国家』岩波書店，1996 年，266-295 頁。

③ 土口史記「嶽麓秦簡「執法」考」，23 頁。

えてくるだろう。

四　結論

本稿では，秦が旧楚地を含めた地方郡県を支配するにあたって廷尉・御史・丞相・執法などの属吏を現地に派遣し，郡県行政を監視・監督していたこと，また御史・執法が郡県管区をまたいで資源不均衡を調整する役割を担っていたことを確認した。これらの官は，時に地方官吏を監視し，時に地方支配の不備を補完する，いわば第二の支配経路としての機能を有していた。本稿の結論は，楚地の秦官は郡県官吏だけではなかったという単純にして基礎的な事実をあらためて確認した，ということになろう。

確かに秦の地方支配を日常的に担ったのは第一に郡県官吏であった。しかし郡県はそもそも一定範囲の管区に分割されている以上，それぞれの権限はその領域内にしか及ばないという問題が必然的に伴う。そのため，郡県管区を越えた広領域的な問題が生じた際，主として対処にあたったのは皇帝意志の代弁者たる御史・執法であった。

広領域的な問題を郡県単独で解決させようとはせず，皇帝の代理人がそこに現れるような制度設計の存在から，秦が「皇帝による郡県支配」を志向していたことが強く示唆される。このことは当然ながら楚地支配の問題にとどまるものではなく，秦代地方支配制度の根本的な特質に関わる論点かと思われる。さらなる検証を期したい。

（作者单位：日本岡山大学大学院社会文化科学研究科）

张家山汉简《二年律令》校读(一)*

周　波

2001年，《张家山汉墓竹简(二四七号墓)》精装本出版。此书原整理者对张家山汉简《二年律令》已经做了很好的文本整理方面的工作。资料公布以后，学界在《二年律令》这一方面的研究又继有推进，对于我们更好的理解这批法律简颇有助益。

不过，《二年律令》内容丰富、性质重要，但文辞简短，理解不易。陈伟先生曾云："汉代司法简，在简短的文辞中往往蕴含着丰富、复杂的信息，令人有常读常新之感。"①其说诚是。我们在研读《二年律令》及有关论著时，发现《二年律令》在文字释读、句读、注释等方面仍有不少值得讨论之处，因此写出来请大家批评指正。

一

《二年律令·贼律》简10释文云②：

伪写彻侯印，弃市；小官印，完为城旦春☑

此简"春"下已残，故整理者在"春"下以残断号标识之，《张家山汉墓竹简(二四七号墓)释文修订本》(简称《释文修订本》)、《二年律令与奏谳书》释文均从之。朱红林《张家山汉简〈二年律令〉集释》引此处释文于"春"下绝句。③

按：《二年律令》中"完为城旦舂"均为独立实施的刑名。如简12："诸上书及有言也而谩者，完为城旦舂。"简27："斗而以釰及金铁锐、锤、椎伤人，皆完为城旦舂。"这提示我们，此简下虽残断，但文意已完，"春"下很可能再无文字。

张家界古人堤东汉木牍云："《贼律》曰：伪写皇帝信玺、皇帝行玺，要(腰)斩，以匀(徇)。伪写汉使节、皇大子、诸侯、三列侯及通官印，弃市；小官印，完为城旦舂。"又《二年律令》简9云："伪写皇帝信玺、皇帝行玺，要(腰)斩，以匀(徇)。"张家界古人堤东汉木牍所载《贼律》正可与《二年律令·贼律》简9、简10相参看。

据此可知，东汉《贼律》与汉初《贼律》有关于伪写皇帝玺、诸侯印的法律条文文字很近，所施刑法亦同。我们认为，《二年律令·贼律》简10"伪写小官印"一句之后，当与古人堤东汉木牍所载《贼律》相同，原释文当改为"完为城旦舂"。

---

* 本文写作得到2018年国家社科基金后期资助项目"张家山汉简《二年律令》文本整理与相关问题研究"(18FZS029)支持，谨致谢忱。

① 陈伟：《〈二年律令〉、〈奏谳书〉校读》，《简帛》第一辑，上海古籍出版社2006年版，第345页。

② 下文引释文，凡未作特别说明者，均指原释文。

③ 朱红林：《张家山汉简〈二年律令〉集释》，社会科学文献出版社2005年版，第16页。

二

《二年律令·盗律》简57释文云：

谋遣人盗，若教人可(何)盗所，人即以其言□□□□□及智(知)人盗与分，皆与盗同法。

此处释文《释文修订本》《二年律令与奏谳书》皆从之。《二年律令与奏谳书》注释已经指出，三国时代出土文字资料研究班认为“可”应如字读，此说当是。“可盗所”即可以偷盗的地方。“谋遣人盗，若教人可(何)盗所”即《唐律》所谓“造意者”。《唐律·贼盗律》“共盗并并赃论”条：“诸共盗者，并赃论。造意及从，行而不受分，即受分而不行，各依本首从法。若造意者不行，又不受分，即以行人专进止者为首，造意者为从，至死者减一等。”可以参看。

“及”前尚有一字，原均缺释。此字原图版作，红外线图版作。此字因中部竹简开裂，稍有变形。此简下文“分”字作，从字形写法和辞例可知，上字也应释为“分”。

“分”即分赃。睡虎地秦简《法律答问》简9：“甲盗，臧(赃)直(值)千钱，乙智(知)其盗，受分臧(赃)不盈一钱。问：乙可(何)论？同论。”岳麓书院藏秦简(叁)《猩、敞知盗分赃案》简44-45：“上造敞、士五(伍)猩智(知)人盗埱冢，分臧(赃)。”又简59：“〚问〛：达等埱冢，不与猩、敞谋，得衣器告；猩、敞受分，臧(赃)过六百六十钱。”“受分”又见前引《唐律·贼盗律》，指收受分得的赃款或赃物。

从上引两种秦简及简57辞例来看，《二年律令·盗律》简57“分”之前缺字或即“与”或“受”字。“智(知)人盗与分”及上文的“乙智(知)其盗，受分”，“上造敞、士五(伍)猩智(知)人盗埱冢，分臧(赃)”这类情况，指知道某人的偷盗行为，而参与分赃。上文“人即以其言□□□□分”则属于另一种情况，指教唆他人到某地偷盗，因其教唆行为而参与分赃。

三

《二年律令·盗律》简65-66释文云：

群盗及亡徒群盗，殴折人枳(肢)，失(胅)体，① 及令佊(跛)蹇(蹇)，若缚守将人而强盗之，及投书、县(悬)人书，恐猲人以求钱财，盗杀伤人，盗发冢，略卖人若已略未卖，桥(矫)相以为吏，自以为吏以盗，皆磔。

简66原释文“若缚守将人而强盗之”下注云：“将，押送。《尔雅·释言》：‘将，送也。’”其后关于此句的句读及理解，学界有过不少讨论。

张家山汉简研读班将原释文“若缚守将人而强盗之”断读作“若缚守、将人而强盗之”。其云：“或说‘若缚守将人而强盗之’句当读断为‘若缚守、将人而强盗之’。顿号前后属两种不同的犯罪行为。”②《释文修订本》《二年律令与奏谳书》皆从之。

王伟先生认为，证以本简，可知《晋书·刑法志》引张斐《上律注表》“盗伤缚守似强盗”一句中的“缚守”，应该是为了行文流畅而对“缚守将”的简化，而“不自知亡为缚守，将中有恶言为恐猲”一句中的

① “失(胅)”，原释“胅”。参郭永秉：《张家山汉简〈二年律令〉和〈奏谳书〉释文校读记》，《古文字与古文献论集》，上海古籍出版社2011年版，第234~235页。

② 张家山汉简研读班：《张家山汉简〈二年律令〉校读记》，李学勤、谢桂华主编：《简帛研究二〇〇二、二〇〇三》，广西师范大学出版社2005年版，第179页。

“将”字当上属，以“缚守将”连读。①

陈伟先生从原释文，指出“守将”又见简107，作“告，告之不审，鞫之不直，故纵弗刑，若论而失之，及守将奴婢而亡之，篡遂纵之……”他认为“守将”应是监管、看守之意。其云：

> 律文中这两处“守将”大致是“监管”“看守”之意，原注释把“将”训为押送，恐有不确。……守将，在上揭二条律文中，都用作动词。在古书中，守、将二字在两层意思上辞义相近或相通。一是主管……二是守护……律文中的“守将”大概就是由两个在这些意涵上的近义词组成的复合词。其具体含义，在65-66号简中，即可能是主管，也可能是守护(对象是财物)；而在107-109号简中，则应是守护、监视之意(对象是奴婢)。相同用语在传世的汉代文献中也有出现。《潜夫论·断讼》在说逼迫寡妇再嫁时写道：“或后夫多设人客，威力胁载，守将抱执，连日乃缓，与强略人为妻无异。”……这里“守将”的用法应与律文相当，是监看一类意思。时代相近的传世文献与出土文献可相互印证。在云梦睡虎地出土的秦律中，有“将司”一语。……在《秦律十八种·司空》130-140号简“将司”首次出现时，整理小组注释云：“监管。”按之律文，其说应可信。“司”亦有主管、监察义。秦律“将司”当是与汉律“守将”类似的说法。在汉唐律令中，还常见“主守”之语。……“主守”之意，似乎也与“守将”相近。②

王伟先生引《上律注表》证之，确属卓见，认为《上律注表》“缚守”为“缚守将”之省，又以“不自知亡为缚守，将中有恶言为恐猲”之“将”字属上读，作“缚守将”，则不可信。《上律注表》之“将”即行也。“将中有恶言为恐猲”，指办事中有恫吓威胁的话则为恐吓。陈伟先生指出，“守将”为一词，是监管、看守之意，可从，认为简65“守将”之对象为钱财，则恐有疑问。

《晋书·刑法志》引张斐《上律注表》：“夫律者，当慎其变，审其理。……过失似贼，戏似斗，斗而杀伤傍人，又似误，盗伤缚守似强盗，呵人取财似受赇，囚辞所连似告劾，诸勿听理似故纵，持质似恐猲。如此之比，皆为无常之格也。”又“律有事状相似而罪名相涉者，若加威势下手取财为强盗，不自知亡为缚守，将中有恶言为恐猲，不以罪名呵为呵人，以罪名呵为受赇，劫召其财为持质。此六者，以威势得财而名殊者也”。两处皆有“缚守”罪名。

《上律注表》“盗伤缚守似强盗”指为盗取人财物而伤人或捆绑人并加以看管，均与强盗相似。《唐律·贼盗律》“强盗”条即云：“诸强盗，谓以威若力而取其财，先强后盗、先盗后强等。”“不自知亡为缚守”指不知道自己逃跑这种情况亦属“缚守”，上引《上律注表》将之列为六种“以威势得财”之一。

我们认为《上律注表》的“缚守”正相当于《二年律令·盗律》简65的“缚守将人”，简65应断读作“若缚、守将人而强盗之”。《上律注表》的“缚守”即“缚”与“守”，指捆绑他人、看管他人。“缚”，唐律又作“制缚”。《唐律疏议·斗讼》“威力制缚人”条：“诸以威力制缚人者，各以斗殴论；因而殴伤者，各加斗殴伤二等。”“守”即看管。《上律注表》的“守”，显然就是张家山汉简之“守将”。“将”从秦、汉律文来看，亦有监管之义。简65之“将”即用作此义。简文“守将”指监管、看守。

简文“若缚、守将人而强盗之”与《上律注表》“盗伤缚守似强盗”相合，亦指以威势制缚他人而盗取财物，以威势看管他人而盗取财物两种情况。这里“守将”的对象与《二年律令·具律》简107“及守将奴婢而亡之”相同，显然都是指人而言。

上引陈文提到，秦律的“将司”当是与汉律“守将”类似的说法。下面就对这一问题再作讨论。

睡虎地秦简《秦律十八种·司空》简134-135：“鬼薪白粲，群下吏毋耐者，人奴妾居赎赀责(债)于城旦，皆赤其衣，枸椟欙杕，将司之；其或亡之，有罪。葆子以上居赎刑以上到赎死，居于官府，皆勿将

① 王伟：《张家山汉简〈二年律令〉杂考》，简帛研究网，2003年1月21日。

② 陈伟：《〈二年律令〉中的“守将”》，《燕说集》，商务印书馆2011年版，第331~334页。

司。”《秦律十八种·司空》简147-149:“城旦舂衣赤衣,冒赤㡠(毡),拘椟欙杕之。仗城旦勿将司;其名将司者,将司之。”睡虎地秦简《法律答问》简125-126:“将司人而亡,能自捕及亲所智(知)为捕,除毋(无)辠(罪);已刑者处隐官。”岳麓书院藏秦简(肆)《亡律》简24-25:“亡不仁邑里、官,毋以智(知)何人殹,中县道官诣咸阳,郡〖县〗道诣其郡都县,皆毄(系)城旦舂,槫作仓,告令舂勿出,将司之如城旦舂。”其中睡虎地秦简原整理者于《秦律十八种·司空》简135“将司”下注云:“将司,监管。”其说颇有道理。

在秦、汉律文中“将司”亦可单称“将”。《秦律十八种·司空》简145-146:“毋令居赀赎责(债)将城旦舂。城旦司寇不足以将,令隶臣妾将。居赀赎责(债)当与城旦舂作者,及城旦傅坚、城旦舂当将司者,廿人,城旦司寇一人将。”简文“将”与“将司”互见,用法相同。

秦、汉律文中亦常见“将吏”。《岳麓书院藏秦简(伍)》简222-223:“徒出,将吏坐之,居吏弗坐。”整理者注:“居吏,居于官署之吏,相对于监管徒隶的‘将吏’。”《二年律令·金布律》简431:“流者可拯,同食、将吏及津啬夫弗拯,罚金一两。”《二年律令·均输律》简225-226云:“船车有输,传送出津关,而有将啬夫、吏,啬夫、吏与敦长、方长各……”简文“将啬夫、吏”即“将啬夫”与“将吏”。其中“将吏”,睡虎地秦简《秦律杂抄》或作“士吏将者”。睡虎地秦简《秦律杂抄》简12-13:“·军人买(卖)禀禀所及过县,赀戍二岁;同车食、敦(屯)长、仆射弗告,戍一岁;县司空、司空佐史、士吏将者弗得,赀一甲;邦司空一盾。”“士吏将者”即“士吏主者”,指士吏的主管官吏。《二年律令·均输律》的“将啬夫、吏”还可与《岳麓书院藏秦简(伍)》相参看。《岳麓书院藏秦简(伍)》简146-147:“·令曰:吏从军治粟将漕长挽者,自敦长以上到二千石吏,居军治粟漕长挽所,得卖(买)所歙(饮)食衣服物及所以歙(饮)食居处及给事器兵……”整理者于“将”下注:“即将司,统领监管。”其训“将”为统领,恐有未安。我们认为上引秦、汉律文中的“将”都是主管之义。从岳麓简“吏从军治粟将漕长挽者”律文来看,汉律的“将啬夫、吏”大概也是漕卒、拉运粮车财物之徒的主管官吏。

《岳麓书院藏秦简(伍)》又有“主将”。《岳麓书院藏秦简(伍)》简220-222:“·诸当衣赤衣冒擅(毡),拘椟欙杕及当盗戒(械)而擅解衣物以上弗服这,皆以自爵律论之……敢为人解去此一物,及吏徒主将者擅弗令傅衣服,及智(知)其弗傅衣服而弗告劾论,皆以纵自爵辠论之,弗智(知),赀二甲。”简文“吏徒主将者”即张家山汉简《二年律令》的“吏徒主者”。张家山汉简《二年律令·田律》简253-254:“马、牛、羊、㹠彘、彘食人稼穑,罚主金马、牛各一两,四㹠彘若十羊、彘当一牛,而令挢稼偿主。县官马、牛、羊,罚吏徒主者。贫弗能赏(偿)者,令居县官;□□城旦舂、鬼薪白粲也,笞百,县官皆为赏(偿)主,禁毋牧彘。”“将”,主也。“主将”为同义词连用,“主”“主将”皆指主管者。

上引陈文指出,“守”“将”二字在主管和守护两层意思上辞义相近或相通,“守将”大概是这些意涵上的近义词组成的复合词;汉唐律令中的“主守”之意似乎也与“守将”相近。我们认为,从秦汉律文“将”“将司”“主”“主将”等的用法来看,“将”与“主”“司”用法更为接近,三者皆有主管、掌管之义。而“司”除主管义外,亦有监察义。① 故睡虎地秦简整理者谓“将司”即监管,其说应可信。

“将”由主管这一义项,很容易引申指监管。《秦律十八种·司空》简145-146中“将司”“将”互作,就是很好的例证。而“守”多指看守、看管,其义与“将”“主”等尚有别。《龙岗秦简》简44云:“……【与】盗同灋(法),有(又)驾(加)其罪,如守县【官】金钱□☑”居延汉简516.19云:“□库佐安世,主毋区处,主守而即盗□□□”其中“主毋区处”指库佐安世主管、掌管毋区处。又《汉书·刑法志》云:“……及吏坐受赇枉法,守县官财物而即盗之……”颜师古曰:“守县官财物而即盗之,即今律所谓主守自盗者也。”《汉书·匡衡传》:“衡监临盗所主守直十金以上。”比较上述文献可知,其中“主”指主管、掌管,其对象多为机构、职事;“守”应指看管、守护,其对象多为金钱、财物。《唐律·贼盗》“监临主守自盗”条:“诸监临主守自盗及盗所监临财物者,加凡盗二等,三十匹绞。”《疏议》:“假如左藏库物,则太府卿、丞为监

① 陈伟先生已指出此点,参陈伟:《〈二年律令〉中的“守将”》,《燕说集》,商务印书馆2011年版,第334页。

临，左藏令、丞为监事，见守库者为主守，而自盗库物者，为‘监临主守自盗’。又如州、县官人盗部内人财物，是为‘盗所监临’。”又《唐律·名例》“称监临主守”条：“诸称‘监临’者，统摄案验为监临。……称‘主守’者，躬亲保典为主守。虽职非统典，临时监主亦是。”《疏议》：“统摄者，谓内外诸司长官统摄所部者。案验，谓诸司判官判断其事者是也。……‘主守’，谓行案典吏，专主掌其事及守当仓库、狱囚、杂物之类。其职非统典者，谓非管摄之司，临时被遣监主者，亦是。”据《疏议》，“主”意即“专主掌其事”，“守”意即“守当仓库、狱囚、杂物之类”。上引居延汉简、《汉书·匡衡传》中的“主守”似也可如此理解。

《尔雅·释鸟》“鷰，泽虞”下郭璞注云：“今婟泽鸟，似水鸮，苍黑色，常在泽中。见人辄鸣唤不去，有象主守之官，因名云。俗呼为护田鸟。”《唐律》的“主守”已指主守之官，即专掌某职事，具体负责看护之官吏，这是需要特别注意的。

总之，居延汉简、《汉书·匡衡传》的“主守”指主掌、看守，其对象为职事、机构或财物；而《二年律令》的“守将”指监管、看管，其对象为人，二者意义及适用对象皆有别。

四

《二年律令·盗律》简80释文云：

诸盗□，皆以罪(?)所平贾(价)直(值)论之。

此处释文《释文修订本》《二年律令与奏谳书》皆从之。阎晓君先生谓“盗”后缺字疑为“臧(赃)”。①

按：“盗”后一字，原图版作、红外线照片作，从两种图版来看，右部斜笔较为明显。“以”后一字，原图版作，红外线照片作，左为竖笔，上为横笔，亦较确定。我们认为这两个字都应释为“臧(赃)”。《二年律令》简55“臧”字红外线照片作，皆与上引两字残笔相合。

“盗臧(赃)”，又见《二年律令》简55、简91，指所盗取之赃款或赃物。“臧(赃)所”指所盗取赃款或赃物之地。《唐律·名例》“平赃及平功庸”条：“诸平赃者，皆据犯处当时物价及上绢估。”《疏议》：“赃谓罪人所取之赃，皆平其价直，准犯处当时上绢之价。”《大明律》：“其估赃，皆据犯处当时中等物价估计定罪。”《大清律辑注》：“其估赃者，皆据犯处当时中等物价定罪。”律后注：“估赃者，估计赃物价格也。犯处，谓犯罪之地方。当时，谓犯罪之时候。中等者，如物有上、中、下三等，以中等为率也。反估计因人之赃，皆要据犯罪地方、时候、就本物之中估价计所值，以定罪名。”②简文“臧(赃)所”即后世律文中的“犯处”。

五

《二年律令·捕律》简142-143释文云：

与盗贼遇而去北，及力足以追逮捕之而官□□□□□逗留畏耎弗敢就，夺其将爵一络〈级〉，免之，毋爵者戍边二岁；而罚其所将吏徒以卒戍边各一岁。兴吏徒追盗贼，已受令而逋，以畏耎论之。

---

① 阎晓君：《读简札记数则》，王沛主编：《出土文献与法律史研究》第二辑，上海人民出版社2013年版，第78页。

② 阎晓君先生已引诸律与简文相比较。参阎晓君：《读简札记数则》，王沛主编：《出土文献与法律史研究》第二辑，上海人民出版社2013年版，第78页。

“官”后一字，原释文、《释文修订本》、《二年律令与奏谳书》均缺释。白于蓝《战国秦汉简帛古书通假字汇纂》将之释为“隋”，读为“惰”，关于简文文意则未作说明。①

按：“官”后一字原图版作，左部已残，仅余右部笔画。简183“随”字作。与之相比较，可知前一字右部应为“𢀜”。

睡虎地秦简《为吏之道》简13-32：“吏有五失：……四曰善言隋(惰)行，则士毋所比。……”其中“隋”字作。此字右部上为“又”旁，中为“土”旁，与张家山汉简两字“𢀜”旁写法有别。此皆“隓(堕)”右部“𡐦”旁之省。岳麓秦简(壹)《为吏治官及黔首》简84+65：“封闭毋隋，监视毋输(偷)。”其中“隋”字作。右部与张家山汉简两字“𢀜”旁写法同。原整理者释为“堕”，当误。又整理者于“封闭毋堕”下注云：“封闭：以印记封缄关闭，使不能随便动用、通行或打开。……堕：损毁，败坏。……”谓“堕”指“损毁，败坏”，亦有问题。简文“隋”“偷”互文见义，此“隋”当是隋职、懈怠之义。

睡虎地秦简《语书》简10：“綸(偷)随(惰)疾事。”其中“随”字作，读为“惰”。从上举“隋”“随”两字写法及均可读为“惰”来看，《二年律令·捕律》简142“官”后一字很可能也是“隋”或“随”字之残。此字当读为“惰”，指惰职。

《唐律·捕亡》“将吏捕罪人逗留不行”条：“罪人逃亡，将吏已受使追捕，而不行及逗留；虽行，与亡者相遇，人仗足敌，不斗而退者：各减罪人罪一等。”《疏议》：“将吏已受使追捕者，谓见任武官为将，文官为吏，已受使追捕罪人。‘而不行及逗留’，谓故作回避逗留及诈为疾患不去之类；虽行，与亡者相遇，人兵器仗足得相敌，不战斗而退者，‘各减罪人罪一等’，谓罪人合死，将吏处流三千里之类。”此可与上引《二年律令·捕律》简文相参看。“官惰□□□□逗留畏耎弗敢就”即相当于《唐律》“故作回避逗留及诈为疾患不去之类”。

六

《二年律令·亡律》简159释文云：

> ⍁□頯畀主。其自出殹(也)，若自归主，主亲所智(知)，皆笞百。

此处释文《释文修订本》《二年律令与奏谳书》皆从之。岳麓书院藏秦简(肆)《亡律》简98云：“奴婢亡而得，黥顏(颜)頯，畀其主。·其自出吏及自归主⍁”②可与上引简文相参看。周海锋《岳麓书院藏秦简〈亡律〉研究》指出：“‘頯’前面的内容由于竹简残泐不得而知，但是根据后文‘自归主’可以判定律文与努力逃亡相关。‘黥颜頯，畀其主’是秦汉处置奴婢逃亡的惯用手段，故‘頯’前至少可以增补‘黥颜’二字。”③

上引周说颇有道理。《二年律令·具律》简122也有“黥顏(颜)頯，畀主”之语，与简159相合。比较秦简、汉简《亡律》律文，我们认为简159简首也应是“奴婢亡而得，黥顏(颜)頯”之类的话。

简159“頯”前一字图版作，仅余右下部残笔。其下“頯”字图版作。上字右部残笔与下“页”旁写法一致，据字形及辞例，上字应即“顏(颜)”。

原整理者认为简159仅余原简中段，《二年律令与奏谳书》从之。不过，从原图版及红外线图版来看，此部分竹简并未发现中段编绳痕迹。我们认为原图版、红外线图版对此简的处理意见是有问题的，此简

① 白于蓝：《战国秦汉简帛古书通假字汇纂》，福建人民出版社2012年版，第322页。

② “主”字原未释。参纪婷婷：《岳麓书院藏秦简〈亡律〉集释及文本》，武汉大学硕士学位论文，2017年，第53页。

③ 周海锋：《岳麓书院藏秦简〈亡律〉研究》，杨振红、邬文玲主编：《简帛研究二〇一六(春夏卷)》，广西师范大学出版社2016年版，第167~168页。

位置应前提，简首空余约七字位置。

从岳麓简《亡律》来看，《二年律令·亡律》简159亦应为一条单独的律文，是对奴婢逃亡而得的相关处罚。据《二年律令·亡律》简160简首的“奴婢亡，自归主”辞例及上文“顴(颜)”字释读可知，《二年律令·亡律》简159简首亦应为“奴婢亡而得，黥顴(颜)頯”，与岳麓简《亡律》相同。由于《二年律令·亡律》简159“顴(颜)”字仅余末尾点划，从竹简长度来看，简首仍可补六字。故原释文“☒□頯畀主”，当改释为“【奴婢亡而得，黥】顴(颜)頯，畀主”。

关于简文“主亲所智(知)”，旧有多种说法。徐世虹先生云：“所谓‘主亲’当指160简中的‘主父母、子若同居’，‘主亲所知’可释为‘主人、亲属所知之人’，‘所’字指代的是其后动词涉及的物件。”①朱红林先生云：“‘主亲所知’即是说奴婢逃亡后又主动回归主人，并且“为‘主亲’所认可，即承认其确实为主人原来的奴婢”。② 曹旅宁先生云：“‘亲所知’应是奴主本人亲自掌握线索，报官捕获这种情况。……张家山汉简《亡律》‘主亲所智(知)’条的意思就是奴婢被捕获后处以黥刑归还主人，而且不论是自首，还是主人亲自掌握线索，报官捕获，都要笞百。”③戴世君先生云：“律中‘主亲所智(知)’为一名词性短语，‘主’修饰‘亲’和‘所知’作定语，‘主亲所智(知)’是说‘主’的亲属、‘主’所知悉的人。‘主’为‘亲’、‘所知’的定语，犹后文‘主父母、子若同居’的‘主’为‘父母’、‘子’、‘同居’的定语。……两条律文‘自归主’语下的标点应为顿号而非逗号，‘主’与‘主亲所智(知)’是并列关系，都作‘自归’的处所宾语，即改为‘……若自归主、主亲所智(知)……’”④龙仕平先生云：“综合考察先秦两汉文献中‘所知’一词的用例，《法律答问》《二年律令》中的‘亲所知’当指‘亲属和相识之人’；而《亡律》中的‘主亲所知’当指‘主人或亲属所辨别确认者’。”⑤

按：睡虎地秦简《法律答问》125-126简：“将司人而亡，能自捕及亲所智(知)为捕，除毋(无)辠(罪)；已刑者处隐官。”整理小组注：“亲所智(知)，亲属朋友。”《秦简牍合集》整理者注：“亲，或指亲近者。所知，熟识者。《仪礼·既夕礼》：‘所知，则赗而不奠。’”《秦简牍合集》整理者谓“亲”指亲近者，恐不确。睡虎地秦简《法律答问》“自”指本人，“亲所智(知)”指其亲属及熟识者。岳麓书院藏秦简(肆)《亡律》简357-358：“当就食，其亲、所智(知)者卖之。”又简359：“当就食，其亲、所智(知)欲买，勿令就食，许。”“其亲所智(知)”整理者释文断读作“其亲、所智(知)”，义更显豁。《岳麓书院藏秦简(伍)》简239：“治狱者亲及所智(知)弗与同居……”正将“亲”与“所智(知)”分为两类。

综上所述，上引诸说中戴世君先生的观点最为可取。我们认为《二年律令·亡律》简159原释文“其自出殹(也)，若自归主，主亲所智(知)，皆笞百”应断读作“其自出殹，若自归主、主亲、所智(知)，皆笞百”，指奴婢逃亡后投案自首，或者自己主动回归主人、投归到主人之亲戚、熟识者处，皆处以笞百之刑罚。

根据上文所论，《二年律令·亡律》简160原释文“奴婢亡，自归主，主亲所智(知)”亦应断读作“奴婢亡，自归主、主亲、所智(知)”。岳麓书院藏秦简(肆)《亡律》简98云：“奴婢亡而得，黥顴(颜)頯，畀其主。·其自出吏及自归主☒”简文“·其自出吏及自归主☒”应可据《二年律令·亡律》补全作“其自出吏及自归主、【主亲、所智(知)】”。

七

《二年律令·田律》简248释文云：

---

① 徐世虹：《“主亲所知”识小》，《出土文献研究》第六辑，上海古籍出版社2004年版，第135页。

② 朱红林：《张家山汉简〈二年律令〉集释》，社会科学文献出版社2005年版，第115~116页。

③ 曹旅宁：《张家山汉简〈亡律〉考》，《张家山汉律研究》，中华书局2005年版，第145页。

④ 戴世君：《说〈二年律令〉中的“主亲所智(知)”》，简帛网，2009年9月26日。

⑤ 龙仕平：《秦汉简帛法律文献所见“亲所知”考》，《文化学刊》2015年第1期。

道有陷败不可行者，罚其啬夫、吏主黄金各二两。□□□□□□及□土，罚金二两。

此处释文《释文修订本》从之。《二年律令与奏谳书》将缺释部分改为“盗侵飤道、千（阡）佰（陌）及壍土〈之〉”。

按：所谓“飤”字当改释为“食”。竹简此处开裂为左右部分，《二年律令与奏谳书》因而误释。经拼合后，此字作，与简《二年律令·田律》245“豤（垦）食”之“食”作写法相合，可知前一字也是“食”字。

龙岗秦简简120云：“侵食道、千（阡）陌，及斩（壍）人畴企（畦），赀一甲。”亦作“食”。又《唐律·杂律》“诸侵巷街阡陌”条：“诸侵巷街、阡陌者，杖七十。若种植垦食者，笞五十。各令复故。虽种植，无所妨废者，不坐。”《疏议》曰：“‘侵巷街、阡陌’，谓公行之所，若许私侵，便有所废，故杖七十。‘若种植垦食’，谓于巷街阡陌种物及垦食者，笞五十。各令依旧。若巷陌宽闲，虽有种植，无所妨废者，不坐。”此亦作“食”。秦汉律文“侵食道”即侵吞蚕食之意，这个字释为“食”也是很合适的。从用字习惯来看，垦食之“食”，秦汉文字均用“食”来表示；用“飤”为“食”则是楚文字的用法。据此也可知简文此字不当释为“飤”。

“壍土”，《二年律令与奏谳书》认为是“壍之”之误。注云：“‘盗侵飤道千（阡）佰（陌）及壍土〈之〉’，侵食或掘断公用道路。”认为“之”指代前文之“道、阡陌”，这恐怕是有问题的。

“壍”，掘也。《论衡·顺鼓》：“蝗虫时至……吏卒部民，壍道作坎，榜驱内于壍坎，杷蝗积聚以千斛数。”龙岗秦简的“斩（壍）人畴企（畦）”指挖掘他人的田界、田塍。《二年律令·田律》作“壍土”，指一切非法挖掘道路土田的行为，其范围要较龙岗秦简的“斩（壍）人畴企（畦）”更广。

八

《二年律令·繇律》简408-409释文云：

诸当行粟，独与若父母居老如睆老。若其父母罢瘗（癃）者，皆勿行。金痍、有□病，皆以为罢瘗（癃）可事如睆老。其非徙军战痍也，作县官四更，不可事，勿事。勿（？）以□眕（？）瘳之令、尉前。

原释文“独与若父母居老如睆老”之“老”，何有祖据新出《岳麓书院藏秦简（肆）》改释为“老”①；邬文玲先生将“有”后缺字释为“锢”，读为痼疾之“痼”②，皆可从。

按：《岳麓书院藏秦简（肆）》简156-159：“繇律曰：发繇……敖（敖）童当行粟而寡子独与老父老母居，老如免老，若独与瘗（癃）病母居者，皆勿行。”正可与简文相参看。据《二年律令·繇律》“若其父母罢瘗（癃）者”，可知《岳麓书院藏秦简（肆）》简159“若独与瘗（癃）病母居者”中“母”前应夺一“父”字。

原释文“勿（？）以□眕（？）瘳之令、尉前”，《二年律令与奏谳书》改为“勿（？）以为（？）眕（？）瘳之令、尉前”。此说仍有问题。

从字形及辞例来看，原整理者所谓“勿（？）”可确释为“勿”。所谓“为（？）”字原图版作，红外线图版作。《二年律令·傅律》简363：“当傅，高不盈六尺二寸以下，及天乌，皆以为罢瘗（癃）。”其中“乌”字作，与前一字写法相合，可知前一字也应释为“乌”。“乌”应即“天乌”之省。《二年律令·傅律》简

① 何有祖：《利用岳麓秦简校释〈二年律令〉一则》，简帛网，2016年3月26日。

② 邬文玲：《张家山汉简〈二年律令〉释文补遗》，卜宪群、杨振红主编：《简帛研究二〇〇四》，广西师范大学出版社2006年版，第169～170页。

363：“当傅，高不盈六尺二寸以下，及天乌者，以为罢瘁(癃)。”简文“天乌”亦视同罢癃。

所谓“昣(?)”，红外线图版作，与下字“瘳”字相比较，此字也应从“疒”旁，中为“参”旁，当释为“疹”。简文此处当断读作“勿以乌、疹瘳之令、尉前”。《国语·越语上》：“令孤子、寡妇疾疹贫病者，纳宦其子。”“疹”为传染性疾病，故即使病人病情好转，亦勿以为繇。

九

《二年律令·津关令》简498释文云：

> □、御史请诸出入津关者，诣入传□□吏(?)里□长物色□瑕见外者及马职(识)物关舍人占者，津关谨阅，出入之。

《释文修订本》将所涉缺文部分改释为“诣入传□□吏(?)里年长物色疵瑕见外者及马职(识)物关舍人占者”。《二年律令与奏谳书》将相关部分改释为“皆入传，书[郡]、[县]、里、年、长、物色、疵瑕见外者及马职(识)物关舍人占者”。

按：将“诣入传□”改释为“皆入传，书”，可从。“书”后一字或释为“郡”。此字原图版作，红外线照片作，此字残形与“郡”字差异较大而与简494“县”作字相合，当即“县”字。

其后一字原图版作，红外线照片作，从后者来看，此字从“辵”甚明，显然非“县”字。结合字形及辞例，此字应即“道”字之残。简101“道”作，简459“道”作，写法皆与上字残形亦合。

简文“书县道、里”，参《汉书·宣帝纪》：“令郡国岁上系囚以掠笞若瘐死者所坐名县爵里。”颜师古注曰：“名，其人名也。县，所属县也。爵，其身之官爵。里，所居邑里也。”简文“县道、里”指事主之籍贯，这种文书格式多见于秦汉简牍，如里耶秦简8-135“竞陵汉阴狼”，“竞陵”为县道，“汉阴”为里名。又里耶秦简9-1“阳陵宜居士五(伍)毋死”，“阳陵”为县道，“宜居”为里名。

十

《二年律令》其余简文，也有不少可商补之处。因其所涉问题较为简单，故汇在一处，集中讨论。

《二年律令·盗律》简77释文云：

> □□财(?)物(?)私自假貣(贷)，假貣(贷)人罚金二两。其钱金、布帛、粟米、马牛殹，与盗同法。

此处释文《释文修订本》从之。《二年律令与奏谳书》将首句改释为“□□以财物私自假貣(贷)”。

按《二年律令与奏谳书》“以财物”三字释读可从。从原照片及红外线照片看，“以”字上仅有一字位置，原图版首字上方有一L形符号，据红外线照片可知应为竹简折痕。故此句可释为“诸以财物私自假貣(贷)”。龙岗秦简简178云：“诸以钱财它物假田……”可资参考。

《二年律令·盗律》简78释文云：

> 诸有叚(假)于县道官，事已，叚(假)当归。弗归，盈二十日，以私自叚(假)律论。

此处释文《释文修订本》《二年律令与奏谳书》皆从之。

按：原释文第三个“叚”字，图版作，当释为“假”。前两个“叚”字，左旁皆残，亦不排除释“假”

之可能。

《二年律令·户律》简325-327释文云：

> 民皆自占年。小未能自占，而毋父母、同产为占者，吏以□比定其年。自占、占子、同产年，不以实三岁以上，皆耐。产子者恒以户时占其☑☑罚金四两。

《二年律令与奏谳书》指出，“民”前尚有一字，可补作“诸(?)”；郭永秉先生指出“□比”当释为“等比”，即同辈之义，均可从。

末句“其”后尚有一字，原图版作，仅余左半笔画。简325“占年”之“年”作，据字形及辞例可知，前一字也应释为“年”。“占年”指申报其年龄。

《二年律令·傅律》简354释文云：

> 大夫以上【年】九十，不更九十一，簪裹九十二，上造九十三，公士九十四，公卒、士五(伍)九十五以上者，稟鬵米月一石。

原整理者于“稟鬵米月一石”下注云：“鬵，疑应作‘鬻’，读为‘鬻’。《汉书·文帝纪》‘今闻吏稟当受鬻者，或以陈粟’注：‘稟，给也。鬻，淖糜也。给米使为糜鬻也。’”刘玉环先生①、《二年律令与奏谳书》均认为此字上部从“粥”，下部为“鬲”，当为“鬻”字。

按此字图版作，上部从“粥”，下部明显是“享”旁，此字当是“鬻”字异体。

《二年律令·置后律》简367释文云：

> 疾死置后者，彻侯后子为彻侯，其毋適(嫡)子，以孺子□□□子。

原整理者于“以孺子□□□子”下注云：“简文所残字应为‘子、良人’，孺子、良人，彻侯姬妾，参看前第二二二简。”《释文修订本》《二年律令与奏谳书》均从之。

按：“孺子”之“子”字右下方图版作，右部残损，仅余左部笔画，此应即重文号残笔。从原图版来看，“孺子”以下，“子”字之上，所残竹简仅容两字位置。故此处释文当改为“以孺子=(子子)、【良人】子”。

《二年律令·置后律》简375释文云：

> ☑先以长者、有爵者即之。爵当即而有物故，夺□，以其数减后爵。其自贼杀，勿为置后。

此处释文《释文修订本》《二年律令与奏谳书》均从之。

按：“夺”后一字红外线图版作，右部及下方笔画皆残。此简“减”字红外线图版作，比较可知前一字当为“减”字。此处释文当断读作“爵当即而有物故夺减，以其数减后爵”。“夺减”指削减爵位，“减”也与其后“以其数减后爵”之“减”相应。

《二年律令·金布律》简425释文云：

> □□马日匹二斗粟、一斗叔(菽)。传马、使马、都厩马日匹叔(菽)一斗半斗。

① 刘玉环：《读张家山汉墓竹简[二四七号墓]札记》，《秦汉简帛字词札记》，知识产权出版社2016年版，第92页。

此处释文《释文修订本》《二年律令与奏谳书》均从之。

按简文第二字图版作。《二年律令·金布律》简421：“乘舆马刍二稾一。”其中“舆”作。前一字残留字形与“舆”字写法相合，也应当释为“舆”。“舆”字即释出，据简文文例可知前两字应是“乘舆”二字。

睡虎地秦简《秦律杂抄》：“伤乘舆马，夬（决）革一寸，赀一盾；二寸，赀二盾；过二寸，赀一甲。”《汉书·昭帝纪》：“诏曰：‘朕闵百姓未赡，前年减漕三百万石。颇省乘舆马及苑马，以补边郡三辅传马。……’”颜师古注：“乘舆马，谓天子所自乘以驾车舆者。”“乘舆马”为天子所乘之马，其食饩规格高于传马、使马等。

残简X1，原粘黏于简318上段。整理者释文作“□□廷岁不得以庶人律”。《二年律令与奏谳书》将之改释为“亡盈（？）卒岁不得以庶人律代户□□□□”

按：所谓“盈（？）”，红外照片作。此字从“辵”甚明，当释为“过”。“过卒岁”，指超过一年。《岳麓书院藏秦简（肆）》简283：“☐□下县道官而弗治，毄（系）人而弗治，盈五日，赀一盾；过五日到十日，赀一甲；过十日到廿日，赀二甲，后有盈十日，辄驾（加）一甲。”秦简“盈”“过”同见，可以参看。

（作者单位：复旦大学出土文献与古文字研究中心、出土文献与中国古代文明研究协同创新中心）

东汉建初四年《序宁简》补说

下仓涉

一

《序宁简》包含总计 14 枚木简，可以确认其中两枚记载了东汉“建初四年(79 年)”的年号。这些简是在 1989 年到 1994 年之间由香港中文大学购买的，但究竟是从什么地方发现的，发现时的状态如何，目前完全不清楚。

1996 年，饶宗颐先生、连劭名先生两位首先讨论了这批简，《序宁简》的存在才由此为世人所熟知。之后的 2001 年，由陈松长先生发表了全简的彩色图版，并释读了全文。此后，刘乐贤、李均明、池泽优、夏德安(Donald Harper)、刘昭瑞、杨华等诸家对这些简进行了分析，取得了优秀的成果。

在 2012 年台湾“中央研究院”举办的第四届国际汉学会议上，我也做了有关“序宁简”的报告。另外，第二年即 2013 年接着发表了关于这些简的论考。在写了这篇论考之后，我在香港中文大学观察了《序宁简》，经过实际确认，我发现了陈松长先生的报告中没有记载的内容。因此，本次想以这个新发现为基础，对个人的以往观点做补充说明。

在本稿最后我附录了《序宁简》的复原方案，请酌情参考。

二

首先来总结《序宁简》的制作背景吧。

序宁是女性的名(或字)，本姓张氏，归嫁到田姓人家。由于序宁病重危笃，所以在建初四年的七月一日，序宁的长子夫妇(皇男、皇妇)进行了祈祷，祈求病愈。但是没起到作用，序宁在七月十二日去世。母亲去世后，长子夫妇作为主持人举办了葬礼。当时掌握丧送礼仪的是巫。去世当天，巫对诸鬼神进行了祈祷，此后在七月二十日和八月十八日两天也举行了祭祀活动。在这个过程中，包括七月一日的疾病平复祈祷在内，共有四次祈祷记录，即《序宁简》。

我亲眼看到的以往报告中未有的记述在简 226 中。这枚简应当是陈松长先生整理的 14 枚《序宁简》(简号为 226-239)中的第一枚。下面是陈先生的释文。

> 建初四年七月甲寅朔皇母序宁病皇男皇妇皇子共为皇母序宁祷炊休七月十二日乙丑序正
> 入黄泉上入仓天皇男皇妇为序宁所祷造君皆序宁持去天公所对生人不负责死人毋适卷书背

未报告的记述在简的侧面。从正面来看的话，这一记载位于左侧下部的侧面。大约从正面的“七月十二日乙丑”中的“七月”开始，可以清楚地读出“序宁头望目颠”这六个字(参照后页照片)。即使是公开的彩色图版，也能看到在相应的地方出现了被认为是墨迹的影子。

简 226 下部缺失，从侧面文字来看，还是能看到“颠”字的下面仍然有文字的形迹。继续记载着的文字，肯定是“两手以抱”。“序宁头望目颠两手以抱”这句话也见于简 228-231 这四枚简。另外，简 227、

232、234、235、237、239 等六支简中还有“头望目窅两手以卷”这样的记述。在这两处文句中，虽然存在“颠”和“窅”、“抱”和“卷”的用字有区别，但所指代的内容是相同的(详后述)。

关于简 226 的缺失部分，夏德安先生在此简的正面补充了“宁头望目颠两手以抱下”这十个字。这个见解应当是正确的。也就是说，本简不仅在正面记载了“序宁头望目颠两手以抱”，而且还可以推测简的侧面也有相同的语句。那么，“头望目颠两手以抱”这样的语句(以及相同内容的语句“头望目窅两手以卷”)，为什么在《序宁简》中被反复记载了呢?

三

关于“头望目颠两手以抱”或“头望目窅两手以卷”这一文句，在前稿中曾参考刘乐贤先生的论考，论述如下。“目窅”和“两手卷”这样的身体状态，在居延汉简中曾记载过。包含这些词语的居延汉简大部分都是断简，但可以认为是爰书的一部分，而“目窅”和“两手卷”这样的词语应该是记录验尸结果时使用的。比如说，在发现了可疑的遗体时，进行验尸，判断了其死因为疾病，则会在爰书里使用这些词语进行报告。参考这样例子来推测，《序宁简》中的“头望目颠两手以抱”“头望目窅两手以卷”也可以看作为了描述序宁的遗体状况而书写的。进一步说，这两句话用来表明序宁死于疾病是确切无误的。

那么，为什么需要传达序宁的死因呢?解开这个疑问的钥匙，可以在“序宁简”记载的成为祈祷对象的鬼神中发现。以下来列举本简中出现的鬼神。

炊(造君)226
外家西南请子社227
张氏请子社228
郭贵人229

殇君230
田社231、237
水上232、233
獨君234
东北官保社235、236
大父母丈人237、238
男殇女殇237、238
司命237、238
？君239

239简的鬼神名，因为“君”上的文字无法辨认，所以无法确定。另外，关于229简的“郭贵人”，诸家都注记“神格不明”。234简的“獨君”，关于其性质的意见也有分歧。《序宁简》中出现的鬼神，虽然现在还有很多不明的地方，但从上面的一览来看，包含了水上、殇君、男殇女殇(即厉鬼)，这是其特征之一。

水上之名，也可以在包山楚简和江苏省邗江胡场汉墓出土的《神灵名位牍》中得到确认。杨华先生说这是来源于“冤死于舟船之人”的水鬼，而晏昌贵先生则认为是后世的“淹死鬼”。两人都视水上为厉鬼(因强死而欲加害于生者的死者)，这一点是共通的。关于殇君、男殇女殇，诸家一致解释为夭折者之厉鬼。但是，包山楚简也可见殇、女殇这样的鬼名，陈伟先生认为其中也包含了成年的强死者。也就是说，正如晏先生所整理的那样，“殇”原本就有“未成年而死”和“无主之鬼”二义。《序宁简》中殇君、男殇女殇，或许也不应该只限定于夭折者之厉鬼。

这个殇君与男殇女殇，鬼名非常相似。向相似名称的鬼神重复祭祀的事情，给人一种奇怪印象。不过，我觉得对于这种重复，应该予以关注。也就是说，反复向带有“殇”字的鬼神祈祷，就是证明这一鬼神十分令人恐惧。而且从同时也进行水上祈祷来看，可以认为《序宁简》的制作者们所畏怖的鬼神是厉鬼。

四

在这批简制作的时候，从渭水流域到黄河中游地区，开始出现了在坟墓中填埋解注瓶的风俗。这个瓶子的表面所记载的解注文是与《序宁简》相同的丧葬文书，迄今为止，有很多研究者对解注文进行了详细的分析。关于解注文，据张勋燎先生、白彬先生的研究来介绍如下：“注”原本是医学上的传染病概念(“疰”)，之后它就转化了“因死者出现而产生的死亡传染”的专用术语。在当时死者被认为死后也继续遭受痛苦，为了规避苦难，希望作为替身，给生人带来灾难(死亡)，而生者有必要去解除死亡连锁，所以将写了“解注文”的瓶子埋纳于墓中。

解注文是天帝(天界的最高神)下达给地下冥界官员的命令文书，一般是仿照移文形式的，而且以“天帝使者”(即传达命令的使者)为主语。比如说文书中有“为生人除殃、为死人解谪”等命令，写这句子的目的是，利用天帝(天界的最高神)的权威来防止死者在地下冥界受到折磨，进而达到阻止对生者的死亡传染。

解注文的作者，想通过天界的威光来拂拭在死后的地下世界里可能发生的不安，与此共同的方术在《序宁简》中亦可窥得。如前稿所述，当序宁死亡的时候，在其魂魄内，灵魂前往“天公所对”之所。“对”是“核对核查”的意思，遗体的状况是天公的调查对象，而调查遗体的眼目是为了确定序宁的死因。也就是说，《序宁本简》制作者期望由天公认定序宁的死，不是“强死”，而是因“病”导致的“通常之死”。

制作者在这个时候非常担心的事，正是厉鬼的猖獗。制作者最害怕的是“强死”的亡者们将序宁视为同类死者而群聚于序宁之魄周围，让它持续痛苦。为了不至于出现这样的事态，期盼天公的“对”能正确地判断，《序宁简》的制作者在其中反复写下了“头望目颠两手以抱”。这句子相当于解救序宁的证言，制作者认为天公"对"的时候根据这个证言，判决其死因为生病，肯定能够抑制住厉鬼们的猖獗。《序宁简》制作者利用天界的权威来镇压恶灵，这样的方术与解注文中的内容出奇地一致。

五

但是，也能看到《序宁简》和解注文不同的地方。其中一个是出现的鬼神。

从解注文中出现的鬼神来看，我们想起了符合今世官僚组织的体系。例如，"丘丞、墓伯、地下二千石"是地方官，"魂门亭主、冢中游击"相当于管理墓域的下级官员吧。"蒿里父老"一定是冥界的"里父老"。另外，在解注文里也能看到像"决曹尚书"这样的很像是鬼名的中央官。与之不同的是，《序宁简》中的鬼神很难看出有那样明确的体系。如果硬要分类的话，可以认为是第1简(226简)中的炊(造君)即灶神，是管理序宁家(户)的鬼神。《序宁简》中出现很多社神，这些社神是里的管辖者的可能性很高。还有司命(户籍管理者)也许是相当于官僚系统的鬼神。除了以上鬼神之外，大父母丈人是祖先神，水上、殇君、男殇女殇是厉鬼。我觉得在《序宁简》中出现的鬼神大概分为三个种类。

以上分类如果无误的话，那么从这个分类马上就会想起的是美国人类学者 Arthur Wolf 的见解。Wolf 根据20世纪60年代在台湾北部进行的田野工作，把汉民族的灵魂观分成 Gods(官僚组织一类体系的神)、Ancestors(祖先)、Ghosts(厉鬼)三个类别。"序宁简"中出现的鬼神，不能不说和 Wolf 所提倡的分析的框架正好吻合。

如何理解解注文和"序宁简"之间的区别，是一个非常困难的问题。这可能是地域性差异的体现，或者是与阶层高低不同接受的方术也不同有关。总之，与解注文相比，《序宁简》所体现的方术是与官僚组织关系比较薄弱的地方或阶层所接受的。

以上观点还停留在推测的阶段，是否有当，请批评指正。

(作者单位：日本东北学院大学)

附：《序宁简》复原方案　※括弧内的黑体字为本文补足部分。

【226简(券书简1)】

建初四年七月甲寅朔、皇母序宁病、皇男・皇妇・皇子、共为皇母序宁祷炊、休。七月十二日乙丑、序[**宁、头望目颠、两手以抱、下**]入黄泉、上入仓(苍)天。皇男・皇妇为序宁所祷造君、皆序宁持去天公所对。生人不负责、死人毋适(谪)。卷(券)书[**明白**]。

【227简(券刺简1)】

建初四年七月甲寅朔、田氏皇男・皇妇・皇弟君吴、共为田氏皇母序宁祷外家西南请子[**社**]、休。皇母序宁、以七月十二日乙丑、头望目官、两手以卷、下入黄泉、上入仓(苍)天、今以盐汤下所言祷。死者不厚适(谪)、生者毋责。券刺明白。所祷、序宁皆持去对天公。

【228简(券书简2)】

[**皇男・皇妇**]为皇母序宁[**所**]祷社。七月十二日乙丑、序宁、头望目颠、两手以抱、下入黄泉、上入仓(苍)天。[**皇男・皇妇为序宁所祷、皆序宁**]持去天公所对。生人不负责、死人毋适(谪)。卷(券)书明白。张氏请子社

【229简(券书简3)】

皇男皇妇为序宁所祷郭贵人。七月十二日乙丑、序宁、头望目颠、两手以抱、下入黄泉、上入仓(苍)天。皇男・皇妇所祷郭贵人、皆序宁[**持**]去天公[**所**]对。生人不负责、死人毋适(谪)。卷(券)书明白。

【230简(券书简4)】

殇君。皇男・皇妇为序宁所祷殇君。七月十二日乙丑、序宁、头望目颠、两手以抱、下入黄泉、上

入仓(苍)天。皇男·皇[**妇**]为序宁所祷、皆予(序)宁持去天公所对。生人不负责、死人不负适(谪)。卷(券)书明白。

【231简(券书简5)】

田社。皇男·皇妇为序宁所祷田社。七月十二日乙丑、序宁、头望目颠、两手以抱、下入黄泉、[**上入仓(苍)天。皇男·皇妇为序宁所祷、皆序宁持去天公**]所对。生人不负责、死人毋适(谪)。卷(券)书明白。

【232简(券刺简2)】

七月廿日癸酉、令巫夏(下)脯酒、为皇母序宁下祷、皇男·皇妇共为祷水上。皇母序宁、今以头望目宿、两手以卷、脯酒下。生者毋责、死者毋适(谪)。券刺明白。

【233简(券书简6)】

[**水上。皇男·皇妇**]为序宁所祷水上、皆序宁持去天公所对。生人不负责、死人毋适(谪)。卷(券)书明白。

【234简(券刺简3)】

七月廿日癸酉、令巫夏(下)脯酒、为皇母序宁下祷、皇男·皇妇共为祷獦君。皇母序宁、今以头望目宿、两手以卷、脯酒下。生人不负责、死人毋适(谪)。券刺明白。

【235简(券刺简4)】

七月廿日癸酉、令巫夏(下)脯酒、为皇母序宁下祷、皇男·皇妇共为祷东北官保社。皇母序宁、今以头望目宿、两手以卷、脯酒下。生人不负责、死人毋适(谪)。券刺明白。

【236简(券书简7)】

[**东北官保社**]。皇男·皇妇为序宁所祷官社、皆序宁持去天[**公所对。生人不负责、死人毋适(谪)。卷(券)书明白**]。

【237简(券刺简5)】

七月廿日癸酉、令巫下脯酒、为皇母序宁下祷、皇男·皇妇共为祷大父母丈人·田社·男殇女殇·司命。皇母序宁、今以头望目宿、两手以卷、脯酒下。生人不负责、死人毋适(谪)。券刺明白。

【238简(券书简8)】

大父母丈人·男殇女殇·祷(衍字)祠(司)命君。皇男·皇妇为序宁所祷、皆序宁持去天公所对。生[**人不**]负责、死人毋适(谪)。卷(券)书明白。

【239简(券刺简6)】

八月十八日庚子、令赵明下脯酒、为皇母序宁下[?]君祷。皇母序宁、以头望目宿、两手以卷、脯酒下。生人不负责、死人毋适(谪)。券刺明白。

楚国历史、地理与长江中游早期开发

商末周初江、河之间交通线上的家族政体：以息邦为例*

夏玉婷(Maria Khayutina)

楚国疆域的开扩始于公元前8世纪末至前7世纪初。其首步策略为以武力兼并位于当今湖北西北和河南西南境内的一群邦国。位于淮河上游的息是其中之一。按《左传》记录，公元前700年前后，息的政治地位较高：息君被称为侯，与蔡、陈、郑、楚等主要相邻政体保持平等关系，包括邦君家族间的通婚。公元前712年，由于“郑、息有违言”，“息侯伐郑”。这显示，息、郑二邦的军力应大致相当。不过，息在被郑击败以后，命运就开始逆转。此后数十年内，息、楚时有战争，息并不能保持自己的独立性。公元前683年，楚征服了息，在其领域内设立了息县，成为中国历史上最早的县之一。由于息邦于春秋初期已灭亡，所以传统文献很少关注它。然而，这个为史者忽略的邦国是如何形成而强大的？吞并它对于楚国有什么益处？

虽然对于息邦在公元前10到前8世纪间发展过程的资料相当缺乏，有关其更早的历史信息却比较丰富。本文将以考古发掘和调查的成果为基础，探索商末周初息邦的大概情况。下述三个方面为本文重点：从政治人类学的角度定义与息类似的邦国的类型，从历史地理的角度理解息邦的情况与角色，以及询问息等诸小邦于青铜时代在河、江之间形成与兴盛的原因。

一、天湖后李墓地的发现与面貌

大部分有关古息邦的资料出自罗山县天湖后李墓地1979年、1980年和1985年的三次发掘和1991年罗山县的考古学调查。① 一共发现26座晚商至周初的墓葬，可分为四期：第一期(相当于殷墟第二期晚期)、第二期(相当于殷墟第三期)、第三期(相当于殷墟第四期)和第四期(西周早期)。②

---

* 本文是德国研究资金会(Deutsche Forschungsgemeinschaft)2014—2018年所资助的项目“Kinship, Marriage and Politics in Early China (ca. 13-8th c. BCE) in the Light of Ritual Bronze Inscriptions”(KH 286/3-1)的阶段性成果。更新修订及中文版的写作由德国教育部及埃尔朗根-纽伦堡大学国际人文科学研究院(University of Erlangen-Nuremberg, International Consortium for Research in the Humanities)2018年支持。笔者十分感谢宋馨博士对此文章进行校正，而且自己负责剩余误差。

① 信阳地区文管会、罗山县文化馆：《罗山县蟒张商代墓地第一次发掘简报》，《考古》1981年第2期；信阳地区文管会、罗山县文化馆：《罗山县蟒张后李商周墓地第二次发掘简报》，《中原文物》1981年第4期；信阳地区文管会、罗山县文化馆：《罗山县蟒张后李商周墓地第三次发掘简报》，《中原文物》1988年第4期；河南省信阳地区文管会、河南省罗山县文化馆：《罗山天湖商周墓地》，《考古学报》1986年第2期；河南省文物研究所、信阳地区文物管理委员会、罗山县文物管理委员会：《1991年河南罗山考古主要收获》，《华夏考古》1992年第3期；河南省文物考古研究院、信阳市博物馆、罗山县博物馆：《河南罗山天湖商周墓地M57发掘简报》，《华夏考古》2016年第2期。部分资料尚未发表。

② 发掘者将所有墓葬均定为晚商(河南省信阳地区文管会；河南省罗山县文化馆：《罗山天湖商周墓地》，《考古学报》1986年第2期)。本文采用被修正的断代(见肖梦娅、楚小龙、郁永彬、孙明、梅建军、陈坤龙、陈建立：《信阳罗山天湖墓地出土青铜器的检测分析及相关问题初探》，《华夏考古》2016年第2期)。

所有墓葬均系长方形竖穴土坑木椁墓，其中十二座为中型井形木椁墓，其余十四座为小型土坑墓(见图一)。方向基本均朝北。头厢部位随葬品主要为青铜礼器等，棺内随葬玉器和兵器，南部仅随葬一两件铜器或陶器，有的无随葬品。陶器以罐、鬲为主，青铜器以爵、觚、鼎、戈、锛为主。许多墓也以漆木豆、碗，或玉石戈、柄形器等物随葬。棺底均铺一层朱砂。墓主棺板均髹黑漆，有的内红外黑，有的棺板上还残留夔龙纹和云雷纹组合的漆皮。大部分墓有腰坑并殉狗。棺椁间或椁顶填土中还发现殉人迹象。总共十一座各阶段的墓葬中均现出了带“息”字铭文的青铜礼器和兵器，清楚地表明天湖墓地乃一家族墓地，属于“息”家族。①

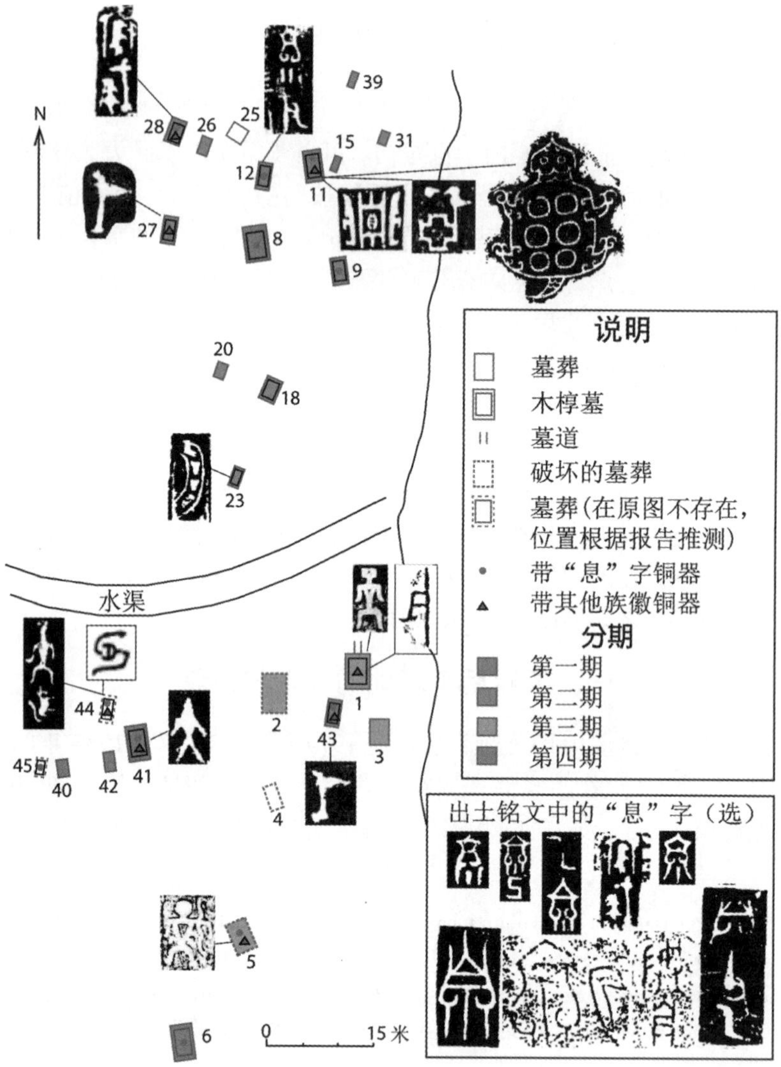

图一　天湖后李商末周初墓葬分布图②

除了“息”族名以外，出土青铜器铭文尚包括“父日某”式样先祖名称，表示息族实行商式祭祖礼仪。部分墓葬还出现一些外来的族徽，反映息与其他家族的互动。在其他一些地区青铜时代的墓地中，外族

① 河南省信阳地区文管会、河南省罗山县文化馆：《罗山天湖商周墓地》，《考古学报》1986 年第 2 期。

② 原图见于 Khayutina，Maria. *Kinship*，*Marriage and Politics in Early China*（*ca.* 13-8*th c. BCE*）*in the Light of Ritual Bronze Inscriptions*. Munich，2017，图 4. 6。

族徽常见于女性墓葬内，显示当地与外地家族有婚姻关系。由于天湖墓地未做墓主性别分析，本墓地外族青铜器存在的原因无法弄清。

从墓葬的大小、形式和随葬品的财富价值来判断，中型墓的墓主应属于当时当地社会、经济及政治的精英。“息”族长可能是当地小邦国的首长。根据比较明显的历史地理关系，此商末周初的息邦可以被视为文献所述的春秋初期息邦的前身。①

二、息邦的政治形态与新进化论中的“国家”等观念问题

天湖墓地及在其他地区发现的商末贵族墓地揭示出，以往学者只从殷墟卜辞来认识商王朝的外交对象。天湖墓地的新资料引发一些与商周政治制度有关的新问题。其中之一是，从历史政治人类学角度来看，息等邦国属于什么样的政治实体？

晚商时期的息邦可见于殷墟卜辞。这种文字材料很有限。一件武丁时期的卜辞提到“妇息”(《合集》2354 正臼，宾组)，表明息与商王室通婚。② 另两件同时的卜辞提到“息白(伯)”(《合集》20086，自组；3449，宾组)，证实息族的族长与商王朝交往。③ 殷墟第三期和第四期卜辞已没有与息相关的记录。然而，安阳刘家庄 M63 墓内发现了带“息父已”铭文的爵、觚组合。④ 从形式来看，它们属于殷墟第四期。⑤ 这证实息与商王朝及居住在都邑的商下属贵族到公元前 11 世纪上半叶仍然保持着一些关系。⑥

天湖墓地提供了许多与安阳青铜器同样的“商式”器物。从考古学角度来看，息由始至终与商文化圈不断地交流。安阳的精英不一定是此交流中唯一的北方对象。山西临汾庞杜村墓地出土一件带“息册”铭文的器物。这个发现可能反映息邦与北方多方向的互动。可是，因该发掘未报道，这一关系还不能确定。⑦ 同时，天湖墓地随葬品的组合反映出息邦的土著文化与安阳式典型的“商文化”仍有差别。⑧ 因此，发掘者把息看作商晚期的“商外围的方国”。

“王朝”“诸侯国”(“封国”) 和“方国”等都是 20 世纪历史及考古学家基于传统文献和出土文献所定义出的概念。此概念形容在以商或周王系为中心的政治互动圈里中心与周围间的关系。不过，此概念并不说明被商、周王或诸侯、方伯等所率领的体系结构的内部政治形态。许多(特别美英学术界的)学者把商、周“王朝”“邦国”“方国”等政治结构普遍翻译为“state”(国家)。例如，20 世纪 80 年代初，张光直一方面把被商王直接控制的体系结构定义为“state”，另一方面把商内服以外的各种政体也称为“states”。⑨ 著名的商代史学专家吉德炜(David Keightley)赞同此观点。⑩ 这两位在美国讲学的专家的看法与在当代美国人类学所发展的“新进化论”(Neoevolutionism) 有关系。20 世纪 60 年代，塞维斯 (Elman R. Service) 建立

---

① 徐少华：《周代南土历史地理与文化》，武汉大学出版社 1994 年版，第 80~87 页。

② 李伯谦、郑杰祥：《后李商代墓葬族属试析》，《中原文物》1981 年第 4 期。

③ 赵燕姣：《古息国变迁考》，《中原文物》2014 年第 3 期。

④ 安阳市文物工作队、安阳市博物馆：《安阳殷墟青铜器》，中州古籍出版社 1993 年版，图版 82~83。

⑤ 此墓未经正式报道。带“息”铭容器的形式与第四期的刘家庄 M2：1 觚及同时期的 M9：54 爵相同。见安阳市文物工作队：《1983—1986 年安阳刘家庄殷代墓葬发掘报告》，《华夏考古》1997 年第 2 期，图版 10：4、3。

⑥ 王震中认为，其墓主“作为‘外服’的息族人有在商王都为官者”(王震中：《论商代复合制国家结构》，《中国史研究》2012 年第 3 期)。可是，有青铜器随葬的死者不该均被视为官员。其原因在于墓主的性别不明。女性经常随葬带有其祖父日名的利器，所以不能排除墓主为女性的可能性。也就是说，不弄清性别，不能证明墓主的社会角色。

⑦ 黄铭崇提到，发掘负责人田建文先生给他看此铭文。见黄铭崇：《中国史新论》，台湾联经出版事业公司 2016 年版，第 191 页。

⑧ 李伯谦、郑杰祥：《后李商代墓葬族属试析》，《中原文物》1981 年第 4 期。

⑨ Chang Kwang-chih. *Shang Civilization*. New Haven：Yale University Press，1980，pp. 361-362.

⑩ Keightley，David N. The Late Shang State，in Keightley，David N.，*The Origins of Chinese Civilization*. Berkeley：University of California Press，1983.

“新进化论”中关键性的“游团（band）—部落（tribe）—酋邦（chiefdom）—国家（state）”演进诠释模式。①这个模式至今仍受到比较广泛的认可，而且经常被用来解释早期中国政治结构的“进化”。许多把“酋邦”及“国家”看作两个一连串的社会“进化阶段”的学者，大体上把中国新石器晚期的社会实体断为“酋邦”，而把青铜（或夏商周）时代的社会和政治实体断为“国家”。② 然而，吉德炜曾根据他对商代甲骨文的分析指出：尽管商王朝在以安阳为中心的地域逐渐建立了一个类似早期国家的稳定政治管理结构，它对外的活动却仍然体现出一些“酋邦性的特征”。③ 这种看法受到了其他学者观察到的“商王朝与方国统属关系的松散性”的影响。④ 根据孙亚冰及林欢的计算，甲骨文中所见的方国与商王朝关系记录中有三分之一为“时敌时友”。⑤ 这种波动性反映商王朝跨地域政治地理结构尚未成熟。于是，将它形容为“国家”的确引起一些争议。

目前，王震中建议把商代的跨地域结构定义为“复合制国家结构”。⑥ 每当商王及若干诸侯或方伯参加共同行动，以实现共同目标时，这样所产生的组织可以看作为这种结构。如果在此结构下所参加的地方性政体缺乏独立性，就不能把它们看作“国家”。可是，因为“复合制国家结构”不断地变化，在没有共同行动的时候，它几乎不存在，而且它的“复合成分”通常独立行事。在这种情况下，“复合制国家”不是一种结构而是一种过程。笔者认为，把商朝的跨地域政治结构形容为“国家”还为时过早。作为替代方法，可以把它形容为“政治网络”（political network）⑦。关于各地小邦政治形态问题，具有独立性的行为也不一定具有成为“国家”的资格。⑧ 这种有时具有独立性而有时具有依赖性的政体的内部政治结构比较简单，所以从社会复杂性的角度来看，把它们形容为“国家”也不合适。那么，是不是应该把它们看作“酋邦”？

根据“新进化论”，稳定性是“国家”与“酋邦”的重大区别之一。天湖息族墓地两个世纪的存在反映出，息邦的中心政治结构比较稳定，它确实是一个持续许多世代的贵族家族。所以把它视为“酋邦”也是不合理的。此外，“酋邦”的理论观总体上已遭到强烈批评。⑨ 所以，“酋邦”的观念对分析青铜时代中国

---

① Service，Elman R. *Primitive Social Organisation.* New York：Random House，1962. 又见王震中：《中国文明与国家起源研究中的理论探索》，《中国社会科学院研究生院学报》2011 年第 3 期；王震中：《中国文明与国家起源研究中的理论探索（续）》，《中国社会科学院研究生院学报》2011 年第 4 期；刘恒武、刘莉：《论西方新进化论之酋邦概念及其理论困境》，《社会科学战线》2010 年第 7 期。

② Chang Kwang-chih. *Shang Civilization.* New Haven：Yale University Press，1980，pp. 361-362；张光直：《中国青铜时代》，三联书店 1983 年版，第 23~25 页；Keightley，David N. The Late Shang State，in Keightley，David N. *The Origins of Chinese Civilization.* Berkeley：University of California Press，1983；Liu Li，Chen Xingcan. *State Formation in Early China.* London：Duckworth，2003；Liu Li，Chen Xingcan. *The Archaeology of China.* Cambridge：Cambridge University Press，2012；Shelach-Lavi，Gideon. *The Archaeology of Early China.* Cambridge：Cambridge University Press，2015.

③ Chang Kwang-chih. *Shang Civilization.* New Haven：Yale University Press，1980，pp. 361-362；张光直：《中国青铜时代》，三联书店 1983 年版，第 23~25 页；Keightley，David N. The Late Shang State，in Keightley，David N. *The Origins of Chinese Civilization.* Berkeley：University of California Press，1983.

④ 孙亚冰、林欢：《商代史卷 10：商代地理与方国》，中国社会科学出版社 2010 年版，第 258 页。

⑤ 孙亚冰、林欢：《商代史卷 10：商代地理与方国》，中国社会科学出版社 2010 年版，第 258 页。

⑥ 王震中：《中国文明与国家起源研究中的理论探索》，《中国社会科学院研究生院学报》2011 年第 3 期，第 124 页。

⑦ Campbell，Roderick B.. Toward a Networks and Boundaries Approach to Early Complex Polities. *Current Anthropology*，No. 6（2009）.

⑧ 见［日］黄川田修：《华夏系统国家群之诞生——讨论所谓“夏商周”时代之社会结构》，《三代考古》2009 年第 8 期。

⑨ 最近不少学者对新进化论表示不满。原因之一是：从考古学资料分析来看，酋邦与早期国家的差别不一定很明显。原因之二是，新进化论学家所架构的评审准则不一定适用于所有的文明方位和时代。此外，从历史学角度来看，国家从所谓的酋邦发展而形成的情况很罕见，大部分酋邦在不到国家的发展水平时即已灭亡。这表示新进化论的基本性的缺点。Yoffee，Norman. Too Many Chiefs? in Yoffee，Norman，Sherratt，Andrew. *Archaeological Theory.* Cambridge：Cambridge University Press，2010.

的适用性是值得怀疑的。

中国青铜时代社会和政治结构的特点之一是，此社会的基本单位不是“个体家庭”，而是家族、宗族等共存组织。① 吾等可以将“息”等青铜时代的小邦定义为“以家族为基础的政治实体”，简称为“家族政体”（lineage-based polity）。②

目前，许多学者希望脱离“新进化论”的程式化框架，从着重进化水平的对比转入针对古代政体具体活动和运行方法的研究。③ 为了避免新进化论的限制，下文将不使用“国家”及“酋邦”等标签，而使用“政治网络”和“家族政体”等抽象定义。

三、息邦的地理位置及空间结构

天湖后李墓地位于淮河南支流竹竿河西岸的北坡上，距河道约160米。它的海拔高度70米，比河床海拔高20米。此处在淮河及桐柏山山脉之间地点的地势为南高北低。

天湖村属于河南省罗山县蟒张乡。1991年在罗山县进行考古调查，以新石器时代到西周时代为重点，其成果提供了一些反映息邦历史地理背景及政治地理结构的信息。遗憾的是，现代行政区划阻碍了多方面的系统性研究。第一，因竹竿河为现代罗山县的东界，此河道以东，也就是属于光山县地区的情况，没有报道。因此只能研究商末周初以天湖为中心，息邦的西半部地区。第二，西周末东周初息邦中心迁徙至淮河北岸。④ 一座发现于20世纪50年代、位于今息县城以西南的城址，推测可能是古息城，但对该遗址未进行试掘。⑤ 因为息县文物管理局没参加1991年的调查工程，在罗山县东北角和息县城之间淮河河流的线段没有做调查。其结果是，对息邦后期的历史发展、地理结构和灭亡情况等的研究，至今缺乏考古学根据。不论如何，现有调查的收获仍比较丰富，对了解息邦的形成提供了重要资料。

调查组沿着淮河及其南支流竹竿河、子路河、浉河等一共发现了三十多处遗址。新石器中期较早遗存属于分布在淮河中游与长江中下游的侯家寨文化（公元前4200—前3600年）。新石器中期较晚遗存出现一些与大别山—桐柏山山脉以南的考古学文化相似的类形。更晚的遗存具有一些分布于江汉平原的屈家岭文化（公元前3600—前2800年）的文化因素。新石器时代晚期的考古收获显示出与桐柏山以南孝感市附近的土城遗址的相似性，而且包括一些与在江汉平原上衔接屈家岭文化的石家河文化（公元前3000—前2300/前1900年）相同的文化因素。同时，调查组指出，罗山县内分布的遗址具较明显的土著面貌。然而，他们把更晚的新石器和青铜时代的遗存大体归入“中原龙山文化”和“商周文化”系统，并未详细说明当地特征。⑥ 目前，天湖附近出土的商末文物被归入“商文化的天湖类型”，如此一来承认当地文化的土著因素。⑦

---

① Chang Kwang-chih. *Shang Civilization*. New Haven：Yale University Press，1980，pp. 158-175；朱凤瀚：《商周家族形态研究》，天津古籍出版社1990年版；周苏平：《中国古代国家形态论纲》，《学术界》1999年第2期。

② Roderick Campbell（江雨德）：《国之大事：商代晚期中的礼治改良》，见中国社会科学院考古研究所：《殷墟与商文化：殷墟科学发掘80周年纪念文集》，科学出版社2011年版，第268页。江氏把英文的“lineage-based polity”翻译成“族政体”，本文使用的“家族政体”也是“lineage-based polity”的翻译，与江氏的“族政体”相同。

③ Campbell，Roderick B. Toward a Networks and Boundaries Approach to Early Complex Polities. *Current Anthropology*，2009(6).

④ 徐少华：《息国铜器及其历史地理分析》，《江汉考古》1992年第2期。

⑤ 该初步发现所提供该遗址位置与规模的信息存在着不少矛盾。例如徐少华：《息国铜器及其历史地理分析》，《江汉考古》1992年第2期；闫孟莲：《息国历史与地理论考》，《信阳师范学院学报》2010年第1期；赵燕姣：《古息国变迁考》，《中原文物》2014年第3期。

⑥ 河南省信阳地区文管会、河南省罗山县文化馆：《罗山天湖商周墓地》，《考古学报》1986年第2期，第45~61页。遗址的数量实际不大。由于地形崎岖，对主要支流之间的空间似乎并未进行调查，以故报道范围并不全面。此外，2000年之后在其他地区首次使用的高分辨率区域系统考古调查方法一般能够显示较多以前在同地进行的传统考古调查看不出来的小型遗址。故此我们可以推测罗县领域内的新石器和青铜时代遗址的数量应要多一些。

⑦ 中国社会科学院考古研究所：《中国考古学·夏商卷》，中国社会科学出版社2003年版，第318~319页。

总之，该调查展示，新石器时代中期时，桐柏山以北的居民主要与淮河中下游人群互动。但是，新石器时代晚期时，其互动的重点已转向位于在此以南和西南的江汉平原。从公元前 3000 年末期开始，该地区与中原平原文化的互动越来越密切。

罗山县内大部分商周遗址位于主要河流两岸地势较高之处，这些地方一般被当地人称为“台”“台子”“堆”“鼓堆”或“贩”。部分商代遗址压叠在新石器时代晚期遗址上，但是大部分商代遗址属新建，并且皆保存至西周。从某些遗址也可见，西周遗存直接叠压于新石器时代晚期遗存之上(见图二)。商周遗址的规模不大，面积仅到达 8000~9000 平方米。它们比一些在同一地区达到 30000 平方米的新石器中期遗址明显地小很多。在天湖墓地 5~7 公里的范围内，分布于竹竿河流域的四处相当于商代的遗址，可能有相互的内在联系。它们可能是息邦的构成中心。在离天湖墓地西南与西北约 15 公里处还有两处商时期遗址。它们与天湖聚落群的关系不明显。在离天湖 25 公里的浉河下游，也有一群商周时期聚落。它们是否属于息或另外一个家族政体还不清楚。

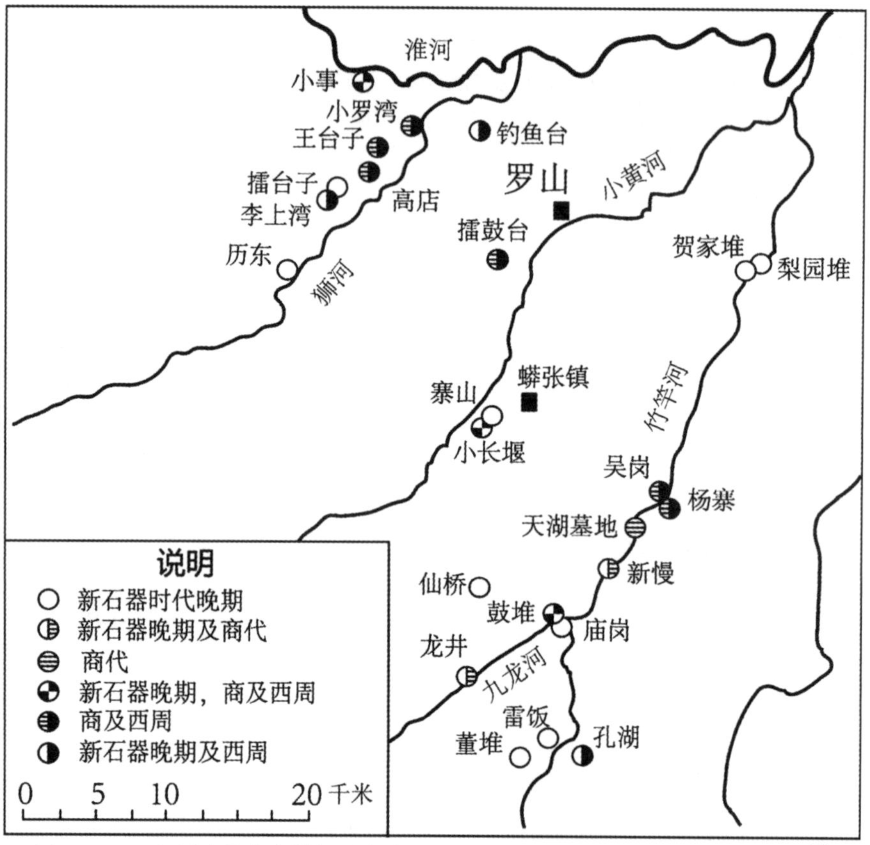

图二　1991 年罗山县考古学调查中发现的新石器晚期、商与西周时代的遗址①

根据竹竿河流域商周遗址的分布和规模，我们可以推测公元前 13—前 11 世纪的息邦的中心领域小而人口密度不高。由于在墓地发现了大量青铜兵器，发掘者曾假设“从武丁开始，到商王朝灭亡的二百多年间，息族军事奴隶主一直守卫在南大门”②。但是因为人口少，息邦的军事能力也不可能强。此外，该地距离商王都安阳遥远，把息视为直接受商朝控制的土著缺乏明显的证据。

息邦的分布地域较小，而且它的社会结构可能比较简单。息邦可能仅包括一个阶层化的家族集团和

① 原图见于 Khayutina，Maria. *Kinship*，*Marriage and Politics in Early China*（*ca*. 13-8*th c*. *BCE*）*in the Light of Ritual Bronze Inscriptions*. Munich，2017，地图 4. 3。

② 河南省信阳地区文管会、河南省罗山县文化馆：《罗山天湖商周墓地》，《考古学报》1986 年第 2 期。

居住在少数村落(在卜辞或铭文称为“邑”)的若干属下家族。把这类小组织称为“国家”，对古代社会的历史分析没有助益。然而，由于息家族是息邦唯一可见的基本架构，把息邦定义为“家族政体”是有合理性的。

由于分布于竹竿河流域的人口少，息族的政治权力和经济力量不可能仅仅来自农业生产的盈余。那么，它的财富从哪里来？笔者认为，息邦兴荣的关键在于它处在一种交通“瓶颈”的位置以及因此演发的长途经济机缘。

四、公元前3000—前2000年的江、河之间的跨地域交往

罗山县调查表明，从新石器时代晚期以来，桐柏山以北的竹竿河河沟居民与居住于现代武汉附近的古代居民一直保持着密切关系。公元前3000年末叶，桐柏山属于江汉平原上石家河文化东北部的自然边境。① 桐柏山以北则仅见少量石家河文化因素，这说明向南向北往来的人还不多。“威信物品的交易”(prestige-goods trade)可能在此时已经成为南北交往的原因之一。公元前3000年末叶，石家河文化式的玉器已经从江汉平原到达河内盐湖地区。② 这表明，石家河文化的“威信物品”在广阔跨地区范围内受到欢迎。经过桐柏山的越山路线可能用于玉器等奢侈品的交易。此外，属于石家河文化的人群显然在铜绿山古代铜矿区开始开采铜矿石和冶炼铜。③ 桐柏山以北以南的人群在公元前3000年末叶的交往是否已经与这种活动有关，还有待研究。

到了“真正的”青铜时代，贯穿桐柏山的交往和竹竿河上游聚落形态的变化都很可能与青铜生产和矿料运送有关。20世纪70年代以来，在长江中下游的铜矿带先后发现了湖北省大冶铜绿山、阳新港下，湖南省麻阳，安徽省铜陵、南陵，江西省瑞昌铜岭、南京伏牛山等早期采铜矿遗址。其中湖北大冶铜绿山和江西瑞昌铜岭在早、中商时代已经被开采。④ 同时，位于长江中游的盘龙城在早、中商时代繁荣起来。⑤

由于盘龙城离铜绿山古铜矿区的距离只有120公里，因此它很可能参与铜矿料的交易。许多专家推测，盘龙城与距它500~650公里以北的早期商王朝中心，如郑州、洹北商城等，先后互动，并作为后者金属来源的主要供应者之一。⑥ 他们假设，盘龙城曾为北方运送其周围所采冶的矿料，以交换北方的青铜器。然而，金属学专家们指出，部分出土于盘龙城的青铜器肯定不是在郑州生产的。⑦ 2018年，武汉大学、芝加哥大学、湖北省文物考古研究所、武汉市文物考古研究所、盘龙城遗址博物院组成中美联合考古队，在盘龙城遗址发现了大规模铸铜遗址，证实了它为独立的地方青铜器铸造中心。⑧ 此外，部分盘龙

① 张绪球：《石家河文化的分期分布和类型》，《考古学报》1991年第4期。

② 山西省考古研究所、山西运城市文物局、芮城县文物旅游局：《山西芮城清凉寺史前墓地》，《考古学报》2011年第4期。

③ 陈树祥、龚长根：《湖北新石器时代遗址出土铜矿石与冶炼遗物初析——以鄂东南和鄂中地区为中心》，《湖北理工学院学报》(人文社会科学版)2015年第9期；陈树祥：《黄石地区古铜矿采冶肇始及相关问题探析》，《湖北理工学院学报》(人文社会科学版)2012年第10期。

④ 黄石市博物馆：《铜绿山古矿冶遗址》，文物出版社1999年版；龚长根：《铜绿山古铜矿始采时间研究》，《湖北理工学院学报》(人文社会科学版)2013年第7期；江西省文物考古研究所铜岭遗址发掘队：《江西瑞昌铜岭商周矿冶遗址第一期发掘简报》，《江西文物》1990年第3期；周卫健、卢本珊、华觉明：《瑞昌铜岭古矿冶遗址的断代及其科学价值》，《江西文物》1990年第3期。

⑤ 盛伟：《盘龙城遗址废弃的年代下限及相关问题》，《江汉考古》2011年第3期。

⑥ Liu Li, Chen Xingcan. *State Formation in Early China*. London: Duckworth, 2003; Liu Li, Chen Xingcan. *The Archaeology of China*. Cambridge: Cambridge University Press, 2012, p. 285；龚长根：《铜绿山古铜矿始采时间研究》，《湖北理工学院学报(人文社会科学版)》，2013年第7期。

⑦ 部分盘龙城青铜器的化学分析发现若干量的镍矿杂质。在郑州已分析的青铜器不包括含镍杂质金属品。Pollard, A. M., Bray, P., Hommel, P., Hsu Y.-K., Liu R., Rawson, J. Bronze Age Metal Circulation in China. *Antiquity*, No. 91 (2017), p. 681.

⑧ 《武汉盘龙城发现大规模铸铜遗址系夏商都城之外首次发现》，新华网，http://www.xinhuanet.com/politics/2018-10/22/c_1123596334.htm，2018-10-22。

城出土的、估计为本地产生的青铜器含高放射成因铅(又成为“异常铅”)。这种铅元素极为罕见，使用时间限于商代。这表明，这种材料的供应极有限。一些专家指出，异常铅的产地可能在长江上游或中国西南地区。① 更可信的是，异常铅多存在于锡铅多金属矿，而且这种锡铅矿料的产地在长江以南江西和湖南地区。② 部分出土于偃师商城和郑州商城的青铜容器也含异常铅。盘龙城、偃师及郑州的异常铅可能均来自同一地区。③ 所以，除了输出铜绿山等附近铜矿区的铜原料以外，盘龙城可能也向北方中转一些来自更远地区的金属矿料。

从盘龙城可沿着哪一条路线到达中原？今天的 G4 北行高速路经过盘龙城遗址向孝感市，先向西，再向北转，穿过桐柏山抵达信阳市，然后一直北行到郑州。青铜时代的人与现代人选择的路不一定相同。考古学发现可以显示古代实际交通路线的地理特性。要注意的是，在盘龙城以北的滠水岸上曾零星出土过早、中商期的青铜容器窖藏。④ 此类窖藏经常被认为是土著人群礼拜山川鬼神等祭祀礼仪的留存，但是很少有人注意到窖藏背后的地理意义。滠水河谷实际为从盘龙城穿越桐柏山最直接，地貌最简单的北行道。滠水与竹竿河同源一山，组成一条穿越桐柏山山脉的自然交通路线。所以，早商时代在滠水河沟进行窖藏礼仪活动与在竹竿河河沟出现新聚落的现象，都应与盘龙城和中原地区之间的长途交易有关(参见图三)。

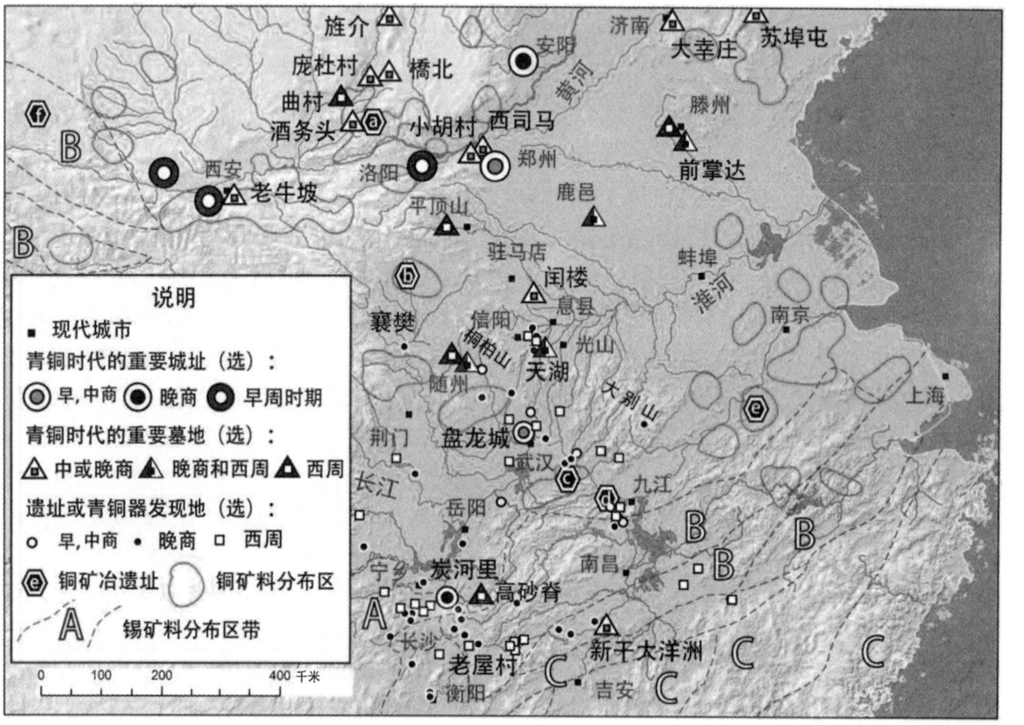

图三　天湖墓地所代表的息邦与青铜时代的政治经济系统

补充说明：1. 早期采铜矿遗址：a. 铜矿峪（东周、汉）；b. 楸树湾（汉）；c. 铜绿山（商、周、汉）；d. 铜岭（商、周）；e. 南陵大工山（商、周、汉）；　f. 中卫市（汉）。2. 现代以前历史文献记载的铜矿采区。⑤ 3. 锡矿料分布取代的级别：A 级：近年来找矿有大的突破，远景储量大；B 级：远景储量较大；C 级：远景储量一般。

---

① 金正耀：《商代青铜业的原料流通与迁都问题》，《二十一世纪》2002 年第 2 期。

② 易德生：《科技考古视野下的商王朝锡料来源与“金道锡行”》，《中国社会科学》2013 年第 5 期。

③ 金正耀：《商代青铜业的原料流通与迁都问题》，《二十一世纪》2002 年第 2 期。

④ 郭冰廉：《湖北黄陂矿山水库工地发现了青铜器》，《考古通讯》1958 年第 9 期；施劲松：《江汉平原出土的商时期青铜器》，《江汉考古》2016 年第 1 期。

⑤ Golas，Peter J. *Science and Civilisation in China*. Cambridge：California University Press，1999 .

盘龙城的废弃时代在中商中期末叶前后。此后，商文化因素在江汉平原西部、澧水上游流域、洞庭湖流域等地区急剧退缩，而不属商文化因素的文化面貌则加强了。① 盘龙城原址周围至今尚未发现商代后期的聚落遗址。但在现代武汉的附近经常发现殷墟式青铜器的窖藏。② 这表示，当地人群继续与北方交流。③ 桐柏山以北息族的崛起，基本上可能与盘龙城被废弃后，长江中游与中原地区交易的兴起有关。

五、商末周初的息邦与江、河流域之间的交往

从天湖墓地发掘以后，几十年的考古发现与新研究方法允许我们从一个更广阔的角度来理解息邦的历史地理情况与它的经济方式。

2008—2009 年，河南省文物研究所、驻马店市文物考古管理所联合针对位于河南省驻马店市正阳县境内文殊河南岸的二级台地上闰楼商代墓群，进行了抢救性的发掘。闰楼距驻马店市约 40 公里，距天湖后李墓地约 70 公里，距郑州约 270 公里，距安阳约 450 公里。如果从今天的武汉去郑州或安阳，天湖和闰楼约略位于直接路线上(见图三)。

闰楼遗址面积达 150 万平方米，是目前所知河南南部地区规模最大的一处晚商遗址。它的规模比天湖墓地大，但活动时间更短，只包括殷墟文化一期晚段到殷墟文化三期，其兴盛年代应为殷墟文化二期，相当于武丁至文丁时期。目前已发掘的 250 多座商代墓葬以中型墓葬和小型墓葬为主，墓葬成组排列，多设有二层台及腰坑，墓主头部置一陶器，或簋或鬲。殉狗之风盛行，一般 2~6 只，分布在二层台上或填土中。随葬器物包括青铜器、玉器、骨器、石器、陶器等。青铜器以鼎、觚、爵、戈、锛为主。陶器以簋为主，尊、鬲、豆、罐、瓿等器零星存在，但未见在殷墟最普遍的陶觚、爵组合。④ 大部分中型墓葬已被盗。两座墓葬提供了 3 件带族徽的铭文铜器，族徽释为“亚禽”(见图四)。

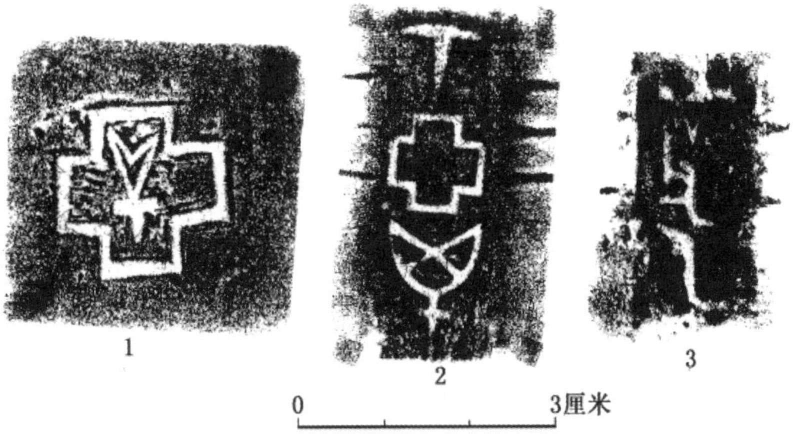

1. 觚（M71：1） 2. 爵(M71：2) 3. 爵(M229：1)

图四 闰楼墓地出土铜器铭文⑤

驻马店市公安局等机构移交了一批在该墓地盗掘后被追回的青铜器，但不少文物流散于海外或民间藏家手中。查询国内外收藏里原属闰楼出的铜器，包括 13 件带“亚禽”或“禽”族徽的器物。因此，丘山

① 盛伟：《盘龙城遗址废弃的年代下限及相关问题》，《江汉考古》2011 年第 3 期。

② 施劲松：《江汉平原出土的商时期青铜器》，《江汉考古》2016 年第 1 期。

③ 更普遍的说法是把这里出土的青铜器看作商移民的器物。这种说法并未解释为什么商移民要埋葬青铜器。

④ 驻马店市文物考古管理所：《河南驻马店闰楼商代墓地发掘报告》，《考古学报》2018 年第 4 期。

⑤ 驻马店市文物考古管理所：《河南驻马店闰楼商代墓地发掘报告》，《考古学报》2018 年第 4 期。

代，刘文阁二位先生认为闰楼墓地可能属于禽族。① 禽族也见于安阳卜辞中。一件武丁时期的卜辞提到“(禽子)”(《合集》7559反，宾组)，另两件卜骨碎片有“禽人”(《合集》7562反，9225，宾组)刻文。最值得注意的是“(禽)来舟。一二三四二告；禽不其来舟。一二三四”(《合集》11462正，宾组)卜辞。它们表明，禽族与商王朝存在着某些关系，而且可能给商王朝提供交通等服务。从闰楼的位置来看，禽和息很可能皆属于一条经济和交通链上的环节。

铭文中的“亚禽”族徽有几个异体，包括、、、等结构。“禽”字可以写在“亚”形里面或外面。它也经常包括鸟象形图。② 天湖 M11 早期墓提供了一对带、族徽的青铜觚。它们是否也属(“亞禽”)族徽的异体，目前不太清楚。但是，闰楼 M71：1 带“亚禽”字铜觚与天湖 M11：4、5 带上述族徽的铜觚在形式和纹饰方面上非常相似。③ 天湖 M11 除了息族和族族徽以外，还包括其他族的族徽。这可能反映早期息邦与周边家族的关系，也可能反映息与禽之间的互动(见图一)。

对出土青铜器的科学分析可以为息与禽交流的假定提供一些证据。最近，河南省文物考古研究院和北京大学考古文博学院等单位对天湖和闰楼青铜器进行了 X 光照相、铸造工艺观察、泥芯研究、金相组织分析、微量元素和铅同位素比值测定等工作，而且把此结果与安阳和盘龙城样品分析的结果做了对比。

该分析表明，天湖和闰楼青铜器的合金成分以铜、锡、铅三元合金为主，并存在极少纯铜器物。锡铅青铜器的锡和铅含量与安阳系青铜器基本相同，而与盘龙城系青铜器有异。④ 同时，闰楼出土铜器中容器的锡含量明显比安阳和天湖出土的铜器要高，这是一个地方特征。⑤ 从殷墟二期到殷墟四期，安阳、天湖和闰楼青铜器的锡含量不断减少，而铅含量相当增加。这反映共同的铸铜技术的变化，而此变化可能与锡矿短缺有关。

天湖、闰楼、殷墟和盘龙城等遗址出土青铜器的铅同位素分析表明，商代晚期高放射性成因铅在罗山天湖和闰楼占有较大比重。盘龙城、闰楼、安阳妇好墓这三处遗址出土铜器的铅同位素比值在总体特征上是比较接近的，但其拟合度又并非很高，其矿料是否来自同一矿区，还需作进一步的研究。天湖殷墟二、三、四期的铜器与闰楼和安阳西北岗 M1004 的铜器中高放射性铅矿料的来源可能相同，但不同于妇好墓的高放射性铅矿料。天湖西周早期与闰楼铜器，以及部分盘龙城和天湖殷墟三、四期的铜器的普通铅矿料，均可能有着相同的来源。另外，天湖殷墟二期铜器与妇好墓，部分天湖殷墟三、四期，以及部分盘龙城铜器的普通铅矿料可能都相同。⑥

---

① 丘山代、刘文阁：《河南正阳出土“禽”铭铜器初探》，《南方文物》2016 年第 2 期。

② 丘山代、刘文阁：《河南正阳出土“禽”铭铜器初探》，《南方文物》2016 年第 2 期。

③ 驻马店市文物考古管理所：《河南驻马店闰楼商代墓地发掘报告》，《考古学报》2018 年第 4 期；信阳地区文管会、罗山县文化馆：《罗山县蟒张后李商周墓地第二次发掘简报》，《中原文物》1981 年第 4 期。

④ 盘龙城青铜器的锡量比安阳系青铜器低。肖梦娅、楚小龙、郁永彬、孙明、梅建军、陈坤龙、陈建立：《信阳罗山天湖墓地出土青铜器的检测分析及相关问题初探》，《华夏考古》2016 年第 2 期。

⑤ 刘群、肖梦娅、梅建军、陈坤龙、张华、陈建立：《正阳闰楼墓地出土商代铜器的检测及相关问题研究》，《有色金属(冶炼部分)》2016 年第 5 期。

⑥ 刘群、肖梦娅、梅建军、陈坤龙、张华、陈建立：《正阳闰楼墓地出土商代铜器的检测及相关问题研究》，《有色金属(冶炼部分)》2016 年第 5 期；肖梦娅、楚小龙、郁永彬、孙明、梅建军、陈坤龙、陈建立：《信阳罗山天湖墓地出土青铜器的检测分析及相关问题初探》，《华夏考古》2016 年第 2 期。

安阳出土的殷墟一、二期青铜器所含的铅，80%以上属于高放射性铅。自第三期起，这种铅所占比例减少，到了第四期已只余零星件数。① 天湖墓地也反映出，高放射性铅的运送遭截断。天湖西周早期器皿皆含普通铅。天湖可能自殷墟二期甚至更早时期起，从对高放射性成因铅的使用转变为殷墟三、四期乃至西周早期时对普通铅的使用。② 这些共同的变化显示，天湖与安阳是同一个金属矿料交易系统的成员。由于天湖与闰楼极有可能分享矿料来源，此二地应为从南向北矿料运输线上的行站。

住在天湖附近的息族可能不仅与其以南的铜绿山采铜地区人群及以北的禽等贵族交流。在天湖墓地发现了两件四足鸮卣。其中一件香港私人收集的、与墓地出土者非常相似的鸮卣即带有“亚禽”铭文。它可能盗自闰楼墓地。③ 形式及纹饰很相似的鸮卣亦常见于湖南北部的窖藏。在天湖发现的圆足鸮卣也与一些在湖南出土的鸮卣相似(见图五)。

西周初期的天湖 M57 出土了几件带(旅)族徽的青铜器。④ “旅”字经常与“夲”字一起作为一个联合族徽。一件出土于安阳的“夲旅父盘”现藏于旧金山亚洲艺术博物馆。⑤ 盘的中间有大“龟”纹。同样的“龟”纹见于上文谈到的天湖 M11 出土的四足鸮卣的底部(见图五 F)。由此部位可以理解，“龟”纹并非纹饰，而是一族徽。⑥ “夲旅父盘”上的“龟”纹可能有同样的意义。天湖 M11 与“夲旅父盘”的制成时间相近。由此可见，息族和与“旅”族相关的“龟”族互动悠久。因此，旅族更晚期的青铜器在天湖墓地出现并非偶然。

西周初期的“夲旅父甲尊”1981 年出土于湖南湘潭县老屋村窖藏。⑦ 各处窖藏带铭文青铜器为何以及如何到达湖南，还是一个未解的问题。⑧ 一些学者认为，它们可能是在周克商以后被“商移民”带来的。但是，湘潭老屋村窖藏除了“夲旅”族徽以外，也包括带“戈”“冉”与族族徽的青铜器。几个家族一起迁居到湖南，在那里共同埋藏它们的礼器是不太可信的。笔者认为，窖藏里的物品可能是某些居长江以北的家族赠送给当地人的礼品。北方的贵族长途跋涉到湖南赠送青铜器的目的之一，很可能是为了收购金属原料。

湖南鸮卣、提梁卣或各种带铭文商式青铜器窖藏的分布正好与锡矿料分布区的北部重叠。它们特别集中于宁乡县内，以及长沙的附近。从地质学方面来看，立于锡矿山北坡的宁乡县属于 A 级成锡矿带区，而长沙以东南的老屋村立于 B 级成锡矿带区(见图三)。⑨

---

① 金正耀：《商代青铜业的原料流通与迁都问题》，《二十一世纪》2002 年第 2 期。

② 肖梦娅、楚小龙、郁永彬、孙明、梅建军、陈坤龙、陈建立：《信阳罗山天湖墓地出土青铜器的检测分析及相关问题初探》，《华夏考古》2016 年第 2 期。

③ 丘山代、刘文阁：《河南正阳出土“禽”铭铜器初探》，《南方文物》2016 年第 2 期。

④ 河南省文物考古研究院、信阳市博物馆、罗山县博物馆：《河南罗山天湖商周墓地 M57 发掘简报》，《华夏考古》2016 年第 2 期。

⑤ 《集成》10033 号；Asian Art Museum，*Ritual Water Vessel*（*Pan*）*B60B*1001，http://asianart. emuseum. com/view/objects/asitem/search@ swg'pan','Shang','China','bronze'/2? t:state:flow = 125a394c-22eb-45d3-be93-f7f248399f02。

⑥ 河南省信阳地区文管会、河南省罗山县文化馆：《罗山天湖商周墓地》，《考古学报》1986 年第 2 期。

⑦ 中国科学研究院考古研究所：《殷周金文集成》，中华书局 1984—1994 年版。下文简称《集成》，第 5720 号。

⑧ 施劲松：《江汉平原出土的商时期青铜器》，《江汉考古》2016 年第 1 期。

⑨ 关于中国锡矿料分布，见陈郑辉、王登红、盛继福、应立娟、梁停、王成辉、刘丽君、王永磊：《中国锡矿成矿规律概要》，《地质学报》2015 年第 89 卷第 6 期。非常感谢刘睿良博士赐赠这篇文章。刘氏在牛津大学讨论会上推测了盘龙城从湖南得到锡矿料的可能性（Liu Ruiliang. *Metal Movement Between Zhengzhou and Panlongcheng in Bronze Age China*：*Some New Thoughts*. Culture Contacts in Ancient Worlds—Theories and Case Studies，An Interdisciplinary Conference at the University of Oxford China Centre，2017）。

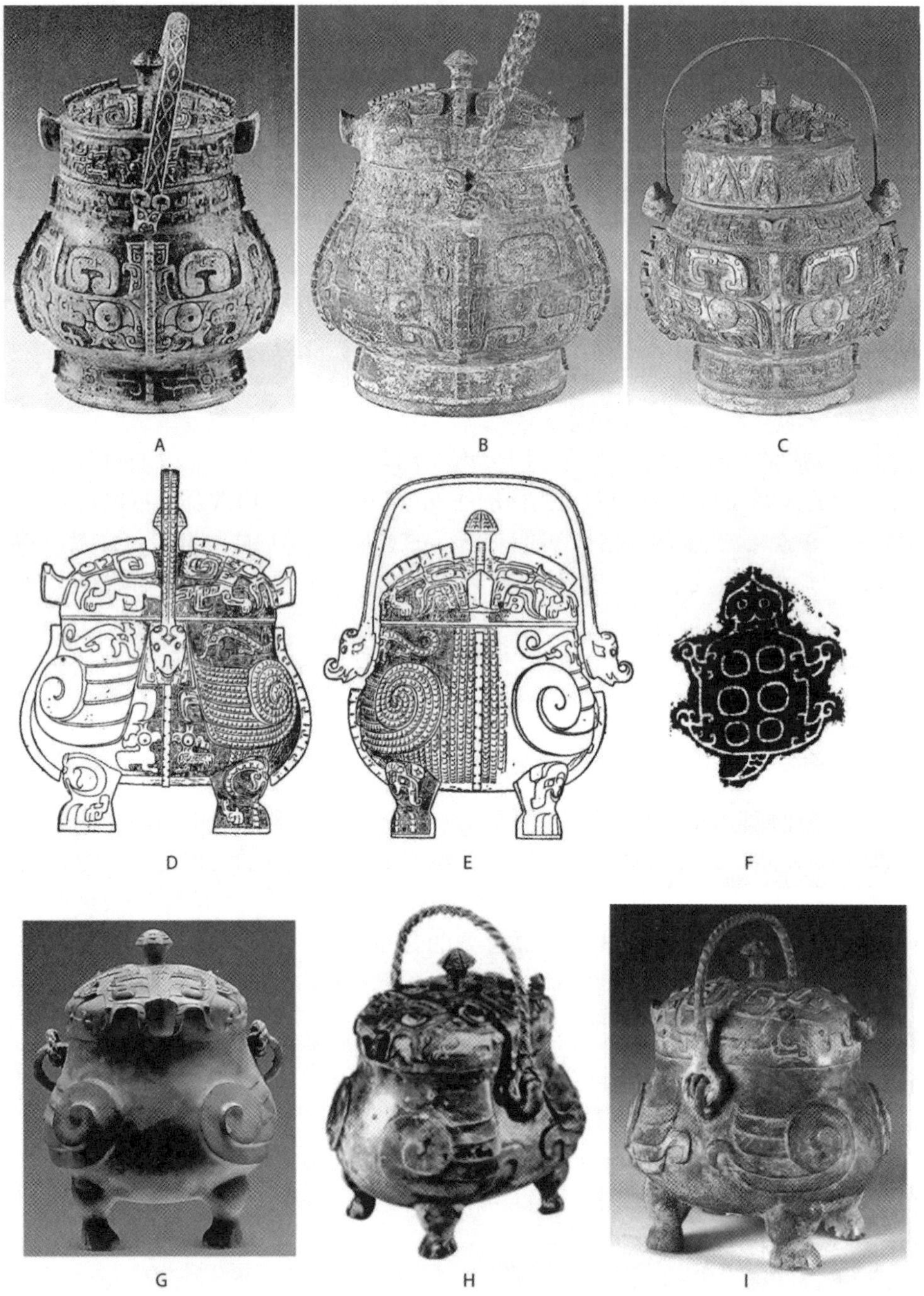

A. 天湖 M57：13；B. 湖南涟源桥头河水洞村；C. 湖南宁乡黄村(冉卣)；D—F. 天湖 M11：3；G. 天湖(墓号不明)；H. 香港私人藏(辛亞禽)；I. 湖南双峰月龙村①

图五 鸮卣

① A：河南省文物考古研究院、信阳市博物馆、罗山县博物馆：《河南罗山天湖商周墓地 M57 发掘简报》，《华夏考古》2016 年第 2 期；B、I、C：湖南省博物馆：《湖南出土殷商西周青铜器》，岳麓书社 2007 年版，彩版十二：4、1，彩版十三：1；D-F：湖南省博物馆：《湖南出土殷商西周青铜器》，岳麓书社 2007 年版；河南省信阳地区文管会、河南省罗山县文化馆：《罗山天湖商周墓地》，《考古学报》1986 年第 2 期，图 13.1，图 14；G：唐新：《古息吉金：河南罗山天湖出土商代青铜器鉴赏》，《收藏家》2016 年第 7 期，图 8；H：丘山代、刘文阁：《河南正阳出土“禽”铭铜器初探》，《南方文物》2016 年第 2 期，图 7.3；Khayutina，Maria. *Kinship*，*Marriage and Politics in Early China*（*ca.* 13-8*th c. BCE*）*in the Light of Ritual Bronze Inscriptions*. Munich，2017，图 4.7。

如上文已所述，从殷墟第三期以来，安阳系青铜器里的锡含量因受到矿料的局限，变得越来越少。青铜生产对锡矿的需求很高，中原地区总体来说缺乏锡矿，所以黄河流域的生产中心不得不进口锡。① 原料越少，求锡所费精力越大。所以，为了取得所需要的金属矿料，北方贵族以赠送珍贵家族礼器的方式与南方供给处成立联盟。当地贵族可能在邻近区域管理采锡矿的活动或者交转来自更远的成锡矿区的原料。笔者推测，湖南北部青铜器窖藏的分布可能与长江中游以南区域和中原地区的锡矿交易有关。但是，要注意的是，湖南不是含异常铅的锡多金属矿产地。虽然湖南及江西省内许多地方生产锡多金属矿料，但其内所含的铅与在商式青铜器所含的铅同位素组成数据有明显的差异，② 湖南及江西只能作为含普通铅的锡矿料或不含铅的锡矿料的供应者。

湖南宁乡炭河里遗址附近曾出土晚商及西周早期青铜器(如图五 C)。2001—2005 年该遗址墓地内发现许多青铜器残片，包括鸮卣和带云雷纹地兽面纹间涡纹鼎片。③ 在其约 60 公里以东的望城高砂脊遗址墓地出土了几件纹饰和形式相同的周初青铜鼎。炭河里及高砂脊出土的铜器与天湖早周墓出土鼎的纹饰较相似(图六)。高砂脊有一些“越式”鼎(如图六 C)。它们肯定不是来自北方的赠品，而为当地铸造物。这表明，湖南本地的政体不仅从北方接收赠品，同时采纳部分北方要素而创造当地自我的物质文化。这提示，湖南北部的精英对北方文化相当熟悉。但是，他们不直接与安阳或周克商后的渭河地区互动，而是通过立于长江和黄河流域之间的，类似息、禽一类的小邦与北方交流。换言之，息、禽等家族政体在青铜时代的长途交易有枢纽的功能。

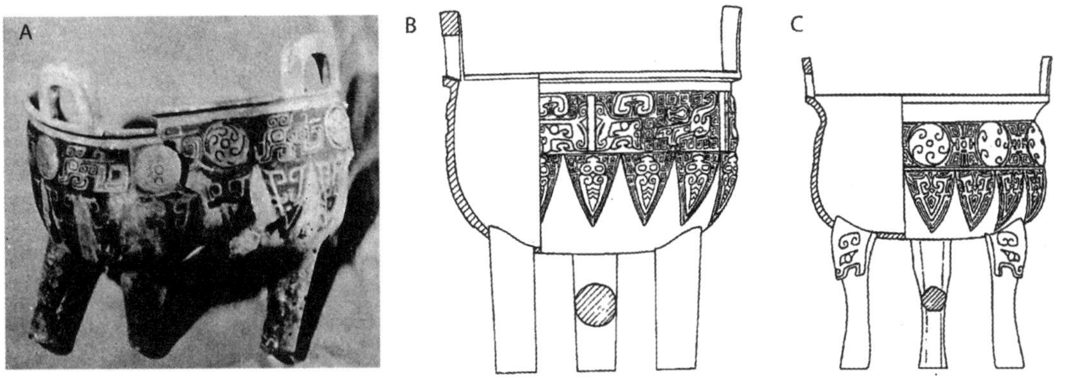

A. 天湖后李 M6：14；B. C. 湖南望城高砂脊④

图六　蝉纹青铜鼎

六、结　语

山东益都苏埠屯、山东滕州前掌大、山西灵石旌介、山西浮山桥北、河北定州北庄子 、河南天湖后

① 易德生：《科技考古视野下的商王朝锡料来源与“金道锡行”》，《中国社会科学》2013 年第 5 期。

② 马江波、金正耀、范安川、向桃初、陈福坤：《湖南宁乡县炭河里遗址出土青铜器的科学分析》，《考古》2016 年第 7 期。

③ 湖南省文物考古研究所、长沙市考古研究所、宁乡县文物管理所：《湖南宁乡炭河里西周城址与墓葬发掘简报》，《文物》2006 年第 9 期。

④ 信阳地区文管会、罗山县文化馆：《罗山县蟒张商代墓地第一次发掘简报》，《考古》1981 年第 2 期；湖南省文物考古研究所、长沙市博物馆、长沙市考古研究所、望城县文物管理所：《湖南望城县高砂脊商周遗址的发掘》，《考古》2001 年第 4 期；Khayutina，Maria. *Kinship，Marriage and Politics in Early China* (*ca.* 13-8*th c. BCE*) *in the Light of Ritual Bronze Inscriptions*. Munich，2017，图 4. 8。

李、河南鹿邑太清宫、河南荥阳小胡村，以及河南正阳闰楼等大多是商末，部分甚至是周初的贵族墓地。它们的发现显示，中国青铜时代的政治格局很复杂。除了郑州、安阳、周原等巨大政治和经济中心以外，地方性的中心在许多地区同时自主发展。贵族墓地格局的差别反映出各地政体社会结构的特色。各地贵族墓地包括一些商式青铜器，表示当地精英与商王朝直接或通过第三者交流。同时，他们与许多类似的政体交流而实行“同侪政体互动”(peer-polity interaction)。① 息邦的“同侪”可能包括其以北的禽等家族和一些桐柏山和长江以南的土著政体。

以息邦为例，可以初步了解青铜时代“家族政体”形成的原因与它们的经济和政治功能。

长途交易是青铜时代的主要标志及政治过程中的关键因素之一。根据经济历史学家厄尔(T. K. Earle)的理论，青铜生产是长途交易提升的主要动力。铸铜需要的金属原料如铜、锡及铅，只在有限的地区才有能力开采。其外地区居住人群的铸铜要求刺激了跨地域金属原料和金属成品的交易，并推动了各种威信物品和赠品的交换。在这种情况下，能够通过控制特定的“商品链”(chains of supply)中的“收缩点”(constriction points)或“瓶颈”(bottlenecks)来创建资源、技术及知识的“浮现的精英”(emerging elites)，可以提取效益。② 厄尔等学者整理出青铜时代与金属交易有关的六种“瓶颈”：(1)冶金技术；(2)可用的交通路线；(3)交通技术；(4)交通路线和运送货物的保护；(5)金属产品的产制；(6)用于交换金属原料或成品的生产。从息邦的状况来看，它控制了上述“瓶颈”中的好几种。息邦的形成与发展可以评论如下：

第一，穿过桐柏山的溠水—竹竿河南北行路，从新石器时代晚期以来已被通用。到了青铜时代，长江中下游的铜矿藏吸引了中原地区精英的关注。由盘龙城曾为中原政治中心的主要交易对象可知，两区之间互动密集。盘龙城活跃的时期，溠水—竹竿河路可能只是几条向北行路之一，还没成为真正的“瓶颈”，因此该地区尚未出现明显的精英。在盘龙城废弃以后，在江河地区之间的交易发生了一些系统性的变化。桐柏山以南，在原来集中型的经济和政治中心盘龙城的位置，留下了一些不易查考的零散人群。虽然他们继续向北方运送矿料，但他们没有产生复杂性的政治社会结构。在所留下的政治真空里，某人在某地恢复了中断的交流，把自己的居地转变为一种“瓶颈”。抓住这个机会的人群可以担负更多职能，获取更多利益。息，或许是一群居住在竹竿河河沟的居民，也可能是一个来自他地的家族，就是属于这种“浮现的精英”。息家族族长和一小圈相关的人能够集聚财富，要求特权地位和实行政治权利。这样，息族的“家族政体”就诞生了。③

第二，虽然考古学发掘很少反映相关证据，但息邦相当可能提供一些与交通技术相关的服务。类似禽邦为商王提供一些(可能运货的)舟一样，息也可能用竹竿河水路运货。在这种情况下，它必须掌握造舟的技术。此外，它也可以为商人提供住宿。这种在文化圈周边地区居住的人群，甚至可能为旅行者提供翻译等服务。能够实现这些功能的人口量，不必很大。厄尔指出，依靠“财富经济”(wealth economy)，青铜时代政体的规模可以比新石器时代依靠“主食经济”(staple economy)的共同体小。④ 对罗山县的调查明显地反映出这种情况。

第三，从天湖后李墓地出土文物来看，兵器作为息族长地位的表征而备受关注。这表明，军事力量是息邦的政治和经济的重要基础之一。但是兵器的主要使用范围可能局限于竹竿河交通路线和对运送货物的保护，并非广阔地保护商王的“南大门”，防止南方的攻击，因为在当时“南方”并未形成一个能威胁

① 关于伦福儒(Renfrew)定义“同侪政体”的观念见：Renfrew，Colin. Introduction. Renfrew，Collin and Jon F. Cherry，*Peer Polity Interaction and Socio-Political Change*. Cambridge：Cambridge University Press，1986.

② Earle，Timothy；Ling，Johan；Uhnér，Claes；Stos-Gale，Zofia；Melheim Lene. The Political Economy and Metal Trade in Bronze Age Europe. *Europe European Journal of Archaeology*，No. 4 (2015).

③ 要注意的是，厄尔是“新进化论”学派的代表之一，在他的理论中这种政体被定义为“酋邦”。此外，他的理论可以用于分析早期中国的政治经济。

④ Earle，Timothy. *Bronze Age Economics*. Cambridge：Westview Press，2002.

商朝的政治团体。

第四，根据闰楼墓地的发现可以推测，息、禽等家族政体曾参加了一个共同的经济网络。它们与安阳贵族从同一地区取得金属矿料。从它们的地理位置来看，息及禽可以作为商王朝的金属供应者。前述有关禽送舟的殷墟卜辞支持这个推测。除了金属原料以外，息、禽等淮河流域的政体可以把各种南方的奢侈品或威信物品，如玉器、漆器、纺织品、龟甲、珍奇动物等，运送到安阳或其他中原地区的政体。

第五，在天湖后李墓地出土的鸮卣、蝉纹鼎及带旅族族徽的青铜器，与在湖南出土的商末周初文物显示出一些共同因素。我们可以推测，住在湖南锡矿区的人群与息等介于两条中国主要河流之间的家族政体，在相当长一段时间进行了交流。

总之，息等控制“商品链”里“瓶颈”的诸家族政体，在早期中国的经济和政治同侪互动中有重要的枢纽功能。

西周中期，天湖墓地已被废弃，但是息邦未灭亡。西周昭王时的“息伯卣”铭文记录“息伯赐贝于王姜”①。这确证息邦的存在，但是不显示该息伯的族属。由于春秋时代的息一般被认为是姬姓，原来的息族应在西周时期被姬姓族替代。这个变化是否发生于昭王在位前后，我们无法得知。② 既然息在西周铭文中已属罕见，且传统文献甚至不谈，可见它在西周时期的重要性不高。息的纡尊降贵可能与经济形势的变化有关。因为北方经济中心从中原迁徙至渭河流域，西周最重要的交通线在桐柏山以西通过随州走廊向西北延伸。这是同时的姬姓曾邦建立和兴荣的原因。然而，自西周中叶以来，位于现代平顶山的应国等淮河以北诸侯邦也有对铸青铜的原料的需求。在 9 世纪末郑邦建立于现代新郑市后，它也可能成为南方金属矿料重要的消费者之一。在 8 世纪前半叶，王都的东迁也必然是一个当代的经济因素。这些新倾向可能引起了息邦的重建。如果现代息县附近的古城址可确定为春秋初期的息城，它以约 34 万平方米的面积，可以被看作当时政治的“重量级”城市(比较当代虢城的 60 万平方米面积)。③ 未来的考古学调查可以为研究这段息邦的发展提供新证据。

然而，楚国灭息以后在其领域内成立息县的目的，不一定与经济利益有关。由于息位于郑州和新郑的行路间，它对楚邦的军事策略有更高的重要性。

(作者单位：德国慕尼黑大学东方研究所，埃尔朗根-纽伦堡大学国际人文科学研究院)

---

① 《集成》5386 号。

② 虽然息伯卣铭在鼓词部分使用先祖日名，但将此认为“非周氏族人的”习俗并不符合实际(见赵燕姣：《古息国变迁考》，《中原文物》2014 年第 3 期)。姬姓周人用日名比较常见，所以息伯不一定是“商后裔”。

③ 关于春秋时代息城址的面积，见徐少华：《周代南土历史地理与文化》，武汉大学出版社 1994 年版，第 87 页；闫孟莲：《息国历史与地理论考》，《信阳师范学院学报》2010 年第 1 期；赵燕姣：《古息国变迁考》，《中原文物》2014 年第 3 期。

春秋楚国爵位问题

平势隆郎

一、序

最近研究减少、重要性却增强的题目，是春秋楚国之下的属国问题。我 1988 年在武汉的楚国历史文化国际学术讨论会上发表过“关于向楚属国迁徙的史料”,① 讨论楚之属国所谓灭亡以后还存在下去的情况。我还在《对于〈左传〉昭公十三年“灵王徙许胡沈道房申于荆焉”——向楚属国的迁徙问题》②中具体讨论了许国等属国迁徙之际的国人分割、政策削弱的问题。

所谓周代封建制，是指大国周与其属国(周围小国)之间的政治外交关系。实际上春秋时期的大国有楚、晋、齐、秦、吴、越。它们与其属国之间有同样的政治外交关系，个人称为邑制国家性大国小国关系③。这种关系可以追溯到西周时期，商代也有一样的状况。一般认为小国的国邑没有迁徙的事情，但是楚之属国频频受到迁徙削弱政策的影响。这种状况有西周时期封建制与战国郡县制之间的中间性性质。

战国楚国有吴起变法，《韩非子》称其“封君子孙、三世收爵禄”是其变法内容之一。这与《韩非子・喻老》“(春秋)楚国之法，再世而收地”好像有矛盾。但是《喻老》篇说明的是上面说到的春秋楚国的大国小国关系，和其说到吴起禁止三世爵禄(爵位与其禄)的世袭(1982 年 11 月 14 日史学会大会“楚国世族的邑管领与吴起变法”④)，都解说了吴起变法以前楚国的邑制国家性大国小国关系。

在这些讨论中，我又考察了与所谓西周封建制不同的制度。《左传》有很多对晋国爵位(晋国臣下氏名发现的爵位名称)的记载。这与所谓西周爵位(以战国时期整理的《春秋》为主讨论的内容)不一样。春秋楚国的县长也有与后代不同的情况。这里有可能指出春秋楚国的大国小国关系中的爵位的特征。

下面本文试着对如上看到的爵位性称号问题进行探讨。

二、春秋晋国所见的爵位性称号与西周列国金文所见的爵位性称号

《左传》中有不少对晋国爵位性称号的记载。这与所谓西周期爵位不一样。我在《左传的史料批判性研究》⑤中讨论过晋国的县。晋国人物一般有复数人名。严谨地说，这些人名成为同一人物的证据不在《左传》本身，而在杜注等注释记载与文脉上的推定。但是到现在还看不到讨论中的龃龉。这些事例中有伯、

---

① 这一问题在《左传的史料批判性研究》(东京大学东洋文化研究所、汲古书院，1998 年)上半部分讨论。同书第一章第一节七“楚的属国与县”、八“‘迁许胡沈道房申于荆焉’的意义”。

② 《东洋史研究》46，1987 年。

③ 松丸道雄讨论过商王朝与其诸侯国之间的政治关系，使用“邑制国家”之词(松丸道雄：《殷周国家的结构》，《岩波讲座世界历史》4，1970 年)。

④ 将之采录增注在谷中信一编：《中国出土资料的多角性研究》，汲古书院，2018 年。

⑤ 《中国出土资料的多角性研究》。

仲、叔、季、孟等的家族呼称。例如原季、原叔、贾季、臼季、随季、毳季、毳子、屏季、阳子、狐伯、郤伯、荀叔、荀伯、知伯、栾伯、邢伯、续简伯、霍伯、蒲城伯、雍子、箕伯、厨子、范叔、士伯、中行伯、赵孟。① 一般将这种“地名、氏”与“家族称谓”的“伯”“子”等加以爵位的认识。具体事例在《春秋》经文，例如郑伯、纪子、莒子、凡伯、宿男等。

《春秋》里没有这种“季”“宿”“孟”的事例，故可能有人想起上面所提的不是晋国爵位的事例。但是和家族称呼合在一起的是城市的名称，一般容易认为这里说到家族称呼是将城市国家之间的政治关系作为家族关系的结果。我个人认为这些家族关系应该是春秋以前存在的所谓爵位的实体。

对于西周、列国金文中的用语的既有研究，代表性的有白川静《金文通释》本文篇人名索引②。其中有“地名、氏”与“家族呼称”的事例。例如③(包含王、公、侯来说)矢王、矢伯(白)、子仲(中)、子伯、井伯、井侯、内公、内伯、尹伯、尹叔、毛公、毛伯、毛叔、廾公、廾伯、廾叔、伊伯、同公、同仲、寺伯、寺季、邛仲、戋叔、𢓊伯、𢓊叔、吴王、吴伯、宋公、杞伯、杜伯、叀公、叀仲、叀叔、命瓜君、宗伯、明公、明伯、周公、益公、益伯、益仲、虎公、虎侯、匋君、匽公、匽侯、匽伯、南公、南伯、南仲、姜伯、幽叔、幽伯、郘伯、郳王、散伯、旅伯、旅仲、晋公、𤇈公、𤇈伯、𤇈子、秦公、夏子、矩伯、宪公、宪仲、𧻚公、𧻚侯、𧻚伯、涾伯、毕公、毕仲、单伯、奠伯、复公、鄂君、鄀公、鄀君、散伯、曾侯、曾伯、曾仲、曾子、智君子、为伯、登伯、登叔、准公、黄公、黄君、筍侯、甄侯、雁公、雁侯、雁叔、楚王、楚公、楚伯、楚子、齐侯、鄦子、縢侯、縢仲、蔡侯、𩒨公、𩒨侯、𩒨伯、𩒨子、楽子、𠭯公、𠭯侯、𠭯伯、𠭯仲、虢伯、虢仲、虢叔、虢季、鲁公、鲁侯、鲁伯、噩侯、噩叔、鼄公、鼄伯、鼄叔、薛侯、薛仲、遽伯、遽仲、苏公、簷叔、铸公、铸侯、铸叔、召公、召伯等。

这里有山西大国晋侯、山东大国齐侯、湖北大国楚公。除了这些例子以外，与上面介绍的《左传》晋国爵位性家族称呼相似。晋侯之下没有侯。下面讨论楚公在春秋时期开始称王，他之下没有公、侯。晋侯之下，“仲”没有一般性，却有“孟”。周王之下，“孟”没有一般性。大国之下的爵位性家族称呼一般不明，晋国事例只在《左传》中出现。《春秋》有战国时期的选择性，与战国时期讨论爵位时的理论基础有关系。

《左传》中也有楚国之下的小国爵位性称号，与所谓《春秋》爵位有不同的选择性。

在此看得到所谓爵位的原意，是对有爵位性的家族的称呼。氏族首长使用这种称呼。

三、楚王之下的爵位性称号与“君”

上面提示西周、列国金文名中有“君”，例如命瓜君、匋君、鄂君、鄀君、智君子、黄君。这些事例中，首先要关注的是“黄君”。李学勤《论汉淮间的春秋青铜器》④讨论过黄器的发现，再论曾国之谜、蔡国的迁徙、番君与昶。就此讨论过的“黄君”存在的地域来说，黄君与所谓周王的诸侯是不同的。根据《左传》的记载，江淮间是楚、吴、越争霸的地域。

根据《左传》的记载，楚国有官尹之“尹”与县尹之“尹”。根据曾侯乙墓出土竹简，楚国与曾国的官名有差异，楚国有坪夜君、鄴君等县君与遉尹、左尹等官厅之长。县君与官厅之长有名称上的区别(君、尹)。青铜器铭文中可见“尹”“君”互相通用的实际情况，但是从楚侯乙墓竹简的实际情况看，也有区别两者的意识。

---

① 《中国出土资料的多角性研究》第二节“晋国的县”。

② 白川美术馆，1984年。大家都可以找到。在此不讨论白川静字释的正确与否。

③ 这里或有可能包含“霊公”等的生号。我看到这种生号的例子，已经删除。

④ 见《文物》1980年第1期。

上面介绍过，吴起变法以前的楚属国有代代迁徙的情况。增渊龙夫①讨论过春秋县管领者一般与其后代的县管领者不同，有像国君那样的世袭性权力。我已经讨论过增渊龙夫所说的春秋县的变化，② 增渊讨论的晋国事例是往向被灭亡的中小氏族、六卿等大世族之下的县渐渐地否定其世袭性权利。楚国也有否定县世袭性权利的事情，而县君一族、小国一族在同时移动，县与小国的族的秩序相似，那么楚国县君的"君"相当于中原周王之下的小诸侯。曾侯乙墓出土竹简、《左传》都有对楚国地位特殊的"公"的记载，应该是春秋时的县公，战国以后也维持着这个特殊身份。这是楚国吸收汉字文化的结果，楚王与其下县君形成的政治结构，开始袭用西周制度的"公"，不敢使用"侯"与爵位性家族称号，而使用"君"。

四、何为"昶伯者君"

上述李学勤的论文提到"番昶伯者君"。就实际写过的文字来说，"番"有很多书体。著录将之写为"番"或"沓"。③ 报告有"哀白者君"，但是这里讨论的"哀"与一般"哀"字不同，或应是与"昶"字一样。

这里要讨论的是"番昶伯者君"的意思。这种表现与西周金文不同，也与上面提到的楚国事例不同。番国青铜器有"番君鼎"，番国君主称"君"，与楚国县君一样。

郑杰祥、张亚夫推定"番"在潢川县附近。根据《吕氏春秋·异宝》的孙叔敖传说，他们提到其中有的"寝丘"就是番地。宋洪适《隶释》汉延熹三年楚孙叔敖碑有"潘国""潘乡"之名。他们还引用《史记·滑稽列传》徐广注、《汉书·地理志》应劭注、与《续汉书·郡国志》汝南郡固始县注，推定"番"是"潘"。李学勤引用他们来推定"潘"是"沈"国，涉及"沈尹"。他认为"番君"是"沈尹氏"。但是我认为从上面讨论的内容来看，应该推定"沈尹"是"沈县的尹"。④ "番君"是楚的县尹。

如果"番君"是楚的县尹，"番"之下的"昶伯者君"是什么？

战国时期楚国出现了很特殊的乐律。其十二律与中原地区完全不一样。楚国日书，其中的用语也与中原不同。⑤ 中原有《诗经》，楚国有《楚辞》。加上上面讨论过的县君的情况，在此要讨论楚国独特的爵位性家族称号。"昶伯"与"番"之间应有大国小国那样的外交关系。固始的东南边是所谓徐王割据之地。或有可能该地在受楚国影响的过程中，刚开始暂时放在番县之下，其后楚国的军事性影响东渐，番县也变为一般性的县，"昶伯"那样的存在也就消失了。"者君"有为"诸君"的可能性，应该有"诸侯"的意味。

---

① 增渊龙夫《中国古代的社会与国家》(吕静译，上海古籍出版社，2017年。原著1960年，吉川弘文馆。增补版1996年，岩波书店)第三篇第二章"先秦时代的封建与郡县"。

② 平势隆郎《左传的史料批判性研究》(东京大学东洋文化研究所、汲古书院，1998年)，在此引用自己的1981年论、1982年论、1983年论、1987年论与1985年论。

③ 有人认为是"甫"。但是一般不是。例如沓君鼎(《积古》4-13里，《攈古录》2-21里，《攈古》2-2-79里)、白者君盘(《韡华壬》1里，《贞松》10-40里，《小校》9-63里，《三代》17-35里)、沓君招簠一(《积古》2-3-8，《攈古录》2-41里，《攈古》2-3-8，《敬吾心》下23，《缀遗》8-9，《文选》下3-1，《小校》9-16-2，《三代》16-17-4)、沓君招簠二(《奇觚》17-20，《小校》9-16-4，《三代》10-18-1)、沓君招簠三(《客斋》15-14，《客斋校》下13，《奇觚》17-20，《小校》9-16-3，《三代》10-18-3)、沓君招簠四(《周存》3-128里，《贞松》6-32，《小校》9-16-1，《三代》10-18-3)、沓君鬲一(《清仪》1-47，《攈古录》2-34，《攈古》2-2-53，《从古》3-32，《敬吾心》下50，《缀遗》27-4，《客斋》17-12，《客斋校》下61里，《陶斋续》1-46~47，《周存》2-71，《善斋金礼》2-24，《小校》3-83-2，《三代》5-38-3)、沓君鬲二(《周存》2补，《小校》3-83)、沓中吴生鼎(《筠清》4-22，《敬吾心》上40，《周存》2-45，《文选》下1-20里，《抱残目》5，《善斋金》1-66，《小校》12-78，《攈古录》2-35，《攈古》2-2-59)、番仲艾匜(《贞松》10-39，《小校》9-63)等，加上郑杰祥、张亚夫《河南潢川县发现一批青铜器》(《文物》1979年第9期)、信阳地区文管会《河南信阳发现两批春秋铜器》所载拓片(《文物》1980年第1期)。

④ 平势隆郎《左传的史料批判性研究》，这里引用自己的1981年论。

⑤ 睡虎地秦墓竹简整理小组《睡虎地秦墓竹简》(文物出版社，1978年)中有日书甲种、日书乙种。不少学者讨论过这两种之间的差异，一个与秦颛顼历有关系，另一个与楚正有关系。平势隆郎《中国古代纪年的研究——从天文与历起的检讨》(东京大学东洋文化研究所、汲古书院，1996年)检讨了战国楚正、颛顼历与夏正的实际情况。

这样来看，可以说明《左传》中看到的“沈尹”军事力量大，却不称为“公”。“公”固然有大的军事力量，但也要有楚王之下的“公”的性格，与上面提到的沈尹的性质看起来不一样。

如上所述，楚国有两种爵位性称号；一种是所谓小国的称号，即是西周以来的爵位性称号；另一种是所谓县君等称号，即是事实上相当于小国君主的称号。两种称号的最高位都是“公”。楚王之下有这两种“公”。

五、结语

本文考察楚国的爵位性家族称号，还探讨了“番”之下的“昶伯者君”的意味。至今的研究未充分考虑春秋战国时期地方的特殊性，本文对此做了进一步的研讨。

楚国有两种爵位性称号。一种是西周以来的所谓小国的称号，另一种是所谓县君等称号。两种称号的最高位都是“公”。楚王之下有这两种“公”。但是在旧徐王割据之地，暂时采用与这些不同的称号。

请大家不吝指正。

（作者单位：日本东京大学）

关于楚先熊丽之前的楚世系及神话探析

魏慈德

关于楚先祖熊丽之前的世系，见载于传世文献的《史记·楚世家》《大戴礼记·帝系》《世本·帝系》与《山海经·大荒西经》中，而以《楚世家》和《帝系》的记载较为系统，两者内容如下：

《史记·楚世家》：

楚之先祖，出自帝颛顼高阳。高阳者，黄帝之孙昌意之子也。高阳生称，称生卷章，卷章生重黎。重黎为帝喾高辛居火正，甚有功，能光融天下。帝喾命曰祝融。共工氏作乱，帝喾使重黎诛之，而不尽。帝乃以庚寅日诛重黎，而以其弟吴回为重黎后，复居火正，为祝融。吴回生陆终，陆终生子六人，坼剖而产焉。其长一曰昆吾；二曰参胡；三曰彭祖；四曰会人；五曰曹姓；六曰季连，芈姓也，楚其后也。……季连生附沮，附沮生穴熊。其后中微，或在中国，或在蛮夷，弗能纪其世。周文王之时，季连之苗裔曰鬻熊，鬻熊事文王。蚤卒。其子曰熊丽，熊丽生熊狂，熊狂生熊绎，熊绎当周成王之时，举文武勤劳之后嗣，而封熊绎于楚蛮。①

文中所述的楚先熊丽之前的系谱为：

颛顼—称—卷章—重黎(祝融)
└吴回(祝融)—陆终—昆吾
└参胡
└彭祖
└会人
└曹姓
└季连(芈)—附沮—穴熊……鬻熊—熊丽

而《大戴礼记·帝系》的记载为：

颛顼娶于滕氏，滕氏奔之子，谓之女禄氏，产老童。老童娶于竭水氏，竭水氏之子，谓之高緺氏，产重黎及吴回。吴回氏产陆终，陆终氏娶于鬼方氏，鬼方氏之妹，谓之女隤氏，产六子，孕而不粥，三年，启其左胁，六人出焉。其一曰樊；是为昆吾；其二曰惠连，是为参胡；其三曰籛，是为彭祖；其四曰莱言，是为云郐人；其五曰安，是为曹姓；其六曰季连，是为芈

① ［日］泷川龟太郎：《史记会注考证》，台湾大安出版社2000年版，第630页。

姓。季连产什祖氏，什祖氏产内熊，九世至于渠娄鲧出。①

所记载的楚先世系为：

颛顼—老童—重黎
　　└吴回—陆终—樊(昆吾)
　　　　└惠连(参胡)
　　　　└籛(彭祖)
　　　　└莱言(云郐人)
　　　　└安(曹)
　　　　└季连(芈)—什祖—内熊

两相比较，《楚世家》以为颛顼后重黎前有两位楚先(称、卷章)，而《帝系》以为仅一位(老童)；季连之后，《楚世家》载附沮、穴熊，《帝系》则为什祖、内熊。

《世本·帝系》与《山海经·大荒西经》的记载同于《大戴礼记·帝系》。②

关于卷章与老童的差异，裴骃《史记集解》已言"谯周曰'老童即卷章'"。而司马贞的《索隐》进一步指出"卷章名老童，故系本云'老童生重黎'，重氏黎氏二官，代司天地。重为木正，黎为火正"③。而季连之后，《楚世家》为附沮、穴熊；《大戴礼记·帝系》为什祖、内熊。"什祖"与"附沮"、"内熊"与"穴熊"在字形上非常接近，不排除指称相同的对象。

以上有关《史记》与《大戴礼记》的记载可视为汉人对楚先祖的历史记忆，虽史迁与戴德皆据当时所见的史料整理出楚先世系，但史料来源复杂，加上经过两者的补缀删并，尤其是史迁建构的楚先世系，可能合并了多种来源不同的材料，故将之视为西汉时关于楚先的历史记忆。其又可分为"高阳称卷章"及"颛顼老童"两类。

而在20世纪，于楚地发现的望山一号墓(1965年)、包山二号墓(1987年)、葛陵村一号墓(1994年)，其墓简中的卜筮祷祠记录里，也出现了楚人先祖的名称，可补充传世文献里对于楚先的记载。其中有三位楚先被同时祭祀，或名之为"三楚先"，包括：

老禮、祝鼄、嬧酓。望山120、121
老僮、祝鼄、嬧酓。包山216
老童、祝鼄、禮酓。葛陵甲三188
老嫜、祝鼄、空熊。葛陵乙一22

其中"老童"的"童"字或从示、从人、从女，皆一字；"祝鼄"的"鼄"前缀见于楚帛书，李学勤先生主

---

① (清)王聘珍撰，王文锦点校：《大戴礼记解诂》，中华书局1983年版，第127页。关于《楚世家》与《大戴礼记·帝系》的祝融六姓，又见载于《国语·郑语》，为己姓(昆吾、樊)、董姓(惠连、参胡)、彭姓(彭祖、籛)、秃姓、妘姓(莱言、云会人)、曹姓(安)、斟姓、芈姓(季连)。据韦昭解，秃姓为彭之别，斟姓是曹之别。李学勤：《谈祝融八姓》，见《李学勤集》，黑龙江教育出版社1989年版，第76页。

② 《世本·帝系》："颛顼娶于胜坟氏之子，谓女禄，是生老童。""季连产什祖氏，什祖氏产内熊。"(宋)宋衷注，(清)雷学淇校辑：《世本》，中华书局1985年版，第5页。《山海经·大荒西经》："颛顼生老童，老童生重及黎，帝令重献上天，令黎邛下地，下地是生噎，处于西极，以行日月星辰之行次。"亦颛顼、老童、重黎三世说。

③ [日]泷川龟太郎：《史记会注考证》，台湾大安出版社2000年版，第630页。

张是“融”字，即“祝融”。其还可进一步音通为“陆终”。① “嫱酓”或“禯酓”据李家浩先生的解释，即“鬻熊”。上一字右偏旁上下二虫形之字，或上下二虫之间有○之字（“○”为繁加声符），即蜉蝣之义，读为“流”，或通作“毓”，毓、鬻古通。而“酓”为楚文字中“熊”的特殊写法。故“嫱酓”“嫱酓”即“毓酓”，也即《楚世家》中的“鬻熊”。②

“空熊”即《楚世家》的“穴熊”（空字繁加土旁）。葛陵简的二套三楚先“老童、祝融、鬻熊”与“老童、祝融、穴熊”，当为相同的祭祀对象。从声韵的关系来说，“穴”与“鬻”的通假，为幽部字与微部字的相通；从楚简中有对神灵用不同称谓指称的现象来看，鬻熊与穴熊也可能是属于一神异名的情形。“穴熊”乃“鬻熊”的说法，清人孔广森早已提出。而“穴熊”在《大戴礼记·帝系》中被讹写成“内熊”，也是清人戴震的意见。③

配合《楚世家》与《大戴礼记·帝系》来看，前者季连生附沮，附沮生穴熊，其后中微，到周文王时的季连苗裔曰鬻熊，这段记载，依上举三楚先的名称来看，都当看作季连生附沮，附沮生穴熊，穴熊也即鬻熊。所谓的“其后中微”“弗能纪其世”，乃由不明二者为一，而强为之分。史迁当时所见不同文献，或以穴熊，或以鬻熊名，而穴熊的内容载明其为季连之后，鬻熊者或载明其在周文王时，史迁不明，将两者糅合，故有此说。《大戴礼记·帝系》仅载内（穴）熊，不载鬻熊之名，亦可证。

这三批简所在墓的下葬时间，以葛陵村一号墓主人平夜君成较早，约在楚悼王前期。包山二号墓主左尹邵𬊈，下葬时间约为楚怀王中期。而望山简墓主悼固，下葬年代约在楚威王至楚怀王前期。若将战国时期分为早、中、晚三期来看，三批简的墓葬时代约在战国中期这一段。所以可以说这三批简的三个楚先集合（老童、祝融、鬻熊），正代表战国中期楚人的历史记忆。

而近十年来又出土了有关楚史的神话传说，分别载于清华简《楚居》与安大简楚史类简中，前者记载楚人先祖从季连开始到楚悼王的居处与迁徙；后者则从颛顼生老童起，写到楚惠王时的白公起祸。其有关楚先熊丽之前的世系分别如下：

清华简《楚居》：

季连—綎伯
　　└远仲—穴熊—侸叔
　　　　　　　└丽季④

安大简第一组楚史类文献材料，据黄德宽先生所言，楚先系谱如下：⑤

① 李学勤：《补论战国题铭的一些问题》，《文物》1960年第7期；李学勤：《祝融八姓》，《江汉论坛》1980年第2期；复收入氏著：《李学勤文集》，上海辞书出版社2005年版，第62页。陆终即祝融说，郭沫若、杨宽、童书业等人皆曾提出。参郭永秉：《帝系新研——楚地出土战国文献中的传说时代古帝王系统研究》，北京大学出版社2008年版，第170页。

② 李家浩：《楚简所记楚人祖先“娏（鬻）熊”与“穴熊”为一人说》，《文史》2010年第3期。

③ 李家浩：《楚简所记楚人祖先“娏（鬻）熊”与“穴熊”为一人说》，《文史》2010年第3期。又陈伟以为楚先中的穴熊，有可能就是鬻熊，二者为一神异名。参氏著：《楚人祷祠记录中的人鬼系统以及相关问题》，见《古文字与古代史》第一辑，台湾“中央研究院”历史语言研究所，2007年，第388页。以及武汉大学简帛研究中心、河南省文物考古研究所：《楚地出土战国简册合集（二）》，文物出版社2013年版，第70页。

④ 关于《楚居》中对于季连与穴熊的关系叙述不明确，简文先言季连取妣隹，生綎伯远仲；再言穴熊得妣戭，生侸叔、丽季。并未明言两者的关系，故有主张两者有前后代关系、兄弟关系、非血缘的收养关系等。参朱亦文：《楚先祖世系传说研究》，复旦大学历史系学士学位论文，2018年，第11页。

⑤ 黄德宽：《安徽大学藏战国竹简概述》，《文物》2017年第9期。

颛顼—老童—重
　　　　└黎(祝融)……六子季连(穴熊、荆王)—熊丽
　　　　└吴
　　　　└回

以上两种记载,《楚居》中未见“鬻熊”、仅见“穴熊”,也间接辅证了两者为同一人的说法。而《楚世家》及《大戴礼记·帝系》的季连—附沮(什祖)—穴熊(内熊、鬻熊)—熊丽世系,在《楚居》中则为季连—緹伯、远仲—穴熊—佷叔、熊丽。两相比较,附沮(什祖)变成了緹伯、远仲两人。而《楚居》中的穴熊生佷叔与熊丽,佷叔为首次出现。但季连到穴熊中间隔一代,穴熊(鬻熊)为熊丽后代的世系同于传世古籍。

前文讨论葛陵、望山、包山简时,有三楚先之说,三楚先指三位受祭的楚人先祖,这三位楚先,当是对楚人或楚国有极大贡献者,才会被楚后人所隆重祭祀。这其中老童、祝融是神话人物,而穴熊(鬻熊)则为传说中楚先祖里首位融入华夏文化的楚先(《楚世家》以为“周文王之时,季连之苗裔曰鬻熊”,其又见《周本纪》及《三代世表》。《汉书·艺文志》还见载“《鬻子》廿二篇”),以及首位以熊为氏的楚王世先祖。然而在《楚居》中,楚人的开国先祖乃从季连开始记起,因季连是芈姓之祖,从季连写起,本来就是极为合理之事。但是在葛陵等三批楚简中的三楚先,却不见有季连之名,倒成了难解之处。此外,《楚居》还提到了楚人名“楚”的缘由,乃丽季从其母胁处溃裂而出,其母妣瞉伤重,被巫戕用荆条(这种荆条当时称为“楚”)包扎缠绕其伤口,故得名于“楚”。

现在,由于安大简的出现,我们又看到了另一种季连不被当作三楚先祭祀的可能解释。其言,颛顼生老童,老童生重、黎、吴、回四人,其中黎被称为祝融,祝融生六子。第六子为季连,季连即穴熊。安大简提到季连即穴熊,且不见有鬻熊之名,配合前引《楚居》楚王世系只有穴熊、而无鬻熊来看,安大简中的穴熊即鬻熊无疑。如此一来,葛陵等三批简所祭祀的楚三先祖即老童、祝融、鬻熊(也即穴熊以及季连)。三楚先不仅祭祀了楚人芈姓之祖季连,也祭祀了首位以熊为氏的楚先鬻熊。

何以季连会是穴熊?安大简言:“融乃使人下请季连,求之弗得。见人在穴中,问之不言,以火爨其穴,乃惧,告曰:畬(熊)。”使人告融,“融曰:是穴之熊也。乃遂名之曰穴熊,是为荆王”。

季连到了人间,祝融请人下请季连,正表示季连是楚先在人世间的第一位先祖,季连以前,如祝融以上的诸位楚先,皆为天神,故季连以上的楚先世系可视为神系时代。楚帛书中有“帝乃命祝融以四神格,奠三天”,言祝融受帝命奠三天四极,描述的也是楚人的神系时代。只不过其言“帝命祝融”,在祝融之前尚未加入颛顼、老童诸神,如同《尚书·吕刑》载“(上帝)乃命重黎,绝地天通,罔有降格”,命重黎者乃上帝。但是到了《国语·楚语》中,却变成了颛顼承少昊之后,“命南正重司天,火正黎司地”,以绝地天通。言命重黎者为颛顼,且重黎变成了重与黎二人。

也就是说,帝命诸神的神话演变到后来,在帝之后又插入了颛顼、帝喾等后造神,使命重黎者,从帝变成了颛顼、帝喾等神,如同《楚世家》所载,帝喾使重黎诛共工,而不尽,“乃以庚寅日诛重黎”。命重黎者乃帝喾,不是颛顼,更不是帝。而安大简在祝融之前也已经加入了颛顼、老童,这种神话情节,远远晚于帝命祝融故事的时代。

季连到人间后,躲在穴中不出,祝融使者问之不言,乃以火爨其穴,惧,于是答曰“熊”。季连与穴的关联,在《楚居》中已有线索可言,其言“季连初降于畏山,抵于穴穷”(简1),这个“穴穷”为穷地之穴,也即这里提到的季连藏身处,然“穷”为群母冬部字,“畬(熊)”影母侵部字,两字在声音上极有关系。声母方面,群为舌根牙音,影为舌根喉音;韵母方面,冬侵两部关系密切,① 因此非常有可能“穴穷”即是

① 李家浩言“古代侵部与东、冬、幽三部的字音有关”。《诗·大雅·生民》“艺之荏菽”,《周礼·天官·太宰》贾公彦疏引“荏”作“戎”,荏属侵部;戎属冬部。参氏著:《楚简所记楚人祖先“娩(鬻)熊”与“穴熊”为一人说》,《文史》2010年第3期。

“穴熊”的音转。季连抵于穴穷，一方面说明季连居于穷地之穴，另一方面又隐含着季连因居处地的关系，又名穴熊。

然而季连何以要自名为“畲(熊)”？熊与季连的关系为何？又何以“遂名之曰穴熊，是为荆王”？穴熊与荆王的关系又为何？简文皆未明白交代。我们从简文的叙述重点来思索，这个故事的宗旨并不在于原原本本地传述楚民族兴起、发展与壮大的历程，而在于解释某种制度，即在楚人已认同荆王为穴熊的前提下所创造出来的，用来解释说明为何荆人(楚王)以熊为氏的神话。

据载以熊为氏的楚王首见于鬻熊，今从《安大简》内容看来，以熊为氏乃因季连自名，故季连为首位以熊为氏者，后世沿用之。用来解释历史的神话，为神话类别中的一类，符合神话功能学派所主张的，神话乃后造，有表现信仰、加强信仰的功能。《楚居》中熊丽其母妣𡢁，因胁生其子而亡，被用荆条包扎伤口，故得名于楚。故事中用此说来解释楚人名楚的缘由，也属于这一类。由此可见《楚居》及安大简的神话，带有很强的解释功能，试图去说明楚人何以名楚，以及楚王何以氏熊的原因。

《楚居》所载楚王的下限为卲哲王(悼王)，安大简楚史类文献则终于楚惠王时的白公起祸(楚惠王十年，公元前479年)，后者叙述的情节略早，约可代表战国早期的楚人历史记忆。《楚居》的记事年代，则约在战国中期，介于葛陵简与望山、包山简的年代之间。因此可以说安大简楚史类故事代表战国早期的楚人历史记忆；三批墓葬简的卜筮祷词记录及《楚居》，代表战国中期楚人的历史记忆。

不管是楚简上的记录还是古籍上的文字，都是当时人对历史的叙述，但是包含在这些叙述中的情节，有些并非是真实发生过的，但后来却成了某一时段人们的共同记忆。因此我们现在可以透过这些记载去研究楚人对于战国时代的古史记忆。上面所讨论的楚人记忆，包括战国早期楚先的历史记忆、战国中期楚先的历史记忆，以及西汉关于楚人的古史历史记忆。

首先从人物来看，安大简已见颛顼、老童、重、黎、吴、回、季连、熊丽，所以战国早期的楚先历史记忆中，就已在上帝与祝融之间，增加了颛顼、老童。而在战国中期楚先的历史记忆中，三楚先不祭颛顼，可能表示其非楚人真正的远祖，而是一个大一统神系下的帝王神。西汉时的历史记忆，已是多个不同时空文献的综合，不仅颛顼为楚人先祖，还见帝喾命重黎为火正，既有颛顼，又见帝喾。

颛顼后为老童，在安大简及《大戴礼记・帝系》中都没有问题，而在《楚世家》中则增加了“称”这位楚先，目前仅见于此，据推测其很有可能是误记。因史迁所据资料或作颛顼、或作高阳，作高阳者附注其为颛顼的“生称”，史迁误为人名，而错补入世系，变成高阳生称，称生卷章(老童)。① 颛顼又名高阳的时间当在战国中期以前，上博简《三德》中已见“高阳”(简9)一名。

其次是祝融的问题，祝融有以人名及官名出现者。以人名出现者，如三楚先中，以及《大戴礼记・帝系》的陆终；以官名出现者，见《楚世家》及安大简。而祝融又与重黎、吴回有密切关系。重黎或一人(如《楚世家》)，或二人(如《国语・楚语》)；吴回或为重黎弟，或分为吴与回二人。

关于重黎、吴回与祝融，在战国时期的楚人历史记忆中就已非常混乱，应该是既有合一(重黎与祝融；吴回与祝融)，又有分化(重黎分为重与黎二人)。安大简中重、黎、吴、回已分为四人，其中仅“黎”被称为祝融，是既有分化，又有合一的现象。黎生六子，第六子为季连。楚墓简的三楚先，仅见祝融名，未有重黎、吴回之名。西汉时的楚人古史记忆主要是重黎、吴回为两兄弟，而分任祝融之官。因西周时的文献《吕刑》中已见重黎，推测重黎一名或出现较早，后分化出重、黎、吴、回四人。而后来出现的祝融，又与重黎或重黎、吴回形象合一。甚至又分化出陆终，在西汉时的楚人古史记忆中已不知陆终即祝融，所以两者俱见，其后甚至变成吴回(祝融)生陆终。这些都是古史情节的再记忆，分化之后又重新组合所造成的。

从安大简的记载来看，季连即穴熊(鬻熊)，但在《楚世家》《大戴礼记・帝系》和《楚居》中，则有三套

---

① 接近的例子，如《史记・殷本纪》“契卒子昭明立。昭明卒，子相土立”中的“昭明”，乃由形容契生而昭明一语误解而来(《荀子・成相》“契玄王，生昭明”)。参蔡哲茂：《契生昭明辨》，《东华汉学》第3期。

不同的说法，前两者较接近。分别是：

季连(芈)—附沮—穴熊……鬻熊—熊丽
季连(芈)—什祖—穴熊
季连—緹伯、远仲—穴熊—侸叔、丽季

以季连即穴熊的记忆来看，本来两者为一人，然因季连又名为穴熊或鬻熊，且曾在不同文本中以异名出现，整理者不察，而将之变作二世代或三世代。但又因为某些楚先所处的时代，已先被框定在某一时间点上，故后来记忆重组时，在世系中穿插了带有隐喻意义或解释作用的楚先名。以《楚世家》为例，史迁先认定鬻熊为周文王时人，传说中《鬻子》廿二篇的作者，又根据片段的史料综理出季连、穴熊为两位楚先，先认定两者不当隔代，后在其间插入“附沮”一代。其名相较于《大戴礼记・帝系》，即“什祖”的形讹，“什祖”一名可能有历经十代之世、弗能纪其世的意涵，如同《大戴礼・帝系》以九世来说明内熊到渠娄鲧之间的世代。① 当然这种记忆可能在史迁之前就已经出现了。

而穴熊本当即鬻熊，当史迁认定鬻熊的活动时间在周文王时，又怀疑穴熊所处时代不当晚至殷末周初，所以加了“其后中微，或在中国，或在蛮夷，弗能纪其世”一语，以说明两者世远。

然相当于“什祖”一世，《楚居》有緹伯、远仲二人，这两个楚先仅见于此，既然什祖是虚构之世，此二人也可能是虚构的。而在鬻熊与熊丽之间，《楚居》还见熊丽之兄侸叔，侸叔一名亦为仅见。因此推测“緹伯”“远仲”“侸叔”三人皆是虚构之名，从其以周文化的命名方式，依伯、仲、叔的顺序排列，与《周本纪》所载周人进入信史前的先公世系“太王(古公亶父)—太伯、虞仲、王季—文王”，《吴世家》所载吴人先公世系“太伯、仲雍—季简—叔达—周章、虞仲”，命名方式相同。尤其是吴人始祖的故事，很可能是一个吴人为了华夏化所创造出来的祖先传说故事。而《楚世家》记载楚人先祖时，一直以周王世代作为时间坐标，似乎也可视为这种华夏化下的产物。这说明楚先中某些先祖名，有很大可能是依周人命名方式所虚构出来的，然而被虚构出来的“緹伯”“远仲”“侸叔”有何意涵？可能其分别代表“成”“斗”“蔿”三氏的先祖，而这三氏正是春秋中期以来，楚国最强大的三支世族。②

再从记忆情节上来看，楚先神话中有一个非常重要的情节，即楚先来自于祝融第六子(或陆终六子)。其见于《安大简》《楚世家》《大戴礼记・帝系》《国语・郑语》中，也就是普遍存在于战国早期、中期及西汉人的楚先记忆中。

祝融的第六子为季连，也是楚先芈姓的首位先祖，季连的兄弟包括已姓、董姓、彭姓(分出秃姓)、妘姓、曹姓(分出斟姓)的先祖，这些氏族分散在今山西南部、山东西南部及江苏西北部等。但后世凋零，或被夏灭，或被商灭；或在王室，或在夷狄；或无令闻，或无后，仅楚国最强大，故《国语・郑语》上说“融之兴者，其在芈姓乎”③。因此把这六姓(或八姓)的先祖都联系在同一个祖先之下的记忆，很明显是为了与西周以来至春秋初期的姬、姜、嬴、子、妫姓等强大氏族作一抗衡，而虚构出的先祖同源系谱，除了替楚人找到可上接中原文化的血统，也预告着楚人的兴起。其产生的时间约在楚人开始壮大，影响力进入中原国际舞台之后。

而在祝融生六子的记忆中，还有一个重要情节，即胁生情节。此情节见于《大戴礼记・帝系》《楚世

① 朱亦文则推测是《帝系》早期来源文本中季连的配妣，因为文本错乱，导致衍出一代。参《楚先祖世系传说研究》，第30页。

② 从楚简中的楚人用字习惯来看，常将“斗”作“戜”；“远”又可通“蔿”，“盈”可写作“呈”，亦通“成”。故緹伯、远仲、侸叔可代表楚人成、蔿、斗三大氏族。魏慈德：《新出楚简中的楚国语料与史料》，台湾五南图书出版股份有限公司2014年版，第264页。

③ 徐元诰撰，王树民、沈长云点校：《国语集解》，中华书局2002年版，第468页。

家》(作“坼剖而产”)与《楚居》，只不过前两者都指祝融生六子，六子胁生而出，对象是六子，包括季连。然而在《楚居》中，被胁生者反而成了丽季(穴熊妻生熊丽)，即以穴熊为季连的观点来看，被胁生者为季连之子，而非季连。这种记忆，很可能来自改造，即原本胁生是楚先祖的一个传说，发生在熊丽身上，后来却被移植到季连身上。《楚居》在季连与熊丽之间加入虚构的侸叔时，仍未改动胁生的主角，但到了材料来源更晚的《大戴礼记》《世本》中，胁生者却已变成陆终六子(昆吾、参胡、彭祖、莱言、安、季连)，由此，这很可能是与把祝融(陆终)、老童、颛顼等诸神安插在楚先季连前同时间所做的改造。但这个改动是不是楚人所为，则不可知。清楚的一点是，《大戴礼记》《世本》中的胁生神话，与楚国的历史没有太大的关联，因为季连与昆吾、彭祖等五子皆是胁生对象，六姓各国共同拥有着这个胁生记忆。然而《楚居》中胁生主角是熊丽，则等于是一个楚人自己的祖先的传说记忆。若《大戴礼记》《世本》中的胁生故事主角本是陆终六子，是不太可能被楚人私自改造成自己祖先的故事，而不见存其他版本异说的。

综上所论，由于《安大简》楚史类简中记载了季连自名为穴熊之因，使我们得知穴熊即季连，加上楚墓简卜筮祷词纪录中三楚先的不同异名，可推论鬻熊即穴熊。在这两个前提下，我们可以进一步对战国中期以来至西汉时期楚先的古史记忆做分析，推论得出：季连为楚先芈姓之祖，也是楚在人间的首位先祖，其又名穴熊、鬻熊，凡楚先世系中在季连与穴熊，或季连与鬻熊中间加入的世次，都可能是带有隐喻或预言性质的虚构先祖名，如“附沮”(什祖)隐含着世远，不知历经多少世，“緹伯”“远仲”“侸叔”分别隐喻楚人“成”“蔿”“斗”三氏的先祖。而胁生神话的主角本来是熊丽，后来被移植到季连身上，与祝融六姓中的其他族姓形成了共同的血缘记忆，目的在于塑造楚人能上接中原文化的先祖同源系谱。

(作者单位：台湾东华大学中国语文学系)

楚早期居地再探*

高崇文

清华简《楚居》比较详细地记述了楚先祖季连直到悼王、肃王时的居地都邑，① 再度引发了学术界的热议，对楚国历史、文化等方面的研究发挥了极大推动作用。本人曾对《楚居》所载楚早期居地进行过粗浅研究，提出了一些不成熟的见解。② 近几年湖北省考古研究所对鄂西宜昌万福垴遗址及宜城蛮河流域楚遗址进行了调查和发掘，取得了重大成绩，在随枣走廊发现西周曾侯、鄂侯墓地，解决了西周时期曾、鄂的地望问题。这些重大考古发现，对厘清早期楚人活动地域的变迁具有重要裨益。本文根据新的考古发现，结合文献及铜器铭文的记载，对熊绎之后居地地望再次进行探讨，进一步梳理两周时期楚人活动地域变迁的合理轨迹。

一、“夷屯”地望再探

清华简《楚居》记载：“至畬罿(繹)與屈約(紃)，思(使)若(鄀)嗌(嗌)卜遝(徙)於褱(夷)宔(屯)，爲楩(楩—便)室=(室，室)既成，无以内之，乃㮴(竊)䢽(鄀)人之犝(犝)以祭。”目前对于熊绎徙居夷屯的位置，主要有三种意见。第一种意见认为，夷屯应与鄀临近，鄀位于丹江支流淅水流域，夷屯应在丹江流域。第二种意见认为，夷屯因夷水而名，今宜城境内的蛮河即古夷水，夷屯应在荆山东麓的蛮河流域。第三种意见认为，夷屯应靠近楚的夷陵，夷陵是楚的先王陵，位于宜昌，临近沮漳河流域，特别是宜昌万福垴遗址的发现，③ 似乎对此种意见提供了考古上的佐证。本人认为，根据《楚居》所载熊绎使鄀嗌占卜徙居夷屯的位置并窃鄀人之牛进行祭祀来看，夷屯应与鄀邻近，夷屯应位于鄀国之西的丹水之阳，即《史记·楚世家》所载的丹阳。这一观点能否成立，鄀国地望的确定成为关键。关于鄀国所处位置，《左传》僖公二十五年有记载：“秋，秦、晋伐鄀，楚斗克、屈御寇以申、息之师戍商密。秦人过析隈，入而系舆人以围商密，昏而傅焉。宵，坎血加书，伪与子仪、子边盟者。商密人惧曰：‘秦取析矣，戍人反矣。’乃降秦师。秦师囚申公子仪、息公子边以归。”晋杜预注：“鄀本在商密，秦、楚界上小国，其后迁于南郡鄀县。”又注：“商密，鄀别邑，今南乡丹水县。”孔颖达疏：“言本在商密者，据在后移鄀，称旧鄀以为本耳。”20 世纪 30 年代，郭沫若根据鄀国铜器铭文指出，鄀分为“上鄀”和“下鄀”，二者并存，认为“南郡之鄀为本国，故称上，上洛之鄀为分枝，故称下”④。此说与杜预所注正相反。20 世纪 70 年代以来，关于“鄀”的青铜器陆续丰富起来，徐少华先生根据这些新的考古发现对鄀国历史地理作了深入研究，认为西周中晚期，鄀可分为上鄀和下鄀，均在丹江支流淅川流域(认为上鄀在今西峡县境，下鄀在今淅川县境)，至鲁文公五年(公元前 622 年)秦再次入鄀后才南迁至今湖北钟祥县境。⑤ 徐少华先生以新出土的铜

---

* 本文为国家社会科学基金项目“先秦两汉都城礼制文明研究”(16BKG007)阶段性成果。

① 李学勤主编：《清华大学藏战国竹简(壹)》，中西书局 2010 年版。

② 高崇文：《清华简〈楚居〉所载楚早期居地辨析》，《江汉考古》2011 年第 4 期。

③ 湖北省文物考古研究所等：《湖北宜昌万福垴遗址发掘简报》，《江汉考古》2016 年第 4 期。

④ 郭沫若：《两周金文辞大系图录考释》，科学出版社 1958 年版。

⑤ 徐少华：《鄀国铜器及其历史地理研究》，《江汉考古》1987 年第 3 期；《古鄀国、鄀县及楚鄀都地望辨析》
大学历史地理研究所编：《石泉先生九十诞辰纪念文集》，湖北人民出版社 2007 年版。

器铭文资料印证了杜预注“鄀本在商密”之说是正确的。如梳理《左传》所载有关在“鄀”地发生的历史事件，也可表明古“鄀”国本在丹淅一带。《左传》僖公二十五年所记“秦、晋伐鄀”事件中，除提到“鄀”之外，还有“商密”和“析”两地，此三者相距不会太远，应在邻近的区域之内。关于“鄀”，查阅《左传》所记“鄀”地，僖公二十五年纪事是首次出现，杜预注明是商密之“鄀”，其后《左传》中又三次出现（文公五年载“初，鄀叛楚即秦，又贰于楚，秦人入鄀”；定公六年载楚昭王“迁郢于鄀”；哀公十七年载“观丁夫，鄀俘也”），杜预均没有再次注明，更没有提及迁于南郡之“鄀”，这说明《左传》中所记之“鄀”的地望没有变动，均是指商密之“鄀”，杜预不再重复注之。关于“商密”，杜预注“商密，鄀别邑，今南乡丹水县”。《左传》文公十四年记楚子仪、子燮挟持庄王“将如商密”，杜预对此处再次出现的商密也无注，说明商密的地望也没变动。关于“析”，杜预注“析，楚邑，今南乡析县”。《左传》襄公二十六年记“子仪之乱，析公奔晋”。杜预在此处只注明是指鲁文公十四年楚子仪、子燮挟持庄王“将如商密”之事，对“析公”没有注，说明“析”的地望没有变动，并且也表明，当时楚在“析”设有楚之县公。综上分析可以看出，《左传》所载的“鄀”“商密”“析”是邻近的，其地望一直没有太大变动，均在丹淅一带。所以，杜预所注“鄀本在商密”是正确的。由此可证，西周早期熊绎所徙近鄀的夷屯，只能是邻近鄀之旧地，应在鄀国地域之西的丹江流域。《楚世家》说熊绎居丹阳应是泛指，而《楚居》记熊绎徙夷屯则是实录，从大的范围来讲，都属于丹江流域。

但是，文献及铜器铭文记载则是周昭王“涉汉伐楚”，并“丧六师于汉”。《竹书纪年》载，周昭王“十六年，伐楚，涉汉，遇大兕”。周昭王“十九年春，有星孛于紫微，祭公、辛伯从王伐楚，天大曀，雉兔皆震，丧六师于汉”①。李学勤先生根据昭王时器京师畯尊铭文有“王涉汉伐楚”的内容，认为“楚应当在汉水的南面，从而昭王必须渡过汉水，才能攻击楚人。因此，不管成王时所封熊绎的丹阳是不是在丹淅一带，昭王时的楚都只能是在汉南了”②。这些记载似乎出现了一个不好理解的问题，从周成王时期的熊绎直到周夷王时期的熊渠，凡六代均居丹水之阳的夷屯，而周昭王则是在丹江之南的汉水“涉汉伐楚”，这就涉及昭王伐楚的路线问题。考察记录昭王伐楚事件的铜器铭文可以发现，昭王伐楚并不是从宗周（丰镐）出发，越秦岭，渡丹江，涉汉伐楚的，而是从成周（今洛阳）出发，经南阳，抵随枣走廊的曾、鄂地，率“曾鄂师”西向涉汉伐楚的。③ 周昭王时期的中甗铭文记载：“王令中先省南国贯行，埶居（或释“位”）在曾，史儿至，以王命曰‘余命汝使大小邦……’中省自方、邓，浵□邦，在鄂师次，伯买父乃以厥人戍汉中州……”（《集成》949）④这是说昭王先令中巡视南国所经行的道路，⑤ 这条道路便是从成周出发，经南阳盆地，到达随枣走廊的曾、鄂之地，中巡视了南阳一带的方、邓、浵等大小邦国，视察了驻守在曾、鄂的王师，⑥ 并遣人戍守汉水中州之地。这一切活动都应是为昭王“涉汉伐楚”做准备的。静方鼎铭文同样记载了周王派“中”和“静”“省南国”之事：“唯十月甲子，王在宗周，令师中眔静省南国，相埶居。八月初吉庚申至，告于成周。月既望丁丑，王在成周大室，令静曰：‘俾汝□，司在曾、鄂师。’”⑦此铭文表明，昭王虽是在宗周命中和静省南国，但巡视完成后，中是回到成周向昭王汇报的，并令静统管驻守在曾、鄂的王师。鸿叔簋铭文明确记载，鸿叔是从成周出发跟随周王伐荆楚的：“唯九月，鸿叔从王员征

① 王国维：《今本竹书纪年疏证》（古本竹书纪年附录四），齐鲁书社 2000 年版。

② 李学勤：《由新见青铜器看西周早期的鄂、曾、楚》，《文物》2010 年第 1 期。

③ 高崇文：《从曾、鄂考古新发现谈周昭王伐楚路线》，《江汉考古》2017 年第 4 期。

④ 中国社会科学院考古研究所编：《殷周金文集成释文》949 号器，香港中文大学中国文化研究所 2001 年版。文中凡引此书均简称《集成》。

⑤ 唐兰：《西周青铜器铭文分代史征》，中华书局 1986 年版。

⑥ 李学勤先生认为，“曾鄂师”是王师，即驻守在曾、鄂之地的王师。参见《论周初的鄂国》，《中华文史论丛》2008 年第 4 期。

⑦ 徐天进：《日本出光美术馆收藏的静方鼎》，《文物》1998 年第 5 期。

楚荆，在成周，诲作宝簋。”①又小臣凌鼎铭文记载昭王在成周命小臣凌“先省楚居”：“正月，王在成周，王\于楚麓，令小臣凌先省楚居。王至于\居，无遣。”(《集成》2775)此铭文应是说，昭王为准备伐楚在成周命小臣凌先行打前站，先在“楚麓”建临时行宫“楚居”。② 此“楚居”应是在南阳盆地之西的山地边沿一带，此正是古代楚山之麓，③ 昭王在这一带建临时行宫，也应是为西向伐楚做准备。

如上述分析不误，就可以解释为什么昭王“涉汉伐楚”了，那就是昭王从成周出发，经南阳盆地各国而到达汉东的曾、鄂之地，亲率驻守在曾、鄂的王师，由“汉东”西向“涉汉伐楚”。根据《竹书纪年》所记“祭公、辛伯从王伐楚，天大曀，雉兔皆震，丧六师于汉”的情景，此“涉汉伐楚”似乎不能理解为横渡汉水伐楚，而应是昭王率大军乘船沿汉水西向伐楚。《说文》云：“涉，徒行厉水也，从水从步。”“涉”之本意为在水中行，后泛称渡水。《毛诗·鄘风·戴驰》云：“大夫跋涉，我心则忧。”毛传云：“草行曰跋，水行曰涉。”《秦风·蒹葭》云：“溯洄从之，道阻且长；溯游从之，宛在水中央。”毛传云：“逆流而上曰溯洄，顺流而涉曰溯游。”④此“顺流而涉”即在河中顺流而行之意。《楚辞·湘君》载：“采薜荔兮水中，搴芙蓉兮木末。”东汉王逸注：“犹入池涉水而求薜荔，登山缘木而采芙蓉，固不可得之也。”⑤此“入池涉水”即进入池内水中之意。(《楚辞·涉江》载：“哀南夷之莫吾知兮，旦余济乎江湘”；“乘舲船余上沅兮，齐吴榜以击汰；船容与而不进兮，淹回水而凝滞”。此许多词句均表现出屈原被放逐时乘船涉江入湘溯沅航行所抒发的情感，循此文义可知，此“涉江”并不是横渡江河。)可以看出，在先秦两汉时期的文献中，“涉”字多为进入水中行之意。如此，便可理解昭王为何“涉汉伐楚”了，如果只是横渡汉水，恐怕不至于“丧六师于汉”，只能是大军乘船沿汉水西进伐楚，遇到恶劣天气，才全军覆没，昭王自己也淹死在汉水之中，“南巡狩不返，卒于江上”⑥。

二、西周后期楚居地再探

《楚居》所载熊绎所居的夷屯，应是楚国正式建国立都之地，位于鄀国之西的丹水之阳，这只是楚国早期都城的位置。但周成王封熊绎于“楚蛮”之地就不仅仅是都城的范围，而应更为广阔，其势力所及范围应包括鄀之西部丹江至汉水两岸群蛮聚居的地域。《楚居》记载，从熊绎到熊渠凡六代尽居夷屯，熊渠开始徙居发渐，熊挚时徙居旁屽，熊延时徙居乔多，又经数代，至“若敖熊仪徙居鄀”。虽然发渐、旁屽、乔多之地望还不能确定，但不会在鄀之东部的南阳盆地，因这一带已为邓、鄀等国所据，只能是在其西部的区域内。《史记·楚世家》载：“熊渠甚得江汉间民和，乃兴兵伐庸、杨粤，至于鄂。”庸的位置较明确，在今竹山县境，《集解》引杜预曰：“庸，今上庸县。”《正义》引《括地志》云：“房州竹山县，本汉上庸县，古之庸国。昔周武王伐纣，庸蛮在焉。”关于鄂的位置，在随州安居羊子山发现西周早期的鄂侯墓，⑦联系到1975年也曾在此地发现“鄂侯弟历季”青铜器，⑧ 从而证明周夷王时期的鄂还应在随州西部一带。⑨那么杨粤只能在鄂之西部、庸之东部的今鄂西北山地一带。这说明，在“若敖熊仪徙居鄀”之前，楚人不仅居于丹江流域，也在向鄂西北汉水两岸的山区发展，此地域正是群蛮聚居之地。《左传》文公十六年记载：“庸人帅群蛮以叛楚，麇人率百濮聚于选，将伐楚。”杜预注：“庸，今上庸县，属楚之小国。选，楚

---

① 陕西省文物管理委员会：《西周镐京附近部分墓葬发掘简报》，《文物》1986年第1期。

② 唐兰将“居”字释为“位”，认为是临时所建之行宫。参见《西周铜器断代中的“康宫”问题》，《考古学报》1962年第1期。

③ 石泉：《楚都丹阳及古荆山在丹、淅附近补证》，《古代荆楚地理新探》，武汉大学出版社1988年版。

④ 孔颖达：《毛诗正义》，阮元：《十三经注疏》，中华书局1980年版，第320、372页。

⑤ 王逸：《楚辞章句》。

⑥ 《史记·周本纪》。

⑦ 随州市博物馆：《随州出土文物精粹》，文物出版社2009年版。

⑧ 随州市博物馆：《湖北随县发现商周青铜器》，《考古》1984年第6期。

⑨ 周厉王时期的禹鼎铭文记载禹率军灭鄂。参见徐仲舒：《禹鼎的年代及相关问题》，《考古学报》1959年第3期。

地。”庸是附属于楚的群蛮之首，麇也应是附属于楚的百濮之首，所以聚百濮于楚之“选”地叛楚。麇国所处地域也在鄂西北山区。《左传》文公十一年载：“十一年春，楚子伐麇，成大心败麇师于防渚，潘崇复伐麇，至于锡穴。”杜预注：“防渚，麇地；锡穴，麇地。”《汉书·地理志》颜师古注汉中郡锡县云：“即春秋所谓锡穴。”宋程公说《春秋分记·麇地释名》载，防渚，“今均州故麇地，于郧乡房州为近”。锡穴，“汉中郡锡县，莽曰锡治。师古曰：即春秋所谓锡穴，今均州郧乡县”。可以看出，麇国位于今鄂西北郧县一带。既然“麇人率百濮聚于选”，百濮也应分布于这一区域，属于楚地的“选”也应在此区域附近。笪浩波先生根据文献记载及考古资料进行了考证，认为麇国在陕西白河至湖北郧县之间，位于武当山的北麓，百濮居于武当山山区中。① 虽此记载的是春秋时期之事，估计西周时期庸、麇、百濮等群蛮的地望也不会有太大变化，均是分布在汉水两岸的鄂西山地一带。根据周初分封目的判断，周成王之所以封熊绎于“楚蛮”，应当是想让熊绎来控制整个“群蛮”之地，“以藩屏周”②。熊渠自己也号称“我蛮夷也，不与中国之号谥”③。《国语·晋语》载：“昔成王盟诸侯于岐阳，楚为荆蛮，置茆蕝，设望表，与鲜卑守燎。”《国语·郑语》载，周幽王时期的史官史伯对郑桓公说：“当成周者，南有荆蛮、申、吕、应、邓、陈、蔡、随、唐。”可见，周人将楚也称为“荆蛮”，是“群蛮”之一。由此观之，丹江至汉水两岸的山地是“群蛮”所居之地，这一带原本就有古楚山、楚水之名，④ 故周王称之为“楚蛮”而分封于楚，均是楚国受封所及势力范围。上述分析可以说明，从熊渠开始，楚的政治中心已由丹江向汉水南部发展，继而又沿汉水向东到达汉水与丹江的交汇处，即“若敖熊仪徙居鄀”。从楚由西向东迁徙的路线来看，发渐、旁屽、乔多的地望应当在鄀之西部汉水流域的山地一带。

从目前的考古发现来看，早期的楚文化应源于陕豫鄂交界地带。湖北郧县大寺遗址发现地层关系清楚的西周遗存，分为西周早期和西周中期两期，西周早期晚段出现大量具有楚文化因素的扁柱足鬲，也有少量圆柱足鬲存在。西周中期，多见扁柱足鬲和圆柱足鬲。这类遗存从分布范围来看，“陕豫鄂交界地带的西周早、中期遗存，包括商南过风楼、淅川下王冈、郧县大寺、辽瓦店子、十堰大东湾、丹江口观音坪、房县孙家坪等，均含有相同的一套以锥足鬲、扁柱足鬲、圆柱足鬲、甗、瓮、高领罐、盆、豆、杯等为主要器类的组合，其文化性质应相同，可视为同一文化类型”。研究者指出，这一文化类型与明确的春秋早期的楚文化“存在着较强的继承与发展关系”。⑤ 这些新的考古发现，是否可印证西周时期楚的数处居地及其势力所及范围应在丹江至汉水两岸地区？

西周末年，若敖熊仪沿汉水东迁徙居鄀，此应是商密旧都之鄀，此时鄀国大概已被驱赶出商密，商密之鄀成为熊仪所都之地。

三、春秋时期楚郢都地望再探

《史记·楚世家》载：“文王熊赀立，始都郢。”唐张守节《正义》引《括地志》云：“纪南故城在荆州江陵县北十五里。杜预云国都于郢，今南郡江陵县北纪南城是也。”自此以后，传统的观点一直将楚郢都认定在江陵纪南城。但是，对纪南城的考古发掘证实，其时代属于战国时期，那么春秋时期的楚郢都在何处？清华简《楚居》给我们提供了重要线索。《楚居》记载，熊仪之后蚡冒自鄀徙居焚，宵敖自焚徙居宵，之后的武王、文王数迁诸“郢”，至庄敖由免郢福丘迁居鄀郢。前已述明，西周时期的鄀是丹淅之会的商密之鄀，春秋时期已迁于南郡，因此，春秋时期的庄敖所迁居的“鄀郢”应在南郡。春秋早期的宵敖徙居“宵”，

---

① 笪浩波：《从近年出土新材料看楚国早期中心区域》，《楚文化研究论集》第10集，湖北美术出版社2011年版。

② 《左传》定公四年载：“武王克商，成王定之，选建明德，以藩屏周。”

③ 《史记·楚世家》。

④ 石泉：《楚都丹阳及古荆山在丹、淅附近补证》，《古代荆楚地理新探》，武汉大学出版社1988年版。

⑤ 武汉大学历史学院、湖北省文物考古研究所：《湖北郧县大寺遗址西周遗存发掘简报》，《江汉考古》2018年第1期。

根据湖南里耶秦简所记，① 宵地应在湖北荆门以北、宜城之南地域，说明春秋早期楚已进入这一地区。那么，霄敖与庄敖之间的武王、文王所迁居的诸“郢”也应在宜城平原或邻近区域内。

春秋时期的诸“郢”应在宜城平原一带，还可从春秋时期吴伐楚入郢的战争来分析。《左传》定公四年载：“冬，蔡侯、吴子、唐侯伐楚，舍舟于淮汭，自豫章与楚夹汉。左司马戌谓子常曰：‘子沿汉而与之上下，我悉方城外以毁其舟……必大败之。’”结果还是楚大败，吴五战而攻入郢都，“楚子涉睢济江，入于云中”，后又逃到郧、随。此后楚国凭借秦国援助击退吴兵，昭王才返回郢都。后二年，吴再次攻楚，《左传》定公六年载：“四月己丑，吴太子终累败楚舟师，获潘子臣、小惟子及大夫七人。楚国大惕，惧亡。……于是乎迁郢于鄀。”《左传》明确记载，吴军攻楚并不是由长江而上，而是由淮河西进，再由淮河上游往南攻楚之郢都。② 假如此时期的郢都在江陵纪南城，有些事件就不好理解。如吴军第一次攻入郢都，昭王向西逃至“睢”，即今当阳、枝江的沮漳河一带，这可以理解。后又“涉睢济江，入于云中”，“云中”即云梦泽，在纪南城之东，昭王何必先逃至纪南城之西的“睢”，又向东偷越吴占领区而逃到云梦泽，这是很难合理解释的。当然，如果将此时的郢都定在沮漳河流域，也还说得过去，但是，这与吴军再次攻楚，昭王“迁郢于鄀”不相符。因吴军是由淮河上游向南进攻楚的，假如此时的都城在江陵纪南城或在沮漳河流域，楚惧怕吴再次攻郢都，昭王怎么会迎吴进军之锋而逃至鄀，③ 这不是自取灭亡之举吗？由《左传》所记述的这两次楚吴战争来看，春秋时期的郢都肯定不会在江陵纪南城或沮漳河流域。将春秋时期的楚郢都确定在宜城平原，《左传》所记载的昭王时期楚吴两次战争也就可以得到合理的解释。昭王十年，吴军由淮河上游第一次攻入郢都，昭王由宜城郢都向南逃至沮漳河一带，季家湖古城正在此地，并且此城有可能是景之定之封邑，④ 景之定是楚平王之子，与楚昭王是兄弟，昭王正是奔其兄弟景之定而来。后又转经云梦至郧和随，郧、随都是楚之同盟国，郧、随果然救了昭王之性命。昭王十二年，吴再次攻楚，楚昭王去郢，北徙于鄀，此鄀应是商密之鄀。清华简《楚居》中，熊仪所徙商密之“鄀”单称“鄀”，庄敖迁居南郡之“鄀”称为“鄀郢”，以示区别。以此来看，《左传》所记昭王“迁郢于鄀”，必是商密之“鄀”，因上一次吴攻入郢都，是得到秦国援助才击败吴军，解救了楚国之困，商密之鄀近秦，大概昭王还是想借秦军之力以御吴军，所以才北迁商密之鄀以近秦。

春秋时期的诸“郢”在宜城平原，也可用考古资料来印证。目前在宜城平原一带已发现多处春秋时期楚文化的遗址，有些遗址面积比较大，堆积比较厚，内涵比较丰富，从所处地理位置及地貌形势来看，其中的一些大遗址有可能就是楚武王、文王时期所居的诸“郢”。如宜城楚皇城以西 12 公里处的郭家岗遗址，⑤ 该遗址面积达 120 万平方米，处于四周低洼的高台地上。在郭家岗遗址西北数公里的朱市曾发现“蔡大膳夫”簠和鼎青铜器，⑥ 在朱市西约 4 公里的南漳与宜城交界的安乐堰还出土有“蔡侯朱之缶”青铜器。⑦ 徐少华先生根据《左传》等文献的记载，认为楚文王伐蔡时，“虏蔡哀侯以归，哀侯留九岁，死于楚”⑧。“蔡大膳夫”簠和鼎青铜器“亦可能是楚文王虏蔡哀侯以归时随蔡哀侯一并带入楚地的器物”。又认

---

① 湖南省文物考古研究所等：《湖南龙山里耶战国——秦代古城一号井发掘简报》，《文物》2003 年 1 期。

② 石泉：《从春秋吴师入郢之役看古代荆楚地理》，《古代荆楚地理新探》，武汉大学出版社 1988 年版。

③ 对于楚昭王迁都南郡之鄀的观点，童书业先生曾提出过质疑，徐少华先生又再次作过较详细的论证。参见童书业：《春秋左传研究》第一卷“春秋楚‘鄀都’”，上海人民出版社 1980 年版；徐少华：《古鄀国、鄀县及楚鄀都地望辨析》，见《石泉先生九十诞辰纪念文集》，湖北人民出版社 2007 年版。

④ 当阳季家湖古城出土有“競之定”编钟及钟架构件，此古城有可能是“競之定”封邑。李学勤先生考证，“竞之定”即“景之定”，也即“景平王之定”，与楚昭王是兄弟，均是楚平王之子。见《论“景之定”及有关史事》，《文物》2008 年第 2 期。

⑤ 武汉大学历史系考古教研室等：《湖北宜城郭家岗遗址发掘》，《考古学报》1997 年第 4 期。

⑥ 襄樊市博物馆：《湖北宜城出土蔡国青铜器》，《考古》1989 年第 11 期。

⑦ 仲卿：《襄樊专区发现的两件铜器》，《文物》1962 年第 11 期。

⑧ 《史记·管蔡世家》。

为，“蔡侯朱当即《春秋》昭公二十一年所载‘冬，蔡侯朱出奔楚’者”，“蔡侯朱未能复国，其后可能客死于楚”，“蔡哀侯、蔡侯朱均先后客死于楚，他们的居地当在楚郢都或其附近不远”。① 湖北省考古研究所在安乐堰东侧进行考古调查，发现春秋时期杨家台遗址，② 遗址处于高台地上，四周由环濠环绕，环濠南侧、东侧发现有进入遗址的阶梯状遗迹，环濠与遗址南侧、东侧的古河道相通。据曾经调查、发掘过这一带遗址的王然先生、徐少华先生介绍，从杨家台遗址到楚皇城一带有好几处这样大的遗址。这使我们推测《楚居》所载的楚武王、文王所居的诸“郢”就在这一带存在可能。《楚居》载：“至武王酓达自宵徙居免，焉始□□□□□□福。众不容于免，乃渭疆涅之波而宇人，焉抵今曰郢。”整理者云：“渭，读为溃，毁坏。《国语·周语上》：‘川壅而溃，伤人必多。’疆涅，最初可能是泽名，经武王时治理而成居人之地，遂为地名。疆郢是免郢扩建的一部分，浑言之，疆郢、免郢无别，析言之，二者有先后大小之别。‘涅’字见于《玉篇·水部》：‘涅，泥也，淀也。’波，读为陂。《诗·泽陂》毛传：‘陂，泽障也。’宇人，使人居住，《诗·绵》传：‘宇，居也。’”依此看来，“疆涅”原是水泽较多之地，武王筑“泽障”而居住，“抵今曰郢”。又《左传》襄公十四年杜预注“必城郢”云：“楚徙都郢，未有城郭。”从杨家台、郭家岗等大遗址所处时代、地理位置、地貌形势以及附近出土蔡侯王室重器来看，这些大遗址有可能就是楚武王、文王时期所居的诸“郢”所在。

通过以上对各类相关文献的梳理及考古材料的相互印证，大体厘清了两周时期楚人迁徙的路径。楚人最初活动于丹江流域，周成王时，因楚先祖佐周王有功，封熊绎于“楚蛮”之地，居丹水之阳的“夷屯”，承认熊绎在“楚蛮”的统治地位。从熊渠开始，楚的政治中心已由丹江向汉水南部发展，其后数代又沿汉水向东迁徙，至西周末熊仪徙居丹淅之汇的“都”地。春秋时期，楚进入宜城平原一带，开启了东周时期在江汉地区的大发展。

（作者单位：北京大学考古文博学院）

① 徐少华：《从南漳宜城出土的几批蔡器谈春秋楚郢都地望》，楚文化研究会编：《楚文化研究论集》第6集，湖北教育出版社2005年版。

② 湖北省文物考古研究所等：《蛮河流域楚文化遗址调查简报》，《江汉考古》2017年第4期。

从几批鄀器的出土地看古鄀国的位置

——兼论楚夷屯、京宗的区域范围*

徐少华

古鄀国的位置，与早期楚国都邑夷屯(丹阳)密切相关，近来不少学者曾做过这方面的分析和讨论。然由于文献记载有限，出土资料的不确定性因素较多，学界对这些疑难问题的看法仍有较大的分歧。本文从几批具有明确出土地点的鄀器资料入手，来看古鄀国的所在，进而推测楚国早期都邑夷屯、京宗的地域。错误之处，敬请师友批评指正。

一、几批有明确出土地点的鄀器资料分析

鄀本西周时期与楚邻近，东周时期介于楚、秦之间的一个小国，文献典籍对其记载有限，但传世及近些年所出与鄀国、鄀地相关的有铭铜器比较可观，对探索古鄀国的历史、地理与文化提供了重要帮助。20世纪30年代，郭沫若先生在《两周金文辞大系图录考释》一书中，对5件鄀国铜器做过分析，得出了一些基本认识，为此后鄀器的讨论奠定了有利的基础。① 1984年秋冬，笔者在写作硕士论文时，曾就鄀器资料加以综合梳理，提出了一些不成熟的看法。② 以现在的学术标准来衡量，当时在器物断代、铭文理解方面确实存在若干不足之处，同时由于资料的限制，对上鄀、下鄀的支分与地理位置等问题的论证也不够完善，仍有进一步探索的必要。

前些年刊布的清华简《楚居》，包含有早期楚、若(鄀)关系的部分内容，③ 对认识西周时期的楚、鄀所在提供了重要信息，整理小组的老师们对这些材料发表了有益的见解。④ 此后高崇文、胡刚、黄锦前诸先生又通过对鄀器的分析，并结合《楚居》和文献记载就鄀国的历史、地望等加以讨论，表明了各自的观点，⑤ 推动了研究的不断深入。我们拟通过对几批有明确出土地点的鄀器材料的认识，再看古鄀国的地望。

传世“鄀公諴鼎”，有铭文6行39字，又重文2字：

---

* 本文为国家社科基金重大招标项目“周代汉淮地区列国青铜器和历史、地理综合整理与研究”(15ZDB032)、武汉大学重大委托项目“两周汉淮地区列国青铜器和历史地理探析”(2016年)的阶段性成果。

① 郭沫若：《两周金文辞大系图录考释》考174—176，上海书店出版社1999年版。

② 徐少华：《鄀国铜器及其历史地理研究》，《江汉考古》1987年第3期。按该文原是我硕士学位论文第二章第三节的内容，经多位评阅和答辩老师的指点，加工修改后得以刊布，至今仍存感念。

③ 李学勤主编：《清华大学藏战国竹简(壹)》，中西书局2010年版，原大图版，第26~27页；释文注释，第180~194页。

④ 李学勤《论清华简〈楚居〉中的古史传说》，赵平安《试释〈楚居〉中的一组地名》，李守奎《根据〈楚居〉解读史书中熊渠至熊延世序之混乱》，并载《中国史研究》2011年第1期。

⑤ 高崇文：《清华简〈楚居〉所载楚早期居地辨析》，《江汉考古》2011年第4期；胡刚：《有“鄀”铜器与鄀国历史新论》，《文物》2013年第4期；黄锦前：《从近刊鄀器申论鄀国地望及楚灭鄀的年代》，《中国历史地理论丛》2017年第3辑。

唯十又四月既死霸壬午，下蠚(鄀)雍公諴作尊鼎，用追享孝于皇祖考，用乞眉寿万年无疆，子子孙孙永宝用。① (参见图一)

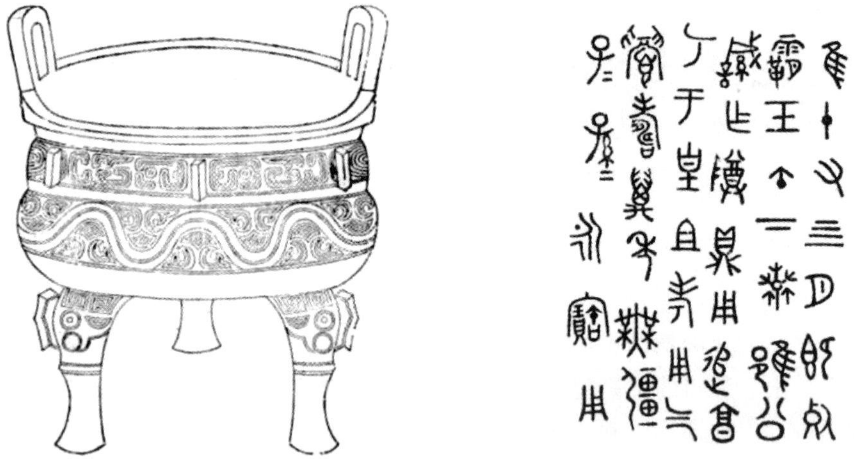

图一　下鄀公鼎与铭文(出于陕西商洛)

北宋吕大临所编《考古图》称之为“公諴鼎”，并言因“得于上洛”(即今陕西省商州市境)，故又名“商洛鼎”。② 至于出土的具体时间、地点，则没有交代清楚。

“下鄀”，既是地名，亦是鄀人的支系，“雍公”当其称号，“諴”为其私名。

关于这件器物的年代，《集成》在“铭文说明”部分言是“春秋早期”，吴镇烽先生认为是“西周晚期”。③ 今按，从《考古图》所描绘的器形来看，该鼎作折沿，立耳，下腹外鼓略显倾垂状，圜底近平，三兽足；颈部一周有六个小扉棱，扉间饰窃曲纹，腹部一周环带纹；膝部外侧各出一扉，并以扉棱为中隔组成兽面纹，整个制形、纹饰与禹鼎颇为相似。禹鼎一般认为属厉王时器，④ 也有学者断于夷王时期，⑤ 鄀公諴鼎既与禹鼎接近，其时代应在西周晚期，不会晚于两周之际。

传世另有鄀公諴簠，现藏上海博物馆，有铭文5行25字，又重文2字，与鄀公諴鼎当是一人之器，⑥《集成》定为“西周晚期”，是正确的。不同的是，鼎铭“下鄀雍公諴”，簠铭省称“鄀公諴”，“鄀”字下面从单“虫”作“蛒”，说明从单虫、双虫并无区别。然不知此簠是否亦出于商洛。

上鄀太子平侯匜，2012年4月于河南南阳夏饷铺墓地出土，腹内底有铸铭3行14字，又重文2字：

上鄀太子平侯作盥匜，子子孙孙永宝用。⑦ (参见图二)

① 中国社会科学院考古研究所编：《殷周金文集成》第02753器，中华书局2007年版，第1421页；另见郭沫若：《两周金文辞大系图录考释》考176，上海书店出版社1999年版。

② 见吕大临、赵九成：《考古图·续考古图·考古图释文》，中华书局1987年版，第10页。

③ 吴镇烽编撰：《金文人名汇编》(修订本)“鄀公諴”条，中华书局2006年版，第281页。

④ 徐仲舒：《禹鼎的年代及其相关问题》，《考古学报》1959年第3期。

⑤ 刘翔：《周夷王经营南淮夷及其与鄂之关系》，《江汉考古》1983年第3期。

⑥ 郭沫若：《两周金文辞大系图录考释》考176，上海书店出版社1999年版；中国社会科学院考古研究所编：《殷周金文集成》第04600器，中华书局2007年，第2969页。

⑦ 首都博物馆：“楚风汉韵——南水北调中线工程渠首水源地南阳文物展”，2013年11月。按：南阳市博物馆尹俊敏先生曾于2012年6月初来函告知相关信息，并惠赠器形和铭文照片，谨致谢忱！

图二　上鄀太子匜及铭文(出于南阳夏饷铺)

器俯视近瓢状，长流，流前端较平，上部封闭呈兽首状，头顶有鸡冠装饰，底部有四个龙形足，口沿外侧饰一周变形窃曲纹，腹部为瓦纹，尾部残断，估计应有兽形鋬，其形制与湖北枝江王家岗出土的塞公孙𢉼父匜相近而略早。① 黄锦前先生将其定于春秋早期后段，② 可信。上鄀太子匜出于鄂侯公族墓，或是礼仪赠馈、往来交换所致。

传世有2件鄀公平侯鼎，出土地不明，均有铭文6行46字，布局略为不同，又重文2：

唯鄀八月初吉癸未，鄀公平侯自作尊鋊(盂)，用追孝于厥皇祖辰公、于厥皇考屖盂公，用赐眉寿万年无疆，子子孙孙永宝用享。③

这两件鼎与上述铜匜的器主为同一人，然制作时间不同，鼎作于平侯继位鄀公之后，而匜作于其为太子时，时间稍早一些，但都属于春秋早期偏晚阶段，绝对年代在公元前700年左右。早些年，我们曾据铭文字体将这两件器物定于西周末或春秋初年，不太确切。

在《大系》中，郭老按照鄀公敄人钟铭称皇祖可公、皇考辰公，鄀公平侯鼎称皇祖辰公、皇考屖盂公的记载，认为鄀公敄人即鄀公平侯之父屖盂公，并排出四代鄀公的世次为"可公→辰公→屖盂公(敄人)→平侯"④，值得信从。如鄀公平侯生活、执政于春秋早期偏晚，再向前追溯四代，则其曾祖"可公"生存的时代当在西周末年或两周之际。

郭老曾据鄀公敄人钟、簋之铭称"上鄀公"，鄀公平侯鼎称"鄀公"的现象，言"上鄀省称为鄀"，新发现的这件铜匜又自称"上鄀太子平侯"，与郭老的说法相印证。

上鄀公簠，1979年出土于河南淅川下寺M8，盖、器内壁均铸有铭文，大同而小异。盖铭5行34字，又重文2字：

唯正月初吉丁亥，上鄀公择其吉金，铸叔嬭番妃媵匿(簠)，其眉寿万年无諆(期)，子子孙孙永宝用之。⑤ (参见图三)

① 湖北省博物馆：《湖北枝江百里洲发现春秋青铜器》，《文物》1972年第3期。

② 黄锦前：《从近刊鄀器申论鄀国地望及楚灭鄀的年代》，《中国历史地理论丛》2017年第3辑。

③ 中国社会科学院考古研究所编：《殷周金文集成》第02771—02772器，中华书局2007年，第1439~1440页。

④ 郭沫若：《两周金文辞大系图录考释》考175，上海书店出版社1999年版。

⑤ 河南省文物研究所等：《淅川下寺春秋楚墓》图版3：1，文物出版社1991年版，第9~10页。

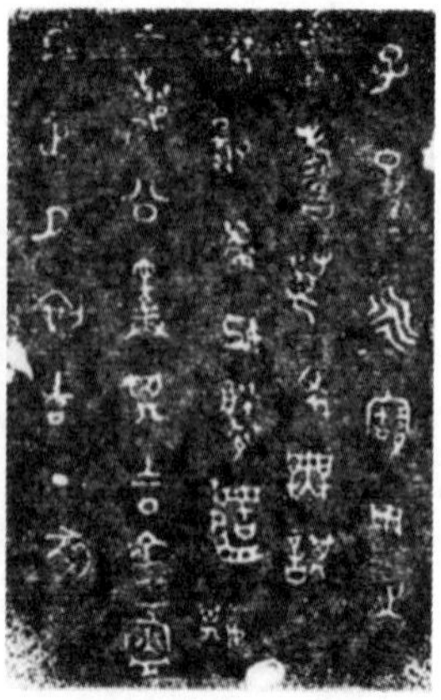

图三　上鄀公簠和铭文(出于淅川下寺)

该簠是上鄀公为叔妳(芈)、番妃外嫁所作的媵器，“叔妳”当是上鄀公之女，与楚同姓。据《世本》，鄀为“允姓之国”,① 此“上鄀公”既是楚系贵族，当非故鄀人，可能是楚在鄀国故地所设立的鄀县之县公，与南阳西关出土的申公彭宇簠铭之“申公”、襄阳山湾发现的邓公乘鼎的“邓公”类似。② 虽此上鄀公簠非鄀国之器，而是楚鄀县遗物，然在地理位置上，古鄀国、楚鄀县应是一脉相承的。

“番妃”，与传世王作番妃鬲铭的“番妃”一样,③ 为己姓番国之女。上鄀公为其女“叔妳”外嫁作陪器，同时并媵番国之女，可能“番妃”当是叔妳之媵。《公羊传》庄公十九年：“诸侯娶一国，则二国往媵之。”《春秋》成公十年载，鲁伯姬适宋，齐人以女为媵,④ 异姓随媵虽不合周礼，但在春秋中晚期列国纷争的复杂背景下，此类现象恐非个别，可作为叔妳、番妃一正一媵并适一国的佐证。前些年，有学者言此簠为番国之器，恐有误。

该器的时代，墓葬发掘者定为春秋中期偏晚，是正确的。绝对年代当在公元前600年以前。

据发掘报告介绍，下寺8号墓多次被盗，墓内残存器物中有铭铜器共8件，其中“以邓”和“楚叔之孙以邓”器4件，毕孙何次簠3件，上鄀公簠1件，发掘报告推测“‘以邓’当为M8的墓主人”⑤，应该可信。另有学者推测，器铭之“上鄀公”有可能就是这位“楚叔之孙以邓”,⑥ 颇有道理。

至于上鄀公为其女所作的媵器何以随葬于其本人的墓中，或可能是上鄀公死后，其女为父奔丧时又将该器携回而随葬于父亲墓中，以表达对父亲的哀思，类似情况亦见于1955年安徽寿县西门内发现的蔡侯墓。⑦

上鄀府簠，1972年出于湖北襄阳山湾墓地，器、盖均有铭文，布局略有不同，器铭5行30字，又重

---

① (晋)杜预：《春秋释例》卷七《土地名》“鄀”条引《世本》，台湾“中华书局”1980年影印《四部备要》本，第16页；另见《世本八种·雷学淇校辑本》，中华书局2008年版，第47页。

② 申公彭宇簠，见王儒林、崔庆明：《南阳市西关出土一批春秋青铜器》，《中原文物》1980年第1期；邓公乘鼎，见杨权喜：《襄阳山湾出土的鄀国和邓国铜器》，《江汉考古》1983年第1期。

③ 中国社会科学院考古研究所编：《殷周金文集成》第00645器，中华书局2007年，第614页。

④ 杨伯峻：《春秋左传注》，中华书局1990年版，第847页。

⑤ 河南省文物研究所等：《淅川下寺春秋楚墓》，文物出版社1991年版，第326页。

⑥ 朱凤翰：《古代中国青铜器》，南开大学出版社1995年版，第899页；刘彬徽：《楚系青铜器研究》，湖北教育出版社1995年版，第66页。

⑦ 在蔡侯墓出土遗物中，有蔡侯申为大孟姬嫁适吴王所作的媵盥缶、尊、盘等数器，见安徽省文物管理委员会等：《寿县蔡侯墓出土遗物》图版12—13，36—38，科学出版社1956年版。按：蔡侯申即蔡昭侯，蔡昭侯为其姊或长女所作的媵器随葬于昭侯本人的墓中，当出于对蔡侯哀思的缘故。

文 2：

唯正六月初吉丁亥，上鄀府择其吉金，铸其𢆶(淄)簠，其眉寿无记(期)，子子孙孙永宝用之。① (参见图四)

图四　上鄀府簠与铭文(出于襄阳山湾)

该器的时代，杨权喜先生定为“春秋中期”，并言“是楚灭鄀之前所作”的鄀国器，“楚灭鄀之后，此器落入楚人之手，并成为楚人的殉葬品”。吴镇烽先生赞同此说，认为簠是春秋中期上鄀国国君名府者所作；②《集成》则将该器定于“春秋晚期”；③ 刘彬徽先生认为这件簠是楚器，时代属于“东周三期”，即公元前 600—前 530 年之间④。

今按，该簠器、盖口沿直壁部分较高，曲尺形足也较高，盖的长边各有两个兽形卡，通体饰较为细密的蟠虺纹，其形制、纹饰明显晚于上述河南淅川下寺 M8 出土的上鄀公簠，亦略晚于下寺 M36 所出铜簠，而与下寺 M4、M3 中的同类器相近，⑤ 亦与湖北钟祥黄土坡 M4、襄阳沈岗 M70 出土的簠类似，⑥ 其时代当在春秋晚期偏早阶段。前些年我们将此簠定为春秋中期偏晚的楚器，存在一些误差。《集成》的判断是对的。

据上鄀公簠铭，至迟在春秋中期后段，楚人已于上鄀故地设有上鄀县，上鄀府簠自应是楚器而不大可能是鄀国、鄀族的器物，此“上鄀”当为地名，“府”是人名，即春秋晚期的一位楚系贵族。至于其具体身份、职官，因材料阙如，难以稽考。

绪儿罍(缶)，1977 年湖北谷城过山出土，肩部有铭文一周 26 字，又重文 2 字，其中约 5 字残损不清：

唯正月初终吉，绪儿择其吉□□□□□罍，眉寿无期，子子孙孙永保用之。⑦

① 杨权喜：《襄阳山湾出土鄀国和邓国铜器》，《江汉考古》1983 年第 1 期。

② 吴镇烽编撰：《金文人名汇编》(修订本)“上鄀府”条，中华书局 2006 年版，第 25 页。

③ 中国社会科学院考古研究所编：《殷周金文集成》第 04613 器，中华书局 2007 年版，第 2986～2987 页；“铭文说明”，第 3347 页。

④ 刘彬徽：《上鄀府簠及楚灭鄀问题简论》，《中原文物》1988 年第 3 期。

⑤ 下寺 M36 出土的簠，见河南省文物研究所等：《淅川下寺春秋楚墓》图版 16：2，文物出版社 1991 年版；M3 所出簠，见图版 81；M4 所出簠，见图版 91：2。

⑥ 钟祥黄土坡 M4 的簠，见荆州博物馆等：《湖北钟祥黄土坡东周秦代墓发掘报告》，《考古学报》2009 年第 2 期，第 273 页，图 26；襄阳沈岗 M70 的簠，见襄阳市文物考古研究所：《湖北襄阳市沈岗春秋时期墓葬》，《考古》2017 年第 5 期，第 61 页，图十七。

⑦ 陈千万：《“绪儿罍”及鄀国地望问题》，《考古与文物》1988 年第 3 期。

该器为一件典型的楚式浴缶，铭文自称“罍”，当有一定的原因。其时代，陈千万先生认为在“春秋中晚期之交”；刘彬徽先生断为东周三期，即公元前600年至前530年间；① 吴镇烽先生说是“春秋中晚期”，胡刚定为“春秋中期后段”。② 该器未见清晰的照片，从陈千万先生所发表的线图来看，双耳残断，器体较高，盖的顶部变平，肩与上腹部有三周凸弦纹，在下面两道凸弦纹之间和器盖的下部外测一周各有八个圆饼装饰，其形制和纹饰特征，要晚于淅川下寺M36和M4出土的浴缶，而与下寺M1、M3随葬的浴缶相似，③ 亦与襄阳沈岗M70所见的同类器接近而稍晚，④ 时代当属于春秋晚期的前段，不会早到春秋中晚之际。

此罍(缶)的族属，陈千万先生当初根据“绪”字从糸从若，而下鄀公鼎、簠铭之“蠚”从虫从若的形体结构，推测绪儿罍可能是下鄀之器，我们亦赞同这一观点；刘彬徽先生则认为“绪”非国名，其与“儿”搭配为人名，与庚儿鼎铭的“庚儿”类似，其应是楚器而非下鄀国之器。⑤ 黄锦前先生同意此说。⑥ 就现有论据而言，这两种可能均不能排除，至于谁是谁非，有待于新材料的补充和验证。

二、从鄀器的出土地看古鄀国的位置

上述几件有铭铜器中，除了绪儿罍(缶)的族属难以定论外，其中4件鄀器的出土地点明确，年代、族属清楚：鄀公諴鼎北宋时出于商洛，即今陕西商州境内，属下鄀之器，时代为西周晚期；鄀太子平侯匜出于河南南阳夏饷铺，是上鄀之器，时代为春秋早期偏晚；上鄀公簠出于淅川下寺8号墓，为楚系上鄀县公之器，时代为春秋中期偏晚；上鄀府簠出于湖北襄阳山湾墓地，亦是楚系上鄀之器，时代为春秋晚期偏早。

这4件出土地明确的鄀器，就属性而言，鄀国器2件，楚鄀县器2件；就地点而言，上鄀器3件，下鄀器1件；按时代顺序而论，鄀国器为西周晚期到春秋早期，楚鄀县器从春秋中期偏晚到春秋晚期，或概略体现出古鄀国的历史进程与鄀地属性的转变。

如果将这4件鄀器的出土地标在地图上，我们就会发现，其中3件上鄀器均出于汉水以北的南阳盆地，1件下鄀器出于相邻的丹江上游，而这一范围，正是文献所述古鄀国的所在地域(参见图五)。然而没有一件出于汉水以南或江汉之间，这不能不说是一个非常有趣且值得关注的现象。

关于古鄀国、鄀地的历史地理问题，我们曾做过分析，后来有学者提出了一些不同的意见，特别是在前几年清华简《楚居》刊布后，又有部分学者著文讨论，推动了相关探索的不断深入。

《左传》僖公二十五年载，“秦、晋伐鄀”，楚以申、息之师戍商密，因秦军伪装潜入，智取商密，并生俘楚申、息二帅。杜预注：“鄀本在商密，秦、楚界上小国，其后迁于南郡鄀县。”又曰：“商密，鄀别邑，今南乡丹水县。”孔颖达《正义》：“当此秦、晋伐鄀之时，国名为鄀，所都之邑名商密……”⑦鲁僖公二十五年即楚成王三十七年(公元前635年)，为春秋中期前段，其时的鄀国受到楚、秦、晋三者的压力，国力逐渐衰弱，地域狭小。商密，杜预说在西晋时期的南乡丹水县，其后《水经注》等亦有进一步的申述，我们曾结合实地调查和出土材料对其做过分析，认为当在淅川老城西北、淇河(古黄水)与丹江汇流之处

① 刘彬徽：《楚系青铜器研究》，湖北教育出版社1995年版，第323~324页；刘彬徽等：《楚系金文汇编》，湖北教育出版社2009年版，第12、128页。

② 见吴镇烽编撰：《金文人名汇编》(修订本)“鄀儿”条，中华书局2006年版，第281页；胡刚：《有“鄀”铜器与鄀国历史新论》，《文物》2013年第4期。

③ 下寺M36、M4出土的浴缶，见河南省文物研究所等：《淅川下寺春秋楚墓》图版16：3，图版91：2，文物出版社1991年版；M1、M3的浴缶，见图版27：2和图版81：2。

④ 襄阳沈岗M70的浴缶，见襄阳市文物考古研究所：《湖北襄阳市沈岗春秋时期墓葬》，《考古》2017年第5期，第61页，图十九。

⑤ 刘彬徽：《楚系青铜器研究》，湖北教育出版社1995年版，第324页。

⑥ 黄锦前：《从近刊鄀器申论鄀国地望及楚灭鄀的年代》，《中国历史地理论丛》2017年第3辑。

⑦ 李学勤主编：《十三经注疏·春秋左传正义》(标点本)，北京大学出版社1999年版，第428页。

的寺湾附近,① 有学者将其定于淅川老城或丹水南岸地带,② 并不确实。

又《左传》文公五年:“初,鄀叛楚即秦,又贰于楚。夏,秦人入鄀。”鲁文公五年为楚穆王四年,即公元前 622 年。可见这时鄀人迫于各方压力,在秦、楚之间来回摇摆,以求自保。

鲁文公十四年,楚庄王初立,公子燮因求令尹不得,与子仪(斗克)作乱,“以楚子出,将如商密”。结果被楚庐大夫庐戢黎和叔麇所杀,使叛乱得以平息。③ 此为楚庄王元年,即公元前 613 年。商密本为鄀都,楚公子燮与子仪因作乱不成欲挟楚庄王逃奔于此,意在以商密为基地另立山头,继续顽抗,说明此时鄀国已经南迁,商密从鄀都变为了楚邑,此变化当不出鲁文公五至十四年(公元前 622—前 613 年)的 9 年间。鲁文公五年秦人入鄀之后,鄀国不再见于记载,亦可作为这一推论的有力旁证。

就文献记载而言,古鄀国只有一个,即商密之鄀,其后的南郡之鄀,则是在受到秦人入侵之后商密之鄀南迁所至,杜注和孔疏的看法均如此。

郭老早年在考释鄀国铜器时,根据鄀公敄人簋及鄀公諴鼎的内容,提出:

> 鄀有上鄀与下鄀,本簋称上鄀,而下鄀公諴鼎称下蠚可证。彼鼎出于上洛(今陕西商县),地与商密接壤,则此秦晋所伐者实是下鄀。……南郡之鄀……(今湖北宜城县),当即本簋所谓上鄀。上下相对,必同时并存,盖由分封而然。意南郡之鄀为本国,故称上,上洛之鄀为分枝,故称下……④

郭老的看法大致包含两层意思:(1)鄀原本一国,后分为上鄀、下鄀两支;(2)上鄀为本国,在南郡宜城,下鄀为枝分,即文献所言的商密之鄀。黄盛璋先生同意鄀分两支的观点,只是觉得上鄀、下鄀的位置难以确定。⑤ 刘彬徽先生也认同鄀国上、下相对,同时并存的看法,但从地理南北与河流上下的规律而言,“河南之鄀应为上鄀,湖北之鄀应为下鄀”⑥,与郭老的见解正好相反。陈昌远先生不赞成上、下鄀同时并存的认识,而遵从杜注、孔疏的意见,曰:“商密之鄀应为鄀国本土始封地,居汉水上游,故后又称上鄀。以后向南迁徙到湖北宜城,居汉水下游,故称下鄀。”⑦李零先生则言:“如果商密之鄀是下鄀,昭王徙都之鄀是上鄀,前者便应当是由后者北徙,这和文献所见两鄀之早晚正好相反。……我们推测,上鄀才是商密之鄀,而下鄀是从上鄀分化,沿丹江西北迁,都是年代较早的城邑。至于昭王徙都之鄀,则是上鄀南迁,乃晚期之鄀。”⑧胡刚先生认为上、下鄀并非两国,而是不同时期的鄀国居邑,西周早、中期在汉水中游西岸,西周晚期北迁商密附近的下鄀,春秋早期再迁于上鄀,与下鄀相去不远,春秋中期沦为楚县。⑨ 黄锦前先生基本采纳郭老的说法,以西周之鄀在宜城,“至迟在春秋初年,鄀已分上下”,上鄀仍在宜城,春秋中期前段亡于楚,下鄀位于商密,春秋晚期为楚所灭。⑩

随着材料的不断增加和讨论的逐步深入,鄀国的历史、地理问题变得更为复杂,应该说是一个好现象,不但弥补了文献记载的不足,亦推动了学术研究的进步。对于这些疑难问题,我们可分几个层面加

① 徐少华:《〈水经注·丹水篇〉错简考订——兼论古析县、丹水县的地望》,《中国历史地理论丛》1988 年第 4 辑。

② 陈昌远:《〈上鄀府簠〉与鄀国地望考》,《中原文物》1991 年第 4 期;《中国历史大辞典·历史地理》“商密”条,上海辞书出版社 1996 年版,第 839 页。

③ 李学勤主编:《十三经注疏·春秋左传正义》(标点本),北京大学出版社 1999 年版,第 552 页。

④ 郭沫若:《两周金文辞大系图录考释》考释 174—175,上海书店出版社 1999 年版。

⑤ 黄盛璋:《鄀国铜器——铜器分国大系考释之一》,《文博》1986 年第 3 期。

⑥ 刘彬徽:《上鄀府簠及楚灭鄀问题简论》,《中原文物》1988 年第 3 期。

⑦ 陈昌远:《〈上鄀府簠〉与鄀国地望考》,《中原文物》1991 年第 4 期。

⑧ 李零:《再论淅川下寺楚墓》,《文物》1996 年第 1 期。

⑨ 胡刚:《有“鄀”铜器与鄀国历史新论》,《文物》2013 年第 4 期。

⑩ 黄锦前:《从近刊鄀器申论鄀国地望及楚灭鄀的年代》,《中国历史地理论丛》2017 年第 3 辑。

以梳理：

首先，关于鄀人的早期历史，我们曾结合卜辞和铜器铭文推测，至迟于商代后期当已存在；西周早中期，其国族已有一定的实力和文化基础，清华简《楚居》有关早期楚、若(鄀)关系的记载，正好印证了这一认识。

其次，就目前的材料而言，未见西周晚期的上鄀之器，亦没有发现春秋早中期的下鄀器物，这也是上述几位学者将上鄀、下鄀论为前后迁徙关系的原因所在。

早期的鄀国只有一个，学界并无异议。从下鄀雍公諴鼎的铭文与时代来看，至迟在西周晚期已有“下鄀”之称，按常理而言，当时应有“上鄀”并存。以鄀公敄人钟及鄀公平侯鼎所反映的四代鄀公世次[可公→辰公→犀盉公(敄人)→平侯]，上鄀“可公”的年代，当与“下鄀雍公諴”相近或稍晚。同时，如果上鄀、下鄀不是鄀族的两系，而是鄀国都邑前后迁徙所至，鄀君的名号似乎没有必要由“鄀公→下鄀公→上鄀公”来回改动或变更，这样不仅容易引起内外的混淆，亦容易引起国族的分裂。诸家多所举证的蔡国，不管是早期都蔡(上蔡)，还是后来迁于新蔡和下蔡，其国君都一律自称“蔡侯”不变；① 楚都的变动更加频繁，但楚君的称号亦未因都邑的迁徙而改变。国人常言的“行不更名，坐不改姓”大概就是这个道理。上鄀、下鄀的关系，目前虽有进一步讨论的空间，比较而言，还是以郭老上下相对、同时并存，上鄀为本国，下鄀乃枝分的说法比较合理。

再次，将西周鄀国和上鄀定于宜城或汉水中游以西地带，不仅没有可信的文献记载，亦缺乏出土资料的支撑。上面所言的4件鄀器，不管是上鄀还是下鄀之器，均出于丹淅和与之相近的地方，没有一件出于汉水中游以西，而这一史实却与《左传》及杜注、孔疏的意见接近，恐怕很难以偶然或巧合来解释。胡刚先生意识到这个矛盾，故以西周晚期鄀迁商密之下鄀来呼应，然又说春秋早期由下鄀再迁的上鄀亦在商密附近，形成西周早中期的宜城(汉西地区)和春秋早中期的丹淅两个不同时期和不同地区的上鄀，令人更加迷惑。黄锦前先生认为西周之鄀、春秋之上鄀一直在宜城，前后当不少于400年，何以地点明确的3件上鄀铜器均出于汉水以北的南阳盆地，而汉水西岸的宜城至钟祥一带没有一件？这不得不引起我们的反思。

最后，近四十年来，为了探索楚都(丹阳、郢都、鄢都、鄀都等)及其核心区，我们在汉水以西，尤其是湖北宜城至钟祥一带，进行过多次田野调查，凡是有迹象的商周遗址、墓地和有同期遗物出土的地点，我们都做过比较认真的踏勘和采集，并在若干重要遗址和地点如魏岗、郭家岗、凤凰山等地做过相应的发掘和解剖，② 同时也发表了几篇有关的简报。③ 这一带是我们近些年来关注最多、做工作最多的地区，几乎是一有相关考古发现或田野信息，我们就会很快赶到现场，了解其文化性质和时代特征。

经过多年持续的工作，我们对这一地区的商周文化面貌有了一些基本认识：从目前的信息来看，不管是前三次文物普查的情况，还是已经发掘或做过重点勘探、试掘的收获，这一地区的东周遗址、墓地分布密集，内涵丰富，各类出土物甚多，但基本没有见到西周遗迹和遗物。如面积较大、包含物较多、序列相对完整的宜城郭家岗遗址，其上限约在两周之际；宜城市区范围的肖家岭、桐树园遗址，亦是这里周代遗存较早的几处，上限都不过春秋早期；④ 宜城南部的凤凰山、蒋湾等几处墓地，年代均不早于春

---

① 说参徐少华：《蔡国铜器及其历史地理与文化》，唐晓峰等主编：《九州》第一辑，中国环境科学出版社1997年版，第19~41页。

② 见武汉大学历史系考古教研室等：《湖北宜城郭家岗遗址发掘》，《考古学报》1997年第4期。另，1982年春，我们在宜城楚皇城附近的魏岗墓地，参与发掘过一批战国墓葬，资料现存宜城市博物馆。

③ 武汉大学荆楚史地与考古研究室：《南漳县几处古文化遗址调查简报》，《江汉考古》1986年第2期。武汉大学历史地理研究所等：《宜城市几处东周文化遗址调查简报》，《江汉考古》2007年第4期；《湖北宜城市周代文化遗址调查简报》之二、之三，《江汉考古》2008年第2、3期。

④ 湖北省文物考古研究所等：《湖北宜城县肖家岭遗址的发掘》，《文物》1999年第1期。桐树园遗址，我们曾做过几次调查，资料现存宜城市博物馆。

秋中期。① 在今钟祥县西北、古南郡若县一带的罗山、周家湾诸遗址，附近曾发现过战国墓葬，经几次调查，东周遗物的上限皆不早于春秋中晚期；② 在钟祥西南的黄土坡墓地，经过多次田野工作，先后发掘了40多座东周墓葬，其中春秋墓5座，均有青铜礼器随葬，然最早为春秋中期的后段。③

对此，我们也曾经疑惑并讨论过，是否因历史时期洪水泛滥所带来的泥沙将遗迹覆盖？答案应是否定的。该地区许多东周和新石器时代遗迹、陶片都见于地表或耕土层下，为何独会覆盖西周文化层呢？虽然我们对这一状况颇感失望，且于心不甘，但却必须面对这一现实。

分析可见，不管是从文献记载、有铭鄀器的出土地，还是古文化遗存的时代特征诸方面因素来看，将西周至春秋之鄀国及上鄀定于古南郡之若县、今湖北宜城与钟祥之间的汉水以西地带，缺乏明确的证据，是难以令人信服的。比较合理的解释还是我们以前所论述的，即按照《左传》和杜注、孔疏的提示，将它们一并定于商密及其附近的丹淅地区，南郡之鄀为商密之鄀南迁所至，于史、于地、于实物资料皆可互证相通，没有明显的矛盾。

关于上鄀、下鄀的具体位置，我们曾推测约在今西峡县城以西的丁河及淅川县西部的寺湾两地，的确还有讨论的余地，但有一个基点，即秦晋所伐的商密之鄀在今寺湾一带的丹淅地区、其后迁于南郡若县，则是大家所认同的。至于商密之鄀究为上鄀还是下鄀，难以遂定，如果是上鄀，则西周至春秋中期的鄀国、上鄀，以及春秋中晚期的楚上鄀县就应在此，传世及近年出土的上鄀铜器亦来源于此，而下鄀当在其南或丹淅下游地区；如果商密是下鄀，传世下鄀公諴鼎、簠，当与其相关，为秦人所迫而南迁者也是下鄀，则早期鄀国、上鄀以及楚上鄀县理应在此偏北或偏西方向。

三、由鄀国所在说楚夷屯、京宗的地域

在早年梳理鄀国铜器时，我们曾依据《左传》哀公十七年“观丁父，鄀俘也。武王以为军率，是以克州、蓼，服随、唐，大启群蛮”的记载，推测春秋早期楚人初兴之时，就与鄀国交锋，说明楚、鄀相去不远，或为近邻。前些年刊布的清华简《楚居》曰：

> 季连初降于郻(騩)山，氐(抵)于空(穴)窮(穷)。……逆上汌水，见盘庚之子，处于方山……穴酓(熊)迟徙于京宗……至酓狂亦居京宗。至酓绎与屈紃，思(使)若嗌卜徙于夷屯，为楩(便)室，室既成，无以内之，乃窃若人之犝以祭。惧其主，夜而内层，抵今曰栾，栾必夜。④

这段文字告诉我们，芈姓始祖季连氏早期活动于騩山，再迁穴穷，并逆汌水而上，拜见商王盘庚之子，然后居于方山。从穴酓(熊)至熊狂，皆居于京宗，熊绎之时，曾请巫人若(鄀)嗌占卜而徙于夷屯，构筑便室以供祭祀。由于当时楚人势弱族小，又新到夷屯，无物以祭，于是盗窃了鄀人的一头小牛，因担心白天被其主人——鄀人发现而招来麻烦，只有等到晚上才悄悄纳享于便室，从此夜祭(栾)就成了楚人的一个习俗。

穴熊所迁之“京宗”何在，目前尚难考实，《世本》曰“楚鬻熊居丹阳”⑤，言商末穴熊(鬻熊)之时，季连之裔的芈姓族人已居在丹阳，简文之“京宗”和鬻熊之“丹阳”应有一定的联系。

熊狂之后，熊绎又由京宗迁夷屯，至西周中晚之际的熊渠前期，楚一直以夷屯为都不变。夷屯所在，文献亦无线索，但从几个相关的侧面，我们可以推知其大致地域。

---

① 1988年春，我们在凤凰山墓地发掘过一批春秋墓葬，资料现存宜城市博物馆。

② 武汉大学历史地理研究所等：《钟祥罗山遗址调查简报》，《江汉考古》2007年第3期。

③ 荆州博物馆等：《湖北钟祥黄土坡东周秦代墓发掘报告》，《考古学报》2009年第2期。

④ 李学勤主编：《清华大学藏战国竹简(壹)》，中西书局2010年版，第181页。

⑤ 李学勤主编：《十三经注疏·春秋左传正义》(标点本)，北京大学出版社1999年版，第150页。

据《史记》卷四十《楚世家》：

> 熊绎当周成王之时，举文、武勤劳之后嗣，而封熊绎于楚蛮，封以子男之田，姓芈氏，居丹阳。

说熊绎于周成王之时因其先祖鬻熊协助周文王有功而被封于楚蛮之地，立国称君，居于丹阳。这段文献明确告诉我们楚人受封的时间、地点、始封之君和受封原因等，基本情形大致可见。

相比而言，从西周初年的熊绎至中晚之际的熊渠前期，楚人一直居于“夷屯”，并以此为基地前后经历了五代共六位楚君，约一个半世纪，是楚人连续居住时间最长的都邑，说明“夷屯”在楚国历史发展中的重要地位。由于简文所言的熊绎迁夷屯与文献记载熊绎受封“居丹阳”同时，因而《楚居》的整理者认为“夷屯，地名，当即史书中的丹阳”①。李学勤先生亦认为夷屯“应即文献中的‘丹阳’”②，值得信从。

就《楚居》所载，楚人在徙于夷屯之前，曾“使若嗌卜”，即用若嗌占卜而决凶吉可否。“若嗌”，整理者读为“鄀嗌”，并言是“鄀人祖先”，从其帮熊绎卜居徙都的史实来看，应是当时鄀族或鄀国一位有影响的贞人或巫师。熊绎在由京宗徙夷屯时利用“若(鄀)嗌”占卜决疑，说明“京宗”距鄀国、鄀地不远，因而楚、鄀之间才有交往、联系。简文又说楚人在迁于夷屯之后，筑有便室，因“无以内之，乃窃鄀人之犝以祭”，而又“惧其主，夜而内尸”。楚人既能窃得鄀人小牛，并且担心白天用以祭享被鄀人发现，这就进一步说明熊绎所徙之夷屯确与鄀人唇齿相依、比邻而居，整理者说夷屯“近于鄀”，并结合《左传》僖公二十五年秦、晋伐鄀的记载和杜预注，以及河南淅川下寺楚墓出土上鄀公簠的物证推测：

> 本篇中的“若”当是商密之鄀，亦即铜器中的上鄀，在今河南淅川西南。熊绎所迁之夷屯与之相距不远。③

这一说法言之成理。我们试想，如果楚、鄀两族不是近邻，熊绎何能请“若(鄀)嗌”为其卜居决疑？如果楚、鄀两邦相距较远，楚人怎能随便窃得鄀人犝牛，又何以会担心白天在便室用犝牛祭享而被鄀人发现？合理的解释只有一个，即当时楚、鄀两族比邻相近，才会出现这些涉及两者关系的史实。

上文所述，鄀国在商密，即河南淅川西部的寺湾及其附近的丹淅地区，周初熊绎所迁的“夷屯”与鄀相邻，亦应在今淅川县境的丹淅汇流及附近地带；“京宗”距夷屯和鄀人不会太远，结合芈姓族人此前由北向南逐步迁移的历程推测，可能更在夷屯和鄀以北或东北，大致不出丹淅地区的北部或东北方向。如果再以此推论与早年关于丹阳问题的“四系八说”相比较，④ 则以“丹淅说”比较可信。⑤

楚人由京宗徙夷屯，应与熊绎受封立国的背景有关。夷屯，为楚人立国始封之都，当因位于丹水之阳，故又称“丹阳”；穴熊(鬻熊)为楚立国之祖，京宗乃穴熊、丽季(熊丽)和熊狂所居，按常理而言，其地不仅有芈姓先祖的宗庙，还应有穴熊等诸君的陵墓及宗庙，熊绎受封立国之后，以夷屯为都，而以穴熊所居之地为“京宗”，是合乎情理的。

古鄀国地望，是确立周初熊绎所居之夷屯(丹阳)、京宗的重要参照与坐标，这也是近年学界多有讨论的重要缘故，亦为本文探索的动因所在。

---

① 李学勤主编：《清华大学藏战国竹简(壹)》之《楚居》注释 26，中西书局 2010 年版，第 185 页。

② 参阅李学勤：《论清华简〈楚居〉中的古史传说》，《中国史研究》2011 年第 1 期。

③ 李学勤主编：《清华大学藏战国竹简(壹)》之《楚居》注释 28，中西书局 2010 年版，第 185 页。

④ 自汉晋以来所形成的楚都丹阳地望的“四系八说”，见徐少华：《楚都丹阳地望探索的回顾与思考》，《荆楚历史地理与长江中游开发——2008 年中国历史地理国际学术研讨会论文集》，湖北人民出版社 2009 年版，第 51~63 页。

⑤ 关于楚丹阳问题的分析、讨论，可参阅徐少华、尹弘兵：《楚都丹阳探索》，科学出版社 2017 年版。

四、结　语

就目前所见几批有明确出土地点的鄀器而言，鄀公諴鼎出于陕西商州境内，属下鄀之器，时代为西周晚期；鄀太子平侯匜出于河南南阳夏饷铺，是上鄀之器，时代为春秋早期偏晚；上鄀公簠出于淅川下寺8号墓，为楚系上鄀县公之器，时代为春秋中期偏晚；上鄀府簠出于湖北襄阳山湾墓地，亦是楚系上鄀之器，时代为春秋晚期偏早。

就器物属性而言，其中有鄀国器2件，楚鄀县器2件；按时代而言，鄀国器为西周晚期至春秋早期，楚鄀县器从春秋中期偏晚到春秋晚期，由此可见鄀人的历史进程和鄀地的族属转换；以地点而论，3件上鄀器均出于汉水以北的南阳盆地，其中1件出于丹江下游，而另有1件下鄀器则出于丹江上游。但却没有一件鄀器出于部分学者所言汉水中游以西的湖北宜城与钟祥之间。

结合文献记载和鄀器的出土地分析，不管是西周早、中期的鄀国，还是西周晚期至春秋时期的上鄀、下鄀，都应在商密，即今河南淅川西部的寺湾及其附近的丹淅地区；清华简《楚居》所言周初熊绎所迁的"夷屯"，与若(鄀)相邻，当亦不出今淅川县境的丹淅汇流及附近地带；"京宗"距夷屯和鄀人不远，从芈姓族人由北向南逐步迁移的历程推测，可能更在夷屯和鄀以北或东北，约在丹淅地区的北部或东北方向(参见图五)。

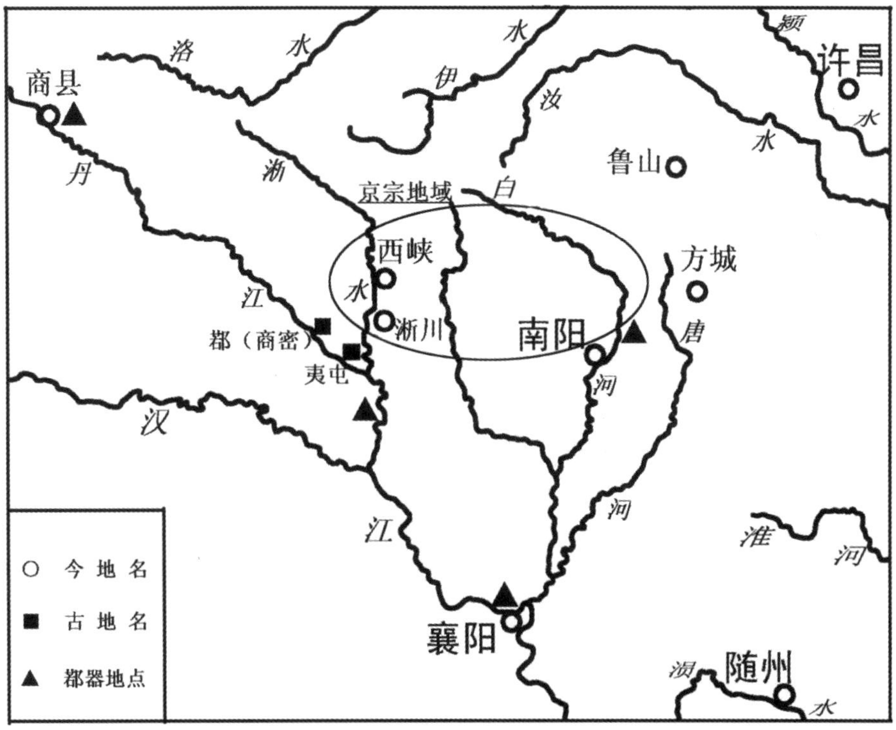

图五　鄀器出土地及古鄀国、楚夷屯、京宗位置示意图①

（作者单位：武汉大学历史学院）

① 该图系尹弘兵博士协助绘制，特此说明并深表谢意。

从新见唐国铜器铭文再谈曾随之谜
——兼谈姬姓唐国的地望问题*

黄凤春　蒋　斌

伴随曾侯乙墓发掘而提出的曾随之谜，是长期困惑学界的难题，随着近年来随州文峰塔东周墓和随州叶家山西周墓地发掘所出土的大量金文资料，使得这一问题有了突破性的进展，通过出土文献与传世文献的双重互证，已足以证实历史上的随国就是金文中的曾国，这已为大多数学者所接受。但面对如此明晰的出土文献材料，尚有部分学者仍坚持曾、随为两个国家。① 其主要的立论依据是带有“随”字的铭文资料不断出土，由于过去曾随之谜的倡导者曾把不见随国铜器铭文作为曾即随说的证据之一，特别是一些新见随字铭文遂成为动摇曾即随说的主要证据。我们认为，随字铭文的出现，并不能否认曾即随说，反倒进一步证明曾即随。因为每一件带有随字铭文铜器，都与曾国有着不可分割的联系。

需要指出的是，2013 年在随州文峰塔 M21 曾出土有一件带随字的有铭铜戈，铭文为“随大司马嘉有之行戈”，根据铜器共存关系，我们推定 M21 墓主当为曾孙邵，随大司马戈出在曾孙邵的墓葬中，作为发掘者，我们在报道这批材料时认为，这一发现为曾即随说提供了又一证据。② 由于简报只注重报道考古材料，我们对这一问题并未展开讨论，之所以认为这件有铭铜戈是曾即随说的又一重要证据，主要是基于司马嘉有与曾孙邵是同一个人，即是一名一字的关系。众所周知，古代的名与字在意义上是有关联的，“嘉有”与“邵”都有“美”意，③ 据同墓铭文“曾孙邵之大行之壶”中的“大行”而知，④ 称邵之名，有可能是其死后的专铸之器，也就是说，邵之名应是其卸任大司马之后的称谓。这里需要强调的是，少数学者在论及大司马嘉有戈时，认为其戈的年代早于墓葬年代，将其推定到春秋中期，⑤ 这是有违类型学演变规律的。经与年代确切的 2013 年文峰塔墓地 M69 出土的一件春秋晚期的曾侯與戈相比较，其形制完全相同（见图一）。这说明大司马嘉有戈的年代也属春秋晚期，不存在戈早于墓葬年代之说。

过往学者在曾随之谜之争中曾断言，“只要有一件随器发现，争论立决”⑥。这可能主要是针对当时曾即随说中无随国铜器出土的证据而言的，其影响之大，却成为日后学者否定曾即随说的一个标尺。我

---

* 本文为国家社会科学基金重大项目“随州叶家山西周曾国墓地发掘报告”（14ZDB051）、国家社会科学基金重大招标项目“周代汉淮地区列国青铜器和历史、地理综合整理与研究”（15ZDB032）阶段性成果。

① 张昌平：《曾随之谜再检视》，《中国国家博物馆馆刊》2015 年第 11 期；张昌平：《从五十年到五年——曾国考古检讨》，《江汉考古》2017 年第 1 期；曹锦炎：《曾随二国的证据——论新发现的随仲芈加鼎》，《江汉考古》2011 年第 4 期；杜勇：《曾随非一辨惑》，《天津师范大学学报》（社会科学版）2017 年第 4 期。

② 湖北省文物考古研究所等：《湖北随州文峰塔东周墓地》，《考古》2014 年第 7 期。

③ 宗福邦等：《故训汇纂》，商务印书馆 2003 年版，第 376 页，第 2323 页。

④ “行”当训为“葬”，《礼记·檀弓下》：“始死，脯醢之奠，将行，既葬而行之。”郑玄注：“将行，将葬也。”《穀梁传·庄公元年》：“生服之，死行之，礼也。”淅川下寺楚墓所出敬事天王钟铭有“江汉之阴阳，百岁之外，以之大行”，即其证。

⑤ 张昌平：《曾随之谜再检视》，《中国国家博物馆馆刊》2015 年第 11 期。

⑥ 黄盛璋：《山东诸小国铜器研究》，《华夏考古》1989 年第 1 期。

随大司马戈

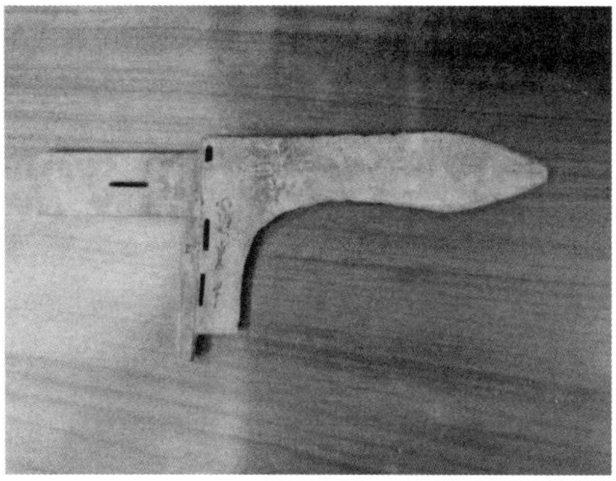

曾侯與戈

图一　随大司马戈与曾侯與戈比较图

们认为，即使有随器出土，仍不足以否定曾即随说，相反二者之间的关系似更加明朗。我们在新近经过去锈处理的随州 5・8 大案缴获的一批文物上，再次见到了有随字铭文的铜器，其所反映的事实即是明显的一例。

2012 年 5 月 8 日，随州市公安局在随州市义地岗破获一起盗掘案，共缴获各类文物 200 余件，经国家文物局专家组鉴定，其中一级文物 8 件，二级文物 36 件，三组文物 104 件，一般文物 50 件。① 在这批被缴获的文物中，部分青铜器有铭文。在这批铜器中，有 3 件器类为铜鼎，形制相同，其上皆有相同的铭文，但铭文的位置有别。其中，有一件铜鼎的铭文铸于鼎腹内，共 12 字，呈三列排列(图二-1)；另两件的铭文同鼎腹内的铭文，呈横向排列，铸于鼎腹外(图二-3)。据犯罪分子指认，与 3 件铜鼎伴出的还有 3 件铜簋，皆有相同的铭文，铭文为“加嬭(芈)乍(作)行簋其永用之”。其中一件由于器底有补铸疤块，可见有 7 字，呈三排排列(图二-2)。下面我们将这批鼎、簋铭文依次隶定如下：

1

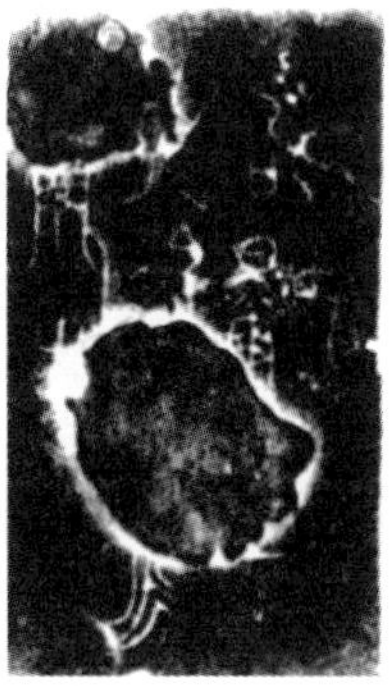

2

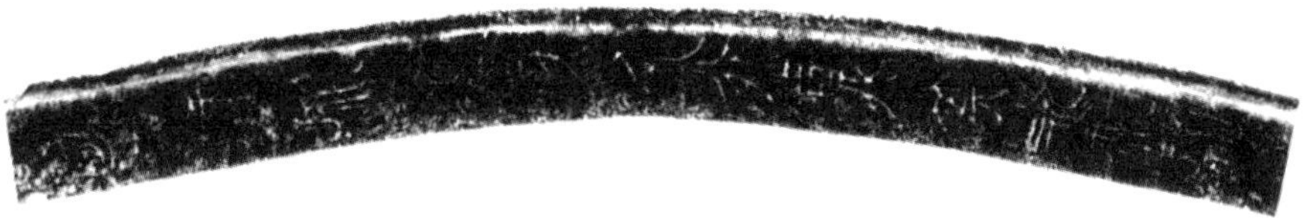

3

图二　铜器铭文拓片

1. 鼎腹内的铭文　　2. 簋内铭文　　3. 铜鼎外壁铭文

① 陈晓林、毛传荣：《我市破获全省最大盗墓倒卖文物案》，《随州日报》，2012 年 11 月 6 日。

鼎铭：

墬(唐)侯制隓(随)夫人行鼎，其永祜福。

簋铭：

加孎(芈)【乍】行簋(其)永用之。

铜鼎铭文比较简单，根据铭辞而知，是墬侯为隓(随)夫人所作的一件行器。只是第一字从阜从昜从土，显然，此字应隶定作从"阜"从"昜"的"陽"字。"土"应为赘加的意符，"昜"应是其声符。我们认为。墬在此当读为唐。在古文字中，作为国名的字多有增"土"符的，如"陈""鄀"等。"隓"字未见"邑"符，在此当读为"随"。铭文辞意显示，该鼎应是唐侯为随夫人所作的一件行器。

铜簋铭也比较简单，铭文为"加孎(芈)自作之器"，应为典型的曾国铜簋。由于器内底有补铸现象，致使"孎"下可能遮盖了一"乍(作)"，以及"簋"后有一"其"字。加孎(芈)应是嫁往曾国的楚国女子，这是楚曾通婚的一个证据。在曹锦炎先生公布的一件经中国国家博物馆和湖北省博物馆分别收藏的孎(芈)加鼎上有"孎(芈)加"一名，值得注意的是，此件簋铭中的名"加"居于姓前，而曹锦炎先生公布的孎(芈)加鼎的"加"是居于姓后。我们认为，"加孎(芈)"与"孎(芈)加"应属同一人。在金文中，人名居于女子生身国姓前或姓后都是可以的。如传世铭文中的王子申盏铭有"嘉孎(芈)"①一名，是名居于姓前；枣阳郭家庙曾采集有一件残鼎，上有"季汤孎(芈)"②的铭文，也是名居于姓前。需要指出的是，随仲孎(芈)加鼎公布后，学界大多把它与过去著录的王子申盏中所见的"孎(芈)嘉"看作一个人，③ 我们认为"加孎"与"孎加"是同一人，而"嘉孎"与"加孎"不是同一人。简而言之，尽管"加"与"嘉"可通，且都是楚国的女子，但随仲孎加鼎及与唐侯鼎伴出的加孎簋中的"加"，与王子申盏中的"嘉"不是同一个人(详后)。

在论及相关问题之前，我们首先要对唐侯鼎的年代作一简单考察。唐侯鼎作侈口，直腹、直立附耳，圜底近平，三兽蹄足。腹的中上部饰一周绹索状的凸楞纹。其口沿下与凸楞纹之间饰一周窃曲纹，两耳饰重环纹。此种鼎型与京山苏家垄出土的春秋早期的窃曲纹鼎应属同型鼎(图三-1)，但细比较之，其区别还是较大的。其中，唐侯鼎口部的内折沿已完全消失，另外，除了直立耳更直外，其腹部变浅，底部更平了，说明其年代要晚于苏家垄的窃曲纹鼎。与唐侯鼎更接近的应是曾子仲谋鼎和枣阳郭家庙 M6 出土的铜鼎(图三-2、图三-3)。从类型学上观察，唐侯鼎的浅腹已相当明显，这一变化应是由于年代上的差异而形成的。曾子仲谋鼎及郭家庙 M6：1 出土之铜鼎，学界大多将其判定在春秋早期晚段，④ 由分类与排序的比较而知，唐侯鼎的年代当排定在春秋中期早段。其具体年代极有可能在楚成王时期，即公元前 630 年左右。

唐侯鼎铭的重要之处在于，铭文清楚地揭示出该鼎是唐侯为随侯夫人所作之器，那么这位随夫人是谁，遗憾的是铭文并没有记录，但与之同出的有一件铜簋上的"加孎"则为我们提供了重要信息，我们认为这位随夫人不是别人，极有可能就是"加孎"。无独有偶的是，传世的青铜铭文，也即中国国家博物馆和湖北省博物馆后来收藏的"随仲孎加鼎"基本可与之相对应。也就是说，在楚王之女"加"嫁往随

---

① 中国社会科学院考古研究所：《殷周金文集成》(修订增补本)，中华书局 2007 年版，9·4643。

② 方勤：《"汉东之国随为大"的考古学剖析》，湖北省文物考古研究所等：《穆穆曾侯——枣阳郭家庙曾国墓地》，文物出版社 2015 年版，第 12 页。

③ 黄锦前：《随仲孎加鼎补说》，《江汉考古》2012 年第 2 期。

④ 湖北省文物考古研究所：《曾国青铜器》，文物出版社 2007 年版，第 51 页，第 87 页。

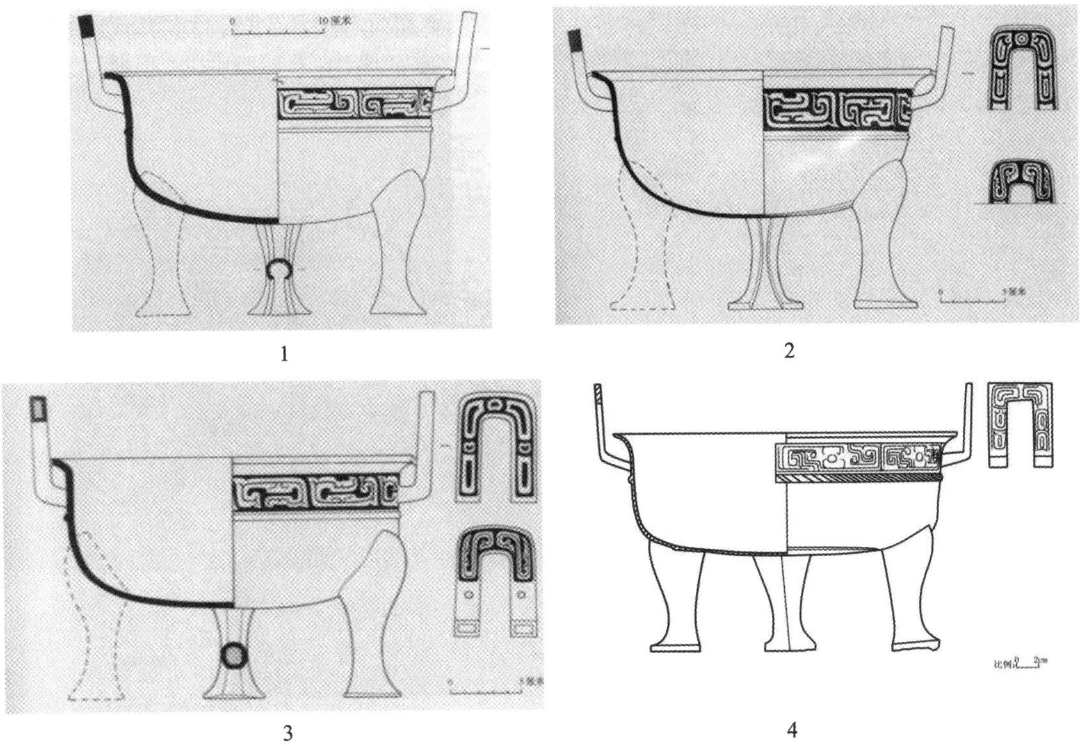

图三　曾国出土铜鼎图

1. 京山苏家垄　　2. 曾子仲諆鼎　　3. 郭家庙 M6：1　　4. 唐侯制随夫人鼎

侯时，楚王为其制作了媵器，后来，唐侯又为随侯夫人“加”制作了行器。这反映了楚、唐、随三国之间的关系。众所周知，进入春秋中期后，随着楚国势力在汉东的稳固，唐、随基本上都臣服于楚。楚、随的通婚，唐、随的近交已是此时的大势，故而出现楚王女“加”嫁随，唐为楚王女也即随夫人“加”制器的局面。

加嬭簋是与唐侯鼎共出的器物(图四-4)，随州博物馆共有 3 件。其中一件在吴镇烽先生的《铭图》中有著录,① 其形制为敛口，子母口承盖，圈足下加饰三个扁蹄足，盖及身饰瓦楞纹，盖口及器口处饰窃曲纹。这一形制与随州桃花坡出的簋应属同型器类，近同于曾仲大父螽簋(图四-2)，最接近曾伯文簋（图四-3)。桃花坡出的簋，学者们大多将其推定在西周晚期，而曾仲大父螽簋和曾伯文簋多认为是西周晚期。② 比较而论，随侯簋器身虽由桃花坡所出的簋演变而来，但纹饰又不同于饰重环纹的曾仲大父螽簋和曾伯文簋，而是饰春秋中期常见的窃曲纹，可以肯定比曾仲大父螽簋和曾伯文簋要晚得多。因而，其年代应可推定在春秋中期早段，与唐侯鼎的年代应相同。通过对加嬭簋的年代推断，还可进一步说明过去所见随仲嬭加鼎的年代推断应是有问题的。

需要指出的是，随仲嬭加鼎发现后，学界对其年代进行了讨论。曹锦炎先生认为其年代为春秋中期公元前 600 年左右,③ 张昌平先生将其推定在春秋中期,④ 黄锦前先生据王子孙盏铭文将其推定在春秋中期偏晚阶段。⑤ 通过对唐侯鼎形制的分析，我们认为，曹锦炎先生所推定的年代比较接近实际，也就是说

① 吴镇烽：《商周青铜器铭文暨图像集成续编》第一册，上海古籍出版社 2016 年版，第 477 页，1-0375。

② 湖北省文物考古研究所：《曾国青铜器》，文物出版社 2007 年版，第 144 页。

③ 曹锦炎：《曾随二国的证据——论新发现的随仲芈加鼎》，《江汉考古》2011 年第 4 期。

④ 张昌平：《随仲嬭加鼎的时代特征及其他》，《江汉考古》2011 年第 4 期。

⑤ 黄锦前：《随仲嬭加鼎补说》，《江汉考古》2012 年第 2 期。

随仲嬭加鼎的年代不应当晚至春秋中期偏晚阶段，而应在春秋中期早段。即我们推定在楚成王时期，即公元前630年左右。诚如我们前已指出的，随仲嬭加鼎中的“嬭加”与王子孙盏中的“嘉嬭”应不是同一人，而与唐侯鼎同出的铜簋上的“加嬭”应是同一人，于此在类型学上可得到进一步证明。

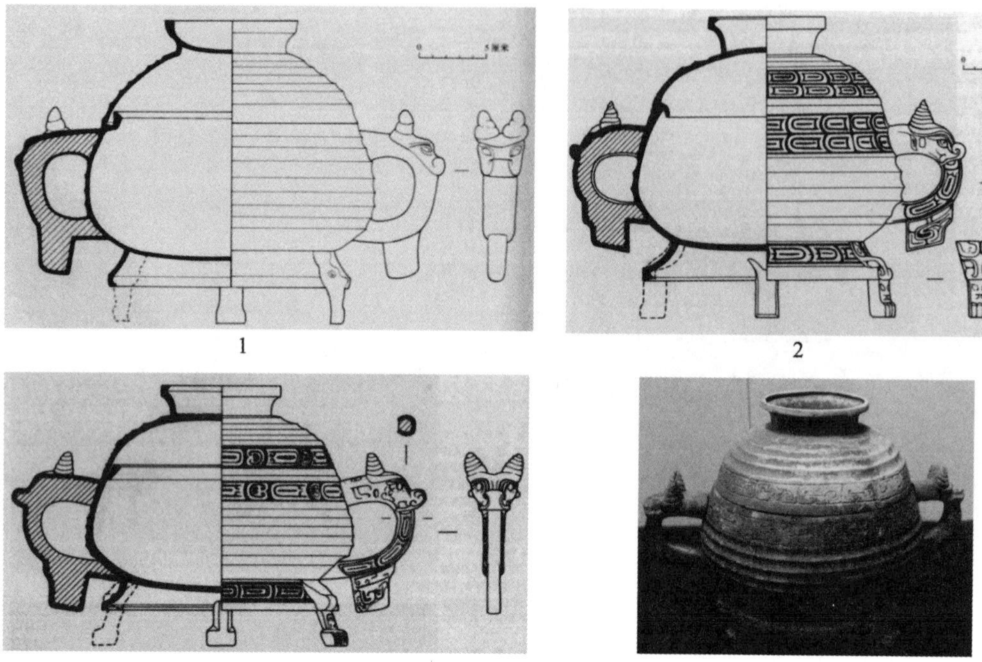

图四　铜簋图

1. 桃花坡瓦纹簋　2. 曾仲大父螽簋　3. 曾伯文簋　4. 加芈簋

唐侯作随夫人鼎出自随州义地岗的曾国墓地中，显然随夫人就是曾国的某一位侯夫人，因为义地岗是春秋密集的曾侯墓地。如果曾、随是同一时期不同的两个国家的话，不可能共用一个墓地。

还需要提到，在吴镇烽先生的《商周青铜器铭文暨图像集成续编》(简称《铭图续编》)第三册，收录有一件私人收藏的铭文铜壶(《铭图续编》3.0829)，在口沿外壁上共有12字铭文。铭文为：“𨹧(唐)矦(侯)制隓(随)夫人行壶，其永祜福。”其铭文与我们介绍的唐侯制随夫人鼎完全相同。吴镇烽先生对此壶铭文进行了隶定和释读，认为第一字为“陽”，为西周早期的姬姓封国——阳国，地在今山东沂南县南，将其中第三字隶作“杁”，未做解释，同时将该壶的年代推定在春秋晚期。我们认为，吴先生无论是在少数文字的隶定、释读，还是在国别及年代的判定上都是有问题的，我们认为这件器物并非山东阳国器，而应是唐国器，怀疑与唐侯制随夫人鼎可能出自同一座墓葬。①

新见唐侯鼎中所见随国名，不仅未能否定曾即随说，而且都与曾国有着不可分割的联系。众所周知，唐国作为姬姓国家，又作为曾(随)的近邻，早在西周时期就已立国于汉东。这在安州六器的中觶铭文中即有记录。过往对唐国的种种误判，都应当重新审视。

唐国的始封年代史无明载，研究者大多据《国语·郑语》史伯说的一句话，即“当成周之时，南有荆蛮，申、吕、应、邓、陈、蔡、随、唐”。韦昭注：“应、蔡、随、唐，皆姬姓也。”认为唐国至迟在西周晚期已立国于江汉。但徐元诰在《国语集解》中又说：“唐，南唐也，刘累之封，今湖北随县西北八十五里

① 黄凤春：《谈唐侯制随夫人壶的国别、年代及相关问题》，待刊稿。

有唐县镇。"①徐氏所谓的"南唐"是相对于北方的唐国而言的，显然是指汉东的唐国。但说刘累之封，已早到了夏代，据"安州六器"之一的西周早期"中觯"铭文而知，西周早期姬姓的唐国已在汉水以东了。徐元诰所说的"刘累之封"应与姬姓唐国无涉，极有可能是将夏商时期的唐国和西周早期的唐国混为一谈了。

梳理相关出土文献，在商代的甲骨文中汉东确曾有一个唐国。如在甲骨文中就有记录，其卜辞为：

乙卯卜，争，王乍(作)邑，帝若，我从之唐。(《合集》14200 正)

这是一则反映在唐作邑的卜辞，过去很少有学者论及。卜辞中的"我"，陈梦家先生认为不是"王"，也不是邦族名，应是卜人泛指的商王国。② "我"作为商代的国名，见于武丁时期的卜辞。其地应在南方的汉水以东一带。有关"我"国的卜辞有如下几则：

乙未(卜)，口，贞立事于南，右(从我)，中从舆(举)，左从甾(曾)。(《合集》05504)

乙未(卜)，口，(贞)立事(于南)，右从我，(中)从舆(举)，左从甾(曾)。十二月。(《合集》05504)

上述两例卜辞是大家所熟知的，是记录商人对南方征伐时利用了当地的方国，其中的"我""舆(举)""甾(曾)"都是汉水以东的方国名。由这些卜辞对读，可确认《合集》14200 正的一则卜辞中所记录的在唐作邑事例中所涉的"唐"，指的就是汉水以东的唐国。正是有"我"国的铭辞，才使我们确信在商代汉水以东就曾经存在着一个唐国，但其族姓并不清楚，只能说明与商王朝有着密切的关系。除此之外，卜辞还见有商王对唐的征伐记录，如：

贞，于唐子伐。(《合集》972)

贞，唐子伐。(《合集》973)

上列是指商王对唐地的用兵，由此也可推知，周王夺得天下后，应是灭掉了原有的唐国，重新分封了一个姬姓的唐国。由叶家山西周曾侯墓的发掘可知，周人灭殷后的各国，大多与曾国一样，都是在灭掉了原有的封国后而重新分封的姬姓封国。由于商、周二朝在汉东都有相同的古国名的存在，学者在研究这些古老的方国时往往囿于文献，把前后两个国名相同而族姓不同的国混为一谈。仅就汉东商周唐国而言，陈槃先生通过文献详细论述了唐国的爵称为侯，姓氏为祁姓，始封为尧后，建都于今湖广德安府随州西北八十公里的唐城镇，定公五年被楚所灭。③ 显然，陈氏所言汉东西周唐国为祁姓可能源于徐元诰的《国语集解》说，应是错误的。由甲骨文判定，汉东夏、商时期的唐国就有可能为祁姓了。由此而知，周人在夺得了天下后，一般是灭掉了原有的封国，而重新分封了姬姓国，只是改姓而不改国名。

唐国作为西周早期的汉东姬姓诸侯国之一，与郧、曾(随)同为汉阳诸姬，在宋代出土于湖北安州的中觯(《集成》12.6514)铭文中有"王大省于庚"，李学勤先生将"庚"读作"唐"，其说可信。但有关唐国的地望素有分歧。按传统说法，其地当在今随州市西北的唐县镇一带。但石泉先生考虑到随州是古曾(随)国地，可能形成与曾(随)国重合的矛盾，将唐国定在了今南阳盆地东南部的河南唐河县南境。④ 我们认

① 徐元诰撰，王树民、沈长云点校：《国语集解》，中华书局 2002 年版，第 461 页。

② 陈梦家：《殷墟卜辞综述》，中华书局 1988 年版，第 318 页。

③ 陈槃：《春秋大事表列国爵姓及存灭表譔异》，上海古籍出版社 2009 年版，第 769~774 页。

④ 石泉：《古代曾国——随国地望初探》，《武汉大学学报》(哲学社会科学版)1979 年第 1 期，

为，唐国应在随州的唐县镇一带，小于曾(随)国，与曾国接壤，与曾(随)可能存在着交错的局面，石泉先生担忧重合的观点可能性不大。从新近发掘的叶家山西周早期曾国墓地及随州安居羊子山鄂侯墓葬来看，西周早期曾鄂是并存的，两国的直线距离也不超过30公里。如同晋南区域除了晋国外，还同时存有霸国和倗国，说明古代初期封国本身就不大，况且一些《左传》注家本身就有唐国是"属楚之小国"之说。因此，唐国故址还是应按《水经·溳水注》和《读史方舆纪要》所认为的，在今随州唐县镇为宜。

《玺汇》"官印九"第0099号有"上场行序大夫鈢"，李学勤先生将"上場"读为"上唐"是可取的。① "上场"应源自汉东姬姓唐国，即《水经注》中的"上唐县"或"上唐乡"。《水经·溳水注》："石水出大洪山，东北流注于溳，谓之小溳水，而乱流东北，迳上唐县故城南，本蔡阳之上唐乡，旧唐侯国。"唐国为姬姓，应属汉阳诸姬之一，在春秋时本臣服于楚国。《左传·宣公十二年》杜注："唐，属楚之小国，义阳安昌县东南有上唐乡。"《史记·楚世家》正义引《括地志》："上唐乡故城在随州枣阳县东南百五十里。古之唐国也。"清代吴卓信《汉书地理志补注》："其地在今湖北随州西北八十五里。"此地正约在今随州的唐县镇一带。"上唐"之名当是楚灭唐后的称谓。唐被楚灭的具体年代史载不明，从《左传》所记春秋吴楚之战来看，唐国曾参与了吴国伐楚的联军，但自此之后，唐国再未见记载，估计吴楚之战结束，楚国得以复国后，即被楚国所灭，时当在春秋晚期。

《玺汇》所见"上场"一名，当由来已久。可能是楚灭唐后，楚所设的一个封君的封邑地，至两汉后又改名为"上唐乡"。由《水经·溳水注》来看，"上唐乡"原应属汉蔡阳县的一个乡，后又升格为县，其县址当在两汉的上唐乡，故有"迳上唐县故城南"一说。

"上场"作为楚国封君的封邑地，是有出土文献可证的，其"场(場)"字省掉了"邑"符，在楚简中写作"鄻"，与新见唐国铜器铭文相同。"鄻"字见于包山楚简的有两例：

1. 鄻君之人惰阳　包山简 163
2. 鄻君之人惰阳　包山简 176

有关"鄻君"的地望问题，学者们都曾作过探讨，何浩、刘彬徽先生认为在今钟祥西北境与宜城交界的汉水西侧；② 刘信芳先生认为，其地当在河南登封东南，与《汉书·地理志》的阳城有关。③ 吴良宝先生认为"鄻君"之"鄻"当读"唐"，其地当为故唐国。④ 从新见春秋唐侯铜器铭文看，无论是字形，还是从读音，何浩、刘彬徽先生以及刘信芳先生所认为的皆不可信。我们赞同吴良宝先生所说包山简所见的鄻君的封地就在古唐国。鄻字还见于楚国铜贝，⑤ 极有可能是楚灭唐国后在唐邑所铸行的货币。同时，也说明春秋晚期楚灭唐后，楚已局部立足于汉东。这给我们带来的新认识是，自春秋早期至春秋晚期，楚"不得志于汉东"的局面已大为改观。

唐、曾都是汉阳诸姬之一，相比较而言，曾国的畛域、国势及影响力都远大于唐国。只是曾国的国名在传世文献中一直以随相称，致使后人仍为此聚讼纷纭。考古发掘及调查已证实，曾国的疆域已北至南阳盆地南，西至京山东，南至安陆至孝昌北境，东至广水西的部分区域。这片区域尽为曾国所有。如果按照曾、随分别为两个不同的国家，势必要从上述区域中析出部分为随国，这不仅没有出土文物的支持，也是有违《左传》所言"汉东之国随为大"的地理格局的。唐侯鼎的发现，唐为曾(随)的近邻，特别是

① 李学勤：《战国夫人玺与战国时的江陵》，《江汉论坛》1982年第7期。
② 何浩、刘彬徽：《包山楚简封君释地》，《包山楚墓》附录二五，文物出版社1991年版，第569页。
③ 刘信芳：《包山楚简解诂》，台湾艺文印书馆1992年版，第171页。
④ 吴良宝：《战国楚简地名辑证》，武汉大学出版社2010年版，第313页。
⑤ 杨凤翔：《前所未见的"阳"字蚁鼻钱》，《文物》2001年第9期。

作为随夫人的“加孎”分见于楚器、曾器和唐国铜器上，则进一步证明了历史上的随国就是我们在金文中所见的曾国。

需要再次强调的是，尽管我们现在还没有找到曾国又称随国的直接证据，但若干新出土的金文资料所涉及的相关历史事件和历史背景，都与曾即随说相符。即使现在没有曾又称随的直接证据，但在曾即随说的整个证据链上来说已无关紧要。由于“随”之名始见于春秋时期，我们曾猜想，随之称谓可能与曾国曾一度迁都于“随”地有关，此“随”地不在别处，就在今随州的安居的溠水边，也即安居古城。由于“随”与“溠”古音相同，随之名于此而出现，① 就如同晋国原称唐国，迁到晋水后而改称晋一样。综观众多出土文物，曾国人制作之器多称曾，其他国家多称其为随，这或可就是传世文献与出土文献屡有区别的原因之所在。

（作者单位：随州久洲艺术博物馆、海南省博物馆）

① 黄凤春：《随州出土曾国铜器及相关问题》，《金玉交辉——商周考古艺术与文化论文集》，台湾“中央研究院”历史语言研究所，2013年，第307页。

曾(随)国核心区与都城变迁初探*

黄建勋　后加升

曾(随)国是周王朝在南土的重要姬姓封国，《左传》云“汉东之国随为大”。西周初年，周公封于鲁，镇守东夷区，召公封于燕，镇守北狄区，南公(适)封于南土，和鄂国共同监控淮夷区。叶家山墓地考古发现表明，早期曾国核心区与都城在今随州漂水东岸的庙台子一带。西周晚期到春秋早期，鄂国势力退出随枣走廊，曾国接管了鄂的部分封邑，国力兴盛，核心区西移，都城迁至安居镇区鄂国故都，占据整个随枣走廊，成为汉东大国。其影响北抵新野，南及京山，西近襄阳，东达安陆。

此后楚国崛起，灭国扩张，争霸称雄。曾国屡抗楚锋，独为后亡。其由最初的抵楚抗楚，转为亲楚附楚，并在吴楚争战中保护了楚昭王。曾(随)核心区在此期间逐渐向随枣走廊腹地收缩，都城迁至随州城区五眼桥。本文通过考察历年出土的有铭曾国青铜器，结合近年随枣走廊地区考古发现最新成果及系列考古调查资料，对曾(随)国核心区与都城的变迁进行梳理和初探，提出了曾(随)国核心区与都城在随州涢水流域的观点。错误之处，敬请指正。

一、关于曾随之谜的争论

古代曾国，这个在传世文献中没有明确记载的周代诸侯国，因为1978年擂鼓墩曾侯乙墓的横空出世，而名震中华大地，并在考古界、学术界掀起了一场近四十年的“曾随之谜”争论，使一大批专家学者都把探索的目光投向随枣走廊。

曾侯乙墓的规格十分罕见，出土的文物实在太丰富、太重要，青铜礼器、漆木器、珠玉器、金银器和各类乐器、车马兵器等应有尽有，精美绝伦，再现了我国先秦时期高超的青铜铸造工艺和音乐艺术水平，在很多方面都超过了同时期的楚墓文物。所以，专家学者们也都从各个角度审视曾国历史地理，引经据典，对比分析，阐明自己的学术观点。

1978年10月4日，李学勤先生在《光明日报》发表了《曾国之谜》论文，首先提出“曾随合一”说。他认为，考古发现的曾国和《左传》记载的随国，疆域重合，国事活动时限相符，应为一国二名。石泉、舒之梅、刘彬徽、徐少华诸位先生赞同附和。① 但持异见者也为数不少，且众说纷纭，莫衷一是。综合归纳有如下几种意见：曾即是随，随即是曾，二者不可能混同，至于何以不见随国遗物，有待今后考古发现;② 曾灭随，据其国土;③ 随灭曾，延姬姓宗嗣;④ 早期曾国被楚所灭，楚灭随后，又在随地分封了一

* 本文为国家社科基金重大招标项目“周代汉淮地区列国青铜器和历史、地理综合整理与研究”(15ZDB032)阶段性成果。

① 石泉:《古代曾国——随国地望初探》,《武汉大学学报》(哲学社会科学版)1979年第1期；舒之梅、刘彬徽:《论汉东曾国为土著姬姓随国》,《江汉论坛》1982年第1期；徐少华:《曾即随及其历史渊源》,《江汉论坛》1986年第4期。

② 杨宽、钱林书:《曾国之谜试探》,《复旦大学学报》(哲学社会科学版)1980年第3期。

③ 顾铁符:《笔谈湖北随县曾侯乙墓出土文物》,《中国历史博物馆馆刊》1980年第2期。

④ 于豪亮:《为什么随县出土曾侯墓》,《古文字研究》第一辑，中华书局1979年版，第306~313页。

个曾国;① 或楚灭随后，以随地与曾之西阳交换，又或曾国向西直楔入随境。② 还有一种观点认为，在汉水以东原本先后有一个炎裔姜姓土著随国和一个曾国，周代姬姓曾国是在兼并商代姜姓曾国的基础上建立的。③ 当然，在没有直接依据和考古新发现佐证的情况下，这些观点都或多或少有其合理性，不能轻易给予否定。历史的真相虽然只有一个，但历史也是在不断变化发展的，两周时期的诸侯封国更是如此。西周灭亡，周平王迁都洛阳，建立东周，成为诸侯国争霸称雄的一个开端。假途灭虢，三家分晋，尊王攘夷，遂成“春秋五霸”之政治格局；列国变法，合纵连横，围魏救赵，乃至“战国七雄”之政治态势。直到秦灭六国的大一统前夕，周王朝分封的数百诸侯，宛如涓涓细流，已渐次汇入中华文明的历史长河。它们中很多都没有在史书上留下蛛丝马迹，只能从出土文物中管窥其往昔尊荣。

根据集中出土的有铭曾国青铜器考察，两周之际曾国的活动范围，以随州为中心向四周辐射，西过枣阳，东至安陆，北抵新野，南达京山。④ 所谓“汉东之国随为大”是也。其核心区在今桐柏山以南，大洪山以北，都城在随州城区 30 公里范围内迁移。

二、曾国有铭青铜器的持续发现与都城探讨

在曾侯乙墓发现之前，随州及周边地区就出土过多批次曾国有铭青铜器。分别有均川熊家老塆出土的 4 件“曾伯文”簋、2 件“曾仲大父蛕”簋,⑤ 年代为西周晚期。万店镇周家岗出土的 2 件“曾太保”簋,⑥ 年代为两周之际。环潭镇涢阳鲢鱼嘴出土的“曾子原彝”簠和“曾仲之孙”戈,⑦ 年代为春秋晚期。京山苏家垄出土的 9 件“曾侯仲子斿父”鼎、2 件“曾仲斿父”壶,⑧ 年代为两周之交。京山檀梨树岗出土的曾子单鬲和曾太师鼎,⑨ 年代为西周晚期。枣阳熊集镇段营出土的“曾子仲谋”鼎,⑩ 年代为春秋早期。

继曾侯乙墓考古发现之后，为配合农田改造和市政工程建设，考古工作者又在随枣走廊地区发掘出土了多批次有铭曾国青铜器，曾国的核心区范围日益清晰和明朗。

1979 年 4 月，随县城郊公社社员在义地岗南部季氏梁墓地西侧挖水沟时，毁坏了一座春秋中期墓葬，出土青铜器 37 件。其中两件铜戈上铸有铭文，一件内尾单面 4 行 16 字，为“穆侯之子，西宫之孙，曾大攻尹，季怡之用”；另一件两面各 2 行 6 字，为“周王孙、季怡孔、臧元武、元用戈”。⑪ 这证明了曾国是姬周的宗亲封国。1987 年修建五眼桥时，考古队在五眼桥遗址清理了 2 座圆形东周古井，间距 2 米，直径 0.8 米，深 3.2 米，出土多件双耳尖底汲水罐和“郢爰”等珍贵文物，表明这里是一处等级较高的大型聚落区。

1990 年 4 月，在义地岗西南部的石油公司东风油库扩建工程中，清理出 3 座春秋晚期曾国贵族墓。其中有 3 件铭文青铜器特别珍贵，它们分别是曾仲姬铜提链壶、曾少宰黄仲酉铜鼎，曾侯邲铜鼎。⑫ 曾侯邲鼎出现在义地岗，说明这里和擂鼓墩一样，也是曾国的一片王陵区。而在曾侯乙大墓中也出土过几件曾

① 徐扬杰:《关于曾国问题的一些看法》,《江汉论坛》1979 年第 3 期。

② 何光岳:《楚灭国考》，上海人民出版社 1990 年版。

③ 何浩:《楚灭国研究》，武汉大学出版社 1989 年版。

④ 李学勤:《续论曾国之谜》,《江汉论坛》1990 年增刊。

⑤ 鄂兵:《湖北随县发现曾国铜器》,《文物》1973 年第 5 期。

⑥ 随州市博物馆:《湖北随县发现商周青铜器》,《考古》1984 年第 6 期。

⑦ 程欣人:《随县涢阳出土楚、曾、息青铜器》,《江汉考古》1980 年第 1 期。

⑧ 湖北省博物馆:《湖北京山发现曾国铜器》,《文物》1972 年第 2 期。

⑨ 杨权喜:《江汉地区发现的商周青铜器——兼述楚文化与中原文化的关系》,《中国考古学会第三次年会论文集》，文物出版社 1984 年版。

⑩ 湖北省博物馆:《湖北枣阳县发现曾国墓葬》,《考古》1975 年第 4 期。

⑪ 随县博物馆:《湖北随县城郊发现春秋墓葬和铜器》,《文物》1980 年第 1 期。

⑫ 王善才、王世振:《随州市东城区等地春秋战国墓》,《中国考古学年鉴 1991》，文物出版社 1992 年版。

侯邚铭文兵器，表明曾侯邚是曾侯乙的先辈国君。同时曾侯邚和曾大攻尹集中出现在随州城东义地岗，与城西的擂鼓墩墓群隔㵐水相望，都距城区五眼桥遗址约1.5公里。有学者因此根据《括地志》记载，判断随国故都在今随州市市区一带。① 还有学者根据《读史方舆纪要·州域形势》《春秋大事表·列国都邑表》和《括地志》，更进一步认为随国故都就在随州城区的南半部。②

1988年1月，在随州城西12公里处的安居镇徐家咀村汪家塆，因砖瓦厂取土挖出青铜器，考古队在此清理出一座春秋晚期曾国墓。③ 墓中出土了一件“曾都尹定之行簠”和一件“曾孙定之胆鼎”。由于汪家塆墓地和溠水岸边的安居城址相距很近，有学者据此认为随国故都就在安居镇。④

1982年枣阳吴店镇东赵湖村农民采集到一件“曾侯絴伯”戈，⑤ 年代为春秋早期。2002年为配合汉十高速公路建设，考古人员在东赵湖村郭家庙发掘清理了一批两周之际曾国墓葬。⑥ 出土有“曾孟嬴剈”簠1件、“曾旦嫚非录”鼎2件、“曾伯陭”钺1件。很明显，枣阳郭家庙和京山苏家垄都是非常重要的高等级曾国墓葬区，它们都属于曾国疆域范围是毋庸置疑的。

武汉大学历史学院教授张昌平先生，对曾国青铜器做过深入研究，⑦ 为探讨和厘清曾国历史地理奠定了坚实基础。然囿于考古新发现资料的缺失，关于曾国的始封来源和核心都城位置，专家学者们尚未找到最终答案，对“曾随之谜”的争论也没有锤实定音。

三、关于曾国邻邦和系列考古新资料

曾国的最大邻邦是楚国，而作为“汉阳诸姬”之首的曾国，它的主要对手也是楚国。随侯按照季梁“修政而亲兄弟之国”的思想治国理政，颇有成效。《左传》记载了四次随楚战争，结果是双方四次取成结盟。此后随楚关系得到根本转变，随国由最初的抵楚抗楚转为亲楚附楚，乃至“世服于楚，不通中国”。曾姬无卹壶和随仲嬭加鼎反映出曾楚两国的亲密关系。所以在定公四年(公元前506年)，吴国联合唐、蔡攻破郢都，楚昭王避难于随，随人以“世有盟誓”为由保护了楚王，“卒复楚国”，楚昭王感激万分，“割子期之心以与随人盟”。所以在曾侯乙死后，楚惠王不仅以铭文镈钟相赠，楚国的令尹和封君也纷纷前往吊唁，赠送车马陪葬，显示了一代诸侯王的赫赫威仪！

对于曾国的另外两个邻邦唐国和厉国，武汉大学历史学院教授、博士生导师、历史地理研究所所长徐少华先生做过详细考证。⑧ 2012年随州市公安局侦破5·8盗掘古墓文物案，追缴回一大批珍贵文物，其中有2件曾侯宝鼎和2件“唐侯制随夫人之行鼎”，反映了春秋早期曾唐两国的密切关系。此外还有贰国和鄖国，它们都先后被楚所灭，致使曾国处于楚的四面合围状态。

考古发现是补史证史的权威实物资料，自从曾侯乙墓考古发现之后，大家都以为汉东随州地区是古代曾国的势力范围，然而一系列考古新资料颠覆了学术界以往的认识。

2007年11月，因犯罪分子盗掘未遂，经抢救性清理，在安居镇东北的羊子山M4出土西周早期青铜重器27件，器类有方鼎、圆鼎、簋、甗、罍、盉、盘、提梁卣、尊、斝、觯、爵、方彝等，“噩侯乍旅彝”“噩侯乍厥宝尊彝”等铜器铭文，昭示了这是一座西周早期鄂侯墓。⑨ 鄂侯墓青铜器造型奇特，铸工精

① 黄敬刚：《随都辩》，张正明主编：《楚史论丛·初集》，湖北人民出版社1984年版。

② 顾铁符：《随国·曾侯的秘奥》，湖北省社会科学院历史研究所编：《楚文化新探》，湖北人民出版社1981年版，第68~90页。

③ 随州市博物馆：《湖北随州市安居镇发现春秋曾国墓》，《江汉考古》1990年第1期。

④ 左德田：《曾侯刍议》，《江汉考古》1990年第1期。

⑤ 田海峰：《湖北枣阳又发现曾国铜器》，《江汉考古》1983年第3期。

⑥ 襄樊市考古队等：《枣阳郭家庙曾国墓地》，科学出版社2005年版。

⑦ 湖北省文物考古研究所编：《曾国青铜器》，文物出版社2007年版。

⑧ 徐少华：《周代南土历史地理与文化》，武汉大学出版社1994年版。

⑨ 随州市博物馆：《随州出土文物精粹》，文物出版社2009年版。

美，令学术界深感意外。如果西周早期鄂国在随枣走廊，那么同时期的曾(随)国是否存在？它又在哪里呢？

2011年和2013年，因农田改造挖出青铜器，考古工作者两次对随州叶家山墓地进行主动发掘，共发掘140座墓葬、7座马坑，出土各类文物6000余件。① 这是一处西周早期曾国公室墓地，埋葬有至少三代曾侯，规模之大，文物之精，铭文之丰，都堪称全国之最。“曾侯谏”“曾侯犺”世系明确，特别是曾侯犺墓出土的“犺乍烈考南公宝尊彝”铭文铜簋，② 把曾国始封之君指向西周开国功臣南宫适，对曾国历史和西周封国研究都具有重大学术价值。如此一来，西周初年太公封齐、周公封鲁、召公封燕、南公封于南土的“封建亲戚，以藩屏周”的战略布局就十分明确了。而曾侯犺墓的5件编钟，也是目前中国发现最早最多的成列编钟。2015年至2017年，考古人员对叶家山墓地南部一公里的庙台子遗址进行了科学发掘，确认其为早期曾国核心都城所在。

叶家山墓地出土文物表明，曾国在西周早期就已封侯立国，与鄂国共同镇守西周南土疆域，防御荆蛮，两国地望相邻，关系密切。周王南巡征伐，常在曾、鄂两国驻跸，检阅王师。只是后来鄂侯驭方联合淮夷、东夷叛周，广伐周之南国、东国，才被周厉王遣师所灭。鄂国灭亡，退出随枣走廊，姬姓曾国接管了鄂的部分封邑，遂成“汉东之国随为大”。

2012年8月至2013年1月，因随州东城文峰塔社区进行房地产开发建设，考古人员在这里抢救性发掘了60余座东周墓葬和3座车马坑，出土了一大批珍贵文物。③ 除M18为战国中期曾侯丙墓外，其余均为春秋时期曾国墓。M21出土了一件随大司马戈和一件吴公子光戟，戈在椁室，戟置棺内，说明长江中游的随国与长江下游的吴国文化交往密切。随大司马戈还是第一件经科学发掘出土的随国铭文铜器。M1为春秋晚期曾侯與墓，墓中较大且完整的一件曾侯與编钟通高112.6厘米，重142.7公斤，铸有铭文169字：“惟王正月，吉日甲午，曾侯與曰：伯适上庸，左右文武，挞殷之命，抚定天下。王遣命南公，营宅汭土，君此淮夷，临有江夏。周室之既卑，吾用燮就楚，吴恃有众庶，行乱、西征、南伐，乃加于楚。荆邦既殄，而天命将误。有严曾侯，业业厥圣，亲搏武功。楚命是静，复定楚王。曾侯之灵穆，曾侯壮武，畏忌恭寅斋盟，伐武之表，怀燮四方。余申固楚成，改复曾疆。择台吉金，自作宗彝，和钟鸣皇，用考以享于台皇祖，以祈眉寿大命之长，期纯德将余，万世是尚。”④

这篇铭文与叶家山曾侯犺簋铭文相印证，又与《左传》所载的随国历史事实相呼应，表明曾国始祖就是南宫适，曾国、随国是一国二名，“曾随之谜”宣告破解，不再成谜。从“周室之既卑，吾用燮就楚”和“余申固楚成，改复曾疆”两句可以看出，由于周王室的衰落，诸侯国逐渐不再尊重朝贡周天子，并且相互间开始讨伐扩张。迫于形势，地处南土边关的曾国不得不亲近依附楚国，并且“世有盟誓”，还在吴楚争战中保护了逃亡避难的楚昭王。而王朝的史官们，对犯上作乱和亲近附敌者是不屑一顾的，所以史书对鄂国乏于记载，对姬姓同宗的随国则寥寥数语，着墨不多。

鄂国的叛乱被平定之后，鄂族似乎消失在历史的长河之中。2012年6月，南阳夏饷铺发掘出土了一批“鄂侯”与“鄂侯夫人”铭文铜器，是西周晚期到春秋早期的鄂侯家族墓地，推断埋有四代鄂侯及夫人。⑤ 由是观之，周王朝调兵遣将征伐鄂国，并没有斩尽杀绝，而是将鄂国王族安置在南阳盆地之一隅，便于监视控制。直到春秋早期楚国乘势崛起，攻占南阳盆地，灭国设县，鄂国被迫融入楚文化的滚滚洪流。而此时的曾国则纵横汉东，与楚国直接对垒，“而能屡抗楚锋，独为后亡”。

---

① 湖北省博物馆等：《随州叶家山》，文物出版社2013年版。

② 黄凤春、胡刚：《说西周金文的“南公”——兼论随州叶家山西周曾国墓地的族属》，《江汉考古》2014年第2期。

③ 湖北省文物考古研究所等：《湖北随州市文峰塔东周墓地》，《考古》2014年第7期。

④ 凡国栋：《曾国與编钟铭文柬释》，《江汉考古》2014年第4期。

⑤ 崔本信、王伟：《河南南阳夏响铺鄂国贵族墓地》，《中国文物报》，2013年2月27日。

四、曾国核心区与都城的变迁路径

曾国核心区与都城的变迁，和鄂国势力消减、楚国势力扩张有着直接关系。西周初年，开国功臣南公适受王命派遣，率领亲随，到随州漂水东岸的庙台子筑城立邑，担负起监控淮夷，保护“金道锡行”和南征通道，镇守南土边关的重大使命。叶家山墓地出土的成型铜锭、精美铜器、龙纹铜钺、原始瓷器和30多种族徽符号，显示了曾国的尊崇地位和影响力。而庙台子遗址文化堆积厚达3~4米，护城壕宽30米左右，与东侧的西花园遗址连成一片，面积逾30万平方米。同时在其邻近区域调查发现有10多处同时期遗址，沿漂水河岸分布，形成一片较大遗址群。这里经过炎帝神农部落和殷商先期开发，土地肥沃，水源丰沛，林木茂盛，麋鹿成群，生态宜人。曾国在南土边关落地生根，纵横经营，叱咤风云，而此时的楚国尚被授子男之田，“辟在荆山、筚路蓝缕”，形成了鲜明对比。

在随州的安居镇区西南，溠水在此汇入涢水，形成一片河岸台地，其下游不远处，又有均水汇入，河畈平坦，青松苍翠，分布着密集的古文化遗存。1984年4月，武汉大学荆楚史地与考古研究室对安居遗址进行了考古调查，发现遗址内分布有建筑台基，认定其为古代城邑遗存，系随国国都故址所在。①1997年冬到1998年春，湖北省文物考古研究所与中国社科院考古科技中心联合，运用遥感测量和实地勘探，发现安居遗址有方形夯土城圈，进一步判断为曾国都城遗址。②

为给安居遗址保护规划提供科学数据，2018年3月至5月，随州考古人员对城址进行考古勘探，绘制了城址布局图。经过考古勘探和测量，安居古城址城垣大致呈正方形，中轴线东西长和南北宽均为180米。城垣宽10米，由黄色五花土夯筑而成，残存夯土厚0.5~1.6米，夯土建筑在新石器时代聚落址之上。夯土下层发现有少量西周早期陶片，夯土上层发现有东周陶片，表明城址的始建年代为西周，东周时期续修沿用。城内面积160×160平方米，西城垣上探明有汉至明清砖室墓，表明至秦汉时该城已废弃。城壕宽10~15米，壕沟底部距现地表深3~3.4米，纯淤泥厚0.3~0.7米。城垣四角均略向外突出，似乎其上原建有四个城楼。原始地貌西北高、东南低，护城壕进水口位于城垣西北角，出水口位于城垣东南角，向南流出50米后，辗转向东南蜿蜒而去。

安居城址规模不大，和庙台子西周早期曾国城址规格相当，筑城选址比较科学，城内建筑为南北向台基式布局。城址外围5公里内发现有羊子山、砖瓦厂、长堰、王家楼、桃花坡、刘家台、汪家塆、张家寨、王家台、吴家楼等20多处西周早期至东周时期的墓地和聚落址，是一个古代人居活动密集片区。这对研究鄂国历史地理和曾鄂关系具有重要价值。鄂国灭亡后，随国都城一度迁至安居鄂国故都，不知何故曾国由此更名为随。此时的楚国乘时崛起，灭国扩张，多次侵犯随国，战场就在溠水岸边。《左传》记载庄公四年(公元前690年)，楚武王又大举伐随，“卒于樠木之下。令尹斗祈，莫敖屈重，除道梁溠，营军临随，随人惧，行成，莫敖以王命入盟，随侯且请为汉汭而还，济汉而后发丧”。此后迫于强楚挤压，随国在春秋中晚期不得不向东收缩，迁都于随州城区五眼桥一带。

位于溳水、涢水汇合处的随州城区一带，东周遗址密布，以五眼桥城址为中心，分布着小北门、黄龙、蒋家岗、孔家坡、何家湾、文峰塔、张家湾、黄家湾、倪家湾、养鸡场等20多处遗址，构成了一片庞大的东周聚落址群。而义地岗墓群和擂鼓墩墓群两大曾国王陵区隔溳水相望，绕擂鼓墩墓群也发现有科技园、朱家湾、周家湾、顾家河、枣树湾等东周遗址，反映出东周时期曾国在这里纵横经营的密度和深度。在擂鼓墩墓群，除了已发掘的曾侯乙墓、擂鼓墩二号墓和吴家湾墓地，还有王家包、蔡家包等八个大型陵墓区。在义地岗墓群，除了已发现的季氏梁、曾侯宝、曾侯與、曾侯郕、曾侯丙铜器群，曾大攻尹、曾少宰、曾大司马、随大司马、曾太保等曾国高官的铭文铜器也相继破土而出。

特别是2017年6月至12月，为配合汉东东路建设，考古人员在义地岗南部又发掘39座春秋中、晚

① 武汉大学荆楚史地与考古研究室：《随州安居遗址初次调查简报》，《江汉考古》1984年第4期。

② 张昌平：《安居周代城址的发现及其意义》，《中国文物报》，1998年8月26日。

期曾国高级贵族墓,① 新出土了一批“曾公”“曾侯”“曾叔孙”“曾叔子”等铭文铜器。其中 M129 为“甲”字形，虽被严重盗扰，仍见有“曾公得”铭文编钟一套 20 件，以及 1 件“曾侯得”铭文铜戈。这进一步填实了曾侯世系列表，同时也进一步表明随州城区为春秋中晚期至战国中晚期曾国核心都城是切实可信的，尽管其原址在历代城市改造中被严重损毁。

2014 年至 2016 年，湖北省文物考古研究所分批次对枣阳郭家庙曾国墓地进行科学发掘，出土有曾子泽鼎、曾子寿鼎、曾仲大夫鼎等曾国贵族级铭文铜器。② 2014 年至 2017 年，湖北省考古所在京山苏家垄进行大规模考古勘探和发掘，最终确认这里是一处包括墓地、居址、冶炼作坊在内的大型曾国城邑，出土了一批曾伯桼铜器群和曾楚关系器物。③

毫无疑问，郭家庙和苏家垄片区都是两周之际曾国的重要城邑区，规模较大且功能完备。但是它们和羊子山、义地岗、擂鼓墩相比，还是“稍逊风骚”。郭家庙的曾伯陭、曾子泽、曾子寿、曾仲大夫器群，苏家垄的曾仲斿父、曾伯桼器群，以及均川熊家老塆的曾伯文、曾仲大父器群属同一性质，是曾侯分派的小宗支脉。只不过熊家老塆是西周晚期曾国的一个战略支点，而郭家庙和苏家垄则是鄂国势力消退后，曾国向西向南延伸的两个战略支点，它们和其他小宗同心协力，拱卫着曾国核心区与都城，成为阻挡楚国东进北上的前沿堡垒和战略支撑，彰显了两周之际汉东大国的兴盛气象。

目前已考古发现的铸刻在青铜器上，有确切名号的曾侯共有 10 位，依次为曾侯谏、曾侯犺、曾侯絴、曾侯宝、曾侯得、曾侯與、曾侯郕、曾侯昃、曾侯乙、曾侯丙。其中曾侯絴白戈在枣阳郭家庙一带征集；曾侯昃戈出自襄阳梁家老坟的一座战国楚墓；曾侯宝鼎系公安追缴，经犯人指认，确定出自随州义地岗墓群。由此可见，除曾侯絴白秉戈、曾侯昃戈两件兵器具有流动性外，其余八位曾侯之器皆为青铜礼乐重器，其出土位置均集中于随州核心区。

放眼汉水东部的随枣走廊，从历史地理环境和军事角度观察发现，庙台子遗址在漂水东岸，安居遗址在涢水北岸、溠水东岸，五眼桥遗址在涢水北岸、㵐水东岸，苏家垄遗址在漳河东北岸，郭家庙片区在沙河东岸、滚河北岸，它们都把河流当作一道天然防线，防御目标是来自西方和南方的敌对势力。这和周王朝派遣给曾国“防御荆蛮”的战略任务是一致的。

（作者单位：随州市文物考古研究所）

① 湖北省文物考古研究所等：《随州汉东东路墓地 2017 年考古发掘收获》，《江汉考古》2018 年第 1 期。
② 方勤、吴宏堂：《穆穆曾侯——枣阳郭家庙曾国墓地》，文物出版社 2015 年版。
③ 方勤、胡长春等：《湖北京山苏家垄遗址考古收获》，《江汉考古》2017 年第 6 期。

曾国侯以下贵族的称呼方式*

黄尚明

曾国国王称侯，其他贵族称为“曾国侯以下贵族”，其称呼方式比较复杂。根据曾国青铜器铭文，可以分为兄弟行辈和不同辈分称呼两大类。

一、按兄弟行辈称呼

1. 伯(孟)

行辈称呼从大到小依次为伯(孟)、仲、叔、季。就现有资料可知，曾国铜器铭文中“曾伯”称呼始于西周早期，如随州叶家山 M27 出土一件铜盉，铭文为“白生乍彝曾”，这个“白”字可读为“伯”，“伯”为行辈，“生”为私名；随州叶家山 M107 出土一件“曾伯”爵，没有写出私名。集中见于西周晚期和春秋早期，西周晚期到春秋早期有曾伯文、曾伯陭、曾伯宫父、曾伯霥、曾伯克父(见表一)。周代男子生下来有名，到冠礼时有字，名和字有意义上的联系。字的前面可加上排行，即伯(孟)、仲、叔、季，后面可加上“父”字(或作“甫”)。王世民先生认为“曾伯某”之伯，似应理解为伯仲叔季之伯。① 金文中的“某伯”每每是排行，不是爵称。② 这里的曾伯某，也是排行，不是爵称。曾伯文、曾伯陭、曾伯霥的取名方式就是“国名+排行+名或字”；曾伯宫父、曾伯克父的取名方式就是“国名+排行+名或字+父”。(见表一、表二)

表一　曾伯青铜器铭文登记表

器名	出土地点	件数	时代	铭文	资料出处
曾白生盉	随州叶家山 M27	1	西周早期	白生乍(作)彝曾	《文物》2011 年第 11 期
曾伯爵	随州叶家山 M107	1	西周早期	曾伯乍(作)西宫宝尊彝	《江汉考古》2016 年第 3 期
曾伯文簋	随州熊家老湾	4	西周晚期	唯曾伯文自作宝簋，用赐眉寿黄耇，其万年子子孙孙永宝用享	《文物》1973 年第 5 期
曾伯文鐳	随州熊家老湾	1	西周晚期	唯曾伯文自作厥饮，用征行	《文物》1973 年第 5 期
曾伯陭钺	枣阳郭家庙 M21	1	西周末期	曾伯陭铸戚戉(钺)，用为民(上刑下鼎)(刑)，非历殴井(刑)，用为民政	《枣阳郭家庙曾国墓地》③

* 本文为国家社科基金一般项目“曾国历史文化及其与鄂、楚关系研究”(15BZS035)及国家社科基金重大招标项目“周代汉淮地区列国青铜器和历史、地理综合整理与研究”(15ZDB032)阶段性成果。

① 王世民：《西周春秋金文中的诸侯爵称》，《历史研究》1983 年第 3 期。

② 李学勤：《先秦人名的几个问题》，《历史研究》1991 年第 5 期。

③ 表中“资料出处”，在文中页下注已标明作者和版本信息的，只出书名。

续表

器名	出土地点	件数	时代	铭文	资料出处
曾伯陭壶	传世品，现藏台北故宫博物院	1	西周末期	唯曾伯陭乃用吉金鐈鋚，用自作醴壶，用享宾客，为德无叚（瑕），用孝用享，用赐眉寿，子子孙孙用受大福无疆	《集成》9712
曾伯宫父穆鬲	传世品	1	两周之际	唯曾伯宫父穆乃用吉金，自作宝尊鬲	《集成》699；《曾国青铜器》第430页。
曾伯从宠鼎	传世品，现藏武汉市博物馆	1	春秋早期	唯十月既吉，曾伯从宠自作宝鼎用	《文物》1965年第7期
曾伯雾簠	传世品，现藏国家博物馆	1	春秋早期晚段	唯王九月初吉庚午，曾伯雾哲圣元武，元武孔黹（致），克狄（逖）淮夷，印（抑）燮繁汤（阳），金道锡行，具既卑（俾）方。余择其吉金黄（铝），余用自作旅簠，以征以行，用盛稻粱，用孝用享于我皇祖文考。天赐之福，曾伯雾叚（遐）不（丕）黄耇，万年眉寿无疆，子子孙孙永宝用之享	《集成》4631、4632；《曾国青铜器》第440、441页。
曾伯雾壶	京山苏家垄	M79、M88各出土2件	春秋早期晚段	壶腹部铭文83字：唯王八月，初吉庚午，曾伯雾哲圣孔武，孔武元屖，克狄淮夷，余温恭且忌，余为民父母。惟此壶章，先民之尚。余是楙是则，允显允异。用其鐈鏐，唯玄其良，自作尊壶，用孝用享于我皇祖，及我文考，用锡（赐）害（匄）眉寿，子孙永宝 壶盖铭文78字：与壶腹部铭文基本相同，“唯王八月”少一“王”字，最后少“子孙永宝”4字	《江汉考古》2017年第6期。
曾伯克父盨	香港某收藏家收藏	据传同坑出土一对	春秋早期	隹（唯）曾白（伯）克父甘娄乃用作旅盨，子孙永宝	吴镇烽：《商周青铜器铭文暨图像集成续编》第2册，上海古籍出版社，2016年，第181页
伯克父盨	某收藏家收藏	2	春秋早期	隹（唯）曾白（伯）克父甘娄，自作䈞捧，用盛黍稷稻粱，用之征行，其用及百君子宴饗	《商周青铜器铭文暨图像集成续编》第2册，第192~197页
曾伯克父簠	香港某收藏家收藏	2	春秋早期	隹（唯）曾白（伯）克父甘娄，迺用吉父雒叔攸（鋚）金，用自作旅祜（簠），用征用行，走追四方，用龠用雀（爵），用盛黍稷稻粱，用征用行，用卿（饗）百君子辟。伯克父其眉寿无疆，采夫无若，雍人孔泽，用享于我皇考，子孙永宝，易（赐）害（匄）眉寿，曾郢氏保	《商周青铜器铭文暨图像集成续编》第2册，第281~286页

表二　曾孟青铜器铭文登记表

器名	出土地点	件数	时代	铭文	资料出处
曾孟嬴削簠	枣阳郭家庙	2	春秋早期后段	曾孟嬴削自作行簠，则永祜福	《枣阳郭家庙曾国墓地》
曾孟嫋谏盆	襄阳宋家闸	1	春秋中期	曾孟嫋谏作饔盆，其眉寿用之	《江汉考古》1980 年第 1 期

枣阳郭家庙曾国墓地的 GM21 就是曾伯陭的墓葬，长方形岩土坑，东端设一条墓道，方向为 92 度。开口东西长 11 米，南北最大宽度 11 米，墓道长 7.48 米，墓底东西长 6.56 米，南北宽 4.12 米，墓深 6.1 米。葬具为一椁重棺。墓葬被盗，礼器无存，出土各类器物 2355 件。其中一件曾伯陭钺，上有铭文："曾伯陭铸戚戉(钺)，用为民刑，非历殹井(刑)，用为民政。"报告作者认为 GM21 时代为西周末期，曾伯陭是曾国国君。① 张昌平先生也认为曾伯陭是曾国国君。② 方勤先生也认为曾伯陭可能是一代曾侯，不过他说曾伯陭钺当属曾伯陭称侯之前所铸的器物。③ 曾伯陭之"伯"，只是行辈称呼。如果是曾国国君，应该称为曾侯。因此，仅以曾伯陭钺为证据，证明曾伯陭是国君，证据似嫌不足。不过这个墓规模大，还带一条墓道，至少说明曾伯陭享受了很高的待遇。也可能曾伯陭在特殊的背景下，葬礼等级超越了他的法定地位。

1970 年，因村民修建房屋，随州均川熊家老湾出土曾伯文簋 4 件、曾伯文鐳 1 件、方卣 1 件，可能是出自一座墓中，墓主人就是曾伯文，很可惜调查时没有进一步查明墓坑情况。④ 但从出土器物来看，曾伯文墓与曾伯陭墓的差距相当悬殊，说明同样是"曾伯某"，他们之间的社会等级是不一样的。

2015—2017 年，湖北省文物考古研究所发掘京山苏家垄曾国贵族墓地，M79 为曾伯霥墓，出土升鼎 5 件、附耳鼎 3 件、簋 4 件、簠 4 件、壶 2 件、盘 1 件、匜 1 件，曾伯霥壶壶盖、壶腹有长篇铭文，壶腹部铭文 83 字：唯王八月，初吉庚午，曾伯霥哲圣孔武，孔武元屖，克狄淮夷，余温恭且忌，余为民父母。惟此壶章，先民之尚。余是楙是则，允显允异。用其鐈鏐，唯玄其良，自作尊壶，用孝用享于我皇祖，及我文考，用锡(赐)害(匄)眉寿，子孙永宝。"壶盖铭文 78 字，与腹部铭文基本相同，"唯王八月"少一"王"字，最后少"子孙永宝"四字。

M88 为曾伯霥夫人墓，出土鼎 3 件、鬲 5 件、甗 1 件、簠 4 件、壶 2 件、盘 1 件、匜 1 件及玉器等，壶的铭文与 M79 铭文相同。⑤

从考古时间上看，曾伯文、曾伯陭、曾伯霥处于西周晚期到春秋早期，时间略有差别。从空间分布上看，曾伯陭在枣阳郭家庙，曾伯文在随州均川熊家老湾，曾伯霥在大洪山之南京山苏家垄一带。

行辈称"孟"的少见，所见二例均指曾国国王的长女，如曾孟嬴削、曾孟嫋。

2. 仲

行辈为"仲"的材料，时代从西周晚期延续至春战之际。行辈为"仲"的名称方式有几类：一是仅称"曾仲"；二是在排行后加私名，如曾仲子敔、曾仲䜌；三是在排行后加私名，再加"父"，或"父"置于名前，如曾侯仲子斿父(亦称曾仲斿父)、曾仲大父螽；四是对"曾仲"之后代的称呼方式，在"曾仲"后加"之"字，再加行辈，不写出私名，如"曾仲之孙"；五是对曾国女性的称呼，在排行后加上曾国的姓，或者在

① 襄樊市考古队等：《枣阳郭家庙曾国墓地》，科学出版社 2005 年版，第 9~58、322~324 页。
② 张昌平：《曾国青铜器研究》，文物出版社 2009 年版，第 259~355 页。
③ 方勤：《曾国历史的考古学观察》，《江汉考古》2014 年第 4 期。
④ 鄂兵：《湖北随县发现曾国铜器》，《文物》1973 年第 5 期。
⑤ 方勤、胡长春、席奇峰、李晓杨、王玉杰：《湖北京山苏家垄遗址考古收获》，《江汉考古》2017 年第 6 期。

排行后加上夫氏，再加私名，如曾仲姬、曾仲𨛁(薳)君𦞠，薳就是楚国的公族薳氏(见表三)。

表三　曾仲青铜器铭文登记表

器名	出土地点	件数	时代	铭文	资料出处
曾仲大父螽簋	随州熊家老湾	2	西周晚期	唯五月既生霸庚申，曾仲大父螽乃用吉攸(鋚)，乃金，用自作宝簋。螽其用追孝于其皇考，用赐眉寿黄耇霝终，其万年子子孙孙永宝用享	《文物》1973年第5期
曾仲盘	传世品	1	西周晚期或两周之际	曾仲自作旅盘，子子孙孙其永宝用之	《集成》10097；《曾国青铜器》第444页
曾仲子敔鼎	传世品	1	西周晚期	曾仲子敔用吉金自作宝鼎，子孙永用享	《文物》1982年第9期
曾侯仲子斿父鼎	京山苏家垄	2	两周之际到春秋早期	曾侯仲子斿父自作𩰫彝	《文物》1972年第2期
曾仲斿父豆	京山苏家垄	2	两周之际到春秋早期	曾仲斿父自作宝甫	《文物》1972年第2期
曾仲斿父方壶	京山苏家垄	2	两周之际到春秋早期	两壶颈内壁铭文：曾仲斿父用吉金自作宝尊壶 一盖铭文：曾仲斿父用吉金自作宝尊壶 另一盖铭文：曾斿父用吉金自作宝尊壶	《文物》1972年第2期
曾仲之孙戈	随州鲢鱼嘴	1	春秋晚期	曾仲之孙𠭯用戈	《江汉考古》1980年第1期
曾仲姬壶	随州东风油库M3	1	春战之际到战国早期	曾仲姬之壶	《曾国青铜器》第365~368页。
曾仲𡨦鼎	某收藏家收藏	1	春秋晚期	唯王正月吉日庚申，曾中(仲)𡨦择其[吉金，自]乍(作)𩚤緐(繁)，其永用之	吴镇烽：《商周青铜器铭文暨图像集成》第4册，上海古籍出版社，2012年，第481页
曾仲𡨦簋	某收藏家收藏	4	春秋晚期	唯王正月士(吉)日庚申，曾中(仲)𡨦择其[吉金，自]乍(作)荐簋，其永宝用之	《商周青铜器铭文暨图像集成》第10册，第399~407页
曾仲𨛁(薳)君𦞠方器座	淅川和尚岭M2	1	春战之际	曾中(仲)𨛁(薳)君𦞠之且(祖)埶	《和尚岭与徐家岭楚墓》

我们根据考古材料看看“曾仲某”贵族的墓葬规模和随葬品情况。1966年，因修水库干渠，在京山苏家垄出土76件青铜器，有铜鼎9件、鬲9件、甗1件、铜簋7件、豆2件、方壶2件、圆底器3件及车马器等，时代为西周晚期到春秋早期。这批铜器因系工程中偶然出土，并非科学发掘，因此墓葬规模不得而知，这些铜器是否出自一个墓葬，也不清楚。简报作者认为九鼎为列鼎，大小有序，可能是把九鼎等

76 件器物视为一个墓葬的随葬品，并把“曾侯仲子斿父”“曾仲斿父”理解为“曾侯”。① “曾侯仲子斿父”“曾仲斿父”意为曾侯的第二个儿子斿父，其父为曾侯，斿父并不是曾侯，而是被其父派遣到京山苏家垄一带的曾国贵族。

1994 年，随州考古队配合随州市石油公司施工建设发掘了三座墓葬，其中 M3 墓葬方向为 243 度，墓底长 3.45 米，宽 2.18 米，墓底东、南两侧留有宽 0.4 米、高 0.88 米的生土二层台。葬具为一椁一棺。出土铜曾侯郕 1 鼎 1 件、方豆 1 件、曾仲姬壶 1 件、盘 1 件、匜 1 件、器盖 1 件；陶鼎 2 件、罐 1 件；玉环 3 件、玦 1 件、长方牌形饰 5 件、璜 2 件、水晶珠 4 件。墓葬时代为春战之际到战国早期。该墓出土的铭文铜器为曾侯郕鼎和曾仲姬壶，从墓葬规模来看，不可能是曾侯郕的墓葬。该墓多出玉器而没出兵器，墓主明显为女性。因此墓主人应是曾仲姬。②

河南淅川和尚岭 M2 方向为 70 度，墓口东西长 7.48 米，南北宽 7.36 米，墓底东西长 4.45 米，南北宽 3.70 米，墓深 4.30 米。葬具为一椁重棺。墓主人头向东，仰身直肢。有两具殉人。随葬各类器物 440 件。其中铜器有鼎 7 件、簠 2 件、仲姬敦 1 件、壶 2 件、浴缶 1 件、盘 1 件、匜 1 件、斗 1 件、勺 1 件、薳子受钮钟 9 件、薳子受镈钟 8 件、车马器 20 件、杂器 8 件，玉石器 338 件。铜杂器中有一件器座，方座为正方形，方座的四角由底及上弧线内收，盝顶。顶中央有一管状柄，柄上部为八棱形，内有朽木柄。方座顶部有 8 字阴文铭文：“曾中(仲)化阝(薳)君腱之且(祖)埶。”石器中有编磬 12 件。墓葬时代为春秋晚期。该墓墓主人为曾中(仲)化阝(薳)君腱。③

从墓葬规模和随葬品数量来看，曾中(仲)化阝(薳)君腱的地位要高于曾仲姬。

3. 叔

行辈为“叔”的材料少，目前仅见于春秋晚期，在行辈后加私名，如曾叔旂(见表四)。随州文峰塔 M35 方向为 97 度，墓口东西长 4.4 米，南北宽 2.8 米，墓底东西长 3.85 米，南北宽 2.2~2.4 米，墓深 2.5~3.1 米。葬具为一椁一棺。墓主头向东，仰身直肢。随葬器物主要放置于头箱，均为青铜礼器，有鼎 4 件、簋 4 件、鬲 4 件、壶 2 件、罍 1 件、盘 1 件、匜 1 件等。④ 墓主人为曾叔旂。曾叔旂墓属于小型墓，随葬品组合应为五鼎四簋，缺一鼎。

表四　曾叔青铜器铭文登记表

器名	出土地点	件数	时代	铭文	资料出处
曾叔旂鼎	随州文峰塔 M35	1	春秋晚期	曾叔旂之行贞(鼎)	《考古》2014 年第 7 期
曾叔旂簋	随州文峰塔 M35	1	春秋晚期	曾叔旂之飤簋	《考古》2014 年第 7 期
曾叔旂壶	随州文峰塔 M35	1	春秋晚期	曾叔旂之尊壶	《考古》2014 年第 7 期

随州汉东东路 M81 出土的鼎、簋、鬲、壶、簠上均有铭文“曾叔孙湛”，M118 出土的鬲、簠上多有铭文“曾叔孙”或“曾叔子”。⑤ “曾叔子”或“曾叔孙”应是“曾叔”的子辈和孙辈。

4. 季

行辈为“季”的资料更少，在行辈之后加职官，再加私名，如曾季卿事奂(见表五)。

---

① 湖北省博物馆：《湖北京山发现曾国铜器》，《文物》1972 年第 2 期。
② 湖北省文物考古研究所：《曾国青铜器》，文物出版社 2007 年版，第 365~368 页。
③ 河南省文物考古研究所等：《淅川和尚岭与徐家岭楚墓》，大象出版社 2004 年版，第 24~121 页。
④ 湖北省文物考古研究所等：《湖北随州市文峰塔东周墓地》，《考古》2014 年第 7 期。
⑤ 湖北省文物考古研究所等：《随州汉东东路墓地 2017 年考古发掘收获》，《江汉考古》2018 年第 1 期。

表五　曾季青铜器铭文登记表

器名	出土地点	件数	时代	铭文	资料出处
曾季卿事奂壶	某收藏家收藏	2	西周晚期或春秋早期	隹(唯)曾季卿事奂用其吉金，自作宝醴壶，子子孙孙用享	《商周青铜器铭文暨图像集成续编》第3册，第118页

二、按不同辈分称呼

1. 子

曾国金文中称“曾子”“曾孙”的材料比较多，“曾子”的材料时间从西周晚期到春秋晚期，“曾孙”的材料从春秋早期到春秋晚期。“曾孙”应是行辈称呼，意为曾侯之孙，当无异议。“曾子”是什么意思呢？王世民先生认为“子”可以是贵族男子的美称，也可以是故君未葬时的新君，如《左传》僖公九年记载：“春，宋桓公卒，未葬，而襄公会诸侯，故曰子。凡在丧，王曰小童，公侯曰子。”某些称子之器仍可肯定其为爵称，如“北子”“沈子”。徐、楚、吴、越四国，在当时的文献中，都称为“子”，楚子和吴子屡见于《春秋》，徐子仅见于昭公四年。越子不见于《春秋》，而见于《左传》。但出土的铜器等铭文表明，楚在西周时期自称“公”，如楚公家钟、楚公家戈、楚公逆钟。楚国爵称自称为王是自春秋初期熊通“自立为武王”开始的。春秋时期吴自称为王。春秋战国时期越国亦自称为王。① 我们认为曾子应是曾侯之子的简称，曾子加私名是最常见的称呼，但也有称“曾诸子某”“曾公子某”“曾侯子某”“曾侯子”等，如“曾诸子𩰫(曚)”“曾公子叔湀”“曾公子去疾”“曾侯仲子斿父”“曾侯子”“曾侯子昃”(见表六)。

表六　曾子青铜器铭文登记表

器名	出土地点	件数	时代	铭文	资料出处
曾子单鬲	京山檀梨树岗	1	西周晚期	曾子单用吉金自作宝鬲	《中国考古学会第三次年会论文集》，文物出版社，1984年；黄锡全：《湖北出土商周文字辑证》，武汉大学出版社，1992年，第119页；《曾国青铜器》，第8~10页
曾子伯皏盘	桐柏	1	两周之际	唯曾子伯皏用其吉金，自作旅盘。其黄耇霝(令)终，万年无疆，子孙永宝用享	《集成》10156；《曾国青铜器》第390页
曾子伯皏匜	传世品	1	两周之际	唯曾子伯皏自作尊匜	《集成》10207；《曾国青铜器》第390页
曾子斿鼎	传世品，现藏上海博物馆	1	两周之际	曾子斿择其吉金，用铸𩰫彝，惠于剌曲，𠚾屖下保，臧敌集[功]，百民是奠，孔㫃□□，事四国，用考(孝)用享，民具(俱)卑(俾)鄉(饗)	《文物》1964年第7期；《集成》2757；张亚初：《殷周金文集成引得》
曾诸子鼎	传世品，现藏台北“故宫博物院”	1	两周之际	曾诸子𩰫(曚)用作𩱦鼎，用享于祖，子子孙永寿	《故宫铜器图录下册下编》图78；《曾国青铜器》第436、437页

① 王世民：《西周春秋金文中的诸侯爵称》，《历史研究》1983年第3期。

续表

器名	出土地点	件数	时代	铭文	资料出处
曾子仲謱鼎	枣阳段营	1	春秋早期	唯曾子仲謱，用其吉金自作作䵼彝，子子孙孙其永用之	《考古》1975年第4期
曾子仲謱甗	新野小西关	1	春秋早期	唯曾子仲謱，用其吉金自作旅甗，子子孙孙其永用之	《文物》1973年第5期
曾子伯誩鼎	传世品，现藏上海博物馆	1	两周之际或春秋早期	曾子伯誩铸行器，尔永祜福	《集成》2405；《曾国青铜器》第434、435页。
曾子伯选鼎	某收藏家收藏	1	春秋早期	曾子伯选行器，则永祜福	《商周青铜器铭文暨图像集成续编》第1册，第144页
曾子伯选壶	某收藏家收藏	1	春秋早期	曾子伯选行器，则永祜福	《商周青铜器铭文暨图像集成续编》第3册，第104页
曾子伯皮鼎	某收藏家收藏	1	春秋早期	曾子白(伯)皮，用吉金，自作宝鼎，子孙用享	《商周青铜器铭文暨图像集成续编》第1册，第176、177页
曾子𤔲簠	传世品，现藏国家博物馆	2	春秋早期晚段	曾子𤔲自作行器，则永祜福	《集成》4528、4529；《曾国青铜器》，第438、439页
曾子𩰫鼎	枣阳曹门湾M10	1	春秋早期晚段	曾子𩰫自作行器，其永用之	《江汉考古》，2016年第5期
曾子寿鼎	枣阳曹门湾M13	1	春秋早期晚段	曾子寿自作行器，则永祜福	《江汉考古》，2016年第5期
曾子𩱲鼎	枣阳曹门湾M43	1	春秋早期晚段	曾子𩱲自作行鼎，其永祜福	《江汉考古》，2016年第5期
曾子伯尹匜	传世	1	春秋早期	唯曾子伯尹自乍尊匜	《集成》10207
曾侯子编钟(第一套)	传世	9	春秋早期	曾侯子钟甲、乙、丙、丁、戊、己、庚铭文为："曾侯子之行钟，其永用之。"曾侯子钟辛的铭文为："曾侯子之行。"曾侯子钟壬的铭文为："钟，其永用之。"	《商周青铜器铭文暨图像集成》第27册，第56~71页
曾侯子编钟(第二套)	传世	8	春秋早期	曾侯子钟甲、乙铭文为："曾侯子之永用之。"曾侯子钟丙、戊铭文为："曾侯子之其永用之。"曾侯子钟丁铭文为："曾侯子之其用之。"曾侯子钟己铭文为："曾侯子之其永之。"曾侯子钟庚铭文为："曾侯子之行。"曾侯子钟辛铭文为："曾侯子之。"	《商周青铜器铭文暨图像集成续编》第3册，第383~390页

续表

器名	出土地点	件数	时代	铭文	资料出处
曾侯子编镈(第一套)	传世	春秋早期	4	铭文相同。钲间及鼓部铸铭文19字:“隹(唯)王正月初吉丁亥,曾侯子择其吉金,自作行镈。”	《商周青铜器铭文暨图像集成》第29册,第186~193页
曾侯子编镈(第二套)	传世	春秋早期	4	铭文相同。钲间及左鼓部铸铭文19字:“隹(唯)王正月初吉丁亥,曾侯子择其吉金,自作行镈。”	《商周青铜器铭文暨图像集成续编》第3册,第478~484页
曾子仲宣鼎	传世品	1	春秋中期	曾子仲宣□用其吉金,自作宝鼎,宣丧(尚)用饔享其诸父、诸兄,其万年无疆,子子孙孙永宝用享	《集成》2737;《曾国青铜器》,第438页
曾公子叔湙簠	湖北随州市公安局	2	春秋中期	唯正月吉日丁亥,曾公子叔湙择其吉金,自作飤簠,子子孙孙其永宝用之	《商周青铜器铭文暨图像集成续编》第2册,第251~255页
曾子季㒸臣簠	河南罗山高店	2	春秋中期	曾子季㒸之飤簠	《曾国青铜器》,第391~400页
曾子叔𪓔盘	某收藏家收藏	1	春秋晚期前段	曾子叔𪓔自作盥盘其永宝用	《商周青铜器铭文暨图像集成续编》第3册,第277页
曾子叔𪓔盘	某收藏家收藏	1	春秋晚期前段	曾子叔𪓔择其吉金,自作𣵽(沬)匜	《商周青铜器铭文暨图像集成续编》第3册,第356页
曾子原彝簠	随州鲢鱼嘴	1	春秋晚期	唯正月初吉庚申,曾子原彝为孟姬𨜏铸媵簠	《江汉考古》1980年第1期
曾子义行簠	江苏六合程桥	1	春秋晚期	曾子义行自作飤簠	《东南文化》1991年第1期
曾子与簠	传世品	1	春秋晚期	曾子与之行簠	《曾国青铜器》,第373、374页
曾子与缶	传世品	1	春秋晚期	曾子与之行缶	《曾国青铜器》,第375页
曾子□簠	传世品,现藏台北“故宫博物院”	1	春秋晚期	唯正月初吉丁亥,曾子□自作飤簠,子子孙孙永宝用之	《曾国青铜器》,第433页
曾公子去疾鼎	随州文峰塔M6	2	春秋晚期	曾公子去疾之行鼎	《江汉考古》2012年第3期
曾公子去疾簠	随州文峰塔M6	2	春秋晚期	曾公子去疾之登簠	《江汉考古》2012年第3期
曾公子去疾甗	随州文峰塔M6	1	春秋晚期	曾公子去疾之登甗	《江汉考古》2012年第3期

续表

器名	出土地点	件数	时代	铭文	资料出处
曾公子去疾壶	随州文峰塔M6	2	春秋晚期	曾公子去疾之行壶	《江汉考古》2012年第3期
曾公子去疾缶	随州文峰塔M6	1	春秋晚期	曾公子去疾之行缶	《江汉考古》2012年第3期
曾公子去疾斗	随州文峰塔M6	1	春秋晚期	曾公子去疾之御斗	《江汉考古》2012年第3期
曾子旂戟	随州文峰塔M35		春秋晚期	曾子旂之用戟	《考古》2014年第7期
曾子虡戈	随州文峰塔M34	1	春秋晚期	曾子虡之用戈	《考古》2014年第7期
曾侯子昃剑	传世	1	春秋末期	剑格正反面各铸铭文8字，首有错金银鸟篆铭文12字，共28字。格正面铭文："曾侯子昃曾侯子昃。"格背面铭文："自作用剑自作用剑。"剑首铭文："昃作自之，吉玄铝，侯曾剑之用。"吴镇烽先生认为应读为："昃自作之，吉[金]玄铝，侯曾剑之用。"	《商周青铜器铭文暨图像集成续编》第4册，第322~323页

1972年8月，枣阳茶庵段营村民偶然在住宅旁发现一批铜器，包括鼎3件、簋4件、壶2件。1973年9月，经调查发掘，证实这些铜器出自一座墓葬，墓坑仅存底部，墓葬呈东西向，方向为90度，墓底东西长3.3米，宽1.5米，残存深0.1~0.4米。葬具为一椁一棺。又发掘出280件兵器、车马器，总计289件。有一鼎内壁铭文为："唯曾子仲謱，用其吉金自作鬻彝，子子孙孙其永用之。"时代为春秋早期。①此墓墓主人可能为曾子仲謱，同人所铸铜甗出土于新野小西关。②

2014年10月至2015年1月，湖北省文物考古研究所等单位对枣阳曹门湾墓区进行了发掘，M10墓葬为长方形竖穴土坑，方向为115度，墓口东西长4.30米，南北宽2.86米，墓底东西长3.8~3.86米，南北宽2.04~2.12米。葬具为一椁一棺。随葬品共16件，其中青铜器11件，有曾子曩鼎1件、车马器3件、带饰7件，陶罐2件，玉器3件。墓主人为曾子曩，墓葬时代为春秋早期晚段。

M13墓葬为长方形竖穴土坑，方向为90度，墓口东西长4.58米，南北宽2.40米，墓底东西长3.50米，南北宽1.46米，墓深2.70米。葬具为一椁一棺。随葬品共20件，其中铜器13件，包括曾子寿鼎1件、矛1件、戈1件、马衔带镳2件、辖1件、镞5件，另有陶罐2件、盖1件，玉玦4件。墓主人为曾子寿，墓葬时代为春秋早期晚段。③

① 湖北省博物馆：《湖北枣阳县发现曾国墓葬》，《考古》1975年第4期。

② 郑杰祥：《河南新野发现的曾国铜器》，《文物》1973年第5期。

③ 湖北省文物考古研究所等：《湖北枣阳郭家庙墓地曹门湾墓区（2014）M10、M13、M22发掘简报》，《江汉考古》2016年第5期。

2015年7月至2016年1月，湖北省文物考古研究所等单位对曹门湾墓区又进行了发掘。M43就是其中一座，墓葬为长方形竖穴土坑，方向为103度，墓口东西长4.90米，南北宽2.80米，墓底东西长3.80米，南北宽1.70米，墓地距地表2.46米。葬具为一椁一棺。随葬品共11件，铜器5件，有曾子㝬鼎1件、曾太保登簠2件、夨叔匜1件，另有陶罐1件、盖1件、纺轮1件，玉玦2件、玉刀1件。墓葬时代为春秋早期晚段。① 该墓墓主人是谁呢？曾太保登簠形制要早于曾子鼎、夨叔匜，可先排除曾太保登为墓主人。夨国位于今陕西汧水流域陇县、凤翔、宝鸡一带，夨叔匜是夨叔为夨国姬姓长女所做的媵器，证明夨国为姬姓，一般来说同姓不婚，所以夨国女子不会嫁给姬姓曾国，那么这位墓主人就不是夨国这位女子。夨叔匜能够从关中西部流传到南方曾国，说明曾国与夨国存在密切联系，但不一定是婚姻关系。因此，M43墓主人最有可能就是曾子㝬。

曾子季𡚁臣墓葬发现于河南罗山高店砖瓦厂，1996年农民在这里挖出青铜器，向罗山文物局上交了曾季𡚁盘1件、曾𡚁臣匜1件。信阳市文物局对该地点进行了调查和发掘，确定这些青铜器出自一座墓葬，墓室长3.9米，宽1.5米，发掘后又出土了垂鳞纹鼎1件、曾子季𡚁臣簠2件、贯耳壶2件、戈2件、矛1件、銮铃3件、车軎2件(一件带辖)、衔5件、镳10件、圆形节约6件。墓葬时代为春秋中期。当地派出所又追缴青铜鼎1件、戈1件、軎1件、铃1件，据称追缴文物也出于此墓。但从鼎、戈、軎的色泽较深来看，不会出自一墓。从器形上看，追缴的窃曲纹垂鳞纹鼎要早于曾子季𡚁臣墓中的垂鳞纹鼎。罗山一带不是曾国地盘，可能是黄国疆域，说明曾季𡚁臣可能是客死黄国的曾国贵族。②

2011年，湖北省文物考古研究所等单位在随州义地岗发掘四座墓葬，其中M6为曾公子去疾墓，墓葬为长方形竖穴土坑墓，方向为121度，墓口东西长4.20米，南北宽2.60~2.75米，墓底东西长4.30米，南北宽2.70~2.80米，墓深1.76~1.86米。葬具为一椁一棺。随葬品共93件(套)，其中铜器47件，包括曾公子去疾之行鼎2件、曾公子去疾之登(升)簠2件、曾公子去疾登(升)甗1件、曾公子去疾之行壶2件、曾公子去疾之行缶1件、匜1件、曾公子去疾之御(?)斗1件、兵器9件、车马器25件，陶罐1件，玉器6件。墓葬时代为春秋晚期。③ 鼎、簠、壶为两套组合。

2012年湖北省文物考古研究所等单位在随州文峰塔发掘的M34墓主人为曾子虡，墓葬为长方形竖穴土坑，方向为112度，墓口东西长3.75米，南北宽2.40米，墓深1.8~1.85米。葬具为一椁一棺。随葬品铜鼎2件、壶2件、簠2件、缶1件，还有车马器、漆甲和玉器。墓葬时代为春秋晚期。④

“曾子某”墓葬规模基本上为中小型墓，墓坑都不大，葬具为一椁一棺，随葬品都不太丰厚，所埋铜鼎1件至3件不等，西周晚期到春秋早期簋最多4件，有的没有簋。从春秋早期晚段开始以簠代簋，簠一般2件。曾子仲謱、曾公子去疾墓的随葬品相对丰富一些。“曾子某”贵族死后的待遇也存在一定的差别，间接反映了“曾子某”贵族在生前的不同地位。

2. 孙

“曾孙某”资料见于春秋早期晚段到春秋晚期(见表七)。墓葬资料公布得很少。1988年，随州安居汪家塆农民烧砖取土时，挖出青铜器，经调查发掘，青铜器出自一座墓葬，墓坑为土坑竖穴，方向为360度，墓主人头向北。残存墓底长4米，宽约2米，残深0.5~0.75米。葬具为一椁一棺。随葬品有铜曾孙定鼎1件、曾都尹定簠2件、车軎2件、镞1件、铅方壶2件、陶罐1件。墓主人应是曾孙定，墓葬时代为春秋晚期。⑤

---

① 湖北省文物考古研究所等：《湖北枣阳郭家庙墓地曹门湾墓区(2015)M43发掘简报》，《江汉考古》2016年第5期。

② 湖北省文物考古研究所：《曾国青铜器》，文物出版社2007年版，第391~400页。

③ 湖北省文物考古研究所等：《湖北随州义地岗曾公子去疾墓发掘简报》，《江汉考古》2012年第3期。

④ 湖北省文物考古研究所等：《湖北随州市文峰塔东周墓地》，《考古》2014年第7期。

⑤ 随州市博物馆：《湖北随州市安居镇发现春秋曾国墓》，《江汉考古》1990年第1期。

表七　曾孙青铜器铭文登记表

器名	出土地点	件数	时代	铭文	资料出处
曾孙史夷簠	传世品，现藏上海博物馆	1	春秋早期晚段	曾孙史夷作飤簠，其眉寿万年无疆，子子孙孙永宝用之。	《集成》4591；《曾国青铜器》，第442、443页
大曾文之孙叔䵼鼎	某收藏家收藏	1	春秋晚期前段	大曾文之孙叔䵼之飤鼎	《商周青铜器铭文暨图像集成续编》第1册，第142页
曾孙无諆鼎	传世品，现藏台北“故宫博物院”	1	春秋晚期	曾孙无諆自作飤緐，眉寿无疆，子孙永宝用之。	《集成》2606
曾孙定鼎	随州汪家垮	1	春秋晚期	曾孙定之膉鼎	《江汉考古》1990年第1期
曾孙邵簠	随州文峰塔M21	1	春秋晚期	曾孙邵之行簠	《考古》2014年第7期
曾孙邵壶	随州文峰塔M21	1	春秋晚期	曾孙邵之大行之壶	《考古》2014年第7期
曾孙怀簠	随州文峰塔M38	1	春秋晚期	曾孙怀之飤簠	《考古》2014年第7期
曾孙乔壶	随州文峰塔M61	1	春秋晚期	曾孙乔之行壶	《考古》2014年第7期
曾孙伯国甗	随州文峰塔M32	1	春秋晚期	曾孙白国之行甗	《考古》2014年第7期

（作者单位：华中师范大学楚学研究所）

孙叔敖生、卒年与名、字推考

陈立柱

张正明指出，“楚国的诸多令尹，以功业和品格而论，当推孙叔敖为第一”。① 孙叔敖不仅助推楚庄王成为春秋时期的霸主，而且在楚国的社会治理、经济开发方面也作出了重要贡献，英名传扬后世。笔者最近接触到一些研究孙叔敖的论著，读后受到不少启发，但也感慨良多，主要是关于孙叔敖名、字，生、卒年等的说法，有些错得很离谱。如一些人推测孙叔敖修建芍陂的时间在公元前622年以前，有些网站甚至介绍说在公元前630年。事实上公元前630年他的父亲才14岁左右，公元前622年前后如果孙叔敖出生了也不过是个幼童，不会超过八岁，何以能组织人力大规模修造陂塘？还有的人说他当楚国的令尹有十多年，也不符合实际，《左传》中孙叔敖以各种身份出现也只在两个年头里。至于他为什么叫孙叔敖，与蔿艾猎什么关系，更是众说纷纭，一人之论前后矛盾的也不少见。我们想在前人研究的基础上重新进行考察，希望能澄清或者至少指明一些混乱的根源所在。

一、孙叔敖生、卒年推考

1. 孙叔敖的生年

推考孙叔敖生年的主要根据是其父亲蔿贾的生卒年岁。

据《左传》僖公二十七年记载：

> 楚子将围宋，使子文治兵于睽，终朝而毕，不戮一人。子玉复治兵于蔿，终日而毕，鞭七人，贯三人耳。国老皆贺子文，子文饮之酒。蔿贾尚幼，后至，不贺。子文问之。对曰：“不知所贺。子之传政于子玉，曰：‘以靖国也。’靖诸内而败诸外，所获几何？子玉之败，子之举也。举以败国，将何贺焉？……”②

鲁僖公二十七年当公元前633年，其时蔿贾“尚幼”。杜预注亦云：“蔿贾，伯嬴，孙叔敖之父，幼，少也。”“尚幼”“幼少”是指多大？《礼记·曲礼上》云：“人生十年曰幼，学；二十曰弱，冠；三十曰壮，有室；四十曰强，而仕……”注云：“名曰幼，时始可学也。”③古人认为人生十岁曰幼年，可以出外就傅，受教学习了。蔿贾“尚幼”，理解为十岁左右，合于古人幼年之说。我们还查找了《左传》中称“幼”“幼少”之类的文字，还有几处，根据具体语境推测，“幼”的情况有时小于十岁，有时则大些，而以十岁居中。汉代崔寔《四民月令章句》注“成童”云“年十五以上至二十”，注“幼童”云“九岁以上十四以下也”，④ 与此

---

① 张正明：《楚史》，湖北教育出版社1995年版，第152页。

② 杨伯峻：《春秋左传注》（修订本），中华书局2016年版，第485~486页。

③ 孙希旦：《礼记集解》，中华书局1989年版，第12~13页。

④ 唐鸿学辑，（汉）崔寔著：《四民月令》，《丛书集成续编》第80册，台湾新文丰出版公司1989年版，第632页；石汉生《四民月令校注》（中华书局2013年版）据《玉烛宝典》引作“十岁以上至十四”为“幼童”，但也指出，《齐民要术》引文为“谓九岁以上十四岁以下”为幼童，参该书第9、10页。

亦接近。芳贾有识见，当是很早接受教育，有了一定的学养。由此这里从《礼记》“十年曰幼”说，作为芳贾“尚幼”之年。由此前推十年，则芳贾当生于公元前643年前后，即楚成王二十九年左右。

又据《左传》宣公四年记载：

> 芳贾为工正，谮子扬而杀之，子越为令尹，己为司马。子越又恶之，乃以若敖氏之族圄伯嬴于轑阳而杀之，遂处烝野，将攻王。

鲁宣公四年当楚庄王九年，即公元前605年，芳贾死于这一年，在世之年约38岁。

还有一种说法就是孙叔敖乃芳章之子，见《潜夫论·志姓氏》：“蚡冒生芳章者，王子无鉤也。令尹孙叔者，芳章之子也。”

芳章是楚武王(公元前740—前689年在位)时期的大臣，孙叔敖生活在楚穆王(公元前625年—前614年在位)、庄王(公元前513—前591年)时期，两者相差一个世纪左右。是以，今世学者都不认可这个说法。汉代学者中，如高诱①、服虔②等都明确说孙叔敖是芳贾之子。《新唐书·宰相世系表》三下言“蚡冒生王子芳章，字无钩，生芳叔伯吕臣，孙芳贾伯嬴生芳艾猎，即令尹叔敖，亦为孙氏”，是可取的。再需要明晰的一点就是：

> 蚡冒—王子芳章字无钩—芳叔伯吕臣—芳贾字伯嬴—芳艾猎③

古之男子，过去认为20岁弱冠，可以行成人礼，即可以作为氏族内的成年人，结婚生子。假如芳贾20岁左右生孙叔敖，则孙叔敖的生年当为公元前623年前后。其父公元前605年死于内部争斗，则此时的孙叔敖为18岁左右。事实上，古时男子结婚生子大多早于这个年龄，十几岁结婚生子比较普遍。若芳贾14岁或15岁结婚，16岁左右生子(公元前627年)，则父死时孙叔敖23岁左右；18岁(公元前625年)生子，死时孙叔敖20岁左右……如此，则孙叔敖生年最早当不早于公元前627年(父芳贾16岁前后)。

暂以孙叔敖生年在其父16~20岁之间，即公元前627—前623年为计，则孙叔敖在父亲死时年龄当在18~22岁，正所谓青年才俊。到鲁宣公十二年(公元前597年)邲之战孙叔敖为令尹时，其时年龄当在24岁(公元前622年生)至30岁(公元前627年生)之间。若是父亲20岁以后孙叔敖才出生，则生年会更晚，年寿自然也更短(因为他的卒年相对确定，详下)。

如此推测虽没有多少具体史实根据，但人的生育能力与古人的结婚年龄相对稳定，由此亦可推知也。

2. 孙叔敖的卒年

孙叔敖是死于疾病的，几乎所有文献记载都如此陈说，并且认为死于楚庄王(公元前614—前591年在位)之前。虽然其具体死期不明确，但亦非不可推知。试举几例。《吕氏春秋》卷二《情欲》篇：

> 荆庄王好周游田猎，驰骋弋射，欢乐无遗，尽传其境内之劳与诸侯之忧于孙叔敖。孙叔敖日夜不息，不得以便生为故，故使庄王功迹著乎竹帛，传乎后世。功虽成乎外，而生亏乎内，耳不可以听，目不可以视，口不可以食，胸中大扰，妄言想见，临死之上，颠倒惊惧，不知所为，用心如此，岂不悲哉！

---

① 高诱注《吕氏春秋·情欲》：“孙叔敖，楚令尹，芳贾之子也。”

② 《春秋左传正义》宣公十一年孔疏引服虔《春秋左传解》：“艾猎，芳贾之子孙叔敖也。”

③ 当然，芳氏所出，目前学界还有不同意见，参田成方：《东周时期楚国宗族研究》，科学出版社2016年版，第15~18页。

注："息，休也。不得以便利生性，敖不休息也，故死。又，'功虽……'以后部分，从俞樾改补。"①

《吕氏春秋》卷十《异宝》：

古之人非无宝也，其所宝者异也。孙叔敖疾，将死，戒其子曰："王数封我矣，吾不受也。为我死，王则封汝。必无受利地，楚越之间有寝之丘者，此其地不利而名甚恶。荆人畏鬼，而越人信禨，可长有者，其唯此也。"孙叔敖死。王果以美地封其子，而子辞，请寝之丘，故至今不失。孙叔敖之知，知不以利为利矣，知以人之所恶为己之所喜。此有道者之所以异乎俗也。

《淮南子》卷十八《人间训》：

昔者楚庄王既胜晋于河雍之间，归而封孙叔敖。辞而不受，病疽将死，谓其子曰："吾则死矣，王必封女。女必让肥饶之地，而受沙石之间。有寝丘者，其地(确)石而名丑。……"孙叔敖死，王果封其子以肥饶之地，其子辞而不受，请有寝之丘。

《史记》卷一百二十六《滑稽列传·优孟传》所述最为详细，节录如下：

楚相孙叔敖知其贤人也，善待之。病且死，嘱其子曰："我死，汝必贫困。若往见优孟，言我孙叔敖之子也。"居数年，其子穷困负薪。逢优孟，与言曰："我，孙叔敖子也。父且死时，嘱我贫困往见优孟。"优孟曰："若无远有所之。"即为孙叔敖衣冠，抵掌谈语。岁余，像孙叔敖，楚王及左右不能别也。庄王置酒，优孟前为寿。庄王大惊，以为孙叔敖复生也，欲以为相。优孟曰："请归与妇计之，三日而为相。"庄王许之。庄王许之。三日后，优孟复来。王曰："妇言谓何？"孟曰："妇言慎无为，楚相不足为也。如孙叔之为楚相，尽忠为廉以治楚，楚王得以霸。今死，其子无立锥之地，贫困负薪以自饮食。必如孙叔敖，不如自杀。……"于是庄王谢优孟，乃召孙叔敖子，封之寝丘。

又，《列子》卷八《说符》："孙叔敖疾将死，戒其子曰：王亟封我矣……"《韩诗外传》卷二："叔敖治楚，三年而楚国霸。② 楚史援笔而书之于策，曰：楚之霸，樊姬之力也。"

类似记载还有一些，不备述，都在战国至西汉时期，距孙叔敖所在的公元前7—前6世纪，可谓未远。关于孙叔敖之死为劳累生病而逝，或者说在邲之战(公元前597年)之后，楚庄王将国家治理与诸侯交往等事务，全都托付给孙叔敖，自己悠闲自在去了，孙叔敖日夜不休，劳累过度，不久死去；或者说他死前曾叮嘱儿子不要求美地；③ 或者说其子在父亲死后请父亲好友优孟游说于楚庄王，庄王因以加封其子于寝丘。《史记》载其子在孙叔敖死后"数年"处于穷困之时，请于优孟后，优孟又用"岁余"时间模仿孙叔敖。这些叙述难免有夸饰成分，但也不至于没有史影。因为，孙叔敖之子的请求在楚庄王在世(公元前591年去世)之时，正与邲之战之后"数年间"相符合，换一句话说，孙叔敖卒年即在此间，这与邲之战后不久孙叔敖因为劳累过甚生病而死，正能一致。因此，这些记载作为孙叔死期推断的根据

① 许维遹撰，梁运华整理：《吕氏春秋集释》，中华书局2009年版，第47页。

② 《吕氏春秋·赞能》说楚庄王"迎叔敖以为令尹，十二年而庄王霸"。学者已指出，此说谬误甚多。结合《左传》记述楚国令尹情况，《韩诗外传》等说孙叔敖为相三年而楚霸更具有信史价值。参罗运环：《楚国八百年》，武汉大学出版社1992年版，第178~179页。

③ 《韩非子·喻老》说邲之战回来，楚王要封孙叔敖，孙叔敖请"汉间之地，沙石之处"。

是有道理的。

以上所述以《史记》所说最为详细。孙叔敖之子在父亲去世后“数年”贫困，当是父亲遗留资产不多，自己尚不能置业（年岁偏小），所以遇到优孟后将父亲之言说与他。“数年”，理解为三年左右比较符合中国传统习惯。又“岁余”，优孟见到楚庄王，告诉他孙叔敖之子的情况，从而得到封地寝丘。将“数岁”“岁余”加在一起算作四五年或无大不当，则公元前591年上推四五年，就是公元前596—前595年，此距邲之战（公元前597年）后至生病而死有一两年时间。邲之战后的第三年即楚庄王十九年，也就是公元前595年，楚人伐宋，这时候的楚军主帅已经是子重了，也说明孙叔敖可能不再担任令尹，或者生病，也可能已经病死。如此，以公元前595年为孙叔敖卒年，可以照应前后史料记载，最迟不晚于公元前594年，已经不在人世了。

如上，孙叔敖在世之年，长（公元前627—前594年）不过33年，短则27年（公元前623—前596年）左右。既是生病而死，则30岁左右便去世也是可以理解的。

多书言孙叔敖所得之病为“疽”，即毒脓疮。据《黄帝内经灵枢》所述之“痈疽”：“寒邪客经络之中，则血泣，血泣则不通，不通则卫气归之，不得复反，故痈肿寒气化为热，热胜则腐肉，肉腐则为脓，脓不泻则烂筋，筋烂则伤骨，骨伤则髓消，不当骨空，不得泄泻，血枯空虚，则筋骨肌肉不相荣，经脉败漏，薰于五藏，藏伤故死矣。”①痈疽原来是一种毒疮，多而广的叫痈，深而严重的叫疽；疽是为毒邪阻滞而致的化脓性疾病。其特征是初起如粟，不发热胀痛，易向四周扩大。溃烂之后，状如蜂窝，发于肌肉之间，最后深入筋骨，就难以治疗了。孙叔敖因为忙于国家事务，起初对于不发热也不甚痛的疮可能没太在意，等到扩散到骨髓之间，已是病入膏肓了。这大概就是《吕氏春秋·情欲》篇说他日夜不息忙于国事，“不得以便生为故”的情况。死于30岁左右，真可谓是楚国的大损失，司马迁作《循吏列传》，将孙叔敖列在第一，诚所谓名副其实也。

二、孙叔敖名、字推考

“孙叔敖”三个字，最初出现在《左传》宣公十二年晋楚之间的邲之战中，当时他是以令尹即楚相的身份参加并指挥战斗的：

> 楚子北师次于郔，沈尹将中军，子重将左，子反将右，将饮马于河而归。闻晋师既济，王欲还，嬖人伍参欲战。令尹孙叔敖弗欲，曰：“昔岁入陈，今兹入郑，不无事矣。战而不捷，参之肉其足食乎?”参曰：“若事之捷，孙叔为无谋矣。不捷，参之肉将在晋军，可得食乎?”②

后来，伍参说动楚王参战，楚王也命孙叔敖一起面对敌人，最后取得邲之战的胜利。在本段记述之前，晋人讨论是否与楚人战的问题，晋上军将随武子士会说楚军不可犯，其中有“蒍敖为宰”一句，杜预注：“宰，令尹；蒍敖，孙叔敖。”就是说蒍敖也是指孙叔敖。本段中还有“沈尹将中军”，杜预注“沈，或作寝”，即寝尹，此寝尹是否即孙叔敖，杜预没有说。一些学者据寝丘这个地方为孙叔敖（亦说是他儿子）的封地（已见上文），而沈尹又将中军，即为楚军主帅，一般楚军主将多是令尹所任，因此不少学者也以为此沈尹指的还是孙叔敖。③

另外，此前一年即宣公十一年夏，《左传》有“令尹蒍艾猎城沂……事三旬而成”的记述。杜预注：“艾猎，孙叔敖也。”

① 《黄帝内经灵枢》卷十二，《二十二子》本，上海古籍出版社1986年版，第1038页。

② 杨伯峻：《春秋左传注》（修订本），中华书局2016年版，第795~796页。

③ 也有说沈尹是举荐孙叔敖的沈尹茎，参罗运环：《楚国八百年》，武汉大学出版社1992年版，第176~178页。

不过，也有人认为孙叔敖与蔿艾猎为兄弟二人，如孔颖达疏引《世本》“艾猎为叔敖之兄”。虽然孔氏不认同，曰“《世本》多误，本不必然”①，但后世学者却因此争论不休，各执一说，或者认同《世本》，认为孙叔敖与蔿艾猎是两个人，或者说是同一个人。杨伯峻总结说：

> 后人主蔿艾猎、孙叔敖为一人者，谓此年云“令尹蔿艾猎”，明年云“令尹孙叔敖”，比年之间，楚令尹不闻两人。主为两人者，谓蔿敖字孙叔，敖既称叔，宜有其兄矣。两说不详孰是。②

可以看出，关于“孙叔敖”名义的讨论几近于陷入死胡同。如何寻找新的突破口，成为有关研究的关键。

通检古今学者的研究，我们发现学者们对于“孙叔敖”到底何意，是人名还是尊称，抑或“孙叔”与“叔敖”的连称（或作为字），都没有一致意见，也未见有深入辨析其中之异同的，大家各以自己的理解为是罢了。如《楚相孙叔敖碑》言“楚相孙君讳饶，字叔敖”，言下之意是孙叔敖姓（氏）孙名饶字叔敖。宋邓名世《古今姓氏书辩证》卷三十五屋部“叔敖”条：“姓书曰：楚令尹孙叔敖之后，误矣。谨按：敖字孙叔，古人先字后名，故曰孙叔敖，自古无兼名字为氏者。”③但“孙叔”之字与名“敖”之间的关系，说不清楚。清代学者毛奇龄提出蔿艾猎、蔿敖、孙叔敖为三人，孙叔敖不是蔿氏贵族，只是一个处士，以至于遭梁玉绳批为“逞臆好奇”而已。④ 孙星衍作《孙叔敖名字考》，认为蔿敖字孙叔，“孙”当读为“逊”，这样就与“敖”相辅相配了，《世本》所言最古，蔿艾猎与孙叔敖为兄弟。⑤ 除了质疑孔颖达，他也没有讨论前贤研究的是与非，而且以改读了事，甚是随意。赵一清提出“子思似是孙叔敖之字，然则非名饶字叔敖矣”⑥。他的说法异于前人，得到杨守敬的发挥：“子思岂叔敖之字乎？”⑦只是二人都没有提供理由。赵一清甚至不认为蔿艾猎就是孙叔敖，反而认为他们是两个人。

近代以来，凡系统研究楚史者都很难回避这个问题。张正明说，孙叔敖“死后其子封于寝邑，楚人才称之为孙叔敖。‘孙’通‘寝’，‘叔’表示他有两位兄长，‘敖’则是他的本名”⑧。罗运环依据《楚相孙叔敖碑》说，蔿为氏，“饶”与“敖”音近通用，是其名；叔敖是其字，而艾猎当为别号，可能与猛犬之“獒”名有关。⑨ 徐少华似乎也相信孙叔敖氏蔿名敖（通饶），但又说字艾猎，也称孙叔。⑩ 只有刘信芳先生认为“敖”是楚国氏族首领即族长的称谓，“艾猎”是孙叔敖的名，“蔿敖”是蔿艾猎的称号兼官名。之所以又称“蔿敖”为“孙叔敖”，是因为蔿艾猎的后裔别以“孙叔”为氏，蔿敖成为孙叔氏族之祖，当然就被其族人称作“孙叔敖”了。⑪

可以看出，大家很少通盘研究、综合考虑“孙叔敖”三个字的意涵，只有刘信芳先生跳出姓名与字的纠缠，重新立论。

另外，河南淅川下寺、和尚岭和徐家岭先后发掘一批东周楚墓，出土大量有铭铜器。铭文显示，三

---

① 阮元校刻，孔颖达疏：《十三经注疏》（清嘉庆刻本），第4072页。
② 杨伯峻：《春秋左传注》（修订本），中华书局2016年版，第777页。
③ 邓名世：《古今姓氏书辩证》，《文渊阁四库全书》本（电子版）。
④ 参考罗运环：《楚国八百年》，武汉大学出版社1992年版，第174页注引。
⑤ 孙星衍：《孙叔敖名字考》，《问字堂集 岱南阁集》，中华书局1996年版，第107页。
⑥ 赵一清：《水经注释》，《文渊阁四库全书》本（电子版）。
⑦ 杨守敬：《杨守敬集》（四），湖北人民出版社、湖北教育出版社1997年版，第1953页。
⑧ 张正明：《楚史》，湖北教育出版社1995年版，第152页。
⑨ 梁玉绳：《人表考》，《史记、汉书诸表订补十种》，中华书局1982年版，第598页。
⑩ 徐少华：《孙叔敖故里封地考述——兼论〈楚相孙叔敖碑〉的真伪与文本时代》，《江汉考古》2008年第2期。
⑪ 刘信芳：《楚国诸敖琐议》，《江汉论坛》1987年第8期。

处墓地与楚国蒍(薳)氏宗族相关，学者们根据其中铭文先后写有大量文章讨论其族属问题，比较一致的意见是认为其中的"楚叔之孙倗""楚叔之孙以邓""楚叔之孙途"中的"楚叔"，为蒍氏所出，但所指何人，意见不一；而楚叔之孙倗可能是传世文献中的蒍子冯，① 孙叔敖的族子或孙辈。关于蒍氏族称的写法，古文字有几种，田成方分别隶定为薳、蒍、㱿与远，都是指的蒍氏即薳氏，并以为写法不同可能是大、小宗之别造成的，"孙叔之称或是铜铭'楚叔之孙'之省"。② 但如何省，没有讨论。张丹在分析之前学者的研究后指出："虽然有学者尝试将淅川所发现的蒍氏家族墓葬中的人物与《左传》中的相关人物一一对应，以建立起相应的世系，但在确凿的考古证据被发现之前，这还只能是一种设想。"③而蒍氏可能出于楚叔之孙似也在提示我们，孙叔敖之"孙叔"不是人的名与字，而应是氏称，与刘信芳先生的意见相应合。

近来，楚言楚语研究取得较大进步，对楚人语言的特点有了不少新的认识，如果结合楚言楚语的研究，再综合考虑过去学者提出的问题与意见，或可以有些突破。以下尝试论之。

首先，"孙叔"是一种氏称，也即尊称。

上面引文有楚王的宠信之人伍参称孙叔敖为"孙叔"一词。接下来《左传》记事还有一次称"孙叔"："孙叔曰：'进之。宁我薄人，无人薄我。……'"

另外，郭店楚简《穷达以时》中也有"孙叔"：

> 孙叔三射(谢)恒(期)思少司马，出而为命(令)尹，堣(遇)楚臧(庄)也。④

目前所知的三个较早出现在记述中的"孙叔"，有一个为下级官员(伍参)对于主帅令尹孙叔敖的称呼，有一个为楚人记事对于孙叔敖的称呼，这两个称呼很显然是尊称，不是直呼之名或字。《左传》作者记事，述及孙叔敖的地方全是极尽赞赏之能事，没有说过一句他有什么不好的地方。依据这三点来看，刘信芳先生说"孙叔"之为氏称，也即时人对于他的尊称而非名或字，应该可以相信。前言孙叔敖为蒍叔伯吕臣之孙，承继蒍叔一支而为其族长，即以王父表字为氏，"孙叔"显示他之承继所来，故世人尊之曰"孙叔"，加上族长"敖"称，"孙叔敖"正是尊称之全名，在外人看来，他是蒍氏一支的一位族长，是以亦可谓之"蒍敖"。

其次，楚语有短调长读的特点，"艾猎"急读就是"伋"了，伋是当时人喜欢用的名字，意思为亟思，所以"子思"实即"艾猎"的字。

关于楚人语言的特点，一般认为它是上古华夏语的一种方言或一个分支，楚人来自中原。近时清华简《楚居》的发现再一次证实这一点，其中楚人自述先祖所来，明确说来自鄢(騩)山，与《山海经·西次三经》说楚人先祖"神耆(老)童居之"的騩山相同，这个騩山自是从老童所居之山名衍生来的，又名具茨山，在今河南省禹州、新郑、新密三市交界处，为伏牛山之余脉。⑤ 又据研究，楚语的地域性特点是存在"弹舌音"，即发音的时候舌头轻微抬起来(不卷起)，触及上齿龈部分；口腔里呼出来的气流，吹动舌头，舌头被气流带动而微微颤动发出声音，俗语又谓之"大舌头"，因而和中原其他国族的语言有口音差异。近代以来，随着湖北方言调查的全面展开，大家发现黄冈、孝感一带方言"楚香楚色"特点突出，与江淮话比较，它的入声不是短调，而是长调，比其他声调还长，这在江淮官话洪巢片和泰如片中是绝对没有的，

---

① 李零：《"楚叔之孙倗"究竟是谁——河南淅川下寺2号墓之墓主和年代问题的讨论》，《中原文物》1981年第4期；《再论淅川下寺墓——读〈淅川下寺楚墓〉》，《文物》1996年第1期。

② 田成方：《东周时期楚国宗族研究》，科学出版社2016年版，第24~26页。

③ 张丹：《南襄盆地出土两周时期铜器铭文研究》，武汉大学博士学位论文，2012年，第200页。

④ 参考刘信芳：《楚简帛通假汇释》附录，高等教育出版社2011年版，第523页。

⑤ 子居：《清华简〈楚居〉解析》，《学灯》第18期(网络版)。

反映了弹舌音的特点。①

我们说楚语存在弹舌音，它的入声不是短调而是长调，长调格外地长，这在古楚语语词上有明显体现。试举几例。

“於菟”，老虎的意思。《左传》宣公四年：楚人“谓虎於菟”。扬雄《方言》第八：“虎，陈魏宋楚之间或谓之李父，江淮南楚之间谓之李耳，或谓之於䖘。”郭璞注：“于音乌，今江南山夷呼虎为䖘。”②这个“於菟”，两个字都是入声，一个音节变成了两个，发声明显有所谓弹舌音的特点。

啻苴，包山楚简简 154 有“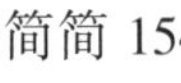之田”，整理者定为啻蔵之田，即“啻苴之田”，为学者普遍认可。③包山楚简叙述其范围比较确定，当今河南固始以东、安徽霍邱淮水以南、六安以北、定远以西的地方，是一处经济开发区，王的新马厩所在，称为“啻苴之田”。经过我们研究，这个地方与汉代“芍陂”灌区基本相当。“啻”，古为端母锡韵，“苴”属精母鱼韵，锡与鱼、端与精相去皆不远，急读就与“鹊”音接近了。而芍陂之“芍”，《汉书》《后汉书》相关注释全都说古读如“鹊”，④ 属清纽鱼韵，与“啻苴”的声韵非常接近，“啻苴”快读如“鹊”(芍)，缓读就是本音了。⑤

再看“艾猎”。艾，《尔雅·释草》“冰台”，郭注：“今艾蒿。”《说文》：“艾，冰台也。”《广韵》：“去泰疑。”古在祭部，疑母，入声字。猎，《说文》：“放猎逐禽也。”《广韵》：“良涉切，入叶来，盍部。”古在盍部，来母，也是入声字。两者声韵接近，而且都是入声字，明显有弹舌音的特点。如果是中原读入声短调，就是“伋”“急”了。《说文》：“伋，人名；从人，及声。”即见母，缉部，入声字。艾、猎二字的声韵，与“伋”正相应合，和谓虎为“於菟”一样。关于“伋”作为人名，过去学者研究甚多，为节省篇幅，此以《说文解字诂林》所引为例：

> 段注：古人名字相应，孔伋字子思，仲尼弟子燕伋字子思。然则伋字非无义矣。……荀子解蔽：空石之中有人焉，其名曰觙。其为人也，善射以好思。耳目之欲接，则败其思；蚊虻之声闻，则挫其精。是以辟耳目之欲，而远蚊虻之声，闲居静思则通。思仁若是，可谓微乎？此盖设言善思之人名之以觙乎？觙与伋音义盖相近。
>
> 徐笺：燕伋，史记索隐作燕级，系部曰：级，丝次第也。玉部曰：䚡，理自外可以知中，盖䚡有条理，与丝之次第相类，故名级字，䚡而省为思欤？伋则级之假借字也。
>
> 通训定声：伋，当训急思也。
>
> 义证：左传卫宣公太子急子，诗序作伋。
>
> 斠诠：伋，人名，从人及声。孔伋、燕伋俱字思，书大传：伋然渊其志。⑥

由以上，春秋时人起名喜欢用伋、觙等，意思是思考、善思、快思、急思等，有很多例证，最著名的就是孔伋字子思了。如此，则艾猎就是伋、觙的缓读，或楚地弹舌音的读法，由名伋或艾猎孳乳出来的字自然就是“思”了。“子”是古代对于男子的尊称。芮艾猎字子思，这样一来就可以和三国时期王象等

① 关于楚语、楚言的研究较多见，本文参考了学术界最近的一些研究，主要有：周振鹤、游汝杰：《方言与中国文化》，上海人民出版社 2006 年版；邵则遂：《古楚方言词历时研究》，武汉大学博士学位论文，2011 年；谢荣娥：《上古楚语研究述评》，《长江大学学报》2005 年第 4 期。

② 钱绎：《方言笺疏》，《汉小学四种》本，巴蜀书社 2001 年版，第 1343 页。

③ 参陈伟：《包山楚简初探》，武汉大学出版社 1996 年版，第 70 页；张守中：《包山楚简文字编》，文物出版社 1996 年版；滕壬生：《楚系简帛文字编》(增订本)，湖北教育出版社 2008 年版。

④ 参《汉书》卷二十八《地理志》“庐江郡”颜师古注、《后汉书》卷七十六《王景传》李贤注。

⑤ 陈立柱：《结合楚简重论芍陂的起始与范围问题》，《安徽师范大学学报》2012 年第 4 期。

⑥ 丁福宝：《说文解字诂林》卷八人部“伋”字，中华书局 1988 版，第 7945~7946 页。

人编辑的《皇览》所言“楚大夫……子思造芍陂”①相对照了，原来造芍陂的子思就是那位在一个月时间内完成“城沂”任务的令尹蒍艾猎。

再次，《皇览》前后文献记载的修造芍陂的都是孙叔敖，没有例外，则孙叔敖本名就只能是蒍艾猎，字子思了。

关于孙叔敖修造芍陂，除了《皇览》言子思外，汉代以来所有的记载都认为是孙叔敖所建。举其要者，如《后汉书》卷七十六《王景传》：

> 迁庐江太守。……郡界有楚相孙叔敖所起芍陂稻田，景乃驱率吏民，修起芜废，教用犁耕，由是垦辟倍多，境内丰给。

《后汉书》作者范晔，南朝人，比之《皇览》的作者王象生于汉末要晚。他明说是孙叔敖开启芍陂。其实，王象以前的一些记载，深入分析也能说明孙叔敖修造了芍陂。如《淮南子》卷十八《人间训》：

> 孙叔敖决期思之水而灌雩娄之野，庄王知其可以为令尹也。

按：孙叔敖所决期思之水为今史灌河，雩娄在今固始县东南，所灌雩娄之野，大家都认为是今固始县以东所谓“百里不求天”灌区，正在史灌河中下游地区。前引包山楚简说这里是“啻苴之田”的一部分，清代的地方志还说这里有“芍陂”之名，自然这个地方属于芍陂的一部分。大别山北麓到淮河之间，多是南高北低的地形，正适合阻水为陂用以灌溉的情况。陂塘有大有小，最大的在今寿县以南，而期思县以东至于寿春以西的陂塘几可连接成片，故谓之“啻苴之田”即“芍陂”灌溉区。这个称名或者是政府给予的专名，也可能是社会上以大名统(代)小名而产生的。所以单独言之，各个地方的陂塘各有其名，如大业陂(在今霍邱县东北)、阳泉陂(在今霍邱县西)、期思陂、芍陂(在今寿县以南、六安东北)等(这些陂，文献都说是孙叔敖修造，俱在“啻苴之田”的范围之内)，统而言之又可谓之“啻苴之田”、芍陂。期思陂地理上较靠西边，其地进入楚国范围早一些，陂塘的修造当亦早一些，是以有时也可以成为孙叔敖在东方修造陂塘灌溉系统的代称(以早代晚亦常见)。

又如，《太平御览》卷七十二引《寿春图经》：“《舆地志》：东汉崔寔《四民月令》‘孙叔敖作期思陂，即此也’。”②宋代，芍陂又名期思塘。所引汉代崔寔之言明说孙叔敖作期思陂，与《淮南子》同，似乎汉时学者已经认为期思陂就是芍陂了。

再如，郦道元《水经注》卷三十二《肥水注》云：

> (芍)陂周百二十许里，在寿春县南八十里，言楚相孙叔敖所造。

还有，如《芍陂纪事》，清代后期寿州(今寿县)乡绅夏尚忠著，全书四万余言，分为上下卷21个门类，稽考历代芍陂维修、使用情况，是唯一一部专门记述芍陂水利历史演变的文献。书中“芍陂纪事序”“芍陂论二”与“楚相考”都明确指出，芍陂是“楚相”“孙公”“叔敖”所修造。③

明白了这样的来龙去脉，再来看“子思造芍陂”，其实就是从另一方面说明是孙叔敖修造了芍陂。中国没有西方定义明确、用词一律的传统，为了防止用词繁复给人以拖沓重复的感觉，常常是从不同方面

① 《后汉书》之《郡国志》卷二十二刘昭注引，中华书局1965年版，第3486页。

② 多位论者引述崔寔《四民月令》这句话都作“孙叔敖作”，参前引唐鸿学辑崔寔《四民月令》。

③ 李松、陶立明辑校：《〈芍陂纪事〉校注暨芍陂史料汇编》，中国科学技术大学出版社2016年版，第9、26、62页。

变换称谓说明同一主题。《芍陂纪事》用“楚相”“孙公”“叔敖”等来说芍陂修造者，就是例子。而《左传》记载孙叔敖事迹，𫇭宰、孙叔、孙叔敖、沈尹、令尹、𫇭艾猎等都用上了，即名、字、职务、尊称等交替使用，以免重复。

关于“子思造芍陂”，过去有很多讨论，1986 年中国水利史研究会在寿县召开了“芍陂水利史学术讨论会”，30 多位专家学者出席会议，不少学者认为子思是战国时期人，因而将芍陂的建造时代定在了战国，甚至战国末期。① 子思何以是战国时期的人？查大家讨论的根据，仅仅是因为《皇览》记事是在战国以后的汉代之末。今天看来这个说法显然是过于牵强了。

艾猎即伋，有善思、反应快的意思。我们不知𫇭艾猎的名是如何起的(古人初生时有乳名，上学开始有学名)。有意思的是，《左传》记载的孙叔敖𫇭艾猎的两件事，都特别能体现其思考迅敏与缜密完备的特点。一是邲之战正式打起来之前，孙叔敖、楚庄王都准备撤退了，孙叔敖还阐述了一定要撤退的理由。但伍奢分析说晋军内部不团结，楚军可以打败晋军，建言楚庄王向前进攻。庄王接纳了伍奢的意见，孙叔敖接到楚王进军的命令后不仅大力支持，而且表现激进：

> 孙叔曰：“进之。宁我薄人，无人薄我。《诗》云：‘元戎十乘，以先启行。’先人也。《军志》曰：‘先人有夺人之心。’薄之也。”遂疾进师，车驰、卒奔，乘晋军。

这里，孙叔敖不仅立即执行楚王的命令，而且引经据典鼓动军队，争取先声夺人，“遂疾进师，车驰、卒奔，乘晋军。(晋)桓子不知所为，鼓于军中曰：先济者有赏。中军、下军争舟，舟中之指可掬也”,② 大胜晋军。邲之战的胜利，孙叔敖思想态度的迅速转变与积极作为起了关键作用，《左传》的记述亦可谓传神入画。

二是《左传》中关于筑城的记载非常多，有的数月不成，有的几年才结束，对于𫇭艾猎一个月内完成“城沂”的工作，则特别予以申述：“城沂。使封人虑事，以授司徒。量功命日，分财用，平板榦，称畚筑，程土物，议远迩，略基趾，具糇粮，度有司，事三旬而成，不愆于素。”几句话的描写，𫇭艾猎思虑周密、善于组织与讲究效率之情形，跃然纸上，极富文学色彩。

由以上，说𫇭艾猎字子思，分别是孙叔敖的名与字，不仅与汉代以来多数学者说𫇭艾猎即孙叔敖的意见相一致，也与古籍记载芍陂是孙叔敖建造的相应合，尤其是与楚语经常把短调长读，将一个音节变成两个即弹舌音的习惯相一致。另外，过去学者解释孙叔敖名与字存在的矛盾全都迎刃而解了，服虔、高诱、杜预、孔颖达以来认为𫇭艾猎即孙叔敖，得到了新的证明，赵一清、杨守敬的天才测度也得到了证实。如此来说孙叔敖的名与字及其事迹的一致性，或者更可取。

孙叔敖的事迹在战国秦汉时期传扬甚多，演绎出很多版本的故事，也说明他的声名甚佳，影响深远。前言郭店楚简、《列子》《吕氏春秋》《淮南子》《韩诗外传》等相关记述都是表现。当然，传述难免走样，广泛流传的孙叔敖三为令尹、三去令尹事，通过出土竹简知道，实际上是三次辞谢期思“少司马”事的演化。③ 汉代，司马迁作《史记·循吏列传》述孙叔敖事迹，或曰“孙叔敖”，或者直言楚“相”。前引《楚相孙叔敖碑》，传为东汉期思县令段光于“东汉延熹三年五月二十八日立”，最早收于北宋欧阳修《稽古录》，名《孙叔敖碑》，南宋洪适的《隶释》收录内容较全，是以为学者所参考，碑名亦作《楚相孙叔敖碑》。因为其中存在一些相互矛盾的地方，从宋代开始此碑的真伪就成为大家经常讨论的话题，怀疑者代不乏人，

---

① 参安徽省水利志编辑室编印《芍陂水利史论文集》(1988 年)有关论文。

② 杨伯峻：《春秋左传注》(修订本)，中华书局 2016 年版，第 805~806 页。

③ 白于蓝：《孙叔敖“三相三去”考》，《中国史研究》2001 年第 2 期。

徐少华教授综合研究后指出，此碑是南北朝到隋唐时期补刻的，不是汉代的原刻，不可据信,① 为我们的研究提供了启导。各种早期记载中，只有《世本》所言蒍艾猎与孙叔敖二人为兄弟，与我们的意见不一致。何以如此？或者赵人作《世本》时，不太了解楚国的情况以至于误载。更可能是汉魏以来传述的过程中产生了某些失误，如误补，造成孔颖达看到的《世本》内容发生变化，否则高诱、服虔、杜预等不予采纳亦不辩证，没有道理。② 后看到孔颖达说“《世本》转写多误，杜当考得其真”,③ 觉得颖达之论已先获我心。而蒍艾猎字子思的考得，可以说是传本《世本》记载蒍艾猎、孙叔敖为兄弟二人不可取的一个佳证。当然，我们的讨论还是初步的，不妥之处，欢迎批评指正。

（作者单位：华南师范大学历史文化学院）

① 徐少华：《孙叔敖故里封地考述——兼论〈楚相孙叔敖碑〉的真伪与文本时代》，《江汉考古》2008 年第 2 期。

② 《左传》襄公十五年“蒍子冯为大司马”，孔颖达《正义》云：“杜《集解》及《释例》皆以蒍艾猎、孙叔敖为一人，冯是叔敖之子。”然现存杜预《春秋释例》中这一部分已经残缺，为整理者据《正义》说补入；而《春秋经传集解》有关部分，杜则曰“子冯，叔敖从子”(《春秋经传集解》，上海古籍出版社 1988 年版，第 922 页)，又与孔说异。何以如此，有待考求。

③ 阮元校刻，孔颖达疏：《十三经注疏》清嘉庆刻本，第 4253 页。

说“淮汭”与“豫章”：吴师入郢之役战争地理新探

雷晋豪

一、前言

公元前506年，吴王阖庐与伍子胥攻入楚国郢都一役，是中国史上的著名战役，它既是春秋时期晋、楚、吴争霸的高峰，也带动了政治地理的重整：楚、蔡随后迁都，唐、胡则因之灭国。就战术而言，吴师的行军虽非现代意义的水、陆军联合作战，然淮河水道在战术运用中发挥了重要功能，是中国史上首次较详细记载的交替运用水道与陆路的战役。这种新形态的战争出现于吴、楚之间，反映出中国南方多水域的地形特征，也体现出先秦时期南方国家的地域性格。从地缘政治关系而言，吴、楚战争也为后世的荆扬之争拉开了序幕。

有关吴师入郢的研究，主要是对相关地名进行空间定位，以复原此役的战争地理。然而，既有研究在地名定位上尚有分歧，而由于战争是连续性的空间运动过程，实涉及一系列江、淮流域地名的重构。同时，此役时代久远，当代史料有限，故地理重构实质上已体现出研究者对于吴、楚二国战略形势与战术运用的理解，其本质上是一种历史解释。如果地理重构之中包含解释性的成分，则研究就不能局限于沿革地理的考证，而必须回顾吴、楚两国的军事互动史，在更为宽阔的视野之中来寻求解答。

附带说明，关于楚昭王时期郢都的位置，学术界有江陵纪南城说以及宜城说的争议。① 这是一个复杂而未决的问题，本文不拟涉入。考量现今学术界较前沿的研究成果，本文暂采石泉、尹弘兵主张的宜城说。

二、研究回顾

吴师入郢一役可以区别为进兵(吴军出师到入郢)、追击(吴师追击楚昭王至随国)与退兵(秦、楚勤王与吴师败归)三个阶段，而争议主要是关于进兵路线的。以下先引述《左传》有关进兵阶段的原文：

> 冬，蔡侯、吴子、唐侯伐楚。舍舟于淮汭，自豫章与楚夹汉。左司马戌谓子常曰：“子沿汉而与之上下，我悉方城外以毁其舟，还塞大隧、直辕、冥厄。子济汉而伐之，我自后击之，必大败之。”既谋而行。武城黑谓子常曰：“吴用木也，我用革也，不可久也，不如速战。”史皇谓子常：“楚人恶子而好司马，若司马毁吴舟于淮，塞城口而入，是独克吴也。子必速战！不然不免。”乃济汉而陈，自小别至于大别，三战，子常知不可，欲奔……十一月庚午，二师陈于柏举。阖庐之弟夫槩王晨……以其属五千先击子常之卒。子常之卒奔，楚师乱，吴师大败之。子常奔郑。史皇以其乘广死。吴从楚师，及清发……又败之。楚人为食，吴人及之，奔。食而从之，

---

① 相关争议之回顾与讨论，参考尹弘兵：《楚国都城与核心区探索》，湖北人民出版社2009年版，第7~9、237~263页。

败诸雍澨。五战，及郢。己卯，楚子取其妹季芈畀我以出，涉睢……庚辰，吴入郢。①

上引文涉及的地名之中，除了汉水、淮水以及郢之外，多数都有争议：

淮汭、豫章、大隧、直辕、冥厄(三者合称城口)、小别、大别、柏举、清发、雍澨。

关于其地理重建有三个学说：

其一，方城说。石泉主张吴师是乘舟师由淮河进兵，在淮汭(新蔡南)舍舟后，北行经方城南段经过唐国、豫章(淯水东岸的豫章大陂)而抵达汉水。其后吴师在大别与小别(襄阳东)、柏举(襄阳东北)交战获胜，经清发(襄阳东北清河)、雍澨(襄阳北)进入郢都。其行军的方向可以概括为先西后南(图一)。②

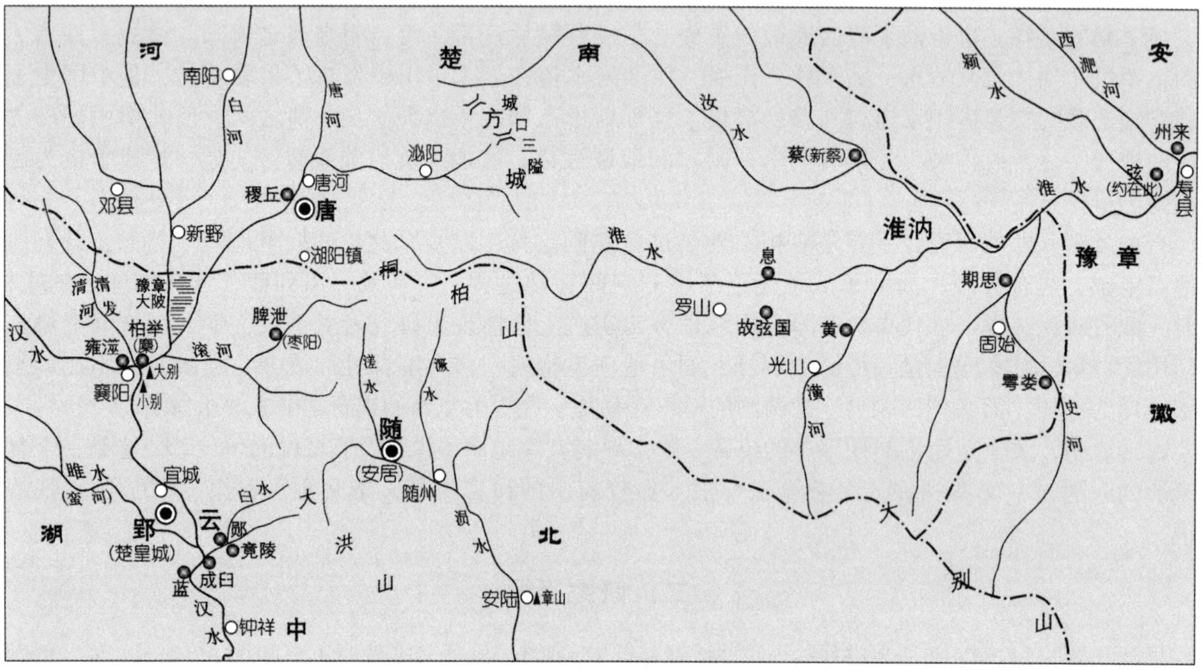

图一　吴楚柏举之战前后诸役地理形势略图

其二，义阳三关说。俞宗汉认为吴师并非取道方城，而是经由义阳三关南下，经过豫章(安陆章山)、大别(汉阳龟山)、柏举(汉川、云梦)、清发(涢水)、雍澨(钟祥北)后，吴师入郢。这一行军路线可以概括为先南后北(图二)。③

其三，举水河谷说。严耕望基本同意俞宗汉的学说，但以为吴师并非经由义阳三关南下，而是提前

① 《左传·定公四年》，引自杨伯峻：《春秋左传注》，复文出版社1991年版，第1542~1545页。后引《左传》不再标明版本信息。

② 石泉：《从春秋吴师入郢之役看古代荆楚地理》，《古代荆楚地理新探》，武汉大学出版社1988年版，第355~416页。图一引自同书，第414页。

③ 俞宗汉：《吴师入郢之战有关问题探讨》，张正明：《楚史论丛：初集》，湖北人民出版社1984年版，第93~122页。图二引自同书，第306页。

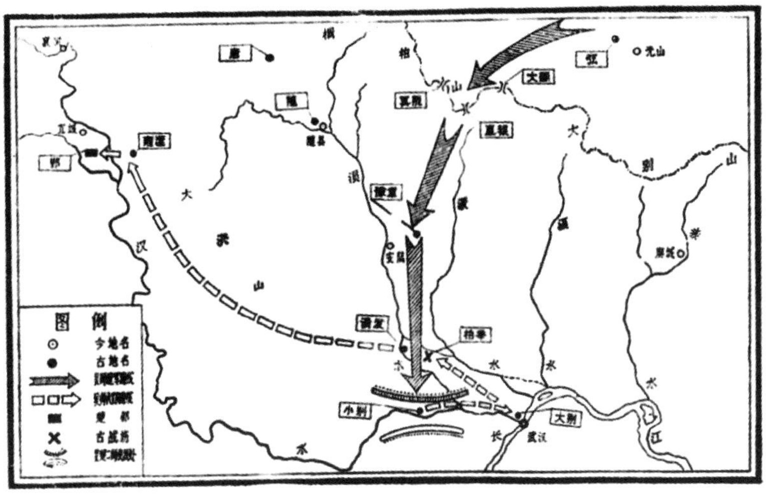

图二　吴师八郢路线示意图

在固始、潢川一带南行进入大别山脉，循举水河谷西南行，在柏举(武汉市新洲区举口)决战之后攻入郢都。①

上举三家的地理重构颇有分歧，然其共通思路均是以几个地名作“支点”，由之推论相关地点。这些地理支点有淮汭、豫章、城口以及柏举等地。由于缺乏当代资料为证，诸家都是以晚出文献作为参照，彼此的说服力也就难分轩轾。

问题在于，诸家均忽略了地理重建的第一个支点——淮汭——有文献学层面的问题。而战争地名环环相扣，一旦重新定位了淮汭，势必牵动下一个支点——豫章——的定位。调整了这两个支点，也就松动了相关地名的位置，为地理重建带来新的可能。

另外，战争与交通息息相关，既有研究却多半聚焦于地理文献的考证，而未凸显交通在战争中扮演的角色。实际上，中国的长距离水路运输正是在春秋晚期发源于江、淮流域，而吴、楚、越三国更是首先将水运加以军事化运用的国家。② 吴师成功攻克郢都的原因之一，正是其能娴熟地交互运用水、陆交通以达成战术目标。故讨论吴师入郢一役势必要厘清吴、楚交通地理及其相应的军事策略，而交通线也是连系地名关系的线索。

以下首论吴、楚之间的战略形势，次论《左传》文本的校勘学问题，并循着交通地理解读吴师入郢一役的战争历程。

三、吴楚战略形势

关于吴、楚两国的战略形势，顾栋高有一段精简的总结：

> 夫长江之险，吴、楚所共，而楚居上游，故长岸之战，司马子鱼曰：“我得上游，何故不吉?”卒得其乘舟余皇。故吴、楚交兵数百战，从水则楚常胜，而从陆则吴常胜。楚以水师临吴，

---

① 严耕望：《桐柏山脉诸关道》，《唐代交通图考：第六卷河南淮南区》，上海古籍出版社 2007 年版，第 1964~1967 页。

② Chinhau Lei(雷晋豪). The Emergence of Organized Water Transport in Early China: Its Social and Geographical Contexts, Clara Wing-chung Ho Mak, Ricardo K. S.; Tam, Yue-him. *Voyages, Migration and the Maritime Silk Road: An International Symposium on China's Role in Global History*. Berlin: De Gruyter, 2018, p. 90.

而吴常从东北以出楚之不意。①

顾栋高着眼于地理因素与军事策略的关联，认为长江中游的楚国拥有上游优势，形成了“从水则楚常胜”的局面。

顾栋高的结论是出于归纳。他的《吴楚交兵表》整理了入郢之前楚国发动的对吴战争，并将相关地名如鸠兹、衡山、朱方、长岸、鹊岸等均定位于长江下游，分布于安徽铜陵以至江苏镇江一带的河段。② 顾栋高虽未探讨楚国水师的基地，然结合《水经注》记载，江陵：

楚船官地也，《春秋》之渚宫矣。③

此“渚宫”即《左传》鲁文公十年子西见楚王之地，④ 依春秋楚郢都宜城说，或系当时的离宫别馆。“楚船官”的设置时间不详，黄盛璋依据江陵凤凰山汉墓出土简牍以及随葬木船模型，认为江陵地区有发达的造船工业，⑤ 应系由“楚船官”发展而成。这个造船工业可能有更久远的渊源。春秋中、晚期楚国的水师基地或已建立于此，故其水师一再顺长江而下吴国。

楚军利用上游优势一再“为舟师以伐吴”，⑥ 自然使吴国陷于不利。吴国“不能一日而废舟楫之用”，但地势使其居于军事被动。历次长江水战中，吴国虽能将战场限定于长江沿岸，却很难主动出击。吴国若要反制楚国，就只能“从东北以出楚之不意”，循淮河通道威胁楚国的东北领土。

然而，楚国在淮河流域也布置重兵，其方城内外以及淮北平原有申、息、陈、蔡以及东、西不羹等“赋皆千乘”的“大城”。⑦ 吴、楚战争激烈化之后，楚国又在淮北建筑州来、钟离以及巢三座城邑。⑧ 尽管自晋、吴通使已来，吴国已经习得了射御、乘车与战阵的战术，但毕竟是偏鄙小国，若要在陆路与楚军抗衡，很难说有必胜的条件。

楚国的“千乘”之邑有一个共通点，即都是陆路交通线上的据点。其最早建立的申、息之师，分别控制南阳盆地的中枢以及淮河上、中游地区的沿河交通线。楚灵王时期设置的东、西不羹，控制方城与中原之间的交通线，陈、蔡则分别控制由鲁、宋南下方城以及由中原南下淮域的道路。大略同时设置的州来、钟离与巢，则控制淮水沿岸以及淮南与大别山北麓之间的交通线。

---

① 顾栋高：《春秋大事表》，中华书局1993年版，第544页。

② 顾栋高：《春秋大事表·春秋吴楚交兵表》，中华书局1993年版，第2071~2080页；谭其骧：《中国历史地图集（一）》之《楚吴越》，中国地图出版社1982年版，第29~30页。蒙文通曾有古代长江无航利之说，故将上举地名移至淮河流域，见：蒙文通：《论古水道与交通》，《禹贡半月刊》一卷第7期，第2页。此说受到部分学者支持，如张胜琳：《吴楚淮域之战若干相关地名地望略考》，张正明：《楚史论丛》，第122~128页。然而，蒙氏之说颇多可待商榷之处，如其“巢湖之道”将期思与芍陂混为一谈，以为均孙叔敖所辟，并不可取，见石泉：《关于芍陂（安丰塘）和期思—雩娄灌区（期思陂）始建问题的一些看法》，见石泉：《古代荆楚地理新探·续集》，武汉大学出版社2013年版，第75~102页。张胜琳的论证则多以后出资料取代早期资料，在方法论上可待商榷，且部分论述亦不符合考古资料，尚待检证。本文从顾栋高之说。

③ 《水经注·江水二》，引自杨守敬：《水经注疏》卷三十四，江苏古籍出版社2001年版，第2861页。

④ 《左传·文公十年》，第576页。

⑤ 黄盛璋：《江陵凤凰山汉墓简牍及其在历史地理研究上的价值》，《历史地理与考古论丛》，齐鲁书社1982年版，第191~192页。

⑥ 《左传·襄公二十四年》，第1090页。

⑦ 《左传·昭公十二年》，第1340页。

⑧ 《左传·昭公四年、十九年》。

由此可见，不同于长江中游的水师基地，楚国在淮河流域是以陆路交通线建构其军事体系。① 其原初目的是争霸中原，故军力集结在北进中原的交通干线。吴国兴起后，楚国加强其对淮河与大别山间东西向通道的控制，结合固有的“千乘”之邑，形成了完整的陆防系统。

吴国在长江流域居于被动，不得不将战略目标转移到淮河流域。但楚国在淮域的层层重兵，使吴国在陆路也缺乏必胜的条件。面对这种不利的局势，本文主张吴国是有意识地利用淮河水道规避楚国的陆防体系，而吴国也势必要充分利用水道运输始能长驱直入。明了这个战略背景之后，我们可以进入文献，由历史地名来推究吴师的空间活动。

四、说“淮汭”与“豫章”

重构吴师入郢的进军路线，关键是《左传》的这一段文字：

> 冬，蔡侯、吴子、唐侯伐楚。舍舟于淮汭，自豫章与楚夹汉。

其中，“淮汭”以及“豫章”两个地名为箇中关键。关于“淮汭”，杜注：

> 吴乘舟从淮来，过蔡而舍之。②

杜预认为“水之隈曲曰汭”，③ 其理据或系得自《说文》云“隈，水曲也”。按隈从畏得声，而汭从内得声，均为微部字。杜预或系基于音近关系而释汭为隈，并理解为曲流。基于这一字释及其对于淮河中、下游的地形认识，杜预认为吴师“过蔡而舍之”。④ 受到杜注影响，现代学者多将吴师的舍舟处定在蔡国(时在新蔡)南方淮水弯曲处。⑤

其实杜预对于“汭”字的解读是可待商榷的。首先，“隈”“汭”通读在古籍中找不到实例，“隈”表示“水曲”似是战国以来的后起之义。此外，古籍语境显示“汭”是一种河川地形，但绝不会是曲流。无论是地形道向或是河道自然摆动，河川的任一河段都会出现曲流。若将“汭”字释为曲流，不免使古籍之中频繁出现的“某汭”失去了界定位置的功能。

归纳《尚书》《左传》《周礼》等早期古籍中的“汭”字，共有如下地名：

> 妫汭、渭汭、洛汭。(《尚书》)⑥
> 洛汭、伊汭、泾汭。(《逸周书》)⑦
> 泾汭。(《周礼》)⑧
> 汉汭、渭汭、滑汭、雒汭、夏汭、罗汭、豫章之汭、沙汭、淮汭、桐汭。(《左传》)⑨

---

① 楚国在淮域或许也有布置部分舟师，《左传》记载楚舟师曾抵达沙汭，即沙水入淮河处，约当今安徽蚌埠市东一带，可能是循淮河进兵。见《左传·昭公二十七年》“沙汭”，第1482~1483页。但楚国舟师在淮域活动的记录仅此一件，且在该场战役中并非主力，最终也无功而还。总体而言，楚国的舟师以长江为基地，淮河流域的军事体系是以陆防为主。

② ［日］竹添光鸿：《左氏会笺》，巴蜀书社2008年版，第2160页。

③ ［日］竹添光鸿：《左氏会笺》，巴蜀书社2008年版，第358页。

④ ［日］竹添光鸿：《左氏会笺》，巴蜀书社2008年版，第2160页。

⑤ 石泉：《从春秋吴师入郢之役看古代荆楚地理》，《古代荆楚地理新探》，武汉大学出版社1988年版，第357页；喻宗汉：《吴师入郢之战有关问题探讨》，张正明：《楚史论丛：初集》，湖北人民出版社1984年版，第99页。

⑥ 《尚书》：《尧典》《禹贡》《召诰》。

⑦ 《逸周书》：《度邑解》《职方解》。

⑧ 《周礼》：《职方氏》。

⑨ 《左传》：庄公四年，闵公二年，宣公八年，元年、四年、五年、二十四年、二十七年，定公四年，哀公十五年。

汉汭、夏汭。(《秦水陆里程书》)①

除了较具争议的“豫章之汭”以及以下讨论的“淮汭”之外，“汭”均是二水汇流之地。典籍中的“渭汭”即渭水入河处,②“沙汭”是沙水入淮处,③“桐汭”是桐水入中江处,④北京大学藏《水陆里程书》中的汉汭与夏汭则分别指汉水汇入夏水以及夏水汇入江水处。⑤大量例证说明《说文》“汭，水相入也”的释义为是。古籍记载了大量带“汭”的地名，说明其已由自然地形取得了人文地理的意义。这也不难理解。“水相入”之地有明确位置，而汇流之地往往为交通枢纽，因而成为常见的地名。

但若进一步分析“某汭”的命名规律，则通常是以支流入主流处称为该“支流之汭”。换言之，是以主流为预设本位，利用支流界定位置。当然，古代水道有“互受通称”之例，说明古人对于现代测量所界定的主流和支流，不见得能有清楚的认识，故偶有张冠李戴的例子。最显著的例证就是“洛(雒)汭”。《逸周书》记载周武王遗命：

自雒汭延于伊汭，居易无固，其有夏之居。⑥

如果依照“支流之汭”的通例，则“有夏之居”应是位在洛水与伊水交汇处至伊水与黄河的交汇处，亦即今日河南省偃师市以东、黄河以南的地域。但这违反了考古学的证据。按“居”在古文中是指都城之所在,⑦依照二里头文化即夏文化的思路，由于相关河道没有大幅变动,⑧“有夏之居”位在偃师市西南、洛水与伊水之间的地域(图三)，伊、洛交汇处以北的地域并非其核心区域。⑨这就说明了古人对于主流与支流的认定时或带有主观性。

关于早期的洛汭所在，有一个较明确的参照。《召诰》记载召公营建成周时：

太保乃以庶殷，攻位于洛汭。⑩

这个洛汭应与西周洛邑相距不远。由历史地理学、地形关系以及考古发现来推测，西周洛邑位在洛水以北的瀍水与涧水之间,⑪平王东迁后的东周王城即是西周洛邑的延续,⑫故知西周时期的“洛汭”是指洛水与涧水的交汇之地，周武王所谓“自雒汭延于伊汭”，指的是洛、涧交汇与伊、洛交汇之间，正是二

① 辛德勇：《北京大学藏秦水陆里程简册初步研究》，《石室賸言》，中华书局 2014 年版，第 94~96 页。

② 杨伯峻：《春秋左传注》，复文出版社 1991 年版，第 262 页。

③ 杨伯峻：《春秋左传注》，复文出版社 1991 年版，第 1225 页；谭其骧：《中国历史地图集(一)》之《吴楚越》，中国地图出版社 1982 年版，第 29~30 页。

④ 谭其骧：《中国历史地图集(一)》之《吴楚越》，中国地图出版社 1982 年版，第 29~30 页。

⑤ 辛德勇：《北京大学藏秦水陆里程简册初步研究》，《石室賸言》，中华书局 2014 年版，第 95~96 页。

⑥ 《逸周书·度邑解》，引自黄怀信、张懋镕、田旭东：《逸周书汇校集注》，上海古籍出版社 2014 年版，第 480~481 页。

⑦ 《世本·居篇》。

⑧ 历史上洛水与伊水有河道变动，但范围有限，并不影响地理格局。见许天申：《洛阳盆地古河道变迁初步研究》，林金保：《河南博物院落成暨河南省博物馆建馆 70 周年纪念论文集》，中州古籍出版社 1998 年版，第 138~141 页。

⑨ 中国社会科学院考古研究所：《中国考古学·夏商卷》，中国社会科学出版社 2003 年版，第 61 页。

⑩ 《尚书·召诰》，引自屈万里：《尚书集释》，台湾联经出版事业公司 1983 年版，第 172 页。

⑪ 有关西周洛邑位置最新的综合性讨论，参考[日]黄川田修：《洛阳“成周”所在地を巡る诸问题》，《中国考古学》2018 年第 18 期。

⑫ 李学勤：《东周与秦代文明》，上海人民出版社 2007 年版，第 13~16 页；中国社会科学院考古研究所编：《中国考古学·两周卷》，中国社会科学出版社 2004 年版，第 230~231 页。

里头文化的宫室遗址所在地(图三)。周人将洛、涧交汇处称为“洛汭”，暗示其以涧水为本位，而以洛水界定位置。这可能是因为周人由渭河流域东出“翦商”，是沿着崤山道的涧(谷)水河谷进入华北平原，① 因而直觉地以涧水为预设，直到战国时期才依照地名通例将洛汭移至洛水入黄河处。②

无论是冠以主流还是支流之名，“汭”字必须符合二水汇流的基本定义。以此检视“淮汭”不免出现矛盾。按淮水为古代的四渎之一，也就是独流入海的河川，理论上不应有“淮汭”这个地名。这一个矛盾现象暗示了今本《左传》中包含有文本错误，而这又造成了“舍舟于淮汭，自豫章与楚夹汉”的断句方式。

其实，“汭”的本字是“内”。《说文》“内，入也。从冂，自外而入也”，本义是指主体移动进入某一空间，原为动词，由之引申出支流入主流之地的名词意义。

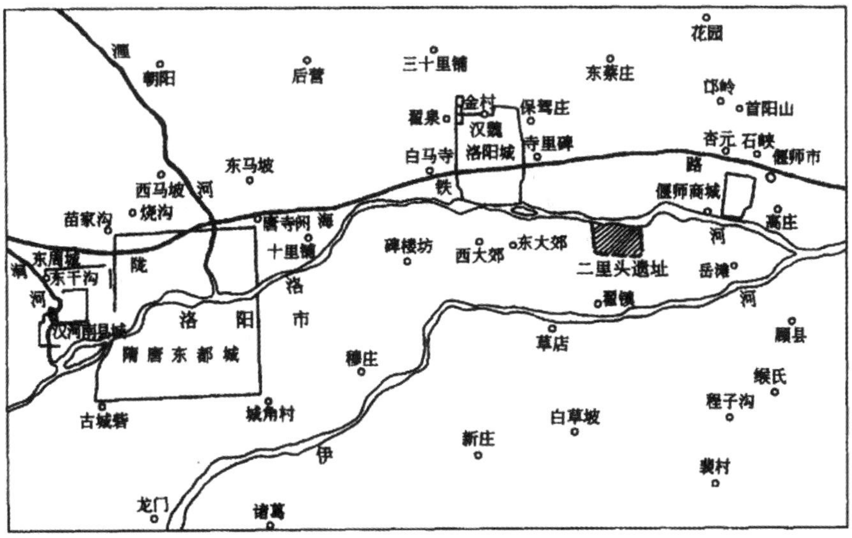

图三

就文字演变而言，由先秦以至秦、西汉时期，“汭”字都是写作本字“内”。《禹鼎》“至于历内”，③ 应当隶定为“历汭”。《禹贡》“泾属渭汭”，陆德明《经典释文》云“汭，本又作‘内’”，④ 可见早期版本书作“内”。秦代的《水陆里程书》涉及多条江、汉流域的河流，其中有“汉汭”与“夏汭”，其“汭”也是写作“内”(“汉内”，图四⑤)。

图四

加水旁的“汭”字大概在东汉时期出现，进入“内”“汭”混用时期。《汉书》记载了多个带“汭”的地名，但《沟洫志》云“及盟津、雒内”，师古曰“内读曰汭”，尚且将“汭”写作“内”。⑥ 大概要到《说文解字》之后，汭、内始明确划分，“汭”成为“水相入”之地的专字。

由之推测，《左传》的“淮汭”在古本中应是写作“淮内”。

然而，古文“入”“内”混用。《说文》云“入，内也”，又云“内，入也”，其本意均指事物移动进入某一空间，二者之分在于主体之别。“入”是以移动者为主体进入某一空间，而“内”则是以空间为主体表达其被移动者所进入，用白话而言即“进入”与“进来”的分别。语

① 涧水、谷水互受通称，见《水经注·涧水》，引自杨守敬：《水经注疏》卷十五，江苏古籍出版社 2001 年版，第 1357 页。

② 《尚书·禹贡》：“又东至于孟津；东过洛汭，至于大伾。”洛汭显然位在洛水入黄河处。

③ 《禹鼎》，《集成》02833。

④ 高亨、董治安：《古字通假会典》，齐鲁书社 1997 年版，第 553 页。

⑤ 图片引自北京大学出土文献研究所：《北京大学藏秦代简牍书迹选粹》，人民美术出版社 2014 年版。

⑥ 《汉书·地理志》，中华书局 2002 年版，第 1675 页。

意之别既微，而二字字形相关，故古文时常混用。

举例而言，金文行册命礼之后，受册者“返入瑾璋”，郭沫若读为“返纳瑾璋”。① 金文“出入”又作“出内”，② “入门”又作“内门”，③ 后者更形成合文“”；④ 又如“入右”又作“内右”，⑤ 例证甚多。战国简牍之中“入”“内”亦通读，《曹沬》“曹沬内(入)见曰”，《昔者》大“慍于外，不见于内。内言不以出，外言不以内(入)”。⑥ 在传世文献中，《礼记》“无不务内”，《吕氏春秋》与《淮南子》均书内作“入”；《左传》“以出内火”于《汉书》中作“入火”。⑦ 这些例证显示入、内混同是古文普遍的现象。

由此可见，今本《左传》的“淮汭”在古本之中应是写作“淮内”，而古代入、内混同，当然也可以写作“淮入”。很可能后代文献传抄时，受到“某河之汭”的地名通例而改写为“淮汭”，却忽略了淮河独流入海，不符合“某汭”的基本定义。回归到原始文本，“淮入(内)”的“入”字应是动词，其断句应该下读为：

舍舟于淮，入自豫章，与楚夹汉。

“入”是动词，“入自”某地为《左传》常见的句例，如“入自颠軨，伐鄍三门”，⑧ “入自丘舆，击马陉”，⑨ 以及“众车入自纯门，及逵市”，即是自某地进入的意思。⑩ 依此还原《左传》文本，系指吴师舍舟于淮水之后，由豫章进入楚境。

吴师舍舟之处过去多因循杜注定于新蔡南方。其实，先秦时期根本不存在“淮汭”这个地名。另外，吴、蔡二国固然联兵伐楚，并不表示双方必须在蔡国会师。部队是机动性的主体，以信息流通为前提，双方大可以在约定的地点会师。基本上，现有证据很难确定吴、蔡的会师地点，故此处姑且不论蔡军动向。但吴师既是刻意以水路规避楚国的陆路军事体系，其舍舟之处必然较楚国的息师更为上游，至淮河不能通航之处才会弃舟从陆。

尽管不知道吴师的舟船大小以及吃水深度，但在河南息县曾经出土长达 9.28 米的商代早期木船(图五)，⑪ 显示淮水中游在商代即可通行较大的船只。作者于 2017 年 12 月进行地理实查时，发现淮河在信阳市的楚城阳城遗址一带，近年因抽沙工程使河道加深，致使河道宽度缩减，但冬季河道依然宽达百米以上，且隆冬时节未曾断流。河道主流之中停靠有抽沙船只。该船长有二三十米，吃水较深，却依然航行无阻(图六)。⑫ 由之推测，两千多年以前吴国舟师要在冬季航行到信阳以上不会是问题。

---

① 《颂鼎》，《集成》02828；郭沫若：《两周金文辞大系图录考释》，上海书店 1999 年版，第 72~73 页。

② “出入”之例，如《卫鼎》《毛公鼎》《小臣宅簋》《蔡簋》《麦方彝》，《集成》02733、02841、04201、04340、09893 等。作“出内”之例，如《伯矩鼎》《叔趯父卣》《小子生尊》《矩鼎》《伯和鼎》，《集成》02456、05428、06001，NA1664、NA1690 等。标记 NA 者引用自陈昭容、钟柏生、黄铭崇、袁国华编：《新收殷周青铜器铭文暨器影汇编》，台湾艺文出版社 2006 年版。

③ “入门”之例，如《趞鼎》《此鼎》《颂鼎》《小盂鼎》《大师虘簋》，《集成》02815、02821、02827、02839、04215 等。作“内门”之例，如《无叀鼎》《鄀簋》《宰兽簋》，《集成》02814、04296，《殷周金文暨青铜器资料库》NA0663 等。

④ 《无叀鼎》，《集成》02814。

⑤ “入右”之例，如《豆闭簋》《辅师嫠簋》《敔簋》《蔡簋》，《集成》04276、04286、04323、04340。“内右”之例，如《楚簋》《伊簋》《扬簋》《师虎簋》，《集成》04249、04287、04294、04316。

⑥ 白于蓝：《简牍帛书通假字字典》，福建人民出版社 2008 年版，第 551~553 页。

⑦ 高亨、董治安：《古字通假会典》，齐鲁书社 1997 年版，第 552 页。

⑧ 《左传·僖公二年》，第 282 页。

⑨ 《左传·成公二年》，第 796 页。

⑩ 《左传·庄公二十八年》，第 242 页。

⑪ 现收藏于信阳市博物馆。图片为作者自摄。

⑫ 图片为作者自摄。

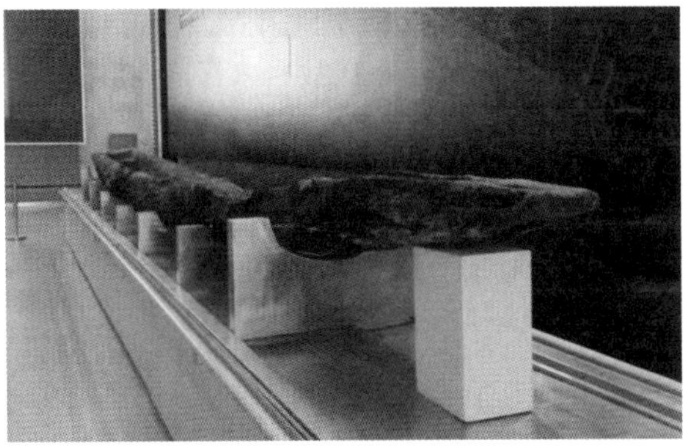

图五

图六

文献记录也暗示了吴国的舍舟之处。沈尹戌提出其战略时说：

我悉方城外以毁其舟，还，塞大隧、直辕、冥阨。

多数学者都将“还塞大隧”连读，只有严耕望在“还”字断句，本文从之。① “还”字意指走过而返，则吴军舍舟之处应较义阳三关（信阳南）更为上游。尽管具体的舍舟地难以确知，然淮水在桐柏月河一带仍大致流经平原地形，先秦时期也有较具规模的聚落，② 未始不可行船。淮河是在桐柏以西才真正进入山区，河道曲折，高差剧烈，推测吴师的舍舟处应在信阳以西，桐柏以东的地带。

如果这个推论正确，则有助于确定吴师途经的下一个关键地点：豫章。

豫章一名数见于《左传》，杜预注云其为“汉东江北地名”，③ 不免空泛。顾栋高则画出一个范围，认为：

自江西之九江、饶州二府，隔江为江南之安庆府境，北接颍、亳、庐、寿，西接光、黄，皆为楚之豫章地也。④

其说为《中国历史地图集》所从，故将“豫章”以大字标注在大别山北麓与淮河之间的广大地区。

其实，豫章在先秦时代是异地同名，并非一地。顾栋高将多地视作一地并不可取。归纳起来，古籍之中共有四个豫章：其一为清代庐州府、汝宁府，淮水左右之地；其二，江西之豫章，汉代豫章郡由之得名；其三，《舆地纪胜》所载，湖北安陆之章山；⑤ 其四，《水经注》所载淯水左岸的豫章大陂，位在南阳盆地东缘。⑥

就吴师入郢一役而言，江西的豫章显不可采，汝宁豫章在吴军舍舟处之前，亦不可取。所剩只有章山说与南阳说可以考虑。喻宗汉主张章山说，严耕望从之，而石泉则力主南阳说。

① 严耕望：《唐代交通图考（第六卷）》，1967年。

② 南阳市文物研究所、桐柏县文管办：《桐柏月河一号春秋墓发掘简报》，《中原文物》1997年第4期。

③ ［日］竹添光鸿：《左氏会笺》，巴蜀书社2008年版，第2160页。

④ 顾栋高：《春秋时楚豫章论》，《春秋大事表》，中华书局1993年版，第552页。

⑤ 易本烺：《春秋楚地答问》，中华书局1985年版，第5页。

⑥ 石泉：《从春秋吴师入郢之役看古代荆楚地理》，《古代荆楚地理新探》，武汉大学出版社1988年版，第359~360页。

从文献的角度而言，章山说出于南宋《舆地纪胜》，比起《水经注》远为晚出，在方法论上较有疑虑。此外，章山说的前提是吴师由义阳三关南行，而新发表的《曾侯与钟》铭文记载吴师入郢一役云“西征南伐，乃加于楚”（NB0488），高崇文已指出铭文记载的行军方向证明章山说为误，① 故当以石泉提出的南阳说为是。

南阳说与前论吴师的舍舟之地位置相连。推测吴师在舍舟之后，即循淮河通往淮源地区，再由桐柏山间通道进入南阳盆地东部，循着淯水河道抵达襄宜平原。

这一条通路的可行性得证于《左传》。鲁昭公三十一年，吴师侵弦，楚国：

左司马戌、右司马稽帅师救弦，及豫章，吴师还。②

弦国位在息县南，楚国援军很可能是行经南阳盆地东缘的豫章，再经由淮源地带驰援弦国。这个军事行动发生在吴师入郢之前五年，说明淮源地区沟通南阳盆地与淮河流域的道路可行。

这个交通路线也符合唐国的位置。唐国的地望自古有随州市唐县镇与河南省唐河县二说，石泉力主唐河县说，③ 成为学界通说，然并未有考古材料为证。具有明确出土位置的唐侯铜器到近年才被发现。2012 年，随州市破的义地岗盗掘案出土数件带“唐侯制随夫人行器”铭文的青铜器。黄凤春指出，这些器物说明唐、随关系密切，则其地望应当以随州唐县镇为宜。④ 若此，则唐国恰处于随枣走廊中枢，可以切断随国与楚国的连系，便利吴师通过南阳盆地东缘向汉水进兵。《左传》所谓“蔡侯、吴子、唐侯伐楚”自然是笼统的说法，其具体过程应是吴、蔡联军通过淮源、豫章抵达汉襄阳地区后，与由随枣西出的唐师会合。

吴国的进兵途径表现出高超的军事策略。《襄阳耆旧记》说：

楚有二津，谓：从襄阳渡沔，自南阳界出方城关是也，通周、郑、晋、卫之道；其东，则从汉津渡汉，经江夏出平皋关是也，通陈、蔡、齐、宋之道。⑤

楚国与中原之间有方城道与义阳三关两条主要道路。然而，前者有方城为隘，方城内外分别有申县之师以及东、西不羹把守。后者经过城口关隘，且有息师把守淮滨。吴国若由陆路进兵，无论采行方城道或城口道，都要面对地形障碍以及楚国重兵，很难有战胜的机会。

吴师因而采行间道，先以淮河水路避开淮北平原的陆防重镇，再穿行桐柏山区进入南阳盆地，循淯水直接抵达襄阳地区。这一个进兵模式与邓艾采阴平道而进入四川平原的思维如出一辙，都是采行间道，避实就虚，突袭腹心，以高度的机动性以及一定的冒险求取战果。

五、吴师入郢的过程

吴军采间道直攻核心，看似来势汹汹，其实孤军深入，补给线绵长，利在速战。故顾栋高认为：

---

① 高崇文：《曾侯與编钟铭文所记吴伐楚路线辨析——兼论春秋时期楚郢都地望》，《江汉考古》2015 年第 3 期。

② 《左传・昭公三十一年》，第 1512 页。

③ 石泉：《从春秋吴师入郢之役看古代荆楚地理》，《古代荆楚地理新探》，武汉大学出版社 1988 年版，第 360~376 页。关于唐国地望以及近年来出土材料的讨论，可参考田成方：《汉淮地区唐国铜器及其历史地理考论》，出土文献与中国古代文明研究协同创新中心、中国人民大学分中心编：《出土文献的世界》，中西书局 2018 年版，第 13~29 页。

④ 黄凤春、黄建勋：《从新见唐国铜器铭文再谈曾随之谜——兼谈姬姓唐国的地望问题》，本书论文。然《唐侯鼎》的时代为春秋中期，早于吴师入郢之役。由春秋中期至晚期，唐国地望是否变动并不得而知，但义地岗出土的唐侯器为时代最接近的证据，故本文采用此说。

⑤ 习凿齿：《襄阳耆旧记》，引自张林川：《襄阳耆旧记校注》，荆楚书社 1986 年版，第 311 页。

当日为楚之计者，第当严兵固垒，勿轻与战，淹至旬日，吴必倦怠欲归。①

这正是楚国沈尹戌的军略。他建议子常说：

子沿汉而与之上下，我悉方城外以毁其舟，还，塞大隧、直辕、冥阨。子济汉而伐之，我自后击之，必大败之。

我们可以从交通地理来理解其军略。

前述楚国对外有方城道与城口道两条干线，以及一条经由淮源与豫章的间道。前二者常驻重兵，后者只有在军事行动时才偶见记载。吴师之策略正是利用水路避实就虚，再采行间道直入腹心。

沈尹戌的反制策略是令方城内的申县之师按兵不动，切断方城道的对外交通，同时以方城外的军力摧毁吴师舟船，切断经由豫章连接淮域的间道，以断吴师归路。其后回师塞城口而入，防止吴师改由义阳三关撤兵。封闭了义阳三关后，他再经由随枣走廊西行夹击吴师。

从交通地理而言，沈尹戌的策略是封锁楚国所有的对外交通线，再与子常夹击吴师，可说是瓮中捉鳖之策。此计若付诸实施，吴师腹背受敌，而又孤悬敌境，无路可退，恐不免全军覆没。

然而，正当沈尹戌在方城之外运作时，子常却私自渡汉出击，由之展开一系列的战事，兹略引其过程如下：

乃济汉而陈，自小别至于大别，三战，子常知不可，欲奔……十一月庚午，二师陈于柏举……吴从楚师，及清发……又败之。楚人为食，吴人及之……败诸雍澨。五战，及郢……庚辰，吴入郢。

涉及地名有：

汉、小别、大别、柏举、清发、雍澨、郢。

这一系列地名之中，头尾两个位置明确，中间则相对模糊。过去学者对于小别、大别、柏举、清发、雍澨等有许多讨论，众说纷纭。其实，从交通地理而言，这些地名纵始不能一一精确定位，却不难由吴、楚两军的运动方向加以推测。

简言之，吴师在这个战争阶段经历了由后撤到追击的过程。楚师渡汉出击之后，吴师且战且退；柏举之战转趋上风之后，反过头来追击楚师，最后渡过汉水攻入郢都。由此可见，表面上看似纷纭杂沓的沿革地理考证，背后其实有一道线索贯穿。运动战的观点说明，这些地名是在同一条交通线上展开的，具有空间上的逻辑关系。具体而言，这条交通线就是随枣走廊。

（一）小别与大别

关于小别与大别，有相对位置与绝对位置的争议。

首论相对位置。孔疏以为“小别当在大别之东”。相反的，江永《春秋地理考实》基于吴、楚分居汉水两岸的形势，指出了楚师渡汉出击后，应循“自西及东”的顺序，故“小别当在大别之西”，② 本文从之。

关于小别与大别的绝对位置，小别在早期史籍似仅一见，难以找到参照。大别则颇多争议。首先，

① 顾栋高：《春秋吴楚柏举之战论》，《春秋大事表》，中华书局1993年版，第2081页。

② 江永：《春秋地理考实》卷三，见《钦定四库全书》，第29页。

由于历史地名的空间扩张，今日的大别山与先秦之大别并无关系。今日之大别山至迟在汉代定型。《汉书·地理志》六安国安丰县后班固自注"《禹贡》大别山在西南"，① 即指今日的大别山脉。但这位置与吴师入郢全无关系。

关于大别的另一个流行说法是武汉市汉阳区的龟山，其说始见于《元和郡县图志》汉阳县，下云"鲁山，一名大别山，在县东北一百步"。② 由于江、汉之交在汉末以来的战略地位，学者多以此为吴、楚交战之地。③ 然而，此说是以春秋楚郢都江陵说为前提，依宜城说则吴、楚断不可能于此交战。此外，今日武汉的龟山规模很小，海拔高程不过一百余米，是一个长江岸滨的市民休闲公园，也不像是古代的名山。

大别的位置应当以石泉之说为是。

石泉结合《禹贡》与《汉津赋》"遇万山以左迴兮，旋襄阳而南萦。切大别之东山兮，与江湘乎通灵"为证，认为大别应在襄阳东，汉水由东流转为南流处的东岸，在地理上属大洪山的北方余脉。④ 此说得到较早文献为佐证，且符合吴、楚之战的形势，本文从之。又尽管小别的位置不明，然依小东、大东的地名规律，当是以楚国为本位的称名，故小别应在大别以西不远处。

前引习凿齿《襄阳耆旧记》谓楚国北出中原有"二津"，都以襄阳为枢纽。其一经方城道通往中原，其渡口未有明确记载。就现有的考古资料而言，汉水以北的襄阳市樊城区有邓城遗址，为周代邓国与楚国邓县之所在，⑤ 邓城以南的汉水南岸，有时代跨越西周与春秋、融合中原与江汉文化因素的真武山遗址。⑥ 推测北津就在邓城与真武山之间的南北交通线上。

襄阳地区的另一个渡口，位在向东经过随枣走廊、城口道通往北方的通路。这个"汉津"一般认为即今襄阳市东津镇。根据实地考察，该镇至今尚保留明、清时期的石板路面以及十字街旧貌，是一处历史悠久的汉水渡口（图七）。⑦

图七

从地理形势而言，吴、楚隔着汉水对峙，所争之地当为汉水渡口。在襄阳地区的两个渡口之中，邓城为楚国邓县所在地，⑧ 虽非军事重镇，但并没有邓县陷落或迁移的记录，故邓城—真武山交通线上的汉水渡口应该尚在楚国控制之中。由此推论，吴、楚争夺的渡口较可能是襄阳的东津。其后，子常由东津渡汉，而吴师则沿随枣走廊向东方退却，沿途接连在小别与大别交战。今东津镇南方有大洪山北麓馀脉形成的丘陵地，或即小别、大别之所在。

---

① 《汉书·地理志》，中华书局 2002 年版，第 1638～1639 页。

② 李吉甫：《元和郡县图志》卷二十九，中华书局 2016 年版，第 648 页。

③ 高士奇：《春秋地名考略》卷九，《钦定四库全书》，第 22～23 页。喻宗汉：《吴师入郢之战有关问题探讨》，张正明：《楚史论丛：初集》，湖北人民出版社 1984 年版，第 109 页。

④ 石泉：《古夏口城地望考辨》，《古代荆楚地理新探·续集》，武汉大学出版社 2013 年版，第 138～160 页。

⑤ 石泉：《古邓国、邓县考》，《古代荆楚地理新探》，武汉大学出版社 1988 年版，第 105～126 页。

⑥ 张昌平：《试论真武山一类遗存》，《方国的青铜与文化》，上海人民出版社 2012 年版，第 51～60 页。

⑦ 图片为作者自摄。

⑧ 徐少华：《周代南土历史地理与文化》，武汉大学出版社 1994 年版，第 12～14 页。

(二)柏举

吴、楚两军的决战发生在柏举。此战：

> 阖庐之弟夫槩王晨……以其属五千先击子常之卒。子常之卒奔，楚师乱，吴师大败之。

此后吴师追亡逐北，经清发、雍澨而攻入郢都。

柏举之战是吴师入郢一役的关键，其地望迄今共有三说：第一说以《水经注》为代表，定于举水入长江处，称为“举口”。第二说出于《元和郡县志》与《读史方舆纪要》，将柏举释为柏山与举水之合名，位于举水上游的大别山麓地带。第三说出自王夫之引京相璠，以为举为洰水，明代称竹筒河。喻宗汉接受了第三种说法，并进一步将之定位于汉川、云梦的涢水东岸地带。①

三种流行的说法都可待商榷。首先，前二说均依据晚期文献，并没有较早的参照。又从交通地理而言，尽管大别山与长江主流之间，先秦时代确实存在一条东西向的交通线，由举水流域南下长江沿岸，可以绕行云梦泽北缘西通江陵地区，又可于江陵往北通往襄宜平原。② 然从交通日程来衡量，无论是举口说还是柏山说都很难成立。此点喻宗汉已经提出，③ 兹复申其说。

按《左传》记载，吴、楚柏举之战发生在庚午日，此役规模较大，吴王之弟“以其属五千先击子常之卒。子常之卒奔，楚师乱，吴师大败之”，双方各自动员的兵力至少有万人以上，④ 战斗应该经历了较长时间。故柏举之战后，吴师最早也应是从次日辛未开始追击楚军。《左传》又载己卯日“楚子取其妹季芈畀我以出”，可见吴军最晚在前一日戊寅已经兵临郢都，距离柏举战后不过八日左右。

按今日麻城与宜城之间，无论是采行随枣走廊或采行武汉、汉川、天门一途，路程有三百五十余公里。若采行武汉、荆门再折返宜城一途，则有近四百公里。⑤ 按吴师采步兵作战，要在八天之内走完三百五十至四百公里的路程，意味其以平均每日四十至五十公里的速度，连续急行军八日，即使是现代化的步兵也难以达成。⑥ 更何况吴师并不是整日行军，其间与楚军至少“五战”，在且战且走的情况下，以八天之内完成如此距离的可能性微乎其微。故柏举一地不应远至举水流域，而应在随枣走廊之中寻求。

就距离而言，喻宗汉的说法较近情理，但其依据是王夫之的竹筒河说，时代更晚，证据力也就比较薄弱。本文认为举地须以早期史料为佐证。以下试论之。

早期史料之中，有一个地点可作伯举的参照。武丁时期卜辞记载：

> ……贞，令望乘眔与途虎方？十一月。(《合集》6667)
> 乙未卜贞，立事于南，右比我，中比与，左比曾？(《合集》5504)
> 乙未卜……寀立事……右比我，比与，左比……十二月。(《合集》5512)

---

① 喻宗汉：《吴师入郢之战有关问题探讨》，张正明：《楚史论丛：初集》，湖北人民出版社1984年版，第111~112页。

② 辛德勇：《北京大学藏秦水陆里程简册初步研究》，《石室賸言》，中华书局2014年版，第151~155页。

③ 喻宗汉：《吴师入郢之战有关问题探讨》，张正明：《楚史论丛：初集》，湖北人民出版社1984年版，第110~112页。

④ 《吕氏春秋》记载，阖庐用兵“三万”。见《吕氏春秋·用民》，引自陈奇猷：《吕氏春秋新校释》，上海古籍出版社2002年版，第1279页。

⑤ 据Google Map计算。

⑥ 现代步兵行军多佐以摩托或装甲，较少纯步兵行军。若以纯步兵而言，每小时约5公里，每日行军距离50至60公里，以遂行特殊战术为目的。急行军后战斗力衰减，故以短距离为宜，亦不可能连续急行军。

"与"字应读为"举"，"曾"是商代的曾国，"虎方"则是昭王南征时期铜器所记载的虎方。①

尽管举地的位置并不明确，但依据地名系连原则，举、曾、虎方应当临近，且都位于商代的南土。其中，曾的位置比较明确。叶家山考古证实了西周早期曾国位在随州市东北的漂水流域，其地名当有渊源，或可作为商代之曾的参照。②

虎方的位置较有争议。丁山与谭其骧定位在江淮流域，即今安徽寿县、长丰地带；钟柏生、澎明瀚认为在淮河上游北岸；杨华认为虎方即巴方，位在长江中游；王长丰认为虎方在江淮下游的安徽合肥；李学勤定之于汉水流域。③ 然而，诸家的地名或以春秋时期的文献为参照，抑或有将青铜器的老虎母题或虎纹族徽视作虎方。实际上，虎方的位置可能变动，不宜以晚出文献概括其早期位置，而族徽铭文或虎纹装饰是否可视作方国名，也颇有疑虑。诸说之中以李学勤的说法近是。

李学勤指出的汉水流域说，范围依然较大。然有一件西周中期的资料可提供参照。《史密簋》载：

> 唯十又一月，王命师俗、史密曰："东征，敆南夷卢、虎。"会杞夷、舟夷，雚不坠，广伐东国，齐师族徒□人，乃执鄙宽亚。(NA0636)

铭文断句颇费思量。张懋镕在"合南夷"处断句，以为卢、虎会同杞夷、舟夷伐东国。④ 本文认为不妨将之作一句读，将"敆"读为动词，理解为周师联合南夷中的卢、虎，而将后一个"会"读为副词，依"会天大雨"之例，读为适值之意。

无论如何，两说均不否认卢、虎属于南夷集团，则铭文反映的地理关系很值得一探。按《史密簋》出土于安康，说明器主可能是当地氏族。安康一地位在汉水上游，循汉水可以通往十堰，东下老河口后抵达襄阳。西周、春秋时期卢国位在襄阳以西不远的南漳县中庐镇，⑤ 由此可见，史密可能是沟通安康与西南夷的媒介。依照本文的断句方式，可推测史密受命出征的目的很可能是为了征调西南夷参战，类似牧野之战周师与西南夷联军出征的形势。

"史密簋"铭文中的"虎"应该就是虎方。铭文显示虎方属于南夷，且与卢国相近，大概不出汉水中游襄宜平原与荆山之间的地带。李学勤认为虎方在汉水流域诚为的论。

曾既在随州市东北，而虎方约在襄阳市西南，则与曾联军讨伐虎方的举，应该也是位在随枣走廊，距离商代曾国不远的位置。

由于吴、楚战于柏举之后，吴师由东向西追击楚军，"及清发"(其位置详下)，则举应在清发以东。复考量当时随国虽然心存观望，但毕竟仍属楚之盟国，故吴、楚也不应该越过随国交战。按春秋晚期随国的中心范围约在随州市区至安居镇之间，方圆二十余公里的地域，而都城可能已经东迁至随州市区的位置，⑥ 故举应在清发以东与随州城区以西之间的范围。

---

① 李学勤：《盘龙城与商朝的南土》，《新出青铜器研究》，人民美术出版社 2016 年版，第 13~17 页。

② 湖北省文物考古研究所等：《湖北随州叶家山西周墓地发掘简报》，《文物》2011 年第 11 期；湖北省文物考古研究所等：《湖北随州市叶家山西周墓地》，《考古》2012 年第 7 期；湖北省文物考古研究所等：《随州叶家山西周墓地第二次考古发掘的主要收获》，《江汉考古》2012 年第 3 期。另有一说认为卜辞中的曾在山东，即《左传》的"缯"地。见赵庆淼：《卜辞之曾地望考》，《中原文物》2015 年第 4 期。然其说将无名组与黄组卜辞中的曾及其地名关系，等同于宾组卜辞中的曾，可待商榷。按商代乙、辛时期商文化的发展方向在东土，将无名组卜辞中的曾定位于山东是合理的。但武丁时期延续盘龙城所反映的政治地理格局，复结合《诗经・殷武》中"奋伐荆楚"的记载，商文化的重点发展方向之一仍是南土，故宾组卜辞中的曾还是以定位于南土较符合情势。

③ 虎方诸说的整理，参考王长丰：《"虎"族器整理与研究》，张光裕、黄德宽编：《古文字学论稿》，安徽大学出版社 2008 年版，第 278~299 页。

④ 张懋镕：《史密簋与西周乡遂制度——附论"周礼在齐"》，《文物》1991 年第 1 期。

⑤ 谭其骧：《中国历史地图集(一)》，第 17~18 页；徐中舒：《殷周之际史迹之检讨》，《徐中舒历史论文选辑》，中华书局 1998 年版，第 673 页；张懋镕：《卢方・虎方考》，《文博》1992 年第 2 期。

⑥ 张昌平：《曾国的疆域及中心区域地域》，《商周时期南方青铜器研究》，商务印书馆 2016 年版，第 214~239 页。

(三)清发与雍澨

前两节的讨论显示，吴、楚分居汉水两岸，子常在东津渡汉之后，沿着随枣交通线向东追击吴师，迫使吴师逐步东移。两军在柏举决战之后形势逆转，吴师沿着随枣走廊向西追击楚军，最后渡汉入郢。

吴、楚追击战最终涉及的清发与雍澨两地，都应在随枣走廊的交通线上寻求。其中，清发的位置明确。清发水就是郧水，其上游在随州以西分为两支，一支源自大洪山，另一支名为溠水，两条支流在随州市西方汇合。依据互受通称之例，二水均可称为清发水。

吴师追击楚师途中所行经的清发应为溠水。这一个追击路线与《左传》记载的另一场战争相同。鲁庄公四年，楚武王伐随而病逝军中。楚军的退兵路线为：

> 除道梁溠，营军临随。随人惧，行成。莫敖以王命入盟随侯，且请为会于汉汭而还。济汉而后发丧。①

可见楚师由随枣走廊进兵，经溠水而兵临随国城下。其退兵之路当亦循随枣走廊西行至汉水。

吴师在清发大败楚师之后乘胜追击而至雍澨。此地据石泉整理共有二说：一说为郑玄主张的江夏竟陵；一说为《尚书·禹贡》的“三澨”之一，据《水经》位在“南郡邔县北”。石泉指出，《禹贡》云汉水过三澨后抵达襄阳东的大别，故知三澨应在襄阳北或东之地。由于石泉认为吴师由方城道进兵，故认为雍澨位在襄阳北的汉水滨，亦即今日襄阳市樊城区。② 本文前节已说明襄阳北当时尚受楚国邓县管辖，吴师不太可能由此渡汉。

若依本文推论，吴师由随枣走廊由东向西进兵，则雍澨应以襄阳东较为合理。按《说文》释“澨”为“增埤水边土，人所止者”，则雍澨是汉水滨的土堤，应该临近汉水渡口，最可能的位置当在襄阳市东津镇地带。吴师渡汉之后，终于抵达郢都(图八)。

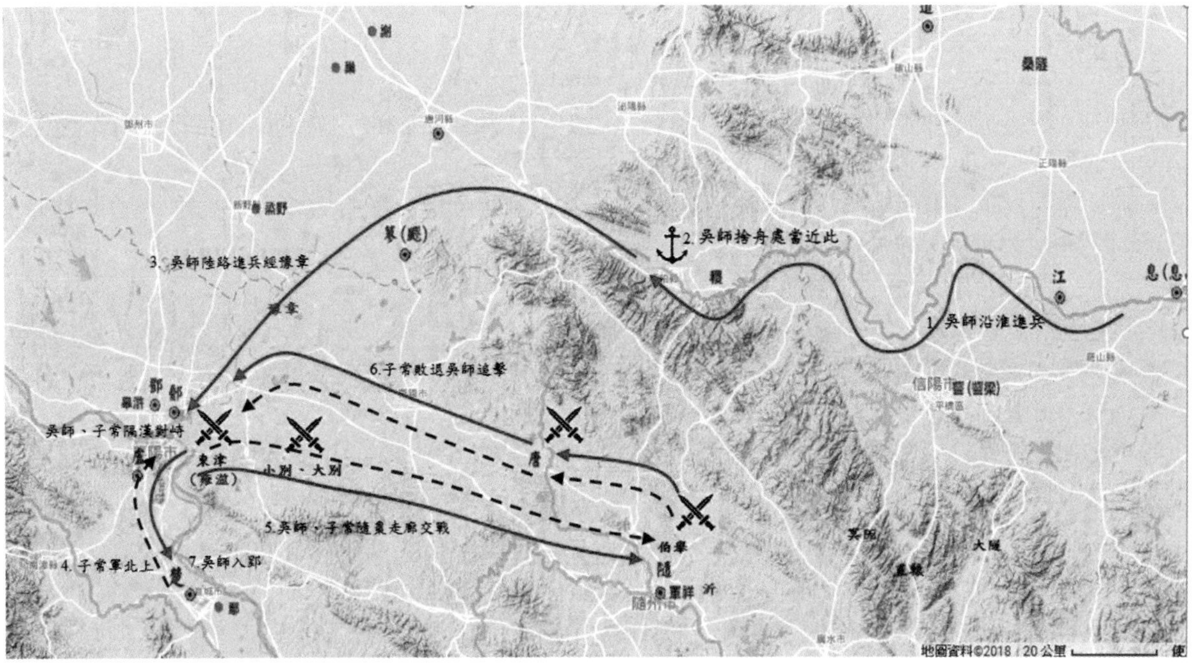

图八

① 《左传·庄公四年》，第164页。

② 石泉：《从春秋吴师入郢之役看古代荆楚地理》，《古代荆楚地理新探》，武汉大学出版社1988年版，第387页。

六、吴师的退兵之途

吴王阖庐攻下郢都，建立了盖世之功，伍子胥也完成复仇之举，然吴师攻入郢都前一日，楚昭王及其亲近已经逃离首都，“涉雎，济江，入于云中”，最后抵达随国。① 楚昭王成了漏网之鱼，不免功亏一篑。吴师下一阶段的作战因而指向随国，以擒获昭王为目标。②

同一时间，远在方城之外的沈尹戌也回师勤王，《左传》说：

> 左司马戌及息而还，败吴师于雍澨，伤。③

“息”就是息县，今河南省息县。沈尹戌原本计划摧毁吴师舟船并阻塞义阳三关后，回师夹击吴军。今因情势危急，未能完成毁舟与塞城口的任务就先行折返。

沈尹戌的勤王路线应该是由息县经义阳三关进入随枣走廊，再西行至襄阳地带。面对援军的到来，吴师渡汉出击，双方在雍澨——东津镇周遭——会战。此役吴师遭受损失，然沈尹戌亦败死，未能阻却吴军的追击。

击败沈尹戌之后，吴师继续沿着随枣走廊东行至随国。《左传》载：

> 鬬辛与其弟巢以王奔随。吴人从之，谓随人曰：“周之子孙在汉川者，楚实尽之。天诱其衷，致罚于楚，而君又窜之，周室何罪？君若顾报周室，施及寡人，以奖天衷，君之惠也。汉阳之田，君实有之。”④

然而，随国拒绝了吴人的要求，除了提出楚、随“世有盟誓”这种托词之外，其实际考量是吴、楚之间胜负未明：

> 执事之患不唯一人。若鸠楚竟。敢不听命？⑤

“鸠”，杜注“安集也”，吴军将战争目标放在擒获楚昭王上，却忽略了自身只是一支孤军，尚无法控制广大的楚国疆域。

吴师入郢的次年，秦国驰援楚国，位于随州的吴师必须面对这一支生力军，由之进入战争的第三阶段。《左传》载其经过：

> 申包胥以秦师至。秦子蒲、子虎帅车五百乘以救楚。子蒲曰：“吾未知吴道。”使楚人先与吴人战，而自稷会之。大败夫槩王于沂。吴人获薳射于柏举，其子帅奔徒以从子西，败吴师于军祥。秋七月，子期、子蒲灭唐。九月……吴师败楚师于雍澨。秦师又败吴师。吴师居麇，子期将焚之，子西曰：“父兄亲暴骨焉，不能收，又焚之，不可。”子期曰：“国亡矣，死者若有知也，可以歆旧祀？岂惮焚之。”焚之而又战，吴师败，又战于公壻之谿。吴师大败，吴子乃归。⑥

---

① 以上过程见《左传·定公四年》，第1545~1547页。

② 《史记·伍子胥列传》“会吴王久留楚求昭王”，中华书局2006年版，第2177页。

③ 《左传·定公四年》，第1546页。

④ 《左传·定公四年》，第1547页。

⑤ 《左传·定公四年》，第1547页。

⑥ 《左传·定公五年》，第1551~1552页。

秦、楚联军与吴国的作战涉及一系列的地名：

稷、沂、军祥、唐、雍澨、麇、公壻之谿。

尽管不能一一确知其定位，然均位在随枣走廊的交通线上。

稷与沂的位置过去颇多争论，近出《清华简》提供了重要参照。魏栋指出，《左传》中的“沂”字在《清华简·系年》书作“析”，位于随州市东郊的淅河镇。关于稷，魏栋连系随县厉山镇、殷店镇一带祭祀神农后稷的传统，认为应在随州以北的桐柏山南麓河谷之中。这些纵向的河谷沟通了桐柏山区与随枣走廊，秦师由武关道南下南阳盆地，故循桐柏山河谷与楚军会伐驻扎于随州地带的吴师(图九)。①

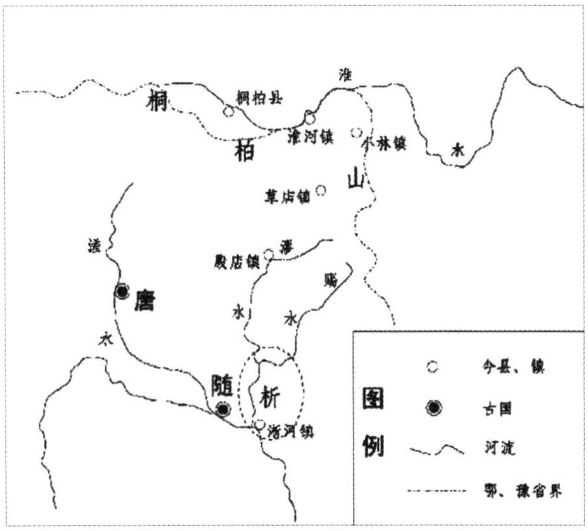

图九

沂地一战吴师战败之后，双方再度交战于军祥，其地杨伯峻指出在随县西南，② 得之。可见淅河一战后吴师西撤，故接连有军祥之战，而吴师又败。

在这个时机之下，秦、楚联军灭唐，取得了对随枣走廊中枢的控制。时为鲁定公五年七月。

两个月后的九月，吴师与秦、楚于雍澨交战，可见秦、楚灭唐之后，两军继续向西移动，抵达随枣走廊西端。吴师虽然先败楚师，旋复为秦军所败。

其后，吴师驻扎于麇，其地望不明。然《左传》云该地有楚军之骨骸，为前一年吴、楚交战之地。杨伯峻据此推论麇地在雍澨附近，③ 则亦是在襄阳东方地带。

双方最后交战于公壻之谿，其地据《战国策》又名“浊水”，杨伯峻指出在白河入汉水处，亦在襄阳市东。④ 至此吴师连战连败，已经无力再战，故引兵撤退。

由秦、楚援兵与吴师的交战地名可见，吴师最初已经抵达随国城下，却无法在第一时间擒拿楚昭王。

① 魏栋：《秦楚联军破吴之“析(析)”地考》，《江汉考古》2016年第1期，第69~75页。图九引自同文，第73页。关于《清华简》中的“析”字另有释为“慎”，以为在河南省正阳县。见袁金平、张慧颖：《清华简〈系年〉“析”地辨正》，《简帛研究》2013年版，第22~26页。然该字从木从斤，释“析”并无不妥。又从形势论，吴师与秦、楚交战均在随州地带，正阳县则在义阳三关以北，不符合战争形势。本文采魏栋的说法。

② 杨伯峻：《春秋左传注》，复文出版社1991年版，第1551页。

③ 杨伯峻：《春秋左传注》，复文出版社1991年版，第1552页。

④ 杨伯峻：《春秋左传注》，复文出版社1991年版，第1552页。

此时秦、楚援军适时增援随州，致吴师不得不回师面对。吴师必须歼灭这支增援军方能再次进攻随国。但在强大的生力军面前，吴师先后在沂地以及军祥败北，又失去了盟国唐师，双方的交战位置也逐步由随州西移至汉水东岸。

吴师既无法在汉水滨击败秦、楚勤王军，取得东津渡口，而秦、楚援军的牵制也使其无法向东追击楚昭王。吴师腹背受敌，失去了战争的主导权，只能引兵撤退了。

由于沈尹戌的毁舟计划未能落实，吴师的舟船应仍安然留置原地。其撤兵之途很可能是循着其进兵之路，由南阳盆地东缘经淮源地带至其舍舟处，再循淮河顺流而归。尽管吴师先盛后衰，终未达成擒获楚昭王的目的，至少也在颓势之中安然撤兵，保全了争霸中原的实力(图十)。

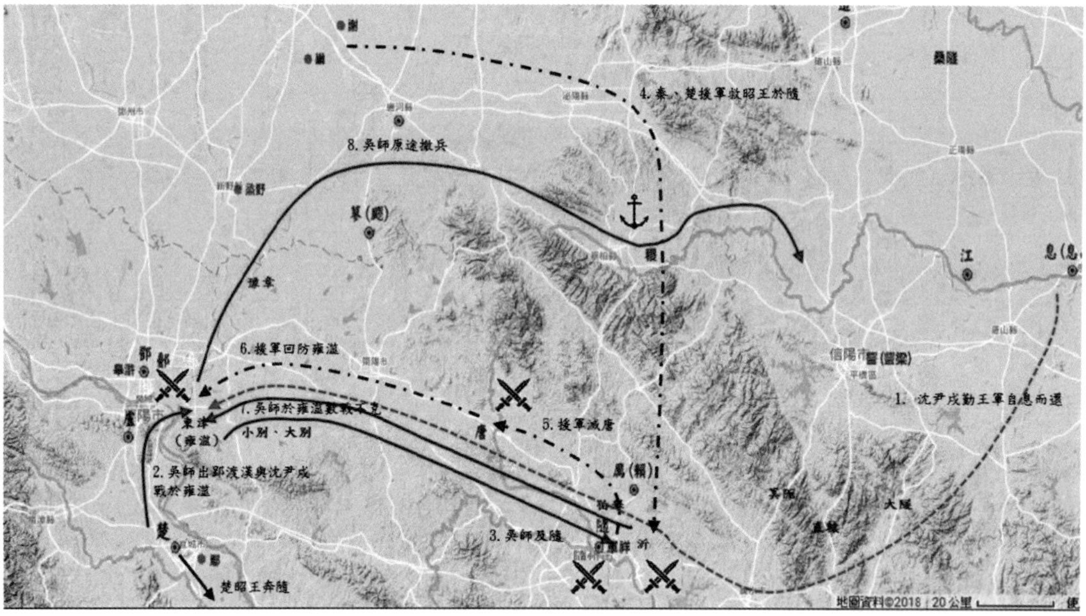

图十

七、结论

吴师入郢一役是春秋晚期晋、楚、吴争霸的高峰，也是中国史上以小博大的经典战例。关于此役过去主要是以沿革地理的方法，考证古典文献记载的地名，以重建战争地理，形成三个学说。尽管三者于地名判定上各有得失，然已为进一步研究奠定了坚实的基础。

本研究着眼于吴、楚之间的水、陆交通线与战略形势，重新探讨吴师入郢的战争地理。研究关键是重新探讨文献记载的两个地名——“淮汭”以及“豫章”。本文据文字学、古文词例以及历史地理学的视角，论证“淮汭”实为“淮”与“入”二字在传抄过程中形成的文献错误。重新确定文字及其文句断读之后，也就可以一探过去争论不休的豫章位置，而吴师入郢一役的行军路线也就昭然若揭了。

总而言之，吴师入郢一役可以分为三个阶段。第一阶段利用淮河水运规避楚国在方城与淮北平原建立在陆路交通线上的军事重镇，并采行豫章间道奇袭郢都。其进兵过程是以舟师上溯淮河至桐柏地带后舍舟从陆，绕行桐柏山区进入南阳盆地，复沿着淯水河道南下襄宜平原，与子常隔汉水对峙。子常由东津渡汉出击后，吴师先是沿随枣走廊向东后撤，于柏举获胜之后，又沿随枣走廊向西挺进，最后由东津渡口渡汉入郢。

楚昭王于吴师入郢前夕逃奔随国，由之进入了战争的第二阶段。吴师离开郢都，在襄阳东击败了沈尹戌的勤王军之后，二度沿着随枣走廊东进，兵临随国城下。然而，吴师却无法在第一时间捕获楚昭王，延误了战机。

同一时间，秦、楚联军分兵向随国进发，吴军不得已回师应战，自此进入战争的第三阶段。吴师与秦、楚联军在随枣走廊发生多次战斗，部队亦逐渐由随国移动到汉水东岸。然而，师老兵疲的吴师面对秦、楚援军显得力不从心，屡战屡败。吴师既无法擒拿楚昭王，又无法反制秦、楚援军，只得引兵循淮河撤退，保全实力。

本文认为，相较于过去流行的学说，本文重构的战争地理图像是最为单纯的。质言之，吴师的进兵与退兵都利用了淮河水道，而双方的交战都发生在随枣走廊之中。只是因军事策略或是战场形势变化，两军位置高度动态化，多次在随枣走廊中往返拉锯，因而产生了古籍所记载的一系列令人费解的地名。过去以沿革地理为主的思路往往聚焦于个别地名的考订，故不免使图像流于支离。

其实，行军是一种空间上的连续运动过程，故地名之间必然有空间上的逻辑关系，而交通线就是贯穿这些地理空间的主要线索。由此知彼，由已知推测未知，历史地名迎刃而解，而两军的往返互动也就跃然纸上。

（作者单位：香港教育大学）

作册旂组器中的地理问题与昭王南土经营策略

陈 絜

1976年于陕西扶风庄白发现的一号窖藏坑，共出周代青铜器103件，① 最引人注目者为其中之史墙盘，研究者甚众。但就西周早期南土经营而言，作册旂组器的价值亦不可忽视。窖藏坑所出作册旂所铸礼器共计4件，即斝、尊、觥、方彝各一器(尊见图一)。其中旂斝铭文作："旂作父乙宝尊彝。桦册。"而其余三器铭文相同，曰：

隹(唯)五月，王在厈。戊子，令作册旂兄(贶)望土于相侯，易(锡)金，易(锡)臣。扬王休(酬)。隹王十又九祀。用作父乙尊，其永宝。桦册。(旂尊，《集成》6002；旂觥，《集成》9303；旂方彝，《集成》9895)

1. 作册旂尊

2. 作册旂尊铭文拓本

图一　作册旂尊及其铭文拓本

铭文主要内容是说，周王于十九年五月的戊子日，在厈地下令，差遣作册旂赠相侯以望土。同时赐予作册旂青铜与附属民若干，以为出使之酬赏。这组器物，唐兰先生以为是昭王十九年之器，且与昭王南征有关。② 这一说法大概也是目前学界认可度较高的意见。所以，对于铭文所提及的相国，通常都是在淮河

① 陕西周原考古队：《陕西扶风庄白一号西周青铜器窖藏发掘简报》，《文物》1978年第3期。

② 唐兰：《略论西周微史家族窖藏铜器群的重要意义——陕西扶风新出墙盘铭文解释》，《文物》1978年第3期。

以南的南土范围寻找。如李学勤先生便明确主张，“相”可读“湘”，湘国在今湖南境内。①《商周青铜器铭文选》则曰：“《水经注·睢水》：‘又东迳相县故城南，宋共公之所都也。’故城在今安徽宿县西北，因境内有相山得名。此铭昭王十九年伐楚，此或是安徽之相。昭王赐相侯以望土，或是为了笼络与楚相近的侯伯。”②其他还有王晖先生的淮北相地说，③ 所指殆与《铭文选》无太大区别。至于铭文所言“望土”究竟何在，目前学界尚无具体意见，甚至认为“望土”当释作“圣土”，取自王都大社，是封建诸侯之凭证。④总的说来，对于望地与相国的地望，目前还未达成一致性的意见，但其共同之处都是在南土寻找。周王何以“贶望土于相侯”，眼下的解释亦无法完全取信于人。有鉴于此，笔者不揣谫陋，欲以望与相之地理考证为基础，对“贶望土于相侯”与昭世南土经营的关系略事推测。不当之处，祈请师友同仁不吝赐正。

一、望、相诸地地望之推测

讨论望、相二地的地望，首先要考虑的恐怕还是“厈”字释义问题。按厈从厂、从干，唐、陈诸家以为与《流沙缀简》“廪给”第三简“斥候”之斥同，但这一说法目前看来尚有疑问。厈地地望，陈氏以为系莽京宫寝的一部分，也可能是具体的地名。⑤ 其结论尚不具有确定性。而唐氏则明确指出，厈地临近宗周。⑥ 此外，郭沫若以为在今山东潍县，⑦《铭文选》则主张专指“宗周辟雍大池之岸”，⑧ 而李学勤先生释为行馆，非具体邑落之名。⑨ 诸家之说可谓异见纷呈。

窃以为，唐氏地邻宗周之说自当可信。按诸西周金文，“王在厈”的记录除作册旂组器之外，至少还见载于以下数器：

(1)隹十又三月辛卯，王在厈，易(锡)遣采曰趞，易(锡)贝五朋。遣对王休，用作姞宝彝。(遣尊，《集成》5992；遣卣，《集成》5402)

(2)隹十又九年，王在厈，王姜令作册睘安夷伯，夷伯宾睘贝、布，扬王姜休，用作文考癸宝尊彝。(作册睘卣，《集成》5407)

(3)在厈，君令余作册睘安夷伯，夷伯宾，用贝、布，用作朕文考日癸旅宝。。(作册睘尊，《集成》5989)

(4)隹十又三月，辰在甲申，王衣(卒)执驹于㡯(厈)，王呼师豦召盠。王亲旨盠驹，易(锡)两。拜稽首曰：“王弗望厥旧宗小子，楚(?)皇盠身。”盠曰：“王朋下，不其则万年，保我万宗。”盠曰：“余其敢对扬天子之休，余用作朕文考大仲宝尊彝。”盠曰：“其万年用，子子孙孙永宝之。”(盠驹尊，《集成》6011)

(5)王令辟井(邢)侯出坏，侯于井(邢)。雩若二月，侯见于宗周，亡尤。迨(会)王饔莽京，酌祀。雩若翌，在壁(辟)雝(雍)，王乘于舟，为大豊(礼)，王射大龏禽，侯乘于赤旂舟，从。死(事)咸之日，王以侯内(入)于寝，侯易(锡)玄周(琱)戈。雩王在㡯(厈)，巳(己)夕，侯易

① 李学勤：《论豼甗铭及周昭王南征》，朱凤瀚、赵伯雄编：《仰止集——王玉哲先生纪念文集》，天津人民出版社2007年版。

② 马承源主编：《商周青铜器铭文选》，文物出版社1987年版，第64页。

③ 王晖：《作册旂器铭与西周分封赐土礼仪考》，《中国历史文物》2005年第1期。

④ 王晖：《作册旂器铭与西周分封赐土礼仪考》，《中国历史文物》2005年第1期。

⑤ 陈梦家：《西周铜器断代》，中华书局2004年版，第60页。

⑥ 唐兰：《唐兰全集》七《西周青铜器铭文分代史征》，上海古籍出版社2015年版，第266页。

⑦ 郭沫若：《两周金文辞大系图录考释》下，上海书店出版社1999年版，第14页。

⑧ 马承源主编：《商周青铜器铭文选》，文物出版社1988年版，第40页。

⑨ 李学勤：《论豼甗铭及周昭王南征》，朱凤瀚、赵伯雄主编：《仰止集——王玉哲先生纪念文集》，天津人民出版社2007年版。

(锡)者䫶臣二百家，剂(齎)用王乘车马、金勒、冂衣、市、舄，唯归，将天子休，告亡尤，用龏(恭)义(仪)宁侯，䚄考于井(邢)侯。作册麦易(锡)金于辟侯，麦扬，用乍(作)宝尊彝，用䣄侯逆遈(造)，将明令，唯天子休于麦辟侯之年铸，孙孙子子其永亡冬(终)，冬(终)用遈(造)徝(德)，妥(绥)多友，享旋走令。(作册麦方尊，《集成》6015)

按：厈、㡿所指实同，这是诸家公认的意见。由上引诸器铭文可知，周王曾“在厈”赐大夫采邑、赐诸侯臣僚车马、行执驹之礼，王姜则令史官出使东土，等等，均为重要的王政大事，虽说“厈”“岸”古音相近，但河岸之训似于先秦文献无征，也不太符合各种重要仪式的场景，恐怕不尽可信。而麦方尊铭所记内容所涉及的地点宗周、葊京、葊京之辟雍、葊京之宫寝，始终是在宗周一带。所以，紧接其后的厈地，不能去葊京与宗周过远，说其为行馆，似亦不能视作确诂，况且西周金文中时见“行宫”之专字，即小臣夌鼎(《集成》2775)、不指方鼎(《集成》2735)、中甗(《集成》949)诸器铭文中的“㕓”字是也，今多释作“居”。郭氏东土潍县说，亦属猜测，今信奉者已是罕见。综合比较，唐氏宗周附近之地名似最为近理，本文暂取其说。这就是说，作册旂出使相国的诏令，是在宗周一带的厈地颁发的。尽管昭王十九年有巡狩南土的头等大事，但并不构成相国与望土必须坐落于南域的先决条件。

昭王欲将望地赐予相侯，据一般情形推测，望地或当毗邻于相。倘若联系晚商卜辞资料，私意以为，相、望二地或坐落于以汶水流域为中心的鲁中地区。

按殷墟卜辞有相族、相地之记载，例如：

(1)甲辰，妇相示二屯。岳。(《合集》5545 臼，宾组纪事刻辞)
(2)壬寅卜，王贞：羽(翌)甲辰日相启。允……(《合集》9816 反，宾组)

例(1)“妇相”即出自相族的王室女性，例(2)“启”字一般理解为启道，“相启”即指令相作为前导。上引两例“相”字作，与作册旂组器“相侯”之相写法完全一致。

卜辞相地位于何方，下引卜辞似可提供线索：

……允有来艰自西，𠂤告曰……魌、夹、方、相四邑，十三月。(《合集》6063 正，宾组，图二·1)

癸巳卜，争……亡咎。四日丙……有来艰……𠂤告曰……方𢦏(截)……夹……四……(《合集》6064 正，宾组，图二·2)

这是两版宾组大字类战争卜辞的残胛片，主要内容与𢀛方、土方祸乱有商属邑𠂤地有关。据内容判断，这两条材料殆属同文卜辞，所残文辞可以互补而足，即：

癸巳卜，争贞：旬亡咎。四日丙申，允有来艰自西，𠂤告曰：……方截我魌、夹、方、相四邑。十三月。

也即是说，𢀛方或土方入侵𠂤地，荡灭魌、夹、方、相等四个聚落。其中“相”字从目、从木而作“”①，此与左右结构的“”字理论上应该无别。过去学界习惯认为，这场历时甚长、卷入者甚夥的战争，发生在晋陕高原一带，定性为有商势力与玁狁、鬼方间的民族纷争。实际上，这一说法或待商榷。因为战争发

① 《合集》27911 有“叀相犬擤(?)比”之辞，其中的“相”字上木、下目，形构正好颠倒。

1.《合集》6063 正

2.《合集》6064 正

图二　卜辞中的东土聚落“相”

生期间，商王正盘游于敦、宜、唐、敝（或作敝麓）、中麓诸地，① 也即今山东淄、汶流域甚至沂水流域一带：其中敦、宜悉在淄水源头左近，② 中麓或即《春秋》隐公七年“城中丘”及隐公十年“公会齐侯、郑伯于中丘”之中丘。③ 而受侵袭者如沚、戉、剈、甾诸族，均为东土故族。其中沚在今山东新泰、莱芜间，商末征人方曾经由沚地；戉或即《春秋》桓公元年“公及郑伯盟于越”之越；崩则与“汶阳之田”范围内的“棘”地比邻，亦与《春秋》庄公元年“齐迁纪郱、鄑、郚”之“鄑”相牵涉；甾曾参与征讨东土召方（莱芜、青州之间）与龙方（新泰与泰安间），且与临朐东南的竝族及济南长清一带的举族关系密切，故属东土族群的可能性较大。④ 若此推测不误，作为甾族属邑的魋、夹、方与相四邑，自然以东土邑落为近似。《左传》定公四年记周初封建康叔，其辞曰：“取于相土之东都，以会王之东蒐。”王国维考证相土之东都在今泰山脚下，⑤ 这也比较符合《诗经·商颂·长发》“相土烈烈，海外有截”外拓之辞。晚商卜辞中的相地，很可能与相土建都东土有关，也就是说，相地距离泰山东南麓的今泰安境内的盂地，或许不远。唯因商人西迁安阳之故，晚商东土相地迅速没落为一普通邑聚。卜辞中的这一东土相地，能否与西周金文相侯之相联系，窃以为应该予以充分考虑。或者说，至少也是一个备选方案。

殷墟卜辞中尚见有一望地，其地理位置似与卜辞相地邻近，这也是我们将卜辞相地与西周相国作联系的重要基础。例如，据王旭东所缀合的商末黄组王步卜辞“《合集》36842+36837+36753+37504+36755+

① 分见《合集》13362、6057 反、10998 反、584 正甲、13375 诸辞。

② 陈絜、刘洋：《宜侯吴簋与宜地地望》，《中原文物》2018 年第 3 期；陈絜：《戍甬鼎铭中的地理问题及其意义》，《中国国家博物馆馆刊》2019 年第 9 期。

③ 杜注以为中丘在“琅琊临沂县东北”，也即说明当时武丁已经进入了鲁东南地区的沂水流域。

④ 对于上述几个族的族居地问题，我们将另文专门讨论，此所交代者仅为初步结论。

⑤ 王国维：《说自契至于成汤八迁》，《观堂集林》卷十二，中华书局 1959 年版，第 515~516 页。

36754+36777+《殷墟甲骨拾遗》622”①(图三，以下简称“王缀”)记载，商王大致是在24天的时间内，从岂(郿)出发，先后经由羲、頪、丂、高膚、膚、帛、鼓、虡、望诸地。这一行程，其某些经由地是可以结合传世文献与金文资料得其方位甚至是具体地望的。如岂(微)即《春秋经》庄公二十八年“冬，筑郿”之郿，为“鲁下邑”②，其地当位于今山东梁山东北一带。西周南宫柳鼎铭(《集成》2805)有“司羲夷阳(场)、佃”一语，说明东土原有羲地，殆能与卜辞羲地相联系。膚当读作郦，即《春秋经》僖公元年“公子友帅师败莒师于郦”之郦，春秋时期属鲁，其地大致在今山东汶水下游中段。③ 据王缀“乙丑卜，在高膚(郦)贞：王逊于膚(郦)，往来亡灾”之辞可知，高郦距离郦地应该不远，依照当日往返的一般规律推测，也就是半天行程(20公里左右)的范围内。鼓，或可读壴，而卜辞壴地离亳邑不远，殆亦属汶水下游地区内的聚落名。④ 所以，介于郦、壴之间的帛以及壴地之后的虡与望，恐怕亦应在东土寻找。王旭东认为帛或可读博，即《左传》哀公十一年“五月克博，壬申至于嬴”之博，位于汶水上游地带，今属泰安，并推测其后的望地似在今山东新泰、莱芜之间，与武丁时期的望乘有关。⑤ 窃以为其说大致近理，至少在大方位的判断上是没有问题的。

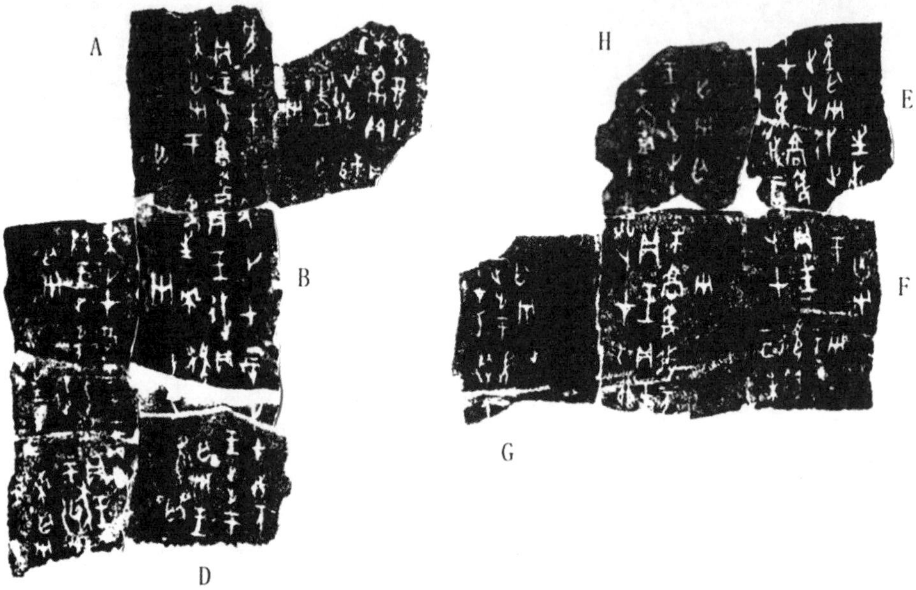

图三　王缀黄组王步卜辞图片

除上举线索外，卜辞中涉及望地与望族的材料还有一些，其中具有地理指向作用的有以下数例(见图四)：

(1)癸巳卜，㱿贞：呼雀伐望、戉(?)。(《合集》6983，宾组，图三·1)

① 此版为王旭东在李爱辉、门艺等相关缀合成果的基础上加缀而成。参王旭东：《黄组王步卜辞缀合一则》，http://www.xianqin.org/blog/archives/7694.html。

② 杜预注，孔颖达正义：《春秋左传正义》卷十，阮元校刻：《十三经注疏》，台湾艺文印书馆2007年版，第6册，第176页。

③ 陈絜：《商周东土开发与象之南迁不复》，《历史研究》2016年第5期。另赵庆淼以为即“黎之蒐”之黎，参氏著《卜辞“膚”地与“黎之蒐”》，《中国史研究》2016年第2期。

④ 陈絜：《卜辞滴水与晚商东土地理》，《中国史研究》2017年第4期。

⑤ 对此，王生旭东另有专文讨论，具体意见当以日后发表的正式文字为准。

(2)奠望人于并(郱)。(《合集》4551，宾组，图三·2)

(3)乙未卜，令㠯(𠛱)以望人秋于䜌(鄑)。(《屯南》751，历组，图三·3)

(4)……弁伯美于之及[戍]望……(《合集》28091，无名组)

1.《合集》6983　　2.《合集》4551　　3.《屯南》751(局部)

图四　卜辞中的东土“望”族

例(1)“望”后一字其笔画不太清晰，今暂取《类纂》释“戉”之说。也即说，商王曾下令讨伐望、戉二族。戉乃东土旧族,① 可以补充的是，《春秋经》桓公元年有“公及郑伯盟于越”之记载，其中的越地殆在鲁、卫之间。② 卜辞戉地殆与之相关。依照一般规律推测，与戉一并受到有商势力征讨的望族，亦当活跃于东土。当然，由于“戉”字之释无法判定对与错，故此材料只能视作参考而已。例(2)“奠望人于并”，大意是说在并地奠置望族，其中并大致坐落在今山东青州临朐一带，即《春秋经》庄公元年“齐师迁纪郱、鄑、郚”之郱,③ 所以说望在东土是比较合理的。例(3)“秋”字殆与“四时之田”即“春田、夏苗、秋蒐、冬狩”有关；作为田猎地的䜌字，从晋(晋)、从示，其中的示或为声符，可读作鄑,④ 也即上引“郱、鄑、郚”之鄑，其地殆在今山东潍坊昌邑一带。望人在㠯(𠛱)的率领下，于鄑地行田猎之事，故属东土族群的可能性自然较大，这也符合前述“奠望人于并”所蕴含的地理信息。例(4)“戍”字据《合集》28091补，全辞大致是说占卜望地的戍卫是否会被弁伯美追及。按弁地在曲阜与泗水间,⑤ 望地当然亦不能离之太远。

总之，东土有望地和望族是无可置疑的，其地当坐落在泰山周边，距离前面讨论的卜辞相邑不远。若将“觋望土于相侯”与卜辞东土望、相二地作联系，窃以为是比较合适的。也就是说，作册旂之所以铸祭祀礼器，其原因是受周王之命出使东土相国。

在此需要补充说明的问题有二：一是“□”字的释读，二则为静方鼎铭有无南土“相国”之记载。

甲骨“望”字写法比较规范，一般写作从竖目、从人。不过，西周金文中的“望”字已有从目、从耳及

① 陈絜：《卜辞中的祡祭与柴地》，《中原文化研究》2018年第2期。

② 杜注：“垂，犬丘，卫地也。越近垂，地名。”江永《春秋地理考实》卷一：“《汇纂》：‘当在兖州府曹州附近。’今按当为曹地。曹州，今为府。”(《清经解》卷二五二，第2册，上海书店1988年版，第240页)《穀梁》范宁注：“越，卫地。”

③ 黄组田猎卜辞《合集》37519有“……在攸贞：……呼比在并(□)[犬]……擒”之残辞，这里的“并”显然近攸地。

④ 按上古示属脂部、鄑在真部，脂、真二部阴阳对转，所以读䜌为鄑大致可行。

⑤ 赵平安：《释甲骨文中的“□”与“□”》，《文物》2000年第8期。

省目(或耳)并添加声符“亡”等几种不同的形构,① 尤须注意,“望”字从耳的例子其实不少,如(尹姞鬲,《集成》755)、(师望鼎,《集成》2812)、(师虎簋,《集成》4316)等,过去将作册旂组器中的“”字释作“望”,问题不大,是否改释须谨慎。

日本出光美术馆所收藏的静方鼎(《资料库》NA1795),就所公布的铭文照片与拓本看,所谓“南或(域)相”三字非常模糊,尤其是“或”后之字,笔迹很不清楚,径视为“相”,尚有疑问。《资料库》所作释文于所谓的“相”字之后打上一问号,这一严谨的作风,值得提倡。今人研究中切忌先入为主,以静方鼎铭为依据,进而推定作册旂组器中的“相侯”必在南域。

二、“攘楚必兼安夷”——昭王南征之策略

西周王朝对南土的觊觎究竟始于何世,目前还不易断定。曾侯之封,主要目的恐怕还是以扼守中原与南土的交通孔道——随枣走廊为主,最终达到“君此淮夷,临有江夏”之企图。就现有资料判断,周王朝大规模南拓,当自昭王始。此前诸王,其经营重点是在东土。周初将东方定为经营重点,理由当然很多,最为重要的一条恐怕是“亿兆夷人”乃有商的主要联盟力量,东土诸嬴(、龟、桑、秦、嬴、𫥃、矢、黄、京、柴、剬)、诸任(史、薛、鄣、谢、毕)、诸姜(曩、纪、夷、泏)、诸姒(戈、费、杞、繁),与举、亚醜、薄姑、𬞟伯、逢等雄族,以及以索氏、有攸(条)氏为代表的“殷民六族”等,悉属殷商王朝势力的有机组成部分。所以,姬周入主中原后不久,借平定三监之乱为由,倾力东拓。终成康二世,勘定东土实为王朝头等要事。

这一过程颇为曲折。最初是成王、周公与召公的东征,文献与周初金文有大量的记载。东土初定后则封邦建国,以镇扶东土,主要侯国有鲁(曲阜)、齐(临淄)、滕(滕县)、曹(曹县)、成(或作盛,新泰)、杞(新泰)、铸(泰安)、宜(莱芜一带)等。还有一些臣服有周的土著众族邦,则以优柔待之,如任姓史氏入周而封为薛侯(薛县),曹姓邾族(邹县)则为鲁之附庸,莱芜青州间的姜姓夷族则系伯为称,并与王室通婚,鲁北的子姓䣄氏依然拥有其贵族身份。② 至于汶水上游地带的相国,恐怕应该是在此期间封建的。还有一些强梁之族,如济南长清一带的举族,则分而治之,如其分族棘依然留居平阴、肥城间,并一直延续至春秋,㪤氏则随燕侯克而北迁于燕。嬴姓诸族也是或迁或留,如配合周公东征的𫥃氏,则依然拥有汶水下游沿岸的𫥃地,飞廉之族则西迁陕甘,“世为周人”③,京氏一支被进一步分割,或去或留,黄族则南播江淮。通过这一系列的举措,东土方得短暂宁静。

但于康世,东土祸乱复生,西周铜器铭文中动辄就讲“东夷大反”“伐反夷”,最为典型的例子有:

(1)隹(唯)公大保来伐反尸(夷)年,才(在)十又一月庚申,公才(在)盩𠂤(次),公易(锡)旅贝十朋,旅用乍(作)父尊彝。来(莱)。(旅鼎,《集成》2728)

(2)唯王既燎,氒(厥)伐东尸(夷),才(在)十又一月,公反自周(盩)。己卯,公才(在)虖,保员逦,辟公易(锡)保员金车,曰:用事。施于宝簋,簋用卿(饗)公逆洀吏(使)。(保员簋,《资料库》NA1442)

(3)㪤东夷大反,伯懋父以殷八𠂤(师)征东夷。唯十又一月,遣自𨙶(次),述(遂)东,𨸏伐海眉。雩厥复归,在牧𠂤(次),白懋父承王令(命)易(锡)𠂤(师),率征自五齵贝,小臣𬨭蔑曆,眔(逮)易(锡)贝,用作宝䵼彝。(小臣𬨭簋,《集成》4239)

(4)唯三月丁卯,师旂众仆不从王征于方,雷事(使)厥友引以告于伯懋父,在艿(乃),伯

① 标注声符“亡”字者比较罕见,如无叀鼎铭(《集成》2814)“既望”作“”即其例。

② 陈絜:《䣄氏诸器铭文及其相关历史问题》,《故宫博物院院刊》2009年第2期。

③ 《清华简·系年》。

懋父廼罚得兹古三百寽(锊)，今弗克厥罚，懋父令曰：義(宜)杀，𠭯厥不从厥右(君)征，今母(毋)杀，其又(有)内(纳)于师旂。引以告中史书，旂對厥賨于尊彝。(师旂鼎，《集成》2809)

(5)王令遣捷东反尸(夷)，疐肈(肇)从遣征，攻龠亡啻(敌)，省于人身，孚(俘)戈，用乍(作)宝尊彝，子子孙其永宝。(疐鼎，《集成》2731)

(6)隹(唯)王伐東尸(夷)，溓公令雪眔史旗曰："以师氏眔有司後或戮伐貊。"雪孚(俘)貝，雪用乍(作)饔公宝尊鼎。(雪鼎，《集成》2740)

(7)唯王令明公遣三族伐东或，才(在)遡，鲁侯又(有)囚(繇)工(功)，用乍(作)旅彝。(鲁侯簋，《集成》4029)

就上述材料言，整个战争至少延续了4个月，重要人物有公太保召公奭、伯懋父、明公、鲁侯、溓(祭)公等，动用的军队主要有殷八师、各级贵族的族兵、东土诸侯，同时还有来(莱)旅、或戮等东土故族参与，① 可谓声势浩大。经过此次战争，以及其后的康王东巡狩，② 东土又基本恢复平静，这就为昭公时期南下拓殖奠定了相对稳定的基础。

昭王南征分两次进行③，其一是十六年伐反楚，如䚄簋(《集成》3732)、过伯簋(《集成》3907)、谚鼎(《集成》2615)、谚簋(《集成》3950)、㝬驭簋(《集成》3976)、令簋(《集成》4300)与京师畯簋(《文物》01·1)等器物铭文所记。转年十月以后，便开始为南巡做各种准备，包括命令中、静等人巡视南域，贯通道路，修建行宫。④ 当然，还包括了南宫氏伐虎方的重大历史事件。⑤ 而就目前的主流意见来看，作册睘器、作册旂器以及晋侯墓地M114所出𤔲甗等，均被视为昭世器。⑥ 也就是说，它们所记载的事件，均发生在昭王南征命陨汉水之前，可能与昭王南征有一定的内在关系。

其中𤔲甗所记为"王在宗周，命𤔲使于緐(繁)"，即昭王命令𤔲出使繁地。这里需要简单讨论的是繁地地望。按孙庆伟先生以为繁即屡见《左传》之"繁阳"，并据杨伯峻先生之考证，认为繁阳在今河南新蔡县北。⑦ 而李学勤先生则结合班簋"秉緐、蜀、巢命"之语，认为𤔲所出使之地即《汉书·地理志》中的"蜀郡繁县"，其地在四川新繁北二十里。⑧ 李先生将𤔲甗与班簋结合考虑，窃以为可信。不过，班簋铭文(《集成》4341)所记为毛公"更虢城公服""三年静东域"事，故其所秉命的繁、蜀、巢三地，恐怕是位于今山东汶、淄流域。其中蜀地即《春秋》成公二年"公会楚公子婴齐于蜀"之"蜀"，春秋时期属鲁，位于今山东泰安、莱芜、新泰间的汶水沿岸。巢地即《左传》成公二年"齐侯伐我北鄙，围龙。……三日取龙。遂南侵，及巢丘"之巢丘，在泰安县界。⑨ 安徽宿县褚兰区谢芦村曾出土两周之际的繁伯鬲1对，⑩ 有铭文曰：

---

① 《集成》2504作册疐鼎或应归入康世东讨反夷。

② 如启尊(《集成》5983)、启卣(《集成》5410)、保员簋(《新收》1442)、不栺鼎(《集成》2735、2736)诸器铭文所示。另参陈絜：《"梁山七器"与周代巡狩之制》，台湾《汉学研究》2016年第34卷第1期。

③ 赵庆淼：《"昭王南征而不复"之蠡测——基于文本形成与历史地理学的研究》，《学术月刊》2015年第5期。

④ 参静方鼎(《新收》1795)、中方鼎(甲)(《集成》2752)、中甗(《集成》949)诸器铭文。

⑤ 参中方鼎(甲)、𤔲甗(《文物》07·1)诸器铭文。

⑥ 唐兰：《西周青铜器铭文分代史征》卷四，《唐兰全集》7，上海古籍出版社2015年版；李学勤：《论𤔲甗铭及周昭王南征》，朱凤瀚、赵伯雄主编：《仰止集——王玉哲先生纪念文集》，天津人民出版社2007年版；孙庆伟：《从新出𤔲甗看昭王南征与晋侯燮父》，《文物》2007年第1期；赵庆淼：《"昭王南征而不复"之蠡测——基于文本形成与历史地理学的研究》，《学术月刊》2015年第5期。

⑦ 孙庆伟：《从新出𤔲甗看昭王南征与晋侯燮父》，《文物》2007年第1期。

⑧ 李学勤：《论𤔲甗铭及周昭王南征》，朱凤瀚、赵伯雄主编：《仰止集——王玉哲先生纪念文集》，天津人民出版社2007年版。

⑨ 江永：《春秋地理考实》卷二，阮元编：《皇清经解》卷二百五十三，第二册，上海书店1988年版，第247页。

⑩ 李国梁：《安徽宿县谢芦村出土周代青铜器》，《文物》1991年第11期。

"繁伯義(?)君滕㚤(?)姒宝鬲，子子孙孙永用享。"(《资料库》NA1314)就形制判断，繁伯鬲是典型的东土夷式鬲，也就是说，先秦时期的东土区域内，必有一繁地。又淄博市淄川区罗村镇南韩村战国墓地 M10 曾出"成緐戈"1 件，同出者还有一剑，说明墓主人可能属于地方军事首领性质的人物。① 就戈铭"成緐"二字判断，战国时期繁地已被齐国所吞并。将以上两件器物上所记载的东土繁地与班簋"繁蜀巢"及鼓甗"使于繁"之繁地相联系，恐怕是最契合不过了。这就是说，昭王时期晋鼓领命出使之地是在东土鲁中一带。作册寰器记"王姜令作册寰安尸(夷)伯"，这里的夷即《春秋经》隐公元年"纪人伐夷"之夷，地处今山东莱芜、青州之间。这在学界有比较一致的认识。作册旂器记作册旂领周王之命赐望土予东方相侯，这又是我们的一些不太成熟的新看法。

由此可见，昭王南巡之前，也曾频繁派遣相关人员前往东土。我们悬测，此举主要是为了镇抚东土古族，以便王朝势力能够一意南拓。众所周知，南淮夷与东夷之间有着密切的关系，最初由于周人东进并封建鲁、齐，使得部分东土夷族南迁淮水流域，从而形成了南淮夷。到了西周中晚期，南淮夷渐成王朝大患，反复侵袭东土甚至王畿地区，而其主要的同盟力量恰恰也是故土东夷。所以，南土的开拓必先以东土的安定为前提，"攘楚必兼安夷"成了昭王晚年的一个重要政治策略，而作册旂器所记就是昭王南征策略的一个折射。

(作者单位：南开大学历史学院)

① 于嘉芳：《淄博市南韩村发现战国墓》，《考古》1988 年第 5 期。

西周早期南方政治地理简论*

尹弘兵

周代的南土，文献中又称为南国、南邦。周代南土的范围，学者有大体一致的意见。周书灿认为西周王朝之南土大致应包括颍汝、汝淮及南阳盆地和江汉平原等地区。① 李峰认为江汉平原是西周国家势力到达的最南端。② 徐少华认为周代南土西起丹江流域，东至淮河中游，南以汉水和桐柏、大别山为界，北抵汝、颍、涡诸水上游，即文献所载的周王朝南部境土。③ 李朝远认为西周的南土大致在南阳盆地和淮水中上游的若干地段。④ 近期朱凤翰、赵燕姣则将周之南土与南国区分开来，认为南土为周之国土，是周王直接控制的位于王畿南部的区域，南国则为周之附属区，是一块最终亦未能纳入西周王朝有效统治，而又长期被周人压制、盘剥的地区，与王朝战事频繁、叛服不定，远离王畿，王朝对此地区的控制强弱视王朝的实力而定。南土的范围，其边缘大概在河南南阳、湖北随州、河南平顶山、河南上蔡至山东滕州一线，此线分布着为数众多的西周封国，在这些封国以南的今江苏北部、安徽北部、河南信阳、南阳以南，正对应于西周时的"南国"范围。⑤

西周在夏商两代经营南方的基础上，大力开拓南土，形成了周代的南土疆域，本文拟在学界长期以来对西周南土研究的基础上，结合多年来积累的考古调查、发掘及研究成果，将考古学文化演进与夏商周三代王朝开拓南土的历史进程结合起来，特别是利用随州地区最新重大考古发现，还有出土文献方面的最新资料，从而对西周早期南方政治地理的历史基础、形成过程、格局分布等做一些初步的考察，为探讨周代南土疆域的形成与演变历程，周代南方政治地理在两周时期的地位、格局与作用，乃至周代汉淮间历史地理发展进程做一些基础性工作。

一、周代南土的历史基础

新石器时代，长江中游地区是一个独立发展的文化系统，到新石器时代晚期的屈家岭文化和石家河文化时期，长江中游地区实现了空前的文化统一，屈家岭—石家河文化系统占有了几乎整个长江中游地区，其影响则深入中原。屈家岭文化的分布范围，西至西陵峡，南达洞庭湖，东达武汉、黄陂一带，约以澴水为界，北至南阳盆地，以伏牛山、方山为界，其文化影响则深入河南，最远达到黄河沿岸。石家河文化的分布范围与屈家岭文化大体相当，略有出入，在北部，石家河文化的分布范围较屈家岭略有退

---

* 本文为国家社科基金一般项目"《楚居》、早期楚国与早期楚文化研究"(13BZS080)及国家社科基金重大招标项目"周代汉淮地区列国青铜器和历史、地理综合整理与研究"(15ZBD032)阶段性成果。

① 周书灿：《中国早期四土经营与民族整合》，合肥工业大学出版社 2011 年版，第 190 页。

② 李峰：《边缘地区：西周国家的最大地理范围》，《西周的灭亡》附录一，上海古籍出版社 2007 年版，第 362 页。

③ 徐少华：《周代南土历史地理与文化》，武汉大学出版社 1994 年版，第 1 页。

④ 李朝远：《青铜器上所见西周文化在南方影响的递衰》，《中原文物》1997 年第 2 期。

⑤ 朱凤翰：《论西周时期的"南国"》，《历史研究》2013 年第 4 期；赵燕姣：《西周时期的"南国""南土"范围刍议》，《南方文物》2013 年第 4 期。

缩，由南阳盆地中北部退至中南部，东部则有所扩大，由黄陂推进至麻城、黄冈、鄂城、大冶一线。① 在这一时期，长江中游地区是一个独立的区域主体，屈家岭—石家河文化系统也是一个独立发展的文化系统。

屈家岭文化和石家河文化的分布范围和年代，与文献所记古三苗的地域和年代大体相当。古三苗为上古时代江汉地区的土著族群，又称之为苗民、有苗、南蛮，因苗与蛮二声阴阳对转，古字同音同义，因此徐旭生称之为苗蛮集团。②

三苗居地大体在长江中游地区，其具体范围，吴起说是"左彭蠡之波、右洞庭之水，文山在其南，而衡山在其北"③。然《魏策》所记的"左彭蠡之波，右洞庭之水"，其左、右方位与他书不同。《史记·吴起列传》云"昔三苗氏左洞庭，右彭蠡"。《韩诗外传》卷三云："当舜之时，有苗不服，其不服者，衡山在南，岐(当为'汶'之误)山在北，左洞庭之波，右彭泽之水，由此险也。"《说苑·君道》则说："当舜之时，有苗氏不服，其所以不服者，大山在其南，殿山在其北，左洞庭之波，右彭蠡之川。"也有不指明洞庭、彭蠡方位的，如《淮南子·修务训》高诱注："三苗之国在彭蠡，舜时不服，故往征之。"

古书所载三苗左、右方位有异，一般认为，吴起之言是魏王出行时，吴起伴随左右，是以魏为中心南向而视指划方位，故彭蠡在左而洞庭在右，而后世以北为准划定左右方位，故洞庭在左而彭蠡在右。洞庭当即今洞庭湖，历史时期洞庭湖的大小、范围屡有变化，但其位置大体不变。彭蠡一般认为即今鄱阳湖，但古彭蠡泽与今鄱阳湖并无关系，古彭蠡泽在江北，先秦时期，江汉合流出武穴后，在九江盆地形成一个大冲积扇，江水在冲积扇上形成分汊水道，此即古之"九江"，江水在这些分汊水道上潴汇而成古彭蠡泽，其具体范围为今安徽宿松、望江间的长江河道及其以北的龙感湖、大官湖和泊湖等湖沼地区。④

三苗居地的南北范围为文山和衡山。文山不知其所在，衡山则有争议，但可以肯定不是今湖南省南部的衡山，徐旭生主张此衡山应是豫州和荆州的界山，可能在江北。衡、横二字古通用，南北为纵、东西为横，故东西向的山脉可称衡山，有可能是指桐柏、大别等山脉。因此徐旭生认为，总的来说，三苗的范围在今湖北、湖南、江西一带，西面和南面的界限，文献无征，东面的界限，今江西的大部分地区仍当属于苗蛮，其北界较为明确，大约在河南西部熊耳、外方、伏牛诸山脉间，具体而言，东以大别山脉为界邻于东夷集团，西则北越南阳一带，侵入外方、伏牛山脉间，北邻于华夏集团。⑤ 徐旭生考定的这一区域大体与屈家岭文化和石家河文化的分布范围相当。

三苗的年代，大致与古史传说中尧、舜、禹的年代相当，尧、舜、禹之后为夏代，与夏代相当的考古学时代为二里头文化时代，二里头文化之前的考古学时代为龙山时代，再前为仰韶时代，因此古史传说中的尧、舜、禹的时代大致相当于考古学上的龙山时代或其晚期，长江中游地区与之相当的考古学文化为屈家岭文化和石家河文化。在地域上，徐旭生考订的苗蛮集团地域，与屈家岭文化和石家河文化的分布范围大致相合，其盛衰亦基本同步，因而学术界普遍认为，考古学上的屈家岭文化、石家河文化即三苗所创造的文化遗存。⑥

古史传说中，尧、舜、禹所领导的华夏集团与南方的三苗集团发生过大规模的战争。到了禹时，战

---

① 张绪球：《长江中游新石器文化概论》，湖北科学技术出版社 1992 年版，第 180~181、242~243 页。

② 徐旭生：《中国古史的传说时代》，广西师范大学出版社 2003 年版，第 65、66 页。

③ 《战国策》卷二十二《魏策一》"魏武侯与诸大夫浮于西河"章，上海人民出版社 1998 年版，第 782 页。

④ 谭其骧、张修桂：《鄱阳湖演变的历史过程》，《复旦学报》(社会科学版) 1982 年第 2 期。

⑤ 徐旭生：《中国古史的传说时代》，广西师范大学出版社 2003 年版，第 65~67、75~76 页。

⑥ 参俞伟超：《先楚与三苗文化的考古学推测》，《文物》1980 年第 10 期；李龙章：《江汉新石器文化族属考》，《江汉考古》1988 年第 2 期；张绪球：《长江中游新石器文化概论》，湖北科学技术出版社 1992 年版，第 318~323 页；孟华平：《长江中游史前文化结构》，长江文艺出版社 1997 年版，第 240~244 页；何介钧：《长江中游新石器时代文化》，湖北教育出版社 2004 年版，第 467 页。

争更加激烈，最后禹利用三苗出现内乱、遭逢天灾之机大举进攻，取得决定性胜利，“苗师大乱，后乃遂几”①。《说文》：“几，微也，殆也。”三苗惨败并被彻底征服，从此退出历史舞台，不再见于文献。后世屡见于文献的楚蛮、荆蛮、荆楚等夏商时期的南方居民，则为三苗的遗裔。

长江中游地区新石器时代晚期考古学文化的发展历程，正可与古史传说中禹征三苗相印证。屈家岭文化时代，“不断向北扩展，原为下王岗文化的鄂西北、豫西南地区已成为屈家岭文化的活动领域”，其文化影响则深入到了豫中和陕南地区，② 这是古史传说中尧、舜、禹所领导的中原华夏集团与南方三苗集团发生大规模战争的考古学文化背景。

到了石家河文化晚期，形势逆转，中原文化日益强盛，石家河文化中出现了大量来自中原文化的因素。考古学者认为，石家河文化中的蓝纹、方格纹及袋足鬶的流行与龙山时代的来临有关，③“黄河流域龙山时代诸考古学文化深刻地影响了石家河文化”④。由于中原文化因素的大量进入，江汉地区的考古学文化发生了质变，其陶器群体已失去石家河文化的共性特征，长江中游地区的本地特征越来越少，除少量因素外，主体部分与石家河文化并无关系，因此考古学界普遍认为，这应是不同于石家河文化的另一支考古学文化。对于此类遗存，目前学者有不同的称呼，孟华平称之为后石家河文化，⑤ 杨权喜称之为石板巷子文化，⑥ 王劲则称之为三房湾文化⑦。本文暂时使用后石家河文化这一名称。

后石家河文化只有部分因素源自石家河文化，大部分因素来自同期的中原文化，尤其是煤山文化，因其与煤山文化的密切关系，被考古学者视作“煤山文化江汉地区的一种变体”，其成因是中原华夏文化的南下。⑧“来自中原的后石家河文化逐渐向长江中游地区渗透，从根本上改变了长江中游地区的传统文化结构。”⑨

后石家河文化的绝对年代，综合几个遗址的碳十四数据，早期约距今 4200 年，晚期约距今 3900 年，与煤山类型基本相当。⑩ 煤山类型第一期为河南龙山文化晚期，第二期相当于二里头一期，第三期相当于二里头二期。⑪ 煤山一期碳十四测定年代有两个数据：一为“公元前 1690 年+100 年”，树轮校正为公元前 2005 年；二为“公元前 1920 年+115 年”，树轮校正为公元前 2290 年。这表明煤山一期已进入夏代，⑫ 亦证明后石家河文化已属于夏代初年。

后石家河文化是中原文化南下江汉地区后，融合本地部分因素，在当地特定的环境中形成的一种文化类型。结合文献记载似可推测，这当是禹征服三苗后迫使三苗居民改宗中原文化的结果。三苗与华夏的战争，主要是由于三苗的兴盛导致利益上的冲突，但文化、宗教上的冲突也是一个重要原因。《尚书》卷十九《吕刑》有“苗民弗用灵”的说法，徐旭生先生认为，当时苗蛮集团信奉的是原始的巫教，而中原地区自帝颛顼进行宗教改革以后就采信了较进步、宗教性较浓厚的巫教，于是北方集团以他们的眼光看苗民自然就很不顺眼，另外苗蛮集团中的刑罚特别严酷，于是北方集团便以上天的名义前去征伐，《吕刑》在痛斥苗民刑罚残酷后说：“皇帝哀矜庶戮之不辜，报虐以威，遏绝苗民，无世在下。”其意为：上帝哀怜

---

① 吴启江：《墨子校注》卷五《非攻下第十九》，中华书局 2006 年版，第 227 页。
② 向绪成：《中国新石器时代考古》，武汉大学出版社 1993 年版，第 305 页。
③ 严文明：《龙山文化和龙山时代》，《文物》1981 年第 6 期。
④ 孟华平：《长江中游史前文化结构》，长江文艺出版社 1997 年版，第 165 页。
⑤ 孟华平：《长江中游史前文化结构》，长江文艺出版社 1997 年版，第 101 页。
⑥ 杨权喜：《关于鄂西六处新石器时代晚期遗存的探讨》，《考古》2001 年第 5 期。
⑦ 王劲：《后石家河文化定名的思考》，《江汉考古》2007 年第 1 期。
⑧ 白云：《关于“石家河文化”的几个问题》，《江汉考古》1993 年第 4 期。
⑨ 孟华平：《长江中游史前文化结构》，长江文艺出版社 1997 年版，第 173 页。
⑩ 王劲：《后石家河文化定名的思考》，《江汉考古》2007 年第 1 期。
⑪ 洛阳博物馆：《河南临汝煤山遗址调查与试掘》，《考古》1979 年第 5 期。
⑫ 杨育彬：《从考古发现探索夏文化的上限与下限》，《华夏文明》第一集，北京大学出版社 1987 年版。

众得罪人的真正无罪，拿严威笞复行虐政的苗民，要阻止苗民，使他们在下土不得有后嗣。这种文化、宗教上的冲突也是苗蛮集团与华夏集团发生战争的原因之一，虽然并不是冲突的主要原因，但却可以增加冲突的激烈程度。① 由于华夏集团与三苗的战争有这种文化、宗教的背景，因此从舜的时代起，华夏集团就试图对三苗进行文化改造，让苗民接受中原文化。《吕氏春秋》卷二十《召类》："尧战于丹水之浦，以服南蛮；舜却苗民，更易其俗；禹攻曹魏，屈骜有扈，以行其教。"可见华夏集团在对外扩张时，让被征服部族接受中原文化是其一贯政策，更何况华夏与三苗的冲突本身就带有强烈的文化、宗教背景。后石家河文化在文化面貌、文化结构上发生的重大变化，应当就是华夏集团战胜三苗后，对苗民"易其俗""行其教"的结果。

但后石家河文化并没继续发展下去，而是中断了，夏商两代，汉江中游江汉核心区(屈家岭文化、石家河文化核心区)，古代文化发展完全中断，夏商两代一直到西周早期，江汉核心区出现了巨大的文化断层，江汉地区曾经高度繁荣，发展到很高程度，已进入初期文明阶段的人类社会在夏商时期完全消失了，汉水中下游地区的史前文明受到毁灭性破坏并在其后数百年间出现文化断层。② 至西周早期时，这一地区犹一片荒凉，直到西周中期以后，由于真武山类型文化的形成及其南下，③ 汉江中游两岸江汉核心区才得到重新开发。

后石家河文化消失后，江汉地区极为荒凉，在夏商王朝的政治视野和地理格局下，原来江汉地区的边缘地带，特别是以涢水、澴水流域为核心的鄂东北地区成为夏商王朝经营南方的重点。就考古资料分析，二里头文化从豫南进入鄂东北的滠水、澴水、涢水和举水流域，形成以盘龙城为中心的分布态势，沿长江而上将其影响传至荆沙地区，并以盘龙城和荆南寺为据点，向南对湘北地区、向西对三峡地区甚至更西地区产生影响，二里头文化的觚、盉(或鬶)、深腹罐均可以在这些地区相当或略晚时期遗存中找到变体或遗型。进入商朝，在夏代的基础上，商人对南方的经营大为加强。商人基本上是沿着夏人的足迹南下，由豫东越过桐柏山，顺澴水、滠水等河流进入江汉之汇，在此建立了著名的盘龙城，并以此为基础，进一步辐射至江西、湖南，溯长江而上至荆沙地区，并将其影响传播至更远的地区。④

在文献中则有夏商王朝征讨荆蛮的记载，《今本竹书纪年》记载，夏朝末年，商师曾奉夏桀的命令征"荆"："(夏桀)二十一年，商师征有洛，克之。遂征荆，荆降。"《诗经·商颂·殷武》亦记殷王武丁征伐荆楚："挞彼殷武，奋伐荆楚。罙入其阻，裒荆之旅。有截其所，汤孙之绪。"武丁南伐荆蛮，在甲骨文中亦有所反映：

> 乙未[卜]，贞：立事[于]南，右比[我]，中比舆(举)，左比曾。
> 乙未卜，贞：立事[于南]，右比我，[中]比舆(举)，左比[曾]。十二月。⑤

这两条甲骨文均属武丁时代。"立"，即莅；事，即"国之大事，在祀与戎"的戎事。"立事于南"，是说商王武丁亲临南方，指挥战争。我、曾、举均为商代方国，据李学勤考证，曾在今湖北、枣阳、随县、京山到河南西南的新野这一范围内。举在汉东举水流域；⑥ "我"的地望不可考，当与曾、举相邻。"比"则有联合、配合之义。⑦ 罗运环认为，这两条卜辞是说：商王武丁亲率右、中、左三军，在我、举、曾三个

① 徐旭生：《中国古史的传说时代》，广西师范大学出版社 2003 年版，第 121～124 页。

② 鲁西奇：《区域历史地理研究：对象与方法——汉水流域的个案考察》，广西人民出版社 2000 年版，第 124～127 页。

③ 张昌平：《试论真武山一类遗存》，《江汉考古》1997 年第 1 期。

④ 张昌平：《夏商时期中原与长江中游地区的文化联系》，《华夏考古》2006 年第 3 期。

⑤ 郭沫若主编、胡厚宣总编：《甲骨文合集》第 3 册，第 5504、5512 片，中华书局 1978 年版。

⑥ 江鸿：《盘龙城与商朝的南土》，《文物》1976 年第 2 期。

⑦ 林沄：《甲骨文中的商代方国联盟》，《古文字研究》第六辑，中华书局 1981 年版。

方国的配合下征伐荆楚。① 这两条甲骨卜辞，正好与《诗经·商颂·殷武》记载商王武丁“奋伐荆楚”相互印证和补充。

分析可见，石家河文化晚期，江汉地区的文化结构发生了根本性的变化，中原文化的南下基本摧毁了江汉地区的原有文化系统，中原文化占据了主导地位。后石家河文化性质表明江汉地区原有的文化结构被打破，产生了大规模的文化重组。从此以后，历史时期的江汉地区不再像新石器时代那样是一个独立的区域主体和文化主体、政治主体，而是作为中原文化的附庸和边缘而存在。夏商两代的长江中游地区，在文化上是中原文化的边缘组成部分，在政治上是中原王朝的附属，其居民受中原王朝统治，但又因叛服无常而受到中原王朝的征伐。这一文化地理格局的形成，奠定了周代南土的历史基础，对西周时期南方政治地理格局的形成、发展及其演变，产生了极为深远的影响。

二、周人经营南方的历程

商代后期，周人崛起于关中，趁商人深陷于与东夷的战争之机，极力扩张势力，“文王帅殷之叛国以事纣”,② 自中商后期起即已脱离了商王朝统治的众多南方部族成为周人极力争取的对象。在伐商过程中，这些南方部族发挥了重大作用。《尚书·牧誓》为周武王伐商时在牧野誓师之言，其中提及“庸、蜀、羌、髳、微、卢、彭、濮人”，通称牧誓八国，此八国，学者多有考证，③ 虽历来说法不一，但大体在周之西之南地区。八国随武王伐商至于牧野，表明周人经营南土甚早，如此才能在灭商之前“三分天下有其二”,④ 故徐中舒先生谓：“周人自大王居岐以后，即以经营南土为其一贯之国策。”⑤周人在夏商两代经营南方的基础上大力开发江汉，在南方地区封建了大量诸侯，由此形成了西周的南土疆域。

周势力进入汉水流域，可能早在文王时期。《诗序》中早有文王化行南国的说法，《诗经·周南·关雎》序：“《关雎》《麟趾》之化，王者之风，故系之周公。南，言化自北而南也。《鹊巢》《驺虞》之德，诸侯之风也，先王之所以教，故系之召公。”《汉广》序：“文王之道被于南国，美化行乎江汉之域，无思犯礼，求而不可得也。”《甘棠》序：“《甘棠》，美召伯也。召伯之教，明于南国。”毛传：“召伯，姬姓，名奭，食采于召，作上公，为二伯，后封于燕。此美其为伯之功，故言‘伯’云。”《羔羊》序：“《羔羊》《鹊巢》之功致也。召南之国，化文王之政，在位皆节俭正直，德如羔羊也。”《摽有梅》序：“《摽有梅》，男女及时也。召南之国，被文王之化，男女得以及时也。”总括《诗序》之意，是说文王的教化由召公推行于南国。郑玄《周南召南谱》亦谓：“至纣，又命文王典治南国江、汉、汝旁之诸侯。”《诗经·国风》有周南、召南，二南之地域，历代学者虽多有解释，但总之包含江汉地区在内，《水经注·江水篇》引《韩诗序》：“二南其地在南郡、南阳之间。”⑥清王先谦总结说：“盖周业兴于西岐，化被于江汉汝蔡。”⑦

但自近世以来，文王化行南国之说，颇为学者所疑。清崔东壁即谓：“先儒说二南者，皆谓文王徙都于丰，分岐故地为周公、召公之采邑，使周公为政于国中，而召公宣布于诸侯，于是德化大成于内，而江、沱、汝、汉之间，莫不从化。余按经传，二公皆至武王之世始显，迨成王朝始分陕而治，当文王时，二公年皆尚少，况有虢叔、闳夭之属亲旧大臣在朝，必无独任二公分治内外……由说者，误以二南为文王时诗，故曲为之解耳。”⑧至近代，疑古之风起，学者更谓《诗序》为伪作，所言自不足信，且文王之时，

---

① 罗运环：《楚国八百年》，武汉大学出版社 1992 年版，第 68 页。

② 《左传·襄公四年》，《春秋经传集解》，上海古籍出版社 1988 年版，第 812 页。

③ 顾颉刚：《牧誓八国》，顾颉刚：《史林杂识初编》，中华书局 1963 年版。

④ 周人在灭商前三分天下有其二，因上博简《容成氏》的发表，使得我们对之有更为清晰的理解。参李零：《三代考古的历史断想》，《中国学术》2003 年第 2 期。

⑤ 徐中舒：《殷周之际史迹之检讨》，《徐中舒历史论文选辑》，中华书局 1998 年版，第 688 页。

⑥ 杨守敬、熊会贞：《水经注疏》卷三十四《江水二》，江苏古籍出版社 1989 年版，第 2862 页。

⑦ （清）王先谦：《诗三家义集疏》，中华书局 1987 年版，第 1 页。

⑧ （清）崔述：《丰镐考信录》卷一，《崔东壁遗书》，上海古籍出版社 1983 年版，第 170 页。

周势力未出岐、丰之域，其势力未达于江、汉之间，就更谈不上文王之教化行乎南国了，二南的时代，不得超过周宣王，可能是来自南国地区，诗序所言，乃是误以为二南为文王时诗，误以南国为周之统治基地，而曲为之说罢了。①

以今言之，以上议论所疑，固有其理，然似有过于拘泥之嫌。召公的时代，跨文王、武王、成王三代，文王时周、召二公确然尚未有后来武、成时期的重要地位，但亦当已在政治上崭露头角。而召公将文王之教化推行于南国，亦未必为文王时之事，若决然以为此必为文王时事，则拘之过甚，亦求之过深。按文王为周人基业的奠基者，周人言必称文王，是以文王为旗帜，作为一种政治号召，乃是一种政治上的象征。武王即位不改元，仍以文王受命之年为元年，以武王即位后的一年为八年，次年，即文王受命之九年，"武王上祭于毕，东观兵，至于盟津，为文王木主，载以车，中军。武王自称太子发，言奉文王以伐，不敢自专"②。盟津之会时，诸侯不期而会者八百诸侯，在这个重要盟会中，武王为标榜周之号召力，犹自称"太子发"。此皆周人(尤其是周初之时)以文王为政治旗帜之证。且《诗序》已明言是"文王之道"，由召公施行于南国，按周人的立场和观点，周之政教皆得谓"文王之道"，文王这面旗帜，连武王都不能代替，何况召公？因此召公推行文王之教化于南国，未必一定要在文王之时，若强解为文王，反而不美。

又据《史记·周本纪》，商末周文王礼贤下士，"散宜生、鬻子、辛甲大夫之徒皆往归之"。鬻子即楚之先祖鬻熊，鬻熊之居地，《世本》言其"居丹阳"，③ 此丹阳之名，当为秦人对早期楚都的称呼，古以山南水北为阳，丹阳当与丹山或丹水有关，即今南阳盆地西部的丹水流域，有关这方面，学者已有大量论述。④ 可见楚人事周，亦周人势力及于汉江流域的实证之一。

周武王盟津之会时，号为八百诸侯，此"八百诸侯"当主要为叛商而归周的西土、南土方国和部族。西土暂且不论，至少南土方国和部族依附周人会于孟津，虽成于武王之手，但当奠基于文王。两年后武王伐纣时，参加牧野之战的，除周的"锐兵"外，还有"庸、蜀、羌、髳、微、卢、彭、濮人"，是为《牧誓》八国，学者对牧誓八国有不少的研究，虽意见有所分歧，但八国中的庸、卢、彭、濮人位于汉江流域这一点当无疑问。⑤ 可见文献中的"文王化行江汉"当是指周人于文王时大力经营南方，获得南方部族的拥护，如此才有南方部族参与伐纣之役。这亦是文王化行江汉的旁证。

武王获得牧野之战的胜利后，曾大规模向南用兵，以征服商在黄河以南的南国诸侯。《吕氏春秋·古乐》谓武王伐纣时，"六师未至，以锐兵克之牧野"。是克商之时，周之大军尚未渡河北上，因此在克商之后周人就近分派大军征伐南国。《礼记》卷三十九《乐记》描写周人歌颂克商过程的《大武》舞曲分六成，也就是六场：

> 且夫《武》始而北出，再成而灭商，三成而南，四成而南国是疆，五成而分，周公左，召公右，六成复缀以崇。

"始而北出"就是从盟津渡河北上，进攻殷都；"再成而灭商"就是取得牧野之战的胜利，并占有商都，灭商朝；"三成而南"就是武王命周军南下进军。"四成而南国是疆"，郑玄注："四奏，象南方荆蛮之国侵畔者服也。"孔颖达《正义》："象武王伐纣之后，南方之国于是疆理也。"可见武王征伐南国诸侯是克商后最重

---

① 郭人民：《文王化行南国与周人经营江汉》，《河南师范大学学报》1980 年第 2 期。

② 《史记》卷二《周本纪》，中华书局 1982 年版，第 120 页。

③ 李学勤主编：《十三经注疏·春秋左传正义》，北京大学出版社 1999 年版，第 150 页。

④ 关于楚都丹淅说，可参石泉、徐德宽：《楚都丹阳地望新探》，《江汉论坛》1983 年第 3 期；石泉：《楚都丹阳及古荆山在丹、淅附近补证》，《江汉论坛》1985 年第 12 期。二文又载于石泉：《古代荆楚地理新探》，武汉大学出版社 1988 年版。有关楚都丹阳研究的学术回顾及楚都丹淅说的全面介绍，可参徐少华：《楚都丹阳地望探索的回顾与思考》，徐少华主编：《荆楚历史地理与长江中游开发——2008 年中国历史地理国际学术研讨会论文集》，湖北人民出版社 2009 年版。

⑤ 顾颉刚：《牧誓八国》，《史林杂识初编》，中华书局 1963 年版。

要的军事行动，《大武》第五场是“五成而分，周公左，召公右”，旧说谓此为周、召二公分陕而治，然杨宽谓此场是周、召二公分别指挥战事，① 近出《柞伯鼎》记载周公曾“广伐南国”，② 可与杨宽之说印证，周军在克商之后的南征可能为周公所主持。

商之南方诸侯为周所征服后，自黄河以南到江汉，周势力连成一片，奠定了周代南土疆域和南方政治地理的最初局面。《左传》昭公九年载周大夫詹桓伯辞晋之言，叙及周初地理范围：“及武王克商，蒲姑、商奄，吾东土也。巴、濮、楚、邓，吾南土也。肃慎、燕、亳，吾北土也。”③在这里被列为周初南土的巴、濮、楚、邓四国地望，虽各家说法不一，但就地域范围而言，皆在汉水流域。④

1902 年出土于陕西岐山的《太保玉戈》铭文载：“六月丙寅，王才(在)丰，令大保省南国，帅汉，遂殷南，令厉侯辟，用鼄走百人。”⑤太保即召公，王为成王，帅训为循，“帅汉”即沿汉水南下，“殷”为殷见，“遂殷南”即诸侯会集朝见周王，“厉”即古厉国，在今随州以北，“辟”训为“君”，是封建厉侯的意思。太保玉戈的年代为成王前期，铭文大意是说：六月丙寅这一天，成王在丰京命太保召公巡视南国，沿着汉水南下，召集汉水流域的诸侯前往周京朝见成王，并封厉侯为君，赏赐给厉侯仆御一百名。李学勤先生认为，此事当发生在周公东征平定三监以后，是巩固王朝南方统治的一项措施。《诗序》：“《甘棠》，美召伯也，召伯之教明于南国。”可见周初时南土疆界就已达汉水。⑥

《太保玉戈》铭文留下了周初召公经营南国的宝贵史料。由此可知，周初成王时，召公确曾在汉江流域活动，足证汉江流域在商末周初时就已成为周人的势力范围，正可与文献记载中召公在江汉地区推行文王之教化相印证。

可见商末周初时周人势力已进入江汉地区，汉水中上游地区的诸部族或已为周之封国，或已依附于周。但就地域范围而言，大抵不出南阳盆地至陕南的汉水中上游地区。到周昭王时，在前期经营的基础上，周人发动了大规模的南征，这是周人经营南方的最高峰，周势力一度抵达长江北岸，并在江汉之交的黄陂鲁台山建立据点，意图恢复商代以盘龙城为据点控制长江中游广大地区的政治地理格局，但由于昭王南征失败，“丧六师于汉”，周人的这一意图成为泡影。⑦

三、西周早期南方政治地理格局

综观周人在南方的势力分布，是以关中为后盾，由此而南逐步铺开的。

(一)南阳盆地北部

在南阳盆地北部，分布着楚、鄀、谢三国。

1. 鄀国与早期楚国

鄀国，是商周时期一个历史悠久、具有较高文化水平的国族，传世和近年出土的有铭鄀国铜器较多，并体现出较高的文化水平。鄀人于西周中晚期即有上鄀、下鄀的支分，⑧ 可见其时具有一定的社会地位和经济实力。鄀国族姓，据《世本》记载，鄀为“允姓之国，昌意降居为侯也”⑨。昌意一般认为是黄帝次子，

---

① 杨宽：《西周史》，上海古籍出版社 1999 年版，第 103 页。

② 朱凤瀚：《柞伯鼎与周公南征》，《文物》2006 年第 5 期。

③ 《春秋经传集解》，上海古籍出版社 1988 年版，第 812 页。

④ 尹弘兵：《楚国都城与核心区探索》，湖北人民出版社 2009 年版，第 131~134 页。

⑤ 庞怀靖：《跋太保玉戈》，《考古与文物》1986 年第 1 期。

⑥ 李学勤：《太保玉戈与江汉的开发》，《楚文化研究论集》第 2 集，湖北人民出版社 1991 年版。

⑦ 尹弘兵：《地理学与考古学背景下的昭王南征》，《历史研究》2015 年第 1 期。

⑧ 郭沫若：《两周金文辞大系图录考释》鄀国铜器考释，上海书店出版社 1999 年版，第 174~176 页。

⑨ 《春秋释例》卷七《土地名》“鄀”条引《世本》，上海商务印书馆 1936 年版，第 314 页；另参《世本·氏姓篇》(秦嘉谟辑补本)，见《世本八种》，商务印书馆 1957 年版，第 303 页。

则鄀部族起初应当活动在黄河流域。早期的鄀族，居住在若水，即今河南汝水。①《竹书纪年》云：“昌意降居若水。”“若”“汝”古音同义可通，如《史记·张仪列传》曰“始吾从若饮”，《索隐》“若者，汝也”。西周时期，鄀部族活动于今河南西南部的丹水流域，与早期楚国为邻，因此鄀国又是探讨早期楚国地望的重要地理坐标。

鄀国地望，《左传》僖公二十五年：“秋，秦、晋伐鄀，楚斗克、屈御寇以申、息之师戍商密。”杜预注：“鄀本在商密，秦、楚界上小国，其后迁于南郡鄀县。”可见商密即鄀都，郦道元《水经注》、江永《春秋地理考实》、顾祖禹《读史方舆纪要》等文献均同。② 商密之地，依杜注在汉晋之时的丹水县，《水经注》卷二十《丹水篇》：“丹水又迳丹水县故城西南，县有密阳乡，古商密之地，昔申息之师所戍也。”可知北魏时丹水县已迁徙，位于故城所临丹水下游的北岸。《嘉庆重修一统志》卷二百一十一，南阳府二，古迹“丹水故城”条云：“在淅川县西，本古鄀国。”丹水故城，在丹水北岸，即今淅川老城附近，因此鄀都商密大致在今河南淅川县西南、淇水汇入丹水之处上游的寺湾西北一带。③ 鄀后迁于南郡鄀县，故地在今湖北钟祥市汉水以西胡集镇东十公里处的罗山遗址。④

鄀国与早期楚国有特殊关系，据清华简《楚居》简文中记载楚熊绎、屈紃之时，“为楩(鞭)室(室，室)既成，无以内之，乃㯋(窃)𦯬(鄀)人之犝(犝)以祭”⑤。此则简文说明了楚、鄀相邻，二国甚至可能在目视范围之内。也表明早期楚国要远远弱于鄀国，甚至连祭鞭室所用之牛都要去鄀国窃取。

2. 谢国

谢国，在今河南南阳市。《诗·大雅·崧高》记西周末年周宣王封申伯于谢：“亹亹申伯，王缵之事。于邑于谢，南国是式。”毛序：“谢，周之南国也。”郑《笺》“……令往居谢，成法度于南邦”，又曰：“申伯之貌，有威武番番然，其入谢国。”宋朱熹《诗集传》：“邑，国都之处也；谢，在今邓州南阳县，周之南土也。”又汉史游《急就篇》卷一“谢”条，颜师古注：“谢，南方国名也，周宣王后父申伯于此作邑。”《路史·国名纪一》“谢”条说：“欧阳修谢绛铭云：黄帝后，昔周灭之，以封申伯，在南阳之宛。”可见申伯之封地原为谢国之所在，西周晚期宣王封申伯于谢之前，谢是周之南土的重要诸侯之一。⑥

谢国又见于安州六器之中方鼎二、三铭文：“隹(唯)王令南宫伐反虎方之年，王令中先省南或(国)，贯行，埶王应(居)在[illegible]𨺜真山。中乎归生凤于王。埶于宝彝。”(《释文》2751、2752)此铭是说南宫伐反虎方之年，昭王为南征之事命中省视南国，并设立行帐。[illegible]字从弓从矢，为南国地名，是中设立行宫的地点之一。据徐少华考证此字当释“射”，射即谢，即古谢国，地在今河南南阳市，周宣王封王舅申伯于此后，谢国南迁于今新野县东的棘阳城遗址。⑦ 此处为昭王南征所设行帐之地，当即位于今南阳市之古谢国。⑧

① 田昌五：《夏文化探索》，《文物》1981年第5期；徐少华：《鄀国铜器及其历史地理研究》，《江汉考古》1987年第3期。

② 《春秋经传集解》，上海古籍出版社1988年版，第357页；《水经注疏》卷二十八《沔水中》，江苏古籍出版社1989年版，第2399~2400页；(清)江永：《春秋地理考实》卷一《僖公·二十五年》，《景印文渊阁四库全书》第181册，台湾“商务印书馆”1983年版，第273页；(清)顾祖禹：《读史方舆纪要》卷七十九，襄阳府，宜城县“鄀城”条，中华书局2005年版，第3712页。

③ 徐少华：《鄀国铜器及其历史地理研究》，《江汉考古》1987年第3期；徐少华：《〈水经注·丹水篇〉错简考订——兼论古析县、丹水县的地望》，《中国历史地理论丛》1988年第4期。

④ 徐少华：《古鄀国、鄀县及楚鄀都地望辨析》，武汉大学历史地理研究所编：《石泉先生九十诞辰纪念文集》，湖北人民出版社2007年版；武汉大学历史地理研究所、钟祥市博物馆：《钟祥罗山遗址调查简报》，《江汉考古》2007年第3期。

⑤ 李学勤主编：《清华大学藏战国竹简(壹)》，中西书局2010年版，第181页，第185页注27-28。犝，即无角之牛。

⑥ 关于谢国地望及历史，参徐少华：《周代南土历史地理与文化》第二章第五节“谢国”，武汉大学出版社1994年版。

⑦ 徐少华：《周代南土历史地理与文化》，武汉大学出版社1994年版，第48、49、51页。

⑧ 尹弘兵：《地理学与考古学视野下的昭王南征》，《历史研究》2015年第1期。

(二)汉水中上游沿岸地区

在汉水中游沿岸地区，由陕南至南阳盆地南缘，西周早期时，目前已知有巴、庸、濮、邓、谷、绞等国族。

1. 巴国

巴国，旧说在今重庆一带，但这是战国时期的巴国。早期巴国所在，一般认为在今湖北西南的清江流域，① 此说甚为流行，影响所及，考古学界多将三峡地区的夏商时期文化定为早期巴文化。主要的依据是《后汉书》卷八十六《南蛮西南夷列传》所载之廪君传说，但据学者考证，廪君史料出自汉末，其年代为战国，因此廪君巴只是巴人之支系，是巴人的流而非源。② 按：巴为商代古国，殷墟卜辞中已有“巴方”之名，在武丁时为商人攻伐的对象，另据《华阳国志》，巴国曾参与武王伐纣。卜辞中的巴方之所在，段渝认为殷末时巴方居汉水上源古沔水一带，属姬姓集团成员之一，所居之地也是殷代千里王畿的西土之所在，③ 杨铭认为商代巴方原在山西南部，商末时迁至汉水中上游一带④。周代的巴国，当即卜辞中的巴方，春秋时屡见于《左传》，与楚国曾有密切的关系，童书业先生据《左传》考订其地望应在今陕西东南境、大巴山以北，⑤ 石泉先生结合文献及考古材料，考证先秦时巴国在今陕东南、汉水中上游的安康一带，⑥ 彭万廷等人则据汉水中游陕南城固一带出土较多商周时期巴式青铜器，认为商周时期巴族的中心应在此地⑦。综各家之说，周初时巴国当在今陕东南，汉水上游一带。

2. 庸与濮

自安康地区沿汉水而下，直至襄阳以东的汉水中游沿岸地区，分布着庸、濮二国(族)，此二国(族)在文献上最早见于《尚书·牧誓》：

> 王朝至于商郊牧野，乃誓。王左杖黄钺，右秉白旄以麾，曰：“逖矣，西土之人！”王曰：“嗟！我友邦冢君，御事司徒、司马、司空，亚旅、师氏，千夫长、百夫长，及庸、蜀、羌、髳、微、卢、彭、濮人。称尔戈，比尔干，立尔矛，予其誓。”

《牧誓》为周武王伐纣时在牧野誓师之言，可见庸、濮至迟在商代晚期已存在，并曾作为周人伐纣的同盟军。从《牧誓》所载来看，听誓者皆“西土之人”，其排列，首为友邦冢君，然后为武王直属，再次即庸、蜀、濮等八国，可知八国皆为依附于周的少数民族，是中原政治体系中的边缘部分。

庸、濮二国(族)之地望，孔传谓庸与濮皆在江汉之南。庸的地望后世有较为明确的记载，《左传》文公十六年载“庸人率群蛮以叛楚”，杜预注：“庸，今上庸县，属楚之小国。”《汉书》卷六《武帝纪》：“济东王彭离有罪，废徙上庸。”李贤注引应劭曰：“春秋时庸国。”西晋司马彪《续汉志·郡国五》“汉中郡”条：“上庸本庸国。”北魏郦道元《水经注》卷二十八《沔水中》：“堵水又东北迳上庸郡，故庸国也。《春秋·文公十六年》，楚人、秦人、巴人灭庸。庸，小国，附楚，楚有灾不救，举群蛮以叛楚，故灭之。”《史记》卷四十《楚世家》，唐张守节《正义》引《括地志》云：“房州竹山县，本汉上庸县，古之庸国。昔周武王伐纣，庸蛮在焉。”《史记》卷四《周本纪》，张守节《正义》引《括地志》则作：“房州竹山县及金州，古庸国。”可见

① 童恩正：《古代的巴蜀》，重庆出版社 1998 年版，第 11 页。
② 黄道华：《廪君三题》，《江汉考古》1991 年第 4 期。
③ 段渝：《试论宗姬巴国与廪君蛮夷的关系》，《四川历史文集》，四川省社会科学院出版社 1987 年版。
④ 杨铭：《巴人源出东夷考》，《历史研究》1999 年第 6 期。
⑤ 童书业：《古巴国辨》，《童书业历史地理论集》，中华书局 2004 年版，第 243、244 页。
⑥ 石泉：《古巫、巴、黔中故址新探》，《古代荆楚地理新探·续集》，武汉大学出版社 2004 年版，第 14 页。
⑦ 彭万廷等：《巴蜀文化源流》，湖北教育出版社 2003 年版，第 10~20 页。

汉唐学者均认为庸国在汉上庸县、魏晋以后的竹山县，今湖北省竹山县。

但这一结论是以春秋时庸国故地为基础的，东汉应劭即明言汉上庸县为春秋时庸国，可见今湖北省竹山县一带作为春秋庸国、楚汉上庸县是没有问题的。然商末周初时庸国是否在今竹山一带，却未可就此径下结论。今湖北省竹山县、竹溪县地区属汉水支流堵河流域，深处武当、荆山、大巴山之中，是群山之中的一块相对低凹地区，商代的庸国如在此地，则深处群山之中，与周人相距过远，恐难与周人建立密切联系。徐仲舒先生谓周人自大王居岐以后，即以经营南土为其一贯之国策，其言甚是，然殷周之际周人所经营的南土，主要是在汉水流域，郑玄《毛诗谱》："至纣，又命文王典治南国江、汉、汝旁之诸侯。"《诗序》："《甘棠》，美召伯也，召伯之教明于南国。"1902 年出土于陕西岐山的《太保玉戈》铭文载："六月丙寅，王才(在)丰，令大保省南国，帅汉。"①铭文是说成王命太保召公沿汉水南下，召集诸侯向周王朝见。② 可见商周之际周人在南方的经营最多只到汉水沿岸地区，而堵河流域处深山之中，交通不便，商代的庸国如在此地，似难作为周人的重要同盟军参与伐商之役。故叶植认为，庸国早期居地在鄂西北的汉水南岸，鄂西北山区竹山县的庸是庸国在楚人进攻下败退的结果，早期的庸国在丹江口市西北至郧县一带。③ 结合考古学文化的分布来考察，鄂西北等地商文化遗存分布极为稀少,④ 堵河流域的竹山、竹溪两县，分布有较多的新石器时代遗址和东周秦汉遗址，但不见有夏商遗址,⑤ 可见堵河流域在新石器时代曾是人类生息繁衍之地，但夏商时期却不见有人类活动的踪迹。近年来为配合南水北调中线工程，进行了大规模的考古调查与发掘工作，但目前已发现的夏商时期遗址仅有郧县辽瓦店子和丹江口市熊家庄两处。⑥ 可见夏商时代的堵河流域几乎不见人烟，只有汉水沿岸才有较多的古代居民生活及繁衍，则商代时周人所经营之南土，《牧誓》中所言的庸、蜀、濮等南方的周之同盟者，应均在汉水沿岸地区，而商代及西周时期的古庸国也应位在汉水沿岸，叶植之说可信。

牧誓八国中的濮是一个古老的民族，但濮并不是一个邦国，没有形成统一的政权，故《牧誓》称之为"濮人"，直到春秋时期，濮还处在各自"离居"的状态，因此又被称为"百濮"。商周时期濮地所在，后代学者多有考订。顾颉刚先生认为濮在武当、荆、巫诸山脉中。⑦ 童书业先生以为濮地应近汉水。⑧ 徐中舒先生认为濮在均、郧、房三县的汉水流域，即由郧、均、房至襄、樊一带之地。⑨ 石泉先生则认为，春秋时期的古麇国、楚麇邑地在今随枣走廊西口外、今滚河入唐白河后的唐白河下游西北岸地，与之相邻近的百濮，其地当在今枣阳市境桐柏、大洪两山间的山区丘陵地带。⑩ 段渝则据"百濮离居"认为，百濮居地当不限于一处，而是在西周时代的南土有广泛的分布，襄阳以西到竹山以南、襄阳以东汉水东北岸及滚河下游一带，均为西周时代百濮离居之地。⑪ 虽然对濮的具体定位还有一些困难，各家的说法不一，但西周春秋时的濮，大体当在汉水中游至上游部分地区，今鄂北地区一带，就区域而言，可以认为上述各家的意见是基本一致的。又濮字从水，《左传》昭公十九年载"楚子为舟师以伐濮"，则濮之民族，必与水

---

① 庞怀靖：《跋太保玉戈》，《考古与文物》1986 年第 1 期。

② 李学勤：《太保玉戈与江汉的开发》，《楚文化研究论集》第 2 集，湖北人民出版社 1991 年版。

③ 叶植：《试论楚熊渠称王事所涉及到的历史地望问题》，《楚文化研究论集》第 4 集，河南人民出版社 1994 年版，第 401 页。

④ 杨权喜：《湖北商文化与商朝的南土》；冯少龙：《湖北商代考古发现与研究概述》。二文并收入湖北省文物考古研究所编著：《奋发荆楚　探索文明》，湖北科学技术出版社 2000 年版。

⑤ 国家文物局主编：《中国文物地图集·湖北分册》(下册)，西安地图出版社 2002 年版，第 274~279 页。

⑥ 王凤竹：《湖北省南水北调工程考古发掘取得重要阶段性成果》，《中国文物报》，2007 年 10 月 17 日。

⑦ 顾颉刚：《牧誓八国》，《史林杂识初编》，中华书局 1963 年版，第 31 页。

⑧ 童书业：《春秋时濮族所在》，《童书业历史地理论集》，中华书局 2004 年版，第 361 页。

⑨ 徐中舒：《巴蜀文化续论》，《徐中舒历史论文选辑》，中华书局 1998 年版，第 1086 页。

⑩ 石泉：《春秋"百濮"地望新探》，《古代荆楚地理新探·续集》，武汉大学出版社 2004 年版，第 10~11 页。

⑪ 段渝：《西周时代楚国疆域的几个问题》，《中国史研究》1997 年第 4 期。

有关，此水必为汉水或其支流，由此论之，濮当在汉水中上游两岸地区居住，与庸、邓及西周晚期以后的楚国相去不远。

3. 邓国

邓国，本为中原古族，夏商以前邓部族就在黄河流域有了广泛的活动。① 邓国地望，旧说在今河南邓县，② 不确，据石泉先生考证，周代邓国当在襄樊市（今襄阳市）西北10余里的古邓城遗址，③ 此说证据确凿，令人信服。邓城城址面积约60万平方米，至今保存较好，城址尚未发掘，但近年来，襄樊市文物考古研究所在邓城以东的沈岗墓地发现了一座西周墓葬，所出陶器组合为簋、豆、罐，共8件，均为泥质红陶，年代为西周中期晚段；④ 在城址北部的韩岗遗址发现了春秋早期以来的遗迹和遗物；⑤ 在邓城以北15公里处的黄集镇小马家遗址，发现有三个西周时期的灰坑，其中的H3可早至西周早期后段的康王时期，H1不晚于西周中期偏早阶段，大致相当于昭、穆王时期，H2为西周中期偏晚阶段，大致相当于共、懿、孝王时期；⑥ 邓城以东不到1公里处的黄家村遗址亦发现西周晚期至战国早期的遗存，并发现有西周中期的遗物，考古界据此推测，邓城至少从西周中期开始就是邓国都城之所在。⑦ 另据北宋时所出的"安州六器"中的"中甗"铭文，周昭王南征时，事先曾派大臣"中"到"方、邓"等地视察，唐兰先生认为此邓即邓国，⑧ 与《左传》所记詹桓伯之言相合。

4. 谷国及其他江汉小国的问题

谷国，见于《春秋》桓公七年："夏，谷伯绥来朝。邓侯吾离来朝。"可知谷、邓二国国君曾于鲁桓公七年联袂访问鲁国，则谷、邓二国当较邻近，故才有一同朝鲁之事。邓国在今襄阳北的邓城遗址附近，谷国所在，何浩认为谷国"在汉水西岸、筑水春秋时称彭水，今称南河北岸的两水交汇之处"⑨。今湖北谷城县境，去襄阳不远。从《经》《传》称谷伯绥来看，谷国有周之封爵，此封爵当为西周所封，因此谷国当为西周诸侯。但谷国在汉水以南，西周早期时周势力刚到汉水，是否已在汉水以南建立封国，目前尚无确据。从西周势力并未越过汉水来看，姑且认定西周早期时谷国可能并不在此地。

另，据《左传》记载，春秋早期，汉水中上游一带还有卢、罗、鄢、绞、彭、郧、轸、州等小国，这些江汉小国虽大多列名《经》《传》，但无爵称，可见这些小国并未得到周朝的封爵，非周之封国，且西周早期时原屈家岭、石家河文化核心区尚是蛮荒之地，因此这些江汉小国当是西周中期以后才进入江汉地区的，春秋早期时为楚所灭。

（三）南阳盆地东南缘

在南阳盆地东南缘，靠近随枣走廊入口处，已知有唐、西鄝二国。

1. 唐国

唐国，文献中最早见于《国语·郑语》："当成周者，南有荆蛮、申、吕、应、邓、陈、蔡、随、唐。"

---

① 徐少华：《周代南土历史地理与文化》，武汉大学出版社1994年版，第10页。

② （清）顾祖禹：《读史方舆纪要》卷五十一，河南六"邓州"条，中华书局2005年版，第2414页。

③ 石泉：《古邓国、邓县考》，《古代荆楚地理新探》，武汉大学出版社1988年版。

④ 襄樊市文物考古研究所：《襄樊沈岗西周墓发掘简报》，襄樊市文物考古研究所编：《襄樊考古文集》第一辑，科学出版社2007年版。

⑤ 湖北省文物考古研究所：《湖北襄阳邓城韩岗遗址发掘报告》，《江汉考古》2002年第2期；襄樊市博物馆：《湖北省襄樊市邓城遗址试掘简报》，《江汉考古》2004年第2期。

⑥ 襄樊市文物考古研究所、襄阳区文物管理处：《襄阳黄集小马家遗址的简报》，襄樊市文物考古研究所编：《襄樊考古文集》第一辑，科学出版社2007年版。

⑦ 王先福：《邓城——樊城演进历程考》，《襄樊学院学报》2007年第1期。

⑧ 唐兰：《论周昭王时代的青铜器铭刻（上编）》"中甗"考释，《古文字研究》第二辑，中华书局1981年版，第88页。

⑨ 何浩：《楚灭国研究》，武汉出版社1989年版，第217页。

将唐列为成周以南的重要国族，是在西周晚期。另出土于宋代的安州六器之“中觯”铭文“王大省公族于庚，振旅”，谓周昭王南征归来后，于庚地治兵。“庚”字，李学勤先生释为“唐”，即江汉之唐国，① 李说为学界所认同。这说明西周早期时，唐已立国于南土，为周在南方的重要诸侯，并参与了周昭王南征。

唐国的族姓，上引《国语·郑语》韦昭注曰：“应、蔡、随、唐，皆姬姓也。”唐张守节《史记正义》引《世本》曰：“唐，姬姓之国也。”则唐为周之宗室，为“汉阳诸姬”之一。但唐之族姓，另有一说谓唐为尧后，祁姓。唐司马贞《史记索隐》《新唐书·宰相世系表》，以及清梁玉绳《汉书人表考》、顾栋高《春秋大事表·列国爵姓及存灭》均持此说，徐少华教授对此已力辩其非，② 言之成理，其说可从。至于郑樵《通志·氏族略》将姬、祁二姓说并存，貌似公允，实则自相矛盾，碍难成立。

唐国地望，《汉书·地理志》南阳郡“春陵”县原注：“侯国，故蔡阳白水乡。上唐乡，故唐国。”春陵侯国为元朔五年武帝分封长沙定王子刘买，据推恩令列长沙国而封，初在长沙国附近，别属零陵郡，③ 至其孙刘仁时，“以春陵地势下湿，山林毒气，上书求减邑内附。元帝初元四年，徙封南阳之白水乡”④。《左传》宣公十二年杜预注“义阳安昌县东南有上唐乡”，晋安昌县即前汉春陵县，⑤ 两者地望一致，则古唐国位于汉春陵县(晋安昌县)之东南。自清初起，志书将上唐乡故城定在随州西北的唐城一带，即今随州西北约 80 里的唐县镇，成为流行说法，⑥ 近世学者亦颇从之。⑦ 另据石泉先生考证，认为古唐国不当在今随枣走廊内，而应在南阳盆地的今唐河县境内。⑧

2. 西蓼

周代有三个蓼国。一在南阳盆地，是为西蓼；一在淮河中游的河南固始县，是为东蓼；此外，还有作为“群舒”之一的舒蓼。⑨

西蓼国最早见于《左传》桓公十一年(公元前 701 年)，是年蓼曾与郧、随、绞、州诸国谋伐楚而未成，杜预注：“蓼国，今义阳棘阳县东南有湖阳城。”⑩蓼，又写作鄝，按廖、廖、飂、鄝均为一字之异文，均从翏得声。其地所在，《汉书·地理志》南阳郡“湖阳”县班固原注：“故蓼国也。”⑪

自班固、杜预以后，历代地理著作如《水经注》《通典》《寰宇记》《方舆纪要》等一致认为古湖阳县(元代省废，今为湖阳镇，隶唐河县)是古蓼国之所在。⑫《隋书·地理志》春陵郡“湖阳”县下曰“有蓼山”。《寰宇记》说：“蓼山在县北二里。”《大明一统志》卷三十，南阳府山川“蓼山”条云：“在唐县南九十里，古蓼国地，上有蓼王庙。”《大清一统志》卷二百一十，南阳府山川“蓼山”条亦云：“在唐县南九十里，去湖阳城二里，古蓼国以此名，山上有蓼王庙。”

综上引诸文献记载，古蓼国地望当在今河南唐河县南，邻近湖北枣阳县的湖阳镇一带，镇北二里有蓼山，山上明清时还有蓼王庙，镇北今有蓼阳河，自东向西过蓼山而西入唐河。这一带山、水与庙都以

---

① 江鸿(李学勤)：《盘龙城与商朝的南土》，《文物》1976 年第 2 期。

② 徐少华：《周代南土历史地理与文化》，武汉大学出版社 1994 年版，第 57~59 页。

③ 马孟龙：《西汉侯国地理》，上海古籍出版社 2013 年版，第 272、273 页。

④《后汉书》卷十四《宗室四王三侯列传·城阳恭王祉传》，中华书局 1965 年版，第 560 页。

⑤ 杨守敬、熊会贞：《水经注疏》，江苏古籍出版社 1989 年版，第 2382 页。

⑥ (清)顾祖禹：《读史方舆纪要》卷七十七，德安府随州“唐城”条，中华书局 2005 年版，第 3618 页。

⑦ 杨伯峻：《春秋左传注》宣公十二年，中华书局 1981 年版，第 740 页。

⑧ 石泉：《从春秋吴师入郢之役看古代荆楚地理》，《古代荆楚地理新探》，武汉大学出版社 1988 年版。

⑨ 徐少华：《周代南土历史地理与文化》，武汉大学出版社 1994 年版，第 54 页。

⑩《春秋经传集解》，上海古籍出版社 1988 年版，第 106 页。

⑪《汉书》卷二十八《地理志》，中华书局 1962 年版，第 1564 页。

⑫ 杨守敬、能会贞：《水经注疏》，江苏古籍出版社 1989 年版，第 2485 页；(唐)杜佑：《通典》卷一七七《州郡七》，唐州“湖阳”县，中华书局 1988 年版，第 4672 页；(宋)乐史：《太平寰宇记》卷一四二，唐州“湖阳”县，中华书局 2007 年版，第 2762 页；(清)顾祖禹：《读史方舆纪要》卷五十一，南阳府唐县“湖阳城”条，中华书局 2005 年版，第 2407 页。

蓼为名，亦可作为古蓼国在此的旁证。

(四)随枣走廊东端

随枣走廊东端，为西周早期周人经营南土的重点区域，在这里分布着曾、鄂、厉三个重要的诸侯，并且是昭王南征的重要基地。

1. 曾国

商代时已有曾国，在甲骨文中有“王次于曾”“克曾”等，于省吾《释曾》一文认为：“甲骨文曾字常见，每用为地名。”①此商代曾国在武丁时期的征伐卜辞中记载较为完整(详前文)。

此商代曾国与商王朝的关系，据张昌平研究，“武丁时期应当是臣服于商，而廪辛、文丁时期则可能出现交恶的情形”②。

西周晚期以后的曾国，多年来有大量的曾国铜器出土和确定的曾国墓葬发掘，这些发现大多位于随枣走廊特别是随州一带，尤其是曾侯乙墓的发现更为学术界所重视。由于有较为充分的资料和多年的研究，西周晚期至春秋战国时期，曾国的疆域是较为明确的。③ 至于西周早期的曾国，学者依据甲骨文、金文及考古学材料等相互之间的关联性，倾向于认为自商代晚期以后，曾国一直在汉水中游一带，未有大的位移。④ 而叶家山西周早期曾国墓地的发掘，证实西周早期时，曾国确在今随州以东淅河镇的叶家山附近。另据叶家山考古发掘队调查，在叶家山以南1公里处，有一处面积达30万平方米的庙台子聚落群遗址，1983年曾小规模发掘，发现新石器、商周和战国遗物，经局部勘探发现庙台子遗址有环濠遗迹和城墙的遗痕，该遗址群有可能是西周早期的曾国国都所在。⑤ 叶家山曾国墓地与安居羊子山一带的鄂国，相距仅25公里，表明西周早期时，曾、鄂两国均在今随州地区。

另2009年随州文峰塔一号墓出土春秋晚期曾侯與钟有铭文,⑥ 曾侯與自叙其先祖曰：“伯适上庸(用)，左右文武，达(挞)殷之命，抚奠(定)天下。王遣命南公，营宅汭土，君此淮夷，临有江夏。”是说曾国的祖先伯适(南公)是因为辅佐周文王、武王伐商、革除殷命、安定天下有功而被分封于南土，统治淮夷，监领江汉。目前学界已倾向认为南公即商末周初的周室名臣南宫括,⑦ 为曾国始封之君，这与文献所载西周初年成王在周公的辅佐下平定三监之乱后，分封太公、周公、召公诸大臣立国于东土的齐、鲁，北土之燕，镇抚诸侯、藩屏王室的情形类似，由此看来，曾国的地位与齐、鲁、燕类似，为西周在南土的统治中心。

2. 鄂国

鄂原为中原古国，商末鄂侯与西伯昌、九侯并称三公,⑧ 商代鄂国原在黄河以北的沁水流域，其地望大致不出今沁阳县城或略偏南一带。⑨ 周代鄂国地望则有东鄂和西鄂两说，东鄂在今鄂州，西鄂在今南阳

---

① 于省吾:《释曾》,《甲骨文字释林》，中华书局1979年版。

② 张昌平:《曾国青铜器研究》，文物出版社2009年版，第360页。

③ 关于曾国铜器及曾国都城、疆域等，历年以来学界有大量的研究，最新的全面研究见张昌平:《曾国的疆域及中心区域》，徐少华主编:《荆楚历史地理与长江中游开发——2008年中国历史地理国际学术研讨会论文集》，湖北人民出版社2009年版；又见于张昌平:《曾国青铜器研究》，文物出版社2009年版。

④ 张昌平:《曾国青铜器研究》，文物出版社2009年版，第359~364页。

⑤ 黄凤春、陈树祥、凡国栋:《湖北随州叶家山新出西周曾国铜器及相关问题》,《文物》2011年第11期。

⑥ 湖北省文物考古研究所、随州市博物馆:《随州文峰塔M1(曾侯與墓)、M2发掘简报》，徐少华:《论随州文峰塔一号墓的年代及其学术价值》，并载《江汉考古》2014年第4期。

⑦ 黄凤春、胡刚:《再说西周金文中的“南公”——二论叶家山西周墓地的族属》,《江汉考古》2014年第5期。

⑧ 《史记》卷三《殷本纪》，卷八十三《鲁仲连邹阳列传》，中华书局1982年版，第106页、2463页；《战国策》卷二十《赵策三》“秦围赵之邯郸”章，上海古籍出版社1998年版，第707页。

⑨ 徐少华:《周代南土历史地理与文化》第二章第二节“鄂国”，武汉大学出版社1994年版。

北。对于周代鄂国地望，学术界曾有长期的争论，东鄂说和西鄂说均有学者力主，二说相持不下。鄂国地望上的僵局最终为随州地区的考古发现所打破。

1975年羊子山一带曾发现4件青铜器，其中一件铜尊有铭文“鄂侯弟历季作旅彝”，① 另上海博物馆曾于20世纪50年代末60年代初收集到一件铜卣，② 洛阳市博物馆也收集到一件铜簋，③ 铭文与羊子山所出鄂侯弟历季尊相同，这3件鄂器同为鄂侯之弟历季所作，应为同一组礼器，表明上海、洛阳两地的鄂侯弟历季铜器亦当出于随州羊子山。1980年，羊子山M1曾出土18件青铜器。④ 以上两批青铜器年代皆为西周早期。曹淑琴曾据此提出鄂的地望从江汉平原一带着手探索可能更为合理，并认为随州出土鄂侯弟历季铜器为在汉水下游寻找鄂国故城遗址提供了远比其他地点更为可信的依据，今后如能加强这一地区的考古工作，或可解开鄂地之谜。⑤ 到2007年时，随州地区考古工作的进展验证了这一预言。

2007年11月，因犯罪分子盗掘古墓未遂，随州市博物馆在安居羊子山墓地抢救性清理了一座西周早期的墓葬，编号为羊子山4号墓，出土27件鄂国青铜器，其中大部分铜器上有“鄂”或“鄂侯”铭文，⑥ 证明羊子山4号墓的墓主应为西周早期的鄂侯。这一发现意外地确定了西周早期鄂国地望，证明了西周早期时的鄂国在今随州市西的安居镇一带。⑦

3. 厉国

今随州附近还有古厉国。《左传》桓公十三年(公元前699年)载楚屈瑕伐罗，“楚子使赖人追之”句下，杜预注曰：“赖国在义阳随县。赖人，仕于楚者。”《汉书》卷二十八《地理志(上)》南阳郡“随”县条班固原注“厉乡，故厉国也”，颜师古注：“厉读曰赖。”《左传》昭公四年载楚率诸侯之师“灭赖”，而《公羊》《穀梁》二传并作“灭厉”，可见赖国即厉国，地在随县境内之厉乡。据徐少华教授考证，此古厉国在今随州市东北百余里的殷店一带。⑧

古厉国又见于清末光绪年间出土于陕西岐城西南的太保玉戈，有铭文两行二十七字：

> 六月丙寅，王在丰，令太保省南国，帅汉，出殷南，令厉侯辟用，□走百人。⑨

铭文记载太保受周王之令，出行视察南土诸国，到达汉水流域，并与厉侯发生了交往，征用厉侯的役供等。“太保”即召公奭，“王”为成王，铭文所载之“厉侯”，陈梦家、李学勤均以为即《左传》与《汉志》所载位于随州北境之故厉国。⑩

又宋代出土的“安州六器”之一的中觯铭载：

> 王大省公族于庚，振旅，王赐中马自隲(厉)侯四騝……⑪

---

① 随州市博物馆：《湖北随县发现商周青铜器》，《考古》1984年第6期。

② 马承源：《记上海博物馆新收集的青铜器》，《文物》1964年第7期。

③ 张剑：《洛阳市博物馆馆藏的几件青铜器》，《文物资料丛刊》第三辑，文物出版社1980年版。

④ 随州市博物馆：《湖北随县安居出土青铜器》，《文物》1982年第12期。

⑤ 曹淑琴：《噩器初探》，《江汉考古》1993年第2期。

⑥ 随州市博物馆：《随州出土文物精粹》，文物出版社2009年版。

⑦ 张昌平：《论羊子山新出噩国青铜器》，《文物》2011年第11期。

⑧ 徐少华：《古厉国历史地理考异》，《古代荆楚历史地理与考古探析》，商务印书馆2010年版。

⑨ 陈梦家：《西周铜器断代》(二)23“太保簋(下)”，《考古学报》第十册(1955年)和(五)之“附记”，《考古学报》1956年第3期；庞怀靖：《跋太保玉戈——兼论召公奭的有关问题》，《考古与文物》1986年第1期。

⑩ 陈梦家：《西周铜器断代》(二)23“太保簋(下)”，《考古学报》第十册和(五)之“附记”，《考古学报》1956年第3期；江鸿：《盘龙城与商朝的南土》，《文物》1976年第2期。

⑪ 中国社会科学院考古研究所编：《殷周金文集成释文》6514，香港中文大学中国文化研究所，2001年版；郭沫若：《两周金文辞大系图录考释》录7，考18，科学出版社1957年版。

铭文记载周王南巡时于庚地检阅公族，并将隣侯所献的马转赐予大臣中。按李学勤先生的意见，庚即唐，指古唐国；隣，李先生释为厉，“厉侯”即古厉国。①

安州六器的年代，唐兰据中方鼎铭文中的“在”字考证：“在字从土才声，与盂鼎同，商及周初只有才字，康王末年的盂鼎最先见在字，可见此器当在康王以后。”据此唐兰定安州六器为周昭王时器。② 黄锡全从中甗铭文“日传昭王鲁休”与周昭王时善夫克鼎铭文“克其日用䵼朕辟鲁休”类同分析，亦定其为周昭王时代。③ 安州六器铭文所载史事，学者多从唐兰之说，认为所记为周昭王南征事。可知昭王南征时，厉侯曾向昭王献马以助征战。

由上可知，随枣走廊地区的古厉国至迟西周初年时已存在，为周之“南国”较重要的诸侯之一，与周王室保持着良好的关系，曾参与昭王南征。

（五）长江北岸

西周初年时，周势力在南方延伸的最远点，只到随枣走廊东端的今随州地区，至昭王时期，周人在南方发动了大规模的攻势，周势力由随州地区向南延伸至长江北岸，在孝感地区和距盘龙城不远的黄陂鲁台山建立据点。

1. 中与福土

北宋末年在孝感县（时属安州）出土了6件西周早期的有铭铜器，后学术界统称为“安州六器”。据宋薛尚功《历代钟鼎彝器款识法帖》和王黼《博古图录》记载，此六器于宋徽宗重和戊戌年（公元1118年）出土，时人以为天降祥瑞，送到京城后，由蔡京献给皇帝。又安州六器名为六器，然据今人考证，安州所出实为九器。④

安州六器的作器者为“中”，即静方鼎铭文中的“师中”。六器均为“中”所作用于铭功报先的祭器。据张亚初先生考证，这个“中”并非一般的王朝职官，而是生活在汉水一带的地方诸侯，为汉阳诸姬之一，熟悉当地情形，地在今随县均川附近。⑤ 张亚初先生对“中”的考释非常精到，不过据张懋镕研究，周人不用日名，⑥ 而中甗铭文“用作父乙宝尊彝”，可见“中”的父亲名“父乙”，因此“中”是否为姬姓诸侯和“汉阳诸姬”之一，还应更深入研究。当然对周人不用日名，这本身还有深入讨论的必要，⑦ 张懋镕先生本人也认为要全面理解与引用“周人不用日名说”⑧。但无论“中”是否为“汉阳诸姬”之一，其为汉东地区的地方诸侯，且在昭王南征中发挥了重大的作用当无可疑。

“中”器出于孝感一带，看来并不是偶然情形，从“中”携带重器驻于孝感一带来看，应该就是在此时被昭王安置在孝感地区，负有在长江北岸建立稳定统治的重任。李学勤先生认为安州（即孝感）为中方鼎铭文中昭王赐予“中”之“福土”。⑨ 王长丰则认为“福土”为“中”受封之采邑，中方鼎出土地应在受赐者宗庙所在今孝感附近。⑩ 但不论孝感地区是“中”地还是“中”之封邑“福土”，孝感地区在西周早期时为周之重要据点当无疑问。

---

① 江鸿：《盘龙城与商朝的南土》，《文物》1976年第2期。

② 唐兰：《论周昭王时代的青铜器铭刻》，《古文字研究》第二辑，中华书局1981年版，第86页。

③ 黄锡全：《“安州六器”及其有关问题》，黄锡全：《古文字论丛》，台湾艺文印书馆1999年版，第67页。

④ 宋焕文：《安州六器辨正》，《江汉考古》1989年第2期。

⑤ 张亚初：《论鲁台山西周墓的年代和族属》，《江汉考古》1984年第2期。

⑥ 张懋镕：《周人不用日名说》，《历史研究》1993年第5期。

⑦ 周言：《“周人不用日名说”考》，《九州学林》2010年版冬季号，上海人民出版社2011年版。

⑧ 张懋镕：《再论“周人不用日名说”》，《文博》2009年第3期；又见《古文字与青铜器论集》第三辑，科学出版社2010年版。

⑨ 李学勤：《中方鼎与周易》，《文物研究》第六辑，黄山书社1999年版。

⑩ 王长丰：《西周“畐”土考——再释〈中作父乙方鼎〉之“畐”土及其地望》，《江汉考古》2006年第2期。

昭王大军南征时发生了意外，六师尽丧，昭王本人也殒命于汉中。这一下子打乱了原来的全盘计划，从安州六器的出土情形来看，六器是出于田野中，应是窖藏而非墓葬。又明万历二年甲戌九月，孝感县城拓展城墙，民工挖得一匣，匣中出古鼎一件，有铭文六十字，据王世贞考订，为周初南宫仲父方鼎，稽正薛尚功《历代钟鼎彝器款识》，文字皆合，① 此器应与宋代所出为同一批器物，出土时藏于匣中，应为窖藏。由此看来，“中”可能遭逢重大事变，以致遗弃重器仓皇撤退。这应当就是昭王大军意外覆没后，周人原准备挟战胜之威在当地建立稳定统治的打算成了泡影，导致了周人在长江北岸地区的紧急撤退，而且这种撤退相当狼狈。

2. 黄陂鲁台山西周遗存与“长子”

1977—1978年，湖北省博物馆、孝感地区博物馆和黄陂文化馆在武汉附近的黄陂县城关镇(今黄陂区鲁台镇)的鲁台山发掘了一批两周墓葬和一个灰坑，其中有五座西周贵族墓葬，出土大批陶器、青铜器、玉器、原始瓷器等，有47件铜器，9件有铭文。②

鲁台山西周墓的年代，发掘者认为M28、M34、M36为成王时期，M30为康王时期，M31为昭王至穆王时期。③ 但张亚初重新考订后认为，鲁台山M28为成康之际，M36、M34为康王时期，M30、M31为昭王时期。④

鲁台山西周遗存的规格很高。从规模上看，在滠水左岸的鲁台山范围内，分布着许多两周古文化遗迹。整个遗址南北长1625米，东西宽775米，总面积约1259375平方米，在墓地的周围及西周墓葬填土中，发现有商代二里岗期的红陶、灰陶鬲足，西周时期的红陶豆柄，东周时期的泥质灰陶豆，推断这一带还有商周时期的遗址。在鲁台山对岸还有椅子山遗址，文化内涵与鲁台山相同，面积约30000平方米。若两地同属西周时期的居住遗址，这个规模是很大的。这些说明鲁台山遗址在当时可能是一处区域性的政治、经济、文化中心。在墓葬等级上，鲁台山M30墓室长6米，宽3米，并有8米长的墓道，墓平面呈“甲”字形，出土14件铜器和车马饰、玉瑗等。根据目前的材料及有关研究，商周墓葬有墓道，并出有不同方鼎者，只有王和王室重臣，以及诸侯夫妇或方国国君夫妇。⑤ 因此M30墓主身份当为仅次于王和王室重臣的诸侯夫妇或方国国君夫妇，这也与鲁台山遗址的规模相称。

鲁台山M30出土八件有铭铜器，可分为两组。一组是“长子狗”为其“父乙”作器，另一组是“公大史”为其女“姬弄”所作。据张亚初研究，这个“公大史”，不是毕公高之子，就是召公奭之子，毕公高或召公奭均为周初重臣。⑥ 则鲁台山M30的墓主，不是姬弄就是其配偶(毕公高或召公奭之孙女婿)，其身份为诸侯国君或其夫人。⑦ 至于“长子狗”的族属，张亚初认为系箕子之后或辛甲之后，黄锡全则认为当系殷墟甲骨文中向商王贡龟的“长子”方国，周灭商后又臣服于周。⑧

鲁台山与盘龙城相去不过30公里左右，鲁台山的“长子”，在周代南方政治地理中的地位，可能与商人所建之盘龙城有相似之处，即作为中原王朝在南方经营的基地，向长江流域的广大地区扩展势力，进而打通与鄂赣铜矿区的联系，保障铜锡资源的供给，从而恢复商代以盘龙城为中心控制长江中游地区的政治地理格局。但由于昭王丧六师于汉，周人的这一意图成为泡影。

---

① 宋焕文：《安州六器辨正》，《江汉考古》1989年第2期。

② 黄陂县文化馆、孝感地区博物馆、湖北省博物馆：《湖北黄陂鲁台山两周遗址与墓葬》，《江汉考古》1982年第2期。

③ 陈贤一：《黄陂鲁台山西周文化剖析》，《江汉考古》1982年第2期。

④ 张亚初：《论鲁台山西周墓的年代和族属》，《江汉考古》1984年第2期。

⑤ 杨宝成、刘森淼：《商周方鼎初论》，《考古》1991年第6期。

⑥ 张亚初：《论鲁台山西周墓的年代和族属》，《江汉考古》1984年第2期。

⑦ 王光镐：《黄陂鲁台山西周遗存国属初论》，《江汉考古》1983年第4期。

⑧ 张亚初：《论鲁台山西周墓的年代和族属》，《江汉考古》1984年第2期；黄锡全：《黄陂鲁台山遗址为“长子”国都蠡测》，《江汉考古》1992年第4期。

四、结语

先秦时期长江中游地区的人文地理，自禹征三苗之后，发生了结构性的改变，长江中游地区不再是一个独立的区域主体和文化主体。夏商两代，长江中游地区是作为中原王朝和中原文化的边缘部分而存在的，与中原王朝之间有较为复杂的关系，一般来说受中原王朝的统治，但又叛服无常，往往成为中原王朝的征伐对象。夏商王朝皆大力经营南方，其经营的重点皆为鄂东及鄂东北地区，尤其江汉之汇成为夏商王朝经营南方的核心地区，在夏商时期的南方具有中枢地位，商人在此建立了著名的盘龙城遗址，作为其控制长江中游广大地区的中心。

周代南土则是在夏商两代经营的基础上发展起来的，周人自商末起即将势力扩张至关中以南、以西的地区。周人沿丹淅水、唐白河南下汉水流域，控制整个南阳盆地，并将在汉水中游的今襄阳邓城遗址附近封建邓国作为南阳盆地最南端的据点。然后折转向东进入随枣走廊，在随枣走廊东端的今随州地区建立起一系列的重要封国，使随州地区成为西周早期南土的核心区域，在西周早期南方政治地理中起着中枢的作用，昭王南征时成为周人向南征伐当地土著居民楚蛮的前进基地。随州地区至少分布着西周在南方的三个重要封国：曾、鄂、厉。其中的曾国，为西周早期在南土的统治中心，应即文献中所载的“汉阳诸姬”之长，为周初名臣南宫括之后，其在西周政治地理中的地位类似齐、燕、鲁。此外随州均川可能还有“中”，疑亦为“汉阳诸姬”之一。由随州往南，在孝感地区有“中”之封邑“褔土”。再往南，在黄陂鲁台山有“长子”，其国君可能为投靠了周人的商贵族，并娶姬姓贵女为妻，为西周早期时周势力分布的最南端，但延续时间不长，昭王南征失败后长江北岸的鲁台山和孝感地区的据点即被放弃，终西周之世均未恢复。周势力退缩至随枣走廊，未能恢复早商、中商时期以盘龙城为据点统治长江中游广大地区的格局。

（作者单位：湖北省社会科学院楚文化研究所）

昭穆之际南土政局探微：以繁地为切入点*

朱继平

一、一个关联的构建

借《左传》、古本《竹书纪年》、《吕氏春秋》及更早的“安州六器”、史墙盘等史料，昭王南征荆楚不复广为人知。《左传》《穆天子传》等典籍中，穆王以喜好巡游的形象传于后世。且金文与文献的对读表明，穆世前期有大举东征。这说明，从昭王南征到穆王东征，昭穆之际对东南广大区域的经营确有变化。

昭王在位不满二十载即身死南土，这势必造成穆王仓促继位。对此剧变，穆王有何作为，又如何接受和改造其父经营却身死南土带来的政治遗产？这些问题，无疑是深入解析昭穆前后南土政局变迁要回答的关键问题。但传世文献对此并无明文记载，金文亦无直接体现。翦伯赞、白寿彝、许倬云、杨宽诸家受资料所限，未曾关注。① 此后海外学者夏含夷、李峰指出，昭王南征失利终结了西周早期周人大肆扩张的历程，穆世受淮夷侵扰则开启了西周中期衰微的序幕，② 却无具体阐释。目前主流认知主张，从昭王南征转向穆世东征的确体现了当时周人对外经略的根本转向，然穆世东征、用兵淮夷与昭王南征本身却无关联。

其实，《艺文类聚》《通鉴外纪》等引古本《竹书纪年》，载穆王曾“伐楚”“南征”，然其他古书关于该事件的记载，在时间、对象上却有不少差异。③ 可见对穆王是否南征、伐荆楚，传世文献作用有限。④ 幸赖陕西眉县杨家村铜器窖藏出土逑盘提供了重要信息。⑤ 逑盘载：“……雩朕皇高祖惠仲盠父，盭龢于政，又成于猷，用会昭王、穆王，盗政四方，翦伐楚荆……”对铭中“昭王、穆王”和“翦伐楚荆”的对应关系，多数学者主张：由于同样叙述西周王世的史墙盘(《集成》10175)仅载昭王“广能楚荆”，说明唯有昭王大举伐楚荆，逑盘“将‘翦伐楚荆’属之昭、穆名下，也仅是因为惠仲盠父历事昭穆两王”⑥，即认为穆世没有南征荆楚之事。按：逑盘铭文前面一大段文字是作器者按时间顺序追忆历代先祖的勤王功业，上述引文便是他对任职于昭、穆二世的“高祖惠仲盠父”功业——“盗政四方，翦伐楚荆”——的追记。由这一叙

---

* 本文是国家社科基金重大招标项目“周代汉淮地区列国青铜器和历史、地理综合整理与研究”(15ZBD032)阶段性成果，并得到国家社科基金项目“海岱地区先秦时期考古学文化互动与族群变迁研究”(15BKG002)资助。

① 翦伯赞：《中国史纲》，人民出版社1972年修订本，第42~43页；白寿彝总主编、徐喜辰等主编：《中国通史》第三卷《上古时代》，上海人民出版社1994年版，第868页；杨宽：《西周史》，上海人民出版社2003年版，第558~560页；许倬云：《西周史》，生活·读书·新知三联书店2012年增补二版，第201页。

② [美]夏含夷：《温故知新录：商周文化管见》，台湾稻禾出版社1997年版，第151~152页；李峰：《西周的灭亡：中国早期国家的地理和政治危机》，徐峰译、汤惠生校，上海古籍出版社2016年增订本，第102~104页；李峰：《西周的政体：中国早期的官僚制度和国家》，吴敏娜等译，生活·读书·新知三联书店2010年版，第37~42页。

③ 各书引文详情，参见方诗铭、王修龄：《古本竹书纪年辑证》，上海古籍出版社2005年版，第52~55页。

④ 如徐旭生先生便认为穆世所伐为徐方而非楚，其年代在穆王三十七年。参见徐旭生：《中国古史的传说时代》，广西师范大学出版社2003年版，第199~203页。

⑤ 陕西省考古研究所等：《陕西眉县杨家村西周青铜器窖藏发掘简报》，《文物》2003年第6期。

⑥ 王辉：《逑盘铭文笺释》，《考古与文物》2003年第3期。

事原则分析，若仅有昭王伐楚荆，那么“翦伐楚荆”当前置以对应昭王，“盗(施)政四方”后置而与穆王呼应，如此便恰与昭王南征、穆王“欲肆其心，周行天下”(《左传》昭公十二年)一致。可见，上引铭文文本表明，即使墙盘仅记昭王伐楚荆，也不能遽然断定穆世没有南征荆楚之事。

20世纪70年代末，徐中舒先生认为昭王南征不复导致南土局势失控，穆王只得派兵戍守，金文所见抵御淮夷内侵便是其表现。① 尽管徐先生此说乃是基于将周人驻扎地误读为“叶自”(指古叶县)而来，② 但客观上指示了昭穆之际南土政局有所关联之可能。现下学界对穆世御淮夷驻扎地相关字形的解读还有争议，③ 故要落实这一关联并作详细论证，恐需另辟蹊径。为此，本文以金文所见昭穆时期的繁地为切入点，从政治地理角度重新审视昭王南征与穆王东征事件本身的空间关联，以期揭示昭王不复对西周中期东南政局的深刻影响。不足之处，祈请方家赐正。

二、切入点：昭穆之际的繁地

穆世繁地见于班簋(《集成》04341)，此铭是研究穆王前期东征史事不可多得的珍贵资料。④ 受铭文释读与文本理解不足制约，班簋所涉历史地理问题长期没有得到相对清晰的解读。各家对铭中繁、蜀、巢地望的认识，亦因缺乏明确的判定标准而差异殊甚(表一)。近年董珊先生指出，班簋铭文应是器主班——新任毛氏宗子——升祀上一任毛氏宗子毛公而合食于祖庙的祷辞。⑤ 借助高青陈庄出土引簋铭文的文本对照，⑥ 我们也在对班簋“遣令曰”句内涵分析中指出，周王令毛伯更虢城公服，将其册命为毛公并执掌繁、蜀、巢三地政令，目的正为授予毛公东征[illegible]戎之大权。⑦ 因此，在战略协从上，协从东征的繁、蜀、巢，地当属东国。表一所列丁山、陈梦家、白川静、黄盛璋诸家将繁、蜀、巢置于成周以东的观点是可取的。⑧ 然而，要确定东国繁之确切地望，还需作深入分析。

表一　班簋繁、蜀、巢地望诸说一览

	繁				蜀					巢				立论年代
	四川新繁北	繁氏故城	临颍繁阳亭	新蔡北繁阳	四川之蜀	鲁西之蜀	益都寿光	禹州之蜀	合肥西蜀山	安徽之巢	鲁卫之巢	睢县居巢	南阳之鄛	
郭沫若	南国									√				1932
		√			√					√				1972
于省吾	√									√				1941

① 徐中舒：《西周史论述(下)》，《四川大学学报》1979年第4期。

② 陈剑：《释“甴”》，《出土文献与古文字研究》第三辑，上海古籍出版社2010年版，第11~12页。

③ 分歧集中在“古”“由”字形之争，参见周博：《伯䍙组器铭文释地二则》，《古籍整理研究学刊》2016年第3期。

④ 从考古类型学上论证班簋为穆世前期器，参见李学勤：《班簋续考》，《古文字研究》第十三辑，中华书局1986年版，第185~186页；彭裕商：《西周青铜器年代综合研究》，巴蜀书社2003年版，第309~310页。近年，清华大学藏战国竹简《祭公之顾命》篇载祭公逝前诏请毕桓、井利、毛班三公辅佐穆王事，最终确证班簋作器者“班”即《穆天子传》之毛班一说，班簋为穆世前期器的观点亦由此坐实。参见李学勤：《清华简九篇综述》，《文物》2010年第5期。

⑤ 董珊：《它簋盖铭文新释——西周凡国铜器的重新发现》，《出土文献与古文字研究——复旦大学出土文献与古文字研究中心成立十周年纪念文集》第六辑，上海古籍出版社2015年版，第167~168页。

⑥ 李学勤：《高青陈庄引簋及其历史背景》，《文史哲》2011年第3期。

⑦ 拙文《文本逐录：班簋铭文新读》，第三届全国青年考古学者论坛(山东济南)，2017年11月26日。

⑧ 丁山：《班簋铭跋》，《史学集刊》第四辑，1944年，第72~74页；陈梦家：《西周铜器断代》，中华书局2004年版，第26页；［日］白川静：《金文通释选译》，曹兆兰译，武汉大学出版社2002年版，第101页；黄盛璋：《班簋的年代、地理与历史问题》，《考古与文物》1981年第1期。

续表

	繁				蜀					巢				立论年代
	四川新繁北	繁氏故城	临颍繁阳亭	新蔡北繁阳	四川之蜀	鲁西之蜀	益都寿光	禹州之蜀	合肥西蜀山	安徽之巢	鲁卫之巢	睢县居巢	南阳之鄛	
丁山		√				√					√			1944
陈梦家				√									√	1955
唐兰	南淮夷						√			√				1962
白川静	豫西							√					√	1970s
黄盛璋		√				√						√		1981
李学勤	√				√					√				1986
马承源				√		√								1988
何浩		√				√					√			1989
秦永龙		√			√					√				1992①
何光岳			√					√				√		1992
杨宽				√				√					√	2003
				√					√	√				2003②
杜勇				√				√					√	2005③
李忠林				√					√	√				2006④
李凯				√					√				√	2007⑤
李裕杓				√		√				√				2011
丁军伟				√		√					√			2012⑥
南横山		√			√						√			2013⑦
陈絜	战国齐境					√					√			2018⑧

① 秦永龙：《西周金文选注》，北京师范大学出版社 1992 年版，第 42 页。

② 杨宽：《西周史》，生活·读书·新知三联书店 2012 年增补二版，第 560 页。

③ 杜勇：《说甲骨文中的蜀国地望》，《殷都学刊》2005 年第 1 期。

④ 李忠林：《古巢国考》，《巢湖学院学报》2006 年第 5 期。

⑤ 李凯：《周代淮夷相关问题研究》，北京师范大学硕士学位论文，2007 年，第 17 页。

⑥ 丁军伟：《毛国铜器铭文汇释》，江苏师范大学硕士学位论文，2012 年，第 12~13 页。

⑦ 南横山：《金文所见西周中期周与东南诸夷的战争之研究》，华东师范大学硕士学位论文，2013 年，第 27 页。

⑧ 陈絜：《作册旂组器中的地理问题与昭王南土经营策略》，《"楚文化与长江中游早期开发"国际学术研讨会论文集（下）》，武汉大学历史文化学院，2018 年 9 月 14—18 日，第 342~343 页。

李学勤先生已正确指出西周初年周人曾有伐繁、蜀、巢战事，后臣服三族，班簋之繁、蜀、巢当是已归服的“边远小国”①，也可称“异族邦伯”②。班簋载周王令毛公执掌繁、蜀、巢三地政令，可知三国协从东征的主要目的是为战事提供粮草、兵马辎重与力役之征，③ 因而其地望可进一步缩小在毛公所征[illegible]戎周邻地区。且出于战略合作的需要，三国之间亦不会相距太远。这当是寻找繁、蜀、巢地望的一个地缘前提。

昭世繁地，见于天马——曲村北赵晋侯墓地 M114 所出䟽甗：“惟十又［二］月，王令南宫伐虎方之年，［惟］正月既死霸庚申，王在宗周，王□□䟽使于繁。”④铭载南宫伐虎方，与传世中鼎铭文(《集成》02751～02752)一致。叶家山曾侯墓地 M111 所出曾侯方座簋与文峰塔 M1 所出残钟铭文充分表明，随枣走廊姬姓曾国乃周初南宫括(亦称南宫适)后裔所封。⑤ 故有学者指出，曾是从王朝世族南宫氏分出的小宗，中方鼎、中觯和䟽甗所见昭王南征时受命伐虎方的南宫，当是盂爵中出使、安抚邓伯的南公盂。⑥ 这都说明，䟽甗所见䟽出使繁一事与昭王伐荆楚、巡省相关，⑦ 而当时南征与周人经略南方铜锡资源关联，⑧ 皆为学界共识。不仅如此，由晋姜鼎(《集成》02826)、戎生钟⑨等可知，作为重要产盐地，两周时期晋国与楚国存在广泛而深入的铜、盐交换活动。⑩ 因此，基于䟽甗出土于晋侯墓地的背景可推知，䟽出使繁很可能与获取南方铜锡资源相关。由此，䟽甗繁地与南征及南方铜锡北运之间的地缘联系当可成立。换言之，昭王南征事件中的繁在地理上是指向南土的。

班簋、䟽甗所见两个繁地是否有关？从字形上，二“繁”皆从每从糸，构形一致。年代上，䟽甗、班簋分属昭王末年与穆王早期，可谓前后相继。故就字形、年代论，它们完全有可能同指。早年，杨宽先生在讨论班簋繁、蜀、巢时，曾结合晋姜鼎、曾伯漆簠(《集成》04631)、⑪ 戎生钟等铭文所见“繁汤”(亦作鋚、昜)、“金道锡行”等内容，推测班簋繁地亦与江南铜锡生产和运输相关。⑫ 杨先生所以有此推测，当是基于以班簋“繁”等同于上述与南方铜锡北运之“金道锡行”相关的“繁汤”这一认识。孙庆伟先生同样接受前人以“繁汤”对应《左传》“繁阳”一说，将䟽甗繁地置于今新蔡北。⑬ 对此，李学勤先生谨慎地指出，

---

① 李学勤：《论繁蜀巢与西周早期的南方经营》，《通向文明之路》，商务印书馆 2010 年版，第 122～125 页。

② 刘源：《“五等爵”制与殷周贵族政治体系》，《历史研究》2014 年第 1 期；王坤鹏：《西周异族邦伯考》，《古代文明》2016 年第 2 期。

③ 李凯：《先秦巡狩研究》，北京师范大学出版社 2017 年版，第 212～223 页。

④ 孙庆伟：《从新出䟽甗看昭王南征与晋侯燮父》，《文物》2007 年第 1 期。

⑤ 黄凤春、胡刚：《说西周金文中的“南公”——兼论随州叶家山西周曾国墓地的族属》，《江汉考古》2014 年第 2 期。

⑥ 韩巍：《从叶家山墓地看西周南宫氏与曾国》，《青铜器与金文》第一辑，上海古籍出版社 2017 年版，第 102 页。

⑦ 学界对金文“伐楚荆”与“伐虎方”事皆属昭王南征事多持肯定意见，但亦有少数学者有质疑。李学勤先生曾将“伐楚荆”系于昭王十五、十六年，“伐虎方”则在昭王十八、十九年。参见李学勤：《论䟽甗铭及周昭王南征》，《仰止集——王玉哲先生纪念文集》，天津人民出版社 2007 年版，第 80 页。新近有学者据新出京师畯尊“王涉汉伐楚”、“伐虎方”组器中年代最晚的䟽甗确表现出西周早中期之际风格这两点，进一步证明了李先生的分法。参见王祁：《西周早期南征青铜器群及相关史实考察》，《出土文献》第九辑，中西书局 2016 年版，第 41～53 页。今从其说。

⑧ 相关论说，参见曾昭燏、尹焕章：《古代江苏历史上的两个问题》，《江海学刊》1961 年第 12 期；唐兰：《西周铜器断代中的“康宫”问题》，《考古学报》1962 年第 1 期；裘锡圭：《史墙盘铭文解释》，《文物》1978 年第 3 期。

⑨ 李学勤：《戎生编钟论释》，《文物》1999 年第 9 期。

⑩ 相关研究，参见李学勤：《试论楚公逆编钟》，《文物》1995 年第 2 期；黎海超、崔剑锋：《试论晋、楚间的铜料流通——科技、铭文与考古遗存的综合研究》，《考古与文物》2018 年第 2 期。

⑪ 2016 年湖北京山苏家垄遗址 M79、M88 各出土一对曾伯漆壶，铭记“克逖淮夷”，与中国国家博物馆所藏传世曾伯漆簠铭一致，发掘者认为 M79、M88 墓主分别为曾伯漆及其夫人。参见方勤等：《湖北京山苏家垄遗址考古收获》，《江汉考古》2017 年第 6 期。

⑫ 杨宽：《西周列国考》，《杨宽古史论文选集》，上海人民出版社 2003 年版，第 215～216 页。

⑬ 《左传・襄公四年》楚师所在之繁阳，主流说法多从杜预注，以为在今河南新蔡北。也有学者据《续汉书・郡国二》相关记载，结合《左传・昭公五年》楚王与繁扬之师会于夏汭的情势，分析认为繁阳应近淮阳，在今安徽太和北。参见陈伟：《楚“东国”地理研究》，武汉大学出版社 1992 年版，第 36～37 页。

《左传》襄公四年之“繁阳”在《左传》昭公五年、定公六年写作“繁扬”，金文中与金道相关的作“繁汤”“繁瀃”“繁昜”，却无单作“繁”者，因此他仍将班簋繁地系于《汉书·地理志》所载蜀郡繁县，地在今四川新繁北。①

上文已述，就班簋所见册命与东征内在关联分析，繁不可能远在西南。而“汤”“瀃”“昜”“扬”皆从“昜”得声，读为“阳”在古文字中十分常见。② 另外，古代地名中，“阳”确实存在仅作后缀而无实义的用法，秦博阳县即汉博县便属其证。③ 可见，将金文“繁汤(瀃或昜)”、文献“繁扬”读为“繁阳”进而等同于“繁”，在读音、构形与地名学上是可能的。加之䧹甗亦表明，昭王末年繁地确与南征及金道有关。这都为杨先生对班簋繁地的推测提供了佐证。尽管如此，将与“金道”系联的西周繁、繁汤对应故地在今新蔡北的春秋楚之繁扬，却未见得即属确论。20世纪日本学者白川静基于陈梦家相关文献梳理，怀疑班簋之繁为豫西国族。④ 何光岳先生亦主此说。⑤ 近年易德生先生从铜锡分布与转运上，推论金文繁汤可对应《魏志》所载汉颍阴县繁阳亭，故地在今河南临颍西北繁城镇。⑥

从交通线分析，新蔡繁扬说与繁城繁阳说皆合于䧹甗繁地“南向”之原则。究竟孰是孰非，仍需作甄别。由《左传》相关记载可知，“繁扬”乃春秋楚国向淮河中下游扩张时所涉地名，背后所系时代、史实与政治地理格局与西周南征、“金道锡行”皆有不同。若不考虑这些不同，迳将西周繁、繁汤等同春秋楚之繁扬，实有不妥。

另外，商周时期南方铜矿资源主要分布在鄂东南、赣北与皖东南三处，基本沿长江中游一线连续分布。由此，前引易先生文指出，新蔡繁扬的确可能是鄂东南与皖东南铜锡的北运通道。这似乎为新蔡繁扬说提供了明证。但在周代南方铜锡北运问题上，还须特别注意铜矿采冶、运输的时间先后问题。

其一，就鄂东南铜矿运道来说，长江北岸支流举水沿线已发现众多西周遗址，其中包括一处面积达10万平方米的麻城金罗家西周城址，显示周人确曾可能沿举水一线北上，经桐柏山地豁口——即《左传》定公四年所谓冥阨、大隧、直辕，后世谓之“义阳三关”——交通往来并运送铜锡。但傅玥先生研究指出，以金罗家城址为代表的相关遗存年代上限不早于西周中期，下限则在西周晚期至春秋早期。⑦ 这说明该交通运输线的规模化使用不会早于西周中期。结合昭王末年南征及不复史实，不难推想这一中期以后才勃兴的交通线当与昭王不复引发的南土剧烈震荡密不可分。其二，就皖东南铜矿的运输通道而言，考古调查虽表明今安徽南陵、铜陵等地铜矿开采可早至夏商，但主体采冶时间为西周至唐宋，其中南陵地区的年代上限大体在西周中晚期，铜陵矿冶遗址年代则多为东周时期。⑧

以上矿冶考古资料表明，西周时代，无论是鄂东南还是皖东南的铜料资源，其北运中原经行新蔡繁扬的年代都不早于中期。可见，以昭王之世与南征、金道相关的䧹甗繁地对应新蔡繁扬，在这一点上确有未安。

---

① 李学勤：《论䧹甗铭及周昭王南征》，《仰止集——王玉哲先生纪念文集》，天津人民出版社2007年版，第80页。相关论说，亦见李学勤：《论繁蜀巢与西周早期的南方经营》，《通向文明之路》，商务印书馆2010年版，第124页。

② 王辉编著：《古文字通假字典》，中华书局2010年版，第420~422页。

③ 据《史记·项羽本纪》及同书《田儋列传》，楚汉之际平齐战事中有秦“博阳”，即《汉书·地理志》西汉泰山郡“博”县。

④ [日]白川静：《金文通释选译》，曹兆兰译，武汉大学出版社2002年版，第101页。

⑤ 何光岳：《巢国的来源与迁徙》，《安徽史学》1992年第4期。

⑥ 易德生：《周代南方的“金道锡行”试析——兼论青铜原料集散中心“繁汤”的形成》，《社会科学》2018年第1期。

⑦ 傅玥：《长江中游地区西周时期考古学文化研究》，武汉大学博士学位论文，2010年，第59~73页。按：麻城金罗家西周城址的考古资料，亦参考此论文。

⑧ 安徽省文物考古研究所等：《安徽南陵县古铜矿采冶遗址调查与试掘》，《考古》2002年第2期；安徽省文物考古研究所等：《安徽铜陵市古代铜矿遗址调查》，《考古》1993年第6期。

三、胡、炎、过诸国映照下的南土政局

昭王南征路线一直是学界关注的重点，时之南征曾涉及南阳盆地方、邓，随枣走廊曾、鄂、厉及今孝感诸地，已成共识。① 但南征是否涉及淮北汝颍今信阳、新蔡等地，仍有分歧，这主要表现在中甗所见鄝国地望之争上。关于鄝国所在，李裕杓先生赞同“繁”“繁汤”在新蔡北，却否定昭王南征曾到达位于此繁扬以南的今河南固始一带，认为鄝应指今唐河附近的西蓼。② 尹弘兵先生则由繁汤在新蔡北推论，鄝更可能指固始之东蓼。③ 这一争论的实质，应是昭王南征是否经行淮河上游南北两岸，继而穿过桐柏山地进入汉东等地的问题。

按：传世有息伯卣盖、器各一(《集成》05385~05386)，载息伯赐贝于姜，其事可与作册夨令簋(《集成》04300~04301)、作册睘卣(《集成》05407)等昭王南征器铭对应。20世纪20年代吴其昌已将之归入昭王南征器组，唐兰亦主此说。④ 另有年代稍早的传世器遣父乙簋(《集成》03862)、𢦏作父乙尊(《集成》05975)，反映了成康前后周人与息国间的密切往来。⑤ 此外，考古发现已证晚商息族在今信阳罗山蟒张天湖村，⑥ 传世文献所见春秋前期息国故地则在距此不远的今息县西南。⑦ 以此观之，晚商至两周的息国当大致不出淮水上游南北两岸，周人很早便与息国建立起较密切的往来关系。因此，息国在昭王南征事件中的出现，表明确实不能轻易排除昭王南征途经淮水上游一线的可能性。

至此，相关分析似乎陷入僵局。其实，我们仍可结合新出西周早期胡国器铭作一破局。有胡应姬鼎铭载：“唯昭王伐楚荆，胡应姬见于王。”李学勤先生指出胡应姬是嫁到胡国的姬姓应女，胡在今河南漯河东(按：考古调查表明胡当在今漯河以西的舞阳胡城集)，⑧ 与平顶山应国邻近。⑨ 昭王南征时，胡应姬觐见天子，知胡亦协从南征。另一件新出胡伯方鼎，年代稍早，其铭曰：“唯公省，徂南国，至于汉。厥至于胡，公赐伯□宝玉五品、马四匹，用铸宫伯宝障彝。”李学勤指出，铭文所见年代、史实与太保玉戈中周初召公巡省南国为同一事，唯路线有别：胡伯方鼎之“公”可能是由成周出发经漯河胡国再南下，太保玉戈中召公则由宗周循汉水下至今随州以北，这当是周人前往南国的两条主要路径。⑩ 可谓灼见。

以上两件胡器的发现与解读表明，西周早期周人经营南土确曾经行胡国所在的汝颍上中游，不仅说明胡国战略位置突出，⑪ 更为进一步厘清昭王南征路线提供了一个从成周进入江汉地区的明确转承点。具体来说，昭王从成周出发，⑫ 东南沿汝颍二水上游河谷进入东部平原，再以胡国为中转南下江汉。接下来的路线，联系前述息伯卣可知，当有两种可能。一是由胡折向西南，走叶县，越方城隘口，过南阳盆地，

---

① 尹弘兵：《地理学与考古学视野下的昭王南征》，《历史研究》2015年第1期。

② ［韩］李裕杓：《新出铜器铭文所见昭王南征》，《新出铜器与西周历史》，上海古籍出版社2011年版，第275~285页。

③ 尹弘兵：《地理学与考古学视野下的昭王南征》，《历史研究》2015年第1期。

④ 吴其昌：《金文历朔疏证》，北京图书馆出版社2004年版，第261~262页；唐兰：《论周昭王时期的青铜器铭刻》，《古文字研究》第二辑，中华书局1981年版，第23页，第98~109页。

⑤ 徐少华：《周代南土历史地理与文化》，武汉大学出版社1994年版，第82~83页。

⑥ 李伯谦、郑杰祥：《后李商代墓葬族属试析》，《中原文物》1981年第4期。

⑦ 徐少华：《周代南土历史地理与文化》，武汉大学出版社1994年版。

⑧ 赵世刚：《楚人在河南的活动遗迹》，《楚文化研究论文集》，中州书画社1983年版，第64页。

⑨ 李学勤：《胡应姬簋试释》，《出土文献与古文字研究》第六辑，第109~111页。

⑩ 李学勤：《试说新出现的胡国方鼎》，《江汉考古》2015年第6期。

⑪ 这在穆世伐淮夷战事相关金文中亦有集中体现，参见拙著《从淮夷族群到编户齐民：周代淮水流域族群冲突的地理学观察》，人民出版社2011年版，第81~87页。

⑫ 誃簋(《集成》03950—03951)载“唯从王员征楚荆，在成周”，表明昭王南征时确曾从成周洛邑出发。有学者据此指出南征王臣中、静二人“省南国”要经过方城隘口，当是从成周出发。参见［韩］李裕杓：《新出铜器铭文所见昭王南征》，《新出铜器与西周历史》，上海古籍出版社2011年版，第281页。

与今襄樊、枣阳、随州一带的邓、曾、鄂等国联合伐楚。二是由胡直接南下，过上游淮水干流，经今信阳地区过桐柏山孔道，沿举水等长江北岸支流而入汉东。其中，第二条路线便可能经行新蔡繁扬。

上述两条胡国以南的路线，是沟通中原与江汉的两条交通大动脉，但商周时期这两条交通线的主次地位却有差异。商文化考古研究表明，早、晚商时期的商文化中心地分别在今郑州、安阳附近，商人南下获取长江中游铜矿资源的路径，或较多取道淮水上游，罗山蟒张晚商息族墓地、盘龙城早商城址的发现可为佐证。① 商末周初以来，周人自西向东扩张，其经略南土、获取铜锡的交通地理形势有根本变化，汉水一线与南阳盆地成为其南下江汉的主要孔道。具体而言，周人从宗周出发南下，自是越秦岭，沿汉水而下，经南阳盆地入襄阳、随枣等地。随着洛邑建成并成为经略东方的政治中心，周人从成周南下江汉仍当主要取道叶县—方城—南阳盆地一线，有下列史料为证。

春秋初年，齐桓公曾联合诸侯南下伐楚，最终达成“召陵之盟”。据《左传》僖公四年载，楚屈完针对桓公挑衅，答曰：“君若以力，楚国方城以为城，汉水以为池，无所用之。”(亦见《史记》卷三十二《齐太公世家》、卷四十《楚世家》)意思是桓公若执意攻打楚国，楚人将以方城与汉水为险隘抵挡中原诸侯南下。屈完所谓方城，指的是故地在今叶县与方城县之间保安镇境内的古方城，在战国中期鄂君启节铭中写作“邡城”。② 从名称可知，方城或与文献所见古房国相关，而房可能即中甗所载昭王南征中的“方”。③ 那么，由屈完所述楚人防守可反推，当时齐桓公欲率诸侯联军过方城，沿汉水南下攻楚。这条进攻路线，即《史记·越世家》所谓“夏路”，《索隐》引刘氏曰“楚适诸夏，路出方城”，即指明经过方城北出是南方楚人进入中原的交通干道。再由北京大学藏秦水路里程简可知，这条“方城之路”同样是秦南郡经南阳郡北出中原的主要通道。④ 至晋人习凿齿《襄阳记》仍云“从襄阳渡沔，自南阳界出方城关是也，通周、郑、晋、卫之道”⑤，“周”在此指洛阳，更说明直至汉晋，方城仍是江汉平原去往洛阳的必经之路。

以上史料表明，自春秋早期，历战国、秦，直至汉晋，方城一线始终是以洛阳为中心的中原沟通江汉的通衢大道。不仅如此，召陵之盟所涉战略地理，亦与昭王南征颇可比拟。一方面，尽管楚国中心地自西周早期到春秋早期已有较大变化，⑥ 但昭王与齐桓公皆自北向南，意图进入江汉之地。另一方面，胡国故地在漯河以西舞阳胡城集，召陵故地则在漯河以东召陵镇，⑦ 两者皆处汝河上游支流沙河沿线，且直线距离不足 40 千米。因此，参照召陵之盟的战略形势，昭王南征从成周出发，经胡国而南下伐楚，最可能的路线当经方城之路。以此观之，中甗所见鄝国当更可能指西鄝，至于在南征途中接受胡国君夫人觐见，则应属昭王对南土诸侯邦伯的巡省行为，与南征及铜锡北运交通线没有直接关联。

还有一点也很重要。前文已述，无论戟甗之“繁”，还是曾伯漆簠、晋姜鼎、戎生钟中的“繁汤”，都

---

① 江鸿：《盘龙城与商朝的南土》，《文物》1976 年第 2 期。

② 古方城地望，参见谭其骧：《鄂君启节铭文释地》，《长水集》，中华书局 1987 年版，第 204 页。又，楚北境古叶县东、自今鲁山县迤逦向东至泌阳县境有绵延数百里的“方城”，亦称“长城”，见于《水经·潕水注》引刘宋盛弘之说。杨伯峻曾引姚鼐《左传补注》说以此“长城”解屈完“方城”(杨伯峻：《春秋左传注》，中华书局 1990 年修订本，第 292~293 页)。又近年新蔡葛陵楚简与清华简《系年》第 21 章亦载楚简王九年(公元前 423 年)莫敖阳为与晋师战于“长城”。李学勤引姚鼐、杨伯峻说释简文“长城”，但以之不同于楚“方城”(李学勤：《论葛陵楚简的年代》，《文物》2004 年第 7 期)。当是。

③ 徐少华：《周代南土历史地理与文化》，武汉大学出版社 1994 年版，第 152~153 页。

④ 辛德勇：《论秦汉以前江汉平原的北出通道》，复旦大学历史地理研究中心暑期讲座，2018 年 7 月 11 日；后刊于“辛德勇自述”微信公众号，2018 年 7 月 18 日。

⑤ 《太平寰宇记》卷一四五，山南东道四，襄州下引，第六册，中华书局 2007 年版，第 2811 页。

⑥ 详情参见徐少华、尹弘兵：《楚都丹阳探索》，科学出版社 2018 年版。

⑦ 穆彰阿等：《嘉庆重修一统志》卷二一八，许州直隶州一，古迹“召陵故城”条，第五册，上海古籍出版社 2008 年版，第 413 页。

与周人北运铜锡相关。① 众所周知，以铜锭抑或成品运输，大宗铜锡的长途运输自是非常不易，在当时的条件下，除要考虑路程远近，更要计较运输线路的便利。从这个角度分析，汉水、方城一线虽路程较长，但水陆两运皆十分便利，因而其作为周人北运铜锡交通干道的可能性，较桐柏山地义阳三关当更为凸显。可见，繁、繁汤当是由“夏路”以北通往成周的一个关键点，易先生将繁汤理解为铜锡转运中心，推定其故地在繁城繁阳，无疑更合理。②

确定了昭王末年的繁和与西周晚期的繁汤，让我们再回到班簋之繁。若从杨宽先生说——班簋繁地与金道相关，则意味着䵼甗、班簋二繁同指，后者在交通上同样表现出“南向”特质。然返诸班簋铭文，繁、蜀、巢明明协从毛公征“东国痟戎”，可与班簋系联的疐鼎(《集成》02731)、昔须甗③亦载“捷东反夷”“东征”事。如此，班簋繁地又如何能与“南向”的䵼甗繁地同指？

首先要指出，所谓“东”“南”乃是观察者基于所处位置作出的一种方位判断，具有一定的相对性和主观性。如竞卣(《集成》05425)言“惟伯屖父以成师即东命，戍南夷”，其中“即东命”与“戍南夷”并见，说明东向的军事行动，在防范对象上也可以是南向的。我们还曾研究指出，柞伯鼎铭中“广伐南国”的“昏戎”，对应的是故地在今山东金乡缗城堌堆遗址的有缗氏，“南国”与“昏戎”间并无直接的地理对应关系。④ 因此，协从东征的班簋之繁未必不能“南向”。当然反过来也可以说，南征未必不能与东国系联。

令簋(《集成》04300~04301)载：“唯王于伐楚，伯在炎。唯九月既死霸丁丑，作册夨令尊俎于王姜，姜赏令贝十朋、臣十家、鬲百人……”“炎”亦见于召尊(《集成》06004)、召卣(《集成》05416)：“唯九月，在炎𠂤，甲午，伯懋父赐召白马……召用追于炎……”令簋首句，郭沫若先生断为“唯王于伐楚伯，在炎”，推测乃成王伐淮夷践奄事，并以炎指故地在今山东郯城的春秋郯国。⑤ 陈梦家先生断句与年代同于郭说，但以铭记为伐楚，炎指西周郯国，故地在今济南历城东。⑥ 唐兰先生则从西周楚国地位低下、令簋形制与铭文字体三方面指出，首句当断为“唯王于伐楚，伯在炎”，反映的是昭王末年伐楚之事，并由此断言与伐楚相关的炎不可能在今山东。⑦

按：令簋、召尊、召卣在形制上皆呈现西周早期偏晚特征，铭文字体亦极相似，其年代当一致。唐先生认为令簋中驻守炎地的“伯”当指召尊、召卣中的伯懋父，伯懋父在炎地驻扎当与昭王伐楚有关，可信。⑧ 不过，他后来虽仍主张“伐楚”即昭王南征楚荆，却将“炎”“炎𠂤”改置于郯城，⑨ 表明他对此炎地的

① 还有一件洛阳出土的繁阳之金剑，也被认为与铜料北运相关。参见洛阳博物馆：《河南洛阳出土的“繁阳之金”剑》，《考古》1980年第6期。

② 今临颍县繁城镇位于颍河上游河道自东南向南流的转折处，南邻汝河上游支流北汝河，周边地势开阔平坦，是自洛阳南部山地丘陵经颍河河谷进入东部郑州大平原的一个重要出口，对沟通洛阳与许昌、漯河、叶县、方城与南阳诸地意义重大，是历代兵家进攻或防守洛阳时的必争之地。参见严耕望著，李启良整理：《唐代交通地理图考》，台湾“中央研究院”历史语言研究所，1985年，第1887~1908页。

③ 吴婉莉：《记新发现的几件西周铜器》，《考古与文物》2010年第4期。收入吴镇烽主编：《商周青铜器铭文暨图像集成》03349，第七册，上海古籍出版社2012年版，第229页。

④ 拙文《晋侯苏钟军事地理问题研究——从柞伯鼎“昏邑”谈起》，台湾《“中央研究院”历史语言研究所集刊》第87本第4分，2016年，第675~682页。

⑤ 郭沫若：《两周金文辞大系图录考释》图75、录2、考3，上海书店出版社1992年版。

⑥ 陈梦家：《西周铜器断代》上册，中华书局2004年版，第30页。

⑦ 唐兰：《西周铜器断代中的“康宫”问题》，《考古学报》1962年第1期。

⑧ 赞同此说者，参见李学勤：《西周中期青铜器的重要标尺——周原庄白、强家两处青铜器窖藏的综合研究》，《新出青铜器研究》，文物出版社1990年版，第83~93页；李学勤：《静方鼎与周昭王历日》，《光明日报》，1997年12月23日；高木森：《西周青铜彝器汇考》，中国文化大学出版部1986年版，第59页；马承源主编：《商周青铜器铭文选(三)》，文物出版社1988年版，第66页；彭裕商：《西周青铜器年代综合研究》，巴蜀书社2003年版，第257页；朱凤瀚：《中国青铜器综论》，上海古籍出版社2009年版，第1271页。

⑨ 唐兰：《论周昭王时代的青铜器铭刻》，《古文字研究》第二辑，中华书局1981年版，第74页。

认识并不确定。正是注意到这一游移，杜勇先生重申令簋为成王时器一说，又接受炎在历城说，认为“楚伯”当在《春秋》隐公七年、僖公二年之“楚丘”，故地今河南滑县。① 此说意欲通过将“伐楚”置于东方，以迎合郯在今郯城的传世记载，弥缝迹象过于明显。近年李学勤先生又将“炎”读为故地在今湖北竹山西南的“庸”，② 但所据仅《尚书・洛诰》“餤餤”在《汉书・梅福传》中作“庸庸”一条，证据过于单薄。其实，关于金文“伐楚”与“炎”之地缘关系，存在一种更合理的解释。

令簋既载昭王南征楚荆，证炎与荆楚存有地缘关联。又，郯为炎之后起字。以此两点搜寻史籍，恰可找到一个与楚相关的郯国、郯地。《史记・楚世家》顷襄王时有楚人言：

……王朝张弓而射魏之大梁之南，加其右臂而径属之于韩，则中国之路绝而上蔡之郡坏矣。还射圉之东，解魏左肘而外击定陶，则魏之东外弃而大宋、方舆二郡者举矣。且魏断二臂，颠越矣；膺击郯国，大梁可得而有也。③

《史记会注考证》引横田惟孝语：“膺，胸前也，盖郯当大梁前。”④陈槃先生结合上述引文所见战略形势赞同其说，并进一步指出《史记・陈涉世家》有“阳城人郑说将兵居郯，章邯别将击破之，郑说军散走陈”，并对《索隐》《正义》以“郯”为“郏”说进行了合理辩驳。惜陈先生依从清人相关论说，疑此大梁郯国系山东郯国之重封，⑤ 终不免流于蠡测。

按：《楚世家》“膺击郯国，大梁可得而有”一语表明，郯为大梁门户，即楚人可通过攻打郯地以夺取魏都大梁，证郯乃楚兵锋可及之处。结合战国中期肃、宣、威诸王与怀王前期楚国北疆形势，当时楚与齐、魏争地，在睢、濊之间用兵颇勤，并曾深入泗水流域今徐州一带，⑥ 上引《楚世家》之郯及以东区域恰处这一时期楚人用兵之地。又《包山楚简》简 183、简 194 有“郯人”“郯列尹”等，证战国楚境确有“郯”地，整理者以为即山东郯国。⑦ 对此，颜世铉先生指出，楚灭山东郯国应在考烈王时，包山楚简年代为楚怀王时期，此时山东郯国尚不属楚，简文所见楚之郯地当不在此。接着他引《楚世家》与陈槃论说指出，楚郯地极可能即文献所载魏都大梁南之郯。⑧ 这无疑是可信的。⑨

战国楚之郯地今属豫东。按今之地理区划，洛阳—郑州—开封一线是关中等西部地区通向黄河下游的交通大道，其中开封及邻近杞县、商丘、淮阳等地则被笼统归入“豫东”，贴上了“东向”的地理标签。然上引《楚世家》《包山楚简》所见楚之“郯”，无不表明战国中晚期楚国北疆确有郯地，且在时间上与山东郯地有交集。因此，在地缘关系上，令簋、召尊、召卣中与昭王南征楚荆相关的“炎”地完全可对应此战国楚北境之郯，故地在今开封南。换言之，豫东炎地曾与西周昭王南征相关，战国则成为南方强楚之北境要邑。这说明，炎(郯)虽处今豫东，但地缘指向上完全可“南向”。

与炎类似的还有过国。过伯簋(《集成》03907)“过伯从王伐反荆，俘金”，知有过国协从昭王南征。郭沫

---

① 杜勇：《令簋、禽簋中的“伐楚”问题》，《中国历史文物》2002 年第 2 期。

② 李学勤：《论西周的南国湘侯》，《通向文明之路》，商务印书馆 2010 年版，第 177 页。

③ 《史记》卷四十《楚世家》，中华书局 2013 年点校修订本，第 2073 页。

④ [日]泷川资言：《史记会注考证》影印本，第七册，新世界出版社 2009 年，第 71 页。

⑤ 陈槃：《春秋大事表列国爵姓及存灭表撰异(三订本)》，第二册，上海古籍出版社 2007 年，第 733~734 页。

⑥ 徐少华：《周代南土历史地理与文化》，武汉大学出版社 1994 年版，第 319~325 页。

⑦ 湖北省荆沙铁路考古队：《包山楚简》，文物出版社 1991 年版，释文第 31、32 页，考释第 52 页。

⑧ 颜世铉：《包山楚简释地八则》，《中国文字》新二十二辑，台湾艺文印书馆 1997 年版，第 247~248 页。

⑨ 吴良宝从其说。参见吴良宝：《战国楚简地名辑证》，武汉大学出版社 2010 年版，第 177~178 页。又前引《襄阳记》言“楚有二津：谓从襄阳渡沔，自南阳界出方城关是也，通周、郑、晋、卫之道”，知楚地北上经汉水、方城后，往西、北可至成周洛邑、郑、晋，往东北则可达卫国，而前往卫国的线路无疑要经过炎(郯)所在的豫东一带。

若先生将过伯与传世文献所记夏代过国相系联，并据汉晋文献谓其地在今山东掖县过乡。① 然掖县过君竟从极东之地跨越千里来征江汉荆楚，实在不合情理。故多有史家质疑，主张商周过族当活动在古濄水流域,② 这与早先有学者将夏代过国置于古濄水沿线的认识一致。③ 这种说法显然较掖县过乡说更合理。④

以上分析表明，参与昭王南征的炎、过二族皆在豫东，地属上游淮北平原。过去我们曾指出，位于洛阳东南的周代淮北上中游平原，在当时的周夷冲突事件中表现出亦东亦南模糊的方位属性。⑤ 由于身处沟通东西与南北的中间地带，这里成为西周王朝经营东国、南国的必经通道，该地域内众多国族也被赋予了东、南皆允的地缘特质。从这一角度分析，并结合西周时代的交通状况，可知山东境内的郯城、过乡，因距江汉楚地太过遥远，故在可否对应昭王南征楚荆之炎、过问题中备受质疑。身处豫东的炎、过二地却因具备允东允南的双重地理特性，可与南征事件建立起合理关联。由此可知，昭王南征所涉政治地理空间除江汉楚荆与江南铜锡产地——汉水沿线和长江中游沿江地带，还应拓展至上游淮北平原——今汝颍上中游和豫东等地。且由作册夨令簋与召尊、召卣可知，昭王南征时，伯懋父曾驻扎在“炎”地，且其地又称“炎𠂤”，可知炎不单是与南征相关这么简单，还应是昭王南征时设在上游淮北平原的一个军事驻扎地。⑥

从班簋“⿸疒骨戎”与上述过伯簋之“过伯”的关联，我们还能获悉更多深层次的信息。本文开篇已指出繁、蜀、巢与毛公东征对象□戎之间，应存在较直接的地缘关系。然而，关于□字隶写，历来有郭沫若“痟”与于省吾“⿸疒骨”两种分歧,⑦ 至于□戎究竟为何族、在何地，相关认识更聚讼不断。⑧ 从字形上看，□右下所从部件，与国差𦉜(《集成》10361)中作□的痟字不类，而同于战国玺印中写作□的骨字,⑨ 可证□当从爿、从骨，于先生隶为⿸疒骨当是。《说文》云骨“从冎，有肉”。甲骨文冎作□，像骨架之形，后孳乳为骨。⑩ 骨、冎均属见纽，本一字之分。⑪ 足证骨、冎二字，形声义关系十分密切。近出清华简《芮良夫毖》篇简1“周邦骤有𥚺”，“𥚺”当读为“祸”,⑫ 亦见清华简《子犯子余》篇简 1~2“胡晋邦有𥚺”。⑬ 将“祸”写作“𥚺”，乃楚文字通行写法。⑭ 实际上，从骨之𥚺与从冎之祸可相通假，直至汉代仍较常见。⑮ 近来赵平安

① 郭沫若：《两周金文辞大系图录考释》图 62、录 26、考 54，上海书店出版社 1992 年版。

② [日]白川静：《金文通释》卷一，转引自杨宽：《西周列国考》，《杨宽古史论文选集》，上海人民出版社 2003 年版，第 235~236 页；马承源主编：《商周青铜器铭文选(三)》，文物出版社 1988 年版，第 73 页；杨宽：《西周列国考》，《杨宽古史论文集》，上海人民出版社 2003 年版，第 235~236 页。

③ 吴静安《春秋地名今释》引程发轫说：“余疑过即涡，在今淮阳、太康两县东南，《水经注》所谓涡水也。与戈为近。戈在宋、郑之间，(过)岂有舍中原而远处掖县?”转引自陈槃：《春秋大事表列国爵姓及存灭表撰异》，第 1214 页。杨伯峻亦引异说谓过在太康。参见杨伯峻：《春秋左传注》，中华书局 1990 年修订本，第 938 页。潘英则径以过国在今河南淮阳。参见潘英编著：《中国上古国名、地名辞汇及索引》，台湾明文书局 1986 年版，第 69 页。

④ 参见拙文《班簋过戎新考》，《石泉先生百年诞辰纪念文集》2019 年待刊。

⑤ 拙著《从淮夷族群到编户齐民》，人民出版社 2011 年版，第 76~81 页。

⑥ 于省吾：《略论西周金文中的“六𠂤”和“八𠂤”及其屯田制》，《考古》1964 年第 3 期。

⑦ 郭沫若：《两周金文辞大系图录考释》图 76、录 9、考 20，上海书店出版社 1992 年版；于省吾：《毛伯班簋考》，华北文教协会编：《辛巳文录初集》，文奎堂书庄 1941 年版，第 253 页。

⑧ 参见姚磊：《先秦戎族研究》，武汉大学出版社 2016 年版，第 130~132 页。

⑨ 罗福颐：《古玺文编》“骨”条下，文物出版社 1981 年版，第 90 页。

⑩ 于省吾：《甲骨文字释林》，中华书局 2009 年版，第 367~770 页。

⑪ 何琳仪：《战国古文字典》，中华书局 1998 年版，第 1193 页。

⑫ 李学勤主编：《清华大学藏战国竹简(叁)》，中西书局 2012 年版，上册图版第 12 页，下册释文第 145、147 页。

⑬ 李学勤主编：《清华大学藏战国竹简(柒)》，中西书局 2017 年版，上册图版第 25 页，下册释文第 92 页。

⑭ 禤健聪：《战国楚系简帛用字习惯研究》，科学出版社 2017 年版，第 147 页。

⑮ 白于蓝编著：《战国秦汉简帛古书通假字汇纂》，福建人民出版社 2012 年版，第 305~306 页。

先生将《竹书纪年》中的“粤滑”读为“越祸”，指越国内乱之事，亦是基于从骨与从冎的字形可相通假这一现象。①

过去李学勤先生曾在瘠字隶定的基础上，读瘠为滑或猾，谓“瘠戎”即乱戎，② 似有将其解为一个无法确指的模糊对象之意。③ 而由上述古文字材料分析，班簋“瘠戎”在字形上也完全可读为“过(繁体作‘過’)戎”，继而与文献与金文所见先秦古族过国相系联。班簋中周王命毛公率吴伯、吕伯，并执掌繁、蜀、巢三地政令，以征瘠戎，“三年静东国”，征伐声势十分浩大。如此，若将瘠戎理解为如“过”这样的具体国族，似乎与此战争规模不符。今按，过国并非一普通小族。

首先，文献记载过国史迹可追溯至夏代前期著名的太康失国、夷羿乱夏事件，过乃夷羿乱臣寒浞之子浇所封之国，④ 属三代旧族，历史十分久远。其次，虽经三代罔替，商周时期的过族实力可能不及浇初封时显赫，但西过戈(《集成》10880)、爵(《集成》08275~08276)、冎父丁斝(《集成》09221)、亚过爵(《集成》07815)等晚商过族铜器，⑤ 皆表明晚商过国文化水平、经济实力皆有可观，属时之强族当无可疑。西周早期，过国仍有过伯爵(《集成》08991)、过伯簋传世，昭王末年过伯协从南征荆楚并“俘金”事，进一步证明过国军事实力仍不弱。且过国位于今太康、扶沟、淮阳之间的古濄水上游，东西与南北往来皆要经其地，战略意义极为凸显。因此，将这样一个历史、文化久远，三代长期在中原腹地盘桓、经营的过国，对应班簋中毛公大力翦伐的“过戎”，是合于班簋毛公三年东征之规模的。换言之，昭穆之际，过、周关系曾经历由亲善到敌对的重要变化。乍看起来，过国这一先服后叛的行为似乎有些突兀，然若结合其地望与族属分析，过当与繁、蜀、巢一样，是臣服于周人的异族邦伯，它对周人叛服不定亦属常态。至于穆世过国大举叛乱的重要诱因，当不外乎昭王南征身死南土引发的剧烈动荡。⑥

以上分析表明，昭王南征波及的地方势力，应包括上游淮北平原的胡、炎、过、繁诸国，可证昭王末年和穆王初年淮北上游的政治地理格局具有突出的关联性和承继性。换言之，昭王南征不复，严重削弱了周人对南土诸族的威慑力，部分旧族乘机反叛。穆王继位后，迅速采取相应平乱措施，毛公东征过戎便是其表现。由此来看，穆世淮夷入侵事件亦可能与这一政局有关。徐中舒先生将昭王南征与穆世伐淮夷系连，无疑是极有远见的。

四、班簋繁、蜀、巢之地望

昭王末年有与南征相系联的繁地，过国亦曾从王南征，至穆王前期，则有协从东征的繁，且所伐对象正是叛服不定的过国。因此，借助“过”这一桥梁，我们完全可在昭穆之际的两个繁地之间画上等号，从而最终将班簋之繁也置于今临颍繁城镇。如此，便为判定班簋蜀、巢二地指明了方向。

关于蜀地，较早唐兰先生将之置于今山东益都、寿光一带。⑦ 黄盛璋先生认为，蜀地当对应《左传》成公二年等所记楚国侵鲁之蜀，并结合《路史·国名纪》分析约在泰山西北。⑧ 马承源、何浩亦主此说，⑨

---

① 赵平安：《〈竹书纪年〉“粤滑”考》，《古文字研究》第三十二辑，中华书局 2018 年版，第 629~632 页。

② 李学勤：《班簋续考》，《古文字研究》第十三辑，中华书局 1986 年版，第 185~186 页。

③ 清末金石学家刘心源亦将毛公所征对象解为“太原以外皆是”。参见刘心源：《古文审》，清光绪十七年(1891 年)自写刻本，见刘庆柱、段志洪、冯时主编：《金文文献集成》第 11 册，线装书局 2005 年版，第 467~470 页。

④ 事见《左传》襄公四年、哀公元年，《楚辞》之《离骚》《天问》，以及《史记·吴太伯世家》诸篇。

⑤ 德国柏林东亚艺术博物馆藏有一件过文簋(《新收》1839、《铭像》03637)，“过”作，不类晚商周初书体，疑伪铭，存之待考。

⑥ 三代过国地望及相关问题考辨，参见拙文《班簋过戎新考》，《石泉先生百年诞辰纪念文集》待刊。

⑦ 唐兰：《西周青铜器铭文分代史征》，《唐兰全集》第七册，上海古籍出版社 2015 年版，第 369 页。

⑧ 黄盛璋：《班簋的年代、地理与历史问题》，《考古与文物》1981 年第 1 期。

⑨ 马承源：《商周青铜器铭文选(三)》，文物出版社 1988 年版，第 109 页；何浩：《巢国史迹钩沉——兼论徐戎的南迁》，《楚灭国研究》，武汉出版社 1989 年版，第 189 页。

近年影从者亦有之。① 不过白川静先生据卜辞指出，晚商之蜀地近安阳，班簋所见西周蜀地当是河南西部的古族。② 其实，黄盛璋先生并非没有注意到豫西之蜀。他在论述泰山之蜀时，曾提及《续汉志》颍川郡长社县有“蜀城”“蜀津”，即刘昭注补“魏惠王元年，韩、赵合军伐魏蜀泽”之“蜀泽”，故地在今河南禹州东北。但由于今本《史记》的《魏世家》《赵世家》《六国年表》诸篇记此“蜀泽”分别为“浊泽”“涿泽”“涿泽”，因此他认为“蜀城”“蜀津”之“蜀”当是“浊”字之误，故不可对应班簋之蜀。按，此说实误读了文献。

《大戴礼记·帝系篇》有“昌意娶于蜀山氏”，《山海经·海内经》郭璞注引《世本》作“浊山氏”。郝懿行《笺疏》云“浊、蜀古字通”，陈槃先生据以指出《史记》诸篇以“浊泽”“涿泽”代“蜀泽”，皆由浊、涿、蜀三字音近通假之故。③ 这显然是正确的。可见，黄先生用以否定豫蜀说的证据不能成立。如此，泰山蜀地与禹州蜀地俱合于班簋所见“东征”之地理范畴。由于繁在今临颍繁城镇，其协从毛公所征过戎约在今扶沟、太康之间，故从战略合作角度分析，可基本排除相距较远的益都、寿光之蜀。至于剩下泰山蜀地和禹州蜀地哪一个更合适，还得结合巢地来进一步确定。

由表一可知，自郭沫若先生将巢置于今安徽境内之后，虽有丁山、陈梦家、黄盛璋三家分别提出鲁卫之巢、睢县居巢与南阳鄛地等异说，但郭说始终占上风。今由繁、过皆为河南商周古族考察，将巢置于安徽南巢是不合理的，可首先排除。再进一步比较丁、陈、黄三说，不难发现它们都不乏合理性。如黄文主张将巢置于今河南睢县以南的古巢亭，这里位于豫东，距繁、过最为近便。而丁文提出的鲁卫之巢，距繁、过也不甚远。至于陈文所论今南阳盆地北的棘阳古鄛地，因位于上文所论“夏路”近旁，也合于周人南征与金道锡行的历史背景。不过，由上文对豫东炎地的分析可知，昭王伐楚期间，周人对今豫东地区的控制不仅较稳固，且设有“炎自”这一军事基地。从这一点看，睢县居巢距过、繁皆近，以之对应班簋协助毛公东征过戎的巢国，当最合理。因此，与繁、巢并列的蜀，自然应指禹州之蜀。

（作者单位：杭州师范大学）

附记：写作期间，曾参考台湾“中央研究院”历史语言研究所“殷周金文暨青铜器数据库”，夏晶晶同学亦协助收集资料，此致谢忱。

---

① ［韩］李裕杓：《新出铜器铭文所见昭王南征》，《新出铜器与西周历史》，上海古籍出版社 2011 年版，第 277 页；丁军伟：《毛国铜器铭文汇释》，江苏师范大学硕士学位论文，2012 年，第 12 页。

② ［日］白川静：《金文通释选译》，曹兆兰译，武汉大学出版社 2002 年版，第 101 页。

③ 陈槃：《不见于春秋大事表之春秋方国稿》，上海古籍出版社 2007 年版，第 23 页。

楚国的形成与结构及其扩展与变质

（梗概）

谷口满

有关楚史和楚文化的研究论著，其数量之多，有如天星繁密。虽然本文所参考的仅是其中的一部分，但是就本文所参考论著题目的字数而言既已有数千字之多。而且，因为本文是关于楚国的形成与结构及其扩展与变质的梗概性文章，所以对文中所参考的研究论著不再逐一出注，敬请见谅。

通观楚国历史的研究工作，其中最大的难点便在于史料的分布很不均衡，即在武王以后的东周时期的史料比较丰富，而在武王以前的西周时期的史料则显得非常零碎。因而，在对武王以后东周时期楚国历史的理解上，学者们的意见并没有太大分歧；而在对武王以前西周时期楚国历史的理解上，学者们的意见可谓是众说纷纭，莫衷一是。所以，笔者认为若仅就东周时期楚国历史提出自己的见解，可能对当前楚国历史的研究而言无甚助益；与之相比，若能对西周时期楚国历史提出一些自己的见解，那么或许会对楚国历史的研究提供一些帮助吧。本文之所以使用了相当大的篇幅来叙述楚国在西周时期的历史，其原因也正在于此。

一、楚族的南迁——楚国在西周时期的历史

（一）资料问题

有关楚国在西周时期及其以前的资料是非常零碎的，这些资料不仅零碎，而且可靠性也较低。尤其是在探索楚族的族源与地望问题时，翔实可信的资料更是少之又少。

首先，我们来看看文献资料。在以《史记·楚世家》为主的有关楚族祖先的记载中，熊绎以前的祖先传承并非历史事实，而多是神话与传说中的假说。而且，也有将那些原本不属于楚族自己固有的祖先，攀附为楚族自己祖先的情况。例如，楚族为了强调其正统性与强大，便将原本不属于楚族祖先的颛顼置于楚族系谱的首位。关于这一问题，张正明先生已经做了明确的说明。所以，在探索楚族的族源与地望问题时，是无法使用颛顼这一传说来进行说明的。那么，是否可以使用祝融的相关记载来说明呢？对此，学者们大多认为祝融乃楚族原本的祖先，而楚族的族源与地望则在祝融与诸子传说所分布的河南地区。但并非没有认为祝融不是楚族原本的祖先这种看法，尽管这只是少数学者的意见。在春秋时期楚国与郑国关系非常密切的情况下，楚族原本的祖先季连在某个时期被编入成为郑国的古帝王祝融的孩子，这种可能性也不是没有。像颛顼、祝融等“全国性”的古帝，很有可能不是楚族原本的祖先。于是，笔者认为在探索楚族的族源与地望问题时，放弃有关这些祖先世系的说法可能是较为稳妥的态度。

在上述情况下，我们可以确认楚族自己的祖先是季连和穴熊。但是，还要注意季连、穴熊究竟是不是历史上真实存在的人物。辨别这一问题是非常困难的。即使他们是历史上真实存在的人物，我们也无法弄清楚他们生活在什么时期，住在什么地方。所以，在探索楚族的族源与地望问题时，有关季连、穴熊的记载也不会起到什么作用。

大多数学者认为，熊绎以后的祖先传承中的人物是历史上真实的人物，而有关他们的传承也基本上

是历史事实。但是，我们仍旧不清楚其中一部分传承是不是历史事实。例如，《国语·郑语》云：

(史伯)对曰，夫荆子熊严生子四人，伯霜、仲雪、伯熊、季紃，季紃是立。薳氏将起之祸，又不克。是天启之心也。

大家一般认为，薳氏的始祖乃蚡冒之子薳章。如果是这样的话，那么在熊严四子时期必然是没有薳氏的。这是为什么呢？因为《国语·郑语》中的史伯是西周晚期的人物，所以他所说的政治地理情况也理应是西周晚期的情况。可是，在仔细阅读史伯之语后，可以发现他所说的也有一些是反映东周时期情况的。虽然史伯之语的假定时期是西周晚期，但实际上《国语·郑语》的成书时期也很有可能是东周时期。换言之，《国语·郑语》的作者是东周时期的人物，所以他才知道春秋时期薳氏的活动。而且，可能是由于某种缘故，便将薳氏的活动置于熊严四子时期。史伯所说的也许是一种"事后预言"。这样的话，就连熊绎以后祖先世系的记载是不是历史事实也搞不清了。如果在有关楚族的族源和地望的记载中也有反映东周时期的事情，则意味着其无法作为探索楚族的族源和地望时的资料而使用。

其次，我们再来看看考古资料。有关楚国在西周时期及其以前的考古资料是非常稀少的。如果非要列举的话，那么只好说是西周时期的"楚式鬲"了。高崇文先生、王然先生等认为过风楼、辽瓦店子等遗址出土的西周陶鬲就是楚式鬲，而楚族的故地就在以丹江流域为中心的汉水上游一带。笔者十分赞同高、王两位先生的看法，可是心中仍有一个疑虑。以前在和西安的赵丛仓先生、襄阳的陈千万先生一起访问商洛博物馆的时候，有幸得到了王昌富馆长给予的近距离观看过风楼西周陶鬲的机会。虽然对于身为外国人的笔者而言，汉语听力能力比较差，但是那时也能大致理解诸位先生们所讨论的内容。在聆听了诸位先生们的讨论后，笔者勃然产生了一个想法，那就是既然过风楼的西周陶鬲为楚式鬲并且是东周楚式鬲的直接起源，那么当时生活在过风楼的人们是不是"楚族"呢？当然这是另一回事了。笔者还曾与武汉的刘国胜先生一起访问过辽瓦店子遗址，当凝望着汉水的水流时，同样的想法再次勃然兴起了。

尹弘兵先生搜集了江汉地区西周时期及其以前的和楚式鬲相似的陶鬲，由此发现了一些与东周楚式鬲相似的西周时期以前的陶鬲。然而他却说持有这些陶鬲的人已经不是"楚族"了。尹先生所提出的见解是极其重要的。大家在探索西周以前的"楚族"是否居住在江汉地区及其附近的众多种族之一时，需要注意以下三个"如果"。如果只有楚族才保有楚式鬲，那么考古学上出土楚式鬲的地方就是楚族的居住地。如果包括楚族在内的多个种族均保有楚式鬲，那么几乎无法识别考古学上出土楚式鬲的地方是不是楚族的居住地。极端而言，如果楚族从来就没有过楚式鬲，只是在跟保有楚式鬲的种族的交往过程中才成为了保有楚式鬲的种族，那么极有可能考古学上出土楚式鬲的地方也不是楚族的居住地。在三个"如果"当中，笔者目前的看法倾向于第二个。

十多年来，笔者曾仔细研读了西周楚式鬲的相关资料，并奔赴襄阳、宜城、淅川、商洛、商南和郧县等地，实地考察了西周楚式鬲的形制与制法。楚式鬲不用说当然是"楚文化"的重要因素，那么楚式鬲最初是楚族本来保有的呢，还是楚族以外的种族保有的呢？每当思考这一问题时，笔者是既苦恼又犹豫，时至今日仍旧无法提出自己的看法。但有一件事是可以确认的，即在使用资料探索楚族的起源与地望时，不能无条件地使用西周以前的楚式鬲。

文献资料如此，考古资料亦是如此。这样，有关楚国在西周及其以前时期的资料便有了较大的"不安定性"。三十年来，虽然有关楚国历史的研究取得了显著进步，但是这样的不安定性则始终没有改变。

(二)清华简《楚居》在资料上的特性

在具备上述资料的情况之下，战国楚简的不断发现，对学界而言宛如久旱逢甘雨。尤其是清华大学所藏竹简中的《楚居》，更是具有划时代意义的新资料。

可是，我们也要注意，不能无条件地把《楚居》中所记载的事情当作历史事实。因为虽然这些都是出土的真正的战国时代史料，但它们毕竟是战国时期所流行的关于楚国历史的一种记载。而且也无法确认这些记载是不是历史事实，这与现存文献资料中的种种记载也相差不多。例如，《楚居》记载在熊绎时期就已经有屈氏成员屈约思了。一般认为屈氏的始祖是武王的弟弟屈瑕，那么为什么会在熊绎时期就有关于屈氏的记载呢？研究《楚居》的学者，如果认为屈氏的始祖不是屈瑕而是熊绎时期的屈约思的话，则未免显得有些轻率。《楚居》中有关于屈约思的记载，似乎与上述《国语·郑语》中蒍氏的记载有异曲同工之妙。

《楚居》的内容十分单一，基本上就是枚举历代祖先、先王的称号与居住地。附记于居住地以外所记载的祖先、先王是季连、穴熊、熊绎、武王、庄王、昭王、惠王、悼王。在这些记载中，除了关于季连、穴熊、熊绎、武王的部分之外，其他的都是短文。例如有关昭王的部分，就只有“阖闾内郢”这四个字。

那么，对于战国时期的楚国人而言，《楚居》是具有怎样意味的传承资料呢？对于东周时期的楚国人来说，在言及祖先传承的时候大概有以下两种情况：一是向中原诸侯强调楚国的正统性；二是向楚国人强调其共同承认的作为楚国成员的团结性，这可以说是面向国内的。请参看以下史料：

(楚灵王)曰：“昔我先王熊绎与吕伋、王孙牟、燮父、禽父并事康王，四国皆有分，我独无有。……”(右尹子革)对曰：“……昔我先王熊绎辟在荆山，筚路蓝缕以处草莽，跋涉山林以事天子，唯桃弧、棘矢以共御王事。……”(《春秋左氏传》昭公十二年)

(晋)栾武子曰：“楚克庸以来，其君无日不讨国人而训之于民生之不易、祸至之无日，戒惧之不可以怠。在军，无日不讨军实而申儆之于胜之不可保、纣之百克而卒无后，训之以若敖、蚡冒筚路蓝缕以启山林。……”(《春秋左氏传》宣公十二年)

一看便知，前者是向中原诸侯强调楚国正统性的，后者是楚王以开国祖先的艰难事迹训诫楚国人的。而令人感兴趣的是，像“筚路蓝缕”这样描绘创业艰难困苦的词汇，前者将其用于描写熊绎，后者将其用于描写若敖、蚡冒。

可是，再次阅读《楚居》发现，颛顼、祝融等帝王并没有出现，熊绎因事周王而被封的传承也没有。换言之，中原古帝的裔孙、受周王封建的荣誉等那些面向国外的有意思的传承，这里一个也没有。因而，《楚居》传承的特性可能是面向国内的吧。《楚居》也许是楚国人们为了回顾他们自己的历史，而制作的某种简单的“手册年表”。如果是这样，那么《楚居》的传承也许就不会有那种面向国外时所产生的虚构性和夸张性。所以，不论是在现存文献资料还是出土竹简资料中，《楚居》都可以说是考察楚国历史时可靠性较高的资料。

(三)楚族的南迁路径

《楚居》中的记载，虽然有部分无法判定其是不是历史事实，但从整体上来看，它无疑是目前研究楚国历史时最重要、最可靠的资料。

那么，记载从季连到武王时期的这部分资料，是研究西周时期楚族迁徙的重要资料。但遗憾的是，季连时期的隈山以及武王时期郢中的许多山名、水名、居住地名，其地望我们目前都不是很清楚。对此，学者之间也未达成一个统一的意见。在这种情况下，几乎没有办法来复原西周时期楚族的迁徙路线。可是，我们也不能对此听之任之。要想复原迁徙路线，起码要具备两个“定点”，在此笔者斗胆提出两个定点。

第一个定点是宵敖的宵。学者大多认为宵敖的宵就是秦汉简牍中的“销”，即秦汉南郡的销县县城。关于其地望，虽然有在今荆门市子陵岗、荆门市北石桥镇附近等各种意见，但大致都认为是在汉水西侧的整个荆门市一带。笔者对于将秦汉简牍中地名的地望，套用在战国楚简中地名的地望上，稍感不安。然而，这里还是根据学者们的意见而认定宵的地望就在汉水西侧今荆门市一带。

第二个定点是熊绎时期的都(若)。据徐少华先生的看法可知，西周时期都有上都和下都，上都在今河南西峡县西境，春秋初期为楚所灭，下都在今淅川县西寺湾镇一带，春秋中期秦军两次入都之后，楚迁都人于今钟祥县西北境，后为楚所灭，即是秦汉南郡若(都)县一带。这样的话，西周时期名为都的地方就有西峡的都和淅川的都，而楚国人们阅读《楚居》的战国时期便有西峡的都、淅川的都、钟祥的都。

那么，熊绎时期的都是哪里呢？当然是西峡的都或者淅川的都。徐先生自己认为是淅川的都，但也不无西峡的都的可能。不管怎样，熊绎时期的都无疑是在西峡、淅川一带的，这是第二个定点。据《楚居》中有关熊绎的记载，熊绎的居住地应该与都临近。于是，可以认为熊绎时期的楚族是居住在今西峡、淅川一带或者在其附近的区域。

在《楚居》所记载的先王系谱中，从熊绎到宵敖间共有十六个先王熊某。从西周末期的宵敖往上追溯，熊绎大概是西周初期的先王。换言之，在整个西周时期，楚族从今西峡、淅川一带或者其附近的区域渐渐向南迁移，至西周末期的宵敖时已经迁至今荆门市一带。于是，我们得以确认西周时期楚族迁移的基本路线。

楚族应该经过从今西峡、淅川一带到今荆门市一带之间的许多地点，但遗憾的是我们几乎无法弄清这些地点。这里有两条相关资料如下：

第一个《新蔡葛陵简》谓：

> 昔我先出自 AB 宅兹沮、漳……甲三：11、24

虽然“宅”字之前的字难以识别，但其应从辵则是没有疑议的。故此字也许具有“移动”的意思。如果是这样的话，就如何琳仪先生的意见那样，应在 A 与 B 之间断句，可以解释为“我们的祖先出自 A，后迁移至沮、漳……”如果是迁移到沮、漳的话，那么 A 与沮水、漳水间的距离也必然比较远。所以，此处记载也许表示着从汉北的 A 地南渡汉水到汉南的沮水、漳水流域。无论如何，我们可以确认楚族在南迁的途中到达过沮水、漳水流域。

第二个是若敖、堵敖的都。除了熊绎时期的都以外，《楚居》还载有西周晚期若敖所迁徙的都和春秋前期堵敖所迁徙的都(都郢)。关于这两个都是不是西峡、淅川一带的都，已成为《楚居》中历史地理上的重大问题。一般而言，同一文书中的同一地名，其地望也应该相同。但是，有没有可能是已经到达今荆门市一带的比宵敖早两代的若敖，再远远地返回西峡、淅川一带的都呢？或者是比宵敖晚两代的堵敖，远远地返回西峡、淅川一带的都呢？依常理来看，这是不大可能的事情。

那么，这两个都究竟在哪里呢？除了在钟祥这里以外，不太可能在其他地方。这里，我们需要注意《楚居》中“若”的字形。多次出现的“若”字有着不同的字形，如下所示：

> 熊绎时期的若字　“若、若+艸”两种字形
> 若敖时期的若字　若、“若+竹”两种字形
> 堵敖时期的若字　“若+竹”一种字形

对此，高崇文先生认为不同的字形代表着不同的地方。笔者深受高先生这一见解的启发。阅读《楚居》的战国时期的楚国人们自然清楚三个都的不同地望，但很有可能是为了区分它们，所以才加“艸”于西峡、淅川一带的都，加“竹”于钟祥的都。如果是这样的话，那么若敖和堵敖的都很有可能就是今天钟祥西北部的都。

钟祥的都，即是秦汉时南郡的都县一带。试看诸如岳麓书院所藏的秦简《三十五年质日》、北京大学所藏的秦水陆里程简等出土秦简，我们会发现其中有“都乡”的记载。不用说这当然是秦汉南郡都县县城的前身，而且两个都字在字形上都以“竹”加于“若”上。这也是一个有力的佐证。换言之，战国时期的楚

国人认为西周末若敖时期西峡、淅川一带的鄀和钟祥的鄀均已存在。这一看法与各位专家的观点应该不一样，我打算不久后提出详细的考证。

如此，若敖、堵敖的鄀就都是钟祥的鄀。若敖居于今钟祥的鄀，其两代后的宵敖便迁徙到今荆门市的宵，宵敖两代后的堵敖又返回了钟祥的鄀。从两地的距离来看，这样的事情也是十分合理的。

于是，可以确认楚族南迁时途经若敖所到达的今钟祥西北部。

综上所述，西周时期楚族的南迁路线为：在南渡汉水以后，沿荆山东麓一线直线南下，至西周末期时便到达今荆门市一带。所以，必然会有先王辟在荆山的传承。虽然也曾尝试进入汉水东侧，但这基本上是不可能的。主要是因为汉水东侧是以曾(随)为主的周系强大诸侯们的领地，可以想见他们势必会阻止楚族进入。与之相比，汉水南侧、西侧也许在某种程度上是政治上的"空白地域"，因而楚族比较容易进入。

(四)第一次楚国的形成及其内涵

西周时期楚族南迁的过程，也是他们掌控汉南汉西诸势力并于当地建立主权的过程。这种以楚族为统治集团的政治体制，可以说是"第一次楚国"。

作为原本就没什么势力的汉北小集团的楚族，怎么就形成了"第一次楚国"呢？换言之，楚国是怎样同各种势力交往并统合他们的呢？

《楚居》所载与楚族有交往的诸势力有：

(1)季连时期的盘庚之子一族。季连曾娶盘庚之子的女儿。此一族可能是拥有商系文化的种族，是楚族与中原文化的第一次接触。

(2)穴熊时期的异形耳一族。穴熊曾娶此族之女。异形耳恐怕就是所谓的"聂耳"吧。关于聂耳族的地望，黄鸣先生认为是在"双耳纹"青铜器出土的以辉县为中心的河南北部一带，这正是拥有这些青铜器的商代以来的种族所居住的地方。虽然黄先生的意见耐人寻味，但也不是没有不同的意见。因为东周时期巴文化所独有的青铜器虎钮錞于的盘部图案之中也有双耳纹，这种图案不用说当然是表示其为巴系诸族中的聂耳族。目前比较可信的看法是，某些巴系种族本来是居住在汉水上游地区的。西周时期汉水上游也许存在着聂耳族。如果《楚居》中的聂耳族是汉水上游的巴系种族，那么这是楚族与巴系种族的第一次接触。

(3)熊绎时期的鄀。据传鄀是允姓之国，可能保有商、周文化。《楚居》记载了鄀人与屈约思一起从事过楚族的卜占，那么，鄀对楚族也应该有祭祀文化方面的影响。

《楚居》以外的现存文献资料中也载有与楚族交往的诸势力：若敖时期的䢵。若敖曾娶其女。䢵的地望大概是在江汉地区生产各种物产的低地，这也许能给楚族带来某些经济上的优势。

楚族与其他势力的交往，是从相互通婚开始的。而婚姻与攻伐是表里如一的，楚族与这些势力间也应该发生过多次攻伐战争。

虽然上述四种势力以外的例子在资料中几乎没有记载，但可以想见与楚族有交往的大部分都是所谓的"蛮夷"势力。因为西周及其以前时期的"蛮""濮""戎"等多数蛮夷居住在江汉地区。虽然由于周系诸侯的扩张，他们逐渐地被迫西迁或南迁，但西周时期汉南、汉西地区的主要居住者也许仍旧是他们。在这些蛮夷之中，还没有形成政治上的统一权力。于是，便有了某种政治上的"空白地域"。楚族便进入这一空白地域，并统合了各种蛮夷。描述如此情形的文献史料，兹列举如下：

> 楚大饥，戎伐其西南，至阜山，师于大林。又伐其东南，至于阳丘，以侵訾枝。庸人帅群蛮以叛楚，麇人率百濮聚于选，将伐楚。于是申、息之北门不启。楚人谋徙于阪高。蒍贾曰："不可。我能往，寇亦能往，不如伐庸。夫麇与百濮，谓我饥不能师，故伐我也。若我出师，必惧而归。百濮离居，将各走其邑，谁暇谋人。"乃出师。旬有五日，百濮乃罢。自庐以往，振廪

> 同食。次于句澨。使庐戢梨侵庸，及庸方城。庸人逐之，囚子扬窗。三宿而逸，曰："庸师众，群蛮聚焉，不如复大师，且起王卒，合而后进。"师叔曰："不可。姑又与之遇以骄之。彼骄我怒，而后可克，先君蚡冒服陉湿也。"又与之遇，七遇皆逃，唯裨、鯈、鱼人实逐之。庸人曰："楚不足与战矣。"遂不设备。楚子乘驲，会师于临品，分为二队，子越自石溪，子贝自仞以伐庸。秦人、巴人从楚师，群蛮从楚子盟，遂灭庸。(《春秋左氏传》文公十六年)

可见，这次战争爆发在春秋中期的楚庄王时期，而且此记载极有可能是关于西周时期楚族与蛮夷关系的。各个蛮夷集团本来就具有很强的分散性、独立性，因而其在政治上也是独立单位。在这样的情况之下，楚族在西周时期的南迁过程中，努力地在他们中确立主权，进而建立某种政治上的统合体制。不仅楚族，庸、麇等种族也企图建立那样的统合体制。结果，楚族力排其他强有力种族的介入，而在包括汉南、汉西在内的广大区域内建立了统合体制。在这一政治工作过程中，蚡冒具有显著的功绩。这从上述师叔在与庸、群蛮的战争中回顾蚡冒的功绩，及《国语·郑语》中有关"蚡冒于是始启濮地"的记载中都可以明确得知。

但是，正因为本来各个蛮夷集团的分散性、独立性就很强，所以为了维持这种统合体制，必然需要不断地努力。上述那场发生在庄王时期的战争，就是这种统合体制在面临崩溃危机时的一次重要事件。

那么，在楚族所确立的那种统合体制之中，楚族与各个蛮夷集团在政治与经济上的关系，在实际上是怎样的呢？虽然没有相关史料证明，但还是可以在某种程度上推知。目前，笔者认为可以通过援用东周时期西南地区巴系诸族的政治经济情况，来推测西周时期楚国的结构。在东周时期的巴系诸族之间，那种统治与被统治的关系恐怕十分宽松。各个集团的独立性非常强，宛如一个个的小国家。西周时期汉南、汉西的情况，和东周西南巴系诸族的情况也几乎一样。虽然楚族确立了主权，但这种支配权的浸透程度不是很高。为什么西周时期的楚国和东周时期的巴国会有相似之处呢？在国家发展阶段方面，巴系诸族也许比楚国落后不少，因此西周时期的楚国与东周时期的巴国有相似之处。然而，西周时期楚国的情况，恐怕要比西周时期周朝的情况落后不少，所以两者之间应该有不同之处。换言之，离中原的距离越远，该国家的发展也就越落后，而这种落后性又可以说是"蛮夷性"。所以，笔者对于将西周时期楚国的政治经济结构与周朝建立以前以周族为中心的政治经济结构，以及将东周时期巴系诸族间的结构与西周时期楚国的结构进行比较考察是十分感兴趣的。不过，限于主题与篇幅的原因，此处从略。

总之，蛮夷统合体制可以说是西周时期形成的"第一次楚国"的主要内涵。所以，继承这种体制而即位的武王自称"我蛮夷也"，也就不会显得不相称了。

那么，在众多种族之中，为什么只有楚族才能做好这样的工作呢？在谁都无法说明其原因的情况下，笔者斗胆提出一个设想。即这是由楚族故乡的地方"风气"所导致的。熊绎时期的楚族居住于西峡、淅川一带及其附近，这里是陕西、河南、湖北的交界处，是东西南北不同政治经济文化的接触点。这里的情况是亦东亦西，亦北亦南，亦汉亦蛮，亦陆亦水，这种地方的人势必大多拥有进取心而且不少还能发挥他们的特异才干。例如范蠡、张衡等人。由此，楚族本来就保有进取心，而与鄀等的交往又进一步提升了其进取意识。只有如此进取的人们，才敢于积极地南迁，从而建立上述那样的蛮夷统合体制。

(五)武王郢都的地理位置及其交通功能

在西周末期的宵敖时期，楚族已经到达了今荆门市一带。至春秋初期，宵敖之子武王建设了郢都。那么，郢都极有可能位于今荆州地区。这样，武王郢都便不太可能是楚皇城。

那么，武王所建设的郢都究竟在哪里呢？黄锡全先生认为是在今钟祥县郢中镇的故郢州城，王红星先生认为是沮、漳二水合流点附近的蔡桥遗址。虽然两位先生的意见很有魅力，但笔者还是一贯坚持自己的看法。笔者认为武王郢都是江陵的纪南城，观点大致如下：

春秋初期武王所建设的郢都是纪南城。春秋初期至春秋末期，该城只有内侧的小城墙而没有外侧的大城墙；到春秋末期至战国早期，才建造了外侧的大城墙；其后直到公元前 278 年，具备了内侧的小城墙和外侧的大城墙。这个外侧的大城墙，就是纪南城遗址现存的大城墙，此大城墙的建造也许就是《春秋左氏传》所记载的平王筑城一事。

江汉地区的主要交通路线有三条。其中两条是陆路，即随枣走廊和襄荆通路；一条是水路，即汉水航路。既然楚族在西周时期已经控制了自汉水西部地区到达荆州地区的路线，这就意味着楚国掌握了襄荆通路，同时也意味着其掌握了汉水航路这一重要的交通要道。为什么可以这样说呢？因为郢都纪南城是从荆州方面东进，可以直接到达汉水航路西边的据点。楚族能建造郢都纪南城，便意味着他们也掌握了这条东西水路，从而可以控制汉水航路。武王以后，楚国可以自由地运用汉水航运，从而进入汉水东部的周系诸侯、周文化的控制区。其主要原因便在于此。

《水经注》中《江水注》《沔水注》和《夏水注》的有关部分，是研究郢都纪南城的水运功能与荆州方面—汉水的直达水路的基本资料。虽然这些部分的注文中讹误错简比较多，但关于这些问题，我们可以参考张修桂先生的详致考证。北京大学所藏秦简《道里书》中的水陆里程简中也有相关资料。虽然其中难以解释的地方比较多，但关于这些问题，我们可以参考辛德勇先生、晏昌贵先生的精准考证。

依据这些资料，可以复原先秦时期荆州方面—汉水的直达水路如下：

从纪南城东城墙的龙会桥出发，经由今庙湖、海子湖、长湖，至今关咀口东以后，从扬水流路东进，经过今浩口镇到达今潜江市西，然后北进至今泽口镇进入汉水。

此水路的距离比较短且不受大河波浪的影响，航行比较方便。只有武王建造了郢都纪南城，楚国才可能充分利用这条水路进出汉水东部。

郢都纪南城在交通上的主要功能，使它成为荆州方面—汉水的直达水路的西边的据点。那么，在郢都纪南城的五百年时间里，这种情况有没有变化呢？不用说当然是有一些的。

春秋初期武王以后，楚国企图继续控制汉水航运从而进入汉水东部的随枣走廊地区，所以在此期间，纪南城—汉水的这条直达水路的重要性始终未变。但是，当楚国完全掌握了汉水的航运权并且完全控制汉水东部的随枣走廊地区之后，这条水路的重要性也许会逐渐降低。而且随着楚国领土扩张到三峡、湖南、安徽、长江下游地区后，长江水运的重要性也必然会提高。可以说，随着领土扩张，长江水运的重要性也逐渐提高。纪南城—汉水的直达水运功能重要性的相对降低与长江水运功能重要性的相对提升，就是先秦荆州地区水运的基本情况。而洪水与枯水的屡屡发生，也使纪南城—汉水的直达水路难以维持。相比之下，由于治水技术的改善与航行技术的提高，长江、夏水等水道的水运功能逐渐增强，这使得上述基本情况得到了进一步的发展。如此，就长江水运而言，位于长江北边 10 多公里处的纪南城是不太方便的。因此，也就可以理解为什么秦师入郢都纪南城之后，秦政府不置江陵县治于纪南城，而是将其置于纪南城南的郢城了。虽然秦汉时期荆州方面—汉水的直达水路还发挥着一些作用，但纪南城作为水路的西边据点的功能已经消失了。因而秦汉以后所谓的“江汉运河”西段的流路，便不再进入纪南城而从荆州城的北城墙自西向东走。在这样的情况之下，位于长江北边 5 公里处的郢城也就不太方便了。东汉时期江陵县治迁徙到荆州城的原因就在于此。

这样，值得注意的是郢都纪南城水运功能的兴衰与楚国领土的扩张，在某些方面是有一些关联的。

那么，笔者在此不得不提出一些关于郢都沿革的看法。武王所建造的郢都纪南城，在从武王到公元前 278 年的 500 年左右的时间里，一直作为楚国的都城而存在。《楚居》谓春秋以后的诸王多次迁徙到“某郢”，然而这些都是楚王暂时性的驻屯地而不是固定的都城。诸王迁徙到某郢的时候，郢都纪南城依然具有都城的功能。战国楚简中不写“某”而单记为“郢”的，就是指这个郢都纪南城，所以“吴师入(内)郢”的

“郢”应该也是指郢都纪南城。

从季连、穴熊、熊绎至西周末期的宵敖时期，楚族的大部分人不断地迁徙，这种情况可以说是某种“民族移动”。这样的“民族移动”，到武王时期才结束了。武王以后，楚族的大部分人世世代代居住在纪南城或其周边，这样的情况可以说是“作城定居”。公元前278年楚族再次开始迁徙，可是那时候的迁徙不是发展性的迁徙，而是受到秦军威胁后的无奈迁徙。

二、楚国在东周时期的历史

(一)蛮汉体制——第二次楚国的内涵

在春秋初期武王建造郢都纪南城以后，楚国骤然进入汉水东部、河南南部，进而进入方城之外、淮水流域等地区。其进入的办法，不用说当然是靠婚姻与攻伐相配合。

在婚姻方面，从武王夫人邓嫚、文王夫人息妫的名字就可以看出，楚与邓、息之间有婚姻关系。那么曾(随)的情况呢？最近，在京山苏家垄曾墓发现了一些春秋时期曾国的青铜器，其中M88出土的铭文有楚王室的女子“夫人芈克”。可见，在春秋时期的楚与曾之间，应该已经有过多次联姻了。

在攻伐方面，楚武王以后，有关楚国与汉水东部、方城之外、淮水流域诸侯之间的战争，《春秋左氏传》中有许多记载，兹不赘述。

关于楚与这些诸侯之间的关系，既有楚王与其结盟的情况，也有他们服从楚王并听其号令的情况；还有将他们赶走或迁移至别地，而派遣楚国的有力者统治其国土的情况；甚至有将诸侯公室灭族，而由楚王或公子等直接统治其国土的情况。不过，一般而言，族灭诸侯公室后而屠杀其国人或胁迫其迁徙的情况不是很多，大部分是在楚王的管理之下，赦免并保留诸侯公室，国人仍然得以生存，邦土也被安置。

那么，与楚国有这样关系的汉东的曾(随)，豫南的申、息，北方中原的陈、蔡、郑等诸侯国，不论姬姓还是异姓，都是在经济、文化、人口等方面具有优势的周系诸国。“第一次楚国”的构成成员，大部分是蛮夷，虽然其中有诸如盘庚之子种族、聂耳种族、鄀国、郧国等，但其在经济、文化、人口等方面的情况恐怕不如曾、申、息、陈、蔡、郑等国。因此，楚国才将这些与以往性质有所不同的新势力纳入其统治范围之内。由此，与“第一次楚国”异质的楚国出现了，可以把这样的东周时期的楚国叫作“第二次楚国”。“第二次楚国”是由蛮夷和周系诸侯所构成的，因而楚王不仅要成为蛮夷势力的代表，也要成为周系诸侯势力的代表。应该可以说“第二次楚国”的这种结构是“蛮汉体制”。

郢都纪南城既是控制诸蛮夷的重要据点，也是东进掌控北方诸侯的出发据点，可以说是蛮汉体制的象征性地方。

武王以后500年间所存在的这种蛮汉体制，有没有变质呢？不用说当然是会有些。简单地说，在楚国政治、经济、文化等方面，“蛮”所占有的比重逐渐降低，相比之下，“汉”所占有的比重逐渐提高。这便是楚国在东周时期的历史主调。这种蛮汉体制失去平衡的情况，大致如下所示：

(1)在各种政治、军事事件中，诸侯们所扮演角色的比重逐渐提高。

(2)从楚王的特性来说，楚王从蛮夷的代表者逐渐转变为诸侯之间的盟主。

(3)从楚文化的要素来说，楚文化从蛮夷性的文化逐渐转变为中原周文化性的文化。

这种情况，恐怕在春秋中期的庄王时期就已经开始有苗头了。

(二)若敖氏被灭事件与灵王被弑事件

众所周知，在春秋前期的楚国政治、军事活动中，斗、成、蒍、屈四族扮演着重要的角色。可以说春秋前期是“四族时代”。此四族均出自若敖(成氏是斗氏的分支，所以把斗氏、成氏总称为若敖氏)与蚡冒(或宵敖)之后。换言之，他们都是西周晚期的蛮夷统合体制完成时期的先君裔孙。那么，毫无疑问他们的强势背景在蛮夷统合体制下，会有某些政治、经济上的优势。

庄王时期所发生的若敖氏被灭事件，是楚国在春秋时期的重大事件。不仅可以说是终止了四族时代，也可以说是降低了有若敖氏背景的蛮夷性基础比重的事件。换言之，该事件促进了蛮汉体制中“蛮”的因素的减少。这种事情也许正好与庄王的企图相称。庄王就是想积极地进入中原而成为中原的盟主，当然无视楚国中老一套的蛮夷性要素，所以为了加强王权而试图消灭若敖氏那种旧势力。因此，引起了楚王与若敖氏之间的战争。

对于庄王的这种政治企图，汉南汉西的蛮夷们理应是不会默许的。上述成王时期所发生的庸、麇、群蛮、百濮等的叛楚战争的背景，恐怕就是他们对于当时政治动向的不满与抵抗。虽然战争爆发的直接原因是楚国发生了饥荒，但也不得不说是因为他们长久以来所积压的不满与抵抗的爆发。

“蛮”所占的比重逐渐降低与“汉”占有的比重逐渐提高的这种动向，在从春秋中期到春秋晚期的这段时期里愈演愈烈。春秋晚期所发生的灵王被弑事件，就是这种动向的代表性事件。

这是楚国历史上发生的著名政变，由灵王的弟弟公子比、公子黑肱、公子弃疾发动，灵王逃亡后自杀，以弃疾即位(平王)而告终。《春秋左氏传》记载了此次事件的详情，值得注意的是发动政变的主力军竟是陈、蔡、不羹、许、叶的军队，虽然在当时它们是受楚国管制的，但它们本来就是方城之外的诸侯国。换言之，就是楚族以外的北方诸侯凭借实力干预楚王的废立并决定新王的人选。而且，这些诸侯军实际上也侵入郢都并杀了太子禄。这样，此次政变就成了表明北方诸侯在楚国政治动向方面，拥有绝对性优势的象征性事件。这里，我们不应忽视这样事情，如下所示：

> 楚公子比、公子黑肱、公子弃疾、蔓成然、蔡朝吴帅陈、蔡、不羹、许、叶之师，因四族之徒，以入楚。及郊，陈、蔡欲为名，故请为武军。蔡公(弃疾)知之，曰：“欲速，且役病矣，请藩而已。”乃藩为军。(《春秋左氏传》昭公十三年)

陈、蔡之军要建设的“武军”，是筑成壁垒后由胜者将军旗插在其营垒上。筑如此的壁垒于郢都的郊外，就陈、蔡军士的心理而言，再没有什么比这更荣耀的了。然而就郢都人们的心理而言，对于北方军队筑武军于自己都城的郊外，应该是会感到一些耻辱的。就弃疾而言，作为北方诸侯利益的代表者，其心理跟陈、蔡的军士一样，但作为楚国的君王与楚族的族长，其心理跟郢都的人们一样。于是，弃疾提议建立不是正式规格而是简略方式的“藩军”(藩是篱围，不是壁垒)，即是折中性的。确实，这个简略式的藩军明确表明了弃疾(平王)立场的二重性以及他左右为难的痛苦。

如此，在灵王被弑事件中，北方诸侯坚定地干预王位继承，这样的事情以后也愈演愈烈。相比之下，蛮夷势力干预楚国政治、军事的事例，在东周时期史料中几乎没有记载。这可以确认是东周时期楚国历史的基本趋势。

从这样的情况可知，楚族自己因扩张而更分散了。虽然大部分人世世代代居住在郢都纪南城及其附近，但迁徙到河南、安徽、湖南、陕西等地的人们也不在少数。从一方面来看，这是楚族的发展；从另一方面来看，这是楚族的分离。不论如何，楚族人们本来所保有的精神纽带逐渐变弱，这也是不得已的情况。

(三)曾(随，以下随从略)与楚——曾侯舆铭文的发现

关于汉东大国曾国的青铜器与其历史，十多年以前张昌平先生就已经提出了精致的研究成果。张先生的研究成果可以说是位于曾史与曾文化研究金字塔的塔尖。可是，自张先生提出自己的研究成果后，曾国的墓葬与青铜器陆续被发掘，这使得曾史与曾文化的研究进入了一个新的研究阶段。

关于西周时期曾与楚的关系，史料中几乎没有记载。可是，根据史料可以复原武王以后曾与楚的关系，其关系应该是攻伐、婚姻和同盟三种。总而言之，楚国承认曾侯(伯)的世袭并安置了曾国的人们。因为，曾在文化、政治、经济上是传统大国，对于新兴的楚国而言，与其进行族灭战争而导致紧张关系，

不如维持现状而保持安定关系。于是，曾侯的地位一直被延续下来，至少保持到战国早期的曾侯乙。

最近有幸发现了曾与楚的关系的新资料，那便是随州文峰塔曾墓中的曾侯與编钟铭文。三件钟铭上有“稷”“伯括”“南公”等祖先名字，这充分证实了曾是西周初期受周分封的姬姓诸侯。值得注意的部分，如下所示(大意)：

周王已经失去了威信，我们曾乃依靠楚王。可是，吴王倚仗众庶，西讨南伐，并进入楚国。楚国削弱，天命将误。于是，伟大曾侯，兢兢业业，敢于出击。楚命是靖，再定楚王。……

在曾侯與的时期，曾侯的确认为楚王是受“天命”的存在。他说：由于吴军进入，楚王所受的天命将逝去，于是，曾军出击而立下了显赫的战功。因此，天降下楚的天命恢复安宁，再次安定了作为受命者的楚王的地位。

好像春秋中期秦公自称“丕显朕皇祖，受天命”那样，东周时期诸侯自己称“受天命”也是可能有的事情。然而，像曾侯这样的传统姬姓诸侯，把南方僻远的异姓楚王看作“受天命”的存在，这种事情应该是比较少的。在这种情况下，此铭文更是倍显珍贵。

对于曾侯與时期的曾国而言，楚王应该是代替周王受天命而保护曾国这样的存在。所以，如果面对楚王失去天命的情况，那么曾侯应该要协助楚王并恢复楚王的天命。曾侯所希望的楚王，就是“诸侯上之王”，那里并没有作为楚族族长的蛮夷性楚王的面貌。相比之下，记载作为楚族族长的楚王的本来性面貌的资料，在东周时期几乎没有。这也可以确认是东周时期楚国历史的基本趋势。

(四)楚文化的特色

在东周时期楚国历史的基本趋势之下，楚文化也应该逐渐从蛮夷性的文化转变为中原周文化性的文化。

可值得注意的是，谁都无法认识春秋中期以前的楚文化。因为无论是在西周时期，还是在春秋前期、中期，关于楚文化的史料几乎没有，所以复原这些时期楚文化的样貌是非常困难的。虽然春秋前期、中期的楚墓中出土过一些相关陶器，但也无法弄清当时整个楚文化的面貌。

目前大家可能知道的楚文化就是战国时期的楚文化。具体而言，是战国时期楚国遗址中出土的考古遗物所展示的战国楚文化的样貌(淅川一带出土的春秋晚期考古遗物也可包含在内)。综合地看战国时期楚文化的样貌，不得不承认战国时期的楚文化是周文化中的一个区域性文化。这是大家所熟知的。

然而，众所周知，战国时期楚文化的样貌与中原周文化的样貌也有一些不同处。如果将九连墩楚墓的随葬品与曾侯乙墓的随葬品进行比较，这种情况是比较容易理解的。就与中原周文化墓葬随葬品的文化内涵的相似度而言，曾侯乙墓无疑比九连墩墓高一些。从九连墩墓主人可能是楚人而曾侯乙是姬姓人物这样的事实来看，也必然会出现这种现象。

楚文化中的样貌与中原周文化的样貌的不同处，便是楚文化的特色。那么，为什么会有这些特色呢？在此，试对其中的一个特色，即战国时期的漆器、铜器、刺绣绢中的动物纹饰的构思进行考察。众所周知，在具有楚文化特色的漆器、铜器、刺绣绢等物品的纹饰中，经常出现动物而且丰富多彩。漆器中的鸟、虎与蛇，铜器中的鸟与龙，刺绣绢中的鸟、龙与虎等纹饰，真是大放异彩。这些丰富多彩的动物纹饰，不论是在中原周文化还是其他文化之中，抑或是楚文化以外的先秦文化之中，几乎难以见到(除了巴蜀铜器、吴越铜器之中有一些外)，这也的确可以说是楚文化的特色。

不用说，这些动物纹饰不仅是玩赏物的象征，也是动物神信仰的象征。那么，楚国人对于各种动物纹饰，在信仰上怀有怎样的构思呢？关于此问题，不得不令人想到张正明先生的观点。张先生说：鸟是楚族的信仰神，虎是巴族的信仰神，龙是吴族、越族的信仰神，于是，虎座鸟架鼓中的鸟与虎表示了鸟(楚)胜虎(巴)败的情况，马山刺绣绢中的一鸟与一虎二龙则表示了鸟(楚)胜虎(巴)和龙(吴、越)败的情况，这些就是作为胜利者的楚人心理的象征。

虽然张先生的观点很有意思，但笔者并不赞同。如果看看淅川徐家岭楚墓出土的两件青铜神兽，就会发现它们是龙首、虎颈、虎身、虎尾、龟足，身上图案有龙纹、鸟纹、虎纹，这些动物纹饰相映成趣，从而构成了神兽的形象。而在这种形象中，并不能发现胜者与败者之间的关系。再看九连墩楚墓出土的虎座鸟架鼓，它是两台虎座、两条鸟架，两头小虎立于鸟背而支撑太鼓，虎座之下还有六蛇，这些动物纹饰相映成趣，从而构成了虎座鸟架鼓这样的乐器。在这样的形象中，也不能发现胜者与败者之间的关系。

综观楚文化器物上的动物纹饰，各个信仰象征的动物间并不抵触，并且相互承认各自作为神的性质。由此可以看到在战国楚文化器物中楚国人的心性，也可以看到在战国巴文化器物中巴族人的心性。例如虎钮錞于盘部的各种图案都代表各个信仰神，然而各个信仰象征间并不抵触，并且相互承认各自作为神的性质。不用说，巴系诸族人的这种心性，是来源于其社会中的某些蛮夷性。

这样推测，战国时楚国人的这种心性，也许来源于他们原本保有的某些蛮夷性。探索东周楚文化特色的原因在于，这是一项令人感兴趣的工作。不过笔者也不清楚，自己的上述意见是否可以得到大家的认可。

虽然有一些与中原楚文化不同的地方，但总体而言，东周时期的楚文化基本上仍是周文化的一个区域类型，这一点是没有疑义的。

那么，在东周时期的楚国历史趋势的基调中，“汉”“蛮”当然也有逐渐变质的趋势。关于“汉”，从春秋到战国，由于诸侯被灭族而使得自西周封建以来的公室绝嗣的情况逐渐增加，在这样的情势之下，邦土、人群、政治结构、文化要素、社会情况等也应该逐渐有所变化。可遗憾的是，这方面的资料非常短缺。关于“蛮”，在中原周文化大量浸透到该领域的情势之下，其社会与文化应该会受到影响而逐渐改变。可遗憾的是，这方面的资料也非常短缺。本文之所以不涉及这两个变化，也正是因为缺少与其相关的史料。

本文所谓的“蛮汉体制”，实际上是以公元前 278 年的郢都陷落为终结的。因为，楚国失去了控制蛮夷的郢都纪南城。换言之，楚国由此被迫放弃了以往的蛮夷统合体制。此后，汉南汉西诸蛮夷的情况又是怎样的呢？在秦国把江汉地区纳入郡县的情况下，其中的大部分应该是被迫进一步地西迁、南迁。

以上，概述了楚国的形成与结构及其扩展与变质的过程，其实仍有许多问题是必须论述的，请容改日再论。本文中，对楚国历史研究上的几个疑难问题，笔者不揣浅陋，发表了不少愚见。不当之处，祈请方家指正。此外，在本文的写作中，笔者曾多次参阅罗运还先生的《楚国八百年》和张正明先生的《楚史》，特此注记。

（作者单位：日本东北学院大学）

楚文化西渐途径初探

彭邦本

东周时期，位于东亚大陆南方的楚国日益强大起来，不断向四面开疆拓土，因而早在楚成王时(公元前671—前626年)，史载即已“楚地千里”。① 其后并在楚庄王(公元前613—前591年)时，“并国二十六，开地三千里”,② 一举成为天下霸主。及至战国中期，国势更盛，以至形成了楚地“半天下”的局面。我们曾在考古和历史学界研究成果的基础上，撰文论述过先秦楚国长期西向开疆拓土、传播文化的大致史况,③ 唯于其西拓的具体途径，未及论述，尚有探讨余地。对此，徐中舒、唐嘉弘先生曾简略梳理指出：

> 古代楚人向西南地区的交通要道，大约可循三个路线。一为汉中大巴山线路，既可赴巴，又可至蜀，其北端可能与《国策·秦策》上所说的“栈道千里，通于蜀汉”的线路衔接。一为沿川江线路，经夔巫而达枳与渝，再经汉之僰道，以达南中，其中川江一段，并非水路，因三峡一带，极不适于航运。扬雄自述其先祖由楚至蜀，据《汉书·扬雄传》，即曾经由此路，然后才到蜀地。一为循清江和沅江，经黔中、且兰，鳖(约今遵义)为其中心枢轴地区，夜郎庄王(庄蹻)即经由此路，由楚而至夜郎。当然，不是说仅此三个线路，除此而外，肯定还有不少通道，但文献无征，年湮代远，已不易指实了。④

徐、唐两位先生提出此说，虽也未及展开具体论述，但已指出大的路径方向，可谓要言不烦，高屋建瓴。限于篇幅，本文准其线索，拟就其中第一、二条西渐之途径，做些进一步的探讨。

一

先来看“汉中大巴山”线路，亦即陕南与四川盆地的交通。

远在楚文化西渐以前很久的新石器时代晚期，这一南北向的交通途径即已经起源，并在夏商西周时期逐步形成，其具体路线沿着大巴山地的若干河谷地带相互联系、形成和展开。东西向横亘在川陕间的大巴山(其西段又曰米仓山)脉，既发育出众多的山区河流，分别南北向流入四川盆地和汉中盆地等陕南地区，又是这些河流的分水岭所在。其中隔岭分流、源头相邻相近的河流的谷地，往往就成为穿越大巴山地的天然渠道。大巴山两边提供天然通道的上述河流，分别流入长江的两条重要支流，一条是其上游自西向东横贯陕南的汉水或曰汉江，另一条则是西北东南向流经四川盆地的嘉陵江，从而形成嘉陵江和汉水上游水系。而上述天然通道复经先民人为的开辟，就逐渐发展为连接巴山南北的古代交通线路网络。

---

① 《史记·楚世家》。

② 《韩非子·有度》。

③ 彭邦本：《楚文化西渐与川东春申君故里传说初探》，罗运环主编：《楚简楚文化与先秦历史文化国际学术研讨会论文集》，湖北教育出版社2013年版。

④ 徐中舒、唐家弘：《古代楚蜀的关系》，徐中舒：《论巴蜀文化》，四川人民出版社1981年版，第221页。

汉水上游地区不仅历史文化悠久，而且自史前起，就是我国东西南北文化的交汇之地，因而呈现出非常丰富的文化多样性。与此特点相应，陕南汉水上游地区东向与荆楚、中原的交通沿汉水顺势展开，很早就已经形成，陕南城固、洋县商代铜器群浓厚的商文化因素，① 以及陕南城固宝山遗址丰富的发掘资料，② 充分证明了这一点。因此，汉水上游地区南向与巴蜀的交通联系虽然由于有大巴山脉为天然屏障，备极险扼艰辛，但文献，尤其是考古学资料反映，其起源形成亦由来已久。

在距今6000至7000年的四川盆地北缘广元市中子铺遗址的原生堆积中，出土有特征明显的三足器的柱状小实足，主持考古调查发掘的学者已指出其“颇接近陕西地区的前仰韶时期的这类器形”③，反映出大巴山南北的川陕两地远在仰韶文化时代以前，就有了文化联系。在比该遗存晚的史前考古资料中，反映川陕之间文化交流的因素明显增多。仔细比较陕南城固宝山遗址与宝墩文化遗址的出土资料后，宝山遗址的发掘者指出：

> 宝山二、三期遗存与以川西平原为主要分布区的宝墩文化存在某种程度的联系。宝山二期陶器的链环状堆塑纹和禽爪迹状纹饰，也见于宝墩文化陶器上。宝山三期遗存的宽沿折腹尊，在宝墩文化中有不少发现。与前者常见器类宽沿大口缸相似的器物，亦见于后者。④

而在川北广元邓家坪遗址(距今5000至5500年)、绵阳边堆山遗址(距今4500至5000年)和宝墩文化遗址中发现的少量的黑皮褐陶，也提示了与汉水上游的新石器时代文化存在联系的线索。⑤ 这些在宝山遗址发掘之前即已经获得的资料表明，早在新石器时代晚期，四川盆地与陕南汉水流域的文化互动影响即已发生。依次连接陕南宝山遗址，川北广元中子铺、邓家坪遗址，绵阳边堆山遗址，川西成都平原宝墩文化遗址群，从汉中由北向南通往蜀中的古老交通线路遂跃然图上。不仅如此，“宝山二、三期遗存，与主要分布于川东长江沿岸的新石器时代文化如哨棚嘴一期遗存等，亦可见有一些联系，尚需进一步认识”。⑥ 这同样印证了前引徐中舒、唐嘉弘先生所谓自汉中“赴巴”一线，亦由来已久。而城固、洋县极为丰富的巴蜀文化风格铜器资料的发表，更揭示了跨入文明时代后巴蜀地区与汉水上游地区文化联系的进一步加强。这批重要资料的发表，引起了学术界的密切关注并撰文探讨，研究者或认为是巴人遗存，⑦ 或认为是早期蜀文化遗存，⑧ 或认为是巴蜀文化遗存或至少是其早期来源之一，⑨ 或认为是羌人遗存，⑩ 或认为是商代西南夷的一支的遗存。⑪ 近来的研究成果更多地倾向于将之与早期的巴或蜀相联系，如认为是三星堆

---

① 唐金裕等：《陕西省城固县出土殷商铜器整理简报》，《考古》1980年第3期；王寿芝：《陕西城固出土的商代青铜器》，《文博》1988年第6期；赵丛苍：《城固洋县铜器群综合研究》，《文博》1996年第4期。

② 西北大学文博学院：《城固宝山1998年发掘报告》，文物出版社2002年版。

③ 王仁湘、叶茂林：《四川盆地北缘新石器时代考古新收获》，李绍明、林向、赵殿增主编：《三星堆与巴蜀文化》，巴蜀书社1993年版。

④ 西北大学文博学院：《城固宝山1998年发掘报告》，文物出版社2002年版，第175~176页。

⑤ 王仁湘、叶茂林：《四川盆地北缘新石器时代考古新收获》，李绍明、林向、赵殿增主编：《三星堆与巴蜀文化》，巴蜀书社1993年版；马继贤：《广汉月亮湾遗址发掘追记》，《南方民族考古》第五辑，四川科学技术出版社1993年版；成都市文物考古研究所等：《宝墩遗址》，(日本)有限会社阿普(ARP)，2000年。

⑥ 西北大学文博学院：《城固宝山1998年发掘报告》，文物出版社2002年版，第176页。

⑦ 尹盛平：《西周的鱼国与太伯仲雍奔“荆蛮”》，山西省文物管理事业局编印：《陕西省文博考古科研成果汇报会论文选集》，1982年；唐金裕：《汉水上游巴文化的探讨》，《文博》1984年创刊号。

⑧ 李伯谦：《城固铜器群与早期蜀文化》，《考古与文物》1983年第2期。

⑨ 王炜林、孙秉君：《汉水上游巴蜀文化的踪迹》，《中国考古学会第七次年会论文集》，文物出版社1992年版；赵丛苍：《城固洋县铜器群综合研究》，《文博》1996年第4期。

⑩ 卢连城、胡智生：《宝鸡鱼国墓地》，文物出版社1988年版。

⑪ 李学勤：《论洋县范坝铜牙璋等问题》，《文博》1997年第2期。

古蜀文化向北连续分布的结果，① 或根据城固宝山遗址及与之有密切联系的湖北宜昌路家河遗址二期后段遗存等新资料，认为宝山文化所属的人类共同体，应为巴人的一支，而城洋铜器群的主要存续年代，与宝山遗址的商时期遗存基本同步，文化面貌上的相似性以及年代上的一致性，说明二者有可能是同一个人类共同体所创造的文化。② 将宝山文化与城洋铜器群直接联系起来，将铜器群主人的追寻范围进一步缩小到早期巴人或蜀人共同体，虽然仍属有分歧的意见，但研究工作的进展和深化显而易见。

文献记载反映，楚国和巴蜀地缘上相邻，交往上则互动频繁。周原遗址出土的周初甲骨中，不仅有“楚子来告”的明确记录，③ 关于蜀的记载亦不少，说明周、楚、蜀关系密切。巴蜀很早就在陕南形成杂处的格局，巴在蜀之东，楚之西。楚依次越过巴、蜀与周的交往，提示楚、巴的联系当更为密切。早在周初，史载“巴、濮、楚、邓”诸国共同构成了周王室的“南土”。④ 巴就在汉水上游，邓在今河南南阳，楚位于丹、淅二水之间，与陕南不仅地理相近，而且交通方便。据清华简《楚居》，楚迄至春秋前期诸先公先王之居邑亦即政治中心，基本不出豫、鄂和陕东南一带，⑤ 与汉水通道相接，由此可知楚人熟悉自陕南通往中原、荆楚的路线亦由来已久。由于楚、巴之间地理上相邻，春秋时期的结盟、联姻和战争等互动似相当频繁，对此，《左传》中有明确的反映。⑥ 随着楚国的逐渐强盛，其势力西向进入了陕南地区。到战国以后，楚国已“地方五千里，带甲百万，车千乘，骑万匹，粟支十年”⑦。根据《史记》的记载：

秦孝公元年(公元前361年)，河山以东强国六……楚自汉中，南有巴、黔中。⑧

揭示楚已经踞有汉中、巴和黔中一线的大片土地，由于巴国此时已位于川东，则后世荔枝道等蜀道交通线应在其时已经初步形成。而恰好就在此线上的达县、万源等地，长期流传反映楚国移民此区域的春申君故里传说。该传说最早见于北宋《新定九域志》：

万顷池，《图经》云：楚公子黄歇所居之遗也。⑨

此说其后被南宋王象之《舆地纪胜》等历代地志所承袭，⑩ 或云在达县，或云在川陕交界的万源县，具体位置已难以确定，⑪ 要之皆属于古代达州或曰通州，亦在今达州市地域内，显然均沿自前引《新定九域

---

① 段渝：《玉垒浮云变古今——古代的蜀国》，四川人民出版社2001年版。

② 西北大学文博学院：《城固宝山1998年发掘报告》，文物出版社2002年版，第179、183页。

③ 陈全方：《陕西岐山凤雏村西周甲骨文概论》，《四川大学学报丛刊》第十辑，1982年。

④ 《左传·昭公九年》。

⑤ 请详李学勤主编：《清华大学藏战国竹简(壹)》上册，中西书局2010年版。

⑥ 《左传》关于巴国、巴楚互动的记载，主要见于《左传》之《桓公九年》《庄公十八年》《庄公十九年》《文公十六年》《昭公九年》《昭公十三年》《哀公十八年》。

⑦ 《战国策·楚策二》“苏秦为赵合纵说楚威王”章，上海古籍出版社1985年版。

⑧ 《史记·秦本纪》。

⑨ (宋)王存撰，王文楚、魏嵩山点校：《元丰九域志》(下)附录《新定九域志》(古迹)卷八“达州”条，中华书局2005年版，第681页。

⑩ (明)曹学佺：《蜀中名胜记》卷二十一“太平县”条引，重庆出版社1984年版。

⑪ 如(清)《嘉庆达县志》记载：“万顷池，治北。相传为春申君故里，其旁平田可百顷，有花果园林。考古《志》在州东北一千三百里，深山穷谷，人迹罕到，广袤万余顷，为邻邑诸水之源。所云治北者，恐误。”(详《嘉庆达县志》卷六《山川》，页五)是其并存二说，后者当已在万源境内。民国《达县志》亦云：“万顷池，旧《志》在治北。相传为楚春申君故里，其旁平田可百顷，有花果园林。按：今治东南柳市滥泥湖亦有此名。池周数百步，形长扁，绝类鱼池，中泥淖不可耕，农人留以蓄水，相传系春申君遗迹。别无可考，亦无花果园林，或名鉴湖。”(1938年版《达县志》卷二《舆地门·池》，达川市地方志办公室1998年10月校印，第105页)

志》。该书系因《元丰九域志》所载过于简略，于北宋大观年间辑录各地山川、民俗、物产、古迹等记载而成，以补其阙。值得注意的是，其书明确指出万顷池为“楚公子黄歇所居之遗”，系出自旧时《图经》，说明这是流传已久的逸闻，应渊源有自。①

春申君黄歇为战国时期著名的四公子之一，应为周代淮河流域封国黄国公室后裔。黄国被楚灭于鲁僖公十二年(公元前648年),② 时在春秋中期偏早。《世本》：“江、黄二国并嬴姓。”③则黄国公室应出自东夷。故黄歇当为降楚之黄国贵族后裔，并保留了原有族氏。早期史籍中有其先封于淮北之地十二县，后徙封江东“故吴墟”亦即今苏州一带的记载，则上引《图经》所云春申君故里之说，似乎反映的是其被封之前的历史。

进入战国时期，楚悼王曾启动吴起变法，国势强盛。据清华简《楚居》记载，楚悼王时，都城在今安徽亳州市东南乾溪附近的鄩郢。④ 当时楚国虽然强大，但遭遇北方劲敌魏、齐的对峙，北向发展因而受阻，遂转而向西拓展。因而汉中、川东一带，历经巴、蜀与楚、秦反复拉锯争夺，属于巴、楚、秦犬牙交错之地，一些地方曾经反复易手于诸国间。不过总体而言，楚长期坚持西向拓展却大见成效，至战国时期，非但悉数攻取了汉水流域的巴地，而且进而将巴国逼到了四川盆地。不仅如此，楚人势力也步步进入了川东地区，逐渐把这一带不少地方也变成了楚国疆域中新的“广虚之地”。与此同时，吴起实行变法的重要措施之一，就是“令贵人往实广虚之地”,⑤ 移民于新占领的广大土地。这一政策并非吴起的新发明，楚国自春秋以来，就有灭国徙其贵族的传统，以防止其在盘踞之地尾大不掉，因而一般都被迁到楚国内地严加控制。此举本身，亦参仿了周初将殷商贵族按族系迁徙的办法。到战国时期，楚持续开疆拓土，当时新征服之地，尤其是楚人西进时所大量占据的地方，均地广人稀。而对所谓“贵人”(包括“公族疏远者”)，尤其是黄歇一类被灭之国的贵族及其后裔，虽久控于楚地，其已无力反叛，但为充实开发这些所谓的广虚之地，故再次将其迁走。这在当时虽属国家强制移民的行为，但实际上又是一种能有效促进边远地区开发、巩固边疆的措施，可谓一举两得。这应该就是川东春申君故里传说的由来和史实背景。但从黄氏族群定居的川东北地理位置，可知其迁徙所循，可能正是自汉中南向巴地的古老路径。

二

再来看峡江通道，亦即徐中舒先生所云“沿川江线路”。沿这一线路可“经夔巫而达枳与渝，再经汉之僰道，以达南中”。其中最艰险困难的地带为“达枳与渝”之前的“夔巫”，关键是沟通汉水和川江流域，而“达枳与渝”及其以后的沿江交通则已相对容易些。

随着近年川、渝、鄂等省市(尤其是三峡库区)考古工作的开展，有关长江中上游段，特别是峡江地区的出土资料已颇为丰富，由岷江、长江等河流水系连接的四川盆地，鄂西和江汉平原之间上古文化联系的面貌日益清晰。早在新石器时代晚期，成都平原宝墩文化古城群城墙的堆筑方法、出土的灰白陶等，即与长江中游石家河文化古城遗址相同相似，揭示了两地在文化上的联系，而与黄河流域包括筑城技术在内的文化面貌明显不同。石家河文化的族群，应是传说中史前晚期居息活动于江汉平原的三苗集团。传世文献反映其在唐虞之际与中原华夏集团屡次发生冲突，战败后的一支被迫溯长江西迁三危，俞伟超先生认为是迁入陇蜀之间。属宝墩文化时期的三星堆古城西泉坎遗址出现的大量灰白陶和镂空圈足豆，

① 按巴蜀地区《图经》出现颇早，如《华阳国志·巴志》记东汉桓帝永兴二年(公元154年)巴郡太守但望上疏所据即《巴郡图经》，可见该《图经》至迟为汉代典籍。(详刘琳：《华阳国志校注》，巴蜀书社1984年版，第48~49页)

② 《左传·僖公十二年》。

③ 《史记·陈杞世家·索隐》引《世本》。

④ 李学勤主编：《清华大学藏战国竹简(壹)·上册》，注释七三，中西书局2010年版，第191页。

⑤ 《吕氏春秋·贵卒》。

可理解为正是《尚书·尧典》所记"窜三苗于三危"时带来的新因素。当时三苗的文化在长江中游发展水平最高，它到达蜀地后，自然促进了当地原有文化。近来在成都平原发现的宝墩文化古城群，都是屈家岭文化和长江中游龙山文化(引者案：即石家河文化)影响到那里以后出现的。这种现象具体表明了三苗文化的到来，使当地文化发生了跳跃性的进步。①

需要指出的是，近年来岷江上游和四川盆地北缘都发现了距今五千年的考古学文化，并与时代晚些的宝墩文化存在密切联系。因此，我们认为，宝墩古城群的居民，应是以蜀地土著族群为主、与西迁的石家河文化族群融合而成的共同体。如果说新石器时代晚期江汉平原文化沿长江水系西上较多地影响到四川盆地，那么在夏商时期，情况有了明显变化。峡江地区的考古证明，三星堆文化即已经传播并广泛影响至此，而且东及长江中游一带。张勋燎先生系统收集研究了由岷江、长江水道连接的成都平原—川南—川东—鄂西以至江汉平原一线叫作鱼凫、鱼符、鱼复、巴复(后三者都是"鱼凫"的异写)的许多地名，认为是古蜀鱼凫氏族群迁徙留下的历史遗迹，连接它们所得的地名曲线可以清晰地再现该族群的迁徙历程，② 亦即我们讨论的从四川盆地东向出川的通道。与之相吻合的有力证据之一，是大体沿此路线，从川西三星堆等经川东到湖北宜昌中堡岛、路家河等遗址出土的陶鸟头形器柄。此种带鹰钩状嘴的陶鸟头形器柄，是三星堆文化的典型器物，亦即学术界一般认为的鱼凫氏王朝或其族群祖先崇拜的象征。

湖北宜昌路家河遗址二期后段出土资料中，也有巴蜀文化的鲜明反映，如其陶器中数量多而显示出稳定组合关系者为釜、高领罐、鼓腹杯、尊形器、灯座形器和大口缸等，其中高领罐、鼓腹杯、尊形器由平底向尖底的演化趋势，与蜀中的三星堆文化、十二桥文化相继发展的趋势一致，鼓腹杯实即蜀文化考古中习见的代表性器物尖底杯。路家河遗址发掘者特别指出：该遗址二期后段"出土陶器中，灯座形器是特别引人注目、而又不具备实际用途的器物……灯座形器并不是路家河遗址二期后段遗存所特有的，在二里头文化早期至二里冈上层时期，三星堆文化所信奉的就是与灯座形器相关联的宗教，换言之，灯座形器是三星堆文化的法器。本文化遗存尚不属于三星堆文化，但是，巫师们使用三星堆文化的法器，居民们信奉三星堆文化的神祇。在神权政治的当时，这可能意味着，三星堆文化对本文化遗存人们共同体具有的宗主地位"。③ 1980年发现于巫山大昌盆地大宁河岸边水中的一件商代青铜尊(010)，侈口方唇，长颈折肩，腹较浅，圆底，高圈足，肩上有三牛首、三鸟，形制纹饰风格近于三星堆遗址所出同类器物。④ 联系路家河遗址的上述资料，此亦应为三星堆文化东向发展的反映，揭示了岷江—长江水系这条连接四川、湖北的通道，不仅长期存在，而且发挥着极为重要的政治文化作用。

不过，正如徐中舒先生所指出的，上古峡江通道，"其中川江一段，并非水路，因三峡一带，极不适于航运"。此种情况，先秦时代长期如此。那么先民是如何克服三峡天堑，实现荆楚与巴蜀之间的交通的呢？传世文献和考古资料反映，上述交通线路仍然主要是通过峡江地区长江沿岸的若干支流，主要是北岸支流河谷开辟而建成的。其中发源于大巴山，流经巫溪县、巫山县，源头与汉江支流任河等隔岭分水的大宁河谷，就是其中重要路径之一。

20世纪80年代中期，四川省文物考古研究所等单位就集中对巫山县境内大宁河流域的古遗址做了较为系统的考古调查，发现了十几处新石器时代和商代遗址，其后发表的调查简报也明确指出：

> 大宁河为沟通汉水流域与长江的南北通道，使当地文化吸收中原地区文化，或进行文化交

---

① 俞伟超：《三星堆文化与三苗文化的关系及其崇拜内容》，《文物》1997年第5期。

② 张勋燎：《古代巴人的起源及其与蜀人、僚人的关系》，《南方民族考古》第一辑，1987年。

③ 长江水利委员会编著：《宜昌路家河》，科学出版社2002年版，第121页。

④ 四川省文物管理委员会等：《巫山境内长江、大宁河流域古遗址调查简报》，四川省文物考古研究所：《四川考古报告集》，文物出版社1998年版。

往，具有交通上的方便，从而促进了大宁河流域文化的发展。①

因调查本身所获资料的有限性，简报未能对古代大宁河流域交通的情况做进一步的讨论。近年来，随着长江三峡大规模考古发掘工作的实施，峡江地区出土资料日益丰富，这条古老的地理通道再度引起注视。城固宝山遗址发掘后，主持发掘的赵丛苍教授认为，宝山文化所属的人类共同体，应为巴人的一支，大约是经由大宁河或“某个较方便的河谷通道”从峡江地区到达汉中地区的；并在注释中指出，大宁河沿岸不少新石器时代及商周时期文化遗存的发现，以及龙岗寺遗址仰韶文化遗存中具有大溪文化特点遗物的发现，“说明至少在距今6000多年前，汉水上游与川东乃至鄂西地区文化交流就已发生了，联系两地的文化通道由来已久，而大宁河流域有可能是两地文化通道的重要线路之一”。但作者又指出，“此方面的问题，尚需更具体的考古资料证明，容待进一步探讨”。② 不过，我们认为，综合现有各种资料，已可做一些初步的研讨。考察峡江地区的地理条件，从此区内丰富的水系和平行岭谷等地理形势可知，沿峡江地区的长江支流连通汉水上中游地区这一可能性明显存在。长江北岸的大宁河、沿渡河和香溪等支流，其源头分别与汉水上中游南岸的支流任河、岚河、堵河、南河源头相距不远，这些隔岭分水的河流大体在不同程度上都具备就近连通长江、汉水流域，进而联系荆楚和巴蜀地区的客观条件，其中尤以大宁河相对便捷。

大宁河，又称宁河，历史上亦名巫溪水、盐水、昌江，发源于巫溪县境内，南向流经巫溪县城，穿越庙峡而入巫山县境，复南下过水口、大昌，再穿过滴翠、巴雾、龙门三峡而注入长江，全长202公里。从其大宁河源头的分布状况，不难推知其自古即为峡江地区，尤其是巫溪、巫山一带连接鄂西北和陕南的通道。值得注意的是，大宁河源头之一的东溪河发源于巫溪县白鹿区，与湖北省竹溪县为邻，其支流与竹溪县境内的公祖河、白河及其支流沅茂沟尤近。因此，根据大宁河水系的上述状况，从巫山县境内其与长江交汇处逆流而上，经巫溪溯其源，可以比较方便地越过分水岭进入汉水流域的楚地。

需要注意的是，大宁河不仅是长江在峡江地区的重要支流，而且因其流域独特的地理位置和资源，成为上古峡江地区的一个区域性文化中心和重要交通纽带。

《水经注笺》卷三十四“江水又东迳巫峡”经文下郦道元注云：“(杜宇)所凿以通江水也。郭仲产云：按《地理志》巫山(在县西南，而今县东有巫山)郡县居治无恒故也。”③后世巫山、巫溪二县之地本为秦巫县，“县故楚之巫郡也，秦省郡立县……故谓(之夔)国也”④。汉末以其地北境分出北井县，其大致属宋所置大宁监，元为大宁州，明朝改称大宁县，民国初年改名巫溪县。而巫县在隋开皇初更名巫山，其县城则在西晋太康元年(公元280年)已由大昌盆地迁到长江岸边，与近年考古发现吻合。这说明，合今巫山、巫溪二县之地的该区域之中心，自先秦以来长期不在长江边，而是在远离长江岸边的大宁河畔，这也说明当时此区的对外交通，并不以长江为主线，当是沿大宁河及其支流展开。而“县故楚之巫郡”，恰好说明这里正是楚国西、北向交通的一条主道。大宁河流域不仅地处川东与鄂西北和陕南交邻处(三地均有悠久的新石器时代文化)，并且尤以盐业资源的丰富集中著称，上古以来长期为川、陕、鄂特别是其交邻地区食盐的主要供应地。食盐作为古代极具战略意义的物质资源，必然使大宁河流域很早就成为一个较广大的区域文化中心，甚至是跨区域的文化中心，是古代物资和信息的集散地，因而同峡江以外地区尤其是周边地区应有频繁的交通联系。与之相应，此区多河流水系的自然地理条件，为古代水陆交通的发生提供了充分的可能性，而这一地区丰富的盐业资源及其由来甚古的开发则大大促进了交通的发展。

① 四川省文物管理委员会等：《巫山境内长江、大宁河流域古遗址调查简报》，四川省文物考古研究所：《四川考古报告集》，文物出版社1998年版。

② 《城固宝山1998年发掘报告》，文物出版社2002年版，第179~183页。

③ 王国维：《水经注校》，上海人民出版社1984年版，第1066页。按：引文中的夹注为原书所有，下同。

④ 王国维：《水经注校》，上海人民出版社1984年版，第1065页。

此种情形，在传世文献和出土资料中均得到了印证。《华阳国志·巴志》：“建安二十一年，以朐忍、鱼复、汉丰、羊渠及宜都之巫、北井六县为固陵郡。”任乃强先生注云：

> 巫县。古巫载之国(《山海经》)。楚置郡。秦为县，属黔中郡(《寰宇记》)。汉废黔中郡，以巫以上沿江县邑隶巴郡，五溪县邑属武陵郡。县治巫溪口。巫溪，今云大宁河，古曰盐溪(《水经注》)。源出上庸界大巴山……上游山间有盐泉，从古为一方人民所仰。巫载之兴盛，秦楚所争夺，由此盐泉也。故县城原在县北之大昌。分置北井后，徙治大江岸，在“立建平郡”时(《寰宇记》)……
>
> 北井县。汉末分巫北境置。治盐泉处，今云大宁场是也。《水经注》云：“水南有盐井。井在(巫)县北，故县名北井。”巴地盐泉，皆涌现于溪河底部，恒混淡水，发见与取煎不易。惟此泉自宝源山崖间出，从古至今，恒盛无减。……使二巫在川、陕、楚、湘间，成为一特殊之经济中心，交通与文化皆甚先进。①

对于今巫山、巫溪二县之地的上古巫臷之国，《山海经》云：

> 有臷民之国。帝舜生无淫，降臷处，是谓巫臷民。巫臷民朌姓，食谷，不绩不经，服也；不稼不穑，食也。爰有歌舞之鸟，鸾鸟自歌，凤鸟自舞。……百谷所聚。②

此言臷民不耕不织，衣食之资自然丰足，应是其坐拥盐业而各地农牧之人因食盐之需，各以其产品前来贸易，致臷民之国为百谷所聚的反映，提示我们其地确实“在川、陕、楚、湘间，成为一特殊之经济中心，交通与文化皆甚先进”。而“秦楚所争夺”云云，亦正好说明这里不仅是楚巴交通要道上的一大都邑，也是秦楚交通的一大枢纽。《山海经》又云：

> 有灵山，巫咸、巫即、巫朌、巫彭、巫姑、巫真、巫礼、巫抵、巫谢、巫罗十巫，从此升降，百药爰在。③

袁珂先生注释云：

> 灵山，疑即巫山。《说文》一云：“灵，巫也，以玉事神。”《楚辞·九歌·东皇太一》：“灵偃蹇兮皎服。”王逸注：“巫也。”《云中君》：“灵连蜷兮既留。”王逸复注：“楚人名巫为灵子。”是灵、巫古本一字，而此山复有诸巫采药往来，“百药爰在”，与《大荒南经》巫山“帝药，八齐”之情景相类，因疑此灵山即彼巫山也。④

此说是。则灵山，即《山海经·大荒西经》“夏耕之尸……降于巫山”之巫山，也就是巫臷之国，巫朌在十巫之中即证。前已指出，北井县大致即今巫溪县。任先生特别强调大宁河流域的天然盐泉，尤其宝源山盐泉的开发，对古史传说中远古巫臷国之兴盛、二巫在川、陕、楚、湘间经济、交通与文化皆甚先进具有重要意义。任先生此说，已经得到考古资料的证明。

近年来，随着三峡库区大规模抢救性考古发掘，峡江地区古文化面貌得以陆续揭示。此区从远古以

---

① 任乃强：《华阳国志校补图注》，上海古籍出版社2007年版，第40~41页。按：引文中的夹注为原书所有，下同。
② 《山海经·大荒南经》。
③ 《山海经·大荒西经》。
④ 袁珂：《山海经校注》，上海古籍出版社1980年版，第396~397页。

来极为丰富的盐业史遗迹遗存，使循之展开的盐业考古已经成为中外学者的一个集中课题和关注热点，这方面的部分成果已经汇集发表于《盐业史研究》杂志的《巴渝盐业专辑》。① 发掘和研究工作进一步揭示，大宁河流域包括巫山、巫溪两县，从先秦时期以来就是重要的食盐产地和贩运集散地，因而其地经济文化很早就繁荣。近年来，累计在大宁河流域发掘和发现的先秦遗址，除大宁河流入长江口处的现今巫山县城一带以外，有魏家梁子、琵琶洲、下湾、罗家院子、双龙、和平、涂家坝、洋溪河、东坝、龙地坝、蓝家寨、殷家坝、大昌、韩家坝、西坝、双堰塘、张家湾等多处，相当密集。这还仅限于巫山县境内，不包括巫溪县，足见该流域在先秦时期确实是一个人气繁庶、交通发达的经济文化中心。

实地调查表明，巫溪县宝源山盐泉等的开发利用可能在新石器时代晚期即已经开始，在巫溪县境内的大宁河及其支流沿岸，古代的栈道及其连接的山路四通八达。“从宁厂古镇沿大宁河北上，转西溪河及主要支流东溪河而西进，至湖北竹溪县羊角洞、陕西镇坪县大河乡母猪洞和小榆河、重庆城口县东安亢河一带，栈道连接山路，纵横交错，不下千里，形成了一个庞大的栈道网。”②这些栈道沿用的时间很长，从商周时期此地盐业已经颇为兴盛，并在东周时期就已经引起秦、巴、庸、楚长期争夺的史实，可推知其草创之初当不晚于先秦。这就表明，大宁河及其延伸到大巴山深处的诸支流，作为从峡江地区出发沟通长江、汉水的“较方便的河谷通道”，应该在先秦长时期发挥过荆楚和巴蜀之间，以及秦楚之间经常的重要交通要道的作用。

应当指出，汉水和长江水系之间隔岭相近的河谷众多，除大宁河以外，“肯定还有不少通道，但文献无征，年湮代远，已不易指实了”③。有待于今后的文献梳理考察，尤其是结合考古发掘资料的综合研究。

东周以后，巴国因难以承受楚国的强大攻势，从汉水上游南迁川东、鄂西，以上所述，应为其迁徙所经的重要通道。与此同时，楚文化的西渐，仍然在强势推进。近年来三峡库区考古出土的资料揭示，战国中晚期之际楚已经深入到峡西腹地，控制了长江干流沿线地区。学者已经指出，楚西进的主要目的是控制交通、扼守战略要地、掠夺盐卤等资源，④ 很有见地。从交通地理的角度审视，由于川江尤其三峡一段在先秦长时期并不通航，因而楚人控制和占领的地方就不会只是长江干流沿线，而是必然首先包括沿江重要支流，以及沿长江水系的这些河流分布的重要节点城邑聚落和资源地。而连接这些长江支流及其各节点城邑和资源地的，正是其时楚文化西进途中开辟或发展出的交通线路网络。

（作者单位：四川大学历史文化学院）

① 《盐业史研究·巴渝盐业专辑》，2001 年第 1 期(总第 62 期)。详该辑中李水城、孙华、孙智彬、陈伯桢、曾先龙、任桂园、李小波、侯虹、刘卫国、陆荣华、傅罗文等学者的论文。

② 刘卫国、任桂园：《宁河古栈道遗址新探》，《盐业史研究·巴渝盐业专辑》2001 年第 1 期(总第 62 期)。

③ 徐中舒、唐家弘：《古代楚蜀的关系》，徐中舒：《论巴蜀文化》，四川人民出版社 1981 年版，第 221 页。

④ 白九江：《从三峡地区的考古发现看楚文化的西进》，《江汉考古》2006 年第 1 期。

楚怀王代称考

——兼谈《诗经》所谓“古之人”

黄人二

楚怀王熊槐，在位期间为公元前三二八年至前二九九年，近二十年出土公布之战国楚系简牍，若包山、郭店、上海博物馆藏简等，时代皆与之相仿。而竹简内容中，有楚王之代称者，兹结合《楚辞》等传世文献，其代称有从“神巫”入手描绘者，有“美人、佳丽”者，有以其头脑聪明谈论者，有以植物之美比拟者，有以动物比拟者，有以太阳比拟者，不一而足。搜合排比，论之如下，当世君子，请惠教正。（本文所引《诗经》《楚辞》者，其版本信息见页下注，正文中只标明页码。）

一、今之人

《楚辞·离骚》云：“虽不周于今之人兮，愿依彭咸之遗则。”①虽然不周合于当今圣上楚怀王，愿意依循彭咸的遗训和准则，作为立身的楷模。

《史记·武帝本纪》原来称为《今上本纪》，意“当今圣上”。《上海博物馆藏战国楚竹书（六）·荆平王就郑寿》简六有“后之人”，② 谓“后世之君主”“后代之君主”。③ 然则“今之人”者，“今”，当今；“人”，君王。与“古之人”相对。“古之人”意为古代之圣王，则“今之人”者，便是当今圣上。屈原写作之《离骚》，以为称呼，非常恰当，“今之人”乃为楚怀王之代称。

案，“古之人”为一特定意义之词汇，自古以来，注释家多所忽略。《尚书·无逸》：“周公曰：‘呜呼！我闻曰：古之人犹胥训告，胥保惠，胥教诲；民无或胥譸张为幻。’”“古之人”，殆指殷王中宗、高宗、祖甲、周文王，盖周公训诫成王，以此四君王为无逸而能享有较长国祚之代表。《立政》：“周公曰：‘呜呼！休哉，知恤鲜哉！古之人迪惟有夏，乃有室大竞，籲俊尊上帝，迪知忱恂于九德之行。’”④“古之人”，殆指夏朝之君王，以《尚书》下文“桀德惟乃弗作往任”“亦越成汤陟”“其在受德暋”诸句判断，疑具体或可视为夏朝之开国君主禹。《诗·大雅·思齐》云：“肆成人有德，小子有造，古之人无斁，誉髦斯士。”“古之人”为周文王。《良耜》：“以似以续，续古之人。”⑤“古之人”指先祖、先王。由是观之，《庄子·天下》“古之人”之义，自不能不以“君王”解释之，其云：“古之人其备乎！配神明，醇天地，育万物，和天下，泽及百姓。”⑥与“古之人”相对者为“今之人”，若《常棣》“凡今之人，莫如兄弟”、《正月》“哀今之人，胡为虺蜴”、《十【七】月之交》“哀今之人，胡憯莫惩”（“今之人”指周幽王）、《云汉》“王曰：于乎何辜今之人，天降丧乱”、《召旻》“维今之人，不尚有旧”、⑦《楚辞·离骚》“今之人”，都是当今圣上、

---

① （宋）洪兴祖：《楚辞补注》，台湾艺文印书馆 1986 年版，第 29 页。
② 马承源主编：《上海博物馆藏战国楚竹书（六）》，上海古籍出版社 2007 年版，第 262 页。
③ 黄人二：《上博六景平王就郑寿试释》，见《战国楚简研究》，上海古籍出版社 2012 年版，第 110~118 页。
④ （清）孙星衍：《尚书今古文注疏》，中华书局 1986 年版，第 443、470 页。
⑤ 屈万里：《诗经诠释》，台湾联经出版事业公司 1983 年版，第 468、591 页。
⑥ 钟泰：《庄子发微》，上海古籍出版社 2002 年版，第 755 页。
⑦ 屈万里：《诗经诠释》，台湾联经出版事业公司 1983 年版，第 286、352、358、527、549 页。

当今君王之义。

二、明君

《楚辞·九章·惜诵》："竭忠诚以事君兮，反离群而赘肬。忘儇媚以背众兮，待明君其知之。"（第二〇四页）竭尽我内心真实的忠心来事奉君上，反而得到他人认为自己是与众别异的赘肬之看法。不行佞媚之举，与世俗众人言行相异，我所依仗的，便是那位贤明的君主能够真正了解我。

案，"明君"者，贤明之君主。屈原早年受知于楚怀王，即《惜往日》里所言"惜往日之曾信兮，受命诏以昭诗，奉先功以照下兮，明法度之嫌疑。国富强而法立兮，属贞臣而日娭，秘密事之载心兮，虽过失犹弗治"（第二四七至二四八页）。又其与怀王之间，感情深厚，是以以此较为亲密、正面的词汇称之。反之，《惜往日》之"壅君"（第二四九页），便极可能指楚顷襄王。

三、灵

《楚辞·九歌·东皇太一》："灵偃蹇兮姣服，芳菲菲兮满堂。"（第一〇一页）

《云中君》："灵连蜷兮既留，烂昭昭兮未央。"（第一〇三页）又："灵皇皇兮既降，猋远举兮云中。"（第一〇四页）

《河伯》："鱼鳞屋兮龙堂，紫贝阙兮朱宫。灵何为兮水中，乘白鼋兮逐文鱼。与女游兮河之渚，流澌纷兮将来下。"（第一三三至一三四页）

《九叹·离世》："灵怀其不吾知兮，灵怀其不吾闻。就灵怀之皇祖兮，愬灵怀之鬼神。灵怀曾不吾与兮，即听夫人之谀辞。"（第四七〇页）

案，"灵"者，天人沟通之灵媒也，《国语·楚语》："昭王问于观射父：'《周书》所谓重、黎实使天地不通者何也？若无然，民将能登天乎？'对曰：'非此之谓也。古者民神不杂。民之精爽不携贰者，而又能齐肃衷正，其智能上下比义，其圣能光远宣朗，其明能光照之，其聪能听彻之，如是则明神降之，在男曰觋，在女曰巫。……民是以能有忠信，神是以能有明德，民神异业，敬而不渎，故神降之嘉生，民以物享，祸灾不至，求用不匮。'"①有民以其"精爽不携贰"而为"神明"所降附，故亦即"神"也。日本黑泽明拍摄的电影《罗生门》里的那位被强暴的女性，在审判中，神明附着在其身上，借其口将案发事实真相说出，她就是"灵"，也是"神"的暂时替身。《九歌》原为楚国南郢沅湘之间祭祀典礼的歌辞，所谓"作歌乐鼓舞，以乐诸神"（第九八页）。本来文词鄙俚，亵慢淫荒，经屈原润色，"上陈事神之敬，下见己之冤结，托之以讽谏"（第九九页），而祀典上扮演诸神的，都可视而称之为"灵"。《说文》："巫，巫祝也。女能事无形，以舞降神者也，象人两褎舞形，与工同意，古者巫咸初作巫。"又："靈，巫也。以玉事神，从王，霝声。靈，靈或从巫。"②

"灵偃蹇兮姣服"之"灵"，扮演"东皇太一"的那位是也；"灵连蜷兮既留""灵皇皇兮既降"之"灵"，云雷神也；"灵何为兮水中"之"灵"，应该是指《河伯》中河伯所追求的昆仑女神，也就是"送美人兮南浦"之"美人"、"与女游兮九河"之"女"；③"灵怀"，灵就是怀王。

四、灵保

《楚辞·九歌·东君》："緪瑟兮交鼓，箫钟兮瑶簴，鸣篪兮吹竽，思灵保兮贤姱。"（第一二九至一三〇页）

---

① 徐元诰：《国语集解》（修订本），中华书局2002年版，第512~514页。

② （清）段玉裁：《说文解字注》，上海古籍出版社1981年版，第19、201页。

③ 是故，《九歌》中便有"神神恋爱"，而不只是"神人恋爱"。总之，不管神人还是神神恋爱，都不脱以男女恋情来比托君臣遇合的想法。更深入的分析，我将有《楚辞九歌通释》的小书陈述，稿本待刊。

案，宋・洪兴祖《楚辞补注》云："灵保，神巫也。"（第一三〇页）更精准地说，"神"是附着在"民之精爽不携贰者"，而此扮演"灵保"的巫，代表的就是东君、太阳神、怀王。古籍中喜以日喻君，余昔有论，见下文"视日"条，此处不赘。在其他古书中，又称"天保"，《诗・小雅・天保》云："天保定尔，亦孔之固。"①"天保"亦"神保"，天神附身在灵也。《诗・小雅・楚茨》："先祖是皇，神保是飨。"郑笺："其鬼神又安而飨其祭祀。"②又作"神宝"，《管子・禁藏》："吏之举令，敬于师长，民之承教，重于神宝。"③保、宝于古音近通假，亦可从清华简《宝训》得到证明。④ 再者，亦可称为"子保"，即《尚书・召诰》"天迪从子保"之子保，曾运干《尚书正读》认为"子"为"旅"之误摹，是故"子保"者，"旅保"也。⑤ 最末，又可称为"格保"，谓"天从上而下，降附于保的身上"，《尚书・召诰》云"天迪格保"。⑥

五、灵修（脩）

《楚辞・离骚》："指九天以为正兮，夫唯灵修之故也。"（第二三页）又："余既不难夫离别兮，伤灵修之数化。"（第二四页）又："怨灵修之浩荡兮，终不察夫民心。"（第三一页）

《九歌・山鬼》："杳冥冥兮羌昼晦，东风飘兮神灵雨。留灵修兮憺忘归，岁既晏兮孰华予。"（第一三七至一三八页）

《七谏・哀命》："痛楚国之流亡兮，哀灵修之过到。"（第四一四至四一五页）

又《谬谏》："怨灵修之浩荡兮，夫何执操之不固。"（第四一六页）

《九叹・逢纷》："辞灵修而陨志兮，吟泽畔之江滨。"（第四六六页）

又《思古》："兴《离骚》之微文兮，冀灵修之壹悟。"（第五〇七页）

案，修（脩）者，长也。古人认为修长是美，与审美观有关。审美观有变，像唐朝，并不以瘦弱修长为美，然战国时代以修（脩）为美，是可以确定的，故以修（脩）称灵。

六、佳人

《楚辞・九歌・湘夫人》："闻佳人兮召予，将腾驾兮偕逝。"（第一一六页）

《九章・悲回风》："惟佳人之永都兮，更统世而自贶。"（第二五九页）又："惟佳人之独怀兮，折若【芳】椒以自处。"（第二五九页）意："只有那美人，能够长时间都美丽的呀！历经一两个世代都还是美丽的。"又："那美丽的人是我所怀念的呀！折芳椒香草以自处。"汉・王逸章句云："佳人，谓怀襄王也。"又："言己独念怀王。"疑前说有误。

案，以下四个词汇，是以人的美丽称呼怀王的。"闻佳人兮召予"之"佳人"，指帝子、公子、湘夫人，为人神恋爱中之神，是为怀王，"沅澧男"［出自"沅有茝兮醴（澧）偶兰"］为屈原。

七、佳

《楚辞・九歌・湘夫人》："登白薠兮骋望，与佳期兮夕张。"（第一一四页）

案，"与佳期兮夕张"之"佳"，"佳人"之省称。

八、佳丽

《楚辞・九章・抽思》："好姱佳丽兮，牉独处此异域。"（第二三二页）意："那位容貌漂亮的美人呀！

---

① 屈万里：《诗经诠释》，台湾联经出版事业公司 1983 年版，第 292 页。

② 《毛诗郑笺》（校相台岳氏本），台湾新兴书局 1990 年版，第 89 页。

③ 黎翔凤：《管子校注》，中华书局 2004 年版，第 1008 页。

④ 黄人二：《清华大学藏战国竹简宝训校读》，《考古与文物》2009 年第 6 期。

⑤ 姜昆武：《诗书成词考释》第 118 至 120 页引，齐鲁书社 1989 年版。

⑥ （汉）孔安国传，（唐）孔颖达正义：《尚书正义》，上海古籍出版社 2007 年版，第 581 页。

背离乡党，孤独地居此异国(秦国)之地。”

案，于省吾云：“‘好姱佳丽’就美人为言，以喻怀王。如系屈原自喻，下句不当以‘异域’为说。‘域’本应作‘或’，古文字中多以‘或’为‘国’。‘或’即古‘域’字，也即古‘国’字。国家必有疆域，故后来别制‘域’字以资区分。”①

九、美人

《楚辞·离骚》：“惟草木之零落兮，恐美人之迟暮。”(第一八页)意：“想到草木的凋零坠落，唯恐漂亮美人的容貌因时光的消逝而老去。”汉·王逸章句云：“美人，谓怀王也。”其于《离骚经序》亦云：“灵脩、美人，以媲于君。”②

《九歌·少司命》：“望美人兮未来，临风怳兮浩歌。”(第一二七页)

《九歌·河伯》：“子交手兮东行，送美人兮南浦。”(第一三四页)汉·王逸章句云：“美人，屈原自谓也。”

《九章·抽思》：“结微情以陈辞兮，矫以遗夫美人。”(第二二八至二二九页)意：“我想把内心真实的情感以言语说出，整个打包起来，高举而送给美人知道。”又：“何毒药之謇謇兮？愿荪美之可完【光】。”(第二三〇页。)意：“我的忠言就像那毒药辣口一样，我这样做，只是希望荪、美人能够光大楚国的雄风。”又：“与美人抽怨【思】兮，并日夜而无正。”(第二三一页)意：“与美人诉说我的建言和内心的思念，夜以继日，日以计夜，他还是无所定。”

《九章·思美人》：“思美人兮，擥涕而伫眙。”(第二四二页)意：“想念美人呀！手握着眼泪，翘起脚后跟地向前方直视着。”

案，《河伯》“送美人兮南浦”之“美人”，指怀王，王说非是。

十、党人

《楚辞·离骚》：“何桀纣之猖披兮，夫唯捷径以窘步。惟夫党人之偷乐兮，路幽昧以险隘。”(第二〇至二一页)又：“民好恶其不同兮，惟此党人其独异。”(第六五页)意：“对于这位下土之民而言，好恶不同，是很自然的事，但是，这位聪明人(怀王)的品位是更为特别。”又：“惟此党人之不谅兮，恐嫉妬而折之。”(第七一至七二页)意：“想到这位聪明人的不诚信，会让我遭到众人的嫉妒而被摧折毁坏。”

《九章·怀沙》：“夫惟党人鄙固兮，羌不知余之所臧。”(第二三七页)

案，余昔有论，云：“‘哲王’者，与‘党人’意义相同，‘聪明人’是也(出处即《方言》‘党，晓，哲，知也’)，指楚怀王。忆昔吾于台湾大学求学之时，听周凤五先生于《楚辞》课堂中说及此点，甚为重要，特此说明。③ 因为传统上以‘党人’为朋党比奸之人，放置《离骚》诸词例当中，龃龉不入，意义全失。”④“惟夫党人之偷乐兮”句前后举尧舜、桀纣，更显“党人”的身份，必须是一位君王，即楚怀王。他的人格特点就是有点小聪明，是以多变，屈原痛苦之来由，与此有关。

十一、哲王

《楚辞·离骚》：“闺中既以邃远兮，哲王又不寤。”(第六三页)意：“闺阁门内深远难近，聪明的王又不醒悟。”汉·王逸章句：“哲，智也。”

---

① 于省吾：《泽螺居诗经新证、泽螺居楚辞新证》，中华书局 2003 年版，第 183 页。

② (宋)洪兴祖：《楚辞补注》，中华书局 1983 年版，第 2、6 页。

③ 周凤五：《〈离骚〉“党人”臆解》，《幼狮学志》第十七卷第 2 期，1982 年。

④ 黄人二：《屈子离骚之飞天求女及其地域次序的政治意涵》，见上海社会科学院编：《传统中国研究集刊》第七辑，上海人民出版社 2009 年版，第 39 页。

案，《诗·大雅·下武》："下武维周，世有哲王。"郑笺："下，犹后也；哲，知（智）也。后人能继先祖者，惟有周家最大，世世盖有明知（智）之王，谓大王、王季、文王，稍就盛也。"①《说文》："哲，知也。"②《方言》："党，晓，哲，知（智）也。楚谓之党，或曰晓，齐宋之间谓之哲。"③（《广雅》："党，闻，晓，哲，智也。"其说略同）④又可称为"哲人"（《诗·小雅·鸿雁》）、"哲夫"（《大雅·瞻卬》）。⑤

十二、荪

《楚辞·九歌·少司命》："夫人自有兮美子，荪何以兮愁苦！"（第一二五页）又："竦长剑兮拥幼艾，荪独宜兮为民正。"（第一二七至一二八页）

《九章·抽思》："悲秋风之动容兮，何回极之浮浮。数惟荪之多怒兮，伤余心之懮懮。"（第二二八页）又："兹【历】历【兹】情以陈辞兮，荪详（佯）聋而不闻。"意："我经历那么多情事之后，来向你陈辞，这位荪竟然装聋，假装没听到。"（第二二九至二三〇页）又："何毒药之謇謇兮？愿荪美之可完【光】。"（第二三零页）

案，汉·王逸章句："荪，谓司命也。"（第一二五页）即"少司命"，喻怀王也。以下两词，以"香草植物"来比拟。

十三、荃

《楚辞·离骚》："荃不察余之中情兮，反信谗而齌怒。"（第二二页）汉·王逸章句云："荃，香草，以谕君也。"意："荃完全不考察我内心忠实的情感，反而听信谗言，同怒于我。"

案，宋·洪兴祖补注："荃与荪同。"

十四、鸟

《楚辞·九章·抽思》："有鸟自南兮，来集汉北。"（第二三一页）

案，汉·王逸章句："鸟，屈原自喻。"这是历代研究《楚辞》的学者之通解，是错误的。"鸟"指楚怀王，清·姚鼐首倡此说，于省吾引清·姚鼐《古文辞类纂》注"倡曰"以下至"魂一夕而九逝"一段说："怀王入秦，渡汉而北，故托言有鸟而悲南望郢而不得返也。"⑥其说甚是。这又牵涉到《抽思》下文一处异文的判断，"望北山而流涕兮，临流水而太息"之"北山"，宋·洪兴祖补注"一作'南山'"（第二三二页），两者的选择，以作"南山"为佳。"南山"者，盖"终南山"之省称，为汉水发源所在，古皆象征秦国之疆域所在。

十五、皇舆

《楚辞·离骚》："岂余身之惮殃兮，恐皇舆之败绩。"（第二一页）意："难道我害怕祸咎上身吗？是恐怕皇上的车驾翻覆，车辙脱离道路，没有压轨跡在路上。"

《九歎·离世》："端余行其如玉兮，述皇舆之踵迹。"（第四七二页）又："群阿容以晦光兮，皇舆覆以幽辟。"（第四七二页）又："不顾身之卑贱兮，惜皇舆之不兴。"（第四七三页）

案，精准地说，"皇舆"是"皇上的车驾"，以驾马车比喻治国，亦见《毛公鼎》《韩非子》等文献。然"君国"一体，勉强可说是"怀王"，宋·洪兴祖补注："皇舆宜安行于大中至正之道，而当幽昧险隘之地，则败绩（迹）矣。"（第二一至二二页）

---

① 《毛诗郑笺》（校相台岳氏本），台湾新兴书局1990年版，第111页。

② （清）段玉裁：《说文解字注》，上海古籍出版社1981年版，第57页。

③ 华学诚汇证，王智群、谢荣娥、王彩琴协编：《扬雄方言校释汇证》，中华书局2006年版，第9页。

④ （清）王念孙：《广雅疏证》，江苏古籍出版社2000年，第78页。

⑤ 《毛诗郑笺》（校相台岳氏本），台湾新兴书局1990年版，第71、133页。

⑥ 于省吾：《泽螺居诗经新证、泽螺居楚辞新证》，中华书局2003年版，第182页。

十六、视日

案，日(包山第一七简)、①(上博四第三简)，② 指楚王，③ 包山楚简中已见，④ 但其时初始不知读为“视日”，皆读为“见日”，时隔数年，上博藏简第四册整理者于此亦读为“见日”，训“日中”。案，整理者于释读、训诂两失之，视、见二字于楚系简牍文字之中是否真正可以从字形的“直膝”或“屈膝”分别开来，还有些反证，尚待仔细论辩，但这类字词，读“视日”(裘锡圭最先撰文释读)，⑤ 不训为“日中”，而为楚王，可谓甚明。“见(视)”，当从周凤五训为“比”，⑥《诗·鲁颂·閟宫》“寿胥与试”，清·马瑞辰《毛诗传笺通释》云：“试犹式也，字通作视。……《广雅》：‘视，比也。’比之言比儗也。”⑦(胥，相也)“日”，太阳，古文献中比喻为君王，《孟子·万章上》云：“孔子曰：天无二日，民无二主。”⑧孔子之语，《史记》卷八《高祖本纪》变成另一人之话，引作“太公家令太公曰：天无二日，土无二主”⑨。《尚书·汤誓》云“时日曷丧，予及汝皆亡”，此“日”大概有三种解释。第一，指夏桀，“天之有日，犹吾之有民也。日有亡哉！日亡，吾乃亡矣”(《尚书大传》卷四)。⑩ 第二，指夏民，宋·蔡沈《书集传》云：“是日(桀自喻者)何时而亡乎？若亡，则吾宁与之俱亡，盖苦桀之虐，而欲其亡之甚也。”⑪盖本诸《孟子》“民欲与之偕亡”之义。第三，《孟子·梁惠王上》赵岐注云：“言是日桀当大丧亡，我及女(汝，指夏民)俱往亡之。”⑫简文的“视日”，谓“相当于太阳也”，乃楚昭王，刘乐贤、季旭升以为“官名”，⑬ 范常喜以为“主审官”，⑭ 陈伟后又认为与“当日”“直日”有关而改训为“守视”，⑮ 皆误。

又案，视、见两字，古时易混，我现在的看法，裘锡圭读为“视”之字，疑读为“见”，“见日”者，所见到的太阳，还是君王的意思；如果“见”读为“现”，“现日”也是当今圣上的意思。但是，因见、视二字，从甲文、金文开始，至晚近二十年出土的战国竹简文字，已有相混的状况，还是要依照所有出现这两个字的词例之材料，做恰当的随文异读与正确的训诂解释，因兹事体大，暂不在此论证，详见余之另文叙述。⑯

(作者单位：华东师范大学中文系)

附语：谨以此文怀念先父黄胜男先生，在他生前，我曾经与他谈起此文的架构，也是我读《楚辞》二三十多年后，从眉批中摘出的读书心得，作为我不久的将来，将要出版的《楚辞学论文集》里的相关文章，他已离开我八九年了，而今思之，非常感念他对我学术事业之支持。

---

① 湖北省荆沙铁路考古队：《包山楚简》，文物出版社 1991 年，第 18 页。

② 马承源主编：《上海博物馆藏战国楚竹书(四)》，上海古籍出版社 2004 年版，第 35 页。

③ 陈伟：《包山楚司法简 131—139 号考析》，《江汉考古》1994 年第 4 期。

④ 若简一七，见湖北省荆沙铁路考古队：《包山楚简》，文物出版社 1991 年版，第 18 页。

⑤ 裘锡圭：《甲骨文中的见与视》，见《甲骨文发现一百周年学术研讨会论文集》，文史哲出版社 1998 年版。

⑥ 周凤五：《楚简文字琐记(三则)》，稿本。后来，《楚简文字琐记(三则)》一文刊于《简帛研究汇刊（第一辑）·第一届简帛学术讨论会论文集》，台湾中国文化大学史学系，2003 年。

⑦ (清)马瑞辰：《毛诗传笺通释》，中华书局 1989 年版，第 1150 页。

⑧ (清)焦循：《孟子正义》，中华书局 1987 年版，第 637 页。

⑨ (汉)司马迁：《史记》(点校本)，中华书局 1959 年版，第 382 页。

⑩ 刘殿爵编：《尚书大传逐字索引》，商务印书馆 1994 年版，第 11 页。

⑪ (宋)蔡沈：《书经集传》，上海古籍出版社 1987 年版，第 43 页。

⑫ (清)焦循：《孟子正义》，中华书局 1987 年版，第 49 页。

⑬ 刘乐贤《读上博(四)札记》、季旭升《上博四零拾》，皆见武汉大学简帛研究网。

⑭ 范常喜《战国楚简“视日”补议》，见武汉大学简帛研究网。

⑮ 陈伟《关于楚简“视日”的新推测》，见武汉大学简帛研究网。又“守视”二字，已见于上博简《昭王与龚之脽》。

⑯ 黄人二《说视见》，稿本待刊。

附庸与置县：春秋时期楚国的政治地理结构与疆域变化*

赵炳清

一、引言

历史政治地理是研究时间过程中政治空间的形成与变迁。无疑，疆域就属于这样的一种政治空间。疆域主要是指一个国家或政治实体的疆界所达到的范围，由一定的边界和面积所构成，属于地理空间的范畴。但疆域的形成与变迁，是和国家或政治实体的政治行为密切相关的，所以疆域也属于政治学的范畴。疆域是政治地理空间表达的模式之一。因此，疆域应是国家尺度上历史政治地理研究中最为关注的对象。

一般而言，我们过去在疆域研究中，多是从历史学的视域进行探讨。这种研究只使我们看到了疆域的发展演变，而没有观察到国家政治地理结构关系的变化，以及其背后的地缘政治关系对疆域所产生的影响。周振鹤先生曾指出：我们过去对于疆域方面的研究，主要是探讨版图的伸缩、领土的归属以及国界的划定，而未将历史上的王朝版图分成边疆区、核心区、缓冲区或其他有关概念来进行研究与分析。当然也有学者从事具体的边疆地理的研究，但多半不是从政治学的角度去理解其与整个国家疆域变迁的关系，而只要集中在边疆地区的地理考证。① 因此，在历史政治地理研究中，他主张对于疆域研究，除了整体式的、历史学的研究外，还要进行分解式的、政治学的角度的研究。确实，作为国家尺度的政治空间，疆域的结构无疑反映了国家内部各区域之间的政治功能和地位差异，也充分体现了中央对地方控制的主要手段。所以，分析一个国家的政治地理结构，不仅能揭示疆域内区域差异的存在与变化，还能显示国家政治、军事形势的转变与地缘政治格局的关系对疆域变迁所带来的影响。

所谓“政治地理结构”，就是政治地理格局，就国家尺度而言，主要是指一个国家的政治统治实现形式在其地域空间受到地缘政治因素等影响所形成的政治空间结构。它一般包含两方面的内容：一是政治统治格局，即国家政治统治实现的形式，一般多表现为行政制度，体现了中央与地方的关系；二是地理结构，即疆域的空间结构，为政治统治方式在地缘政治上的表现形式，一般表现为疆域内政治区域的差异，体现了核心与边缘的关系。② 春秋时期的楚国，由于楚人屡与中原诸国交往、争战，故多见于载籍，语在《左传》《国语》诸书之中。从诸书的记载中，我们可以清晰地考察出楚国疆域拓展的脉络和具体进程。清高士奇就说：“夫先世带砺之国，棋布星罗。南捍荆蛮，而北为中原之蔽者，最大陈、蔡，其次申、息，其次江、黄，其次唐、邓，而唐、邓尤偪处方城之外，为楚门户。自邓亡，而楚之兵申、息受之；

---

* 本文为国家社会科学基金 2015 年度项目“楚国疆域变迁研究”(15BZS032)系列成果之一。

① 周振鹤、李晓杰：《中国行政区划通史·总论、先秦卷》，复旦大学出版社 2009 年版，第 195 页。

② 许多学术概念有着丰富的含义，它们在专业语境和普通语境中往往有着很大的差别。因此，不同的专业背景下对一些学术概念的解读不是完全一致的。“政治地理结构”这一概念就是这样。笔者对这一概念的理解参照了许多学人的看法。参见王恩涌、赵荣等：《人文地理学》，高等教育出版社 2000 年版，第 286~289 页；王健：《西周政治地理结构研究》，中州古籍出版社 2004 年版，第 1 页；王健：《西周王朝的政治地理结构及其相关问题》，《南京社会科学》2001 年第 12 期。

申、息亡，而楚之兵江、黄受之；江、黄亡，而楚之兵陈、蔡受之；陈、蔡不支，而兵且交于上国矣。”又说：“然自楚灭邓，县申、息，残江、黄，以至六、蓼诸国，无不兼并，地几半天下。”①可见，楚国疆域的拓展进程实质上就是楚国逐步不断地歼灭各诸侯小国的过程，如江汉间的邓、申，江淮间的六、蓼等。同时，也是一些中原诸侯被反复纳入楚国附庸的过程，如中原的蔡、陈等。这两种政治统治模式构成了春秋时期楚国政治地理结构的基本格局，影响着楚国疆域的变迁。

关于春秋时期楚国的疆域，顾栋高在《春秋大事表》中有具体的论述。其文曰：“楚在春秋吞并诸国凡四十有二。其西北至武关，在今陕西商州东少习山下，文十年《传》子西为商公，即商州之洛南县也，与秦分界。其东南至昭关，在今江南和州含山县北二十里，昭十七年吴、楚战于长岸，即和州南七十里之东梁山，与太平府夹江相对是也，与吴分界。其北至河南之汝宁府、南阳府之汝州，与周分界。其南不越洞庭湖，全有今湖北十府八州六十县之地。惟随州为随国，仅存。又全有河南之汝宁、南阳二府，光州一州，又间入汝州之郏县、鲁山县，河南府之嵩县，开封府之尉氏县，许州府之郾城县及禹州，与郑接境。四川夔州府之奉节县，与巴接境。江西之南昌、南康、九江、饶州，与吴、越错壤。又全有江南之庐州、凤阳、颍州三府及寿州、和州之地。江宁府之六合、太平府之芜湖、徐州府之砀山，则与吴日交兵处也。后庐、寿之地多入于吴。”②观其所论，多和于史。下面我们就分析春秋时期楚国政治地理结构及其与楚国疆域变迁的关系。

在春秋时期，我国社会正处于从血缘关系向地缘关系转变的时期，因此，楚国政治地理结构的建构既有依赖于血缘关系的一面，也有突破血缘关系的一面。一方面，楚人通过取威定霸的战争和盟会建立了自己主宰的地缘政治体系，利用旧的血缘关系以保持附庸；另一方面，楚人又通过灭国置县，打破旧血缘关系，建立新的地缘关系。据《左传·宣公十二年》载：郑伯肉袒牵羊以逆，曰：“孤不天，不能事君，使君怀怒以及敝邑，孤之罪也，敢不唯命是听？其俘诸江南，以实海滨，亦唯命；其翦以赐诸侯，使臣妾之，亦唯命。若惠顾前好，徼福于厉、宣、桓、武，不泯其社稷，使改事君，夷于九县，君之惠也，孤之愿也，非所敢望也。敢布腹心，君实图之。”可见，楚人实现自己的政治统治主要有三种方式：一是灭国迁民，有其土地；二是灭国不绝祀，作为臣仆对待；三是保存社稷，纳为附庸。然究其实质，无外乎是存国为附庸与灭国而置县的问题。存国，其政治关系就是盟主与附庸的关系；而灭国，就是构成了中央王权与地方县域的关系。从春秋时期楚国的政治发展历程来看，这两种政治统治的实践方式都存在着，对楚国疆域的形成与变迁必然会产生重大的影响。

二、春秋时期楚国的附庸

纵观春秋时期的地缘政治活动，不外乎两种形式，一种是战争，另一种是盟会，但其目的却是一致的，都是要取得中原诸侯的臣服，以确立霸权，建立以自己为主宰的中原地缘政治体系和新的秩序。因此，战争和盟会是相辅相成的。战争是使诸侯臣服的主要手段，而盟会则是巩固战争的成果。即使是晋、楚之间的战争，也是如此，战争获胜的一方就取得了战败一方的臣服，然后再利用盟会来约束臣服于己的诸侯，以建立霸权。

春秋时期的盟会，通常的形式是某一大国主持，一些中小诸侯来参加，从而形成一个相对稳固的地缘政治共同体。主持盟会的大国就被称为“盟主”或“伯”，而参与盟会的中小诸侯有的是大国的附庸，称为属国，③ 有的则是大国的友好国家，称为与国。比如在楚共王二年，楚人在鲁国蜀邑举行的盟会，参加

① （清）高士奇：《左传纪事本末》，中华书局 1979 年版，第 660 页。

② （清）顾栋高：《春秋大事表》，中华书局 1993 年版，第 524~525 页。

③ 从一般意义来讲，在本文中，附庸等同于属国，在政治、军事甚至外交上受到楚国完全的支配。但严格地来说，属国并不完全等同于附庸，属国虽受到楚国的支配，然在政治、军事、外交上还是享有一定的权利。因此，对于附庸，我们将其作为楚国政治组织的一部分，其疆土为楚国的疆土，人口为楚国的居民。比如蔡、许、顿等，都在楚国疆域内。而属国则不完全属于楚国，比如鲁、宋、郑等，虽附属楚国，但其疆土则不是楚国的疆土，人口也不是楚国居民。当然，要完全准确区分楚国的附庸和属国，是十分困难的。

的有齐、鲁、卫、秦、郑、陈、宋、蔡、曹、邾、鄫、薛等诸侯，在这些诸侯中，陈、蔡、郑、宋、鲁、卫等是楚的属国，虽然鲁、卫是迫于兵威而服楚，但并不是楚的附庸，而齐、秦等大国就更不可能是楚的附属了，显然是楚的与国。因此，一些学者认为盟主国居于支配地位，在政治、经济、外交和军事等方面享有一定的特权，而参与盟会的国家则处于从属地位的看法，① 显然是没有分清参与盟会中的与国和属国之间的不同。

俗话说"春秋无义战"，但与战国时期的兼并战争相比，春秋时期的战争多是取服而已，并不灭人之国、兼并土地。从晋、楚对郑、宋的争夺就可以看出这一点。楚庄王十七年，楚围郑都，郑人肉袒请服，楚本可灭之，但仍让其作为诸侯存在。楚庄王十九年，楚围宋都，宋人易子而食，然后请服，楚也可灭之，然仍让其存在。可见，楚人的本心并不是要消灭郑、宋二国，其征伐的目的只是要二国臣服而已，只要请服，征伐自然就停止了。

据有的学者研究，春秋时期的附庸的特点主要表现为四个方面，即领地偏小、自有社稷君统、依附于某大国和不能独立出席诸侯盟会。② 就一般情况而言，确实如此，但具体到楚国的附庸，则会随着楚国国家力量的变化而变化。比如郑国，从前引的《左传·宣公十二年》的记载来看，显然成为楚国的附庸，但具有独立出席盟会的资格。

在西周初期，楚人地位低下，无参与盟会的资格。据《国语·晋语八》记载，叔向说："昔成王盟诸侯于岐阳，楚为荆蛮，置茅蕝，设望表，与鲜卑守燎，故不与盟。"但到春秋早期，随着楚国国力的提升，楚人自己主持盟会，召集江汉间诸侯会盟。如楚武王三十七年的沈鹿之盟，三十八年的贰轸盟会，以及服随、唐等，使江汉间诸国成为楚的附庸，楚人一统江汉之间。春秋中期，随着楚国国力的强大，楚人北出方城，争霸中原，使得中原南部和淮域的一些中小诸侯和族群成为楚国的附庸，先后有蔡、许、柏、房、道、沈、胡、顿、陈、厉、江、黄、蓼、六、群舒等。对于这些楚人控制得比较严密的附庸，我们可以将其领土算在楚国疆域之内，但对于一时成为楚属国的郑、宋、鲁等，我们则不将其纳入楚国疆域。

关于楚国对附庸的特权或政策，有学者作了深入的研究，主要有以下五点：一是外交上的控制，从属国必须对盟主专一不二，一般不得与敌国结盟，国君也不得赴敌国朝会，而在必要时必须征得盟主的同意；二是对从属国之间或从属国内部的纠纷进行裁定；三是向从属国征收职贡；四是调发从属国军队参战；五是迁走某些从属国，对有关版图做出有利于己的安排。这是盟主所享有的权利，而对于盟主所负有的义务，那就是保卫从属国的安全，当从属国遭到外敌入侵时，盟主有责任派兵或召集其他属国的军队一起救援。③ 确实，楚国的附庸政策有利于楚人对属国的控制和管理，但楚人并没有掌控属国的内政权力，尽管属国在政治上服从楚国的统治，但属国能自行处理自己的内政事务，还是具有一定的独立性。因此，当楚国在地缘政治中遭遇敌手或国家力量处于削弱时期，属国就纷纷反叛，致使楚国疆域发生极大的变化。

楚成王时期，齐在管仲的治理下，称霸诸侯，成为楚人的地缘敌手。在淮水上游的楚附庸国弦、江、黄等乘机叛楚，形成一个小集团性质的亲齐反楚的地缘联盟。后来，汉东诸侯乘楚人深入伐徐之机，也纷纷叛楚。楚庄王初期，楚国贵族掌权，内乱不已，加之天灾，庸、麇等附庸国率群蛮、百濮叛楚，给楚疆域核心区域造成巨大的冲击。吴人崛起，成为楚人新的地缘对手，依附于楚的六、群舒等族群在吴的挑唆下叛楚。特别严重的是，在楚昭王初期，蔡、唐在子常的贪婪威逼下叛楚，给吴师入郢打开了方便之门。吴师入郢后，楚东部疆域的附庸国纷纷叛楚，并蚕食其周边的楚邑，使得楚国疆域大为缩小，

---

① 陈伟：《楚东国地理研究》，武汉大学出版社 1992 年版，第 168 页。

② 陈伟：《春秋时期的附庸》，《武汉大学学报》1996 年第 2 期。

③ 陈伟：《楚东国地理研究》，武汉大学出版社 1992 年版，第 175～178 页；李严冬：《春秋时期楚国附庸政策浅论》，《沈阳农业大学学报》（社科版）2002 年第 4 期。

疆土丧失十分严重。当然，在晋、楚中原争霸的岁月中，中原的陈、郑、宋等国对楚是时叛时服，如风信鸡一般。

由此可见，春秋时期楚国疆域的变迁与楚国附庸的叛服有极大的关系，当它们从属于楚的时候，楚国疆域就有较大的拓展；当它们叛楚的时候，楚国疆域就会缩小，这一切变化的根源就在于楚国的政治统治方式。

楚人的这种盟主与附庸的政治统治形式无疑是仿制周人的诸侯分封制度。附庸国在政治上是臣属于楚王的，要向楚王定期朝觐、纳贡并帅军队出征，这与诸侯对周王室的义务何其相似也。同样，楚王也不干预附庸国内部的行政事务。因此，楚王与其附庸的关系是一种政治上的统属关系，而无行政上的治理支配关系，也就不存在中央与地方的行政关系。楚人的这种政治治理只不过是把周王室的诸侯变成了楚王的诸侯而已，是一种统而不治的政治地理结构。因此，随着地缘关系的变化，楚国的附庸也叛服不定，从而对楚国的疆域变迁产生了巨大的影响。

下面我们将春秋时期楚国的附庸与属国列为表(表一)，以展现其服叛的变化。

表一　春秋时期楚国的附庸与属国

国名	地望	从属年代	反叛年代	备注
随	约今湖北随州一带	武王三十五年 武王三十七年 成王三十二年	武王三十七年 成王三十二年	—
贰	今湖北广水市境	武王四十年	成王三十二年	—
轸	今湖北应城市西	武王四十年	成王三十二年	—
厉	今湖北随州市东北	武王三十七年	成王三十二年	烈山氏
郧	今湖北安陆、京山间	武王四十年	成王三十二年	—
绞	今湖北丹江口习家店一带	武王四十一年	—	
庸	今湖北竹山县西南	熊渠时期	庄王三年	—
麇	今湖北郧县西	武王时期 穆王十年	穆王九年 庄王三年	—
唐	今河南唐河县	武王时期	昭王九年	—
鄀	今河南淅川西	武王时期	成王三十七年	—
蔡	今河南新郑市一带	文王十年 成王四十五年 共王二年	成王四十年 庄王二年 昭王九年	—
黄	今河南潢川西北	文王十四年	成王十六年	—
许	今河南许昌东	成王十八年	昭王九年	许曾五迁
弦	今河南潢川、光山一带		成王十六年	—
江	今河南正阳南	成王二十四年	成王十六年 成王四十年	—

续表

国名	地望	从属年代	反叛年代	备注
道	今河南确山北		成王十六年	—
柏	今河南西平西北		陈王十六年	—
顿	今河南顿成西	成王三十五年	昭王十年	—
群舒	今安徽舒城、庐江、霍山一带		穆王十一年 庄王十三年 共王十六年	此指舒蓼、舒庸、舒鸠
桐	今安徽桐城北		昭王八年	—
胡	今安徽阜阳一带		昭王九年	归姓
鲁	今山东曲阜一带	成王三十年 庄王十七年 共王二年	成王四十年 共王元年 共王三年	—
宋	今河南商丘一带	成王三十三年 穆王九年 庄王二十年	成王三十八年 庄王二年 共王三年 昭王九年	—
陈	今河南淮阳一带	成王三十年 成王三十七年 成王四十五年 穆王八年 庄王十一年 庄王十六年 共王二十五年	成王三十五年 成王四十年 成王四十五年 庄王二年 共王六年 昭王二十七年	—
郑	今河南新郑市一带	成王二十九年 成王四十五年 穆王八年 庄王六年 庄王八年 庄王十一年 庄王十六年 庄王十七年 共王九年 共王二十六年 共王二十七年	成王四十年 成王四十五年 庄王二年 庄王七年 庄王九年 庄王十三年 庄王十六年 共王五年 共王二十一年 共王二十七年 共王二十八年 昭王九年	—

由表一可见，对楚人最为忠顺的是庸国和唐国，长时间为楚附庸，然其反叛带来的灾难也影响甚巨。一则动摇楚国根本，几乎迁都以避；二则开门引吴，几至楚国灭亡。随国尽管春秋早期叛服不定，但此后则一心向楚，到战国中期依然存在。而中原诸国由于地缘关系，则对楚叛服无常，其中尤以郑国为剧，次则陈国，再次则宋国，反映了这三国在中原所处的地缘位置和晋、楚争霸的焦点所在。从时间

节点来看，在反叛年代上有两个时间点最值得注意：一个是城濮之战后的楚成王四十年，中原诸侯全部叛楚亲晋；另一个是吴师入郢前的楚昭王九年，以晋、吴为首的反楚地缘大联盟形成，楚的属国几乎全部叛楚。这两次众叛亲离，带来的效果却不同。第一次的城濮之战，楚虽战败，然元气未伤，五年之后即展开了反击，而第二次的吴师入郢，不仅大伤楚国的元气，而且是动摇了根本，以至于楚国东部疆域回到了最初的起点。在从属年代上，江汉间的附庸国多在楚武王时期服楚，中原诸侯则多在楚成王和楚庄王时期服楚。楚成王虽无霸主之名，却有霸主之实；楚庄王是一代雄才，将楚人的霸业推向了顶峰。

对于长时间存在于楚国疆域之内或楚人势力范围下的附庸，楚人多是报之以德，给以极力照顾和支援，使之比列于诸侯，而附庸国也是事之以忠，在楚国危难之际施以援手，形成了一种特殊的两国关系。比如随国，本为“汉阳诸姬”，是周人在南土所倚重的，楚武王时渐服于楚，楚成王时曾一度反叛，然楚人并不以为意，使其保存社稷，作为楚国的附庸而长期存在。随人感恩，在吴师入郢时庇护昭王，保存了楚国。对其他的如蔡、唐、许、道、柏、房、顿、胡等附庸国，楚人也是给以支援，一方面准许其迁入楚境，另一方面帮助其筑城进行安顿。楚人这样做的目的，一方面固然是出于加深盟主与附庸的良好关系，以维护疆域的稳定，另一方面也是以附庸为号召，以实现称霸中原的政治目标。而客观上则是加强了楚文化的交流和传播，实现了文化和族群的融合。

至于中原的郑、陈、宋以及鲁、卫等华夏集团的主要成员国，由于其具有一定的政治实力，加之文化上的心理优势和地缘关系的多变，它们对楚国是叛服不定，成为晋、楚争夺的焦点，因为谁控制了它们，谁就取得了中原政局的主宰权，所以战争也多是围绕着它们来进行。它们的向背，无疑影响到楚国疆域的稳定性，会给楚国疆域带来一定的变化。比如吴师入郢之后，郑国乘机灭许，据有楚汝北之地；而蔡也北上灭沈，取周边楚邑，侵占楚国的疆土。

历史进入春秋末期，随着新的生产关系的产生，土地成为国家的重要财富，兼并战争成了取得土地的主要方式，一种新的政治治理结构(郡县)也应运而生。因此，附庸的存在就显得没有必要了。楚人无疑顺应了历史发展的潮流，从江汉之间到淮泗之间的广大疆域内，除了随国还存在而外，附庸诸国已不见踪影。其土成了楚国的疆土，其民成了楚国的居民，文化的影响和民族的融合进一步加强，政治的认同和人心的凝聚进一步加深，这就为后来秦的统一和版图的扩展奠定了坚实的基础。

三、春秋时期的楚灭国与置县

在春秋时期，尽管战争多以取服为主，但兼并战争也还是存在，特别是楚国。据《韩非子·有度篇》：“荆庄王并国二十六，开地三千里。”《说苑·正谏》也称楚文王“兼国三十”。在《春秋》《左传》中明确记载的为楚所灭的国有息、邓、弦、黄等十七国，不见于经传的当更多了。

关于春秋时期楚灭国的研究，学界硕果累累。清人顾栋高在《春秋大事表》中对楚人灭国作过系统的研究，在卷四的“楚疆域篇”中，他认为“楚在春秋吞并诸国凡四十有二”，并列举出具体的国名；在卷五的“列国爵姓及存灭表”中，又加上了萧、舒、英氏、不羹及百濮，共四十七“国”。① 近人梁启超在《国史研究·霸政前记》中说：“春秋为楚所灭之国，见于经传者，凡四十二，实则犹不止此数。”在《春秋载记》的“周代列国吞并表”中，梁氏开列了楚所灭国名，共四十九个。② 郭沫若主编的《中国史稿》第一册中，认为“在春秋时代将近三百年内，楚国灭了四五十国”，并在附表五“东周列国存灭表”中列出了为楚所灭者，计有四十一国。③ 何浩著有《楚灭国研究》一书，在其“春秋时期楚灭国示意图”

① (清)顾栋高：《春秋大事表》，中华书局1993年版，第563~608页。

② 梁启超：《国史研究六篇·春秋载记》，上海中华书局1947年版。

③ 郭沫若主编：《中国史稿》第一册附表五，人民出版社1976年版。

中标有灭国名称和序号，共四十八国。① 顾德融、朱顺龙著有《春秋史》一书，在其“春秋楚灭国表”中列出了灭国名称及时间，计有六十一个。② 为了示其差异，下面用表格（表二）将各家的灭国名称排列出来。

表二　春秋时期楚灭国各家差异表

	顾栋高	梁启超	郭沫若	何浩	顾德融、朱顺龙
楚灭国名称	权、鄀、鄾、谷、鄢、罗、卢戎、鄀、郧、贰、轸、绞、州、蓼、息、邓、申、吕、弦、黄、夔、江、六、蓼、麇、宗、巢、庸、道、柏、沈、房、蒋、舒蓼、舒庸、舒鸠、赖、唐、顿、胡、蛮氏、陈、萧、舒、英氏、不羹、百濮	群蛮、宛、随、邹、小邾、毛、鄀、陈、百濮、鄢、权、谷、罗、卢戎、鄀、郧、贰、轸、绞、蓼、息、邓、申、吕、弦、黄、夔、江、六、蓼、麇、宗、庸、道、柏、房、蒋、舒蓼、舒庸、舒鸠、赖、唐、顿、胡、蛮氏、萧、舒、英氏、不羹	夷虎、鄾、随、陈、牟、谷、卢戎、鄀、郧、贰、轸、州、蓼、息、邓、申、吕、弦、黄、夔、江、六、蓼、麇、庸、道、柏、房、舒蓼、舒庸、舒鸠、赖、唐、顿、胡、蛮氏、萧、舒、英氏、不羹	权、罗、卢戎、郧、申、息、缯、应、邓、厉、贰、蓼、州、谷、绞、西黄、弦、黄、英氏、蒋、皖、夔、道、柏、房、轸、江、六、蓼、鄀、舒、宗、吕、庸、麇、舒蓼、州来、萧、巢、舒庸、舒鸠、养、不羹、赖、唐、顿、胡、蛮氏	麇、夔、罗、彭、郧、鄢、胡、道、霍、应、蓼、蔡、随、唐、蒋、息、邓、那处、申、吕、东吕、厉、许、卢戎、缯、权、桐、潜、萧、江、黄、谷、弦、慎、淮夷、舒、舒庸、舒鸠、舒蓼、宗、巢、绞、贰、轸、皖、蓼、英氏、六、郦、州、沈、邓、鄾、蛮氏、上鄀、陈、房、柏、庸、东不羹、西不羹

从表二中可见，上述各家之说，获得大家一致认可的有罗、卢戎、谷、蓼（已姓）、申、吕、邓、夔、郧、贰、轸、厉（烈山氏）、绞、庸、麇、唐、息、鄀、弦、黄、江、六、英氏、蓼（姬姓）、道、柏、房、舒、舒蓼、舒庸、舒鸠、顿、胡、蛮氏、不羹、萧、蒋等37个国家或部族为楚所灭。

各家皆有“州”，独梁氏不取，据《左传・哀公十七年》记载子谷之语曰：“观丁父，鄀俘也，武王以为军率，是以克州、蓼，服随、唐。”可见，州应为楚所灭。各家皆有“沈”，何浩认为沈为蔡灭，非为楚灭，故不取。③ 甚是。各家皆有“鄀”，据《左传・文公五年》记载：“初，鄀叛楚即秦，又贰于楚。夏，秦人入鄀。”可见，鄀为秦灭，非为楚灭，应不取。郭氏不取“权”“宗”“巢”为楚所灭。关于权国，据《左传・庄公十八年》载“初，楚武王克权，使斗缗尹之”，应为春秋时期楚人灭国之始。宗国，据《左传・文公十二年》载：“群舒叛楚。夏，子孔执舒子平及宗子，遂围巢。”可见，“宗”与“舒”一起为楚所灭。关于巢国，据《左传・文公十二年》的记载来看，楚人围巢；又从《左传・成公七年》记载吴人伐巢、子重奔命救援来看，巢应已成为楚邑，故巢为楚所灭。除此之外，何浩还提出了缯、应、厉、西黄、皖、州来、养为楚所灭。④ 我们认为除西黄、皖外，其余诸国为楚所灭都甚为有理。《左传・庄公十九年》载：“春，楚子御之，大败于津。还，鬻拳弗纳，遂伐黄。”何浩依据黄、楚距离远近以及鄂君启节铭文推测，认为此“黄”

---

① 何浩：《楚灭国研究》，武汉出版社1989年版，第148页。

② 顾德融、朱顺龙：《春秋史》，上海人民出版社2001年版，第263~267页。

③ 何浩：《楚灭国研究》，武汉出版社1989年版，第126页。

④ 何浩：《楚灭国研究》，武汉出版社1989年版，第128~142页。

应是汉水流域的“黄”，即西黄，地在今宜城东南至天门县境之间，非潢川的“黄”。① 确实，楚人败于津，津在今湖北枝江县之津乡，以战败之师而袭远，于情势而言甚不合理。殊不知楚国的军队，除了王所率领的王卒而外，尚有各县统领的县师。从《左传》中的记载来看，楚县师中最有名的是申、息二县的军队，他们经常随楚王征战。由于息近于黄，因此这次文王伐黄，不一定是率战败之师而来，很可能是从息调军参战。由于楚人有非得胜之君不得入宫的约束，所以文王取胜之后，即赶回郢都，于六月庚申病死于湫。楚灭西黄并不成立。关于“皖”，在《左传》中找不到一点影子，虽杜佑《通典》有关于古本《史记》对“皖”的记载，然在《通典》之前的各类文献中，并无所谓古本《史记》中有“皖”的记载，至于其后的文献记载，当来自对《通典》的转述，故不可为据。

此外，被楚所灭的还有樊、番二国，虽不见于文献，但有出土的铜器铭文为证。② 胡有二国，归姓胡国为楚所灭，《左传》记载明白。而姬姓胡国何时为楚所灭，则文献失载。姬姓胡国在今河南漯河市东，正临古汝水北岸，控制着通往陈、许的要道，为战国时期楚北塞陉山所在。从楚人北进中原的历程来看，姬姓胡国可能灭于楚成王时期。陈国，被楚灭了三次。楚庄王以平定夏征舒之乱为由而灭陈，经申叔时的开导而复陈；楚灵王为加强对疆土的控制而灭陈，楚平王为结好诸侯而复陈；楚惠王时乘吴越构兵而最终灭陈。然何浩认为陈又复国，战国时期才为吴起所彻底消灭。③《史记·吴起列传》载：“吴起相楚，于是南平百越；北并陈、蔡，却三晋；西伐秦，诸侯患楚之强。”有学者以“并”通“屏”，认为是打退了三晋的进犯，守住了陈、蔡之地。④ 按：从清华简《系年》第二十三章“陈人焉反，而入王子定于陈”的记载来看，⑤ 陈人拥立王子定而背叛楚国。蔡也当是如此。因此，陈、蔡并未复国，只是在三晋支持下，另立王子定而已，分裂楚国。此“陈、蔡”当指楚疆土陈、蔡之地，非陈、蔡之国。因此，陈当是春秋楚惠王时期灭于楚。至于各家所持的“鄝、鄡”，本为地名，非为国名，何浩论述甚详，⑥ 此不赘述。

通过上述考订，春秋时期楚灭国约有 49 个，列表如下(表三)：

表三　春秋时期楚灭国表

国名	姓氏	地望	被灭年代	备注
权	子	今湖北荆门市东南	楚武王三十五年(公元前 706 年)之前	《左传·庄公十八年》
罗	熊	今湖北南漳县东南 清河镇附近	楚武王四十三年(公元前 698 年) 至五十年(公元前 691 年)	《左传·桓公十三年》
庐(卢)	妫	今湖北襄阳市南欧庙镇西 卞家岗附近	楚武王四十三年(公元前 698 年) 至五十年(公元前 691 年)	《左传·桓公十三年》
州	偃	今湖北洪湖市东北	楚武王四十三年(公元前 698 年) 至五十年(公元前 691 年)	《左传·桓公十一年》

① 何浩：《楚灭国研究》，武汉出版社 1989 年版，第 220 页。

② 河南博物馆等：《河南信阳市平桥春秋墓发掘简报》，《文物》1981 年第 1 期；徐少华：《樊国铜器及其历史地理探析》，《考古》1995 年第 4 期；徐少华：《周代南土历史地理与文化》，武汉大学出版社 1994 年版，第 123~138 页。

③ 何浩：《楚灭国研究》，武汉出版社 1989 年版，第 127 页。

④ 陈伟：《楚东国地理研究》，武汉大学出版社 1992 年版，第 110 页。

⑤ 李学勤主编：《清华大学藏战国竹简(贰)·下册》，中西书局 2011 年版，第 196 页。王子定，太史公在《史记·六国年表》中将其植入“周”栏，以为是周王子定。从《系年》所记，应为楚王子，当在楚国王位继承之争中败北，而逃于晋，寻求支持。

⑥ 何浩：《楚灭国研究》，武汉出版社 1989 年版，第 127 页。

续表

国名	姓氏	地望	被灭年代	备注
蓼	已	今河南唐河县南的湖阳镇一带	楚武王四十三年(公元前698年)至五十年(公元前691年)	《左传·桓公十一年》
谷	嬴	今湖北谷城县城西北	楚武王四十三年(公元前698年)至五十年(公元前691年)	《左传·桓公七年》
申	姜	今河南南阳市	楚文王二年(公元前688年)	《左传·庄公六年》
吕	姜	今河南南阳市西	楚文王二年(公元前688年)	《左传·庄公六年》
邓	曼	今湖北襄阳市北	楚文王十二年(公元前678年)	《史记·楚世家》
绞	偃	今湖北丹江口市西北习家店一带	约楚文王时期	《左传·桓公十一年》
应	姬	今河南鲁山县东	楚文王三至十一年(公元前687—前679年)	《左传·僖公二十四年》
息	姬	今河南息县西南	楚文王六年(公元前684年)	《左传·僖公十一年》
缯	姒	今河南方城县一带	楚文王三至十一年(公元前687—前679年)	《左传·哀公四年》
弦	隗	今河南潢川、光山一带	楚成王十七年(公元前655年)	《左传·僖公五年》
黄	嬴	今河南潢川西北	楚成王二十四年(公元前648年)	《左传·庄公十九年》
英氏	偃	今安徽金寨、霍山间	楚成王二十六年(公元前646年)	《左传·僖公十七年》
贰	姬	今湖北广水市境	楚成王三十二年(公元前642年)	《左传·桓公十一年》
轸	姬	今湖北应城市西	楚成王三十二年(公元前642年)	《左传·桓公十一年》
厉(赖)	烈山氏	今湖北随州市东北殷店一带	楚成王三十二年(公元前642年)	《左传·桓公十三年》
夔	芈	今湖北秭归县西	楚成王三十八年(公元前634年)	《左传·僖公二十六年》
郧		今湖北安陆市与京山县之间	楚成王三十二年(公元前642年)	《左传·桓公十一年》
道	姬	今河南确山北	楚成王三十至四十六年(公元前642—前626年)	《左传·僖公五年》
柏		今河南西平西北	楚成王三十至四十六年(公元前642—前626年)	《左传·僖公五年》
房	祁	今河南遂平境	楚成王三十至四十六年(公元前642—前626年)	《左传·昭公十三年》
胡	姬	今河南漯河市东	楚成王三十至四十六年(公元前642—前626年)	《左传·哀公五年》
蒋	姬	今河南固始东北	楚成王二十六年至楚穆王四年之间(公元前646—前622年)	《左传·僖公二十四年》
江	嬴	今河南正阳南	楚穆王三年(公元前623年)	《左传·僖公二年》
六	偃	今安徽六安市北	楚穆王四年(公元前622年)	《左传·文公五年》
蓼	姬	今安徽霍邱、河南固始之间	楚穆王四年(公元前622年)	《左传·文公五年》
舒	偃	今安徽庐江西	楚穆王十一年(公元前615年)	《左传·文公十二年》
宗	偃	今安徽舒城、庐江间	楚穆王十一年(公元前615年)	《左传·文公十二年》

续表

国名	姓氏	地望	被灭年代	备注
巢	偃	今安徽巢湖市东北	约楚穆王十一年(公元前615年)	《左传·文公十二年》
麇		今湖北郧县西	楚庄王三年(公元前611年)	《左传·文公十六年》
庸		今湖北竹山县西南	楚庄王三年(公元前611年)	《左传·文公十六年》
舒蓼	偃	今安徽舒城西南	楚庄王十三年(公元前601年)	《左传·宣公八年》
萧	子	今安徽萧县西北	楚庄王十七年(公元前597年)	《左传·宣公十二年》
州来		今安徽凤台县	楚庄王十六年至楚共王六年(公元前598—前585年)	《左传·成公七年》
舒庸	偃	今安徽霍山、桐城间	楚共王十七年(公元前574年)	《左传·成公十七年》
舒鸠	偃	今安徽舒城境	楚康王十二年(公元前548年)	《左传·襄公二十五年》
厉(赖)		今河南鹿邑县东	楚灵王三年(公元前538年)	《左传·昭公四年》
不羹	嬴	今河南舞阳北	楚灵王七至十年(公元前534—前531年)	《左传·昭公十一年》
唐	姬	今河南唐河县	楚昭王十一年(公元前505年)	《左传·定公五年》
顿	姬	今河南顿城西	楚昭王二十年(公元前496年)	《左传·僖公二十五年》
蛮氏	允	今河南汝州市临汝镇西南、汝阳县东南	楚昭王二十五年(公元前491年)	《左传·哀公四年》
胡	归	今安徽阜阳	楚昭王二十一年(公元前495年)	《左传·襄公三十一年》
陈	妫	今河南淮阳县	楚惠王十一年(公元前478年)	《左传·襄公二十五年》
樊	姬	今河南信阳市南		《韩诗外传》卷二
番	己	今河南固始西、潢川、光山、商城之间		《左传·昭公十二年》
养①	嬴	今河南泌阳、桐柏一带	楚平王元年(公元前528年)灭“养氏之族”	《考古学报》2008年第4期

由表三可知，春秋时期楚人灭国的历程大致可以以楚庄王为界分为两个时间段，在楚庄王及其以前的历史时期，是楚人积极向外开疆拓土的重要时期，表现出一种蓬勃向上的积极进取精神，所灭之国也最多。除去不知灭亡时间的樊、番而外，在所灭的47国之中，这一时间段占有37个国家，因而楚国的疆

① 传世铜器中有一件养伯匜，清人吴式芳释“养”为“咏”，吴大澂释为“昶”(参见周发高主编:《金文诂林》第七卷第886字“昶”条所引诸家之说，香港中文大学出版社1975年版)。由于此字当时多不识，后世学者多从吴大澂之说(参见容庚:《金文编》第1094字“昶”，中华书局1985年版；高明:《古文字类编》“昶”字，中华书局1980年版)。随着考古的发现，此类器物也越来越多，但大多仍被认为是“昶”器[参见王儒林:《河南桐柏县发现周代铜器》，《考古》1965年第7期；黄运甫等:《桐柏钟鼓堂出土一批春秋铜器》，《河南文博通讯》1980年第4期；李芳芝等:《河南泌阳发现春秋铜器》，《文物资料丛刊》(6)，文物出版社1982年版]。1993年年底至1994年年初，在河南桐柏县发掘了一座春秋墓葬，出土铭文铜器，发掘者认为是“养”器(南阳市文物研究所等:《桐柏月河一号春秋墓发掘简报》，《中原文物》1997年第4期)。这样，就揭开了养国的面纱。参见徐少华:《养国铜器及其历史地理探析》，《考古学报》2008年第4期。

域急剧地扩大，从江汉之间延展到淮水流域，奠定了楚国疆域的基础。而在楚庄王之后的时间段，楚人所灭之国多为反叛的附庸，缺乏积极开拓的奋斗精神，抱残守缺而已，因而楚国的疆域也因附庸的反叛和被消灭处于不断的变化之中。

楚国疆域的急剧拓展，需要楚人创立一种新的政治统治方式。显然，他们吸取了周人分封诸侯的教训，要将土地和人口直接控制在王权之下，因而创立了县制。关于楚国的县制或春秋时期的县制，学术界是成果丰硕。① 周振鹤仔细考察了县的起源，提出了县制发展的三个阶段，即县鄙之县、县邑之县、郡县之县，并就各个阶段的特点作了概括。② 李晓杰更是总学界之大成，对春秋战国时期的县制进行了详尽的研究，③ 其认为春秋初年，是县、邑通称时期，此时行政单位仍是以邑为通称，但已加上县的称呼，县、邑等同。直到春秋中期，县作为行政单位与邑还没有大的区别。但县作为国君直属地的性质却与采邑有所不同，这尤其表现在边境县上。在春秋后期，晋国的县的性质发生了变化。到战国时期，各国的县都由县邑发展到郡县，地方行政制度形成。具体到春秋时期楚国置县，李先生也进行了详细的考订，④ 现以其为据，作春秋时期楚国置县表(表四)：

表四　春秋时期楚国置县表

县名	地望	设置年代	备注
权	今湖北荆门市东南	楚武王时期	《左传·庄公十八年》
那处		楚武王时期	《左传·庄公十八年》
湖阳	今河南唐河县南湖阳镇	楚武王四十三年至五十年	《左传·哀公十七年》
邓	今湖北襄阳市西北	楚文王三年	《左传·庄公六年》
申	今河南南阳市	楚文王四至七年之间	《左传·哀公十七年》
吕	今河南南阳市西	至迟楚文王十六年	—
息	今河南息县西南	楚文王十一年	《左传·僖公十一年》
商	—	至迟楚成王四十年	《左传·文公十年》
期思	今河南固始东北	至迟楚穆王四年	《左传·文公十年》
析	今河南西峡县	楚庄王元年之前	《左传·襄公二十六年》

① 主要文章有：顾颉刚：《春秋时代的县》，《禹贡》第7卷，第6、7合期；童书业：《楚之县制》，《春秋左传研究》，上海人民出版社1980年版；冉光荣：《春秋战国时期郡县制度的发生与发展》，《四川大学学报》1963年第1期；钱林书、祝培坤：《关于我国县的起源问题》，《复旦学报》(增刊)历史地理专辑，1980年；殷崇浩：《春秋楚县略论》，《江汉论坛》1980年第4期；杨宽：《春秋时代楚国县制的性质问题》，《中国史研究》1981年第4期；顾久幸：《春秋楚、晋、齐三国县制的比较》，《楚文化觅踪》，中州古籍出版社1986年版；虞云国：《春秋县制新探》，《晋阳学刊》1986年第6期；李玉洁：《楚国的县制》，《楚史稿》，河南大学出版社1988年版；卫文选：《晋国县郡考释》，《山西师范大学学报》1991年第2期；陈伟：《县》，《楚东国地理研究》，武汉大学出版社1992年版；吕文郁：《春秋时期晋国的县制》，《山西师范大学学报》1992年第4期；徐少华：《春秋楚县的建置、特点以及性质和作用》，《周代南土历史地理与文化》，武汉大学出版社1994年版；李家浩：《先秦文字中的"县"》，《文史》第28辑。此外，还有日本学者平势隆郎：《楚王与县君》，《日本中青年学者论中国史·上古秦汉卷》，上海古籍出版社1995年版，第212~245页。参见李晓杰：《中国行政区划通史·先秦卷》，复旦大学出版社2009年版，第227~229页。

② 周振鹤：《县制起源三阶段说》，《中国历史地理论丛》1997年第3辑。

③ 周振鹤、李晓杰：《中国行政区划通史·总论、先秦卷》，复旦大学出版社2009年版，第240~251页，第292~294页。

④ 周振鹤、李晓杰：《中国行政区划通史·总论、先秦卷》，复旦大学出版社2009年版，第257~274页。

续表

县名	地望	设置年代	备注
都	今河南淅川西南	约在楚穆王时期	《左传·文公五年》
庐	今湖北襄阳市西南	约在楚庄王初年	《左传·文公十四年》
庸	今湖北竹山县西南	楚庄王三年	《左传·文公十六年》
陈	今河南淮阳县	楚庄王十六年，楚灵王八年	—
沈	今安徽临泉县	至迟楚庄王十七年	《左传·宣公十二年》
城父	今河南宝丰县东	至迟楚庄王二十三年	《左传·昭公二十年》
郧	今湖北钟祥市北境	至迟楚共王八年	《左传·成公七年》
州来	今安徽凤台县	至迟楚灵王四年	《左传·昭公四年》
叶	今河南叶县南旧县镇	楚灵王九年	《左传·定公五年》
东不羹	今河南舞阳县西北	至迟楚灵王十一年	《左传·昭公十二年》
西不羹	今河南襄城县东南	至迟楚灵王十一年	《左传·昭公十二年》
蔡	今河南上蔡县一带	楚灵王十一年	《左传·昭公十一年》
白	今河南息县东北包信镇	至迟楚灵王十三年	《左传·哀公十六年》
巢	今安徽六安市东北	至迟楚灵王十三年	《左传·文公十二年》
钟离	今安徽凤阳县临淮关	至迟楚灵王十三年	《左传·昭公四年》
阴	今湖北老河口市北	楚平王七年	—
棠	今江苏六合县西北①	至迟楚平王八年	《左传·昭公二十年》
武城	今河南信阳市东北	至迟楚昭王十一年	《左传·定公四年》
蓝	今湖北钟祥市西北	至迟楚昭王十二年	《左传·定公五年》
苦	今河南鹿邑县东	约楚灵王三年	《史记·老子列传》

由表三和表四可见，春秋时期楚国所置之县多是在所灭之国的城邑而设，如庐县设在原庐戎的都邑，湖阳县设在原蓼国的都邑，期思县设在原蒋国的都邑。虽然这些楚县不像郡县之县那样设职治民、具有行政性质，但它们都比较大，人口较多，具有很强的实力，作为楚王直属的城邑，无疑是王权加强的一种表现。楚王与县公之间的政治关系是直接的统辖关系，县公由楚王任命，很少世袭，直接听命于楚王。楚王对县师可以直接征调，对县邑的所属土地和人口可以任意处理。如《左传·成公七年》记载，子重想以申、吕的土地作为自己的赏田，楚庄王答应了他，但申公巫臣说："不可，此申、吕所以邑也，是以为赋，以御北方。若取之，是无申、吕也，晋、郑必至于汉。"庄王认为说得有道理，就又收回了对子重的许诺。又据《左传·昭公九年》记载："楚公子弃疾迁许于夷，实城父。取州来淮北之田以益之，伍举授许男田。然丹迁城父人于陈，以夷濮西田益之。迁方城外人于许。"可见，楚王不仅可以把县的土地授人，也可以将县的居民进行迁移。

尽管楚县是否具有下层行政组织已不可考，但其具有重大的军事职能则是可以肯定的，特别是一些大县，完全是军事重镇，如申、息、叶等都养有军队，而巢、州来、繁阳等都驻有重兵。由表四楚县的

① 楚平王时期楚国疆域的东界尚在州来、巢一线，未远至六合。李晓杰先生亦注云·沈钦韩《春秋左传地名补注》谓即棠谿城，即今河南遂平县西北。杨伯峻、徐少华皆从其说，或是。可见，六和当非，遂平西北应是。周振鹤、李晓杰：《中国行政区划通史·总论、先秦卷》，复旦大学出版社2009年版，第272页。

设置时间来看，以楚穆王、楚庄王和楚灵王时期为主，楚穆、楚庄二王时期，正是楚国疆域积极向外拓展的重要时期，灭国置县以边境为主；而楚灵王时期，正值吴人与楚人激烈争夺淮域的关键时期，灭国置县以汝颍间和淮水上中游两岸为主，是为了打破血缘关系，直接控制疆土，强化对吴的防御力量。因此，杨宽认为“因为楚县具有边防重镇的作用，楚国随着疆域的扩大，设置的县逐渐增多，它的防御和进攻的力量不断地增强，这样就更有利于开疆拓土”①。诚哉斯言。楚人的灭国置县，不仅强化了中央的王权，加强了对地方的控制，而且对春秋时期楚国疆域的形成与发展起到了积极的作用。

四、春秋时期楚国疆域的地理格局及空间的变化

通过对楚国政治统治实践形式的论述，我们可以确定，春秋时期楚国疆域的政治结构是由两部分构成的，一部分是由楚王直接控制的县域，另一部分是由楚国间接控制的附庸国。它们共同形成了楚国的政治地理格局的基本形态，其消长变化不仅影响着楚国疆域的空间变化，而且揭示了楚国疆域形成的不同区域所面临的地缘政治格局。

在《左传》《国语》的记载中，春秋时期楚人对于楚国的疆域有着明确的地理认识，将其分为东、西两部。《左传·昭公十四年》记载：“夏，楚子使然丹简上国之兵于宗丘，且抚其民。分贫，振穷，长孤幼，养老疾；……使屈罢简东国之兵于召陵，亦如之。”上国，杜注曰：“在国都之西。西方居上流，故谓之上国。”故杨伯峻认为上国是指楚国西部。② 那么，东国显然是指楚国东部。又据《国语·吴语》记载申胥谈到“楚灵王不君”时，说灵王“罢弊楚国：以间陈、蔡，不修方城之内，逾诸夏而图东国，三岁于沮、汾以服吴、越”。申胥即伍员，从其所论来看，方城之内明显是指楚江汉之间，即楚国西部，东国与“方城之内”相对应，即楚方城之外的疆域。可见，方城一线是楚人划分楚国东西部疆域的分界线。③ 其以东即楚东国地域，为楚国东部疆域，以西即方城之内，为楚国西部疆域，形成了东西两部的地理格局。

楚国西部疆域主要是指楚国方城之内的江汉之间，无疑是楚国的核心区，是楚人立国的根本和发展的基础。楚人形成于江汉间的荆山地区，楚国也受封于此，并以此向外发展。在西周中晚期，楚文化逐渐形成，分布于江汉间的蛮河流域和沮漳河流域。在春秋早期，楚若敖、蚡冒筚路蓝缕，以启山林。这一时期的江汉之间，分布着为数众多的封国、方国及族群。其中既有周初分封的同姓和异姓诸侯国，如随、邓、巴等，也有西周中期以后而分封的诸侯国，如申、吕、唐等，还有商代以来就建立于此的一些方国和部族，如郧、厉、濮人、荆蛮等。这些政治势力构成了一张地缘关系的网络，是楚人必须面临的首要问题。楚人置身其中，可谓有利有弊。小国、部族的星罗棋布，势力分散，有利于楚人的各个击破，实现楚人的地缘战略目标，建立以楚人为中心的地缘政治体系。但各据一地的杂处群居方式，使得政治离心力始终存在，不利于楚人的政治整合和民族融合，时常给江汉间带来政治危机，冲击楚人所构建的政治地理格局。

---

① 杨宽：《春秋时代楚国县制的性质问题》，《中国史研究》1981 年第 4 期。

② 杨伯峻：《春秋左传注》第 4 册，中华书局 1990 年版，第 1365 页。

③ 关于“方城”的含义，学界多有探讨。一种意见认为“方城”是城名，是楚人修建防御长城。如杨宽就认为楚“方城”从今河南鲁山县西南鲁阳关起，向东经犨县，到达瀙水，再折向东南到达泚阳，整个城防呈矩形(见《战国史》，上海人民出版社 1998 年版，第 320 页)。另一种意见认为方城是山名，并且非止一山。清人姚鼐《左传补注》云：“楚所指方城，据地甚远，居淮之南，江、汉之北，西逾桐柏，东越光黄，止是一山。……《淮南子》曰‘绵之以方城’，凡申、息、陈、蔡，东及城父，《左传》皆谓之方城之外。”杨伯峻深以其说为然，在《春秋左传注》中云：“说方城者甚多，唯姚说最为有据。”(见《春秋左传注》第 1 册，中华书局 1990 年版，第 292~293 页)如今，随着考古工作的开展(参见李一丕、杨树刚等：《豫南地区楚长城资源调查、发掘与研究》，《楚文化研究论集》第 10 集，湖北美术出版社 2011 年版，第 334~348 页)，楚“方城”的面貌越来越清晰地展现在大家面前，其确实是楚人以山为屏障修建的一条长城，用于保护楚江汉核心区的安全。当然楚国的这条防线并不是单一的，而是连接桐柏山、大别山一线的防御体系，因此，广义的楚“方城”应是指方城、桐柏山、大别山一线的楚国防御防线。

楚武王熊通是楚国历史上的关键人物。春秋早期，汉东诸国，以随为大；汉阳诸姬，以随为首。随的疆域拥有漳河上游、滚河中上游、涢水中上游三个不同区域，方圆约百公里，其中心区域在滚河中上游一带。① 因此，要想得志汉东，冲破周人南土的地缘政治体系，控制南方的战略物质资源金锡，就必须先征服随国。为了服随，楚人采取了近交远攻的政治策略，先后三次伐随。随人的失败，确立了楚国在汉东的霸主地位，以楚国为中心的地缘政治体系建立了起来，其后虽有一些反复，但大局已定。楚人在江汉间的政治作为，引起了周边诸国的戒备、警惕，并随时有可能结成反楚的联合阵线，而此时楚国的力量并不强大，还不能逐一消灭其他国家。因此，楚国只好改变了原来的近交远攻的策略，实行远交近攻，求远盟以自解。楚人与巴人结好，先后灭掉周边的罗、卢戎、州、蓼等。楚文王时期，楚人与巴人联兵伐申，灭掉申、吕、邓诸国，一统江汉之间，奠定了楚人疆域的基础，形成了争霸中原的政治基地。

楚国的勃兴，一方面与其正确的政治策略有关，而另一方面也与其怀柔的民族政策有关。春秋时期，夷夏观念十分流行。如《左传・闵公元年》记载管仲言："戎狄豺狼，不可厌也，诸夏亲昵，不可弃也。"《论语・宪问》记载孔子言："管仲相桓公，霸诸侯，一匡天下，民到于今受其赐。微管仲，吾其被发左衽矣。"《左传・成公四年》载"非我族类，其心必异"等，表现出对待周边少数族的歧视心理。所以齐桓公称霸，打出了"尊王攘夷"的旗帜。而楚人虽出自华夏，却处于蛮夷之中，因此能正确看待夷夏关系，一视同仁地对待夷夏族群。"抚有蛮夷，以属诸夏",② 表现了楚人民族偏见的淡薄，民族政策的开明。因此，江汉之间的诸侯、方国及部族纷纷归附楚国，有的成为楚国的附庸，如随、唐、贰、轸、庸等；有的则成为楚国的居民，如濮人、荆蛮等。这样，楚国疆域得以从夷水之滨拓展到江汉之间，拥有了今南阳盆地、江汉平原等广大地区。在楚成王、楚庄王时期，一方面楚人巩固自己对江汉间的控制，先后消灭反叛的附庸，如贰、轸、郧、庸等。此时楚国西部疆域内，附庸基本被消灭，只有随、唐二国存在。这样有利于楚国核心区的稳定，使江汉之间成为楚人争霸中原的战略核心基地。另一方面楚人则北出方城，以实现争霸中原的政治理想。在邲之战后，楚人终于实现了自己的地缘战略目标，确立了以楚人为主导的中原地缘政治秩序。楚国的疆域也从江汉之间拓展到汝淮之间，形成了楚国的东部疆域。

楚国东部疆域主要是指方城之外的淮河南北的汝颍地区和巢湖以西的淮南地区。地处长江与黄河之间的淮水流域，自新石器时代起就是我国南北文明的交汇地带，生活着众多的族群与部落。商、西周时期，淮水流域成为南北族群冲突与对峙的重要场所，周人于此封建了众多的诸侯国家，建立了以周人为主导的南土地缘政治体系，以屏蔽王室，维护其在中原的统治地位。然而，随着平王东迁，周人政治力量衰落，其南土的地缘政治体系也处于瓦解之中。楚人乘势而崛起，一统于江汉之间，奠定了坚实的后方基础，遂开始北出方城，争霸中原了。

此时的淮水流域分布着众多的诸侯、方国和族群。在汝颍地区，主要有应、房、道、柏、沈、胡、

---

① 从文献记载来看，汉东地区为随国，而从出土文物来考察，则为曾国。因此，学者多认为随国即曾国。见李学勤：《曾国之谜》，《光明日报》1978 年 10 月 4 日，又收入《新出青铜器研究》，文物出版社 1990 年版；石泉：《古代曾国——随国地望初探》，《武汉大学学报》1979 年第 1 期，又收入《古代荆楚地理新探》，武汉大学出版社 1988 年版。曾国铜器见于著录的已不少，《两周金文辞大系考释》列有曾国器物十件七类。随着考古工作的进行，曾国铜器陆续被发现。1972 年至 2002 年之间，曾国铜器屡次出土于滚河中上游流域，特别是 2002 年枣阳郭家庙曾国墓地的发现(可参见湖北省博物馆：《湖北枣阳县发现曾国墓葬》，《考古》1975 年第 4 期；田海峰：《湖北枣阳又发现曾国铜器》，《江汉考古》1983 年第 3 期；襄樊市考古队等：《枣阳郭家庙曾国墓地》，科学出版社 2005 年版)。同时，在涢水中上游地区也有曾国铜器出土，特别是曾侯乙墓的发现(可参见鄂兵：《湖北随县发现曾国铜器》，《文物》1973 年第 5 期；随州市博物馆：《湖北随县安居出土青铜器》，《文物》1982 年第 12 期；随州市考古队：《湖北随州义地岗又出土青铜器》，《江汉考古》1994 年第 2 期；湖北省文物考古研究所等：《湖北随州义地岗墓地曾国墓 1994 年发掘简报》，《文物》2008 年第 2 期)。根据这些铜器的年代和集中出土区域，可以研究曾国的疆域变化。张昌平：《曾国的疆域及中心区域——先秦时期历史地理的考古学研究个案》，《荆楚历史地理与长江中游开发——2008 年中国历史地理国际学术研讨会论文集》，湖北教育出版社 2009 年版。

② 《左传・襄公十三年》，《春秋左传注》，中华书局 1990 年版，第 1002 页。

养、蔡、顿、项、陈、许、厉等；在淮水中上游两岸地区，则有江、息、弦、黄、蒋、蓼、樊、番、钟离、徐等；在淮南地区，有英、六、宗、巢、舒及群舒等。它们占据着不同的地理区域和节点，一起构成了复杂的地缘关系，成为楚人经营东国的地缘政治环境。除此之外，域内边沿还有郑、宋、鲁、卫等，域外还有齐、晋、吴、越等国。它们与楚一样，都想成为这片土地的主宰，建立起以自己为主导的地缘政治秩序。关于春秋时期中原地区的地缘格局，梁启超有着很好的概括，其曰："春秋之局，晋、楚对峙，宋、郑为之契。宋稍畸于晋而郑稍偏于楚，亦若齐、秦之异趋也。鲁、卫则常宗晋，陈、蔡则常役楚。此八国者，左萦右拂，相对相当，以纬成春秋事迹。吴、越其兴也勃，其亡也忽，苍头特起，而全局几为之一变，其犹躔象之有彗星也。"①如此复杂的地缘形势，对雄心万丈的楚人来说是有利也有弊的。有利的是楚人以江汉之间为基地，以方城要塞为门户，进可攻、退可守，得地利之优势；楚人北出方城，东出冥轭，来往汉淮之间十分便利，不需劳师袭远。而晋、吴两国，虽有山河之利，但争霸中原，一要过黄河，二要渡长江，不得交通之便；齐国更有鲁、曹、宋等国相隔，假道伐远也甚为不便。不利的是大国相争，域内诸侯摇摆不定、叛服无常，导致楚人建立中原地缘政治体制时常处于飘摇之中，疆域得不到及时的巩固和发展，域内的政治整合与民族融合得不到加强。

面对如此复杂的地缘政治格局，楚人在前期采取了取服为主、兼并为辅的战略方针。特别是楚庄王提出"止戈为武""武有七德"之说，通过"复陈""存郑""和宋"等政治决策，以德服人，取威定霸于中原诸侯，中原诸侯纷纷成为楚国的附庸或属国。在楚共王、楚康王时期，晋、楚处于拉锯局面，平分了中原的霸权，楚人失去了对颍水以北的控制。这一时期，楚国的附庸主要存在于楚国东部疆域之内，它们受到晋、吴的利诱或征伐，表现为叛服不定。

在中期，楚人对待附庸的政策出现了反复，给楚国东部疆域造成了极大的影响。楚灵王时期，由于晋人支持吴人，楚、吴相争于淮河中游地区，互有胜负。但吴人多次深入楚境，也暴露出楚国在淮河中游地域防守的薄弱，为了稳定楚淮北疆域，加强楚人的直接控制，灵王实行了灭国移民政策。尽管这一政策可能导致附庸的叛逆，但从维护楚国疆域和加速民族融合来看，其积极因素是值得充分肯定的。因此，这一时期楚东国疆域大有拓展。陈、赖灭亡，楚国东部疆域跨越了颍水，到达了中原南部地区。然为了争取中原诸侯的支持，楚平王继位后，一改灵王的政策，使陈、蔡复国，让一些已灭国的移民迁回淮域故地。虽其目的是想平息属国与楚之间的矛盾，然其结果却是削弱了楚人对疆土的直接控制，以致疆域的防御门户洞开。在楚昭王初期，由于令尹囊瓦的贪婪，导致楚的附庸蔡、唐叛楚，附晋，亲吴。经过蔡国的上下奔走，形成了晋、吴、齐、宋、卫、郑、曹、陈、胡、许、蔡、唐等国的反楚联盟。一时之间，楚国是众叛亲离，四面受敌。楚昭王十年，即公元前 506 年，晋、吴等诸侯联军伐楚，攻破方城。晋举行召陵之盟，取得独霸的特权，致使晋楚平分中原霸权的局面被打破，楚人的中原地缘政治秩序完全瓦解。同年冬，吴、蔡、唐联兵伐楚，进入楚方城之内，连战连捷，直入郢都。吴师入郢之战，几致楚国灭亡。一些原属楚的附庸乘机吞并周围的楚邑和属楚小国，扩充地盘：胡国"尽俘楚邑之近胡者"；顿国也背楚附晋；郑国南下灭许，尽取楚汝北地区；蔡也北上灭沈，尽取周围楚邑。楚东部疆域大大地缩小，汝水之北被中原小国攻占，丧失殆尽；江淮之间尽皆失去，被吴人占据。

在后期，由于附庸纷纷叛楚，楚人实行兼并政策，进行报复。楚昭王后期，楚国经过八九年的政治革新和休养生息，国力有了一定程度的恢复。同时，楚人利用吴越相争之际，在楚昭王二十年，灭掉反叛的顿国；第二年春，又灭掉反叛的胡国。第三年，楚人派兵伐蔡，以报柏举之役。楚国疆域逐渐有所恢复。楚惠王时期，楚人先后灭陈、蔡。楚惠王十六年，越灭吴，楚人乘势沿淮东进。据《史记·越王勾践世家》载："勾践已平吴，乃以兵北渡淮，与齐、晋诸侯会于徐州，致贡于周。周元王使人赐勾践胙，命为伯。勾践已去，渡淮南，以淮上地与楚，归吴所侵宋地于宋，与鲁泗诸侯东方百里。"《史记·楚世家》也载："是时，越已灭吴而不能正江、淮北，楚东侵，广地至泗上。"《正义》注曰："江、淮北谓广陵

① 梁启超：《国史研究六篇·春秋载记》，上海中华书局 1947 年版，第 11 页。

县，徐、泗等州是也。”可见，楚东部疆域不仅恢复了原有地域，还扩展到扬州以西及淮泗之间。

行文至此，我们可见，春秋时期楚国疆域的空间变化，与楚国疆域的地理格局密切相关，其实质上是一种分块式结构的发展模式。① 楚人先是占据江汉之间，奠定了楚国疆域发展的根本；然后再以江汉核心区为基础，以方城为门户，逐渐向东扩散发展。在东向发展上，楚人首要目的是经略北方，争霸中原。虽然在春秋中晚期之际楚人将重点放在了抗击吴人、争夺淮域之上，但这是为着争霸中原这个大的地缘战略目标服务的。因此，在诸侯争霸的地缘政治格局的影响下，楚国政治统治方式的变化有着明显的区域差异。在江汉之间，由于是楚国的核心区，楚人较多实行兼并，一旦反叛，即被灭国。楚庄王时，江汉之间的附庸仅随、唐二国。后唐反叛，为楚昭王所灭。而随侍楚以忠，到战国早期都还存在。在方城之外的汝颍地区，由于是楚国经略中原的前哨阵地，楚人对反叛不定的附庸多能容忍，以德服人。如蔡、陈等多次叛楚，但楚人并没有灭之。故而，楚国的附庸大多集中在这一区域，成为楚人取威定霸的棋子。只是到了春秋晚期，楚人才灭之置县。而在淮南地区，由于是楚国争霸中原的战略支撑，楚人对一些方国多灭之为县，对一些部族则纳为附庸，实行民族融合。所以，春秋时期楚国疆域空间变化最为剧烈的区域无疑是方城之外的汝颍地区，淮南地区次之，而楚国核心区的江汉之间是最为稳定的。附庸的减少，楚县的增多，不仅有利于强化中央对地方的控制，以使疆土稳固，而且有利于文化的发展、民族的融合。

先秦时期的中国，由散到聚，从夏初禹会涂山的万国到战国时期兼并的十余国，反映了中国早期文明时代的华夏化历程。春秋时期楚国在疆域拓展的过程中，打破了原来的地缘政治结构，加强了各族群(国)之间的文化交流和民族融合，使之融合为华夏，成为中华文明进程中的一部分。到了战国时期，楚国已成为华夏中的一员，其疆土成为中华疆域最为重要的组成部分。

（作者单位：河南大学中国古代史研究中心）

① 周振鹤先生认为，《禹贡》勾画了战国以来两种理想的政治地理结构：分块式结构的“九州制”和圈层式结构的“五服制”。秦汉以来，它们一直是政治地理结构的两种基本形态。参见周振鹤：《中国历史上两种基本政治地理格局的分析》，《历史地理》第20辑，上海人民出版社2004年版，第1～19页。

楚郡的起源与形成途径*

郑　威　陈若松

春秋楚县多因小国故地或其旧都所置，大部分位于边境地区，诸侯国时期原有的各种运作体系保存较为完整，县域面积较大，军事性强。战国时期，县不再仅分布于边境地带，而是广布于楚国各地，也不再是军事性极强的区域，转而成为一种习见的、常态化设置的基层政区单位。①

郡与县密不可分，春秋时期就已有郡县并称的情况。县较郡更早出现，与郡的起源密切相关。有学者指出，县的地位的下降及其军事职能的丧失，是郡这种制度或者说是郡县制产生的内在动因。② 战国时期，随着诸侯国之间战争的频繁化、规模的扩大化，县已无法适应战争形势发展的要求，因此在更广的区域内设立郡这一级单位，以进行战争的统一调度和指挥。③ 就楚国而言，郡的设立不仅是战争规模扩大的结果，还受到了县的地位及职能转变的影响。战国早中期，楚县规模逐渐缩小，数量大幅增加，职能从以军事为主转变为以行政为主。究其原因，主要有以下几点：

其一，春秋楚县规模过大，县公权力太重，直接威胁到楚王的统治。春秋末年，楚大夫申无宇曾劝谏楚灵王说，“夫边境者，国之尾也”，④ 边县“末大必折，尾大不掉”，⑤ 以此警告灵王。此后不久楚国便先后发生了两次边县叛乱事件，一件为陈、蔡县公弃疾以陈蔡之师入郢称王，另一件为白县县公胜攻入郢都，囚惠王自立。周书灿先生指出，这两次县公叛乱夺权的事件，引起了楚王的高度警惕。楚王开始注意削弱县的力量，缩小县的规模，并改变县的性质，战国以后，楚县逐渐由侧重军事性质向侧重行政性质转变。⑥

其二，领土的扩张使边县转为内地县，导致楚县的军事职能普遍衰退。春秋后期至战国前期，楚国的领土扩张十分迅速，随着领土的扩展，边县所在地区逐渐转变为内地。以处于淮水流域的息县为例，息初置县时为楚边地，《左传》文公十六年载：“申、息之北门不启。”杨伯峻注曰：“申、息为楚北境防中原诸国之要镇，其北门不敢开启，所以备中原诸侯也。”⑦春秋中前期，申、息是楚国北面门户，楚曾多次以“申息之师”征伐。但随着楚国对陈、蔡的征服，其领土向北推进到了汝颍流域，申、息逐渐失去了边地的地位。因此进入春秋后期至战国时期，史书中便不见楚以“申息之师”征伐的记载。在军事活动以对

＊ 本文为国家社科基金冷门绝学研究专项“出土东周秦汉荆楚地理资料整理与地域空间整合研究”(20VJXG017)成果。

① 参看拙文：《从县邑之县到郡县之县：春秋战国之际楚国县制的转变》，《楚学论丛》第二辑，湖北人民出版社2012年版，第111~123页。

② 路伟东：《再论“郡”的起源》，《江西广播电视大学学报》2002年第1期。

③ 谭黎明：《论春秋战国时期楚国地方政权组织》，《社会科学战线》2012年第1期；又见氏著《春秋战国时期楚国官制研究》，社会科学文献出版社2017年版，第157页。

④ 徐元诰撰，王树民、沈长云点校：《国语集解·楚语上》，中华书局2002年版，第499页。

⑤ 杨伯峻编著：《春秋左传注·昭公十一年》(修订本)，中华书局2016年版，第1473页。

⑥ 周书灿：《春秋时期“县”的组织形式和管理形态》，《江海学刊》2003年第3期。

⑦ 杨伯峻编著：《春秋左传注·文公十六年》(修订本)，中华书局2016年版，第675页。

外战争为主的战国时期，当县不再处于边地时，楚县的军事属性必然衰退。

其三，行政管理方面的需要。楚人灭国置县，春秋之县保留了小国固有的氏族组织，尚未形成规整的基层行政组织。这从春秋后期陈、蔡灭国后，又能在楚平王的支持下迅速复国可以看出。楚人主要依靠军事力量对县进行统治，使得县的行政管理较为混乱和困难，同时也增加了灭国遗民叛乱的可能性。灵王末年，观从怂恿朝吴等蔡国贵族攻入郢都，希望能够复国，这场战争导致灵王大子禄被杀，灵王自缢身亡。这场战争中，陈、蔡县的军事力量发挥了重要作用。在此之后，楚国不断加强对县的改造，以加强管理。为了实现这一目的，缩小县的规模，改变其性质，不失为一条路径。包山楚简中出现了大量带有邑与里、敔、竁等地理单位的地名，不少应是县之下的基层组织单位。由此可知，至晚到战国中期，楚国已完成了对县的内部结构的改造，楚县的主要职能已由军事转变为行政。

战国时期，随着县的内地化、规模缩小及性质转变，原先由县所承担的边境军事攻伐和防御职能急剧衰弱，而战国时期列国之间的边境战争规模更大且更为频繁，为了应对这种需要，楚不得不建构新的防御系统，以取代县原有的作用，在这种情况下郡制应运而生。

“郡”字从邑君声，最早的含义应是直属于国君的邑，亦即公邑或官邑。《说文解字》云：“周制：天子地方千里，分为百县，县有四郡。”①说明早期的郡地位在县之下。从传世文献的记载来看，春秋末年，至少在晋国，郡的地位还是低于县的，《左传》载赵简子言：“克敌者，上大夫受县，下大夫受郡。”②但也正是在春秋晚期至战国前期，郡的地位发生了变化，由公邑上升为军事重镇，逐渐取代了原来县的部分作用。关于郡的形成方式，学者们各有仁智之见，杨宽先生认为先置郡，然后再在郡下分设若干县。③ 李玉洁先生提出联县为郡，即将原来边地的若干县聚合为一郡，以应对战争的需要。④ 这些观点皆有其道理，或许正体现了楚郡产生的不同途径。由于楚国疆域广阔，不同边地纳入其统治的时间与情形不同，设郡的方式或形成途径自然也就产生了差异。

一

李玉洁先生提出的联县为郡，我们称之为聚县为郡，是楚郡形成的第一种途径，即将一定区域内已有的若干县聚为一郡，并以其中一县为主县，常以此县县公兼任郡长官的置郡方式。春秋时期，楚人灭国置县，县多分布于边境要地，县师承担着守卫边境的重要职责。随着战争规模的扩大，邻县之间需协同作战，出现了以一主县临时掌管相邻数县军事行动的情况。在这种情况逐渐常态化之后，主县与各邻县组合为郡，主县常常成为郡治⑤所在，县公充任郡守。

以宛郡为例，《战国策·楚策二》“术视伐楚”章记载有“宛公昭鼠”，称“楚令昭鼠以十万军汉中”⑥。杨宽先生就此指出：“宛公可能是对宛守的尊称，如果宛公是县令，他不可能统率十万之军，可能战国时楚对郡守也尊称为公。”⑦杨宽先生的观点富有启发意义，在春秋时期，县一级的长官的确能够统率数万军队，但到了战国中后期，楚县的地位、规模都发生了变化，若昭鼠仅仅只是宛县的长官，那么他应该不大可能统兵十万之众。陈伟先生推测“昭鼠以宛县县公充任宛郡长官，所统实为宛郡之师”⑧。

---

① （东汉）许慎撰，段玉裁注：《说文解字注》卷十二《邑部》，上海古籍出版社 1981 年版，第 283 页。

② 杨伯峻编著：《春秋左传注·哀公二年》（修订本），中华书局 2016 年版，第 1801 页。

③ 杨宽：《战国史》，上海人民出版社 2003 年版，第 227~228 页。

④ 李玉洁：《楚史稿》，河南大学出版社 1988 年版，第 220 页。

⑤ 从秦汉简牍资料来看，“郡治”的称呼出现较晚，战国时期郡内居于中心地位的县是否有“郡治”之称尚不可知，今姑仍依例以“郡治”称之。

⑥ 刘向集录：《战国策》卷十五《楚二·术视伐楚》，上海古籍出版社 1985 年版，第 525 页。

⑦ 杨宽：《春秋时代楚国县制的性质问题》，《中国史研究》1981 年第 4 期；收入氏著《杨宽古史论文选集》，上海人民出版社 2003 年版，第 77 页。

⑧ 陈伟：《楚“东国”地理研究》，武汉大学出版社 1992 年版，第 201 页。

包山楚简中有“子郁公”，陈伟先生指出当读为“子宛公”，应是宛郡长官，“子”是对他的尊称。通过对简文所记案件的分析，陈先生推测子宛公应是介于阴地官员和左尹之间的官员，阴为楚县，在今湖北老河口市境内，距宛(今南阳市)不远，可能是宛郡属县。汉代亦有阴县，属南阳郡，这一政区设置及统辖关系极有可能沿袭自楚国。① 游逸飞先生从宛郡的情况总结指出：“战国楚郡的建置并非在县之上设置另一个官署，而是赋予县公管理、监督邻近之县的更大权力。如此一来郡制与县制的结构便高度重叠，可谓郡县同构。”②由此看来，《战国策》中的宛公昭鼠既是宛县长官，也是宛郡长官，也就是说宛郡长官极有可能由郡治所在县，即一郡的主县宛县的长官兼任。

前文提到，随着楚县军事性质的减弱，县师在战国时期也逐渐退出了历史舞台。以“申息之师”为例，作为春秋时期楚国的一支重要军事力量，在春秋晚期至战国时期却不再见于传世文献。《战国策》提到宛公昭鼠统辖宛郡十万军队，宛县在今南阳市区，其地为故申国所在。《汉书·地理志》载：“宛，故申伯国。”③《水经注》亦载：“又南迳宛城东。其地故申伯之国，楚文王灭申以为县也。”④楚灭申置申县，战国时演化为宛县，申、宛在同一地方。“申息之师”本是驻扎在申、息两地的军队，宛公昭鼠统率的军队有十万之众，驻扎在宛附近，可能是战国时期楚设立宛郡之后，对“申息之师”进行改造的结果。

除了申县、阴县之外，宛郡还当统辖息县。《说苑·指武》记载“吴起为苑守，行县适息”⑤，苑守即宛守，吴起作为宛守，能够“行县适息”，说明对息县有行政权，推测息县辖于“宛”。这样来看，宛当指宛郡，吴起曾任宛郡长官。另外，从申、息两县军队“申息之师”的合称来看，早在春秋时期，申(宛)与息便形成了密不可分的地理统一体，因此楚设宛郡之后，仍然统摄息县，并管理其县师。

宛郡的辖域范围，史籍中没有明确记载。宛位于楚方城内，是方城内最重要的城邑，而方城之内很早就形成了一个地域整体，将此地域置为一郡的可能性较大。若然，宛郡应是以方城为北界，北到伏牛山区，西至内乡县境。另据陈伟先生对包山楚简的解读，可知阴县属宛郡，阴位于宛之西南，紧临汉水，或许处于宛郡南界。息县位于宛之东南，旧址在今河南信阳市境内，应是宛郡的东界。

以宛县(申县)为主县，以申息之师为军事基础，聚合方城之内的诸县邑而形成的北至方城、南达汉水、东至淮水上游的宛郡是典型的聚县为郡，所统辖的地域以南阳盆地为主，为秦汉南阳郡的设置奠定了基础。

除宛郡外，楚曾置上蔡郡，初置之时其境域大约包含了方城之外的大片楚地。⑥ 上蔡郡的形成途径与宛郡相似。楚灵王灭蔡后，以其弟公子弃疾为蔡公，后又领有陈县，《左传》称其为蔡公，《史记》又称之为陈蔡公。除弃疾外，叶公诸梁可能也曾兼领蔡县。叶公诸梁作为叶县的最高长官，当长居叶县，但《左传》哀公十六年载白公之乱时说“叶公在蔡”，《国语·楚语下》则谓“子高以疾闲居于蔡”，韦昭注云“蔡，故蔡国，楚灭之，叶公兼而治之”，认为叶公兼治于蔡。说明叶公不唯在叶，亦常在蔡。楚蔡县在今河南上蔡县，陈县在今河南淮阳县，叶县在今河南叶县南。从蔡县到陈县和叶县都不远，距离大致相当，既然公子弃疾可以兼领二县，叶公子高兼领蔡县也并非不可能。

叶、上蔡、陈都是方城以东的楚国北境重镇，承担着抵御三晋的重要军事职能。《史记·越王勾践世家》载：“韩之攻楚，覆其军，杀其将，则叶、阳翟危；魏亦覆其军，杀其将，则陈、上蔡不安。”⑦陈蔡之师是这一地区最重要的军事力量，在经历陈蔡公弃疾入郢称王以及白公之乱之后，楚国或许聚合了方

① 陈伟：《包山楚简中的宛郡》，《武汉大学学报》(哲学社会科学版)1998年第6期。

② 游逸飞：《“郡县同构”与“令出多门”——包山简所见战国楚国郡县制》，史亚当编：《出土文献与物质文化》，中华书局(香港)2017年版，第145~202页；又见简帛网(www.bsm.org.cn)，2018年6月2日。

③ (东汉)班固：《汉书》卷二十八上《地理志上》，中华书局1962年版，第1563页。

④ 杨守敬、熊会贞：《水经注疏》卷三十一《淯水》，江苏古籍出版社1989年版，第2603页。

⑤ (西汉)刘向撰，向宗鲁校证：《说苑校证》卷十五《指武》，中华书局1987年版，第367页。

⑥ 陈伟：《楚“东国”地理研究》，武汉大学出版社1992年版，第199~200页。

⑦ (西汉)司马迁：《史记》卷四十一《越王勾践世家》，中华书局1959年版，第1748页。

城外诸县邑，以蔡为主县，以陈蔡之师为军事基础设立了上蔡郡，与宛郡东西呼应，共同构筑了楚国的北境军事防线。

二

第二种置郡方式是分割已有之郡形成新郡。当领土扩张，边地之郡面积扩大，或者需要调整战略格局之时，常会以新的战略要地为中心析置新郡。如楚人在方城之外置上蔡郡，后为了对抗秦人，在汝颍二水上游一带析置新城郡。这一事件见于《战国策·楚策一》“城浑出周”篇：

> 城浑出周，三人偶行，南游于楚，至于新城。城浑说其令曰：“郑、魏者，楚之耎国；而秦，楚之强敌也。郑、魏之弱，而楚以上梁应之；宜阳之大也，楚以弱新城围之。蒲反、平阳相去百里，秦人一夜而袭之，安邑不知；新城、上梁相去五百里，秦人一夜而袭之，上梁亦不知也。今边邑之所恃者，非江南泗上也。故楚王何不以新城为主郡也，边邑甚利之。”新城公大说，乃为具驷马乘车五百金之楚。城浑得之，遂南交于楚，楚王果以新城为主郡。①

金正炜先生谈道：“此言上梁不能应援新城，江南、泗上又远不可恃，故当以新城为主郡，文义自明。……惟‘上梁’疑当为‘上蔡’。”②学者们多赞同此说，应是。上蔡北临韩、魏，自春秋以来一直是楚国北进中原的前沿阵地。清人顾栋高称：“蔡自（春秋）中叶以后，于楚无役不从，如虎之有伥。而中国欲攘楚，必先有事于蔡。……盖蔡居淮汝之间，在楚之北，为楚屏蔽。”③以蔡国故地所置的上蔡县、上蔡郡更符合城浑“郑、魏之弱，而楚以上梁应之”的说法。

上蔡郡的规模相当大，基本包括了整个汝水流域。新城本是上蔡所辖之县，因距上蔡过远，军事上难以救援，故分置新郡。《战国策》称“楚王果以新城为主郡”，但并未说明是哪位楚王，其他史籍中也未有相关记载。从城浑与新城公的对话可知，楚设新城郡的目的是为应对秦之宜阳。《史记·秦本纪》载：“（武王）四年，拔宜阳，斩首六万。”④秦取韩宜阳是秦武王四年（楚怀王二十二年，公元前307年），楚置新城郡当在此之后。新城郡域除新城一县外，应当还统辖了原属上蔡郡西境的其他县邑。之所以选择新城为新郡之主县，大概是因为它已成为附近区域的中心城邑和军事领导者，与其他县邑联系密切，且能凝聚各县之政治、军事力量。分上蔡而置的新城郡与宛郡、汉中郡等共同构筑形成了抵抗强秦的军事战线。

三

第三种途径是依据新的政治或军事形势，以行政命令整合为一郡。如淮北十二县来源各异，县之间的联系未必紧密，但考虑到其地边齐而置郡。《史记·春申君列传》载：

> 考烈王元年，以黄歇为相，封为春申君，赐淮北地十二县。后十五岁，黄歇言之楚王曰：“淮北地边齐，其事急，请以为郡便。”因并献淮北十二县，请封于江东。⑤

考烈王曾在黄歇的建议下，于淮北设郡，以对抗齐国，时间应在考烈王十五年（公元前248年）。先秦时

① （西汉）刘向集录：《战国策》卷十四《楚一·城浑出周》，上海古籍出版社1985年版，第493~495页。

② （清）王念孙、金正炜撰，赵丕杰、赵立生点校：《战国策校释二种》，首都师范大学出版社1994年版，第234~235页。

③ （清）顾栋高：《春秋大事表》卷二十八《春秋时楚始终以蔡为门户论》，中华书局1993年版，第2024页。

④ （西汉）司马迁：《史记》卷五《秦本纪》，中华书局1959年版，第209页。

⑤ （西汉）司马迁：《史记》卷七十八《春申君列传》，中华书局1959年版，第2394页。

期的淮北是一个很广泛的地理概念，其范围涵盖了今山东南部、河南东部、安徽北部以及江苏北部的广大地区。楚、齐、宋三国对淮北的争夺激烈，边界变化频繁。

《史记·宋微子世家》载宋君偃“南败楚，取地三百里”①。《战国策·宋卫策》的记载与之相对应：

> 宋康王之时……于是灭滕伐薛，取淮北之地，乃愈自信，欲霸之亟成，故射天笞地，斩社稷而焚灭之……②

宋君偃与宋康王为同一人，《宋世家》与《宋卫策》所载也应指同一事，即宋攻取楚淮北之地三百里。宋取楚淮北后不久，齐湣王灭宋，淮北之地又归于齐。《史记·田敬仲完世家》载：

> (齐湣王)三十八年……于是齐遂伐宋，宋王出亡，死于温。齐南割楚之淮北，西侵三晋，欲以并周室，为天子。泗上诸侯邹鲁之君皆称臣，诸侯恐惧。③

齐湣王在灭宋的同时“南割楚之淮北”，取得了楚之淮北地。齐灭宋后二年，六国联合伐齐，《史记·楚世家》载：“十五年，楚王与秦、三晋、燕共伐齐，取淮北。”④此淮北应为楚国故地，但可能也包括了部分宋地。《汉书·地理志》载：

> 宋自微子二十余世，至景公灭曹，灭曹后五世亦为齐、楚、魏所灭，参分其地。魏得其梁、陈留，齐得其济阴、东平，楚得其沛。⑤

《地理志》称宋为齐、楚、魏所灭，应是误将齐灭宋与诸侯伐齐混为了一谈，但宋地最终被三国所分确是事实。楚国除取得沛外，应该还获得了宋的其他城邑。《史记·春申君列传》载白起拔郢，顷襄王东迁之后，春申君上书劝秦昭王不要继续攻楚时曾说：

> 秦、楚之兵构而不离，魏氏将出兵攻留、方与、铚、胡陵、砀、萧、相，故宋必尽。⑥

春申君提到的七地应为宋国故地，当时已经属楚，是楚国从宋国直接获得或从齐国间接获得的。徐少华先生曾考证过它们的地望：留，在今江苏沛县东南五十里；方与，故址在今山东鱼台县北；铚，在今安徽宿县西南；胡陵，在今山东鱼台和江苏沛县之间；砀，在今安徽砀山和河南永城之间；萧，在今安徽萧县西北十五里；相，约当今淮北市与河南永城县之间。⑦ 七地都在今河南、安徽、江苏三省交界地区，应是原属于宋国淮北之地的一部分，入楚后成为楚国淮北的一部分。

这样看来，淮北十二县既有故宋七地，应当还有与之相邻的齐、楚淮北地，面积广阔，来源复杂，文化差异性大。

值得注意的是，淮北郡设立之前，楚攻灭了鲁国。《史记·鲁周公世家》载：

---

① (西汉)司马迁：《史记》卷三十八《宋微子世家》，中华书局1959年版，第1632页。
② (西汉)刘向集录：《战国策》卷三十二《宋卫》，上海古籍出版社1985年版，第1157页。
③ (西汉)司马迁：《史记》卷四十六《田敬仲完世家》，中华书局1959年版，第1900页。
④ (西汉)司马迁：《史记》卷四十《楚世家》，中华书局1959年版，第1729~1730页。
⑤ (东汉)班固：《汉书》卷二十八下《地理志下》，中华书局1962年版，第1664页。
⑥ (西汉)司马迁：《史记》卷七十八《春申君列传》，中华书局1959年版，第2392页。
⑦ 徐少华：《周代南土历史地理与文化》，武汉大学出版社1994年版，第353页。

(鲁顷公)十九年，楚伐我，取徐州。二十四年，楚考烈王伐灭鲁。①

楚灭鲁之后，按惯例在故鲁地设若干县的可能性很大。《春申君列传》载：“春申君相楚八年，为楚北伐灭鲁，以荀卿为兰陵令。”②春申君以淮北为军事基地北伐灭鲁，除了兰陵县外，应该还设置了其他一些县。灭鲁后楚国的北境向北扩展，与齐国紧密相邻。淮北置郡之时，黄歇称“淮北地边齐，其事急”，大概因为仅以故鲁之地或淮北封邑均难以抵抗齐军压境，需统一进行军事管理，置郡以抗齐。由此观之，除了十二县外，淮北郡境应当也涵盖了故鲁诸县，大概包括了楚都寿春以北的淮北土地，面积广大。这一地区各县邑曾分属宋、楚、鲁、齐等国，来源复杂，所置郡以行政命令整合而成，凝聚力不强。秦汉时期该地区行政上分属不同郡国，文化上有齐、鲁、东楚、西楚之别，亦不如宛(南阳)等郡凝聚力强。

四

第四种途径是在新征服的南方民族地区设郡，以加强对这些地区的控制，震慑反抗势力。如在江东置郡对抗越国及越人；在南方越人聚居区置洞庭、苍梧郡也属于这一情形。

以楚置郡江东为例，《史记》卷七十一《樗里子甘茂列传》载范蜎对楚怀王之言曰：

且王前尝用召滑于越，而内行章义之难，越国乱，故楚南塞厉门而郡江东。计王之功所以能如此者，越国乱而楚治也。③

范蜎提到楚“南塞厉门而郡江东”，杨宽先生据此推测楚曾于江东设郡。④ 战国中后期，楚国曾多次战败越国，夺取越地，楚于江东置郡的可能性很高。先是楚威王“大败越，杀王无彊，尽取故吴地至浙江”⑤；后楚怀王又“东取地于越”⑥。楚国的两次打击取得了大片越地，为楚置郡江东提供了条件。楚置郡多是出于军事层面的考虑，如置上蔡郡以备魏，置新城郡以备秦，置淮北郡以备齐。楚在新占领的江东地区置郡，是为了防备越国的反扑。

五、余　论

楚县行政功能的增强显然是为了适应不断加强的楚国中央集权统治以及官僚制楚国形成的需要。楚郡的设置替代了楚县固有的军事职能，以适应战国频繁的边境争夺战。分析已有史料可知，楚郡自始至终都置于边地，置上蔡郡、新城郡和宛郡于楚北境，是为了防御秦、韩、魏及北略中原；置巫郡、黔中郡于楚西境，是为了抵御秦国，战国中晚期秦楚曾在该地区反复拉锯争夺。此外，还曾于淮北、江东等边地置郡，以抗压齐、越。目前尚未见有在楚国核心地区设郡的记载，这显示了楚人置郡之时军事因素的主导作用。秦统一后，在南方新占领区(新地)所置洞庭、苍梧等郡亦保留了浓厚的军事性质，应当也有类似的考虑。随着统一进程的深入与统治的稳定，郡的军事性质衰减(边郡仍有所保留)，形成了稳定的统县政区，这显然也是为了适应官僚制秦汉帝国的统治需要。

(作者单位：武汉大学历史学院)

---

① (西汉)司马迁：《史记》卷三十三《鲁周公世家》，中华书局1959年版，第1547页。
② (西汉)司马迁：《史记》卷七十八《春申君列传》，中华书局1959年版，第2395页。
③ (西汉)司马迁：《史记》卷七十一《樗里子甘茂列传》，中华书局1959年版，第2317~2318页。
④ 杨宽：《战国史》，上海人民出版社2003年版，第364~365页。
⑤ (西汉)司马迁：《史记》卷四十一《越王勾践世家》，中华书局1959年版，第1751页。
⑥ (西汉)司马迁：《史记》卷四十《楚世家》，中华书局1959年版，第1726页。

江浙地区"楚式墓"中的楚、秦、越文化融合*

太田麻衣子

以长江下游和钱塘江之间为中心的江浙地区，已经发现了数十座"具有典型楚文化因素的墓葬"①。此地本是吴越之地，但是吴、越和楚相争，公元前473年越灭吴，② 公元前4世纪后期越王无彊为楚所杀，最终楚的控制地域扩展至江浙地区。③ 因此，此地出土的"具有典型楚文化因素的墓葬"大多被认为是楚开始控制江浙地区后建造的"楚墓"。

然而，由于典籍里几乎没有相关记载，关于楚统治江浙地区有很多不明之处。楚杀害越王无彊的年代众说纷纭，而且有的典籍显示越王无彊死后，越的势力还存在于江浙地区。④ 因此，楚何时开始控制江浙地区，长久以来一直是争议所在。江浙地区出土的"楚墓"跟这个问题也不是没有关系，学界对一些墓葬有不同见解。以浙江绍兴凤凰山M1和M2为例，⑤ 高至喜先生认为"这两座墓是保存有若干越文化因素的楚墓"，进而"推测这两座墓的时代约在楚灭越之后不久，可定在战国晚期之初"。⑥ 另一方面，刘和惠先生认为这两座墓是"具有浓厚楚风的越墓"，并指出其下葬年代为战国前期、或接近战国中期。⑦ 而田正标先生则认为两墓是属于战国中期晚段的"越墓"。⑧ 若采纳高氏说法，两墓证明了在公元前4世纪末或前3世纪初，楚国已经扩张至绍兴。而根据刘、田两氏的见解，两墓则与楚国统治无关。以这两墓为代表，江浙地区出土了数十座墓葬，既有原来的越文化因素，亦有新来的楚文化因素。重视前者的便认为是越墓，看重后者的则认为是楚墓。

---

* 本研究得到JSPS科研费26770248支持。

① 杨哲峰：《关于江东地区"楚式墓"的发现与研究》，《东方博物》2012年第1期。杨先生给"江东地区"这个词下定义如下："以长江下游干流为界，指下游北流干流段以东至大海之滨的广大地区，大致相当于现在的江苏和安徽两省长江干流以南部分、江西省东北部、上海市和浙江省中北部地区。"杨先生所说的"江东地区"和本文所说的"江浙地区"，实质上几乎一样。但是"江东"这个词本见于典籍记载，其范围经常不清。为了与典籍里的"江东"区别，除了典籍里有"江东"的记载以外，本文避用"江东"这个词。

② 《春秋左氏传》哀公二十二年。

③ 《史记》卷四十一《越王勾践世家》。

④ 如直接根据《史记》卷四十一《越王勾践世家》的记载，无彊被杀的年代是公元前333年或其前夕。但是杨宽先生指出这记载有些问题，实际年代应在公元前306年。参见杨宽：《楚怀王灭越设郡江东考》，上海《益世报》副刊《史苑》周刊第4期，1946年9月27日；杨宽：《关于越国灭亡年代的再商讨》，《江汉论坛》1991年第5期(两者都收录在他的选集里，前者也有附记，见杨宽：《杨宽古史论文选集》，上海人民出版社2003年版)。有关杀害无彊年代的说法，现在可以大致分成公元前333年前后和公元前306年前后两种。关于杨先生以外的研究，以及杀害无彊是否代表越灭亡等问题，参见[日]太田麻衣子：《越の淮北进出とその灭亡—「刘邦集团＝楚人」说再检讨のために—》，《古代文化》第64卷第3号，2012年。

⑤ 绍兴县文物管理委员会：《绍兴凤凰山木椁墓》，《考古》1976年第6期。

⑥ 高至喜：《论战国晚期楚墓》，《东南文化》1990年第4期。

⑦ 刘和惠：《楚文化的东渐》，湖北教育出版社1995年版，第88页。

⑧ 田正标：《江、浙、沪地区战国墓分期初探》，《浙江省文物考古研究所学刊》第九辑，科学出版社2009年版。

由此可知，江浙地区出土的不少“楚墓”，实际上兼具楚文化和非楚文化的因素，不能简单地称之为“楚墓”。因此杨哲峰先生主张姑且把在当地出土、具有典型楚文化因素的墓葬称为“楚式墓”，又指出目前对此“尚无专文进行详尽、系统的整理研究”。① 本文承袭杨氏的看法，从此以后用“楚式墓”这个名称，分析下葬年代被推定为战国晚期以后，即与楚控制江浙地区有关的“楚式墓”。② 笔者在前稿分析了江浙地区出土的“楚式墓”，阐明了现在已经发现的“楚式墓”中，除了楚文化和越文化因素以外，还兼具秦文化因素的墓葬也有不少。③ 不过，对未发现秦文化因素的墓葬，前稿的分析还不够充分。因此，本文将先对“楚式墓”进行更详细的分析，补充前稿不足，再考察战国晚期以后江浙地区的文化多样性。

一、江浙地区出土“楚式墓”的分类

根据高至喜先生和丁兰女士的看法，战国晚期楚墓的器物组合以“鼎、敦、壶”或“鼎、盒、壶”为主，从过去延续下来的敦被新出现的盒所取代。因此，在战国晚期后段特别是楚国迁都钜阳和寿春之后，④ 楚墓器物是以“鼎、盒、壶(或钫)”为主。而长江下游地区没有发现拥有敦的组合，这被认为与楚占领该地较晚有关。⑤

因此，笔者从目前发现的“楚式墓”中，抽取了拥有“鼎、盒、壶(或钫)”这种器物构成的墓葬，以及虽然缺少上述任何一种器物，但凭形制判断，时期大致相同的墓葬，将各墓的随葬品构成列在表一(文后附)。表一中“鼎、盒、壶(或钫)”不齐全的墓葬有五座，是江宁湖熟 M6、秦淮宝塔顶 M10、苏州真山 D1M1、苏州真山 D4M2、余姚老虎山 D1M2。⑥ 其中苏州真山 D1M1 被爆破工程所破坏，大部分器物遭炸毁或遗失，无法掌握原本的器物组合。至于苏州真山 D4M2，简报指出墓主可能是小孩，因此可说是例外。而秦淮宝塔顶 M10 有鼎、壶而缺盒，但出土了两件簋，其形制如同没有盖子的盒。且该墓出土的壶有非常高的喇叭形圈足，有别于其他“楚式墓”出土的壶。余姚老虎山 D1M2 情况不详，而江宁湖熟 M6 被简报判断为西汉早期墓。由此可知，这五座墓除了“鼎、盒、壶(或钫)”组合不齐全外，与其他“楚式墓”相比特殊之处不少。另外，丁兰女士指出长江下游地区也有以“鼎、盒、豆”为主的器物组合。与“鼎、盒、壶(或钫)”和“鼎、盒、豆”这两种组合都不同的，只有器物组合不明的苏州真山 D1M1 和墓主被判断为小孩的苏州真山 D4M2。

不符合表一的“楚式墓”，除了上列的绍兴凤凰山 M1 和 M2 以外，还有绍兴凤凰山 M3、绍兴茅家山 M324、苏州虎丘东周墓和吴县何山东周墓等。⑦ 这些墓葬的随葬品与表一所列的“楚式墓”风格不同。后两

① 杨哲峰：《关于江东地区“楚式墓”的发现与研究》，《东方博物》2012 年第 1 期。

② “楚式墓”是“具有典型楚文化因素的墓葬”，与“楚墓”未必同义。即使越文化因素浓厚，且难以认定为“楚墓”的墓葬，只多少兼具楚文化因素，也就属于“楚式墓”。

③ [日]太田麻衣子：《江浙地区出土「楚墓」の再检讨—楚の江东进出との关わりから—》，《日本秦汉史研究》第 18 号，2017 年。以下径称“前稿”，不再出注。

④ 《史记》卷十五《六国年表》。

⑤ 高至喜：《论战国晚期楚墓》，《东南文化》1990 年第 4 期。丁兰：《战国末期楚墓随葬陶器的区域特征》，《华夏考古》2004 年第 1 期。另，虽然绍兴凤凰山 M2 出土了敦，但是如后所述，该墓的随葬品与越墓相似，难以认为是“楚墓”。

⑥ 王光明、徐宁、徐华：《南京市湖熟镇窑上村汉代墓葬发掘简报》，《东南文化》2009 年第 4 期；周保华、龚巨平：《南京秦淮区宝塔顶 10 号院战国墓发掘简报》，《东南文化》2009 年第 4 期；苏州博物馆：《真山东周墓地　吴楚贵族墓地的发掘与研究》，文物出版社 1999 年版，第 36~41 页；苏州博物馆：《苏州真山四号墩发掘报告》，《东南文化》2001 年第 7 期；浙江省文物考古研究所：《余姚老虎山一号墩发掘》，浙江省文物考古研究所：《沪杭甬高速公路考古报告》，文物出版社 2002 年版，第 51~95 页。

⑦ 绍兴县文物保护管理所：《浙江绍兴凤凰山战国木椁墓》，《文物》2002 年第 2 期；蒋明明：《浙江绍兴皋埠仁家湾茅家山战国墓清理简报》，《东方博物》第十四辑，2005 年；苏州博物馆考古组：《苏州虎丘东周墓》，《文物》1981 年第 11 期；吴县文物管理委员会：《江苏吴县何山东周墓》，《文物》1984 年第 5 期。

表一　“楚式墓”随葬品一览表

省	墓葬单位	陶器																		原始瓷器					青铜器																其他
		鼎	盒	壶	钫	豆	簋	罐	双耳罐	秦式罐	釜	杯	盘	匜	勺	碗	甑	纺轮	冥币	鼎	壶	薰	瓿	罐	鼎	盒	壶	盘	匜	勺	带钩	盉	灯	盆	剑	戈	镈	镞	弩机	镜	
安徽	宣州石板桥小学墓(1)	2	2	2	2																																				俑4、木剑2、木梳1、木篦1、漆樽1、漆耳杯4
	宣城砖瓦厂M1(2)	2	2		2	2				4		2																													俑5、璧1、木梳、木篦、漆耳杯5
江苏	江宁湖熟M6(3)	4	1			4			4	5					3 注1	1	1						1											1							璧1、环1、璜1、漆片、陶盖1、陶圈足2、青铜器柄1
	秦淮宝塔顶M10(4)	2		2		2	2			1																															漆盘1、漆木器1、青铜1、骨器1
	武进孟河M1(5)																								2	1 注2	2	1	1	2	1				1				1		俑头1、璧1
	无锡施墩M5(6)	2	1 注3		2							2			4 注4																										俑2
	苏州真山D1M1(7)																		2						4							1	1		2	4	5	7	1		青铜印1、璧1、珩3、管2、石坠1
	苏州真山D2M1(8)	2	2		2				1			2			4																									1	俑头1
	苏州真山D3M1(9)	4	2 注5																		2	1	2																		俑头1、玉印1、玉扳指1、铁剑1
	苏州真山D4M2(10)	1			1	2																		1																	璧1
	苏州真山D4M3(11)	2	1	2		2				3											2		1																	1	璧1
上海	青浦福泉山M1(12)	2	2	2		2		1																																	璧2
	青浦福泉山M2(13)	2	2	2		2				1		2		1																											
	青浦福泉山M4(14)	1	1		1	1		1 注6							2																										俑头2、俑手4
	青浦福泉山M88(15)	2	2		2	2					2 注7	2			4																										俑头4、俑手4、璧1、珠1

续表

省	墓葬单位	陶器																		原始瓷器					青铜器																其他
		鼎	盒	壶	钫	豆	簋	罐	双耳罐	秦式罐	釜	杯	盘	匜	勺	碗	甑	纺轮	冥币	鼎	壶	薰	瓿	罐	鼎	盒	壶	盘	匜	勺	带钩	盉	灯	盆	剑	戈	鐏	镞	弩机	镜	
上海	嘉定外冈M1(16)	件数不详	件数不详		件数不详	件数不详						件数不详			件数不详				件数不详				件数不详																		
浙江	安吉垄坝村D1M2(17)	2	1	2																																					璧1
	安吉五福M1(18)	6	4		6	6						4																				1			1	1		竹杆铜镞5		1	俑14、铃印陶片1、漆奁1、漆盒2、漆卮(樽)1、漆耳杯9、漆盘1、漆案1、漆凭几1、漆瑟1、漆六博1、漆篦子1、漆虎子1、漆坐便架1
	余姚老虎山D1M1(19)	2	2	1	3								1																												璧1、漆木器1
	余姚老虎山D1M2(20)	1	1			2																																			
	余姚老虎山D1M14(21)	7	4	4	4	6												1		4	4	2	5																	1	璧1、玦1、玉剑首1、漆木器3
	宁波火车站M125(22)	件数不详	件数不详	件数不详		件数不详						件数不详																													

(1)朱锐、程思宝、裴忠钦:《宣州市战国墓清理简报》,《文物研究》第12辑,1999年。(2)安徽省文物队、丁邦钧、汪景辉:《宣城县土坑木椁墓》,《安徽省考古学会会刊》第7辑,1983年。(3)王光明、徐宁、徐华:《南京市湖熟镇窑上村汉代墓葬发掘简报》,《东南文化》2009年第4期。(4)周保华、龚巨平:《南京秦淮区宝塔顶10号院战国墓发掘简报》,《东南文化》2009年第4期。(5)镇江市博物馆:《江苏武进孟河战国墓》,《考古》1984年第2期。(6)谢春祝:《无锡施墩第五号墓》,《文物参考资料》1956年第6期。(7)(8)(9)苏州博物馆:《真山东周墓地　吴楚贵族墓地的发掘与研究》,文物出版社1999年版,第36~47页。(10)(11)苏州博物馆:《苏州真山四号墩发掘报告》,《东南文化》2001年第7期。(12)(13)(14)上海市文物保管委员会:《上海青浦县重固战国墓》,《考古》1988年第8期。(15)周丽娟:《上海青浦福泉山发现一座战国墓》,《考古》2003年第11期。(16)黄宣佩:《上海市嘉定县外冈古墓清理》,《考古》1959年第12期;孙维昌:《上海发现一座战国——汉初时代墓葬》,《文物》1959年第12期。(17)金翔:《浙江安吉县垄坝村发现一座战国楚墓》,《考古》2001年第7期。(18)田正标、刘建安、程亦胜、程永军、邱宏亮、杨莉:《浙江安吉五福楚墓》,《文物》2007年第7期。(19)(20)(21)浙江省文物考古研究所:《余姚老虎山一号墩发掘》,浙江省文物考古研究所:《沪杭甬高速公路考古报告》,文物出版社2002年版,第51~95页。(22)姚仲源:《浙江德清出土的原始青瓷器——兼谈原始青瓷生产和使用中的若干问题》,《文物》1982年第4期。

注1:在简报上,用"簸箕""钵"来表示。注2:在简报上,用"敦"来表示。注3:在简报上,用"簋"来表示。注4:在简报上,用"碟""钵"来表示。注5:在报告书上,用"敦"来表示。注6:在简报上,用"壶"来表示。注7:在简报上,用"罍"来表示。

座被指与吴文化有关，尤其有时代隔绝之感。① 关于在绍兴出土的前四座，笔者已在前稿指出这些墓葬的随葬品与越墓相似。本文针对其与表一的关系略作补充。表一“楚式墓”出土的都是拱盖鼎，而绍兴凤凰山 M1、M2、M3 除掘出拱盖鼎，还有兽面鼎、甗形鼎和小鼎等，种类繁多，器物组合则与余杭崇贤战国墓所代表的越墓十分相似。② 绍兴茅家山 M324 没有发现鼎，但出土了陶编钟、编磬等乐器，陶制乐器在越墓中也相当常见。③

没有列在表一的“楚式墓”，与表中的墓是否存在某种继承关系，在此还不能提供答案。而且，虽然江浙地区出土的战国墓里常见充满越文化特色的印纹硬陶，但是表一所列的“楚式墓”里均没有发现印纹硬陶。④ 由此可说，表一“楚式墓”与江浙地区的传统墓葬是两种完全不同的存在。尤其，虽然余姚老虎山 D1M10 是余姚老虎山 D1M14 的异穴同封合葬墓，⑤ 越文化因素很浓厚，没出土楚式随葬品，却出土了印纹硬陶。两座墓葬在同一地点出土，时期相同，却有如此差别，可以说印纹硬陶存在与否，与该墓的文化属性关系匪浅。

如上所述，表一所揭载的“楚式墓”，和其他的“楚式墓”或江浙地区传统的越墓有清楚的界限，可以认为是战国晚期在江浙地区突然发生变化，即楚控制了江浙地区而建造的。不过，虽然有清楚界限，表一“楚式墓”里也有江浙地区原有的文化因素，并且还有和楚文化一样，对此地来说也是外来文化的秦文化因素。所以，不能单纯只和楚的统治联系起来讨论。在下一部分，本文将分析在表一“楚式墓”的随葬品里发现的非楚文化因素。

二、见于“楚式墓”的非楚文化因素

（一）原始瓷器

原始瓷器和印纹硬陶一样，都可以说是越文化的代表。春秋战国时代的越墓，即使是贵族墓，传统上也以随葬原始瓷器或硬陶的仿铜礼器取代随葬青铜礼器。⑥ 在表一“楚式墓”中没有发现印纹硬陶，却在六座墓葬里发现了原始瓷器，即江宁湖熟 M6、苏州真山 D3M1、苏州真山 D4M2、苏州真山 D4M3、嘉定外冈 M1、余姚老虎山 D1M14。⑦

1. 鼎

在“楚式墓”出土的原始瓷器中，最值得一提的是只见于余姚老虎山 D1M14 的原始瓷鼎（图一：1、2）。笔者在前稿里已经指出，这种原始瓷鼎是江浙地区原来的越文化与新来的秦文化融合后的新产物。

据冈村秀典先生之说，这种型式的青铜鼎从战国后期始见于秦墓，与中原地区出土的青铜鼎没有区

---

① 关于苏州虎丘东周墓和吴县何山东周墓的下葬年代诸说，参见杨哲峰：《关于江东地区“楚式墓”的发现与研究》，《东方博物》2012 年第 1 期。

② 余杭县文物管理委员会：《浙江省余杭崇贤战国墓》，《东南文化》1989 年第 6 期。

③ 但是，尽管一般越墓出土的陶制乐器是原始瓷和硬陶制品，绍兴茅家山 M324 出土的乐器却是黑皮陶。绍兴凤凰山 M1、M2、M3 出土的鼎也是黑皮陶。因此，笔者认为这些墓葬的随葬品与一般越墓相较较为特殊。

④ 但如后述，苏州真山 D4M2 出土了有印纹的原始瓷罐。

⑤ 浙江省文物考古研究所：《余姚老虎山一号墩发掘》，浙江省文物考古研究所：《沪杭甬高速公路考古报告》，文物出版社 2002 年版，第 51~95 页。

⑥ 陈元甫：《越国贵族墓葬制葬俗初步研究》，《浙江省文物考古研究所学刊》第九辑，科学出版社 2009 年版。

⑦ 关于苏州真山 D3M1 的报告书，见苏州博物馆：《真山东周墓地　吴楚贵族墓地的发掘与研究》，文物出版社 1999 年版，第 44~47 页。关于苏州真山 D4M2 的简报，见苏州博物馆：《苏州真山四号墩发掘报告》，《东南文化》2001 年第 7 期。关于嘉定外冈 M1 的简报，见黄宣佩：《上海市嘉定县外冈古墓清理》，《考古》1959 年第 12 期；孙维昌：《上海发现一座战国——汉初时代墓葬》，《文物》1959 年第 12 期。

别，也有在江汉地区出土的。它们原本是圆底，但到了西汉前期，却在江汉地区产生了地域特征，变成了浅腹、平底(图一：3)。① 而与余姚老虎山 D1M14 原始瓷鼎一样的原始瓷鼎，也见于浙江省博物馆，其盖纽形制等都十分相似，只是前者是圆底近平，后者则是圆底。因此可以判断余姚老虎山 D1M14 出土的原始瓷鼎，仿造了这种具江汉地域特征的秦式铜鼎。所以，可将该墓的下葬年代，后推至西汉前期以后。

余姚老虎山 D1M14 出土的原始瓷鼎分为两种，一种盖缘有三个纽(图一：1)，另一种除了同样的三个钮以外，盖顶中心还有一个纽(图一：2)。浙江省博物馆收藏的原始瓷鼎和后者相同。像这样除了盖缘三钮，还有盖顶纽的鼎盖，是楚式鼎的特征。② 江浙地区原来的越墓已经出土了这种盖缘有三个纽、盖顶有一个纽的原始瓷器，③ 但秦式铜鼎本来盖顶中心没有纽，而且盖缘有算珠形装饰的环纽。余姚老虎山 D1M14 和浙江省博物馆的原始瓷鼎，虽说原本是模仿秦式青铜鼎而造的，但原始瓷器这种材质和纽却能体现出它们的地域性。④

1　　　　2　　　　3

图一　鼎

1. 余姚老虎山 D1M14 出土原始瓷鼎(D1M14：6)⑤　2. 余姚老虎山 D1M14 出土原始瓷鼎(D1M14：5)⑥
3. 云梦大坟头 M1 出土青铜鼎(头箱 28 号)⑦

2. 壶

除了鼎以外，余姚老虎山 D1M14 还出土了瓿、壶、熏等原始瓷器，苏州真山 D3M1 也出土了原始瓷瓿、壶、熏。在苏州真山 D3M1 出土的陶器里，除了原始瓷器以外，就只出土了鼎、盒和俑头，因此不把原始瓷壶也算进去的话，就无法凑齐“鼎、盒、壶(或钫)”的器物组合。此外，出土原始瓷壶的“楚式墓”还有苏州真山 D4M3。上述三座墓出土的原始瓷壶，形制和纹饰都很相似。然而，余姚老虎山 D1M14 所

① ［日］冈村秀典：《秦文化の编年》，《古史春秋》第 2 号，1985 年。

② ［日］间濑收芳：《战国时代楚文化の中の鼎と敦—周边文化との关连を主眼にみる—》，《古史春秋》第 3 号，1986 年。

③ 例如无锡鸿山 DⅦM1 和余杭崇贤战国墓出土鼎等。参见南京博物院、江苏省考古研究所、无锡市锡山区文物管理委员会：《鸿山越墓发掘报告》，文物出版社 2007 年版，第 173～177 页；余杭县文物管理委员会：《浙江省余杭崇贤战国墓》，《东南文化》1989 年第 6 期。

④ 上海的青浦博物馆和嘉定博物馆的收藏不是原始瓷制品，而是青铜制品的秦式鼎。其鼎盖上有秦式青铜鼎本来样式的纽，没有体现和原始瓷器一样的地域性。

⑤ 浙江省文物考古研究所：《沪杭甬高速公路考古报告》，图版二一，文物出版社 2002 年版。

⑥ 浙江省文物考古研究所：《沪杭甬高速公路考古报告》，图版二一，文物出版社 2002 年版。

⑦ 湖北省博物馆：《云梦大坟头一号汉墓》图版伍，《文物资料丛刊》4，文物出版社 1981 年版。

出的是矮束颈，肩部有绹索状的环耳一对，其上两端有报告书所说"兽形耳"的装饰(图二：1)。① 另外，苏州真山 D3M1 和 D4M3 出土的皆是长束颈，肩部的耳也被简略化了，不是绹索状，也没有"兽形耳"的装饰(图二：2)。在盖方面，余姚老虎山 D1M14 的盖有蘑菇纽和纹饰；苏州真山 D3M1 的壶无盖；苏州真山 D4M3 的壶虽然有盖，但盖纽是圆纽耳而不是蘑菇状，根据简报来判断，大概无纹。由此可见，与余姚老虎山 D1M14 所出相较，苏州真山 D3M1 和 D4M3 出土的原始瓷壶在整体上被简化了。

这种简略的原始瓷壶，亦见于余姚老虎山 D1M10(图二：3)。如上所说，该墓虽然不是"楚式墓"，但是"楚式墓"余姚老虎山 D1M14 的异穴同封合葬墓。该墓的原始瓷壶是长束颈而无盖，耳和腹部的形制也与苏州真山 D3M1 出土的原始瓷壶特别相似。余姚老虎山 D1M10 破坏了余姚老虎山 D1M14 的一部分而建，可知其下葬年代晚于 D1M14，② 也就可以认为这种简略的原始瓷壶的制造年代，比 D1M14 出土的原始瓷壶要晚。

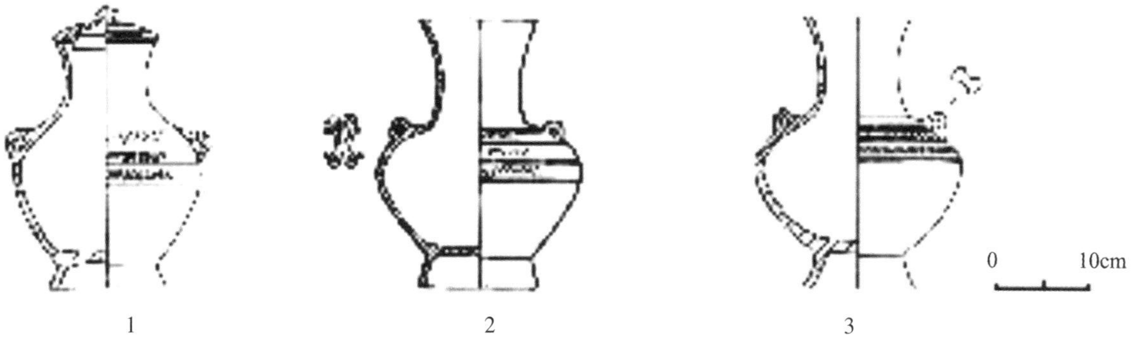

图二 壶

1. 余姚老虎山 D1M14 出土原始瓷壶(D1M14：36)③　2. 苏州真山 D3M1 出土原始瓷壶(D3M1：3)④　3. 余姚老虎山 D1M10 出土原始瓷壶(D1M10：2)⑤

3. 瓿

论及简化，苏州真山 D3M1 出土的原始瓷瓿也比余姚老虎山 D1M14 出土的原始瓷瓿简化多了。余姚老虎山 D1M14 有三足瓿和圈足瓿两种(图三：1、2)，双方肩部都有跟壶一样的耳，即有"兽形耳"装饰的绹索状的环耳，盖上也有与壶一样的纽。⑥ 苏州真山 D3M1 只有三足瓿，盖上跟余姚老虎山 D1M14 出土瓿一样有蘑菇纽，肩部也有绹索状耳(图三：3)，但是却没有"兽形耳"的装饰，因此可说简化多了。

另外，苏州真山 D4M3 出土的原始瓷瓿无盖、无足，肩部有铺首一对，并无绹索状耳，外观殊异。原始瓷瓿也见于江宁湖熟 M6 和嘉定外冈 M1，皆无盖、三足，江宁湖熟 M6 有绹索状耳一对，嘉定外冈 M1 则有铺首一对。表一"楚式墓"出土的瓿并不多，单凭这个数量还不能断言什么，但是江浙地区汉墓里出土了很多有铺首的瓿，可见铺首在后世比绹索状耳流行得多。

---

① 浙江省文物考古研究所：《余姚老虎山一号墩发掘》，浙江省文物考古研究所：《沪杭甬高速公路考古报告》，文物出版社 2002 年版，第 69 页。

② 浙江省文物考古研究所：《余姚老虎山一号墩发掘》，浙江省文物考古研究所：《沪杭甬高速公路考古报告》，文物出版社 2002 年版，第 91、93 页。

③ 浙江省文物考古研究所：《沪杭甬高速公路考古报告》，图版一八，文物出版社 2002 年版。

④ 苏州博物馆：《真山东周墓地吴楚贵族墓地的发掘与研究》，图八七，文物出版社 1999 年版。

⑤ 浙江省文物考古研究所：《沪杭甬高速公路考古报告》，图版二七，文物出版社 2002 年版。

⑥ 但是也存在差异。例如，三足瓿的耳、纽、纹样都和壶一样，而圈足瓿的纹样和耳的装饰比壶更精致。关于纽，也有壶和三足瓿的顶部尖，而圈足瓿的顶部圜的差异。

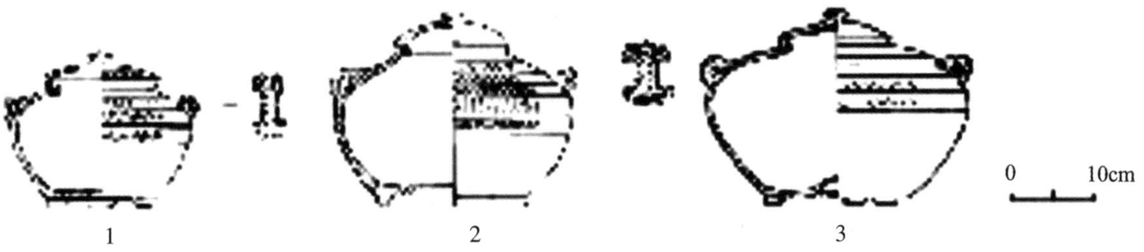

图三　瓿

1. 余姚老虎山 D1M14 出土原始瓷瓿(D1M14：10)①　2. 余姚老虎山 D1M14 出土原始瓷瓿(D14：48)②
3. 苏州真山 D3M1 出土原始瓷瓿(D3M1：4)③

有六座墓葬出土了原始瓷器，其中五座随葬了原始瓷瓿，可见在“楚式墓”随葬的原始瓷器里，最基本的器物是瓿。只有苏州真山 D4M2 没有出土瓿，反而出土了一件原始瓷罐，上面印有米筛纹，表一“楚式墓”里没有类似的例子。

4. 熏

熏见于苏州真山 D3M1 和余姚老虎山 D1M14，但两者形制并不相同，而且后者的熏有鸟形纽(图四：3)，而前者的熏没有(图四：1)。关于前者，更可以指出同样形制的熏也见于湖南长沙楚墓和湖南沅水下游楚墓(图四：2)，这些墓葬的下葬年代被推定为战国晚期中段、后段。④ 湖南出土的陶熏虽然不是原始瓷器，但部分陶熏有鸟形纽，它们与苏州真山 D3M1 出土的熏关系密切，想必与余姚老虎山 D1M14 出土的熏也有关。⑤

比表一“楚式墓”更早期在江浙地区生产的原始瓷熏，具有细长颈、扁鼓腹，除了同样是原始瓷器和有三角形镂孔以外，看不出跟“楚式墓”出土的熏有何共同之处(图四：4)。⑥ 然而，如着眼于鸟形纽，淮阴高庄 M1 出土的原始瓷熏也有同样的细长颈、扁鼓腹和三角形镂孔，却有鸟形纽的铜盖，⑦ 而战国前期越墓出土的器盖也有鸟形纽，例如无锡鸿山 DⅡM1、DⅢM1、DⅣM1 和安吉龙山 D141M1 等。⑧ 另外，属于战国中期的湖南沅水下游 M1532 出土的陶浴缶，其盖上也有鸟形纽。⑨ 因此，目前还不能断言这些

① 浙江省文物考古研究所：《沪杭甬高速公路考古报告》，图版一九，文物出版社 2002 年版。

② 浙江省文物考古研究所：《沪杭甬高速公路考古报告》，图版一九，文物出版社 2002 年版。

③ 苏州博物馆：《真山东周墓地吴楚贵族墓地的发掘与研究》，图八七，文物出版社 1999 年版。

④ 例如长沙 M569：103、M946：10、M1091：4、M1145：20，沅水下游 M16：5、M1310：17、M1494：2 等。参见湖南省博物馆、湖南省文物考古研究所、长沙市博物馆、长沙市文物考古研究所：《长沙楚墓(上)》，文物出版社 2000 年版，第 141~143 页；湖南省常德市文物局、常德博物馆、鼎城区文物管理处、桃源县文物管理所、汉寿县文物管理所编著：《沅水下游楚墓(中)》，文物出版社 2010 年版，第 564~566 页。

⑤ 关于有鸟形纽的熏，有以下专论：黄秋雯：《试论汉代的鸟形纽陶熏炉》，《广西博物馆文集》，2015 年。

⑥ 例如绍兴凤凰山 M3、杭州半山 D20T2M5 等皆出土这样的原始瓷熏。参见绍兴县文物保护管理所：《浙江绍兴凤凰山战国木椁墓》，《文物》2002 年第 2 期；沈芯屿：《杭州市半山出土战国原始瓷研究》，《福建文博》2013 年第 3 期。

⑦ 目前发现的战国时期原始瓷窑址都在江浙地区，因此淮阴高庄 M1 出土的熏也可能是在江浙地区生产的。但是，相对于江浙地区出土的熏一般为单囱，淮阴高庄 M1 出土的有双囱，稍微特殊。关于原始瓷窑址，参见王屹峰：《中国南方原始瓷窑业研究》，中国书店 2010 年版，第 82~91 页。关于淮阴高庄 M1 出土的熏，参见淮安市博物馆编著：《淮阴高庄战国墓》，文物出版社 2009 年版，第 50~53、143~144 页。

⑧ 南京博物馆、江苏省考古研究所、无锡市锡山区文物管理委员会：《鸿山越墓发掘报告》，文物出版社 2007 年版，第 29~30、39~40、17~22 页；浙江省文物考古研究所编著：《浙江越墓》，科学出版社 2009 年版，第 139~140、160~164 页。另，余杭崇贤 M1、M2、M3 出土的盖鼎也有鸟形纽。参见余杭县文物管理委员会：《浙江省余杭崇贤战国墓》，《东南文化》1989 年第 6 期。

⑨ 湖南省常德市文物局、常德博物馆、鼎城区文物管理处、桃源县文物管理所、汉寿县文物管理所编著：《沅水下游楚墓(中)》，文物出版社 2010 年版，第 561~563 页。

熏的鸟形纽源自越地或楚地。但无论如何,① 从苏州真山 D3M1 和余姚老虎山 D1M14 出土的原始瓷熏可以看出楚文化因素和越文化因素融合的痕迹。②

1　　2　　3　　4

图四　熏

1. 苏州真山 D3M1 出土原始瓷熏(D3M1：1)③　2. 长沙 M569 出土陶熏(M569：103)④
3. 余姚老虎山 D1M14 出土原始瓷熏(D1M14：46)⑤　4. 绍兴凤凰山 M3 出土原始瓷熏(M3：14)⑥

(二)其他陶器

上述原始瓷器中，可以确定年代的，就只有余姚老虎山 D1M14 出土的鼎。而上文已经说明，该鼎乃仿秦式铜鼎而造。前稿指出除了该鼎以外，“楚式墓”还出土了秦式陶器，但是有不尽正确之处，故在此稍加整理。

首先，青浦福泉山 M2 出土的陶罐，在肩部和腹部分界处有凸棱，腹上部有最大直径，腹斜收,⑦ 这些特点和秦墓出土的陶罐一样(图五)。⑧ 这种肩腹分界处有凸棱的罐，也见于宣城砖瓦厂 M1、江宁湖熟 M6、秦淮宝塔顶 M10、苏州真山 D4M3。⑨ 特别的是青浦福泉山 M2 出土的陶罐，肩部有“吴市”二字的戳

① 可能与江浙地区传统上崇拜鸟图腾有关。

② 例如安吉上马山 D49M1：17、M6：26 等，江浙地区的一些西汉墓里，发现了和“楚式墓”出土熏同样或类似的釉陶熏。由此可知，这样的原始瓷熏已经传承至后世。关于安吉上马山出土的熏，参见浙江省文物考古研究所、安吉县博物馆：《浙江安吉县上马山第 49 号墩汉墓》,《考古》2014 年第 1 期。关于汉代的鸟形纽熏，参考以下专论：黄秋雯：《试论汉代的鸟形纽陶熏炉》,《广西博物馆文集》，2015 年。

③ 苏州博物馆：《真山东周墓地吴楚贵族墓地的发掘与研究》，图五四，文物出版社 1999 年版。

④ 湖南省博物馆、湖南省文物考古研究所、长沙市博物馆、长沙市文物考古研究所：《长沙楚墓(上)》，图版三八，文物出版社 2000 年版。

⑤ 浙江省文物考古研究所：《沪杭甬高速公路考古报告》，图版二二，文物出版社 2002 年版。

⑥ 绍兴县文化发展中心·越国文化博物馆编著：《绍兴出土商周印纹硬陶与原始瓷》，西泠印社 2012 年版，第 144 页。

⑦ 上海市文物保管委员会：《上海青浦县重固战国墓》,《考古》1988 年第 8 期。

⑧ 关于秦式随葬品，参见[日]冈村秀典：《秦文化の编年》,《古史春秋》第 2 号，1985 年。另，在图上列举江汉地区云梦出土秦汉墓的随葬品作为秦式陶器的例子。以下皆同。

⑨ 关于宣城砖瓦厂 M1 的简报，见安徽省文物队、丁邦钧、汪景辉：《宣城县土坑木椁墓》,《安徽省考古学会会刊》第七辑，1983 年。另，江宁湖熟 M6 出土秦式罐的器形稍有不同。一种有盖，另一种大概没有肩腹分界的凸棱。

印，由此可知位于江浙地区中心的吴生产过秦式陶器。①

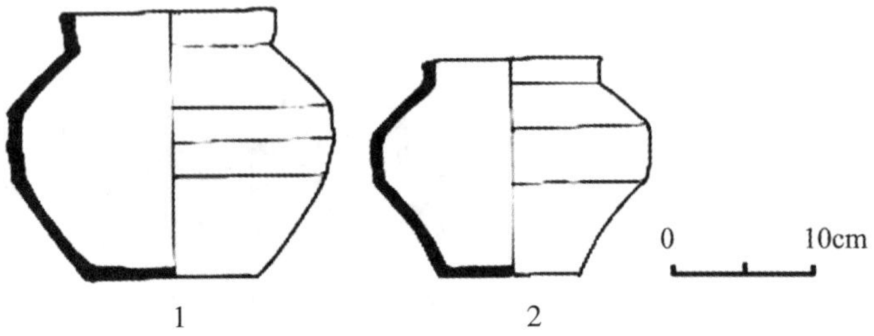

图五 罐

1. 青浦福泉山 M2 出土陶罐(M2：3)② 2. 云梦秦汉 M21 出土陶罐(M21：2)③

此外，青浦福泉山 M88 出土的釜，虽然大小有别，其器形却跟秦式釜很相似(图六)。④

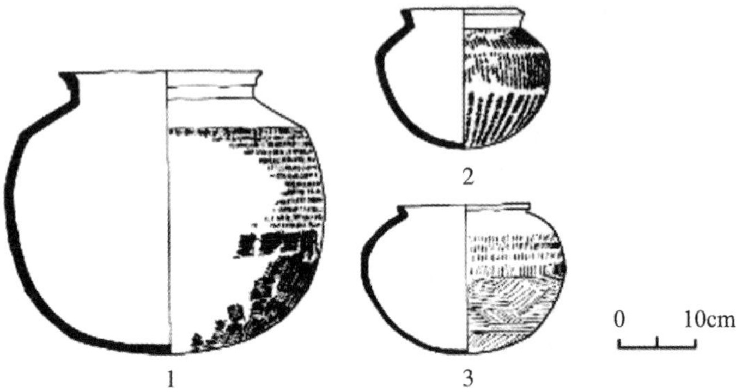

图六 釜

1. 青浦福泉山 M88 出土陶釜(M88：23)⑤ 2. 云梦秦汉 M51 出土陶釜(M51：5)⑥

3. 云梦秦汉 M28 出土陶釜(M28：2)⑦

笔者在前稿里判断江宁湖熟 M6 和苏州真山 D2M1 出土的双耳罐也是秦式陶器(图七：1)，⑧ 但自古以来双耳罐也被随葬在江汉地区出土的楚墓中，⑨ 因此把双耳罐看成秦式陶器的看法是错误的。尽管如此，这两座墓出土的双耳罐，不仅是圆底内凹，而且拥有和秦式陶釜很相似的圆鼓腹，和楚墓出土双耳

① 另，杨哲峰先生也基于这个印文和俞伟超先生的看法，指出青浦福泉山 M2 的“实际下葬年代可能已晚至秦统一江东之后”。参见杨哲峰：《文化变迁中的器形与质地——关于江东地区战国秦汉之际墓葬所见陶瓷器组合的初步考察》，《文物》2012 年第 4 期；俞伟超：《秦汉的“亭”“市”陶文》，《先秦两汉考古学论集》，文物出版社 1985 年版，第 132~145 页。

② 上海市文物保管委员会：《上海青浦县重固战国墓》，《考古》1988 年第 8 期。据图二复写修改。

③ 陈振裕：《1978 年云梦秦汉墓发掘报告》，《考古学报》1986 年第 4 期。据图三一复写修改。

④ 周丽娟：《上海青浦福泉山发现一座战国墓》，《考古》2003 年第 11 期。该简报认为这件随葬品是“罍”，但本文根据讨论秦墓的下列论文，将其作“釜”。参见陈振裕：《1978 年云梦秦汉墓发掘报告》，《考古学报》1986 年第 4 期；滕铭予：《关中秦墓研究》，《考古学报》1992 年第 3 期。

⑤ 周丽娟：《上海青浦福泉山发现一座战国墓》，《考古》2003 年第 11 期。据图三复写修改。

⑥ 陈振裕：《1978 年云梦秦汉墓发掘报告》，《考古学报》1986 年第 4 期。据图三五复写修改。

⑦ 陈振裕：《1978 年云梦秦汉墓发掘报告》，《考古学报》1986 年第 4 期。据图三五复写修改。

⑧ 关于苏州真山 D2M1 的报告书，见苏州博物馆：《真山东周墓地吴楚贵族墓地的发掘与研究》，文物出版社 1999 年版，第 42~44 页。

⑨ 王先福：《襄樊秦墓楚文化因素的初步考察》，《楚文化研究论集》第 9 集，2011 年。

罐的风格不一样。湖北云梦秦汉墓出土双耳罐的腹部比楚墓出土的还圆(图七：2)，但“楚式墓”出土的相较之下更圆。① 由此可以推测，这种形制的双耳罐可能是被秦统治以后才出现的。

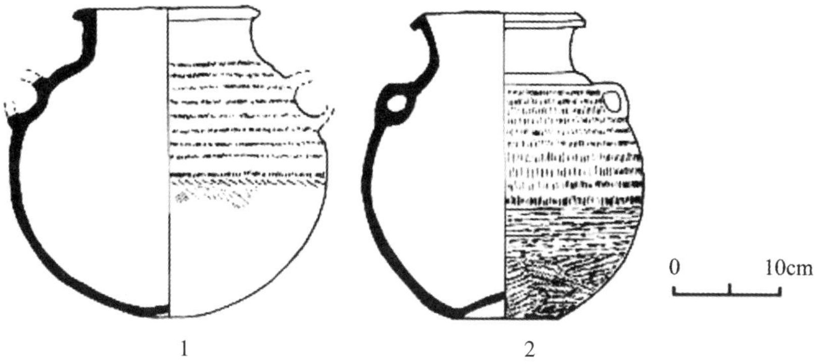

图七　双耳罐

1. 苏州真山 D2M1 出土双耳陶罐(D2M1：1)②　　2. 云梦秦汉 M25 出土双耳陶罐(M25：8)③

公元前 278 年秦设置南郡④时，江汉地区开始了秦式陶器的生产。⑤ 由此推测，公元前 222 年秦设置会稽郡⑥时，江浙地区也开始了秦式陶器的生产。⑦ 虽然表一“楚式墓”大部分的下葬年代被简报和报告书推定为战国晚期，如上所述，事实上有些墓葬拥有秦汉时代的随葬品，因此有重新探讨的必要。在下一章，本文将讨论表一“楚式墓”的下葬年代。

三、“楚式墓”的年代

如上所述，余姚老虎山 D1M14 出土的原始瓷鼎乃西汉前期所造，因此该墓最早在西汉前期下葬。同样地，宣城砖瓦厂 M1、江宁湖熟 M6、秦淮宝塔顶 M10、苏州真山 D2M1 和 D4M3、青浦福泉山 M2 和 M88 也出土了具有秦文化因素随葬品，所以这些墓葬的年代上限为公元前 222 年，即大约为秦代开始以后。因此，本章将以这些墓葬为基准，推测表一所列“楚式墓”的下葬年代。

首先，苏州真山 D4M3 出土了秦式罐，因此该墓的下葬年代至少应向后推移到公元前 222 年以后。而且，在上一章已经说明过，该墓和苏州真山 D3M1 也出土的原始瓷壶，与余姚老虎山 D1M10 的非常相似，而比余姚老虎山 D1M14 的简略。余姚老虎山 D1M10 的下葬年代晚于 D1M14，可以认为，这些墓葬的下葬年代都属于西汉前期。⑧

---

① 陈振裕：《1978 年云梦秦汉墓发掘报告》，《考古学报》1986 年第 4 期。

② 苏州博物馆：《真山东周墓地吴楚贵族墓地的发掘与研究》，文物出版社 1999 年版。据图八四复写修改。

③ 陈振裕：《1978 年云梦秦汉墓发掘报告》，《考古学报》1986 年第 4 期。据图三〇复写修改。

④ 《史记》卷五《秦本纪》。

⑤ [日]冈村秀典：《秦文化の编年》，《古史春秋》第 2 号，1985 年。

⑥ 《史记》卷六《秦始皇本纪》。

⑦ 秦代会稽郡的中心在吴，即现在的苏州。有“吴市”印文的秦式罐出土的青浦福泉山 M2 虽然现在属于上海，但是青浦邻接苏州。苏州也是江浙地区的中心，因此本文以秦设置会稽郡的公元前 222 年为一个标志。不过，严格来说，江浙地区不完全符合会稽郡的范围，其中也有属于其他郡的。而且，即使属于会稽郡的地方，也可能在公元前 222 年之前或之后开始被秦所统治。由于资料的限制，无法确定江浙地区各地分别进入秦控制下的年代。本文为了方便起见，权宜地定在公元前 222 年。[日]冈村秀典：《秦文化の编年》，《古史春秋》第 2 号，1985 年。

⑧ 田正标、杨哲峰先生也不排除苏州真山 D3M1 和余姚老虎山 D1M14 属于西汉初期的可能性。参见田正标：《江、浙、沪地区战国墓分期初探》，《浙江省文物考古研究所学刊》第九辑，科学出版社 2009 年版；杨哲峰：《文化变迁中的器形与质地——关于江东地区战国秦汉之际墓葬所见陶瓷器组合的初步考察》，《文物》2012 年第 4 期。

并且，正如前稿所指出的，苏州真山 D3M1、D4M3 出土的鼎盖上有被简化的兽形纽(参见图八：2)。嘉定外冈 M1 也出土了拥有同样纽的鼎，而且与苏州真山 D3M1 相同，还出土了原始瓷瓿。从这些共同点，可以推测嘉定外冈 M1 的下葬年代，跟苏州真山 D3M1、D4M3 相当接近。

与此相对，武进孟河 M1、苏州真山 D1M1 出土的铜鼎与青浦福泉山 M2 出土的陶鼎，① 其鼎盖上的纽还没被简化，有像抬头的野兽一样的兽型纽(图八：1)。根据兽形纽的变化，可推知这三座墓的鼎，时代应在苏州真山 D3M1、D4M3 和嘉定外冈 M1 出土的鼎之前。

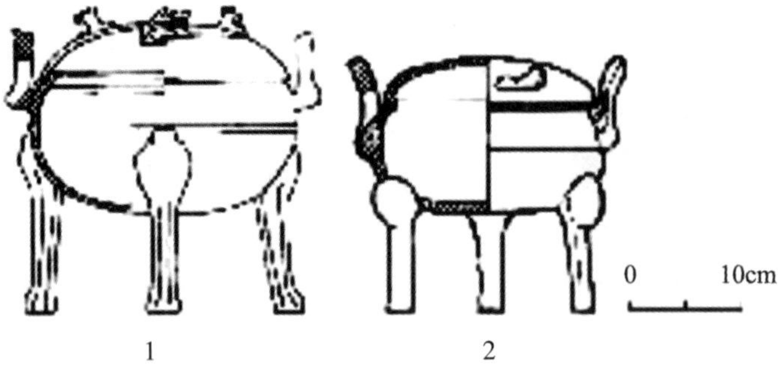

图八　有兽形纽的鼎

1. 苏州真山 D1M1 出土青铜鼎(D1M1：9)②　　2. 苏州真山 D3M1 出土陶鼎(D3M1：10)③

而且，拥有简化前兽形纽的这三座墓不见原始瓷器，而拥有简化后兽形纽的上述三座却都出土了原始瓷器。由此可以推测，随葬了原始瓷器的“楚式墓”于较晚时期下葬。包含这后三座在内，在表一“楚式墓”里六座墓出土了原始瓷器，其中江宁湖熟 M6、苏州真山 D4M3 和余姚老虎山 D1M14 这些三座墓兼具秦文化因素。另外，在不见原始瓷器的前三座墓中，青浦福泉山 M2 也发现了秦式陶器。因此，很可能“楚式墓”原来随葬秦式器物，后来才开始也随葬原始瓷器。

此外，没有出土原始瓷器和不含有秦文化因素的“楚式墓”，有些下葬年代也可推后至西汉时期。例如冈村先生指出，通过分析铜镜，可知安吉五福 M1 的下葬年代应该属于西汉时期。④ 若以这一点观察其他随葬品，例如战国时期的越墓和楚墓出土三足的提梁盉，但安吉五福 M1 出土的却没有提梁，而有长方内空把。⑤ 江汉地区被秦占领后建造的墓葬里也发现了同样的盉。⑥ 而且，安吉五福 M1 还出土有彩绘图案的陶器，这样的陶器亦见于宣州石板桥小学墓、宣城砖瓦厂 M1、嘉定外冈 M1 和余姚老虎山 D1M14。⑦ 由于战国中期楚墓已随葬过这样的陶器，所以不能一概而论。不过，宣城砖瓦厂 M1 出土了秦式陶器，所以其下葬年代以秦开始统治时期为上限。安吉五福 M1、余姚老虎山 D1M14 是西汉前期墓，嘉定外冈 M1 也可能是西汉前期下葬的。因此可以说，有彩绘图案的陶器可能在秦汉时期开始随葬于“楚式墓”里。那样的话，宣州石板桥小学墓的下葬年代也应向后推移到秦汉时期。不管怎样，宣州石板桥小学墓随葬品的器物组合和其形制，与宣城砖瓦厂 M1 和安吉五福 M1 有共同点，由此可以认为这些墓葬的下葬年代几乎没有间隔。

---

① 关于武进孟河 M1 的简报，见镇江市博物馆：《江苏武进孟河战国墓》，《考古》1984 年第 2 期。

② 苏州博物馆：《真山东周墓地吴楚贵族墓地的发掘与研究》，文物出版社 1999 年版。据图七一复写修改。

③ 苏州博物馆：《真山东周墓地吴楚贵族墓地的发掘与研究》，文物出版社 1999 年版。据图八七复写修改。

④ 笔者曾于 2015 年获冈村先生赐教。

⑤ 田正标、刘建安、程亦胜、程永军、邱宏亮、杨莉：《浙江安吉五福楚墓》，《文物》2007 年第 7 期。

⑥ 参见陈振裕：《1978 年云梦秦汉墓发掘报告》，《考古学报》1986 年第 4 期。

⑦ 关于宣州石板桥小学墓的简报，见朱锐、程思宝、裴忠钦：《宣州市战国墓清理简报》，《文物研究》第十二辑，1999 年。

凭着以上讨论，可以指出，表一“楚式墓”中，大约65%的墓葬的下葬年代，应向后推移到公元前222年，即大致秦代开始以后，甚至西汉前期以后。剩余其他的墓葬无法判断是属于战国晚期还是秦汉时代，因为没有明确的论据。但绝不意味着剩余大约35%的墓葬都是战国后期墓。长久以来，这些“楚式墓”大部分被认为是战国晚期墓，但是必须注意，实际上大部分属于秦汉时期。

四、小结

笔者在前稿已经指出，目前出土的“楚式墓”还很少，随着今后“楚式墓”的出土例增加，本文的讨论可能需要修改。不过，“楚式墓”的出土例虽然还很少，其中不少墓葬的下葬年代却是在秦汉时期，这很可能反映了楚人移居江浙地区的时期较晚。根据典籍记载，公元前248年春申君被楚王封于江东，①《后汉书》刘昭注所引的《越绝书》记载越王孙开警备春申君，②《越绝书》卷二《越绝外传记吴地传》也有很多春申君开发吴地各处的记载。由此可以认为，楚虽然于公元前4世纪末杀害越王无彊，获得进入江浙地区的开端，但是楚人的移居和控制可能要到春申君进入江浙地区后才正式开始。

“楚式墓”也出土的原始瓷器传统上一直在浙江地区生产，但是到目前为止，未发现在战国晚期生产原始瓷器的窑址，③ 生产上可能出了某些问题。这与楚杀害越王无彊，并将势力扩张至江浙地区不无关系。然而，秦在公元前222年置会稽郡之际，却降伏了越君，④ 可见越的势力在战国末期还存于当地。原始瓷器的生产重新兴盛，很可能就是以这些越人为中心的。但如余姚老虎山D1M14出土原始瓷鼎所展现的，不单只是对越文化因素的坚持，更吸取了楚、秦等外来的文化因素，而让越的传统工艺得以进一步发展。

可以认为，江浙地区“楚式墓”展现了楚、秦、越文化因素的融合，这反映了当地相继被越、楚、秦控制的历史过程。但是，以原始瓷器为表征，“楚式墓”中的越文化因素，有别于楚国势力进入前的越文化因素，是经历楚、秦统治后演变出的新形态。由此可见，“楚式墓”展现的楚、秦、越文化因素融合，不是单纯地反映当地相继被越、楚、秦统治的历史过程，更反映了江浙地区经历越、楚、秦统治后的情况。在江浙地区的西汉墓里，属于“楚式墓”随葬品系统的陶器相当常见，⑤ 可见这样的文化融合被后代所继承。

在江浙地区，公元前248年春申君受封于江东，公元前224年或前223年楚国灭亡，⑥ 公元前222年秦置会稽郡，从而开始了秦的统治。然后公元前209年项羽统帅“江东子弟八千人”起兵，公元前206年秦灭亡以后，项羽作为西楚霸王，拥有包含江浙地区在内的广阔领土。⑦ 公元前202年项羽击败刘邦，刘邦封韩信为楚王，使他继承其领土，但翌年即以谋反为由，把他降格为淮阴侯，将其领土分成楚国和荆国，江浙地区从而被荆王刘贾统治。⑧ 公元前196年刘贾死亡后，刘濞即位吴王，继承了荆国的领地，公元前154年吴楚七国之乱起。⑨

由此可知，江浙地区在战国晚期后，统治者更迭频繁。从战国晚期到秦代，原来就住在这里的越人，

---

① 《史记》卷七十八《春申君列传》。

② 《后汉书》志第二十二《郡国四》吴郡安县刘昭注。

③ 王屹峰：《中国南方原始瓷窑业研究》，中国书店2010年版，第91~92页。王屹峰先生认为，目前还未发现战国中晚期至西汉初期的原始瓷器窑址，余姚老虎山D1M14出土的原始瓷器属于这段时期，“其下限可至西汉初期”。

④ 《史记》卷六《秦始皇本纪》。

⑤ 参见王正书：《上海福泉山西汉墓群发掘》，《考古》1988年第8期。

⑥ 关于灭楚的年代，《史记》中有两种记载：一种以卷六《秦始皇本纪》为代表，以为在公元前224年；另一种以卷十五《六国年表》为代表，以为在公元前223年。

⑦ 《史记》卷七《项羽本纪》。

⑧ 《史记》卷八《高祖本纪》。

⑨ 《史记》卷一〇六《吴王濞列传》。

移住过来的楚人和秦人，再加上从天下各地集聚的“喜游子弟”等，① 各种各样出身的人都住在江浙地区。但是，最后统治当地的不是越，不是楚，也不是秦，却是汉这个新生的国家。本文所探讨的“楚式墓”，正是在这种变化剧烈的时代里出现的。

再者，江浙地区传统的原始瓷器，在这种情况下吸收了外来的文化因素。正如异穴同封合葬墓的余姚老虎山 D1M10、D1M14 所展现的，西汉前期在建造“楚式墓”的同时，还存在着越文化因素浓厚的墓葬。而在西汉持续的治世里，这样的差别却逐渐模糊，文化融合和均质化继续向前。而也在“楚式墓”里随葬的原始瓷器，则可说是这种融合和均质化最初的表现之一。

（作者单位：日本国士馆大学）

① 《史记》卷一二九《货殖列传》。

《北京大学藏秦水陆里程简册》所见新邓津、淯口、西陵、攀渚考辨*

叶　植

2013年辛德勇先生发表的《北京大学藏秦水陆里程简册初步研究》（以下简称《初步研究》）①显示，江陵至洛阳的水陆交通线路是简册所载的一条主线路，行至襄阳从汉水转入淯水与陆路并行北上，个别重要节点还往往分出一条或多条支线，襄阳城区段干道上有新邓津、淯口、西陵三个节点：

路卢到邓新邓津卄(七十)里。04-217
新邓津到育(淯)口廿里。04-216
育(淯)口至西陵十二里。04-231

还有如下多条支线：

淯口到邓攀渚十四里。04-215
西陵水道到阳平乡五十九里。04-199
西陵水道到平陵乡六十六里。04-189
西陵水道到阳新乡百卌八里。04-075
西陵水道到新乡百五十一里。04-076

《初步研究》对简册所载的水陆道路、途经城邑乡聚及其涉及的历史地理人文考证翔实，灼见迭出，但在具体线路与地望的确定上尚有探讨空间和余地，本文拟利用传世文献，结合考古材料，对其中的新邓津、淯口、西陵三地及其支线略作小考，就教于方家。

一、新邓津

《初步研究》将新邓津定在汉水东岸东津镇（2011年，襄阳市政府设立为东津新区）有其理据，但并非的确如此，新邓津的主体应和邔、路卢津一样在汉水西岸，位于襄阳城东南七里之岘（首）山东麓，是对春秋战国时期楚东津的沿用。②

＊ 本文为国家社科基金重大招标项目“周代汉淮地区列国青铜器和历史、地理综合整理与研究”（15ZDB032）阶段性研究成果。初稿于2017年8月在邯郸中国魏晋南北朝史学会第十二届年会上交流，2019年1月修改定稿。图一由宜城市博物馆副馆长詹世清援笔完成。

① 辛德勇：《北京大学藏秦水陆里程简册初步研究》，《出土文献》第四辑，中西书局2013年版，第170~279页。

② 参见（晋）习凿齿撰，黄惠贤校补：《校补襄阳耆旧记》卷四《城邑》“襄阳”条，中州古籍出版社1987年版，第68页；（南朝宋）盛弘之：《荆州记》“襄阳城”条，王谟辑：《汉唐地理书钞》，中华书局1961年版，第323页。关于楚东津笔者另有专文详考。

楚东津襟山带河，“东临汉水，古今大路”,① 具备做津渡的优越地理条件。淯水(今唐白河)在鱼梁洲北入汉冲击的水势，经过鱼梁洲大拐弯至此消弭殆尽，河面变宽，西临峭崖壁立的岘山，磐石稳固。

宋元以前，岘山东南的汉水河泓较现在偏东两三百米以上，滩涂亦较现在宽展许多，原滩地上六朝时的习家池、唐孟浩然和张子容故居与北涧，宋元以后因河泓向西摆动而崩入汉水。②

从岘山北麓绕行至南麓入汉的襄水，于东南麓滩涂溢洪出一个近千亩的湖泊——洄湖,③ 荆襄道从湖东的滩涂上经过，与宋元以后经行岘山西侧山垭大不相同。洄湖与汉水、襄水触处可通,④ 湖内可停泊舟船无数，航运可于此停泊、转运、补给，陆行可于此渡江北上东进，水陆同发可于此分合集散，能同时屯驻万千水陆军马，给养方便，进退裕如，常常是攻守襄樊二城和从襄阳南征北战的屯驻之所，是襄阳地区最重要、使用时间最长的津渡之一。

从新邓津北行二十里对渡处即是淯水入汉的淯口，三国初，孙坚先于汉水北岸樊城与邓城间击败刘表大将黄祖,⑤ 从淯口抢渡汉水，被荆州军射杀于岘山下，其南岸的登陆地点应是岘山脚下的新邓津。⑥ 赤乌四年(公元241年)，吴将朱然从新邓津上岸并设大本营于此,⑦ 然后从淯口(三洲口，详后)登陆攻围樊城，引起司马懿的高度重视，亲率大军增援，于三洲口将吴军击败。⑧ 六朝时称为桃林渡,⑨ 沈约《乐府歌》有“分手桃林岸，送别岘山头”⑩。《舆地纪胜》载桓冲一度将十万水陆北伐大军屯驻于斯。⑪ 宋元襄阳之战时，元军将围攻襄樊二城的白河(口)城建筑于淯口，而将围攻襄阳的指挥部设于东津西侧的岘山，率先掌控了锁钥襄阳南侧汉水两岸的东津和汉东控扼襄樊二城、随枣走廊的淯口，围城打援、屠樊城、逼降襄阳等军事行动，皆可将新邓津的地理位置锁定于岘山下的汉水边。

汉水东岸的东津镇不过是新邓津的对渡处，往来于随枣走廊，进而进入淮泗与江夏地区通行于此，对其相关历史地理问题笔者另有专文详考，兹不赘述。不过，一个陈见需要破除。传统观点认为，秦汉时期南郡与南阳郡的分界线为汉水，汉水以南为秦设南郡襄阳县，汉水以北才是楚、秦、汉所设之邓县，秦汉时属南阳郡。⑫ 近几十年，荆楚地区大量反映秦汉时期南郡历史地理的简牍的出土与其研究成果证

---

① (唐)李吉甫：《元和郡县图志》卷二十一《襄州》，中华书局1983年版，第528页。

② 参见叶植：《汉宋襄阳习家池考辨》(一)，《襄樊学院学报》(哲学社会科学版)2010年第3期；《孟浩然、张子容、张柬之故居及其相关史地考辨》(一)，《湖北文理学院学报》(哲学社会科学版)，2015年第3期。

③ 参见(清)杨守敬、熊会贞：《水经注疏》卷二十八《沔水》，南京古籍出版社1989年版，第2379~2380页。“又迳岘山东……沔水又东南迳蔡洲，汉长水校尉蔡瑁居之，故名蔡洲。洲大岸西有洄湖，停水数十亩(笔者按当为数百亩)，长数里，广减百步，水色常绿。杨仪居上洄，杨颙居下洄，与蔡洲相对，在岘山南广昌里。”

④ 参见(唐)孟浩然：《北涧浮舟》，佟培基笺注：《孟浩然诗集笺注》，上海古籍出版社2000年版，第46页。

⑤ 参见(晋)陈寿：《三国志》卷四十六《孙坚传》，中华书局1959年版，第1100~1111页。

⑥ 参见(南朝宋)范晔：《后汉书》卷七四下《刘表传》及裴注引《典略》，中华书局1965年版，第2420页。

⑦ 参见(宋)李昉等：《太平御览》卷四二五《人事部六十六·清廉上》引《魏略》，河北教育出版社1994年版，第538页。

⑧ 参见(晋)干宝：《晋纪》，见乔治忠校注：《众家编年体晋史》，天津古籍出版社1989年版，第278页。(晋)陈寿：《三国志》卷四十七《吴主第二》，中华书局1959年版，第1144页；卷五十六《朱然传》，中华书局1959年版，第1307页。(唐)房玄龄等：《晋书》卷一《高帝纪》，中华书局1974年版，第14页。

⑨ 参见(唐)欧阳询撰，汪绍楹校：《艺文类聚》卷六十三《居处部三·馆》，上海古籍出版社1965年版，第1140页。

⑩ (南朝梁)沈约：《襄阳白铜鞮歌三首》，(明)张溥编：《汉魏六朝百三家集》第三册《沈隐侯集·乐府》，上海古籍出版社1994年版，第130页。

⑪ (宋)王象之：《舆地纪胜》第三册，卷八二《京西南路·襄阳府》景物上“桃林”条，中华书局1992年版，第2654页。

⑫ 参见(晋)习凿齿撰，黄惠贤校补：《校补襄阳耆旧记》卷三《山川》“汉水”条，第67页；(唐)李吉甫：《元和郡县志》卷二十一《山南道二·襄州》，中华书局1983年版，第527页。

实，襄阳县设立于西汉元鼎元年（公元前116年）至元延年间（公元前14—前10年），此前的南阳邓县可能以汉南群山与南郡中卢县分界，而不是其后世的以汉水为界，① 这可能是楚东津在秦时被称为新邓津的原因，或是秦废去楚东津军事功能后的称谓。这一成见，加上自清中期以后，汉水东岸出现了一个声名颇著的东津镇，大概是当下学者皆将新邓津的地理位置定在东岸的缘故。

东津的主体、配套设施及地名原本都在西岸，这方面的文献记载很多，白居易之父瘗骨襄阳东津。②唐试左武卫率府兵曹参军张惟、山南东道节度右厢步军使王大剑葬于襄阳县东津乡。③ 欧阳修诗称"东津渌水南山色，梦寐襄阳二十年"④。张邦基谓"襄阳天仙寺，在汉水之东津，去城十里许"⑤。南宋名将孟宗政曾从襄阳岘山（东津）发兵援救被金兵围困的枣阳，⑥《襄阳守城录》亦多次提及东津。

明清以后，西岸东津的航运地位衰落，唐白河改道张湾龙坑入汉（详后），往来唐白河的舟船多就近泊居商贸于其南侧的东津渡或北岸的张湾村，使其和张湾一起迅速成长为襄阳汉水东岸商贾云集、物阜财丰的两个商贸大镇，两岸东津之名从此明晦颠倒，20世纪90年代西岸还保留着东津渡，其后名实俱亡。

新邓津北距汉水北岸的淯口十余里，与简册所载水路廿里相符，其南至路卢津约合今里五十里，⑦ 与简册所载七十里有二十里的差距，缘于水路迂回曲折，秦里又小于今里之故，以简册所载水路里程与今天的陆路里程相校，这一差距普遍存在，从襄阳城至鹿门山三十五里的陆行路程，明清志书皆云汉水舟行（与去中卢水路绝大部分同程）里程为六十里是其证。

二、淯口兼论三洲、鄾、邓塞

淯口是淯水入汉之水口，原本毋庸讨论，然而，淯口实际上有不少历史地理问题需要梳理、讨论和澄清。

（1）现在的淯口形成于清咸丰十一年（公元1861年），原来的淯口在现在的清河口。

《水经注》所载淯水是汉水第一大支流，唐以后多称白河，发源于伏牛山之攻离山，自西北向东南流经南召、方城、南阳、新野，至襄阳两河口，与发源于方城七峰山与老立垛山的唐河（先秦至六朝称比水、泌水）会合后称唐白河，或互受通称，仍多称白河，淯水之名遂晦。

清咸丰十一年以前，唐白河于张湾镇洪山头纳来自枣阳的滚河，受阻于其南侧窭台、龚坡之坡岗，西北折向肖湾、潘台岗垄以北，油坊岗、云湾岗地以南的洼地，至樊城东北五里之洪沟纳小清河后折转南下，于新打洪南入汉，现在唐白河以北的襄州区政府所在地张湾镇是其河泓所在。《大明一统志》谓淯水"俗名白河，其源自嵩县双鸡岭，东南流经南阳、新野，会梅溪、洱、灌、湍水，留山、黄渠、栗、

---

① 参见叶植：《襄阳城变考辨》，《江汉考古》2018年第4期。

② 参见（唐）白居易：《襄州别驾府君事状》，顾学颉点校：《白居易集》卷四十六《书颂议论状》，中华书局1979年版，第983~985页。

③ （清）罗振玉辑：《襄阳塚墓遗文》，《石刻史料新编》第一辑第16册，《大唐故试左武卫率府兵曹参军清河张府君夫人琅琊王氏合袝墓志铭并序》，台湾新文丰出版公司1982年版，第12358~12359页；《唐故山南东道节度右厢步军使行左金吾卫大将军员外置同正员试殿中监上柱国食邑二千户王公墓志铭并序》，第12359页。

④ （宋）欧阳修：《奉寄襄阳张学士兄》，洪本健校笺：《欧阳修诗文集校笺》卷七《律诗》，上海古籍出版社2009年版，第1501页。

⑤ （宋）张邦基著，丁如民点校：《墨庄漫录》卷一〇，《唐宋笔记小说大观》第五册，上海古籍出版社2001年版，第4745页。

⑥ 乾隆《襄阳府志》卷二十七《耆旧》"孟宗政"条："嘉定十年（公元1217年），金兵犯襄……报枣阳危急。宗政得知，中午从襄阳岘首发兵，天将黑即抵达枣阳。"

⑦ 参见叶植：《〈北京大学藏秦水陆里程简册〉所见郘乡、鄾路卢津小考》，楼劲、陈伟主编：《秦汉魏晋南北朝国际学术研讨会论文集》，中国社会科学出版社2018年版，第451~462页。

鸦、泗、潦、刁等河，与泌水合流，南至襄阳入汉水”。① 淯口实际是白河、唐河、滚河、小清河四水会合后入汉之水口，亦称宛口、② 白河口、白河嘴，因水口外原有三洲，亦称三州(应为洲，原文如此)口。《襄阳县志》载东北乡“新打洪，距城十里，唐白河、滚河、清河之水，向由此至白河嘴入汉”。③

淯水及其两侧陆道成为南北交通干道，至少可以追溯到周昭王南征之时，春秋战国以后更趋显重，鄂君启节所反映的淯口水陆交通枢纽地位在战国中晚期以前即已奠定。④ 清中后期，淯水与汉水间繁忙穿梭的茶盐粮油等商品，让淯口成为一座“往来行舟，夹岸停泊，商贾云集”的商贸重镇——白河口镇。

咸丰十一年春，捻匪姜太凌部夜袭白河口镇，将其劫掠焚毁殆尽，“合镇皆毁于贼，至今未复”。由于淤沙将肖湾段淯水故道河床逐年抬高，同年夏，肆虐的山洪将肖湾南侧与窦台间的岗垄冲开，截弯取直夺一小溪于原淯口东五里、汉水东岸的龙坑入汉。同治《襄阳县志》载：“龙坑，距城十五里，旧有深潭。唐白河向自新打洪入汉。坑与汉隔二里许，每小涨辄溢。咸丰十一年忽溃决成河，水径入汉，旧洪淤塞，不可复开。”⑤故道遂成为东高西低的开阔台地与沙洲，原本只有十多户人家的南岸小村张湾骤变为北岸的临河中心聚落。同年，汉口开埠，其时，太平天国势力掌控了长江下游地区，汉水——淯水航运成为沟通南北及万里茶道的主线路，张湾村遂取代白河口镇迅速成长为汉水襄阳段樊城以外的最大商埠，清末民国时期发展出三条正街，一条横街(北街)。淯口变为小清河单独入汉之口，改称清河口，故淯口的地理位置与名称日趋模糊湮灭。

(2)唐白河流域面积达24500平方千米，汇集伏牛山、桐柏山、大别山西部、南襄盆地全部溪流，构成三面环山、向南一面倾斜敞开的地理形势，河宽千米以上，宽处超过2000米，河道降比大，弯多滩阔，下游流行于平缓的壤地，河床切割较深，河道变窄，水量丰富，雨量集中，使其成为一条时常“脾气暴躁”的河流。夏秋季节，突发性强的暴雨往往让洪流肆虐，致使两岸滩涂居民鲜少，是汉水下游洪患的重要根源。⑥

唐白河下游南侧与纯河间的十里岗地构成一条连通随枣走廊的东西向交通廊道，廊道内土地肥沃，交通便利，水源丰富，成为先人的理想择居地，遗留有众多的两周秦汉时期的遗址和墓地。

(3)淯口作为水陆交通节点的地位，注定使其成为一个仅次于南阳、襄阳的军事要塞，光武曰“宛最强，鄾次之”⑦，许多重大的历史事件发生于此。正始年间(公元240—249年)，魏征南将军王昶将荆州治所从宛城徙至新野，将水军从宣池转至樊城三洲屯训。⑧ 在此前的魏太和年间，“司马宣王治水军于荆州，欲顺沔入江”，⑨ 说明自魏武“浮邓塞之舟”⑩以来，三洲(口)一直是魏国的水军训练基地和汉水渡口所在。前述正始二年吴将朱然于三洲(口)登陆围攻樊城，被增援的司马懿大军击溃于三洲口。宋元襄阳之战时，蒙古汉军元帅刘整于此为元军训练出七万精锐水军。⑪

汉水北、淯口西岸一带应该是关羽水淹于禁七军时，“庞德奋剑，投命于东冈”的东冈高地，是为淯口要塞，应是先秦时号称邓南鄙鄾邑和六朝时的邓塞所在。《左传·桓公九年》楚、巴联军于鄾大败邓倾

① (明)李贤等：《大明一统志》卷三十《南阳府·山川》，三秦出版社1990年版，第521页。

② (清)杨守敬、熊会贞：《水经注疏》卷二十八《沔水》，第2376页。

③ 同治《襄阳县志》卷一《地理·乡镇》。

④ 参见陈伟：《鄂君启节之“鄂”地探讨》，《江汉考古》1986年第2期。

⑤ 同治《襄阳县志》卷一《地理·乡镇》。

⑥ 参见陈学珍：《唐白河干支流设计洪峰流量的分析研究》，《中国水运(下半月)》2014年第2期。

⑦ (南朝宋)盛弘之：《荆州记》“襄阳城”条，王谟辑：《汉唐地理书钞》，中华书局1961年版，第324页。

⑧ 参见(晋)陈寿：《三国志》卷二十七《王昶传》，中华书局1959年版，第749页。

⑨ (晋)陈寿：《三国志》卷一十七《张郃传》，中华书局1959年版，第526页。

⑩ (唐)房玄龄等：《晋书》卷五十四《陆机传》，中华书局1974年版，第1468页。

⑪ 参见(明)宋濂、(明)王祎：《元史》卷一百六十一《刘整传》，中华书局1976年版，第3787页。

国之师，《哀公十八年》巴人进伐早已收归楚国所有的鄾邑。① 可见先秦时淯口要塞属于鄾邑。关于鄾邑的地理位置，杜预注："邓县南，沔水之北，鄾也。"《水经注·淯水》载：

【经】又西南过邓县东。【注】县故邓侯吾离之国也，楚文王灭之，秦以为县。淯水右合浊水，俗谓之弱沟，水上承白水于朝阳县，东南流迳邓县故城南，习凿齿《襄阳记》曰：楚王至邓之浊水，去襄阳二十里。即此水也。浊水又东迳邓塞北，即邓城东南小山也。方俗名之为邓塞，昔孙文台破黄祖于其下。浊水东流注于淯。淯水又南迳邓塞东，又迳鄾城东，古鄾子国也。盖邓之南鄙也。昔巴子请楚与邓为好，鄾人夺其币，即是邑也，司马彪以为邓之鄾聚矣。南入于沔。②

鄾与邓塞南北相对，位于沔水北、浊水南、邓城东南的淯水西岸(图一)。

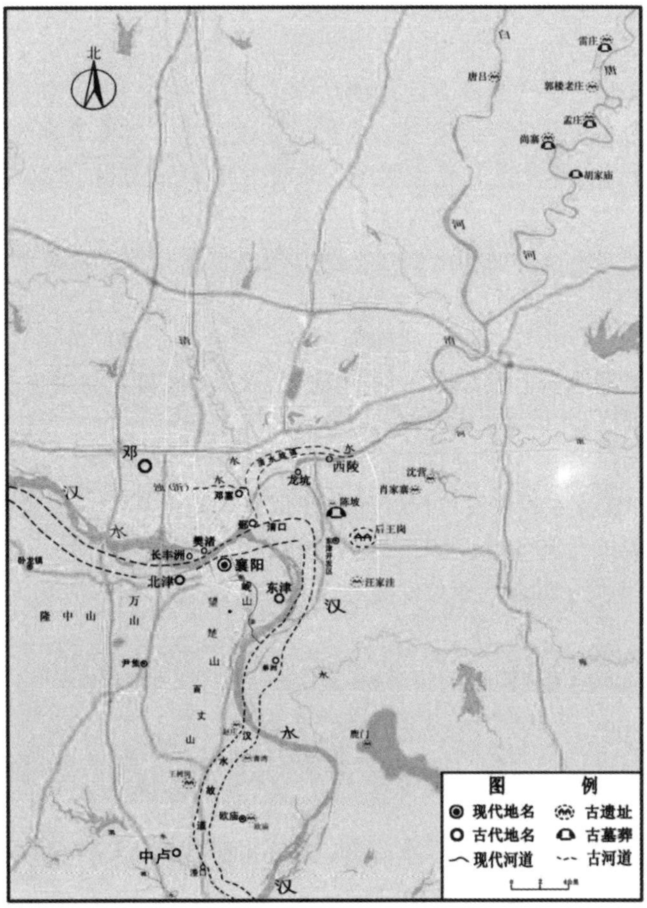

图一　新邓津、淯口、西陵地理位置及相关遗址示意图

郦氏言之凿凿的鄾城，汉以后文献很少提及，邓塞起而代之，成为汉水北岸樊城外围的战略要地，陆士衡《辨亡论》谓"魏氏尝藉战胜之威，率百万之师，浮邓塞之舟，下汉阴之众"③，至江夏征吴。《册府

① 参见杨伯峻：《春秋左传注·桓公九年》，中华书局 1981 年版，第 124~125 页。

② (清)杨守敬、熊会贞：《水经注疏》卷三十一《淯水》，南京古籍出版社 1989 年版，第 2620~2622 页。

③ (唐)房玄龄等：《晋书》卷五十四《陆机传》，中华书局 1974 年版，第 1468 页。

元龟》载上述正始二年朱然围攻樊城时，先期救援樊城的征南将军夏侯儒屯军邓塞，因兵力不足，每天进兵至离朱然军六七里地方声援城中守军，坚持月余，“司马宣王到，乃俱进”①。“吴军夜遁走，追至三州口，斩获万余人，收其舟船军资而还。”②表明邓塞距当时的樊城在七八里以上，三州口乃是淯口津渡所在。

溯淯口上行十二里为楚国的军事重镇西陵(详后)，宋末元军围攻襄阳时所建十二连城之古城，与西陵(详后)或有一定的承袭关系。

(4)淯口南之汉水与江对面鱼梁洲较秦汉时期的面目有较大改变。六朝时，襄阳万山以西的汉水河泓东南向流经南岸的隆中山北麓，山外广德寺前面不远处清以前尚为汉水码头，卧龙镇(原名泥咀镇)是汉水河泓所在，东触襄阳城西十里之万山后，被万山向北凸出的山嘴顶冲折向东北激流，其情景为蔡邕《汉津赋》“过曼(万)山以左迴”所实录。③ 汉水北岸樊城段遭受激流的长年冲刷，江岸不断崩入汉水，《水经注》载樊城西原有鲁宗之所筑平鲁城，现为滨水沙洲。曹仁所筑周长四里的樊城，至郦氏时南半部已没入汉水。④ 宋末元初，抗击元军围攻五年之久的樊城临江城垣及三城门，至明嘉靖三十九年(公元1560年)已全部沦入水中。⑤ 樊城临江崩入汉水的陆地当以百米计。从当代汉水北岸岸线观察不难发现，淯口必定有过随着江岸的崩塌不断后退的历史，淯水自身洪流冲击造成的后退作用亦大，导致汉水主河泓愈来愈向东北弯曲发育，江之北岸和东岸全为没有河滩的坎岸，淯口前的三洲六朝以后不见记载，鄾邑应该早已崩入江中，现在的戴家台、林家台、徐家台、伍家台应该是当年的邓塞所在。受淯口及其淯水带来的淤沙的冲积，襄阳城东汉水南侧洲渚尤其是鱼梁洲不断向东北两面延展扩大。⑥

明以后，万山以西、隆中山前数十里之汉水河床日益淤积升高，河泓迅速向北摆动，使樊城以西白家湾至太平店数十里之汉水北岸持续崩塌。道光年间，樊城西的唐汉阳王张柬之家族墓地崩入汉水，形成日后的长丰洲。⑦ 南岸从白马山至万山间则淤积出长二十余里、宽约五里的狭长沙洲，汉水离隆中山远至五里开外(见图一)。城区段汉水流向由东北转为东南，对北岸樊城的冲击遂逐渐减弱的同时，对南岸襄阳的冲击日益加重，南岸不得不于明嘉靖三十年(公元1524年)和万历三年(公元1575年)两次加固从万山至闸口长达十一里的沿江驳岸大堤，⑧ 襄阳城东的河滩及鱼梁洲向东北扩展速度加快，北岸水势大减，原本屡修屡溃的樊城沿江大堤于清道光年间终得以修筑完固。⑨ 过樊城后，汉水再转东西向，复转东北向流，淯口东移五里转至汉水东岸入汉以后，受其冲顶，鱼梁洲向东延伸的速度大大加快，河泓变窄，流速加快，急流的侵蚀致东岸尤其龙坑两侧自然堤岸崩塌的速度大大加快，汉水折转拐弯的角度变小，借20世纪60年代末至70年代中期修建焦枝铁路和市政建设从鱼梁洲西河套大量挖砂取卵石之襄助，洪

① (宋)王钦若等：《册府元龟》卷四百十四《将帅部·赴援》，《景印文渊阁四库全书》第909册，台湾“商务印书馆”1986年版，第252~253页。

② (唐)房玄龄等：《晋书》卷一《高祖宣帝纪》，中华书局1974年版，第14页。

③ (明)张溥：《汉魏六朝百三家集》卷十八《汉蔡邕集》，《景印文渊阁四库全书》第1412册，台湾“商务印书馆”1986年版，第413页。

④ (清)杨守敬、熊会贞：《水经注疏》卷二十八《沔水》，南京古籍出版社1989年版，第2375~2376页。

⑤ 见乾隆《襄阳府志》卷五《古迹》“樊城”条。

⑥ 对襄阳段沔水地理环境的变化，鲁西奇先生有过简考，请参阅氏著《汉水中下游河道变迁与堤防》第一章“汉水中下游河道的历史变迁”之“2. 襄阳附近河段”，武汉大学出版社2004年版，第7~10页。

⑦ 参见(清)席方璘：《移置张氏墓志前记》(现藏襄阳市博物馆)载：“樊城郭西三里许，今之长丰洲，古属安养县，唐汉阳王张公柬之祖墓在焉……嘉庆间，犹见南滨抵万山里许，洎汉水横啮，十余年中内圮者十余里。道光元年，土人得唐时夏侯夫人、梁君嘉运二志石于水滨……视新淤旧地平野，见志石八片……又见三石于临汉门外。读其文，皆张氏茔中故物……志铭篆盖，共得石十一片……长丰洲广袤数十里……道光壬寅七月十襄阳席方璘记。”罗振玉辑碑文为《襄阳冢墓遗文》，《石刻史料新编》(第一辑)，第十六册，新文丰出版社1977年版，第12354~12358页。

⑧ 参见乾隆《襄阳府志》卷十五《水利》。

⑨ 参见同治《襄阳县志》卷二《建置·堤防》“樊城土堤”条。

水将鱼梁坪河套冲开成汉水主河道，原洲东鹅颈状弯曲的主河道变为支流，千里汉水最大的沙洲——鱼梁洲与襄阳从此分离，司马徽与庞德公望衡对宇的景象不复存在，若非有小清河和唐白河的巨大流量继续汇入鱼梁洲东北两面的汉水，其河道必已变成汉水故道之牛轭湖，甚或已淤积成与鱼梁洲一体的大沙洲了。

三、西陵

(一)西陵的地理位置考辨

简册所载西陵与先秦文献可相互参证发明。楚襄王二十年(公元前279年)，秦将白起率大军从南阳南下攻克楚鄢、邓、西陵，次年拔郢，东至竟林，占领江汉地区，是当年中国土地上发生的头等大事。《史记·楚世家》载顷襄王二十年“秦将白起拔我西陵”，逾年“秦将白起遂拔我郢，烧先王墓夷陵”。①《六国年表》则记顷襄王二十年“秦拔鄢、西陵”。②《战国策·秦策四》云：“顷襄王二十年，秦白起拔楚西陵。或拔鄢、郢、夷陵，烧先王之墓。”③这些都将拔西陵与拔鄢之役相关联。《史记·高祖本纪》称：“高武侯鳃、襄侯王陵降西陵，还攻胡阳，遇番君别将梅鋗，与皆，降析、郦。”襄乃穰，当时西陵与秦汉穰、湖阳二县相距不远。然《史记集解》据《汉书·地理志》中江夏郡有西陵和襄县，遂将襄侯封地和西陵直接简单定于江夏。④ 当代学者研究表明，江夏郡设于汉武帝时期，⑤ 秦时并无江夏郡，江夏襄、西陵之说凿空。如此张冠李戴，不仅与白起从南阳南下的进军路线不符，也与秦拔邓、鄢、郢后“遂东至竟陵”⑥的战争进程扞格，让人困惑不解。《史记考证》的作者已注意到司马迁写《秦本纪》和《白起列传》记是役时又写作拔鄢、邓而不言西陵，⑦ 然未能给出的解。20世纪中叶以来，一些学者试图对西陵的地望予以重新解读。吴郁芳先生推断西陵在鄢西的宜城西山，远较《集解》之解合理。⑧ 可能基于《高祖本纪》所载西陵应与秦汉湖阳和穰县较近，距析、郦二县也不会太远之故，童书业先生敏锐地发现邓和西陵在《史记》的记载中的这种相互替换关系，推断“‘西陵’似即邓”。“邓者，《史记正义》云‘鄢、邓二城，并在襄州’。今襄阳东北二十里有邓城，即其地。‘西陵’盖以山名，其地所包范围或甚广，今襄阳、宜城一带山地皆谓之‘西陵’。”⑨简册文字的明白记载见证了童先生推断的精审，表明西陵是邓城附近的一座城邑，解决了一大疑案。

西陵地望如此清晰明确，先秦两汉时地位如此重要显赫，理应不难于淯口溯十二秦里左右的淯水故道两岸找到。然而淯水故道及其两侧的滩涂与台地，早已变成襄州区张湾镇的中心城区。文物勘探资料表明，张湾中心区地表下全系淯水淤沙堆积层，探寻西陵故址变得十分困难，但并非全无踪迹可寻，详察其可能存在的有限地理区域内的考古资料后发现，故淯口东南十里、汉水东岸的陈坡遗址应该和西陵有莫大的关系。

陈坡遗址现存面积约40万平方米，1998年襄樊市考古队发掘2000多平方米，2005年湖北省考古研

---

① (汉)司马迁:《史记》卷四十《楚世家》，中华书局1959年版，第1735页。

② (汉)司马迁:《史记》卷十五《六国年表》楚栏“楚顷襄王二十年”、秦栏“秦昭襄王二十九年”，中华书局1959年版，第742页。

③ 《战国策》卷六《秦策四》“顷襄王二十年”章，上海古籍出版社1998年版，第241页。

④ (汉)司马迁:《史记》卷八《高祖本纪》，中华书局1959年版，第360~370页。

⑤ 参见周振鹤:《西汉政区地理》下篇第一章第二节“南郡(临江国)沿革”，人民出版社1987年版，第135页；苏卫国:《西汉江夏郡沿革略考——从纪南松柏汉墓简牍说起》，《学术交流》2010年第5期。

⑥ (汉)司马迁:《史记》卷七十三《白起王翦列传》，中华书局1959年版，第2331页。

⑦ (汉)司马迁:《史记》卷五《秦本纪》、卷七三《白起王翦列传》，中华书局1959年版，第213、2331页。

⑧ 吴郁芳:《楚西陵与夷陵》，《江汉考古》1993年第4期。

⑨ 童书业:《楚王酓章钟铭“西旟”解》，《童书业历史地理论集》，中华书局2004年版，第224页。

究所加掘1053平方米，勘探6万平方米。遗址文化层厚0.5米，主要为战国和汉代遗存，发现战国楚墓3座，仅发掘1座(M10)，丰富的出土文物中有"大司马"铜鼎1件。勘探发掘者推断"早期遗存都已冲毁于河内，现残存遗址边缘的部分灰坑、灰沟等遗迹"。由于发掘者不知当今的唐白河道是清咸丰十一年才形成的，早期遗存不是都被冲毁于河内，而是遗址的主体被唐白河河道所侵夺冲毁，遗址的实际面积要比单凭其考古勘探所显露的面积大得多。

古人邑居之地通常低于葬地且离水源不远，现唐白河正是夺陈坡北面的一条小溪入汉，其地低于陈坡近十米，"这里早在新石器时代晚期就有人类居住，进入西周中期以后一直到西汉，这里都有人类在此居住，历年来河水泛滥，河岸垮塌，致使早期遗存都已冲毁于河内，现残存遗址边缘的部分灰坑、灰沟等遗迹，战国时期的文化遗存也不甚丰富，残存面积较少，地层堆积较薄"①。该遗址、墓地的地理位置和文化内涵与简册所载的西陵颇为接近，与故淯口水道十二里的路程大致相符。

宋景定二年(公元1261年)，蒙古人通过贿赂南宋京湖制置使吕文德获准在白河口开设榷场之机,②于白河口建筑白河(口)城，偷偷在襄、樊二城的眼皮底下扎下足跟，然后沿唐白河从水陆两路将兵员与军用物资源源不断地运入白河城，完成了攻取襄、樊二城的军事准备。至元五年(公元1268年)，蒙元取襄樊二城之战率先从白河口发起，随后建起围困襄、樊二城的十二连城,③ 十二连城中的古城堡在陈坡对岸,④ 古城之称必有渊源，是陈坡遗址为西陵所在地的有力佐证。

(二)西陵、淯口的战略地位

淯口(邓塞、鄾、三洲口)、西陵、邓城、樊城一线实为一个完整的攻防体系，是襄阳东北两面的军事防线，历来为荆襄屏障，西陵、淯口固则荆楚安，在云梦泽尚未干涸，长江水道未能充分利用的先秦时期尤其如此。西陵失守是导致鄢、郢被拔，楚国被迫东迁的一个重要原因。从《鄂君启节》和简册文字内容不难概见，西陵、淯口处在从荆襄通往中原水陆交通的关键节点位置，其西控樊邓二城，南逼襄阳，对荆襄地区具拊背扼喉之势，军事地位极为重要，大司马鼎的出土是其显证。后世这一线攻防重任落脚于樊城，使其东侧的随枣走廊方向留下防御空白，蒙军正是利用这一隐患于淯口建立起攻取襄樊二城的大本营。战前，蒙军元帅阿术在南侵江陵过襄阳时，曾"驻马虎头山，宿汉东白河口，曰：'若筑垒于此，襄阳粮道可断也'"⑤。如上所述，蒙军正是于此屯兵积谷，发起了历时五年之久的攻拔襄、樊二城之战。

(三)阳平乡、平陵乡、阳新乡、新乡地望蠡测

简册载有以西陵为中心，通往不同方向的多条支线水路及其里程：

> 西陵水道到阳平乡五十九里。04-199
> 西陵水道到平陵乡六十六里。04-189
> 西陵水道到阳新乡百卌八里。04-075
> 西陵水道到新乡百五十一里。04-076

---

① 湖北省文物考古研究所、襄阳市文物考古研究所：《襄阳陈坡》第十章"结语"，科学出版社2013年版，第370页。

② 参见(元)脱脱等：《宋史》卷四十六《度宗本纪》，中华书局1985年版，第899页；(元)张铉：《至正金陵新志》卷13上之中《人物志·牛富传》，《宋史方志丛刊》，中华书局1990年版，第5806页。

③ (明)李贤等：《大明一统志》卷六十《襄阳府·古迹》"邓城"条。

④ 同治《襄阳县志》卷一《地理·山川》"白河"条。

⑤ (明)宋濂、(明)王祎：《元史》卷一百二十八《阿术传》，中华书局1976年版，第3120页。

《初步研究》将阳平乡、平陵乡、阳新乡、新乡定于西陵上游的比水沿岸，认为阳平、阳新的阳指秦汉时的阳县，乃秦末刘邦入关前，曹参“从南攻犨，与南阳守齮战阳城郭东，陷陈，取宛，虏齮，尽定南阳郡”①之阳县，地在犨与宛城之间的汉代堵阳，由于中华书局标点本《史记》没有将“阳城”二字标点分开，因而导致对一系列历史事件的错误理解。② 窃以为，其结论的差池显而易见。

首先，“阳城”二字作为一个先秦时期的知名地名，不能用标点分开，否则无法通读。

其次，阳城先秦时即已存在，战国时为楚国封邑。《吕氏春秋》载：“墨者巨子、孟胜善荆之阳城君，阳城君令守于国，毁璜以为符约，曰符合听之。荆王薨，群臣攻吴起兵于丧所，阳城君与焉，荆罪之，阳城君走，荆收其国。”③晚出之《渚宫旧事》所载稍详，谓“及悼王薨，鲁阳公骐期及阳城君杀王母阙姬而攻起”④。阳城君乃是和鲁阳公一起攻杀吴起的主犯，封国因而被收。吴起因对楚国实行封君子孙三代而收其爵禄的制度革新，遭到受伤害的权贵集团射杀，当时的阳城君距其始封之先君当在三代以上，阳城得名不会晚于战国早期。

鲁阳的地望清晰，而对于阳城，应劭说为汉宛城东北之堵阳，⑤ 为南阳郡属县，与鲁阳相距不远，于理通洽。

再次，通往这四个节点的水路都是以西陵为起点的淯水上游的多条支线而非主干道，或只利用了主干道的一段，最远的新乡也不过一百五十一里，折合成今日之陆路里程大约百里，其所考阳县至西陵的距离至少有秦里五百里之遥。同批简册还载有：

宛梁门下行淯到邓西陵四百九十一里。04-203

宛宜民庾行淯水到西陵四百五十里，庄道三百六十里。04-202

武庾到邓西陵四百八十里二百步。04-200

比口到淯下口百卌里三百步。04-084

《初步研究》为了解决其所考阳城至西陵距离过远的问题，全然不顾二者间横亘着宛、棘阳、湖阳、新野诸县的事实，硬将距西陵只有五十九里的阳平乡、只有六十六里的平陵乡纳入其所谓的阳县南境，让人诧异。

最后，从西陵水道支线所至之阳平乡、平陵乡、阳新乡、新乡若如其所考在淯水上游支流之阳县一带，例当以武庾或宛梁门或宛宜民庾为起点并计算里程方合情理，可《初步研究》分明是以西陵为起点计算的。是故，西陵至阳平乡、平陵乡、阳新乡、新乡这些地点只能循西陵所在地的淯水支流沿岸寻找。西陵节点的支线水路有今之黄渠河、滚河、刁河、唐河等，滚河中下游尚有官沟、瀴水、涢水等多条支流，唐河中下游有黑青河、小黄河、简河、蓼阳河等更多支流，单新野境内就向有八水汇流之说。⑥《初步研究》引用了李零先生对楚地所出战国秦汉简牍中阳字的解读并有所发挥，指出阳与唐通，阳即唐。这种研究方法有其可取之处，滥用则失去意义。在黄渠河、滚河、唐河、刁河水道一百五十一里的大致流域范围内，秦汉六朝时带阳、平、陵、新的地名很多，如带阳的有蔡阳、湖阳、比阳、棘阳、义阳、谢

① （汉）司马迁：《史记》卷五十三《曹相国世家》，中华书局 1959 年版，第 2023 页。

② 辛德勇：《北京大学藏秦水陆里程简册初步研究》，《出土文献》第四辑，中西书局 2013 年版，第 244~249 页。

③ （汉）许维遹：《吕氏春秋集释》卷十九《离俗览·高义》，中国书店 1985 年版，第 11 页。

④ （唐）余知古撰，袁志华注译：《渚宫旧事》卷二《周代中·悼王时吴起来奔》，湖北人民出版社 1999 年版，第 101 页。

⑤ （汉）司马迁：《史记》卷五十三《曹相国世家》，《集解》[十一]，中华书局 1959 年版，第 2024 页。

⑥ 参见乾隆《新野县志》卷一《山川》。

阳，带平的有平林、平氏，带新的有新野(及由其东乡改称的新都、新林)，带陵的有舂陵等县。不止如此，林还通陵，是故平林还可直接写作平陵，滚河支流泿水中游襄乡县和西陵北边的穰(通襄)县之襄通相，相通阳，襄乡东北还有阳中山。① 可以断言的是，西陵支线所至四地，应于今之黄渠河、滚河、唐河、刁河诸支流之中下游沿岸地理区域内去寻找。

检索文献发现前汉建平四年(公元前3年)，封傅太后同母弟之子郑业为阳信侯，《外戚恩泽侯表》作阳新侯，封于新野，② 是为阳新乡所在，马孟龙先生考之详覈。但其认为新乡在阳新乡上游三里，并将平陵、阳平皆定在其所谓的邓或西陵县之比水沿岸，恐欠斟酌。③ 简册已载明西陵为邓县属地，自不会是县级建制。《初步研究》已公布的《简册》行文格式为"甲→乙→丙→丁××里"，依此例推；却没有"甲→乙 XX里"复又"甲→丙××里""甲→丁××里"的书写方式。以此言之，西陵至阳平乡、平陵乡、阳新乡、新乡应该是以西陵为起点的四条支线，也就是说西陵水道到阳平乡五十九里和西陵水道到平陵乡六十六里、西陵水道到阳新乡百卌八里、西陵水道到新乡百五十一里不在同一条或不完全在同一条水道上，而是中途岔开进入各自的支流，否则简册行文应该是：

西陵水道至阳平乡五十九里。
阳平乡至平陵乡七里。
平陵乡至阳新乡八十二里。
阳新乡至新乡三里。

从西陵至上述四地，逻辑上最多可能存在四条单独的支线水道，最少也应该有一条主支线加三条次支线水道。秦汉时期淯水下游地区繁荣富庶，是邓氏、阴氏、樊氏、王氏等大族的聚居地，前汉四位重臣平当、王嘉、王莽、赵钦皆受封地于此，④ 因而邑聚甚多。新野县有新都、新甫、阳新诸带新的地名，毗邻的穰县有地名新成，⑤ 集中在新野县邑周边至穰县东境的淯水、比水两侧，至今尚有新甸铺、新野之名，其称谓与新邓津如出一辙，不知是否为秦灭楚后对楚地部分原有地名有所更改。位于今白河西刁河南岸的新甸铺，东距王庄乡九女城村之新都故城不远，或得名于王莽受封的新都，甸含王田、京都郊外之意。《后汉书·郡国志》谓："新野有东乡，故新都。"刘昭补注："王莽封也。"⑥《通鉴地理通释》谓"新都，汉属南阳，《郡国志》新野县有东乡，故新都，王莽封，今新野省入邓州穰县"⑦。新甸铺正位于新野与邓州交界处，新都或是简册之新乡所在，与"西陵水道到新乡百五十一里"路程大致相当。

2017年3—4月，襄阳市文物考古研究所为配合唐白河航运开发工程，对襄州区境内的唐白河淹没区及其影响范围进行过考古调查，沿岸发现战国至汉代遗址和墓地6处。2019年年初，笔者携襄阳市文物考古队队长王志刚沿线调查时，于古绎镇唐吕村亦发现战国秦汉六朝至唐代遗址1处。详见表一：

---

① 参见(清)杨守敬、熊会贞：《水经注疏》卷二十八《沔水》，南京古籍出版社1989年版，第2384页。

② (汉)班固：《汉书》卷十一《哀帝纪》、卷十八《外戚恩泽侯表》，中华书局1962年版，第342、713页。

③ 马孟龙：《北京大学藏秦水陆里程简册释地五则》，王煜主编：《文物、文献与文化——历史考古青年论集》(第一辑)，上海古籍出版社2017年版。

④ 参见(汉)班固：《汉书》卷十八《外戚恩泽侯表》(中华书局1962年版)，第705页"新都侯王莽"，第712页"新甫侯王嘉"，第713页"阳新侯郑业"。

⑤ 参见(汉)班固：《汉书》卷十八《外戚恩泽侯表》，中华书局1962年版，第707页。

⑥ (西晋)司马彪：《续汉书·郡国志四·荆州·南阳郡》，《后汉书》，中华书局1965年版，第3476~3478页。

⑦ 张保见：《通鉴地理通释校注》卷九《七国形势考中·魏》，四川大学出版社2009年版，第291页。并见本页注5。

表一　襄州区段唐白河两岸调查发现聚落遗址与墓葬一览表①

序号	名称	时代	地理位置	现存面积（m^2）	简　介
1	郭楼老庄遗址	汉、明、清	朱集镇郭楼村东500米，唐河西岸阶地上	3000	陶瓷片、布纹瓦、单面绳纹砖、青砖
2	尚寨遗址墓地	汉、清	朱集镇尚寨村七组南500米，唐河西岸百余米阶地上	20000	单面绳纹砖、几何纹砖、陶瓷片
3	雷庄遗址（新都故城）	战国、汉	朱集镇雷庄村东至村东北、唐河西岸台地，为河南省新野县王庄乡九女城村省级文物保护单位新都故城的一部分	70000	大量板瓦、单面绳纹砖、几何纹纹砖
4	雷庄墓地	战国、汉	新都故城南侧唐河西岸阶地上	50000	大量单面绳纹砖、几何纹砖，原有多个土冢
5	孟庄遗址墓地	东周、汉	朱集镇孟庄村一组东、唐河东岸河堤东百余米	3000	单面绳纹砖、陶片
6	胡家庙墓地	汉	程河镇崔营村胡家庙、唐河东岸河堤内阶地上	10000	单面绳纹砖、几何纹砖
7	唐吕村遗址	战国、汉、六朝、唐	古绎镇唐吕村东1公里白河西岸河滩上，北与新野相邻	5000	遗址大部分被破坏或崩入河中。残存遗物丰富，有单面绳纹砖较大，绳纹瓦、盆、瓮、双耳罐、高矮圈足青瓷碗、白釉罐、直口双耳罐及较多铁炼渣状物

需要提及的是，由于唐白河砂质优良，白度硬度高，沙粒均匀，采砂成本低廉，售价高，销售地区广，故近几十年尤其是近三十年来，唐白河全线河砂皆被大型机械肆意采挖，高峰时期，仅分布于湖北襄州辖区境内约50公里的唐河、约30公里的白河沿岸砂场多达百余个，采砂工人千余人，来自鄂、豫、湘、鲁、赣等省船主的涉砂船三百余艘，几乎所有岸线都遭到不同程度的破坏，豫省境内亦不例外，上述临河的遗址和墓葬都遭到破坏，消失的或不在少数。

简册尚载有“比口至淯下口百卌里三百步”（04—084）。比口为比水汇入淯水之水口，离淯口的水路里程为百卌里三百步，减去淯口至西陵十二里，则比口至西陵的距离为百廿八里三百步，故将距西陵只有五十九里的阳平乡和六十六里的平陵乡置于比水沿岸显然错误，如将此二地置于比口以下的淯水岸旁，又与简册的书写体例不合，故于滚河、黄渠河、泥河或其他淯水支流上去寻找阳平乡与平陵乡才对。又今之两河口至西陵间的距离不足百里，以此言之，秦时的比口应较现今的两河口上移不少。明清以来的淯水改流新野县西，元大德七年以前则流经新野县东，② 康熙时县东白河故道才完全淤塞，但老白河之名称与故道痕迹仍得以保留，比水入淯之比口是否是由淯水或比水历史上的改道造成的，是又一待解悬案。

① 编号1~6见襄阳市文物考古研究所：《襄阳考古年报2017》，襄阳市文物考古研究所2018年编印资料；7为笔者和王志刚队长调查发现。

② 参见南阳地区水利委员会编：《南阳地区水利志》，1990年，第38页。

四、邓攀渚

“邓攀渚”无疑为秦邓县辖域地名，当与樊城脱不了干系，樊、攀同属棥字声系。声符都在棥部，韵部皆在元部，二字音同形似，可视为一字，攀渚即为樊渚。棥通曼，故樊、曼通用，《淮南子·道德训》“慢然下其臂”，“慢”在《论衡·道虚篇》中作“樊”。① 邓为曼姓，是故邓攀渚又可写作邓曼渚。

这个为邓县所辖且与邓城关系密切的邓樊渚，大概率为樊城前的汉水洲渚，不可能如《初步研究》所言与西陵大体在同一地点。在名称上，更不可能是“或即水侧山丘而言，则为‘西陵’；就滨水崖涘而言，乃为‘攀渚’”②。这条通往洛阳的水路从淯口上行十二里至邓西陵，没有理由于其上游仅二里再设置一个邓樊渚，果如此，也应依简册体例写作“西陵至邓攀渚二里”，不可能是“或即水侧山丘而言，则为‘西陵’；就滨水崖涘而言，乃为‘攀渚’”。其地只有于邓县所辖之樊城、东距淯口十四里的汉水洲渚上寻找。

樊城位于邓城(遗址)南面十里的汉水北岸，乃明清以前受汉水冲击最剧之地，是邓城远离汉水建城的根本原因。攀渚应是位于襄阳城西楚北津的对渡处，③ 秦时尚未建城，其地南与北津进出汉水的檀溪相对，从楚北津乘舟经檀溪入汉，横渡汉水登陆汉水北岸至邓城是楚陆路从北津渡汉经邓城通往中原“夏路”之必经津路，是楚中央虎狼之师进出中原的主要渡口，其为城邑汉末始见诸文献，《汉晋春秋》谓：“桓帝幸樊城，百姓莫不观。”④刘备寓居荆州期间曾一度驻扎于此，为逃脱蔡瑁的暗算，于席间潜出襄阳城西，马跃檀溪，然后从檀溪乘桴渡河至樊城脱险，⑤ 其登陆樊城的地点当是攀渚。

滨大江大河之中国古代城邑，都有一个随着人们对江河征服能力的增强而从离江河较远到逐步移临江河的过程，“纪南城→江陵→沙市”“楚北津→襄阳”“邓城→樊城”率皆如此，攀渚应是樊城的前身。

如前所述，汉唐时期樊城应在邓塞以西七八里以上的汉唐襄阳城的对岸。曹仁所筑樊城周长四里。南宋时，樊城城周四里半，⑥ 与城周九里的襄阳城南北隔江对峙，⑦ 二城互为犄角，宋元襄樊之战期间二者间连以浮桥。明以后的樊城周长随着商贸的发展向东扩展至周长十余里，以此推之，明清樊城西垣外的越城应该是汉至唐宋时期的樊城所在，与荆州街(大北门)以西城垣九里的襄阳相对，樊城前的邓攀渚当早已于曹仁所筑、北魏时南半沦水的樊城之前崩入水中。

(作者单位：湖北文理学院汉水与三国历史文化研究所)

① 参见张儒、刘毓庆：《汉字通用声素研究》第797“樊字声系”，山西古籍出版社2002年版，第666页。

② 辛德勇：《北京大学藏秦水陆里程简册初步研究》，《出土文献》第四辑，中西书局2013年版，第220页。

③ 关于楚北津笔者另有专文详考。

④ 乔治中校注：《众家编年体晋史·汉晋春秋》，天津古籍出版社1989年版，第13页。

⑤ (晋)陈寿：《三国志》卷三十二《先主传》裴松之注引《世语》，中华书局1959年版，第876~877页。

⑥ 参见(宋)李曾伯：《可斋杂藁》卷19《奏襄樊经久五事》：“襄阳一城，周围余九里，樊城亦近四里有半，夹汉而垒。”文渊阁四库全书本，第1179册，第389页。

⑦ 参见(唐)孟浩然：《与黄侍御北津泛舟》：“隍缘九里郭，山面百城楼。”见《孟浩然诗集笺注》，上海古籍出版社2000年版，第157~158页。白居易：《再到襄阳访问旧居》：“襄阳九里郭，楼堞连云树。”见《全唐诗(增订本)》卷四三三《白居易》，中华书局1999年版，第4800页；并见本页注6。

古邔县(侯国)故址新证*

王先福

古邔县是秦汉至南朝梁时期南郡、襄阳郡属县(侯国)，传世文献记载十分有限。随着相关出土文献的面世，邔县的定位对于确定同时期部分重要城邑如鄢县、邓县的位置，进而对研究与这些重要城邑有传承关系的楚国重要城邑鄢郢、邓的作用就显得十分重要。

关于邔县(侯国)故址，传世文献缺少相对详细的信息，现代多位学者通过文献、考古等资料对邔县故址进行了考证，但结论有所不同。石泉先生认定汉晋邔县在今欧庙遗址，① 黄盛璋先生认为邔县故城在唐宋宜城县治所北三十里的“古城堤”;② 鲁西奇先生则认为欧庙遗址为汉黎丘城，邹湾遗址才是汉晋邔县故城;③ 而赵庆淼先生认为秦代“邔乡”即汉代邔县所在，临汉水而置，其位置在今宜城市北境以南，不在今襄阳境内的欧庙镇一带。④ 其中石泉、鲁西奇二位先生考定了具体位置，黄盛璋、赵庆淼二位先生只是指出了大致位置。为此，本文以传世文献结合新出土文献、考古资料进行分析，以期找到邔县(侯国)故址。

一、邔县(侯国)沿革

传世文献中，邔县首见于《史记・汉高祖功臣侯者年表》，其中有邔侯国，汉高祖十二年(公元前 195 年)封黄极忠为邔庄侯，汉武帝元鼎元年(公元前 116 年)除国，历四代。《索隐》曰：邔县属南郡。⑤《汉书・高惠高后文武功臣表》内容与《史记》基本相同;⑥《汉书・地理志》“南郡”属县下则有邔县。⑦

《后汉书・宗室四王三侯列传》“泗水王”下“封长子柱为邔侯”，颜师古注：邔，县，属南郡，故城在今襄州;⑧《后汉书・冯岑贾列传》引《东观记》曰：“丰，邔县人，少学长安，受律令，归为县吏。更始元年起兵，攻得邔、宜城、(若)〔鄀〕、编、临沮、中庐、襄阳、邓、新野、穰、湖阳、蔡阳，兵合万人。”⑨《后汉书・郡国志》“南郡”属县记载有“邔侯国。有犂(即‘黎’，下同)丘城”。⑩ 可见东汉时邔仍为县或侯国，属南郡。

---

* 本文为国家社科基金重大招标项目“周代汉淮地区列国青铜器和历史、地理综合整理与研究”(15ZDB032)和国家社科基金一般项目“周代邓国考古学文化研究”(18KG019)的阶段性成果。

① 石泉：《古鄢、维、涑水及宜城、中庐、邔县故址新探——兼论楚皇城遗址不是楚鄢都、汉宜城县》，《古代荆楚地理新探》，武汉大学出版社 1988 年版，第 277~280 页。

② 黄盛璋：《关于湖北宜城楚皇城遗址及其相关问题》，《江汉学报》1963 年第 9 期。

③ 鲁西奇、潘晟：《汉水中下游河道变迁与堤防》，武汉大学出版社 2004 年版，第 14 页注①。

④ 赵庆淼：《〈楚居〉“为郢”考》，《古籍整理研究学刊》2015 年第 3 期。

⑤ 《史记》，中华书局 1963 年版，第 965 页。

⑥ 《汉书》，中华书局 1964 年版，第 608 页。

⑦ 《汉书》，中华书局 1964 年版，第 1566 页。

⑧ 《后汉书》，中华书局 1965 年版，第 563 页。

⑨ 《后汉书》，中华书局 1965 年版，第 657 页。

⑩ 《后汉书》，中华书局 1965 年版，第 3480 页。

《三国志·魏书》载："分襄阳临沮、宜城、旍阳、邔四县置襄阳南部都尉。"①《晋书·地理志》荆州襄阳郡辖邔县；② 而《南齐书·州郡志》为雍州襄阳郡辖邔县。③《宋书·州郡志》"邔(原作'郘'，文后勘误实为'邔')县令，汉旧县，属南郡"④。《梁书·刘儒传》仍可见雍州有"邔县令"。⑤ 仅有《水经注·沔水》的记载相对较详细："沔水又南过邔县东北。沔水之左有骑城，周回二里余，高一丈六尺，即骑亭也。县故楚邑也。秦以为县。汉高帝十二年(亦有"十一年"之勘误)，封黄极忠为侯国。"⑥其将邔县的来源上推到楚邑，秦设县，并说明了邔县与汉水的位置关系。但《隋书》已无"邔"的信息，《旧唐书·地理志》则将宜城与邔县作为同一县对待：宜城，汉邔县，属南郡。⑦ 其后邔县更不见于当时的行政建制。

近年来出土文献有关"邔"的记载既与传世文献有所印证，也有所补充。

1987 年发掘的包山二号楚墓出土了 448 枚竹简，提供了十分丰富的信息，其中简 22 记："八月己巳之日，邔司马之州加公孝瑞、里公隋得受期……""八月戊寅之日，邔司马之州加公孝瑞、里公隋得受期……"⑧从文中"邔司马"和"州加公""州里公"的行政职务及与该批简相同表述对照的情况看，"邔"当为楚县，时代不晚于该墓下葬的公元前 316 年。⑨ 在 2004 年发掘、属西汉武帝初年的荆州松柏一号汉墓中，出土的 35 号木牍记录南郡有 17 个属县(道、侯国)，其中"邔"为侯国。⑩ 近期公布的北京大学藏秦始皇三十一至三十三年(公元前 216—前 214 年)书写的水陆里程简中，有两条记录提到了"邔"："莪陵到邔乡七十里【04-234】""邔乡到鄢路庐津廿里【04-218】"，⑪ 此"邔"为乡级行政单位，结合前后的地名分析，"邔"乡或属当时的鄢县管辖。

从上述传世、出土文献可以推知，"邔"原为楚邑，但始建于何时无考，不迟于战国中期设县。秦一度降为"乡"，可能不久后又升为"县"。汉高祖十二年(公元前 195 年)封侯国(或为"十一年")，汉武帝元鼎元年(公元前 116 年)除侯国后再设县；之后除东汉初年封侯国外直到南朝梁时期均为县，不晚于隋代撤除。秦汉时期邔县(侯国)属南郡。三国魏时邔作为县因行政区划的大幅调整隶属襄阳郡，晋、宋、齐、梁均属襄阳郡。其行政建制一脉相承，前后位置应无变化。

二、犁丘城位置考

由于缺乏确认邔县(侯国)位置的直接证据，我们可先从与其有密切关系的黎丘城的考证入手。

犁丘城在历史文献中仅出现于西汉末年到东汉初年，即两汉之际，是东汉光武帝刘秀平定南方的重要城镇。

《后汉书·光武帝纪》载，(更始二年)秦丰自号楚黎王。习凿齿《襄阳记》曰："秦丰，黎丘乡人。黎丘，楚地，故称楚黎王。"黎丘故城在今襄州率道县北。(建武三年)秋七月，征南大将军岑彭率三将军伐秦丰，战于黎丘，大破之，获其将蔡宏。(建武四年)十一月丙申，(帝)幸宛。遣建义大将军朱祐率二将

① 《三国志》，中华书局 1959 年版，第 110 页。
② 《晋书》，中华书局 1974 年版，第 455 页。
③ 《南齐书》，中华书局 1972 年版，第 282 页。
④ 《宋书》，中华书局 1974 年版，第 1136、1163 页。
⑤ 《梁书》，中华书局 1973 年版，第 593 页。
⑥ (后魏)郦道元注，杨守敬、熊会贞疏：《水经注疏》，江苏古籍出版社 1989 年版，第 2391 页。
⑦ 《旧唐书》，中华书局 1975 年版，第 1551 页。
⑧ 湖北省荆沙铁路考古队：《包山楚简》，文物出版社 1991 年版，第 18、19 页。
⑨ 湖北省荆沙铁路考古队：《包山楚墓》，文物出版社 1991 年版，第 333 页。
⑩ 荆州博物馆：《湖北荆州纪南松柏汉墓发掘简报》，《文物》2008 年第 4 期。
⑪ 北京大学出土文献研究所：《北京大学藏秦简概述》，《文物》2012 年第 6 期；辛德勇：《北京大学藏水陆里程简册初步研究》，《出土文献》第四辑，中西书局 2013 年版，第 220 页；王佳：《出土文献所见秦南郡属县三题》，《江汉考古》2015 年第 2 期。

军围秦丰于黎丘。十二月丙寅，进幸黎丘。(建武五年)六月，建义大将军朱祐拔黎丘，获秦丰。①《后汉书·苏竟传》亦云："倚弥即黎丘，秦丰之都也。"②而前引《后汉书·郡国志》记邔侯国有犁丘城；《后汉书·岑彭传》亦载或引《东观记》表明，南郡人秦丰占据黎丘后攻占了包括邔在内的周边十二城。可见，黎丘是西汉末年至东汉初年的一处重要城邑——秦丰之都，尽管属南郡之邔县所辖，但此时的重要性似乎比邔县高。

关于黎丘城的具体位置，我们可以依据光武帝刘秀派遣岑彭、朱祐等击败秦丰、攻占犁丘城过程的文献记录推定在襄阳以南、宜城以北、汉水以西的范围内。

《后汉书·岑彭传》记："(建武)四年春，戎乃留辛臣守夷陵，自将兵沿江溯沔止黎丘。"表明"黎丘"在汉水(沔水)岸边。而之前的记录中，光武帝令岑彭南击秦丰，是从邓县外围西击山都(县)后，"乃潜兵渡沔水，击其将张杨于阿头山，大破之。从川谷间伐木开道，直袭黎丘，击破诸屯兵"③。山都(县)位于今汉水北岸的樊城太平店镇乔岗村乔岗遗址。④ 该遗址向南约3.5公里即汉水(沔水)，过汉水(沔水)后攻击秦丰将领张杨驻扎的阿头山。阿头山在《后汉书·郡国志》有载："襄阳有阿头山。"注引《襄阳记》认为是襄阳"万山"，"位于(襄阳)县(故址即今襄阳城附近)西九里"。⑤ 谭其骧先生主编《中国历史地图集》考证"阿头山"在襄阳西不远，⑥ 这里正是扼守西面军队东进的险要之地，易守难攻。其与岑彭军南过汉水大致位置的直线距离约23公里。岑彭击败张杨后，应该是沿万山所在的岘山山脉川谷往东南方向开道直袭黎丘，其间攻占了秦丰的多个驻屯据点。与上述"渡沔水"不同的是，袭击黎丘并无渡汉水(沔水)的描述，因此我们认为，黎丘至少在两汉之际仍在汉水西岸。而同传记："秦丰相赵京举宜城降，拜为成汉将军，与彭共围丰于黎丘。"宜城是与邔县同为南郡辖县的县级行政区，"秦丰相赵京"投降岑彭后，只能是从南往北与南进的岑彭合围秦丰。同时，据《后汉书·朱祐传》载："(建武)四年，(朱祐)率破奸将军侯进、辅威将军耿植代征南大将军岑彭围秦丰于黎丘，破其将张康于蔡阳，斩之。帝自至黎丘，使御史中丞李由持玺书招丰，丰出恶言，不肯降。车驾引还，敕祐方略，祐尽力攻之。明年夏，城中穷困，丰乃将其母妻子九人肉袒降。祐监车传丰送洛阳，斩之。"⑦蔡阳位于今汉水东岸约30公里的枣阳市璩湾镇古城村的翟家古城遗址，⑧ 其县西境很可能到了汉水岸边。由此可知，朱祐军在东面合围秦丰。在黎丘受到汉军北、南、东三面围困下，秦丰请降被擒。

《后汉书·郡国志》"邔侯国。有黎丘城"有注："朱祐禽秦丰苏岭山。"⑨与同前引朱祐破蔡阳、擒秦丰于黎丘对应，则黎丘与苏岭山相距极近。据东晋习凿齿《襄阳记》卷三"山川"条："鹿门山，旧名苏岭山。建武中，习郁为侍中时，从光武幸黎丘，与帝通梦，见苏岭山神。……使立苏岭祠。刻二石鹿，夹神道口，百姓谓之鹿门庙，或呼苏岭山为鹿门山。"⑩一方面表明苏岭山即鹿门山，另一方面也表明"黎丘城"与苏岭山(鹿门山)的密切关系。鹿门山位于今襄城区欧庙镇对面的汉水东岸，其西缘被汉水所切。

同时，《水经注·沔水》载："黎丘城在观城西二里。建武三年，光武遣征南岑彭击丰。四年，朱祐自观城擒丰于黎丘是也。"⑪说明黎丘城东二里有地名"观城"。据第三次全国文物普查调查，鹿门山西缘、

① 《后汉书》，中华书局1965年版，第16、35、37、39页。
② 《后汉书》，中华书局1965年版，第1044~1045页。
③ 《后汉书》，中华书局1965年版，第658页。
④ 王先福：《襄阳地区汉代南阳郡属县治所初考》，《江汉考古》2014年第3期。
⑤ 《后汉书》，中华书局1965年版，第3480~3481页。
⑥ 谭其骧主编：《中国历史地图集》第二册，中国地图出版社1982年版。
⑦ 《后汉书》，中华书局1965年版，第770页。
⑧ 王先福：《襄阳地区汉代南阳郡属县治所初考》，《江汉考古》2014年第3期。
⑨ 《后汉书》，中华书局1965年版，第3480~3481页。
⑩ (东晋)习凿齿撰，黄惠贤校补：《校补襄阳耆旧记》，中华书局2018年版，第69页。
⑪ (后魏)郦道元注，杨守敬、熊会贞疏：《水经注疏》，江苏古籍出版社1989年版，第2388页。

汉水东岸之今宜城市王集镇庞居村有一处遗址——庞居遗址，面积约3万平方米，时代为新石器时代、周、汉。其地势高出汉水西岸的平地10米左右，对周边低地的动静一览无余，是一处重要的制高点，该地很可能就是"观城"所在，① 亦是前引《水经注·沔水》所记之汉水左岸的"骑城"。如果从字面意义理解，"观""骑"二城很可能取其地势命名，这一点也正与该地相合。

考古调查和发掘资料表明，在与鹿门山、庞居遗址相对的汉水西岸位置正有一处大型聚落遗址——欧庙遗址。该遗址位于欧庙镇东北部，现东去汉水约3公里。1980年调查时发现，② 第二次全国文物普查时复查。③ 原调查时，当地群众称这里曾有一座古城，南北长约3500、东西宽约2000米，并有四座城门，但城垣已不明显，城河时断时续。"城"东北部地势较高，一沟渠断面发现0.5~1米厚的文化层，地表采集有纺轮、网坠及鬲口沿、鬲足、豆盘、豆柄、盆口沿、盆底和筒瓦、板瓦等较多的陶片，经认定为一处东周文化遗址。2009年第三次全国文物普查时复核发现，这里确实存在一座"土城"，但该城实为清代筑造的堡城——六河二口城堡遗址（即欧庙堡），④ 城垣也基本被平。城东北地势相对较高，面积约20万平方米，在东护城河外地表仍可散见较多的东周陶鬲、豆、盂、罐、盆和秦汉至南北朝时期的陶罐、盆及板瓦、筒瓦残片等，遗址时代被更正为东周至南北朝时期。⑤ 2017年11月至2018年1月，湖北省文物考古研究所对该遗址进行了全面勘探和局部发掘。勘探表明，遗址位于欧庙镇东北部的陈河、张东村，与两次普查确认的位置大致相同。这里原为一处较高台地，后因土地平整，原调查所见文化层断面之沟渠以东的地势已较台地低3米左右。遗址范围南北长700、东西宽400米左右，文化层最厚达4米以上。发掘区选择在遗址的北部边缘，分两个地点，台地上开探沟1条，沟渠以东低地开探方6个，发掘面积计245平方米，清理灰坑、灰沟、墙基、水井、灶址、墓葬等各类遗迹单位78个。台地上的探沟能全面反映遗址的地层堆积状况，其地层共分8层，最深处距地表3.58米。遗址时代从西周晚期或两周之际一直到隋唐时期，其中两汉地层较厚，分为明显的两层。汉代以前地层、遗迹出土遗物十分丰富，表明该遗址是一个规模较大的中心聚落，特别是发现了汉代墙基，为汉代该遗址作为城址提供了实物依据。六朝隋唐为同一地层，出土本时期的遗物较少，更多的是包含早期即汉代及以前的陶片。⑥ 由此推断，欧庙遗址应该就是两汉之际的"黎丘城"。该城并非一蹴而就，而是在前期发展基础上逐步形成的。东汉初年随着秦丰的被灭，该城的地位也迅速下降，"黎丘"不见于文献记载。

当然，该结论还有一个问题需要解决，即如果欧庙遗址是"黎丘城"的话，又与《水经注·沔水》的记载相矛盾："沔水又东南流，经犁丘故城西。"⑦即"黎丘城"应该位于汉水东岸，而并非上考的汉水西岸。

我们认为，"黎丘城"在两汉之际确实位于汉水西岸，到东汉后，汉水欧庙段有一次改道过程。根据汉江河道考察与研究，汉水中游河道属于典型的游荡型河段，特别是汉水襄阳至欧庙段在上游襄阳岘山东侧至唐白河入汉处丘陵、下游岘山以南丘陵至鹿门山西缘间的地域较宽，一般在5~8公里，地表以下均为典型的河流冲刷形成的淤积土，历史上可能存在多次游荡的情况。⑧ 这可从考古遗存的分布状况得到佐证。

历次文物普查和考古发掘的情况表明，该段上游唐白河入汉处东岸的陈坡遗址是一个规模很大的遗

① 范文强主编：《襄阳史迹扫描》，湖北人民出版社2013年版，第187页。

② 王善才等：《襄阳、宜城几处东周遗址的调查》，《江汉考古》1980年第2期。

③ 叶植主编：《襄樊文物史迹普查实录》，今日中国出版社1996年版，第57~58页；国家文物局主编：《中国文物地图集·湖北分册》，西安地图出版社2002年版，第74页。

④ 范文强主编：《襄阳史迹扫描》，湖北人民出版社2013年版，第58~59页。

⑤ 范文强主编：《襄阳史迹扫描》，湖北人民出版社2013年版，第190页。

⑥ 湖北省文物考古研究所等：《襄阳欧庙遗址考古工作汇报》，湖北省博物馆、湖北省文物考古研究所2017年业务成果汇报会，2018年1月29日；湖北省博物馆等：《湖北省博物馆、考古所2017》，武汉大学出版社2018年版，第59页。

⑦ （后魏）郦道元注，杨守敬、熊会贞疏：《水经注疏》，江苏古籍出版社1989年版，第2387页。

⑧ 鲁西奇、潘晟：《汉水中下游河道变迁与堤防》，武汉大学出版社2004年版，第1~12页。

址，发现有新石器时代遗物和周代、汉代及唐以后遗存，可以确定的是临汉江的遗存已因崩岸受到破坏。① 位于东津镇以南的老营一村在配合崔家营水电枢纽建设时调查发现并发掘了汪家洼遗址、墓地，均西临汉江。其中遗址在现地表 3 米以下，发掘 100 平方米，时代为西周晚期至春秋、西汉时期；墓地在遗址南约 400 米左右，发掘东汉至唐代墓葬 11 座，开口层位明显抬高，距现地表 1.5 米左右，但墓地西距河岸一段距离内勘探未发现墓葬。②

在汉水西岸，与汪家洼遗址相对略偏南、同为配合汉江崔家营水电枢纽建设发现、发掘的钱营遗址位于岘山余脉岗地边缘，现存面积较小，其东部也因崩岸受到严重破坏，遗址地势较高，属丘岗地的边缘，下层为新石器时代文化层，上部为较厚的汉代文化层。③ 钱营遗址以南，基本处于同一南北纵线上还分布有赵庄遗址、曹湾遗址及欧庙遗址。赵庄遗址发掘面积 250 平方米，文化层厚 1.2 米，在现地表 2 米以下，时代为新石器时代、东周；④ 曹湾遗址面积约 3 万平方米，原处一台地上，后被平，文化层厚约 1 米，在现地表 1.7 米以下，采集较多陶片，时代为春秋晚期至战国。文化层下为河卵石，应为古河道。⑤ 同时，在上述三处遗址附近分别发现了钱营、赵庄、余家湖、鲍家台、朱家庄、曹湾墓地，其时代基本在东汉至唐代。⑥（图一）

上述遗存的分布状况说明，在早期，由于汉水自西向东流经近襄阳城东北时曲向南流，该河段应更靠向今汉水东岸；战国至东汉间，汉水向西岸摆动，赵庄、曹湾遗址被毁，但未影响到欧庙遗址；东汉至唐代，上述钱营、赵庄、曹湾遗址周边出现较多的同时期墓地说明，汉水在该时期该河段已再向东摆动，曹湾遗址西南约 3 公里的王树岗遗址在经历新石器时代、夏代后，直到东汉、南北朝时期又发现文化层的情况也可证明这一时期该区的相对繁荣。⑦ 再结合欧庙遗址六朝隋唐地层仅为一层且其北侧不远的柿庄墓地两次发掘东晋至晚唐 50 余座墓葬分析，⑧ 六朝隋唐时期的汉水河道在此处很可能也从遗址西边穿过，原因是该墓地为河道旁的一处高地，墓葬开口距现地表 1.5 米左右，其下为黏土层，该高地容易造成河水自北向南流时避开此高地并分向两侧流过或改道，从而避免其南部不远处的欧庙遗址受到冲击，形成本区汉水河洲的地貌。从襄阳城内汉代堆积距现地表约 6 米深、六朝隋唐地层逐步抬高的情况看，⑨ 汉江河床也在逐步抬高。时代越早，该区的面积越大，受到冲击的承受力越强。同时，近期襄阳市文物考

---

① 襄樊市考古队等：《襄阳东津洪山头遗址发掘简报》，《江汉考古》1999 年第 4 期；襄樊市考古队等：《襄阳县东津陈坡六朝隋唐墓葬发掘简报》，《江汉考古》1999 年第 4 期；湖北省文物考古研究所等：《襄阳陈坡》，科学出版社 2013 年版。

② 范文强主编：《襄阳史迹扫描》，湖北人民出版社 2013 年版，第 189、288 页；湖北省文物考古研究所：《汉江崔家营水电枢纽工程文物保护工作报告》，2006 年。

③ 范文强主编：《襄阳史迹扫描》，湖北人民出版社 2013 年版，第 177 页；湖北省文物考古研究所：《汉江崔家营水电枢纽工程文物保护工作报告》，2006 年。

④ 范文强主编：《襄阳史迹扫描》，湖北人民出版社 2013 年版，第 177 页。

⑤ 叶植主编：《襄樊文物史迹普查实录》，今日中国出版社 1996 年版，第 55~56 页；国家文物局主编：《中国文物地图集・湖北分册》，西安地图出版社 2002 年版，第 73 页；范文强主编：《襄阳史迹扫描》，湖北人民出版社 2013 年版，第 190 页。

⑥ 范文强主编：《襄阳史迹扫描》，湖北人民出版社 2013 年版，第 263~265 页。

⑦ 襄樊市考古队等：《襄阳王树岗遗址二里头灰坑发掘简报》，《江汉考古》2002 年第 4 期；范文强主编：《襄阳史迹扫描》，湖北人民出版社 2013 年版，第 177 页。

⑧ 刘江生：《襄城余家湖工业园发现六朝隋唐墓葬》，《襄阳考古年报 2015》，2016 年版，第 26~28 页；襄阳市博物馆等：《天国之享——襄阳南朝画像砖艺术》，科学出版社 2017 年版，第 11~12 页；刘江生：《襄城余家湖工业园襄阳特固新材料公司第二次发掘》，《襄阳考古年报 2017》，2018 年，第 66~70 页；刘江生：《湖北襄阳市柿庄一号东晋纪年砖墓》，《考古》2019 年第 1 期；襄阳市文物考古研究所：《湖北襄阳柿庄南朝画像砖墓发掘简报》，《文物》2019 年第 8 期。

⑨ 襄樊市文物考古研究所：《襄阳城内遗址发掘报告》，《襄樊考古文集》（第一辑），科学出版社 2007 年版，第 152~197 页。

古研究所在柿庄墓地西南、欧庙遗址西北不远处的区域勘探，发现该区域地层下较深处有淤泥层，进一步印证了该处曾为古河道的事实。正是其时汉水从遗址西侧流过，相关资料也就被收录到了《水经注·沔水》中。而在之前的两汉之际前后，汉水在该处欧庙遗址以东，或者至少在遗址西侧并没有形成河道。当然，《水经注·沔水》在记述汉水中游河道及周边地理实体变迁时存在较多错误，有学者提出需要重新检视，① 在此就不再一一赘述了。

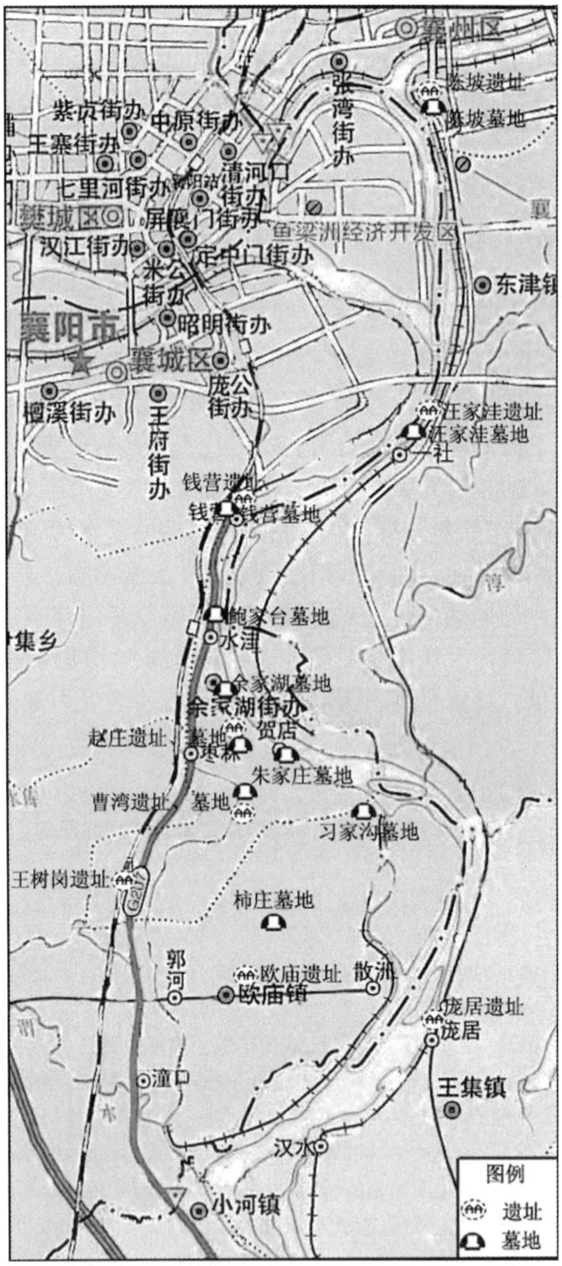

图一　欧庙遗址及相关遗存分布示意图

① 石泉：《古鄀、维、涑水及宜城、中卢、邔县故址新探——兼论楚皇城遗址不是楚鄀都、汉宜城县》，《古代荆楚地理新探》，武汉大学出版社 1988 年版，第 260~277 页；鲁西奇、潘晟：《汉水中下游河道变迁与堤防》，武汉大学出版社 2004 年版，第 11 页。

三、古邔县(侯国)地望考

黎丘城的定位对同时代邔县的定位具有重要参考，如前引，沔水先东南流经黎丘故城西，后南过邔县东北，则其时邔县应位于黎丘城西南，且前后距离不远并隔河相望。据此，我们可通过考古资料来进行梳理。

由于邔县从楚邑、县到秦乡、县，再到西汉侯国、县，直至南朝梁时，其间几乎没有间断。按照古代城邑前后沿用的一般规律，邔县故址应是一处中心聚落遗址，遗址本体考古学文化堆积较厚且地层时代特征明显。同时，鉴于“邔”在楚、秦、汉时期的不同地位，其周边应有同时期不同等级的墓地。考古调查、发掘资料表明，欧庙遗址西南约5公里处的邹湾遗址恰好具备这一特征。

邹湾遗址于1957年第一次文物普查时被发现，位于襄城区欧庙镇邹湾村张湾自然村东南—西北至东南向的台地上，高出周围3~5米。原分为北、中、南三段，分别称马岭、邹湾、“寨子”，邹湾自然村处于遗址中部，后调查确认为一处遗址。遗址南北最长约1500米，东西最宽约750米，面积约50万平方米。南部台地高出地面6~8米。潼口河(今亦称渭水)自其西侧向南环绕至东半部再向东南流出，20世纪60年代末修建的焦(作)枝(城)铁路从其中部南北向穿过。因邹湾村建于遗址中部、南部建设焦(作)枝(城)铁路取土，遗址遭到较为严重的破坏。1980年复查时，断面可见1.3米厚的文化层，地表及断面暴露大量陶片，器类有生产工具拍及生活用具鬲、豆、罐和建筑材料筒瓦、板瓦、瓦当等。① 1993年修建焦(作)枝(城)铁路复线时南部高台地再次被选为取土场，焦枝铁路襄樊考古队进行了抢救性发掘，发掘面积275平方米，文化层最深达2米以上，清理出春秋中期灰坑3座，出土有鬲、盆、豆、罐等陶片；战国时期灰坑5座，水井1口，出土有鬲、甗、盆、豆、罐、钵及瓦当等陶器残片；汉代地层出土有石斧、磨石、铜镞、“货泉”及大量残陶片，器类有盆、豆、罐、瓮、钵及筒瓦、板瓦、网坠等。② 地表及周边田埂上散见较多的布纹板瓦、筒瓦残片及少量的几何纹砖，推测其原有晚至南北朝时期的地层或遗迹，因平整土地被破坏。

邹湾遗址南隔潼口河即是一处大型墓地——付岗墓地，其分布面积较大，约30万平方米。先后进行了两次线性发掘，基本弄清了墓葬的时代。1996年在付岗墓地北端长150、宽20米范围内发掘9座土坑墓，原定M1~M3时代为战国晚期，M4~M9为西汉早期。③ 通过与襄阳地区邓城城址周边发掘的蔡坡、王坡等楚、秦墓地同类器物比对，④ M1出土鼎、敦、壶各2套仿铜陶器，M2出土盂、豆、壶陶日用器，属典型楚墓，时代应在战国晚期早段或可到战国中期晚段。M3、M5出土部分铜器中有鍪、蒜头壶及素面镜等较为典型的秦式器型，而同墓所出鼎、盘、匜等为楚墓多见器型，可推测这两座墓的时代为秦昭襄王二十八年(公元前279年)白起拔鄢邓后的战国晚期晚段；M7出土鼎、盒、壶仿铜陶器的形制也具有该时期的特征，或略晚到秦代。M4、M8出土器物的陶器时代特征表明其在西汉初年，M6、M9未出随葬器物，只能大致推测其不晚于西汉早期。也就是说，此次发掘墓葬的时代为不晚于战国中期晚段至西汉早期，涵盖了楚、秦、汉三个时代。9座墓中，M3、M5墓主身份稍高，或为秦人统治者，其余为平民。2003年在墓地中、南部宽15米的管线范围内勘探出墓葬27座(编号M10~M36)，发掘25座。大部分为土坑墓，仅1座砖木复构墓和3座砖室墓。时代分为西汉早、中、晚三期，墓主人身份为中下级官

---

① 王善才等:《襄阳、宜城几处东周遗址的调查》,《江汉考古》1980年第2期；叶植主编:《襄樊文物史迹普查实录》，今日中国出版社1996年版，第57~58页；国家文物局主编:《中国文物地图集·湖北分册》(下)，西安地图出版社2002年版，第74页；范文强主编:《襄阳史迹扫描》，湖北人民出版社2013年版，第190页。

② 焦枝铁路襄樊考古队:《襄阳邹湾遗址发掘简报》,《江汉考古》1997年第4期。

③ 焦枝铁路襄樊考古队:《湖北襄阳法龙付岗墓地发掘简报》,《江汉考古》2002年第4期。

④ 湖北省博物馆:《襄阳蔡坡战国墓发掘报告》,《江汉考古》1985年第1期；襄樊市考古队:《湖北襄樊市蔡坡战国墓第二次发掘》,《考古》2005年第11期；湖北省文物考古研究所等:《襄阳王坡东周秦汉墓》，科学出版社2005年版，第119~217页。

吏与平民。① 经比较，我们认为 M10 时代应更早，其出铜鼎、钫、盉、盘、匜、勺、鍪、蒜头壶组合且器物形制具有秦代的时代和秦式器的特征，该墓主人很可能为来自秦地的官吏。

2014 年 5 月，在遗址西北约 800 米的卸甲山墓地勘探发现并发掘长方形竖穴土坑墓 12 座，出土青铜器、玉器、陶器 66 件，时代为战国中期至西汉早期。该墓地经勘探确认东西长约 500 米，南北宽约 400 米，部分被破坏。②

同时，从历次调查、发掘的情况来看，该遗址附近还有多个墓地。其中遗址西约 500 米处有一座封土堆，俗名"烟子墩"，现封土底径 20 余米，残高约 3 米，该墓在 20 世纪 70 年代被破坏，曾发现石门、砖室，墓地还发现较多的土坑墓、砖室墓，出土陶模型明器等器物，推测墓地时代为汉到南北朝时期。遗址东南的吴家岗墓地面积约 3 万平方米，曾挖出陶生活用器及模型明器；遗址西南的胡家岗墓地面积约 1 万平方米，暴露有五花土和较多几何纹墓砖，曾采集有铜剑等器物；遗址西北不远处分布有李家营、李家营西岗、邹岗、王家沟等墓地(或许是一处大型墓地)，面积小者 5000 平方米，大者 20000 平方米，均曾挖出砖室墓，出土有陶器、铜钱、铁剑等，现散见较多的几何纹墓砖；付岗墓地以南的黎家湾墓地面积约 1.5 万平方米，这里早年改田及后来修建墓地北侧欧庙至杨集公路时曾挖出多座土坑墓及砖室墓，出土有少量陶器，现散见较多的几何纹墓砖；付岗墓地东南的岗上坡墓地面积约 2 万平方米，曾暴露出 2 座土坑墓和 1 座砖室墓，现暴露绳纹、几何纹墓砖。这几个墓地的时代经分析主要为两汉时期，并可延续到南北朝时期。更重要的是，在遗址西南约 1.3 公里的邹店墓地，地表保存有九座封土堆，现底径 15~60、残高 0.5~3.5 米，经 1994 年发掘邹湾遗址时对最大的封土堆勘探知，其为土坑墓，现封土堆顶部下探 17 米为木椁板，时代应不晚于西汉，同时墓地还采集有陶制模型明器，由此推测墓地时代为两汉时期，或可更早，大中型封土堆的存在表明这些墓葬主人的身份较高。③ 此外，王家沟墓地曾在 2016 年发掘 5 座唐宋墓葬；④ 王家沟墓地以西不远的欧家垱东营墓地(原名梁家老坟墓地)2016 年发掘了 3 座较大规模的三国墓葬。⑤

邹湾遗址为一处分布面积较大且文化层堆积较厚的遗址，且正处一台地上，南部在部分耕土层下即汉代地层，但由于早期土地平整，不排除三国至南北朝时期地层已被破坏的可能。结合在其周边调查、发掘的上述多个至迟为战国中晚期至南北朝时期的墓地，而周围未再发现其他遗址的情况分析，邹湾遗址即处于同时期的上述墓地的中心所在。这些墓地既有一般的中下级官吏、平民的墓地，也有较高的贵族墓地。这一切均可与秦汉邔县地位相对应，其中邹店墓地的大型封土堆或为西汉早期邔侯的家族墓葬。从早年地形图上可以看出，遗址的西南、南、东南为潼口河环绕，而在东部至东北、北部有一条小渠南注潼口河，并向北连入一座小水库，不排除该条水渠为早期的环濠，遗址西北侧也有一周低地，正好将遗址所在的台地围合，更凸显了遗址的重要性，这也只有邔县县城才能匹配。

从发掘情况来看，邹湾遗址除了战国至汉代乃至南北朝时期的遗存外，还有更早的地层和遗迹，其上限可到春秋中期。由此可见，邹湾遗址的延续时间更长。"邔"如何得名尚不得而知，目前可见最早的记载就是包山楚简的"邔司马"。但这里作为一地中心的聚落却是较早存在的，或者说存在了很长时间。遗址外围也有同时代的墓地与邹湾遗址相对应。

2002 年 10 月，湖北省文物考古研究所在欧家垱东营墓地(原名梁家老坟墓地)发掘长方形竖穴土坑墓

---

① 襄樊市文物考古研究所：《襄樊付岗墓地第二次发掘报告》，《襄樊考古文集》第一辑，科学出版社 2007 年版，第 198~225 页。

② 湖北省文物考古研究所等：《湖北襄阳卸甲山墓地战国——西汉墓葬发掘简报》，《江汉考古》2017 年第 4 期。

③ 叶植主编：《襄樊文物史迹普查实录》，今日中国出版社 1996 年版，第 541~542 页；国家文物局主编：《中国文物地图集·湖北分册》(下)，西安地图出版社 2002 年版，第 77~78 页；范文强主编：《襄阳史迹扫描》，湖北人民出版社 2013 年版，第 253、257~258 页。

④ 刘江生：《南水北调汉江沿线土地开发整理项目王沟墓地第一次发掘》，《襄阳考古年报 2016》，2017 年版，第 44~45 页。

⑤ 刘江生：《蒙华铁路工程襄城欧家垱墓地第一次发掘》，《襄阳考古年报 2016》，2017 年版，第 39~43 页。

33座，墓口规格在(2.05~4.42)米×(0.7~2.7)米之间，葬具一般有单椁单棺、单棺两种，出土各类器物200余件，陶器有鼎、敦、壶、缶、罍、盉、盘、匜、斗、勺、鬲、盂、豆、罐，铜戈、剑、匕首、镞、马衔、车軎、环、带钩，以及料珠等，墓葬时代为春秋中期至战国中期，也是典型的楚墓，墓主人身份为低等贵族和平民。① 其中一座墓葬出土的春秋晚期“曾侯昃”铜戈很可能为战利品或赏赐品，② 表明了墓主或为有功军士，同样间接证明了墓地和遗址的关系。2008年11月，在付岗墓地中部平整土地时发现了一座土坑墓葬，清理出铜鼎、簠各2件，盘、匜各1件。从出土器物的组合、形制、纹饰分析，该墓的时代为春秋晚期，属典型的楚墓，墓主人应该是元士一级的楚国下级贵族。③ 2014年2月，卸甲山墓地改田过程中发现青铜器，经确认出自1座土坑墓，征集到铜鼎、缶各2件，盉、盘、器盖各1件，以及铜簠残片，时代为春秋中期偏早阶段，④ 但器物的形制、纹饰具有淮河流域的风格，墓主人身份也至少是元士一级的低等贵族，或为楚所灭淮河流域诸侯国后裔生前居住在邹湾遗址，死后葬在此墓地，也间接证明了邹湾遗址的特殊地位。

众多不同时代、不同等级围绕邹湾遗址的墓地(图二)表明，邹湾遗址确实为一处人口较多的中心城邑，其内居民存在一定的阶层划分，死后分葬不同墓地。而此处除邹湾遗址以外也没有其他遗址。

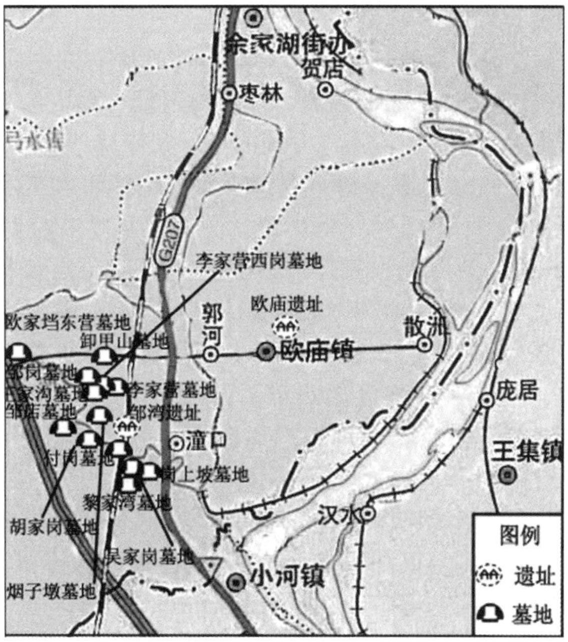

图二　邹湾遗址及周边遗存分布示意图

种种迹象表明，邹湾遗址应该就是古邔县(侯国)、楚“邔”邑故址，而春秋中期是楚“邔”邑的肇始时期，其时聚落的面积不大，后来逐步扩展形成较大规模。

当然，如果邹湾遗址就是古邔县(侯国)、楚“邔”邑故址，那么新出北京大学水陆里程简所记之秦“邔乡”为汉水津渡又如何解释呢？也正如上考，其原因就是汉水在战国时期改道时已到了邹湾遗址东侧的丘

① 范文强主编：《襄阳史迹扫描》，湖北人民出版社2013年版，第257页；湖北省文物考古研究所等：《襄荆高速公路文物保护工作报告》，2002年。

② 湖北省文物考古研究所：《曾国青铜器》，文物出版社2007年版，第388页。

③ 范文强主编：《襄阳史迹扫描》，湖北人民出版社2013年版，第257页。

④ 陈千万等：《襄阳欧庙卸甲山出土春秋青铜器》，《江汉考古》2015年第3期。

岗地边缘。

此外，我们再以北京大学藏水陆里程简的相关水路里程来进行计算。

> 邔乡到鄀路庐津廿里 04-218
> 路庐到邓新邓津七十里 04-217
> 新邓津到淯口廿里 04-216①

以上述里程合计，邔乡到淯口的距离为110里，淯口即淯水汇入汉水处，淯水即今之唐白河，以秦里约合今里415.8米计算，② 则邔乡到淯口的距离为45.7公里。而今邹湾遗址距今唐白河口的直线距离为28公里余，如果考虑到今唐白河口非古淯口、古淯口在今清河口③附近且该河段弯曲的情况，则这之间的距离也大致相当。

四、余论

如果说汉水河道在六朝隋唐时期穿过欧庙遗址西侧的话，那么它又是何时完全改道到欧庙遗址以东直至形成现在的"S"形弯曲的呢？

从两次对柿庄墓地的发掘知，该墓地时代最晚的墓葬应为晚唐时期，所有墓葬的开口均距现地表约1.5米。而在第二次发掘中，在现地表耕土层下发现了明代陶窑址、灰坑各1座，其与晚唐墓葬之间还有多层淤沙层。同时，在欧庙东北约5公里的习家沟发现的习氏家族墓地墓葬开口层位也均在现地表以下，从墓地出土的《国士习公孺人李氏墓志铭》看，墓主四世祖明成化年间自江西回迁襄阳城南三十里的虎尾州，至墓主"卜邑居"后，该地形成习家沟至今。④ 即汉水欧庙段在晚唐时期应该经历了一次或多次大洪水，其中《新唐书·敬宗皇帝本纪》《新唐书·五行三》均记长庆四年(公元824年)，襄州等汉水溢决；⑤《新唐书·牛僧孺列传》记会昌元年(公元841年)汉水溢，坏城郭。⑥ 洪水导致该段地域淤积1米多深形成水泛区，直到明代中期前后形成良田并有人居住，汉水也完全改道到了欧庙遗址以东。鲁西奇先生进一步考证出"汉江欧庙段的这次改道当发生在隆庆四年至天启六年间，亦即1570—1626年间"⑦。如果结合上述《国士习公孺人李氏墓志铭》来看，习家沟至迟形成于墓主去世前的明万历己卯年(公元1579年)前，则汉江欧庙段的改道可确定在这一年之前，不会晚到天启六年(公元1626年)。

同时，柿庄墓地是一处较大型的南朝至晚唐时期墓地，其时代正与欧庙遗址六朝隋唐遗存相对应，且二者南北相距仅2.5公里，则柿庄墓地很有可能就是欧庙遗址居民的死葬之所，柿庄墓地的大型南朝画像砖墓也与欧庙遗址的规模、等级具有对等性。由此并结合历史文献推测，欧庙遗址南朝至晚唐遗存或许是梁置，至唐代并入宜城县之率道县故址。

（作者单位：湖北省博物馆）

---

① 北京大学出土文献研究所：《北京大学藏秦简概述》，《文物》2012年第6期；辛德勇：《北京大学藏水陆里程简册初步研究》，《出土文献》第四辑，中西书局2013年版，第220页。

② 杨生民：《中国里的长度演变考》，《中国经济史研究》2005年第1期；丘光明：《中国历代度量衡考》，科学出版社1992年版，第10~11页。

③ 尹弘兵：《楚西陵邑小考》，《楚文化研究论集》第13集，上海古籍出版社2018年版，第301~314页。

④ 叶植：《襄阳发现〈国士习公、孺人李氏墓志铭〉》，《江汉考古》2011年第3期；范文强主编：《襄阳史迹扫描》，湖北人民出版社2013年版，第300页。

⑤ 《新唐书》，中华书局1975年版，第228、933页。

⑥ 《新唐书》，中华书局1975年版，第5232页。

⑦ 鲁西奇、潘晟：《汉水中下游河道变迁与堤防》，武汉大学出版社2004年版，第30~31页。

楚兵学初探*

洪德荣

一、问题的提出

兵学文化及其思想是中国文化的重要组成部分，除了被誉为百代兵家之祖的《孙子兵法》至今仍是人们认识及研究兵学的焦点，其他与古典兵学相关的研究亦在近年得到不同方向、层次的关注，实为中国文化研究的可喜之处。值得注意的是，关于古典兵学的地域问题与兵家研究，其实已经有一段很长的历史发展过程，如孙武又被称为“吴孙子”，《史记·孙子吴起列传》：“孙子武者，齐人也。以兵法见于吴王阖庐。”盖因其成名在吴，故史以“吴孙子”称之。而孙膑则史称“齐孙子”，见《史记·孙子吴起列传》：“孙武既死，后百余岁有孙膑。膑生阿鄄之间，膑亦孙武之后世子孙也。”“齐孙子”之名则是因其籍贯出身故称。《汉书·艺文志·兵书略》著录《吴孙子兵法》八十二篇，图九卷。颜师古注曰：“孙武也，臣于阖庐。”又有《齐孙子》八十九篇，图四卷。颜师古注曰：“即孙膑。”而自孙子以下，与先秦齐地相关的军事家及思想被归纳为“齐鲁兵学”，而也有学者归纳出所谓“三晋兵学”的特点，① 若以属地及出身而言，中国古代兵家以及有关文献十分丰富，除了上举的“齐鲁”“三晋”兵学，结合目前所见所知的材料进行研讨，对于兵学思想的地域特色研究仍有一定的开展空间。

而在出土文献材料大量累积，相关研究也蓬勃发展的今天，笔者认为结合出土文献与古书典籍，针对楚地兵学进行探讨，有其可行之处与研究价值，故本文将以楚地兵学为核心，对古典兵学的研究深入提供帮助。

二、典籍中的楚地兵学材料

在《汉书·艺文志·兵书略》中著录兵家五十余家，图书约有八百卷，整体来说不可谓少。从著录中依书目及兵家的地域背景，共可整理出楚地兵家八家，三家属于吴越，五家则为楚国。先以表一整理如下：

表一　楚地兵家八家

国别	学派分类	书名	可能的作者	《兵书略》注
吴越	兵权谋	《范蠡》二篇	范蠡	越王句践臣也
		《大夫种》二篇	文种	
	兵技巧	《五子胥》十篇，图一卷	伍子胥	

* 本文得到国家社科基金青年项目“简帛及传世文献中的兵家学派研究”(18CYY035)资助，为项目阶段性成果。

① 如赵承凤主编：《齐鲁兵学》，济南出版社 2013 年版；黄朴民：《三晋兵学的建树及其特色》，人民网(http://theory.people.com.cn/BIG5/49157/49163/4003692.html)，2006 年 1 月 6 日。

续表

国别	学派分类	书名	可能的作者	《兵书略》注
楚国	兵权谋	《韩信》三篇	韩信	师古曰："淮阴侯。"
	兵形势	《楚兵法》七篇，图四卷	不详	
		《丁子》一篇	丁固(丁公)	
		《项王》一篇	项籍	名籍
	兵技巧	《公胜子》五篇	不详	

考察表一所罗列的图书，在古籍佚书中书名与作者的确切关系通常难以论断，而由于文献的亡佚失传，更难以知道各部图书的明确内容。八部图书之中"《楚兵法》七篇，图四卷""《五子胥》十篇，图一卷"尤其值得注意，《楚兵法》，其书今不传，顾实言："孙敖称《军志》，楚之兵法尚矣。"①考其书名，此书盖"举所记之事以为之名"，应是集楚国将领作战时习用的兵法、格言成书，如《左传·宣公十二年》楚子围郑后，晋师救郑，随武子曰：

楚军讨郑……昔岁入陈，今兹入郑，民不罢劳，君无怨讟，政有经矣，荆尸而举，商农工贾，不败其业。而卒乘辑睦，事不奸矣。蒍敖为宰，择楚国之令典，军行，右辕，左追蓐，前茅虑无，中权，后劲，百官象物而动，军政不戒而备，能用典矣……②

古注认为"荆尸"为用戟之阵法,③"右辕，左追蓐"据竹添光鸿说亦为左右军，非车左右。辕谓将车之辕，右辕，言右军从将军之辕所向而进退，杜预解"追蓐"为"追求草蓐为宿备"；"前茅虑无"即楚军之前军或以茅旌为标帜，以备豫不虞；"中权"，杜预注"中军设谋"；"后劲"，杜预注"精兵为垫"。④

又《左传·宣公十二年》：

潘党望其尘，使骋而告曰："晋师至矣。"楚人亦惧王之入晋军也，遂出陈。孙叔曰："进之，宁我薄人，无人薄我。《诗》云'元戎十乘，以先启行'，先人也。《军志》曰'先人有夺人之心'，薄之也。"遂疾进师，车驰卒奔，乘晋军。桓子不知所为，鼓于军中，曰："先济者有赏。"中军、下军争舟，舟中之指可掬也。⑤

孙叔引《军志》之言逐晋军，使晋军不知所措只能争渡，中军、下军皆大败。《军志》出于何处不详，可能是在将领间流传已久的军令教言，或是楚国的军事纪录、兵法。

又《左传·僖公二十八年》：

楚人入居于申，使申叔去谷，使子玉去宋，曰："无从晋师，晋侯在外，十九年矣，而果得晋国。险阻艰难，备尝之矣，民之情伪，尽知之矣。天假之年，而除其害，天之所置，其可废

① 顾实：《汉书艺文志讲疏》，收入《二十五史艺文经籍志考补萃编》第四卷，清华大学出版社 2011 年版，第 153 页。

② 杨伯峻编著：《春秋左传注》(修订本)，中华书局 2000 年版，第 722~723 页。

③ 汤志彪先生认为"荆尸"为楚国月名。"政法""军事""祭祀""组织兵员"诸说法均存在问题。可参汤志彪、芮赵凯：《也谈〈左传〉中的"荆尸"》，《东北师大学报》(哲学社会科学版)2017 年第 6 期。

④ 杨伯峻编著：《春秋左传注(修订本)》，中华书局 2000 年版，第 723 页。

⑤ 杨伯峻编著：《春秋左传注(修订本)》，中华书局 2000 年版，第 737~738 页。

乎？《军志》曰：‘允当则归。’又曰：‘知难而退。’又曰：‘有德不可敌。’此三志者，晋之谓矣。”子玉使伯棼请战，曰：“非敢必有功也，愿以间执谗慝之口。”王怒，少与之师，唯西广、东宫，与若敖之六卒实从之。①

子玉引《军志》三则称晋文公及晋国之势。《左传》中对楚国军队编制、战术、阵法的记载和《军志》都可能是《楚兵法》七篇另图四卷收录的内容，而既然楚国有兵法成书，可推测战国时其他国家应该也有相似的书籍流传。

而“《五子胥》十篇，图一卷”，今未见其书。《隋书·经籍志》五行类有《遁甲决》一卷，吴相伍子胥撰；《遁甲文》一卷，伍子胥撰；《遁甲孤虚记》一卷，伍子胥撰；《伍子胥式经章句》二卷，上述图书为遁甲、式法相关。伍子胥的军事才能出众，典籍多有记载。如：

《吕氏春秋·孝行览·首时篇》：

伍子胥以为有吴国者必王子光也，退而耕于野七年。王子光代吴王僚为王，任子胥。子胥乃修法制，下贤良，选练士，习战斗；六年，然后大胜楚于柏举，九战九胜，追北千里，昭王出奔随，遂有郢，亲射王宫，鞭荆平之耕，非忘其父之仇也，待时也。②

《太平御览·卷三百一十五·兵部四十六》引《越绝书》曰：

伍子胥水战法，大翼一艘，广丈六尺，长十二丈，容战士二十六人，棹五十人，舳舻三人，操长钩矛斧者四吏，仆射长各一人，凡九十一人。当用长钩矛、长斧各四，弩各三十二，矢三千三百，甲兜鍪各三十二。③

此引文不见于今本《越绝书》。又《史记·南越列传》：“故归义越侯二人为戈船、下厉将军。”《史记集解》引臣瓒曰：“伍子胥书有戈船，以载干戈，因谓之‘戈船’也。”④从上引文可以发现，与伍子胥有关的兵法记载，都与乘船作战的水战有关，并非只是步兵接近水岸、渡河或有河流地势上的作战方法，这与伍子胥身为楚人、为吴王阖庐之臣的地缘和经历有关系。水战本身除了要在水上移动进攻，所需的兵器也以能远距离使用为主，《六韬·龙韬·奇兵》曰：“奇伎者，所以越深水、渡江河也；强弩长兵者，所以逾水战也。”

虽然上述关于楚地兵学文献的记载，未能全面表现楚地兵学的样貌，但除了传世文献，出土文献也提供了不小的帮助，以下再结合出土文献做讨论。

三、出土文献中的楚地兵学材料

出土文献中涉及楚地兵学的材料主要为《上海博物馆藏战国楚竹书》(以下简称《上博简》)与《楚帛书》两类材料。《上博简》中包括多种古佚书及传世文献的战国简本，其中包括两种与兵学有关的文献，分别是《上博(四)·曹沫之陈》《上博(九)·陈公治兵》。两篇的内容不尽相同，但都提到关于作战的原则、布阵的问题。《曹沫之陈》是出土文献战国简牍中，少数涉及兵学思想的材料，全篇以曹沫与鲁庄公的问答

① 杨伯峻编著：《春秋左传注(修订本)》，中华书局2000年版，第456~457页。

② 许维遹：《吕氏春秋集释》，中华书局2011年版，第323~324页。

③ (宋)李昉等编：《太平御览》卷三百一十五，页二，收入《四部丛刊三编·子部》，上海书店1936年版(上海涵芬楼影印日本岩崎氏静嘉堂文库藏宋刊本)。

④ (汉)司马迁著，[日]泷川龟太郎会注考证：《史记会注考证》，上海古籍出版社1986年版，第1848页。

对话构成，大致可分为论政、论兵两大段，原考释者李零认为“开头是论政，后面是论兵，篇题主于论兵，盖视之为兵书”。“此书史志无载，是一部佚失已久的古兵书。”①以《曹沫之陈》全篇的内容来看，将其性质认定为与兵家思想有关的文献应无问题，但本篇是楚地竹简，记载的是鲁国史事，当中关于兵学的记载能否反映楚地的兵学思想，恐还无法论断，《曹沫之陈》的文本和《国语·鲁语》的关系也非常密切。②

因此笔者认为，当时与曹沫相关的事迹记载应该比《曹沫之陈》所能见到的内容更多。《国语·鲁语》中的两条记载也是当时流传事迹的一小部分，《曹沫之陈》和《国语·鲁语》间不一定有相互传抄的必然关系，而是由大量的曹沫事迹中撷取出一部分，成为现今所见的流传内容，只是《国语·鲁语》偏重政治治道与德义礼信的记载，对于战争具体情况的描写阙如，并于行文字词上显得更加细致精炼，而《曹沫之陈》收录军事作战经验的记载比例较高，因此被整理者和多位学者认为是少见的先秦古兵书。简文中也有许多涉及兵学的疑难字词，如：

> 不𤘽(奔)，而(尔)或𦥯(衅)或㡃(荒/慌)㠯(以)会。
> 则戠(厮)尾(徒)剔(佯)。
> 改鬃(拊)尔(尔)鼓，乃遊(失)亓(其)备。

这些句子都与兵学的观念有关。③

《陈公治兵》则可视为楚地兵学的标准材料，内容记载着于史无征的陈公与楚王的对话，牵涉到楚国的史事、君王为政之道及作战的战术，诸如：

> 王迈(适)④郘之行，楚邦少(稍)安，君王安(焉)先⑤居(处)灾(危)𡐦(峦)〔1〕之上⑥，以雚(观)帀(师)徒安(焉)。命帀(师)徒杀取畬(禽)戰(兽)𡪞(雉)⑦𧴪(兔)⑧，帀(师)徒乃𤔔(乱)，不一……既圣(听)命，乃𧧒(设)⑨敕(整)帀(师)辻(徒)。陈公乃遼(就)军𡙕(执)事人，君鲁…… 9

在全篇简文中涉及兵学的内容虽然略有残缺，但大致还有八枚简記载了有关的内容，诸如：

---

① 见马承源主编：《上海博物馆藏战国楚竹书(四)》，上海古籍出版社2004年版，第242页。

② 讨论可参王青：《〈曹沫之陈〉综合研究》，台湾古籍出版社2009年版。

③ 详参拙文：《〈上博(四)·曹沫之陈〉字词考释三则》，《楚学论丛》第六辑，湖北人民出版社2017年版，第22~27页。

④ 从苏建洲师释为“适”，见苏建洲：《初读〈上博九〉札记(一)》，简帛网(http://www.bsm.org.cn/show_article.php?id=1776)，2013年1月6日。“适”有往、去之意。

⑤ 先或可读为“选”，参李天虹：《小议〈系年〉“先建”》，简帛网(http://www.bsm.org.cn/show_article.php?id=1710),2012年6月14日。

⑥ 断句及“安”“居”的释读从高佑仁：《〈上博九〉初读》，简帛网(http://www.bsm.org.cn/show_article.php?id=1789)，2013年1月8日。

⑦ 网友汗天山读为“雉”，参《〈陈公治兵〉初读》，武汉大学简帛网学术讨论区，第8楼，2013年1月5日。

⑧ 汗天山认为应释为“夷兔”，参《〈陈公治兵〉初读》，武汉大学简帛网学术讨论区，第8楼，2013年1月5日；亦可参苏建洲：《初读〈上博九〉札记(一)》，简帛网(http://www.bsm.org.cn/show_article.php?id=1776),2013年1月6日。

⑨ 张崇礼：《读〈上博九·陈公治兵〉札记》，简帛网(http://www.bsm.org.cn/show_article.php?id=1808),2013年1月29日；高佑仁疑读为“誓”，参《〈陈公治兵〉初读》，武汉大学简帛网学术讨论区，第28楼，2013年1月6日。林清源师读为“设”，见林清源：《〈上博九·陈公治兵〉通释》，《第四届古文字与古代史研讨会国际学术研讨会论文集》，台湾“中央研究院”历史语言研究所，2013年，第134页。又见《〈上博九·陈公治兵〉通释》，《古文字与古代史》第四辑，台湾“中央研究院”历史语言研究所，2015年，第419~421页。

伓(倍)军而戦(阵)，牆(将)军遂(后)出安(焉)，名之曰穽(弇)行 15

檐(担)徒，州(周)亓(其)徒戮(卫)▬。女(如)既湶(遏)城安(焉)，绅(阵)两和而纫之▬，必訢(慎)。17

申(阵)于陶(陶)坑(岗)则鳶(鴈)飞；申(阵)于坭(泥)壄(野)、宎(深)卉(艸)、霜雾(露)，车则☐ 19

偏(历)申(阵)遂(后)，乃右林(麾)左林(麾)，申(阵)遂(后)若繩(绳)；或偏(历)申(阵)前，右林(麾)左林(麾) ☐ 20

相关字词考释对于探讨先秦兵学都具有一定的帮助。① 其实从简文中对阵法的叙述，可以知道与传世兵书或银雀山汉简中的记载有一定的相似之处，也是目前所见最早对于古代阵法的记载，具有非常重要的兵学价值及意义。

楚帛书中的“攻守占”是以往较少被讨论到的材料，笔者认为与楚地兵学，尤其是涉及兵阴阳的思想也具有一定的关系。根据李零的整理与叙述，此帛书原件残破，文字内容是讲攻城守城的方向宜忌和日辰宜忌，故题名为“攻守占”。② 根据李零的整理约有二十则内容，但因帛书本身较为残破，因此许多内容不能完全读通，但材料本身与攻城相关并涉及兵阴阳学的思想，在尚可见的记载中是很明确的，③ 例如“女(如)以戊(攻)城，从〔□□。甲子〕旹₌(之日)敄(务)戊(攻)，庚〔午〕必内(入)之”(G1：2)，“西方白，〔南方赤〕”(G1：3)。当中涉及军事上攻城、方位、五行、阴阳、时令等兵学思想观念，应是与兵阴阳相关的兵学材料。关于战争攻守的内容也见于《马王堆汉墓帛书》中的《天文气象杂占》，如《银雀山汉简》中的《三十时》：“【·八】时，九十六日，霜气也，杀气也。以战客胜。攻城，城不取，邑疫。”《六韬·龙韬·五音》：“金木水火土，各以其胜攻之。”

四、所见楚兵学材料的内容与价值

综合三种材料言之，《曹沫之陈》《陈公治兵》属于佚书性质，内容都不是单纯论兵，而是结合了论政、史料等内容，与传世兵书的多元性内涵大致相合。《陈公治兵》中涉及较多对阵法的记载，与传世兵书相比较，具有十分重要的研究意义，也是非常珍贵的战国兵学材料。《楚帛书·攻守占》则应为楚地兵阴阳材料的一种，可惜残损较多，但亦为认识先秦楚地兵阴阳的线索。传世文献的散佚也造成了探索楚兵学的困难，期望往后有更多的材料陆续发掘，让今人能更好地探索楚兵学的特质与内容。

（作者单位：郑州大学汉字文明研究中心）

① 详参拙文：《〈上博(九)·陈公治兵〉兵学字词考论》，中国文字学第九届学术年会，贵州师范大学，2017年8月19—20日，第196-206页；收入郑州大学汉字文明研究中心编：《汉字汉语研究》2018年第4期(待刊)。

② 李零：《子弹库帛书(下编)》，文物出版社2017年版，第104页。

③ 笔者另有专文探讨。

战国时期楚国的都市与经济*

柿沼阳平　著
王博　译

一、序

在战国时期的中国南方，存在一个叫作“楚”的大国。楚也被称作荆，自春秋时代起，中原诸国就苦于其所带来的压力。从传世文献《史记》《战国策》可以看出，战国时期的楚（战国楚）被描述为强国形象。特别是在战国中期，燕、齐、赵、魏、韩有数十万“带甲”及“武士”（《战国策》齐卷一二六、齐卷一五八、齐卷一七二、魏卷三五八、韩卷三八七、韩卷三九三、魏卷三一一、魏卷三二八、燕卷四四二）①，而楚则被描述为“持戟百万”（《战国策》秦卷一〇八）、“奋击百万”（《战国策》秦卷四十七、秦卷九十四），或者“带甲百万”（《史记》卷四十楚世家倾襄王条、《史记》卷六十九苏秦列传、《战国策》赵卷二七六等）。在这之上的，则是“带甲百余万”（《战国策》赵卷二七六）的全盛时期的赵，或者“带甲百余万”（《史记》卷七十张仪列传、《战国策》韩卷三九三）、“虎贲士百万”（《战国策》楚卷一九六），或者“名师数百万”（《战国策》秦卷一〇七）等诸如秦这样的实力。如后所述，虽然将战国七雄的兵力作如此描述有些夸张，但却可以将之作为研究七雄间兵力比例的对比材料。然而，战国时期的楚虽然是强国，但自战国中期以后，苦于秦国数次侵略，并最终被其所灭。那么，楚究竟是为什么被灭掉的？

翻开《史记》卷四十《楚世家》，可以看到自怀王时期以后，楚几乎没有过什么出彩的动作。这是将自怀王以后的楚看作进入没落期的《楚世家》所特有的笔法。② 事实上，战国中期以后的楚图谋向东边发展势力，并非在战略上时常被动。而且，楚一直坚持抵抗到了最后，以至于秦国将军王翦不得不动员了秦军全军约60万兵力，才最终得以灭楚（《史记》卷七三《王翦列传》）。从中也可看出，即便在战国末期，楚的力量仍不可小觑。那么，楚被灭掉的原因是什么呢？原本，秦战胜了合纵连横，对韩、魏、赵、楚、燕使用武力，对齐则依靠外交使之投降。胜败的直接重要原因，在于军事及外交力量的差距。《史记》与《战国策》中也可见到不少体现秦国在军事、外交层面占据优势的记载。那么，问题是，秦楚两国之间产生这种差异的时间、原因及经过为何。要对此进行解答，就必须仔细对秦的胜因及楚的败因加以分析斟酌。本文拟探讨其他论文中对秦的胜因的论述，③ 验证先行研究，并试图从经济史角度阐明楚的败因。

---

* 本文基于拙作：《戦国時代における楚の都市と経済》，《东洋文化研究》第17号，2015年，第1~29页。

① 《战国策》的卷数据见林秀一校订新释汉文大系版，其基于鲍彪十卷本，附记有姚宏校注本卷数。

② ［日］藤田胜久：《『史记』楚世家の史料的考察》，《史记战国史料の研究》，东京大学出版会1997年版，第385~426页。

③ Kakinuma，Yohei. The Emergence and Spread of Coins in China from the Spring and Autumn Period to the Warring States Period. in Bernholz，P. & Vaubel，R. eds. *Explaining Monetary and Financial Innovation*：*A Historical Analysis*. Cham：Springer. 以下本文中出现的“另文”指代此文。

二、关于战国时期楚国败因的论说

1. 丧失天命说

关于楚国的败因，首先要指出的是楚国丧失“天命”的情况。按照藤田胜久的说法，《史记》中隐藏着将诸国兴亡与天人相关说相联系的史观。① 如《史记》卷十五《六国年表》中认为，在德政、军政方面处于劣势的西方偏远小国秦之所以能够合并六国，不仅是由于所处位置占据地利，同时还有“天命”的支持。《史记》卷四十四《魏世家》中，太史公也将秦统一六国归结为是被“天”所支持的结果：

> 天方令秦平海内，其业未成。

反过来说，这也意味着楚已经丧失了天命。但是，《史记》所见的“天”是“傥所谓天道，是邪非邪?”(《史记》卷六十一《伯夷列传》)所示，其超越了人的认知。因此，“丧失天命说”可以说是一种关于楚的败因的不可知论。关于司马迁秦朝史观的产生背景，可以翻看鹤间和幸的专论，② 在此仅略述关于楚国败因的具体假设。

2. 人心背离(政治腐败)说

杨宽认为秦之所以能统一六国，是因为：(1)成功得到了人心(消除了构成军队主力的农民与地主阶级之间的矛盾)；(2)对其侵略所获土地进行了正确的支配管理(赦免新掠夺地中的罪人，驱逐既得利益层)；(3)社会经济的发展；(4)满足了期望统一的民众的心理。③ 但籾山明认为，(3)(4)只不过是战国后期的一般性趋势。关于(2)，从睡虎地秦简“语书”等来看，也不能断定秦对于楚地的支配有那么顺利。(1)的说明则较为表面化，秦的实际状况并不明确。④ 然而，杨宽额外说明(1)，专门列举了楚国的例子，认为楚因为贵族腐败及国内分裂从而丧失了人心。这一点与楚国的败因相关，不能忽视。事实上，成功占领楚国都城郢的秦将白起也指出，楚国由于人心背离而被削弱了实力：

> 是时楚王恃其国大，不恤其政，而群臣相妒以功，谄谀用事，良臣斥疏，百姓心离，城池不修，既无良臣，又无守备。……楚人自战其地，咸顾其家，各有散心，莫有斗志。是以能有功也。(《战国策》秦卷一〇四)

战国后期的说客张仪也指出楚兵没有斗志。张仪为了秦，而向魏王作了如下陈述：

> 楚虽有富大之名，其实空虚；其卒虽众多，言而轻走易北，不敢坚战。

然而，第一，以人心向背这样模糊的标准，来对比秦国—秦人、楚国—楚人的关系，并不容易。第二，不能完全毫无保留地接受秦将白起对楚国的个人认知。第三，白起对楚国背离人心的言论(公元前278

---

① [日]藤田胜久：《史料学よりみた战国七国の地域的特色》，《史记战国史料の研究》，东京大学出版会1997年版，第467~490页。

② [日]鹤间和幸：《汉代における秦王朝史观の变迁》，《秦帝国の形成と地域》，汲古书院2013年版，第185~220页。

③ 杨宽：《战国史(1997增订版)》，台湾“商务印书馆”1997年版，第423~462页。

④ [日]籾山明：《〈批评・绍介〉杨宽著『战国史(新版)』》，《东洋史研究》第41卷第3号，1982年，第592~599页。

年，攻下郢之后)①距离楚国灭亡(公元前224年)相差50年以上。而楚国在缺乏人心的状态下还能长时间存在的原因并不清楚。第四，战国末期，从秦逃至楚的人并不少(《岳麓书院藏秦简》“多小未能与谋案”)，因而不能断定秦相对于楚而言更加宜居。第五，杨宽提出的“贵族腐败和国内分裂”，其前提是存在阻碍君权的大贵族。然而，关于楚国君权的强弱的议论始终没有停过(参见中央集权化失败说)。据此，对于将人心背离作为楚国败因的说法，仍有进行具体探讨的必要。

3. 楚怀王无能说

战国时期的楚国从悼王起，起用了吴起进行变法。虽然对于吴起的起用年代有诸多说法，② 对其所行变法内容也只知大略，③ 但其结果是明确的，即楚国变得强大起来，对魏进行讨伐，楚军也达到了大河(黄河，《战国策》齐卷一五八)。“南平百越，北并陈蔡，却三晋，西伐秦”(《史记》卷六十五《孙子吴起列传》)，“南并蛮越，遂有洞庭、苍梧”(《后汉书》卷八十六《南蛮西南夷列传》)，“兵震天下，威服诸侯”(《史记》卷七十九《范雎蔡泽列传》)。悼王、吴起死后，楚虽然暂时陷入混乱，但在威王时期又再次强盛。怀王即位后，楚失去了“商於”及汉中。④ 怀王听不进屈原等人的忠言，导致最终成为秦国的俘虏(《史记》卷四十《楚世家》)。这样一来，楚也陷入了一片混乱。

从传世史料对楚国历史的描述来看，楚国自怀王时期开始迅速衰弱，并被秦国所压制，也因此出现了将楚国败因归纳为“怀王无能”的说法。《史记》卷一百三十《太史公自序》中总结楚国失败原因，其中就提出怀王、倾襄王听信谗言，而排挤屈原的看法：

> 怀王以不知忠臣之分，故内惑于郑袖，外欺于张仪，疏屈平而信上官大夫、令尹子兰。……怀王客死，兰咎屈原；好谀信谗，楚并于秦。

怀王屡为秦所骗，在政治及外交方面招致失败。看到这些的屈原感叹怀王为佞臣所惑，因“浩荡”而不察民心(《楚辞》九章《怀沙赋》)。在《楚辞》九章《离骚》也可以看到将明君尧舜与暴君桀纣进行对比以劝谏怀王的语句。但这个说法也有问题。第一，秦始皇死后，讨秦的项梁、项羽等推举楚王子孙为“怀王”(《史记》卷七《项羽本纪》)，如果战国时期楚怀王真的是无能之辈，将楚灭亡的责任归于他一人之身这一看法是当时的共识的话，战国楚的名门望族项氏会特意将“怀王”作为领袖吗？第二，在公元前318年时，东方六国与匈奴合纵以攻秦(杨宽《战国史料编年辑证》“周慎靓王三年”条所引史料)⑤，虽然该合纵军被击破，但作为“纵长”(合纵长官)的怀王的外交能力不可否认。第三，怀王在公元前322年在襄陵击破魏国(杨宽《战国史料编年辑证》“周显王四六年”条所引史料)，向东北方向扩大了领土。也就是说，怀王并没有持续失去领土。第四，怀王无能说的前提是楚国的国策均出自他一人。然而，楚王周边有具才干的家臣团队以及说客，楚国的国策自然是出自他们的见解与探讨。在这个过程中，屈原失势了。此时，不能忽视家臣团队及说客的力量对比关系。第五，战国楚虽然自怀王以后连战连败，但不能将全部责任归于历代楚王个人。如果历代楚王都较为愚昧，那为什么楚国的家臣团体要盲从于愚昧的楚王呢？这样考虑，

---

① ［日］平势隆郎：《新编　史记东周年表—中国古代纪年の研究序章—》，东京大学出版会1995年版。其中的编年与后文中《战国史料编年辑证》等相比大相径庭。依照平势隆郎说法之处标有“前……年左右”，大的差异则在文中明述。

② 孙炜：《“楚不用吴起而削乱”质疑》，《长江大学学报》(社会科学版)2004年第2期，第13~16页。

③ ［日］冈田功：《楚国と吴起变法—楚国の国家构造把握のために—》，《历史学研究》第490号，1981年，第15~30页；张正明：《秦与楚》，华中师范大学出版社2007年版，第128~156页。

④ 杨宽：《战国史》，台湾“商务印书馆”1997年版，第215页。此页说，“商”“於”并非两个地名，原本被称作“鄬”(於)，自商鞅在当地封建后，被称作“商”当。

⑤ 杨宽：《战国史料编年辑证》，台湾“商务印书馆”2002年版。

在楚王背后应该会有王一人所无能为力的社会动向。这才是导致楚败亡的原因所在。

4. 巫风厚重说、未完善律令说

杨兴华认为战国楚具有厚重的迷信、巫风以及律令制未得到完善，是楚国灭亡的重要原因。① 在秦合并六国后，有着商鞅变法之后的律令制。我们来看近年的楚简研究，楚有着以卜筮祭祷简及“日书”为代表的强盛巫风。因此，战国秦在公元前227年，在楚旧都城郢附近发布了“语书”，将“(楚的)民的乡俗”作为“恶俗”加以批判，而将“(秦的)法律令”的重要性宣讲给县啬夫、道啬夫。这也说明在旧楚地实施秦法加以支配的推进工作遇到滞塞。② 而且，在今年不断发现的楚简中，完全看不到律令的痕迹，因此也有人认为战国楚并没有“律令”。③ 而且从中也可以看出巫风对楚国官员的影响。如“视日”本来是掌管神判的巫，在战国中期成为掌管定历择日的官员，在战国中期的包山楚简中，有司法官员在陈胜吴广之乱时担任将军的事迹。④ 战国楚怀王在战时也十分重视巫祝的决断。⑤ 因此，无论是看传世文献还是出土文字资料，都无法否定战国楚有着厚重的迷信与巫风色彩。

然而，第一，从包山楚简等可见，战国楚用独特方法进行判决。并没有证据证明其法相较秦律令而言是“未得到完善”的。第二，日者在楚地以外的齐、秦、赵也存在(《史记》卷一百三十《太史公自序》)，在秦简、汉简中也有“日书”。⑥ 因此，日者与“日书”的存在并不能说明只有楚具有浓郁的巫风。事实上，在战国秦，也有“军巫”参与判决的例子(《岳麓书院藏秦简》“多小未能与谋案”)。第三，在被秦所灭的战国魏也有律令(睡虎地秦简“为吏之道”魏户律等)，可见即便是律令齐备也一样会被灭。第四，秦的法律应用也有因地制宜的情况，⑦ 对于秦律的运用也会因地方人士的名望而产生变化。这四点也说明：(1)巫风对楚国国策带来了怎样的恶劣影响；(2)“律令”的有无及其内容；(3)律令的有无与七雄胜败的相关性，目前并不明朗。要阐明这些问题，并将楚灭亡的主要原因归为浓厚的迷信、巫风(以及律令制的不完善)，必须要在明确“律令”定义的基础上，对战国诸国的“律令”进行系统性比较。但从目前来看，由于缺乏战国秦以外国家的法制史料，因此这么做并不容易。从这个意义上说，对于这一论说，仍有进一步探讨的余地。

5. 中央集权化失败(吴起变法失败)说

顾炎武曾经指出，相较宗姓氏族兴盛的春秋时期之前而言，战国时期君权得到了强化(《日知录》卷十三《周末风俗》)。然而，暂不论春秋时期，⑧ 近年来对于战国时期，认为各国在中央集权化程度上各不相

① 杨兴华：《楚国灭亡原因新探》，《衡阳师专学报》(社会科学版)1994年第4期。

② [日]工藤元男：《睡虎地秦简よりみた战国秦の法と习俗》，《睡虎地秦简よりみた秦代の国家と社会》，创文社1998年版，第363~395页。

③ [日]工藤元男：《「卜筮祭祷简」と贞人・贞卜》，《占いと中国古代の社会》，东方书店2011年版，第188~212页。

④ 范常喜：《战国楚简“视日”补议》，简帛研究，http://www.jianbo.org/showarticle.asp? articleid=1072,2005年3月1日。

⑤ 杨兴华：《楚国灭亡原因新探》，《衡阳师专学报》(社会科学版)1994年第4期，第41~44页。

⑥ [日]工藤元男：《「日书」の发见》，《占いと中国古代の社会》，东方书店2011年，第32~67页。

⑦ [日]工藤元男：《睡虎地秦简よりみた战国秦の法と习俗》，《睡虎地秦简よりみた秦代の国家と社会》，创文社1998年版，第363~395页。

⑧ 关于春秋楚，有以君权为大的见解([日]山崎道治：《春秋时代楚国の政治改革》，《古代文化》第24卷第11号，1972年，第211~223页)，以及认为在庄王、灵王时期君权得到增强，除此之外世族较强的见解([日]安倍道子：《春秋时代の楚の王权について—庄王から灵王の时代—》，《史学(庆应义塾大学文学部内三田史学会)》第50号，1980年，第389~410页；[日]斉藤道子：《楚の王权构造に关する一试论》，《东海大学文明研究所纪要》第10号，1990年，第23~38页)。也有观点认为郡县制的起源是春秋时期，春秋时期的县是彰显君权的场所，以及对此持反对意见的见解。参见[日]土口史记：《春秋时代の领域支配——邑とその支配をめぐって》，《先秦时代の领域支配》，京都大学学术出版会2011年版，第13~55页。

同的看法得到了认可。① 特别是宇都木章指出战国楚存在昭氏、屈氏、景氏等大世族，并继续保留这些世族并不具有军权的看法。这些世族附属于楚国政体得以延续，参与政治，并在军事上积极产生作用。但自怀王时期以后，世族丧失力量，转由王身边的势力抬头(春申君等)。② 如“楚不用吴起而削乱”(《韩非子·问田》)，就连认为在战国楚实施中央集权化的吴起变法以失败而告终的史料，也对战国楚的中央集权化怀有疑问。卢昌德认为怀王时期屈原的政治改革失败(《楚辞》之《九章·惜往日》)，而没有实现“绳墨”(法度之意)政治(《楚辞·离骚》)，因而在吴起死后，吴起变法也就失效了。其原因在于，楚的奴隶制比秦更甚，无法有效推动既得利益层的解体，前揭《战国策》秦卷一〇四中白起的话也可以对此加以印证。③ 根据这些说法，战国楚的吴起变法遭遇失败，最后为世族所牵绊，因此没有实现中央集权化。这样便产生了将楚灭亡的原因归结为中央集权化失败(也可以说是吴起变法失败)的看法。

在近年出土文字资料研究中，也有对此进行印证的说法。何浩以楚怀王时期的诉讼案件、卜筮祭祷记载的包山楚简等为基础，着眼于世袭贵族中所拜命的“封君”(而非笼统的“世族”“公族”“有实力的氏族”等)。战国楚(惠王至幽王)的“封君”的特征有：(1)达到60名以上；(2)相对中原诸国的封君不均匀地分布于边境而言，楚的封君多在淮水—汉水流域(不分首都或边境地区)；(3)各自力量微弱；(4)作为与爵位、官职所不同的一种名誉，可以世袭；(5)除了春申君等例外，基本都有封地，并被称作“封地名+君”；(6)具有在封地内的统治权(对属民的生杀予夺大权)、武装权、行政权、兵权、经济特权(对属民征收赋税等)；(7)与宣王时期开始出现的“侯”所不同(两者区别不明)，等等。因此，战国封君虽然自吴起变法后暂时受到制约，但其数量持续恶性膨胀，对楚统一性军事编制形成阻碍，从而成为楚灭亡的致命因素。④ 何浩的这一说法，也是将楚败看作中央集权化的失败造成的。

然而，很早就有人对这一说法提出了批判，并认为楚自春秋时期以来持续拥有强有力的君权。野间文史认为历代楚王都采取了对世族加以抑制的政策，而吴起变法也是将传统世族抑制政策加以彻底化、法令化的过程。⑤ 齐思和认为春秋时期楚国世族很强大，并持续到战国楚，所以吴起变法成功了。⑥ 关于“封君”，也有人基于近年的出土文字资料研究而提出了与何浩所不同的看法。即陈伟探讨了怀王前期包山楚简所见“封君”，认为：(1)楚的地方行政制度的基层单位是邑(城市以外的规划)与里(城市内的规划)；(2)邑、里之上为“敔”“宧”等，其上又有“县”；(3)有的封君有六邑(包山楚简第153~154简)；(4)封君的封地名常与楚国县名相同；(5)封君也接受中央政府的司法支配。作为结论，怀王前期的封君大多有县以下的小规模封地，也就是属于类似于西汉列侯那样的弱小势力。⑦ 虽然陈伟的说法是以存在县制为前提的，因此存在问题，⑧ 但其大致还是得到了认可。郑威认为，包山楚简、曾侯乙墓楚简、新蔡楚简等都出现了相同的封君，虽然试图限制封君世袭的吴起变法在一定程度上看上去失败了。但随着封君的人数因世袭逐渐增多，封君个人的封地面积逐渐缩小，其实力也被细化(弱化)。从这个意义上来说，

① 杨宽：《战国史(1997增订版)》，台湾“商务印书馆”1997年版，第191~278页。

② [日]宇都木章：《战国时代の楚の世族》，《春秋战国时代の贵族と政治》，名著刊行会2012年版，第266~297页。

③ 卢昌德：《从吴起变法失败看楚国的衰亡——楚灭于秦原因初探》，《湖北师范学院学报》(哲学社会科学版)1987年第4期。

④ 何浩：《战国时期楚封君初探》，《历史研究》1984年第5期；何浩：《论楚国封君制的发展与演变》，《江汉论坛》1991年第5期。关于楚封君的封地，请看何浩、刘彬徽：《包山楚简“封君”释地》，《包山楚墓》，文物出版社1991年版。

⑤ [日]野间文史：《春秋时代における楚国の世族と王权》，《哲学(广岛哲学会)》第24号，1972年，第89~100页。

⑥ 齐思和：《战国制度考》，《中国史探研》，中华书局1981年版。

⑦ 陈伟：《地域政治系统》，《包山楚简初探》，武汉大学出版社1996年版，第67~107页。

⑧ [日]土口史记：《包山楚简の宧と宧大夫——战国楚の行政单位と「郡县」》，《先秦时代の领域支配》，第95~121页。

试图进行中央集权化的吴起变法也可以说是成功了。① 综上，战国楚的王权并不一定是弱势，而且也并不能断定吴起变法是失败的。

另外，“君权和世族(包括封君)是对立的”这一思维方式本身就有问题。宇都木认为，虽然世族具有实力，但楚王为了强化并维持自身权力，也对世族与封君进行了利用。冈田功认为，吴起变法的目的之一是筹措维持“战斗之士”的费用，是废除疏远化的公族，起用近亲化公族(昭氏、景氏等)与莫敖(掌管王族的屈氏)，并未进行经济下部结构改革。因此，在楚国，共同体的解体停滞不前，小经营农民未被析出，没有进行如同秦这样的世族解体，而是持续实施了近亲化公族的支配。② 也就是说，在世族内部，也有各种集团存在，君权与世族(或者说君权与封君)是否为单纯的对立关系，这一点存疑。战国楚除了有“封君”外，还有“侯”等，关于他们的实际情况目前尚不清楚。不能否认被细化的封君在家族内部持续共有世族意识的可能性，并不一定立即就会发生中央集权化。因此，楚的败因是否可以归结为中央集权化失败(吴起变法失败)，也值得探讨。

6. 地理原因说

也有人认为战国楚所处地理位置是其失败的原因。《史记》卷六《秦始皇本纪》太史公曰附贾谊《过秦论》中，没有将秦的胜因看作历代秦王的智慧，而是秦所处之地为天然险胜。《史记》卷十五《六国年表》也指出，秦不仅拥有绝佳的地利，也为天命所眷顾，将秦的地理政治学优势作为前提。西汉文帝时期的贾山也曾在试图探索占据“秦地之固”这样的好条件却被陈涉、刘邦所败的原因(《汉书》卷五十一《贾山传》)时，将“秦地之固”作为探讨的前提。西汉高祖刘邦在听取了娄敬、张良的进言后，出于地政学考虑将首都定于长安(《史记》卷九十九《刘敬列传》)。

可见，秦地易守这一点，是战国秦汉时期的共识。反过来说，似乎失败的楚并没有像秦那样的地利。事实上，战国中期的楚国，国境与秦、韩、魏、越接壤，有被多方同时进攻的危险。因此楚必须将防守部队进行分散布置。比如越王无彊就以此作为理由之一与楚交战(《史记》卷四十一《越王勾践世家》)。《商君书・兵守篇》也指出“四战之国”(多方受敌的国家)在地政学上的危险性，此时不应将防守部队进行分散，而应贯彻据点防卫方针。也就是说，商鞅以后秦的执政者很可能已经看破了楚国的弱点。据此，秦得以向东方进发，楚则因地政学上的困扰而难以扩张领土。

然而，前揭《过秦论》列举了具有地利的秦国在短时间被灭的例子，指出原因是缺乏“仁义”，并没有仅仅将地理因素作为秦的胜因。事实上，在秦末期，陈胜、吴广自陈侵入函谷关，项梁、项羽、刘邦等人消灭了秦。这些都说明，秦地和楚地在地政学上的优劣并不是绝对的。

在本节主要验证了关于楚国失败的种种论说。如前所述，秦虽然用军事、外交力量统一了六国，但问题是秦楚之间的力量差距所产生的时间、原因及经过是怎样的。本节通过验证这些论说，试图找出秦楚之间产生实力差的主要原因。结果发现这些论说都有做进一步探讨的余地。而且，这些也并不能成为楚国被灭亡的充分条件。而即便这些论说中的所有疑问都被消解，被证明是没有问题的，也并不能否认不存在其他的楚国失败的原因。因此，接下来，笔者拟着眼于支撑楚国军事、外交实力的经济方面，进行探讨。

三、楚地经济的特征

1. 楚地的人口

在探索战国楚的经济实力时，首先要注意的是它的人口。人口的多寡是经济的根基，而且与兵力的

① 郑威：《吴起变法前后楚国封君领地构成的变化》，《历史研究》2012年第1期，第24~35页。

② ［日］冈田功：《楚国と吴起变法—楚国の国家构造把握のために—》，《历史学研究》第490号，1981年，第15~30页。

多寡也直接相关。然而，现在并没有关于战国楚具体人口的统计史料。关于战国时期的总人口，有 2000 万~5000 万人、① 2000 万人、② 3000 万人等说法，③ 无法确定哪个数据更准确。从汉代人口的变迁来看，西汉时期淮河以北的人口多，淮河以南的人口少(《汉书》卷二十八《地理志》)。根据桑原隲藏的研究，长江流域的文化、户数、物力等开始凌驾于黄河流域是在 4 世纪初晋室南渡以后。④ 据此可以说，战国时期长江中游的人口应该不会比中原多。事实上，通过江村治树对城市遗址分布的研究也可以看出，战国楚的都市遗址并不多。⑤

在有关西汉前半期长江下游—淮水流域间人口的出土文字资料中也证实了这一推测，体现的是《汉书·地理志》之前的情况。其中，特别是西汉景帝—武帝时期的安徽省天长市汉简“户口簿”“算簿”，是对县内各乡户数、口数等进行整理的资料；⑥ 西汉武帝时期的湖北省荆州市荆州区纪南镇松柏村汉墓出土的简牍，是对南郡各县进行统计的资料。⑦ 这些人口统计较《汉书·地理志》的统计数据为少。据其内容可以看出，长江下游—淮水流域之间的人口，是在汉代增加的，换句话说，汉代以前当地的人口比《汉书·地理志》中记载的人口要少。

也就是说，战国楚的人口比中原的人口要少。《吕氏春秋》开春论贵卒载“吴起谓荆王曰：荆所有余者地也，所不足者民也”，或后文《史记》卷一百二十九《货殖列传》“楚越之地，地广人稀”，都是体现楚地这种状况的史料。也就是说，记载战国楚“带甲百万”的史料是值得怀疑的。相较而言，西汉南郡能够动员卒的数量为 1 万人左右，长江中游全部地区可动员人数也应该就是数万人。没有证据说明战国楚与西汉初期在征兵率上有大的差别，应该说，战国时期的人口相较于汉代更少，因此，战国楚在西边的守军数量应该低于同级规模吧。人口密集地带的陈瑜寿春也尽力与郢一样，各自动员了数万人左右。倾襄王在拔郢之后“收东地兵，得十余万”以进攻秦，试图收复失地(《史记》卷四十《楚世家》)。在战国末期，秦国李信率 20 万人讨迁都后的楚，此时，以亡楚为目的的秦不可能仅动员比楚军还少的兵员数而自陷险地。因此，楚军的人数应该较李信军为少，为 10 多万。可以推定，在战国中期的楚国，拥有军队人数最多时为接近 30 万人(东迁后为 10 余万人)。

据西汉初期马王堆帛书《战国纵横家书》第二十六章，在公元前 273 年以后的某一时期，秦在攻打魏都大梁之际，大梁以西的魏地尚有一万户的大县十七个，带有市的小县三十余。⑧ 战国魏李悝的政策“尽地力之教”是以一户五人的家族为前提(《汉书》卷二十四《食货志上》)，如果一户有成年男子 1~2 人的话，此时魏应该可以动员 20 万~30 万人数的军队。也就是说，在拔郢之前楚与魏的兵力，实际上规模差不多。

综上可知，战国楚的人口数量并不比中原为多，相较长江中游(郢等)而言，长江上游—淮水流域地

① 葛剑雄：《西汉人口地理》，人民出版社 1986 年版，林甘泉编：《中国经济通史　秦汉经济卷》，经济日报出版社 1999 年版等。

② 范文澜：《中国通史简编(修订本)》，人民出版社 1964~1965 年版等。

③ 梁启超：《饮冰室文集》之十。

④ [日]桑原隲藏：《历史上より观たる南北支那》，《桑原隲藏全集》第 2 卷，岩波书店 1968 年版，第 11~68 页。

⑤ [日]江村治树：《战国时代の都市の性格》，《春秋战国秦汉时代出土文字资料の研究》，汲古书院 2000 年版，第 367~402 页。

⑥ 天长市文物管理所、天长市博物馆：《安徽天长西汉墓发掘简报》，《文物》2006 年第 11 期。关于史料年代，有认为是景帝时期的，何有祖：《安徽天长西汉墓所见西汉木牍管窥》，简帛网 http://www.bsm.org.cn/ show_article.php? id = 488，2006 年 12 月 19 日；认为是武帝时期的，[日]山田胜芳：《前汉武帝代の地域社会と女性徭役—安徽省天长市安乐鎮一九号汉墓木牍から考える—》，《集刊东洋学》第 97 号，2007 年。

⑦ 参见荆州博物馆：《湖北荆州纪南松柏汉墓发掘简报》，《文物》2008 年第 4 期；荆州博物馆编：《荆州重要考古发现》，文物出版社 2009 年版；彭浩：《读松柏出土的四枚西汉木牍》，《简帛》第四辑，上海古籍出版社 2009 年版等。

⑧ [日]工藤元男、[日]早苗良雄、[日]藤田胜久译注，[日]佐藤武敏监修：《战国纵横家书——马王堆帛书》，朋友书店 1993 年版，第 332~347 页。

区(陈、寿春等)是人口密集地带，战国楚的总兵力为20万~30万人(东迁后为10余万)。因此，楚国的兵力远达不到“带甲百万”的程度。传世文献中记载魏拥兵70万，实际上最多也就能动员30万人。但是，魏在地理位置上，被多国所围，比楚国更需要分散兵力加以防备。从这个意义上来说，传世文献将楚的军事实力看作在魏之上，是无误的。接下来看立足于这一人口数量的楚地经济的特征。

2. 楚地的农业

楚地(特别是江南一带)的农业一般被形容为“火耕水耨”。关于其实际情况有诸多说法,① 其中，渡边信一郎的说法最值得关注。据其研究，在汉魏六朝时期的江淮一带，有伴随着水利设施的新田修建期的农业开发(火耕水种、火耕流种等)，还有烧畑农耕(畬田)。其中，后者又分为利用溪水等进行山地烧畑(唐代以后的畬田、刀耕火种等)以及在低处平底的烧畑，这些方法习惯上统称作“火耕水耨”。②

在大致了解了江南农业的特征后，我们首先来看楚地里农田的面积。遗憾的是没有史料明示战国楚的农田的平均面积是多少。但是，在西汉文帝、景帝时期江陵凤凰山第十号汉墓简牍“郑里禀簿”中，明确记载“郑里”中居住有上百人，劳动人口(能田)每家2~3人，耕作面积为一家十亩至数十亩(平均为25亩)。这里的江陵凤凰山汉墓位于战国楚纪南城内。据“郑里禀簿”，各农家每一亩耕作面积，会被借贷一斗种料。在战国秦睡虎地秦简“秦律十八种”仓律(第1051~106简)中也有按照耕地种类借贷种料的规定条文，稻是每一亩二分为2斗，麻是每一亩三分为2斗，禾、麦每亩为1斗，黍、荅每一亩三分为2斗，菽每亩为半斗。对“美田”(亩单位收获量大的肥沃田地)的播种量，则不超过上面的数字也可以。③ 北魏贾思勰《齐民要术・种谷》认为，按照西汉武帝时期以后规定的新亩制(240步=1亩)，良田的播种量为5升(0.5斗)，薄田为3升(0.3斗)。如果“秦律十八种”仓律以及“郑里禀簿”是所谓旧亩制(100步=1亩)的话，百步之地播种量不到1斗，《齐民要术・种谷》中240步之地播种0.3~0.5斗的数字便很蹊跷了。因此，渡边信一郎认为，“秦律十八种”仓律以及“郑里禀簿”与《齐民要术・种谷》一样，是按照新亩制的。④ 西汉前半期的银雀山汉墓简牍“孙子兵法”与张家山汉简“算数书”也是以新亩制为基础，新亩制的出现可以上溯至汉初是可以确定的。那么，西汉文帝、景帝时期的南郡纪南城周边的民，按照新亩制(240步=1亩)进行换算的话，平均拥有约25亩的耕作面积。也就是说，看三国时期长沙走马楼吴简“嘉禾吏民田家莂”民平均为10.5町，平均有38.6亩。阿部幸信认为，长沙附近凹凸不平，每家的田地分散，一块块的田地被称作“町”。耕作面积为每町6.14亩，总计每家平均38.6亩。⑤ 因此，西汉初期到三国时期的江陵、长沙附近的每家，平均有25~39亩耕作面积(走马楼吴简则为米田)。

与上述数值相关联，阳武县户牖乡(现在河南省新乡市原阳县)出身的陈平的事例值得关注。陈平因是此后西汉高祖的谋臣而闻名，在年轻时与其兄嫂同住，他哥哥家被记载为“贫”，似乎只有30亩田(《史记》卷五十六《陈丞相世家》)。这说明在当时，拥有30亩的家属于“贫”，三个成年人生活拮据。因此，西汉初期江陵、长沙附近的人家，虽不能说完全无法自立生活，但其多半也属于“贫”。这样的平均生活水准在三国时期略有提升。由于我们在江陵凤凰山汉简中可见粟(禾)、在长沙走马楼吴简中可见“米”的播种事例，似乎可以说汉晋时期江陵以北多为粟作，以南多为米作。自战国到西汉前期，长江中游的农业技术应该并没有发生迅速提升，因此，战国后期的楚的收成状况也应该基本相差无几。

---

① 关于火耕水耨的学说史，参见[日]渡部忠世、[日]樱井由躬雄编:《中国江南の稻作文化——その学际的研究》，日本放送出版协会1984年版等。

② [日]渡边信一郎:《二世纪から七世纪に至る大土地所有と经营》，《中国古代社会论》，青木书店1986年版，第132~203页。

③ 种，稻、麻亩用二斗大半斗，禾、麦亩一斗，黍、荅亩大半斗，叔(菽)。亩半斗。利田畴，其有不尽此数者，可殹(也)。其有本者，称议种之。仓。

④ [日]渡边信一郎:《古代中国における小农民经营の形成》，《中国古代社会论》，青木书店1986年版。

⑤ [日]阿部幸信:《嘉禾吏民田家莂:「丘」再考》，《东洋史研究》第62卷第4号，2004年，第632~659页。

再来看汉代粟作的收成，宇都宫清吉基于《史记·河渠书》《史记·货殖列传》《汉书·食货志》《后汉书·仲长统传》《淮南子·主术训》等，认为一顷为粟396斛(新亩制的一亩为3.96斛)。① 那么，30亩的年收成最大为119斛。如果按照最低的1成进行纳税，还能剩余约107斛。据"秦律十八种"仓律(第116~119简)，即便是战国秦供给刑徒(城旦、舂、隶臣、隶妾)每月的粮食就有禾1石半~2石半(儿童为1石~1石半)。西汉后半期至东汉前半期的居延汉简中，大男(成年男性)为3石、大女(成年女性)为2石多。②《盐铁论·散不足》与崔寔《政论》中也估算成年男子1年的粮食量为粟36斛，③ 因此一般成年男性1年的粮食为36斛左右，成年女性为25斛左右当无问题。如果是儿童，即便是刑徒，每月也有1斛~1斛半，可见正常儿童为2斛多(每年25斛)。一般农民如果是4~5人家庭(成年男女和儿童1~2名)的话，全家每年需要86~111斛，民的收成基本上所剩无几。这还是30亩全部耕作的场合，如果按照所谓"一年的休闲法"，则民的收入更加令人绝望。而且根据战国魏李悝的"尽地力之教"，民除了上述支出外，还有服装材料费、冠婚葬祭费、祭祀费等支出。如渡边信一郎所述，"郑里禀簿"中民的大多数都是贫民。④"嘉禾吏民田家莂"的民所保有米田面积虽然较"郑里禀簿"为多，但由于旱田率(该年无法预计收获的田的比率)高，也十分拮据。也就是说，江陵、长沙的民的农业收入从西汉到三国吴是持续令人绝望的状态，"郑里禀簿"的居民结构也不例外。战国楚的农业技术应该比不上汉代，因此战国楚的农村平均经济状况相比西汉—三国吴这一时期而言，只有更为拮据。

3. 楚地经济圈的特征

来看有关楚地经济的史料，《史记》卷一百二十九《货殖列传》中却记载楚地的民过着宽裕的生活：

> 总之，楚越之地，地广人希，饭稻羹鱼，或火耕而水耨，果隋蠃蛤，不待贾而足，地埶饶食，无饥馑之患，以故呰窳偷生，无积聚而多贫。是故江淮以南，无冻饿之人，亦无千金之家。

据此可知，楚地无"饥馑之患"，是富饶的各种自然资源的产地。楚人中似乎并存有"火耕而水耨"的农民及从事其他产业的人群，即便农业发生赤字，只要没有"饥馑之患"，事实上，农民中的大多数人都会兼职从事其他产业。

那么，在楚地除了农业以外，究竟还有其他什么产业呢？据宇都宫清吉的研究，公元前4世纪的中国存在多个经济圈，并因此产生了将其进行连接的世界经济圈。⑤ 江村治树则批判道，关于战国时期形成了世界经济圈的评价有些夸张，三晋地区以外很多都是农业城市。⑥ 但不可否认的是，宇都宫指出"存在多个经济圈"这一点十分重要。再仔细看《货殖列传》，如另文所示，西汉前期存在多个具不同特产的经济圈(图一)。楚为西楚、东楚、南楚，具有农业之外的多种物产。西楚、东楚的物产大致相同(吴经济圈)，南楚则有独特的物产(楚经济圈)。西楚、东楚、南楚虽都属于楚，但在拔郢后，楚主要经营吴经济圈(西楚、东楚)。据此，也就明白农业生产力低下的楚地经济为什么是"果隋蠃蛤，不待贾而足，地埶饶食，

---

① ［日］宇都宫清吉：《僮约研究》，《汉代社会经济史研究(补订版)》，弘文堂书房1967年版，第256~374页。

② ［日］藤枝晃：《长城のまもり—河西地方出土の汉代木简の内容の概观—》，ユーラシア学会编：《遊牧民族の研究》，自然史学会，1955年。

③ ［日］宇都宫清吉：《僮约研究》，《汉代社会经济史研究(补订版)》，弘文堂书房1967年版，第256~374页。

④ ［日］渡边信一郎：《二世纪から七世纪に至る大土地所有と经营》，《中国古代社会论》，青木书店1986年版，第132~203页。

⑤ ［日］宇都宫清吉：《西汉时代の都市》，《汉代社会经济史研究(补订版)》，弘文堂书房1967年版，第107~140页。

⑥ ［日］江村治树：《战国时代の都市の性格》，《春秋战国秦汉时代出土文字资料の研究》，汲古书院2000年版，第367~402页。

无饥馑之患”了。楚人将重点放在农业之外的产业上，依据的是多样化的自然资源。因此，他们得以过着足食的安居生活(《战国策》宋卷四七一等)。关于高级物品，对赴三晋开展游说的张仪“(楚)王无求晋国乎?”的问题，楚怀王一语道破说“黄金珠玑犀象出于楚，寡人无求于晋国”，完全看不出其中的不足(《战国策》楚卷一九三)。那么，资源大国战国楚为什么会落后于秦呢。

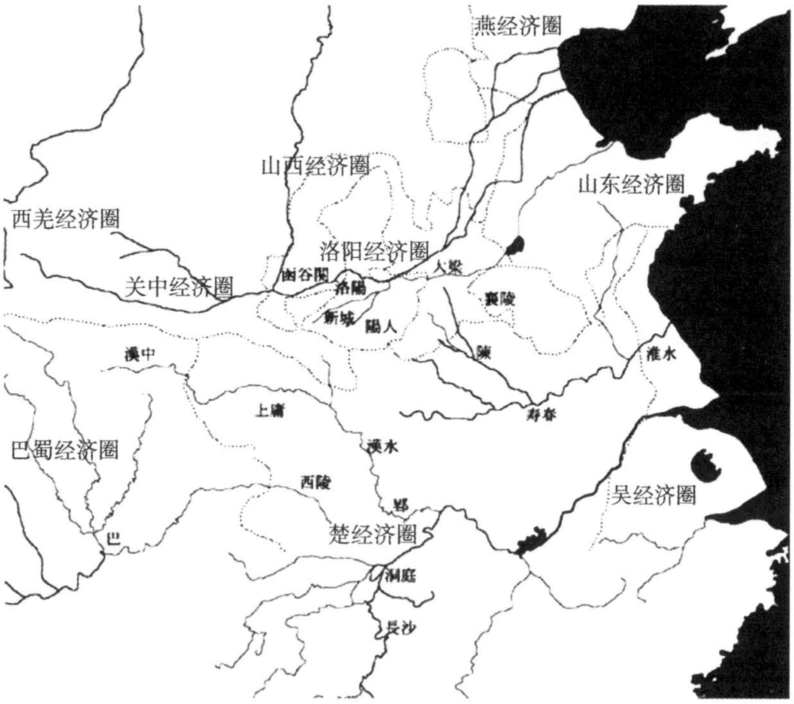

图一 《史记·货殖列传》中的经济圈

四、楚地的都市经济

1. 输入置换的失败

战国楚虽然有着丰富的自然资源，但却最终仍为秦所败。秦以经济实力为支撑，驱使军事和外交实力得以消灭战国诸国。但如前所述，直到战国中期，秦与楚的总兵力其实差别并不明显，在装备、军粮上也相差不多，甚至于楚的武器更为锐利。① 在战术层面，自春秋时期楚进行改革后，② 没有史料指出相比中原诸国楚处于下风。两国都有爵位制度，不能断定两国之间存在士气的差距。翻开《史记》，虽然公元前250年以后秦军比楚军强大许多，但据本文开头介绍的藤田胜久的研究，这一看法有可能带有史料上的偏见。

需要再次关注的是各经济圈的位置和意义。各经济圈的物产不同。如果得以展开连接各经济圈的远

① 《荀子》议兵篇等。《楚辞·九歌国殇》也曰，以“操吴戈兮被犀甲，车错毂兮短兵接。旌蔽日兮敌若云，矢交坠兮士争先”。本文形容勇敢且装备优良的楚兵战斗的形象。据[日]间濑收芳:《蜀楚关系史への一试论——战国时代出土文物を手掛りとして》，[日]林巳奈夫编:《战国时代出土文物の研究》，京都大学人文科学研究所，1985年，第233~269页。战国楚保有的强力的弩超过了中原。

② [日]安倍道子:《春秋前期における楚の对外发展—〈左传〉を中心に—》，《东海大学纪要文学部》第32辑，1980年，第17~30页。[日]安倍道子:《庄王期における楚の对外发展—この时期の王权強化の动きとの关連に注目しながら—》，《东海大学纪要文学部》第36辑，1982年，第1~18页等。

途商业，一定会带来莫大的经济利益。反过来，单一经济圈内的商业将相同的物产在同一区域内买卖，则很难有较大利益。那么，来看战国秦的情况，如另文所指出的，战国秦自公元前300年左右开始，除关中经济圈外，还支配巴蜀经济圈、西羌经济圈，并积极开展了经济圈之间的交易。而战国楚则以南楚(楚经济圈)和西楚(吴经济圈西侧)为中心开展交易，完全没有将其他经济圈引入领土内。这对楚经济圈的经济成长形成了阻碍。因为，楚并非农业国，而是资源国，通过将国内资源与其他经济圈进行交易，一定会带来巨大利益。楚因为是资源国，虽然没有陷入窘迫境地，但并没有保住与"供给源"相对应的"需要源"。而且，楚民不用依赖国家，只要灵活利用自然资源就可以充分自足。因此，中央政府对于楚人的掌控力并不强。国家、大商人对该经济圈中经济利益的占有也很困难。这就造成楚民在战争爆发时逃散的倾向很强(前揭《战国策》秦卷一〇四、魏卷三二八)。

事实上，在楚地，虽然可以确认春秋时期以后商人的存在(《春秋左氏传》宣公十二年等)，但翻开《史记·货殖列传》或《汉书·货殖传》，却见不到远赴他地进行贸易的大商人。赴北方的张仪在离别时曾对楚怀王说"天下关闭不通，未知见日也"(《战国策》楚卷一九三)，可知连接楚地内外的交易都受到了限制。到《货殖列传》出现的西汉武帝时期，虽然中原与楚地间的交通网得以强化，但楚人仍安于足食状态。因此，只是依存当地现有资源，而未将其加以活用，缺乏积极将之输入到其他地方进行输入置换的地区，从城市学来看这是其脆弱的一面①。这样的城市也看不到因输入置换而产生的经济增长、技术革新及人口增长潜力。

2. 楚的东迁与经济圈之间的贸易

通过上述分析，在战国初期的楚地，输入置换并没有得到顺利进展，因此虽然是资源国，却也没能促成城市经济的成长。

但战国中期的楚于公元前354年前后取得了"睢、濊之间"(《战国策》楚卷一七四)，公元前322年左右发展到了睢、濊上游的襄陵方面，也就是山东经济圈与楚经济圈的节点，并于广陵筑城(《六国年表》则为怀王时期，平势则认为是威王时期公元前337年)，公元前329年杀掉越王无彊。结果，"富擅越隶"(《战国策》秦卷八十三)，进入到吴经济圈。而且，在楚的最前线，于公元前310—前300年左右到达新城、阳人(《战国策》楚卷二〇七、二〇八)，接近阳翟(《战国策》韩卷四〇五)。这些地方正是连接一直以来大商人辈出的洛阳经济圈和楚经济圈的节点。因此，可以说楚通过扩大领土，以经济圈之间的交易持续进行着经济增长的准备。而且，据包山楚简，怀王时期，楚对交易道路课有"关金(关所的通过税)"，其也是"王"的重要财源之一。② 怀王七年(公元前320年)的青铜割符"鄂君启节"也体现了楚的交易道路自郢以北呈放射状扩延，楚王对车道、水路课以通行税，鄂君的使者携带免税符在郢附近进行交易。然而，太田麻衣子对免税范围进行了研究，认为处于楚的"安全圈"，③ 在"安全圈"外的经济圈之间交易在当时并不一定是安全的。

但是，结果，楚在怀王中期发展失速。最大的原因如前所述，怀王为张仪所骗。带着秦秘密使命的张仪以将秦地"商於"进行交换从而消除齐楚同盟而说服怀王。怀王虽然解除了与齐国的合纵关系，但张仪回秦复命后，立即不认账，未将"商於"予以怀王(《史记》卷七十《张仪列传》)。在此似乎感到怀王无能的一面。但问题是，怀王为什么甘冒危险求取"商於"呢？指出了《史记》纪年矛盾的平势隆郎认为，秦夺取"商於"应该是在秦惠文王时期，秦的张仪以刚掠夺不久的"商於"为饵对其进行欺骗。因此，楚怀王才会轻易上钩被骗。④ 按照这个说法，最初向楚的"商於"伸手的是秦。无论真相如何，秦为什么不惜解除

① Jacobs, Jane. *Cities and the Wealth of Nations: Principles of Economic Life*. New York, Random House, 1984.

② 王颖：《从包山楚简看战国中晚期楚国的社会经济》，《中国社会经济史研究》2004年第3期，第14~17页。

③ [日]太田麻衣子：《鄂君启节からみた楚の东漸》，《东洋史研究》第68卷第2号，2009年，第159~190页。

④ [日]平势隆郎：《史记の「正统」》，讲谈社2007年版。

与齐的合纵而要取得“商於”呢？通过观察商於的位置可知，其位于楚、巴蜀、关中三个经济圈的节点，商於失陷可能会引起上庸、西陵等的失陷。当时，在楚、巴蜀之间有着紧密的文化通道和物流，① 商於的失陷有可能导致这条通道断绝。这也是怀王之所以执着于“商於”的原因之一。

其后，被张仪所骗的怀王于公元前 312 年向秦派兵遭遇惨败，失去了楚将屈匄等八万士兵。在前文中曾探讨过，八万相当于楚国在西边守备军队的几乎全部人数。楚与齐产生无可动摇的对立，而不能调动齐与越方面的东边的守军，在这种情况下失去了西边的守备军队。特别是虽然越被称作“越隶”，但在倾襄王时期有“东有越累”(《战国策》楚卷一九一)，并非完全处于楚的统治之下。如另文所指出的，秦当时通过商鞅变法已经实现了最初的经济大幅度增长，很可能已经具备超越楚国西方守备军队的军备。失去主力的楚军失去了汉中。而且，秦于公元前 316 年派遣司马错灭蜀，于公元前 285 年内乱后将蜀作为正式的县，并在公元前 314 年之前将巴也编入进去。② 据此，楚经济圈与巴蜀经济圈的联系更加被弱化。公元前 304 年，上庸虽然暂时还给楚，但上庸以西和巴蜀在实质上已归秦，这使得上庸作为交易地的价值减少了大半。而且此后，楚怀王再次被骗为秦所囚，此后楚拥立了倾襄王。因政治上的混乱，楚相继失去了新城、阳人等。如此，楚也几乎完全丧失了与洛阳经济圈的节点。倾襄王希望收复汉中，此时试图得到淮水、泗水之间的地方(《战国策》楚卷二一九)，但并没有顺利进展。

有史料记载，此时庄蹻等人受倾襄王之命向夜郎方面进军，③ 可见楚对巴蜀经济圈的必得之心。但《荀子·议兵》载“庄蹻起，楚分而为三四”，有可能庄蹻发动内乱后向夜郎方面逃亡才更接近真相。不管怎样，此后，郢附近的诸城市由于“输入置换”困难，而戏剧性地无法恢复威势。到公元前 280—前 278 年，楚相继失去巴郡、黔中郡等，断绝了与庄蹻等的联系(《后汉书》卷八十六《南蛮西南夷列传》)。楚虽然尝试恢复长江中游(《史记》卷四十《楚世家》、睡虎地秦简“编年记”)，但在当地楚的经济增长已是无望。

其后，楚以陈为据点。淮水流域是矿物资源的宝库，楚自春秋时期起就予以关注。④ 而且，宇都宫清吉与史念海都指出，特别是在淮北，以作为“天下之中，诸侯四通，货物所交易也”的陶开始，开展了东西南北主要水路相通的大城市。⑤ 此时，如前所述，楚已经拥有了与山东经济圈与吴经济圈的节点。公元

---

① ［日］间濑收芳：《蜀楚关系史への一试论——战国时代出土文物を手掛りとして》，［日］林巳奈夫编：《战国时代出土文物の研究》，京都大学人文科学研究所，1985 年，第 233~269 页认为，虽然公元前 377 年蜀楚在政治上对立，但战国时期蜀开始迅速吸收接受楚文化(超越了对秦文化的吸收)。其原因在于，高度的楚文化符合蜀贵族的阶级性要求，在体现身份上是十分有用的工具，而且楚还有先进的稻作文化。

② ［日］工藤元男：《秦の巴蜀支配と法制、郡县制》，《アジア地域文化学の构築》，雄山阁 2006 年版，第 24~52 页。

③ 关于“庄蹻征伐夜郎”有诸多说法。早稻田大学长江流域文化研究所编：《『后汉书』南蛮西南夷列传译注(三)》，《长江流域文化研究所年报》第 3 号，2005 年，第 255~412 页列举并整理了诸说，认为是倾襄王时期的战役。但是，对于庄蹻抵达滇的传说则有很多不同见解。《史记·西南夷列传》《汉书·西南夷两粤朝鲜传》认为庄蹻(又作庄豪)沿着长江，对巴、黔中两郡实施了征伐)。任乃强：《华阳国志校补图注》，上海古籍出版社 1987 年版，第 313~315 页则认为是长江上流沿岸的盐泉之争。此外，杨宽：《战国史》，台湾“商务印书馆”1997 年版，第 420 页认为，自秦占据巴蜀后(公元前 316 年)，楚不可能沿长江上溯。徐中舒、唐嘉弘：《古代蜀楚的关系》，《文物》1981 年第 6 期，则将庄蹻看作贵人实边策的一个事例。

④ ［日］山崎道治：《春秋时代楚国の政治改革》，《古代文化》第 24 卷第 11 号，1972 年，第 211~223 页；［日］安倍道子：《春秋前期における楚の对外发展—〈左传〉を中心に—》，《东海大学纪要文学部》第 32 辑，1980 年，第 17~30 页；［日］安倍道子：《庄王期における楚の对外发展—この时期の王权强化の动きとの关連に注目しながら—》，《东海大学纪要文学部》第 36 辑，1982 年，第 1~18 页。

⑤ ［日］宇都宫清吉：《西汉时代の都市》，《汉代社会经济史研究(补订版)》，弘文堂书房 1967 年版，第 107~140 页；史念海：《释〈史记·货殖列传〉所说的“陶为天下之中”兼论战国时代的经济都会》，《河山集》，三联书店 1963 年版。

前288年虽然由于齐的攻势失去了淮北，但由于燕对齐的压制而从逃脱危机。① 而且，陈与洛阳经济圈相接，是与华夏诸国交换“鱼盐之货”的窗口。因此，在拔郢之后的楚，应该优先将重心往陈转移，而不是朝着经济增长无望的长江中游与长沙以南地区。这应该也是拔郢后的楚之所以没有停留在长江流域，而是突然向陈迁都的原因所在吧。此后，楚在国力恢复充足之前失去了陈，又于公元前240年迁都至寿春。寿春也是连接吴经济圈与山东经济圈的所在。②

如上所述，东迁后的楚试图通过经济圈之间的交易东山再起。作为其证据，蚁鼻钱的存在值得关注。蚁鼻钱是楚特有的青铜贝货。关于其铸造开始的时间有诸多说法，③ 在公元前312年秦占领的汉中并未出土，但在公元前278年秦占领的云梦出土，因此可以说是那时候开始流通的。根据江村治树的研究，楚青铜贝货的94%是同一的铭文，很可能是按照统一的发行主体命令铸造的。因此，应该是向经济兴盛的陈迁都后的楚因需要大量货币而铸造。④ 这个见解是合理的。从经济圈的观点来看，蚁鼻钱的出土地是以吴经济圈(陈、寿春等)为中心，分布于楚经济圈东侧、山东经济圈南侧、洛阳经济圈东侧，蚁鼻钱的存在是东迁后的楚为推进经济圈间交易的铁证。而且在战国楚流通有“郢爰”等有铭文的金版，多数出土自楚地东部。据清华大学藏战国楚简《楚居》，悼王以前的楚历代曾十多次迁都，春秋楚在武王时期以来的新都基本都含有“郢”字。因此，金版上的“郢”字是哪一个郢都不明。但只要冠有“郢”字，该金版就是政府主导流通之物。

综上，推测战国后期的楚以蚁鼻钱与金版为媒介促进经济圈之间的交易，以图重新进行经济立国。对于怀王时期以后的楚，秦直到最后都心存畏惧，原因应该就在于事实上楚仍具有击破李信的实力。但是，王翦率领了几乎秦军全部力量才将楚灭亡。此时，秦已经是将关中经济圈、巴蜀经济圈、洛阳经济圈、楚经济圈西部加以支配的超级大国，而楚则没有来得及实现经济立国的计划。

五、结　语

本文对战国楚的败因进行了探讨。战国楚在战国七雄之中被作为强国看待，是战国屈指可数的资源大国，占有广袤的土地。即便如此，最终仍为秦所灭。关于楚的败因，一直以来有诸多说法。在本文第一部分中，笔者认为无论哪一种说法都存在进一步探讨的余地。在第二、三部分中，指出在两国军事、外交的差异背后，有存在经济差异的可能性。也就是说，战国楚虽然似乎农业生产力并不强，但却拥有丰富的自然资源。楚民即便不依赖国家，通过活用各地的自然资源也一样能够自足。因此，中央政府对于楚人的控制力并不强，当战争爆发时，民逃散的倾向十分明显。在这种情势下，楚政府为了获取巨大的经济利益，将本国自然资源卖给缺乏这些资源的其他国家的人们，并因此输入其他财物。也就是说，只有与当时众多并存的经济圈(生产同一物产的区域)相联系，实施远距离交易，才能给楚国中央政府带来巨大的经济利益。然而，在战国七雄之中，最早将多数经济圈纳入囊中并进行平稳管理的是秦。楚在进入巴蜀、中原时遭遇失败，对于东边吴越的支配也不稳当，因此最终并没能对丰富的自然资源加以战略性灵活使用。本文认为这便是楚的败因(至少是败因之一)。

（作者单位：日本帝京大学）

① [日]工藤元男：《战国の会盟と符—马王堆汉墓帛书『战国纵横家书』二〇章をめぐって—》，《东洋史研究》第53卷第1号，1994年，第1~23页。

② 关于战国时期寿春的环境、水利，参见[日]村松弘一：《中国古代淮南の都市と环境—寿春と芍陂—》，《中国水利史研究》第29号，2001年，第1~20页。

③ 赵德馨：《楚国的货币》，湖北教育出版社1996年版。

④ 江村治树：《楚贝贷の性格》，《春秋战国时代青铜货币の生成と展开》，汲古书院2011年版，第313~372页。

关于“早期楚文化”的再思考

傅　玥

张正明先生仙逝后，《楚文化研究论集》第七集刊发了先生生前撰写的《楚文化研究札记两则》，① 其中第一篇是关于“早期楚文化”。之前适逢先生学术思想纪念会，笔者将当年研读和后期重读心得整理一二，以示怀念。

一

先生学养深厚，学术视野极为宽广，特别擅长多学科交叉的综合性研究。在楚学研究方面，他十分重视考古材料，并认为“二重证据”是不够的，应该要“三重证据”甚至“多重证据”。他认为，在文献和考古之外的第三重证据，至少还应该包括民族学和人类学方面的证据。总之，证据应该多多益善。在此文中，先生正是在考古资料的基础上，利用民族学和人类学的研究方法，对《江陵九店东周墓》②中甲组墓与乙组墓的关系提出了质疑。

报告认为甲组墓“从器物组合、形态特征到埋葬习俗处处都与姬周文化墓相似”，而将其断为“姬周文化体系”墓葬。报告还指出，“墓葬文化特征的基本内涵在墓葬形制、随葬器物的组合以及器物的形态特征等方面”。对于这点，先生认为，除了墓葬形制，墓主葬式也应是埋葬习俗的重要内涵。先生阅读报告发现，甲组墓大多为南向，若如报告所言墓主属周系，为何他们要数典忘祖地采取楚人的南首葬式，而不用周人的北首葬式呢？可见，对于九店甲组墓的族属问题，先生确实眼光犀利，观察入微。先生还用甘谷毛家坪的秦文化遗存作为辅证。若只看陶器的组合和特点，毛家坪的西周墓是可以断为周人墓，但从葬式看，西首、屈肢，却与周人葬式相异，与秦人相同，故应归属秦人墓。

九店甲组墓与乙组墓的关系，先生认为一直是模糊不清的。诚然，甲组墓的陶器组合和文化面貌，当属姬周文化体系。但从葬式看，又并非周人的北首葬式，这之间的矛盾应该如何解释？正如先生所言，陶器的系属与族群的系属未必吻合，族群的系属更应重视埋葬习俗特别是头向与身姿的葬式特点。因此，对于葬式即头向和身姿等埋葬习俗在判定墓主族属方面的地位和作用，我们应该给予足够的重视。

二

关于九店甲组墓，我们不妨就从这两个层面来分析。

在陶器系属方面，甲组墓的随葬品组合为罐、簋、豆，或罐、盂、豆，或罐、豆，或罐。一般认为，其组合特点是姬周文化体系中“鬲、簋、豆、罐”或“鬲、盆(盂)、豆、罐”的简省，因而将其归入姬周文化体系。不过发掘者有认识到，陶罐是每墓必不可少之器，因而提出这是不同于鼎、鬲文化的一种地方类型的罐文化。可见，甲组墓的陶器特点和姬周文化体系的组合还是有所区别的。从张家坡西周墓地③情

① 载楚文化研究会：《楚文化研究论集(第七集)》，岳麓书社 2007 年版。

② 湖北省文物考古研究所：《江陵九店东周墓》，科学出版社 1995 年版。

③ 中国社会科学院考古研究所：《张家坡西周墓地》，中国大百科全书出版社 1999 年版。

况来看，三期之后基本已不见簋的随葬。而在汉水中游如沈岗墓地,① 江汉平原如荆南寺遗址,② 到西周晚期都还有簋的出现。从器物风格来看，也具有土著特色。如豆 M224：1(图一：1)，大喇叭座及镂空豆柄的特点，少见于宗周及中原地区，而在汉水中游的枣阳周台遗址③(图一：2)、郭家庙墓地④较为多见。簋 M248：4(图二：左 1)，簋身与盂接近，簋座与豆接近，这种形制特点也少见于宗周地区。因此，甲组墓所体现的陶器的文化面貌，可以理解为姬周文化体系之下一种的地方文化类型，既在周文化体系规范之下，又带有自身的文化特点。

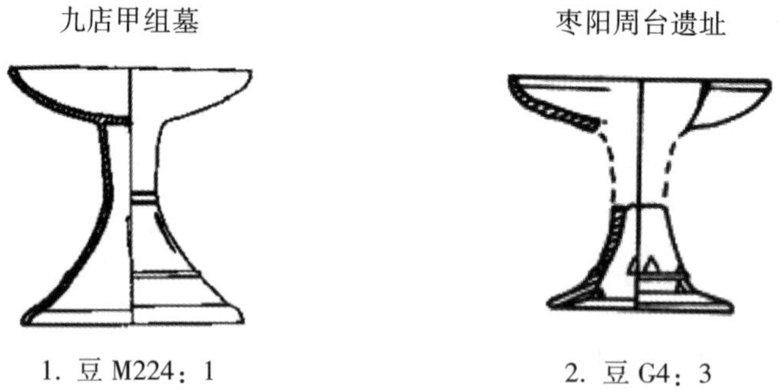

图一　九店甲组墓与枣阳周台遗址出土豆的比较

在族群系属方面，甲组墓的墓坑主要为南北向，其中有 5 座坑底中间有腰坑，有殉狗；一棺一椁，悬底方棺；骨架全部腐朽无存，葬式不明(但从随葬品和殉狗的头向推测墓主头向为南向)。我们知道，腰坑殉狗是商墓非常流行的特点；悬底方棺也为中原地区的特点；骨架不存导致的葬式不明虽对墓主族属判定造成困难，但从目前随葬品和殉狗的头向的随葬规律上推测为南向，还是有一定的合理性的，姑且可从。在宗周和成周地区的西周墓葬中，我们发现有不少腰坑殉狗的墓葬。最近有研究认为，沣镐地区西周墓葬中带腰坑殉狗墓葬，其墓主很可能为殷遗民。⑤ 其随葬品组合特点多为鬲、罐，或鬲、簋、罐，或鬲、罐、豆、盂组合。这与九店甲组墓有相似之处，九店甲组墓中带腰坑殉狗的墓葬，如 M247、M248、M272，其随葬品也多为簋、罐、豆组合(图二，左)。不带腰坑的墓葬则出盂不出簋，如 M242。此外，我们还发现，前文所提沈岗 M694(图二，右)，头向北偏东 30°，也是带腰坑的墓葬，其随葬品为簋 4 件、罐 2 件、豆 2 件。这些材料给我们提供了一点线索，在汉水中游至江汉平原一带，或许存在一批随葬品以“簋、罐、豆”为组合特点，墓葬形制以带腰坑殉狗为特点的墓葬，其墓主所代表的族群很可能与商人关系密切，受商文化影响极大，或为殷遗民的后裔？关于商墓的葬式问题，也有学者做过统计，墓向以南北向居多⑥，除仰身直肢之外，还流行俯身葬。⑦ 九店甲组墓主要为南北向，骨架腐朽，已不清楚是何种头向和埋葬身姿，但这个问题的探讨给我们带来一定的启示——在长江中下游地区的西周墓葬研究中，我们需要特别重视埋葬制度特别是葬式的问题。

---

① 襄樊市文物考古研究所：《襄樊沈岗西周墓发掘简报》，《襄樊考古文集》第一辑，科学出版社 2007 年版。

② 荆州博物馆：《荆州荆南寺》，文物出版社 2009 年版。

③ 襄樊市文物考古研究所、枣阳市文物考古队：《枣阳周台遗址发掘报告》，《襄樊考古文集》第一辑，科学出版社 2007 年版。

④ 襄樊市考古队等：《枣阳郭家庙曾国墓地》，科学出版社 2005 年版。

⑤ 张礼艳：《丰镐地区西周墓葬研究》，社会科学文献出版社 2015 年版。

⑥ 郜向平：《商系墓葬研究》，北京大学博士学位论文，2007 年。

⑦ 张明东：《商周墓葬比较研究》，北京大学博士学位论文，2005 年。

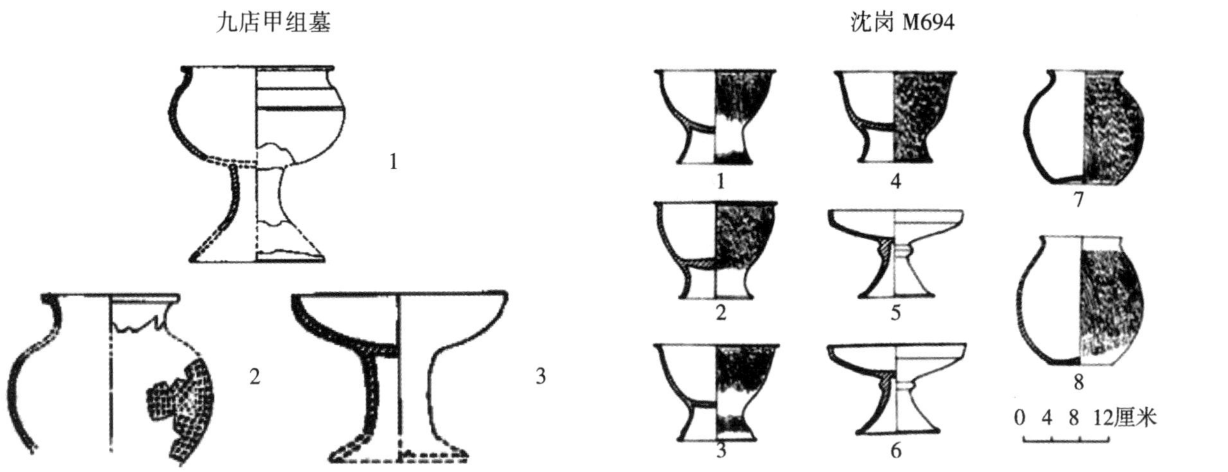

1.簋 M248:4;2.罐 M247:1;3.豆 M247:3　　1~4 簋 M694:6/7/8/10;5~6 豆 M694:11/12;7~8 罐 M694:5/9

图二　九店甲组墓与沈岗 M694 出土簋罐豆组合的比较

若如报告所言，九店甲组墓墓主推测为南向，先生认为是楚人的可能性大。那么，对于族属与陶器系属之间的矛盾，我们可以这样去理解：西周晚期的楚文化的陶器面貌仍然是在周文化体系之下的一种地方文化类型，也就是说，这是楚文化体系形成之前的早期文化状态。

三

对于“早期楚文化”问题如何解决，先生十分期待能在楚地发掘到从西周早期到战国晚期的连续序列的楚文化遗存。综观目前长江中游的两周时期遗存，我们发现，只有郧县辽瓦店子遗址可以算作其中一处。我们知道，从春秋早期开始，襄宜平原所在的鄂西北区已成为楚文化的中心区域，典型楚文化在此地形成，并随时间的推移，逐步影响到周边地区。而早期楚文化主要指西周时期楚文化，是春秋时期典型楚文化一脉相承的文化遗存的源头。郧县辽瓦店子遗址从新石器时代晚期直到两周时期都有连续发展的丰富堆积，这对研究楚文化特别是早期楚文化有着极高的学术价值。

辽瓦店子遗址东周遗存已经被确认为典型楚文化，而西周时期遗存可以分为连续发展的三个阶段。三期晚段文化面貌已属楚文化，而其第一、二期遗存与第三期遗存又有连贯发展的序列。① 遗存中截锥足瘪裆鬲、折腹盂(盆)、豆、罐等代表周文化规范的器物组合，明显有一个逐步与地方特色器物相融合的过程，如其中截锥足瘪裆鬲(图三：3)逐步与地方因素的圆裆鬲(图三：4)等融合，形成了大口高足卷沿方唇鬲(图三：7)，并最终发展成了春秋时期流行于襄宜平原的楚式鬲(图三：9)。

一期遗存从目前看，其特色即为圆裆扁足鬲(图三：2)、共出截锥足鬲(图三：1)，二期遗存中的圆裆截锥足(图三：4)、圆裆扁椭足鬲(图三：6)的出土，刚好反映出自身文化传统的延续。扁足鬲在辽瓦遗址是存在演变序列的，由袋足风格到长方体，再到椭扁体，并逐渐向柱足过渡，这种过程与周楚关系中融合式的整合方式又十分吻合。可见，辽瓦店子一期遗存与西周中晚期楚文化即二、三期遗存之间确实存在源流关系(图三)。由此，与西周中晚期楚文化最接近的应该是鄂西北地区辽瓦店子二期遗存。该类遗存西周中晚期的分布范围主要在丹江库区及汉水中游以上的鄂西北山地区。②

---

① 详见拙文：《长江中游地区西周时期考古学文化研究》，武汉大学博士学位论文，2010 年，第 35-36 页，图七，辽瓦店子遗址西周遗存分期图。

② 拙文：《鄂西北地区西周遗存与早期楚文化》，《楚简・楚文化与先秦历史文化国际学术研讨会论文集》，湖北教育出版社 2013 年版。

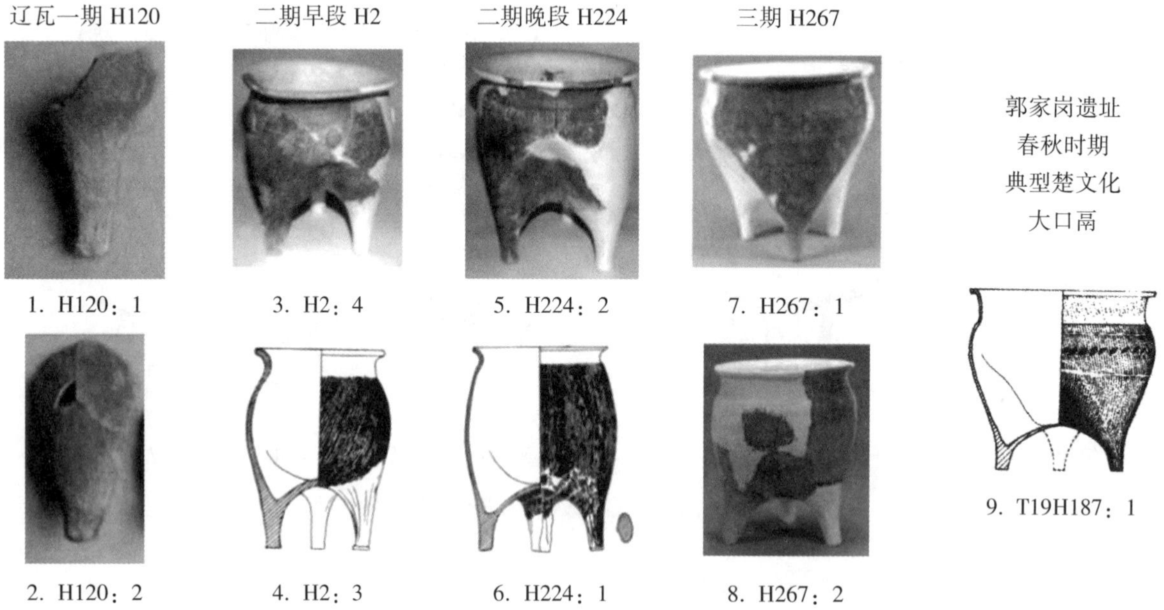

图三　辽瓦店遗址第一、二、三期遗存出土鬲的排序与郭家岗遗址大口鬲的对比

再往前追溯，我们有必要整体梳理一下长江中游西周时期的考古学文化序列。① 近年来考古资料显示的早期楚文化的线索，主要集中于丹江特别是其中下游区域②(或称含鄂西北所在的陕豫鄂交汇区)以及江汉平原所在的鄂西南地区，③ 这与文献所载“丹淅说”和“枝江说”大致可对应。这两大区域西周时期文化发展序列已大致清楚，我们不妨对比分析一番。

丹江中下游区域的文化序列为：地方文化阶段，包括西周早期的下王岗西周一期遗存④及过风楼文化；⑤ 周文化体系阶段，包括西周中晚期的下王岗类型及西周晚期的陈塬类型。同属陕豫鄂交汇区的鄂西北地区，其文化序列为：地方文化阶段，包括西周早期的辽瓦店子遗址西周一期遗存和毛狗洞 H1 类遗存；周文化体系阶段，包括西周中晚期的辽瓦店子类型，以及以黄家村 H5、真武山 H81 等为代表，主要年代在西周晚期及之后的遗存。鄂西南地区的江汉平原，其文化序列为：地方文化阶段为周梁玉桥文化，年代上限在殷墟早期，下限至少到西周前期；周文化体系阶段，过去以荆南寺 G2 类遗存为代表，自 2012 年宜昌万福垴遗址发现刻铭 17 字“楚季宝钟厥孙乃献于公公其万年受厥福”青铜钟，⑥ 再加上 2015 年 5 月至 9 月的发掘资料，⑦ 我们认为，该地区周文化体系阶段可以万福垴遗址为代表，年代为西周中晚期及之后。

一般说来，襄宜平原所在的鄂西北地区春秋早期为楚文化的中心，其西周晚期最有可能是早期楚，

① 拙文：《长江中游地区西周时期考古学文化研究》，武汉大学博士学位论文，2010 年。

② 张天恩：《丹江上游西周遗存与早期楚文化关系试析》，《周秦文化研究论集》，科学出版社 2009 年版，第 166 页；高江涛：《河南淅川下王岗遗址西周遗存新发现与早期楚文化问题》，中国社会科学院考古研究所网站，2010 年 4 月 8 日；何晓琳、高崇文：《试论“过风楼类型”考古学文化》，《江汉考古》2011 年第 1 期；尹弘兵：《商末周初的丹阳及其考古学探索》，《楚文化研究论集》第 10 集，湖北美术出版社 2011 年版，第 378 页。

③ 李学勤：《试谈楚季编钟》，《中国文物报》，2012 年 12 月 7 日。

④ 拙文：《淅川下王岗西周遗存初析》，《华夏考古》2013 年第 4 期。

⑤ 何晓琳、高崇文：《试论“过风楼类型”考古学文化》，《江汉考古》2011 年第 1 期。

⑥ 宜昌博物馆：《宜昌万福垴编钟出土及遗址初步勘探》，《中国文物报》，2012 年 9 月 28 日。

⑦ 湖北省文物考古研究所等：《湖北宜昌万福垴遗址发掘简报》，《江汉考古》2016 年第 4 期。

但目前看来，襄宜平原西周晚期是以黄家村 H5、真武山 H81 等为代表的遗存，其文化面貌与宗周文化有较大一致性，与本地区春秋时期楚文化相比反而相差较大。结合文献看，这种文化面貌的系属更有可能是汉阳诸姬，如邓国,① 而不是楚。西周早期该地区为毛狗洞 H1 类遗存，与之有关的区域分布的国别有羊子山墓地所在的鄂国②及叶家山墓地所在的曾国③。

丹江上游西周晚期陈塬类型与后来典型楚文化的面貌相去甚远，不是楚；下游的下王岗二期遗存灰陶系柱足鬲的特点，与典型楚文化的风格也有所出入，但下王岗 H137 所在的春秋早期的文化面貌，与典型楚文化已大致趋同。而西周早期阶段，过风楼文化存在同类陶系纹饰的圆裆截锥足鬲及圆裆扁椭足鬲、甗，我们认为它与辽瓦一期遗存存在较大共性，故与早期楚或存在联系。下王岗遗址从陶系、纹饰、形制方面，已确认与辽瓦一期及过风楼文化大不相同，故应不属于早期楚。

江汉平原区的大口瘪裆高柱足鬲与后来的楚文化大口鬲间有着最亲近的关系，但这种鬲的本源不在此。从西周中晚期陶鬲的排序来看，该类型的鬲最早来源于鄂西北山地区辽瓦店子二期遗存。早期楚位于江汉平原的可能性不大。江汉平原西周早期也不会是早期楚，其文化性质为周梁玉桥文化，其主体组合为鼎釜，属于釜鼎文化圈，与早期楚的文化面貌决然不同。

综上，早期楚从目前看关系最近的为辽瓦一期遗存，其位置最有可能在鄂西北山地区所在的文化圈，但西周早期陶器的完整面貌暂时不得而知，唯鬲类有一定的线索，即陶系为夹细砂夹云母的黑或红陶；纹饰为极细绳纹；口沿特点多为卷沿薄圆唇或薄方唇的圆裆截锥足、扁足鬲，应与之最具亲缘关系。当然，早期楚文化的研究也是需要多重证据的支撑。我们还需要注意的是，同属与周文化体系或其地方文化类型之下的族群的归属可能性有多种。本地族群所代表的土著族群接受外来强势周文化后与其文化面貌趋同，也有可能是外来的周人族群所代表的强势文化在本地与土著文化融合后形成的文化面貌的一致。

（作者单位：华中师范大学楚学研究所）

附记：本文曾于 2016 年 12 月张正明先生学术思想研讨会上提交，后稍作修改，谨记。

① 王先福：《襄宜地区西周遗存出土陶器的初步研究》，《楚文化研究论集》第 7 集，岳麓书社 2007 年版，第 476 页。

② 傅玥、高旭旌：《从羊子山 M4 青铜器群看西周鄂国的地望》，《楚文化研究论集》第 9 集，上海古籍出版社 2011 年版，第 360 页。

③ 湖北省文物考古研究所等：《湖北随州叶家山 M65 发掘简报》，《江汉考古》2011 年第 3 期。《湖北随州叶家山西周墓地发掘报告》，《文物》2011 年第 11 期。湖北省文物考古研究所等：《湖北随州叶家山西周墓地》，《考古》2012 年第 7 期。张昌平：《叶家山墓地相关问题研究》；黄凤春、黄建勋：《论叶家山西周曾国墓地》，《随州叶家山西周早期曾国墓地》，文物出版社 2013 年版。

编 后 记

呈现在我们面前的这部论文集，是由武汉大学、日本东北学院大学、美国加州大学洛杉矶分校联合主办，并于2018年9月15日至19日在武汉召开的“楚文化与长江中游早期开发国际学术研讨会”论文的汇编。

2009年冬天，应谷口满教授之邀，我前往日本东北学院大学进行为期两周的学术交流，在仙台活动了几天之后，谷口教授带着我前往大阪、京都、爱媛等几所大学访问交流，在往返的飞机与火车上，谷口教授向我概略介绍了当时日本学术界有关中国上古史研究领域的主要机构和代表性学者，并就京都学派、东京学派的主要特征和流变做了简要说明，使我受益良多，印象深刻；同时，我们对近些年楚文化考古方面一系列重要的新发现和研究状况深入交换意见，谈了各自的兴趣与看法，进而达成了一个初步的意向：联合学界同仁于适当的时候在武汉共同主办一次楚文化国际学术研讨会，并就会议的大致内容、议程和经费预算等形成了一个草案；至于会议的规模、具体时间等，有待我们向各自学校了解可能申请到经费的数额并与美、欧同行学者协商后再做决定。

2012—2015年夏秋，在教育部“世界著名科学家来校访问项目”的资助下，我们连续四年邀请美国文理科学院院士、加州大学洛杉矶分校的罗泰教授前来武汉大学讲学指导，尤其是2015年9月，在武汉讲学活动结束后，我们一同前往湖北随州、襄阳、宜城，河南南阳、淅川、西峡以及陕西丹凤、商州一线考察商周时期的古文化遗址、墓地，参观相关博物馆和考古所，一路上认真踏察诸遗迹的地势地貌，细心观摩一批又一批楚文化的实物资料，领略楚文化的流变与风采，同时就联合主办楚文化国际学术研讨会的事宜充分协商讨论，罗泰先生表现出极大的热忱和兴趣，不仅对经费申请的几种途径做了分析推测，还对会议主题、议程、召开的具体时间，以及前来参会的美、欧学者人选等事宜提出了一系列建设性意见，使我们颇受启发，信心倍增。

2016年10—12月，再应谷口满教授之邀、受日本学术振兴会的资助，我前往仙台从事两个月的访问研究。这期间，我们参照罗泰先生的建议，一方面将会议名称商定为“楚文化与长江中游早期开发国际学术研讨会”，由武汉大学、日本东北学院大学、美国加州大学洛杉矶分校三方联合主办；再是将会议时间确定为2018年9月中旬，主要内容包含楚文化考古研究，楚地出土资料研究，楚国历史、地理与长江中游早期开发三个方面的议题，以兼顾不同学科、不同领域学者的兴趣和特长。初步方案形成后，我们发给罗泰先生过目，提出修订意见，同时利用在京都、东京等地开展学术交流的机会，先后与多位日本同行交换意见，欢迎他们前往武汉参会指导。

从仙台回武汉之后，我分别向历史学院、国学院领导汇报联合主办楚文化国际会的初步方案，得到了两单位领导的充分肯定和支持，大致落实了办会的基本费用，同时又与几位同事协商，成立了会议筹备组，一方面起草会议邀请函、确定参会学者的名单及联系方式，另一方面预定宾馆房间与大小会议室等，形成预案后，再通过邮件与谷口、罗泰两位先生协商，请他们补充完善。

通过一段时间的筹备，按照国际会的惯例，我们提前一年于2017年9月上旬发出了会议预邀函，在得到海内外学者的积极响应后，又分别于2018年1月上旬和5月中旬发出了第二轮、第三轮会议通知。

经过数年的筹划和一年多的准备，由武汉大学历史学院和国学院、日本东北学院大学文学研究科及亚细亚流域文化研究所、美国加州大学洛杉矶分校扣岑考古研究所联合主办的“楚文化与长江中游早期开发国际学术研讨会”于2018年9月15日至19日在武汉大学顺利召开，这是继1988年石泉先生组织的“楚国历史与文化国际学术研讨会”之后，时隔三十年召开的又一次楚文化国际学术盛会，会议包括学术研讨与实地考察两个部分，历时五天，共有96位海内外学者与会，其中欧美学者14人，日本学者14人，中国港台学者10人，中国大陆学者58人；大会共收到论文全文或摘要近90篇，所涉内容涵盖楚文化考古研究、楚地出土资料研究、楚国历史地理与长江中游早期开发等三个议题的若干分支和具体问题，其中既有长篇宏文，亦有精粹短篇，分别从不同的学科和视角，采用不同的方法，结合新出考古材料和学界已有的研究成果，对近年来大家所关注的前沿问题进行了全面、深入、细致的研究与探索，代表了当前国内外学术界楚文化研究领域的最新成果与动态，也是这次研讨会成功的主要标志。

我们办会的宗旨，意在为国内外学者近距离的研讨和交流提供有利的机会和平台，为推动楚文化研究的深入发展，尽一点微薄之力。但愿这次会议的效果没有偏离大家的初衷。

研讨会一结束，我们即着手会议论文集的选编和出版工作，希望这批研究成果尽快面世以便学界共享。经过讨论协商，编辑组制定了基本的论文体例和选编原则，通过往来联系，学者们对各自的论文又做了进一步的修改、补充，然后反馈给我们。由于论文涉及中、英、日几种语言，中文又有简体、繁体之别，而出版社方面则有统一的格式规范要求，因而在多方协商、调整过程中花费了不少时间和精力。呈现在眼前的这本论文集，无疑是国内外学界同仁共同努力的结果。

这次国际会的成功召开与论文集的编辑出版，得到了多方面的支持，武汉大学历史学院、国学院和人文社会科学研究院，日本东北学院大学文学研究科及亚细亚流域文化研究所，美国加州大学洛杉矶分校扣岑考古研究所等提供了经费上的资助，谷口满教授、罗泰教授不仅在研讨会的谋划、筹备和组织上花费了许多心血，提出了一系列有益的建议，还在争取经费方面做了大量工作，投入了许多宝贵的时间；武汉大学出版社的李程、程牧原、黄河清等编辑不但认真审阅了全稿，提出了许多有益的修改意见，还在几种语言文字的体例统一协调方面做了许多工作；我们武汉大学历史地理研究所的诸位同事，不仅为研讨会的策划、筹备、联络和组织承担了所有具体工作和一应事务，投入了大量时间，亦为论文集的编辑、校对付出了辛勤的劳动；史地所在读的研究生也都为会议的召开和论文集的出版承担了烦琐的会务与校对工作，没有他们的帮助、奉献和努力，是不可能有这次学术研讨会的圆满成功和论文集的顺利出版的。

值论文集即将付印之际，谨向多年来一直支持我们学习、工作的各位师友，向前来与会指导并惠赐大作的海内外专家学者，向关心、支持和资助这次学术研讨会以及论文集编辑出版的有关单位和所有同仁、同学们，致以衷心的感谢和崇高的敬意！

由于我们的水平和能力有限，加之工作不够细致，在会议的组织、接待、安排中确有一些不恰当和不尽如意的地方。因需要协调不同论文语言、格式与编辑体例之间的差异，加之受新冠疫情的较大影响，这部论文集在迟迟两年后才得以面世，其中一定还存在这样或那样的不足与错误，其责任当由我个人承担，并期待师友和学者们的批评指正。

谨以这次“楚文化与长江中游早期开发国际学术研讨会”与这部论文集献给我们敬爱的老师石泉先生百年诞辰！

徐少华

2020年9月20日于珞珈山